D1753599

Ernst von Salomon: Das Buch vom deutschen Freikorpskämpfer

Das Buch vom deutschen Freikorpskämpfer

Herausgegeben

von

Ernst von Salomon

Verlag für ganzheitliche Forschung und Kultur, 2257 Struckum

Reihe: Wehrgeschichte und Wehrpolitik
Band 3

1988
Nachdruck der Ausgabe von 1938, erschienen im Wilhelm Limpert-Verlag, Berlin
Verlag für ganzheitliche Forschung und Kultur, 2257 Struckum
Druck: Breklumer Druckerei Manfred Siegel, 2257 Breklum
ISBN: 3-922314-77-5

Inhaltsverzeichnis

	Seite
Vorwort	9
Die Gestalt des deutschen Freikorpskämpfers. Von Ernst von Salomon	11

Kampf um das Reich ... 15

Felsen in roter Flut. Von Rolf Liemann	19
Revolutionstage in Berlin. Schlaglichter aus Pressemeldungen	21
Reichstagung der A.- und S.-Räte Deutschlands. Von Fregattenkapitän a. D. Bogislav von Selchow, ehem. Führer des Marburger Studentenkorps	23
Heimkehr in Chaos. Nach einem Bericht des Hauptmanns Bott vom Infanterie-Regiment 70. Bearbeitet von Generalleutnant a. D. Jürgen Sieht	29
Kampf um Berlin. Von Oberst a. D. Reinhard, SS.-Gruppenführer, ehem. Führer des Freiwilligen-Regiments Reinhard und Kommandant von Berlin	31
Zwischen Soldatenwehr und Freikorps im roten Berlin. Nach verschiedenen Aufzeichnungen des Oberleutnants Hans von Kessel, des Offizierstellvertreters Suppe und des Offizierstellvertreters Albert Flick	35
Der Sturm auf das „Vorwärts"-Gebäude am 10. Januar 1919. Von Major a. D. von Stephani, ehem. Führer des Freikorps Potsdam	39
Der Berliner Märzaufstand 1919. Von Ernst von Salomon	44
Verwundet gefangen. Nach einem Bericht des Leutnants Kohlmetz. Bearbeitet von Generalleutnant a. D. Jürgen Sieht	49
Freiwilligen-Detachement Tüllmann im roten Lichtenberg. Von Alfred Arnold, Oberleutnant a. D.	52
Der Kreuzzug eines Freikorps 1918/19. Auszug aus dem Kriegstagebuch des Freiwilligen Landesjägerkorps „General Maercker"	54
Bremen. Befehl für den 4. Februar 1919	62
Sturm auf die Weserbrücken. Der Entscheidungskampf bei einbrechender Dunkelheit. Von A. W. Rose, Bremen	63
Von der 1000-Mann-Kaserne zur Marine-Brigade Ehrhardt. Von K. Helmerichs, München-Pasing	67
Die Bahrenfelder Zeitfreiwilligen. Von Otto August Ehlers	69
Die Entstehung des Ostpreußischen Freiwilligenkorps. Von Major im Generalstab von Weiß	73
Schwerer Kampf um Königsberg. Von Rolf Liemann	77
Der erste Hammerschlag. Die Aktion des Freikorps Lichtschlag nördlich Essen 1919. Von Studienrat Heinrich Mahnken, ehem. Adjutant im Freikorps Lichtschlag	81
Kampf um Elberfeld. Von Major von Schaumann, ehem. Führer des Freikorps Niederrhein	87
Die Besetzung des Fliegerlagers Brieg. Von Leutnant a. D. Paulßen, ehem. Führer des Freikorps Paulßen	90
Männer und Sicherheitskompanien im Schwabenland 1918/19. Von Wilhelm Kohlhaas	92
Sturm auf die Residenz. Die Befreiung Würzburgs vom roten Terror	97
Kampf um Augsburg	99
Das Blutgymnasium	101
Widerstand im roten München. Nach einem Bericht des Oberleutnants a. D. Lautenbacher, ehem. Führer der Freischar Lautenbacher	105
Tag der Befreiung. Nach einem Tagebuch von H. Fiesinger	107
Zeitfreiwillige vor München. Von Willy Schneider	110
Münchener Sturmtagebuch. Die Kämpfe des Württembergischen Freiwilligen-Regiments Seutter. Von Wilhelm Kohlhaas	110
Der Kampf der Gruppe Epp. Von Heinz Schauwecker, ehem. Adjutant beim Kommandoarzt des Bayerischen Schützenkorps	114
Straßenkampf in München. Aus Berichten des Leutnants z. S. von Grothe und des Leutnants z. S. Kern, gefallen am 17. Juli 1922 auf Burg Saaleck	121

Wall gegen den Bolschewismus ... 127

Aus dem Tagebuch des letzten Kommandanten von Kowel. Von Gustav Goes	129

	Seite
Die Letzten einer Armee. Nach den Aufzeichnungen von Leutnant a. D. Paul Stichling, ehem. Kommandant des Panzerzuges V, und Leutnant a. D. Dr. C. Winter, ehem. Kompanieführer im Freiwilligen-Bataillon 42 der Schutztruppe Bug	133
Streiflichter aus den Kämpfen um Litauen. Von Major von Zeschau, ehem. Führer des Sächsischen Freiwilligen-Infanterie-Regiments 18	135
Die Letzten am Feind. Vom Infanterie-Regiment 405 zum Freiwilligen-Bataillon Graf Kanitz. Auszug aus dem Kriegstagebuch des Freiwilligen-Bataillons Graf Kanitz	143
Von der Westfront ins Baltikum. Der Weg der 1. Garde-Reserve-Division. Von Oberst a. D. Karl von Plehwe, ehem. Kommandeur des 2. Garde-Reserve-Regiments	146
Erkundungsvorstoß nach Radziwilischky. Von Leutnant a. D. Fritz Hennigsen	149
Goldingen. Von Percy Pockrodt, ehem. Baltische Landeswehr	152
Die Eroberung Tuckums. Von Major a. D. Alfred Fletcher, ehem. Befehlshaber der Baltischen Landeswehr	154
Kleinkrieg in Eis und Schnee. Von Hauptmann a. D. von Lieberman, ehem. Führer des Freikorps von Lieberman	157
Die Spandauer stürmen Bauske. Von Hauptmann a. D. Frhr. von Maltzan, ehem. Führer des Freiwilligen-Detachements von Maltzan	159
Revolte in Libau. Von Oberst a. D. von Schauroth, ehem. Führer des Freiwilligen-Detachements von Schauroth	162
Gefechtsbericht des Detachements Medem	165
Flieger im Baltikum. Aus einem Kriegstagebuch des Kampfgeschwaders Sachsenberg. Von Carl Cranz	171
Als Infanterieflieger in Kurland. Von Vizefeldwebel Kanisch und Unteroffizier Hillmann	173
Vorstoß bei Bausk. Von Wolfgang Delbrück, ehem. Adjutant im Freikorps von Brandis	175
Die Eiserne Division greift an! Von Korvettenkapitän Freiherr von Steinaecker, ehem. Führer des Freiwilligen-Bataillons Poensgen	176
Kameradentreue. Von Dr. von Hülst, ehem. Komp.-Führer im 1. Kurl. Inf.-Regt.	178
Vormarsch nach Livland. Von Georg Heinrich Hartmann	180
Ein wilder Ritt. Patrouillenunternehmen — 150 Kilometer hinter die feindliche Front. Nach dem Tagebuch des Rittmeisters W. von Engelhardt, ehem. Führer der Kav.-Abtlg. von Engelhardt	182
Lager Wolmarshof. Das Martyrium der Baltikumer in lettischer Gefangenschaft. Von Erich Manz	187
Der Weg vom Freikorps zur Freiwilligen russischen Westarmee. Von Ernst von Salomon	189
MGSS.-Abteilung Koch auf dem Vormarsch auf Riga. Aus einem Erinnerungsblatt der MGSS.-Abteilung Koch	195
Kampfwagen beim Vormarsch auf Thorensberg. Von Vizefeldwebel G. Baumann, ehem. Führer des Kampfwagens „Titanic"	199
Rückzug. Vom bitteren Ende im Baltikum. Von Dr. von Hülst, ehem. Kompanieführer im 1. Kurländisches Infanterie-Regiment	200
Roßbachs Marsch ins Baltikum. Von Kurt Oskar Bark	202
Die Todesfahrt des Kapitäns Siewert. Von Hauptmann Wagener, ehem. Stabschef der Deutschen Legion	206
Die Schlacht von Mitau. Von Hauptmann a. D. Wagener, ehem. Stabschef der Deutschen Legion	208
Die Baltenfahne. Von Baron von Manteuffel-Katzdangen, ehem. Führer des Soldaten-Siedlungsverbandes „Kurland"	214

Grenzkampf im Osten 215

Sturm auf den Fliegerhorst Elsenmühle bei Posen. Von L. Brzenk	217
Hohensalza. Wie eine deutsche Stadt in polnische Hände fiel. Von Steuerinspektor Paul Schulze	219
Felddivisionen und Freikorps unter dem Generalkommando VI. Armeekorps. Von Oberstleutnant a. D. Hesterberg, ehem. Chef des Stabes beim VI. Armeekorps	221
Kampf um Rawitsch. Von Oberstudienrat Dr. Schmitz, Rawitsch, ehem. Führer des Volkswehr-Bataillons Rawitsch	225
Die Männer von Tirschtiegel. Von Kilian Koll	228
Die Entstehung einer Grenzschutz-Batterie. Von Major a. D. Karl Beutler	232
Flieger im Grenzschutz. Luftangriff auf Kolmar. Der Tod des Leutnants Näther, Sieger in 26 Luftkämpfen. Von Hans Brzenk	234
Luftkampf über Czarnikau. Von Hans Brzenk	236
Der Durchbruch von Znin. Von Karl Stephan, ehem. Adjutant im Grenzschutz-Bataillon 3	237
Sturmabteilung Roßbach greift an! Originalbericht über die Einnahme von Culmsee	244
Am Feuer auf dem Kreuzberg vor der Einsegnung der Wandervogelhundertschaft zu Rogau	245
Einsegnung der Wandervogelhundertschaft in Rogau. Von Fritz Günther	246
Mein schwerster Entschluß. Von Major Dr. Lierau, ehem. Führer des Grenzschutz-Det. Lierau	247

	Seite
Bandenkämpfe in Oberschlesien. Amtlicher Bericht des Leutnants von Scheele, ehem. Komp.-Führer im Reichswehr-Infanterie-Regiment 63	248
In Oberschlesien herrscht Ruhe!!?? Von Oberst a. D. Tüllmann, ehem. Führer des Freiwilligen-Detachements Tüllmann	250
Spezialpolizei im Einsatz. Nach Tagebuchblättern bearbeitet von Friedrich Glombowski	253
Der Sturm bricht los! Eine deutsche Kreisleitung erlebt den Ausbruch des Aufstandes. Von Joachim Urbanczyk, ehem. Stabschef der Kreisleitung Rybnik im Selbstschutz Oberschlesien	259
Deutsch-italienische Front bei Ratibor. Von Hermann Katsch	261
Einsatz der Selbstschutz-Sturm-Abteilung Heinz in Gogolin. Von Friedrich Glombowski	267
Annaberg. Von Hauptmann Viktor Scheffel, ehem. Kompanieführer der 5./III. Sturmfahne Freikorps Oberland	270
Die Gruppenbefehle zum Annaberg-Sturm	271
Udzial Marynarzy W III. Powstanie. Ein polnischer Marine-Stoßtrupp kämpft um den Annaberg. Dem Buche Wspomnienia "Wspomniania i Przyczynki do Historji, III-Go Powstania Gornoslaskiego" des polnischen Oberkommandierenden Maciej Mielzynski (Nowina-Doliwa) entnommen	280
Zembowitz. Ein Brennpunkt des Kampfes im Abschnitt Nord. Von Major a. D. Schnepper, ehem. Führer des Selbstschutzbataillons Guttentag	283
Aus Tagebuchblättern der Sturmabteilung Roßbach. Angriff in Oberschlesien	286
Die Artillerie der Gruppe Nord beim Selbstschutz in Oberschlesien. Von Major d. R. Rudolf Wolff, ehem. Führer der Artilleriegruppe Wolff	289
Das sächsische Selbstschutzbataillon Haßfurther. Vom Alltag des Selbstschutzkampfes. Von Hauptmann (E) Judeich	292
Die letzte Schlacht. Von K. Hopp	296
Der Peter-Pauls-Tag in Hindenburg. Von einem Mitkämpfer	302

Grenzkampf im Süden ... 305
Widerstand in Böhmen. Von Wilhelm von Schramm	306
Sudetendeutschlands Märzgefallene. Von Rolf Liemann	307
Kärnten im Abwehrkampf. Von Hauptmann a. D. A. Maier-Kaibitsch	309
Der Tag von Grafenstein. Von Dr. Hans Steinacher	314
Gefecht bei Hollenburg. Von August Sorko	315
Kampftage um Sankt Jakob im Rosental. Von Oberst Eglseer, ehem. Kommandant des Abschnitts Rosenbach der Kärtner Abwehrkämpfer	316
Gemütliches aus ungemütlichen Tagen. Von Leutnant Viktor Arneitz	319
Die Einnahme von Völkermarkt. Nach Tagebuchaufzeichnungen von Oberst i. R. E. Michner, ehem. Führer des Kärntner Volkswehr-Batl. St. Veit Nr. 8	320
Im Morgengrauen des 29. April bei Glainach. Von Leutnant Josef Gerstmann	323
Wir stürmen den Tunnel. Von Oberleutnant Karl Fritz	324
Der Panzerzug. Von Sepp Schleisner	327
Volksaufstand an der Mur. Von einem ehemaligen Mitglied der Abwehrleitung Untersteiermark	335
Kampf um den Sorghof. Der sudetendeutschen Freiheit entgegen. Von Emil Schneemann	338

Der Kapp-Putsch ... 343
Das Kapp-Unternehmen. Aus dem Tagebuch eines Sturmsoldaten. Von Hartmut Plaas	344
Abschied. Zur Auflösung der 2. Marine-Brigade (Ehrhardt). Von Kapitänlt. Eberhard Kautter	350
Der Kampf in Friedrichshagen. Bericht über den MG.-Zug Henschel der Zeitfreiw.-Abt. 13, Berlin	350
Die Eiserne Schar Berthold in Harburg. Von Georg Seitz	353
Zeitfreiwilligen-Regiment Pommern. Von Hans Albert Pikarski	358
Mit dem Panzerwagen in den Leipziger Straßenkämpfen. Von Oberfeldmeister Kurt Mirus	360
Die Toten vom Panzerwagen Siegfried. Von Hans Roden	364
Brennendes Mitteldeutschland. Gefechtsbericht des Leutnants Seyd, ehem. Führer des leichten Kampfwagenzuges 16	365
Aus Halles „roter Zeit". Nach amtlichen Berichten zusammengestellt von Dr. W. Lützkendorf	369
Sturm auf den Fliegerhorst Gotha. Nach Berichten des Freikorps Thüringen	370
Einsatz in Hannover. Von Oberleutnant d. R. Schmidt, ehem. Ordonnanzoffizier beim Freikorps Hindenburg	375
Unruhen in Frankfurt a. M. Von Rittmeister von Neufville, ehem. Führer des Freikorps von Neufville	378
Der Tag von Wetter. Von E. Sauter	381
Vom Kampf der Essener Einwohnerwehr. Von Walter Sager, Dierdorf (Westerwald)	383
Der Kampf um Remscheid. Erzwungener Übertritt des Zeitfreiwilligenkorps Remscheid in englisches Besatzungsgebiet	385
Ritt durch die rote Front. Aus der Geschichte des Husaren-Regiments 11	390

	Seite
Der blutige Montag in Duisburg. Von Roßmann (Mitglied des Wehrausschusses) und Schmidthuysen (Führer eines Stoßtrupps der Duisburger Einwohnerwehr)	392
Durchbruch des Reichswehr-Schützen-Regiments 61. Von Heinrich Wilden	393
Vormarsch gegen Essen. Von Ulrich von Bose, ehem. Hauptmann im Generalstab und 1. Generalstabsoffizier der III. Marine-Brigade von Loewenfeld	394
Freikorps Epp bei Pelkum	403
Letzter Sturm. Von C. Hoffmann, Rostock	404
Die letzte Parade der III. Marine-Brigade von Loewenfeld am Skagerraktage 1920	406
Freikorps-Arbeitsdienst-Siedlung. Das Schicksal eines Vorkämpfers der Freikorpssiedler. Von Dr. Franz Wiemers-Borchelhof, Münster	407

Grenzkampf im Westen ... 415

Krieg im Dunkeln gegen die französische Besatzung in Essen. Von Dr. Reckhaus, Essen, ehem. Führer der Ruhrkampforganisation Rauh	417
Der Weg ins Ruhrgebiet. Von Friedrich Glombowski	424
Sprengung des Rhein—Herne-Kanals. Von einem Mitkämpfer der Ruhrkampf-Organisation Oberland	428
Unternehmen Wesel. Von P. Jansen	431
Zum Tode verurteilt. Von F. W. Graf von Keller	435
Ludwig Knickmann. Von SA.-Oberführer Jackstien	437
Kampf der Regiebahn! Erlebnisberichte von Mitkämpfern der Sabotage-Organisation der Eisenbahner	438
Separatistenputsch in Koblenz 1923. Von Dr. Hans Bellinghausen	442
Der Kampf der Separatisten in Adenau. Von Josef Kroll	449
Separatisten stürmen das Aachener Rathaus. Von Dr. Will. Hermanns	452
Die Separatistenschlacht im Siebengebirge. Auszug aus einem Bericht des Diplom-Volkswirts Claus Friedrichs	457
Der Tod von Speyer. Das Strafgericht an den separatistischen Verrätern. Von Günther Muthmann	459
Volksgericht in Pirmasens. Von Ernst Hoffmann	466
Ruhrkämpfer auf der Insel Ré. Von Georg Zimmermann, ehemals mit Schlageter in Düsseldorf verurteilt	468
Albert Leo Schlageter. Das Vorbild eines deutschen Freikorpskämpfers. Von Ernst von Salomon	475
Personen- und Formationsverzeichnis	493

Vorwort

Jede Zeit stellt als Zeichen für ihre historische Qualität einen neuen vorbildlichen Typus heraus, einen Typus, der einmalig ist und nicht nachahmbar, und der auch mit ihr wieder verschwindet. In ihm hat sich das symbolische Empfinden der Zeit zur Gestalt verdichtet. Der Frontkämpfer ist aus guten Gründen für jede nur denkbare Betrachtung der Typus des Weltkrieges, nicht der Kriegsgewinnler; und aus ebenso guten Gründen hat sich in der Rückschau unserer Tage nicht der Inflationsschieber, nicht der Revoluzzer, nicht der parlamentarische Volksvertreter oder der Konjunkturritter als Zeuge jener Zeit des eigentlichen Nachkrieges erhalten, sondern der Freikorpskämpfer.

Von ihm als dem Träger der geschichtlichen Epoche des deutschen Nachkrieges soll dies Buch berichten. Er selber soll zu Worte kommen. Die Tat ist stumm. Was damals geschah, blieb unausgesprochen. Des Freikorpskämpfers Tun und Wesen blieb jeder Deutung offen. In diesem Buche erzählt der Freikorpskämpfer, was er erlebte. Er erlebte Geschichte. Der deutsche Nachkrieg ist die Geschichte des deutschen Freikorpskämpfers. Ohne sein Zeugnis kann einer der wichtigsten Abschnitte deutschen Geschehens nicht erkannt und begriffen werden. Selbstverständlich kann dies Buch nicht von jedem Gefecht, nicht von jeder Formation, nicht von jedem Freikorpsführer berichten. Es kann nur einen lebendigen Querschnitt durch den deutschen Nachkrieg geben, vielerlei Ausschnitte, gesehen von vielerlei Temperamenten, Darstellungen von Führer und Mann.

Allen Kameraden, die zu diesem Buche beigetragen haben, sei Dank gesagt.

Der Herausgeber.

Die Gestalt des deutschen Freikorpskämpfers

Von Ernst von Salomon

Die Freikorps entstanden unter dem Zwang des Kampfes. Sie wurden aus unmittelbaren Notwendigkeiten geboren und verschwanden, als andere Notwendigkeiten am Zuge waren, zu wirken. So waren die Freikorps Kräfte einer bestimmten Zeit und vergingen mit ihr. So waren sie auch Ausdruck jener Zeit, der Jahre 1918 bis 1924, weil sie stärker waren als die Gegenkräfte, — ihre Entwicklung entsprach der kontinuierlichen Linie des historischen Prozesses dieser Jahre des deutschen Nachkrieges.

Da der Kampf die Bestimmung der Freikorps war, ihr Element der Einsatz, erhielt die Zeit ihres Wirkens kriegerisches Gepräge. Nichts war ihr weniger vorbestimmt, als eben dies. Gerade war der große Krieg zu Ende, auf allen Straßen des zerrütteten, besiegten, verratenen deutschen Landes war der Schrei nach Frieden der einzige, der allen streitenden Parteien gemeinsam war. Aber die flüssige Ordnung der Welt ist ökonomisch, jede große Bewegung will sich erschöpfen bis zu ihrem Rest. Der große Krieg hatte sich nicht erschöpft, er war zu einem Abschluß gekommen, nicht zu einer Erfüllung. Was zu tun blieb, taten die, welche der Zeit und ihrem geheimnisvollen Sinn am tiefsten verbunden waren. Als sie verschwanden, war der deutsche Nachkrieg zu Ende. Dies war die eine Aufgabe der Freikorpskämpfer: den Sinn des Krieges sich erschöpfen zu lassen bis zum Ende ihrer Kraft. Darum blieben sie nicht in der Abwehr, darum traten sie abermals zum Vormarsch an. Sie kämpften an den Grenzen im Osten, sie stürmten bis zur Düna vor in das weite, als deutsches Vorfeld vergessene Land. Sie kamen so weit, wie ihr Atem reichte. Mehr konnten sie nicht tun. Sie eroberten die im Strudel der Revolution preisgegebenen Provinzen zurück. Sie zu halten, war nicht ihre Aufgabe. Sie errangen auf dem inneren Plan des Reiches Position um Position. Sie zu nutzen, unterlag der Pflicht anderer. Sie fochten auf allen Feldern der Entscheidung, sie machten jede Entscheidung reif, — daß keine getroffen wurde, war nicht ihre Schuld.

Die andere Aufgabe bot sich ihnen im Zuge ihres eigenen Tuns. Auch sie war kriegerischer Natur. Der Krieg ist immer der Erzeuger einer neuen historischen Epoche. Jede Zeit trägt das Erbgut des Krieges in sich, in dem sie entstand. Der große Krieg hatte das Gesicht der Welt verändert. Es gab kein Land, das nicht nach Frieden ächzte, jedes aber sah dankbar im Krieger die beispielhafte Gestalt der neuen Zeit. Nur Deutschland glaubte, die Zukunft nach einem anderen Typ ausrichten zu müssen, nach dem des Bürgers, — des friedfertigen, anspruchslosen, arbeitsamen, gutgläubigen demokratischen Bürgers, einer Phantasiefigur, die niemals Wirklichkeit besaß und in keine, und besonders nicht in die Wirklichkeit des Nachkrieges paßte. Deutschland schuf durch die Revolution von 1918 nicht den Bürger, sondern den Bourgeois. Die deutsche Republik schuf sich eine Verfassung, die keinerlei gestaltende Kraft besaß. Sie war auf eine Ideologie gegründet, die einem Wunschbild entsprang — und nicht einmal einem schönen. Die deutsche Republik war da, weil die Kräfte, die sie daran hätten hindern können, da zu sein, im Kampfe mit ihren eigenen Gegenkräften verstrickt lagen. Die deutsche Republik lebte fort aus dem Echo dieser Kämpfe, außerhalb dieser Kämpfe; darum hatte sie weder historischen Drang, noch historische Aspekte. Das war ihre Schuld, und daran mußte sie schließlich zugrunde gehen.

Um die Gestaltung des Reiches rangen die Internationalisten und die Nationalisten. Die einen hatten überall zum Worte gefunden und nirgends zur Tat, die anderen überall zur Tat und nirgends zum Worte. Als die Freikorps antraten, lebten sie noch im Banne des großen Krieges, der sie soeben entlassen hatte. Sie hatten gelernt, zu tun, was vordringlich zu tun war, und sie taten es. Gerade das qualifizierte sie zu Trägern der Geschichte ihrer Zeit.

Die Männer der Freikorps waren nicht getrieben von einer Idee, sie waren getrieben von ihrem Bewußtsein der Gefahr. Und das geschah zu einer Zeit, da es allerorten von Ideen wimmelte, da sie ausgeboten wurden wie sauer Bier und billig waren wie Brombeeren. Eben dies ist die vorzüglichste Eigenschaft der Freikorpsmänner gewesen: sie waren frei von jeder Ideologie. Sie vermochten nicht auszudrücken, was sie bewegte, ihr Handeln war stumm — aber es war folgerichtig. Und selbst dort, wo es erfolglos war, barg es doch die Möglichkeit des Erfolges und wartete derer, die berufen waren, diese Möglichkeit zu nutzen.

Die Möglichkeiten des Erfolges aber sofort zu erkennen, das unterschied sie von ihren Zeitgenossen und tat die Einheitlichkeit ihres Bewußtseins kund. Es war das Bewußtsein des Staates. Sie waren der Staat und sonst niemand. Wo sie standen, war der Staat. Sie standen in den Brennpunkten der Gefahr, dort, wo sich der Staat am schärfsten betont. Sie waren Gewalt, weil der Staat Gewalt ist. Sie handelten im Recht, weil der Staat im Recht handelt. Es gibt wenig Grenzen, die notwendig so verlaufen müssen, wie sie verlaufen, die eine geographische Einheit umschließen, eine wirtschaftliche, eine strategische, eine sprachliche, eine völkische. Es gibt wenig ideale Grenzen, viele, über deren Brauchbarkeit sich diskutieren ließe. Deutschland besitzt nicht eine Grenze, die notwendig so verlaufen müßte, wie sie verläuft. Keine deutsche Grenze ist denkbar, die, wenn sie vorverlegt oder zurückgedrängt werde, nicht sofort demselben Dilemma unterläge wie die bestehenden. Keine Grenze der Deutschen ist denkbar, die nicht einzig gebildet werden muß durch das Bewußtsein der Deutschen: bis hierher und nicht weiter.

Das ist so, und es galt für die deutschen Freikorpskämpfer mehr noch als für die anderen Deutschen damals, aus diesem Tatbestand die Folgerungen zu ziehen. Die wichtigste dieser Folgerungen, die einzige, welche eine geschichtliche Garantie der Zukunft bedeutet, heißt: Allmacht des Staates.

Sicherlich ist das Glück des Volkes ohne den Staat denkbar. Es ist denkbar, und manchem erscheint es ein freundlicher Traum und durchaus wünschenswert, daß sich die Deutschen, gutmütig bescheiden, in ihren anmutigen Tälern und auf ihren sanften Hügeln friedlichem Tun hingeben, gedankenvoll dem traulichen Züpfen der Lämmer auf den Weiden zuschauen, die Früchte ihres kargen Bodens ernten, emsig werken, mit kunstwilligem Fleiß in mancherlei Gewerben die notwendigen Produkte des zivilisierten Bedürfnisses herstellen, um endlich der Welt aus den Gefilden mäßigen Wohlstandes Dichter, Denker und Wissenschaftler von bekömmlicher Zurückhaltung zu schenken. Dazu ist freilich kein Staat notwendig, kein Heer, und als Behörde nur ein Steueramt, durchtränkt mit freundwilligem Wohlwollen. Dies Glück des Volkes ist denkbar, wenn die Deutschen willens sind, die Probleme der Welt zu ignorieren, und die Welt willens ist, mit ihren Problemen den Deutschen nicht zu nahe zu kommen, es ist denkbar, wenn die Deutschen willens sind, ihre Geschichte zu vergessen, ihre Anstrengungen als sinnlos zu erachten, ihre Taten als irrtümlich, ihre Großen als Dummköpfe, ihren Glauben als Narrheit. Besagtem Glücke des Volkes ist der Staat allerdings feind. Er wäre dem Volke selbst feind, wenn es nur den Traum dieses Glückes in sich trüge. Denn dieser Traum bedeutet den Verzicht auf jedes geschichtliche Wirken. Den Willen und die Fähigkeit zu diesem Wirken vorausgesetzt, gibt es keine andere Ordnung der Deutschen, als die staatlich bestimmte, das heißt eine genaue Ordnung nach Plan und Methode, welche das Ganze sichert, indem sie jede erreichbare Kraft ergreift und vervielfacht und einheitlich richtet.

In den Wirren des deutschen Nachkrieges, als das Volk um eine Gesellschaftsordnung rang, welche den Wohlstand garantieren sollte, eine Art von Wohlstand, aufgebaut auf dem Grunde eines gerechten Ausgleiches, der Diktatur einer Klasse, der weltwirtschaftlichen Erfordernisse, oder wie die mannigfaltigen Parolen sonst lauten mochten, kämpften die Freikorpsmänner als eine Schar, welche keine Art von Wohlstand auch nur zu denken vermochte, als eine, die einzig dazu dienen konnte, die Kräfte des Staates zu fördern, keine Gesellschaft als eine, die unmittelbar dem Staate hingegeben war, keine Ordnung, als eine, die das nützliche Gefüge des Staates sein mußte. Diesen Männern war es gleich, um welche Rechte sich die Ideologen stritten, sie standen nicht dort, wo sie der Zufall hingewürfelt hatte, die Abstammung, das Herkommen, der Stand, die Arbeit, sie warfen sich in die Breschen, die durch das Fehlen des Staates verursacht waren. Sie sammelten sich an den brennenden Grenzen, an den verlorenen Zipfeln und Fetzen des Reiches, sie rangen verbissen mit dem Aufstand, der die innere Gefahr bedeutete, sie stürmten jede Bastion, auf der eine fremde Fahne emporgestiegen war, sie fochten einzeln und zu Haufen, Freiwillige, von allen gesucht und von niemandem willkommen geheißen, wie Sprengpulver wirkend, wohin sie auch stießen, aus allen Berufen kommend und aus allen Lagern, und doch ein einheitlicher Typ, alle Masken tragend und doch ein Gesicht, in allen Formen zu Hause und doch eine Form.

Die Wirkung ihres Tuns war unermeßlich. Sie selber ernteten die Früchte ihres Tuns nicht, der Staat erntete sie. Sie wußten kaum voneinander, und doch erkannten sie sich. Sie trafen sich und verließen sich wieder, und wo sie gewesen, war eine Provinz gewonnen, eine Stadt befreit, eine Ordnung aufgerichtet, eine Fahne gehißt. Sie zogen weiter, abgerissen, gehetzt, von unsäglicher Armut, völlig fremd dem Leben der Bürger, welches Arbeit hieß und Ruhe und eine wenn auch noch so kleine Bequemlichkeit. Was im deutschen Nachkrieg geschah, ereignete sich außerhalb der Bezirke gewohnten Denkens. Diese sonderbaren „Konterrevolutionäre" handelten so, wie die Revolutionäre hätten handeln müssen. Sie taten das, was die anderen alle in ihrer Fülle von Ideen zu tun verabsäumten, sie sicherten den Staat nach außen und die Ordnung nach innen. Und dies ist ihr Verdienst, daß sie es taten, ohne die Ebene des staatlichen Bewußtseins zu verlassen, ohne sich in das Gebiet der offiziellen Politik zu begeben, welches ein Gebiet der Scheinpolitik, der ideologischen Politik war.

Der verstorbene Generalfeldmarschall und Reichspräsident von Hindenburg sagte einmal zu einem seiner Kanzler: „Sie verstehen, ich möchte einmal mit mehr als dem Ergebnis der großen Koalition vor meinen Herrgott treten!" Es steht zu vermuten, daß der betreffende Kanzler nicht verstand. Und wenn er verstand, hätte er doch keinen anderen Vorschlag machen können, als den etwa der mittleren oder der kleinen Koalition.

Jene kleinen, gehärteten Einheiten, Freikorps, Bünde, Organisationen, welche den deutschen Nachkrieg durchfochten, bezogen ihre Direktiven nicht vom Willen des Volkes. Sie waren parlamentarisch nicht vertreten, sie standen außerhalb der offiziellen politischen Diskussion. Auch jene kleine, gehärtete Einheit stand außerhalb, die sich als nationalsozialistische Bewegung bezeichnete. Sie hatte es sich zur besonderen Aufgabe gemacht, das Volk willig zu machen für den Staat. Diese Aufgabe ist ihr gelungen. Mit dem Tage ihres ersten Vorstoßes, mit dem Marsch nach der Feldherrnhalle, fand die Epoche des deutschen Nachkrieges ihren Abschluß, begann eine Zeit der deutschen Geschichte, die sich

Freikorpskämpfer

Photo: Heeresarchiv

auf einer ununterbrochenen Linie zum Dritten Reich bewegte.

Der Staat ist ein abstrakter Begriff des Bewußtseins. Die Männer des deutschen Nachkrieges, die sich ihm verschrieben, handelten aus einem Sein, nicht aus einem Meinen. Dadurch nahmen sie dem Staat die Abstraktion: Sie selber waren der Staat in einer staatenlosen Zeit. Sie waren Krieger, und der Staat, den sie in ihrem Bewußtsein trugen, war darum kriegerischer Art. Wenn wir die Elemente erforschen, die dem deutschen Freikorpskämpfer die geistige und seelische Haltung gaben, dann können wir die Spuren aller in der deutschen Geschichte einstmals wirkenden Elemente finden, außer dem einen, dem bürgerlichen. Die Besonderheit dieses Kriegerschicksals, das Hineingestelltsein zwischen zwei Zeiten und zwei Ordnungen, die Bestimmung, in sich das Alte zu erfüllen und das Neue zu erfühlen, konnte sich nur durch eine betonte Absage an das Bürgerliche als an eine stark empfundene Verfälschung der deutschen Substanz vollziehen. Die Haltung des vergangenen Jahrhunderts hatte vor ihrer einzig ernsthaften Probe, vor der Härte des Weltkrieges nicht bestanden. Darum mußte dem Krieger diese Haltung verächtlich sein. Darum mußte er die Ordnung, die von dieser Haltung geschaffen wurde, verneinen. Darum wurden in ihm alle Kräfte frei, die bislang durch die Gesetze der geltenden Norm gebändigt waren. Aber wer den geistigen Inhalt, der die neue Zeit erfüllt, zu erkennen vermag, wer an der Gestaltung der kommenden Dinge arbeitet, für den kann kein Zweifel bestehen, an der tatsächlichen Wirkung, die der deutsche Nachkrieg gehabt hat. Denn wie die Haltung, die den Freikorpskämpfern die Kraft gab, einem Sein, nicht einem Meinen entsprang, so wird die Haltung, die in allen, die strengster Verantwortung leben, gültig ist, nicht von Ideologien, nicht von Programmen und Meinungen, sondern vom Sein und Handeln artverwandter Menschen diktiert sein. Die Entscheidung des großen Krieges, die an seinem Ende nicht gefallen war, hat sie sich nicht schon im Nachkrieg angedeutet durch die schärfere Fragestellung? Und wurde diese Fragestellung nicht von den Freikorps — wenn auch unklar und wirr, wenn auch in Auflehnung und Chaotik — aller Welt deutlich gemacht? Auf einmal bohrte sich in die deutsche Welt, die trotz Umsturz und verlorenem Krieg noch ihre unangetastete Struktur besaß, der Zweifel! Auf einmal gab es außer Arbeitgebern und Arbeitnehmern noch etwas anderes, geladen mit gefährlichen Energien, auf einmal hieß es nicht mehr Fortschritt oder Reaktion, nicht mehr Demokratie oder Absolutismus, sondern Sieg oder Untergang der Nation! Hier handelten zum ersten Male Soldaten ohne Befehl, Freiwillige! Zum ersten Male galt die freie Willigkeit bei diesen Männern als die Grundlage des Staates. Und wenn wir alle äußeren, greifbaren Ergebnisse des Wirkens der deutschen Freikorpskämpfer: die Erhaltung der Einheit des Reiches, die Sicherung der Grenzen, die Niederschlagung internationalistischer Aufstände, — wenn wir alles dies nicht in Rechnung stellen, so hat dennoch die Zeit des deutschen Nachkrieges vor der Geschichte einzig durch die Gestalt des deutschen Freikorpskämpfers ihren Sinn erhalten: er war gleich dem ersten Soldaten, dessen Gestalt Gleichnis geworden ist für diese und kommende Zeit: Albert Leo Schlageter!

Die Ehrenzeichen der deutschen Nachkriegskämpfe

Das Baltenkreuz   Der Schlesische Adler   Das Kärntenkreuz

Kampf um das Reich

Wie es begann

1. August 1917	Matrosenrevolte auf dem Linienschiff SMS. „Prinzregent Luitpold".
28. Januar 1918	Munitionsarbeiterstreik in Berlin.
3. Oktober 1918	Prinz Max von Baden Reichskanzler.
26. Oktober 1918	Entlassung Ludendorffs.
29. Oktober 1918	Meuterei auf Linienschiffen der Hochseeflotte.
3. November 1918	Revolte in Kiel. Blutige Zusammenstöße. Schießverbot für regierungstreue Truppen.
5. November 1918	Vier Offiziere auf Linienschiff SMS. „König" verteidigen die Reichskriegsflagge gegen rote Meuterer bis zum Tode. In Berlin wird Sowjetbotschafter Joffe ausgewiesen. In Hamburg und Lübeck rufen Leute in Matrosenuniform die Republik aus. Noske wird Gouverneur von Kiel, stellt sich an die Spitze der revolutionären Bewegung.
6. November 1918	Meuternder Gefangenentransport ruft in Bremen die Republik aus. Revolutionäre Tumulte in München.
7. November 1918	Der König von Bayern und seine Familie fliehen ins Ausland.
8. November 1918	Leute in Matrosenuniform tauchen in innerdeutschen Städten auf und rufen die Republik aus. Aufforderung zur Bildung von Arbeiter- und Soldatenräten. (An diesem Tage u. a. Magdeburg, Halle, Köln, Essen, Düsseldorf, Darmstadt, Nürnberg.)
9. November 1918	Der Kaiser verläßt das Große Hauptquartier. Bei der OHL. wird ein Soldatenrat eingesetzt. Scheidemann ruft in Berlin die Republik aus. Generalstreik in Berlin. Plünderungen im Etappengebiet der Westfront.
10. November 1918	In Berlin tagt im Vollzugsrat der Arbeiter- und Soldatenräte. Der Rat der Volksbeauftragten setzt sich ein. Ebert Reichskanzler und Vorsitzender dieses Rates. Der Großherzog von Hessen wird für abgesetzt erklärt.
11. November 1918	Erzberger unterzeichnet den Waffenstillstand.
13. November 1918	König August von Sachsen dankt ab.
14. November 1918	Franzosen besetzen das Elsaß und das Saargebiet.
16. November 1918	Wahlen zu einer Nationalversammlung werden auf den 19. Januar 1919 festgesetzt.

Berlin

9. November 1918	Arbeiter- und Soldatenräte werden gebildet. Die Berliner Kasernen fallen in die Hände der Meuterer.
10. November 1918	Die Versammlung der Berliner Arbeiter- und Soldatenräte bestätigt die Volksbeauftragten und wählt einen Vollzugsrat.
11. November 1918	Aus Matrosen, die von den Volksbeauftragten nach Berlin gerufen worden sind, wird eine „Volksmarine-Division" gebildet.
15. November 1918	Die Volksmarine-Division besetzt im Auftrage der Regierung das Schloß.
16. November 1918	Offizierstellvertreter Suppe beruft eine Versammlung aktiver Unteroffiziere ein. Es erscheinen 3000 Mann.
17. November 1918	Der Stadtkommandant Wels (SPD.) ruft zur Bildung einer republikanischen Soldatenwehr auf.
5. Dezember 1918	Offizierstellvertreter Suppe gründet eine freiwillige Regierungstruppe.
6. Dezember 1918	Blutiger Zusammenstoß zwischen Regierungstruppen und Spartakisten im Regierungsviertel.
10. Dezember 1918	Einzug der Garde-Kavallerie-Schützendivision.
16. Dezember 1918	Eröffnung der Reichskonferenz der Arbeiter- und Soldatenräte.
23. Dezember 1918	Volksmarine-Division besetzt die Reichskanzlei. Die Regierung wird abends von den Truppen des Generals Lequis befreit.
24. Dezember 1918	Nach Weigerung der Volksmarine-Division, den im Schloß gefangen gehaltenen Stadtkommandanten Wels freizugeben, geben die SPD.-Volksbeauftragten dem Kriegsminister den Befehl zum Angriff. Ergebnis: Die Matrosen bleiben im Schloß, werden der republikanischen Soldatenwehr eingegliedert, die Regierungstruppen müssen zurückgezogen werden.
25. Dezember 1918	General Lequis wird ersetzt durch General von Lüttwitz.
27. Dezember 1918	Der Stadtkommandant Wels legt sein Amt nieder.
28. Dezember 1918	Der Kriegsminister Scheuch legt sein Amt nieder. Austritt der USP. aus der Regierung. Noske wird Regierungsmitglied, übernimmt den Befehl über alle regierungstreuen Truppen. Oberst Reinhard wird zum Stadtkommandanten in Berlin ernannt.
31. Dezember 1918	Das freiwillige Landesjägerkorps trifft in Zossen, und andere freiwillige Formationen in der Umgebung Berlins ein.
2. Januar 1919	Die Regierung beschließt die Bildung eines Freiwilligen-Heeres. Besprechung der Freikorpsführer über Einmarsch in Anwesenheit Noskes im Generalstabsgebäude.
5. Januar 1919	Ausbruch des bewaffneten kommunistischen Aufstandes in Berlin; das Zeitungsviertel wird von den Aufständischen besetzt. Ausrufung des Generalstreiks.
6. Januar 1919	Oberst Reinhard schlägt Angriffe gegen die Moabiter Kasernen und Reichskanzlei ab.
7. Januar 1919	Regierungstruppen (Eisenbahn-Regiment) erstürmen Reichsbahndirektion am Schöneberger Ufer.
8. Januar 1919	Kämpfe um Brandenburger Tor, vor Reichskanzlei. Spartakistische Angriffe auf Anhalter und Potsdamer Bahnhof abgeschlagen.
9. Januar 1919	Kämpfe um das Zeitungsviertel.
11. Januar 1919	Truppen unter Oberst Reinhard und Major v. Stephani stürmen den „Vorwärts" und Büxenstein. Das Zeitungsviertel von Spartakus geräumt. „Demonstrationsmarsch" der vor Berlin liegenden Regierungstruppen durch Berlin. In der Nacht zum 12. erstürmen Gardefüseliere das Polizeipräsidium.

15. Januar 1919	Liebknecht und Rosa Luxemburg erschossen.
19. Januar 1919	Wahlen zur Nationalversammlung.
11. Februar 1919	Ebert wird Reichspräsident.
28. Februar 1919	Auflösung der republikanischen Soldatenwehr von Noske angeordnet.
3. März 1919	Generalstreik. Belagerungszustand.
5. März 1919	Republikanische Soldatenwehr und Volksmarine-Division verweigern die Auflösung; Ausbruch von neuen Kämpfen.
6. März 1919	Polizeipräsidium und Marinehaus von Regierungstruppen erstürmt.
8. März 1919	Abbruch des Generalstreiks. Spartakisten besetzen Lichtenberg.
9. März 1919	Befehl Noskes: Jede Person, die mit den Waffen in der Hand gegen Regierungstruppen kämpfend angetroffen wird, ist sofort zu erschießen.
11. März 1919	Die versuchte Wiederaufrichtung der Volksmarine-Division wird gewaltsam verhindert.
12. März 1919	Lichtenberg von Regierungstruppen besetzt.

Mitteldeutschland

9. Januar 1919	Entwaffnung von Regierungstruppen auf dem Hauptbahnhof Leipzig. Vier Tote. Generalkommando Lüttwitz befiehlt Landesjägerkorps Bereitschaft zu einer Unternehmung gegen Halle.
2. Februar 1919	Einmarsch der Landesjäger in Weimar.
8. Februar 1919	Roter Putschversuch in Erfurt.
11. Februar 1919	Arbeiter- und Soldatenrat Gotha plündert Garnisonwaffenkammer. Grenzschutzkompanie Gera in Gotha entwaffnet.
18. Februar 1919	Landesjägerkorps besetzt Gotha. Kämpfe dauern tagelang an.
22.—24. Februar 1919	Besetzung thüringischer Garnisonen, insbesondere Langensalza, Eisenach, Mühlhausen.
25. Februar 1919	Generalstreik in Mitteldeutschland.
27. Februar 1919	Besetzung des Leipziger Hauptbahnhofes durch Spartakisten.
28. Februar 1919	Sächsische Regierung befiehlt Aufstellung von Grenzjäger-Abteilungen.
1. März 1919	Landesjägerkorps besetzt Halle.
2. März 1919	Ermordung des Oberstleutnant im Generalstabe von Klüber.
2.—3. März 1919	Erbitterte Kämpfe in Halle.
5. März 1919	Generalstreik beendet.
8. März 1919	Befreiung von Zeitz von Spartakusbanden.
14. März 1919	Freikorps Görlitz (Faupel) besetzt Dresden.
7. April 1919	Spartakusputsch in Magdeburg.
9. April 1919	Landesjägerkorps besetzt Magdeburg.
12. April 1919	Sächsischer Kriegsminister Neuring ermordet und in die Elbe geworfen.
16. April 1919	Braunschweig von Landesjägerkorps und II. Marine-Brigade eingekreist. Rote Regierung unter Sepp Oerter dankt ab.
5. Mai 1919	Regierungstruppen unter Führung des Generals Maerker besetzen zur Herstellung geordneter Verhältnisse Leipzig.
19.—20. Mai 1919	Kämpfe in Eisenach.
15. Juni 1919	Drohender Eisenbahnerstreik in Thüringen.
8. August 1919	Überfall auf Grenzjägerbataillone VII und IX in Chemnitz.
18. August 1919	Chemnitz wird von Regierungstruppen besetzt.

Hamburg — Bremen

5.—6. November 1918	Besetzung des Hamburger Hafens und der Werftinsel durch Kieler Matrosen.
6. November 1918	Feuergefecht am Elbtunnel. Revolutionierung der Stadt nach Feuergefechten. Bildung von Arbeiterräten in Bremen. Befreiung der Militärgefangenen in Oslebshausen. Transport gefangener Matrosen auf dem Bahnhof. 100 Infanteristen meutern und stürmen die Kaserne.
8. November 1918	Wahl des Arbeiter- und Soldatenrates in Hamburg.
15. November 1918	Hissung der roten Fahne auf dem Rathaus in Bremen, Absetzung des Senats.
29. Dezember 1918	Bewaffnung der revolutionären Arbeiterschaft in Bremen.
30. Dezember 1918	Entwaffnung des Infanterie-Regiments 75 nach seinem Einzug in Bremen.
10. Januar 1919	Proklamierung der Räterepublik in Bremen.
27. Januar 1919	Sturm freiwilliger Marinetrupps auf die von Roten besetzte „Tausend-Mann-Kaserne" in Wilhelmshaven. Bildung einer Marine-Brigade unter Führung des Kapitäns Ehrhardt.
4. Februar 1919	Sturm der Freiwilligen-Division Gerstenberg auf Bremen. Schwerer Kampf um die Weserbrücken. Bewaffnung revolutionärer Arbeiter in Hamburg. Drohung mit einem Vorstoß nach Bremen.
5. Februar 1919	Besetzung der Weserwerft in Bremen durch Regierungstruppen.
11. März 1919	Bildung einer Freiwilligen-Wachabteilung Bahrenfeld in Hamburg.
24. Juni 1919	„Sülzekrawall" vor dem Rathaus in Hamburg. Belagerungszustand. Schwerer Kampf um das Rathaus.
25. Juni 1919	Waffenstillstand. Überfall auf die Bahrenfelder. Beschluß der Reichsexekution gegen Hamburg.
1. Juli 1919	Einmarsch der verstärkten Division Lettow-Vorbeck in Hamburg.

Schlesien

9. November 1918	Bildung eines Arbeiter- und Soldatenrats in Breslau. Heftige Unruhen in Neiße.
14. November 1918	Rückkehrende Fronttruppen der 6. Jäger holen vom Bahnhof Oels bei Ankunft die rote Fahne herunter. Unruhen werden unterdrückt.

6. Januar 1919	Aufruf des Generalkommandos zur Meldung von Freiwilligen. In Waldenburg bilden sich Freiwilligen-Bataillone „Böhmerland" und „Sudetenland" aus sudetendeutschen Flüchtlingen.
5. März 1919	Zusammenstöße in Oberschlesien. Belagerungszustand. Aufruf zum Generalstreik.
11. März 1919	Unruhen in Schlesien. Freiwilligentruppen besetzen Breslau.
12. April 1919	Stiftung des „Schlesischen Adlers" als Bewährungsabzeichen für die in Schlesien eingesetzten Freiwilligentruppen.
29. April 1919	Freikorps Aulock heftige Zusammenstöße in Gleiwitz.
30. April 1919	Auflösung der Soldatenräte durch Streichung im Etat.
5. Mai 1919	Freikorps Aulock säubert den Truppenübungsplatz Lamsdorf von revolutionären Truppenteilen.
12. Mai 1919	Freikorps Paulssen löst das Fliegerlager Brieg auf.
20. Mai 1919	Fürstbischof von Breslau lehnt Freiwilligenwerbung in den Kirchen ab, da er Rücksicht auf seine polnischen und tschechischen Gläubigen zu nehmen hat.
24. Juni 1919	Unruhen in Breslau und Schlesien, Streiks.
27. Juni 1919	Ausnahmezustand in Schlesien, Arbeitszwangbefehl.
28. Juni 1919	Freikorps Aulock und Kühme besetzen Breslau.

Ostpreußen

29. November 1918	Bildung einer „Republikanischen Armee- und Marine-Volkswehr" in Königsberg.
30. Dezember 1918	Rote Volkswehr in Allenstein schießt in heimkehrende Fronttruppen (Feldartillerie-Regiment 73), weil rote Fahnen abgelehnt, 2 Tote, 16 Verwundete.
7. Januar 1919	Bildung der Freiwilligen-Jägerschar Gerth in Allenstein.
12. Januar 1919	Kundgebung der Königsberger Bevölkerung für die Bildung von Freiwilligen-Formationen zum Schutze Ostpreußens. Rote Marinewehr schießt in die Kundgebung. Zwei Tote.
18. Januar 1919	Befehl zur Gründung des „Ostpreußischen Freiwilligenkorps".
5. Februar 1919	Aufstellung einer Freiwilligen-Haff- und Flußflottille.
2. März 1919	Aufruhr der Roten Sicherheitswehr in Lötzen niedergeschlagen.
3. März 1919	Besetzung von Königsberg durch das Ostpreußische Freiwilligenkorps nach schweren Kämpfen. 25 Tote.
7. März 1919	Säuberung von Pillau und Sensburg.
15. Mai 1919	Überleitung des Ostpreußischen Freiwilligenkorps in die Reichswehr.

Westdeutschland

8. Januar 1919	Streik im gesamten Ruhrgebiet.
17. Januar 1919	Entente besetzt Duisburg „zur Sicherung der Kohlentransporte".
7. Februar 1919	Hauptmann von Pfeffer löst ein revolutioniertes Landsturmbataillon im Sennelager auf. Soldatenrat in Münster beschließt Aufhebung der Kommandogewalt der Offiziere.
10. Februar 1919	General von Watter besetzt Münster und löst den Soldatenrat auf.
12. Februar 1919	Schwere Unruhen in Duisburg.
14. Februar 1919	Freikorps Lichtschlag besetzt Recklinghausen.
15. Februar 1919	Lichtschlag nimmt Hervest-Dorsten nach heftigem Kampf.
18. Februar 1919	Schwere Streikunruhen im ganzen Ruhrgebiet.
18.—19. Februar 1919	Unruhen in Elberfeld. Freiwillige Truppen schaffen Ruhe.
19. Februar 1919	Blutige Zusammenstöße in Essen-Borbeck, Oberhausen und Bottrop.
19. Februar 1919	Ermordung von fünfzehn Polizisten und Bergleuten in Bottrop.
20. Februar 1919	Unruhen in verschiedenen Städten des Ruhrgebietes. Division Gerstenberg besetzt Hamborn.
21. Februar 1919	Waffenstillstand in Essen.
23. Februar 1919	Regierungstruppen besetzen Buer.
	Vormarsch ins Streikgebiet.
23.—24. Februar 1919	Besetzung von Marl, Gladbeck und Bottrop durch das Freikorps Lichtschlag.
26.—27. Februar 1919	Regierungstruppen besetzen den Hamborner Bezirk.
28. Februar 1919	Lichtschlag besetzt Düsseldorf.
7. März 1919	Neue Streikunruhen im Hamborner Bezirk. Truppen greifen ein.
9. März 1919	Blutiger Zusammenstoß mit Spartakisten in Hamborn.
24.—25. März 1919	Unruhen in Witten.
1. April 1919	Beginn des zweiten Generalstreiks.
4.—5. April 1919	Einmarsch der Regierungstruppen im Ruhrgebiet.
15. April 1919	Ententetruppen verbieten den Streik im besetzten Gebiet.
16. April 1919	Zusammenstöße zwischen den Truppen General von Watters und Streikdemonstrationen in Hagen, Remscheid, Dortmund, Bochum, Bielefeld und weiteren Orten.
28. April 1919	Abbruch des Generalstreiks.

Süddeutschland

3. November 1918	1000 meuternde Matrosen aus dem österreichischen Kriegshafen Pola treffen in München ein. Demonstrationen.
7. November 1918	Der König von Bayern geht ins Ausland.
8. November 1918	Ausrufung eines Arbeiter-, Soldaten- und Bauernrats in Bayern, Ministerpräsident Eisner.
9. November 1918	Der König von Württemberg dankt ab.
30. November 1918	Leutnant Hahn gründet in Stuttgart die Zentrale für Sicherheitskompanien.
5. Januar 1919	Beginn der Gründung von Einwohnerwehren in Württemberg.

8.–12. Januar 1919	Spartakusaufstand in Stuttgart von Sicherheitskompanien niedergeschlagen.
16. Februar 1919	Linksdemonstrationen in München zwecks Einleitung der Räteregierung.
	Oberst Ritter von Epp beginnt von Ohrdruf aus bayerische Freiwillige zu werben.
21. Februar 1919	Leutnant Anton Graf Arco-Valley erschießt Eisner auf dem Wege zur Landtagseröffnung. Innenminister Auer schwer verletzt und Major von Jareis im Landtag erschossen. Abg. Osel tödlich verletzt. Verhaftung führender Kommunisten in Nürnberg.
27. Februar 1919	Die Kommunisten Mühsam und Leviné werden vom sozialdemokratischen Stadtkommandanten Dürr verhaftet. Republikanische Schutzwehr erzwingt ihre Freilassung.
28. Februar 1919	Aufstellung einer „Brigade Haas" in Württemberg aus Freiwilligenverbänden.
7. April 1919	Ausrufung der Räterepublik Bayern. Regierung Hoffmann geht nach Bamberg.
9. April 1919	Offiziere und Studenten stürmen in Würzburg die Residenz und vertreiben die Roten.
10. April 1919	Bayrische Freikorps besetzen Ingolstadt.
13. April 1919	Straßenkämpfe in München, Erstürmung des Bahnhofs.
14. April 1919	Ausrufung des Generalstreiks.
15. April 1919	Gefecht bei Dachau zwischen Regierungstruppen und Roten.
17. April 1919	Einmarsch württembergischer Freiwilligentruppen in Bayern.
18. April 1919	Gefecht bei Freising, Regierungstruppen werden entwaffnet. Einnahme von Rosenheim durch rote Truppen.
20. April 1919	Reichswehrminister Noske befiehlt militärisches Eingreifen gegen die Räte.
	Einmarsch von Regierungstruppen in Augsburg unter Führung des Majors Hierl.
23. April 1919	Augsburg nach schweren Kämpfen in den Vorstädten endgültig besetzt.
25. April 1919	Einnahme von Landsberg durch Regierungstruppen.
29. April 1919	Eglhofer läßt in München Geiseln verhaften.
30. April 1919	Regierungstruppen schließen den Ring um München.
	Ermordung von zwei Soldaten und acht Geiseln im Luitpold-Gymnasium.
2. Mai 1919	Vormarsch auf München. Heftige Kämpfe.
3.–6. Mai 1919	Besetzung Münchens und Entwaffnung durch die Regierungstruppen.
14. Mai 1919	Besetzung von Kempten im Allgäu durch das Freikorps Schwaben unter Führung des Majors Hierl.
15. Juni 1919	Komplott der Soldatenräte in Stuttgart durch Haltung der Sicherheitstruppen gescheitert.

Republik bedeutet Frieden und Freiheit!

An die Kameraden der Westfront!

Ich und meine Freunde sind zurzeit im Lager unserer Feinde. Wir haben erreicht, daß folgender Befehl im französischen Heere ausgegeben wurde: Wer sich gefangen gibt, einzeln oder in kleinen Gruppen, und das Losungswort

Republik

ausspricht, wird nicht mehr als kriegsgefangener Feind behandelt, sondern **mit der größten Güte**. Wenn er will, kann er mit uns, mit gleichgesinnten Landsleuten, an der Befreiung Deutschlands arbeiten.

Fürchtet nicht, daß Eure Namen von Eurer Regierung jemals gekannt werden, daß Euch durch Überlaufen die Rückkehr in Euer Vaterland versperrt wird! Wir werden als die wahren Sieger und Befreier unseres Vaterlandes mit Ehren in die Heimat zurückkehren und mit Jubel empfangen werden.

Jeder Vorgesetzte, der Euch verhindern will, überzulaufen, den erschießt auf der Stelle! Denn er ist ein Verräter des deutschen Volkes, ein Feind unseres Vaterlandes. Sind erst einige Dutzend von dieser Sorte erschossen, so geben die anderen bald von selber nach.

Deutsche Brüder und Schwestern hinter der Front und in der Heimat:

Zerstört alle Waffen- und Munitionsfabriken, Magazine und Vorräte! Verhindert Truppen- und Munitionstransporte!

Eure republikanischen Kameraden.

Marxistisches Flugblatt mit schwarz-rot-goldenem Bande aus dem Jahre 1918

An die Deutsche Soldaten!

Brüder-Soldaten der deutschen Armee!

Wir haben keine Angst und schämen uns nicht Euch Brüder zu nennen. Mag es sein, daß Ihr vorläufig unsere Feinde seid, doch sind wir alle Kinder der Noth, Kinder der Betrogenen und Bedrückten. Mag es sein, daß der böse Willen uns in die Arme des Todes geworfen hat. Mag es sein, das wir das vierte Jahr in sinnlosem und blutigsten Kampfe die Widersprüche der Kapitalistischen Ordnung zu lösen versuchen. Doch liegt unsere Rettung nicht in gegenseitiger Ausrottung! Unser allgemeiner Feind ist der Kapitalismus und seine Knechte. Alle sind wir Kinder der Mühe und wir können und dürfen nicht einander töten!

Der berühmte Führer der deutschen Arbeiterklasse, der Todfeind des kapitalistischen Druckes, der Vater der allgemeinen Arbeiterbewegung—Marx—sagte: Die Arbeiter haben kein Vaterland, man kann ja ihnen etwas abnehmen, was sie nicht besitzen!

Diese alte Wahrheit ist von uns und von Euch vergessen worden. Mit Gift des Schovinismus vergeben, dachten wir unseres Lebens in gegenseitiger Ausrottung zu finden Der Donner der russischen Revolution weckte uns aber auf! Und jetzt wir wollen nicht mehr Euch töten. Zwar wollten wir, wurden dazu mit Gewalt gezwungen. Wir, Arbeiter und Bauern, waren damals durch die herrschende Klassen gedrückt. Aber jetzt sind wir die Sieger. Jetzt wir bei uns alleinige Herrscher. Uns gehört die Macht durch das Comité's. Und diese Macht werden wir niemandem abgeben. Unser Comando unterwirft sich unseren Comité's

Wir können nicht und wir sind auf den Tod schicken, und können und wollen es auch nicht wir haben wir Frieden wollen.

Wir betrügen Euch nicht. Die Regierung von Kerenski und der Bourgeoisie existirt nicht mehr. Dem Betrug und dem Falsch ist kein Platz mehr. Unsere Regierung ist der Volkskommissär-Ausschuss. Es ist die Arbeiter- und Bauern-Regierung für die wir zu sterben bereit sind und unseren Gegner wegfegen werden. Diese Regierung schlägt Ihnen vor in ehrliche Waffenstillstand-Verhandlungen zu treten. Ihr Wille erfüllend, und unseren alten vergessenen Wunsch verwirklichend, wenden wir an Euch unseren heissen Aufruf. Brüder-Soldaten! Wir glauben, dass Ihr ebenso wie wir Frieden wollt.

Es kann doch nicht anders sein. Unsere Leiden sind doch zu heftig und zu lange während. Wir wollen einen ehrlichen Waffenstillstand abschliessen und treu bleiben unseren Vertrage.

Allen denjenigen die den Krieg aufblasen und fortsetzen wollen zuwider, allen hochschwebenden Worte über Vaterlandslieb, Gefahr u. s. w. zuwider, schlägt die Befehle auf zu schiessen ab, und lehnt euch ab jede Anwendung von Bourlügen und Kriegslist!

Nieder mit den verdammten Schlachten, nieder mit dem Betrug und der Gewalt!

Es lebe hoch der ehrliche Bund aller Arbeiter!

Es seien verdammt alle diejenige, die ihr Wohlergehen auf dem Menschenblute bauen.

Nieder mit der Gewalt! Wir haben das Unsrige gethan. Das Wort und die That gehört jetzt Ihnen!

Wach auf!

In brüderlicher Umarmung werden wir die Schande des Vergangenen vergessen. Wir werden uns die heilige Schwur geben, dass wir gegen die Urheber unseren Leiden zusammen kämpfen werden.

Nur in einer brüderlichen Einigkeit ist unsere Rettung!

Es lebe hoch die Weltrevolution!

Wir warten Euch Genossen. Wir hoffen, dass die Erwachenszeit gekommen ist!

Das Kriegs-Revolutionscomité des West-Gebiets.

Bolschewistisches Flugblatt, das 1917 an der Ostfront verteilt wurde

2 Vorlagen: Reichsarchiv

Felsen in roter Flut

Von Rolf Liemann

Es ist der 3. November 1918.

Auf dem „Exerzierplatz" und in der „Waldwiese" zu Kiel tobt die Masse Mensch. Matrosen und Werftarbeiter, Weiber und — rote Fahnen.

„Alle Macht den Arbeiter- und Soldatenräten!" „An den Galgen mit den Kriegshetzern!" „Wir wollen Frieden um jeden Preis!" „Nieder mit den Offizieren!"

An allen Ecken des Platzes stehen Hetzer. Stundenlang hämmern sie ihre Parolen in die Massen, von Gejohle, Geschrei und dem Gesang der Internationale unterbrochen.

Aus der Stadt klingt Trommeln und Hornblasen. Die Werftsirenen heulen. Alarm! Die Matrosen sollen auf die Schiffe zurück; kein Mensch rührt sich. „Es lebe die Revolution!"

„Heraus aus den Gefängnissen mit den verhafteten Genossen!" Irgendwo wird diese Losung dazwischengerufen. Die Redner nehmen sie auf, peitschen sie in die Masse. Bewegung setzt ein, ein Zug formiert sich, wälzt sich brüllend gegen die Stadt: „Zur Arrestanstalt! Wir holen die Genossen vom ‚Markgraf'!"

In der Marinestation der Ostsee ist man hilflos. Befehle werden gegeben, im nächsten Moment widerrufen. Junge Offiziere, Ingenieure, Deckoffiziere melden sich. „Wir sind bereit zum Widerstande! Gebt uns Gewehre! Gebt uns Befehle!" Man kann sich für nichts entscheiden. U-Boot- und Torpedobootmatrosen besetzen freiwillig die Marine-Arrestanstalt, sperren die Straßen. „Zum Teufel mit den Bolschewisten! Schießt dazwischen, damit sie zur Vernunft kommen!"

Schwerfällig wälzt sich die Masse Mensch durch die Straßen. Fackeln flammen auf, beleuchten gespenstisch rote Fahnen. Wüster Lärm läuft dem Zuge voraus. Ein paar Torpedobootmatrosen und ein Leutnant sperren eine Straße. Wartend stehen sie da. Keiner spricht ein Wort. Schon hört man deutlicher den Gesang der Internationale. Die ersten Gruppen erscheinen. Schon von weitem ruft man den Matrosen der Sperrkette zu: „Verschwindet! Die Revolution marschiert! Tausende folgen uns, Ihr werdet zertrampelt!"

Massen schieben sich nach. Sie sind auf 100 Meter heran. Brüllend, unaufhaltsam drängen sie immer näher. Der Offizier reckt sich. „Halt! Nicht weiter! Umkehren!" Der Zug stockt. „Nicht schießen! Wir sind Brüder! Nicht schießen!" Langsam schiebt sich die Masse weiter nach vorn. Von hinten klingt die Internationale auf: „Völker, hört die Signale, auf zum letzten Gefecht, die Internationale erkämpft das Menschenrecht!"

Ein paar Steine fliegen gegen die dünne Linie. Fäuste recken sich. Auf 20 Meter ist die Masse heran. Schneidend übertönt der Befehl des Leutnants das Gebrüll: „Legt an! — Feuer!" Donnernd fegt die erste Salve über die Köpfe der Leute hinweg. Gewehrschlösser rasseln. Die Masse stockt. Zunächst atemlose Stille! — Dann ein einziger Aufschrei voll Wut, Haß und Angst. Von hinten drängt man weiter nach vorn, die Vorderen wollen zurück.

Ein neues scharfes Kommando: „Legt an! — Feuer!" In den vorderen Reihen wälzen sich Leiber auf der Straße. Wilde Schreie und Gebrüll. Die Menge flutet zurück. In wahnsinniger Angst springen sie in dunkle Hausflure, in Schaufenster und Torwege. Kopflos flüchten sie in rasender Eile. 8 Tote und 40 Verwundete bleiben auf dem Platz.

Ein Leutnant und eine Handvoll Torpedobootmatrosen haben den Aufstand von Tausenden mit zwei Salven auseinandergetrieben. —

In der Marinestation der Ostsee kann man sich noch immer nicht entschließen. Der Leutnant soll festgenommen werden, weil er geschossen hat. In einem Sonderbefehl an die Truppen wird bekanntgegeben: „Das Schießen auf die Aufständischen ist verboten!!"

Am Morgen des 5. November stehen am Hauptbahnhof in Kiel rote Posten. Die Züge fahren nicht mehr, Straßenbahnen stehen still. Das Schießverbot hat die roten Meuterer ermutigt. Überall steigen auf den Schiffen im Hafen statt der alten deutschen Kriegsflagge rote Lappen hoch. Ein paar Wachoffiziere, die sich zur Wehr setzen, werden entwaffnet und in ihren Kabinen gefangengesetzt. In den Straßen drängt sich die Masse der Aufständischen. Nur auf dem Linienschiff ‚Schlesien', dem Seekadetten-Schulschiff, steigt bei der Flaggenparade die Kriegsflagge hoch. Schon machen sich Barkassen mit

Hissen der roten Flagge auf S.M.S. Hindenburg am 9. Nov. 1918
Photo-Sammlung Rehse

roten Matrosen fertig, um die ‚Schlesien' zu entern. Da setzt sich das Schiff in Bewegung. Der Kommandant, Kapitän z. S. Waldeyer-Hartz, verläßt den roten Kriegshafen. Er steuert hinaus in die Ostsee, verfolgt vom Wutgeheul der Masse.

In der Kaiserlichen Werft wird nicht gearbeitet. Die Werftbelegschaft beteiligt sich an den Demonstrationen. Es ist ruhig. Im Dock liegt das Linienschiff ‚König'. Langsam geht auf dem Schiff eine Flagge hoch. Es ist die alte deutsche Kriegsflagge. Erstaunt sehen es die bewaffneten Werftposten. Sie brüllen hinüber und machen die Mannschaft des „König" darauf aufmerksam. Ein paar Matrosen versuchen an die Flaggleine heranzukommen. Am Flaggenmast stehen ein paar junge Offiziere. Wie ein Lauffeuer geht es durch die Werft und die Straßen Kiels: „Auf dem ‚König' weht die Kriegsflagge!"

Alles strömt zur Werft. Am Kai und auf Deck Mund tödlich getroffen. Der Kommandant beugt sich zu ihm nieder, um ihm zu helfen, aber er sieht, daß es hier keine Rettung mehr gibt. „Ich habe meine Pflicht getan!" flüstert Zenker noch ganz leise und dann sinkt er zusammen.

An Deck rücken die Heizer und Matrosen, verstärkt durch Meuterer vom Lande, immer näher an den Flaggenmast heran. Die Offiziere antworten jetzt und schießen zwischen die Angreifer. Schon werden zwei Matrosen verwundet an Land getragen. Da stürzt der Erste Offizier, Korvettenkapitän Heinemann, aufs Deck. Ein Kapitänleutnant springt vor, um ihm zu helfen. Aus drei Wunden blutend, will er ihn zur Seite ziehen, aber auch er wird verwundet. Jetzt steht nur noch der Kommandant. Er blutet bereits an der Hand, aber er schießt weiter. Immer näher kommen die Meuterer. Zwei weitere Geschosse treffen ihn. Unter seinen Schüssen brechen mehrere Angreifer zusammen. Nur mit äußerster

Korvettenkapitän
Bruno Heinemann †,
gefallen auf S. M. S.
„König" am 8. 11. 1918
Photo: Karitzky, Wolgast

Leutnant z. S.
Wolfgang Zenker †,
gefallen auf S. M. S.
„König" am 8. 11. 1918
Photo: Zenker, Leipzig

sammeln sich die Meuterer. Eine Abordnung, rote Bänder an den Mützen, will den Kommandanten sprechen. „Die Fahne muß herunter!" ist ihre Forderung. Kapitän z. S. Weniger lehnt kurz und schroff ab: „Die Fahne bleibt!"

Vom Lande her wird gehetzt. „Hängt sie auf, die Kriegsverlängerer!" „Schießt sie über den Haufen!" „Die rote Fahne muß hoch!"

Eisern stehen die jungen Offiziere bei der Flagge. Mit entschlossenen Gesichtern, Revolver in der Faust. Vom Lande her fallen die ersten Schüsse. Am achteren Mast schlagen sie ein. Schon fallen die ersten Salven.

Ohne sich zu wehren stehen die Offiziere. Sie können nichts ausrichten, das wissen sie ganz genau, aber sie kennen ihren Eid.

Plötzlich wirft einer von ihnen, Leutnant Zenker, die Arme hoch und sinkt langsam an Deck. Der Revolver fällt aus seiner Hand. Die Mütze rollt über den Boden. Er ist durch einen Schuß in den

Willenskraft hält sich der Schwerverwundete aufrecht. Da stürzt ein Obermatrose vor, greift zur Flaggleine. Der Kapitän schießt ihn aus wenigen Metern Entfernung nieder, dann sinkt er selbst, von einer vierten Kugel getroffen, aufs Deck.

Über ihn hinweg stürzen die Meuterer und reißen die Flagge herunter. Sie wird beiseitegeworfen und fällt über die toten Offiziere*).

Korvettenkapitän Junkermann sprang für den toten Kommandanten ein. Er war gezwungen, mit dem Arbeiter- und Soldatenrat zu verhandeln. — Der Marine stolzestes Schiff, S. M. S. „König", heißte nach heldenmütigem Widerstande als letztes die rote Fahne.

Drei Offiziere waren für ihre Fahne gestorben. Sie waren die ersten, die der roten Flut Widerstand leisteten bis zum Tode.

---

*) Die junge Kriegsmarine des Dritten Reiches hat den gefallenen Offizieren ein Denkmal gesetzt: Die Zerstörer 28 und 29 tragen ihre Namen, Bruno Heinemann (28) und Wolfgang Zenker (29).

Revolutionstage in Berlin

Schlaglichter aus Pressemeldungen

„Im Taumel der Revolution"

„Wer gestern in den Nachmittagsstunden Berlin gesehen hat, trägt Eindrücke und Bilder in sich, die unauslöschbar sind. Dort, wo bisher noch das Leben nach preußischem Zuschnitt sich abspielte, feierte die Revolution ihren Triumph. Endlos lange Züge von Arbeitern, Soldaten und Frauen marschierten vorbei. Rote Fahnen wurden vorangetragen, Ordner gingen neben den Reihen. Die Soldaten und auch viele Zivilisten hatten die Gewehre über die Schulter gehängt. Die schweren Lastautos der Militärdepots und die grauen Autos, in denen eben noch die Offiziere gesessen hatten, jagten umher, bis zum letzten Stehplatz mit bewaffneten Soldaten, Zivilpersonen, Trägern großer roter Fahnen gefüllt. Vieles erinnerte an Zeichnungen der alten französischen Revolutionsmaler, ein Schauspiel für Nervenschwache war es mitunter nicht."

(„Berliner Tageblatt", 10. November 1918.)

Schießerei am Marstall

„Unter den Linden vernahm man plötzlich Maschinengewehrfeuer. Das hatte zur Folge, daß die Menschenmassen nach dem Schlosse strömten. Das Schloß war in weitem Umkreis von Soldaten abgesperrt, die die drängende Menge zurückhielten. Plötzlich ertönten die dumpfen Detonationen einiger Handgranaten. Das schien das Signal zu einem allgemeinen Gewehr- und Maschinengewehrfeuer zu sein. Aus dem Marstall und vom Schlosse ertönten zahlreiche Schüsse. Die Menge flutete erregt zurück. Von allen Seiten bewegten sich bewaffnete Autos zum Schlosse. Unter ihnen sah man einen Kraftwagen mit einer großen Flagge vom Roten Kreuz. Wie sich später ergab, hatte ein Teil der Soldaten versucht, Einlaß in den Marstall zu erhalten, wo sich Offiziere verborgen haben sollten, und von der Wache verlangt, daß die Tür zu einem bestimmten Zimmer geöffnet werde. Die Wache weigerte sich, und nun warfen die Demonstranten zwei Handgranaten gegen die Tür. Das war der Beginn eines Kampfes, der bis in die späteren Abendstunden andauerte. Die Maschinengewehre knatterten, Schüsse fielen. Noch in den späten Abendstunden waren Schüsse hörbar, weil sich die im Marstall befindlichen Offiziere immer noch nicht ergeben hatten."

Revolutionsnacht

„Infolge der warnenden Aufrufe der neuen Regierung war das öffentliche Leben Berlins gestern abend fast völlig versiegt. Nur auf den größeren Plätzen umscharten die Mengen Gelegenheitsredner und stimmten ihnen mit brausenden Hochrufen zu. Dagegen lagen die meisten Straßen leer und öde. Nur der gleichmäßige Schritt der Revolutionspatrouillen klappte straßauf, straßab. Ab und zu lärmt ein mit Bewaffneten besetzter Lastkraftwagen vorbei. Das Rot seiner Fahne leuchtet durch das matte Dunkel. Gegen 12 Uhr huschen kleine Autos durch die Stadt. Sie hielten an allen Ecken. „Straßen räumen! Die Potsdamer und Wittenberger kommen! Es wird scharf geschossen!" War das Warnung oder Finte? Jedenfalls hatte es seine Wirkung. Im Nu zerstob alles. Gegen 1 Uhr lag Totenstille über der ganzen Stadt."

(„B.Z. am Mittag", 10. November 1918.)

In der Chaussee-Straße

„Die Spartakusgruppe hatte für gestern nachmittag (6. Dezember 1918) mehrere Versammlungen von Urlaubern, Deserteuren und Frontsoldaten einbe-

---

2. Extraausgabe. Sonnabend, den 9. November 1918.

Vorwärts

Berliner Volksblatt.
Zentralorgan der sozialdemokratischen Partei Deutschlands.

Der Kaiser hat abgedankt!

Der Reichskanzler hat folgenden Erlaß herausgegeben:

Seine Majestät der Kaiser und König haben sich entschlossen, dem Throne zu entsagen.

Der Reichskanzler bleibt noch so lange im Amte, bis die mit der Abdankung Seiner Majestät, dem Thronverzichte Seiner Kaiserlichen und Königlichen Hoheit des Kronprinzen des Deutschen Reichs und von Preußen und der Einsetzung der Regentschaft verbundenen Fragen geregelt sind. Er beabsichtigt, dem Regenten die Ernennung des Abgeordneten Ebert zum Reichskanzler und die Vorlage eines Gesetzentwurfs wegen der Ausschreibung allgemeiner Wahlen für eine verfassunggebende deutsche Nationalversammlung vorzuschlagen, der es obliegen würde, die künftige Staatsform des deutschen Volks einschließlich der Volksteile, die ihren Eintritt in die Reichsgrenzen wünschen sollten, endgültig festzustellen.

Berlin, den 9. November 1918. **Der Reichskanzler.**
Prinz Max von Baden.

Es wird nicht geschossen!

Der Reichskanzler hat angeordnet, daß seitens des Militärs von der Waffe kein Gebrauch gemacht werde.

Parteigenossen! Arbeiter! Soldaten!

Soeben sind das Alexanderregiment und die vierten Jäger geschlossen zum Volke übergegangen. Sozialdemokratische Reichstagsabgeordnete Wels u. a. haben zu den Truppen gesprochen. Offiziere haben sich den Soldaten angeschlossen.

Der sozialdemokratische Arbeiter- und Soldatenrat.

Die „Siegesmeldung" des Vorwärts

Vorlage: Reichsarchiv

Zwei Revolutionstypen
2 Zeichnungen: Thöny, München

rufen. Die Versammlungen fanden in den Germania-, Sophien- und Andreas-Sälen statt; das Thema war in allen Versammlungen gleichlautend: "Unsere Rechtlosmachung durch den Groß-Berliner Soldatenrat!" Es sollte dagegen Stellung genommen werden, daß in der Hauptversammlung der Gr.-Berliner Soldatenräte am 30. November die beiden Vertreter der Deserteure und Urlauber von den Groß-Berliner Soldatenräten abgelehnt worden waren mit der Begründung, daß man sie nicht als Vertreter der Front, sondern höchstens als Beauftragte der in Berlin weilenden Versprengten anerkennen könnte. Als kurz nach 5 Uhr die Versammlungen ein Ende fanden und die erregten Teilnehmer auf die Straße strömten, bildete sich in der Chausseestraße, aus den aus Germaniasälen kommenden Spartakusanhängern sofort ein geschlossener Zug, der in der Richtung nach der Friedrichstraße marschieren wollte. Die wachehaltenden Gardefüsiliere

An das werktätige Volk!

Das alte Deutschland ist nicht mehr. Das deutsche Volk hat erkannt, daß es jahrelang in Lug und Trug gehüllt war.

Der vielgerühmte, der ganzen Welt zur Nachahmung empfohlene Militarismus ist zusammengebrochen. Die Revolution hat von Kiel aus ihren Siegesmarsch angetreten, und hat sich siegreich durchgesetzt.

Die Dynastien haben ihre Existenz verwirkt. Die Träger der Kronen sind ihrer Macht entkleidet.

Deutschland ist Republik geworden, eine sozialistische Republik. Sofort haben sich die Gefängnis-, Arrest- und Zuchthausmauern für die wegen politischer und militärischer Verbrechen Verurteilten und Verhafteten geöffnet.

Die Träger der politischen Macht sind Arbeiter- und Soldatenräte. In allen Garnisonen und Städten, in denen noch kein Arbeiter- und Soldatenrat besteht, wird sich die Bildung solcher Räte rasch vollziehen.

Die Aufgabe der provisorischen Regierung, die von dem Arbeiter- und Soldatenrat Berlins gewählt ist, wird es in erster Linie sein, den Waffenstillstand abzuschließen und dem blutigen Gemetzel ein Ende zu machen.

Sofortiger Friede ist die Parole der Revolution. Wie auch der Friede aussehen wird, er ist besser als die Fortsetzung der ungeheuren Massenschlachtungen.

Die rasche und konsequente Vergesellschaftung der kapitalistischen Produktionsmittel ist nach der sozialen Struktur Deutschlands und dem Reifegrad seiner wirtschaftlichen und politischen Organisationen ohne starke Erschütterungen durchführbar.

Sie ist notwendig, um aus den blutgetränkten Trümmern eine neue Wirtschaftsordnung aufzubauen, um die wirtschaftliche Versklavung der Volksmassen, den Untergang der Kultur zu verhüten.

Alle Arbeiter, Kopf- und Handarbeiter,

welche hierfür eintreten, sind zur Mitarbeit berufen.

Der Arbeiter- und Soldatenrat ist von der Ueberzeugung durchdrungen, daß in der ganzen Welt sich eine Umwälzung in der gleichen Richtung vorbereitet. Er erwartet mit Zuversicht, daß das Proletariat der anderen Länder, seine ganze Kraft einsetzen wird, um eine Vergewaltigung des deutschen Volkes bei Abschluß des Krieges zu verhindern.

Er gedenkt mit Bewunderung der russischen Arbeiter und Soldaten, die auf dem Wege der Revolution vorangeschritten sind, er ist stolz, daß die deutschen Arbeiter und Soldaten ihnen gefolgt sind und damit den alten Ruhm, Vorkämpfer der Internationale zu sein, wahren. Er sendet der russischen Arbeiter- und Soldatenregierung seine brüderlichen Grüße.

Er beschließt, daß die deutsche republikanische Regierung sofort die völkerrechtlichen Beziehungen zu der russischen Regierung aufnimmt und erwartet die Vertretung dieser Regierung in Berlin.

Durch den entsetzlichen, über vier Jahre währenden Krieg ist Deutschland auf das fürchterlichste verwüstet. Unermeßliche materielle und moralische Güter sind vernichtet. Aus diesen Verwüstungen und Zerstörungen neues Leben hervorzurufen, ist eine Riesenaufgabe.

Der Arbeiter- und Soldatenrat ist sich dessen bewußt, daß die revolutionäre Macht die Verbrechen und Fehler des alten Regimes und der besitzenden Klassen nicht mit einem Schlage gutmachen, daß sie den Massen nicht sofort eine glänzende Lage verschaffen kann. Aber diese revolutionäre Macht ist die einzige, die noch retten kann, was zu retten ist. Die sozialistische Republik ist allein imstande, die Kräfte des internationalen Sozialismus zur Herbeiführung eines demokratischen Dauerfriedens in der ganzen Welt auszulösen.

Es lebe die deutsche sozialistische Republik!

Der Arbeiter- und Soldatenrat.

"Das Programm" der Novemberrevolte Vorlage: Reichsarchiv

erreichten aber durch ihr Auffordern, daß sich der geschlossene Zug in kleinere Gruppen auflöste, die zum Teil aber rechts und links in die Invalidenstraße einbogen. Zu einem Zwischenfall kam es dabei nicht, und es sah auch so aus, als ob alles friedlich verlaufen würde.

Da kam aber gerade vom Süden her, aus den Sophiensälen, ein neuer Zug von Spartakusanhängern, mehrere hundert Mann stark, Soldaten und Zivilisten. Dieser Zug hatte die Absicht, sich mit dem aus den Germaniasälen zu vereinigen und mit ihm gemeinsam nach der Wilhelmstraße zu marschieren. Die Gardefüsiliere wollten an diesen zweiten Zug die Aufforderung richten, in kleineren Gruppen zu marschieren, als mitten aus dem Zuge unter Hochrufen auf Liebknecht mehrere Revolverschüsse abgegeben wurden.

Eine Kugel flog dem das Maschinengewehr bedienenden Schützen hart am Kopf vorbei, ohne ihn zu treffen, durch die andern wurden zwei Soldaten des Sicherheitsdienstes schwer verwundet. Darauf eröffneten die Soldaten des Sicherheitsdienstes sofort das Feuer. Das Maschinengewehr knatterte eine halbe Minute lang gegen die Spartakusgruppe, die Soldaten schossen mit ihren Gewehren gegen die Demonstranten in der Chaussee- und Invalidenstraße. Die Wirkung des Gewehr- und Maschinengewehrfeuers war sehr schwer. Die Chausseestraße war in ihrer ganzen Breite dicht mit Menschen gefüllt, Demonstranten und auch zufällige Passanten; ein Straßenbahnwagen fuhr gerade durch die Invalidenstraße, mehrere Lastfuhrwerke durch die Chausseestraße. Gleich nach den ersten Schüssen brachen in der Chausseestraße zahlreiche Personen zusammen. Mehrere Kugeln schlugen in den Straßenbahnwagen ein.

Eine unbeschreibliche Panik entstand unter der Menge. Wer nicht getroffen war, rettete sich in die Hausflure, in die Läden, wobei mehrere große Scheiben in Trümmer gingen. Nach einigen Sekunden war die Straße wie leergefegt und auf dem Pflaster des Bürgersteiges und auf dem Asphalt der Straße lagen die tödlich Getroffenen und Schwerverletzten. Die Soldaten machten sich alsbald daran, die Toten zu bergen und den Schwerverwundeten zu helfen. Telephonisch wurden Krankenwagen herbeigerufen, die Sanitätsautomobile reichten aber nicht aus, um alle Schwerverwundeten aufzunehmen, viele von ihnen wurden in die Hausflure, in Privatwohnungen getragen, eine größere Zahl, siebzehn, nach der Rettungswache in der Eichendorffstraße. Nach einer Weile kamen dann Rollwagen, auf welche die Toten geladen und fortgebracht wurden."

("Vossische Zeitung", 7. Dezember 1918.)

Reichstagung der A.- und S.-Räte Deutschlands

Von Fregattenkapitän a. D. Bogislav v. Selchow,

ehemals Führer des Marburger Studentenkorps

Mitte Dezember kam es zur ersten Reichstagung der Führer sämtlicher A.- und S.-Räte in Deutschland, die im Preußischen Abgeordnetenhaus in der Prinz-Albrecht-Straße stattfand. Am 16. Dezember ließ mich der Staatssekretär des Reichsmarineamts Exzellenz Ritter von Mann kommen und beauftragte mich, als sein Vertreter an diesem ersten Reichstag der Republik teilzunehmen. Ich erhielt von ihm in der Frühe des nächsten Morgens zwei Ausweise:

„Inhaber dieses Ausweises ist Mitglied der Regierung und ist berechtigt, den Sitzungen des A.- und S.-Kongresses im Abgeordnetenhause beizuwohnen.

Die Reichsregierung.
(gez.) Ebert."

„Herr Kapitän von Selchow ist von der Regierung gebeten worden, hier zu erscheinen.

(gez.) Scheidemann."

Auf Grund dieser beiden Pässe wurde ich von den zahlreichen roten Postenketten überall durchgelassen und nahm auf der zweiten Reihe unmittelbar hinter den Ministersesseln Platz, nachdem ich mich den Volksbeauftragten vorgestellt hatte. Alle, mit Ausnahme Emil Barths, der sich, weil er der Jüngste war, auf dem Stuhl des Ministerpräsidenten niedergelassen hatte, begrüßten mich mit großer Höflichkeit und zeigten sich hocherfreut, daß der Staatssekretär der Marine ihrem Wunsch stattgegeben hatte. Neben Barth saß auf dem zweiten Platz Ebert. Die übrigen vier wechselten verschiedentlich ihre Sessel.

Zunächst bemängelte Scheidemann die Kontrolle des Wolffschen Telegraphenbüros durch Mitglieder des Vollzugsrats. Der Regierung sei eine Rechnung von 30 000 RM. über Telegramme des Vollzugsrats zugegangen. Wo eine solche Verschwendung hinführen solle! Scheidemann, den man für einen Geheimen Regierungsrat hätte halten können, sprach scharf, nüchtern und kalt.

Dann erhob sich aus den Sesseln rechts vom Präsidenten, vom Saal aus gesehen, ein etwa siebzigjähriger, weißhaariger Mann, der sofort die Aufmerksamkeit des ganzen Hauses auf sich zog. Die Augen verdeckte ein Kneifer. Über dem vollen, etwas vierkantigen Gesicht stand eine nicht unschöne Stirn. Ein großer Mund zeigte schon nach den ersten Worten, daß er in diesem Kopf die Herrschaft ausübe. Der Unabhängige Sozialdemokrat Ledebour schleuderte seine Kampfansagen mit dem Feuer eines 20jährigen in den immer erregter werdenden Saal.

„Vorgekommene Mißgriffe sind auch von uns auf das peinlichste empfunden. Aber für die Rechnungsführung sind gerade die Mehrheitssozialisten im Vollzugsrat verantwortlich gewesen. Die ganze Mißwirtschaft ist durch die Mitglieder des Soldatenrats verschuldet. Das waren meist Offiziere, die vorher kein Mensch kannte. Wenn die Vollzugsratsmitglieder täglich 50 RM. Diäten bekamen, dann vergißt man die Entwertung des Geldes. Wir haben uns nach den Diäten der Reichstagsmitglieder gerichtet, die im Jahr 5000 RM. bekommen, also nach der Anzahl der Sitzungen in den Kriegsjahren

Sitzung des Zentral-Arbeiter- und Soldatenrates im Reichstag *Photo: Scherl*

für jede Sitzung 50 RM. (Zuruf: Das ist nicht wahr!). Es ist überhaupt unwürdig, in unsere Geldangelegenheiten hineinzuschnökern (Beifall). Ich hoffe, daß diese Stänkerei über die Diäten endgültig beseitigt ist. Den Antrag auf Absetzung Eberts haben wir wegen seines Verhaltens an dem blutigen Freitag gestellt. Dann aber das schlimmste. Als Ebert von den Soldaten zum Präsidenten der Republik ausgerufen werden sollte, hätte er diese sofort in ihre Schranken zurückweisen müssen. Eine solche Verfassungsänderung dürfe nicht von Soldaten vorgenommen werden. (Was Ledebour hier sagte, erinnerte mich lebhaft an Julius Cäsar, als er den goldenen Reif zurückwies.) Ebert hat nur geantwortet, eine so wichtige Sache müsse er erst mit seinen Freunden besprechen. Im übrigen habe darüber der Rat der Volksbeauftragten zu entscheiden. Wenn Ebert unfähig war, die richtige Antwort zu geben, gehört er nicht in dieses Amt (große Unruhe im ganzen Saal). Ich habe es abgelehnt, in das Kabinett einzutreten. Ebert hat durch seine Antwort dem Kabinett eine Entscheidung zugeschoben, die ihm nicht gebührt. Das Kabinett hat nicht das Recht der Verfassungsänderung. Ebert ist nicht fähig und nicht würdig, das Amt zu bekleiden. (Stürmischer Beifall bei den Spartakusleuten.) Ebert bereitet die Konterrevolution und den Verfassungsbruch vor. (Händeklatschen bei Spartakus.) Die Soldaten, die gewaltsam den Vollzugsrat verhaften wollten, haben 5 RM. erhalten und sich darauf berufen, die Regierung habe es befohlen. Ein Mann wie Ebert, der auf diese Weise die Leute zu Putschen ermutigt, gehört nicht in die Regierung, sondern ist ein Schandmal der Regierung."

Jetzt erhob sich ein ohrenbetäubender Lärm. Die Sozialdemokraten riefen ununterbrochen: Pfui! Die Spartakusleute klatschten wie wahnsinnig Beifall. Der Präsident läutete fortgesetzt mit der Glocke. Dann schrie einer: „Die Offiziere raus!" Nun brüllten alle, als wenn sie am Spieß gebraten würden. Da die Stimmen nicht mehr ausreichten, stiegen die Abgeordneten auf die Bänke und schlugen wie verrückt um sich. Bisweilen versuchte Ledebour wieder zu Wort zu kommen. Aber in dem Höllenlärm und den sogleich einsetzenden Schlußrufen ging alles unter. Ich habe im Trommelfeuer Leute gesehen, die irrsinnig wurden, die Arme hochwarfen und mit dem Kopf gegen die Grabenbretter stießen. Hier war ein ganzes Haus nur auf ein einziges Wort hin tobsüchtig geworden. Nie haben die Deutschen die Franzosen so gehaßt, wie jetzt die Spartakusleute die Mehrheitssozialisten. Diese Viertelstunde der Tobsucht hätte Menzel in ein Gemälde einfangen und darüber „Bestie Mensch" schreiben müssen. Außer der Masse Mensch kann sich wohl keine Kreatur so widerwärtig und würdelos benehmen.

Nur Ebert blieb ganz ruhig. Einmal drehte er sich zu mir um, ich saß hinter ihm, und sagte zu mir: „Schämen Sie sich nicht zu sehr. Bisweilen verwischt sich der Unterschied zwischen Mensch und Tier. Aber allmählich fangen sie sich wieder ein."

Ich schrieb in Stichworten alles mit, um dem Minister heute abend Vortrag halten zu können. Nachdem der kochende Menschenbrei endlich ein wenig zur Besinnung gekommen war — die Tribünen tobten genau so wie der Saal — siegte die Glocke des Präsidenten Seeger, der sich im Vorsitz mit Leinert abwechselte. Zunächst erklärte er: „Die Äußerung, daß Ebert ein Schandmal der Regierung sei, ist unzulässig."

Sofort setzte wieder ein wüster Lärm und ein ohrenzerreißendes Händeklatschen ein, das sich aber bald legte. Dann fuhr Ledebour fort:

„Als wir verlangten, daß die Truppen des Generalkommandos Lequis vor ihrem Einzug in Berlin entwaffnet werden sollten, wurden uns diese Formationen als ganz harmlos hingestellt, aber vom Kriegsminister zugesichert, daß der Einzug in Berlin nicht am Montag, sondern erst am Dienstag erfolgen solle. Trotzdem vereidigte Ebert am Sonntag in Steglitz die Truppen nach einer auf eigene Faust abgefaßten Eidesformel, ohne den Vollzugsrat davon in Kenntnis zu setzen. Die Formel vereidigt die Truppen auf die Republik und die Regierung, also auf das Sechs-Männer-Kollegium, genau wie früher auf die Person des Monarchen. Das ist eine Begünstigung der Konterrevolution. Idioten,

24

die Wilhelm II. wieder einsetzen wollen, gibt es allerdings nicht. Aber die Konterrevolution will die bürgerliche Gesellschaft erhalten. Dittmann hat sich gestern auf die Seite dieser Partei gestellt, die er vorher bekämpfte. **Wir aber waren es, die die Front bearbeitet haben.** Und die frühere Regierung hat uns da ausgezeichnete Agitatoren geliefert, indem sie alle vom Januarstreik Verdächtigen an die Front hinausgeschickt hat.

In einer Sitzung unseres Revolutionskomitees vom 2. November, wo etwa ein Dutzend Leute zusammen waren, waren alle bis auf Haase und noch einen der Meinung, daß am 4. November losgeschlagen werden sollte, da wir der Truppen sicher wären und nach einem wohl nur kurzen Kampf mit der Polizei die Herrschaft in Berlin in unsere Hände bringen könnten. Am Abend desselben 2. Novembers war noch eine Besprechung mit Vertrauensleuten der größeren Betriebe, an der auch Dittmann teilnahm. Die überwiegende Mehrheit war für den Generalstreik. Aber Haase und Dittmann erklärten, man kriege die Leute nicht aus den Betrieben heraus. Sie seien für eine Revolution noch nicht reif. Liebknecht empfahl einen Vermittlungsvorschlag, eine Putschistentaktik, die wir unsererseits energisch bekämpften. Als ich mich bereit erklärte, einen bezüglichen Aufruf zu unterzeichnen, bestritt mir Dittmann das Recht dazu. So ist es leider gekommen, daß nicht am 4. oder 5. November losgeschlagen wurde.

Das ist das Unglück, daß die Situation nicht richtig erkannt wurde, daß man das Vertrauen zu der revolutionären Berliner Arbeiterschaft nicht hatte, daß wir durch die Flaumacher bis zum letzten Augenblick gehemmt wurden. Als am 8. November auf eine Denunziation von Waltz hin Däumig verhaftet worden war, beschlossen wir, am 9. November loszuschlagen. Der Unterschied zwischen dem 5. und

Fregattenkapitän Bogislav von Selchow, Beauftragter Beobachter des Reichsmarine-Amtes beim Kongreß der A.- und S.-Räte, später Führer des Marburger Studentenkorps

Photo: Archiv Reiter gen Osten

dem 9. November ist der, daß sich inzwischen die Herren von der alten Mehrheit, Herr Scheidemann und der neugebackene Reichskanzler Ebert, auf die Sache einließen. Die Behörden wußten schon am 7. November, daß die Sache nicht mehr zu halten war. Der ‚Vorwärts‘ hat noch bis zum letzten Augenblick eine ablehnende Stellung eingenommen. Herr Scheidemann ist bis zum letzten Augenblick Minister geblieben. Dittmann, Barth und Haase sind vollkommen von ihrer ursprünglichen Stellung zurückgewichen. Die Matrosen haben das Verdienst gehabt, die Revolution begonnen zu haben. Bis zum Ausbruch der Revolution waren Scheidemann und seine Freunde Nutznießer des Belagerungszustandes, nach Ausbruch der Revolution die Nutznießer der Revolution und nach dem 6. Dezember sind sie Nutznießer der Konterrevolution." —

Am Nachmittag führte der Mehrheitssozialist Leinert an Stelle des Unabhängigen Seeger den Vorsitz. Nachdem Eckert gefordert hatte, Ludendorff müsse vor ein Staatsgericht gestellt werden, und noch verschiedene andere zu Wort gekommen waren, erhielt der Volksbeauftragte Barth das Wort zu, wie er selbst sagte, höchst wichtigen Erklärungen. Die deutsche Sprache beherrschte er leidlich. Jedes Fremdwort aber sprach er so über die Maßen verkehrt aus, daß man sich bisweilen, trotz des Ernstes der Lage, ein Lächeln kaum verkneifen konnte.

Das Programm für die Arbeiter-, Bauern- und Soldatenräte
Vorlage: Reichsarchiv

„Ich habe im Laufe der letzten fünf Wochen überall in der Öffentlichkeit auf meine Arbeitskollegen dahin gewirkt, daß sie jetzt keine Streiks führen, die in Wirklichkeit nur einen Kampf gegen die sozialistische Republik bedeuten. In dieser Stunde muß sich aber entscheiden, ob mir weiter die Möglichkeit gewährt wird, im Rat der Volksbeauftragten zu bleiben. In einem Telegramm stoßen die Kameraden der Ostfront den Hilferuf aus, daß sie durch den Eingriff der russischen und lettischen Truppen am Rückzug verhindert seien, und daß ihnen der Zusammenbruch droht wie Napoleon in Rußland. Ich habe fünf Wochen lang immer im Kabinett erklärt, wir müßten eine sozialdemokratische Kommission nach Warschau und Moskau schicken, damit wir mit den Polen und Russen eine Verständigung über die restlose Zurückführung unserer Truppen erzielen. Immer aber hieß es: Das geht nicht! Können wir es denn verantworten, wenn draußen auch nur 10 000 Mann zum Teufel gehen, weil wir die Verständigung nicht erreicht haben? Genau so liegt es mit der Frage des Grenzschutzes. Wochenlang habe ich gesagt, wir dürfen keinen Mann im Osten mehr haben als zum Bahnschutz erforderlich ist, weil wir sonst mit den Polen in Konflikt kommen. Landsberg erklärte aber immer wieder: ‚Wir müssen doch unsere nationale Ehre wahren'. (Zuruf: ‚Nationale Ehre heißt auf Deutsch: Annexion'.) Die nationale Ehre darf uns doch nicht veranlassen, Blut fließen zu lassen. Der Grenzschutz hat jetzt seine Früchte gezeigt. Ob es lediglich der Grenzschutz war, oder ob die Polen darin nur einen Vorwand gesucht haben, weiß ich nicht. (Aha! bei der Mehrheit. Einer ruft: ‚Du kennst die Gefahr im Osten nicht.') Die Polen erklärten aber, daß sie durch diesen Grenzschutz bedroht seien. Die Erregung der Polen wurde immer wieder durch diesen verfluchten Grenzschutz hervorgerufen. Sind wir denn überhaupt noch imstande, die Grenzen zu schützen? (Rufe: Nein.)

Wir haben doch Wilsons 14 Punkte angenommen und müssen uns einfach dareinfügen, was uns von polnischen Landesteilen weggenommen wird. Man darf nicht, um das Prestige hochzuhalten, etwas tun, was so viele unserer Kameraden gefährdet. Hätte man rechtzeitig eine Verständigung mit Polen herbeigeführt, dann hätten wir nicht die Sorge wegen der Nahrungsmittel, der schwarzen Diamanten, Eisen und Zinn aus dem Osten und aus Oberschlesien. Wenn morgen wegen Deutschen und Polen ein Kampf entbrennt, dann ist doch der ganze deutsche Osten wirtschaftlich lahmgelegt.

Der Grenzschutz im Osten ist aber eine Kleinigkeit gegenüber dem verbrecherischen Treiben der militärischen Kamarilla im Westen. Wir Volksbeauftragten haben einstimmig beschlossen, daß die Demobilisation so schnell wie möglich zu erfolgen hat. Am letzten Sonnabend bekamen wir aber plötzlich ein Telegramm der Obersten Heeresleitung, das unsere Zustimmung dazu verlangt, daß zehn Kilometer hinter der neutralen Zone die Truppen des Grenzschutzes im Westen aufgestellt und die Bewachungsmannschaften der Soldatenräte abgeschafft werden sollen. Die Unabhängigen Volksbeauftragten waren darüber sprachlos. Aber Ebert und Landsberg erklärten, wir können doch unsere Grenze nicht schutzlos lassen. Wer von einem Grenzschutz im Westen spricht, der begeht ein Verbrechen am deutschen Volk. Denn das wäre eine rücksichtslose Provokation der Entente und bringt den Frieden in Gefahr. Der Militärkamarilla wäre das zwar gleichgültig. Aber wir Volksbeauftragten müssen dafür sorgen, daß unsere Beschlüsse auch von der Militärautokratie durchgeführt werden. Wenn das nicht geschieht, dann haben wir sofort diese ganze Gesellschaft (er schlägt mit beiden Fäusten auf den Tisch) nicht bloß fortzujagen, sondern ins Kittchen zu stecken. Wir hätten sonst die Besetzung des ganzen Reiches durch die Entente zu fürchten, und das würde uns Hunderttausende von Milliarden kosten. Die Entente braucht nur das Saargebiet, Oberschlesien und das Ruhrrevier zu besetzen, dann kann in Deutschland nicht mehr produziert werden, weil wir keine Kohle mehr haben.

Am Sonnabend haben wir schon telegraphisch die Oberste Heeresleitung um Rückäußerung ersucht. Bis heute ist aber keine Antwort eingegangen. Es scheint, daß sie ihren Beschluß ohne unsere Zustimmung durchführen will. Aus zwingenden politischen und wirtschaftlichen Gründen müssen wir verlangen, daß mit der Militärkamarilla Schluß gemacht wird. Fest steht, daß auch hier in Berlin die rücksichtsloseste Militärautokratie sich breitmachen will. Die

„Liebknecht hetzt" *Photo: Reichsarchiv*

Ausrufung der Räterepublik im Berliner Tiergarten
Photo: Reichsarchiv

Soldatenräte werden nach der Rückkehr der Fronttruppen glatt aufgehoben. Wir müssen verhindern, daß einmal gesagt wird: ‚Wilhelm II. war es nicht vergönnt, die Soldaten auf Vater und Mutter schießen zu lassen, aber die Republik hat das durch ihre leichtfertige Regierung verschuldet.'
Wir müssen heute konsequent erklären: In allen Truppenformationen ist das, was wir für die neue Volkswehr bestimmt haben, von heute ab Gesetz. Das heißt: Die Truppen wählen von heute ab ihre Führer selbst. (Stürmischer Beifall.) Wir wollen die Offiziere nicht einfach dem Elend preisgeben, sondern die jüngeren sollen auf Staatskosten sich für einen bürgerlichen Beruf vorbereiten können, und die alten und kranken wollen wir pensionieren in angemessener Weise.
Sonnabendnacht wurde ich vom Matrosenrat ins Schloß gerufen. Ein Hauptmann von den zurückgekehrten ‚Maikäfern' hatte nämlich den Matrosen erklärt, er habe von der Kommandantur den Befehl, seine Truppen alarmbereit zu halten, um am anderen Morgen die achthundert Mann starke Matrosengarde Liebknechts im Zaum zu halten. Denn die wolle den Reichstag am Zusammentritt hindern. Sie sehen schon daraus, wie wenig politisch informiert solch ein Hauptmann ist, dem die Kommandantur solch einen Befehl nicht etwa schriftlich, sondern mündlich erteilt hatte. Von der Kommandantur wurde mir erklärt, sie habe lediglich die Marschbereitschaft der Truppe am anderen Morgen be-

fohlen. So etwas läßt sich ja außerordentlich schwer nachprüfen.
Ich habe zu dem Kriegsminister Scheuch als Mensch immer das größte Vertrauen gehabt. Wenn dieser Mann jetzt demissioniert, so ist mir das ein Beweis, daß er der Kräfte, die jetzt in der Armee am Werke sind, nicht mehr glaubt Herr werden zu können, daß die gegenrevolutionären Kräfte stärker sind als er. Da muß sofort energisch eingegriffen werden. Ich beantrage deshalb, der Rätekongreß möge beschließen:
‚Jeder Grenzschutz, soweit er zur Demobilisation nicht notwendig ist, ist sofort im Osten und im Westen aufzuheben. Alle Truppen sind sofort zu demobilisieren. Alle Offiziere sind bei der Ankunft in der Garnison zu entlassen, wobei die Kosten zur Ausbildung für einen bürgerlichen Beruf zu übernehmen und den älteren oder kranken eine Pension zu zahlen ist. Die Volkswehr ist schnellstens in ausreichender Weise zu schaffen.'
Barth fand bei der Mehrheit stürmischen Beifall. Nur Ledebour und Genossen wollten natürlich alle Offiziere verhungern lassen, da man so diese Pest am schnellsten los würde. Nach längerem Hin und Her erhielt endlich Ebert zu einer Erwiderung das Wort. Er ging ruhig und nicht ohne Würde zu dem Rednerpult und sprach eindringlich und überzeugend.
„Barth hätte als Kollege vor allem die Pflicht gehabt, die Volksbeauftragten, wenn er sie angreifen wollte, vorher davon in Kenntnis zu setzen. Er hat das nicht getan und uns so unvorbereitet vor diese

Situation gestellt. Zur Frage der Rückführung unserer Truppen im Osten stelle ich fest, daß wir sofort nach Übernahme der Regierung das Kriegsministerium und das Auswärtige Amt veranlaßt haben, für die schnellste Zurückführung unserer Truppen im Osten Sorge zu tragen. Dabei haben wir die Bedingung gestellt, daß ein genügender Bahnschutz geschaffen wird, und daß die Bestände unserer Proviantläger für die Verpflegung unserer Truppen geschützt und gesichert werden. Das ist einstimmig beschlossen.

Und die Vertreter der Ostfront wissen, wie schwierig die Dinge gelegen haben. Auch in der Frage des Grenzschutzes herrschte volle Übereinstimmung im Kabinett. Es gab eine Zeit, in der besonders unsere polnische Grenze gefährdet war durch Angriffe regelloser Truppen, Marodeure und andere. Auch von unseren Genossen im Osten wurde ein Schutz der Grenze gegen solche Angriffe verlangt. Und alle in Betracht kommenden Körperschaften einigten sich für die Schaffung eines Grenzschutzes aus Truppen, die im Osten bodenständig waren und gemeinsam mit den Polen den Grenzschutz ausüben sollten. Die Polen haben sich auf den gleichen Standpunkt gestellt. Wir durften nicht widerstandslos unsere großen Bestände an Nahrungsmitteln und Heeresgut preisgeben. Wissen Sie nicht, daß die Kartoffel- und Getreideversorgung Preußens und Deutschlands zum großen Teil auf den Beständen ruht, die wir in Westpreußen und in der Provinz Posen hatten? Wir waren im Interesse unseres darbenden Volkes verpflichtet (Barth: mit den Polen verhandeln), alles zu tun, um den Osten nach dieser Richtung hin zu schützen. Ich sage nochmals, daß das Kabinett darin vollständig einig war. Was nun den Westen betrifft, so ist am Sonnabend von der Obersten Heeresleitung der Vorschlag eingelaufen, daß man hier der unbelegten neutralen Zone einen Schutz schaffen müsse, daß dafür eine bestimmte Truppe aufgestellt werden sollte, und es sind gleichzeitig Vorschläge dabei gewesen, wie diese neuaufgestellten mit den im Westen stehenden Sicherheitstruppen der Arbeiter- und Soldatenräte in Verbindung zu bringen seien. Wir haben zunächst bei der Obersten Heeresleitung bestimmte Auskünfte eingefordert. Das war Sonnabend. Bis gestern abend war eine Antwort noch nicht da. Das ist der Sachverholt in ruhiger objektiver Darstellung. Ist es da gerechtfertigt, wenn Kollege Barth solche Angriffe erhebt? (Große Aufregung. Viele Rufe: Nein.)

Der vom Abgeordneten Barth nach Schluß der Debatte eingebrachte Antrag schneidet eine Materie der künftigen Heeresorganisation an. Diese Frage muß ruhig und objektiv zunächst im engeren Kreise geprüft werden, damit etwas Dauerhaftes und Haltbares geschaffen werden kann. Dazu haben wir uns gestern bereit erklärt. Wenn heute Barth anders verfährt, so wird damit das Zusammenarbeiten nicht gefördert, sondern aufs höchste gefährdet, und ich muß meinen engeren Freunden vorbehalten, zu entscheiden, ob sie, wenn nicht Sicherungen und Vorkehrungen dagegen getroffen werden, in der Lage sind, überhaupt noch weiter zusammenzuwirken."

Nach einem langen Beifallssturm erfolgte eine endlose Geschäftsordnungsdebatte. Diese wurde plötzlich dadurch beendet, daß um ½6 Uhr eine Deputation der Garnison Berlin mit zahlreichen Plakaten und Schildern im Saal erschien und sich vor der Präsidentenbühne aufbaute. Zu meiner Freude stellte ich fest, daß das Regiment meines Vaters, das 2. Garde-Regiment zu Fuß, an diesem Rummel nicht beteiligt war. Der Sprecher der Leute erklärte, sie ständen hinter der Regierung, die eine sozialistische Republik wolle. Sie protestierten aber auf das energischste gegen die von reaktionärer Seite geplante Entfernung der Volksmarinedivision. Die Kameraden von

Ausgabe des Berliner Lokal-Anzeigers nach der Besetzung durch die Spartakisten

Vorlage: Berliner Lok.-Anz.

der Marine seien die ersten Träger und Schützer der Revolution. Sie beantragten dann, folgenden Dringlichkeitsantrag sofort zum Beschluß zu erheben:

1. Der Oberste Soldatenrat, zusammengesetzt aus gewählten Delegierten aller deutschen Soldatenräte, übt die Kommandogewalt über alle Truppen des Heeres aus, analog bei der Marine (Beifall!).
2. Die Rangabzeichen aller Dienstgrade sind verboten (Beifall!).
3. Alle Offiziere sind zu entwaffnen (Beifall!).
4. Für die Zuverlässigkeit der Truppenteile und die Aufrechterhaltung der Disziplin sind die Soldatenräte verantwortlich.

„Wir beantragen über diese unsere Resolution als Dringlichkeitsantrag sofort zu beschließen."
Der Vorsitzende Seeger erklärte:
„Wir nehmen den Antrag entgegen, können aber nicht sofort darüber beraten."
Nachdem sich verschiedene dazu geäußert hatten, hielt Ledebour abermals eine wütende Hetzrede und verlangte sofortige Annahme. Wieder gingen die Wogen sehr hoch. Zum Schluß wurde der Antrag Haase angenommen, daß die Resolution der Soldaten morgen früh als erste beraten werden solle. Dann entleerte sich langsam das Haus, während die Soldatenratsvertreter der Garde-Regimenter unter drohenden Schimpfreden die Fäuste ballten, weil ihr Antrag nicht sofort Gesetz geworden war.
Ich begab mich dann verabredungsgemäß in ein kleines Lokal in der Nähe der Potsdamer Brücke,

Revolutionäre Soldatenwehr auf dem Brandenburger Tor
Photo: Heeresarchiv

wo ich dem Staatssekretär, der während der Revolution nach Potsdam gegangen war, über den heutigen Tag berichtete*).

*) Wir entnehmen diese interessante Schilderung mit Genehmigung des Verlages Koehler & Amelang, Leipzig, dem neu erschienenen Buche „Hundert Tage aus meinem Leben" von Bogislaw von Selchow.

Heimkehr ins Chaos

Nach einem Bericht des Hauptmanns Bott vom Infanterie-Regiment 70, bearbeitet von Generalleutnant a. D. Jürgen Siehr

Auf dem Rückmarsch von der Front haben wir wenig von der Revolution gemerkt. Aber jetzt hören wir bei stundenlangem Halten immer wieder davon; wir befinden uns auf dem Bahntransport vom Rhein nach Zossen und nähern uns Leipzig.
„Wir", d. h. das noch vor kurzem so stolze Regiment 70, bestehen nur noch aus etwa eineinhalb Dutzend Offizieren, etwa drei Dutzend Unteroffizieren und etwa 100 Mann, zu zwei Kompanien formiert. Diese Mannschaften, größtenteils blutjunger, wenig ausgebildeter, fast unbrauchbarer Ersatz. Dagegen haben wir alles Material, Waffen und Pferde des alten Regiments gerettet und auch eine Batterie ist beim Truppenteil.
Der Regimentsführer — schon lange der „letzte" Hauptmann des Feldregiments — steht auf der Maschine; langsam geht's weiter von Signal zu

Signal. Vor Leipzig-Leutzsch ist keine Einfahrt zu bekommen. Eine Offizierspatrouille zum Bahnhof. Meldung zurück: „Der Bahnhof ist von der Garnison Leipzig gesperrt, der Transport darf nicht weiter." Was soll das bedeuten?
Aussteigen! 1. Kompanie geht rechts, 2. Kompanie links von der Maschine in Stellung. Batterie und Pferdepfleger decken den Zug. Ich selbst gehe mit dem Adjutanten zur Bahnhofswache.
Bei der Bahnhofswache wird ein Befehl des „Generalkommandos" vorgelegt, nach dem jeder Transport erst weiter darf, sobald er seine sämtlichen Waffen und alles Material sowie die Pferde, abgeliefert hat.
Sehr bald stellten die Offiziere fest, daß das Generalkommando zur Kommunistischen Partei gehört. Zu welcher gehören wir eigentlich? Damals eine schwere

Zurückkehrende Fronttruppen überschreiten den Rhein auf einer Notbrücke   Photo: Scherl

Frage; was wußten wir Frontsoldaten von Kommunisten, Spartakisten usw. Einerlei, unsere Waffen und unsere Sachen geben wir nicht ab. Diese Ansicht soll unser „Soldatenrat" bestätigen, verlangt die Bahnhofswache nach telephonischer Anfrage beim Generalkommando. Könnt ihr haben. Der Soldatenrat Infanterie-Regiment 70 — diese schöne Einrichtung hatten wir — erscheint und verhandelt. Inzwischen orientiert sich der Regimentsführer. Die Bahnhofswache ist nur schwach. Das Wäldchen beim Bahnhof und die Gebäude dahinter sind dagegen stark besetzt. Auch Maschinengewehre haben die Kerls; eins steht in der linken Flanke unseres Zuges und kann ihn von vorne bis hinten auf einige hundert Meter abgrasen. Wir sind von zwei Seiten durch erheblich überlegene Kräfte, die gut gedeckt liegen, eingeschlossen. Die Lage ist für gewaltsamen Durchbruch sehr ungünstig. Der Zug ist bewegungsunfähig, weil die Maschine ausgebrannt ist.

Bei Rückkehr verhandelt man noch weiter. Der Regimentsführer 70 greift wieder ein. Der Bahnhofskommandant — natürlich Matrose — behauptet, das Generalkommando werde nach wie vor von Offizieren geführt. Er nennt mir den Namen eines Hauptmanns, der gerade anwesend sei, und den ich am Fernsprecher anrufen könne. Ich will an den Fernsprecher im Nebengebäude.

Vor der Tür sehe ich, daß das Regiment die Stellung am Zuge aufgegeben hat und an den Bahnhof herangegangen ist. Es steht auf freier Fläche 50 Meter vor den Gebäuden. Die, nach meiner Schätzung dreimal stärkeren Gegner (hinterher hörten wir, daß sie noch erheblich stärker als geschätzt waren), liegen fast unsichtbar, gut gedeckt in Front, linker Flanke und fast im Rücken. Hier muß ich eingreifen. Leutnant H. an den Fernsprecher: „Ich verlange, daß sofort ein Offizier des Generalkommandos hierher kommt." Nun geht es blitzartig! Ein Schuß fällt; ein wüstes Geknatter geht los. Ich greife mir einen der Matrosenführer und „Stopfen", „Stopfen" brüllend, springen wir zwischen die Linien. Es gelingt, das Feuer abzustoppen. Kaum eine halbe Minute hat es gedauert, aber drei Tote und sieben Verwundete von uns liegen am Boden, und auch drüben hat es allerhand Blut gekostet.

Bei uns sind die beiden Leutnants Andres unter den Toten; dem einen wurde durch einen hinterlistigen Nahschuß aus einer Gruppe von Zivilisten heraus der Kopf zerschmettert, wie ich später hörte.

Jetzt kommen auch die Vertreter des Generalkommandos; sie reden vorzüglich, haben ihre Leute aber nicht in der Hand. Ist glücklich nach langem Reden ein Beschluß gefaßt, so erscheint bestimmt irgendein Führer einer Matrosenkompanie und erklärt, seine Kompanie sei nicht gehört worden, und so gehe es nicht. Das Reden geht von neuem los. Allen Ernstes kommt man zum 70er-Führer und erkundigt sich, welche Formalitäten wohl zu erfüllen seien; man habe beschlossen, den Transport weiterfahren zu lassen, aber vorher müßten die Offiziere erschossen werden!!!

Gegen Abend gelingt es den 70ern unter Hinweis darauf, daß erstens alle Vorgänge photographiert seien und für die Herren beim Generalkommando sehr peinliche Folgen haben könnten, und daß zweitens in der nächsten Stunde ein anderer Transport von einigen 1000 Mann folgen werde, die Herren Generalkommando-Spartakisten sehr nachdenklich zu stimmen (beide Angaben waren selbstverständlich falsch).

In aller Stille bekommen wir eine neue Maschine und während gerade wieder recht eifrig beraten wird, zieht der Zug langsam an, und wir kommen glücklich weg. Anscheinend freut sich das Generalkommando am meisten, uns los zu sein.

Als „Geisel" war Offizierstellvertreter Rachut von unserem Soldatenrat freiwillig zurückgeblieben, um die Abfahrt des Zuges zu decken. Wir fürchteten, daß er, sobald der Zug entkommen war, erschossen oder doch schwer mißhandelt werden würde. Er folgte aber nach mehreren Tagen wohlbehalten. Man hatte ihn vor ein Kriegsgericht gestellt, ihn aber dann entlassen, weil man nichts mit ihm anzufangen wußte. Wie im Traume fahren wir weiter und können nicht verstehen, was eigentlich geschehen ist und warum Freunde, die mit uns Jahre hindurch für Vaterland und Heimat die schwersten Opfer brachten, so von dieser Heimat empfangen und von eigenen Volksgenossen elendiglich erschlagen werden mußten.

Kampf um Berlin

Von Oberst a. D. Reinhard, SS.-Gruppenführer
ehemals Führer des Freiw.-Rgts. Reinhard und Kommandant von Berlin

Nach dem Einmarsch in Potsdam lag ich mit dem Regiment in Wannsee im Quartier. Dort suchte mich eine Abordnung des Berliner Vollzugsausschusses auf. Sie regte sich darüber auf, daß vor dem Regimentsstabsquartier immer noch ein Posten mit aufgepflanztem Seitengewehr stand, der vor den Offizieren Ehrenbezeugungen machte.

Die Abordnung wollte mich über die neuen Verhältnisse in Berlin belehren. Aber ich zeigte mich sehr unbelehrbar.

Als sie schließlich mit ihrem wahren Beweggrund, daß sie die Soldaten sprechen wollten, herauskamen, erklärte ich ihnen, daß ich alle Hetzereien mit Waffengewalt verhindern würde. Darauf zogen sie, kleinlaut geworden, wieder ab.

Bei Gesprächen mit meinen Leuten hörte ich immer wieder die Worte „Berlin ist toll" und „die Zustände im Vaterland sind traurig".

Die Leute wollten auch bei ihrem Einzug nichts von einem festlichen Aufzug mit Blumen und Sträußen in den Gewehren wissen, aber die alten Fahnen des Regiments wollten sie haben, die sollten ihnen vorangetragen werden. Die Fahnen waren aber in Berlin; wir wußten nicht einmal genau wo, wahrscheinlich in der Gewalt der roten Matrosen. Ich beauftragte daher den Oberleutnant Hans von Kessel, diese Fahnen zusammen mit dem neugewählten Vertrauensrat des Regiments abzuholen. Kessel kam denn auch richtig mit den Fahnen an, die er aus dem Schloß herausgeholt hatte, das damals von den Matrosen besetzt war. Er hatte den Befehl zur Herausgabe der Fahnen an ihn, nachdem er zunächst ergebnislos mit dem Wachhabenden verhandelt hatte, selber mit dem daliegenden Petschaft unterstempelt.

Dann traten wir den Marsch ins Ungewisse an.

In der Hofjägerallee im Tiergarten kam uns ein vom Feldwebelleutnant Duske, dem obersten Soldatenrat des Ersatzbataillons, entsandter Reserveoffizier aufgeregt entgegen:

„Kommen Sie nicht nach Moabit, die Mannschaften des Ersatzbataillons meutern; sie und die Matrosen lassen sagen, man würde Sie vom Pferde reißen und hängen, wenn Sie den Kasernenhof betreten; die Gefangenen in Moabit sind alle befreit und unter der Mannschaft; gehen Sie nicht dahin!"

Ich mußte lachen.

Zum letzten Male zog das Regiment mit den alten Fahnen — stolz und stramm wie immer — Unter den Linden am Kriegsminister vorbei.

Das Ersatzbataillon meuterte. Mit Gebrüll wurde ich auf dem Kasernenhof empfangen.

Die Matrosen hatten sich beim Herannahen des Zuges gedrückt. Ein wilder Haufen von 17- bis 18-jährigen Jünglingen stand mir gegenüber, wurde aber nachdenklich, als er die Haltung des alten Regiments bemerkte. Mit herzlichen Worten des Dankes wandte ich mich zum letzten Male an meine Kriegsgefährten und bat sie, mit mir zusammenzuhalten bis zum Entlassungstage, der von der Regierung noch vor Weihnachten befohlen war. Mit einem Hurra auf Deutschland und dem Gesang „Deutschland, Deutschland über alles" schloß dieser letzte Gruß eines alten Truppenteiles.

„Reißt ihn vom Pferde!" schrie noch während des Liedes eine Stimme aus dem Haufen der Rekruten des Ersatzbataillons.

Oberst Reinhard, ehem. Führer des Freiwilligen-Regiments Reinhard und Kommandant von Berlin
Photo: Schel

Zur Antwort reckten sich Gewehrkolben aus der Front des Regiments. Es bezog seine Kaserne.

Mitten in der Weihnachtszeit 1918 erreichte mich ein Telegramm des Kriegsministers, Generalleutnants Scheuch, nach dem ich mit der Wahrnehmung der Geschäfte des Kommandanten von Berlin betraut worden war.

Nun war guter Rat teuer.

Ich nahm den Posten ohne Truppe lediglich deshalb in Berlin an, weil ich es wegen des Ansehens des Offizierkorps der alten Armee und im Interesse des Staates für meine Pflicht hielt. Am 25. Dezember herrschte auf der Kommandantur Bestürzung über die Vorfälle am Weihnachtstag. Mich besuchte der schwer verwundete Oberst Schwerk und orientierte

Waffenstillstand zwischen Fronttruppen und Volksmarine-Division während der Kämpfe um das Schloß und den Marstall in den Weihnachtsfeiertagen 1918
Photo: Schlageter-Ged.-Museum

mich in liebenswürdiger und kameradschaftlicher Weise über das Amt, das er bis zum 9. November gehabt hatte.

Dann aber kam jemand, den ich am wenigsten erwartet hätte: Herr Otto Wels, der Revolutionskommandant.

Gänzlich gebrochen, meinte er, beim Gange der Revolution und ihrer Erscheinungen sei Deutschland und alles verloren. Er selbst müßte infolge einer Nervenzerrüttung in den Süden. Ich konnte ihm nur gute Reise wünschen.

Anders gebärdete sich sein Adjutant, der mir im Kriegsministerium besonders empfohlene „Leutnant" Fischer. Aktive Offiziere gab es auf der Kommandantur nicht mehr. Der letzte Generalstabsoffizier, Major Meyn, war erkrankt, und nur der Intendanturrat Bongardt versah noch seinen Dienst. Fischer war durch seine Verhaftung nicht mitgenommen. Auf Fragen gab er ausweichende Antworten mit dem Untertone des Mitleids für einen alten Offizier, der die Zeit nicht verstünde. Fischer war angeblich früher Ordensgeistlicher, dann sozialistischer Pressevertreter gewesen. Ob es stimmt, weiß ich nicht. Der üble Eindruck, den ich über diese Persönlichkeit in wenigen Augenblicken gewann, wuchs mit jeder Stunde.

Fischer neigte zur Fahne der herrschenden Partei, im Augenblick zu der der Unabhängigen; dies hinderte ihn aber nicht, den Leutnantstitel zu führen und das Eiserne Kreuz I. Klasse zu tragen. Ob mit Recht, ist mir nie bekanntgeworden, ist aber kaum anzunehmen. Eine verschlagenere Persönlichkeit war wohl kaum zu finden. Matrosen, verdächtiges Gesindel der Straße erschienen, verhandelten mit dem Manne, der über alles mir gegenüber die Auskunft verweigerte oder mitleidig und herablassend in ungenügender Weise Aufklärung gab.

Als am Abend des Tages Nachrichten vom Weiterschreiten der Spartakusbewegung kamen und der „Vorwärts" besetzt worden war, ersuchte mich der Kriegsminister, das Gebäude zu befreien.

Fischer erklärte, republikanische Truppen oder Matrosen im Augenblick nicht zur Hand zu haben; alles sei „naturgemäß ausgegangen".

Als gegen Mitternacht auch das Wolffsche Telegraphenbüro von roten Banden genommen war, verlangte der Kriegsminister von neuem Hilfe. Fischers Auskünfte über die „Truppen" waren wieder ähnlich; es sei noch niemand aus der Stadt zurück. Dagegen verhandelte Fischer wieder mit zahlreichen Radfahrern, deren einem er einen Zettel mit der Bescheinigung übergab, daß das Wolffsche Telegraphenbüro für Telegramme aller Art freigegeben würde.

Die Unabhängigen hatten nunmehr freien Drahtverkehr in alle Welt.

Am nächsten Tage versuchte ich, mit den „Truppen" der Volksbeauftragten in Verbindung zu treten. Die Volksmarine-Division ließ mir durch ihren Führer Dorrenbach sagen, man verhandle nicht mit mir als altem Offizier, man hätte auch schon jemand andern zum Kommandanten von Berlin gewählt. Ich möchte machen, daß ich wegkäme, sonst würde ich erschossen.

Ich ließ mir den Fünferrat der republikanischen Soldatenwehr kommen, Leute, die mit roten Schlei-

32

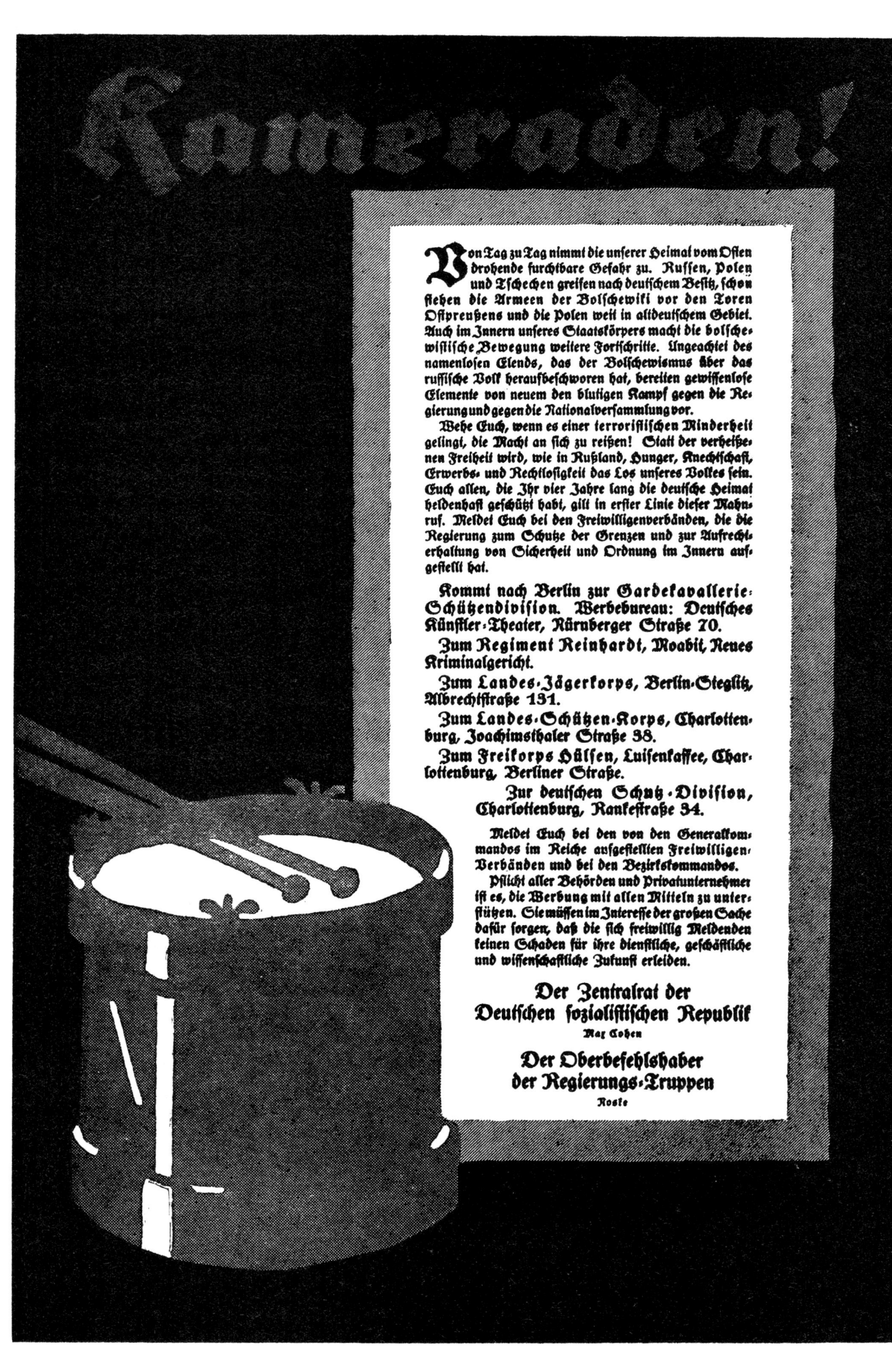

Kameraden!

Von Tag zu Tag nimmt die unserer Heimat vom Osten drohende furchtbare Gefahr zu. Russen, Polen und Tschechen greifen nach deutschem Besitz, schon stehen die Armeen der Bolschewiki vor den Toren Ostpreußens und die Polen weit in altdeutschem Gebiet. Auch im Innern unseres Staatskörpers macht die bolschewistische Bewegung weitere Fortschritte. Ungeachtet des namenlosen Elends, das der Bolschewismus über das russische Volk heraufbeschworen hat, bereiten gewissenlose Elemente von neuem den blutigen Kampf gegen die Regierung und gegen die Nationalversammlung vor.

Wehe Euch, wenn es einer terroristischen Minderheit gelingt, die Macht an sich zu reißen! Statt der verheißenen Freiheit wird, wie in Rußland, Hunger, Knechtschaft, Erwerbs- und Rechtlosigkeit das Los unseres Volkes sein. Euch allen, die Ihr vier Jahre lang die deutsche Heimat heldenhaft geschützt habt, gilt in erster Linie dieser Mahnruf. Meldet Euch bei den Freiwilligenverbänden, die die Regierung zum Schutze der Grenzen und zur Aufrechterhaltung von Sicherheit und Ordnung im Innern aufgestellt hat.

Kommt nach Berlin zur Gardekavallerie-Schützendivision. Werbebureau: Deutsches Künstler-Theater, Nürnberger Straße 70.

Zum Regiment Reinhardt, Moabit, Neues Kriminalgericht.

Zum Landes-Jägerkorps, Berlin-Steglitz, Albrechtstraße 131.

Zum Landes-Schützen-Korps, Charlottenburg, Joachimsthaler Straße 38.

Zum Freikorps Hülsen, Luisenkaffee, Charlottenburg, Berliner Straße.

Zur deutschen Schutz-Division, Charlottenburg, Rankestraße 34.

Meldet Euch bei den von den Generalkommandos im Reiche aufgestellten Freiwilligen-Verbänden und bei den Bezirkskommandos.

Pflicht aller Behörden und Privatunternehmer ist es, die Werbung mit allen Mitteln zu unterstützen. Sie müssen im Interesse der großen Sache dafür sorgen, daß die sich freiwillig Meldenden keinen Schaden für ihre dienstliche, geschäftliche und wissenschaftliche Zukunft erleiden.

Der Zentralrat der Deutschen sozialistischen Republik

Max Cohen

Der Oberbefehlshaber der Regierungs-Truppen

Noske

Der Marstall nach der Beschießung
Photo: Schlageter-Ged.-Museum

fen und umgedrehten Flinten in Berlin in allerwüstestem Aufzug umhergingen. Der Rat bestand aus eingekleideten Wedding-Arbeitern, aus einfachen, harmlosen Köpfen, die alles andere waren, nur nicht Soldaten. Mit ihnen war nichts zu machen, sie wollten nur „neutral" sein. Dagegen erläuterte mir Fischer ihre Formation dahin, daß sie aus Depots zusammengesetzt sei, von denen eins nicht anerkannt würde. Es bestände aus alten Gardeunteroffizieren unter einem Feldwebel Suppe, denen man als Gardisten nicht traute, und die leicht reaktionär werden könnten.

Dies war ein Lichtblick und recht wichtig.

Die Unsicherheit, die Dreistigkeit des Auftretens Liebknechts, das Vordringen der radikal-roten Bewegung und ihrer Kampforganisationen wuchs stündlich. Bei fast allen Ersatzbataillonen des Standorts waren Unteroffiziere oder Gemeine aus eigener Machtvollkommenheit Soldatenrat und Regimentskommandeur und machten, was ihnen paßte.

Bei dieser Sachlage war der Kommandant von Berlin eine Strohpuppe. Ich stand tatsächlich allein mit Kessel, der mir auch in die Kommandantur gefolgt war. Es mußte ein Entschluß gefaßt werden mit klarem Ziel. Dies war für mich:

    das Schaffen einer Truppe,
    die Vernichtung der republikanischen Banden und damit Wiederherstellung der Ordnung in Berlin,
    die Wiedereröffnung der Gefängnisse,
    Mitarbeit an der Wiederaufrichtung der Wehrkraft Deutschlands.

Bei der Unkenntnis der Bolschewisten in militärischen Dingen und ihren bisherigen Versuchen, unter dem Schutze des Ansehens des alten Staates sich zu organisieren, legten sie größten Wert auf den Besitz der Kommandantur. Dies Gebäude konnte man ruhig in Fischers Händen lassen. Die Welt gehört den Lebenden, und nur mit einer Truppe konnte man meine Ziele fördern. Ihre Aufstellung war Vorbedingung für die Wiederherstellung der Ordnung in Berlin.

Am 26. Dezember begab ich mich in die Staatsbibliothek Unter den Linden, wo mein Ordonnanzoffizier, der Oberleutnant Hans von Kessel, die ehemaligen Gardeunteroffiziere unter ihrem Führer, Offizierstellvertreter Suppe vom 2. Garde-Regiment, entdeckt hatte. Als Gardisten wurden sie von der republikanischen Soldatenwehr nicht anerkannt, folgten aber meinem Ruf zur Gründung eines Freikorps und siedelten am 28. Dezember in die Kaserne des 4. Garde-Regiments über. Ihr Führer Suppe und viele seiner Kameraden, wie z. B. der später in der Reichswehr dienende und auf meinen Wunsch zum Offizier beförderte Hauptmann Meineke, haben mich später treuestens unterstützt. Die Offiziere und Unteroffiziere des 4. Garde-Regiments telegraphierten dessen Angehörige wieder zusammen, und auch sie kamen. Es gelang in wenigen Tagen, 600 brauchbare Männer zum Kampf gegen die Straße zu vereinen. —

Auch die letzten Teile der Garde-Kavallerie-Schützendivision hatten Berlin am 2. Januar 1919 verlassen. Die Hälfte des „Regiments Reinhard", wie es zunächst genannt wurde — zwei Kompanien zu 150 Mann unter Suppe — benutzte ich zur Sicherung

Oberst Reinhard nimmt während der Kämpfe im Osten Berlins Meldungen entgegen
Photo: Scherl, Berlin

der Reichskanzlei und des Auswärtigen Amtes; die andere Hälfte — zwei Kompanien zu 150 Mann mit einem Geschütz — zur Sicherung der Kasernen in Moabit.

Die Kampfvorbereitungen in Moabit waren sorgfältig getroffen. Die kleine mir zur Verfügung stehende Schar von 300 Mann war in den oberen Stockwerken der Kaserne mit zahlreichen Maschinengewehren verteilt. Alle Tore und Türen der unteren Stockwerke waren geschlossen. Als unbedingt freizuhaltendes Vorfeld galten die Höfe bis zu den Gittern. Auf dem Platze in der Nähe der Wache stand ein von Suppe mitgebrachtes und mit einer Manöverkartusche geladenes Feldgeschütz, Schußrichtung Turmstraße, und dabei der Offizier vom Dienst, der mit dem Pour le Mérite geschmückte Hauptmann d. R. Plath. Er hatte den Befehl, dann den Schuß abziehen zu lassen, sobald die Massen zum Angriff ansetzten und Mauern und Gitter erkletterten. Der Kanonenschuß war das Zeichen zum freien Waffengebrauch für alle. Die Geschützbedienung hatte zur Selbstverteidigung zahlreiche Handgranaten liegen.

Ähnliche Vorbereitungen hatte ich für Suppe mit seinen 300 Leuten in der Reichskanzlei angeordnet. Da er aus der Front des Gebäudes kein Schußfeld hatte, war das obere Stockwerk des Leopold-Palais gegenüber als Flankenschutz besetzt, auf dessen Balkon zum Wilhelmplatz getarnte Maschinengewehre feuerbereit waren.

Mit der Annahme, daß das Kasernement genau so leicht zu überrumpeln sei wie am 9. November, befand man sich diesmal im Irrtum.

Die Aufrührer hatten nicht damit gerechnet, daß die Truppe bis zum letzten Mann die Überzeugung hatte, daß unbeugsame Entschlossenheit auch zahlenmäßig weit überlegenem Gegner gegenüber den Sieg verleiht.

Als die Menge um 3 Uhr nachmittags am 6. Januar 1919 zum Sturm ansetzte und die Gitter überkletterte, ließ Hauptmann Plath das Geschütz — nur mit Manöverkartusche, also ohne scharfes Geschoß — abfeuern und Handgranaten werfen. Eine ungeheure Panik entstand unter den Angreifern. Alles flüchtete, riß Weiber und Kinder um und eilte heulend von dannen.

Wenige Maschinengewehrschüsse sprengten einige sich sammelnde Haufen. Als ich den Kasernenhof betrat, standen die Bedienungen lachend an den Waffen.

Der Kanonenschuß von Moabit hatte Wunder getan. Seit jenem Tage wurde die Kaserne niemals wieder belästigt und dient noch heute zu Heereszwecken dem Wachregiment von Groß-Berlin.

Im selben Augenblick aber, als die Kasernen des Freikorps in Moabit angegriffen wurden, spielte sich ein von den Spartakisten planvoll vorbereiteter Angriff in der Wilhelmstraße ab, der von der Abteilung Suppe abgeschlagen wurde.

Diese Kampfhandlungen am 6. Januar in Berlin waren die ersten, die unter Ablehnung jeder Verhandlung mit Aufrührern durchgeführt wurden. Darauf aber kam es an*).

*) Auszug aus dem Buche des Oberst a. D. Reinhard „Die Wehen der Republik", erschienen im Brunnenverlag Willi Bischoff, Berlin SW 68, im Einverständnis mit dem Verfasser.

Ärmelabzeichen des Freiw.-Rgts. Reinhard
Vorlage: Heeresarchiv

Zwischen Soldatenwehr und Freikorps im roten Berlin

Nach verschiedenen Aufzeichnungen des Oberleutnants Hans von Kessel, des Offizierstellvertreters Suppe und des Offizierstellvertreters Albert Flick

In den letzten Novembertagen des Jahres 1918 wandte sich in der Kaserne des 2. Garde-Regiments eine Reihe von Unteroffizieren an den Offizierstellvertreter Suppe, um ihm die Unhaltbarkeit der Lage der aktiven Unteroffiziere in den von den Soldatenräten beherrschten Kasernen vorzutragen und seinen Rat über ihre weitere Haltung zu erbitten. Sie schilderten die stündlichen Zusammenstöße mit der meuternden Soldateska und wiesen an zahlreichen Beispielen die Unmöglichkeit nach, von sich aus auch nur einigermaßen geordnete Verhältnisse herbeizuführen. Eine vorgesetzte Instanz, an die man sich beschwerdeführend hätte wenden können, gab es nicht. Die Offiziere hatten am Tage nach dem 9. November die Kasernen verlassen müssen, der Soldatenrat stand in jedem Falle hinter den Meuterern und gegen die Unteroffiziere. Offizierstellvertreter Suppe erklärte im Verlaufe der Aussprache seinen Kameraden, daß er keinen Weg sehe, die Lage der Unteroffiziere in den Berliner Regimentern gegen die Soldatenräte zu ändern. Sie würden zwischen den Meuterern immer allein stehen, als unbequemes Element der Ordnung stets bekämpft und notfalls vernichtet werden. Sollten sie ohne Gegenwehr kapitulieren, die alten gedienten Frontsoldaten, die Stützen des alten Heeres? Allein sei jeder von ihnen wehrlos, geschlossen würden sie eine Truppe bilden, an die sich dieses Gesindel erst einmal heranwagen sollte. Die Unteroffiziere der Berliner Regimenter müßten sich zusammenschließen! Aber wie? Wo war die Instanz, die einen solchen Schritt befahl, oder wenigstens genehmigte? Früher war das alles sehr einfach, aber wer war heute zuständig, der Soldatenrat, der Vollzugsrat, der Rat der Volksbeauftragten? Im Zweifelsfalle waren sie alle dagegen.

Es war das Verdienst des Offizierstellvertreters Suppe, daß er nach vielen Zweifeln und Erwägungen sagte: „Wir schließen uns zusammen, ohne jemand zu fragen. Wenn wir erst einmal zusammen sind, wird man unsere Existenz hinnehmen müssen, ob man einverstanden ist oder nicht. Wer fragt in diesen Tagen in Berlin wen, was gemacht werden darf? In entscheidenden Augenblicken hat auch der Unteroffizier selbständig und auf eigene Verantwortung zu handeln!"

Mit ein paar Unteroffizieren des eigenen Regiments wurde der Anfang gemacht. In der Kaserne konnte man nicht bleiben. Kurzerhand wurde die Aula der Universität besetzt. Waffen ließen sich genügend beiseiteschaffen, wenn die alten Waffenunteroffiziere ihre Kammern stillschweigend offen ließen. Ein Aufruf sollte die Unteroffiziere der anderen Regimenter heranholen. Wie kam man aber an sie heran? Suppe wußte Rat. Ein Kamerad hatte im Kriegsministerium den Militärtelegraphen unter sich. Der stand zwar unter Zensur, aber bei einigem Geschick war es möglich, eine Meldung auch einmal unzensiert dazwischenzuschieben, und so lief bei den Berliner Regimentern eines Tages folgender Fernspruch durch: „Mit den Waffen ausgebildete, nur gediente Unteroffiziere, welche sich genügend ausweisen können, melden sich persönlich im Geschäftszimmer der Freiwilligentruppe im Aulagebäude der Universität, Kaiser-Franz-Joseph-Platz.

Alles Nähere betreffend Löhnung, Verpflegung, Bekleidung und Ausrüstung im Geschäftszimmer, Kaiser-Franz-Joseph-Platz.

Suppe, Führer."

Offizierstellvertreter Suppe, ehemals Führer des Unteroffizierbataillons Suppe
Photo: Privataufnahme

Die Herren Soldatenräte schüttelten zwar den Kopf ob dieser Anweisung, die sie stark mißbilligten, gaben sie aber zunächst weiter, da sie zweifellos von oben befohlen und genehmigt war, nicht ohne sofort den Zentralsoldatenrat und Liebknecht gegen diese unverständliche Maßnahme aufzuputschen. In den Kreisen der Linksradikalen wirkte der Aufruf wie eine Bombe. „Die Gegenrevolution ist im Anmarsch!" In Versammlungen wurde aufgefordert, die „reaktionären Unteroffiziere" festzusetzen. Zum Glück blieb es, wie in diesen Tagen meist, nur beim Reden. Zum Handeln blieb wenig Zeit, wenn man scharf aufpassen mußte, um beim Verteilen der Pöstchen nicht in den Hintergrund geschoben zu werden.

Einschlagende Granate am Marstall *Photo: Schlag.-Ged.-Museum*

Leider hatte die Hetze aber einen gewissen Erfolg bei den Unteroffizieren. Zahlreiche Regimenter schickten zwar Beauftragte, die sich einmal anhören sollten, was Suppe eigentlich wollte, aber gegen den Eintritt in eine solche gewagte Geschichte gab es tausend Bedenken, die zunächst zerstreut sein wollten, und bis dahin ließ sich so bequem abwarten, wie sich alles weiter entwickelte. Auf einmal war der Terror der Soldatenräte gar nicht so schlimm, daß man ihn nicht hätte aushalten können. Man hatte immerhin zu leben und trug gar keine Verantwortung. Es waren nur wenige, die sich bedingungslos einfügten.

Um für den Gedanken zu werben, berief der Offizierstellvertreter Suppe eine Versammlung der Unteroffiziere aller Berliner Regimenter in den Zirkus Busch ein. Das war damals möglich, ohne besonderes Aufsehen zu erregen. Anwesend waren etwa 1500 Unteroffiziere. Es wurde sehr viel geredet, sehr viele Bedenken wurden vorgebracht, aber sonst verlief die Versammlung ohne wesentliche Zwischenfälle. Im Anschluß daran traten die Unteroffiziere zu einem Demonstrationszug zusammen, der sie durch die Linden nach der Wilhelmstraße führte. Zur gleichen Zeit hatte der Führer der roten Republikanischen Soldatenwehr, der sozialdemokratische Stadtkommandant Wels, einen Demonstrationszug seiner Garde in Bewegung gesetzt. Beide Züge trafen sich vor der Reichskanzlei, ohne sich gegenseitig zu stören. Aus einem der Fenster sprach zunächst Ebert, dann Scheidemann.

Noch während der Demonstration trat der rote Stadtkommandant Wels an Suppe heran und forderte ihn auf, mit seinen Unteroffizieren in die Republikanische Soldatenwehr einzutreten. Er erklärte, daß nur er vom Rat der Volksbeauftragten ermächtigt sei, Löhnung, Verpflegung und Bekleidung für eine Ordnungstruppe in Berlin anzuweisen. Suppe sah hier die Möglichkeit, seiner Truppe die Sanktion der Regierung und damit die notwendige Ruhe zur Sammlung zu verschaffen. Ohne sonstige Verpflichtungen übernehmen zu müssen, wurde er mit der Aufstellung eines Depots XIV der Republikanischen Soldatenwehr aus seinen aktiven Unteroffizieren beauftragt. Als Quartier wurde die Alte Bibliothek zugewiesen. Im übrigen war die Truppe selbständig. Befehle der Kommandantur konnten befolgt werden — oder auch nicht. Je nachdem, ob man sie für richtig hielt oder nicht.

Im Laufe der nächsten Wochen meldete sich eine immer größer werdende Zahl von Unteroffizieren. Die Beschaffung von Waffen und Ausrüstung machte erhebliche Schwierigkeiten, denn der rote Stadtkommandant Wels war gar nicht in der Lage, seine Versprechungen, die er vor der Reichskanzlei gegeben hatte, zu erfüllen. So war man bei Beschaffung der Waffen auf die Findigkeit einzelner Unteroffiziere angewiesen, die noch in ihren Kasernenstuben wußten, wo Waffen lagen, und sie dort nachts herausholten. Vier Geschütze und ein Panzerwagen, die sich die rote Volksmarine-Division gesichert hatten, wurden durch Bestechung der Wachen aus dem Schloß herausgeholt und dem Depot XIV eingegliedert.

Das Depot erreichte bald Bataillonsstärke. Die 2. Kompanie übernahm der Offizierstellvertreter Flick, den Geschützzug der Wachtmeister Penther. Der Dienst der Truppe war schwer. Sie sollten „Ruhe und Ordnung aufrechterhalten". Aber wie? Tag für Tag wälzten sich Demonstrationen mit roten Fahnen und schwer bewaffnet die Linden entlang zum Regierungsviertel. Die „Republikanischen Soldaten", die nebenan die „Kommandantur" bewachten, mit roten Armbinden und umgehängtem Gewehr mit der Mündung nach unten, tauschten mit den Demonstranten aufputschende Zurufe. Lastwagen rollten vorbei. Schwer bestückt mit Maschinengewehren. „Unsere Posten vor der Bibliothek, vorschriftsmäßig mit Stahlhelm und Handgranaten, waren dieser Meute ein Dorn im Auge", berichtet u. a. Offizierstellvertreter Flick über jene Tage. „Ein wüster Pöbelhaufen stürzte sich auf uns zu. Ich ließ unsere beiden MG. am Eingang schußfertig machen. Ein Zusammenstoß schien unvermeidlich. Im letzten Moment stürzte plötzlich der Adjutant des roten Stadtkommandanten Wels zwischen uns: ‚Nicht schießen! Nicht schießen!' Wir waren zunächst verblüfft, dann machten einige von unseren Leuten — ich muß es leider gestehen, sichtlich erleichtert — kehrt. Die MG. konnten nicht so schnell zurückgeholt werden. Im Augenblick ist die Masse über uns. Von allen Seiten hagelt es Schläge, ein paar Kerls fuchteln mit entsicherten Pistolen über uns. Ich spüre Faustschläge im Gesicht, versuche mein Seitengewehr herauszureißen, muß es aber durch einen Kolbenschlag fallen lassen. Endlich gelingt es mir, mich in eine Lücke zu zwängen und aus dem Menschenknäuel herauszukommen. Langsam gehe ich zum Tor der Bibliothek zurück, jeden Augenblick gewärtig, daß mir ein Schuft eine Kugel in den Rücken jagt. Ich hätte heulen können vor Wut. Das mir nach vier Jahren Front! In der Bibliothek riß ich mir den Leibriemen vom Körper und warf ihn dem stellvertretenden Führer vor die Füße. Nur raus aus diesem Irrenhaus! Suppe kam, redete mir ruhig zu, stellte mir vor, daß dieser Zustand doch nicht ewig dauern könne, und daß dann Leute dasein müßten, die noch Zucht und Ordnung im Leibe hätten. Jedenfalls beruhigte ich mich wieder und blieb. Nachher erhielten wir noch vom roten 5er-Rat der Kommandantur eine Rüge, weil wir durch unser Auftreten mit Stahlhelm und Handgranaten ‚die Massen provoziert' hätten.

Die Gegensätze zwischen dem Depot XIV und der Republikanischen Soldatenwehr verschärften sich unter diesen Umständen von Tag zu Tag. Man versuchte, die ‚Suppe-Garde', wie man uns höhnend bereits nannte, zu zersetzen. Es begannen heftige innere Auseinandersetzungen, die zur Entwaffnung und Auflösung einer eben gebildeten 3. Kompanie führten. Die Meuterer wurden an die Luft gesetzt und fanden am gleichen Tage Aufnahme in die Volksmarine-Division, wo sie weiter gegen uns hetzten."

Am 23. Dezember besetzte die Volksmarine-Division die Reichskanzlei, setzte die Regierung gefangen und „internierte" den roten Stadtkommandanten Wels in einem Keller des Schlosses. Durch Verhandlungen und durch in eiligem Anmarsch schnell herangeholte Fronttruppen wurden die Regierungsgebäude geräumt. Am 24. Dezember gab es heftige Kämpfe um den Marstall.

Nach diesem Schlage war die Regierung bemüht, sich zuverlässige Stützen zu sichern. Der Kriegsminister Scheuch bot dem Obersten Reinhard vom 4. Garde-Regiment z. F. den Posten eines Kommandanten von Berlin an. Als dieser noch überlegte, hatte der Soldatenrat der Kommandantur bereits den Beschluß gefaßt, ihn als „Reaktionär" abzulehnen.

Der Oberleutnant von Kessel, Adjutant des Obersten und sein einziger Begleiter, als er sich mitten in die von der roten Soldatenwehr besetzte Kommandantur begab, um den Schutz Berlins vor den Spartakisten zu übernehmen, hatte von dieser Truppe gehört. Der Leutnant Fischer, Adjutant des abgesetzten roten Stadtkommandanten Wels, hatte mit der Stärke der roten Soldatenwehr geprahlt, die alle Macht in den Händen habe, und ein Depot erwähnt, das „nicht anerkannt" würde. Kessel suchte nach diesen Leuten. Er traf auch glücklich ein paar Unteroffiziere, die ihn zu Suppe führten, wo er militärisch stramm begrüßt wurde. Offizierstellvertreter Suppe war sofort bereit, sich dem bekannten und geschätzten Kommandeur des Frontregiments mit seiner Truppe zur Verfügung zu stellen. Oberst Reinhard war auf das höchste erstaunt, als ihm sein Adjutant eine Truppe meldete, die ihm nach seiner Ansicht tauglich erschien,

Schloßportal nach der Erstürmung *Photo: Heeresarchiv*

Freiwilligenwerbung für das Detachement Tüllmann durch Plakatträger
Photo: von Reuß, Charlottenburg

als Fels in der roten Brandung den ersten Widerstand zu bilden.

Seine Verwunderung stieg, als er zur Besichtigung der Truppe die Eingangshalle der Bibliothek betrat und ihm eine kommandogeübte Stimme mit „Stillgestanden! — Augen rechts!" entgegenschallte. In gerader Haltung stand die Truppe, scharf ausgerichtet, wenn auch in bunt zusammengewürfelten Uniformen.

Er ging die Front ab und trat dann mit Suppe an die Freitreppe. Suppe begrüßte den neuen Kommandanten und versicherte ihm die unbedingte Treue seiner Leute. Der Oberst dankte mit bewegten Worten. Suppe ließ danach die Leute wegtreten und zog sich mit Oberst Reinhardt in seine Schreibstube zurück, die er sich in der engen Portierloge neben dem Eingangsportal eingerichtet hatte. Hier wurden die Einzelheiten der Unterstellung festgelegt. Der Oberst befahl kurzerhand den Abmarsch der Truppe für 12 Uhr nachts aus der gefährlichen Nähe der Kommandantur nach den Gardekasernen in Moabit. Damit war das Unteroffizierbataillon Suppe durch Oberst Reinhard übernommen und zum Kern des späteren Freiwilligen-Regiments Reinhard geworden.

In Moabit wurde die Truppe bekleidet, ausgerüstet und in täglichem Kleindienst zusammengeschweißt, trotz der ständigen Schießereien, die Tag und Nacht rund um die Kaserne die Straßen beunruhigten. Stündlich mußten Patrouillen die Straßen freihalten, oft verfolgt vom Feuer heimtückischer Dachschützen. Welche Gefahren mit diesen Patrouillen verknüpft waren, schildert u. a. Feldwebel Penther, der Führer des Geschützzuges:

„Ich war mit einer unserer Streifen unterwegs, als uns eine Gruppe Zivilisten entgegenkam. Sie war kaum vorbei, als sie auch schon kehrtmachte und über uns von hinten herfiel. Der Überfall kam so unerwartet, daß zwei Leute fast widerstandslos zu Boden geschlagen werden konnten. Ich selbst hatte gerade noch Zeit, meinen Revolver zu ziehen, konnte aber nicht schießen, wenn ich es nicht riskieren wollte, eigene Leute zu treffen. Ich ging rückwärts auf eine schützende Wand zu. Die Roten folgten mir, wobei sie unsere halb ohnmächtigen Leute als Kugelschutz vor sich herschoben. Einen konnte ich noch ins Bein schießen, ehe sie alle über mich herfielen. Man fesselte mich, und dann schleppten sie mich zur nächsten Laterne. Ich war schon halb gefühllos durch die furchtbaren Schläge, als sie mir die Schlinge um den Hals legten und mich zu hissen begannen. Als ich später zu mir kam, lag ich auf der Erde unter dem Laternenpfahl. Einer der Unsrigen kniete neben mir. Andere liefen im Laufschritt vorbei und feuerten. Jemand hatte den Überfall beobachtet und unsere Wache alarmiert. Einer von uns war tot, die anderen alle durch die Mißhandlungen schwer verletzt."

In den ersten Tagen des Januar 1919 spitzte sich die Lage in Berlin bedenklich zu. Die Regierung hatte den spartakistischen Berliner Polizeipräsidenten Eichhorn entlassen, der sich weigerte, seinen Platz zu räumen. Rote Banden hatten das Zeitungsviertel besetzt. Der Generalstreik wurde ausgerufen. Die Regierung sollte gestürzt werden.

Noske erschien plötzlich in Moabit und bat um Schutz für die Regierung. Das Unteroffizierbataillon Suppe wurde zum Schutz der Reichskanzlei in die Wilhelmstraße befohlen. Aber wie dorthin kommen? Die Straßen waren verstopft von roten Demonstranten. Oberst Reinhard ließ die Regimentsmusik vom 4. Garde-Regiment zu Fuß antreten. Kommandos schallten über den Hof. Offizierstellvertreter Suppe meldete die Wache ab, dann zog die kleine Truppe unter den mitreißenden Klängen des Regimentsmarsches am Reichstag vorbei zum Brandenburger Tor. Die Massen der Demonstranten horchten erstaunt auf, dann marschierten sie neugierig neben der Kapelle her bis zur Wilhelmstraße. Dort staute sich die Masse an dem Drahtverhau, das die Wilhelmstraße sperrte. Als wir in den Hof der Reichskanzlei einmarschierten, staunten aus allen Fenstern Leute. Noske erschien sofort und äußerte dem Oberst gegenüber seine Mißbilligung wegen der Musik. Dann schwenkte er seinen breiten Schlapphut und begrüßte die Unteroffiziere mit einem „Mahlzeit, Mahlzeit, Kameraden!"

Alles grinste über diese neue Art der Begrüßung.

Suppe teilte die Wachen ein, ließ Munition und Leuchtpistolen verteilen, ließ die Sandsackdeckungen verstärken und die Dachluken mit Maschinengewehren besetzen. Offizierstellvertreter Flick besetzte mit seiner Kompanie das danebenliegende Prinz-Leopold-Palais, von dem aus er ein besonders

Werbeplakate deutscher Freikorps
Photo: Archiv Reiter gen Osten

günstiges Schußfeld hatte. Er berichtet u. a.: „Am 6. Januar, mittags gegen 3 Uhr, fahren jenseits des Wilhelmplatzes, etwa in der Gegend des Kaiserhofes, einige verdächtige Lastwagen vor. Von Mund zu Mund geht der Befehl: ‚Alles an die Plätze'. Mit größter Spannung liegt alles hinter den Gewehren. Drüben springen plötzlich Leute aus den Wagen, Planen werden zurückgeschlagen. Schußfertige Maschinengewehre erscheinen. Die Leute laufen über den Platz auf die Reichskanzlei zu. Schon fallen einzelne Schüsse. Jemand ruft laut: ‚Straße frei!', dann knattern unsere Maschinengewehre. In wenigen Augenblicken ist der Platz leer. Plötzlich quellen aus dem vor uns liegenden U-Bahn-Ausgang Haufen Bewaffneter. Die ersten sind schon verteufelt nahe, aber dann hageln unsere Maschinengewehre dazwischen. Für Minuten glaubt man, das Trommelfell müßte platzen, so dröhnen die Schüsse zwischen den Straßen, dann ist es wieder still. Schreie gellen über den Platz, der von Menschen übersät ist, während die letzten in der U-Bahn und hinter Straßenecken verschwinden. Der Angriff ist abgeschlagen. 20 Tote und 45 Verwundete werden vom Wilhelmplatz hereingeholt. In langer Reihe liegen die Toten, Arbeiter mit roten Armbinden, verhetzte Volksgenossen, in einem Nebengebäude aufgebahrt."

Zum ersten Male war an diesem Tage ein roter Angriff mit Waffengewalt zerschlagen worden.

Der Sturm auf das Vorwärtsgebäude am 10. Januar 1919

Von Major a. D. von Stephani
ehemals Führer des Freikorps Potsdam

In dem Berlin benachbarten Potsdam machte sich die spartakistische Welle stark bemerkbar. Hier hatte ich am 12. Dezember 1918 die Führung der Reste des am 11. Dezember von der Westfront in seine alte Garnison zurückgekehrten 1. Garde-Regiments zu Fuß übernommen, dessen 1. Bataillon ich seit April 1917 geführt hatte. Ruhmbedeckt und in tadelloser Ordnung und Verfassung, ohne Soldatenräte, war es in die Heimat zurückgekommen. Aber nach der Entlassung des Stammes der alten, treuen Frontkämpfer bildete sich auch in Potsdam ein Soldatenrat aus den frechsten Elementen des jungen Nachwuchses des Regiments und von Etappen- und Ersatztruppenteilen, die, damals in Potsdam untergebracht, in das Regiment eingegliedert wurden.

Allmählich kehrten jedoch eine Anzahl Offiziere aus anderen Kriegsdienststellen zum Regiment zurück und übernahmen die von mir gebildeten Kompanien und Bataillone, die ich durch Neueinstellung alter Feldsoldaten auffüllte. Dies Beispiel wirkte sich auch auf andere Potsdamer Truppenteile aus; besonders auf die Gardejäger und die beiden Gardeartillerie-Regimenter. Auf diese Weise bildete sich wieder ein starker Zusammenhalt zwischen den alten Potsdamer

Truppenteilen heraus, für deren Führung ich einen besonderen Stab zusammenstellte. Über den Soldatenrat hinweg war so eine unabhängige Befehlserteilung für die ganze Garnison ermöglicht. Dadurch war bis Ende Dezember 1918 eine leidliche Beruhigung in Potsdam eingetreten. Der Potsdamer Soldatenrat war geistig überwunden und kaltgestellt. Wiederholter Alarm zur Besetzung und Sperrung der von Berlin nach Potsdam führenden Anmarschstraßen auf Grund wildester Gerüchte stärkte den

Major von Stephani, ehemals Führer des Freikorps Potsdam
Photo: Archiv Reiter gen Osten

Zusammenschluß der Garnison zu einer freikorpsartigen Einheit, die ihre Probe auch bald bestehen sollte. Die Potsdamer Truppenteile wurden plötzlich am 6. Januar 1919 auf Veranlassung des Sergeanten Klabunde von den Gardejägern, der bis dahin Vorsitzender des Potsdamer Soldatenrats und Kommandant von Potsdam gewesen war, und den jetzt die Volksbeauftragten in ihrer Not zum Kommandanten von Berlin ernannt hatten, nach der Reichshauptstadt gerufen.

Wohl versuchten die Nowaweser Spartakisten durch Drohungen und Sabotageversuche den Abtransport zu verhindern. Aber sie vermochten nichts mehr gegen das nunmehr als „Regiment Potsdam" bezeichnete Freiwilligenkorps zu unternehmen. Es setzte sich zusammen aus drei Kompanien und einer Maschinengewehr-Kompanie des 1. Garde-Regiments zu Fuß, drei Kompanien Gardejägern, drei Kompanien Unteroffizierschule, einem Zug Unteroffizieren des Regiments Gardedukorps und einer Batterie, zusammengestellt aus Angehörigen des 2. und 4. Gardefeldartillerie-Regiments, unter Führung des Hauptmanns von Rohr, zusammen rund 1200 Köpfe. Die Maschinengewehr-Kompanie, die Batterie und die Feldküchen erreichten ihr Ziel, die Kaserne des 4. Garde-Regiment in Moabit, abends von Potsdam abmarschierend, mit Fußmarsch, die Fußtruppen mit Eisenbahntransport am 7. Januar in den ersten Morgenstunden. Der Moabiter Kasernenblock, in dem sich das „Regiment Reinhard" schon eingerichtet hatte, bot mit seiner unerschrockenen Besatzung und durch seine günstige Lage die beste Basis für den Ausbau der staatlichen Machtmittel und für weitere Aktionen.

In der Nacht vom 5. zum 6. Januar 1919 war ich im Kraftwagen nach Berlin gefahren, um mir von der Kommandantur nähere Anweisungen für die Fahrt der mir unterstellten Truppen nach Berlin und ihre dortigen Aufgaben zu holen, nicht ohne wiederholt von Rotarmisten angehalten und unter Feuer genommen zu werden. Klabunde setzte mir die bedrohliche Lage der Regierung auseinander und stellte als Aufgabe die baldige Zurückgewinnung des Polizeipräsidiums oder des Vorwärts-Gebäudes. Ich stellte ihm hierbei die Frage, wie er sich das eigentlich denke. Er antwortete im Brustton der Überzeugung: „Ich bestelle die gesamte Berliner Garnison auf den Schloßplatz, halte eine zündende Ansprache und ende mit dem Befehl: ‚Nun erobert das Polizeipräsidium und das ‚Vorwärts'-Gebäude'". Auf eine derart leichtfertige Antwort war ich nicht gefaßt gewesen. Aber ich wußte nun, woran ich war. Ich stellte deshalb zur Bedingung, den Angriff nur leiten zu wollen, wenn er nach meinen Anordnungen so vorbereitet und durchgeführt würde, wie ich es verantworten könne.

Der Morgen des 7. Januar verging für das „Regiment Potsdam" mit dem Einrichten der Wachen und Quartiere sowie der Heranschaffung von Munition und Verpflegung. Mittags erschien Herr Klabunde in der Moabiter Kaserne, nunmehr nicht mehr wie sonst in Potsdam in Uniform, sondern im dunklen Paletot mit Zylinder als stolzer Regierungsmann.

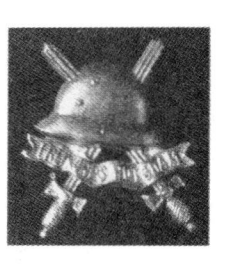

Ärmelabzeichen des Freikorps Potsdam
2 Vorlagen: Heeresarchiv Potsdam

Ärmelabzeichen verschiedener Freiwilliger Potsdamer Garde-Formationen

Er hielt eine Ansprache an die Truppe, um sie für ihre Aufgabe zu begeistern. Er hatte aber den gegenteiligen Erfolg. Der Mann im Zylinder wirkte nur komisch auf die innerlich gesunde Truppe.

Nachmittags erhielt ich dann plötzlich von der Kommandantur den Befehl, am nächsten Morgen, am 8. Januar 1919, das „Vorwärts"-Gebäude zu nehmen. Ich weigerte mich, diesen Befehl auszuführen, weil

Roter Stoßtrupp in der
Lindenstraße
Photothek, Berlin

ich ohne genügende Erkundung und Vorbereitung den schwierigen Angriff nicht unternehmen wollte, und verlangte eine Frist von achtundvierzig Stunden. Sie wurde mir gewährt und verging nur zu schnell, um den Angriff auf den 9. Januar früh vorbereiten zu können.

Ich selbst benutzte die Zeit, um in Begleitung des Führers meiner Kraftfahrabteilung, Oberleutnant zur See Graf Westarp, das Vorwärts-Gebäude und seine Umgebung zu erkunden. In der Verkleidung von Spartakisten boten wir dort zunächst unsere Dienste an und konnten an Ort und Stelle uns überzeugen, welche schwere Aufgabe unserer Truppe zufallen sollte. Befriedigt von unserer Erkundung kehrten wir in den Moabiter Block zurück, um nunmehr die Befehle für den Angriff auszugeben und die Führer in ihre Aufgaben einzuweihen.

Am 8. Januar abends, als gerade die Truppe in ihre Bereitschaftsstellungen abmarschieren wollte, kam der Befehl, daß der Angriff zu unterbleiben hätte. Unserer Leute bemächtigte sich die größte Erregung, und sie forderten, sofort nach Potsdam zurücktransportiert zu werden, da man sie an der Nase herumführe. Nur mit Mühe ließen sie sich umstimmen.

Am nächsten Vormittag pürschte ich mich mit drei Ordonnanzen zur Kommandantur. Der Weg dorthin, zumal die Linden, war wie ausgestorben. Sobald man sich auf der Straße zeigte, wurde man von Spartakisten beschossen. Wir waren froh, als wir, von Haus zu Haus springend, unser Ziel erreicht hatten. Ich ließ Herrn Klabunde keinen Zweifel über die Stimmung der Truppe. Mir wurde daraufhin zugesagt, daß der Angriff bestimmt erfolgen solle.

Der in Aussicht gestellte Befehl traf am Nachmittag ein. Auf einem kleinen Zettel in Bleistift geschrieben mit der Unterschrift: Ebert — Scheidemann. Der Kampf begann. Noch einmal sprach ich alle Einzelheiten mit den Führern durch, und um Mitternacht rückten die verschiedenen Abteilungen an ihre

Sammelplätze, die sie um 2 Uhr morgens erreicht haben mußten. Hauptquartier und Sammelplatz für das 1. Garde-Regiment, die Unteroffizierschüler und die Artillerie war die Kaserne des 1. Gardedragoner-Regiments in der Belle-Alliance-Straße, für die Gardejäger und zwei vom Regiment Reinhard zur

Das „Vorwärts"-Gebäude nach der Beschießung durch Artillerie
und Minenwerfer am 11. Januar 1919 *Photo: Heeresarchiv*

41

Geschäft in der Nähe des „Vorwärts"-Gebäudes nach der Erstürmung durch die Regierungstruppen

Photo: Heeresarchiv

Verfügung gestellte mittlere Minenwerfer das Reichspatentamt in der Alten Jakobstraße. Von hier aus wurden um 4.30 Uhr von den Sturmtruppen die Ausgangsstellungen eingenommen. Um 5 Uhr belegten zwei vor der Dragonerkaserne aufgestellte Geschütze der Batterie von Rohr das Hallesche Tor und den Belle-Alliance-Platz mit Störungsfeuer und öffneten so den Weg für die schweren Maschinengewehre des 1. Garde-Regiments, die zur gleichen Zeit vorgetragen und auf den Dächern der Häuser am Halleschen Tor in Stellung gebracht wurden. Sie hielten bald die Dachschützen der Spartakisten nieder und drängten sie zurück. Den Maschinengewehren unmittelbar folgten die Schützenkompanien des 1. Garde-Regiments.

Sobald die Maschinengewehre das Hallesche Tor besetzt hatten, zog Hauptmann von Rohr zwei Haubitzen auf den Belle-Alliance-Platz vor und nahm das Vorwärts-Gebäude von dort aus unter Feuer. Das Auffahren auf dem freien Platz war eine heldenhafte Leistung. Von allen Seiten eröffneten aus den Fenstern und von den Dächern der umliegenden Häuser unsichtbare Schützen das Feuer auf die Kanoniere. Drei Mann der todesmutigen Geschützbedienungen fielen sofort ihrem Feuer zum Opfer, fünf weitere wurden verwundet. Aber die Artilleristen wichen nicht. Sie wußten, daß es hieß, der Infanterie den Weg zum Sturm zu bahnen. Und so sauste Granate auf Granate im Steilschuß auf das Vorwärts-Gebäude. Sie durchschlugen gleich zu Anfang das ganze Gebäude vom Dach bis in den Keller. Ihre Wirkung war verheerend und machte die Besatzung bald mutlos und mürbe.

Während nun die Kompanien des 1. Garde-Regiments versuchten, vom Belle-Alliance-Platz aus in das Vorwärts-Gebäude einzudringen, war der Angriff der Gardejäger vom Reichspatentamt aus auf die Hinterfront des Vorwärts-Gebäudes angesetzt. Erschwert war ihr Vorgehen durch einen starken, hohen Bretterzaun, der einen freien Hof hinter dem Vorwärts-Gebäude gegen die Alte Jakobstraße abgrenzte, der durch unzählige Maschinengewehre vom Vorwärts-Gebäude aus bestrichen wurde. Der mutige Versuch der Gardejäger, ihn im ersten Anlauf zu überwinden, mißlang unter schweren Verlusten, da die im Erdgeschoß des Patentamtes aufgestellten Minenwerfer wegen des Fehlens der Munition den Angriff nicht hatten vorbereiten und die Hindernisse beseitigen können. Erst mit Hilfe eines herbeigeschafften Flammenwerfers gelang es, den Bretterzaun in Brand zu setzen und den Stoßtrupps den Weg zu bahnen. Unter dem Schutz der schweren Maschinengewehre der Gardejäger vom Reichspatentamt aus, durch die beizende Rauchentwicklung des Flammenwerfers und die starke Wirkung des Artilleriefeuers vom Belle-Alliance-Platz her räumte die Vorwärts-Besatzung nun auch die Hinterfront. Fast gleichzeitig mit den Stoßtrupps des 1. Garde-Regiments drangen die Gardejäger mit Handgranaten in das Vorwärts-Gebäude ein. Die vorwärtsstürmende Truppe fand nur noch vereinzelt schwachen Widerstand. Überall lagen Tote und Verwundete herum. Mit erhobenen Händen drängte der Rest der Verteidiger ins Freie. Einige Fanatiker versuchten zwar noch die großen Bestände an Lebensmitteln und Bekleidungsstücken in Brand zu stecken, der aber rasch von der alarmierten Feuerwehr gelöscht werden konnte.

8.15 Uhr war das Vorwärts-Gebäude in unserer Hand. Wenn auch unter schweren Opfern, hatte das

"Regiment Potsdam" wörtlich die Ziffer 1 meines Befehls ausgeführt, der lautete: "Am 11. Januar 1919, 8.15 Uhr vormittags, setzt sich das ‚Regiment Potsdam' in den Besitz des ‚Vorwärts'-Gebäudes." Ehre und Dank der heldenhaften Truppe, die diese Tat vollbrachte. Sieben Gefallene, elf Verwundete waren ihr blutiges Freiheitsopfer. Als ich mich auf die Meldung von Verhandlungsbereitschaft der "Vorwärts"-Besatzung auf den Weg von der Dragonerkaserne zum Halleschen Tor machte, wurden schon die Gefangenen, etwa 350 Köpfe — darunter eine Frau — herangeführt. Sie wurden nach der Kaserne der 1. Gardedragoner gebracht.

Vom Belle-Alliance-Platz aus drangen inzwischen die verschiedenen Stoßtrupps des "Regiments Potsdam" weiter in das Zeitungsviertel vor und säuberten es von den dort noch vorhandenen Spartakisten, so, gegen erheblichen Widerstand, die Druckerei Bürenstein und das Wolffsche Telegraphenbüro. Allmählich mußten für diesen Zweck auch die bis dahin noch als Reserve zurückgehaltenen drei Kompanien der Unteroffizierschule eingesetzt werden. Erst gegen Abend flaute der Kampf ab und ermöglichte es, die ermüdeten Kämpfer des "Regiments Potsdam" auf dem Hof der Kaserne der 1. Gardedragoner zu sammeln.

Die "Vorwärts"-Gefangenen wurden, nachdem sie auf dem Hof der Dragonerkaserne geordnet und durchsucht waren, in einer Reitbahn untergebracht. Auf die Kunde von der Beendigung des Kampfes strömten die Vertreter der Regierung und der roten Presse herbei, die außerordentlich um das Schicksal der Spartakisten besorgt waren. Man war entrüstet über ihre Verluste, und empört, daß die Aufrührer jetzt ohne Verpflegung in einer ungeheizten Reitbahn auf ihren Abtransport warten müßten. Um die Verluste und das Wohlergehen der Truppe, die sie eben erst vom Terror der Spartakisten befreit hatte, sorgten sich die Volksbeglücker überhaupt nicht.

Erst nach allerhand Zwischenfällen mit den aufgeregten Volkstribunen und roten Presseleuten trat das "Regiment Potsdam" um 9 Uhr abends mit den Gefangenen in der Mitte über Schöneberger Ufer, Lützowplatz, Großer Stern den Rückmarsch in sein Standquartier im Moabiter Block an. Bald nach Mitternacht erreichte der Zug die Militär-Arrestanstalt in der Lehrter Straße, wo die jetzt recht kleinlaut gewordenen Gefangenen eingebracht wurden, um der Anordnung

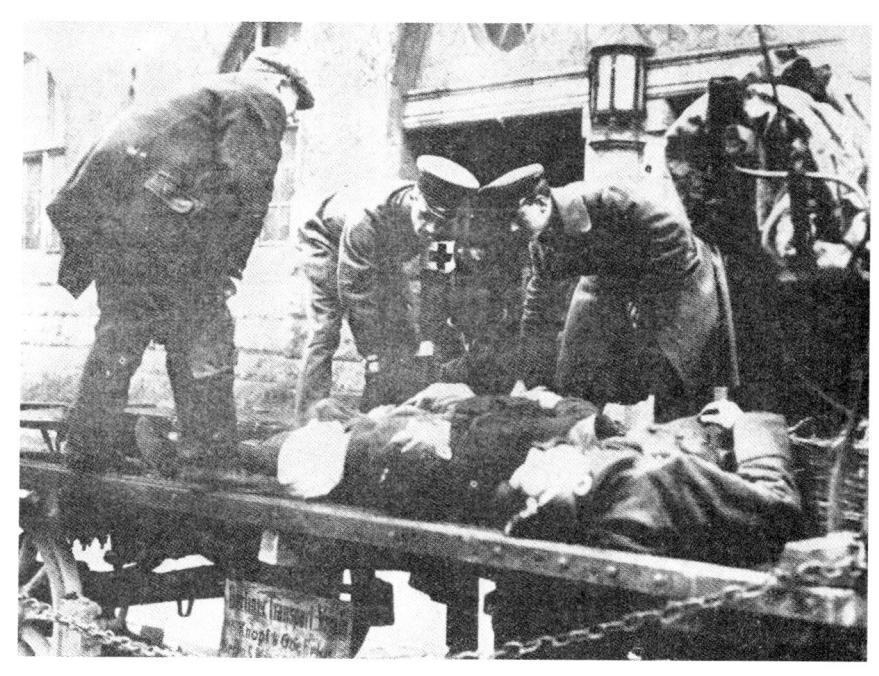

Abtransport von Toten aus den Kämpfen im Zeitungsviertel *Photo: Heeresarchiv*

Abtransport Verwundeter aus dem „Vorwärts"-Gebäude *Photo: Schlageter-Ged.-Museum*

der Regierung entsprechend den ordentlichen Gerichten überwiesen zu werden.

Der Marsch durch die nächtliche Reichshauptstadt war ein wahrer Triumphzug für das „Regiment Potsdam". Überall öffneten sich die Fenster, und nicht endenwollende Bravorufe und lautes Händeklatschen brachten ergreifend zum Ausdruck, wie erleichtert Berlins Bevölkerung aufatmete, von der roten Herrschaft des Pöbels befreit zu sein. Seine Macht war im Keim gebrochen, und die Regierung konnte nunmehr in Ruhe alle Maßnahmen für die öffentliche Sicherheit treffen.

Am Mittag des nächsten Tages kehrte die Truppe nach Potsdam zurück. Die in Berlin durchkämpften Tage hatten ein festes Band um die Truppe geschlungen, das auch für die Zukunft erhalten bleiben sollte. Mit Genehmigung des Wehrministers faßte ich am 12. Januar die bewährten Potsdamer Freiwilligen als „Freikorps Potsdam" zusammen. Als Abzeichen trug es auf dem linken Oberarm einen Stahlhelm mit gekreuzten Schwertern, die von einem Band mit der Aufschrift „Freikorps Potsdam" umschlungen waren. Wie die anderen inzwischen in der Entstehung begriffenen Freiwilligenverbände wurde es dem Generalkommando Lüttwitz unterstellt.

Der Berliner Märzaufstand 1919

Von Ernst von Salomon

Am Montag, dem 3. März 1919, in den ersten Nachmittagsstunden, stürmte eine wilde und durch Brandreden immer erneut aufgestachelte Menge in der Nähe des Alexanderplatzes die Läden. Im ganzen Stadtviertel gingen die Fensterscheiben der Geschäfte in Trümmer, eine Flut von Menschen, viele Weiber dazwischen, drang in die Läden ein, plünderte und raubte, zerstörte und raste, bis die Polizeipatrouillen auftauchten, bis Schüsse krachten, bis die ersten Opfer in den Straßen lagen. Die Menge stob auseinander, sammelte sich immer wieder, verlegte ihre Tätigkeit in andere, naheliegende Bezirke; auch hier von der Polizei bedrängt, verlief sie sich schließlich gegen Abend, Beute mit sich schleppend, um bei Einbruch der Nacht sich erneut zu sammeln. Sofort bei Bekanntwerden der Ereignisse wurde über Berlin der Belagerungszustand verhängt. Standgerichte wurden eingesetzt, die Truppen in den Vororten Berlins alarmiert und auf die Stadt in Marsch gesetzt. In der Nacht von Montag zu Dienstag begann der eigentliche Kampf, der auch von seiten der Aufrührer systematisch und mit Waffengewalt durchgeführt wurde. In Lichtenberg stürmten die Aufrührer in dieser Nacht eine große Zahl Polizeireviere, töteten oder mißhandelten die Polizeibeamten, erbrachen die Lebensmittelläden — ohne gerade auch Geschäfte anderer Branchen zu vergessen — und gingen schließlich fast wie nach einem festgelegten Operationsplan konzentrisch gegen das Polizeipräsidium Lichtenberg vor. Dort entwickelte sich ein nächtliches Feuergefecht, bei dem starke Verluste auf beiden Seiten eintraten, ohne daß es den Spartakisten gelang, das Präsidium zu nehmen. Hinter dem Rücken der im Feuer liegenden roten Trupps herrschte Plünderung und Raub. Die tollsten und sinnlosesten Exzesse gaben am nächsten Tage der Streikleitung Veranlassung, sich in einer Proklamation von den „Hyänen der Revolution" streng loszusagen.

Am Dienstag früh marschierten die Truppen ein. Garde-Kavallerie-Schützendivision, das Regiment Reinhard, das Freikorps Hülsen nahmen die Stadt in vorläufigen Besitz, nachdem schon vorher das Regierungsviertel von einem Teil der Truppen gesichert und abgesperrt war. Beim Marsch auf Berlin wurde eine Abteilung abkommandiert, um Spandau, einen steten Unruheherd, zu besetzen und dort lagernde Waffen in ihren Besitz zu bringen. Das unzuverlässige Pionierbataillon, das in Spandau garnisoniert war und mit den Aufrührern konspirierte, wurde entwaffnet und aufgelöst. Die Besetzung Spandaus erfolgte wider Erwarten ohne Kampf.

Einsatz schwerer Mörser beim Kampf um den Alexanderplatz
Photo: Heeresarchiv

Das Regiment Reinhard besetzte das Polizeipräsidium am Alexanderplatz. Auf dem Platz selbst hatte sich schon in den Vormittagsstunden eine ungeheure Menschenmenge angesammelt, die erregt durcheinanderquirlte und zuweilen in drohendem Aufbrüllen sich selbst Mut machte zu einer entscheidenden Handlung. Als gegen zwölf Uhr kurz hintereinander zwei Offiziere versuchten, in einem Wagen den Platz zu überqueren, machte sich die aufgepeitschte Stimmung der Massen in einem wilden Sturm auf den Wagen Luft; die Offiziere wurden herausgezerrt, niedergetrampelt, halbtot geschlagen und von einer johlenden Menge, die bereit war, beim geringsten Widerstand ihr blutiges Werk zu vollenden, umdrängt. Im Polizeipräsidium wurde dieser Vorgang beobachtet, eine Abteilung trat an und rückte, unterstützt von Panzerautomobilen, gegen die Menge vor. Sofort drängte die Masse heran, die Truppe gab Feuer, die Panzerwagen stießen in den Menschenschwarm hinein, und Maschinengewehre säuberten binnen kurzem den Platz. Sechs Tote und eine größere Anzahl Verwundeter, darunter auch die beiden Offiziere, wurden von den Soldaten aufgehoben und ins Präsidium gebracht. Der Platz war für den Augenblick frei, aber schon wenig später sammelten sich wieder die Haufen, unter denen man viele Bewaffnete erblickte. Das ganze Stadtviertel hallte wider von den ungeregelten Tritten anscheinend planlos hin und her marschierender Trupps; einzelne Schüsse peitschten immer wieder die Bevölkerung hoch, und es bildete sich allmählich rund um den Alexanderplatz ein Heerlager der Aufständischen. Besonders die Gleisanlagen und Stadtbahnbögen dienten als Kampfnester und Stabsquartiere der Spartakisten. Die Regierung befahl darum für Mittwoch, den 5. März, ein planmäßiges Vorgehen aller verfügbaren Truppen von verschiedenen Richtungen her, um den Alexanderplatz wie das ganze Stadtviertel zu säubern und die im Präsidium eingeschlossenen Reinhardleute zu entsetzen.

Stoßtrupp im Schutze eines Panzerwagens bei schweren Kämpfen im Scheunenviertel
Photo: Heeresarchiv

Nachdem der Mob den Aufstand begonnen hatte, nachdem die Streikleitung versucht hatte, der Aktion das politische und wirtschaftliche Gesicht zu geben und den Kampf organisierte, stieß nun als drittes Element des Berliner Märzaufstandes die Volksmarine-Division und die Republikanische Soldatenwehr hinzu. Die Volksmarine-Division, eine kleine und nicht sonderlich disziplinierte, aber aus verwegenen Gesellen zusammengesetzte rote Formation, hatte sich nach mancherlei eigenwilligen Abenteuern

Zerschossene Häuser nach den Kämpfen am Alexanderplatz
Photo: Heeresarchiv

Kragenabzeichen des
Garde-Kavallerie-Schützenkorps

Kragenabzeichen des
Freikorps von Hülsen

2 Vorlagen: Heeresarchiv

der Soldatenwehr angeschlossen und bildete innerhalb der Wehr, die sich von Monat zu Monat immer mehr radikalisiert hatte, ein Depot, das heißt eine selbständige Gruppe im Rahmen der Wehr, die in lauter solche Depots aufgeteilt war. Der Standort der Volksmarine-Division war das sogenannte Marinehaus an der Spree, ein Lokal, welches die Leute bezogen hatten, nachdem sie vorher im Marstall und dann in den Ausstellungshallen am Lehrter

Zerstörungen in der Alexanderstraße, nahe dem Polizeipräsidium, durch Einschläge schwerer Minen   Photo: Atlantic

Bahnhof kampiert hatten. Schon in dem Quartier am Lehrter Bahnhof kam es im Laufe des Februar zu heftigen Streitigkeiten der Marineleute mit den Truppen, die nebenan in der Kaserne lagen. Das Freikorps hatte, um den dauernden Streitigkeiten ein Ende zu machen, eines Tages kurzerhand einen Teil der Volksmarine-Division entwaffnet und herausgeworfen. Zwischen dieser roten Formation und den Freikorps bestand Erbfeindschaft, obgleich die Marineleute so geschickt waren, sich in all den kleineren Kämpfen der ersten beiden Monate des Jahres 1919 außerhalb der Schußlinie zu halten.
Am Morgen des Mittwoch war das Polizeipräsidium am Alexanderplatz völlig von einer riesigen Menschenmenge eingekesselt und umlagert. Aus der brodelnden und kochenden Masse platzten einzelne Schüsse, wie denn ja auch das Geballer in der ganzen Riesenstadt, mit Ausnahme des Westens und der Vororte, während dieser kritischen Tage kein Ende nehmen wollte. Dachschützen und vereinzelte Aktivisten waren stets und überall am Werke. Vom Präsidium wurde das Feuer sparsam und erst nach genauem Erkennen des schießenden Gegners erwidert. Eine Abteilung der Volksmarine-Division zog gegen Mittag geschlossen über den Alexanderplatz und bahnte sich durch die Menge einen Weg. Als wieder einige Schüsse fielen, erklärten die Marineleute sich pathetisch mit den Aufrührern solidarisch — was keinerlei besondere Überraschung auslösen konnte —, wandten sich gegen die Truppen im Präsidium und rissen die Unschlüssigen durch ihren geschlossenen Einsatz mit zu einem vergeblichen Sturm auf die Portale des riesigen roten Hauses. Sofort setzte heftiges Abwehrfeuer ein, die Menge wich unter Zurücklassung einer großen Anzahl von Toten und Verwundeten. Aber die Leute der Volksmarine-Division holten nun Geschütze und Minenwerfer aus dem Marinehaus, besetzten mit den Aufrührern die umliegenden Häuser und belegten das Präsidium mit schwerem, anhaltendem Beschuß. Der ganze Platz glich bald einem Trümmerfeld; der rote Stein des Präsidiums bröckelte, die Portale erhielten schwere Treffer. Gerade als der Kampf am späten Nachmittage des Mittwoch seine äußerste Heftigkeit erreicht hatte, griffen die ersten Abteilungen der konzentrisch gegen den Alexanderplatz vorrückenden Truppen ebenfalls mit Geschützen, Minenwerfern und Panzerautomobilen ein. Beide Kampfgegner erhielten dauernd Verstärkung. Mehrere Depots der Republikanischen Soldatenwehr eilten der Volksmarine-Division zu Hilfe, alle verfügbaren Regierungstruppen wurden eingesetzt. Schließlich wurde um jeden einzelnen Torweg, um jeden Stadtbahnbogen, um jedes Dachgeschoß erbittert im Handgemenge gerungen. Erst nach Einbruch der Nacht wichen die Aufrührer, die es leicht hatten, sich in harmlose Zivilisten zu verwandeln, vom Kampfplatz, jedoch ohne eine stete Beunruhigung der auf den Straßen und in den Häusern kampierenden Truppen durch dauernde Einzelaktionen zu unterlassen. In der Nacht traten alle Matrosen, auch die sich bis jetzt annähernd neutral verhalten hatten, zu den Aufrührern über. Am Donnerstagmorgen wurden am Marinehaus Waffen an die Arbeiter verteilt.
Aber mit dem Kampfe um den Alexanderplatz war im Grunde der Aufstand schon niedergeschlagen. Die folgenden Aktionen, von seiten der Aufständischen uneinheitlich und taktisch verkehrt geführt, konnten

Nach dem Kampfe auf dem Dache des Polizeipräsidiums

Photo: Schlageter-Ged.-Museum

Ärmelabzeichen des Minenwerfer-Det. Heuschkel
Vorlage: Heeresarchiv

Mannschaften des Minenwerfer-Det. Heuschkel sperren die Wilhelmstraße gegen rote Demonstranten
Photo: Heeresarchiv

trotz ihrer Heftigkeit nichts mehr an der Lage der Dinge ändern. Das Marinehaus wurde am Donnerstag von den Regierungstruppen gestürmt, die Volksmarine-Division hatte als solche schon aufgehört zu bestehen. Das Stadtviertel um den Alexanderplatz konnte im Laufe der nächsten Tage systematisch gesäubert werden. Noch viele kleine Einzelkämpfe fanden statt, aber die Aufständischen wichen, sie verlegten ihre Hauptmacht in ihre eigenen Quartiere, nach Lichtenberg, wohl der größte Fehler, den sie machen konnten. Die ganzen Tage hindurch erdröhnte die Stadt von den Abschüssen der Minenwerfer und Geschütze. In der Frankfurter Allee mußte Haus für Haus einzeln genommen werden, langsam schloß sich immer enger der Ring. Die Matrosen und die bewaffneten Spartakisten fochten mit verzweifeltem Mut. Eine Handvoll Dachschützen konnte tagelang in Lichtenberg ganze Kompanien der Freikorps in Schach halten. Im engen Gewirre der Straßen fanden die Aufrührer immer neue Schlupfwinkel, bildeten sich stets von neuem Kampfnester. Die Bevölkerung unterstützte die roten Kämpfer wo sie konnte, die Güterzüge des Bahnhofs fielen in ihre Hand, aber Berlin selbst war unbeteiligt an dem Kampf. Die Aufständischen, in ihren eigenen Wohnbereichen zerniert, fochten um eine verlorene Sache. Aber wehe dem einzelnen Soldaten, der in ihre Hände geriet, wehe der Abteilung, die, bedrängt von der Menge, nicht mit aller Energie sich Luft schaffte. Die Soldaten, welche die scheußlich verstümmelten Leichen ihrer Kameraden wiederfanden, welche von dem Martertode ganzer Gruppen, die in die Hände der Aufrührer gefallen waren, erfuhren, konnten sich zu keiner Milde bereitfinden, wenn sie im Kampfe standen, wußten, daß nur die äußerste Schärfe ihnen sofortige Überlegenheit verlieh.

Am Mittwoch, dem 13. März 1919 endlich, konnte Lichtenberg durch den Einsatz der ganzen gesammelten Truppenmacht der Regierung ohne einen letzten erwarteten Kampf besetzt werden. Die Berliner Aufstandswoche im März 1919 kostete etwa 1500 Menschen das Leben.

Der Berliner Märzaufstand 1919 war von Spartakus gedacht als der Auftakt zum letzten Versuch, die Errungenschaften der Revolution, nämlich die Arbeiter- und Soldatenräte, gegen das Erstarken der durch die Freikorps geschützten zentralen Macht der Reichsregierung durchzusetzen. Tatsächlich hatte auch der Berliner Märzaufstand nicht eine der üblichen Proklamationen an seinen Beginn gesetzt, wonach es etwa wie gewöhnlich um Lohnforderungen oder sonstige wirtschaftliche Gründe ging, sondern die Streikleitung erklärte offen, daß der Generalstreik vom 3. März die Wiederherstellung der A.- und S.-Räte erzwingen und den Kampf gegen die Blutherrschaft Noskes einleiten sollte. Mit dem Zusammenbruch des Berliner Märzaufstandes endete die Hoffnung des Spartakusbundes, die Reichshauptstadt je wieder mit bewaffneter Hand erobern zu können.

Ein Artilleriestab im zerschossenen Schaufenster bei Tietz am Alexanderplatz, von wo aus die Frankfurter Straße beschossen wurde
Photo: Archiv Reiter gen Osten

Reichswehr

Freiwillige!

Kommt zum

Garde=Kavallerie=Schützen=Korps

Werbezentrale: Nürnberger Straße 70—71
(Deutsches Künstlertheater)
(Heuduck)

Garde=Kavallerie=Schützen=Division
Werbezentrale: Berlin=Wilmersdorf, Uhlandstr. 155
Ecke Ludwigkirchstraße

Dragoner=Regt. 8, Berlin W 15, Uhlandstraße 155
Lehr=Inf.=Regt., Steglitzer Str. 29, Charlottenschule
Freikorps Lützow, Berlin W, Bellevuestraße 14
Husaren=Regt. 11, Berlin W 15, Uhlandstraße 155
Ulanen=Regt. 5, Berlin W, Uhlandstraße 155
Kürassier=Regt. 4, Charlottenburg, Hochschule für Musik
Jäger=Regt. z. Pferde 2, Berlin SW 11, Bernburger Straße 3
Jäger z. Pferde 6, Charlottenburg, Knesebeckstraße 4
Detachement Küntzel, Friedenau, Rheingaustraße 7, Berlin, Flottwellstraße 3, Zimmerstraße 62, Luisenstraße 31a
Freikorps von Klewitz, Charlottenburg, Kantstraße 182, Berlin W, Kaiserallee 1—12, Joach.=Friedr.=Gymnasium

Freikorps Schleswig=Holstein, Berlin W 15, Uhlandstraße 155. Wünsdorf, Baracke 27
3. Garde=Feld=Artillerie=Regt., Berlin, Scharnhorststraße 23
Schw. Feldhaubitz=Batl. Braune, Schöneiche bei Zossen
Brigade von Taysen, Berlin W, Potsdamer Str. 22a, Königgrätzer Str. 105, Wilhelmstr. 102 (Verw. d. Palais des Prinzen Friedrich Karl von Preußen)
1. Pionier=Komp., Alt=Glienicke, Gastwirtschaft von Ebel, Friedrichstraße 66, Berlin W, Uhlandstr. 155
Staffelstab und Kolonnen, Marienfelde, Berliner Straße, Ecke Dorfstraße, Berlin W, Uhlandstr. 155
Fernsprecher= und Funkerabteilung, Berlin W 15, Uhlandstraße 155
Radfahrer=Komp., Berlin W 15, Uhlandstraße 155

Division Lettow
Werbezentrale: Charlottenburg, Hotel Fürst Bismarck
(Am Knie) Berliner Straße 160

Schutztruppen=Regt. 1, Grunewald, Bismarckallee 29
Schutztruppen=Batterie 1, Grunewald, Bismarckallee 29
Schutztruppen=Pionier=Abtlg. 1, Schlachtensee
2. Marine=Brigade, Wilhelmshaven und Zossen, Stammlager
3. Marine=Brigade, Kiel=Wyk, Deckoffizierschule, und Berlin, früheres Königl. Schloß
Eskadron Krossa, Neu=Glienicke b. Potsdam
Radfahrer=Kompanie Redlich, Kohlhasenbrück bei Potsdam
MG.=Abtlg. von Elterlein, Schmargendorf, Schützenhaus
Freiw. Feldartl.=Regt. Nr. 15 (Regt. Osiander), Jüterbog, Neues Lager
Flak=Abtlg. v. Lettow, Wannsee, Kleine Seestraße 3
Schwere Feldhaubitz=Abtlg. v. Lettow, Jüterbog, Neues Lager
Pionier=Abtlg. v. Lettow, Wannsee, Kleine Seestr. 3
Minenwerfer=Komp. v. Lettow, Wannsee, Kleine Seestraße 3
Div.=Nachrichten=Kommandeur v. Lettow, Wannsee, Kleine Seestraße 3
Jagdstaffel Löwe, Bork b. Potsdam
Staffelstab Div. v. Lettow, Jüterbog, Fußart.=Schießschule
Sanitätskomp. v. Lettow, Jüterbog, Fußart.=Schießschule
Div.=Kraftfahrtruppe, Wannsee, Königstraße 68
Leichter Panzerkraftwagen=Zug, Wannsee, Königstraße 68

Sturm=Lehr=Regt., Nürnberger Straße 70/71
MG.=Scharfschützen=Korps Prey, Berlin W, Kurfürstenstraße 97
Sturmbataillon Schmidt, Berlin W, Nürnberger Straße 63
Radfahrer=Komp. v. Koeller, Charlottenburg, Kantstraße 78
Eiserne Eskadron, Berlin W, Kurfürstendamm 229, hpt. r.
Flieger=Komp. Heintz, Charlottenburg, Hardenbergstraße 27 (altes Café Josty am Zoo)
Pionier=Bataillon, Wannsee
MW.=Sturmdetachement Henschkel, Charlottenburg, Kantstraße 6
Sanitäts=Komp., Grunewald, Delbrückstraße 20
Flakabteilung, Lichterfelde, Garde=Schützen=Kaserne, Zimmer 104
Eisenbahnbau=Komp. Soller, Grunewald, Delbrückstraße 20
Freikorps Schwarze Jäger, Berlin W 15, Uhlandstraße 155
Staffelstab GKSK., Nürnberger Straße 63
Funker=Abteilung GKSK., Berlin NW, Alt=Moabit, Meierei C. Bolle
Fernsprech=Abteilung GKSK., Berlin NW 62, Perleberger Straße 26

Aerzte:
Korpsarzt, Berlin W 15, Nürnberger Straße 3 (Hof links)

Zeitfreiwillige
Berlin W 50, Kurfürstendamm 243
Technische Zeitfreiwillige: Technische Abteilung, Lichterfelde, Moltkestraße 52

Verwundet gefangen

Nach einem Bericht des Leutnants K o h l m e tz, bearbeitet von Generalleutnant a. D. J ü r g e n S i e h r

Am 8. März, gegen 2 Uhr mittags, begann der Angriff der Spartakisten gegen das Postamt Lichtenberg.

Der Kampf wurde auf beiden Seiten recht lebhaft geführt. Unsere Leute, aber auch die Spartakisten, schossen zum Teil sehr gut. Obwohl verschiedentlich Stellungswechsel mit den Maschinengewehren vorgenommen wurde, konnten diese zunächst nicht mehr in Stellung gebracht werden. Ich ging an ein kleines Fenster unter dem Dache und beobachtete die einzelnen Straßen. Auf der Frankfurter Allee standen etwa 200 Spartakisten. Die gegenüberliegenden Häuser — am Tage vorher hatte ich mit zwei Kriminalbeamten und Mannschaften dort noch Haussuchungen abgehalten — waren stark mit Spartakisten besetzt. Ich schätze die Zahl der Angreifer, die gut mit Gewehren, Handgranaten und MG. ausgerüstet waren, auf etwa 400 bis 500 Mann. Da die Besatzung der Post dieser Menge gegenüber zu schwach war, telephonierte ich gegen 5 Uhr an das nahegelegene Polizeipräsidium und bat um Unterstützung. (Es war mündlich vereinbart worden, uns gegenseitig zu helfen.) Die Hilfe wurde mir abgelehnt, das Polizeipräsidium wollte sich telephonisch mit unserem I. Bataillon in Verbindung setzen. Ich beobachtete dann an den Fenstern weiter und sah, wie gegen 5 Uhr etwa ein Sanitätskraftwagen vorfuhr, um die Verwundeten abzuholen. Als ich dann

Oberst Küntzel, ehemals Führer des Freiwilligen-Detachements Küntzel
Photo: Archiv Reiter gen Osten

Ärmelabzeichen der Freiw. Offizier-Abtlg. Löschebrand, aus der sich später das Freikorps von Klewitz entwickelte
Photo: Ludwigs, Berlin

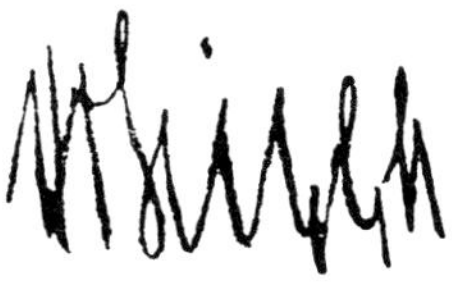

Generalmajor Georg von der Lippe, ehem. Führer der Deutschen Schutzdivision
Photo: Archiv Reiter gen Osten

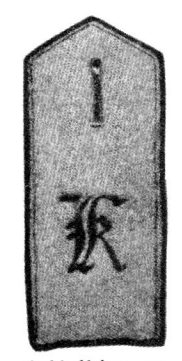

Achselklappen des Detachements Küntzel
Vorlage: Heeresarchiv

Oberst Willi von Klewitz †, ehem. Führer des Freikorps von Klewitz
Photo: Archiv Reiter gen Osten

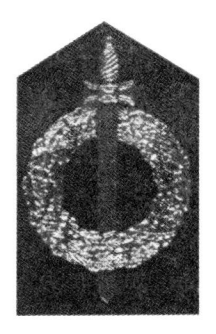

Kragenabzeichen der Deutschen Schutzdivision
Vorlage: Heeresarchiv

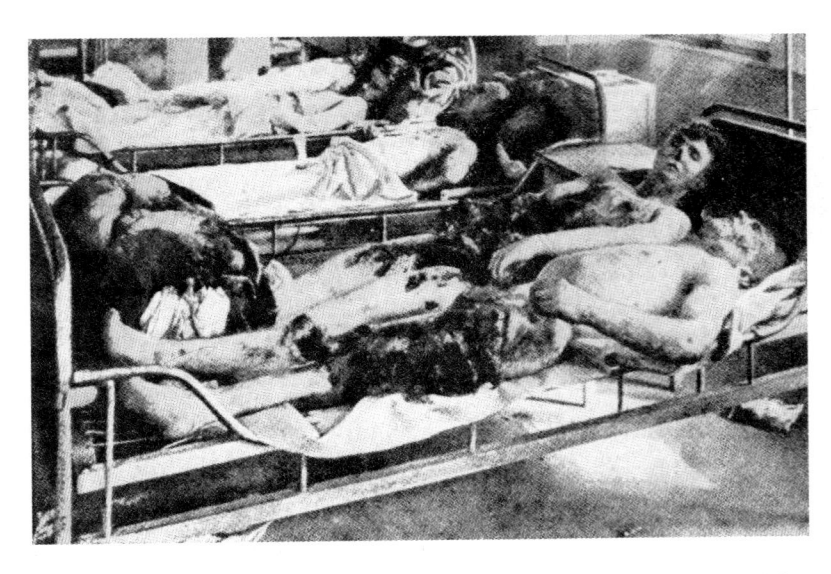

Verstümmelte Freikorpskämpfer in einem Berliner Krankenhaus nach den Kämpfen um Lichtenberg
Photo: Heeresarchiv

merkte, daß die Spartakisten in der Frankfurter Allee verstärkt wurden, lief ich abermals ans Telephon, konnte aber keine Verbindung mehr bekommen. Ich ging dann wieder zurück und wurde ganz unerwartet auf der Treppe im Postamt von Spartakisten in Empfang genommen. Während ich mich umdrehte, bekam ich einen Schlag auf den Kopf, der mich halb besinnungslos machte. Ich verlangte die Führer zu sprechen und bestand auf freiem Abzug, auch für die Bewohner und die Damen vom Telephonamt. Derselbe wurde mir gewährt. (Herr Leutnant, ein Spartakist hat auch ein Ehrenwort!) Ich wurde heruntergeführt und von dem Janhagel unten im Postamt und auf der Straße mißhandelt. Ohne Achselstücke, ohne Mütze lag ich blutend auf dem Boden des Sanitätskraftwagens. Nach Ansicht des Arztes handelt es sich bei der Verletzung um einen Stich, während ich glaubte, daß ich mit einem Kolben oder dergl. niedergeschlagen wurde. Wie schon erwähnt, war ich durch den ersten Schlag halb besinnungslos und kann keine genauen Angaben machen. Jedenfalls bin ich vier- bis fünfmal geschlagen worden, abgesehen von den Faustschlägen usw. Ich weiß dann noch, wie die Menge unter den gemeinsten Ausdrücken (schießt das Schwein nieder usw.) immer auf mich losstürmte. In den Kraftwagen wurden dann etwa drei Mannschaften oder auch noch mehr gebracht. (Ich habe nur einen wiedergesehen!) Endlich fuhr der Wagen zum Depot unter dem Gejohl der Menge. Die ganze Frankfurter Allee und auch die Nebenstraßen waren voll von Spartakisten. (Wenn ich von Spartakisten schreibe, ist natürlich auch die Menge gemeint, ich kann keinen Unterschied machen zwischen wirklichen Spartakisten und dem Janhagel.) Ich wurde dann in dem Depot — ich glaube, es war Dolziger Straße — sofort in eine Krankenstube gebracht, während der Pöbel immer nach dem Offizier schrie. (Lebt denn dieser Hund noch, wo ist das Schwein, schlagt ihn nieder usw.) Im Depot, durch eine Schwester verbunden, sagte man mir, ich sei in Sicherheit. Doch hier sollten die Qualen erst losgehen. Immer wieder kam die Menge herangestürmt, um mich herauszuholen, immer wieder durch die Schwestern, Krankenträger und Führer der Spartakisten hinausgetrieben. Ich sprach wiederholt mit den Führern und dem Sanitätspersonal und machte darauf aufmerksam, daß ich unter dem Schutz des Roten Kreuzes stehe. Schließlich sagte eine Schwester zu der Menge wörtlich: „Was Ihr draußen macht, geht uns nichts an. Dann bringt die Leute nicht erst rein. Wer hier drin ist, wird nicht erschossen. Wir machen sonst nicht mehr mit, und dann könnt Ihr sehen, wie Ihr verbunden werdet." Es fielen dann mehrere Salven und mir war klar, daß draußen Leute erschossen wurden. Meiner Ansicht nach fünf oder sechs. Kurz nach dem Schießen stürmte ein Matrose, der mich vorher verteidigt hatte, mit den Worten herein: „Die Schwester hat vollständig recht. Wir sind ja Mörder. Ich kämpfe für meine Ideale, an meine Hände kommt kein Mörderblut. Ich mache nicht mehr mit." Sprach's und warf sein Gewehr an die Wand. Es sollten noch drei Assessoren, die verwundet im Polizeipräsidium gefangengenommen waren — durch den eben erwähnten Matrosen zunächst gerettet — ebenfalls erschossen werden. Doch drehte es sich in der Hauptsache immer um mich. Dann kam eine Schwester zu mir und sagte: „Die Menge verlangt Ihren Tod, und wenn Sie wollen, geben Sie mir die Adresse Ihrer Eltern. Die Menge ist zu wütend, da von Ihren Leuten vom Korps Reinhard angeblich Matrosen erschossen sein sollen." Ich gab die Adresse und ebenfalls nachher einem Krankenträger noch mein Geld. Letzterer versprach mir, das Geld sofort abzusenden und meine Angehörigen zu benachrichtigen. (Ist aber nicht geschehen!) Da fiel plötzlich ein Artillerieschuß, und die Menge lief fort. Wie ich nachher hörte, war bekannt geworden, daß das Depot verraten sei. Die Revierstube wurde verlegt in eine benachbarte Schule. Es wurde ein Arzt geholt und wir wurden verbunden. (Unter den Verwundeten befand sich auch ein Mann meiner Kompanie; was aus ihm geworden ist, weiß ich nicht. Ich glaube aber nicht, daß er noch nachher erschossen worden ist, da ich mich noch besonders für ihn verwandt habe.) Am andern Morgen ging ein Krankenträger zum Depot, fand dasselbe verlassen und ohne — Nahrungsmittel. Darüber sehr wütend, gaben die Krankenträger uns frei und brachten uns auf unseren Wunsch in das Lazarett Friedrichshain. Hier wurde ich allem Anschein nach am nächsten Tage von einem Spartakisten gesucht und zu meiner Sicherheit ins Virchow-Krankenhaus unter einem andern Namen eingeliefert.

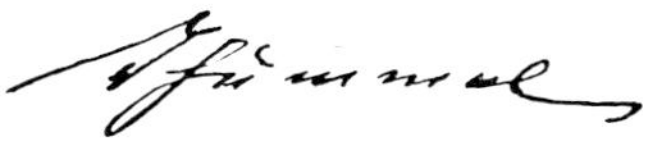

Oberst Thümmel, ehemals Führer der Freischar Thümmel *Photo: Archiv Reiter gen Osten*

Kragenabzeichen der Freischar Thümmel

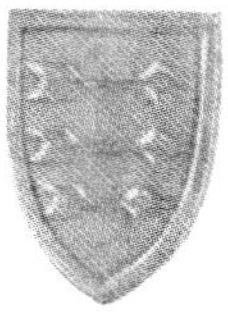

Kragenabzeichen des Maschinengewehr-Scharfschützenkorps Prey

Major Erbeling †, ehemals Führer des MG.-Scharfschützenkorps Prey *Photo: Archiv Reiter gen Osten*

Ärmelabzeichen des Sturmbataillons Schmidt

8 Vorlagen: Heeresarchiv Potsdam

Ärmelabzeichen des Schutztruppen-Regiments 1 von Lettow-Vorbeck

4 Vorlagen: Archiv Reiter gen Osten

Ärmelabzeichen des Freischützen-Regiments Berlin

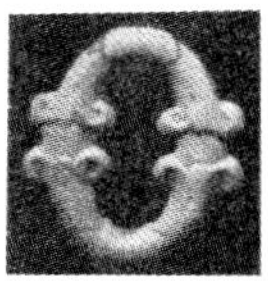

Achselklappenabzeichen des Freikorps von Oven

Ärmelabzeichen des Schutzregiments Groß-Berlin

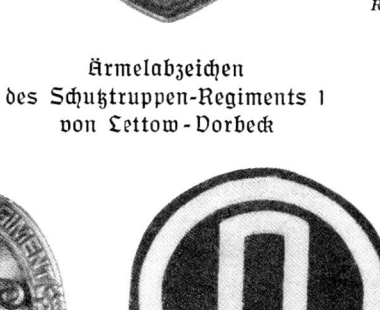

Kragennadel des „Sportvereins Olympia", der getarnten Fortsetzung des Schutzregiments Groß-Berlin nach seiner Auflösung

Ärmelabzeichen des Freiwilligen Sturm-Lehrregiments

Kragenabzeichen des Freikorps Anhalt

Kragenspiegel des Freikorps Brüssow

Kragenabzeichen der Eisernen Eskadron

Freiwilligen-Detachement Tüllmann im roten Lichtenberg
Von Alfred Arnold, Oberleutnant a. D.

Das Detachement Tüllmann wird zum Einsatz in Lichtenberg bereitgestellt!

Am 9. März war alles fertig vorbereitet, in der Siemensschule standen vier Lastautos bereit, auf welche Maschinengewehre, Munition, Decken, Proviant usw. verpackt wurden. Alles bereitete sich auf eine mehrtägige Unternehmung vor. Ein fünfter Wagen trug die Rote-Kreuz-Fahne und diente zur Unterbringung von Verbandzeug. An den ersten Wagen war das Feldgeschütz, an den zweiten eine Feldküche angehängt, die Mannschaften wurden auf

Lastauto des Freiwilligen-Detachement Tüllmann auf dem Wege zum Einsatz in Lichtenberg — Photo: Archiv Reiter gen Osten

die vier Wagen verteilt, und so zog der kleine Trupp von 100 Mann, wohlausgerüstet und bewaffnet, unter Führung des Hauptmanns Stottmeister nach dem Berliner Osten.

Bis zum 10. März mittags lag die Formation in der Börse in Reserve. Dann brauchte die Marine-Brigade, die bis dahin in vorderster Linie gelegen hatte, Ablösung. Schnell war alles auf vier Autos verpackt, und in vorsichtiger Fahrt ging es über den Alexanderplatz in der Richtung Strausberger Platz nach der Frankfurter Allee, wo die Marine-Brigade an der Ecke Frankfurter Allee—Andreasstraße abgelöst wurde. Unterwegs bot sich den Leuten, namentlich am Alexanderplatz, ein Bild furchtbarster Zerstörung. Man hat in Feindesland kaum Schlimmeres gesehen. Die Frankfurter Allee war der Hauptzugang zum Spartakusgebiet, die den Tüllmännern zur Verteidigung zugewiesene Barrikade demnach der am meisten exponierte Teil der ganzen Ringstellung um das von den Aufständischen besetzte Viertel. Diese Hauptbarrikade wurde vom Pionierzuge besetzt, während die Flieger eine zweite Barrikade Ecke Lebuser und Palisadenstraße besetzten. Der „Stab" des kleinen Trupps war in der Konditorei von Böhm an der Frankfurter Allee untergebracht, in welcher auch derjenige Teil der Mannschaften, welche nicht gerade an den Barrikaden Dienst hatten, ruhten. An einem Tische saß der Gerichtsoffizier des Detachements, Leutnant d. R. Wienberg, über Karten gebeugt, und trug die Stellungen feindlicher Maschinengewehrnester und Minenwerfer in die Karten ein; zuverlässige Nachrichten darüber wurden von verkleideten Offizieren gebracht, welche Tag und Nacht im aufständischen Viertel als harmlose Spaziergänger unterwegs waren und ihre Beobachtungen dann in der Konditorei von Böhm meldeten. Auch ergab das Verhör der wenigen Straßenpassanten manch wertvollen Anhaltspunkt.

Gegenüber dem Stabsquartier war eine Feldambulanz in einem Kino untergebracht. Hier bekamen die Verwundeten die erste Hilfe. Auch wurde seitens der dort beschäftigten Schwestern, welche keinen Gang, selbst nicht durch das stärkste Maschinengewehrfeuer scheuten, in mustergültiger Weise für das leibliche Wohl der gerade in Ruhe befindlichen Soldaten gesorgt. Sogar Unterhaltung gab es, indem der Lichtbild-Apparat im Kino trotz heftigsten Straßenkampfes in Betrieb gesetzt wurde.

Maschinengewehrbedienung beim Kampfe um Lichtenberg — Photo: Heeresarchiv

Panzerwagen der Regierungstruppen im Anmarsch zu den Kämpfen in Lichtenberg
Photo: Schlag.-Ged.-Museum

Über Nacht wurde das Feuer stärker und erreichte zeitweise eine Lebhaftigkeit, wie sie aus dem Felde nur an großen Kampftagen erinnerlich ist. Ein Schuß legte vor dem Kino eine Gaslaterne um, ein weiterer unglücklicher Schuß brachte das ausströmende Gas zur Entzündung, so daß unsere Barrikade hell erleuchtet war und dem Feinde ein willkommenes Ziel bot. Namentlich von der uns gegenüberliegenden Barrikade an der Frankfurter Allee, Ecke Warschauer Straße, hatten die Mannschaften viel zu leiden. Das Geschütz wurde auf diese Barrikade gerichtet; der erste Schuß saß zu kurz, der zweite traf mitten in die Barrikade hinein, so daß die Trümmer derselben haushoch flogen. Ein vielstimmiges Hurra von unserer Seite und Ruhe von der Gegenseite waren die unmittelbaren Folgen. Dann glückte es, das entzündete ausströmende Gas zu löschen, wodurch tiefe Dunkelheit eintrat, in der man nur das unheimliche Rauschen des ausströmenden Gases sowie das Gurgeln von Wasser hörte, denn es hatten inzwischen auch mehrere Wasserrohre der Straße daran glauben müssen.

Unsere Leute haben dann noch bis zum anderen Morgen an der Barrikade Frankfurter Allee ausgehalten, konnten aber wahrnehmen, daß das Feuer von der Gegenseite erheblich abflaute. Der Widerstand der Spartakusleute war gebrochen. Ihren Führern, welche ihr Hauptquartier im „Schwarzen Adler" beim Ringbahnhof Frankfurter Allee aufgeschlagen hatten, mochte nicht recht wohl zumute gewesen sein. Am Morgen des 12. März wurde dann von allen beteiligten Truppen eine großangelegte

Abtransport von Gefangenen aus Lichtenberg
Photo: Schlag.-Ged. Museum

Aktion gegen das ganze von Spartakus besetzte Viertel durchgeführt. Nur vereinzelt waren noch Maschinengewehrnester auf den Dächern zu bemerken. Diese wurden ausgehoben, die Schützen sowie angetroffene Plünderer standrechtlich erschossen. Von einem Hausboden wurden Vater und Sohn als Bedienung eines Maschinengewehrs heruntergeholt und dem standrechtlichen Verfahren übergeben. Alle verdächtigen Häuser wurden nach Waffen abgesucht, das Resultat war aber recht gering. In den Nachmittagsstunden wurden die Truppen abgelöst und mit Lastautos nach der Siemens-Oberrealschule zurückgefahren.

Das Hauptquartier des Freiw.-Det. Tüllmann während der Kämpfe in der Frankfurter Allee — Photo: Walter Pfeil, Stralsund

Der Kreuzzug eines Freikorps 1918/19
Auszug aus dem Kriegstagebuch des Freiwilligen Landesjägerkorps „General Maercker"

6. Dezember 1918: Im bischöflichen Palast in Paderborn finden sich Führer und Generalstabsoffiziere der Heeresgruppe Sixt v. Arnim zur Besprechung über die Lage zusammen. Der Vertreter der Obersten Heeresleitung, Oberst Heye, regt an, aus dem in der Demobilisation befindlichen Heere heraus freiwillige Truppen zum Schutze der Ostgrenzen gegen Bolschewisten und Polen und zum Kampfe gegen Spartakus zu bilden. Abends faßte General Maercker in Salzkotten bei Paderborn, seinem Divisions-Stabquartier, den Entschluß, ein Freikorps zu bilden. Die Mehrzahl der Offiziere seines Stabes (214. Division) sowie einige Unteroffiziere und Mannschaften desselben schließen sich ihm an.

8. Dezember 1918: Es wird beschlossen, das Freikorps „Freiwilliges Landjägerkorps" zu nennen. (Als einige Tage später bekannt wird, daß man unter „Landjägern" in Süddeutschland auch die Küchenschaben versteht, wird der Name geändert in „Landesjäger"). Zugleich wird der Entschluß gefaßt, dem Freikorps ein Abzeichen in Gestalt eines silbernen Eichenzweiges, als des Sinnbildes der deutschen Treue, zu geben. Das Abzeichen soll auf den beiden Kragenseiten vorn getragen werden. Das AOK. 17 ist mit der Namensgebung und dem Entschluß, ein Abzeichen anzulegen, nicht einverstanden, da die Befugnis zu solchen Maßnahmen früher ein Vorrecht des Allerhöchsten Kriegsherrn gewesen und jetzt auf die OHL. übergegangen sei. Der Stab des FLK. hält jedoch seine diesbezüglichen Befehle aufrecht. Er faßt zugleich den Entschluß, die Kriegserfahrungen dahin zu verwerten, daß nicht besondere Infanterie-, Kavallerie-, Artillerieregimenter gebildet werden, sondern statt dessen gemischte Abteilungen zu schaffen, in denen alle Truppengattungen vereint sind. Eine solche Abteilung soll bestehen aus drei Kompanien Infanterie, einer Schwadron und einer Batterie. Jede Kompanie, Schwadron und Batterie soll mit schweren Maschinengewehren, jede Kompanie außerdem mit einem leichten Minenwerfer ausgestattet sein.

10. Dezember 1918: Die ersten Truppen des Freikorps sind in der Aufstellung begriffen.

14. Dezember 1918: General Maercker gibt die grundlegenden Befehle 1 und 2 für das FLK. heraus. Im ersten Befehl werden Vorschriften über Vertrauensleute, Disziplinarstrafen, Gerichtsstrafen, Beschwerdesachen und über den Gruß erlassen. Befehl Nr. 2 regelt die Gliederung, Bekleidung, Bewaffnung und Ausrüstung der Truppe.

Der Erlaß dieser Befehle und Vorschriften überschreitet bei weitem die einem Divisionskommandeur bisher zustehenden Befugnisse. Sie mußten aber von diesem erlassen werden, da sämtliche hohen Kommandostellen, in der Auflösung begriffen, der Bildung der neuen Truppe nicht mehr das nötige Interesse entgegenbrachten.

24. Dezember 1918: In Berlin ist eine höhere Kommandobehörde, „Abteilung Lüttwitz", unter dem Befehl des Generals der Infanterie v. Lüttwitz gebildet, der die für die Aufrechterhaltung der Ruhe im Innern bestimmten Truppen unterstellt werden. Sie befiehlt, daß das FLK. sich zum Abtransport bereitmacht, da die Verhältnisse in Berlin unhaltbar wurden.

28. Dezember 1918: Der „Jägerstab" (so wurde der Kommandostab des FLK. genannt), die I., III. und IV. Abteilung sowie die Batterie Metscher werden nach dem Truppenübungsplatz Döberitz in Marsch gesetzt. In letzter Stunde werden die Truppen nach

dem Truppenübungsplatz Zossen umgeleitet, da Döberitz von 15 000 bis 20 000 völlig zuchtlosen technischen Angehörigen von Fliegerverbänden belegt ist. Auf der Fahrt wird dem Stabe des FLK. vom Soldatenrat Braunschweig eine Schreibmaschine, ein Stoß Akten und Offiziersgepäck gestohlen. Der Soldatenrat Magdeburg will die III. Abteilung nicht nach Berlin fahren lassen. Die Abteilung „hilft sich selbst".

3. Januar 1919: Abends hält in Zossen nach dem Vortrage eines Mehrheitssozialisten ein spartakistischer Kraftfahrer eine wilde Brandrede an die Landesjäger. Urteil der Truppe: Der Kerl ist komplett verrückt.

4. Januar 1919: Ebert und Noske kommen nach Zossen, um sich die Freiwilligentruppen anzusehen. Als die Landesjäger=Abteilungen mit klingendem Spiel anrücken, klopft Noske dem Ebert auf die Schulter: „Sei ruhig, es wird alles wieder gut werden." Die beiden Volksbeauftragten sprechen die Truppe an. Noske spricht für Manneszucht: „Die Befehle der Führer sind auszuführen, auch wenn der Gebrauch von Gewehren und Handgranaten befohlen wird."

5. Januar 1919: USP. und Spartakus rufen den Generalstreik aus. Sie besetzen die Reichsdruckerei, Eisenbahndirektion, den Schlesischen Bahnhof, die Gardepionierkaserne und das Proviantamt. Die III. und V. Abteilung des Landesjägerkorps werden alarmiert und nach Groß=Lichterfelde befördert. Unterkunft in der Hauptkadettenanstalt, wohin auch der Jägerstab geht.
Noske wird zum Oberbefehlshaber aller regierungstreuen Truppen ernannt.

7. Januar 1919: Regierungstreue Truppen stürmen die Eisenbahndirektion.

8. Januar 1919: Regierungstreue Truppen besetzen den Tiergarten, die Linden und die Gardepionierkaserne. Die Reichsregierung ruft zum Kampf gegen Spartakus auf. „Gewalt kann nur mit Gewalt bekämpft werden. Die Stunde der Abrechnung naht."
120 Kadetten treten in das Landesjägerkorps ein. Sie werden besonders als Maschinengewehrschützen verwendet.

11. Januar 1919: III. und V. Abteilung marschieren nach Berlin, vereinigen sich dort mit anderen Formationen, und machen unter Noskes Führung einen Demonstrationsmarsch durch die Schöneberger Hauptstraße, Potsdamer, Leipziger, Wilhelmstraße, Charlottenburger Chaussee, dann über den Lützowplatz und den Nollendorfplatz zurück in die Quartiere. Ungeheure Begeisterung der Bevölkerung.

14. Januar 1919: Der Volksbeauftragte Scheidemann hält im Feldmarschallsaal der Hauptkadettenanstalt eine Ansprache an die Landesjäger. Scheidemann preist die „unvergleichlichen Heerführer Hindenburg und Ludendorff", und dankt Offizieren und Freiwilligen für ihre Dienste.

15. Januar 1919: Um 9 Uhr vormittags beginnt die Besetzung Berlins südlich der Spree durch die 31. Infanteriedivision (General v. Wissel), Landesschützenkorps (General v. Roeder), Landesjägerkorps (General Maercker), Garde=Kavallerie=Schützendivision (General v. Hofmann), Freikorps Hülsen (General v. Hülsen), 17. Infanteriedivision (General v. Held). General v. Lüttwitz nimmt auf dem Tempelhofer Feld den Vorbeimarsch der Truppen des Landesjägerkorps ab. Diesem wird die Besetzung der inneren Stadt zwischen Jerusalemer Straße und dem Tiergarten übertragen, in der sich alle Ministerien und wichtige Dienstgebäude und Banken befanden.

General Maercker verhandelt sofort im Marstall mit der Volksmarine=Division, die sich durch die Maschinengewehre der I. Abteilung beunruhigt fühlt.

16. Januar 1919: In der Nacht hatten lebhafte Schießereien der republikanischen Soldatenwehren an der Spree, in der Jäger= und Charlottenstraße und am Anhalter Bahnhof stattgefunden. Nachmittags erklärte General Maercker den Vertrauensleuten der Soldatenwehren, daß das Schießen entweder aus Angst oder aus Wichtigtuerei stattfinde oder um zu zeigen, daß man „nötig" sei. Er erklärt, daß er jedem Posten fortan einen Landesjäger beigeben werde, wenn das Schießen nicht aufhöre. Das wirkte.

General Maercker †,
ehemals Führer des Freiwilligen Landesjägerkorps
Photo: Maercker, Dresden

18. Januar 1919: Der Führer der Volksmarine=Division, Matrose Junge, wird von einer Landesjägerpatrouille in völlig betrunkenem Zustand aus einer Wirtschaft geholt. Die Marine=Division setzt ihn daraufhin ab.

19. Januar 1919: Wahlen zur Nationalversammlung.

15. bis 22. Januar 1919: Aufgaben der Truppen sind: Entwaffnung der Bevölkerung und Beruhigung der Stadt. „Die größten Unruhestifter sind gegenwärtig nicht die Spartakisten, sondern die republikanischen Soldatenwehren."

21. Januar 1919: Zusammenstoß der 7. Kompanie (Hauptmann Schultz) mit Schiebern und Dieben gelegentlich von Haussuchungen in der Weinmeisterstraße (Diebesbörse).

23. Januar 1919: Da die Truppen spartakistischer Verseuchung ausgesetzt sind, Berlin auch ganz ruhig ist, werden sie nach außerhalb Berlins verlegt.

25. Januar 1919: Befehl vom Generalkommando Lüttwitz, daß das Landesjägerkorps sich auf eine Unternehmung gegen Halle vorbereite. Danach soll das Landesjägerkorps nach Weimar, um dort die Nationalversammlung und die Reichsregierung zu schützen.

31. Januar 1919: Die ersten Truppen werden nach Weimar abbefördert.

1. Februar 1919: Die in Weimar eingetroffenen Quartiermacher sind in der Nacht auf Befehl des Soldatenrats Weimar in ihren Unterkünften einzeln entwaffnet worden. Am Vormittag rückt der Führer Oberleutnant Freytag, 2. Generalstabsoffizier des Jägerstabes, mit den Quartiermachern vor das Gebäude des Soldatenrates und erzwingt durch kraftvolles Auftreten die Herausgabe der Waffen, soweit sie nicht bereits „verschoben" sind.

Von Eisenach aus haben am 30. Januar die unabhängig gesinnten Soldatenräte des XI. und XV. Armeekorps bei der Reichsregierung drahtlich die Zurückziehung der für den Schutz der Nationalversammlung bestimmten „landesfremden" Truppen verlangt und die Bildung von thüringischen Truppen, „die auf dem Boden der revolutionären sozialistischen Forderungen stehen", zum gleichen Zweck angeordnet.

2. Februar 1919: Nachmittags läuft der erste Transport, bei dem sich der Jägerstab befindet, „gefechtsbereit" (da über die Lage in Weimar nichts Näheres bekannt war) in Weimar ein. General Maercker erklärt dem Soldatenrat Weimar, daß er fortan die geringste Feindseligkeit gegen die Truppe als „Meuterei" behandeln würde. Er erfährt, daß nachts etwa 1200 „rote" Soldaten aus Gotha, Eisenach und Erfurt zu erwarten seien.

3. Februar 1919: Den „kampferprobten revolutionären thüringischen Truppen" ist der Kriegszug gegen Weimar zu gefährlich gewesen. Als sie in Erfurt erfuhren, daß Weimar bereits von „Regierungstruppen" besetzt sei, haben sie ihren Soldatenrat allein weiterfahren lassen und haben selbst ihren Blutrausch im Wartesaal des Erfurter Bahnhofs „gelöscht". (Dabei zugleich ein Maschinengewehr stehenlassen.) Der Soldatenrat sah in Weimar die Landesjäger und verzichtete auf einen Kampf gegen sie.

3. bis 5. Februar 1919: Weimar wird in weitem Umkreise gegen jedermann, der sich nicht ausweisen kann, abgesperrt.

6. Februar 1919: Eröffnung der Nationalversammlung. II. Abteilung stellt eine zusammengesetzte Ehrenkompanie vor das Nationaltheater, deren strammes Auftreten die allgemeine Aufmerksamkeit erregt.

11. Februar 1919: Der Arbeiter- und Soldatenrat Gotha erbricht und plündert die Waffenkammer des I./95; am gleichen Tage entwaffnet er die Gotha durchfahrende Grenzschutzkompanie Gera des hessisch-thüringischen Freikorps.

14. Februar 1919: Drahtung des Wehrministers an das Generalkommando Lüttwitz: „Ich bitte zu veranlassen, daß Korps Maercker die Ordnung in den thüringischen Garnisonen wiederherstellt. Zunächst kommt Gotha, dann Meiningen in Frage... Alle nicht bestätigten Soldatenräte sind aufzulösen."

18. Februar 1919: Oberst v. Franckenberg mit den Truppen seiner Brigade trifft in drei Einheitszügen um 7 Uhr früh in Gotha ein, das völlig überrascht wird. Truppen werden von der Arbeiterbevölkerung, besonders den Frauen, wüst beschimpft. Bei der Waggonfabrik werden sie mit gefährlichen Werkzeugen angegriffen. Durch Schreckschüsse der Truppen werden zwei unbeteiligte Arbeiter leicht verwundet. Darauf wird der Generalstreik ausgerufen. Die Reichsregierung läßt mitteilen, daß sie es auf den Generalstreik ankommen lasse. General Maercker hat frühmorgens eine wilde Verhandlung mit dem Arbeiter- und Soldatenrat und der gothaischen Regierung auf Schloß Friedenstein, die wegen wüsten Lärms ergebnislos abgebrochen werden muß.

20. Februar 1919: Die gothaische Bürgerschaft tritt in den Generalstreik. General Maercker bringt die militärischen Verhältnisse auf dem Truppenübungsplatz Ohrdruf in Ordnung.

21. Februar 1919: Eine Volksversammlung im Volkshaus „erklärt dem Deutschen Reich den Krieg, verlangt den Austritt des Gothaischen Freistaates aus dem Deutschen Reich und kündigt die Militärkonvention mit Preußen!"

22. Februar 1919: Oberst v. Franckenberg rückt mit einer zusammengesetzten Truppe unter Hauptmann v. Niebelschütz in Langensalza ein, um dort die unbotmäßigen Soldatenratsmitglieder Grundmann und Hessenmüller zu verhaften und die Entwaffnung der Bevölkerung durchzuführen.

23. Februar 1919: General Maercker regelt die militärischen Verhältnisse in Eisenach.

24. Februar 1919: General Maercker regelt die militärischen Verhältnisse in Mühlhausen.

25. Februar 1919: Allgemeiner Ausstand in Mitteldeutschland.

26. Februar 1919: Auch in Erfurt bricht der Generalstreik aus. In Halle Gegenstreik der Bürgerschaft.

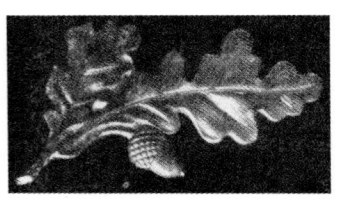

Kragenabzeichen d. Freiwilligen Landesjägerkorps. Vorl.: Heeresarch.

12. Kompanie der IV. Abteilung des Freiwilligen Landesjägerkorps in Eisenach
Photo: Archiv Reiter gen Osten

27. Februar 1919: General Maercker, vom Wehrminister Noske nach Weimar berufen, wird in Erfurt mit dem ersten Generalstabsoffizier Hauptmann Jacobsen von streikenden Arbeitern überfallen. Beide werden mißhandelt, ihrer Abzeichen beraubt, General Maercker durch einen Stich am Kopf verwundet. Nachmittags erhält er von Noske den Befehl, in Halle einzurücken, den Eisenbahnverkehr wiederherzustellen und einige Aufgaben militärischer Art zu lösen.

Nachts, 28. Februar 1919 bis 1. März 1919: Abtransport des Landesjägerstabes und der 1. Landesjäger-Brigade. Die Strecke liegt infolge des Streiks in tiefem Dunkel. Bei Leßling fährt der erste Transportzug auf den vorausfahrenden Bauzug der technischen Abteilung und bringt ihn zum Entgleisen. Der Stab steigt auf den zweiten Zug um.

1. März 1919: Statt früh vier Uhr trifft der erste Transport erst 10 Uhr vormittags in Ammendorf ein. Die beabsichtigte Überrumpelung Halles ist damit mißglückt. 11 Uhr vormittags: Eine Abordnung des Großen Soldatenrates Halle fordert General Maercker auf, vom Einmarsch abzusehen. Das Ansinnen wird zurückgewiesen. 11.30 Uhr: Jägerstab, I. und II. Abteilung treten den Marsch nach Halle an. 12.30 Uhr: Artilleriekaserne und Bahnhof werden nach Entfernung des Sicherheitsregiments besetzt. 13.30 Uhr: Die Charlottenschule, in der die Matrosenkompanie haust, wird von der II. Abteilung umstellt. Oberleutnant Recknagel überbringt den Matrosen ein Ultimatum des Generals Maercker, die Schule binnen 15 Minuten zu räumen. Sonst würde angegriffen. Die Matrosen ziehen ab, die II. Abteilung besetzt die Schule. 15.30 Uhr: Auf dem Marktplatz wird ein Maschinengewehrzug der II. Abteilung, der das Rathaus besetzen soll, angegriffen, entwaffnet und mißhandelt. Der führende Offizier und ein Sanitätsoffizier werden im Roten Turm gefangengesetzt, die Maschinengewehre zertrümmert.

III. Abteilung (Major Lucius), die in Weißenfels den 17jährigen „Streikpräsidenten" und 10 Matrosen, die Terrorakte verübt haben, festgenommen hat, ist 13 Uhr in Ammendorf angekommen und marschiert jetzt nach Halle. 16 Uhr: General Maercker versucht mit seinem Stabe zum Rathaus vorzudringen, wohin er die städtischen Behörden, den Bürgerausschuß und den Arbeiter- und Soldatenrat bestellt hat. Es gelingt ihm nicht, den Marktplatz zu erreichen. Er wird zur Hauptpost abgedrängt, in der er von den Aufrührern belagert wird.

Bei der Charlottenstraße Straßenkämpfe zwischen der II. Abteilung und Aufrührern. Beiderseits Verluste. 17 Uhr: 7. Kompanie und 9. Kompanie werden von der Steinstraße her angegriffen. Der Maschinengewehrzug der 7. Kompanie bringt den Aufrührern einen Verlust von 5 Toten und mehr als 20 Verwundeten bei. Ein in Stellung gehendes Geschütz hat durch Dachschützen Verluste.

18 Uhr: Teile der III. Abteilung besetzen die Hauptpost. 21 Uhr: In der Brunnenschule, einer Unterkunft des „Sicherheitsregiments", werden Waffen an Zivilisten ausgegeben. Vom Theater und von der Steinstraße her unterhalten die Aufrührer ein lebhaftes Maschinengewehrfeuer auf die Oberpostdirektion. 23 Uhr: Der Generalstabsoffizier Hauptmann Jacobsen wird vor der Post durch Bauchschuß verwundet.

2. März 1919: In der Nacht andauernde Schießereien. Der Pöbel und Sicherheitssoldaten plündern in der Ulrichstraße zahlreiche Läden. Mehrfache blutige Zusammenstöße zwischen Plünderern und Landesjäger-Patrouillen. General Maercker hat von der Regierung Anweisung, sich möglichst zurückzuhalten, da Stadtverordnetenwahl ist.

Oberstleutnant von Klüber vom Generalstab, früher Militärattaché in Brüssel und Paris, während des Krieges Generalstabschef einer Armee, will in Zivilkleidern die Stimmung der Menge erkunden. Er wird vom Pöbel erkannt, festgenommen und unter schweren Mißhandlungen zum Vorsitzenden des Soldatenrats gebracht. Dieser liefert ihn der Menge aus, die ihn zur Saale schleppt, ins Wasser wirft und beschießt. Als er verwundet und erschöpft schwimmend das Ufer erreicht, stößt ihn ein Soldat des Sicherheitsregiments zurück und erschießt ihn.

Beisetzung des von den Kommunisten ermordeten Oberstleutnants von Klüber in Halle
Photo: Heeresarchiv

16 Uhr: Als das Schießen nicht aufhört, gibt General Maercker den Befehl zum Angriff. Nachts gehen starke Patrouillen der II. und III. Abteilung gegen die Plünderer vor, von denen mehrere erschossen werden. Ein Warenhaus ist von ihnen in Brand gesteckt worden.

3. März 1919: 4 Uhr nehmen zwei Sturmtrupps der 7. Kompanie das Theater. Leutnant Hennig und Pionier Placek sprengen den Eingang.

11 Uhr: General Maercker verhängt den Belagerungszustand, der von Oberleutnant Schulze unter Trommelschlag verkündet wird. Die bürgerliche Bevölkerung begrüßt ihn freudig. Die Kämpfe haben ein Ende. Die Aufständischen haben 29 Tote und 67 Verwundete, die Landesjäger 7 Tote und 22 Verwundete. 29 Geschäfte sind geplündert, über 200 Plünderer festgenommen.

4. März 1919: Panzerzug 3 vertreibt 30 bewaffnete Matrosen aus Corbetha und besetzt den gefährdeten Bahnhof Merseburg. Unter Oberst v. Reitzenstein wird ein „Organisationsstab" gebildet, der aufzustellen hat: a) statt des aufgelösten Sicherheitsregiments ein „Wachregiment Halle" zur Bewaffnung öffentlicher Gebäude; b) ein „Freikorps Halle" aus Studenten und Angehörigen des Beurlaubtenstandes zur aktiven Verwendung, auch außerhalb Halles; c) eine „städtische Schutzwehr" aus Bürgern zum Schutz von Leben und Eigentum gegen Plünderer, Brandstifter und Aufrührer.

5. März 1919: Ende des Gas- und Elektrizitätsstreiks.

5. bis 10. März 1919: Haussuchungen nach Plündergut und Waffen. Große Mengen Plündergut werden in der Moritzburg zusammengebracht, ferner über 1500 Gewehre und 30 Maschinengewehre.

7. März 1919: Beisetzung der gefallenen Landesjäger auf dem Gertraudenfriedhof unter ungeheurer Beteiligung der bürgerlichen Bevölkerung.

8. März 1919: Oberst Graf v. Solms wird mit einem Panzerzug, einer Landesjägerkompanie und einer Hundertschaft des Freikorps nach Zeitz entsandt, wo der Pöbel den Generalstabshauptmann v. Winterfeldt schwer verletzt und den Leutnant Schröder vom Infanterie-Regiment 97 in tierischer Weise getötet hat. Es kommt nicht zum Kampf, da sich der Arbeiterrat für die Ordnung verbürgt.

Plünderungen in der Umgebung von Halle führen dazu, einzelne Truppenteile in den Landbezirk zu verlegen, den sie durch häufige Streifen zu schützen haben.

11. März 1919: Feierliche Überführung der angeschwemmten Leiche Oberstleutnants v. Klüber nach Berlin.

30. März 1919: Der Belagerungszustand wird aufgehoben. Die Aufgaben des Landesjägerkorps in Halle sind beendet. Der Jägerstab geht nach Weimar zurück.

2. April 1919: Der Zentralsoldatenrat des IV. und XVI. sowie XXI. Armeekorps in Magdeburg beschließt, alle Offiziere abzusetzen, die Reichsregierung

Denkmal für die gefallenen Landesjäger auf dem Gertraudenfriedhof in Halle
Photo: Berger, Chemnitz

zu stürzen und eine Räterepublik Deutschland im Anschluß an die Sowjetrepublik in Rußland und Ungarn zu errichten.

7. April 1919: Die Magdeburger Arbeiterschaft ruft den Generalstreik aus. Große Protestversammlung auf dem Domhof. Der neue Vorsitzende des Zentralsoldatenrats, Schrader, läßt den Kommandieren-

den General des IV. Armeekorps, General v. Kleist, zwei Generalstabsoffiziere und mehrere Bürger verhaften. Der zufällig in Magdeburg weilende Reichsminister Landsberg wird von Soldaten des Magdeburger Wachregiments festgenommen, tätlich mißhandelt und auf Anordnung des berüchtigten Soldatenratsmitgliedes Vater nach Braunschweig entführt, unterwegs in Helmstedt aber durch die Polizei befreit. Abends werden unter Beihilfe des Wachregiments Waffenlager in der Zitadelle geplündert, ebenso Lebensmitteldepots im neuen Packhofe. Die Reichsregierung fordert in einer Drohnote vom Magdeburger Arbeiterrat die Freilassung der Gefangenen und beauftragt den zufällig in Berlin anwesenden General Maercker, mit Truppen des Landesjägerkorps baldigst in Magdeburg einzurücken und dort die Ordnung wiederherzustellen.

8. April 1919: Aktive Unteroffiziere der Garnison Magdeburg besetzen die Zitadelle, die Hauptpost und den Bahnhof und schlagen Angriffe des Mobs auf die Zitadelle ab. In Halle gibt General Maercker den Befehl für die Unternehmung aus.

9. April 1919: Die Truppen treffen frühmorgens in Magdeburg ein. II. Abteilung wird vom Domplatz von einer großen Menge bedrängt und muß sich mit Bajonett und Gewehrfeuer Luft machen. 4. Kompanie hat an der Hauptpost Zusammenstöße mit Aufrührern. Die Verluste der Zivilbevölkerung sind 7 Tote und gegen 30 Verwundete. Die Landesjäger haben keine Verluste. Das Wachregiment wird aufgelöst. Das Generalkommando IV. Armeekorps stellt statt seiner ein „Regiment Magdeburg" und eine Einwohnerwehr auf.

In Braunschweig und Helmstedt rufen die Arbeiter den Generalstreik aus, wobei sie Absetzung der Regierung Ebert — Scheidemann, Aufhebung aller Parlamente, Auflösung der Freikorps und Bewaffnung der Arbeiterschaft fordern. —

10. April 1919: In Magdeburg herrscht Ruhe, obgleich braunschweigische revolutionäre Flieger Flugblätter mit der Aufforderung zum Generalstreik abwerfen. Die Braunschweiger Spartakisten legen den Postbetrieb in Wolfenbüttel und die Bahnhöfe Braunschweig, Helmstedt, Wolfenbüttel, Schöppenstedt und andere still.

11. April 1919: Der Panzerzug 54 greift gemeinsam mit Goslaer Jägern auf den von Spartakisten besetzten Bahnhöfen Börßum und Schöningen ein. Die Spartakisten verlieren 7 Tote, 8 Verwundete, 14 Gefangene. Der Panzerzug hat einen Toten. In Braunschweig Gegenstreik der Bürgerschaft.

13. April 1919: Die Reichsregierung verhängt den Belagerungszustand über Braunschweig und beauftragt den General Maercker mit der Durchführung der sich daraus ergebenden Maßnahmen.

Kragenabzeichen des Freikorps Halle
Vorlage: Freikorps-Kam. Halle

15. April 1919: Die V. Abteilung greift Helmstedt am Morgen von mehreren Seiten an. Im Straßenkampf fällt der Zeitfreiwillige Hauptmann Koch. Die Aufrührer haben 7 Verwundete und über 60 Gefangene, die Landesjäger 2 Verwundete. Volksbeauftragter Sepp Oerter bittet General Maercker fernmündlich, vom Einmarsch in Braunschweig abzusehen. Das Gesuch wird abgeschlagen, ein Empfang von Regierungsvertretern zum Zwecke von Verhandlungen abgelehnt. Unter dem Druck der Ankündigung des Truppeneinmarsches wird der Generalstreik abgebrochen.

16. April 1919: Drei Vertreter der Regierung erfahren von Major Meyn in Helmstedt die „beabsichtigten Maßnahmen des Generals Maercker", u. a. die Absetzung der Regierung, die Auflösung der revolutionären Truppen und die Verhaftung einiger Führer. Darauf beschließt die Regierung zurückzutreten. Abends stellen aktive Unteroffiziere der Braunschweiger Regimenter den Revolutionstruppen ein Ultimatum, Schloß und Kasernen zu räumen. Es wird sofort befolgt. Nachts erfolgt der Eisenbahnaufmarsch gegen Braunschweig auf fünf Bahnlinien.

17. April 1919: Zwei Ersatzkompanien des Landesjägerkorps besetzen nachts Wolfenbüttel. Panzerzüge fahren bis Braunschweig und setzen Offizierpatrouillen aus, die eine Anzahl Aufrührer verhaften. 9.30 Uhr vormittags beginnt der Einmarsch in die Stadt von vier Seiten. Ungeheurer Jubel der Bevölkerung beim Einzug der Truppen, die mit

Festgenommene Braunschweiger Spartakisten werden abgeführt *Photo: Berner, Braunschweig*

Kragenabzeichen des Zeitfreiwilligen Jägerregiments Braunschweig
Vorlage: Heeresarchiv

Blumen und Flaggenhissen begrüßt werden. Nachmittags setzt General Maercker die bisherige Regierung des Freistaates ab und nimmt die Volksbeauftragten Sepp Oerter (Inneres) und Eckardt (rev. Verteidigung) in Haft. Es wird eine neue Regierung gebildet.

20. bis 29. April 1919: Unternehmungen des Panzerzuges 54 gegen Schöppenstedt, des Rittmeisters Ammann gegen Blankenburg, des Oberleutnants Jaffé gegen Braunlage, des Majors Lucius gegen Holzminden. In Braunschweig ist unter Oberst Graf Schulenburg ein „Jägerregiment Braunschweig" gebildet worden und außerdem eine Landeswehr.

2. Mai 1919: Das Landesjägerkorps wird in die zukünftige kleine Reichswehr eingegliedert, die der Schandvertrag von Versailles uns zubilligt. Es heißt fortan: „Landesjägerkorps (Reichswehrbrigade 16)". Die beiden bisherigen Landesjägerbrigaden erhalten die Bezeichnung 1. bzw. 2. Landesjägerregiment.

7. Mai 1919: General Maercker erhält vom Wehrminister den Befehl, in Leipzig einzurücken und dort die volle Macht der sächsischen Landesregierung wiederherzustellen und auf die Dauer zu sichern. Das Reichswehrgruppenkommando stellt ihm dazu (außer den Truppen des Landesjägerkorps) zur Verfügung: das Regiment von Oven des Freikorps v. Hülsen, die Abteilung von Neufville des Landesschützenkorps, die 1. sächsische Grenzjägerbrigade (General v. Oldershausen), 3 Panzerzüge, 2 Kampfwagenzüge, eine Tankabteilung.

10. Mai 1919: Der Eisenbahnaufmarsch der für die Besetzung Leipzigs bestimmten Truppen beginnt unter Innehaltung größter Geheimhaltung über das Fahrtziel.

11. Mai 1919: 7 Uhr früh rücken von fünf Seiten 15 000 Mann (die oben angeführten Truppen ohne die sächsischen Grenzjäger, die erst am 12. eintreffen) in Leipzig ein, dessen Bevölkerung völlig überrascht wird. Alles verläuft ruhig. Nur am Volkshaus muß Abteilung von Neufville gegen Volksansammlungen mit der Waffe einschreiten, wobei zwei Zivilisten verwundet werden. Die rote Garde im Kasernenviertel ergibt sich auf ein kurzbefristetes Ultimatum und wird ordnungsmäßig entlassen. Es zeigt sich dabei, daß die Zugehörigkeit zu ihr an die Mitgliedschaft der USPD. geknüpft ist. Mit der Besetzung Leipzigs verhängt General Maercker den Kriegszustand über die Stadt.

14. Mai 1919: Das Reichswehrministerium macht General Maercker darauf aufmerksam, daß vom 15. Mai ab größere Unruhen in Thüringen zu erwarten sein. Er trifft die erforderlichen Gegenmaßnahmen.

15. Mai 1919: In Leipzig wird überall gearbeitet. Mit dem Abbau des Kriegszustandes wird begonnen.

18. Mai 1919: General Maercker erhält vom Wehrminister Befehl, in Eisenach gesicherte, gesetzmäßige Zustände herzustellen. In Leipzig Parade aller eingerückten Truppen vor dem Kommandierenden General des XIX. Armeekorps, Generalleutnant Leuthold. Von der Parade weg werden der Jägerstab, die IV. Abteilung, Panzerzug 54 und Kampfwagenzug Schmitz nach Eisenach abbefördert.

19. Mai 1919: Nachts werden die Hauptradelsführer in Eisenach von Patrouillen des Panzerzuges 54 aus den Betten heraus verhaftet. 4 Uhr früh besetzt die IV. Abteilung die Stadt und verkündet den Belagerungszustand. Nach eingehenden Verhandlungen mit der Arbeiterschaft und den staatlichen und städtischen Behörden bemüht sich General Maercker um eine bessere Lebensmittelversorgung Eisenachs.

20. Mai 1919: Nachts wird der Panzerzug auf dem Bahnhof von Aufrührern angegriffen. Dabei gehen der Güterschuppen und ein Güterzug in Flammen auf. Die Arbeiter üben in den Betrieben Arbeitsenthaltung.

1. bis 10. Juni 1919: Die Truppen benutzen die ruhige Zeit in Leipzig, um neben dem Wachdienst die Ausbildung zu fördern.

1. Juni 1919: Die 15. Kompanie, die sich als unzuverlässig erwiesen hat, wird aufgelöst, in Torgau unter Hauptmann Klemmert eine

Auf dem Augustusplatz nach der Besetzung von Leipzig durch das Landesjägerkorps Maercker
Photo: Dr. Großkopf, Wanne-Eickel

Panzerzug 54 nach den Kämpfen um den Bahnhof Eisenach
Photo: Archiv Reiter gen Osten

neue 15. Kompanie aufgestellt.
10. Juni 1919: Die Truppen des Landesjägerkorps verlassen Leipzig. Den Befehl dort übernimmt der sächsische General Frotscher.

Ministerpräsident Gradnauer spricht den Dank des sächsischen Ministeriums dafür aus, daß die Reichsgewalt in Leipzig ohne Blutvergießen wiederhergestellt wurde.

10. bis 13. Juni 1919: Die Truppen beziehen ihre neuen Standorte und richten sich dort ein.

15. Juni 1919: In Erfurt Anzeichen drohender Unruhen bei der Eisenbahn. Der Rechnungsrat Schütze wird von Gewerkschaftlern zum Eisenbahndirektionspräsidenten eingesetzt und erläßt als solcher im Amtsblatt einen Aufruf an die Beamten und Arbeiter.

17. Juni 1919: Der Reichswehrminister befiehlt den Generalkommandos und Linienkommandanturen, alle für einen Eisenbahnerstreik erforderlichen Abwehrmaßnahmen zu treffen.

18. Juni 1919: Nachts brechen sechs Militärgefangene aus dem Landgerichtsgefängnis Weimar aus. Sie entwaffnen die Wache des Sicherheitsregiments in der Weimarer Kaserne, ziehen vors Schloß und verlangen Auslieferung des Reichspräsidenten und Wehrministers. Nach scharfer Schießerei mit der Schloß-wache des Jägerbataillons werden einige der Ausbrecher wieder eingefangen. Nachmittags: Das Verhalten der Menge vor dem Bahnhof macht die Erklärung des Belagerungszustandes und den Gebrauch des Bajonetts nötig.

23. Juni 1919: Am Abend reiten 10 Jäger unter Leutnant d. R. Raben in Weimar ein, um von Erzberger, dem sie die Hauptschuld am Unglück Deutschlands zuschreiben, mit der Fouragierleine Rechenschaft zu fordern. Erzberger flieht nach Berlin.

Der Monat Juli war der erste, der für das Landesjägerkorps seit seinem Bestehen ganz ruhig, d. h. ohne Unternehmen gegen regierungsfeindliche Gewalten verlief.

Die Truppen richteten sich in ihren neuen Standorten ein. Gotha wird mit drei Ausbildungskompanien des Ersatzbataillons, Eisenach mit der 1. Kompanie dieses Bataillons besetzt. Die Anwesenheit der Truppen in Gotha verhindert dort die Ausrufung der Räterepublik. Die Mannschaften werden im Forst- und Wildschutz im Thüringer Wald verwendet.

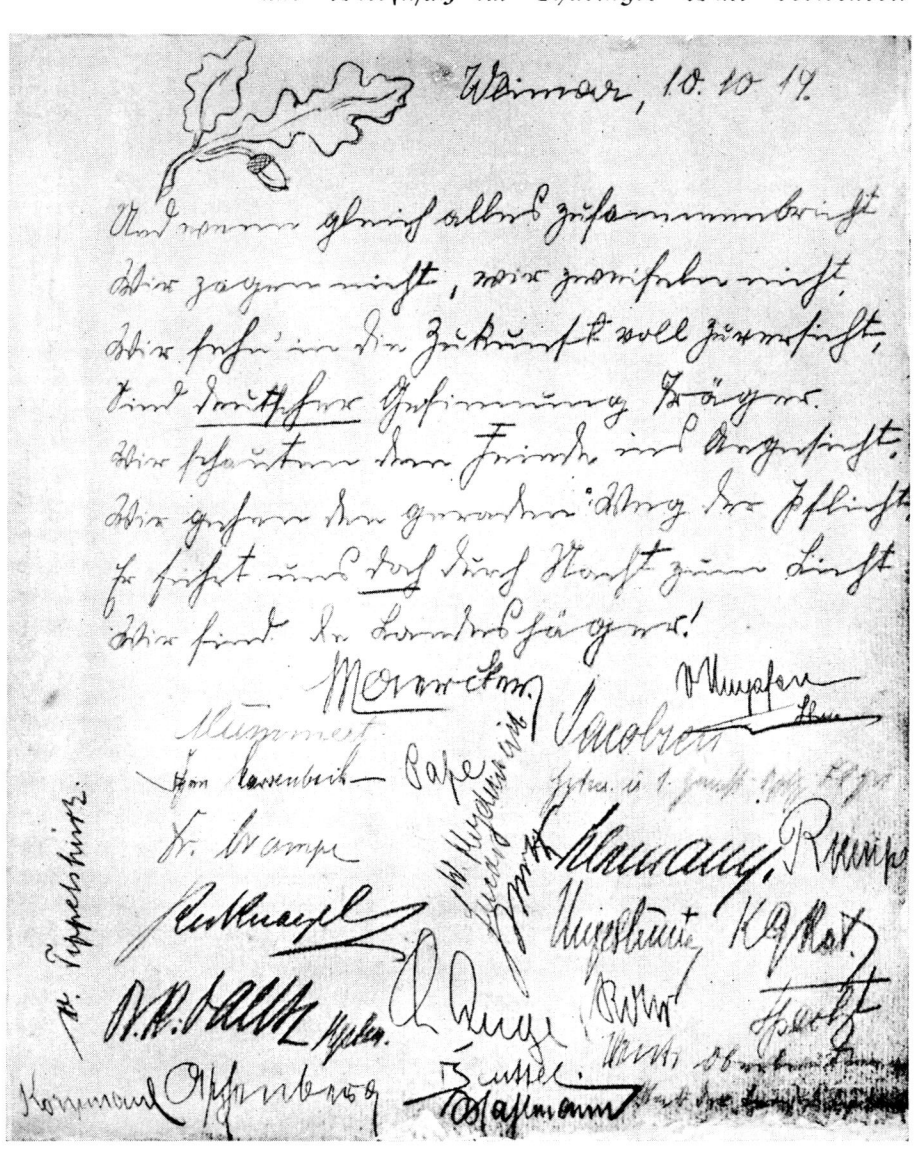

Eintragung des Generals Maercker und der Offiziere seines Stabes im „Hotel zum Adler" in Weimar
Photo: Archiv Reiter gen Osten

61

Befehl für den 4. Februar 1919.

1. Division Gerstenberg besetzt am 4.11. vorm. Bremen und beginnt den Einmarsch von den Sammelplätzen aus um 10.15 Uhr vorm.

2. Die Aufgaben der Freiabt. Caspari und die hierfür erteilten Befehle im Abt.-Befehl vom 2.11. abends bleiben bis auf nachstehende Abänderungen bestehen.

    a) Die Abt. steht an dem befohlenen Sammelplatz in der befohlenen Aufstellung spätestens 10 Uhr vorm. bereit. Da mit einem feindlichen Widerstand feindwärts Dreye, vor allem in Arsten zu rechnen ist, muß der Marsch zum Sammelplatz mit entsprechenden Sicherungen erfolgen. Die Kompanien haben ihren Abmarsch so anzusetzen, daß sie Dreye 8.10 Uhr durchschreiten.

    b) Abt. Caspari ist ein Panzerwagen unterstellt. Panzerwagen bleibt zur Verfügung der Abteilung. Der Führer setzt sich mit Hauptmann Machatius in das erforderliche Benehmen und klärt gleichzeitig mit dem Vormarsch der Abt. von Dreye nach dem Sammelplatz über Arsten, Habenhausen, Sielhaus auf und stößt dort mit der Abt. wieder zusammen. Er fährt bei dem weiteren Vormarsch der Freiabt. Caspari vor der Spitze und hat auf seinen Fahrten vor allem den Widerstand von M.G.-Nestern zu brechen. Endziel zunächst Rathaus.

    c) Der Abt. Caspari ist ferner für die Unternehmung gegen Bremen die Landesschützenbatterie 8 unterstellt, sie bleibt zunächst zur Verfügung der Abt. Mit einer späteren Zuteilung eines Inf.-Begleitgeschützes kann vor allem Kompanie Machatius rechnen. Die Batterie meldet sich 8.05 Uhr vorm. beim Abt.-Stab am Ausgang von Dreye nach Arsten.

    d) Abt. Caspari ist weiterhin ein Pionierzug zugeteilt, der sich 8.15 Uhr vorm. am Ausgang von Dreye nach Arsten beim Abt.-Stab meldet.
    Der Zug wird beim Einmarsch in Bremen hinter Kompanie Reimers in die Marschkolonne eingegliedert.

    e) Zur Abt. Caspari tritt am 4.11. vorm. Assistenzarzt Alten als Abt.-Arzt. Er wird Kompanie Krull zugeteilt.

    f) Die Führergestellung für die Divisionstruppen bleibt wie befohlen. Es verschieben sich die Gestellungszeiten lediglich um eine Stunde später. Führer für Abt. 8 brauchen nicht gestellt zu werden.

    g) Gegen 10 Uhr vorm. wird eine Batterie bei Habenhausen in Feuerstellung gehen und durch rote Leuchtzeichen den Feuerbeginn anzeigen und durch grünes Leuchtzeichen Feuereinstellung melden.

    h) Abt. Caspari marschiert als vorderster Truppenteil. Gegen 10 Uhr vorm. besetzt eine schwächere Kompanie der Schützenabt. 8 Habenhausen.
    Die vorgesehene Besetzung des Abschnittes VI in Bremen fällt zunächst fort. Eine besondere Sicherung der Bahn nach Oldenburg durch Kompanie Machatius ist deshalb erforderlich.
    Mit weiterem Abstand marschiert hinter Abt. Caspari der Rest der Schützenabt. 8. Die vorgesehene Besetzung der Neustadt durch Div.-Truppen erfährt keine Veränderung.

3. Vor dem Abmarsch empfangen die Kompanien eine Tagesration, die die Freiwilligen mit sich führen. Die Verpflegung für den 5. und 6. führt die Abt. nach. Empfang wird in Bremen befohlen.

4. Bei dem Vormarsch wird sich der Brigadestab der Lds.-Sch.-Brigade zur Abt. begeben. Marschplatz und Gefechtsstelle des Abt.-Stabes ändern sich nicht.

5. Leichtverwundete sind, wie bereits befohlen, den Apotheken zuzuführen. Schwerverwundete sind nach dem Roten-Kreuz-Krankenhaus in der Neustadt zu überführen.

6. Nach vorliegenden Meldungen wollen beim Einmarsch der Regierungstruppen die aktiven Unteroffiziere der Garnison zu uns übertreten. Mit dem Zustrom weiterer Freiwilliger ist zu rechnen, besondere Vorsicht bei ihrer Annahme bereits befohlen.

7. Ich beglückwünsche die Freiabt. zu der selbstgewählten, ehrenvollen Aufgabe, die ihr morgen bevorsteht; ich weiß, daß jeder einzelne für seine Vaterstadt sein Bestes hergibt und sich mit seiner ganzen Person für die gute Sache in taktvoller und schneidiger Weise einsetzt.

Marschordnung:

Panzerwagen,
Komp. Machatius,
Komp. Reimers,
Pionierzug,
Komp. Krull.
Personenkraftwagen,
Waffen- und Munitionswagen,
Verpflegungswagen,
Nachhut der Komp. Krull.

gez. C a s p a r i
Major und Abteilungsführer

Sturm auf die Weserbrücken
Der Entscheidungskampf bei einbrechender Dunkelheit
Von A. W. Rose, Bremen

Der Nachmittag war schon herangekommen, ehe die Marinetruppen den größten Widerstand am Rande der Stadt gebrochen hatten und zum umfassenden Angriff vorgehen konnten.

Bis weit hinein nach Schwachhausen hatten die Kämpfer jede einzelne Straße zu säubern.

Das ganze Ostertorviertel lag noch vor ihnen.

Vor den Brücken lagen die Freiwilligen Casparis und die Landesschützen fest.

Ein Hagel von Geschossen pfiff durch die lange Straße vor der Weserbrücke.

Unter Führung von Fritz Fuhrmann, später bekanntgeworden durch die Femeprozesse, wurde der erste Zug der Kompanie Reimers zum Sturm auf die Weserbrücke angesetzt.

Die Freiwilligenoffiziere stürmten hinein.

Ein Dachschütze vom Kapschen Hause schleuderte ihnen aus seinem Maschinengewehr den Tod entgegen. Vom Arbeitshaus knallten Schüsse in den Rücken der Stürmenden.

Cäsar Papendieck wird getroffen. Die Freiwilligen haben die Brücke erreicht. Richter Kulenkampff fällt.

Bremens Söhne stürmen vorwärts.

Theodor v. Nuys, der die Taten seiner Brüder miterleben will, um sie einer Nachwelt zu bewahren, fällt.

Alles, was stürmt, ist verwundet. Der eine blutet am Kopf; dem anderen hat eine Kugel das Bein durchlöchert. Einem wird das Gewehr in der zerschossenen Hand zu schwer; er muß es in die andere nehmen, erhält im selben Augenblick einen Beinschuß, kann nicht mehr.

Wedemeyer ist gefallen. Noltenius wird die Brust durchschossen. Bunk erhält einen Lungenschuß. Tietjen wird schwer verwundet, und Walter Schütte reißt ein Dumdumgeschoß zu Boden.

Alles kann nicht mehr. Das gegnerische Feuer ist zu stark. Sie müssen zurück. Nehmen ihre Toten und gehen zurück. Ein Panzerwagen fährt vor, ihnen Luft zu verschaffen. Die Toten und die Lebenden kommen zurück.

Sie stehen wieder in der Osterstraße.

Major Caspari,
ehem. Führer des Freikorps Caspari   Photo: Archiv Reiter gen Osten

Ein Auto rast mit einem Befehl Casparis zum Buntentor. Dort steht die Artillerie. Zwei Brüder stehen am Geschütz.

Der Meldegänger erzählt von den Verlusten auf der großen Weserbrücke. Da kracht der erste Schuß. Schuß auf Schuß folgt. Treffer auf Treffer. Das Auto rast zurück. "Minenwerfer vor!"

Leutnant Moritz hat schon einen Werfer im Garten der Paulikirche einbauen lassen. Die Mine jumpt hinüber zum Dom. Ein Stück eines riesigen Quadersteines fliegt auf das Pflaster der Straße.

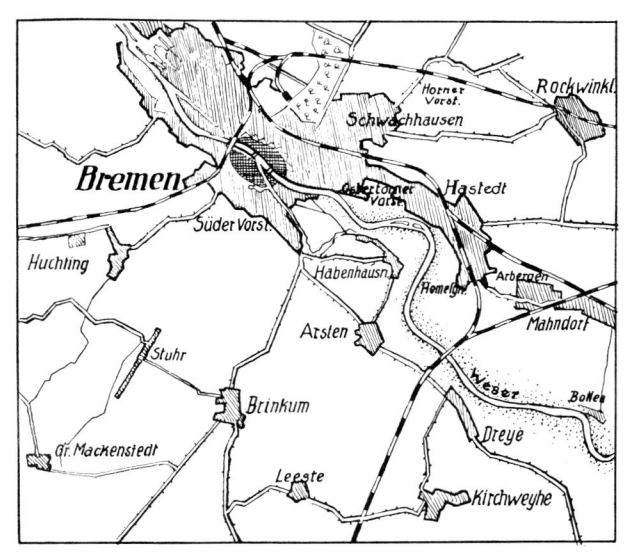

Übersichtskarte zu den Kämpfen um Bremen   Zeichnung: Roederer, Berlin

Oberst Gerstenberg,
ehem. Führer der Freiwilligen-Division
Gerstenberg
Photo: Archiv Reiter gen Osten

Kragenabzeichen der I. Marine-Brigade von Roden
Vorlage: Heeresarchiv

Fahne der Division Gerstenberg
Photo: Inf.-Rgt. 12, Halberstadt

General von Roden,
ehemals Führer der I. Marine-Brigade
von Roden
Photo: Archiv Reiter gen Osten

Die nächste Mine saust dem Dachschützen bei Kap um die Ohren. Dessen MG. kleckert weiter. Minen krachen in die Wachtstraße hinein. —

Vom Schützenhofviertel her dringen die Landesschützen vor. Sie hatten einen schweren Kampf um den Hauptbahnhof Zuchtingen hinter sich.

Leutnant Merck, vom Geschütz an der kleinen Weserbrücke, mußte eine günstige Gelegenheit erspäht haben. Im tollsten Feuer der gegnerischen Maschinengewehre sprang er vorwärts. Von der Osterstraße her kamen zwölf Mann mit ihren Minenwerfern hereingefegt. Im „Marsch, marsch" versuchten sie den Übergang über die kleine Weserbrücke zu erzwingen. Sie kamen vorwärts, mußten wieder zurück. Es war vergebens. Ein Durchbruch unmöglich. Leutnant Merck stürmte auch nicht mehr vorwärts. Lang ausgestreckt lag er auf der Brücke. Tot. Der Panzerwagen wurde vorgezogen. Die Führer verstauten im Innern Handgranaten, fuhren los, fuhren über die Brücke hinüber. Drangen in die Wachtstraße hinein. Alles Scherben. Der Wagen knirschte über Glas. Die Oberleitung der Straßenbahn hing auf den Boden herab. Gewehr- und Maschinengewehrsalven prasselten gegen die schützende Stahlwand. Der Wagen hielt.

Die Führer sprangen heraus, warfen Handgranaten in die Union, die rote Hochburg, hinein; zurück.

Das Maschinengewehr auf dem Dach des Kapschen Hauses ratterte wild.

Die rote Besatzung des Arbeitshauses warf Handgranaten auf das graue Ungetüm. Vergebens. Es fand den Weg zurück. Die Führer des Panzerwagens waren verwundet. Sie meldeten dem Kommandeur.

Der gab Befehle. An die Minenwerfer. An die Artillerie. Erneut brauste es zur Altstadt hinüber.

Die Patrouillen des Freikorps Caspari wollten ihren Augen nicht trauen. Es war Tatsache. Vom Domturm herab wehte eine weiße Fahne. Zurück mit der Meldung. Die Kommandeure atmeten auf. Gott sei Dank.

Wieder wurden Patrouillen vorgeschickt.

Sie bestätigten die Meldung, brachten aber zugleich die Nachricht mit, daß sie trotz der weißen Fahne vom Turm des Domes von der Altstadt her stark beschossen worden wären, trotzdem sie selbst keinen Schuß mehr abgegeben hätten.

Die weiße Fahne wehte. Casparis Truppen schoben sich langsam vor. Wütendes Gewehrfeuer trieb sie zurück.

Eine Viertelstunde später. Wieder fühlen Patrouillen vor. Kommen mit verwundeten Kameraden zurück. Die Roten schießen auf jeden Freiwilligen, der sich zeigt. Halten nach wie vor die Zugangsstraße zur Brücke unter MG.-Feuer.

Fast eine Stunde wehte die weiße Fahne; da schien endlich eine Klärung der Lage zu erfolgen.

Ein Auto kam aus der Altstadt, fuhr über die Weserbrücke.

Das Feuer der Roten hörte auf.

Aus dem Auto winkte eine weiße Fahne.

Die Roten baten um einen Waffenstillstand.

Befehl.

Durch die Reichsregierung, im Einvernehmen mit der Sächsischen Regierung, bin ich mit der Durchführung folgender Aufgaben in Leipzig beauftragt:

    a) die volle Regierungsgewalt der Sächsischen Regierung ist wieder herzustellen und auf die Dauer zu sichern.
    b) Die Sicherheitstruppen, welche sich auf unabhängig-spartakistische Seite und regierungsfeindlich gestellt haben, sind zu entwaffnen und aufzulösen.
    c) die unberechtigter Weise in Händen der Zivilbevölkerung befindlichen Waffen sind sowohl in Leipzig, wie in dessen Umgebung einzuziehen.

Während der Durchführung meiner Aufgabe steht die oberste militärische und zivile Gewalt mir allein zu.

In Abänderung der Bekanntmachung des Beauftragten des Ministeriums für Militärwesen, vom 14. April 1919, bestimme ich für den

Stadtbezirk Leipzig, sowie die eingemeindeten Vororte:

1. Alle zivilen Behörden bleiben in Tätigkeit, haben aber meinen Befehlen zu folgen.
2. In obengenanntem Gebiet proklamiere ich das

Standrecht

und setze für den Bezirk mit dem Sitze in Leipzig ein

Standgericht

ein.

    Es urteilt über folgende Verbrechen und Vergehen:
Hochverrat, Landesverrat, Mord, Totschlag, Widerstand gegen die Staatsgewalt, Aufruhr, Auflauf, Brandstiftung, Verursachung einer Ueberschwemmung, Zerstörung von Eisenbahnen, Telegraphen- und Telephonleitungen, Befreiung von Gefangenen, Meuterei, Plünderung, Raub, Landfriedensbruch, Erpressung, Verleitung der Soldaten zur Untreue und die von mir unter Strafe gestellten besonderen Verfehlungen.

3. Haussuchungen und Verhaftungen können von den zuständigen Zivil- und Militärbehörden ohne Beschränkung vorgenommen werden.
    Den Offizieren und Offizier-Dienstturern verleihe ich die Rechte von Polizeibeamten und Hilfsbeamten der Staatsanwaltschaft.
4. Der Wirtshausschluß wird festgesetzt auf 8 Uhr abends. Personen, die sich als Durchreisende ausweisen, dürfen über diese Zeit hinaus verpflegt werden.
5. Das Betreten der Straßen und Plätze in der Zeit von 8:30 Uhr abends bis 4:30 Uhr früh ist verboten. Die Sperrzeit gilt nicht für Beamte, Aerzte und Hebammen zwecks Ausübung ihres Berufes, soweit sich diese Personen genügend ausweisen.
6. Zivilpersonen dürfen keine Waffen tragen. Wer bewaffnet betroffen wird, wird nach

Kriegsrecht

behandelt.

    Ueber Waffenablieferung ergeht ein besonderer Befehl.

7. Die Leipziger Volkszeitung und die Rote Fahne werden bis auf weiteres verboten, ebenso der Druck und Vertrieb kommunistischer und spartakistischer Zeitungen, Flugblätter, Handzettel usw.
    Ich verbiete ferner, in Zeitungen, Flugschriften, Handzetteln usw. zu Gewalttaten oder Streiks aufzufordern, die das Wirtschaftsleben gefährden können.
8. Alle Versammlungen in geschlossenen Räumen wie unter freiem Himmel sind zunächst verboten.
9. Ansammlungen von mehr als 20 Personen sind verboten.
10. Alle Zuwiderhandlungen gegen die Anordnungen zu Ziffer 4—9, sowie die Aufforderung und Anreizung zu Zuwiderhandlungen werden, soweit nicht schwerere Strafen in den Gesetzen angedroht sind, mit Gefängnis bis zu zwei Jahren, Haft oder Geldstrafe bestraft. Auch kann auf Entziehung öffentlicher Aemter erkannt werden.
11. Wer Personen als Geiseln festsetzt, festgesetzte Geiseln martert oder tötet,
    wer unter Anwendung von Gewalt plündert,
    wer Soldaten zur Untreue verleitet, wird mit dem

Tode

bestraft. (§ 13 Abs. 2 des Sächsischen Gesetzes betr. das Verfahren bei Störung der öffentlichen Ruhe und Sicherheit.)

Vor Leipzig, am 11. Mai 1919.

gez. **Maercker,**
Generalmajor und Kommandeur des Freiwilligen Landesjägerkorps.

Er wurde genehmigt.

Die Parlamentäre versprachen, daß sie alles daransetzen würden, um die roten Posten von den Brücken zurückzuziehen, baten nur, ihnen auch die Zeit dafür zu lassen. Eine Stunde wurde ihnen gewährt. Die Roten fuhren zurück. Die Stunde verging.

Patrouillen wurden vorgeschickt. Sie wurden beschossen.

Da kamen die Parlamentäre zurück; sie baten um Verlängerung des Waffenstillstandes. Major Caspari lehnte ab. Zwanzig Minuten wurden ihnen noch bewilligt, um es den Genossen klarzumachen.

4 Uhr 20 Minuten. Der Panzerwagen der Gerstenberger fährt an.

Major Caspari setzt sich an die Spitze seines Korps.

Die Bremer treten an.

Vorsichtig rücken sie vor. Sie erhielten starkes Feuer.

Über die kleine frühere Pfennigbrücke waren Gerstenberger in den Teerhof eingedrungen. Jetzt nahte die Entscheidung.

Aus der Stellung des Gegners hagelte es auf die stürmenden Bremer Freiwilligen. Sie mußten wieder zurück. Sie wären alle zum Teufel gegangen, wenn sie weitergestürmt hätten.

Nirgends war eine Deckung, die gegen das verheerende Feuer des roten Gegners schützte.

Es begann zu dämmern. Wieder heulten die Minen.

Von der kleinen St.-Pauli-Kirche aus kam Verstärkung vom siebenten Bataillon, das sich den Anschluß erkämpft hatte.

Die Gerstenberger hatten die Kaserne genommen.

Durch die Süderstraße drängten einige Freiwillige vor. Aus den Häusern ergoß sich kochendes Wasser auf die Vorstürmenden. Zwei Soldaten fielen. Ein alter Arzt schritt in das Feuer hinein ― ― ―.

Es begann zu schneien.

Das siebente Bataillon war bis zur Eisenbahnbrücke vorgedrungen.

Um den Vormarsch über diese Brücke unmöglich zu machen, hatten die Spartakisten diese in der Mitte halb geöffnet. Es war eine Drehbrücke.

Oberst Gerstenberg vor dem Bremer Dom nach der Einnahme der Stadt
Photo: Rose, Bremen

Vor einem Packhaus wurde eine Haubitze in Stellung gebracht. Die ersten Schüsse fegten in das Gebäude der „Bürgerzeitung", brachten aber die Maschinengewehre nicht zum Schweigen. Nächstes Ziel war die Altstadtseite der Kaiserbrücke. „Visier 700!" Der erste Schuß verließ das Rohr. Der Detonation auf der Kaiserbrücke folgte eine haushohe Stichflamme. Das unter der Brücke gelegte Gasrohr war in Brand geschossen. Major Caspari gibt zum letztenmal den Befehl zum Angriff auf die Weserbrücke. Die Marinetruppen rasen das letzte Stück des Osterdeiches entlang. Am Schauspielhaus setzen sich die ersten Gruppen der Marine-Brigade in Richtung Marktplatz in Bewegung.

Es tost und kracht. Noch heulen die Minen, noch knattern die Maschinengewehre, noch krepieren Granaten. Alles marschiert, was zum Sturm auf die Weserbrücken angesetzt ist.

Plötzlich schweigt die Artillerie; die Freiwilligen stürzen über die Brücke. Grell leuchtet das brennende Gas von der Kaiserbrücke den Stürmenden zum letzten Kampf. Plötzlich schweigt das gegnerische Maschinengewehr oben auf dem Kapschen Hause. Die Stürmer sind heran.

Sie dringen ins Haus ein, müssen sofort zur Seite springen, denn über die Treppen hinweg kommen ihnen Wasserbäche entgegengerauscht. Die Wasserleitung ist zerschossen. Trotzdem stürmen die Männer nach oben, kommen auf das Dach, sehen aber keinen Roten mehr. In einer Ecke steht das Maschinengewehr, dem so viele Söhne Bremens zum Opfer fielen; davor steht ein Gewehr, an die Brüstung gelehnt. Eine Hand, die danach griff, zuckt zurück.

Truppen der Division Gerstenberg nach dem Einmarsch in Bremen
Photo: Rose, Bremen

Der Lauf ist glühend heiß. Auch im Maschinengewehrmantel kocht das Kühlwasser.

Fieberhaft wird das Haus nach den Schützen durchsucht. Nichts wird gefunden. Tapfer sind die Burschen gewesen, die hier Stunde um Stunde gelegen haben. —

Inzwischen lagen die Landesschützen noch immer an der Kaiserbrücke fest. Sie konnten die roten Maschinengewehre nicht fassen. Die Landesschützen besetzten das Dach der Kaiserbrauerei. Schnell hatten sie jetzt das erste Maschinengewehr unschädlich gemacht. Ein anderes, von der Kaiserbrücke her, fing an, ihnen unangenehm zu werden. Absplitternde Gesteinsbrocken flogen den Bremern um die Ohren.

Die Kompanie war an den Deich herangekommen. Gleichzeitig hatte ein einzelner MG.-Schütze von der 4. Kompanie, Hans Zehrer, sich mit seinem Maschinengewehr bis an die Ecke Kaiserstraße und Am Deich vorarbeiten können. Von hier aus nahm er die Etagen des Hauses der „Bürgerzeitung" unter Feuer. Das Feuer von dort verstummte.

In den Halbbögen der Kaiserbrücke lagen die dreißig Mann, die schon am Nachmittag vergebens versucht hatten, die Brücke im Sturm zu nehmen. Sie konnten nicht vor und nicht zurück.

Als jetzt aber durch die Zusammenarbeit der vier Dachschützen, des Maschinengewehrschützen und des noch immer von der Eisenbahnbrücke schießenden Geschützes ein großer Teil der feindlichen Maschinengewehre außer Gefecht gesetzt war, konnte zum Sturm angetreten werden. Wohl hämmerte es noch immer auf die angreifenden Landesschützen ein, aber der Sturm wurde vorangetragen.

Hinter jeden Pfeiler springend, vorsichtig die herabhängenden Drähte der Oberleitung der Straßenbahn überschreitend, ging's voran, der inneren Stadt entgegen. Die hohen eisernen Streben, die die Brücke trugen, waren ein sicherer Schutz. Noch immer versuchten die Roten, den Vormarsch aufzuhalten. Von der Sparkasse her krachten Schüsse. Gerade hatte sich ein Maschinengewehr der Landesschützen auf die Roten eingeschossen, da gingen Leuchtkugeln in die Höhe. Das mußte ein Zeichen für die Roten

Ehrenmal der Stadt Bremen für die Befreier der Stadt
Photo: Archiv Reiter gen Osten

Viel hat uns dieses Ehrenmal zu sagen. Unter letztem Willensaufgebot bringt der sterbende junge Mann uns Lebenden das Siegesreis, Ermattung hat seine Glieder und Schritte schon gehemmt, und sein junges Gesicht ist schon vom Tod gezeichnet. Die ganze Gestalt atmet die stolze Freude, siegend für das Vaterland zu sterben, gedämpft durch das wehe Leid, dies höchste Opfer nicht bringen zu können im Kampfe gegen den äußeren Feind, sondern bringen zu müssen im Kampfe gegen verführte und verblendete deutsche Brüder.

General Caspari

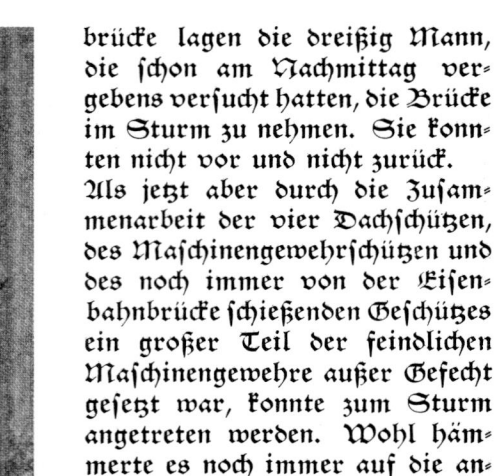

Werbeplakate für die Einwohnerwehr Bremen 2 Vorlagen: Reichsarchiv

sein, denn innerhalb weniger Minuten hörte man das Geknatter von schweren Lastwagen. Beim Durchstoß zum Brill fanden die Gerstenberger auch nicht einen einzigen Roten mehr.

Das Korps Caspari brach zum Marktplatz durch. Es hatte mit aller nötigen Vorsicht die Wachtstraße hinter sich gelassen, fand nur noch Plünderer. Die Spitze des Korps bahnte sich einen Weg durch die auf dem Marktplatz stehenden Menschen, die plötzlich aus allen Häusern strömten, und eilte zum Rathaus. Mußten erst gegen die Tür trommeln, ehe ihnen aufgemacht wurde. Eine rote Hilfsschwester der Kommunisten begrüßte die Einlaß fordernden Freiwilligen mit der Bitte um Brot. Freiwillige stürmten die Treppen empor. Von der Altane wehte noch rotes Tuch. Einige erreichten den flatternden Fetzen, rissen ihn herunter, und schon brachte der freiwillige Johann Eggers, der inzwischen die Winkel des alten Rathauses durchsucht hatte, ein zerknittertes, staubiges Etwas herbei.

Eifriges Mühen, und nach wenigen Augenblicken flatterte die alte, ehrwürdige schwarzweiß-rote Flagge dem vorfahrenden Kommandeur, Oberst Gerstenberg, entgegen.

Während vom Brill her die Spartakisten die Obernstraße noch immer unter Maschinengewehrfeuer hielten, riegelten die Marinetruppen und Bremer den Marktplatz ab und erwiderten das gegnerische Feuer.

In das Geschütz- und Minenwerferfeuer, in das Knattern der Maschinengewehre, die noch immer ihr verderbenbringendes Lied an der Kaiserstraße sangen, schwang sich ein anderer Ton hinein.

Durch das Dunkel, das sich über eine kampfesmüde Stadt senkte, griffen die Glocken mit vollen Akkorden in die Herzen der Menschen hinein, daß sie sich still abwandten und Tränen der Erlösung weinten.

Ehrenzeichen der Stadt Bremen für die Teilnahme an den Kämpfen um Bremen
Vorlage: Archiv Reiter gen Osten

Von der 1000-Mann-Kaserne zur Marine-Brigade Ehrhardt

Von K. Helmerichs, München-Pasing

Daheim nach vier Jahren Krieg! Nicht so, wie ich es mir mit tausend anderen einmal vorgestellt hatte. Eine kurze Begrüßung mit den übriggebliebenen Kameraden, ein fester Händedruck daheim. Ich war wenigstens wieder nach Hause gekommen.

Die Wellen der Revolution schlugen bis in mein Heimatdorf. Allzugroß war die Aufregung deshalb nicht, doch zeigte der benachbarte große Reichskriegshafen Wilhelmshaven den Blättermeldungen nach ein anderes Gesicht. Ich hatte jedoch fürs erste genug! Ausruhen...! Vorläufig für alles — Götz von Berlichingen! —

Aber das soll einer aushalten! Soll man nicht einmal schauen, was in Wilhelmshaven los ist? Warum nicht?

Die Bilder vom zweiten Weihnachtsfeiertag, die ich dort sah, genügten, um die letzte Achtung vor dieser Sorte von Matrosen zu begraben. Um den eingefrorenen Mut der roten Streiter zu heben, verteilte der Soldatenrat reichliche Alkoholmengen. Die neuesten Revolutionsschlager grölend zogen die roten Kämpfer durch die Stadt.

Der ersten Fahrt nach Wilhelmshaven folgten weitere. Alte Kameraden fanden sich zusammen. Sollte man sich zu einem Freikorps durchschlagen? In Berlin hatten diese die Feuertaufe erhalten. Oder nach der Ostgrenze gehen, wo Not am Mann war? Vielleicht sich im Baltikum eine neue Heimat gründen? Mancher verschwand wieder, die anderen schlossen sich noch enger zusammen. Allein auf uns gestellt, konnten wir nichts machen... Kein Führer, keine Waffen! Aber hier fortlaufen? Wo alles drunter und drüber ging?...

Der „21er Rat", die Oberste Regierungsbehörde der Stadt, macht, was ihm gefällt. Dabei drängen die Ereignisse der benachbarten großen Hafenstadt Bremen zur Entscheidung. Dort haben die Radikalen die Gemäßigten einfach zum Teufel gejagt. Die Regierung wird nach russischem Muster aufgezogen, man will der Bevölkerung zeigen, wie richtig regiert wird. Auf dem flachen Lande herrscht dumpfe Gleichgültigkeit. Die Landbewohner wollen oder können sich von der Tragweite der Geschehnisse kein richtiges Bild machen.

Im letzten Drittel des Januar 1919 zogen Bremer Kommunisten unter Führung eines Lehrers in Wilhelmshaven ein. Ihre Absicht war, im Reichskriegshafen die Revolution nach bewährtem Bremer Muster „auszubauen". Der „21er Rat" mitsamt dem neuen Präsidenten der Republik Oldenburg-Ostfriesland, Obermatrose Kuhnt, unternahm nichts. Zunächst holten sich die Herren Spartakisten aus der Reichsbank das erforderliche Betriebskapital, ohne Schuldschein natürlich! Dann besetzte man die Tageszeitungen, die von nun an ihre Berichte dem Wunsche der neuen Herrn anzupassen hatten. Der verschlafene

Bürger rieb sich bedenklich die Augen, als eines Morgens beim Frühstück eine rote Garde durch seine Straße promenierte, sauber und billig vom Bekleidungsamt eingekleidet und gut bezahlt. Der „21er Rat" verhielt sich nach wie vor ruhig, die Berliner Regierung war weit weg.

Die Lage in Wilhelmshaven drängte zur Entscheidung, sollte nicht alles vor die Hunde gehen. Am Abend des 27. Januar 1919 staute sich vor dem Offizierskasino, dem Sitze des „21er Rates", eine erregte Menschenmenge. Die dem Präsidenten dargebrachten Huldigungen sind nicht gerade schmeichelhaft. „Kuhnt heraus!... Waffen her!..." Gern hätten wir bei dieser Gelegenheit schon verschiedene der Insassen aus dem Gebäude herausgeholt, jedoch unterbinden aus den Fenstern drohende Maschinengewehre die Ausführung frommer Wünsche. Die Menge wächst an, die Lage wird zusehends bedrohlicher.

Da knallt es plötzlich von der Werft her... Was ist los?... Jeder sucht Deckung, keine Kleinigkeit bei dieser Dunkelheit.

Blinder Alarm!... Der „21er Rat" hatte den in der 1000-Mann-Kaserne hausenden Kommunisten ein Auto hingeschickt. Man bat in höflichen Worten dringend um Unterstützung gegen die unliebsamen Demonstranten. Die Herren Matrosen waren nicht geneigt, ihre Genossen vom „21er Rat" zu unterstützen... Daher die Knallerei!... Alles erhebt sich wieder. Neues Geschrei: „Waffen her! Um jeden Preis!" Die Demonstranten sehen vertrauenerweckend aus. Viele ehemalige Kameraden von Bord darunter. Schmunzelndes Zunicken, wenn man ein bekanntes Gesicht sieht. Ein Maat von der U-Schule stößt mich in die Seite: „Wo kriegen wir Waffen her? Dann auf sie mit Gebrüll!"

Beim „21er Rat" keine Aussicht. Weiter! Der Bahnhof. Schwer bewacht von roten Matrosen. Ehe sich die Besatzung versieht, ist sie überrumpelt, ihre Waffen bilden einen Grundstock für weitere Unternehmen. Einige rote Patrouillen sehen sich plötzlich dazwischen genommen. Schon liegen sie auf der Straße, ohne Gewehr, sonst unversehrt. Vor der 1000-Mann-Kaserne, der alten Kaserne der II. Werft-Division, baut sich ein „Angriffskorps" im Halbkreis auf. Stoßtrupps ohne einheitliche Führung, so wie sie sich spontan zusammengefunden haben. Der höflichen Aufforderung, aus der Kaserne herauszukommen, wird keine Folge geleistet. Im Gegenteil, die Roten stehen an den Fenstern und glauben, über „die albernen Demonstranten" feixen zu müssen. Das vergeht ihnen bald. Eine ganz findige Kolonne hat einige Bootskanonen aufgetrieben. Her damit! Ein paar Fehlschüsse, dann schlagen die ersten Treffer in die Fenster, brechen große Stücke des Mauerwerkes heraus. Aus der Kaserne wird uns schwach geantwortet. Man war scheinbar entsetzt über diese Sorte von „Demonstranten". Nach einer heftigen Knallerei, die uns wenig schadet, haben die Kommunisten die Hosen voll, sie bitten um freien Abzug. Unser Führer, der Erste Offizier des Kleinen Kreuzers „Graudenz", Korvettenkapitän Ehrhardt, verhandelt mit ihnen, sehr zum Leidwesen der jüngeren Angreifer. Wir hätten die „Helden" gern herausgeholt und in einer stillen Ecke Kniebeuge mit Gewehr nach altpreußischem Muster mit ihnen geübt. Die Rotgardisten verließen mit hocherhobenen Armen ihre Festung. Sie wanderten nach Nummer Sicher, erhielten, soweit mir erinnerlich, längere Freiheitsstrafen. Dieser erste Erfolg ermutigte uns. Nun konnte man mit dem „21er Rat" etwas deutlicher reden. Die Waffen wieder abliefern kam gar nicht in Frage. Wir blieben in Alarmbereitschaft. In der Stadt waren noch viele Rote, auf die Dauer hätte es uns waffenlos schlimm ergehen können.

Da griff die Reichsregierung ein. Anfang Februar rückte die Gerstenberger und die I. Marine-Brigade von der oldenburgischen Seite her in den Reichskriegshafen ein. Eine wohldisziplinierte, stramme, zum größten Teil aus Berufssoldaten bestehende Truppe, feldmarschmäßig ausgerüstet. Die Bürger rissen Mund und Nase auf, das war doch etwas anderes, als die roten Soldatenhaufen, die Woche um Woche in den Straßen zu sehen waren. Man sprach über die harten Straßenkämpfe, die die Gerstenberger in Bremen hinter sich hatten. Gar bald war dort Ruhe und Ordnung wieder eingekehrt. Mit Samthandschuhen war nicht zugefaßt worden. Das sprach sich herum, und die Wilhelmshavener Genossen wagten keinen Widerstand... Lebe wohl, „21er Rat!..." Der Herr Präsident empfahl sich im Auto.

Jetzt schien auch die Oberste Reichsbehörde einzusehen, daß eine geordnete Truppe besser ist, als ungeordnete rote Gewalthaufen. Gelder wurden bewilligt, die Behörde angewiesen, Ausrüstungsgegenstände zu liefern. Mit der Aufstellung eines neuen Freikorps betraute das Kommando der Marinestation der Nordsee den Korvettenkapitän Ehrhardt. Das schien der richtige Mann am richtigen Platz. Unter seiner Führung war die 1000-Mann-Kaserne gesäubert worden, er besaß das Vertrauen aller gutgesinnten Kreise.

Am 17. Februar 1919 konnte die neue Truppe, die II. Marine-Brigade Wilhelmshaven, später unter dem Namen „Brigade Ehrhardt" bekanntgeworden, mit 367 Mann aufgestellt werden. Es wurde zunächst das 3. Marine-Regiment gebildet, dem bald das 4. folgte. Die ersten Angehörigen waren Seeoffiziere, Offiziers- und Ingenieur-Unterpersonal, Berufssoldaten der alten Kriegsmarine. Später kamen gediente Soldaten des alten Feldheeres dazu.

Nun ging es mit Feuereifer an die Arbeit. Die Sache hatte jetzt Hand und Fuß. Es galt vor allen Dingen, aus der bunt zusammengewürfelten Schar eine für Straßenkampf geschulte Truppe zusammenzuschweißen. Nebenbei mußten wir verdreckte Kasernen wieder wohnlich gestalten, den Schreibladen aufziehen, Ausrüstungen besorgen, Werbestellen einrichten usw. Über Beschäftigungsmangel konnte sich

Korridor in der Kaserne nach der Beschießung
Photo: Kloppmann, Wilhelmshaven

Die 1000-Mann-Kaserne in Wilhelmshaven nach der Beschießung durch die freiwilligen Berufssoldaten
Photo: Reichsarchiv

keiner beklagen. Alles wurde natürlich feldgrau eingekleidet.

Nicht so ganz einfach war die Beschaffung des notwendigen Gerätes. Teils lag dies an der Verwahrlosung der Verwaltung, teils mangelte es an gutem Willen. Da mußte manchmal kräftig nachgeholfen werden. Mit der Zeit klappte jedoch alles. Viele unsaubere Elemente ließen sich anwerben, um bei Nacht und Nebel mit den empfangenen Sachen zu verschwinden. Wo wir solche Brüder zu fassen bekamen, hatten sie nichts zu lachen.

Wir selber mußten erst den Umgang mit Handfeuerwaffen wieder lernen. In der Stille habe ich meinem alten Exerzierunteroffizier von 1913 manches wieder abgebeten. Stolz schoß ich auf Anhieb meine Bedingungen auf dem Wilhelmshavener Schießstand. Artillerie- sowie Maschinengewehrgruppen wurden aufgestellt und eingeübt. So konnte das 3. Regiment nach kurzem Aufenthalt in der Oldenburgischen Heide Mitte März 1919 nach Jüterbog abrollen, der Rest der Brigade folgte Anfang April.

Die Bahrenfelder Zeitfreiwilligen

Von Otto August Ehlers

Wir hatten gerade den Bahnhof Hamburg-Rödingmarkt gestürmt. In hellen Haufen waren die Spartakisten geflüchtet. Etwa dreißig Mann stark lagen wir hier bis 9½ Uhr. Zuerst waren wir Herren der Lage. Wir konnten sogar wagen, einen Brand, der in einem Schaufenster der Firma Peek & Cloppenburg ausgebrochen war, zu löschen. Allmählich traten Anzeichen auf, die vermuten ließen, daß man begann, uns systematisch einzuschließen. Unsere Verluste nahmen zu. Der erste Tote war der Kamerad Theo Seeth. Wir hatten nur zwei Maschinengewehre zur Verfügung, die nach der Seite des Hafens in Tätigkeit traten. Wir wurden jetzt von drei Seiten beschossen. Das Mündungsfeuer, geschweige denn die Schützen, sah man nie und konnte nur auf gut Glück feuern. Ich saß zuerst hinter einem Signalkasten und wunderte mich in einem ruhigen Augenblick über die zahlreichen Löcher in seiner Wand. Die Kugeln gingen natürlich glatt hindurch; nun, ich hatte wenigstens das Bewußtsein gehabt, mich in Deckung befunden zu haben. Schleunigst kroch ich hinter einen dicken Steinpfeiler, wo ich bald wieder heraus mußte, um einen verwundeten Kameraden zu verbinden. Es war Leutnant Weber. Er hatte einen Bauchschuß, doch waren glücklicherweise Ein- und Ausschuß vorhanden. Die Verluste wurden immer größer. In einer Stunde hatten wir drei Tote und zwölf Verwundete, wir waren also auf die Hälfte zusammengeschmolzen. Der Bahnhof war mit der Zeit nicht mehr zu halten. Im Laufschritt ging es wieder unter Zurücklassung der Toten in den Altenwall hinein, wo wir uns im „Altenwallhof" verschanzten. Einige von uns gingen zurück, um die Toten zu holen, solange der Bahnhof noch nicht vom Gegner besetzt war. Im Hause des „Hamburgischen Korrespondenten" wurde zunächst noch ein Maschinengewehr eingebaut. Mit äußerster Vorsicht wagte der Feind nachzurücken. Die Bahnhofshalle selbst hatte er nicht wieder besetzt, weil er uns im dritten Stock des „Altenwallhof" vermutete, von wo aus wir den Perron hätten gut bestreichen können. Diese falsche Annahme des Gegners hat uns außerordentlich genützt; denn während später der dritte Stock von Schüssen durchsiebt war, saßen wir im zweiten Stock verhältnismäßig gut gedeckt. Das Feuer verstärkte sich allmählich und konzentrierte sich auf unsern armen Altenwallhof. Der Maschinengewehrstand im „Korrespondenten" mußte leider schon nach kurzer Zeit zurückgezogen werden. Ich stand mit wenigen Kameraden im Eingang des Hauses, um unvorhergesehene Angriffe zu vereiteln. Zweimal machte der Gegner einen solchen Versuch, aber jedesmal genügten einige Handgranaten, um ihn abzuschrecken. Die meisten von uns hatten sich im zweiten Stock festgesetzt — die Kontore erbrochen, und waren somit in den Besitz von zwei Telephonen gelangt —; zunächst leisteten sie von oben noch gute Unterstützung, indem sie aus den Fenstern Handgranaten warfen und den Gegner mit einem Maschinengewehr beunruhigten. Mit der Zeit wurde das Feuer stärker und wir gaben keinen Schuß mehr ab, da es ratsam schien, unsere Stellung nicht zu verraten, und uns nur auf Beobachtung zu beschränken. Gleich nachdem wir den „Altenwallhof" bezogen hatten, versuchten wir mit den Truppen des Rathauses telephonisch in Verbindung zu treten, was uns auch gelang. Wir baten um Entsatz, der in Gestalt eines Offiziers eintraf. Dieser überbrachte mir auch das Seitengewehr und die Pistole des Kameraden K., der angeblich einen schweren Lungenschuß erhalten haben sollte. Diese Gewißheit der Ungewißheit trug nicht gerade dazu bei, meine Stimmung zu verbessern. Mit der Zeit wuchs sich das Feuer des Gegners zu einem Trommelfeuer schwerer Maschinengewehre aus. In der Straße heulte es und jeder, der sich am Eingange sehen ließ, wurde niedergeknallt. Diese hervorragenden Schüsse hatten wir, wie ich später erfuhr, Scharfschützen eines Linienschiffes zu verdanken. Die Kerle verfügten auch über ungeheure Mengen von Munition und scheuten sich nicht, russische Dumdumgeschosse zu verwenden. Die Verwundungen waren demgemäß schwer. Ich sah bei einem älteren Manne einen Kopfschuß, der grauenhaft war. Die ganze Schädelplatte war zerrissen, der Kopf wie umgepflügt. Merkwürdigerweise hatten wir am meisten Verluste an älteren Leuten; fiel einer, so sah man auf die Hand, und fast immer befand sich ein Trauring daran. Währenddessen standen zwei Mann dauernd an den Telephonen, um Verstärkungen und Artillerie zu erbitten. Die Leitung im Rathaus versprach uns Artillerieunterstützung. „Sechs Schüsse würden in die Stellungen der Spartakisten gefeuert werden und dann sollten wir versuchen, uns zum Rathaus zurückzuziehen." Nach langem Warten sauste der erste Schuß durch den Altenwall und schlug irgendwo ein. Der zweite kam nicht mehr, denn, wie wir später erfuhren, wurden die Geschütze nach dem ersten Schuß genommen. Das wußten wir aber nicht und hofften weiter. Kamerad Donneley versuchte, Mannschaften der Einwohnerwehr heranzubekommen. 2000 Mann wurden ihm versprochen. Wir warteten in qualvoller Spannung auf den Entsatz, lauschten auf die Stärke des Feuers, denn die Einwohnerwehr war unsere letzte Rettung. Seit 38 Stunden hatten wir keinen Schlaf gehabt, die letzte Mahlzeit,

Oberst Fromm, ehemals Führer des Freikorps Bahrenfeld
Photo: Max Halberstadt, Hamburg

General von Lettow-Vorbeck, ehemals Führer der Freiwilligen-Division von Lettow-Vorbeck
Photo: Diekmann, Bremen

Major Sieveking, ehemals Führer des Zeitfreiwilligenkorps Bahrenfeld
Photo: Archiv Reiter gen Osten

125 Gramm Brot, war vor zwölf Stunden gewesen, und wir standen zehn Stunden im Feuer. Für viele war das die Feuertaufe; manche hatten noch nie Tote gesehen, erblickten jetzt die schrecklichsten Verwundungen und mußten mit Toten und Verwundeten stundenlang in Stellung zusammenliegen. Aber keine Verstärkung traf ein. Das Rätsel löste sich späterhin so: Die 2000 Mann waren auch tatsächlich abmarschiert. In Schadendorfs Hotel sollten sie Gewehre empfangen und als der Empfang endlich nach zwei Stunden und allen Regeln des Bürokratismus beendigt war, da waren wir längst gefangengenommen worden, und sie durften sich von Spartakisten entwaffnen lassen! Bis zum letzten Augenblick haben wir auf Entsatz gehofft, wie man eben noch hoffen konnte, denn die meisten waren vor Übermüdung in irgendeiner Ecke und in den unbequemsten Lagen eingeschlafen. Da endlich schien doch noch Rettung zu kommen. Wir hörten in der Ferne das Signal: Das Ganze halt! Das Feuer flaute langsam ab und eine Kommission, die ordnungsgemäß aus einem Offizier und einem Spartakisten bestand, erschien und bot freien Abzug an. Ich wurde als Verbindungsmann zwischen dem Telephonisten und unserem Zugführer aufgestellt, damit das Telephon bis zum letzten Augenblick bedient werden konnte. Bald war nichts Gutes mehr zu hoffen; denn ein Waffenstillstand wurde uns diktiert und die Bedingung war: „freier Abzug". Was das hieß, wußten wir. Nach den Vereinbarungen durfte von beiden Seiten kein Schuß mehr fallen, und daher konnten wir den Pöbel auch nicht hindern, zu Tausenden in unsere Straße hineinzufluten. Sollten wir den Waffenstillstand ablehnen? Wir konnten es nicht. Der Gegner war schon von einem Fleet in die Hinterseite der gegenüberliegenden Häuser eingedrungen und hätte uns von dort aus in wenigen Minuten abgeschossen, weil wir nach der Seite hin nur die Fenster als Deckung hatten. Da die Kommunisten unsere verzweifelte Lage erkannten, besonders durch die telephonischen Hilferufe, die wir ins Rathaus sendeten, als dies schon genommen war, verschärften sie die Bedingungen und verlangten Abzug unter Zurücklassung der Waffen!

Das soldatische Ehrgefühl sträubte sich mit aller Macht gegen solche Zumutung. Wir hatten aber nur zwischen Tod und Übergabe zu wählen. Die Waffen würden dem Gegner auf alle Fälle in die Hände gefallen sein, und wir konnten der Sache mehr dienen, wenn wir uns ihr erhielten. Wir hatten uns jedoch noch nicht entschieden, als die Menge, jeder Vereinbarung zum Trotz, gegen den Eingang drängte und mit einem Male Dutzende von Schußwaffen auf uns richtete. Es war alles verloren. In aller Eile warf ich, was mir an Waffen und Munition er-

Freiwillige vom Freikorps Schwarze Jäger   Photo: Heeresarchiv

reichbar war, in den Schacht des Paternosterfahrstuhles. Kaum war ich mit dieser Beschäftigung fertig, als ich auch schon von einem kleinen Lümmel, dessen ganze Autorität in einer geladenen Pistole bestand, beim Kragen gepackt und zum Ausgange geschleppt wurde. Von einem großen Beifalls- oder Mißfallsgeschrei wurde ich empfangen. Etwa zehn Mann war unser kleines Häuflein stark (die anderen waren über die Dächer entkommen, die nicht mehr beobachtet und beschossen wurden). Einige Besonnene, die ein Schild mit der Aufschrift „Ordner" am Hut hatten, wie bei großen Volksbelustigungen, schlossen einen Kreis um uns und versuchten so, Mißhandlungen von uns abzuwehren. Es war natürlich vergeblich. Nach Waffen und anderen Wertgegenständen untersucht, die selbstverständlich „konfisziert" wurden, zwang man uns, mit erhobenen Händen den Altenwall hinunterzugehen. Eigentlich „wurden wir gegangen", denn wir mußten uns durch eine wahn-

Rettung eines Bahrenfelder Zeitfreiwilligen, der von Kommunisten in die Alster geworfen wurde   Photo: Archiv Reiter gen Osten

sinnige und tierische Masse zwängen, von der jeder einzelne bemüht war, uns möglichst kräftig zu berühren. Kein Mensch, der nicht ähnliche Lagen erlebt hat, kann sich auch nur im entferntesten ein Bild von den Schmähungen machen, die uns zuteil wurden. Jeder erniedrigte sich in der möglichsten Weise, um uns seine Verachtung zu zeigen. Eine Beschreibung davon zu geben, ist in gesitteter Gesellschaft nicht möglich. Und was für Menschen waren da! Die gemeinsten Verbrecher, die sonst in der Großstadt nie gesehen werden, weil sie mit kurzen Unterbrechungen hinter Schloß und Riegel sitzen. Bei mir hatte man es besonders auf meine Weichteile und meinen Rücken abgesehen. Ein Sonderling ging von Anfang bis zu Ende hinter mir her und vergnügte sich damit, mich auf die Hacken zu treten. Psychologisch merkwürdig ist es, daß bei diesem Leidenswege keiner, den ich darüber befragt habe, Angst oder Schrecken verspürt hat, wir waren wohl alle zu sehr ermüdet. Und dann hatte die Situation auch manches Komische an sich. Denn wenn ich mein Gesicht zu einem vorsichtigen Lächeln verzog, bekam ich immer von demselben einen kräftigen Puff mit den Worten: „Wat, du grienst noch?" Schon nach einigen Minuten wurden uns die Arme derartig müde, daß wir fast jegliches Gefühl daraus verloren. Ich wünschte, das wäre mit allen Körperteilen der Fall gewesen. Nach Berliner Muster legte ich die Hände über dem Kopfe zusammen, was auch gnädigerweise geduldet wurde. Unter „eindringlichen" Beteuerungen des Hasses waren wir bis an den Adolphsplatz gekommen, als hinter uns ein lebhaftes Feuer einsetzte. Man beschoß uns liebenswürdigerweise aus den hinter uns liegenden Häusern. Die Menge deutete die Schießerei jedoch anders und stob in wilder Panik auseinander. Vermutlich dachte man, wir sollten von anderen Truppen befreit werden. Es war mir sofort klar, daß ich diese Gelegenheit ausnutzen mußte, um zu entfliehen. Mit einigen Püffen machte ich mir freien Weg und lief in größter Eile in die Schauenburger Straße hinein. Ich faßte den Entschluß, in eine ruhige Gegend zu gehen und dort in irgendeinem Hause um Zivilzeug für mich zu bitten. Mit einem Kameraden versuchte ich mein

Das Hamburger Rathaus, das bei allen Unruhen schwer umkämpft wurde
Photo: Verkehrsverein Hamburg

Heil in einem Kontorhause am Dovenflet. Ich erzählte dem Chef eines Büros den wahren Sachverhalt, und da dieser kein Spartakist war, konnte ich mein gefährliches Aussehen vervollständigen. Er lieh mir einen alten Anzug. In seinem Privatbüro konnte ich mich umkleiden. Auf der Straße fielen Schüsse. In einem Hutgeschäft nebenan gab man uns bereitwilligst einen alten Ladenhüter als Kopfbedeckung, als wir hastig den Sachverhalt erklärten. Als Spartakisten standen wir wieder auf der Straße. Brüllend wälzte sich eine Menschenmasse die Straße herunter, wir ließen uns mittreiben. Interessiert hörten wir die Siegesberichte. Besonders die Frauen waren kaum zu überbieten in der Schilderung grauenhafter Einzelheiten, wie Kameraden aus den Häusern geholt und mißhandelt worden waren. Dann gingen wir beide zum Rathausmarkt zurück, um vielleicht noch einige Kameraden retten zu können. Da bot sich uns ein trauriges Bild. Das Rathaus war zerschossen, die Krankenträger versuchten gerade noch die letzten Bahrenfelder der Menge zu entreißen und in das Krankenauto zu retten. Und die Flets suchte man mit langen Stangen nach ins Wasser geworfenen Kameraden ab. Es war nichts mehr für uns zu tun übrig.

Ärmelabzeichen der Einwohnerwehr Hamburg

2 Vorlagen: Archiv Reiter gen Osten

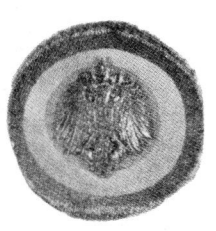

Ärmelabzeichen der Zeitfreiw.-Eskad. d. 11. Husaren-Rgts.

2 Vorlagen: Heeresarchiv

Kragenabzeichen des Freikorps Schleswig-Holstein

Rechts: Ärmelabzeichen der Freiw.-Ulanen-Esk. Leoprechting

Die Entstehung des Ostpreußischen Freiwilligenkorps

Von Major im Generalstab von Weiß

Am 10. Januar 1919 wurde ich von dem im Oberpräsidium versammelten Provinziallandtag der Provinz Ostpreußen spät abends aufgefordert, vor ihm zu erscheinen.

Ich fand dort eine recht aufgeregte Versammlung vor, denn der Kommandierende General hatte auf Befragen erklären müssen, daß ihm keinerlei Truppen zur Verfügung stünden, die ostpreußische Grenze zu schützen, sobald die noch in Kurland stehenden Freiwilligenverbände dem Drucke der in mehreren Kolonnen auf Ostpreußen vorrückenden Bolschewisten nachgeben müßten.

Diese Freiwilligenverbände, gebildet aus Soldaten der ehemaligen 8. Armee, die in eine „Eiserne Brigade" zusammengefaßt waren, und baltischen Männern, die eine Baltische Landeswehr formiert hatten, um dem stürmischen Vordringen der bolschewistischen Armee Einhalt zu gebieten, standen, nur wenig über tausend Mann stark, in diesem Augenblick in einer aus Feldwachen bestehenden Front, die sich von Libau bis Litauen längs des Flüßchens Windau erstreckte.

Wenn es den roten Armeen gelang, diese schwache Front zu zerbrechen, dann konnte kein Zweifel darüber bestehen, daß die Bolschewiken ohne jedes Hemmnis in wenigen Tagen ganz Ostpreußen überfluten und damit in das von inneren Wirren zerrissene, wehrlose Deutschland eindringen würden.

So war die Lage Anfang 1919.

Die Aufgabe, die mir gestellt wurde, war ehrenvoll — aber recht schwierig zu lösen. Es gab in Ostpreußen, wie überall, nur noch Reste von Truppen, die diesen Namen eigentlich nicht mehr verdienten; sie saßen in den Kasernen und teilten sich nach Möglichkeit die noch vorhandenen Bestände an Kleidungsstücken und allem, was Geld bringen mochte.

Das Generalkommando und die anderen Stäbe führten ein trostloses Dasein; überall saßen die „Vertrauensmänner" als Aufpasser, Beauftragte des „Vollzugsrates", der die höchste Kommandogewalt auszuüben sich mit Erfolg für berechtigt hielt: Keine Verfügung der Militärbehörden war zu veröffentlichen, bevor die Unterschriften des Vollzugsrates, des Arbeiterrates und des Ostpreußischen Provinzialrates erteilt worden waren.

Man stelle sich vor, was dabei herauskam!

Die Verfügungen des Generalkommandos trugen also z. B. in jener Zeit folgende Unterschriften:

Der Kommandierende General:
von Eben

Der Vollzugsrat I. AK.:   Der Arbeiterrat:
Schöpper   Gottschalk

Ostpreußischer Provinzialrat:
J. V. Schöpper.

Die Namen der Herren Schöpper-Gottschalk sind damit ein für allemal der Vergessenheit entrissen.

Ich sollte ihre segensreiche Tätigkeit auch bald kennenlernen. — — —

Die damalige Regierung hatte schon im Dezember 1918 allgemeine Aufrufe zur Bildung von Freiwilligenformationen zum Schutze der deutschen Grenze erlassen.

Daß mit Aufrufen der „Regierung" kein Hund hinter dem Ofen hervorzulocken war, ist klar. Es mußten andere Wege gesucht — andere Worte gefunden werden, Neues auf altbewährter Basis:

Drei Plakate werben für den Eintritt von Freiwilligen in den Grenzschutz Ost

3 Vorlagen: Heeresarchiv

„Disziplin", geschaffen werden, wenn noch im letzten Augenblick etwas wirklich Brauchbares entstehen und dem Feinde an der Grenze entgegengestellt werden sollte. Das war mir klar.

Daher erbat ich mir, ehe ich zusagte, vom Generalkommando als erstes völlige Handlungsfreiheit. Dies wurde mir zugesagt. Ich zog also wieder die Uniform an — und die Arbeit konnte beginnen.

Die Soldatenräte, der Vollzugsrat an der Spitze — hier verdienen die Namen Boos und Sauer (dieser nach meiner Erinnerung etwa 25 Jahre alt) der Vergessenheit entrissen zu werden — sahen natürlich mit äußerstem Mißtrauen diesem „verdächtigen" Treiben zu, das ich begann; drohte doch die Gefahr, daß „Instrumente der Gegenrevolution" geschaffen werden konnten.

Major von Weiß, ehemals Major im Generalstab d. I. Armeekorps in Königsberg (Ia Fr.) und Organisator des Ostpreußischen Freiwilligenkorps
Photo: Krauskopf, Königsberg

Besprechungen mit den Vorgesetzten, mit dem Oberpräsidenten usw. konnten nie in den Büros stattfinden, denn bei jedem saß im Arbeitszimmer ein „Vertrauensmann", der auf jedes Wort aufpaßte! (Man mag es heute kaum mehr glauben — aber so war's wirklich!)

Also traf man sich spät abends in der Wohnung bei diesem oder jenem der zusammenarbeitenden militärischen oder zivilen Dienststellen — oder man mußte die Besprechung auf der Straße im Flüsterton des Abends erledigen.

Unter solchen Umständen schien mir nur ein ganz neuer Weg bei Aufstellung neuer Truppenteile gangbar zu sein, wenn man sie von sofortiger Verseuchung freihalten wollte; nur auf den Dörfern und in kleinen Städten ohne Garnison, nur außerhalb der großen Städte und außerhalb der Kaserne mit den roten Keimzellen konnte der Versuch gelingen.

Das bedeutete erhebliche Unterbringungsschwierigkeiten, mußte aber in Kauf genommen werden.

Ich fand bei meinem Dienstantritt Bestimmungen des Generalkommandos vor, die noch ganz im Geiste des Aufrufes der Regierung befangen waren: man nannte das Ganze „Volkswehr". Zugrunde lagen „Richtlinien des Zentralrates der Ostfront und der Ostprovinzen für die Aufstellung der Volkswehr". Diese bestimmten: „Die Werbung erfolgt durch eine Werbekommission in jedem Kreise, in der drei bis fünf Mitglieder verschiedener Berufe und Parteien, darunter mindestens eine (!) Militärperson sich befinden müßte. Die Landräte sind angewiesen, das Weitere mit dem Arbeiter- und Soldatenrat der Kreisstadt (!) zu vereinbaren."

Wenn diese Bestimmung befolgt wurde, konnte natürlich niemals etwas Brauchbares entstehen. — —

Am 17. Januar 1919 erschienen dann die „Ersten Ausführungsbestimmungen für Bildung eines Ostpreußischen Freiwilligenkorps".

Der Ausdruck „Volkswehr" verschwand sofort und für immer.

Die Kreise der Provinz wurden den einzelnen Regimentern des alten I. Armeekorps zugeteilt (das XX. Armeekorps Allenstein schied für meine Tätigkeit aus).

In jedem Kreise wurde ein richtiges Werbebüro eingerichtet.

In den Garnisonorten der alten Regimenter wurden durch Offiziere „Stämme" aus sich meldenden, aber als zuverlässig bekannten Freiwilligen der alten Regimenter zusammengestellt und von diesen je ein Stamm für jede Kompanie, Batterie, Eskadron usw. in die neu bestimmten „Aufstellungsorte" in der Provinz entsandt.

Die natürlich vom Soldatenrat geforderten „Vertrauensleute" erhielten folgende Aufgabe: „Das innige Zusammenarbeiten zwischen Offizieren und Mannschaften zu gewährleisten, Wünsche und Beschwerden der Mannschaften dem Vorgesetzten vorzutragen. — Die Tätigkeit der „Vertrauensleute" ist durch die Offiziere in jeder Beziehung zu fördern, ebenso wie erstere ihre Aufgabe darin zu suchen haben, die Offiziere in allen Lagen zu unterstützen."

Diese Sätze hatten einen langen Kampf mit dem Vollzugsrat gekostet! Schließlich überwog die Angst vor dem Feinde — und er gab nach. Damit war der erste Versuch geglückt, die Disziplin in der neuen Truppe sicherzustellen.

Es war unser Plan, genau nach der Kriegsgliederung des I. Armeekorps die neuen Truppenteile in der Provinz aufzustellen. Dies hat sich gut bewährt; es waren auf den Kammern doch noch gute und große Bestände vorhanden, die in Händen treuer Kammerunteroffiziere geblieben waren, und die nun den neuen Truppenteilen zugeleitet werden konnten.

Am meisten Kopfzerbrechen machte mir die Bewaffnung der Artillerie. Wo sollte ich das Material hernehmen? Das meiste war an der Westfront geblieben oder jenseits der russischen Grenze, was zurückkam, war Bruch!

Sorgenvoll ging ich deshalb eines Tages vom Ge-

neralkommando fort, da mir dort niemand sagen konnte, wo ich dieses wichtige Material hernehmen könnte.
Da hatte ich folgendes Erlebnis:
Ich fragte einen mir begegnenden alten Feuerwerks-Unteroffizier aus der Garnison Königsberg, ob er mir nicht diesbezüglich einen Rat geben könnte? Strahlenden Auges forderte er mich auf, mit ihm nach der Gegend Holländer Baum zu kommen.
Ich fuhr mit ihm dorthin; er führte mich geheimnisvoll und ohne viel zu sagen zu einer großen Halle, öffnete die Tür und brüllte: „Achtung!"
Ich traute meinen Augen kaum. Mehrere Dutzend dort beschäftigter Arbeiter flitzten in tadelloser Haltung an den Mittelgang, und vor mir stand eine mir riesig erscheinende Menge Geschütze aller Kaliber und Modelle in tadelloser Verfassung, blank geputzt und geölt, völlig in Ordnung! Ich hätte den Alten, der der Leiter dieser Artilleriewerkstätte war, umarmen mögen; nun war auch diese Sorge beseitigt. Und einige Wochen später sah ich schon bei Tapiau eine tadellose 10-Zentimeter-Batterie im Marsch. Es ging vorwärts!
Um ein Bild zu geben von der Auseinanderlegung der Aufstellungsorte, um sie von den verseuchten Garnisonen fernzuhalten, nur einige Beispiele im Auszuge. Es wurden aufgestellt z. B.:
I. Freiwilligen-Bataillon Grenadier-Regiment 1 in Wehlau und Allenberg, die MG.-Kompanie in Popelken; das II. Bataillon in Labiau, Mehlauken, Neuhausen, Kalthof; 1. Freiwilligen-Kompanie Pionier-Bataillon 18 in Allenberg, Kreis Wehlau; 1. Freiwilligen-Eskadron Kürassier-Regiment 3 in Adl. Neuendorf; I. Freiwilligen-Abteilung Fußartillerie-Regiment 1 in Gr. Gaudischkehmen und Mallwischken, Kreis Gumbinnen; I. Freiwilligen-Bataillon Schwere Artillerie Königsberg in Spandienen und Memel; II. Bataillon in Tapiau; Nachrichtenformation in Cranz; Flieger in Memel; Feld-Luftschiffer in Juditten; Kolonnen und Trains in Gutenfeld und Steinbeck usw. usw.
Hierbei ist noch zu erwähnen, daß die Meldungen von Freiwilligen gut einliefen, sobald nur in der Tagespresse die Aufrufe in der richtigen Tonart erschienen. Viele Offiziere, große Stämme tadelloser Unteroffiziere gingen voran. Neben vielen altbewährten Kriegskameraden fehlten auch junge, begeisterte Rekruten nicht. Untaugliche wurden bald ausgeschieden — Spitzel sehr bald erkannt und beseitigt. Auch bei mir liefen persönliche Meldungen zahlreich ein, mit vielen besonderen Wünschen. Dazu gehörten auch Meldungen von Mädchen, die flehentlich baten, auch zum Schutze der Heimat in das Freiwilligenkorps eintreten zu dürfen.
Das brachte mich auf den Gedanken, um alle Kräfte zu erfassen, wie es wirklich nötig war, diese weiblichen Kräfte zum Dienste in einer „Weiblichen Nachrichten-Abteilung" zusammenzufassen. Diese wurde in Cranz aufgestellt und hat sich in der damaligen Zeit gut bewährt.

Demonstration der spartakistischen Volkswehr in den Straßen Königsbergs *Photo: Fritz Krauskopf, Königsberg*

Es soll hier ein Brief folgen, der zeigt, mit welcher Begeisterung ostpreußische Mädchen, die nicht von dem roten Bazillus infiziert waren, sich für ihre Heimat einsetzten:
„Haben Sie vielen Dank für die Erfüllung meines Wunsches. Sie geben meinem Leben erst den Wert, bisher erschien es mir wertlos. Jeder Dienst, der mir zugewiesen wird, werde ich als eine heilige Pflicht erkennen . . .
In fieberhafter Freude wartet auf Nachricht in herzlicher Dankbarkeit
Gertrud Belan.
Adr.: Geyer, Tilsit, Mittelstr. 20."
(Wo mag dieses brave Mädchen jetzt sein?)
Der „III. Teil der Ausführungsbestimmungen" vom 1. März 1919 brachte die Bestimmungen über ein Abzeichen des Freiwilligenkorps.
Es war dringend nötig, die Freiwilligentruppen von den Resten in den Kasernen, die doch dieselbe Uniform der ostpreußischen Regimenter trugen, zu unterscheiden.
Es wurde „ein halbes Elchgeweih aus Weißmetall auf jeder Seite des Kragens" bestimmt.
Als ich eines späten Abends dieses Abzeichen ersann, hatte ich keine Ahnung, daß einst das Yorcksche Korps dasselbe Abzeichen getragen hatte; als sich dieses herausstellte, wurde es uns um so wertvoller.
Ferner entstand durch die

Ärmelabzeichen des Ostpreußischen Freiwilligenkorps *Vorlage: Archiv Reiter gen Osten*

III. Ausführungsbestimmung auch der Anfang einer Haff- und Flußbootflottille, die späterhin gut ausgebaut wurde.

Allmählich entstand auf diese hier nur kurz skizzierte Art und Weise das I. Armeekorps in allen seinen Teilen, wenn auch mit geringeren Stärken, neu.

Bald folgte die Ausgabe richtiger „Stärkenachweisungen" und Etatisierung.

Mitte Februar wurde bereits die Verschiebung von Teilen des Ostpreußischen Freiwilligenkorps wegen der Lage jenseits der Grenze nötig; daß sich dieses schon bewerkstelligen ließ, zeigt, in wie kurzer Zeit wirklich Brauchbares erstellt werden konnte, weil alle mit Begeisterung dabei waren.

Es wurden vier gemischte Abteilungen in der Umgebung von Marggrabowa — Stallupönen — Tilsit und Heydekrug — Memel zusammengezogen.

Es war ein stolzes Gefühl, diese neue Truppe entsenden zu können, wenn sie auch nur aus 5 Bataillonen, 3 Eskadrons, 4 leichten und 3 schweren Batterien bestand, die an die Grenze gehen konnten.

Um diese Zeit wurden auf Vorschlag des Oberpräsidenten in die Kreise Generalstabsoffiziere als „Mobile Kreiskommissare" entsandt, mit der Aufgabe, im Lande in Zusammenarbeit mit den Landräten zentral die Werbung zu leiten und im Auftrage des Generalkommandos eine Art militärische Überwachung auszuüben.

Den Soldatenräten blieb der eigentliche Zweck schleierhaft. Mit dieser Einrichtung hatte das Generalkommando nun aber die Möglichkeit, wirklich zu erfahren, was in den einzelnen Kreisen geschah, und direkte Befehle der Obersten Militärbehörde ins Land zu bringen.

Allmählich erhielt ich 19 Generalstabsoffiziere für diese Aufgaben zugeteilt. Exzellenz von Seeckt hatte größtes Verständnis für unsere Aufgaben in Ostpreußen, was er sowohl durch Zuweisung dieser Offiziere als auch durch Hergabe von Geldmitteln für das Freiwilligenkorps bewies.

Staatskommissar August Winnig und General von Estorff, ehemals Komm. General des I. (Ostpreuß.) Armeekorps

Photo: Fritz Krauskopf, Königsberg

So festigte sich das Gebäude immer mehr. Am 23. Februar 1919 konnte ich dem Kommandierenden General folgende Stärkemeldung des Ostpreußischen Freiwilligenkorps vorlegen:
591 Offiziere, 1753 Unteroffiziere, 9431 Mann; Sa.: 11775 Mann.

Am gleichen 23. Februar sah die Lage jenseits der Grenze schon so bedrohlich aus, daß der „V. Teil der Ausführungsbestimmungen" die Anordnung bringt, daß ein

„Aufgebot für den Fall der höchsten Gefahr"

vorbereitet werden soll und listenmäßige Erfassung aller Wehrfähigen befohlen wird. — Heftige Angriffe der bolschewistischen Armeen an der Front in Kurland zeigten den Willen der Roten an, nach Ostpreußen durchzubrechen.

Dadurch ermutigt, im Vertrauen auf die sich der Grenze nähernden Bolschewisten, wurden die Versuche der Spartakisten, in das Freiwilligenkorps einzudringen, immer deutlicher. Es mußte größte Sorgfalt angewandt werden, um sie rechtzeitig zu erkennen und zu entfernen.

Besonders in Königsberg, also bei den Stäben, merkte man verschärfte Aufmerksamkeit der Agenten, Aufpasser, sogen. Vertrauensmänner.

Die Gegenarbeit der Soldaten- und Vollzugsräte wurde von Tag zu Tag bedrohlicher.

So sah sich das Generalkommando zwei Feinden gegenüber! Wie sollte es, kam es zum Kampf an der Grenze, diesen mit der jungen Truppe bestehen, wenn es nicht Herr im eigenen Hause war?

Der neue Kommandierende General, Exzellenz von Estorff, der einäugige alte Afrikaner, und der Chef des Stabes, Oberst Keller, betrachteten die innerpolitische Lage mit Sorge. Alles war in Frage gestellt, wenn es nicht gelang, die Herrschaft der Soldatenräte und des sog. Obersten Vollzugsrates zu brechen. Man war sich klar darüber, daß der Schlag in Königsberg fallen, und daß dazu der Einsatz der jungen Truppe zuerst im Kampfe gegen die politischen Gewalthaber eine schwere Belastungsprobe sein müsse.

Als der Chef des Stabes mich fragte, ob ich genügend Truppen des Freiwilligenkorps als so zuverlässig bezeichnen könnte, daß man mit ihnen diesen Schlag versuchen könne, konnte ich ihm eine größere Zahl solcher Einheiten bezeichnen; die Entscheidung, ob ihre Stärke zu diesem Zweck genügen würde, mußte ich ihm überlassen.

Oberst Keller faßte in richtiger Erkenntnis der ungeheuren Wichtigkeit der Forderung, daß die roten Machthaber kaltgestellt sein müßten, bevor sie dem Feinde an der Grenze die Hand reichen könnten, den Entschluß, loszuschlagen.

Er faßte ihn, trotzdem ich ihm nur eine beschränkte Zahl der jungen Truppe als für dieses innerpolitische Unternehmen geeignet bezeichnen konnte.

Nun wurden mit größter Vorsicht alle Vorbereitungen getroffen, die Truppenführer mit geheimen Anweisungen versehen, ebenso die Eisenbahndirektion, da aus naheliegenden Gründen die dicht bei Königsberg liegenden Truppen nur zum Teil genommen werden sollten.

Es wurde die Nacht vom Sonntag zum Montag, dem 3. März, gewählt. Der Sonntag also als Anmarschtag.

Der Grund hierfür war die Überlegung, daß am Sonnabend alle Büros, also auch die der Vollzugs- und Soldatenräte, um 1 Uhr schon schlossen, also eine Arbeitspause von 1½ Tagen eintrat; daß ferner am Sonntag die „hohen Herren" meist irgendwohin zu „verreisen" pflegten und das Telephon am Sonntag nur von 8—9 und 12—1 auf dem Lande und in kleinen Städten geöffnet war, so daß Nachrichten schwer weiterzugeben waren.

Die Offiziere des Generalkommandos verließen am Sonntag vorsichtshalber im Kraftwagen Königsberg, mit dem Befehl, am Montag früh 8 Uhr auf einem bestimmten Fort sich wieder einzufinden.

Der Stein war im Rollen.

Wie richtig alle Überlegungen gewesen waren, zeigte sich, als wir nach geglücktem Unternehmen erfuhren, daß der Oberste Vollzugsrat am Sonntag in Pillau (oder aus Pillau — das weiß ich nicht mehr) die Meldung erhielt: „Generalkommando hat zu Montag früh Truppen nach Königsberg beordert und beabsichtigt, gegen die Soldatenräte loszuschlagen", und daß die Soldatenräte diese Meldung nicht beachteten, weil sie schon allzu oft fälschlicherweise erstattet worden war.

So konnten die Truppen nach genau festgelegtem Plan ver- und ausgeladen werden, und als zur festgelegten Stunde die erste Mine auf dem Dach der Roonschule krepierte, wo eine Kaserne der Roten eingerichtet war, herrschte bald kopfloses Entsetzen bei den Rotarmisten, die nicht schnell genug sich aus dem Staube machen konnten.

Immerhin: es wurde eine ganz lebhafte Schießerei an vielen Stellen der Stadt — aber die junge Truppe machte ihre Sache großartig. Es gab keine Versager. Verstärkung, die ich selbständig aus Allenberg bei Wehlau noch am frühen Morgen nach Königsberg in Marsch gesetzt hatte, brauchte nicht mehr eingesetzt zu werden.

Am Abend war Ruhe in der Stadt, und die Bevölkerung strömte jubelnd zum Schloß, in dem das Generalkommando sein Quartier bezog, nachdem so lange die roten Soldatenräte in seinen ehrwürdigen Mauern sich breitgemacht hatten.

Nun war der Tag zum ungehinderten Aufbau der Truppe frei, die Ostpreußens Grenze schützen sollte und geschützt hat, nachdem alles Deutsche jenseits der Grenze weichen mußte.

Am 15. März 1919 hatte das Ostpreußische Freiwilligenkorps eine Stärke von 13 Bataillonen, 10 Eskadrons, 12 leichten und 4 schweren Artillerie-Abteilungen mit 15 024 Mann.

Das I. Armeekorps war wiedererstanden!

Ärmelabzeichen des Freikorps Königsberg

Ärmelabzeichen des Ostpreußischen Jägerkorps Gieseler
2 Vorlagen: Heeresarchiv

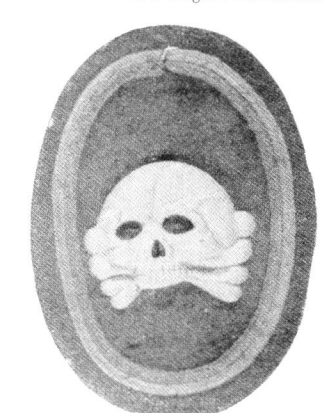

Ärmelabzeichen des Freikorps Lyck

Ärmelabzeichen des Ostpreußischen Jägerkorps Gerth
2 Vorlagen: Archiv Reiter gen Osten

Schwerer Kampf um Königsberg

Alle Macht in Königsberg i. Pr. lag bei den örtlichen A.- und S.-Räten, an ihrer Spitze der Vollzugsrat unter Vorsitz von Vizefeldwebel Schöpper. Über dem alten Ordens- und Krönungsschloß im Mittelpunkt der Stadt wehte die blutrote Spartakusfahne. Im Schloß wohnte der Obergenosse Schöpper. Im Arbeitszimmer jedes höheren Beamten und Offiziers saß ein Genosse des A.- und S.-Rates, der umfassende Kontrollbefugnisse hatte. Also: fast unverhüllte, von Berlin unabhängige Rätediktatur.

Ihre Macht stützte sich auf die Königsberger Volksmarine-Division, die Ersatztruppenteile und etwa 15 000 bis 20 000, größtenteils bewaffnete rote Arbeiter.

Die Volksmarine-Division, etwa 1200 bis 1400 Mann stark, militärisch organisiert, war der spartakistische Ersatz der entwaffneten Polizei. Im wesentlichen arbeitsscheues Gesindel, das „Wache schob". — Laut vorliegender Quittung waren einer Kompanie in wenigen Wochen zur „besseren Verpflegung" ge-

Oberst von Luck †, der Führer der Angriffstruppen, kurz nach der Einnahme des Schlosses. (3. Offizier von links)
Photo: Fritz Krauskopf, Königsberg

liefert: 90 Flaschen Sekt, 236 Flaschen Wein, 317 Flaschen und 25 Liter Schnaps!
Von den Feldtruppen war nur die zuverlässige, arbeitswillige Mannschaft nach Hause gegangen. Die Arbeitsscheuen — und davon gab es damals sehr viele — blieben bei den Ersatztruppen und ließen sich vom Staat ernähren. — Der Dienst war abgeschafft; Beschäftigung wie bei der Volksmarine-Division, Verpflegung nicht ganz so üppig. — Die Offiziere hatten nichts zu sagen, über Waffen und Munition verfügte nur der Soldatenrat. — Stärke schätzungsweise 10 000 bis 12 000 Mann.
Da schicken die Volksbeauftragten in Berlin August Winnig mit diktatorischen Vollmachten nach Königsberg, um Ordnung zu schaffen. — Er kommt, stellt fest, daß er ohne wirkliche Macht ist. — Er berichtet: „Meine diktatorische Gewalt beschränkt sich darauf, daß ich einer Schreibhilfe einen Brief diktieren konnte. Als eines Vormittags eine Abordnung des Soldatenrates erschien und mich verhaften wollte, konnte das nur ein glücklicher Zufall verhindern."
Und in dieser bösartig-üblen innerpolitischen Lage muß und will August Winnig eine brennende äußere Gefahr abwenden, die Ostpreußen neuer Verwüstung preiszugeben droht: Bei Telsche in Litauen, nur einen Tagesmarsch von Memel entfernt, stehen 16 000 Mann bolschewistischer Truppen bereit, im Einverständnis mit dem Königsberger Vollzugsrat, in Ostpreußen einzufallen. Zur Abwehr nur ein schwacher Grenzschutz — erprobte Feldsoldaten, aber nur einige hundert Mann stark. Auch bei tapferstem Widerstand müssen sie in wenigen Stunden fortgefegt sein! — Auf den Straßen Königsbergs sieht man in ständig wachsender Zahl Menschen mit rohem Gesichtsausdruck in russischen Hemden, ohne Kenntnis der deutschen Sprache, also die Henker, die Offiziere und Bourgeois abschlachten sollten, wenn es losgeht. Aus dem Reich ist keine wesentliche Hilfe zu erwarten, dort geht es auch drunter und drüber. Ostpreußen muß sich selbst helfen.
August Winnig, der Reichskommissar, sagt sich: die äußere Gefahr kann ich nur bannen, wenn in Ostpreußen die Regierungsgewalt wiederhergestellt wird. — Voraussetzung hierfür ist die Entwaffnung der Volksmarine-Division. Das geht aber nur mit Gewalt!
Er geht zum Kommandierenden General v. Estorff, dem alten Afrikaner — der streicht sich den Bart und sagt: „Wir machen es!" Ein kühner Entschluß! Denn bei den beiderseitigen Kräfteverhältnissen kann keineswegs mit 51 Prozent Wahrscheinlichkeit des Gelingens gerechnet werden, im Gegenteil! Nur Geheimhaltung der Vorbereitungen und Überraschung des Gegners versprechen vielleicht den Sieg — ein Mißlingen bedeutet Vernichtung!
In kleinen Landstädten waren neue Stämme der alten Regimenter aufgestellt. Mannschaft: junge Bauernsöhne und Studenten — meist ungedient. — Schwache, kaum ausgebildete Bataillone statt Regimenter. Ferner: das Freikorps „Gerthsche Jäger", etwa 700 bis 800 Mann, mit einer Feldbatterie. — Auch hier mußte die Begeisterung der Jugend den recht bedingten Gefechtswert ersetzen. Schließlich waren aus Berlin 3000 Mann der Brigade Reinhard zugesagt, die vorübergehend dort entbehrlich sein sollten, tatsächlich aber nicht eingetroffen sind. Und die Geheimhaltung? Auf allen Kanzleien sitzen die Aufpasser der A.- und S.-Räte. Unbedachte, unvorsichtige Äußerungen junger Soldaten können Verdacht erwecken und damit alles verderben. — Die Versammlungs- und Operationsbefehle können also erst im allerletzten Augenblick ausgegeben werden. — Schwierigkeiten über Schwierigkeiten!
Die als Führer in Aussicht genommenen Oberstleutnante Bode und v. Luck treffen nach Einbruch der Dunkelheit im Garten des Generalkommandos in dichtem Gebüsch einen Generalstabsoffizier, der ihnen mündlich eröffnete: Oberstleutnant Bode nimmt mit schwächeren Kräften die südlich des Pregels gelegene Vorstadt und besetzt die dort gelegenen Bahnhöfe. Oberstleutnant v. Luck mit den Hauptkräften, Reichswehr, Gerthsche Jäger und Brigade Reinhard nimmt Königsberg und setzt sich in Besitz des Schlosses.
Der Angriff auf Königsberg soll am Montag, 3. März 1919, in der Morgendämmerung beginnen. — Das bedeutet Abmarsch von den Ausladebahnhöfen 5.30 Uhr. Bei der Abteilung Bode klappt das Anrollen planmäßig. Bei der Abteilung v. Luck häufen sich dagegen unerwartete Störungen.
Am Sonntag, dem 2. März, nachmittags, versammeln sich im Fort Bronsart außerhalb der Stadt das Generalkommando, der Stab des Oberstleutnants v. Luck und einige 20 Offiziere, die den ortsfremden Truppen als Führer beigegeben werden sollten.

Plötzlich erscheint unerwartet Genosse Lübbring, der spätere Polizeipräsident, augenscheinlich als „Zivilkommissar". Eine ärgerliche Störung, die beseitigt werden muß. Lübbring liebt kräftige Getränke und wird planmäßig so lange unter Rotspon und Kognak gesetzt, bis er einschläft. Königsberg wird ohne ihn erobert...

Gegen Mitternacht marschieren die 20 Offiziere nach dem Bahnhof Rothenstein, etwa drei Kilometer nördlich der Stadt, wo die Truppentransporte einrollen sollen. Oberstleutnant v. Luck folgt auf seinem Führerwagen; es gelingt ihm knapp, einem mit Matrosen besetzten Lastkraftwagen auszuweichen. Kurz darauf hört man in Richtung Fort Bronsart lebhaftes Gewehrfeuer. — Mit Überraschung ist nicht mehr zu rechnen. Zweite Störung und diesmal eine recht bösartige. Schuldige: Genosse Lübbring, der seinen Chauffeur, einen Spartakisten, aus dem Fort Bronsart in die Stadt geschickt hatte.

Oberstleutnant v. Luck paßt sich der durch diesen unerfreulichen Zwischenfall gründlich geänderten Lage an. Er schiebt von dem zuerst eintreffenden Transport nur eine schwache Eskadron zum Schutze der weiteren Ausladungen gegen Königsberg vor, und befiehlt dem Rittmeister Macketanz mit seiner Dragoner-Eskadron und der Nachrichten-Kompanie Oberleutnant Jordan, im ganzen 120 bis 150 Karabiner, die Oberpostdirektion gegenüber dem Schloß zu besetzen und die Fernsprechzentrale für jeden Verkehr zu sperren. Ein eigentlich unmöglicher Auftrag, weil er mit 90 Prozent Wahrscheinlichkeit zur Vernichtung der schwachen Abteilung in nächtlichen Straßenkämpfen führen wird. Aber Macketanz und Jordan wissen, daß nur durch Frechheit und unerhörten Wagemut der Ausfall der Überraschung des Gegners wettgemacht werden kann. Für den deutschen Soldaten gibt es kein „unmöglich", und es gelingt. Wie durch ein Wunder kommt die schwache Abteilung unbeschossen durch und setzt sich in der Oberpostdirektion gegenüber dem Schloß, dem roten Hauptstützpunkt mit 400 Mann Besatzung fest. Warum greift diese Besatzung nicht ein?

Die Schloßwache war von dem Vorort Maraunenhof, dicht bei Rothenstein, zum Schutz gegen „plündernde Soldaten" angefordert worden: die Vorposten lassen das Matrosenauto durch; dieses findet bei der Rückkehr die Straße gesperrt. — Die ersten Gefangenen — 27 Mann — werden in Rothenstein eingebracht. Die nicht auf Wache befindliche Mannschaft der Schloßbesatzung tanzt, säuft oder liegt irgendwo in der Stadt im Bett. Das Versagen aller Fernsprechleitungen macht sich für den Meldedienst und die Befehlserteilung der Roten, die sich nicht darauf eingerichtet haben, nunmehr empfindlich bemerkbar. Mühsam alarmierte und in kleinen Trupps herbeieilende Verstärkungen werden von den Dragonern und Pionieren einzeln abgeknallt! Ein Erfolg, der den feindlichen Führerwillen lähmt. Und das wirkt sich entscheidend aus! Widerstand wird nur noch örtlich geleistet, jede einheitliche Leitung fehlt. Die kühne Tat spart viel kostbares Blut!

Der Führer in Rothenstein erhält über all diese Erfolge in der Stadt erst sehr viel später Meldung. Für ihn folgen unliebsame Reibungen und Enttäuschungen Schlag auf Schlag!

Zunächst haben die eintreffenden Truppen auch nicht entfernt die gemeldete Stärke. Wegen der Geheimhaltung des Unternehmens war den Truppen der Alarm- und Transportbefehl erst im Laufe des Sonntags zugegangen. Ein großer Teil der Mannschaften war aufs Land zu Muttern beurlaubt und konnte nicht mehr rechtzeitig herangeholt werden. Gefechtsstärke der Bataillone durchschnittlich nur 150 bis 200 Gewehre, statt 350 bis 400. Der Berliner Transport ist um 5 Uhr früh in Elbing (drei Eisenbahnstunden) noch nicht einmal gemeldet; er fällt also für den Vormarsch aus. — Die übrigen Transporte treffen zum Teil mit mehrstündigen Verspätungen ein. Schließlich sind erst gegen 7 Uhr vormittags knapp 1500 Mann statt der erwarteten 5500, bei Rothenstein marschbereit. Der Vormarsch muß am hellichten Tage angetreten werden. Und da ertönt auch noch lebhafter Kanonendonner aus südlicher Richtung; also ernster Widerstand zu erwarten.

Die schwachen Kräfte müssen zusammengehalten

Die von den Befreiern Königsbergs in Brand geschossene Roonschule, in der sich die Spartakisten verschanzt hatten
Photo: Fritz Krauskopf, Königsberg

Truppen der Ostpreußischen Freiwilligenverbände im Schloßhof nach der Besetzung Königsbergs

Photo: Fritz Krauskopf, Königsberg

werden. — Der vom Generalkommando befohlene umfassende Angriff von Norden und Osten wird aufgegeben. Oberstleutnant v. Luck befiehlt Vormarsch in zwei Kolonnen gegen die Nordfront der Stadt. Die Artillerie wird Luft schaffen müssen. Die Infanterie fühlt vor. — Kein Schuß von feindlicher Seite!

Die linke Kolonne findet den Wrangelturm unbesetzt — eine Folge der Kopflosigkeit und des Versagens der roten Führung infolge der nächtlichen Ereignisse — und rückt durch den „Roßgarten", eine ein Kommunistenviertel begrenzende Straße, in die Stadt ein.

Ein Mitarbeiter der „Preußischen Zeitung" in Königsberg, H. Cz., schildert die sich im Anschluß daran entspinnenden Kämpfe folgendermaßen:

Alle Roten, die in den Kämpfen des Vormittags entkommen konnten, sammelten sich im Stadtteil Sackheim. Neues „Hauptquartier" — Roonschule. Die Truppe war zu schwach, um jeglichen Verkehr zu verhindern. Zwei schwere Maschinengewehre sperren und beherrschen die Königstraße bis zum Königstor, aus dem MG.- und Infanteriefeuer herüberpeitschen. Im Schnappschuß feuern einzelne Gegner aus Hauseingängen und von Straßenecken, um dann ungesehen zu verschwinden. Da kommt die Meldung: Volkswehr will Landschaftsbank nehmen! Ist dies Tatsache oder eine Falle? Daraufhin wird die Krönchenstraße besetzt. Langsam kämpfen sich die Trupps in Richtung auf die Landhofmeisterstraße vor, immer von Haustür zu Haustür springend. Da schiebt sich an der Ecke eine Hand mit einer Pistole vor und feuert. Haarscharf peitschen die Schüsse an den Jägern vorbei. Hinein in dieses Haus, um den Gegner zu fassen. Fort ist er, wie vom Erdboden verschlungen. Weiter. Ein halbgedeckter Möbelwagen kommt die Straße hoch. Unter den Schüssen der darin Verborgenen brechen zwei MG.-Schützen mit Beinschüssen zusammen. Nun aber vor. Die Landschaftsbankgebäude werden durch ein MG. gesperrt. Die Krisis des Tages beginnt. Wenn bloß Befehl zum Vorgehen käme! Aber die Umgruppierung ist noch nicht so weit.

Das Königstor ist zu nehmen! Wieder schieben sich die Trupps langsam und stetig, sich nach allen Seiten sichernd, vor. An der Steilen Straße, dicht an der Hindenburgwohnung, liegen sie fest. Schweres MG.-Feuer vom Königstor und von der Friedmannstraße legt eine eiserne Sperre zwischen uns und den Volkswehrleuten. Da Meldung: ein Geschütz und ein Minenwerfer zur Stelle. Befehl: Das Königstor ist zu nehmen und bis zum Sackheimer Tor vorzustoßen. Um 15 Uhr eröffnet der Minenwerfer das Feuer. Wenn nur die Lafette auf dem glatten Pflaster fassen würde. Die erste Mine reißt den Haltewinkel des Balkons der Feuersozietät herunter, die zweite zerreißt die Oberleitung der Straßenbahn, eine Laterne brennt als Alarmfackel. Die nächsten Minen sitzen im Ziel. Der Gegner wird niedergekämpft. Zwei schwere MG. und zwei leichte MG. sind vernichtet. Aber noch kleben die Sturmtrupps an den Häusernischen. Noch sperren die zwei MG. von der Friedmannstraße her. Also Geschütz heran. Tapfere Kanoniere schieben das Geschütz im rasselnden Feuer der Maschinengewehre bis in Feindsicht. Zwei Granaten, und vom Gegner rührt sich nichts mehr. So fechten alte Frontkämpfer! Im Sprung erreichen die Sturmtrupps das Königstor und eröffnen von dort aus das Verfolgungsfeuer auf die Roten. Eine auf dem Litauer Wall errichtete Barrikade wird genommen und das Sackheimer Tor besetzt. Hierbei zeichneten sich neben vielen anderen Oberjäger Karl Lange aus Lyck und Gustav Teubert aus Berlin aus. Lange wird durch Pistolenschüsse eines Zivilisten schwer verwundet. Der Widerstand der „Volkswehr" bricht zusammen, nachdem die einzige Rückzugsstraße unter unserem Feuer liegt. Überall werden von der „Volkswehr" die Waffen zerschlagen. Der Kampf war zu Ende. Die Bevölkerung aber, glücklich, nun nicht mehr unter der Fuchtel der „Volkswehr" leben zu brauchen, strömte in den Abendstunden zum Schloß, in dem nunmehr General v. Estorff sich befand, um durch eine Kundgebung ihren Dank auszudrücken.

Königsberg war frei! Ostpreußen konnte den Grenzschutz, der wirksam unsere Provinz zu schützen vermochte, organisieren, ohne gehemmt und überwacht zu werden. Die Einwohnerwehr unter Hauptmann Augar und ihre Offizier- und Unteroffizierstoßtrupps bildeten sich und verbürgten eiserne Ordnung in der Stadt. Das „Regiment Königsberg" wurde aufgestellt und bildete mit anderen wieder entstehenden Truppen das I. Armeekorps. Jeder vaterlandsliebende Volksgenosse aber, der Soldat gewesen war, ließ sich in die Listen eintragen und erklärte sich bereit, im Falle höchster Gefahr, den Grenzkampf wieder aufzunehmen, wohl wissend, daß mit dem Schicksal Ostpreußens auch die Zukunft Deutschlands verbunden war.

Die vom Schloßhof heruntergeholte rote Fahne, die der Offizier in der Mitte in der Hand hält, wird verbrannt.
Photo: Fritz Krauskopf, Königsberg

Der erste Hammerschlag

Die Aktion des Freikorps Lichtschlag nördlich Essen 1919

Von Studienrat Heinrich Mahnken, ehem. Adjutant im Freikorps Lichtschlag

Am 15. Februar, 6 Uhr vormittags, trat das Korps den Vormarsch auf Dorsten an, die Infanterie zum Teil mit Transport durch Straßenbahn; Bereitstellung bei Marl; von dort aus kriegsmäßiger Vormarsch auf Dorsten, an der Spitze die Eskadron mit Seitenpatrouillen. Das Eingreifen war zunächst in folgender Form gedacht: Am Vormittag wird die bisher ruhige Stadt Dorsten erreicht, die Straßen- und die Eisenbahnbrücke werden besetzt; dann wird die Kapitulation der Aufrührer in Hervest-Dorsten und die Auslieferung der Waffen usw. erzwungen. Aus Dorsten war zugesagt worden, daß die Brücken bis zum Eintreffen der Truppe gesichert werden würden. Inzwischen traf die Nachricht ein, daß der Gegner im Laufe der Nacht erhebliche Verstärkungen, vor allem aus Mülheim, Düsseldorf, Hamborn und Oberhausen, auf Lastkraftwagen herangezogen habe. Kurz hinter Marl wurde durch private Mitteilungen bekannt, daß anscheinend die Lippe-Brücken, vielleicht auch der Bahnhof von Spartakisten besetzt seien. Als sich die Spitze der Eskadron dem Bahnhof näherte, fielen von ihm einzelne Schüsse. Da der Bahnhof und die vor der Stadt quer laufenden Bahndämme gegebenenfalls den Vormarsch von vornherein gesperrt hätten, entschloß sich der Führer der Eskadron, Leutnant d. L. Rosiepen, mit den die Spitze begleitenden Offizieren des Kommandostabes blitzschnell, den Bahnhof zu attackieren; dieser Reiterangriff auf einer schnurgeraden Straße, zwischen zwei wie Wände einschließenden geraden Bahndämmen, auf ein Bahnhofsgebäude ist militärisch sicher ein beinahe scherzhafter einmaliger Fall und auch die einzige Reiterattacke im Industriegebiet. Aber der soldatisch schnelle Entschluß entschied wie immer die Lage; die Besatzung des Bahnhofs flüchtete, wobei zahlreiche Gefangene, MG. und andere Waffen verlorengingen. Im Fußgefecht säuberte die Eskadron den nächsten Teil des Bahnhofsgeländes, wobei ihr am Güterbahnhof die inzwischen umfassend eingesetzten Teile der Infanterie zu Hilfe kamen. Der Führer zog dann die Eskadron schnell wieder zusammen, überließ das weitere Aufräumen der Infanterie und bekam den Befehl, aufs schleunigste die Straßenbrücke zu besetzen. Schon beim Ritt durch die Straßen erhielt die Eskadron Feuer; ihr Versuch, die Straßenbrücke im Anreiten zu nehmen, scheiterte im schweren MG.-Feuer; die Eskadron saß zum Fußgefecht ab. Der Gegner hatte sich auf breiter Front entlang der Lippe mit starkem Einsatz von MG. eingenistet, besonders an beiden Seiten der Straßenbrücke, an der Anstalt „Maria Lindenhof" und in den Häusern entlang der Straße nach Hervest. Ein Geschütz der Feldbatterie wurde zunächst gegen die Brücke in Stellung gebracht und säuberte deren nächste Umgebung; im übrigen blieb der Gegner in seinen Stellungen, der Übergang über die Brücke war noch nicht möglich.

Die Entscheidung konnte nur ein rückwärtiges Umfassen des Gegners in seiner Hauptstellung an der Straßenbrücke und der Straße bringen; dazu wurde die Infanterie gegen und über die Eisenbahnbrücke angesetzt unter dem Schutze der Feldbatterie.

Die Infanterie hatte sich zunächst bei ihrem Eintreffen am Bahnhof entwickelt, ein Teil sicherte an der Bahn entlang gegen Süden nach Feldhausen und Kirchhellen, von wo aus sie dauernd durch Feuer beunruhigt wurde. Ein anderer Teil war aufwärts an der Lippe entlang eingesetzt. Hier war inzwischen bei dem am Eckpfeiler der Eisenbahnbrücke postierten schweren MG. der Schütze Römhild der 1. MGK. gefallen. Lippeaufwärts, wo sich ein lebhaftes Feuergefecht entwickelte — hier fiel bei der Bedienung eines MG. Sergeant Gettermann der 1. Kompanie —, war aber ein entscheidender Erfolg nicht möglich. Die Entscheidung konnte nur ein Sturm über

Hauptmann Lichtschlag, ehemals Führer des Freikorps Lichtschlag
Photo: Mahnken, Hagen

die völlig offene ungedeckte Eisenbahnbrücke bringen. Ein Geschütz der Feldbatterie unter Leutnant Knür ging zunächst bis an die Eisenbahnbrücke vor und lähmte das Feuer besonders aus den Häusern östlich des Bahndamms so weit, daß ein Teil der 1. Kompanie, von einem schweren MG. begleitet, über die offene Eisenbahnbrücke zum gegenüberliegenden Ufer stürmte. Hier fiel Leutnant Efferoth von der 1. Kompanie, mehrere Kameraden wurden schwer verwundet. Das feindliche Feuer nahm nun äußerste Heftigkeit an, vor allem aus den Häusern bei und südlich von Hütter an der Straße nach Hervest, aus den Gebüschen am Bahnhof Hervest-Dorsten und aus der Kolonie „Fürst Leopold". Es war unmöglich, Verstärkungen der Infanterie über die Eisenbahnbrücke nachzuziehen. Das Geschütz des Leutnants Knür ging nun unter einem Bogen der Eisenbahnbrücke in Stellung und beschoß die westlich des Bahndamms liegenden MG. sowie die mit anerkennenswerter Bravour vor Hütter auffahrenden besetzten roten Lastkraftwagen. Es gelang, unter anderem durch Volltreffer auf feindliche MG., das feindliche Feuer so weit zu schwächen, daß die Eskadron, unterstützt durch einen Zug der 1. MGK., nunmehr vorgehen und die Straßenbrücke im Sturm nehmen konnte.

Inzwischen begannen Verhandlungen des Arbeiter- und Soldatenrates. Ein Parlamentär der Roten nahm daran teil. Man einigte sich auf einen Waffenstillstand. Bis 4 Uhr 30 Minuten sollten die Spartakisten ihre Waffen an einer bestimmten Straßenkreuzung ablegen. Die Zeit verging. Die Stelle blieb waffenleer.

Hauptmann Lichtschlag befahl die Wiederaufnahme des Kampfes. Ein Zug der 15-Zentimeter-Haubitz-Batterie beschoß das rote Kommissariat. Infanterie ging vor und besetzte die Stellungen. Die Spartakisten flüchteten.

Zum ersten Male hatten Regierungstruppen durch rücksichtsloses Zupacken roten Terror zerschlagen. Durch die roten Räte und Truppen des Industriereviers ging ein Aufschrei der Empörung und der Wut.

Die Lage für die Truppen in Dorsten war denkbar kritisch. Die Oberleitung des Gegners, über die Bedeutung des Erfolges völlig klar, setzte alle Kräfte zu konzentrischem Vorgehen gegen die Einbruchstelle in Dorsten an. Starke spartakistische Kräfte aus dem besonders radikalen Hamborn, vor allem aus Lohberg und Wehofen, drückten gegen Hünxe und durch den anschließenden Wald vor. Die Besatzung von Hünxe, das dem Abschnittskommando I der neutralen Zone in Wesel unterstand, war schwach und durchaus unzuverlässig. Andere rote Kräfte drückten aus Richtung Marl und von Norden. Den stärksten Stoß aber setzte der Gegner aus dem Bereich Bottrop-Gladbeck an, aus dem sich als erstes die schweren Kämpfe in Bottrop selbst entwickelt haben. Hier hat die Leitung der Stadt im Januar die für sie verfügbaren Kräfte an Polizei, Gendarmerie und lokaler Sicherheitswehr entschlossen zum Schutz des Rathauses gegen spartakistische Anschläge eingesetzt. Aber die Stadt blieb dauernd ein Herd der Unruhe mit immer neuen Gewalttaten der Revoltierenden. In der Nacht vom 15. zum 16. Februar erfolgte ein neuer Angriff auf das Rathaus. Die Angreifer verloren aber die bereits in das Rathaus Eingedrungenen als Gefangene, außerdem mehrere Tote. Ebenso kam es in der Nacht vom 18. zum 19. Februar zu

Ärmelabzeichen des Freikorps Lichtschlag
Vorlage: Heeresarchiv

Schwadron des Freikorps Lichtschlag

Photo: *Heeresarchiv*

Kompanie des Freikorps Lichtschlag   *Photo: Heeresarchiv*

einem für die Sicherheitswehr erfolgreichen Kampf auf der Zeche Prosper 1. Infolge dieser Vorkommnisse spitzte sich die Lage in Bottrop aufs äußerste zu; es wurde bestimmt, daß die spartakistische Oberleitung nun zu einem entscheidenden Schlag gegen Bottrop, anschließend gegen Dorsten ausholte.

Der Kampf bei Dorsten hatte das Durchfechten der Krisis, der dauernden Revolte im Revier, erzwungen. Am Tage nach dem Gefecht, am 16. Februar, beschloß eine Konferenz der Vertreter der Arbeiter- und Soldatenräte des Reviers in Mülheim den Generalstreik für das ganze Industriegebiet. Ein lauer Versuch von Teilen der SPD. zum Abbremsen scheiterte wie üblich. Auch die Bewaffnung der Arbeiterschaft wurde in aller Form proklamiert. Der Generalstreik griff anschließend auch auf die Nachbargebiete, Düsseldorf und das Bergische, über. Überall wurden Formationen und Waffen, insbesondere auch Geschütze und Minenwerfer, zum Kampf gegen die in Dorsten liegende Truppe bereitgestellt, ein größerer Teil zunächst nach Sterkrade und Oberhausen gegen Bottrop angesetzt.

Hier ist es dann am 19. Februar zu jenen furchtbaren Greueln des Sturmes auf das Bottroper Rathaus gekommen. Durch Einsatz von Geschützen und Minenwerfern wurde die Besatzung des Rathauses, die sich heldenhaft gewehrt hatte, schließlich von der zwanzigfachen Übermacht zur Kapitulation gezwungen; aus der Reihe der völlig wehrlosen Gefangenen wurden dann beim Abtransport fünf Polizeibeamte und neun Mitglieder der Sicherheitswehr tierisch erschlagen. Die rote Leitung rüstete sich zum Angriff auf Dorsten.

Das Generalkommando versuchte zu verhandeln. Es kam zu einem Abkommen, das einerseits die Räumung Bottrops durch die Roten, Abgabe der Waffen und Einstellung des Generalstreiks, andererseits Rücknahme der Truppen hinter die Lippe vorsah. Das Abkommen wurde von den Roten nicht eingehalten. Dementsprechend begann nun der weitere Vormarsch des Korps Lichtschlag von Dorsten aus.

Das Korps hatte in der Zwischenzeit, weil das rein defensive Verhalten um Dorsten sich als immer unmöglicher herausstellte, zunächst von sich aus seinen Bereich auf das besonders gefährlich liegende Kirchhellen erweitert. Die Eskadron klärte am 19. Februar gegen 17 Uhr gegen Kirchhellen auf, dessen Besetzung durch Spartakisten gemeldet war; die Kassen waren dort geplündert, Postamt und Amtshaus besetzt. Im Trab ging es auf Kirchhellen zu. Als der Führer mit der Spitze den Dorfeingang erreichte, stieß er auf Widerstand; mit kurzem Entschluß attackierte er die an der Post stehenden Gegner und säuberte dann im Fußgefecht den Ort. Hierbei fiel der Sergeant Engels aus Haspe durch ein Dum-Dum-Geschoß, die auch bei dem Gefecht in Dorsten mehrfach festgestellt waren. Die Verfolgung gegen Bottrop, die eine Anzahl Gefangene und Waffen einbrachte, mußte bei Dunkelheit eingestellt werden. Am folgenden Tage wurde dann Kirchhellen durch eine starke Abteilung — eine Kompanie, ein Geschütz der Feldbatterie und ein Geschütz der schweren Feld-Haubitzen-Batterie — besetzt. Das Kommando führte der Kommandeur der Artillerie-Abteilung des Korps, Hauptmann Littmann.

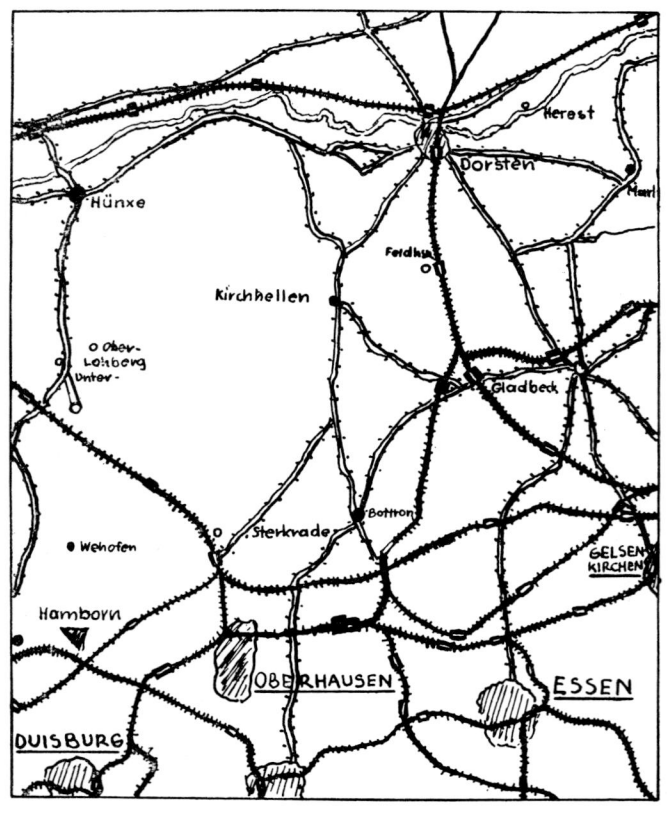

Übersichtskarte für die Kämpfe des Freikorps Lichtschlag um Dorsten und Bottrop   *Zeichnung: Wegener, Berlin*

Westfälisches Freiwilligen-Bataillon „Münster"
zum Schutz der Ostmarken.

Westfalen, die nicht einzeln in ungewisse Verhältnisse ziehen und auch in der Fremde unter Landsleuten sein wollen, schließen sich zum Westf. Freiw.-Btl. „Münster" zusammen, das erst ausrückt, wenn volle Ausrüstung und Verwendungsfähigkeit erreicht ist. Ein schlagfertiges, festgefügtes Btl. kommt überall durch! Im Bataillon herrscht

Kriegszucht und Ordnung.

Gehorsam gegen Vorgesetzte. Führer sind nur ältere, erfahrene Frontoffiziere und erprobte, altgediente Feldwebel und Unteroffiziere. Als Mannschaften kommen nur Jahrgänge 97 und ältere in Betracht. Das Bataillon ist als mobile Formation des Feldheeres amtlich anerkannt. Alle militärischen Gesetze und Vorschriften haben Geltung. Der Staat haftet für Verpflegung, Sold usw., Freiwilligenunterstützungen und alle Entschädigungen laufen weiter oder werden neu begründet. Versetzungen von anderen Truppenteilen werden hier veranlaßt. Für alle Angehörige des Bataillons

volle Feldkost, mobile Löhnung, täglich Mk. 5.00 Zulage.

Bei späterer Verwendung im Osten weitere Erhöhung der Zulagen. Mitgebrachte Wolldecken und Kleidungsstücke werden gegen Bezahlung übernommen. 14tägige Probedienstzeit mit täglicher Kündigung beiderseits. Ordentliche Militärpapiere sind erforderlich. Nicht Angenommene werden in andere Ostformationen weitergeleitet. Alle Stellen für Offiziere, Aerzte, Beamte, Feldwebel, Vize-Feldwebel und Unteroffiziere sind bereits übervoll besetzt, weitere Meldungen sind zwecklos. Es werden nur noch Gefreite und Mannschaften eingestellt:

3 Infanterie- und 2 M.-G.-Kompagnien, tüchtige Frontsoldaten die mindestens 1 Jahr in der **Westfront** oder 2 Jahre in der Ostfront gekämpft haben. K. v., unbestraft, ehrliebend und ordentlich.

1 Feldkanonen-Batterie und 1 l. F.-H.-Zug. Kanoniere zu denselben Bedingungen wie die Infanterie.

1 Eskadron Kavalleristen zu denselben Bedingungen.

Kraft- und Panzerwagen, tüchtige gelernte Chauffeure. Führerschein Bedingung. Hier können auch Vize-Feldwebel und Unteroffiziere eingestellt werden.

Außerdem Spezialisten aller Art, für die keine besondere Frontdienstzeit und keine Frontverwendungsfähigkeit gefordert wird. Eine große Zahl brauchbarer Pferdepfleger und Fahrer für alle Formationen, Schuhmacher, Schneider, Stellmacher, Friseure, Sattler, Beschlagschmiede, Schlosser, Schreiner, Telefonisten, Blinker, Musiker.

Kameraden! Es handelt sich um eine große, vaterländische Sache, um Hilfe für Stammesbrüder und Volksgenossen. Unsere Ziele sind hoch und heilig. Wir stehen außerhalb jeder Politik und Parteipolitik, wir stehen weit über allen örtlichen und täglichen Streitereien und Aergernissen.

Kameraden! Unsere gerechte Sache hat im Lande manche Neider und Verleumder die nicht müde werden, durch immer neue Gerüchte und Querrtreibereien die Freiwilligen vom Eintritt zurückzuhalten.

Wir erklären hiermit öffentlich:

Das Bataillon ist niemals aufgelöst oder verboten worden. Wir erfreuen uns des vollen Einverständnisses und der tätigen Unterstützung von Reichsregierung, Kriegsministerium, Generalkommando, Generalsoldatenrat VII. A.-K. und Bezirkssoldatenrat, Münster. Wer böswillig zurückgehalten wird, schlage sich heimlich durch zum Garnisonkommando Münster, für Unkosten kann eine angemessene Vergütung gewährt werden.

Der Vertrauensrat
der Freiwilligen.

Hauptmann v. Pfeffer
Kommandeur des
Westfälischen Freiwilligen-Bataillons
„Münster".

Werbeplakat des Freikorps von Pfeffer vom Januar 1919

Am 23. Februar vormittags begann der Vormarsch des Korps. Wie bei solchen Fällen wiederholt geschah, traf zunächst der Kommandeur, Hauptmann Lichtschlag, mit zwei Offizieren des Kommandostabes im Auto als erster in Bottrop ein, wo vor und im Rathaus die spartakistischen Formationen in erheblicher Stärke mit Waffenausgabe zum weiteren Kampf beschäftigt waren. Ein wild aussehender Pole, Fulneczeck, Häuptling der Rotgardisten, stellte sich als Kommandeur von Bottrop vor, worauf Hauptmann Lichtschlag seinerseits das Kommando über Bottrop übernahm. Es gelang, den Gegner, der seine vorläufige Überlegenheit nicht auszunutzen wagte, durch verschiedene Mittel so weit einzuschüchtern, daß die schwierige Lage bis zum Eintreffen einer starken Patrouille und der folgenden Spitze der Truppe gehalten werden konnte. Dann wurde die Stadt planmäßig nach Waffen und Aufrührern durchsucht. Fulneczeck, der, entgegen einem mit ihm "verabredeten" Aufruf, zum Widerstand hetzte, wurde bei einem Fluchtversuch erschossen. Mit der Besetzung Bottrops war der mit dem Kampf um Dorsten eingeleitete Einbruch in das Industriegebiet zum vollen Erfolg abgeschlossen. Auf breiter Front konnte nunmehr, vereint mit den inzwischen zum Einsatz kommenden weiteren Freikorpsverbänden, besonders den Landesschützen und dem Freikorps Schulz, die Niederwerfung des spartakistischen Aufruhrs erzwungen werden.

Arbeiter!   Genossen!

Die Regierungstruppen ziehen im Industrierevier ein, um die revolutionären Errungenschaften zu beseitigen, die Sozialisierung des Bergbaues zu verhindern.

Auf zum Generalstreik!

Die Arbeit muß ruhen, bis Noskes Bluthunde aus Rheinland-Westfalen hinaus sind.

Das Streikkomitee.

Hetzflugblätter, die im Ruhrrevier nach dem Einmarsch des Freikorps Lichtschlag in Dorsten verteilt wurden
Vorlage: Archiv Reiter gen Osten

Bekanntmachung.

Auf Anordnung der Bezirkssoldatenräte der kommunistischen Partei werden seit kurzem auf den Bahnhöfen im Industriegebiet Dinslaken, Sterkrade, Düsseldorf und Hamborn sämtliche Militärpersonen, auch Offiziere, mit Gewalt aus den Zügen geholt und zwangsweise entlassen. Ganz abgesehen davon, daß sich die betreffenden Bezirkssoldatenräte hierdurch in den schroffsten Gegensatz zur Reichsregierung stellen, bedeutet diese Gewaltmaßnahme einen unerhörten Eingriff in die persönliche Freiheit des Einzelnen. Mannschaften, welche in ihre Heimat beurlaubt sind, werden hierdurch an der Fortsetzung ihrer Urlaubsreise verhindert.

Als Grund für diese Maßnahme wird die Nachricht verbreitet, daß die Entente für jeden entlassenen deutschen Soldaten einen deutschen Kriegsgefangenen in die Heimat entläßt. Es ist wohl **jedem denkenden Menschen** ohne weiteres klar, daß das eine **plumpe Lüge** ist, um das regierungsfeindliche Treiben zu rechtfertigen.

Es kann nur davor gewarnt werden, solche Nachrichten zu glauben und sich falschen Hoffnungen hinzugeben.

Jeder tut ein gutes Werk, der für die Verbreitung dieser Bekanntmachung sorgt.

Wesel, den 14. Februar 1919.

Abschnittskommando I der neutralen Zone.

Buchdruckerei von Gebr. Berkenkamp, Wesel.

Ärmelabzeichen der Stadtwehr Münster   *Vorlage: Stadtarchiv Münster*

Bekanntmachung vom Februar 1919, die ein Bild von den damaligen Zuständen im Ruhrgebiet gibt
Vorlage: Archiv Reiter gen Osten

Kampf um Elberfeld

Von Major von Schaumann, ehem. Führer des Freikorps Niederrhein

Im Februar hatte ein wilder Arbeiter- und Soldatenrat, der sich ungesetzlicherweise gebildet hatte, in Elberfeld derartig unerträgliche Verhältnisse geschaffen, daß die Polizei als berufenes Organ sich außerstande sah, Ruhe und Ordnung aufrechtzuerhalten. Schwer bewaffnete linksradikale, spartakistische Elemente hatten die wichtigsten Punkte der Stadt, wie Rathaus, Hauptbahnhof und Eisenbahndirektionsgebäude, besetzt und übten allenthalben eine solche Gewaltherrschaft aus, daß das Wehrkreiskommando Münster sich gezwungen sah, diesem willkürlichen und verbrecherischen Treiben mit Waffengewalt Einhalt zu gebieten. Nachdem die Genehmigung der englischen Besatzungsbehörde zu diesem Vorhaben eingeholt war, wurde das 3. Bataillon des Füsilier-Regiments General Ludendorff Nr. 39, später „Freikorps Niederrhein", welches in Gummersbach, Viehl und Zückeswagen lag, mit der Durchführung dieser Aktion beauftragt. Als der Befehl vom Wehrkreiskommando Münster beim Bataillon eintraf, in Elberfeld verfassungsmäßige Verhältnisse wiederherzustellen, beauftragte Major von Schaumann den Hauptmann Lügger damit, dieses Unternehmen durchzuführen. Befehlsgemäß wurde mit den Vorbereitungen sofort begonnen; aus allen fünf Kompanien des Bataillons wurde eine Abteilung von etwa 150 Mann zusammengestellt und diese in drei Züge eingeteilt. Die Züge wurden mit erfahrenen Feldoffizieren besetzt, und außerdem wurden auf jeden Zug noch MG. verteilt.

Am späten Nachmittag des 18. Februar erfolgte alsdann der Abtransport nach Elberfeld. Auf dem Bahnhof Barmen, der durch seine geringe Beleuchtung und völlige Menschenleere auffiel, wurde der Zug angehalten. Ein von seinem Personal im Stich gelassener Stationsvorsteher meldete alsdann, daß man den Transportführer von Elberfeld her am Telephon zu sprechen wünschte. Hauptmann Lügger begab sich sofort zum Stationsgebäude, um Verbindung mit Elberfeld aufzunehmen. Hier wurde ihm von der Linienkommandantur erklärt, daß der Zug nicht nach Elberfeld hereingelassen werden dürfe. In der Stadt herrsche große Erregung darüber, daß Truppen gegen Elberfeld eingesetzt würden, man befürchte das Schlimmste. Aus dem Grunde könne man die Verantwortung für die Weiterleitung des Transportes nicht übernehmen. Hauptmann Lügger erklärte darauf, daß er den Befehl vom Wehrkreiskommando Münster habe, in Elberfeld wieder verfassungsmäßige Verhältnisse herzustellen und diesen Befehl unbedingt ausführen werde. Die Verantwortung für die Weiterfahrt werde er selbst übernehmen. Die Entrüstung bei Offizieren und Mannschaften war gleich groß, als sie hörten, daß man den Transport nicht nach Elberfeld hereinlassen wollte. Um vor Überraschungen sicher zu sein, wurde zunächst ein MG. mit Bedienungsmannschaft auf der Lokomotive untergebracht; dem Lokomotivführer, der die Strecke genau kannte, wurde aufgegeben, etwa 2000 Meter vor dem Hauptbahnhof Elberfeld zu halten. Ohne

Major von Schaumann, ehemals Führer des Freikorps Niederrhein
Photo: Archiv Reiter gegen Osten

Generalmajor von Roeder, ehemals Führer des Landesschützenkorps
Photo: Archiv Reiter gen Osten

Postierungen der Landesschützen in Düsseldorf

Photo: Heeresarchiv

Beleuchtung wurde alsdann die Weiterfahrt angetreten. Die Spannung, in Erwartung der kommenden Ereignisse, war groß; Offiziere und Mannschaften waren aber nur von dem einen Gedanken beseelt, die gestellte Aufgabe zur Zufriedenheit des Wehrkreiskommandos zu lösen. Als der Zug hielt, konnte das Aussteigen, das geräuschlos vonstatten ging, unbemerkt von den Spartakisten vor sich gehen. Die obendrein herrschende Dunkelheit begünstigte die glückliche Durchführung der weiteren Anordnungen. Oberleutnant de Voß, der den Befehl erhielt, den Bahnhof zu stürmen, gelang es mit seinem ersten Zuge, völlig überraschend die gesamte schwerbewaffnete Besatzung festzunehmen. Die Überrumpelung gelang so gut, daß der Bahnhof fast kampflos in unsere Hände fiel. Die Kompanie rückte nun nach und besetzte das Bahnhofsgebäude vollends. Da weiterer Zuzug von Spartakisten aus der Stadt her drohte und außerdem das in der Nähe des Bahnhofs liegende Eisenbahndirektionsgebäude noch von Spartakisten besetzt war, galt es zunächst, den Bahnhof in Verteidigungszustand zu setzen. Alle wichtigen Ein- und Ausgänge wurden sofort mit starken Posten besetzt. Die MG. wurden überhöhend auf der Balustrade des Bahnhofs untergebracht, wodurch ein gutes Schußfeld erzielt und, wie sich später zeigen sollte, eine entsprechende Wirkung erreicht wurde. Nachdem diese Anordnungen getroffen waren, erhielt der 2. Zug den Befehl, sich in den Besitz des Eisenbahndirektionsgebäudes zu setzen. Dieses langgestreckte Gebäude bedeutete eine sehr unangenehme Flankenbedrohung für die Bahnhofsbesatzung. Vom Hauptausgang des Bahnhofs her dieses Gebäude zu nehmen war unmöglich, weil die Spartakisten im Hauptportal des Direktionsgebäudes Maschinengewehre in Stellung gebracht hatten und damit den Bahnhofsvorplatz bestreichen konnten. Es galt daher, den Angriff von einer Seite anzusetzen, von wo er überraschend kam. Hierbei leistete ein ortseingesessener Reserveoffizier, der sich auf dem Bahnhof eingefunden hatte, wertvolle Dienste. Er führte den 2. Zug unbemerkt an einen unbesetzten Hintereingang und ermöglichte es so, daß die Spartakisten im Rücken gefaßt wurden. Durch das entschlossene und umsichtige Verhalten des 2. Zuges gelang es auch hier, den Widerstand zu brechen. Es entspann sich zwar eine größere Schießerei, die aber damit endete, daß die Spartakisten das Gebäude aufgaben und zu flüchten versuchten. Hierbei wurden sie aber von Leuten der Bahnhofsbesatzung gehindert; der größte Teil wurde gefangengenommen. Bei dieser Kampfhandlung fiel der äußerst schneidige und tapfere Gefreite Graff. Er hatte als einer der ersten den Vorgang erkannt, daß die Spartakisten aus dem Eisenbahndirektionsgebäude zu flüchten versuchten und war ihnen mit wenigen Kameraden auf dem Bahnhofsvorplatz entschlossen entgegengetreten. Er wurde hinterrücks von einem Spartakisten erschossen. Leider gelang es bei der herrschenden Dunkelheit nicht, den eigentlichen Täter zu ermitteln. Es wurde zwar ein Kerl eingeliefert, von dem es hieß, daß er der Täter sei, doch waren die Verdachtsmomente nicht ausreichend und bestimmt genug, um gegen ihn entsprechend vorzugehen. Die Erbitterung aber über den Tod des braven Graff war bei Offizieren und Mannschaften unbeschreiblich. Es hieß nun, die gewonnenen Stützpunkte zu halten und gegen etwaige Angriffe aus der Stadt, wo der Arbeiter- und Soldatenrat mit seiner Gefolgschaft noch auf dem Rathause saß, zu verteidigen. Hauptmann Lügger gab daher den Zugführern den strikten Befehl, das Feuer sofort aufzunehmen, sobald der Bahnhof oder das Direktionsgebäude beschossen oder angegriffen würden. Um eine möglichst große moralische Wirkung

Erstürmte Barrikaden der Roten in einem Vorort Düsseldorfs
Photo: Heeresarchiv

auszulösen, erhielten die Herren Anweisung, rücksichtslos mit allen verfügbaren MG. einzugreifen. Daß sich diese Anordnung als sehr zweckmäßig erwies, sollte die Wirklichkeit bald zeigen. Zunächst versuchten einzelne Spartakisten an den Bahnhof heranzukommen und durch Gewehrfeuer die Besatzung zu beunruhigen. Soweit sie erkannt wurden, wurden sie beschossen. Als dann aber durch weiteren Zuzug aus der Stadt die Beschießung lebhafter wurde, traten in Durchführung des gegebenen Befehls die MG. in Aktion. Nach einem etwa eineinhalbstündigen Feuergefecht meldete sich telephonisch der Arbeiter- und Soldatenrat vom Rathaus und bat, das Schießen einzustellen. Dieses Ansinnen wurde von Hauptmann Lügger mit dem Bemerken abgelehnt, daß nur dann das Schießen eingestellt würde, wenn alle Elemente, die unbefugterweise Waffen trügen, diese auf dem Bahnhof ablieferten und sich jeder weiteren feindlichen und ungesetzlichen Handlung enthielten. Da es zwecklos erschien, sich auf weitere telephonische Unterhandlungen einzulassen, wurde das Gespräch abgebrochen. Bei der herrschenden Dunkelheit waren doppelte Vorsicht und Aufmerksamkeit am Platze. Immer wieder versuchten die Spartakisten, an den Bahnhof heranzukommen; jeder Versuch aber wurde abgewiesen, und das stets einsetzende wirkungsvolle MG.-Feuer hielt Spartakus in respektvoller Entfernung. Diesem Umstand und wohl auch dem Umstand, daß die spartakistische Leitung über die Stärke der verfügbaren Truppen im unklaren war, war es zuzuschreiben, daß sich in der Nacht plötzlich der Arbeiter- und Soldatenrat zu Verhandlungen bereit erklärte. Eine Abordnung von sechs Herren, versehen mit weißer Flagge, erschien bald darauf auf dem Bahnhof, um zu verhandeln; hierunter befanden sich ein Vertreter des Oberbürgermeisters, zwei Herren der Polizeiverwaltung und drei Vertreter des Arbeiter-

und Soldatenrates. Unter den letzteren drei war Oskar Hoffmann, Stadtverordneter und Redakteur der „Elberfelder Volksstimme", eine recht fragwürdige Erscheinung; er zeichnete sich durch eine besonders radikale Gesinnung aus und fühlte sich verpflichtet, sich zum Sprecher der Elberfelder Bevölkerung zu machen. Erst als ihm sehr eindeutig und nachdrücklichst erklärt wurde, daß hier weder Zeit noch Ort zu politischen Diskussionen sei, schien er sich zu besinnen und unterließ es, die Verhandlungen zu stören. Es kam dann schließlich eine Vereinbarung zustande.

Damit fanden die Kampfhandlungen ihren Abschluß; es hieß aber trotzdem auf der Hut sein, da keine Gewähr dafür vorhanden war, daß der Arbeiterund Soldatenrat seine wilden Elemente in der Hand hatte. Die Nacht verlief aber ruhig; beim Hellwerden sammelte sich zwar eine ungeheure Menschenmenge, worunter auch viele Neugierige waren, auf der zum Bahnhof führenden Straße. Zu Ausschreitungen kam es aber nicht. Auch konnte die Polizei, die allmählich wieder Herr der Lage wurde, die Ansammlungen zerstreuen. Auch im weiteren Verlauf des Tages wurden keine Ausschreitungen gemeldet. Am 19. Februar gegen Abend konnte der Abtransport der Kompanie bewerkstelligt werden.

Kragenabzeichen des Freikorps Niederrhein
Vorlage: Heeresarchiv

Kragenabzeichen des Landesschützenkorps
Vorlage: Heeresarchiv

Die Besetzung des Fliegerlagers Brieg

Von Leutnant a. D. Paulßen, ehem. Kommandeur des Freikorps Paulßen

Ein Telephonist bringt mir einen Zettel: „Leutnant Paulßen meldet sich sofort im Zivilanzug beim Detachementsführer Hauptmann Kühme."

Das war nicht so einfach, wie es klang. Wir gingen damals in unseren Freikorpsquartieren rings um Breslau nicht in Zivil spazieren. Wir kannten nur den Dienst und die Uniform, die uns, wenn möglich, noch lieber geworden war dadurch, daß wir um sie, um unsere Achselstücke, um unsere Ehre noch gesondert und fast allein gekämpft hatten. Schön war der Räuberanzug nicht, mit dem ich mich dann bei Hauptmann Kühme in Kattern meldete, doch der seinige und der seines Adjutanten waren nicht schöner. Im Auto nach Brieg sagte Hauptmann Kühme lächelnd: „Wir haben einen schönen Auftrag für Sie. Sie sollen die Bande im Fliegerlager Brieg auseinandertreiben, das Lager besetzen, das wertvolle Heeresgut, das die Brüder haufenweise verkaufen, sicherstellen."

Zu dritt zu Fuß nach Brieg hinein, dort an verabredeter Stelle den neueingesetzten Kommandeur des Lagers, einen aktiven Hauptmann, auch in Zivilmantel, getroffen, der den wüsten Zuständen im Lager machtlos zusehen muß. Er berichtet die ganze Schweinerei.

Die Leute verkaufen gleich stangenweise die Stiefelpaare, die Röcke, alles, was nicht niet- und nagelfest ist. Mit den Polen verhandeln sie, um Flugzeuge hinüberzufliegen. Höchste Eile ist geboten.

Der Feldzugsplan ist schnell gemacht. Als harmlose Spaziergänger kommen wir ziemlich in die Nähe des Lagers. Die Stellen, wo die Maschinengewehre aufgestellt sind, um uns, die erwarteten „Noskehunde", zu empfangen, werden uns gezeigt. Mit vielen roten Binden geschmückte Lagerbewohner erzählen mit großer Klappe, welche Vorbereitungen zum Empfang der ihnen schon angedrohten Truppen getroffen sind, wie Bahnlinie, Bahnhof Brieg und Lager mit schweren Maschinengewehren gespickt sind.

Wir wissen genug. Zurück und nach Breslau, wo Major Hesterberg, der Chef des Stabes des VI. Korps, Vorlage des Besetzungsplanes erwartet. „Ich verlasse mich auf Sie", waren seine letzten Worte. „Gehen Sie rücksichtslos vor, das Lager muß bis morgen mittag in Ihrer Hand sein." — „Zu Befehl, Herr Major!"

Drei Kompanien des Freikorps werden für das Unternehmen bestimmt und alarmiert, vom Detachement Kühme ein Feldkanonenzug: die Kompanien, unseren damaligen taktischen Aufgaben entsprechend, je mit sechs schweren Maschinengewehren und zwei Schützenzügen formiert, in sich also schwere und leichte Waffen vereinigend.

Um Mitternacht Verladung in Kattern. Vor Morgengrauen auf freier Bahnstrecke Halt an einem gestern festgelegten Punkt, etwa 6 Kilometer vorwärts des Ziels.

Da schnauben auch schon im Dunkeln die Pferde des Kanonenzuges und der Gefechtsfahrzeuge, die im Fußmarsch kamen. Dort steht auch Hauptmann B., der Kommandeur des Fliegerlagers, mit einigen zuverlässigen Führern, und begrüßt uns freudig.

Hauptmann Kühme, ehemals Führer des Freikorps Kühme

Oberleutnant von Aulock, ehemals Führer des Freikorps von Aulock
2 Photos: Archiv Reiter gen Osten
Photo: Eva Gathen, Berlin

Leutnant Paulßen, ehemals Führer des Freikorps Paulßen

Ärmelabzeichen des Freikorps von Aulock

Ärmelabzeichen des Freikorps Kühme

Ärmelabzeichen des Freikorps Paulßen

3 Vorlagen: Archiv Reiter gen Osten

In äußerster Stille tritt das Bataillon an, eine Spitzenkompanie mit Offizierstellvertreter Klez ausgeschieden und voraus. Durch das schlafende Heidau, Halt im ebenfalls noch schlafenden Grüningen. Am Ortsausgang sehen wir in der Dämmerung vor uns das Ziel, den Fliegerhorst. Bereitstellung zum Angriff, letzter mündlicher Befehl.
Leises Klirren, die Kompanien laden und sichern. Klez pflanzt das Seitengewehr auf, tritt an. Schattenhaft entwickeln sich die Züge im Morgengrauen.
Atemlose Spannung, kein Schuß, keine Leuchtkugel, kein Maschinengewehr knattert. Alles bleibt still. Das Lager schläft, wenn auch nicht den Schlaf des Gerechten.
6 Minuten, 7 Minuten, 8 Minuten. „Los Czettritz, antreten!"
Wieder das Klirren der Seitengewehre. Die beiden Kompanien treten an, die Züge geschlossen rechts und links in ihren Abschnitten. Klez ist mit den ersten Leuten dicht vor dem Tor. Er springt vor; da — ein Hurra — kein Schuß — die ersten Schützen sind drin.
„Jetzt alles Laufschritt, was die Lungen hergeben." Jetzt gilt's, jede Minute spart Verluste. Keuchend standen Czettritz und ich am Tor. Da kommt Klez strahlend und meldet: „Wache ohne Schuß überwältigt, 20 Gefangene. 1. Zug ist schon weiter durchgestoßen."
Die Kompanien eilen unter den beigegebenen Führern, die Hauptmann B. mitgebracht hatte, in die ihnen zugewiesenen Lagerteile. Man hört Geschrei und Gepolter, hier und da Handgemenge, kein Schuß fällt. Wir laufen die Lagerstraßen entlang zum Kasino. Feldwebel Gläser von der Kompanie Klez hat sie gerade besetzt. Ein paar schimpfende Gestalten, kaum als Soldaten zu bezeichnen, werden gerade herausgeholt. Leuchtzeichen zischen in die Luft zur Nachricht an die Kanonen, daß wir im Lager sind.
In schneller Folge kommen die Melder der Kompanien angerannt:
„Kompanie Hagenloch Magazine und Hallen wie befohlen besetzt, keine Verluste."
Um 8 Uhr morgens sind alle Kompanieführer beim Bataillonsstab. Die weiteren Maßnahmen werden besprochen, die Vorgänge bei der Besetzung ausführlich berichtet. Der Handstreich war glänzend gelungen. Alle aufgestellten Maschinengewehre waren an den bekannten Stellen vorgefunden worden mit den uns zugedachten vollen Patronengurten im Lauf. Schlamperei und Disziplinlosigkeit, schlafende Wachtposten und zum Vergnügen abwesende Führer waren unsere Bundesgenossen gewesen.
Lächerliche Bilder hatte es gegeben. Neben den verluderten Revolutionssoldaten waren nicht wenige weibliche Insassen des Lagers gefunden worden, deren Abtransport durch die Lagergassen unter breitem Grinsen unserer Schützen erfolgte.
Die meisten Lagerzeitgenossen standen jetzt still und bescheiden in langen Schlangen vor den Tischen, an denen sie in flotter Folge ihre Entlassungspapiere erhielten, um dann schubweise nach Brieg und anderen Orten abgeführt zu werden. Schimpfende und Randalierende wurden zur Beruhigung der Nerven ein Weilchen in geeigneten Stuben allein gelassen. Das Schönste war das Erstaunen der roten Lagerführung in Gestalt des Soldatenrates, der stolz im Auto gegen 9 Uhr morgens zur gewohnten Stunde vor dem Haupttor eintraf, um die täglichen Regierungsgeschäfte, bestehend im Verkauf von Staatseigentum, schnell zu erledigen. Verblüfft fanden sie sich Posten gegenüber, die als wirkliche Soldaten in Helm unter Gewehr standen, noch verblüffter

Ausmarsch des Freikorps Paulßen aus Ohlau   Photo: Paulßen, Konstanz waren sie, als der Ruf erscholl: „Wache rrrrraus!", und sehr bekümmert, als sie sich in der Arrestzelle des Lagers, die längere Zeit unbenutzt gewesen war, zu traulichem Beisammensein wiederfanden. Leider gehörte dieser Gesellschaft auch ein Offizier an.

Eine halbe Stunde darauf glänzte der schöne Personenwagen dieser Herren im Schmuck des schwarzweißen Freikorpswappens und war provisorisch zum Personenwagen des Bataillonsstabes gemacht, mit dessen Hilfe dem Herrn General Praefke, Kommandant von Brieg, nun der Erfolg des Tages gemeldet werden konnte.

Die Abwicklung alles Weiteren ging nun schnell, der angebliche Gegenangriff der Entlassenen, gemeinsam mit den Spartakisten-Elementen von Brieg, erstickte im Keim.

Photo: Heeresarchiv

Besetzung von Breslau im Juni 1919 aus Anlaß des Eisenbahner-Generalstreiks durch das Freikorps von Aulock

Männer und Sicherheitskompanien im Schwabenland 1918/1919

Von Wilhelm Kohlhaas

In der Landeshauptstadt Stuttgart sieht es im November 1918 nicht berückend aus; zwar sind im Soldatenrat zunächst die Gemäßigten in der Mehrzahl — denn eigentlich wollte das Land gar keine Revolution, oder allenfalls die Republik mit dem König als Präsidenten —, der König aber hatte für keine einzelne württembergische Monarchie im zusammenbrechenden Reich mehr fechten wollen, wenn er auch mutig in seinem Hause in Stuttgart geblieben war; daß ihm dabei der Kabinettschef Freiherr von Neurath entschlossen zur Seite stand, als einige üble Kerle in den Palast eindrangen, darf dabei nicht vergessen sein.

Jedenfalls hat damit auch Württemberg seine Republik und eine „provisorische Regierung", in der sogar auf ausdrücklichen Wunsch des Königs einige der bisherigen parlamentarischen Minister verbleiben, und daneben den üblichen Arbeiter- und Soldatenrat; wer eigentlich befiehlt, weiß zunächst niemand — auch nicht auf militärischem Gebiet: da ist noch ein Stellvertretendes Generalkommando ohne Rückgrat und ein Extra-Kriegsministerium, in dem sich einige Revolutionsgrößen aus eigenen Gnaden eingerichtet haben, so z. B. der „stellvertretende Kriegsminister" Eckstein, der später nach Abschluß dieser Wirksamkeit den Wunsch äußert, zum Abschied wenigstens zum Gefreiten ernannt zu werden; da aber dafür nicht das Ministerium, sondern seine Truppe zuständig ist, die ihm die Befähigung zu diesem Rang nicht zuerkennen will, so verschwindet der stellvertretende Kriegsminister zuletzt als Gemeiner... Doch dies ist die heitere Seite einer ernsten Angelegenheit; auch wenn die Gemäßigten der neuen Machthaber es noch verstanden haben, den ersten revolutionären Kriegsminister, Feldwebel Schreiner, auszubooten, der nun als Führer des Spartakusbundes den neuen Umsturz vorbereitet, so ist sein Nachfolger, Feldwebel Fischer, gleichfalls nicht ungefährlich; im Felde ein tapferer Mann, dreimal verwundet, aber jetzt schielt er schon, wohin die Reise geht, und schließt sich an den bösen Geist, den Innenminister Crispien an, den Schrittmacher der Kommune, der „kein Vaterland kennt, das Deutschland heißt".

Das ist die Lage, die der Leutnant Paul Hahn von den württembergischen Gebirgstruppen in der Hauptstadt vorfindet. Er kommt mit einem klaren Ziel: eine neue Ordnungstruppe muß geschaffen, zunächst muß dem Schiebertum, dem Rauben und dem Verschleudern von Heeresgut gesteuert werden, dann müssen die dazu aufzustellenden Sicherheitskompanien (SK) ein Machtmittel gegen jeden neuen Umsturzversuch bilden! Es hält schwer, dem Soldatenratskongreß diese Gedanken schmackhaft zu machen: sie wittern „Reaktion — weiße Garde!" Mit Mühe, unter allerlei taktischen Schachzügen, bringt Hahn seinen Antrag durch; noch hat er eine Reihe verständiger Unteroffiziere und Mannschaften in den Räten für sich — zunehmend aber, bei jeder Neuwahl, werden Ersatztruppen und Räte radikaler; man muß sich nach einer anderen Autorität umsehen..., da ist ja doch noch etwas, das sich provisorische Regierung nennt!!

Die Radikalen haben inzwischen dem bewährten Westfrontgeneral Hofacker, der im Kriegsministerium aufzuräumen bemüht war, die Arbeit unmöglich gemacht; der gibt beim Ausscheiden dem Ministerpräsidenten Blos den Rat: „Ich empfehle Ihnen den Leutnant Hahn — das ist der Mann, den Sie brauchen!" Folgendermaßen vollzieht sich nun die Begegnung zwischen der formellen und der tatsächlichen Gewalt, die die weiteren Geschicke des Landes bestimmt:

An einem Dezemberabend tritt in das Arbeitszimmer im Generalkommando, wo der Leutnant Hahn verzweifelnd über den Schwierigkeiten der Aufstellung einer Sicherheitstruppe brütet und sich über die Intrigen der Räte wie über die Verständnislosigkeit der militärischen Dienststellen giftet, ein alter Herr, der sorgsam seinen Regenschirm in die Ecke stellt, nach einem Platz für seinen alten Achtundvierziger Schlapphut sucht und auf die ziemlich unwirsche Frage, woher er kam, die Antwort gibt: „Ja, er sei der Ministerpräsident von Württemberg und habe gehört, hier könne man erfahren, ob es irgendwo zuverlässige Truppen gebe; denn solche werde man wohl zum Regieren brauchen..."

„Wozu würden Sie denn Truppen brauchen, Herr Ministerpräsident?"

Und dieser siebzigjährige Herr Wilhelm Blos, ein ungewöhnlich biederer Sozialdemokrat — einer mit den Idealen einer besseren Zeit, der nur deshalb von seinem Altersschoppen weg an die Spitze des Staates geholt wurde, weil die eigentlichen Umstürzler sich über die besten Plätze nicht einig werden konnten — dieser Mann hat eingesehen, daß nur eine starke Faust und militärische Zucht das Land retten können; damit ist er der richtige für Paul Hahn.

Was ist nun an Truppen vorhanden? In Isny Hahns alte Getreue von den Gebirglern unter Leutnant Albrecht, jederzeit einsatzbereit, aber zu weit weg. Man darf sie nicht zu früh holen, sonst ist das Geschrei von der „Gegenrevolution" da. In den großen Garnisonen ist die Soldateska durchweg übel verseucht; bei diesen Garnisonblüten fände ein Aufruf der Soldatenräte zu allgemeiner Plünderung mehr Anklang als eine Werbung für Ruhe und Ordnung. — Da ist noch die Matrosenkompanie in Stuttgart. Man kennt diese Burschen, im ganzen Reich Vorkämpfer der Revolte! Und ihr Anführer, der Obermatrose Schneider von SMS. „Seydlitz", ein mit höllischer Energie geladener Fanatiker, ist der geborene Bolschewistengeneral... scheinbar; doch als Paul Hahn sich den Mann vorgenommen hat (und wie er das fertiggebracht hat, ist sein Geheimnis und wohl sein Meisterstück), da ist Schneider sein rückhaltloser Anhänger geworden, und die Matrosenkompanie die sicherste Gefolgschaft des neuen Leiters der Sicherheitszentrale, und so bleibt es bis zum Ausklang der Spartakuszeit. Kein Wunder, daß Schneider sich den bittersten Haß der Kommune zuzieht; ihre Rache hat diesem Mann, den bei aller revolutionären Wildheit doch ein sicheres Staatsgefühl und eine bedingungslose Tapferkeit beseelte, einem der merkwürdigsten unter den bunten Erscheinungen jener Tage, wenige Jahre später den Tod gebracht.

Das ist also der Stamm von Hahns Sicherheitsmacht; die Matrosen zum mindesten keine Empfehlung in den Augen der Feldtruppen, die nun, Ende Dezember, endlich aus dem Westen anrücken. Da ziehen sie ein mit den alten Märschen, diese wunderbaren Regimenter, über denen Ludendorffs Wort leuchtet, daß Württemberg allein nur gute Divisionen hatte — da sind ein paar Tage lang die

Leutnant Paul Hahn, ehemals Gründer und Führer der Württembergischen Sicherheitskompanien *Photo: Kohlhaas, Berlin*

Soldatenräte in Stuttgart, in Heilbronn, in Ludwigsburg so klein, so klein — und dann Weihnachtsurlaub und Familie und Arbeitsplatz und Entlassungsanzug, und nach acht Tagen ist, wie überall, mit diesen Einheiten, den zuverlässigsten der Kriegsgeschichte, die ein unzerreißbares Erlebnis für ewig zu kitten schien, nichts mehr anzufangen. Vorbei — es ist zum Heulen.

Der Leiter der Sicherheitszentrale hat sich zurückgehalten, er hat die Entwicklung vorausgesehen: wenn die Fronttruppe für die Heimat genützt werden soll, so kann es nur durch Neuschöpfungen geschehen, nicht mit diesen alten Stämmen — aber unter ihren bewährtesten Feldoffizieren als Träger der alten

Sturmtraditionen! Hat doch jedes Regiment seine besonderen Helden, und in jeder Garnison findet sich bald der rechte Mann, der das Zeug hat, eine Freiwilligenkompanie oder mehr aufzustellen. In der Hauptstadt werden immer wieder zwei Namen aus dem Stuttgarter Grenadier-Regiment „Königin Olga" genannt: der Hauptmann Hans vom Holtz, Edelmann vom Scheitel bis zur Sohle, mag erst nicht in den politischen Schlamm hineingreifen; der

Hauptmann Hans Freiherr vom Holtz, ehemals Führer des Stuttgarter Studentenbataillons beim Spartakusputsch und in Oberschlesien
Photo: Kohlhaas, Berlin

Leutnant d. R. Wildermuth aber, der fünfmal verwundete Draufgänger, der gleich beim Einzug eine wilde Szene mit den Soldatenräten hatte, der wird nicht einfach auf seinen zivilen Aktenstuhl zurückklettern, gewiß nicht — aber er sieht in Hahn nur den zum Soldatenrat übergelaufenen roten Offizier und hat bei der ersten Begegnung die Pistolenkugel für ihn bereit ...

Er schießt sie nicht ab. Es ist ja hier wie im ganzen Reich, wo der heimkehrende Frontsoldat die entscheidende Frage nicht anders zu lösen vermag: „Wie bekämpfen wir die Novemberrevolte, ohne zur Freude Frankreichs das Ringen aller gegen alle und das Chaos auszulösen? Dürfen wir unsere Leute jetzt noch für eine Krone ins Feuer führen, deren Träger so beiseitetrat?" — Auch hier bleibt nur die eine Antwort, wie überall, wo deutsche Soldaten damals für die Rettung des Vaterlandes wieder zur Waffe griffen: die öde Parole „Ruhe und Ordnung!" Und Paul Hahn bekommt Wildermuths Zusage, eine neue Sicherheitskompanie in Stuttgart anzuwerben; die erste hat schon der Leutnant d. R. Fahr vom Feldartillerie-Regiment 29 aufzustellen begonnen.

Der Stamm für eine dritte Truppe dieser Art steht in seinem Ursprung vielleicht dem Freikorpsgedanken am nächsten: das ist die kleine Schar einsatzwilliger Leute, die sich in Stuttgart unmittelbar nach dem Umsturz unter dem schneidigen Fliegerhauptmann Wilfried Schmidt (Infanterie-Regiment 125) zusammenfanden und seither allerlei Flugblätter gedruckt, Waffen geklaut und in roten Versammlungen dazwischengeschrien haben, mit dem Endergebnis, daß auch ihnen jetzt unmittelbar vor der Spartakusrevolte kein anderer Weg bleibt, als zunächst einmal dieser Regierung den Arm zur Abwehr des Schlimmsten anzubieten ...

So beginnt in den ersten Tagen des Januar überall das Spiel der Aufstellung jener ersten neuen Truppen, in denen sich bewährte Soldaten mit Hochstaplern und Abenteurern und Lumpen mischen, da wird geworben und gesiebt und eingestellt und hinausgeschmissen, da wird verhandelt und gemurrt, auch gelogen und geklaut, da wird von den Offizieren im stillen Kämmerlein, in dem die scharfgemachten Handgranaten wurfbereit neben dem Trinkbecher liegen, getobt und auch gezecht, da jagen sich Alarmnachrichten und Telephonate und Einmischungsversuche Gott weiß welcher Volksbeglückungsräte, die man nicht mal glattweg in die Fresse schlagen darf, weil der Kampf ja noch nicht offen erklärt ist — und am Morgen des Spartakusputsches, der am 9. Januar hier wie im ganzen Reich starten soll, ist noch nicht klar, ob der Söldnerhaufe auf Befehl schießen oder lieber seinen Offiziersoldaten in den Rücken fallen wird. „Es ist der Ritt auf dem Rasiermesser!" sagt Wildermuth den paar Offizieren seines Regiments, die zu seiner Horde gestoßen sind — aber geschnitten haben sich dabei die andern!

Die Hauptsache bei der ganzen Kiste ist für den gründlichen schwäbischen Soldaten: wer hat nun eigentlich recht, wer hat zu befehlen, und wer regiert denn nun? Also muß Paul Hahn, bevor er den Kampf gegen den Umsturz ausficht, eine greifbare Autorität hinter sich haben, die man vorzeigen und für die man allenfalls ein „Hoch" ausbringen kann; soviel kann eine Regierungstruppe verlangen, andernfalls sucht sie sich ein Ideal, und dann fällt sie auf den Spartakus herein; der hat das billig als Massenartikel.

Aber nun neuer Schreckschuß: wo ist unsere Regierung geblieben? Man weiß schon, daß der Kriegs- und der Innenminister unverblümt mit den Führern des Umsturzes verhandeln — aber die übrigen? Zerplatzt? — Nach bangen Stunden erfährt Hahn doch noch durch einen guten Engel, daß die Biedermänner der Rumpfregierung im Finanzministerium bei einer Flasche Wein mit Ergebung abwarten, was sich entwickeln wird; genannt „Staatsführung". Eben noch kann Hahn in fliegender Hast die kostbaren Persönlichkeiten abholen lassen, ein paar Minuten drauf sind schon die Beauftragten des Vollzugsausschusses der Gegenseite da — aber nun haben wir sie in Verwahr, und nun wohin damit? In den Kasernen treibt sich zuviel spartakistisch verseuchter Mob herum. Hahn hat eine andere Burg ausgewählt: da ist der massive Turm des Stuttgarter Bahnhofsneubaus, innen noch nicht ganz fertig, primitiv mit Brettern ausgelegt, aber taktisch eine erstklassige Zitadelle. Von den Tausenden, die seitdem täglich von diesem Bahnhof aus ins Schwabenland hinausfahren, weiß kaum einer mehr, wie hier in jenen verrückten Tagen „Das Herz des Landes schlug" ... oder sollte es gar gezittert haben?

Denn sehr behaglich ist dies Ministerquartier gerade nicht — die eisernen Bettstellen, der Feldküchenkaffee und die sonstige Truppenverpflegung, das Gehen und Kommen der Befehlsträger, dann wieder drohende Unterhändler von Spartakus und aufgeblähte Soldatenräte, die nach beiden Seiten liebe Augen machen und die Unsicherheit vermehren —, und wenn diese Regierungsmänner eines neuen und freieren Zeitalters einmal aus dem Türspalt blinzeln, um einen notwendigen Gang über den Flur zu tun, so sehen sie an jeder Ecke die wildblickende Matrosenleibwache mit griffbereiter Maschinenpistole — oder da der Ministerpräsident sich gerade zum Schlummer begeben hat (die Socken hängen ihm über die Stiefel), da stößt ihn der Abgesandte einer Freiwilligenkompanie an, die im Straßenpatrouillendienst bei Tag und Nacht des ewigen Palavers mit dem Gegner müde geworden ist und mit den rauhen Kriegerworten anfragen läßt: „He, Herr Blos — wird jetzt geschossen oder nicht?!" — Und zu allem schließlich noch der klagende Anruf einer Ministergattin, ob ihr Mann nicht endlich heimkäme, das sei doch kein Familienleben mehr ...

Und in diesem Zustand, unter Hahns unbeirrter fester Einwirkung und ermutigt durch die Nachrichten von den Erfolgen der Regierungstruppen in Berlin, ermannen sich die Minister zuletzt doch, erlassen Proklamationen gegen Spartakus und geben dem Leiter der Sicherheitstruppen Vollmacht für die Parole „Straße frei!" — allerdings mit der Einschränkung, daß die Truppe „nur in Notwehr" schießen solle; nun, es ist ja ohnedies kein Kinderspiel, in den Straßen der eigenen Heimatstadt herumzuknallen; aber es ist auch nicht schön, das Gewehr als Spazierstock zu tragen, bis einem der Gegner in Seelenruhe eins auf den Pelz gebrannt hat ...

Mit Demonstrationen, großen Hetzreden und bewaffnetem Eindringen ins Rathaus, Ständehaus und in Zeitungsgebäude eröffnet Spartakus die Feindseligkeiten. Hahns erster Gegenschlag ist die Entwaffnung der höchst unzuverlässigen Kraftfahrtruppe in der „Akademie" (Schillers alter Karlsschule) und die Sicherung des dortigen großen Handgranatendepots, das die Spartakisten schon mit Liebe betrachten; um Mitternacht dringt Wildermuth mit seinen Leuten ein; wer von den Roten das Maul aufmacht, fliegt raus; zu schießen wagen sie nicht, selbst ihr Rädelsführer beugt sich der Macht der Tatsachen und macht sich dünne, leider hat er noch eine Kiste mit Handgranaten beiseitegebracht, die uns am andern Tag um den Kopf fliegen werden. Doch da sich die Regierung noch zu keinen Verhaftungsvollmachten aufgeschwungen hat, ist zu dieser Stunde noch nichts zu machen.

Nicht weniger verrückt geht es in derselben Nacht vor der größten Stuttgarter Zeitung, dem „Neuen Tagblatt" zu; dies Haus ist, nach Berliner Muster, von Spartakus besetzt worden, hier berät die Putschleitung (darunter etliche Russen, die sich hernach, da man sie in Württemberg lieblos behandelt, ins nahe Bayern verflüchten und dort die Räterepublik mitbeglücken) —, hier werden Aufrufe für die Fort-

Leutnant Eberhard Wildermuth, ehemals Württembergischer SK.- und Einwohnerwehrführer *Photo: Kohlhaas, Berlin*

führung des Putsches gedruckt. Aber in tiefer Nacht, als sich die meisten Krakehler in ihre Betten verzogen haben, sperrt Leutnant Fahr mit seinem Heerhaufen alle Zugangsstraßen zu dem Roten Hauptquartier ab. Die drinnen fuchteln wild mit ihren Gewehren, — was tun? Ohne schwere Waffen ist das Haus kaum zu stürmen, und den ersten Schuß zu tun, ist der Truppe ausdrücklich untersagt. Fahr betritt mit einem Kameraden das rote Haus, sucht die Gegner in Ruhe zur Übergabe zu bewegen; um ein Haar bekommt es uns schlecht, denn die Radikalen unter den Belagerten möchten uns gleich zum Fenster hinausschmeißen; keine angenehme Situation. Da — unten auf der Straße Laufschritt einer geschlossenen Kolonne —, was gibt es da überraschendes, Ungewohntes? Eine neue Regierungstruppe ist angerückt, in tadelloser Ordnung —, Ruck-zuck, hat sie haltgemacht und ist auseinandergeflitzt, um die schwachen Absperrposten der Kompanie Fahr zu verstärken. — Nun wird es den Roten anders zumute: von so vielen und so disziplinierten Truppen haben sie ja noch gar nichts gewußt! Schnell erhalten jetzt die Parlamentäre wieder freien Abzug, Fahr wird sogar gebeten, die Verhandlungen weiterzufördern, — aber nun gibt es nur noch eines: bedingungslose Übergabe.

Die unerwartete Hilfe ist die Studentenkompanie der Stuttgarter Technischen Hochschule, d. h. vor wenigen Tagen waren sie noch Offiziere im grauen Rock, eben erst haben sie sich für die Kollegs eingeschrieben; nun aber haben sie sich in Windeseile zusammengetan, ihre Führer sind am frühen Morgen in der Wohnung des Hauptmanns vom Holtz erschienen, haben ihn aus dem Bett geholt und an ihre Spitze gestellt, sein Regimentskamerad Hauptmann Nagel hat ihnen die Bergkaserne geöffnet und die Heerschar eingekleidet und bewaffnet; nun ist sie eben zurechtgekommen, die Situation am „Tagblatt" gründlich ins reine zu bringen.

Denn als nun in endlosem Palaver die Nacht verstreicht und die Absicht der Roten klar wird, die Verhandlungen bis zum Tagesgrauen hinzuziehen, wo die Masse ihrer Mitläufer sich wieder in den Straßen sammeln und die kleine Regierungsmacht erdrücken soll — da gibt es —, ob die Regierung will oder nicht, und ob auch die Verteidigungsmöglichkeiten mit Handgranaten und Pistolen in den engen Treppenfluren für den Angreifer höchst unangenehm sein mögen — nur das eine: Sturm auf das Gebäude! Man hatte den Gegner überschätzt: als wir, den Hauptmann vom Holtz an der Spitze, mit einer Wagendeichsel das Tor einstoßen und eindringen, während gleichzeitig Fahr von rückwärts über die Dächer klettert, da wagen die Verteidiger keinen Schuß; sie beschränken sich auf ein unvorstellbares Keifen und Schimpfen, — und das führt zu einer herzerhebenden Schlägerei, bis der letzte Spartakist entwaffnet von Hand zu Hand die Treppe hinuntergereicht und abserviert ist. Und da die festgenommenen Rädelsführer dennoch alsbald wieder von der Regierung freigelassen, später zwar wieder verhaftet, aber zuletzt von der Strafkammer in einem schmählichen Verfahren freigesprochen werden, so sind diese Prügel vom „Neuen Tagblatt" wenigstens der einzige verdiente und wertbeständige Lohn geblieben, den diese Verbrecher davongetragen haben...

Denn eine Blutschuld haben sie doch auf sich geladen: am nächsten Tage gehen die Unruhen weiter; schon ist eine unserer Straßenstreifen an der Eberhardskirche angefallen worden, zwei Mann niedergestochen — eine Demonstration der Regierungsparteien ist durch die Spartakusleute mühelos gesprengt —, nun versuchen sie erneut, sich einer Zeitungsdruckerei für ihre Aufrufe zu bemächtigen, und umlagern mit Dachschützen und Demonstrationszügen die „Württemberger Zeitung", die gerade noch von einer regierungstreuen Abteilung der alten Stammregimenter unter dem Soldatenrat Schroff besetzt wurde. Jetzt geht von Spartakusseite die Knallerei auf die Fenster des Zeitungsgebäudes los. Der Leiter der Regierungstruppen muß an Entsatz denken. Als zwei Lastwagen der Kompanie Wildermuth mit ihren MG. zum Befehlsempfang an der Regierungsburg vorfahren, kommt Paul Hahn selbst aus seinem Turm herunter, im zerknautschten blauen Anzug, unrasiert und mit schiefer Krawatte, drei Tage ist er nicht zum Schlafen gekommen, aber mit einem klaren Befehl: „An der Württemberger Zeitung ist Sauerei — fahren Sie rücksichtslos durch!" — So hätte ein einziger Befehlshaber am 9. November sagen sollen!!

Schon auf dem Marsch zur „Württemberger Zeitung" wird die Truppe in der Lindenstraße mit Handgranaten angefallen, zum Glück ohne Verluste, da sie in gelöster Formation marschiert; sie drückt sich zu dem Gebäude durch, erweitert strahlenförmig den Verteidigungsrayon in den Zufahrtstraßen — aber die aufgehetzte Menge will nicht weichen, drängt immer wieder heran, obwohl MG. in Stellung gebracht sind. So kommt es schließlich, wie es muß; ob die Erzählung wahr ist: ein guter Bürger habe einem unserer MG.-Posten ein in Papier gewickeltes Wurstpaket zugeworfen, der aufgeregte Soldat aber habe es für eine Höllenmaschine gehalten und abgedrückt. Wie unwesentlich ist dieser letzte Anlaß: denn wenn beide Parteien die Straße beherrschen wollten und schon mit Schießgewehr einherzogen, so mußte Blut fließen, damit sich entschied, wer der Stärkere war. Daß es, als nun die Maschinengewehre knatterten, wie gewöhnlich die falschen traf, nämlich neugierige Mitläufer, die sich unter Geschrei hatten vordrängen lassen, während die wahren Drahtzieher im Hintergrund hetzten — auch das ist allerorten genau so und demnach wohl auch notwendig gewesen.

Die Hauptsache ist, daß von diesem Augenblick ab der Putsch gebrochen und die Truppe Herr der Lage ist. Es kommt noch zu einer Reihe von Angriffsversuchen gegen einzelne Postierungen, aber stets räumt der Gegner das Feld, sowie die Eingreiftruppen auf ihren Lastwagen anbrausen; es wundert mich noch heute, daß uns niemals vom Gegner eine Handgranate auf eine dieser Menschenfallen hinaufpraktiziert wurde; aber diese Helden brachten es nur fertig, einmal einen Arzt niederzustechen, der uns bei unserer Anfahrt zuwinkte, ebenso bekam der vielgehaßte Leutnant Fahr einmal bei einem Spaziergang auf dem dichtbesetzten Schloßplatz einen Messerstich. Für die hervorragendsten Offiziere der Regierungstruppen sollen Moskauer Abschußprämien ausgesetzt gewesen sein; dem Kondottiere Hahn knallte einer mal dicht vor der Nase durch die Scheibe seines Autos, und den Schießversuch eines Banditen gegen Wildermuth habe ich selbst erlebt, doch der Bursche entwich, ehe er noch zum Schuß kam, mit einem Aufschrei vor einem gutgezielten Kolbenschlag. Der für mich selbst bemessene Kopfpreis von nur hundert Mark hat mein Selbstgefühl tief herabgedrückt; ich ging, seit ich das erfuhr, wieder ohne Pistole aus. — Aller große und kleine Alarm hat in der Folgezeit keinen abgehalten, unentwegt am Ausbau der zunächst nur improvisierten Abwehrkräfte des Staates zu arbeiten. Schon vor dem Januarputsch hatte Wildermuth in einer Offiziersversammlung aus dem ganzen Lande die Anregung zum örtlichen Zusammenschluß aller einsatzwilligen Soldaten gegeben; die alsbaldige Ausführung, die Bewachung aller Bahnhöfe, Telegraphenämter, Wasser- und Gaswerke, kurz aller lebenswichtigen Betriebe durch diese Zeitfreiwilligen ermöglichte den Einsatz der eigentlichen Sicherheitstruppe für wirkliche Kampfaufgaben; in den folgenden ruhigen Wochen wurde nun diese Hilfsorganisation unter Hahns Förderung ausgebaut zur ersten Einwohnerwehr in deutschen Landen, die ausdrücklich als Bestandteil der staatlichen Ordnung anerkannt wurde. Eine Sonderstellung nahmen in dieser Einwohnerwehr die Studentenbataillone von Stuttgart, Tübingen und Hohenheim ein, eine unerreicht kampftüchtige Truppe, deren Kompanien immer wieder in kürzester Frist auf den Anruf der Kommandostelle bereitstanden und in Stuttgart, Augsburg, München und dem Ruhrgebiet eingesetzt wurden (in Oberschlesien nur die Stuttgart-Hohenheimer unter Hauptmann vom Holtz, Hauptmann d. R. Rupp, Hauptmann W. Schmidt, Leutnant d. R. Keinert, Leutnant d. R. Bohnert, während der Einsatz der Tübinger in diesem Fall leider durch ihren Führer, Kapitänleutnant Petzold, verhindert wurde). Beim Aufbau des schon genannten Stuttgarter Studentenbanns — den u. a. auch Hellmuth Stellrecht in seinem Buch „Trotz allem" lebendig geschildert hat — ereignete sich übrigens eine Episode, die einer späteren Zeit zeigen soll, was damals Minister hieß:

Beim Spartakusputsch, während Hahn die sogenannte Regierung mit Feldküchenkaffee und guten Worten in seinem Bahnhofsturm behütet, haben sich der Innenminister Crispien und Kriegsminister Fischer selbständig gemacht; sie möchten sich den Pelz waschen, ohne naß zu werden, möchten gerne mit Spartakus gehen, wenn dieser siegt, und dabei doch die anderen Brücken nicht ganz abbrechen. So beschließen sie, den Puls der Lage zu fühlen, und erscheinen in der Bergkaserne mit dem Begehren, die Truppe zu sprechen. Hauptmann Nagel ist nicht verlegen, er baut ihnen die Studentenkompanie auf, die soeben ihre Einkleidung vollendet hat, Offiziere wie Mann in zerschlissenem grauen Rock, mit furchtbaren Knobelbechern an den Füßen und dem schildlosen Krätzchen auf dem Kopf; die meisten sehen unmöglich aus, und das scheint den Ministern gerade vertrauenswürdig. Item, sie heben hemmungslos an mit ihren Phrasen wider Militarismus und die Offiziere, mit ihren Lügen von Deutschlands Kriegsschuld und der wahren Freiheit — da unterbricht sie ein Schreien und Toben: „Was habt ihr gesagt?!! Licht aus — Messer raus — haut sie!" Und die Volksmänner sehen sich einem Wirbel von geschwungenen Koppeln und MG.-Schläuchen gegenüber, weichen sprachlos in den ach so vollkommenen Schutz der lachenden Hauptleute und finden sich, sehr zerfleddert, auf der Straße wieder mit der sinnigen Betrachtung: „Das sind ja entsetzliche Menschen!!" Nun wissen die beiden Edlen erst recht nicht, was tun; sie treiben sich mit schlechtem Gewissen zwischen den Parteien umher, doch als sich am 11. Januar entschieden hat, daß Spartakus unterlegen und die Regierung wirklich Herrin der Lage ist, da erscheinen sie mit der Kühnheit der Unschuld wieder im Bahnhofsturm und verlangen Zutritt zum Ministerrat. Der alte Blos, an dem diese Tage nicht ganz spurlos vorübergegangen sind, läuft blau an, und was dieser Ministerpräsident einer Revolutionsregierung nun seinen Kollegen ins Gesicht sagt, ist jedenfalls im Wortlaut nicht ins Protokoll gekommen. Sicher ist aber, daß er, als die Tür sich wieder hinter den beiden geschlossen hat, atemholend seinen Ministerialdirektor fragte: „Sind die nun hiermit als Minister richtig entlassen, oder fehlt noch etwas dazu?" — Aber der Ministerialdirektor Erlenmeyer meint, in seiner ganzen langen Dienstzeit habe er keine so deutliche Ministerentlassung erlebt; zur Sicherheit wird es dann noch schriftlich bestätigt.

Damit ist die Ordnung in Württemberg endgültig hergestellt. Gewiß brodelt es noch manchmal unter der Decke, und im Sommer 1919 muß Hahn sogar noch einer Verschwörung der Soldatenräte, denen er Schritt für Schritt die Macht entwunden hat und die nun ihrerseits seine Sicherheitssoldaten aufzuwiegeln suchen, mit ganzem Einsatz der eigenen Person mit der Pistole in der Hand entgegengetreten. Aber er bleibt Herr der Lage. In seinem Hauptquartier, dem Stuttgarter Alten Schloß, in das er vom Bahnhofsturm übersiedelt, hört er jeden Morgen durch seinen ausgezeichnet organisierten Nachrichtendienst alles, was sich vorbereitet, und trifft seine Maßnahmen so, daß es zwar noch zu gelegentlichen Knallereien, nie aber mehr zu einer großen Kampfhandlung im Lande kommt.

Sturm auf die Residenz
Die Befreiung Würzburgs vom roten Terror

Über den Dächern der Würzburger Residenz wehten seit dem 9. November 1918 rote Fahnen. Das „rote Komitee" regierte in den Prachträumen, die einstmals mainfränkischen Fürsten, Bischöfen, Königen und Kaisern als Wohnung gedient hatten. Zur Sicherung ihrer Existenz hatten sie 16 Würzburger Geiseln festnehmen lassen. Große rote Plakate kündigten den Würzburgern an: „Für jeden Proletarier, dem ein Haar gekrümmt wird, wird eine Geisel erschossen!" Alle Bemühungen um eine Freilassung der Geiseln waren ohne Erfolg. Zuletzt entschloß sich am 8. April 1919 die Bürgerschaft zu einem allgemeinen

Würzburger Freiwillige nach der Erstürmung der Residenz   Photo: Stadtarchiv Würzburg

Bürgerstreik: Die städtischen Betriebe, das Gas- und Wasserwerk, die Post und Eisenbahn stellten ihre Arbeit ein.

Den roten Machthabern standen bürgerliche Machtfaktoren gegenüber. In der Faulenberg-Kaserne befanden sich zwar zwei Batterien des 2. Bayerischen Feldartillerie-Regiments, die aber durch die Entlassungen so schwach waren, daß sie von sich aus nichts unternehmen konnten. Trotzdem entschloß sich der Führer dieser beiden Batterien, Hauptmann von Oelhafen, zu einem Versuch, die Geiseln zu befreien und die Räteherrschaft zu stürzen. Er ließ in der Nacht vom 8. auf den 9. April zuverlässige Leute seiner Batterie bei ihm bekannten Frontsoldaten und Offizieren sowie bei den Studenten und Maschinenbauschülern einen Befehl herumgeben, in dem sie aufgefordert wurden, sich am nächsten Morgen in der Kaserne einzufinden. Auf Schleichwegen, da schwer bewaffnete rote Patrouillen die Straßen unsicher machten, meldeten sich am nächsten Morgen etwa 200 Mann in ihren alten Felduniformen. Der von den Roten eingesetzte Soldatenrat Sauber, der etwas von den Vorgängen gemerkt hatte, wurde verhaftet und im Arrestlokal untergebracht.

Leider war jedoch die Residenz bereits alarmiert worden. Etwa 200 Mann Verstärkung wurde in das Gebäude gelegt, die Tore und Fenster mit Maschinengewehren besetzt. Die Geschütze der Festung waren von dem roten Kommandanten auf das Villenviertel der Stadt gerichtet worden. In der Stadt wurde verkündet, daß von der Festung aus die Stadt zusammengeschossen werden sollte, wenn ein Angriff auf die Residenz erfolge. Der Bahnhof war von einer roten Matrosenkompanie besetzt worden, die die umliegenden Straßen mit Maschinengewehren fast uneinnehmbar besetzt hatten.

Die Aussichten für die wenigen Frontsoldaten in der Faulenberg-Kaserne waren unter diesen Umständen nicht sehr günstig. Trotzdem trat die kleine Truppe mit sechs Maschinengewehren und drei Feldgeschützen zum Kampf um die Stadt Würzburg an. Zunächst besetzten Patrouillen die Funkstation an dem jetzigen Flugplatz. Dann marschierte eine Vorhut über den Eisenbahnübergang in die Stadt ein. Ein Geschütz wurde in den Ringparkanlagen in Stellung gebracht, ein zweites in der Nähe des alten Bahnhofes. Da fielen plötzlich über dem Residenzplatz die ersten Schüsse. Kurz darauf peitschten Maschinengewehre in die Anlagen. Als erster fiel der Offiziersaspirant Langer, der ein MG. gegenüber dem jetzigen Gauhause bediente. Aber schon heulte die erste Granate gegen die Residenz, von der nach dem berstenden Einschlag die ersten Steinbrocken auf dem Residenzplatz herumgeschleudert wurden. Weitere wohlgezielte Schüsse brachten bald die anderen Maschinengewehre zum Schweigen. Nicht länger als eine halbe Stunde dauerte der Kampf, dann war die Residenz in den Händen der Freikorpskämpfer. Aus der Stadt meldeten sich zahlreiche Bürger und Arbeiter, die sich aus den reichen Waffenvorräten in der Residenz bewaffneten, so daß kurz darauf eine ansehnliche Schar gegen den Bahnhof vorgehen konnte. Die „Republikanische Schutztruppe", eine Soldatenratsformation, erklärte sich plötzlich für „neutral". Sie wurde entwaffnet und nach der Kaserne geschickt. Ein Geschütz wurde am Eingang der Kaserne in Stellung gebracht, das schwer unter dem Feuer eines hinter der Bahnhofsuhr aufgestellten MG. zu leiden hatte. Als jedoch der erste Schuß gegen den Bahnhof heulte, brach auch hier der Widerstand zusammen, besonders, als einige Sturmtrupps, die sich durch die Bahnhofstraße vorgearbeitet hatten, zum Sturm ansetzten. In der gleichen Zeit hatte eine andere Gruppe von Freiwilligen unter Hauptmann Dittmann die Neunerkaserne umstellt und die dort liegenden zwei Soldatenratsbataillone entwaffnet.

Jetzt galt es nur noch, die Festung zu nehmen. Die inzwischen stark angewachsenen Freiwilligen waren noch in der Bereitstellung zum Sturm, als das Feuer von der Festung auf die Mainbrücken plötzlich abbrach. Kurz darauf wurde bekannt, daß die Besatzung der Festung auf Lastwagen durch das Höchberger Tor entflohen war.

Kragenabzeichen des Freikorps Würzburg
Vorlage: Heeresarchiv

Kampf um Augsburg

Von Rolf Liemann

Kalt war die Osternacht. Zwischen wandernden Wolken sah der abnehmende Mond auf ein bewegtes militärisches Leben, das sich auf der Staatsstraße südlich Gersthofen, wo wir uns zum Angriff formierten, abspielte. Wir haben eine feindliche rote Armee vor uns. Das verraten uns die dumpfen Kanonenschläge, die in den Ostermorgen hineinschallen, und die hoch in den Lüften explodierenden Schrapnells. Der Kampf um Augsburg hat begonnen. Eine schnell zusammengestellte Gruppe unter Führung des Oberstleutnants Hierl, bestehend aus unserem Detachement Probstmayr, den Württembergern unter General Haas, den Schwaben unter Major Pitrof, soll diese Aufgabe durchführen. Endlich ist auch unsere Artillerie ausgeparkt, eine langwierige Arbeit bei der armseligen Laderampe der Station; die Geschütze werden nebst den Maschinengewehren auf die einzelnen Infanteriezüge verteilt, und nun zieht, begünstigt von dichtem Nebel, das Detachement gefechtsbereit dem Feind entgegen. Das ungewohnte Klirren und Rasseln auf der Straße läßt die Einwohner an die Fenster eilen, und erstaunte, ja erschreckte Gesichter richten sich auf uns. Die Leute wissen offenbar nicht, was sie von uns halten sollen. Ihre Ratlosigkeit ist eigentlich so recht bezeichnend für das Verhalten unserer Landbevölkerung gegenüber der Spartakusgefahr. Sie möchten alle gern haben, daß Ruhe und Ordnung im Lande wäre, aber mittun beim Ruheschaffen, das mögen sie nicht; es sitzt sich eben zur Zeit so gut auf der eigenen Scholle.

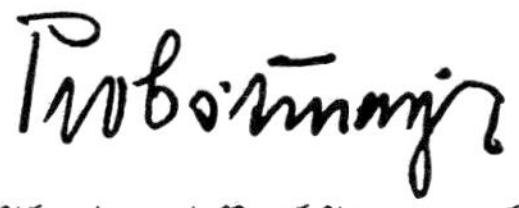

Wir nähern uns unbehelligt Augsburg. Wohl schießt es aus der Richtung von den Lechauen her ab und zu einmal, aber ein Geschoß läßt sich nicht hören. Als wir in Oberhausen, der nördlichen Vorstadt Augsburgs, eintreffen, sind die Straßen voll von Menschen, die sich ins Osteramt begeben wollen. Maßloses Erstaunen spiegelt sich auf den Gesichtern der Kirchgänger bei dem Anblick dieser langen, wohlgeordneten Kolonnen. Hier und da begreift einer, um was es sich da dreht, da und dort weht ein Taschentuch, winkt eine Hand den Truppen freundlichen Willkomm. Andere Passanten, Arbeiter, mustern mit finsteren Blicken die waffenstarrenden Reihen, es dämmert ihnen wohl, daß die für Ostersonntag geplante neue Proklamierung der Räte-Republik nun unterbleiben wird.

Oberstleutnant Probstmayr, ehemals Führer des Freiwilligen-Detachements Probstmayr
Photo: Archiv Reiter gen Osten

Kragenabzeichen des Freiw.-Detach. Probstmayr

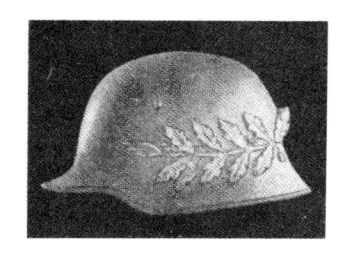

Kragenabzeichen des Freikorps Amberg

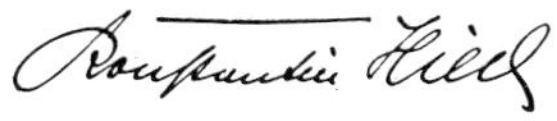

Oberst Hierl, ehemals Führer des Detachements Hierl
Photo: Bieber, Berlin

Ohne Störung geht der Marsch über die Wertach hinüber. An den über diesen Fluß führenden Brücken und der Bahnstation bleiben Sicherungen zurück, das Gros marschiert weiter und erreicht unbehelligt die „blaue Kappe". Da erhält die bis zum Theaterplatz vorgestoßene Spitzenkompanie des 8. Infanterie-Regiments vom Hauptpostgebäude in der Grottenau her Feuer. Das Gefecht beginnt, während eine andere Kompanie des 4. Infanterie-Regiments durch die lange Gasse sich zum Theaterplatz vorarbeitet. Sie kommt mit zwei Maschinengewehren bis in die Mitte der Ludwigstraße, wo das Gebäude des Garnisonkommandos sich befindet, da setzt plötzlich vom Ende der Straße, wo sie in die Grottenau einmündet, und wo große Erdhaufen einer ausgegrabenen

Minenwerfer hinter einer behelfsmäßigen Deckung in der Halderstraße in Augsburg
Photo: Stadtarchiv Augsburg

Kanalisation vorzügliche Deckung bieten, starkes Maschinengewehrfeuer ein. Die deckungslosen Regierungstruppen können vorerst nicht weiter vor und müssen in den Hauseingängen Schutz suchen. Hierbei fällt ein Mann des 4. Regiments, ein anderer wird verwundet. Bald aber macht die Artillerie dem Widerstand ein Ende. Mit lautem Krach explodieren Granaten, einige Häuser, wie das Gasthaus „Deutsches Haus", das Café „Post", ziemlich beschädigend. Das Eingreifen der Artillerie läßt den Widerstand bald schwinden. Die Besetzung von Kommandantur und Hauptpost ist nun das Werk weniger Augenblicke, bald führt man die Gefangenen, durchweg junge freche Bürschchen, mit hochgehobenen Händen ab ins Landgerichtsgefängnis am Katzenstadel, dem von allen Seiten Patrouillen mit in anderen Stadtteilen Verhafteten zuströmen. Das Publikum begrüßt dabei seine nun unschädlich gemachten Peiniger mit allerlei „frommen" Wünschen.

Inzwischen ist auch das Regierungsgebäude gestürmt worden; hierbei wurde der Kampf geradezu vor die Türen des alten Domes getragen, und nur mit Mühe konnte unter den zahllosen Kirchenbesuchern eine Panik verhindert werden. Schon drängten die Frauen in kopfloser Angst zu den Türen und wollten ins Freie, was für viele den Tod bedeutet hätte, denn der Domplatz lag unter dem Feuer der Maschinengewehre. Hier gab es natürlich trotzdem Tote und Verwundete. Eine andere Kolonne drang zur selben Zeit gegen das Rathaus am Perlach vor. Mit wenig Schüssen war die Sache erledigt. Stadtkommandant Edelmann nimmt die ihm von den militärischen Befehlshabern gestellten Bedingungen bedingungslos an. Um die Mittagsstunde des Ostersonntags hat das Detachement seine ihm bestimmten Postierungen besetzt. Da die Württemberger von Süden, ferner andere bayerische Formationen von Süden und Westen her vorgedrungen sind, wobei die Württemberger in der Haunstetter Straße bei der Schürerfabrik und der Kaserne des 3. Infanterie-Regiments größeren Kampf zu bestehen hatten, während die Kapitulanten-Kompanie Wolf des 12. Infanterie-Regiments von Göggingen her einmarschierte, nachdem sie in schneidigem Angriff das Artilleriedepot genommen und den Königsplatz mit Hilfe von Minen gesäubert hat, ist die gesamte Stadt zwischen Lech und Wertach fest in den Händen der Regierungstruppen. Damit waren die Kämpfe aber noch lange nicht abgeschlossen. Nun sammeln sich drüben über der Wertach und in Lechhausen die überraschten Spartakisten rasch in größerer Zahl. Die dünnen Postierungen an den Wertachübergängen werden überrumpelt, ihnen drei Geschütze, mehrere Maschinengewehre, Pferde und Packwagen abgenommen, die wenigen Regierungsmannschaften werden entwaffnet, die Waffen in die Wertach geworfen, die Mannschaften ins Gefangenenlager der Spartakisten abgeführt.

Der Hauptkampf entwickelt sich nun um die Wertachlinie. Unaufhörlich krachen von beiden Seiten her die Maschinengewehre und Geschütze, die Spartakisten beschießen mit den erbeuteten Feldgeschützen wahllos die Stadt, was zahlreiche Verwundete und Tote unter der Zivilbevölkerung und namhafte Beschädigung verschiedener Privatgebäude zur Folge hat. Unsere Artillerie ist nicht lässig, davon zeugt die bös zerschossene Wertachstraße in Oberhausen. Auch fordern unsere Maschinengewehre ziemlich viel Opfer unter der dortigen Zivilbevölkerung. In dieser Situation vergeht die Nacht, und der Ostermontag steht gleichfalls im Zeichen dieses Kampfes um die Wertachvorstadt. Zur gleichen Zeit werden im Rathaus zwischen der militärischen Oberleitung und Arbeiter-Bevollmächtigten Verhandlungen wegen bedingungsloser Übergabe geführt. Am Mittwoch ist der Widerstand endgültig gebrochen. Namhafte Verstärkungen sind eingetroffen, ein Geschütz haben sich die wackeren Artilleristen selbst wiedergeholt, die übrigen noch im Besitz der Spartakisten befindlichen Geschütze und Maschinengewehre werden von ihnen ausgeliefert, wobei es wieder, trotz aller Abmachungen, zu Schießereien kommt. Auch die Ablieferung der Waffen ist recht mangelhaft, bis endlich das Militär sich nicht länger mehr durch Parlamentieren die Hände binden läßt, sondern energisch gegen Oberhausen vorgeht, indem Truppen von allen Seiten in dieses aufsässige Spartakistenviertel einmarschieren. Hiermit ist Augsburg endgültig erledigt, das Detachement Probstmayr hat seine zweite größere Aufgabe, Eroberung der Stadt und Sicherung des über Augsburg wider München führenden Transportweges, unter dem Verluste von sechs Toten und 19 Verwundeten voll gelöst. Fast augenblicklich wurden die Truppen der Gruppe Hierl zu neuem Gefecht, innerhalb des sich langsam schließenden Ringes um München, bereitgestellt.

Das Blutgymnasium

Droben im vierten Stock des Nebengebäudes der "Vier Jahreszeiten" in München hatten die "Weißen" ihr Werbebüro aufgeschlagen. Irgendein Verräter "steckt" es der politischen Militärpolizei. Am nächsten Morgen schickt man eine Abteilung Matrosen hinauf. Die sollen die Verschwörer abfangen. Man findet falsche Stempel und antisemitische Flugblätter. "Aha, jetzt ham wir ja die, wo die gelben Flugblätter aus dem Auto herausgeworfen haben!" Draußen vor der Tür postiert man einen Matrosen, der jeden festnehmen soll, der das Büro der Thulegesellschaft oder des Sportblatts "Der Münchener Beobachter" betreten will. Ein Offizier in Zivil erscheint, um sich Instruktionen zu holen. Er begreift sofort die Situation, als er den Matrosen vor der Tür sieht. Und er hat Geistesgegenwart genug, eine Komödie aufzuführen. "Du, Kamerad!", sagt er zu dem Posten, "ist denn hier nicht der ,Beobachter'? So ein Wurstblatt, so ein elendiges! Darf man denn da nicht hinein? Dem Redakteur, dem Nazi, dem muß ich einen Krach schlagen. So ein windiger Bruder! Dreimal hab' ich ihm schon geschrieben, daß er mir das Wurstblattl nimmer schicken soll. Aber allweil schickt er mir's noch ins Haus! A paar Watsch'n bin ich dem Kerl schuldig!" Der Matrose lacht und öffnet die Tür. Drinnen die gleiche Szene. Die Matrosen lassen sich verblüffen und bedauern selber, den Redakteur nicht zu haben. Gnädig wird der Offizier entlassen. Auf der Treppe trifft er einen Genossen. "Das Büro ist verraten! Wir müssen alle warnen!"

Im Kriegsministerium abends gegen 11 Uhr. Egelhofer, der Oberkommandierende, sitzt ohne Kragen lässig auf einem Sofa. Vor ihm ein Maßkrug. In einem Ledersessel, wie hingehaucht und zigarettenrauchend, Levien. Am Nachmittag hatten ihm die antisemitischen Betriebsräte im Hofbräuhaus den Stuhl vor die Tür gesetzt. Und nun macht er bei seinem Freunde Egelhofer Visite und wird ihm sein Leid geklagt haben. Da wird Egelhofer plötzlich ungeduldig. "Sakrament!", ruft er einem Schreiber zu, "wo bleiben denn die Kerle von den ,Vier Jahreszeiten'? Telephonier mal hinüber zum Mehrer auf die Stadtkommandantur! Er soll sie sofort herüberschicken!" Der Schreiber kommt mit dem Bescheid zurück, Mehrer sei noch beim Verhör. Da schlägt Egelhofer auf den Tisch. "Sofort hab' ich gesagt!" Der Schreiber verschwindet. Nach einer Weile bringt man die Thuleleute herein, die Gräfin Westarp, Deike, Neuhaus, Aumiller, Daumenlang, später wird Freiherr von Seidlitz hereingeführt. Egelhofers Vertraute, Hornung und Kunstmaler Seyler, der Adjutant, ein Vereinsbruder von Deike und Neuhaus, werden geholt. Dann beginnt das Verhör. Sie sollen die Stempel gefälscht haben. Sie bestreiten's. Sie sollen mit der Judenhetze in Verbindung gestanden haben. Sie sagen: "Das sind nicht wir gewesen. Wir haben uns um Politik nicht gekümmert. Das ist die andere Gruppe der Thulegesellschaft gewesen." Stundenlang geht das Verhör. Die Stempel sind längst vergessen. Man interessiert sich mehr für den antisemitischen Charakter der Thulegesellschaft, für die antisemitischen Flugblätter, für die Beziehungen der Thulegesellschaft mit dem Hammerbund.

Egelhofer, der Sohn der Au, scheint sich nicht allzusehr für diese Dinge zu interessieren. Ihm ist auch nicht recht wohl. Er verlangt Medizin. Man reicht ihm eine Photographie, anscheinend mit einem obszönen Vorwurf. Das bringt wieder Lebensgeister in seinen Körper. Man fragt weiter über Antisemitismus und Hammerbund. Levien sitzt im Klubsessel und raucht Zigaretten. Kein Wort kommt über seine Lippen. Was kümmert ihn, den Juden, der Antisemitismus? Da werden Deike und Neuhaus müde und mürbe. "Sie benahmen sich wie die Memmen!" erzählt später im Prozeß ihr Vereinsbruder Seyler. "Aus meinen Augen mit den Kerlen!" ruft er. "Aber ihr kommt nicht eher weg, bis ihr gestanden habt." Man bringt sie hinaus. Eine Stunde später sind sie in den Zellen der Polizeidirektion. "Wären sie im Kriegsministerium geblieben", sagt Seyler, "es wäre ihnen kein Haar gekrümmt worden. Egelhofer hat sicher nicht gewollt, daß sie woanders hinkommen. Kein Mensch weiß, wer den Befehl dazu gegeben hat. Vielleicht könnte Levien es wissen..."

Zwei Tage später. Seidel, der Kommandant des Blutgymnasiums, hat Befehl erhalten — von wem, weiß er nicht mehr — die Thuleleute aus der Polizeidirektion in seine Obhut zu nehmen. Mit einem ganzen Kommando rückt er an. Sogar ein Panzerwagen ist dabei. Die Thuleleute werden aus den Zellen geholt. Daumenlang ist furchtbar erschüttert. Er zittert an Händen und Füßen, als man ihn vor Seidel bringt, der, mit dem Revolver in der Hand, lässig auf einem Tisch sitzt. Daumenlang weiß, daß es ums Leben geht. Er jammert weiter. Seidel entsichert den Revolver. Da reden die anderen Gefangenen auf Daumenlang ein. "Da muß ich halt ruhig sein!" sagt er zerknirscht. Er sieht sein Schicksal klar vor Augen, vielleicht der einzige unter den Geiseln. Die Gräfin Westarp beteuert ihre Unschuld. Der Revolver Seidels bringt auch sie zum Schweigen. Die Soldateska ergeht sich in Drohungen. "Eine Kugel ist zu gut für euch! Das Messer soll man euch durch den Ranzen rennen, daß es hinten wieder herausschaut. Schad', daß es zu kurz ist!" "Also los mit der Schweinebande!" befiehlt Seidel. Angstschauer durchschütteln den Körper Daumenlangs. Er faltet die Hände zum Gebet. Drunten in der Löwengrube wird der Todeszug zusammengestellt. — Es dunkelt bereits. Ein Schneegestöber setzt ein. Da rafft sich Daumenlang auf und — flieht. Gewehre fliegen an die Backen. Man hört die Zähne knacken... Aber da haben ihn schon ein paar Fäuste. Armer Daumenlang!! Unbarmherzig schlägt man auf ihn ein. Seine Lippen bluten, und auf der Stirne schwillt eine große Beule. Man pufft ihn ins Panzerauto hinein. „Da gehst uns nimmer durch, du Bazi!"

... Eine Viertelstunde später im Kommandantenzimmer des Luitpold-Gymnasiums. Man stößt Daumenlang hinein, ein Bild des Jammers. Blutunterlaufen und aufgeschwollen die Lippen, die Stirne verbeult, mit zerschlagenem Klemmer. „So bin ich behandelt worden!" kommt es aus gequältem Herzen. Dann bricht er vollends zusammen. Das rührt auch das harte Herz Hausmanns. Er läßt ihm einen Stuhl bringen. Dann geht ein kleines Verhör an. „Aha, einer von den Plünderern aus den ,Vier Jahreszeiten'!", sagt Hausmann. Da treibt's den armen Sekretär wieder in die Höhe. „Plünderer? Erst hat man mich als Judenhetzer verhaftet! Jetzt soll ich gar noch ein Plünderer sein! Ich hab ja 20 000 Mark auf der Bank." Sogar Hausmann scheint dieses Argument stichhaltig zu sein. Dann kommen die anderen Leidensgenossen. Bald darauf Seidel: „In den Keller mit den Schweinen!" Daumenlang betet.

Die „Weißen" stehen vor den Toren. Man fühlt, die Soldateska zieht nicht mehr recht, sie sagt: „Erst Löhnung! Erst Zigaretten!" und spricht von Verhandlungen. Da braucht man Dinge, die die Roten zur Wut begeistern, zu „roten Teufeln" machen gegen die anrückenden Weißen. Da bringt man zwei gefangene Weißgardisten ins Kommandantenzimmer. Der ganze engere Ausschuß kommt herein, Levien, Axelrod, Schuhmann und die Gesellschaft hysterischen Schwabinger Weibsvolks. Weibsbilder jubeln, daß man endlich einmal ein paar von „der Sorte" hat. Und die Husaren kommen wie gewünscht. Die müssen ja orientiert sein über all die Gemeinheiten, die die Weiße Garde mit den unschuldigen Roten vorhat. Seidel verhört sie, wie immer, den Revolver in der Hand. „Die Weißen sollen Prämien auf die Köpfe der Roten ausgesetzt haben. Sagt's nur." Aber der junge Husar weiß nichts von solchen Prämien. Da schnellt der Revolver, der bisher hinter dem Rücken verborgen, dem Husaren unter die Nase. Tatkräftig. Mit Ohrfeigen lockt er den Leuten Geständnisse heraus. „Mit euch werden wir keine langen Faxen machen!" schreit er sie an. „Mit euch wird nicht lange Theater gespielt!" Man braucht Blut für den Blutrausch. Begeisterung, was die Roten gegen die Weißen fanatisieren soll. Levien diktiert ein Plakat, das das berauschende Gift unter die Massen tragen soll, die schon entschlossen sind, die Waffen wegzuwerfen. „Man hat einen Preis auf euern Kopf gesetzt! Jeder von euch wird erschossen oder erschlagen werden. Es sind die Liebknechtmörder, die auf München anrücken!" Und das zündet! Die Soldateska zieht auf in heller Wut. Man prügelt die Husaren, daß ihnen das Blut aus der Nase quillt. Man fordert die Häupter der Husaren. Die Regie ist geschickt gewesen: Levien hat „seinen" Seidel und Seidel hat „seinen" Kammerstetter und Kammerstetter „seinen" Schickelhofer. „Bring sie nur herunter!" Und die mit Lug und Trug in die Wut gepeitschte Soldateska hat die Husaren vor die Flintenläufe gestellt, Schüsse krachen über den Hof — es war erreicht! Die Bestie hatte Blut getrunken...

Nachmittags 4 Uhr. Im Geiselzimmer sitzen die Verhafteten. Die einen lesen, die anderen spielen Karten. Daumenlang jammert nach Frau und Kind. Da kommt

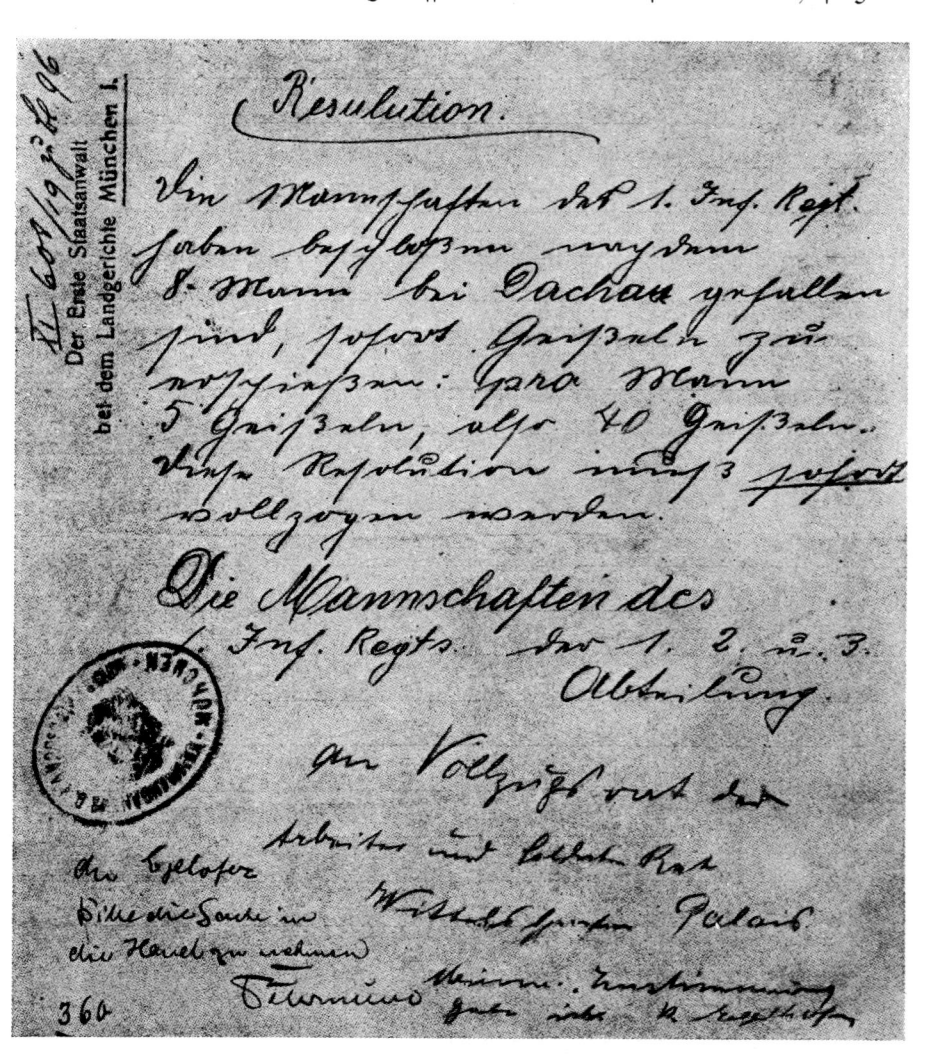

Der Beschluß der Mannschaften des 1. Infanterie-Regiments zum Erschießen der Geiseln von dem damaligen Kriegsminister Egelhofer gegengezeichnet

Photo: Hoffmann, Berlin

Arbeiter! Soldaten der Roten Armee!

Der Feind steht vor den Toren Münchens. In **Schleißheim** sind schon die Offiziere, Studenten, Bourgeoissöhne und weißgardistischen Söldner des Kapitalismus.

Keine Stunde ist zu verlieren. Heraus aus den Betrieben. Sofortiger

Generalstreik!

Schützt die Revolution. Schützt Euch selbst. Alle Mann

zu den Waffen!

Auf zum Kampfe. Setzt Eure ganze Kraft ein.
Alles steht auf dem Spiele.

Der Feind kennt keine Gnade!

In Starnberg haben die weißgardistischen Hunde die **Sanitätsmannschaften niedergemetzelt.** Ihr kämpft für Eure Frauen, Eure Kinder, für Euch selber.

Zeigt den Kapitalisten und deren bezahlten Söldnern, wie das Proletariat für seine Sache zu kämpfen weiß.

Zeigt der weißen Garde, wie die Rote Armee zu siegen versteht.

Auf zum Kampfe für die Sache des Proletariats!

München, 29. April 1919.   Das Oberkommando der Roten Armee: gez. R. Egelhofer

Ein Flugblatt, das in den Tagen des Geiselmordes in München verteilt wurde

Vorlage: Reichsarchiv

Die Mauer im Hofe des Luitpold-Gymnasiums, an der die Geiseln erschossen wurden.   Photo: Heinr. Hoffmann, Berlin

Hausmann mit seinen zwei Schreibern und diktiert ihnen Namen. „Erst die von den ‚Vier Jahreszeiten'!" Hesselmann stellt die Gruppen zusammen. „Erst die, dann die, dann die!" Man ahnt, es geht zum Tod. Nur Professor Berger nicht. Er gehört nicht zu den Thuleleuten. Im Gegenteil, er ist Jude. Die anderen Schicksalsgenossen wollen ihn zurückhalten. Aber er drängt sich hinzu, weil er glaubt, es geht zum Verhör. Die Posten weisen ihn zurück! „Du gehörst nicht dazu!" Aber er geht nicht weg. Er drängt sich in den Tod!! Posten kommen und holen die erste Gruppe ab. Voraus Daumenlang, mit gefalteten Händen. Unterdessen ist das ganze Gymnasium rebellisch geworden. Als der Zug der Todgeweihten auf den Korridor kommt, da schreit einer in die Zimmer hinein: „Die Fahne raus! Auf geht's!", und man schreitet — welche teuflische Kunst der Regie — mit der blutroten Fahne hinter den armen Opfern einher. Im Hof wimmelt's von Soldaten. Sechs-, achthundert sind unten. Man sucht nach Schützen… Hausmann ist menschlich. Die Todgeweihten dürfen noch ein paar Zeilen an ihre Lieben schreiben. Briefe, die sie nicht erreichten! Schon bringt man die zweite Gruppe in den Hof, darunter die Gräfin Westarp. „Sollermensch! An die Wand mit der Hur!" jubelte die Soldateska. „Nur eine Stunde laßt mich noch leben!" fleht die Gräfin. „Macht keine Leiche aus mir!" Eine Gnade gewährt man auch ihr. Sie darf auf dem Rücken eines Schreibers noch einen Brief schreiben. Derweilen fällt Daumenlang als erster. Betend geht er in den Tod. Leutnant von Teuchert und Neuhaus — sie kehren den Mördern tapfer das Gesicht zu — folgen ihm in den Tod. Zitternd an allen Gliedern schreibt die Gräfin an ihrem Abschiedsbrief. Die Zuschauer werden ungeduldig. „Die soll stenographieren! Die gehört an die Wand! Es ist Schluß jetzt!" — Da packt sie — das Zeichen des Roten Kreuzes am Arm! — ein Sanitäter mit rohen Griffen und zerrt sie vor. Ohnmächtig bricht sie zusammen. Man läßt ihr einige Momente der Erholung. Die Alarmglocken schrillen, die Sirenen pfeifen. „Jetzt kommt der Clou der Exekution." An den Fenstern erscheinen lachende „Damen". Man spielt Ziehharmonika und tanzt. In der Kantine ruft die Kellnerin, diese Prachtfigur aus dem Blutgymnasium, die Gäste ans Fenster. Alles in tollster Aufregung. Da bringt man die letzte Gruppe daher, darunter den Fürsten Thurn und Taxis und den ahnungslosen Professor Berger, der glaubt, er werde zum Verhör geführt. Der stutzt, als er die Leichen liegen sieht. Er will sich losreißen, ein paar Dutzend Hände krallen nach ihm und reißen ihm, dem Greis, den halben Bart aus. Unterdessen ist die Gräfin wieder zu sich gekommen. Einen Augenblick noch lehnt sie an einem Baum und weint. Dann geht sie entschlossen und aufrecht an die Mauer. Schüsse krachen. Eine Kugel reißt der Armen das Herz heraus! In diesem Augenblick erscheint, wie Hilfe im letzten Augenblick, der Adjutant aus dem Kriegsministerium, der Kunstmaler Seyler. Er sieht, wie man sich um den ihm bekannten Professor rauft. Aber ehe er noch recht begreift, was vorgeht, steht auch schon Berger an der Wand. Schüsse krachen. Da stürzt sich Seyler in den Haufen, in dem gerade der Fürst Thurn und Taxis seine Unschuld beteuert. „Ich will noch einmal verhört werden. Ich bin nicht der Richtige." Seyler reißt ihn aus dem Haufen und rennt mit ihm ins Gymnasium hinein. Dort trifft er Seidel, der selber an allen Gliedern bebt. „Wie könnt ihr nur wagen…? Wer hat den Befehl gegeben? Ich bin Adjutant im Kriegsministerium!" Seidel brüllt ihn an: „Mach, daß du dich drückst! Die Kugeln sind bei uns heut billig!" Seyler flieht. „Keinen Moment länger in dieser Hölle!" Noch einmal wird Taxis zu Seidel geführt. Der muß Löhnung auszahlen. „Ich habe keine Zeit jetzt! Wie viele sind schon erschossen?" „Sieben!" „Acht müssen wir haben!" Einige Minuten später fällt der Fürst als letzter. Die Spannung löst sich. Man besichtigt die Toten. Der Gräfin spuckt einer ins Gesicht und hebt ihr die Beine auf. Auf einem besonderen Zimmer treffen sich die Schützen. Für sie gibt's extra Wein und Zigaretten. Die Ziehharmonika spielt immer noch. Es wird 10 Uhr. Aus dem Parterre dringt fröhliches Tanzgetrampel herauf ins Kommandantenzimmer. Seidel ist fertig mit dem Auszahlen der Löhnung. Es hat viel Arbeit gegeben heut. Und bei der Löhnung sind 60 000 Mark übriggeblieben. Seidel teilt sie. „Hier, Hausmann, 20 000 Mark für dich, 20 000 Mark für dich und mir 20 000 Mark", sagt Seidel. „Es ist Flüchtlingsgeld", fügt er hinzu.

(Entnommen mit Genehmigung des Verlages Heinrich Hoffmann, Berlin-München, dem Bildheft: „Die Räteherrschaft in Bayern", das jetzt in einer zweiten Auflage erschienen ist.)

Widerstand im roten München
Nach einem Bericht des Oberleutnants Friedrich Lautenbacher
ehem. Führer der Freischar Lautenbacher

Der Führer der Bayerischen Infanterie-Geschütz-Batterie Nr. 2, Oberleutnant Friedrich Lautenbacher, war nach der Demobilisierung der Batterie in Sonthofen im Bayerischen Allgäu am 13. Januar 1919 wieder an seine Zivildienststelle am Chemischen Laboratorium des Staates in München als Inspektor zurückgekehrt. Trotz des angeordneten Generalstreiks wird hier gearbeitet. Da erscheint beim Inspektor am frühen Nachmittag eines Tages eine Spartakistenpatrouille mit vorgehaltenem Gewehr und verlangt, daß im Institut sofort jede Arbeit eingestellt wird. Nach einem kurzen Wortwechsel, währenddem der Inspektor Lautenbacher die Ausweise verlangt, verlassen die Beschützer der Räterepublik wieder das Laboratorium. Wenn diese Burschen wiederkommen und eventuell eine Verstärkung mitbringen, kann es gefährlich werden, denn wenn all die Chemikalien und Explosivkörper in deren Hände fallen, dann ist das Unglück fertig. Das muß unter allen Umständen verhindert werden. Die einzige Möglichkeit gegen diese Horden ist aber nur die mit Waffengewalt. Aber woher Waffen bekommen? Rasch ist ein Entschluß gefaßt. Der Inspektor verschließt das Institut und geht selbst zum „Roten Oberkommando". Dort verlangt er für das Institut einen Freischein, daß dort gearbeitet werden darf und daß niemand außer den dort arbeitenden Assistenten und Professoren und dem dort angestellten Personal das Institut betreten darf. Der Schein wird ausgestellt. Nun braucht der Inspektor Lautenbacher noch Waffen. Nach langem Hin und Her bekommt er schließlich noch einen Schein, daß er berechtigt ist, aus dem Zeughaus Waffen zur Verteidigung des Instituts zu entnehmen. Die notwendigen Waffenscheine für das gesamte Personal des Instituts werden auch noch ausgestellt. Damit ist Lautenbacher zufrieden. Mit Handwagen läßt er im Zeughaus von einigen Studenten Gewehre und Maschinengewehre mit der erforderlichen Munition holen. Waffen und Munition sind nunmehr vorhanden. Auf der Suche nach Mitkämpfern wählt sich Lautenbacher eine Anzahl seiner Studenten, die Kriegsteilnehmer sind, aus. Inzwischen war in Ohrdruf das Freikorps des Obersten von Epp zusammengestellt worden. Dem kleinen Häuflein Studenten schließen sich noch einige Offiziere und Bürger an. Sie alle wollen an der Befreiung Münchens von dem roten Terror mithelfen. „Spartakuspotrouillen" werden ausgeschickt, um die Stärke der Roten zu erkunden. Am Tage sind es die wildesten Gestalten, und nachts treffen sie sich irgendwo in einem Keller, um ihre Erfahrungen zu berichten. So hat sich eine Schar zusammengefunden, wo sich einer auf den anderen verlassen kann. An ihrer Spitze steht Lautenbacher, und so nennen sich diese Leute die „Freischar Lautenbacher".

Trotz verzweifelten Widerstandes der Bahnhofsbesatzung gelingt es den Roten, sich in den Besitz des Münchener Hauptbahnhofs zu setzen.

In einem Keller an der Amalienstraße trifft sich Lautenbacher mit Offizieren, die ähnlich wie er kleine Trupps zusammengestellt haben. Dort besprechen sie sich über die Verteilung der Abschnitte zur Bekämpfung der Roten beim Anrücken der Befreier.

Dem Oberleutnant Lautenbacher ist mit seiner Schar der Abschnitt Bahnhofsplatz, Dachauer-, Augusten-, Karl-, Arcis-, Sophien-, Elisenstraße zugeteilt. Dieses Viertel soll sein Tätigkeitsfeld beim Einmarsch der Formationen sein.

Als sich die Offiziere am frühen Morgen des 1. Mai 1919 treffen, erfahren sie von dem Geiselmord und beschließen nun, sofort loszuschlagen. Lautenbacher trifft in seinem Abschnitt die notwendigen Anordnungen. Auf dem Hörsaalneubau des Chemischen

Oberleutnant Friedrich Lautenbacher †
ehemals Führer der Freischar Lautenbacher
Photo: Bayer, München

Laboratoriums wird ein schweres MG. mit Schußrichtung Luisenstraße—Hauptbahnhof in Stellung gebracht. Unter dessen Schutz geht die kleine Freischar in geöffneter Linie durch die Sophienstraße gegen die Luisenstraße vor. Als sie aus der Deckung des Glaspalastes heraustritt, erhält sie Gewehrfeuer vom Justizpalast her. Im Schutze der Umfassungsmauern des alten botanischen Gartens wird es erwidert und bald zum Schweigen gebracht.

Durch einen nunmehr eingerichteten Patrouillendienst wird festgestellt, daß im Hotel Wolff, Ecke Arnulf- und Hirtenstraße, ein dauerndes Kommen und Gehen ist. Die Vermutung, daß dort ein rotes Kommando sitze, wird später bestätigt. Der frühe Vormittag verläuft sonst ruhig, nur einzelne Gewehrschüsse werden gewechselt. Da versucht die Schar, weiter

Armbinde der Freischar Lautenbacher   Vorlage: Bayer, München

gegen den Bahnhof vorzugehen. Kaum erreicht sie aber die Ecke Sophien- und Luisenstraße, als sie starkes Maschinengewehrfeuer vom Hauptbahnhof her erhält. Die Plakatsäule an der Ecke und der Germanenbrunnen bieten den ersten Schutz. Nachdem hinter der Plakatsäule ein schweres MG. in Stellung gebracht ist, wird das Feuer lebhaft erwidert. Gegen 11 Uhr nimmt die Feuertätigkeit der Roten zu. Nun schießt auch noch ein rotes Maschinengewehr, das hinter der Ecke Bahnhofplatz und Luisenstraße steht. Mit Gewehr- und Maschinengewehrfeuer ist ihm nicht beizukommen. Da wird die FK. 96 in Stellung gebracht, und mit dem ersten Schuß fliegt die Hausecke samt MG. und Bedienung der Roten weg.

In einem Kaffee Ecke Dachauer und Marsstraße wird später ein rotes MG. entdeckt. Das Geschütz wird in die Elisenstraße gebracht, um das MG. zu bekämpfen, erhält aber sofort von einem Dachboden aus MG.-Feuer und muß mit zwei Verwundeten wieder in die Sophienstraße zurückgebracht werden. Es wird dann der Gruppe, die am Stachus kämpft, zur Verfügung gestellt.

Aus der Hirten- über die Dachauer Straße bricht überraschend ein roter Vorstoß vor, der aber im sofortigen Gegenstoß wieder zurückgeworfen wird. Obwohl das MG. an der Bahnhofecke erledigt ist, liegt die Luisenstraße unter dauerndem MG.-Feuer. Lautenbacher begibt sich nun selbst in das Gebäude der Oberpostdirektion zur Erkundung, woher das Feuer kommt. Aus einem Fenster im dritten Stock entdeckt er die Stellung der Roten, die sich in die Schillerstraße zurückgezogen haben. Auch das MG. am Bahnhofseingang ist von hier aus zu sehen. Ein schweres MG. wird an dieses Fenster gebracht und mit Hilfe der vorhandenen Akten und Bücher eingebaut. Bald nach Feuereröffnung ist die Schillerstraße geräumt. Dagegen richtet das MG. am Bahnhof ein wütendes Feuer gegen das Fenster im dritten Stock. Nun wird auch gegen dieses das Feuer aufgenommen, und bald ist das MG. am Bahnhof verstummt. Nach kurzer Zeit setzt Minenwerferfeuer auf das Gebäude der Oberpostdirektion ein. Das schwere MG. bleibt jedoch mit seiner Bedienung oben.

Am Chemischen Laboratorium ist die Aufnahmestellung der Freischar Lautenbacher. Hier wird die Munition ergänzt. Dies scheinen die Roten erkundet zu haben; denn bald nach dem Minenwerferfeuer auf die Oberpostdirektion setzt aus Richtung Hackerbrücke das Feuer einer Feldkanone auf das Institutgebäude ein. Der Kamin weist zwei Treffer auf, und einige Granaten gehen über die benachbarten Häuser hinweg. Eine an der Südfront des Instituts krepierende Granate trifft mit ihren Splittern mehrere Passanten.

Im Anschluß an dieses Artilleriefeuer steigert sich die Kampftätigkeit der Roten erheblich. Alle Versuche, die paar tapferen Männer zurückzudrängen, können abgewiesen werden. Gegen Abend werden die Roten immer nervöser. Der Druck der anmarschierenden Freikorps macht sich bemerkbar. Erst mit einbrechender Dunkelheit wird es ruhiger. Einzelne Schüsse, welche Patrouillen wechseln, hallen durch die Nacht. So bleibt es auch am frühen Morgen des 2. Mai. Erst gegen 9 Uhr wird es wieder lebhafter.

Der Ring um München ist geschlossen. Der Druck von außen wird immer stärker. Innen können aber die Roten nicht ausweichen; denn dort stehen die einzelnen Freischaren, die in München selbst entstanden sind. Das Freikorps Görlitz stößt durch die Nymphenburger Straße zum Hauptbahnhof durch. Unter diesem Druck des einrückenden Freikorps Görlitz, das in der Nymphenburger Straße schwere Handgranatenkämpfe zu bestehen hat, versuchen die Roten, das kleine Häuflein der Freischar Lautenbacher zu überrennen. Es gelingt ihnen nicht; denn immer wieder können sie unter MG.-Feuer genommen werden. Dadurch kann auch das Vorrücken des Freikorps Görlitz wesentlich erleichtert werden. Aber es ist nicht leicht für die kleine Schar, standzuhalten. Ein gleichzeitiger Angriff der Roten aus Richtung Bahnhof—Marsstraße, begleitet von Minenwerferfeuer, sowie aus der Karl- und Arcisstraße am Nachmittag scheitert im Entstehen. Am Spätnachmittag flaut die Kampftätigkeit der Roten erheblich ab. Gegen Abend ist vollkommene Ruhe. Patrouillen melden das Einrücken des Freikorps Görlitz.

Bis auf einige Posten rücken die Leute der Freischar Lautenbacher in ihr Alarmquartier, das Chemische Laboratorium, ab, wo sie mit Tee und Broten verpflegt werden. Gegen 22 Uhr geht auch der Führer der Freischar nach seinem Heim. Wie er im Zimmer seinen Rock auszieht, pfeift ein Schuß fingerbreit über seinen Kopf hinweg. Das Loch im Fenster und in der Wand zeigen die Schußrichtung, die auf einen Dachschützen weist. Sofort wird der Häuserblock Ecke Arcis- und Sophienstraße durchsucht. Der Täter wird festgenommen. Es ist eine Jüdin, die schon immer mit den Roten bei Dachau in Verbindung gestanden hatte. Sie wird später abgeurteilt.

Bei den Durchsuchungs- und Aufräumungsarbeiten wird eine große Anzahl Roter aufgestöbert, sie werden im Verkehrsministerium abgeliefert.

Als der Abend des 3. Mai heraufzieht, werden die Tapferen der Freischar Lautenbacher von ihrem Führer entlassen. Jeder weiß, daß er seine Pflicht getan hatte. München ist frei.

Tag der Befreiung

Nach einem Tagebuch von H. Fiesinger

Als der Geiselmord bekanntwurde, eilte ich mit dem Sohn meiner Wirtin instinktiv zur Residenz, wo sich schon Gleichgesinnte eingefunden hatten. Hier wurde das erste Waffenlager der Roten gestürmt. Dann ging's zum Kriegsministerium an der Ludwigstraße. Dort wurden aber wenig Waffen gefunden, so daß die meisten Freiwilligen, darunter auch wir, waffenlos waren. Die Roten hatten ihre Hauptmacht an den Fronten der Außenstädte zusammengezogen. In der Stadt selbst jagten sie, von Lastwagen schießend, durch die Straßen. Es glückte einem Motorradfahrer von uns, zu den Regierungstruppen zu gelangen und diese zum schnellsten Handeln zu bewegen. Gegen 10 Uhr vormittags rückte die Spitze der Garde-Kavallerie-Schützendivision durch das Siegestor von Schwabing. Als Spitze stand die Batterie Zenetti, der ich mich als alter Feldartillerist anschloß, auf dem Marienplatz. Die Batterie hatte meistens junge, kriegsunerfahrene Leute als Geschützbedienung.

Während bis gegen Mittag Gefechte nur in den südlichen Außenbezirken geführt wurden, begann von dieser Zeit ab der heimtückischste Straßenkampf in der Innenstadt selbst.

Zunächst waren die überstürzt eingerückten Truppen noch nicht unter einem festen Kommando zusammengefaßt, dann aber war auch nichts vom „Feind" zu erblicken. Dieser saß wohlgeborgen auf den Dächern und stand, Gewehr unter dem Mantel, Handgranaten in der Tasche, seelenruhig unter dem zusammenströmenden schaulustigen Publikum selbst.

Wie wir so im Sonnenschein vor der Mariensäule auf die Dinge, die da kommen sollen, warten, stürzt atemlos ein Zivilist heran und meldet dem Batterieführer, daß an der Sonnenstraße eine Abteilung Infanterie in höchste Bedrängnis geraten sei und Hilfe schleunigst geboten wäre. Das war, wie sich später herausstellte, eine Falle, in die wir prompt hineingingen. Da die Meldung glaubwürdig erschien, befahl der Batterieführer sofort einen Zug mit zwei Feldgeschützen 96 n. A. an die bezeichnete Stelle zur Hilfeleistung. Als Ortskundige meldeten wir beiden Studiengenossen uns selbstverständlich freiwillig hierzu. Auf dem Wege fiel uns allerdings auf, daß, je näher wir der Sonnenstraße kamen, die freudigen Ovationen der Menge abnahmen und allmählich in Schweigen, dann in Murren und Pfuirufe übergingen. Am „Altheimer Eck", dem ehemaligen Sitz der sozialdemokratischen Zeitung „Münchener Post" trat plötzlich ein Herr in Zivil auf den Zugführer zu, gab sich unbemerkt als Kriminalbeamter aus und warnte uns vor der Zuschauermenge, die überwiegend aus Kommunisten bestand. Vorsichtshalber wurde „Laden und Sichern" befohlen, die Kanoniere waren abgesessen. Langsam ging es vorwärts.

Kaum waren wir an der Kreuzung der Josef-Spital-Straße und der Herzog-Wilhelm-Straße angelangt, erhob sich vor uns ein ohrenbetäubender Lärm. Verwünschungen wurden gegen uns von allen Seiten ausgestoßen; von der Infanterie, die in Bedrängnis sein sollte, keine Spur! Ehe wir es recht verhindern

Hauptmann Zenetti, ehem. Führer der Freiw.-Batterie Zenetti
2 Photos: Reiter gen Osten

Generalmajor Engelhardt, ehemals Führer des Freiwilligen-Jägerkorps Erlangen

Photo: Berger, München
Generalmajor Ritter von Beckh ehem. Führer des Freikorps Oberland vor München

konnten, waren wir von allen Seiten eingeschlossen. Meldung nach rückwärts war unmöglich. Was nun folgte, waren die Ergebnisse weniger Augenblicke. Der Zugführer erkannte die drohende Lage, befahl „Halt" und ließ das erste Geschütz nach vorwärts, das zweite nach rückwärts abprotzen, so daß wir, Rücken an Rücken stehend, zwei Richtungen bestreichen konnten. Die Protzen mit Bespannung sollten, rechts abbiegend, in vermeintliche Deckung gehen. In diesem Moment rückte die Masse von der Sonnenstraße her gegen Geschütz I vor, während von den übrigen Seiten der Ring um uns immer dichter wurde. Aufs äußerste bedrängt, krachte unsererseits der erste Schuß über die Köpfe der Anstürmenden hinweg, riß eine Gaslampe herunter und landete, ohne jemand zu verletzen, im Kaffee Prinzeß an der Sonnenstraße. Wir hatten uns getäuscht, damit den Angreifern Angst und Schrecken einjagen zu können! Wir saßen ja so wunderbar in der Falle, ein Durchschlagen war bei der Übermacht undenkbar. Die jungen Kanoniere wurden kopflos, schossen ihre Karabiner ab, ein Teil floh entsetzt in die Häuser. Ich konnte noch schnell zum II. Geschütz springen und dieses über die Menge hinweg nach rückwärts abfeuern. In der engen Straße krachten die Schüsse wie Donnerschläge, und unter dem Luftdruck zerknallten sämtliche Fensterscheiben. Im selben Augenblick brach die Hölle los. Von allen Seiten setzte schwerstes Maschinengewehr- und Gewehrfeuer ein. Die Dachschützen, gut getarnt, waren nervös geworden und feuerten nun ihrerseits blindlings in die Menge. Im Nu war die Bespannung, die mitten im Schußfeld gegen Hotel „Der Reichsadler" stand, vollkommen zusammengeschossen. Die Geschützbedienung wälzte sich verwundet am Boden. Alles floh durcheinander, denn die Roten schossen rücksichtslos in die Menge. Selbst waffenlos, war es mir, meinem Freunde und zwei Kanonieren geglückt, wie durch ein Wunder unverletzt, in einen Hausflur an der Straßenecke zu springen. Dort versteckten wir uns hinter den Menschen, die ebenfalls Schutz gesucht hatten. Eine Feuerpause benutzten die Roten, die sich nun offen zusammenfanden, unter lautem Gejohle die Geschütze zu stürmen und davonzufahren. — Sie haben damit noch an diesem Tage dem einfahrenden Panzerzug der „weißen Truppen" oder Noske-Garde, wie es damals so schön hieß, schwer zugesetzt.

Ein anderer Teil der Roten ging nun daran, die Keller und Hausflure nach uns abzusuchen. Wer entdeckt wurde, ging einem erbarmungslosen Martyrium entgegen. Auch vor den Verwundeten auf der Straße wurde nicht haltgemacht. Schweißtriefend standen wir zwei hinter dem Publikum, als Stimmen am Hauseingang ertönten: „Hier sind auch noch ein paar von den weißen Bazis drinnen!" Aus dem Keller zog man die durch neue Uniformen sofort erkenntlichen jungen Kanoniere. Dann schrie einer der Roten: „Wo sind denn die zwei mit den weißen Taschentüchern um den Arm?" Wir hatten nämlich unsere schmutzigen Felduniformen an, ohne Abzeichen, nur ein weißes Taschentuch in Ermangelung einer weißen Binde, wie sie die Truppen besaßen, um den Arm geheftet. Dieses hatten wir rechtzeitig fortwerfen können. — Ich habe im Felde in vorderster Front viel erlebt, oft das Ende nahe fühlend, aber doch nie hat mich so eine Angst befallen wie in dieser Minute, als ich hinter der Menge stand, von der ich nicht wußte, wie sie politisch dachte, und die mich nur durch den leisesten Wink meinem Henker ausliefern konnte. Denn daß man uns zu Tode gemartert hätte, nach allem, was vorgefallen war, stand sonnenklar vor meinen Augen. Das war die schwerste Minute meines Lebens. — Das Undenkbare geschah: Keiner der Leute vor uns wagte ein Wort herauszubringen. Die Henker zogen ab und kühlten ihre Wut an dem schutzlos auf der Straße liegenden Offizier, dem sie die Stiefel auszogen und mit den Sporen ins Gesicht schlugen.

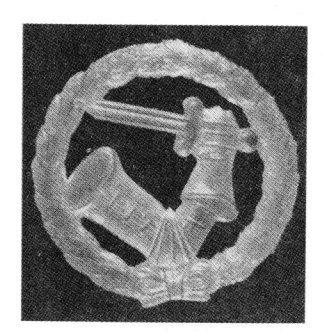

Kragenabzeichen
des Freikorps Hübner
Vorlage: Armeemuseum München

Kragenabzeichen
des Freikorps
Wolf

Ärmel-
abzeichen der
Freiw.-Batterie
Zenetti

Ärmelabzeichen des
Freiw.-Det. Doithenleitner
4 Vorlagen: Heeresarchiv Potsdam

Kragenabzeichen
des Freikorps
Erlangen

Major Doithenleitner, ehem. Führer des Freiw.-Det. Doithenleitner
Photo: Archiv Reiter gen Osten

Major Heinzmann, ehem. Führer des Freiw.-Det. Heinzmann
Photo: Archiv Reiter gen Osten

Oberstleutnant Schad, ehem. Führer des Freiw.-Det. Schad
Photo: Heeresarchiv

Raus aus dieser Hölle war unser erster Gedanke, als wieder Maschinengewehrfeuer von allen Seiten einsetzte. Die Roten schossen nun ohne Grund, wenn sich nur jemand auf der Straße zeigte. Diese lag voll von Verwundeten und Toten. Rote Sanitäter hatten ihre Bahre liegengelassen. Wir faßten den Entschluß, diese aufzunehmen, einen Verwundeten zu bergen und fort von diesem Ort zu kommen. Der Versuch glückte. — Inzwischen hatte sich so etwas wie eine Front in der Stadt selbst gebildet. Wir befanden uns im Rücken der Roten. Roten Sanitätern, die den Mut verloren hatten, nahmen wir die Rotkreuzbinde und Fahne ab und konnten nach und nach unsere verwundeten Kameraden mit dem Offizier allerdings nur in dem roten Verbandplatz in der Blumenschule einliefern. Dort fühlte man wohl schon, daß die Macht der Räterepublik im Wanken sei. Ich erinnere mich noch, daß unser schwerverwundeter Zugführer mich händeringend bat, ihn nicht ins rote Lazarett einzuliefern, so daß ich mich ihm zu erkennen gab, und dafür sorgte, daß er ordentlich behandelt wurde. Er ist auch meines Wissens vollkommen genesen. — Im roten Lazarett wurden wir als Helfer gern aufgenommen, da sich niemand mehr zur Bergung der Verwundeten auf die gefährdeten Plätze wagte. Leider mußten wir miterleben, wie die roten Verbrecher, hinter dem Sendlinger Tor versteckt, auf anrückende Reichswehr schossen und dann, als wir kamen, unter dem Schutz des Roten Kreuzes mit zusammengelegten Gewehren neben uns abrückten und in schützenden Nebenstraßen verschwanden. Dort begannen sie ihr meuchelmörderisches Treiben von neuem. Ungezählt sind die Toten, die auf diese Weise ihr Leben lassen mußten. Das schlimmste war ja, daß man den Gegner meistens gar nicht sah.

In der Nacht vom 1. zum 2. Mai glückte uns dann der Durchbruch zu den Regierungstruppen. Es folgte noch ein Tag heftigster Kämpfe in München, bei dem auch schwere Artillerie, Minen- und Flammenwerfer eingesetzt wurden, bis die rote Flut endlich hinweggespült war.

Kragenabzeichen des Freiw.-Det. Bogendörfer

Ärmelabzeichen des Freikorps Bayreuth

Kragenabzeichen des Freiw.-Det. v. Weckbecker
3 Vorlagen: Armeemuseum München

Zeitfreiwillige vor München

Wir liegen wie im Feld auf der Wacht,
die Karabiner geladen;
der spricht von daheim, der scherzt, der lacht —
mir aber geht durch den Sinn in der Nacht
das Lied vom Kameraden.

Der Freund — ohnmächtig fühl' ich die Hand
im Grimm zur Faust mir sich ballen —,
der mit uns getragen das schwarz-rote Band:
bei Starnberg ist er gefallen.

Er starb uns, weil er der Heimat treu;
drum trauern wir um ihn heut.
Sein werd' ich gedenken, wenn wieder frei
und fröhlich wir grüßen die Mörsbergei
im trauten Bubenreuth...

Der einer der Jüngsten aus unserer Schar,
die mit uns zechten und sangen —
stoßt an, der ein braver Bursche war,
und der es bewies in Not und Gefahr,
ist jetzt voran uns gegangen...

Wir liegen wie im Feld auf der Wacht,
die Karabiner geladen —
und in der finstern, der rauhen Nacht
da hab' ich allein des einen gedacht,
des toten Kameraden.

Willy Schneider,
Burschenschaft Bubenruthia.

Münchener Sturmtagebuch

Die Kämpfe des Württembergischen Freiwilligen-Regiments Seutter

Von Wilhelm Kohlhaas

Dienstag, den 29. April.
Nun, nach Augsburgs Fall, sind unsere Anmarschlinien gesichert, nun sind die Reichstruppen heran, die Generale von Oven und Friedeburg bringen preußische Freikorps, ein hessisch-waldecksches Schützenkorps ist dabei, eine Marinebrigade, neben uns marschieren die Bayern auf. Am 29. April geht es konzentrisch gegen die Außenstellungen der roten Armee vor: die Preußen nehmen Dachau, das vierzehn Tage zuvor durch verräterische Tücke von den Roten überrumpelt worden war, die Tübinger Studenten der württembergischen Nachbargruppe Graeter stürmen Fürstenfeldbruck, das von befreiten russischen Kriegsgefangenen für die Internationale gegen uns verteidigt wird, unser Freiwilligen-Regiment Seutter schwenkt nach Süden und rückt dann über Tutzing am Starnberger See herauf.

Rechter Hand liegt trüb und still der See. Man ist unausgeschlafen und hat das bekannte Vorgefühl im Hals, während man seinen Platz bei der Spitze einnimmt. Waldstück um Waldstück wird passiert, dann, unweit Pöcking, knallts. Sofort sind sämtliche Stäbe, eine prächtige Kavalkade, vorn und wollen das „Schlachtfeld" übersehen; ein Glück, daß die Roten so dumm sind und gleich schießen, statt sie erst ein wenig aus der Deckung heranreiten zu lassen — die halbe Heeresleitung wäre erledigt. Man stellt zwei Maschinengewehrnester fest. Der Kommandeur befiehlt Artillerie; aber die schießt, ich weiß nicht wohin, nur nicht auf die MG. Da geht Leutnant Münst, der erfahrene Waldbursch, mit einer Patrouille seitlich durch die Wälder los; ich schließe mich ihm an. Es hat die Nacht über geschneit, aus den dichten Tannenbeständen rieselt der Schnee in Kragen und Ärmel, das Gewehrschloß ist eiskalt, unangenehme Angelegenheit — aber die Spartakusleute werden zu bequem sein, in diesem Milieu im Hinterhalt zu liegen; so kommen wir unbekümmert und rasch an die Villa heran, wo sich das MG. hören läßt.

Habe ich vorhin etwas gegen die Artillerie gesagt, so nehme ich alles mit dem Ausdruck des Bedauerns zurück; denn in dem Augenblick, da wir den Stier an den Hörnern nehmen wollen, haut ein Volltreffer ins Gartenhäuschen und stellt das feindliche MG. auf den Kopf; der Rest ist nicht mehr zu gebrauchen. Vierzehn Kerle, teils Matrosen, teils Leute im Entlassungsanzug, holen wir aus dem Keller der Villa herauf; sie wollen es nicht gewesen sein, seien „Schutzwache". Nun ja, weist das vor dem Kriegsgericht nach! — Aber bis ich sie so weit habe, muß ich mit aller Kraft den eigenen Leuten wehren, die, erbittert von den tückischen Feuerüberfällen von Augsburg und durch diese Methode, jetzt den friedlichen Mann zu spielen, kurzen Prozeß machen wollen. Ich muß mich vor die Gefangenen stellen, und erst als mir ein sich ganz wild gebärdender Reitersmann, der alle aufspießen will, mit seiner Lanze die Feldbluse aufgerissen hat und darüber etwas in Sorge gerät, bekomme ich die Leute unbehelligt durch zum Troß,

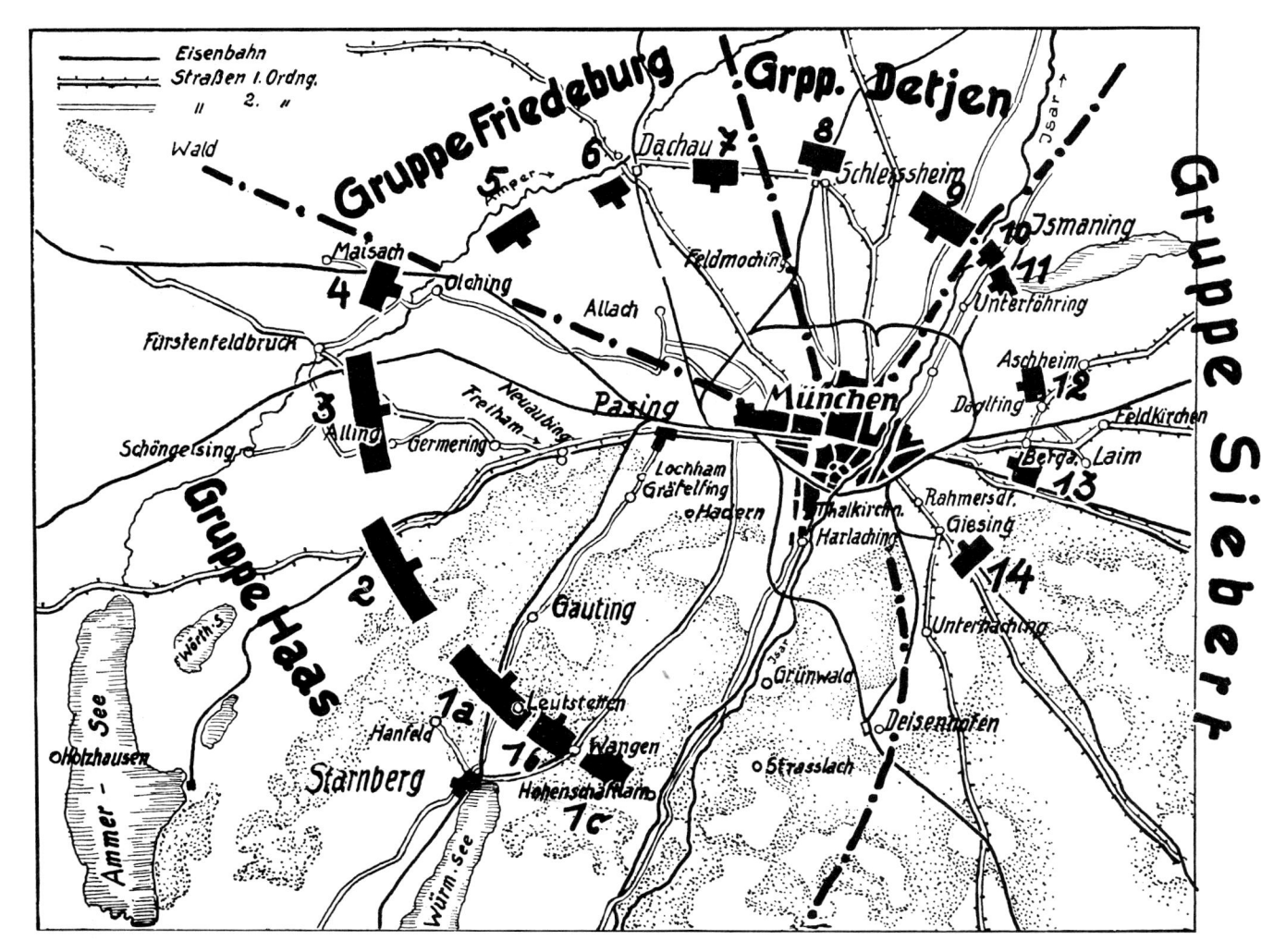

Der Ring der Freikorps um München am 30. April 1919   Zeichnung: Rozderer, Berlin

1a—c: Bayer. Schützenbrigade Epp; 1a: Württemb. Freiw.-Regt. Seutter; 1b: Bayer. Schützenkorps (Oberstlt. Herrgott); 1c: Freikorps Liftl (Landsberg) (hierzu im Laufe des 1. Mai das Freikorps Schwaben); 2: Lücke in der Angriffsfront durch verspätetes Eintreffen der vorgesehenen Truppenteile entstanden; 3: Württemb. Freiw.-Regt. Graeter; 4: Bayer. Freiw.-Det. Bogendoerffer; 5—7: Preuß. und hess. Truppenteile der Gruppe Friedeburg (Freiw. Preuß. 2. Garde-Inf.-Div., Freikorps Faupel, Hess.-Thür.-Waldecksches Freikorps); 8—9: Preuß. Truppenteile der Gruppe Detjen (Preuß. Kavall. Schützenkommandos 11 und 14; II. Marinebrig. Ehrhardt); 10—11: Bayer. Freiw.-Abt. Schad und Heinzmann; 12: Bayer. Abt. Doithenleitner, dahinter Bayer. Freikorps Oberland; 13: Bayer. Freiw.-Abt. Schaaf, dabei Waldler Bataill. Cham; 14: Preuß. Freikorps von Lützow

wo ihnen ihr Recht gesprochen werden mag — aber alles in der Ordnung — —.

Die Episode hat mich vom Haupttrupp entfernt, der indessen weiter auf Starnberg vorgestoßen ist. Mein Hauptmann ist mit der Schützenlinie vorgegangen; da schickt mir mein Engel eben seinen Burschen mit dem Streitroß vorbei — rauf und los. Eben kommt auch Hauptmann Voelter von den Haubitzen auf seinem weithin kenntlichen Schimmeltier angeritten und will sehen, ob es für seine Kartaunen vorn nichts mehr zu tun gibt. Wir überholen im scharfen Traben, an vorwärtshastenden Kolonnen vorbei, unsere Spitze und sind die ersten Berittenen am Starnberger Marktplatz; so bekommen wir von den Einwohnern, die uns für die Generale der ganzen Unternehmung halten mögen, besonders herzliche Zurufe; die Roten scheinen sich hier restlos unbeliebt gemacht zu haben. Noch mancher wird mit Hilfe der Einwohner aus seinem Versteck geholt.

Die Abneigung gegen die Räterepublik beruht nicht zuletzt darauf, daß die Roten bei der Starnberger Einwohnerschaft alle eingelegten Eier, allen Alkohol und alles Eingemachte beschlagnahmt und zwecks „Sozialisierung" aufs Rathaus verbracht haben. Da die Vorräte kaum noch auseinanderzuklauben sind, werden sie großzügig den Befreiern überlassen, und die ganze Truppe wird am Abend in Eierkuchen schwelgen. Vorher geht's, drei Mann hoch, zur Patrouille im Motorboot über den See, bis hinab nach Seeshaupt; dorthin haben sich einige Münchener Familien vor den Roten geflüchtet und betrachten unser Herannahen mit schwerer Sorge, denn in unserer Windjacke mit dem Gürtel voller Handgranaten sehen wir fast wie Tschekisten aus; dann aber die Freude: „Die Weißen, die Weißen..." Auch etliche bayerische Zivilisten sitzen hier gemütlich, beloben uns huldvoll und wollen uns über die Kriegslage aushorchen und beraten; wir sind aber

sehr kurz angebunden. Dann holen wir uns den Arbeiterrat und eröffnen ihm, daß von nun ab „diese Schweinerei eine andere sei". Die Tonart haben wir in Starnberg vom Büttel gelernt, der am Mittag nach unserem Einzug mit der Schelle durchs Dorf lief und proklamierte, welche Regierung jetzt am Ruder sei: auf daß es der Bürger wisse!
Aus der Gegend stoßen jetzt die Bauernburschen in Scharen zum Epp. Eines ist sicher: ihr Führer ist die hervorstehendste Persönlichkeit unter allen, die vor München einen Landsknechthaufen liegen haben; ein Bild von einem Soldaten, knapp, schneidig, ohne sich persönlich zu schonen, — kein Wunder, daß er schon halb ein Nationalheld ist. Und wie er seine Truppe im Zug hat: man sieht's an den Gewehrgriffen. Unsere Schwaben, so brav sie im Gefecht sind, haben das noch nicht wieder, was man „Mumm" nennt, sie laufen noch mit umgehängter Knarre, weil es so demokratischer ist; nun auf einmal bitten sie: „Dürfen wir nicht auch wieder ‚Gewehr über' machen?"

Donnerstag, 1. Mai.
Der Liebesgabenwein war gut, darum will man nicht hören, als es um 4 Uhr „Alarm" heißt. Sakra, die Roten werden doch nicht angreifen, danach sahen die bisherigen Spartakuserfahrungen denn doch nicht aus...! Alarm, um 5 Uhr geht's schon los, in München muß Teufelei sein! — Es war der Tag des Geiselmords. Waldstück für Waldstück, Ortschaft für Ortschaft, — am Nachmittag steigen auf einmal hinter einer Wegebiegung die großen Frauentürme auf wie ein Signal: Eilt! Eilt! — Irgendwie hat man Kunde von den Morden, es soll zu Kämpfen der Roten mit freiwilligen Bürgerwehren gekommen sein —, aber die Führung kann mit der Truppe nicht im Dunkeln in die feindselige Großstadt hineingehen. Hauptmann Spring von der Gruppe Graeter kommt querfeldein auf uns zugaloppiert, die Verbindung der Kolonnen ist aufgenommen, aber — unser ganzer „Ring um München" ist ja immer noch nur ein paar tausend Gewehre stark!
In Großhadern wird Quartier bezogen; die Kompanie ersteht sich als Sturmfutter für morgen ein Kalb; die Haut wird gleich verkauft, dann ist es nicht mal so teuer. In der Nähe in einer Siedlung soll ein kommunistisches Zentrum sein; ich komme mit einer Patrouille vor die Villa des gewesenen jüdischen Ministerpräsidenten Eisner, den Graf Arco im Februar erschoß. Die flotte Witwe spielte die Märtyrerin, man wolle sie nur schikanieren... Mein braver Bursche Thüringer zieht sechs Gewehre mit Munition aus der Dachkammer, da wird sie bescheidener. Als wir sie zum Stabsquartier bringen, drohen ihr die Bauern von allen Seiten; aber es ist ihr nichts geschehen, entgegen allen späteren Versuchen ihrer Anhängerschaft, sie als unser Opfer hinzustellen.

Freitag, 2. Mai.
Angriffstag; feindselig starren die breiten Fronten der Fabriken und Wohnkolonien herüber; langsam sieht man, so weit der Blick reicht, auf allen Anmarschstraßen die so kleinen Kolonnen der Angriffstruppen der Stadt zuziehen. Sendling und Talkirchen sind unser Abschnitt. Jubel und die ersten Blumen des rauhen Jahres von Balkonen und Fenstern der ersten Straßenzüge; dann stockt der Vormarsch: irgendwo hat's ein paarmal geknallt. — Heute ist Hauptmann Gnamm mit seiner 5. Kompanie

Graeter

Oberstleutnant Hermann Graeter, ehem. Führer des Württembergischen Freiwilligen-Detachements Graeter
Photo: Alf. Kurlinger, Stuttgart

2 Photos: Archiv Reiter gen Osten

Haas

Generalleutnant Haas †, ehem. Führer der Württembergischen Freiwilligengruppe Haas

Frh. v. Seutter

Oberstleutnant Freiherr Seutter von Lötzen, ehem. Führer des Württembergischen Freiwilligen-Detachements Seutter

An die Bevölkerung Bayerns!

Württembergische Truppen sind auf der Fahrt nach Bayern und bitten um Euer Vertrauen.

Wir kommen nicht als Eindringlinge sondern sind von Eurer Regierung dringend gerufen worden. Wir sollen Euch helfen, die Macht der derzeitigen Machthaber in München zu brechen, die darnach streben, ihre unrechtmäßige Gewalt auf das ganze Land auszudehnen. Diese große Gefahr ist für Euch und uns, Eure Nachbarn, eine gemeinsame, und gemeinsam wollen wir sie bekämpfen, um die Ruhe und Ordnung wiederherzustellen und jedem zu ermöglichen, endlich ungestört seiner Arbeit nachzugehen.

Vertrauensvolles Zusammenarbeiten von Bayern und Württemberg wird uns dieses Ziel erreichen lassen.

Eure württembergischen Brüder.

an der Spitze, er stößt erneut vor, wieder kommt eine Stockung, und dann knallt es bei uns von allen Seiten in die Kolonne; na, das mußte ja irgendwo so kommen, anders geht ein Straßenkampf nicht los... Bald weiß man nicht mehr Schüsse vom Feind und die Einschläge unserer eigenen Geschosse an den Häusern zu unterscheiden, so wild ballert alles durcheinander; aber langsam bringt man doch Ordnung hinein: man muß die Häuser einzeln ausräumen! Wo die Tür nicht aufgehen will, hilft man nach, wo ein Gitter ist, steigt man hinüber, über Treppen und Dachluken gelangt man auf die Dächer, man lernt sich bald geläufig in fremdem Wohnraum bewegen. Langsam kommt Zug in die Sache, nach einer Weile ist der Bezirk um den Schlachthof im wesentlichen gesäubert, obwohl freilich von versteckten Schützen noch Tage später heimtückische Angriffe auf Einzelgänger und Posten verübt werden. Links von uns in der Lindwurmstraße sind die Tübinger Studenten vorgegangen, rechts am Isartalbahnhof die Gebirgler des Hauptmanns Zickwolff. Wieder stockt es: wir sind auf die Hauptwiderstandslinie am Ring der Südbahn aufgelaufen, Artillerie muß ran. Als die ersten Granaten herausfahren, hat die Sache ein anderes Gesicht. Nun geht es unaufhaltsam, nur immer mit den durch die Vorsicht gebotenen Abstechern in einzelne Häuser und Seitengassen, dem Stadtkern zu. Am Sendlinger Tor

AN DIE MITGLIEDER DER TÜBINGER STUDENTEN-KOMPAGNIEN

In Stunden der höchsten Not und Bedrängnis hat sich eine besonders stattliche Schar von Söhnen der altehrwürdigen Eberhard=Karl=Universität in opferfreudiger Hingabe bereit gefunden, der schwerbedrückten bayerischen Landeshauptstadt zu Hilfe zu eilen und an ihrer Befreiung vom Joch unmöglicher Willkür und Fremdenherrschaft mitzuwirken. Die Ludwig=Maximilians=Universität, deren Bestand damals, wie niemals zuvor, aufs Ernstlichste bedroht war, weiß es besonders zu schätzen, welch wichtigen Dienst ihr durch die Hilfe der Tübinger Commilitonen erwachsen ist. Der Senat der Münchner Universität fühlt das Bedürfnis seinen aufrichtigen Dank für diese unschätzbare Hilfe jedem einzelnen der Tübinger Commilitonen in dieser Form Ausdruck zu geben und er verbindet damit den herzlichen Wunsch, daß es den Rettern des Vaterlandes vergönnt sein möge unter dem Schirm geordneter staatlicher Verhältnisse an den Born der Wissenschaft ihrer Alma mater Tubingensis zurückzukehren und mit den gewonnenen geistigen Schätzen am Wiederaufbau der deutschen Heimat beizutragen.

München, den 21. Mai 1919.

IM AUFTRAGE DES SENATS
DER PROREKTOR

Ehrenurkunde für die Tübinger Studenten
Vorlage: Archiv Reiter gen Osten

Ärmelabzeichen der Sicherheitskompanie Besch, Ingolstadt

peitscht noch einmal wütendes Strichfeuer über den offenen Platz, dann können wir uns nach erreichtem Angriffsziel einrichten. An die Feldküche gelehnt, kaut man an seinem Stück Kälbchen von Großhadern, — jetzt merkt man erst, wie müde man ist... aber es ist noch nicht aus: Quartiermachen, Sicherungen, Patrouillen hier und dort, da immer an einzelnen Stellen das Feuer neu aufflackert, — dann in der Nacht noch Verbindung suchen mit dem Freikorps Epp, das stark zurückhängt, weil es in Giesing besonders schweren Widerstand gefunden und bittere Verluste erlitten hat; um ein Haar schießen sie mich selbst über den Haufen, als ich mit meinen Leuten endlich ihre äußersten Posten gefunden habe. „Na denn, pfüet enk Gott!" Und nun zur Sicherheit noch an die andere Grenze des Gefechtsstreifens, — da ist's, als wenn man zur Kirchweih käme: da stehen die „Werdenfelser" von Garmisch und da oben herum, mit den Krachledernen und der Gebirgsjoppe und dem Gamsbart am Hut, so sind sie ausgerückt, Mann für Mann, Prachtkerle, und halten ihren Abschnitt sauber in Ordnung.

Aber eine rechte Ruhe ist immer noch nicht: am nächsten Mittag geht die Knallerei noch einmal an, man rast vom Quartier auf die Straße, die Knarre in der Hand, und weiß doch nicht, wo die Kugeln herkommen, die überall auf dem Pflaster herumspritzen. Ein Segen, daß der Gegner so miserabel schießt! Man späht an den Häusern auf und ab, überall freundliche Quartiergebergesichter. Man schreit: „Fenster zu, es wird geschossen!" — aber jedes Madel denkt sich in seiner Unschuld: „Mich kann er doch nicht meinen!" — und wiederum turnt man über Dachböden und durch Luken, ohne großen Erfolg, aber den versteckten Feinden wird es immerhin mulmig, ein paar findet man auch und bringt sie trotz ihrer Unschuldsbeteuerungen zur Sammelstelle, — und schließlich hat man Ruhe.

Armbinde des Freikorps Werdenfels *2 Photos: Armeemuseum München*

Der Kampf der Gruppe Epp

Von Heinz Schauwecker, ehemaliger Adjutant beim Kommandoarzt des Bayr. Schützenkorps

30. April. Die 4. Kompanie des 1. Bayer. Schützenregiments, bestehend aus lauter Offizieren, meist Studenten, rastet an einem Waldstück bei Neufahrn. Der Kompanieführer ist eben zu einer Besprechung mit dem Bataillonsführer weggeritten. Da kommt in eiligem Tempo ein Radfahrer in Zivil von Hohenschäftlarn herauf und winkt schon von weitem. Beim Posten springt er vom Rad und erzählt keuchend, daß die Rotgardisten vor kurzem Hohenschäftlarn mit einem Lastkraftwagen und 300 Mann wieder besetzt hätten, nachdem die Württemberger, die am Vormittag dagewesen, weiter vormarschiert waren. Das verabredete Sturmläuten bei Gefahr sei anscheinend nicht gehört worden. Unter Führung eines Matrosen hätten die Roten Geiseln festgenommen. Er, der Gemeindesekretär, sei entkommen, um Hilfe zu holen. Man müsse eilen, sonst sei sein Bürgermeister erschossen, bis man komme. Sofort schickt die Kompanie Erkunder aus und geht unter Befehl eines Oberleutnants selbständig gegen Hohenschäftlarn vor. Das Gepäck wird unter Bedeckung zurückgelassen. Zwei Züge greifen frontal an, ein dritter führt eine Umgehung aus und besetzt Bahn und Straße nach München. Inzwischen haben die Streifen gemeldet, daß tatsächlich Spartakisten im Dorf seien. Von der ersten Kompanie des Schützenregiments, die ebenfalls benachrichtigt worden war, schließen sich zwanzig Mann unter einem Offizier an. In raschem Sturmlauf wird der Ort genommen. Der Erlanger Student Dohnat erhält einen Bauchschuß, dessen Folgen der Getreue nach zwei Tagen erlegen ist. Drei Spartakisten sind tot, darunter der Führer, ein Matrose vom Vollzugsrat, der eine rote Binde um den Leib hat. Zwei weitere werden gefangen. Die anderen waren gewarnt worden, hatten ihren Führer und ihre Genossen im Stich gelassen und waren mit dem Lastkraftwagen geflohen.

Das ganze Dorf atmet auf, und vor allem der Bürgermeister, der bereits zum Erschießen verurteilt war, überschüttet die Befreier mit Dankesbezeigungen. Rasch wird das Bahngeleise nach München durch einen vorgeschobenen Eisenbahnwagen und die Straße durch ein Verhau gesperrt. Ein Zug besetzt das nahegelegene Kloster, und damit ist Hohenschäftlarn endgültig vom roten Terror befreit.

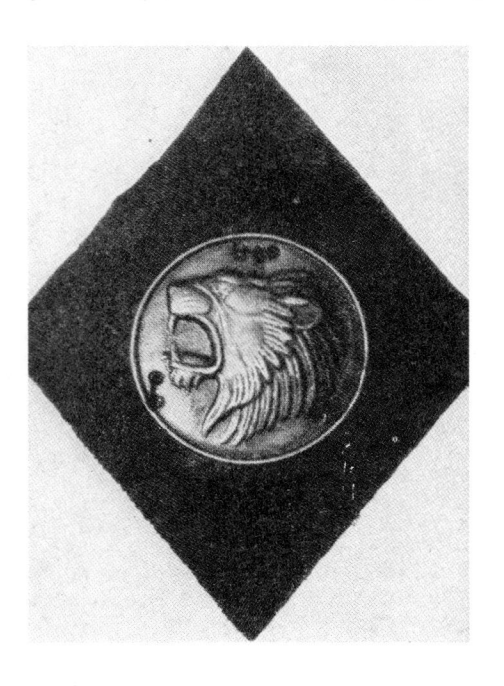

1. Mai. Auf dem Dorfplatz von Grünwald herrscht reges Leben. Reihenweise stehen Gewehrpyramiden, die Tornister dazwischen, eine Ordnung, wie sie seit dem Dezember 1918 nimmer gesehen war, und überall wimmelt es von Feldgrauen mit Stahlhelmen, die einen weißen Streifen rundum haben. Einige Kompanien des 1. Bayer. Schützenregiments halten hier Rast auf dem Vormarsch gegen München. Die Einwohner stehen in froher Erregung dazwischen und plaudern mit den Soldaten. Hier und da drückt sich auch einer etwas scheu beiseite, und man kann von Einheimischen reden hören: „Gell, Toni, da schaugst! Heut reißt 's Maul net mehr a so weit auf!"

Vor den Gewehren und bei den Maschinengewehren, an den Dorfausgängen stehen Posten, die scharf auf Ordnung sehen und niemand durchlassen. In der

General der Infanterie Ritter von Epp, ehem. Führer des Freikorps von Epp   Photo: Heinrich Hoffmann, München

Ärmelabzeichen des Freikorps von Epp   Vorlage: Heeresarchiv

Römerschanze hat der aus dem Feld bekannte Oberstleutnant Herrgott, der Führer des Schützenregiments, sein Quartier aufgeschlagen und vernimmt persönlich allerlei verdächtige Personen, die von den Streifkommandos herbeigebracht werden. Dazwischen werden Passierscheine ausgegeben und Befehle erteilt.

Auf dem Platz sind inzwischen die Stabswachen eingetroffen. Ein Lastkraftwagen, mit schweren MG. bestückt, rattert heran, Geschütze folgen, die 2. Batterie ist auch da. Während unter großer Teilnahme der Dorfjugend die Suppe aus der Gulaschkanone ausgeteilt wird, arbeitet im Wirtshaus in einem Nebenzimmer Oberst von Epp mit seinem Stabe. Einzelne Zivilisten kommen auf Umweg aus München und bringen Nachrichten. Die Rotgardisten scheinen das freie Gelände bis zur Häusergrenze aufgegeben zu haben. In der Stadt wird heftig gekämpft. Die Regierungstruppen sollen keine leichte Sache haben. Die Nachrichten vom schrecklichen Geiselmord werden immer bestimmter und verbreiten sich auch unter der rastenden Truppe. Die Stimmung wird sehr erregt und alles brennt darauf, vorzugehen gegen das Mordgesindel. Die drei gefangenen Spartakisten unter dem Baum am Platz bekommen keine Schmeicheleien zu hören. Der eine, ein junger Bursch, liegt stumpf stierend am Boden, und zuweilen zuckt der Schrecken wie ein Krampf durch seinen Körper. Da er sichtlich nur verhetzt gewesen ist und ohne Verständnis für irgendeine politische Tatsache, kommt er mit dem Schrecken davon. Ein anderer, eins der typischen Gesichter, in die ein zügelloser Lebenswandel seine untrüglichen Merkmale geschrieben hat, sitzt aufrecht, und während ihm vor Angst die Zähne klappern, ergeht er sich in den unverschämtesten Reden. Dazwischen weist er auf seine Rote = Kreuz = Armbinde und behauptet, er müsse nach dem Genfer Vertrag freigelassen werden. Es ist merkwürdig, wie sich diese Leute, denen selber kein Vertrag heilig ist, auf Verträge aus der „Sklavenzeit" berufen und zum Teil anscheinend fest verlassen haben.

Doch schon geht es weiter vor. Ein Stabsauto mit zwei Mann fährt vor, um Quartier zu machen in Menterschwaige. Stabsquartiermeister, Rittmeister v. Freyberg, folgt zu Pferd. Alles winkt und ruft gute Wünsche. In scharfer Kurve biegt das Auto an der Halte Menterschwaige von der menschenleeren Straße links ein nach der Villenkolonie Menterschwaige. Der eine Mann bleibt mit schußbereitem Karabiner an der Straßenkreuzung. Der Kraftwagen hält vor der Gaststätte. Rasch ist dort Quartier gemacht für die Stabskompanie. Der Gastgeber leistet bereitwillig Hilfe. Der eine Offizier geht rechts, der andere links der Straße in die Häuser Quartier machen. Überall heißt die meist mißtrauische, oft sichtlich ängstliche Frage: Weiße oder rote Garde? Die Antwort: „Regierungstruppen" beruhigt, ebenso wie das Aussehen der Offiziere, das sich doch deutlich von dem der Rotgardisten unterscheidet, welche die vergangene Nacht hier geplündert haben. Fast gleichzeitig kommen die beiden Quartiermacher zum Gasthof zurück, eben recht, um mit dem Quartiermeister fünf junge Burschen und eine Weibsperson festzunehmen, die scheinbar harmlos

Oberst Ritter von Epp besichtigt die Panzerwagen-Abteilung seiner Freikorps in Ohrdruff
Photo: Heeresarchiv

Gruppe des Volkswehr-Regiments Regensburg in München; auf dem Wagen sitzend der Stellvertreter des Führers Rudolf Heß
Photo: Schlageter-Ged.-Museum

Obergeometer Rudolf Kanzler, ehemals Führer des Freikorps Chiemgau
Photo: Archiv Reiter gen Osten

Kragenabzeichen des Freikorps Schwaben
2 Vorlagen: Heeresarchiv

Kragenabzeichen des Freikorps Regensburg
2 Vorlagen: Armeemuseum München

Polizeioberst Ritter v. Pitrof, ehem. Führer des Freikorps Schwaben
Photo: Dr. Hans Hohenester, München

spazierengehen. Sie werden, nachdem sie dem Posten an der Straßenkreuzung erzählt haben, bei der roten Armee sei es doch besser (!), festgehalten, bis die ersten Truppen angelangt sind, um einen Verrat zu verhindern. Nachdem sie zuerst zuversichtlich und vorlaut sind und schnoddrige Antworten geben, redet man sie etwas schärfer an und macht sie darauf aufmerksam, daß mit ihnen nicht lange gefackelt würde. Da brechen sie — der eine war mindestens 1,85 Meter lang — einstimmig in ein jämmerliches Geheul aus. Im Saal der Gaststätte, der als Quartier beschlagnahmt wird, hält eine ebenso lustige Gesellschaft junger „Herren und Damen" Probe und Tanz und will zuerst gar nicht begreifen, wie man die Roheit haben kann, ihr Vergnügen zu stören. Dabei hört man die Einschläge der Minen in der Stadt deutlich herüber, und die Vortrupps suchen das Gelände ab. Doch ist es nicht möglich, noch an diesem Abend von hier aus in die Stadt zu kommen, da das vorliegende Giesinger Viertel von den Spartakisten stark besetzt ist.

2. Mai. Der Einmarsch der Gruppe von Epp geschah in zwei Kolonnen: Ost- und Westkolonne. Die Ostkolonne setzte sich von Stadelheim aus in Bewegung. Bei ihr befanden sich 3. und 4. Kompanie des Schützenregiments und ein Geschütz der 2. Batterie unter Hauptmann Prager und Leutnant Körner. Bereits um 10 Uhr morgens ging von der Beißbarthschen Motorenfabrik eine zehn Mann starke Patrouille der 3. Kompanie gegen die Sedlbauersche Gewehrfabrik vor, um deren Besetzung zu erkunden. Diese kam unbehelligt bis zu einer Straßenallee. Dort wurden sie von MG.-Feuer gefaßt, suchten hinter den Bäumen Deckung und gingen unter ständigem Feuer sprungweise zurück bis zu einem Milchladen, der ihnen vor der Nase zugesperrt wurde. Während sie, um einsteigen zu können, ein Fenster einschlugen, wurden die Schützen aus den gegenüberliegenden Häusern beschossen. Beim Vorgehen waren sie aus eben diesen Häusern mit dem Ruf: Hoch Epp! begrüßt worden. Beim Rückgehen wurden sie überallher beschossen. Der Schütze Herzog wurde schwer verwundet und konnte nicht weitergebracht werden. Da sahen seine Kameraden ein Haus mit der Roten-Kreuz-Flagge. Ein alter Mann, der den Einlaß verweigern wollte, wurde gezwungen, zu öffnen, verband den Verwundeten notdürftig und nahm ihn auf. Während der Stunden, wo der Ermattete dort gelegen, wurde er mit gehässigen Reden und Schimpfereien durch diesen alten Mann dauernd belästigt. Nachdem so die Anwesenheit von Maschinengewehren festgestellt worden war, setzte der Angriff der Ostkolonne ein. Das Geschütz begann aus einer Wiese bei Stadelheim zu feuern, und in schweren Kämpfen drangen die Schützen vor, das Geschütz mehrmals an der Spitze. Besonders hartnäckig gekämpft wurde an der Bergbrauerei und am Volksgarten. Dort fiel

Ärmelabzeichen des Freikorps Chiemgau

Ärmelabzeichen d. Freiw.-Komp. Östreicher

Straßenkämpfe in München

Photo: Heeresarchiv

Der Stab des Freikorps Schwaben vor der Besichtigung in München am 8. Mai 1919; von links: Hauptmann Ritter von Finsterlin (1921 in Oberschlesien Kommandeur des Bataillons von Finsterlin im Freikorps Oberland), Major Ritter von Pitrof, Hauptmann König
Photo: Dr. Hans Hohenester, München

Unteroffizier Dorsch. Auch die Leutnants v. Tannstein und Schöttl mußten ihren Opfermut mit dem Leben bezahlen. Verwundete wurden in den nächstgelegenen Lazaretten untergebracht. Am Abend war, von vereinzelten Dachnestern und Kellerschützen abgesehen, der gewünschte Abschnitt in der Hand der Ostkolonne. Am nächsten Tag begann die genaue Durchsuchung der Häuser.

Von der Haltestelle Tierpark an der Straße nach Grünwald erfolgte das Vorgehen der Westkolonne, an dem sich außer der ersten und zweiten Schützenkompanie, einem Geschütz und einem Lastkraftwagen mit schwerem MG., die Maschinengewehrkompanie, auch die Freikorps Schwaben und Werdenfels beteiligten.

Es ist kurz vor 11 Uhr vormittags. Rechts und links der Straße stehen marschfertig die Kompanien, zwei Lastkraftwagen mit MG.-Besatzung und einige Kolonnen stehen fahrbereit. Auf der kleinen Anhöhe neben der Straße hält Oberst v. Epp mit seinem Stab, teils zu Pferd, teils in Kraftwagen. Etwa hundert Zivilpersonen stehen mit erregt wartenden Gesichtern umher, plaudern mit den Soldaten, voll guter Hoffnung, daß bald die letzten Reste des roten Terrors in München verschwinden und der ruhige Bürger und Einwohner wieder seines Lebens sicher ist. Da beginnt der Vormarsch. Taschentücher wehen, viele gute Wünsche begleiten den Zug, besonders der Führer, dem doch das Zustandekommen des ganzen Truppenteils zu verdanken ist, wird begeistert umjubelt zum Abschied. Voraus das Geschütz, gelangen die Truppen am Rand des Isartals auf der Harlachinger Straße zur Orthopädischen Klinik. Das Geschütz fährt vor dem Eingang zur Landeskrüppelanstalt in der Kurzstraße auf. Während ein Teil der Schützen weiter auf der Harlachinger Straße vorfühlt, gehen die 1. und 2. Kompanie und eine Kompanie Schwaben im Hof der Klinik in Deckung. Die Fahrzeuge stehen den Zaun entlang an der Harlachinger Straße. In Thalkirchen hämmern und klopfen die Maschinengewehre, aus der Stadt hört man das dumpfe Krachen schwerer Minen. Hier und da pfeift ein verirrtes Geschoß übers Tal herüber. Die Straßen sind wie ausgestorben. In einigen Häusern sind die Fenster offen. Da kracht es. Im Garten werden fünf Harlachinger Spartakisten erschossen, die mit der Waffe in der Hand gefangen waren. Gleich darauf bringt man drei Russen. Man hat sie ebenfalls mit Gewehren erwischt. Als sie um die Ecke geführt werden, sehen sie plötzlich die Erschossenen. Während sie wilde tierische Schreie ausstoßen, werden sie an die Wand gestellt. Eine Kugel macht ihrer tierischen Angst ein Ende. Ekel und Bitterkeit steigt in der Seele auf — der Kampf gegen Leute des eigenen Volkes, wenngleich sie zehnfach schuldig sind, ist etwas unsagbar Niederdrückendes, trotz aller Empörung über ihr Tun. Da setzt vorne Gewehrfeuer ein. Die Infanterie ist bis zu dem Gasthaus gelangt, das als erstes Haus an der Harlachinger Straße steht, nach den Wiesen hinter dem Landeskrüppelheim. Von den Häusern rechts drüben, an und über der Tegernseer Landstraße, pfeift es herüber. Da greift das Geschütz ein: drei Schuß. Das Trambahnhäuslein am Wettersteinplatz, in dem ein MG. stehen soll, ist erledigt. Da pfeift es heran. Der Batterieführer, Oberleutnant v. Roman, erhält einen Schuß durch beide Oberschenkel, Leutnant Blaurock und Leutnant Zwehl, Vizefeldwebel Frank werden verwundet. Rasch werden sie in den geschützten Torhof gebracht. Die Kanoniere springen nach, und harmlos und einsam steht das Geschütz vor dem Tor. Das Lastauto mit seiner MG.-Besatzung unter Leutnant Bezzel, einem Bundesbruder des verwundeten Frank, greift ein und hält das Gewehrfeuer so nieder, daß das Geschütz in Deckung gezogen werden kann. Von dort

Mannschaften des Freikorps Bayreuth mit französischen Stahlhelmen aus dem Münchener Armeemuseum ausgerüstet
Photo: Archiv Reiter gen Osten

schießt es mehrere Fensterstöcke an einigen Häusern der Tegernseer Landstraße ein, aus denen starkes Feuer kommt. Da wird das Gewehrfeuer dort drüben ruhiger. Auch die Sedlbauersche Gewehrfabrik wird zum Schweigen gebracht. Dann geht das Geschütz weiter vor gegen die Pilgersheimer Straße, wohin auch die Kompanien aus ihrer Bereitschaft vorgezogen werden.
Inzwischen hat Oberst v. Epp auf dem Turm des Landeskrüppelheims seinen Gefechtsstand aufgeschlagen. Über der Stadt kreuzen Flieger. Immer wieder flackert das Maschinengewehrfeuer auf, sprunghaft, da, dort, je nachdem ein Haus genommen wird. Man sieht deutlich, wie aus den Häusern geschossen wird. Unten an der Isar erreichen unsere Leute

Freikorps Werdenfels marschiert in München ein Photo: Heinrich Hoffmann, München

den Bahndamm. Deutlich erkennbar sind die verhuschenden Gestalten an den weißen Streifen um die Stahlhaube. Man sieht, wie die Züge an den Häuserwänden entlang sich die Pilgersheimer Straße vorarbeiten. Bumm, da fährt vom Giebel des Giesinger Kirchturms eine Wolke auf. Das Geschütz hat ihm einen Gruß gesandt. Wie man später erfahren hat, wurde er daraufhin von seiner Spartakistenbesatzung geräumt. Auch das Pfarrhaus erhält einen Treffer, der den Kamin einschmettert. Über der Stadt stehen an einigen Stellen weißliche Rauchwolken. Ein Brand wird schon länger beobachtet, die helle Flamme ist deutlich zu sehen gewesen. Die Bestimmung nach der Karte hat Malthäserbräu ergeben, und das hat gestimmt. Plötzlich geht einer der Flieger steil herab. „Oho, der hat was abbekommen", meint besorgt der anwesende Fliegeroffizier. Wirklich hat ein Flugzeug einen Treffer in den Motor erhalten und auf der Theresienwiese notlanden müssen. Dort waren glücklicherweise bereits Regierungstruppen.
Unten in der Klinik werden derweil die Verwundeten versorgt. Da zeigt sich, daß die Klinik nicht mit Tetanusantitoxin hinreichend versehen ist. Fürs erste reichen die Bestände aus dem Sanitätskasten einer in Bereitschaft liegenden Kompanie. Der Adjutant des Kommandoarztes erbietet sich zum Versuch, aus der nächstgelegenen Humboldtapotheke das Serum zu beschaffen. Mit dem Ordonnanzoffizier fährt er im Kraftwagen des Führers vor. Durch die Pilgersheimer Straße geht es im Saus vorüber an nachfolgenden Truppen. Kurz vor dem Bahndurchgang pfeifen Kugeln vorbei, da steht der Wagen schon in der schützenden Unterführung. Der Ordonnanzoffizier erledigt seinen Auftrag beim Kompanieführer der 2. Kompanie, Hauptmann Kögler. Der Unterarzt bleibt bei der Spitze der Kompanie im Bahndurchgang, das Auto flitzt zurück, nicht ohne daß ein paar Geschosse mit hartem Aufschlag auf die Straße prellen. Der Mediziner kratzt sich hinter den Ohren. Die Apotheke liegt noch gute 400 Meter weiter vorn, und scheinbar ist noch niemand dort. Kurz entschlossen springt er mit den Schützen aus dem sicheren Durchlaß über die stark bestrichene Straße zu dem gegenüberliegenden einstöckigen Volksbadehaus. Dort liegt bereits ein toter Soldat mit Kopfschuß, der Schütze Neumann von der 2. Kompanie. Die Fensterscheiben des Häusleins sind eingeschossen, und innen sieht es wüst aus. Die Türen der Badekabinen stehen weit offen. Peng, da belehrt ein vorbeisurrendes Geschoß, daß man zum rückseitigen Fenster nicht nur hereinsehen, sondern auch hereinschießen kann. Gedeckt vor den Schüssen von der schmalen Brücke bei der Villa Schmederer, deren Höhe den Platz beherrscht, ist nur ein kleiner Winkel, und der ist von vorn eingesehen, denn das Bad steht auf allen Seiten völlig frei. Da pfaucht es den Bahndamm heran. Krachend entladen sich die Revolverkanonen des Panzerzuges und bringen für den Augenblick die Dachschützen und MG.-Nester der Roten zum Schweigen. Aber kaum ist der Zug vorüber, geht es wieder los! Im Winkel um die Treppe kauern neben dem Toten fast vierzig Mann. Da kommt Hauptmann Schmidt von der 1. Kompanie, die bereits vorn ist, in langen Sprüngen zurück, die Zögernden zu holen. Rasch orientiert er sich im Haus. Ein leichtes MG. wird in Stellung gebracht. Es kann gegen die hinter eisernem Geländer verschanzten Spartakusscharfschützen, die gut eingeschossen sind, nichts ausrichten. Da befiehlt Hauptmann Schmidt, weiter vorzugehen. Diese Seitenpostierung müsse ja den Truppen, die vom Giesinger Berg her kämen, in die Hand fallen. Er selbst springt als erster über die mit genau eingeschossenem Feuer belegte Freibadstraße. Einige zwanzig folgen nach. Da stürzt Leut-

119

Ein gesegneter Schlaf. Hinter der zerschossenen Schaufensterscheibe des Ringhotels in München schläft ein Freikorpskämpfer unbekümmert um den erwachenden Verkehr
Photo: Heeresarchiv

nant Seiffert getroffen mitten in der Straße zusammen. Ein Fähnrich springt vor, trotzdem es die Geschosse nur so aufs Pflaster regnet, zieht den Verwundeten herüber gegen das einigermaßen deckende Bad. Der Unterarzt faßt mit zu, und während noch hart nebenan die Pflastersteine klingen unter dem Metallregen, müht er sich, die schwere Schlagaderblutung des zerschossenen Beins zu stillen. Die erbitterte Mannschaft zwingt einen aufgefangenen, nicht ganz unverdächtigen Zivilisten, mit aufgehobenen Händen zum Schutz davor hinzustehen — der Mann tut einige Schritte vor und bleibt, von den Spartakisten getroffen, anscheinend tot liegen. Inzwischen ist die Stillung der Blutung gelungen, und mit Hilfe des wackeren Sanitätssoldaten Wachter von der 1. Kompanie des Freikorps Schwaben wird der Schwerverwundete ins Badehaus getragen. Der Sanitätssoldat erzählt, daß eben mit dem Kraftwagen des Obersten mehrere Verwundete, darunter Leutnant Doerfler von der 2. Batterie, mit schwerem Lungenschuß aus dem Haus vor dem Bahndurchgang zurückgebracht worden sind. Da keine Verbindung nach vorn und rückwärts besteht, die Zugangsstraßen durch starkes Feuer gesperrt sind, sobald nur irgendwer Miene macht, aus dem Haus zu gehen, müssen die zehn Mann, die noch da sind, den Schutz des Hauses übernehmen. Der Bademeister findet sich schließlich auch, beschafft Bretter zu Notschienen und Bettzeug zur Lagerung. Plötzlich saust aus der Unterführung das Auto Oberst von Epps und will in kurzem Bogen vor dem Bad drehen. Dabei gerät es zu sehr ins Feuer, durch einen Treffer steht der Motor; der schneidige Fahrer springt rasch ins Haus. Er erzählt, daß man gehört habe, daß hier ein Schwerverwundeter liege und er ihn holen wollte. Da surrt plötzlich der Motor wieder an, ein rasendes Gewehrfeuer setzt ein, der kühne Fahrer springt in den Wagen, hui, er fährt los und kommt glücklich zurück durch die Unterführung. Der Wagen hatte 21 Treffer.

Die Abgeschlossenen verleben lange Stunden. Unergründlich lauern die Fenster der Häuser ringsum herunter auf das kleine, graue Bad, tote, leere Augen mit tückischem Blick. Da, regt sich nicht etwas? Schon hebt der Schütze sein Gewehr — nein, ruhig Blut, es ist nur Täuschung. Peng, peng, surrt es zum rückwärtigen Fenster herein, als einige die Treppe hinaufspringen, um vom ersten Stock aus zu beobachten und zu schießen. Da, an einem Fenster im Hinterhaus gegenüber, in den Höfen der Pilgersheimer Straße, da — das sind Köpfe — um Gottes willen nicht schießen, das sind ja Kinder! Mit großen Augen, die Nase an die Scheiben gedrückt, spähen ein paar Kindergesichter herüber. Das Herz zittert bei dem Gedanken, daß der Schuß dem Gewehr entflohen wäre. Da springt ein alter Mann mit dem Bierkrug aus einem Haus. Er will „nur in die Wirtschaft!" — Sofort zurück! Gegen 6 Uhr kommen von Giesing her einzelne Leute. Grimmig ruft ihnen ein Viezfeldwebel zu, der sich mit einem Wadenschuß auch eingestellt hat, und, das wunde Bein auf einen Stuhl gelagert, mit dem Gewehr am Fenster sitzt: „Hände hoch! Sofort ins Haus kommen!" Da packen sofort vier Schützenfäuste zu, und es wird visitiert. Dann werden die Verdächtigen in die Badekabine gesperrt.

Ärmelabzeichen des Wehrregiments München

Kragenabzeichen des Freikorps Landsberg

Kragenabzeichen des Württemb. Freiw.-Det. Haas

Ärmelabzeichen des Freikorps Bamberg

4 Photos: Heeresarchiv Potsdam

Endlich, abends gegen 8 Uhr, kommen die Unseren den Giesinger Berg herab. Jetzt wird auch das Feuer schwächer, und als Befreier kommen zwei Werdenfelser und ihr Arzt mit einer Trage, gleich darauf ein Stabsauto mit dem Kommandoarzt und holen die Verwundeten weg.

Die Infanterie war inzwischen bis über die Wittelsbacher Brücke vorgestoßen. Die Schützen vom Freikorps Werdenfels hatten gegen die Isar hinab die Dachschützen beseitigt, und am Abend fielen nur noch vereinzelte Schüsse, die immer wieder da und dort knallten, bis am nächsten Tag eine gründliche Durchsuchung der Häuser einsetzte.

Die Einnahme Giesings hatte sechs Tote und an 40 Verwundete gekostet. Die Spartakisten hatten weit größere Verluste, meist Tote.

Straßenkampf in München

Von Leutnant z. S. v. Grothe und Leutnant z. S. Kern, gefallen am 17. Juli 1922 auf Burg Saaleck

Sehnsüchtig des Befehls zum Vorgehen harrend, stand die Kompanie im Garten des Schlosses vom Prinzen Luitpold, als die erste und dritte Gruppe den höchst ehrenvollen Auftrag bekamen, für die Kompanie Alarmquartiere zu machen, und zwar sollte der Kunstakademie die zweifelhafte Ehre zuteil werden, uns aufzunehmen. Sehr beglückt waren wir

Korvettenkapitän Ehrhardt, Führer der II. Marine-Brigade Ehrhardt
Photo: Archiv Reiter gen Osten

allerdings nicht ob dieses Befehls, da wir uns mit unserem einfältigen Untergebenenverstand einbildeten, daß das Quartiermachen eigentlich nicht die Hauptsache beim Rauswerfen der roten Hallunken wäre, aber was bleibt einem armen Soldaten anderes übrig, als das zu machen, was die Führer in ihrer Machtvermessenheit ihm befehlen zu können glauben. So zogen wir denn betrübt von dannen, fürchtend, daß die anderen unterdessen ohne unser Beisein Heldentaten verrichten könnten. Geführt von den begeisterten Münchener Bürgern kamen wir bald an das Ziel — wenn auch nicht unserer Wünsche, so doch unseres Auftrages. Der Portier führte uns in einen wundervollen Modellsaal, dessen einziger Fehler in der niederdrückenden Tatsache bestand, daß sich nicht ein einziges Möbel darin befand, welche Kalamität sich in diesen heiligen Kunsthallen leider auch nicht beheben ließ. Gott sei Dank hatte der Raum auch einige Ecken, so daß wir nicht in die Verlegenheit kamen, unsere Köpfe zu zerbrechen, wohin wir unsere Sachen legen sollten. Kaum hatten wir von diesem fabelhaften Luxus Gebrauch gemacht und angefangen, die Plätze einzuteilen, als plötzlich Leutnant z. S. d. Res. van de Loo, unser derzeitiger Feldwebel, atemlos hereinstürzte und uns mit fürchterlichen Alarmnachrichten in begreifliche Aufregung versetzte: unsere Kompanie sollte am Stachus von den Spartakisten umzingelt sein und bäte dringend um Hilfe, ferner hätten die „Roten" einem andern Truppenteil mehrere Geschütze abgenommen, der sie mit unserer Hilfe gern wiederholen möchte, und dann wären auch die „Weißgardisten" für eventuelle Unterstützung sehr dankbar. Jetzt kamen wir uns natürlich äußerst wichtig vor, da ja anscheinend das Wohl und Wehe der Stadt München von uns abhing. Schnell beluden wir uns wieder mit Mantel, Handgranatensack, Karabiner usw. und folgten der Führung van de Loos, der wiederum von einem „Weißgardisten" geführt wurde. Gegen solche Führung mußte unser eigentlicher Führer, Oberleutnant zur See Berlin, ganz verschwinden, der sich als einfacher Sturmsoldaten-Korporalschaftsführer seiner Abzeichen entledigt hatte — wie wir alle — während van de Loo im Schmucke derselben prangte und sich infolgedessen auch als unser Oberbefehlshaber fühlte. Im Laufschritt ging es durch die uns unbekannten Straßen, bis wir von weitem heftiges Schießen hörten und dann in dieser Richtung weiterliefen, bis wir zur Kaufinger Straße kamen, die vollständig menschenleer war; nur in den Seitenstraßen drängte sich das Volk zu Hauf und riet uns dringend ab, die

Kragenabzeichen
des Freikorps Lützow

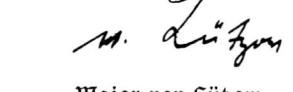

Ärmelabzeichen
des Infanterie-Lehr-Regiments

2 Vorlagen: Heeresarchiv
1 Photo: Archiv Reiter gen Osten

Major von Lützow,
Führer des Freikorps von Lützow

Oberst von Delius, Führer des Freiwilligen-Infanterie-Lehr-Regiments

Photo: Zander & Labisch, Berlin

Straße zu überqueren, die in der Tat unter Feuer lag. Jetzt wurde großer Kriegsrat abgehalten. Mittlerweile war es auch dunkel geworden, nur der in Brand geschossene Kiosk am Stachus erhellte die Gegend schaurig schön. Uns war nun vom Laufen im Mantel ziemlich warm geworden und wir versuchten, Berlin von unserer Ansicht zu überzeugen, daß es zunächst das beste sei, uns dieses überflüssigen Möbels zu entledigen und es in einem in der Nähe befindlichen Restaurant zu deponieren. Mit dieser Soldatenrat ähnlichen Zumutung fanden wir leider keine Gegenliebe. Jetzt wurden wir, jeder von den uns umringenden Zivilisten und „Weißgardisten", mit den verschiedenartigsten Ratschlägen bestürmt: es wäre am besten, wenn wir die „Roten" umfaßten, das wäre ganz einfach, da brauchten wir nur diese Straße langzugehen und dann die, und dann wäre in einer rechten Seitenstraße die evangelische Kirche, und dann brauchten wir nur die beiden Maschinengewehre zu nehmen, das übrige ergäbe sich dann auch ganz von selbst; oder aber, wir sollten rechts und links vom Stachus vorgehen, dann hätten wir sie in der Mitte —, das ginge aber nicht, meinten wieder andere, da hätten sie viele Häuser mit Maschinengewehren besetzt usw. usw. Währenddessen machten wir nun auch Berlin Vorschläge, wie es unbedingt gehen müsse, während Leutnant z. S. Schmitz behauptete, im Mantel überhaupt nicht weitergehen zu können. Inzwischen wurde überall geschossen mit Gewehren und Maschinengewehren, man wußte bloß nicht woher. Wir formierten uns jetzt als Stoßtrupp und liefen einzeln über die Straße, dann durch das Karlstor bis zur Ecke am Stachus, wo wir nicht weiterkonnten, da der ganze Platz unter MG.-Feuer lag. Zehn Schritte vor uns stand ein alter Herr als „Weißgardist" hinter einer Litfaßsäule und schoß in aller Seelenruhe einen Schuß nach dem anderen ab; ob er bei der Dunkelheit etwas getroffen hat, bleibt allerdings dahingestellt. Jetzt befahl Berlin, daß Oberleutnant z. S. Tillessen mit seiner Gruppe an

Ärmelabzeichen der Marine-Brigade Ehrhardt
Vorlage: Heeresarchiv

Oberst von Kornatzky †, Führer des Hessisch-thüring.-waldeckschen Freikorps

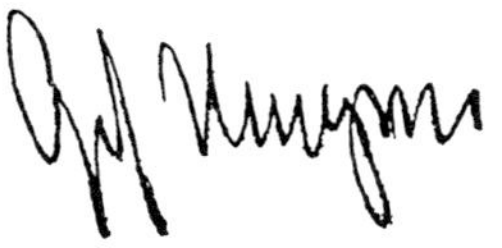

Oberst Graf Magnis †, Führer der Garde-Kavallerie-Schützen-Division

3 Photos: Archiv Reiter gen Osten

General Faupel, ehemals Führer des Freikorps Görlitz

dieser Ecke stehenbleiben sollte; die erste Gruppe ging wieder zurück, nicht ohne vorher noch einige Schüsse auf die MG., die bei der evangelischen Kirche standen, gelöst zu haben. Wir wollten jetzt durch eine Nebenstraße zur Kirche gelangen, um eventuell von hinten die MG. zu überrumpeln. Aber schon bei der ersten Querstraße empfing uns wieder MG.-Feuer, so daß wir auch hier nicht weiterkonnten. Dasselbe Bild wie zu Anfang bei der Kaufingerstraße wiederholte sich, auch Schmitz schimpfte wieder über seinen Mantel; wieder war guter Rat teuer. Dabei waren unsere Kameraden wahrscheinlich in höchster Gefahr, und bei uns sah es auch fast so aus, als ob wir in der Patsche säßen. Nach kurzer Beratung mit den „Weißen", bei denen man nie wußte, ob sie nicht zehn Minuten vorher mit einer roten Armbinde geschmückt waren, konzentrierten wir uns von neuem rückwärts, um uns mit der Gruppe Tillessen wieder zu vereinigen. Als wir an die Ecke kamen, wo wir sie zurückgelassen hatten, war natürlich niemand mehr zu entdecken.

Der Gruppe Tillessen war es inzwischen gelungen, die Kirche zu erreichen, der Gegner war jedoch spurlos verschwunden. In Stoßtrupp-Formation ging's an der Kirche entlang; einige „Weißgardisten" hatten sich zu uns gesellt. Die Dunkelheit brach rapide herein. In dem herrschenden Dämmerlicht hob sich der brennende Zeitungskiosk auf dem Karlplatz magisch gegen den dunklen Abendhimmel ab. Der schwach erleuchtete Hintergrund war schwarz umsäumt von einer nach Hunderten zählenden Menschenmenge. War sie uns freundlich gesinnt? Jedenfalls waren es nur typische Verbrecherphysiognomien, die in fieberhafter Erregung dem Kampf zusahen, um im Falle eines Fortschritts der „Rotgardisten" sofort deren Partei zu ergreifen.

Unser Häuflein in Gesamtstärke von zwölf Mann war inzwischen an eine Ecke der Kirche gekommen,

Ärmelabzeichen des Husaren-Regiments 11 der Garde-Kavallerie-Schützen-Division

Kragenspiegel des Hessisch-thüringisch-waldeckschen Freikorps

3 Vorlagen: Heeresarchiv

Ärmelabzeichen des Freikorps Faupel

und Tillessen wollte als erster hinter dieser verschwinden, als er im selben Augenblick aus dem schräg gegenüberliegenden Café „Orient" heftig beschossen wurde. Also hier saß der Gegner und stellte sich von neuem zum Kampfe. Ein Vorwärtskommen ohne eigene Verluste war auf dieser Seite ausgeschlossen, daher wurde ein Teil vom Korporal um die Kirche herumgeschickt, und Wiegner warf von dort im Schutze der Freitreppe und mehrerer entsicherter Karabiner eine Handgranate gegen den Cafégarten, in dem ebenfalls Schützen des Gegners saßen. Diese Handgranate war ein Versager; jedoch folgte bald die zweite und dritte, von unserem Matador im Weitwurf geschleudert. Diese taten ihre Wirkung. Zwei ungeheure Explosionen in der augenblicklich ruhigen Straße; splitternde Scheiben, Hurrarufen der stürmenden Gruppe, alles nur in einer Spanne von wenigen Sekunden. Das Café war genommen und das Nest war wieder leer. Bei der nun einsetzenden intensiven Hausdurchsuchung wurde nur eine Kellnerin zutage gefördert, die bei Beginn des Gefechts der Schreck dahin getrieben hatte, wo auch der Kaiser zu Fuß hinzugehen pflegt, und die dort durch eine verlorene Kugel am „Arm" leicht blessiert worden war. Im übrigen hatten sich die Spartakisten bereits bei der ersten Handgranate zurückgezogen.

Tilly sah das Aussichtslose des ungleichen Kampfes ein. Die erste Gruppe blieb immer noch aus, befand

Der brennende Kiosk am Stachus Photo: J. Magerthaler, Lahr/Baden

---

Die Garde-Kavallerie-Schützen-Division von Berlin vor München!

Gefangene der Garde-Kavallerie-Schützen-Division wurden eingebracht. Fünf Schwadronen der Luxemburg- und Liebknecht-Mörder sind in der Umgebung Münchens.

Arbeiter Münchens!

Was droht Euch? Die Gefangenen sagen übereinstimmend aus: **Jeder Arbeiter, der Waffen hat, wird erschossen.** Auf jeden Kopf Eurer Führer sind 50 Mark Prämie ausgesetzt! Auf jeden Mann der roten Garde oder roten Armee 30 Mark Belohnung. Gefangene in größerer Anzahl werden auf einen Haufen getrieben u. niedergeschossen. In Starnberg wurde ein 68 Jahre alter Mann an einen Baum gestellt und erschossen. Vier Sanitäter, die Verwundeten Hilfe bringen wollten, wurden ebenfalls erschossen.

Die weißen Garden haben Ausweise mit Noske unterschrieben!

Unter dem geeigneten Münchener Proletariat soll jetzt ein Blutbad von Noske angerichtet werden.

Arbeiter! Soldaten!
Schüttelt die preußische Herrschaft ab!

Stellt Euch in Massen bewaffnet dem Feind entgegen! Meldet Euch sofort bei Euren Sammelstellen!

Diese Tatsachen wurden durch Gefangene bestätigt!

Das Kommando der roten Armee
IV. Abtlg.

Hetzplakat, das in den Straßen Münchens verteilt wurde

sich wahrscheinlich schon auf dem Rückmarsch, was sich auch später bewahrheitete. Allein konnten wir nichts erreichen, daher wurde gegen 8 Uhr abends Heimkehr befohlen. Beim Passieren der Schommerstraße wurden wir von einem unserer „Weißgardisten" darauf aufmerksam gemacht, daß am Ende dieser Straße ein 10,5-cm-Langrohrgeschütz stände, das Spartakisten am Nachmittag dieses denkwürdigen Tages Regierungstruppen (Marine-Brigade kommt selbstverständlich nicht in Betracht) abgenommen hätten. Jetzt fand auf offener Straße ein großer Kriegsrat statt, sollten wir das Geschütz mit unseren paar Mann holen oder nicht? Unser Reservegruppenführer, der alte Mentor und Seebär Sab Sauermilch, riet ab mit den Worten: „Kinder, scheidet aus, es geht nicht ohne Verluste", in welcher Ansicht er von dem „85"er Roß, der als Armeeleutnant unser einziger zur Zeit anwesender „Fachmann" im Landkrieg war, unterstützt wurde, indem er unser Vorhaben von seinem Standpunkt als Infanterist als „aussichtsloses Unterfangen" bezeichnete. Wir anderen stärksten aber unserem lieben Tillessen das Rückgrat. Fischer sagte z. B. nur ganz stur: „die Kanone holen wir", und so wurde es nun auch gemacht. Nach diesem kurzen Intermezzo wurde der Stoßtrupp in zwei Hälften geteilt, und der Vormarsch wurde im Schutze der beiden Häuserfronten im Eilschritt angetreten. Rufe wie „Fenster dicht" fanden bei der nicht seemännisch geschulten Bevölkerung nur nach mehrmaliger Wiederholung Gehör. In jedem Torbogen der Gasse stand eine Menge fragwürdiger, finster dreinblickender Gestalten. Aber keine wagte zu mucksen. Überschätzte das Gesindel unsere Stärke oder waren es lauter Waschlappen? Wir kamen jedenfalls unbelästigt die Straße entlang, passierten die Zweigstraße im Laufschritt und entdeckten endlich am Ende der Schommerstraße das gesuchte Geschütz, an dessen Lafette ein Wischstock mit roter Fahne befestigt war. Tillessen, Sauermilch und noch ein bis zwei Mann stießen bis zur nächsten Querstraße, der Schillerstraße, vor, während der Rest der Gruppe unter Fischers bewährter Führung an das Seeklarmachen des Geschützes ging. Mitten in den Vorbereitungen wurden wir durch ein wahnwitziges Geschieße gestört. Tilly war nämlich kaum auf die Schillerstraße gekommen, als aus einem schräg gegenüberliegendem Hause ein MG. im Verein mit etwa 30 Schützen auf uns ein nicht erwartetes Schnellfeuer eröffnete, das an Heftigkeit nichts zu wünschen übrigließ. Der Kalk spritzte in Funkengarben gehüllt aus den Einschußlöchern der meist zu hochgehenden Geschosse. Durch schnelles Abschießen der Parabellumpistolen wurde von uns MG.-Feuer nachgeahmt, dabei immer in eine Menschenmenge reingehalten, die gerade zum Sturmanlauf ansetzte. Das Pistolenschießen verfehlte seine

Erinnerungsblatt der Garde-Kavallerie-Schützendivision an die Kämpfe um München
Photo: Heeresarchiv

Wirkung nicht. Die Menge stockte, das feindliche Feuer verstummte. Während dieser Vorgänge war das Geschütz im Nu besetzt worden. Fischer am Lafettenschwanz als Rudergänger. So schnell wie hier ist wohl noch nie ein Geschütz dieses Kalibers von fünf Mann transportiert worden; im Laufschritt die Schommerstraße hinauf, an der sich immer noch völlig passiv verhaltenden Einwohnerschaft vorbei bis zum Stachus. Hier kurze Rast und dann zurück, um die Nachhut aufzunehmen; wir trafen sie bereits auf dem Rückweg. Es war ihr mit Erfolg gelungen, der Geschützbedienung den Rücken zu decken. Jetzt ging's am brennenden Zeitungskiosk vorbei zur Akademie der bildenden Künste, wo wir nach dreiviertelstündigem Marsch wohlbehalten eintrafen. Als Belohnung erhielten wir eine wohlverdiente Zigarre durch unseren Kompanieführer, aber man konnte doch den Stolz in seinen Worten wahrnehmen über die mit „sehr gut" bestandene Feuertaufe der Gruppe Tillessen sowie der ganzen Sturmkompanie.

Artilleriezug auf Brückenwache
Photo: Hohenester, München

Den Rettern Münchens

In Bayerns Hauptstadt wütete die Not,
Der Wahnwitz raste durch erstorbne Gassen,
Glück, Leben, Eigen — alles war bedroht
Von feiger Gier und sinnlos wüstem Hassen

Geschieden waren wir von aller Welt
Und waffenlos und wehrlos und geächtet
Und wer sich nicht zur Meut'rerschar gesellt,
Ward, sklavengleich, getreten und entrechtet —

Da nahet Ihr aus allen deutschen Gau'n
Wie Wettersturm mit trutzig starkem Mute!
Da fegtet Ihr den Frevel und das Grau'n
Zur Stadt hinaus mit stählern harter Rute!

Wie danken wir's? Die Zeit ist arm und krank —
Selbst Blüten fehlen, Euch den Helm zu kränzen,
In dem erfrornen Frühling — unsern Dank
Seht Ihr allein aus feuchten Augen glänzen

In unsren Herzen soll er leuchtend stehn
Fortan in unvertilgbar goldnen Lettern,
Und nimmer wird der Ruhm hier untergehn
Von Münchens treuen, heldenkühnen Rettern!

Erinnerungsblatt für die Befreier Münchens

Wall gegen den Bolschewismus

1. November 1918	Zusammenbruch der österreichisch-ungarischen Ostarmee
6. November 1918	Matrosen meutern in Reval, Windau und Libau
8. November 1918	Die Ukrainer besetzen Lemberg, die Polen Lublin
10. November 1918	Umsturz in Warschau
11. November 1918	Oberbefehlshaber Ost ordnet Räumung der besetzten Gebiete an
12. November 1918	Oberbefehlshaber Ost befiehlt Bildung von Soldatenräten
	In Reval bildet sich eine estnische Regierung, Aufruf zur Bildung einer Baltischen Landeswehr, Bildung lettischer Formationen
15. November 1918	Oberbefehlshaber Ost erbittet von der Obersten Heeresleitung Erlaubnis zur Aufstellung von Freiwilligenformationen
16. November 1918	Lettenaufstand in Hasenpot und Goldingen
19. November 1918	Die letzte geschlossene deutsche Truppe verläßt Warschau
20. November 1918	Reichskommissar für die Baltischen Lande August Winnig anerkennt die lettische Regierung Ulmanis
25. November 1918	Siegreicher Vorstoß der Bolschewiki nach Pleskau
26. November 1918	Eine englisch-französische Flotte erscheint vor Sebastopol
28. November 1918	Bolschewiki erobern Hungerburg und Narwa
	Die ersten Freiwilligentruppen aus der Heimat treffen in Litauen ein.
2. Dezember 1918	Abkommen über Waffenruhe zwischen Deutschen und Ukrainern
5. Dezember 1918	Regelung der Aufstellung von Freiwilligenbataillonen zum Schutze der Rückführung der deutschen Truppen aus der Ukraine durch die Heeresgruppe Kiew
7.—8. Dezember 1918	Schwere Kämpfe zwischen Deutschen und Petljura-Ukrainern
18. Dezember 1918	Deutsche Truppen räumen Dorpat
21. Dezember 1918	Aufstellung der „Eisernen Brigade" im Baltikum
22. Dezember 1918	Dünaburg wird geräumt
23. Dezember 1918	Besprechung zwischen Reichskommissar Winnig und Vertreter Englands auf engl. Kriegsschiff in Riga
29. Dezember 1918	Zusicherung der baltischen Regierung, den Freiwilligen lettisches Bürgerrecht zu verleihen. Baltische Barone stellen 1 Million Morgen Land zur Ansiedlung deutscher Soldaten zur Verfügung
1. Januar 1919	Baltische Landeswehr bei Hinzenberg geschlagen
2. Januar 1919	Unruhen in Riga, Brand des Deutschen Theaters
3. Januar 1919	Bolschewikenputsch in Riga
	Rückzug der deutschen Truppen auf das westliche Ufer der Düna
	Bolschewiken besetzen Charkow
4. Januar 1919	Wilna wird von den deutschen Truppen geräumt und von Polen besetzt. Die Polen werden einige Tage später von den Bolschewisten verdrängt
6. Januar 1919	Rückzug der Baltischen Landeswehr auf Bauske
	Rückzug der Eisernen Brigade auf Mitau
8. Januar 1919	Mitau geräumt. Schaulen geräumt
11. Januar 1919	Das Freikorps von Randow rückt auf Kielmy vor, um bolschewistischen Vormarsch in Litauen zu stoppen
15. Januar 1919	Beschluß, die Windaulinie zu halten
	Major Bischoff trifft in Libau ein
	Errichtung einer Verbindungsstelle der Obersten Heeresleitung in Königsberg unter Generalmajor von Seeckt
21. Januar 1919	Die Heeresgruppe Kiew begibt sich nach Brest-Litowsk
26. Januar 1919	Pinsk wird geräumt
30. Januar 1919	Ermordung von 100 deutschen Soldaten, die sich in Windau den Bolschewiki ergaben
6. Februar 1919	Brest-Litowsk wird geräumt
	Vormarsch der Eisernen Division auf Murajewo
12. Februar 1919	Baltische Landeswehr stürmt Goldingen
14. Februar 1919	General Graf von der Goltz übernimmt den Oberbefehl im Baltikum
	Jagdkommando der Abteilung Randow stößt erfolgreich auf Radziwilischki vor und zerstört Eisenbahngerät und -anlagen
15. Februar 1919	Schutztruppe Bug stürmt Olita, schützt damit Grodno gegen Bolschewiki
20. Februar 1919	1. Garde-Reserve-Division trifft in Libau ein
24. Februar 1919	Einnahme von Windau
1. März 1919	Brigade Olita vertreibt die Bolschewiken aus ihren Stellungen bei Daugi
2.—7. März 1919	Angriff der 1. Garde-Reserve-Division. Murajewo erreicht
3.—7. März 1919	Angriff der Eisernen Division (Operation Tauwetter)
6. März 1919	Sperrung des Seeverkehrs nach Libau durch die Entente
	Vertreibung der Bolschewiken aus dem Windau-Abschnitt
9.—12. März 1919	Beginn der Operation „Eisgang". Schaulen erreicht
11.—16. März 1919	Vormarsch der Truppen des Generalkommandos 52. Radziwilischki besetzt
15. März 1919	Einnahme von Tuckum
	Die 45. Reservedivision nimmt Schadow (Litauen) und stellt die Frontverbindung mit den Truppen im Baltikum her
16. März 1919	Deutsche Soldaten holen in Kowno alliierte Fahnen vom litauischen Kriegsministerium herunter
	Räumung von Nikolajew am Schwarzen Meer
18.—20. März 1919	Baltische Landeswehr nimmt Mitau

18.—20. März 1919	Vormarsch der Eisernen Division. Doblen erreicht
20. März 1919	Vormarsch der 1. Garde-Reserve-Division auf Bauske
	Die letzten deutschen Truppen verlassen auf dem Seewege Odessa
24. März 1919	Eiserne Division und 1. Garde-Reserve-Division erreichen nach schweren Kämpfen die Eckau-Stellung
3. April 1919	Meuterei des Freiwilligen-Bataillons 6 und 9 in Libau. Hauptmann von Schauroth stürmt die Kaserne
15. April 1919	Freikorps Pfeffer entwaffnet lettische Truppen im Kriegshafen von Libau
16. April 1919	Stoßtrupp der Baltischen Landeswehr stürzt Regierung Ulmanis
23. April 1919	Polen erobern Wilna
28. April 1919	Deutsche Truppen räumen nach Vereinbarung mit den Polen Grodno
3. Mai 1919	Brigade Süd-Litauen nimmt Wilkomierz
	Ultimatum der Entente, die Regierung Ulmanis wieder einzusetzen
5. Mai 1919	Reichsregierung verbietet Werbung für Baltikumtruppen in Deutschland
8. Mai 1919	Abberufung der 1. Garde-Reserve-Division durch Oberkommando Grenzschutz Nord an die westpreußische Polenfront
10. Mai 1919	Bildung einer baltischen Regierung Needra
22. Mai 1919	Sturm auf Riga
26. Mai 1919	Vormarsch der deutschen Streitkräfte in Litauen zur Düna
31. Mai 1919	Eiserne Division besetzt Friedrichstadt
3. Juni 1919	Baltische Landeswehr stößt auf estnische Truppen
4. Juni 1919	Angriff eines estnischen Panzerzuges bei Ramozki auf deutsche Truppen
	Baltische Landeswehr besetzt Wenden
10. Juni 1919	Waffenstillstand zwischen Baltischer Landeswehr und Esten
13. Juni 1919	Befehl des englischen Generals Gough: Landeswehr hat Nordlivland zu räumen. Libau ist zu entfestigen, deutsche Truppen sind sofort auf die halbe Stärke zu vermindern
21. Juni 1919	Schwere Kämpfe der Eisernen Division bei Groß-Roop
22. Juni 1919	Rückzug auf Hinzenberg
	Beschießung Rigas durch englische Schlachtschiffe vom See aus
2. Juli 1919	Festsetzung einer Demarkationslinie zwischen Polen und Litauen. Räumung des Gebiets durch das freiwillige Reservekorps in Litauen
5. Juli 1919	Deutsche Truppen räumen Riga
	Lettische Regierung verweigert Anerkennung der Siedlungsverträge mit den deutschen Truppenteilen
23. Juli 1919	Freikorps Diebitsch wird nach Schaulen abtransportiert
26. Juli 1919	Libau wird auf Befehl der deutschen Regierung geräumt
	Baltische Landeswehr unterstellt sich dem englischen Oberst Alexander
21. August 1919	Beendigung der Räumung Litauens
23. August 1919	Eiserne Division verweigert befohlenen Abtransport nach Deutschland
24. August 1919	Fackelzug für Major Bischoff in Mitau
	1. Garde-Reserve-Division und mehrere Freikorps schließen sich zur „Deutschen Legion" zusammen
	Generalmajor Graf von der Goltz lehnt die weitere Führung ab
25. August 1919	Kapitän z. S. Siewert übernimmt die Führung der Deutschen Legion
1. September 1919	Parade der Eisernen Division vor General Graf von der Goltz in Mitau
	Reichswehrminister droht mit Abbruch der Verbindungen, Sperrung der Löhnung und Strafverfolgung
10. September 1919	Deutsche Führerbesprechung in Mitau
	Einigung der lettischen und estnischen Regierung in Reval und Riga gegen die deutschen und weißrussischen Truppen
24. September 1919	Friedensverhandlungen der Randstaaten mit Bolschewisten
25. September 1919	Abmachung zwischen Generalkommando und Oberst Bermondt wegen russischer Hilfe bei estnisch-lettischem Angriff auf deutschen Abtransport
26. September 1919	Beschluß der Reichsregierung: Abberufung des Generals von der Goltz, Sperrung der Gelder und Zustimmung zur Bildung einer Ententekommission zur Klärung der baltischen Verhältnisse
3. Oktober 1919	Schlußtermin für freiwilligen Abtransport deutscher Truppen
6. Oktober 1919	Eiserne Division, Deutsche Legion und Freikorps Plehwe legen russische Kokarden an
	Lettischer Bruch des Waffenstillstandes durch Angriff auf die Olai-Stellung
8. Oktober 1919	Deutscher Gegenangriff
9. Oktober 1919	Brandis besetzt Dünainsel Dalen
10. Oktober 1919	Eiserne Division nimmt Thorensberg und die Dünabrücken
	Westrussische Truppen besetzen Dünamünde und Bolderaa
	Entente verhängt Ostsee-Blockade
	General von Eberhardt trifft als Nachfolger des Generals von der Goltz ein
14. Oktober 1919	Baltische Landeswehr wird von Ulmanis an Sowjetfront verschoben und durch Letten ersetzt
15. Oktober 1919	Vorstoß der Letten bis Bolderaa
17.—19. Oktober 1919	Angriff der Deutschen Legion auf Friedrichstadt
18.—19. Oktober 1919	Dünamünde mit Unterstützung englischer Kriegsschiffe von Letten gestürmt
	Freikorps Plehwe in Libau von englischen Kriegsschiffen beschossen
	Russische Nordwestarmee (Judenitsch) vor Petersburg umklammert und vernichtet
	Überfälle litauischer Banden auf deutsche Eisenbahnlinien
20. Oktober 1919	von Eberhardt fordert im Ultimatum an Litauer, Feindseligkeiten gegen seine Truppen einzustellen
	Freikorps Roßbach und Halbbataillon Infanterie-Regiment 21 (Major Kurz) brechen eigenmächtig von Culmsee (Westpr.) und Thorn im Fußmarsch nach Kurland auf
21. Oktober 1919	Freikorps Diebitsch und Freikorps von Brandis bekämpfen litauische Banden
26. Oktober 1919	Entwaffnung litauischer Truppen
30. Oktober 1919	Vertrag von Radziwilischki: Neutrale Zone zum Schutze der Bahn

31. Oktober 1919	Freikorps Roßbach überschreitet die Kurlandgrenze in Tauroggen
1. November 1919	Vorstoß der Letten bei Gut Dünahof
3. November 1919	Angriff gegen Eiserne Division bei Thorensberg mit Artillerieunterstützung durch alliierte Flotte
7. November 1919	In Berlin tritt Interalliierte Baltikum-Kommission zusammen
11. November 1919	Räumung der westlichen Vorstädte von Riga
	Freikorps Roßbach trifft ein
	Internationale Baltikum-Kommission trifft in Königsberg ein
	Zusammenstoß zwischen General von Estorff und Reichskommissar August Winnig
14. November 1919	Westrussische Regierung beschließt zurückzutreten und Baltikum-Unternehmen zu liquidieren
	1. Garde-Reserve-Division stürmt Libau
15. November 1919	Lettischer Überfall auf zurückgehendes Bataillon Weikhmann in Groß-Eckau. Gefangenenmord
	Zurückgehende Deutsche Legion. Schwere Gefechte mit Letten
16. November 1919	Kapitän z. S. Siewert bei Joden gefallen
18. November 1919	Gegenstöße:
	Brigade Kurz (von Petersdorff usw.) tiefgehenden Angriff in Richtung Groß-Eckau
	Freikorps Roßbach über die Olai-Stellung
	Freikorps Brandis schlägt schwere Angriffe vor Radziwilischki ab
19. November 1919	Schlacht bei Mitau
20.—21. November 1919	Mitau wird geräumt
	Schwere Abwehrkämpfe der Freikorps von Brandis und von Petersdorff in Radziwilischki
22.—23. November 1919	Abmarsch der Deutschen Legion nach Janischki
27. November 1919	Räumungsbefehl des Generals von Eberhardt
	Protest der Interalliierten Baltikum-Kommission
30. November 1919	Bedrohung der Bahn Schaulen—Radziwilischki durch lettische Truppenansammlungen
3. Dezember 1919	Eiserne Division säubert Okmjany
3.—4. Dezember 1919	Murawjewo von Weißrussen geräumt
8. Dezember 1919	Deutsche Legion verläßt Schaulen
13. Dezember 1919	Deutsche Legion und der größte Teil der Eisernen Division auf deutschem Boden
14. Dezember 1919	Litauischer Überfall auf Detachement Roßbach bei Retowo
16. Dezember 1919	Roßbach überschreitet deutsche Grenze
18. Dezember 1919	Rücktransport der Baltikumtruppen nach den Demobilmachungsorten beginnt
	Reichswehr übernimmt Grenzschutz gegen Litauen

Aus dem Tagebuch des letzten Kommandanten von Kowel

Von Gustav Goes

7. Januar 1919: Wie ein böser Traum kommen mir die letzten Wochen vor. Furchtbar diese Zustände, die jetzt bei uns herrschen! Mich ekelt, wenn ich diese Horden von Soldaten sehe, denen nichts mehr heilig ist, am wenigsten die Ehre. Man beginnt, sich seiner alten, lieben feldgrauen Uniform zu schämen. Ich darf nicht mehr an jenes Regiment denken, das mit roten Fahnen aufgezogen ist und seine Offiziere gezwungen hat, rote Kokarden anzulegen. Gott sei Dank sind es nur Ausnahmen gewesen! Weitaus die meisten Regimenter haben sich nicht der Revolution in die Arme geworfen, vor allem nicht die Kavallerie! Habe sie neulich auf dem Marsch gesehen in tadelloser Ordnung und Disziplin, die bayerischen Ulanen und schweren Reiter, die Schillhusaren, die Ulanen 4 und 8. Auch unsere württembergischen 13. Landsturmleute haben etwas auf ihre Soldatenehre gehalten, ihre Waffen nicht an die Petljuratruppen abgegeben wie so manche Landsturmbataillone.

Drei Wochen lang sind wir marschiert von Berditschew aus nach unserem geglückten Durchbruch — 330 Kilometer auf vereisten Landstraßen, durch Schneestürme, bei beißender Kälte, von den Petljuratruppen verfolgt — ein Heerwurm von Infanteriebataillonen, Schwadronen, leichten und schweren Batterien, allen möglichen Sonderformationen, von der Sanitätskompanie bis zum Pferdelazarett. Mehr als einmal haben wir geglaubt, ein 1812 erleben zu müssen, und doch haben wir uns immer wieder durchgebissen und sind in den letzten Dezembertagen in Kowel angekommen, ohne einen Mann, ein Pferd, ein Geschütz verloren zu haben. Sind doch noch prächtige Kerls, diese letzten, besten, nachdem die Spreu herausgeschlagen ist!

Stadtkommandant von Kowel! Was man im Kriege nicht alles werden kann! Das Kriegführen ist für mich immer noch freudige Pflicht, sonst wäre ich nicht in das Freiwilligen-Bataillon 42 der Schutztruppe Bug eingetreten. Wir haben eine schwere Verantwortung übernommen: wollen hier in Kowel an der ukrainischen Westgrenze bleiben als Brücken-

Petljura-Kosaken in den Straßen Kiews
Photo: Reichsarchiv

kopf, bis der letzte deutsche Soldat die Ukraine verlassen hat. Ob sie wohl alle ihre an Eides Statt gegebene Verpflichtung halten werden?

8. Januar: Heute habe ich in diesen schweren Tagen eine wirklich große Freude. Mein katholischer Divisionspfarrer Remberger ist hier eingetroffen! Seit einem Monat habe ich ihn nicht mehr gesehen, denn als der große Aufstand ausbrach, war er in Winitza, weit weg vom Stabsquartier. Hat die Kämpfe des braven Kavallerie-Schützen-Regiments Nr. 90 mitgemacht, bei denen es auf beiden Seiten zahlreiche Tote gegeben hat. Hat Verwundete im Feuer gepflegt, sich durchgeschlagen in Transportzügen, auf Fußmärschen, als Pope verkleidet. Heute abend hat er mir erklärt, daß er auch freiwillig bei Bataillon 42 bleiben will. Muß unbedingt für ihn das EK. I herausschlagen.

11. Januar: Heute morgen Meldung, daß vier Pferde aus dem Stall der Kommandantur gestohlen. Große Untersuchung im Beisein des Soldatenrats des Regiments, das die Wache gestellt hat. Ergebnis: „Wache hat geschlafen!" Soldatenrat will die Angelegenheit weiter „klären". Die Hunde haben natürlich die Pferde selbst gestohlen und verkauft. Nichts zu beweisen. Nachforschungen kaum möglich, denn die aus der Ukraine abtransportierten Truppen bleiben hier — sehr gegen ihren Willen — drei Tage, verschwinden dann auf Nimmerwiedersehen. Keiner will es gewesen sein. Man regt sich schon gar nicht mehr auf, wenn man von Diebstählen und Verkauf fiskalischer Gegenstände hört. Ist so etwas Alltägliches geworden.

15. Januar: Diese Polen! Tun, als ob sie den Weltkrieg allein gewonnen hätten! Heute große Beratung mit polnischer Delegation, die mir vorgeworfen hat, durch Aufstellung einer Miliz in Kowel seien „die polnischen Interessen geschädigt worden". Zum Lachen! Ich weiß, worum es geht: Polen und Ukrainer wollen nach unserem (von ihnen sehnlichst erwarteten) Abtransport die Stadt in Besitz nehmen; jede Partei will sich hier eine möglichst große Macht schaffen, um im gegebenen Augenblick in Kowel einzurücken. Wenn sie nur diesen Augenblick wüßten! Geben sich alle Mühe, ihn zu erfahren. Ich aber habe strengste Weisung von Brest-Litowsk, sie darüber bis zur letzten Minute im unklaren zu lassen. Wie ich das anstelle, ist meine Sache. Ich werde sie gegeneinander ausspielen, um dann mit meinen Freiwilligen ungerupft entwischen zu können.

Abends. Milizfrage zu meiner und des Polen Befriedigung gelöst. Habe durchblicken lassen, daß an einen Abtransport noch lange nicht zu denken sei, sonst hätte ich ja keine Miliz aufgestellt! Er hat es mir anscheinend geglaubt. Oder hat er mich doch durchschaut?

Scheußlich dieser Straßenhandel „deutscher" Soldaten mit Waffen! Alles hamstern die Juden ein. Ob mein Hinweis an die durchziehenden Regimenter, daß dadurch die Waffen in die Hände unserer Feinde kommen, nützen wird? Ich bezweifle es.

18. Januar: Die Miliz, die ich nur aus Gründen der Verschleierungstaktik angestellt habe, bewährt sich recht gut. Es sind verwegene Burschen, fabelhafte Reiter und vor allem Aushorcher, wie man sie sich nicht besser wünschen könnte. Sie unterrichten mich über alle möglichen Vorgänge bei der Stadtverwaltung, bei den Polen, den Ukrainern und, wenn es not tut, auch bei Deutschen, wenn sie etwas auf dem Kerbholz haben. Eine tolle Zeit!

20. Januar: Ein schreckliches Nest, dieses Kowel!

Provisorischer Panzerzug vom Rückzug
der deutschen Truppen aus der Ukraine
Photo: Reichsarchiv

Straßen kaum passierbar. Menschenmassen wogen hin und her. Zahllose Landleute kommen auf Schlitten zum Markt. Und unsere herumstehenden und -schlendernden Soldaten! Grußpflicht uns gegenüber abgeschafft. Manchem reißt es aber doch die Hand an die Mütze.
Der Pole rauft sich wieder einmal mit dem ukrainischen Kommissar wegen eines Maueranschlages, dessen geistiger Urheber ich bin. Feilschen stundenlang um diese Lächerlichkeit, bis der deutsche Kommandant entscheidet. Die Parteien trennen sich wütend. Ich — bin zufrieden.

25. Januar: Ich freue mich immer wieder über die tadellose Haltung meiner Freiwilligen. Unter ihnen ist kein Lump. Stramme Ehrenbezeugungen, strenge Dienstauffassung. Selbstverständlich kein Soldatenrat! Nachmittags. Heute früh habe ich diesen Satz hingeschrieben, und heute nachmittag erscheinen auf meiner Schreibstube zwei — Matrosen mit roten Armbinden. Poltern zu mir herein ohne Ehrenbezeugung. Ich bringe diesen Lackeln auf gut Bayerisch bei, was sich heutzutage noch gehört. Sie sind reichlich verblüfft und recht klein geworden. Bringen dann ihre Angelegenheit eigentlich höchst anständig vor: sie seien von Berlin geschickt, um beim Freiwilligen-Bataillon 42 einen Soldatenrat einzurichten. Ich bin die Freundlichkeit selbst: „Aber natürlich, meine Herren! Wir sind ja von der Heimat abgeschnitten und begrüßen diese Maßnahme als Republikaner unbedingt. Bitte, richten Sie ein!" — „Wann können wir —?" — „Jederzeit. Doch vorher, meine Herren, ein Vorschlag! Die lange Bahnfahrt scheint Sie etwas mitgenommen zu haben. In Deutschland herrscht Hunger, hier gibt es noch alles in Fülle. Wollen Sie sich nicht etwas — restaurieren?" — Die zwei sehen mich zuerst mit dummen, dann mit freudigen Augen an. — „Nicht weit von hier ist ein Gut Kalinowka. Wollen Sie dort ein paar Tage Urlaub verbringen? Dann können Sie ja —!" — „Jawohl, Herr Hauptmann!" — Die zwei grinsen über das ganze Gesicht. „Dort gibt es zu essen und zu trinken in Hülle und Fülle und — schöne Mädchen!" Die Zwei bringen die Mäuler nicht mehr zusammen. Auf nach Kalinowka! Das Gut liegt etwa 50 Kilometer östlich von Kowel. Ich stelle den Herren selbstverständlich einen Schlitten. Lewandowski, mein Schreiber, grinst. Ich freue mich auf ein gedeihliches Zusammenarbeiten mit den beiden, wenn sie wieder hier sind.

28. Januar: Bekomme vertrauliche Mitteilung aus Brest, daß demnächst die sämtlichen deutschen Truppen aus der Ukraine abbefördert sein werden, so daß wir anfangs Februar abtransportiert werden. Noch einmal betont, den Tag des Abtransports unbedingt zu verschleiern. Ist nicht so einfach! Ich sitze mit meinen paar Männlein zwischen zwei lauernden Raubtieren...

29. Januar: Bürgermeister, ein schleimiger Jude, teilt mir mit, er hätte gehört, wir würden am 13. Februar Kowel verlassen, ob dies richtig sei? Selbstverständlich bestätige ich die Richtigkeit dieses „Gerüchtes", muß aber innerlich lachen, daß so ein Gerücht getreulich wieder zu seinem Urheber zurückkehrt!
Und dann fängt er von der großen Brücke an, die von deutschen Pionieren über die Turja zur Verbindung der beiden Stadtteile gebaut worden ist. Ich erkläre ihm, mit dem Abbruch der Brücke in etwa acht Tagen anfangen zu wollen. Darauf großes Jammern: „Damit werden Sie ja gar nicht fertig

131

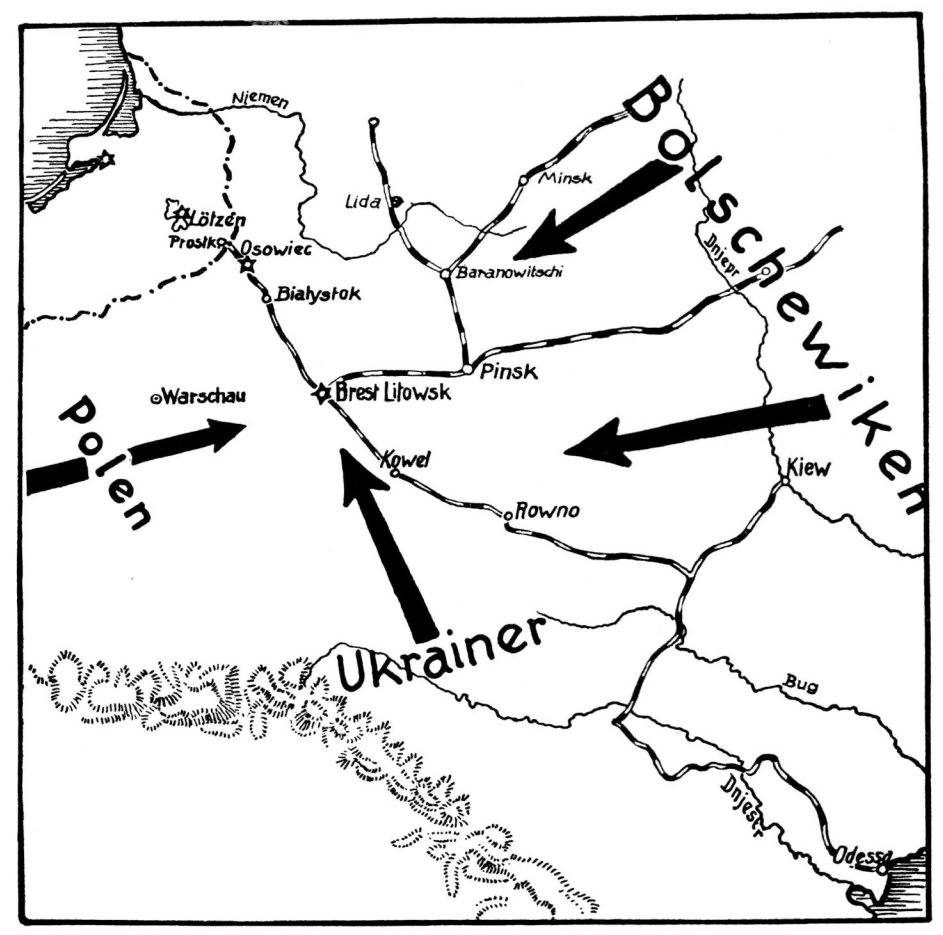

Übersichtskarte für die Rückzugskämpfe deutscher Truppen aus der Ukraine, die durch Freiwilligenverbände gesichert wurden

Zeichnung: Röderer

bis zum 13., Herr Kommandant!" — „Dann bleibe ich eben noch acht Tage länger. Ich habe ja Zeit. Aber die Brücke wird mitgenommen!"

Abends. Eben wird mir das Gerücht zugetragen, daß wir am 20. Februar fahren werden.

30. Januar: Einbruch im Proviantamt letzte Nacht. Räuber mit schwarzen Gesichtsmasken haben den Inspektor geknebelt, 90 000 Rubel geraubt. Ich hetze meine Miliz hinter die Täter.

Die Turja-Brücke spukt in allen Köpfen. Besprechungen mit dem Bürgermeister. Ich verlange 100 000 Rubel, wenn ich sie stehen lassen soll. An seinen zehn Fingern rechnet mir der Mann vor, dies sei ein unglaublicher Preis. Ich bleibe hart. „100 000 Rubel oder sie wird abgebrochen! Am 4. Februar fange ich damit an!" — „Wir wollen's bedenken, Herr Kommandant," buckelt der Jude vor mir mit unzähligen Handbewegungen.

31. Januar: Der Milizführer bringt mir die drei Einbrecher; drei — deutsche Soldaten! Diese Schmach! Ich hätte die Hunde am liebsten niedergeknallt, wenn sie die Patronen wert gewesen wären! Vor ein Kriegsgericht stellen? Gibt es das überhaupt noch? Was weiß ich! Aber ich will es ihnen heimzahlen! Nun sitzen sie zunächst einmal in dem von Schmutz starrenden Gefängnis von Kowel. Wir werden ja sehen…

1. Februar: Die Matrosen sind immer noch in Kalinowka. Fressen, saufen und ——! Mein Milizmann, den ich als Beobachter hingeschickt habe, hat es mir mitgeteilt.

2. Februar: Der Pole ist von ausgesuchter Höflichkeit, nicht minder der Ukrainer, der mich eine Stunde später besucht. Ich drücke beiden die freudige Hoffnung aus, daß wir noch recht lange zusammenarbeiten würden. Sie versprechen es mir. Geheimbefehl von Brest: „Abtransport Freiwilligen-Bataillon 42 4. Februar, 6 Uhr morgens". — Ob die zwei schon etwas wissen? Ihre Liebenswürdigkeit hat mich stutzig gemacht.

Meinen drei Gefangenen geht es den Umständen entsprechend. Sie hungern viel. Ebenso den „Marinierten". Sie essen viel.

3. Februar: Polnische Regimenter sollen auf Kowel marschieren. Bitte, kein allzu rasches Marschtempo! Morgen, nach unserer Abfahrt, könnt ihr machen, was ihr wollt!

Heute abend großer Theatercoup. Glänzend gelungen. Habe durch Bürgermeister die Stadtverordneten ins Rathaus bitten lassen. Fast lauter Juden in Kaftans und mit schwarzen Ringellocken. Unglaubliches Stimmengewirr. Die „deutsche Brücke über die Turja" steht auf der Tagesordnung. „Wir bieten 50 000 Rubel!" — „Um diesen Preis kann ich die Brücke nicht abgeben!" — Großes Wehgeschrei. Ich bin unerbittlich. — „Also 55 000 Rubel!" — „Um diesen Preis kann ich die Brücke nicht abgeben!" — Endlich legt sich das Stimmengewirr. Ich erhalte das Wort: „Meine sehr geehrten Herren! Nachdem wir etwa eine Stunde über den Preis der Brücke debattiert haben, möchte ich Ihnen einen Antrag mitteilen, den ich an meine höhere Dienststelle gerichtet habe, und wozu das Einverständnis heute eingetroffen ist." Pause. Die Vertreter der guten Stadt Kowel stecken die Köpfe zusammen, reden viel mit den Händen. — „In Anbetracht des guten Einvernehmens zwischen der Stadt Kowel und den deutschen Truppen gestatte ich mir, der Stadtverwaltung die Turja-Brücke — zum Geschenk zu machen! Morgen, 2 Uhr nachmittags, erfolgt die Übergabe an Ort und Stelle!" Diese Gesichter vergesse ich nie. Zuerst erstaunt, dann ungläubig, dann heiter, dann lachend. Und als ich sogar in russischer Sprache der Stadt Kowel viel Glück für die Zukunft wünsche, hätte man mich beinahe vor Begeisterung zerdrückt. Ich kämpfe mich aus dem Sitzungssaal hinaus, eile zum Bahnhof und steige — in meinen Transportzug, in dem sich bereits meine Leute befinden.

Die drei Häftlinge im Gefängnis und die zwei Matrosen in Kalinowka habe ich in der Eile zu verständigen vergessen.

Ich will gleich abfahren. Es geht nicht. Der Fahrplan muß eingehalten werden.

Nachts. Die Baracken in der Nähe des Bahnhofs brennen. Wer hat sie angesteckt?

4. Februar: 6,15 Uhr. Der Heizer meldet „Der Kessel leckt!" — „Verfluchte Schweinerei!" — Befehl: „Es wird trotzdem gefahren!"

6,20 Uhr. Wir stehen immer noch. Ich springe auf, um dem Russen da vorn auf der Maschine die entsicherte Pistole unter die Nase zu halten, dann wird er losfahren!

Tack—tack—tack! Maschinengewehrfeuer?! Woher? Alarm!

Wir springen aus den Wagen.

Einer schreit: „Petljuratruppen im Anmarsch!"

Peng! Peng! Gewehrschüsse pfeifen uns um die Nasen. Kommen von der Eisenbahnbrücke, die über den Bahnkörper führt. Keine 100 Meter östlich des Bahnhofs. Geschosse schlagen auf die Rampe. Die Kerls halten uns wohl für Polen? Das wollen wir uns doch verbitten! Schon blitzen unsere ersten Schüsse auf. Ich ziehe einen Maschinengewehrkasten aus dem Wagen, hole mir dabei eine scheußliche Muskelzerrung.

Neben mir fällt einer, ein braver deutscher Eisenbahner, der erst gestern mit mir von Frau und Kind gesprochen.

Nun packt uns die Wut. Los auf die Brücke! Die Ukrainer merken sehr schnell, daß sie es mit Deutschen zu tun haben. Unter Zurücklassung eines Toten verschwinden sie eilig.

Nun aber los!

Man sagt uns, ein polnisches Bataillon mit Artillerie soll etwa 7 Kilometer westlich Kowel stehen.

Meine Pistole wirkt bei dem Heizer Wunder. Endlich macht die Maschine Dampf auf und fährt an.

Der Zug schleicht aus Kowel hinaus auf die Strecke nach Brest.

Es ist bereits hell. Leichter Nebel wallt. Mein Ordonnanzoffizier stößt mich an: „Dort drüben steht doch ein Transportzug!" Und schon sehen wir drei Reiter über das Eis der Sümpfe gegen unseren Zug herangaloppieren. Wir machen unsere Gewehre zum Schuß fertig.

Plötzlich halten die Reiter. Polnische Ulanen! Schauen durch die Ferngläser, machen kehrt, galoppieren wieder nach dem Westausgang von Kowel zurück. Haben bestimmt mit großer Befriedigung festgestellt, daß die ekelhaften Deutschen endlich abrollen!

Und dann sehen wir, wie zwei polnische Eskadronen gegen Kowel antraben. Dichte Reitermassen hinter ihnen kommen in Bewegung.

Der Kampf um die Stadt beginnt. Wer wird sie gewinnen, der Pole oder der Ukrainer?

Nebliger Dunst entzieht sie unseren Augen.

Wir Deutsche fahren unserem Schicksal entgegen.

Die Letzten einer Armee

Nach Aufzeichnungen von Oberleutnant a. D. Paul Stichling, ehemals Kommandant des Panzerzuges V, und Leutnant a. D. Dr. C. Winter, ehemals Kompanieführer im Freiwilligenbataillon 42 der Schutztruppe Bug

Nach Ankunft in Brest-Litowsk und kurzer Versorgung mit Brennstoffen stand der Panzerzug V am Abend des 8. Februar 1919 auf dem westlichen Bugufer in einer brückenkopfartigen Stellung und fühlte in der Nacht vom 8. zum 9. Februar auf der Strecke nach Terespol vor; gegen 10 Uhr hörte die Besatzung fernen Kanonendonner. Auf der Strecke war alles ruhig. Wahrscheinlich standen südlich Brest-Litowsk Polen und Ukrainer im Kampf um die Zugänge nach der Stadt. Schwere Tage schienen bevorzustehen.

In Brest-Litowsk befand sich zur Sicherung des Rückzuges nur noch ein kleiner Rest der Schutztruppe Bug, und zwar Teile des Freiwilligen-Bataillons 42 unter der Führung des Leutnants C. Winter. Die Übergabe der Stadt an die Polen war mit den polnischen Unterhändlern auf den 10. Februar 1919, mittags 12 Uhr, vereinbart worden. Die Polen hielten sich jedoch nicht an diese Abmachungen, sondern griffen bereits am 9. die letzten aus Richtung Pinsk eintreffenden Züge mit den letzten Formationen der deutschen Ukraine-Armee in den vor Brest-Litowsk liegenden Stationen an. Die Freiwilligen des Bataillons 42 waren im rauhen Kriegshandwerk erprobte Mannschaften, zu einem großen Teil aus Leuten bestehend, die sich selbst erst vor kurzem in schweren und verlustreichen Kämpfen mit bolschewistischen Banden aus dem östlichen und südöstlichen Teil der Ukraine durchgeschlagen hatten.

Der Bahnhof war überfüllt mit Truppentransportzügen. Zug an Zug, mit heimwärtsstrebenden Truppenteilen angefüllt, harrte auf den Gleisen der Ausfahrt, aber das Speisen der Lokomotiven mit

Abzeichen
der Schutztruppe Bug
Vorlage: Heeresarchiv

Kobe v. Koppenfels

Major Kobe von Koppenfels, ehemals Führer des Freikorps Schutztruppe Bug Photo: Arch. Reit. gen Osten

Wasser stieß auf Schwierigkeiten. Die Polen hatten bereits die Pumpwerke auf den Außenbahnhöfen besetzt. Die dort diensttuenden Feldeisenbahner waren völlig ausgeplündert nach dem Hauptbahnhof zurückgekommen. Die wenigen Wasservorrichtungen auf dem Bahnhof selbst genügten nicht, den Wasserbedarf der zahlreichen Züge zu decken. Die an sich schon heikle Lage wurde noch dadurch verschlimmert, daß einige Züge mit besonders rabiaten Heimkehrern ihre Ausfahrt wild außer der Reihe zu erzwingen versuchten. Nur rücksichtslos scharfes Eingreifen verhütete noch Schlimmeres.

Artillerie stand zur Sicherung des Bahnhofs nicht zur Verfügung. Deswegen wurden sämtliche Zufahrtsstraßen mit Maschinengewehren abgeriegelt und alle nur irgendwie denkbaren Einbruchsstellen mit schweren und leichten Maschinengewehren besetzt. Auf der hoch über die Bahngleise führenden Brücke war ein Maschinengewehrposten aufgestellt, der tagsüber weite Sicht hatte, bei Dunkelheit aber eingezogen werden mußte. Pendelpatrouillen hielten die Verbindung innerhalb der MG.-Posten aufrecht.

Das tagsüber teils aus der Ferne, teils ganz aus der Nähe, zunächst vereinzelt, dann häufiger wahrnehmbare Gewehrfeuer, vermischt mit dem Tacken der MG., wurde am Abend immer lebhafter und steigerte sich mit Einbruch der Dunkelheit. Die Einschläge im Bahnhofsgebäude mehrten sich. Mehrere Züge hatten inzwischen zwar den Bahnhof verlassen, aber einige neue, bereits arg zugerichtet und mit zahlreichen Verletzten, waren in den letzten Stunden noch eingetroffen. In den Zügen wurde man durch das ständige Gewehrfeuer nervös. Man schoß aus den Zügen, ohne ein Ziel zu sehen. Irgendwo in der Nähe des Bahnhofs tackten MG. Ein Höllenlärm entstand, der plötzlich durch Schießen mitten in der Bahnhofshalle seinen Höhepunkt erreichte. Dort hatten die Reserven des Bataillons 42 den Kampf gegen eine angreifende dichte Schützenkette, wahrscheinlich Polen, aufgenommen. Die Angreifer verschwanden. Allmählich ließ das Feuer nach. Der Angriff war abgeschlagen.

Noch ehe Patrouillen abgeschickt werden konnten, um die Lage bei den Außenpostierungen festzustellen, meldete der Führer eines MG.-Postens den Verlust seines MG. im Nahkampf mit den Polen. Für die Freiwilligen vom Bataillon 42 stand es fest, daß es Ehrensache war, das MG. zurückzuholen. Der Unteroffizier, etwa 60 Freiwillige und sämtliche im Bahnhof anwesenden Offiziere erklärten sich sofort bereit, das MG. wiederzuholen. Etwa 30 Freiwillige wurden ausgesucht. Sie schwärmten unter Führung von Leutnant Winter über die Bahngleise aus, um die polnischen Posten anzugreifen. Die Nacht war inzwischen hereingebrochen. Infolge des frisch gefallenen Schnees und Mondscheins hatte man immerhin fast 100 Meter gute Sicht. Jede Deckung ausnutzend, sprangen die Freiwilligen vorwärts. Plötzlich ratterten kurz vor ihnen polnische MG. los. Mehrere Freiwillige fielen nieder, darunter auch der Führer, Leutnant Winter. „Der Leutnant ist tot!" wurde gerufen. „Nein, ich lebe noch!" wurde plötzlich aus dem Dunkel zurückgerufen. Ein paar Freiwillige rannten in Richtung des Rufes, packten ihren Leutnant trotz des heftigen MG.-Feuers und schleppten ihn zurück zum Bahnhof. Inzwischen krachten Handgranaten. Das Feuer ließ nach. Langsam schießend kamen die Reste der Freiwilligen zurück. Einer von ihnen trug das verlorene MG. Leutnant Winter wurde im Raum des Fahrdienstleiters verbunden. Sein linkes Schienbein war zertrümmert. Ein herbeigerufener Feldarzt mußte das Bein oberhalb des Knies amputieren.

Von 4 Uhr nachts ab begannen die Polen mit einem planmäßigen Angriff. Die letzten Züge und der

Panzerzug V   Photo: Stichling, Magdeburg

Bahnhof lagen unter dem ständigen Feuer schwerer Maschinengewehre. Kein Mensch in den Zügen konnte sich rühren. Alles lag fest auf den Erdboden gepreßt, hin und wieder von Glas und Holzsplittern überschüttet. Gegen 6 Uhr verließen die letzten Räumungszüge Brest-Litowsk. Die MG.-Posten des Freiwilligen-Bataillons 42 wurden in den Panzerzug aufgenommen, als der Tag zu grauen begann. Um Luft zu bekommen, wurde um 6.45 Uhr noch einmal die nähere Umgebung des Bahnhofs, insbesondere der von den Polen mit Maschinengewehren besetzte Kirchturm der blauen Kirche unter Feuer genommen. Dann fuhr der Panzerzug langsam, immer noch feuernd, aus dem Bahnhof heraus. Über die langen Bahnsteige stürmten die ersten polnischen Stoßtrupps.

Geschützwagen des Panzerzuges V Photo: Heeresarchiv

Streiflichter aus den Kämpfen um Litauen

Von Major von Zeschau

Es war Ende Dezember 1918. Der Krieg war verloren, die alte deutsche Armee löste sich auf. Alle Bande früherer Ordnung waren dahin, von der Revolution erschlagen oder auf den Kopf gestellt. Was sollte ich als alter Berufsoffizier im 46. Lebensjahre mit mir beginnen?

Das Unglück unseres geliebten Deutschland und die Sorge um meine Zukunft beschäftigten mich dauernd. In solchen trüben Gedanken erblickte ich in Dresden an einem kleinen, wenig verlockenden Lokal ein großes Plakat mit der Inschrift: Meldung für den freiwilligen Grenzschutz Ost. Interessiert trat ich ein und erkundigte mich nach Näherem. Sehr höflich und beredt wurde mir von einem Offizier Auskunft erteilt. Sie war etwas verschwommen und unbestimmt, aber im Falle meiner Meldung zu dem Unternehmen wurden mit reichem Wortschwall Wunderdinge in Aussicht gestellt: „Ansiedlung in Litauen, reichliche Verpflegung, hohe Geldzulage, volle und unbedingte Disziplin der Truppe usw." Eine Verpflichtung laufe drei Monate. Ich verließ das unsaubere und unordentliche Lokal mehr belustigt als verlockt. Immerhin wirkte das Gehörte dazu, daß ich nach kurzem Besinnen die Richtung nach dem in unmittelbarer Nähe gelegenen ehemaligen sächsischen Kriegsministerium einschlug, um Näheres zu erfahren. Dort wußte man von nichts, und besonders in der persönlichen Abteilung war man völlig ahnungslos von der benachbarten Konkurrenz, die doch ebenfalls mit dem Reichswehrministerium in Zusammenhang stand. Dafür war man um so mehr beflissen, mich vor der Sache zu warnen.

Am Nachmittag traf ich meinen guten Freund und Regimentskameraden Hauptmann Georg von Schoenberg. Er war Feuer und Fett bei dem Gedanken an Litauen und fest entschlossen, sich zu melden.

So ging ich denn tags darauf erneut in das inzwischen noch schmieriger gewordene Werbebüro. Die Wortgewandtheit des Werbeoffiziers hatte durch 24 Stunden weiterer Übung erfreulich zugenommen, sie war schon vorher nicht gering gewesen. Ich könnte bereits am 4. Januar 1919 als Führer eines Transportes herausgehen. Das schien mir etwas plötzlich, da wir bereits den 30. oder 31. Dezember 1918 schrieben. So erkundigte ich mich schüchtern, ob das durchaus so schnell nötig sei, und wie man mich draußen wohl verwenden würde. Ich war noch viel zu sehr Soldat alter Schule und fürchtete fast, durch diese neugierigen Fragen das Wohlwollen des wortgewandten Werbers und damit die Möglichkeit der Annahme zu verscherzen. Davon war aber nicht die Rede, der Gedanke, eine so wertvolle Persönlichkeit wie mich gewinnen zu können, schien ihn zu entzücken. Meine militärische Vergangenheit und Leistungen schienen nicht von Bedeutung, wenigstens unterließ er jede Frage in dieser Hinsicht taktvoll. Er sagte, es gingen wöchentlich Transporte hinaus. Er würde mich benachrichtigen und ich könnte nach meinem Gutdünken mich einem dieser Transporte anschließen. In Litauen angelangt, solle ich wegen meiner Verwendung getrost meine Wünsche äußern. Am Tage des Transportes traf ich zur befohlenen Zeit auf dem Hofe der ehemaligen Schützenkaserne in Dresden ein. Dieser Hof bot ein überraschendes

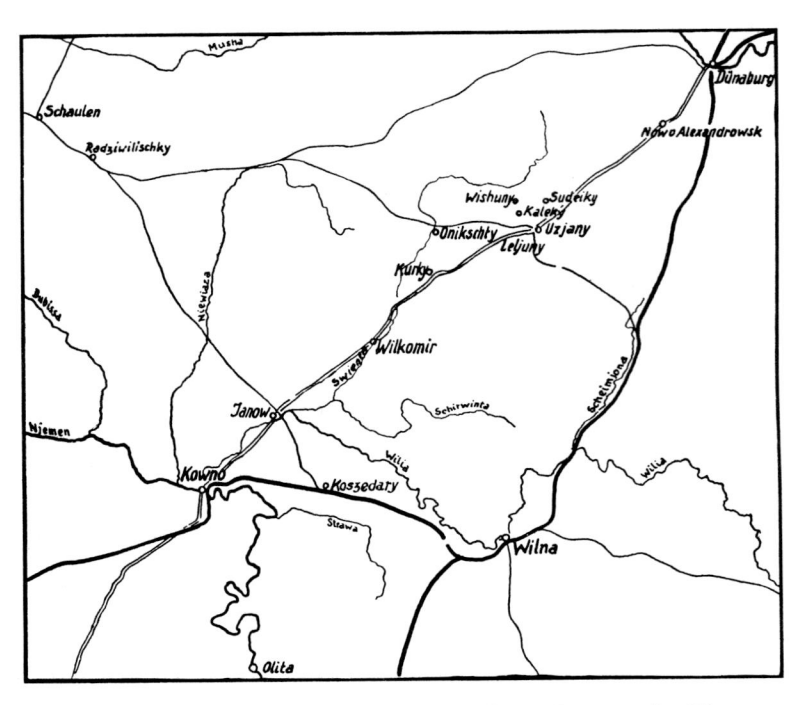

Übersichtskarte für den Einsatz der Freiwilligen-Truppen in Litauen
Zeichnung: Roederer

Bild. Es wimmelte von neu und tadellos eingekleideten Soldaten, die sich in lieblicher Unordnung um zahlreiche Feldküchen drängten. An den Genüssen dieser Feldküchen beteiligten sich auch zahllose Zivilpersonen, deren Zugehörigkeit zu Leuten des Transportes nicht völlig nachweisbar schien. Um dem Ganzen noch mehr den Charakter eines fröhlichen Volksfestes aufzudrücken, spielten zwei Musikkapellen liebliche Weisen. Ein liebenswürdiger Soldatenrat, der sich unbedingt zu Höherem berufen fühlte, erschien gleich an meiner grünen Seite und versicherte mir seinen Diensteifer und meine völlige Entbehrlichkeit. Zunächst werde er die Wahl von Soldatenräten veranlassen. Mein bescheidener Einwand, diese Handlung schiene mir völliger Mist zu sein, da sich die Leute ja untereinander nicht kannten, wurde von ihm als bedeutungslos abgetan. Ich fügte mich seiner höheren Einsicht und harrte des Weiteren. Da er mir und den anderen Offizieren dauernd versicherte, wir könnten gar nichts tun und seien ganz überflüssig, er werde alles allein ordnen, entfernten wir uns von der Stelle des Volksfestes mit dem Gelöbnis, um 6 Uhr am Friedrichstädter Bahnhof zu sein. Schoenberg konnte mir zu meiner vollsten Zufriedenheit noch mitteilen, daß eine Gruppe freiwilliger von mir gesprochen und gesagt hätte: „Das ist der Zeschau Ernst, der ist so weit vernünftig!"

Dieser Transport von Dresden nach Kowno ist die häßlichste Erinnerung meines Soldatenlebens. Auf jeder Station spielten sich widerliche Szenen ab, die mehrfach in reguläre Plünderungen ausarteten. Die Radaustimmung der Leute wurde durch die am ersten Tage völlig unzureichende Verpflegung gesteigert. Eingeschmuggelten Agitatoren (es war zur Zeit der Spartakusunruhen in Berlin) war dies willkommener Anlaß, ihre Tätigkeit zu entfalten, und es wurde erkennbar, daß eine starke Strömung bestand, den Transport zu sprengen oder sogar nach Berlin umzuleiten, um sich dort den Spartakusleuten anzuschließen. Unser Kupee war auf jeder Station von schimpfenden und johlenden Kerls umlagert, in jede Unterhaltung von mir mit einem Bahnbeamten schnatterten sie herein, es bedurfte der äußersten Ruhe und größten Energie von uns Offizieren, uns noch einigermaßen durchzusetzen. Die Soldatenräte beobachteten uns mit Mißtrauen, hielten aber zu uns. Als ich einem besonders unverschämten Lümmel eine gewaltige Ohrfeige versetzte und darauf nichts passierte, hatte ich bei ihnen gewonnenes Spiel. Der brave Schoenberg hatte sich übrigens auch schon auf diese drastische Art geholfen. Wir dankten unserem Herrgott, als wir in Kowno landeten. Auf dem dortigen Bahnhof wurden wir von meinem alten lieben Regimentskameraden Oberst Schurig in Empfang genommen.

Vom Bahnhof wurden wir nach den Kasernen von Nischny-Schanzy geführt. Dort wurden unsere Radaubrüder verpflegt und dann verteilt. Was wir sahen, war nicht dazu angetan, uns hoffnungsfreudig zu stimmen.

Die ehemaligen russischen Kasernen befanden sich in einem trostlosen Zustand. Was nicht niet- und nagelfest war, war entfernt oder verkauft, was sich nicht entfernen oder verkaufen ließ, war in sinnloser Weise zerstört. Ganze Fensterscheiben oder Öfen waren Ausnahmen. Die Höfe und unteren Korridore der Kasernen schwammen in einer halbgefrorenen Kotmasse, da seit Wochen die Latrinen nicht gesäubert waren.

Ein Teil des Transportes verblieb in Nischny-Schanzy, der andere Teil marschierte nach Kasernen, die am entgegengesetzten Ende von Kowno außerhalb der Stadt lagen. Diese Kasernen waren wenigstens sauber, da sie nicht mehr belegt gewesen waren. Dort wurden wir Offiziere beim Regimentsstab Schurig leidlich untergebracht. Nach wenigen Tagen bereits ging Hauptmann v. Schoenberg mit einem Teil des Transportes nach Koschedary ab, um das dortige Bataillon der Brigade Pfeil möglichst bald abzulösen.

Zu meinen drei speziellen Regimentsstab-Soldatenräten stand ich in erträglichen Beziehungen. Sie waren sicher gut gesonnen, überließen mir, nachdem sie eingesehen, daß ich kein „Konterrevolutionär" war, völlig alle Arbeit und redeten mir nicht herein. Sie waren zufrieden, wenn ich sie täglich bei einer Zigarre, die gehörte allerdings unbedingt dazu, kurz orientierte. Sie gaben sich in vielen Sachen Mühe, mir zu helfen. Erfolg hatten sie aber in den ersten Wochen ebensowenig wie ich.

Sehr viel unangenehmer war dagegen der sogenannte große Kownoer Soldatenrat, zu dem mein

Regiment ein Mitglied gestellt hatte. Das war eine Gesellschaft von etwa 40 Mann, zur Hälfte jüdische Etappenjäger, die sich gute Quartiere in der Stadt besorgt hatten und eigene Büros unterhielten, natürlich auf Staatskosten. Um ihre wertvolle Arbeit leisten zu können, hatten sie sich aus der Heimat eine Anzahl Tippfräuleins kommen lassen, die ihnen treue Genossinnen täglicher und nächtlicher Arbeit waren und sie auf den zahlreichen, angeblich dienstlichen Autofahrten dauernd begleiteten. Dieser große Soldatenrat mengte sich in alles und jedes, verstand von nichts etwas und war politisch hinsichtlich Beziehungen zur Sowjetregierung mindestens anrüchig. Zur Charakterisierung dieser illustren Gesellschaft diene folgendes Vorkommnis: Drei von diesen Ehrenmännern erschienen im Auftrage des großen Soldatenrates bei mir und eröffneten mir feierlich, sie hätten zu mir ganz besonderes Vertrauen und wollten mich in wichtigster Sache gewinnen. Sie verlangten aus durchaus nebelhaften, politischen Gründen nicht mehr und nicht weniger von mir, als daß ich am nächsten Vormittag mit meinem Regiment die litauische Regierung stürzen und verhaften und die in Kowno befindliche Ententekommission zum Teufel jagen sollte. Das Generalkommando des VI. Reserve-Korps solle ich vor die vollendete Tatsache stellen und, falls es sich der Bewegung nicht anschließe, ebenfalls zum Teufel jagen. Alles sei vorbereitet, die Mannschaften dafür gewonnen. Es fehle nur der militärische Führer. So gern ich ihrem Wunsche in bezug auf litauische Regierung und Ententekommission entsprochen hätte, so konnte ich mich doch wegen der Folgen nicht zu diesem Schritt entschließen. Meine Gegengründe konnten die leicht nach Schnaps duftenden Verschwörer nicht überzeugen, und so entschloß ich mich schweren Herzens, zur Rettung der Situation und um die Welt vor neuen schweren Erschütterungen zu bewahren, auf meine leider nicht sehr großen Alkoholbestände zurückzugreifen. In meinem schönen alten Korn entstand im weiteren Verlauf der Debatte eine erhebliche Lücke, ohne daß sich die Absicht der großen Politiker änderte. So verständigte ich mich denn telephonisch mit dem Chef des Stabes des VI. Reserve-Korps, Oberst Schürmann. Unser Gespräch lautete ungefähr wie folgt: Ich: Hier sind Leute vom großen Soldatenrat, die wollen morgen usw. Schürmann: Die sind wohl ganz verrückt. Ich: Nein, das nicht, nur besoffen. Schürmann: Dann geben Sie ihnen noch mehr. Ich: Kann nicht mehr, habe nichts mehr. Schürmann: Dann bringen Sie die Kerls her. — So geschah es, und mit weiterem Alkoholgenuß konnte die große Verschwörung beruhigt werden. Immerhin hatte mir diese Albernheit außer meinem guten alten Korn etwa zehn Stunden Zeit gekostet.

Nach zahlreichen Erkundungsvorstößen, unendlichen Schwierigkeiten mit Soldatenräten und Meuterern und langsamer Festigung der Truppe erfolgte am 4. April überraschend bei den nördlich Janow liegenden Kompanien auf breiter Front ein bolschewistischer Vorstoß mit vielfach überlegenen Kräften. Die vorderen schwachen Postierungen wurden zurückgedrückt und hatten einige Verluste, auch an Gefangenen. Im ganzen hatten sich aber die Kompanien, die zum erstenmal ins Feuer kamen, gut und geschickt ge-

Major von Zeschau, ehemals Kommandeur des sächsischen Freiwilligen Infanterie-Regiments 18

Kragenabzeichen der freiwilligen (sächsischen) Landwehrdivision in Litauen
2 Vorlagen: Heeresarchiv

Ärmelabzeichen des Freikorps von Diebitsch

Oberstleutnant von Diebitsch †, ehemals Führer des Freikorps von Diebitsch *2 Photos: Archiv Reiter gen Osn*

schlagen. Eine Anzahl Leute versagte allerdings; sie kamen gleich bis Janow zurück. Ihre Kompanien weigerten sich aber, die Leute wieder aufzunehmen, als ich sie vorführen ließ. So begann ein Selbstreinigungsprozeß innerhalb der Kompanien, der sich dauernd fortsetzte und von uns Offizieren nachdrücklich gefördert wurde. Wir machten ausgiebig von unserem fast einzigen Disziplinmittel, der sofortigen Entlassung, Gebrauch.

Ich schickte sofort den Rest des Bataillons Spranger an die bedrohte Stelle und holte von Koschedary heran, was irgend entbehrlich war, auch die Batterie. Am 9. oder 10. April war ich in der Lage, das Bataillon Spranger mit der Batterie und einigen litauischen Truppen einen Vergeltungsstoß auf sehr breiter Front ausführen zu lassen. Eine Kompanie des Bataillons Schoenberg setzte ich zu rechtsumfassender Verfolgung an, eine andere behielt ich zu meiner Verfügung an meinem Gefechtsstand, dem Bahnhof Janow. Der Gegenstoß glückte überraschend leicht, die weit überlegenen Bolschewisten leisteten dem deutschen Stahlhelm, wo er auftauchte, nur schwachen Widerstand. Unsere Linien wurden überall wiederhergestellt und sogar überschritten. Nur die vom rechten Flügel her geplante, überholende Verfolgung ergab keine Resultate. Ich hatte den Zustand der Wege nicht richtig beurteilen können, da mir die Ostfront gänzlich unbekannt war. Ich hatte für den Marsch ohne Gefecht mit drei Kilometer in der Stunde gerechnet, tatsächlich brauchten die Kompanien dafür zwei Stunden. Mein Ordonnanzoffizier Leutnant v. Römer, ein gut reitender und auch gut berittener Offizier, brauchte an dem Tag, um eine Meldung vom Bataillon Spranger zu mir zu bringen, für etwa 15 Kilometer etwa fünf Stunden. Auf meinem Gefechtsstand hatten sich als hoher Besuch einige litauische Offiziere aus Kowno eingefunden. Sie waren zunächst reichlich aufgeregt und kleinlaut. Als sich im Laufe des Nachmittags herausstellte, daß es überall gut vorwärtsging, wurden sie sehr groß und verlangten kategorisch von mir, daß ich weiter vorrücken solle. Da ich vom Generalkommando gegenteilige Weisung hatte, meine für die Verfolgung gegebenen Befehle bereits weit über die vom Generalkommando angegebene Linie herausführten, lehnte ich sehr kühl ab und sagte: „Sie können mit Ihren litauischen Truppen so weit vormarschieren, wie Sie Lust haben, aber ohne mich." Das wirkte hindernd, und sie wurden sehr liebenswürdig, um schließlich zu sagen: „Wenn Sie erobern Wilkomir, die litauische Regierung wird Ihnen zahlen 100 000 Rubel und jedem Offizier 1000 Rubel und jedem Soldaten 10 Rubel." Ich sagte: „Wenn ich den Befehl dazu bekomme, nehme ich es morgen, sonst gar nicht." Das begriffen sie nun absolut nicht, ich schien ihnen ein Rätsel.

Unsere Verluste waren niedrig, drei Tote, etwa zehn Verwundete; die Bolschewisten schienen die Nase ziemlich voll zu haben. —

Die Litauer drängten auf weiteres Vorgehen, und ich stand auch unter dem Eindruck, daß es entsprechend dem Vorschreiten deutscher Truppen im Baltikum angezeigt und vor allem erfolgverheißend sei. So entschloß ich mich denn zu weiterem Angriff mit der Absicht, Uzjany zu nehmen.

Im Morgengrauen des nächsten Tages überschritt ich unter dem Schutz der bereitgestellten Batterie die Swienta südlich Onikschty. Die Bolschewisten waren in der Nacht abgezogen, und es konnte ohne Zögern weitermarschiert werden. In Onikschty ließ ich eine litauische Kompanie zurück und errichtete eine Meldesammelstelle mit Relais.

In Wishuny wurde gerastet. Ich entsandte von dort den Reiterzug mit einem leichten Maschinengewehr auf Wagen über Sudeiki gegen die große Straße nordöstlich Uzjani. Bei Fortsetzung des Vormarsches erhielten Spitze und Vortrupp etwa 700 bis 800 Meter von Kaleki entfernt heftiges Feuer aus Kaleki. Ich ließ die Batterie etwa zwei Kilometer von Kaleki auf einer Höhe in halbverdeckte Stellung gehen und das Feuer auf Kaleki eröffnen. Die Kompanien stellte ich zum Angriff bereit, um nach genügender Artilleriewirkung anzugreifen. Ich begab mich zu Spitze und Vortrupp, um mich zu orientieren. Ich konnte sie nur sprungweise erreichen, das feindliche Feuer war recht stark. Ich fand die etwa einen Zug starken Trupps in recht übler Lage. Sie erhielten, wie ich erst jetzt merkte, außer dem frontalen Feuer aus Kaleki sehr unangenehmes flankierendes Maschinengewehrfeuer aus dem

Teile der Feldwache Betschkani vom sächs. Freiwilligen-Regiment 20   Photo: Heeresarchiv

Oberst Schroeder, ehem. Generalstabsoffizier für die Aufstellung litauischer Freiw.-Truppen   Photo: W. Legler, Dresden

Major Kettner, ehemals Führer des Freiw.-Regiments Kettner   Photo: Brunke, Emden

Major von Klüfer, ehem. Führer des Freiwilligen-Regiments Klüfer   Photo: Herold, Münster

Wald- und Sumpfgelände östlich Weljuny. Unsere Leute lagen im Straßengraben oder in Kartoffelzeilen. Wenn man nur den Kopf hob, prasselte das gutliegende Maschinengewehrfeuer los. Versuche, mit leichtem Maschinengewehr das Feuer zu erwidern, hatten bereits eine Anzahl Verwundete gekostet. Die Leute waren sehr ordentlich. Ich versuchte, durch Meldegänger das Feuer der Batterie von Kaleki auf die flankierenden Maschinengewehre, die von der Batteriestellung schwer erkannt werden konnten, zu lenken, erzielte aber damit keinen Erfolg. So mußte ich denn höchstselbst bäuchlings etwa 300 Meter in dem feuchten Straßengraben bis zu einer Geländewelle zurückkriechen, um das Feuer umzulenken. Den Leuten vorn mußte ich erst erklären, daß ich nicht ausreißen wollte.

Als ich ziemlich ausgepumpt und reichlich durchfeuchtet bei der Batterie anlangte, fand ich den Führer, Hauptmann Betz, durch Infanteriegeschoß (Brustschuß) ziemlich schwer verwundet, einige Leute waren außerdem leicht verwundet. Ich setzte nun zwei Geschütze und ein Maschinengewehr gegen die flankierenden Maschinengewehre, zwei Geschütze gegen die von mir im Dorf erkannten Widerstandsnester ein. Das brachte bald Erfolg, wir beobachteten aus dem Dorf Kaleki zurückströmende Haufen und konnten sie auf der Straße nach Uzjany unter Feuer nehmen, die flankierenden Maschinengewehre hörten auf zu feuern. Sie verschwanden in dem waldigen Gelände, ohne daß wir das feststellen konnten.

Ich befahl, zunächst nicht weiter vorzugehen, nur mit vorgetriebenen Abteilungen zu sichern, und ritt zur Batterie zurück. Dort erlebte ich unangenehme Überraschungen. Zunächst waren die litauischen Kompanien nicht aufzufinden. Es stellte sich heraus, daß sie verblüht waren, wie einer meiner vortrefflichen Meldegänger an der Westfront eine rückwärtige Bewegung schön und treffend bezeichnete. Es bedurfte sehr energischer Befehle von mir, um sie wieder zum Blühen zu bringen. Weiter hatte die Batterie nur noch wenige Geschosse. Die Protzenmunition war fast verschossen, und die mit Munition beladenen Panjewagen, die uns folgen sollten, waren nicht da. Sollten sie auch verblüht sein? Von den anderen Kolonnen war keine Meldung da, auch war nicht der mindeste Gefechtslärm zu hören gewesen. Der bolschewistische Widerstand war unerwartet zäh gewesen, unsere heutige Marschleistung dagegen schon recht erheblich. So entschloß ich mich, am heutigen Tage nicht weiter vorzugehen. Ich gab bei der Batterie und der dort befindlichen Kompanie die nötigen Befehle und ließ die Verwundeten nach einem sehr großen Gehöft, etwa ein Kilometer südlich Wishuny, bringen. Ich selbst ritt nach Kaleki. Dort hatte sich die Lage auch wenig freundlich weiterentwickelt; es war inzwischen etwa 4 Uhr nachmittags geworden. Die vorgetriebenen Sicherungsabteilungen waren natürlich nach vorn durchgegangen und bald mit bolschewistischer Infanterie zusammengestoßen. Die

Ärmelabzeichen der Brigade Südlitauen   2 Vorlagen: Heeresarchiv

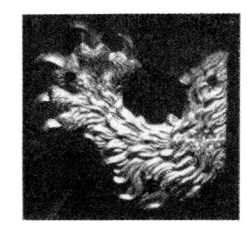

Kragenabzeichen des Freiw.-Regiments Klüfer

139

Mannschaftsgruppe der neugebildeten litauischen Armee in deutschen Uniformen
Photo: Heeresarchiv

Kompanieführer waren unter Hinterlassung schwacher Kräfte nachgeeilt, und nun hörte man in weiter Ferne eine recht lebendige Schießerei. Ich galoppierte nach, saß hinter einem Baume ab und fand auf den Höhen, etwa zwei Kilometer nördlich Uzjany, unsere schwachen Kräfte in starker Bedrängnis. Sie lagen erheblich überlegenen bolschewistischen Kräften auf etwa 400 bis 500 Meter im Infanteriegefecht gegenüber. Einige Verwundete hatte es bereits gegeben. Ich fand sofort den einen Kompanieführer, der mir meldete, daß der Munitionsbestand sehr knapp sei, er rechne mit etwa 10 bis 15 Patronen je Kopf. Das war eine scheußliche Geschichte. Unsere Leute waren ohne Gepäck ausgerückt und hatten nur die Munition der vorderen Taschen bei sich gehabt. Unterstützung und Munition war vor einer Stunde nicht heranzubringen. Die Bolschewisten erhielten, deutlich erkennbar, dauernd von rückwärts Verstärkungen und gingen an einigen Stellen sprungweise vor. So blieb wohl nichts übrig, als den sehr harten Befehl zum Zurückkriechen bis hinter die nächste Höhe und dann weiterem Zurückgehen bis einige 100 Meter südlich Kaleki zu geben. Das Zurückkriechen glückte ohne weitere Verluste überraschend gut, drei Schwerverwundete mußten leider liegengelassen werden. Die Bolschewisten folgten aber unmittelbar und ich geriet persönlich in eine Schweinesituation.

Ich kletterte hinter dem Gehöft wieder auf meinen Gaul und wollte losreiten. Klägliche Rufe meines Burschen veranlaßten mich, noch einmal zurückzusehen. Der sehr kleine Kerl kam auf mein sehr großes zweites Pferd nicht herauf, weil der Bock durch die Schießerei verrückt geworden war und nicht stand. Also hin. Ich konnte meinen Knirps nach einigen vergeblichen Versuchen beim Kragen erwischen und ihn auf den vollkommen wildgewordenen Gaul raufwürgen. Dann los, Eisen rein, es war höchste Zeit, die Bolschewisten waren dicht dabei. Sie knallten hinterher, trafen aber nichts. Unsere Reise ging nun aber mit den total albernen Böcken schneller und weiter, als ich wollte. Wir hatten beide in der Eile keine Zügel erwischt, und so konnten wir beim Passieren unserer ruhig im Schritt zurückgehenden Schützenlinie nicht bremsen. Einige freundliche Zurufe, wie: „Geht's gleich bis Wilkomir oder feste, vielleicht gewinnste noch", mußten wir über uns ergehen lassen. Unser Pech war noch nicht zu Ende. Hinter einer Bodenwelle erblickten wir eins unserer Geschütze, das auf die Kunde von dem Gefecht zur Unterstützung vorgeschickt war. Das war insofern erfreulich, als der Anblick der Bespannung unsere Pferde nach den etwa 4000 Meter Galopp zur Vernunft brachte, wenig erfreulich aber, weil sich bei näherer Betrachtung erwies, daß Kanone und Bespannung bis an Rohr und Bauch im Modder saßen. Mein Bursche ritt aus Mitgefühl auch sofort bis an den Pferdebauch in den Dreck. Wir schufteten wie wild, die verdammte Kanone rührte sich nicht. Allmählich kam unsere Schützenlinie heran, ich ließ Front machen und holte Leute heran. Vergeblich, nur die Pferde bekamen wir heraus. Die Bolschewisten kamen inzwischen auch näher, etwa auf 1000 Meter. Da das Geschütz beim Abprotzen in den Modder gefahren war, stak es wenigstens mit der Mündung feindwärts fest. Die Sache war mir wirklich zu dumm. So ließ ich einige Schüsse daraus abfeuern, die natürlich nichts trafen, aber sofortiges Verschwinden der Bolschewisten bewirkten. Dieser Erfolg war erzielt, wir hatten aber nicht bedacht, daß unsere liebe Kanone durch den Rückstoß sich noch fester rammeln würde. Auch mit Spaten arbeiteten die Leute umsonst. Es begann zu dämmern. Wegen der Kanone konnten wir die ganz ungeeignete Linie nicht während der Nacht halten. So ließ ich denn das Geschütz in seinem Dreck stecken, nach Entfernung von Verschluß und Aufsatz, in der frohen Hoffnung, daß die Bolschewisten sie auch nicht herausbekommen würden, und ging weiter zurück. Ich ließ Kaleki durch eine Kompanie mit einigen schweren Maschinengewehren sichern und ging mit der ganzen übrigen Kolonne in dem großen Gut einen Kilometer südlich Wishuny zur Ruhe über.

Am nächsten Morgen wurde mit Tagesanbruch der Vormarsch angetreten, zunächst unter dem Schutz der in ihrer vorgestrigen Stellung bereitgestellten

Batterie. Wir marschierten vor, nichts rührte sich. Die Bolschewisten schienen abgezogen, leider mit unserer heißgeliebten Kanone. Umfangreiche Erdarbeiten und Faschinen verrieten ihre fleißige nächtliche Arbeit. Das war fatal, ließ sich aber angesichts des erfolgten Abzuges verschmerzen. Am Platz unseres vorgestrigen Infanteriegefechtes erreichte uns eine Meldung der vorausgesandten Husaren, daß sie ohne Kampf in Uzjany eingeritten seien. Ein alter Panje erzählte uns, daß er gestern drei deutsche Soldaten hier beerdigt hatte. Er führte uns an den Platz, und wir fanden unsere drei vorgestern zurückgelassenen Verwundeten leicht mit Erde bedeckt. Sie waren, wie deutlich erkennbar, von den Bolschewisten erschlagen worden. Wir führten sie mit und setzten sie am Abend auf dem ehemaligen deutschen Soldatenkirchhof feierlich bei.

Litauische Bauerntypen   Photo: Heeresarchiv

Als wir mit dem Gros am Westausgang von Uzjany eintrafen, kam von Westen ein deutscher Flieger. Er umkreiste uns mehrmals sehr tief unter lebhaftem Winken und landete dann auf dem alten deutschen Flugplatz. Aus dem Flugzeug stieg der I A des Generalkommandos, der ebenso überrascht war, uns hier zu treffen, wie wir, daß wir ihn trafen.

Ich erfuhr durch ihn, daß man sich im Generalkommando ernste Sorgen um uns gemacht hatte. Das Generalkommando hatte vorgestern abend über Kurkli—Wilkomir erfahren, daß die Kolonne 2 vor bolschewistischen Panzerautos zurückgegangen sei. Flüchtlinge, die bis zur großen Straßenbrücke nördlich Wilkomir gekommen waren, hatten weitere schlimme Nachrichten gebracht. Von meiner Kolonne war lediglich gestern abend eine Meldung des Hauptmanns Betz durchgekommen: Er sei verwundet in Onikschty und ich befände mich mit Kolonne 1 mit knapper Munition nach Verlust eines Geschützes in Wishuny. Kolonne 1 sollte irgendwo südlich Uzjany, weit ab vom Ziel, herumtoben. Das konnte nun ja beim Generalkommando wirklich nicht den Eindruck eines Erfolges hervorrufen.

So war der I A heute früh im Flugzeug gestartet. Unsere gegenseitige Freude war groß; unsere, weil wir Uzjany noch bekommen hatten, die des I A, daß alles nur halb so schlimm war. Weitere Freuden häuften sich. Ein Panje erschien und berichtete, er habe mit seinen Pferden eine bolschewistische Kolonne fahren müssen. Bei passender Gelegenheit sei er mit seinen Pferden ausgerissen, die Kanone werde wohl noch im Walde südöstlich Uzjany stecken. Fragen bestätigten, daß das unsere geliebte Sumpfkanone war. Sie wurde feierlich eingeholt.

Dann nahten die radelnden Jäger von Kolonne 2. Sie berichteten triumphierend, daß sie vorgestern das bolschewistische Panzerauto genommen hätten. Bei seiner sehr überraschenden Annäherung hätten sie sich seitwärts in die Büsche geschlagen. Nach einer halben Stunde sei es zurückgekommen. Sie hätten es mit einigen Schüssen zum Stehen gebracht und die Besatzung habe sich ergeben. Es stehe auf der Straße zwischen Antoligi und Leljuny. Von der Kolonne 2 hätten sie nichts mehr entdecken können. Sie seien in Gegend Antoligi geblieben, hätten unseren Gefechtslärm gehört und heute früh unseren Vormarsch erkannt. Gestern hätten sie feststellen können, daß die Kolonne 2 in Gegend nördlich Skemjany sei.

Um die Freude zu vervollständigen, erschien dann mit stattlichem Zug von Panjewagen die Abteilung Bartsch. Sie hatte vorgestern in Welikuny einen bolschewistischen Regimentsstab überrascht, eine größere Anzahl Gefangene mit sämtlichen Offizieren des Stabes gemacht und eine große Anzahl Fahrzeuge erbeutet. Bei Leljuny hätten sie niemand entdecken können, die Nächte hätten sie dicht nördlich Leljuny verbracht. Dabei seien ihnen die Gefangenen größtenteils leider wieder ausgerissen.

In Besprechung mit dem I A wurde nun beschlossen, daß meine deutschen Truppen nach Wilkomir zurückgehen sollten, sowie mir die Verhältnisse hier genügend befestigt erschienen. Die Litauer sollten Uzjany übernehmen. Auf der Straße nach Dünaburg sollte eine demonstrative Verfolgung stattfinden.

Am nächsten Morgen traf dann noch die litauische Kompanie aus Onikschty ein. Ich fand die Lage jetzt wirklich hinreichend gefestigt, um die Litauer allein zu lassen. Ich hätte es auch ertragen, wenn sie sich

Freiwillige Brückenwache an der Hindenburgbrücke in Smolani (Litauen)
2 Photos: Heeresarchiv

später als nicht hinreichend gefestigt erwiesen hätte. Meine Wut auf diese Art Bundesgenossen hatte sich durch die Vorgänge der letzten Tage ins Ungemessene gesteigert.

Nach unserer Rückkehr nach Wilkomir begannen sofort Vorbereitungen, um Dünaburg zu nehmen. Ich selbst verlor sehr die Lust zu weiteren Taten, da ich dauernd stärker die Empfindung hatte, daß wir letzten Endes nur nach der Pfeife der Ententekommission in Kowno tanzten. Meine Erfahrungen mit den litauischen Bundesbrüdern waren auch nicht dazu angetan, daß meine Begeisterung für ihre Sache anhielt.

Zuerst litt ich erst einmal unter einem starken Rheumatismus, besser Hexenschuß, der mir Reiten und Gehen unmöglich machte. Meine einzige medizinische Autorität war ein alter Sanitätsoffizier. Er mußte mich massieren, sehr gegen seine Überzeugung. Er sagte in bildschönem Sächsisch: „Das hilft doch gar nischt, Hexeschuß kommt ähend von än dichtgen Schrecken und geht wieder weg, wenn mer wieder än dichtgen Schrecken hat." Ich blieb aber bei meiner selbstverordneten Massagekur, zunächst ohne Erfolg. Nun traf sehr überraschend der Befehl zu unserem Abtransport an die deutsche Grenze ein. Wir sollten in Janow verladen werden. Ich mußte mich also mit meinem hartnäckigen Hexenschuß aufs Pferd hissen lassen und ritt mit zusammengebissenen Zähnen los. Ich entdeckte allmählich, daß im Galopp die Sache noch am besten auszuhalten war. Der sehr breite und flache Chausseegraben lud förmlich dazu ein. So länderte ich denn los. Mein Pferd trat wohl in ein Loch oder stolperte, ich flog in hohem Bogen über seinen Hals in den Dreck, das treue Tier lag daneben. Ich richtete mich in Gedanken an

meinen Hexenschuß sehr vorsichtig auf, und siehe da, wie weggeblasen! Mir fiel die Diagnose meines Sanitäters ein, und ich konnte vor Lachen nicht gleich aufstehen. Mein bestürzt mit dem Burschen zu Hilfe eilender Adjutant hat mich wahrscheinlich für verrückt gehalten, wie ich laut lachend in der weichen Ackerkrume saß.

Sehr spaßig waren die Bilder, die unsere Kompanien bei ihren häufigen Quartierwechseln auf dem Marsch boten. Voran schritt in guter Marschordnung eine schwerbewaffnete, martialische Schar unter dem Stahlhelm, gefolgt von den Panjewagen mit einem Maschinengewehr und einem Minenwerfer, nicht zu vergessen mindestens zwei Feldküchen pro Kompanie, darunter taten es die Kompanien nicht. Soweit sah die Sache nach Krieg des 20. Jahrhunderts aus. Was dann folgte, waren Bilder aus der deutschen Vergangenheit: Völkerwanderung oder Dreißigjähriger Krieg.

Ein Zug von Panjewagen, darauf primitiver Hausrat, Betten, Kopfkissen, schnatterndes und gackerndes Geflügel, rosige Ferkel, geleitet und beschützt von älteren, behäbigen Kriegern weniger martialischen Aussehens, umschwärmt von wenig holder Weiblichkeit, die als Wäscherinnen, Näherinnen und auch aus anderen Gründen sich den Kompanien angeschlossen hatten. Ferner umschwärmt von noch weniger holden Judenjünglingen in abenteuerlichster Kleidung, die sich als Stiefelputzer, Kommissionäre, Vermittler usw. nützlich zu machen suchten und durch keine Drohung zu verscheuchen waren. Den Abschluß bildete eine mehr oder weniger zahlreiche Herde von Vieh aller Art, beschützt von älteren Kriegern der nichtmartialischen Gattung und getrieben von Judenjünglingen. Die Sorte war einfach nicht zu entbehren.

Auszug der letzten deutschen Truppen aus Kowno im April 1919

Militärisch schön war dieses Bild nicht, aber ungeheuer praktisch für Zeiten und Verhältnisse, darum auch begreiflich und entschuldbar.
Der Rest unserer Zeit in Litauen verlief ruhig, ohne besondere Ereignisse. Das Verhältnis zwischen Offizier und Mann war gut, gegründet auf gemeinsame Erlebnisse und Kämpfe. Die Offiziere genossen das Vertrauen ihrer Untergebenen. Disziplin und Haltung außer Dienst waren gut, wenn man nicht Vorkriegsbegriffe zugrunde legte. Die Revolution und der Zusammenbruch waren ja schließlich auch erst dreiviertel Jahre her.
Ich verließ Ende August das Regiment, da kriegerische Verwendung nicht mehr in Aussicht stand und mir in der Heimat eine Stellung angeboten war. Das Bataillon Schoenberg folgte in den ersten Tagen des September, das Bataillon Spranger Ende September.

Die Letzten am Feind

Vom Infanterie-Regiment 405 zum Freiwilligen-Bataillon Graf Kanitz

Aus dem Kriegstagebuch des Freiwilligen-Bataillons Graf Kanitz

Ein rauher Novembersturm braust im November 1918 über die schneebedeckten Fluren Estlands. Vor Monaten hatten hier im kühnen, verwegenen Ansturm die schwachen Truppen des Generals von Seckendorff die verwilderte russische Soldateska vor sich hergetrieben und das unter ihrem Druck seufzende Land befreit. Russischer Boden — und doch einst durch deutschen Fleiß und deutsche Tüchtigkeit zur Blüte gebracht —, und jetzt sollte deutsche Kulturarbeit, so hofften seine jubelnden befreiten Bewohner, das Land einem neuen Aufblühen entgegenführen.
Die deutsche Revolution hat diese Hoffnungen zerstört. Sie hat jahrhundertelang in zähem Ringen deutscher Kraft Geschaffenes, in hartem Entbehren, in nimmermüdem, starkem Willen Aufgebautes nicht nur dem Deutschtum entzogen, sondern vielleicht geradezu vernichtet.
An der Narowa, am finnischen Meerbusen, stehen die Bataillone und Batterien, die in schnellem, wenn auch beschwerlichem Siegeszuge die Bolschewiken vor sich hergetrieben haben. Noch vor Tagen hatten hier Kompanien vom Infanterie-Regiment 405, also eines neu aufgestellten Regiments hoher Nummer, die Aufforderung der Obersten Heeresleitung, Soldatenräte einzuführen, hohnlächelnd zurückgewiesen: Das sind ja rein russische Zustände! — Das Regiment lag mit zwei Bataillonen in Narwa, mit einem Bataillon (II.) im Küstenschutz am finnischen Meerbusen. Bei diesem Regiment waren viel Elsässer, die man als unzuverlässig aus der Westfront herausgezogen hatte. Kommandeur war der sehr tüchtige Oberst Golz, hervorgegangen aus dem alten berühmten Regiment der 9. Grenadiere. Am 10. November 1918, also genau nach der Revolution, übernahm Major Graf Kanitz, von der Front bei Metz kommend, das II. Bataillon. Der Bataillonsstab lag in Lagema, an der Straße Wesenberg—Narwa, je eine Kompanie in Hungerburg, Merrekill, Türsal und Könape — also alles sehr zerstreut, und eine Einwirkung durch den Bataillonsführer war in dieser ohnehin bewegten Zeit kaum möglich. Trotzdem war zunächst der Geist im Bataillon noch gut, die Kompanien hatten die Einrichtung von Soldatenräten abgelehnt. Leider schaffte hier der unglückliche Erlaß des Generals Gröner, der eben diese Soldatenräte forderte, Wandel. Durch diese Soldatenräte war es bald mit der Disziplin vorbei. Ja, es kam so weit, daß etwa

Major Graf Kanitz, ehem. Führer des Freiw.-Batl. Graf Kanitz
Photo: Archiv Reiter gen Osten

am 20. November 1918, als die 5. Kompanie von Türsal nach Hungerburg marschieren sollte, um eine Umgehung der bei Narwa stehenden Bataillone zu hindern, die Kompanie sich einfach weigerte, zu marschieren. Der Bataillonsführer Graf Kanitz ritt hin, versammelte die Kompanie und sagte in ruhigem Ton: „Die Kompanie weigert sich, nach Osten zu marschieren, also sie meutert. Ich habe zehn Minuten Zeit. Wenn die Kompanie in zehn Minuten nicht zum Abmarsch bereit steht, so hole ich den zehnten Mann heraus und lasse ihn auf der Stelle erschießen!"

Diese Drohung war freilich gewagt, denn es war niemand da, der diesen zehnten Mann hätte erschießen sollen. Aber die alte Disziplin steckte den Leuten doch noch so in den Knochen, daß die Kompanie nach zehn Minuten zum Abmarsch bereit stand und abmarschierte. Energie hatte geholfen.

Am 28. November 1918 erscheint vor Hungerburg an der Narwamündung unbekannter Feind. Das Telephon der bei Hungerburg liegenden Kompanie meldet: „Es nahen Kriegsschiffe, die die englische Flagge zeigen — was sollen wir tun?"

Die Division gab zurück: „Es ist Waffenstillstand, es darf nicht geschossen werden!" — Um 11 Uhr vormittags klingelt das Telephon aus Hungerburg erneut an: „Die Kriegsschiffe landen Boote, sollen wir schießen?" Die Division gibt zurück: „Nein!"

Dann ist alles still, das Telephon unterbrochen. Ein Offizier wird entsandt, die Lage bei Hungerburg zu erkunden. Von Narwa tönt Kanonendonner herüber. Dort dringen zwei Bataillone des Infanterie-Regiments 405 unter ihrem braven Oberst Golz noch einmal zum Ansturm gegen die Bolschewisten vor, um sich den Weg nach der Heimat frei zu machen. Und der heldenmütige Entschluß des Obersten Golz wirft den Feind zurück.

Da, um 3 Uhr nachmittags, stürzt der Feldwebel der 8. Kompanie ohne Rock, der Erschöpfung nahe, zum Bataillonsstab in Lagena herein: „Es sind nicht Engländer, sondern Bolschewiken gewesen, die bei Hungerburg unter englischer Flagge landeten. Sie haben sich auf unsere ahnungslosen Leute gestürzt, und alle drei Kompanien sind erschlagen!"

Nebenbei gesagt hat sich später herausgestellt, daß die gelandeten Bolschewiken nur einen Teil unserer Leute, die auf Befehl der Division nicht geschossen hatten, erschlagen und die anderen in die Gefangenschaft abgeführt haben.

Nun ist Narwa nicht mehr zu halten. In langsamem Rückzuge geht es auf Wesenberg zurück.

Noch wagte sich der Bolschewik nur langsam vorwärts, ein Eisenbahntransport Wesenberg—Riga war noch möglich. In den überfüllten Eisenbahnwaggons drängten sich zwischen Soldaten und Pferden die flüchtenden Balten mit ihrem zusammengerafften Gepäck. Man kann es diesen unglücklichen Balten nicht versagen: Sie haben ihr Leid still und würdig getragen, keine Klage machte sich laut, kein Weinen ertönte, kein Mißklang, kein Vorwurf störte! Das ist Baltenart: Alles verloren — ohne Aussichten, und doch kein Klagen, nur der feste, stille, unerschütterliche Wille, neu zu arbeiten, neu aufzubauen und sich durchzusetzen. Noch klingt uns, die wir sagten, daß Deutschland nur durch Blut und Eisen groß geworden, und nur durch Blut und Eisen wieder zu heilen sei, das ruhige Baltenwort entgegen: „Wir haben nur das Gefühl, am Krankenbett eines lieben, nahen Verwandten zu stehen, für den wir beten und sorgen wollen, daß er wieder gesund werde."

Auch üble Szenen sind uns von jener niederdrückenden Eisenbahnfahrt in Erinnerung: Im Transportzuge waren zwei Durchgangswaggons für Reisende, in welche wir die Balten hineingelassen hatten, während Offiziere und Mannschaften in den Pferdewaggons blieben. Auf der ersten Station zwischen Tapa und Dorpat stürzt der Bataillonsadjutant zum Bataillonsführer: „Herr Graf, die Esten fangen an, die Balten aus den Waggons zu reißen, behaupten, diese müßten hier bleiben. Wo unsere Offiziere in den Waggons stecken, weiß ich nicht. Unsere Leute sind nicht dazu zu kriegen, einen Finger für die Balten zu rühren. Wir beide müssen jetzt zur Pistole greifen und die Balten retten."

Da plötzlich, noch während der Meldung des Adju-

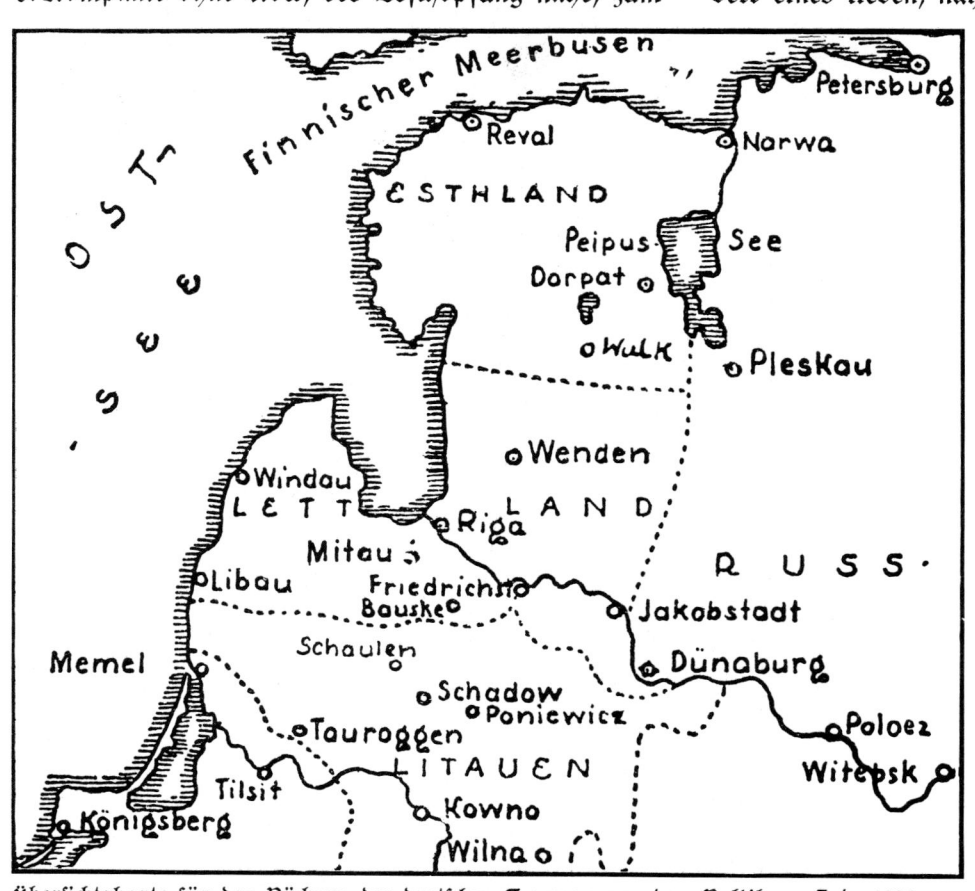

Übersichtskarte für den Rückzug der deutschen Truppen aus dem Baltikum Ende 1918
Zeichnung: Liemann, Berlin

DEUTSCHE!
SCHÜTZT DIE GRENZEN
EURES VATERLANDES
GEGEN RUSSISCHE BOLSCHEWISTEN!

BEDINGUNGEN:

Mobile Löhnung 5 M, tägl. Zulage, außerdem nach Überschreiten der Reichsgrenze 4 M. tägl. Zulage. Familienunterstützung, freie Verpflegung, Bekleidung und Unterkunft. Uniformen sind mitzubringen. Es werden nur ordnungsliebende und pflichttreue Soldaten aller Waffengattungen angenommen.

SOFORTIGE MELDUNG: ANWERBESTELLE BALTENLAND

ZWEIGSTELLE KARLSRUHE: FRÜHERE MILITÄRWACHE AM KARLSTOR
FREIBURG: KARLSKASERNE Z Nr. 142 :: HEIDELBERG: STURMBATAILLON OBER-OST

tanten steht ein junger, frischer Unteroffizier von der Maschinengewehrkompanie mit drei Mann und einem MG. vor dem Bataillonsführer: „Herr Graf, darf ich?" Und kaum nickt der Bataillonsführer, da fliegt schon eine Garbe Feuer den Zug herunter! — Nie wieder hat sich bis Riga ein Este oder Lette an diesen Zug gewagt! Wohl standen die Banden an den Bahnhöfen in dichten, drohenden Massen, aber kaum hielt der Zug, schon stand der junge Unteroffizier mit seiner MG.-Bedienung, deren Beispiel dann andere folgten, schußbereit. Keiner jener Kerle wagte sich mehr an diesen Zug heran, auch als wir im Wald zwölf Stunden nachts halten mußten, von der drohenden, aber fernbleibenden Masse umschwärmt. Es hatte etwas Herzbewegendes, der innige Dank der Balten, als wir sie heil bis Riga durchgebracht hatten. Und dabei hatte in Wenden auf der Durchfahrt noch solch ein freundlicher deutscher Soldatenrat auf dem Bahnhof gestanden, der den Letten erlauben wollte, die Deutsch-Balten aus dem Zuge zu ziehen.

Auf der Durchfahrt in Dorpat hatte ein Offizier einer fremden Truppe dem Bataillonsführer gemeldet, daß eine Landsturmkompanie, die zurückfahrende Kolonnen an einer Bodenwelle gegen die vorrückenden Bolschewiken decken sollte, diesen mit erhobenen Händen, die Gewehre fortwerfend, entgegengelaufen sei, brüderlichen Freiheitsgruß ihm zurufend. Nur ein Offizier und acht Mann dieser Kompanie hätten ihre Gewehre behalten, und nur diese hätten sich auch durchgeschlagen. Alle anderen aber habe der Bolschewik, mehr Soldat als jene Pflichtvergessenen, erschlagen.

Noch war die Truppe, die in Riga selbst als Besatzung lag, gut. Das AOK. 8 hatte Ordnung gehalten, aber die Unordnung der von der Front zurückflutenden riß nach den schmachvollen Tagen von Pleskau, wo eine ganze Brigade vor wenigen Bolschewikenbanden ausriß, auch die Rigaer Truppen mit fort.

Schmerzvoll denken wir an jene Tage zurück, wie schamlos sich deutsche Soldaten in Riga herumtrieben, ihre Offiziere verhöhnten, und daß Patrouillen der im Hafen liegenden englischen Kriegsschiffe durch die Straßen ziehen mußten, um die Ordnung aufrechtzuerhalten. Und man muß es dem Engländer lassen, er machte seine Sache in Riga gut, ruhig, bestimmt, scheute auch vor der Waffe nicht zurück, wenn der Pöbel zu wüst wurde.

Im allgemeinen Durcheinander faßte das AOK. 8 den Entschluß, eine Eiserne Brigade zu bilden, die den Rückzug der auseinandergefallenen 8. Armee und den Abtransport der Millionenwerte an Kriegsmaterial aus Riga decken sollte.

Der Entschluß war groß gedacht, die Ausführung schwieriger. Offiziere fanden sich genug für die erste Eiserne Brigade, der Soldat zögerte. Und in diesen sorgenvollen Tagen traten die Offiziere des Infanterie-Regiments 405 zusammen, sie wollten nicht umsinken und ersuchten den ihnen eigentlich noch unbekannten Führer des II. Bataillons, Major Graf Kanitz, aus ihren Reihen eine Freiwilligentruppe zu bilden und mit der Eisernen Brigade zusammen für Deutschlands Rettung zu kämpfen. Der Bolschewik dürfte nicht nach Deutschland durch, sonst war alles verloren. In jenen braven Offizieren vom Infanterie-Regiment 405 lebte noch der Geist der Kolbergschen Grenadiere, den Oberst Golz in ihnen hochgetragen.

Es ist keine ruhmreiche Geschichte, jene Anfangstage der ersten Eisernen Brigade, zu der unser damaliges Freiwilligen-Bataillon (7) gehörte. Wohl kamen mit den Zügen aus Deutschland Freiwillige an, die wir im Glauben, sie seien unseres Geistes, freudig begrüßten, und die sich gern in die schönen neuen Uniformen aus den Depots in Riga einkleiden ließen. Aber wenn es hieß: „Gegen den Feind!" — ja, dann war Schluß! — Die Freiwilligen erklärten kategorisch, sie seien in Berlin nur zum Schutze der Rigaer Magazine im Weichbild der Stadt angeworben, das hätte ihnen der große Berliner Soldatenrat versprochen, dem sie allein verpflichtet seien, und gegen die Bolschewiken sollten sie nicht fechten.

Tatsächlich hatte am 3. Januar mittags der Führer dieser Eisernen Brigade, Oberst Kumme, die Führer der Freiwilligenverbände zusammengerufen und gesagt: „Ich kann mit diesen Freiwilligenbanden Riga nicht halten und gehe über die Düna zurück. Aber auch dort können wir nicht bleiben, sondern müssen nach Deutschland zurück. Ist aber auch nur ein einziger unter Ihnen, der glaubt, die Dünabrücke und den Westteil von Riga halten zu können, der trete vor, und ich will ihm gern Vollmacht geben." Während die anderen zögerten, trat unser Bataillonsführer, Major Graf Kanitz, vor und sagte: „Ich werde die Dünabrücke und den Westteil von Riga halten!" — Oberst Kumme erwiderte: „Bitte, übernehmen Sie das Kommando!"

Der Nachmittag verging mit Postenaufstellen und Verteidigungseinrichtungen westlich der Düna, wobei wir noch einige Geschütze am Eisenbahndamm gut placierten.

Als gegen Mitternacht Major Graf Kanitz mit unserer 3. Kompanie am Brückentor der Dünabrücke hält, kommt der Bataillonsadjutant Leutnant Wilke geritten: „Herr Graf, Sie sind mit diesen Leuten die letzten deutschen Soldaten an der Düna! Ohne daß Sie es wußten, ist bei Einbruch der Dunkelheit von höherer Stelle der Befehl zum Rückzug nach Mitau gegeben. Längs der ganzen Düna ist auch nichts mehr von deutschen Truppen!"

Daß wir etwa 60 Mann uns nicht allein halten konnten, war ja klar, und so zogen wir um Mitternacht recht trübe von der Düna ab, von allen im Stich gelassen!!

Wüster Schneesturm, knietiefer Schnee, durch den die Spuren der Vorausgeflüchteten den Weg für uns gemahlen hatten; unbeschreiblich das elende Gefühl, diese wunderschöne alte deutsche Stadt, die auch

145

unter der russischen Knute deutsch geblieben war, die unter ihrem Kaiser deutsche Soldaten in jubelndem Siegeszuge befreit hatten, zu verlassen, wir, die letzten deutschen Soldaten an der Düna.

Auch Mitau war nicht lange zu halten. Der immer wieder versprochene Zuzug aus Deutschland kam nicht, die Revolution steckte den Leuten in den Gliedern, natürlich verloren sie immer mehr den Mut. Die alten deutschen Stellungen von 1915 waren zerfallen, es fror erbärmlich, und was unsere braven Soldaten von 1914/15 ausgehalten hatten, das hielt dieser Freiwillige von 1919 nicht mehr aus.

Auf dem Rückzuge in Alt-Autz traten die Offiziere vom Infanterie-Regiment 405 noch einmal zusammen und beschlossen dort, sich von den jetzigen Räuberbanden dieser Eisernen Brigade zu trennen und an der Grenze ein neues Bataillon zu bilden — mit dem Gesindel, das in der letzten Zeit von der Eisernen Brigade uns überwiesen war, war nicht zu fechten. Wir mußten uns auf eigene Füße stellen. Das Bild aus den letzten Tagen in Mitau, vor dem Proviantamt, war zu erschütternd gewesen: Hier zum Schutz des Proviantamts unsere 3. Kompanie unter ihrem geliebten Führer, Leutnant Schönfeld, den Kolben an der Hüfte, bereit zum Anschlag, die Maschinengewehrbedienung kniend neben ihren Gewehren — davor bis auf 60 Schritte heran die vielen Hunderte bewaffneter deutscher Soldatenhaufen, johlend, brüllend, im Ansturm auf die Magazine. Dazu die ruhige, feste Stimme des Leutnants Schönfeld: „Noch einen Schritt weiter und ich gebe Feuer!"

Sie haben es nicht gewagt — das Magazin blieb gerettet. Aber das war kein Bild, das uns hoffen ließ. So trennten wir uns von jener ersten Eisernen Brigade oder vielmehr von ihren Trümmern. Es bleibt aber unsere Ehrenpflicht, jenem kleinen Häuflein Todesmutiger, die an der Windau blieben, die die deutsche Regierung vergessen hat, denen Deutschland niemals ein Wort des Dankes gewußt hat, ein Andenken zu bewahren.

Von der Westfront ins Baltikum

Der Weg der 1. Garde-Reserve-Division

Von Oberst a. D. Karl von Plehwe, ehem. Kommandeur des 2. Garde-Reserve-Regiments

Als am 1. Dezember, an einem strahlenden, warmen Herbsttage, die 1. Garde-Reserve-Division bei Mondorf, nördlich Bonn, den Rhein überschritt, jubelnd von der Bevölkerung begrüßt, von den Schulkindern mit Blumen geschmückt, unter den Klängen der Regimentskapellen, welche die alten bekannten Märsche spielten, da konnten wir freudig aufatmen in dem stolzen Bewußtsein: „Wir waren in den Schlachten unbesiegt, wir gehörten zu den Letzten am Feinde, aber wir haben's geschafft."

Als die letzten nach Berlin-Zehlendorf zurückgekehrt waren, erhielt die 1. Garde-Reserve-Division den Befehl, als einzige deutsche Truppe mobil zu bleiben zum Schutze der Grenze Ostpreußens. Die Division übertrug mir den Befehl über die Reste des 2. Garde-Reserve-Regiments.

Die Nachrichten aus dem Osten, die wir in den letzten Dezembertagen 1918 erhielten, lauteten bedrohlich für meine Heimatprovinz Ostpreußen. Die Lage war dadurch so ernst geworden, weil die Trümmer der 8. Armee den bolschewistischen Einflüssen erlegen waren. Sechs bolschewistische Divisionen waren in vollem Anmarsch auf Ostpreußen. Die mir gestellte Aufgabe war nur dadurch zu lösen, daß die noch vorhandenen Offiziere und Mannschaften des Regiments den Aufbau unserer alten Truppe zur Wiederherstellung einer Kampfkraft auf die Grundlage der altpreußischen Soldatenerziehung stellten.

Von jeder Kompanie waren im allgemeinen nur der etatsmäßige Feldwebel und etwa 10 bis 12 Unteroffiziere und Mannschaften vorhanden. Die noch übrigen Maschinengewehrmannschaften des Regiments wurden in einer Gesamtstärke von etwa 70 Mann zu einer Maschinengewehrkompanie vereinigt.

Die Werbungen waren dadurch erschwert, daß ordentliche Männer sich nur zum kleineren Teil meldeten. Vielfach erschienen äußerlich stramme Soldaten, geschmückt mit dem E. K. I, die sich bei näherer Betrachtung als Abenteurer herausstellten. Die Maschinengewehrkompanie ergänzte ich durch Männer meiner engeren Heimat aus den Kreisen Pillkallen und Stallupönen, eine Anzahl Kadetten und Studenten. Dadurch war eine Kampfkraft bei der Maschinengewehrkompanie in Stärke von neun gutbesetzten Gewehren sehr bald wiederhergestellt.

Am 15. Januar 1919 wurde das Regiment nach Lyck in Ostpreußen verladen, es hatte eine Gesamtstärke von etwa 500 Mann. In Lyck sah es trostlos aus. In der Hauptstraße hingen nur rote Fahnen. Ich quartierte den Regimentsstab, die Bataillone und die Maschinengewehrkompanie in der Umgegend ein, damit sich die Truppe unbeeinflußt zu neuer Kampf-

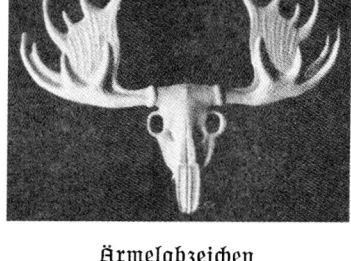

Ärmelabzeichen
der 1. Garde-Reserve-Division
Vorlage: Reichsarchiv

Links:
Generalmajor Tiede, Kommandeur der 1. Garde-Reserve-Division
Photo: E. R. Müller, Berlin

Rechts:
Oberstleutnant Karl von Plehwe, ehem. Kommandeur des 2. Garde-Reserve-Regiments
Photo: Archiv Reiter gen Osten

kraft ergänzen konnte. Nur das Werbebüro verblieb im Gymnasium zu Lyck. Dort erschien eines Tages ein angeblich alter Freiwilliger. Als ich ihn nach seinem Begehr fragte, entpuppte er sich als ein Tischlermeister, der mir im Auftrage des Soldatenrats der Ostfront den Befehl geben wollte, meine Werbungen einzustellen. Es ist selbstverständlich, daß solche verräterischen Gestalten die Neuaufstellung des Regiments nicht beeinträchtigen konnten.

Bereits am 20. Januar hatten wir eine Regimentsmusik in Stärke von 20 Mann. Es war ein stolzes Gefühl, als der Musikmeister auf dem Marktplatz zu Lyck zum ersten Male den Tatstock erhob und der Hohenfriedberger Marsch ertönte. Inzwischen waren in Lyck Nachrichten eingetroffen, die uns die Lage von Ostpreußen immer ernster erscheinen ließen.

Die Besatzung von Libau bestand aus zwei Bataillonen, die vollkommen bolschewisiert waren. Das dritte dort befindliche Bataillon riskierte ein Eingreifen gegen diese bolschewisierten Bataillone nicht. Die bolschewistischen Divisionen hatten die Windau-Linie erreicht. Ihr gegenüber standen in einer Ausdehnung von 80 Kilometer nur etwa 400 Angehörige der Baltischen Landeswehr und der Eisernen Brigade. Diese Brigade, die nach dem Eintreffen des Majors Bischoff „Eiserne Division" genannt wurde, bestand aus den nichtbolschewistischen Resten der 8. Armee.

In Königsberg befand sich die Volksmarine-Division, vollständig bolschewistisch. Die Matrosen hatten bereits versucht, den Kommandierenden General und den Oberpräsidenten Winnig zu verhaften, sie unterhielten Kurierverbindung mit den bolschewistischen Divisionen und hatten eigene Werbebüros.

Am 6. Februar erhielt ich die Nachricht, daß der offene Ausbruch des Bolschewismus in Libau täglich erwartet würde. Bei den geringen Kräften, die auf unserer Seite den beiden Divisionen gegenüberstanden, war das Erscheinen der Bolschewisten an der ostpreußischen Grenze nur noch eine Frage von wenigen Tagen.

Ich wurde auf das dringendste gebeten, mit meiner Truppe hinter dem rechten Flügel der in Kurland befindlichen geringen Kräfte, etwa in der Gegend von Skudi, aufzumarschieren. Es bestand dann die Hoffnung, daß der offene Ausbruch des Bolschewismus in Libau durch Erscheinen stärkerer Kräfte so lange verhindert würde, bis unsererseits Verstärkung in Libau eintreffen konnte, und daß dann gleichzeitig die bolschewistischen Divisionen den Vormarsch an

Ausmarsch ins Baltikum (Bad. Sturmbataillon) *Photo: Heeresarchiv*

147

Biwak von Truppen der 1. Garde-Reserve-Division Photo: Atelier Reiter gen Osten

die ostpreußische Grenze aufschieben würden. Infolgedessen wurde das Regiment in Stärke von etwa 800 Mann nach Lettland verladen und im Raume Aiswicken—Skudi—Illocki untergebracht.

Als die Maschinengewehrkompanie und Teile des I. Bataillons am 7. Februar 1919 in Skudi unter den Klängen des Hohenfriedberger Marsches in tadelloser Haltung an mir vorbeimarschierten, erregten sie die Bewunderung der Bevölkerung. Der Ausbruch des Bolschewismus in Libau fand nicht statt, ebenso wurde der Vormarsch der bolschewistischen Divisionen zunächst aufgegeben. Sobald wieder deutsche Soldaten in alter Form marschierten, sank eben der Mut der bolschewistischen Helden!

Traurig war der Anblick der in unseren Unterkunftsräumen befindlichen Reste der bolschewisierten 8. Armee. Ich entsinne mich eines Offizierstellvertreters Nauß, der auf seiner Lederjacke — selbstverständlich unberechtigt — das E. K. I trug und bereits drei Speicher mit gestohlener Leinsaat angefüllt hatte. Die in Skudi befindlichen Unteroffiziere gingen mit roter Kokarde und offenen Mänteln an mir vorbei, ohne zu grüßen. Als ich einen dieser Unteroffiziere anhielt und ihn fragte, warum er mich nicht grüße, erwiderte er, daß die Grußpflicht abgeschafft sei. Ich ließ mir zwei Gefreite der Maschinengewehrkompanie kommen, die sich den Stahlhelm aufgesetzt und das Koppel umgeschnallt hatten. Ich sagte den beiden Gefreiten, daß ich an den dort befindlichen Unteroffizieren der 8. Armee vorbeigehen würde, und daß sie dieselben sofort in Arrest abzuführen hätten, wenn sie den vorgeschriebenen Gruß nicht ausführten. Dies geschah. Nachdem in dieser Weise einige den Lockungen der Bolschewisten erlegenen Soldaten eingesperrt waren, war die alte soldatische Grußpflicht wiederhergestellt.

Das Regiment wurde inzwischen auf etwa 1200 Mann ergänzt. Außer der Schwierigkeit, wirkliche Soldaten zu erhalten, war auch die Beschaffung von Bekleidung und Ausrüstung sehr groß. Am 4. März besetzten wir den Ort Tyrkßle, nachdem kurz vorher der tapfere Führer der 1. Kompanie, Leutnant Kerrl, gefallen war. Am gleichen Tage nahm das Regiment den wichtigen Knotenpunkt Murajewo, besetzte Okmiany und erstürmte am 14. März Zagory. Die Baltische Landeswehr war am 20. März bis Mitau vorgestoßen und dort in schwere Kämpfe verwickelt worden. Das Regiment stieß nunmehr über Grenzhof—Gemauerthof nach Krug Meiten an der Bahn Janischki—Mitau (25 Kilometer südöstlich von Mitau) vor. Das III. Bataillon unter Hauptmann von Unruh konnte dort dem 99. bolschewistischen Regiment schwere Verluste hinzufügen. Die 8. Kompanie unter Hauptmann Nehls stieß mit Panzerzug V nach Schaulen vor, eroberte den Ort und nahm 1500 Bolschewisten gefangen. Die 12. Kompanie unter Rittmeister von Sperber-Gerskullen legte am 21. März 40 Kilometer zurück und erreichte mit einem Maschinengewehr und einer Schwadron der 1. Garde-Ulanen unter Führung von Leutnant von Knesebeck, dem jetzigen Major und Vorsitzenden der 1. Remontierungskommission, als erste die noch unversehrte König-Friedrich-August-Brücke und hielt dieselbe gegen feindliche starke Angriffe.

Das Regiment hatte nicht nur die wichtigsten Punkte bei dem Vormarsch gegen die Bolschewisten genommen, sondern sich auch in entscheidender Weise an der am 20. März 1919 erfolgten Einnahme von Mitau beteiligt. Das Regiment setzte sich dann am Ostufer der Aa fest, verteidigte diese Linie mit großer Tapferkeit gegen bolschewistische Angriffe. So entstand aus dem Feldtruppenteil eine neue, kampfkräftige Truppe, die die Front gegen den Bolschewismus hielt, als alles zusammenzubrechen drohte.

Erkundungsvorstoß nach Radziwilischky

Von Leutnant a. D. Fritz Hennigsen

Es war im Februar 1919, als das Detachement von Randow in und um Kielmy lag. Die allgemeine Lage war undurchsichtig, nur, um Klarheit über den Gegner zu schaffen, meldete ich dem Führer einen Erkundungsvorstoß auf den 50 Kilometer nordöstlich gelegenen Eisenbahnknotenpunkt von Radziwilischky an. Diese Unternehmung wurde uns ohne weiteres gestattet.

Es war am 2. Februar, nachmittags, als wir uns zu neun Mann — alles Freiwillige — mit zwei Schlitten auf die Fahrt begaben. Wir fuhren bei Podubissa über den Fluß und erreichten gegen 10 Uhr abends bei strenger Kälte Schawliany, ein kleines Judennest, 20 Kilometer südlich von Radziwilischky. Hier überraschten wir das Ortskomitee (Ortssowjet) bei der nächtlichen Sitzung. In einem Holzhause, das nur Juden bewohnten, hoben wir eine Gesellschaft von vier bewaffneten Partisanen in ihrem Räuberzivil aus. Die armen Kerle waren so überrascht, daß sie ohne weiteres ihre Knarren auslieferten. Eine Telephonleitung, die nach Radziwilischky führte, ließ ich am Nordausgang des Ortes durchschneiden. Gegen Mitternacht setzten wir unsere Fahrt nordwärts fort. Es war eine eisige Nacht, die Sterne strahlten kalt, und der funkelnde Schnee knirschte unter den Schlittenkufen, die, von unseren kleinen Panjepferden gezogen, flott dahinglitten. Ich selber schlief für eine kurze Zeit ein. Durch die Kälte geweckt, sah ich in vier bis fünf Kilometer Entfernung eine helle Lichterreihe aufleuchten. Jetzt kam Leben in unsere Kolonne, denn das konnten nur die Bahnanlagen von Radziwilischky sein. Bald erkannten wir auch den Rauch einer Lokomotive, die auf den Bahnanlagen hin- und herrangierte. Am südlichen Ortsausgang, bei einer alten, dunklen Windmühle, ließen wir die Schlitten stehen, pflanzten das Seitengewehr auf und im Laufschritt ging es durch den Ort, die Bahngleise entlang auf den großen Bahnhof zu, der in hellstem Lichte vor uns lag. Im Wartesaal fanden wir eine Menge von Sowjeteisenbahnern. Wir rissen die Telephonanlagen heraus und zerstörten die Telegraphen. Dann durchsuchten wir den Bahnhof nach Militär. Wir fanden auch zwei Soldaten, die sich auf einem Waffentransport von Dünaburg nach Libau befanden. Die armen Kerle konnten gar nicht verstehen, was wir von ihnen wollten. Ebensowenig konnten sich die Eisenbahner und Zivilisten ein rechtes Bild von uns machen. Nach späteren Aussagen hat man uns dort auf dem Bahnhof zunächst für eine Räuberbande gehalten. Wir sahen in unseren Pelzen ja auch ziemlich verwildert aus, und an deutsche Soldaten dachte kein Mensch mehr in dieser Gegend. Während wir so im Wartesaal hausten, wurde es mit einem Male unter den vielen Menschen ganz still. Nur ein scheußliches Angstgefühl kroch instinktiv in uns hoch, weshalb, weiß ich nicht. Ich lief zur Tür und schrie, so laut ich konnte, dem Posten, der vor dem Bahnhof stand, zu, daß der Hauptmann mit den zweihundert Mann und zwei Geschützen sofort Radziwilischky besetzen sollte. Da war diese furchtbar drückende Stille gebrochen, und es kam wieder Leben in die Menge. Wie uns später Juden erzählten,

Major von Randow, ehemals Führer des Detachements von Randow
Photo: Archiv Reiter gen Osten

Ärmelabzeichen des Detachements von Randow *Photo: Klietmann, Berlin*

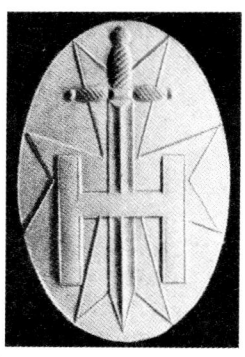

Ärmelabzeichen des Freiwilligen-Regiments Hünicken *Vorlage: Archiv Reiter gen Osten*

Oberst Hünicken †, ehemals Führer des Freiwilligen-Regiments Hünicken
Photo: Archiv Reiter gen Osten

wollten die Eisenbahner, in der Annahme, Räuber vor sich zu haben, sich gerade anschicken, uns mit Messern und Pistolen abzumurksen.

Ängstlich kam ein Jude zu uns und flüsterte ganz leise: „Das Komitee!", wobei er auf ein rotes Backsteingebäude dicht vor dem Bahnhof zeigte. Das Gebäude war von innen hellerleuchtet. Die Tür war verschlossen. Sie mußte erst durch Kolbenschläge geöffnet werden. Wir stürmten die große Treppe hinauf und gelangten in einen saalartigen Raum, in dem die örtlichen Sowjets eine Nachtsitzung abhielten. Leider war der Raum leer. Es zeigte sich nur ein Mensch, der bei unserem Anblick mit einem riesigen Satz eine Treppe heruntersprang, die nach hinten ins Freie führte. Einen ganzen Sack voll Dokumenten und mehreren Schreibmaschinen packten wir ein. Dann ging es wieder zurück zum Bahnhof. Ich blieb noch im Hause zurück. Im Erdgeschoß bemerkte ich plötzlich einen Türspalt, durch den ein Lichtschimmer hindurchdrang. Ich öffnete: im Raum saßen und lagen 10 bis 15 Bolschewiken in dreietagigen Feldbetten in Hemd und Unterhosen. Einer saß kniend im Bett und feuerte einen Schuß auf mich ab, der aber fehlging. Ich griff in den Brotbeutel und holte eine Eierhandgranate — leider ohne Zündung — heraus, die ich durch die offene Tür warf. Dann machte ich, daß ich fortkam. Auf dem Bahnhof ließen wir die Eisenbahner antreten. Jeder bekam ein Stück der erbeuteten Maschinengewehre oder Munitionskisten in die Hand gedrückt und los ging es in langem Gänsemarsch hinunter zur Mühle, wo unsere Schlitten warteten. Große Augen machten sie, als sie dort nur zwei kümmerliche Panjeschlitten erblickten. Da durch die Gefangenen und die gemachte Beute unsere Schlitten überlastet waren, ließ ich nach halbstündiger Fahrt auf einem Gutshof halten, um dort einen Schlitten leihweise zu erbitten. Es begann gerade zu dämmern, und durch ein Fenster blickte ich in ein erleuchtetes Zimmer, wo mehrere Damen beim Morgenkaffee saßen. Leise klopfte ich ans Fenster. Drinnen fuhr man erschrocken zusammen. Eine Dame, ganz in Weiß gekleidet, kam auf die Veranda hinaus und rief: „O, die Deutschen!" Tief sah ich damals in ihre stahlblauen Augen hinein, die vor Freude aufleuchteten. Heute ist sie meine Frau.

Schnell nahmen wir etwas warmen Kaffee, requirierten einen Schlitten, und schon ging es weiter. Eine halbe Stunde nach uns ist dann bolschewistische Kavallerie aufs Gut gekommen, um uns zu suchen. Von oben bis unten wurde das große Haus ohne Erfolg durchsucht. Selbst vor einer großen Wäschekiste machten die Roten nicht halt, stellten sich mit entsicherten Gewehren davor auf und ließen die ganze Kiste durch die Damen entleeren.

Am Abend langten wir wohlbehalten in Kielmy an. Ein Korpsbefehl des Generals von Wellmann belohnte uns für diese denkwürdige und für mich so folgenreiche Unternehmung, bei der ich meine heutige Frau kennenlernte.

Mitte Februar war es, als wir den zweiten Vorstoß auf Radziwilischky unternahmen. Nach Mitteilungen von Juden sollte die rote Besatzung von Radziwilischky erheblich verstärkt worden sein. Um über Stärke, Stand und Postierung der dortigen Besatzung im klaren zu sein, wandten wir eine Kriegslist an. Der Sergeant Koralefsky und der Gefreite Urban, beide polnisch und russisch sprechend und vor dem Kriege in Rußland ansässig, wurden von uns über Schaulen nach Radziwilischky geschickt, um dort genaue Feststellungen zu machen. Halb in Zivil und halb in Feldgrau zogen sie los. In Schaulen wurden sie sofort von den Bolschewiken angehalten, dem Kommandanten vorgeführt, und dieser sagte ihnen auf den Kopf zu, sie seien deutsche Spione. Sie erzählten ihm aber, sie seien russische Kriegsgefangene aus Deutschland und auf der Reise in die Heimat begriffen. Die beiden spielten ihre Rolle so vorzüglich, daß der rote Kommandant ihnen einen Fahrschein bis Dünaburg ausstellen ließ, und jedem noch etwas Geld mit auf den Weg gab. Beide fuhren dann mit dem Sowjetfahrschein nach Radziwilischky und erkundeten dort alles Notwendige. Wir waren inzwischen in Stärke von 60 Mann und einem schweren M.G. auf Radziwilischky im Anmarsch und trafen unsere Kundschafter an einem Punkte 25 Kilometer südlich von Radziwilischky. An Hand der vorzüglichen Erkundung wurde dann

Bolschewistische Kommissare *Photo: Reichsarchiv*

der Feldzugsplan festgelegt. Ein Trupp sollte den Bahnhof besetzen, ein zweiter in den Gaststätten Kommissare fassen. Ich selber sollte mit dem dritten Trupp das Komitee nehmen. Mitternacht war schon vorüber, als wir drei Kilometer vom Südausgang von Radziwilischky die Schlitten verließen und links vom Wege abbogen, um einem feindlichen Posten am Südausgang auszuweichen. Marschrichtung war der hellerleuchtete Bahnhof. Die Trupps teilten sich. Gerade beim Komitee angekommen, fiel ganz unerwartet vom Bahnhof her ein Schuß. Jetzt hieß es für uns schnell handeln. Ich warf die geballte Ladung von sieben Handgranaten durch das Fenster, wo die Bolschewiken ihren Schlafraum hatten. Eine mächtige Detonation und Geschrei aus dem Innern erklang, aber fast im selben Augenblick erhielten wir aus dem Hause Feuer. Nun wollte es das Unglück auch noch, daß, während die Kaserne völlig im Dunkel lag, uns selber helles Bogenlicht beleuchtete. Wir fanden fast keine Deckung und waren so dem feindlichen Feuer fast schutzlos preisgegeben. Es war ein unangenehmer

Das erste rote litauische Regiment in Schaulen
Photo: Reichsarchiv

Ärmelabzeichen des Freiwilligen Bataillons Bülow
Vorlage: Archiv Reiter gen Osten

Ärmelabzeichen des Freiw.-Det. v. Tschirdewitz
Vorlage: Freikorps-Kam. Halle/Saale

Augenblick, als wir zum Sturm auf das Gebäude unter dem Feuer des schweren MG. und der Handgranaten ansetzten. Wir stürmten den Ziegelbau, voran der tapfere Unteroffizier Bock. Im Hause sah es wohl wild aus, und Tote lagen in allen Räumen umher. Ein großer Teil der feindlichen Besatzung war leider nach hinten entkommen.
Die Durchsuchung der Gasthöfe nach Kommissaren war erfolglos, da diese am Abend vorher abgereist waren. Auf dem Bahnhof hatte man auch wenig ausrichten können. Einen Zug, den wir erbeutet hatten, konnten wir leider nicht fortführen, da die Bolschewiken eine Brücke gesprengt hatten, wodurch die nach Süden führende Strecke unterbrochen wurde. An einer Lokomotive wurden die Zylinder gesprengt. Der Unglücksschuß, der unsere Aktion verriet, war einem unserer Leute aus Versehen losgegangen und hatte noch dazu den Soldaten Hundt schwer verwundet.

Es wurde erwogen, den Ort für längere Zeit zu halten. Aber das umliegende Gelände bot keine günstigen Verteidigungsmöglichkeiten, wir waren ungefähr 50 Kilometer hinter der feindlichen Front und schwebten vollkommen in der Luft. So entschieden wir uns, Radziwilischky zu räumen. Wenn dieses Unternehmen auch keinen großen sichtbaren Erfolg aufwies, so war, wie wir aus aufgefangenen Fernsprüchen der Bolschewiken feststellen konnten, der moralische Erfolg dieser Aktion doch gewaltig. Wir selber zogen in den frühen Morgenstunden uns aus Radziwilischky zurück, drei Tote mit uns führend. Am Ortsausgang nahmen wir noch die Sicherungsposten der Roten gefangen; trotz aller Schießerei hatten diese beiden prächtigen Soldaten es vorgezogen, lieber in der warmen Stube zu bleiben.

Wir fuhren denselben Weg zurück, den wir nach unserem ersten Unternehmen benutzten. Ich kehrte einen Augenblick auf dem Gute ein und schlug den Damen vor, mit uns nach Kielmy zu fahren, was sie jedoch ablehnten. Sie hatten in den folgenden Tagen viel unter den Repressalien der Roten zu leiden.
Viele Jahre lang bin ich dann später oft an dem gewesenen Komitee in Radziwilischky vorbeigegangen, und ein eigenartiges Gefühl beherrschte einem immer hierbei. Das Gebäude selber trägt noch heute (1934) deutliche Spuren von dem furchtbaren Kampf jener Nacht.

151

Goldingen

Von Percy Vockrodt, ehem. Baltische Landeswehr

Noch vor dem ersten Morgengrauen erreicht unsere Infanterie-Schwadron, begleitet von einem Trupp Reiter, die Windau bei Eckhof, etwa eine Stunde vor Goldingen. Unsere Aufgabe ist, den Fluß zu überqueren und dem Feinde den Rückzug nach Osten abzuschneiden, während das deutsche Freiwillige Jägerkorps Goldingen von Süden und Westen angreifen und ein Teil der Kavallerie die Stadt von Norden einklammern soll. Also ein richtiges Kesseltreiben! Eine starke Spannung liegt über der Truppe, während die ersten Reiter vorsichtig über das knackende Eis des Flusses traben. Nun gleitet Schlitten auf Schlitten über das Eis, und kaum sind wir drüben, wird mächtig angetrabt, denn Eile tut not. Und so sausen wir über die schneebedeckte Fläche, ein Dutzend Reiter voran und vielleicht 80 Mann Fußvolk nebst drei leichten Maschinengewehren in den Schlitten hinterdrein. Der Morgen graut schneller, als es uns lieb ist. In von Minute zu Minute sich steigernder Spannung blicke ich voraus. Doch da, aus den Nebeln zur Linken — ein Turm! Und noch einer. Die Stadt. Abgesessen. Die Schlitten werden fortgeschickt, mit einigen Begleitern, auf einer Straße nach Osten. Die Reiter setzen sich in Galopp und streben nordwärts an der Stadt vorbei, wohl um die Zange ganz zuzuklemmen, die wir um das noch schlafende Goldingen legen. Und da, wie das Auge den enteilenden Reitern nachblickt, vernimmt das Ohr plötzlich von irgendwoher aus der Ferne ein klackendes, unruhiges Prasseln. Die ersten Schüsse, das erste Geplänkel der irgendwo aneinandergeratenen Gegner.

Da zucken kurze, klare Kommandoworte in die unerträgliche Ungeduld. „Erster Zug! Reihe, zehn Schritt Abstand! Marsch!" „MG.! Vorwärts!" „Zweiter Zug ... Dritter Zug ...!" Die Spannung erreicht den Höhepunkt, und doch, wie atmet man auf! Aus dem Haufen entwirren sich die einzelnen Züge in militärischer Ordnung, Mann geht hinter Mann, wie auf dem Exerzierplatz. Unser erster Zug überquert mit raschen Schritten die breite Allee, die schnurgerade zur Windau-Brücke und hinüber in die Stadt strebt, und legt sich rechts davon in Frontlinie in einen Ackergraben. Zwischen diesem Graben und der Allee ist ein Stück glatte, ungedeckte Fläche; dort kommen Feldmeister K. und ich zu liegen. Mitten auf der Straße wird ein Maschinengewehr aufgebaut, und weiter links bleiben die beiden anderen Infanteriezüge. Wir sind bereit.

Einige Minuten liegen wir ganz still und warten. Plötzlich hallt von weither aus der Richtung der Stadt ein dumpfer Knall zu uns herüber. Und noch einer. Gleich darauf ein krachendes Bersten irgendwo zwischen den Häusern. Unsere Geschütze haben von drüben das Feuer auf die schlafende Stadt eröffnet. Unmittelbar darauf steigt ein wüstes, schreckliches Schreien auf zwischen den Gassen. Minutenlang tönt dieses panische Alarmgeheul der Bolschewiken durch den Wintermorgen, dann ebbt es ab, und nur unsere Batterie drüben durchbricht mit zwei und zwei Schlägen die Stille vor dem Sturm. Und wir liegen hier in unserem Hinterhalt und warten.

Doch da löst sich ein dunkler Schatten aus dem Häusergewimmel vor uns, ein zweiter folgt, ein dritter, ein vierter. Lautlos gleitet ein schwarzer Gespensterzug durch die Allee über den weißen Schnee auf uns zu. Voran einige Schlitten, ein Trupp Reiter dicht hinterher, noch weiter einiges Fußvolk. „Die Kommissare!" ruft jemand neben mir. Bis zur halben Allee sind die Schlitten gekommen, da prasselt jäh aufbellend das Feuer unserer Maschinengewehre auf, wir packen unsere Gewehre an und senden unsere Schüsse hinein in die kaum hundert Schritte vor uns befindliche Kolonne. Die Pferde vor uns bäumen sich steil auf, brechen in die Knie, wälzen sich mit aufwärts zuckenden Beinen im Schnee. Die Männer sind wie fortgewischt aus den Schlitten, hie und da liegt einer zwischen den Pferdeleibern und rührt sich nicht mehr. Die Reiter reißen ihre Gäule herum und fegen in die Stadt zurück, doch einer und der andere stürzt mit seinem Pferde und kommt nicht wieder hoch. Die Fußkolonne weiter hinten spritzt auseinander, die schwarzen Gestalten verschwinden hinter den Scheunen am Fluß. Das alles in einem Augenblick,

Kragenabzeichen des Freiwilligen Jägerkorps Goldingen
Vorlage: Heeresarchiv

Berding

Major E. Berding, ehemals Führer des Freiwilligen Jägerkorps Goldingen
Photo: Archiv Reiter gen Osten

Ärmelstreifen der Freiwilligen-Kompanie Nord-Kurland, die der Kommandantur Windau unterstand   Vorlage: Heeresarchiv

Befehl.

Von Riga über die Meeresbucht geschickte schwächere Banden sind in Nordkurland gelandet. Sie beabsichtigen, wieder roten Terror aufzurichten, Bahnen, Brücken und andere Verkehrsmittel zu zerstören und die friedlichen Einwohner zu beunruhigen

Zur Abwehr befehle ich:

1) Jedes der Bandenmitglieder ist vogelfrei und kann von jedermann erschlagen oder sonstwie unschädlich gemacht werden.

2) An der Kasse des Oberstabes der Landeswehr in Tuckum oder beim Militär-Kreis-Chef in Talsen wird für jeden nachweislich unschädlich gemachten Banditen 100 Rubel Ost-Geld gezahlt.

3) Dieselbe Belohnung erhält jeder, der zweckdienliche Angaben zur Ergreifung dieses Raubgesindels macht.

4) Alle Einwohner des Landes sind verpflichtet, den Aufenthaltsort oder jede andere Angabe, die zur Ergreifung des Banditen führen kann, der nächsten Militärstelle auf schnellstem Wege mitzuteilen.

Wer dieses wissentlich unterläßt oder diesem Gesindel irgendeine Hilfe und Unterstützung gewährt, wird unweigerlich mit dem Tode bestraft.

Der Befehlshaber der Landeswehr.

Aufruf zur Verfolgung der bolschewistischen Partisanengruppen, die besonders in Nordkurland gegen die rückwärtigen Verbindungen der kämpfenden Truppen schweren Schaden anrichteten
Vorlage: Archiv Reiter gen Osten

wie ein geisterhaft vor dem Auge vorüberhuschendes Traumbild.

Grauenhaft klingt das Heulen der Tiere über die Fläche. Oder ist auch Menschenstöhnen darunter? Es schnürt mir die Kehle zu. Einige Male kommen von jenseits der Stadt die Granaten unserer Batterie bis über die Windau geflogen und bersten vor uns auf der Schneefläche inmitten der dort liegenden Leiber. Doch nun zucken Feuerblitze, peitschen die ersten Schüsse aus den Häusern zu uns herüber. Auch ein feindliches Maschinengewehr rattert los, und die eisernen Bienen summen und singen bald in dichten Schwärmen um unsere Köpfe. Feldmeister R. links neben mir hat seinen Stahlhelm vor sich hingelegt, stützt sein Gewehr darüber und löst Schuß auf Schuß. „So geht's am besten!" ruft er zu mir herüber. Doch ich behalte den Helm auf dem Kopf. Wenn's schon sein muß, dann lieber

Soldatengrab in Nordkurland. In einem Gehöft neben diesem Grabe wurden 27 verwundete deutsche Soldaten der Eisernen Schar Berthold von bolschewistischen Letten überfallen und mit dem am Holzkreuze hängenden Hammer erschlagen
Photo: Heeresarchiv

in die Brust als in den Schädel. Und ich ziele in die Fenster drüben und schieße. Plötzlich erhorcht mein Ohr in all dem Schlachtenlärm ein sich wiederholendes, ganz leise aufzischendes Geräusch dicht bei mir. Ich blicke in den Schnee und sehe ihn hie und da aufstäuben zwei, drei Schritt vor mir. Einschläge feindlicher Kugeln! Auf Ellenbogen und Knien humpele ich nun einige Schritte weiter nach rechts, bis ich den Graben, in dem unser ganzer Zug Deckung gefunden hat, erreiche. Und schieße wieder über die Fläche.

Längere Zeit steht nun schon das Gefecht. Drüben hat noch ein zweites Maschinengewehr gegen uns zu tacken begonnen. Nichts rührt sich drüben, nichts bei uns, und nur die Schüsse prasseln wie ein nichtendenwollender Hagelschauer von hüben und drüben. Eines der drüben liegenden Pferde erhebt sich plötzlich und steht mit gesenktem Kopf mitten im Kugelregen. Steht und steht, bis es plötzlich wie vom Blitz gefällt zusammenbricht. Allmählich flaut drüben das Feuer ab, ein Maschinengewehr verstummt, dann auch das zweite, und nur einzelne Gewehrschüsse krachen noch zu uns herüber.

Nun erhebt sich unser Schwadronsführer, Leutnant von Unruh, aus seiner Deckung: „Seitengewehre pflanzt auf! Vorwärts! — Marsch, marsch!" schnarren die preußischen Kommandotöne. In einer langen Kette hastet die Schwadron mit schußbereitem Gewehr über die Fläche. Doch das Feuer drüben ist verstummt. Aber da, aus einer Scheune links von uns tritt Mann auf Mann heraus mit erhobenen Händen, zwanzig, dreißig Bolschewiken wanken uns zögernd, unentschlossen entgegen und werden von einigen Freiwilligen umzingelt. Auch rechts von der Straße sehe ich eine Gruppe Gefangener, aus der sich plötzlich ein Mann löst und in wildem Lauf das Weite sucht. Zwei Gewehre heben sich, zwei Schüsse krachen, der Fliehende überschlägt sich im Lauf und rollt in den Schnee. Tot. Auf und neben der Straße, durch die ich jetzt stadtwärts gehe, liegen Menschen und Pferde regungslos im Schnee, der hier und da kleinere und größere rote Flecken hat.

Doch dann betreten wir über die Brücke die eroberte Stadt, Kameraden vom jenseitigen Frontabschnitt kommen uns frohlockend entgegen, wir hören, daß dank unserer Umgehungsoperation die gesamten mehrere hundert Mann zählenden Streitkräfte des Feindes gefangen sind.

(Mit Genehmigung des Verfassers und des Verlages entnommen dem Gedenkbuch der Baltischen Landeswehr; erschienen in der Buchhandlung G. Löffler, Riga.)

Die Eroberung Tuckums

Von Major a. D. Alfred Fletcher, ehem. Befehlshaber der Baltischen Landeswehr

Viele schauerliche Nachrichten von bestialischen Ermordungen aus Tuckum und Talsen, wo der berüchtigte Kretull sein Unwesen trieb, waren zu uns gelangt. Jeder Balte hatte irgendwo ein liebes Familienmitglied, das entweder schon ermordet war oder im Kerker schmachtete oder den Tag der Abschlachtung durch die Bolschewisten in Hunger und Seelennot abwartete.

Da wurde mir in meinem Stabsquartier ein zerlumpter Bettler gemeldet, der mich durchaus allein zu sprechen wünschte. Nachdem der Mann auf Waffen untersucht war, denn man mußte jede Vorsicht walten lassen, erschien ein älterer, herkulisch gebauter Mann in völlig verwahrloster Kleidung und körperlicher Verfassung. Wochenlang unrasiert, lange Haare u. dgl.

Er entpuppte sich als der lettische Nationaldichter, spätere Ministerpräsident, Pastor Needra. Ein Mann von ungewöhnlichem Mut und außergewöhnlicher Klugheit. Needra hatte zum zweitenmal als Spion die bolschewistische Front durchschritten und brachte mir unter anderen militärischen Nachrichten geradezu erschütternde Schilderungen des Elends und des Grauens aus Riga, Tuckum und Talsen.

Nachdem der Truppe die Not der eigenen Brüder in geeigneter Weise bekanntgemacht war, drängte

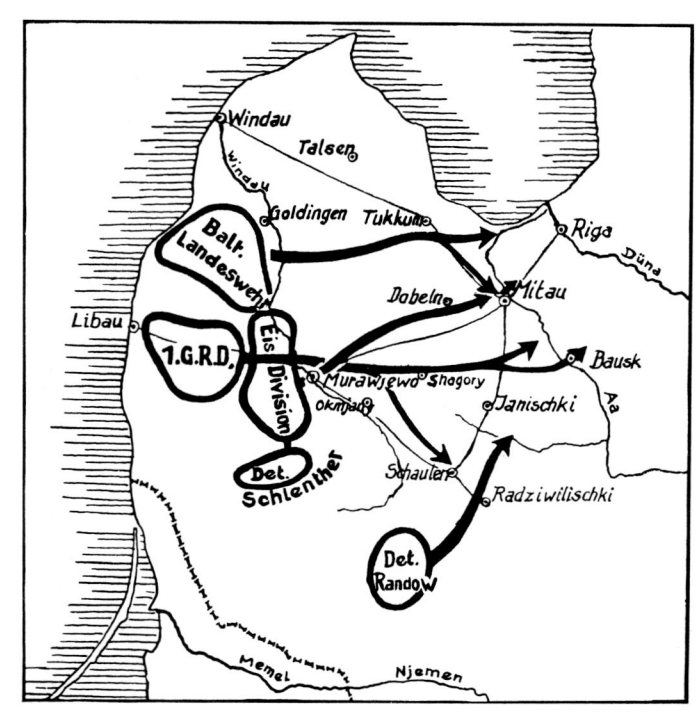

Übersichtskarte für den Vormarsch der deutschen Freiwilligen-Formationen im Baltikum in der Zeit vom 2. bis 20. März 1919, der in drei Abschnitten erfolgte, den Unternehmen „Tauwetter", „Eisgang" und „Frühlingswind" *Zeichnung: Roederer*

Hauptmann Malmede, ehemals Führers des Freiw.-Batl. Malmede d. Baltischen Landeswehr

Major Fletcher, ehemals Kommandeur der Baltischen Landeswehr

2 Photos: Archiv Reiter gen Osten

Baron Hans von Manteuffel †, ehemals Führer der Stoßtruppe der Baltischen Landeswehr, gefallen beim Sturm auf Riga am 22. Mai 1919

Photo: Heeresarchiv

alles zum Tage der Befreiung und der Vergeltung. Der Kenntnis des Untermenschentums folgend, habe ich stets, wenn Städte im Baltikum zu erobern waren, die Dämmerstunden des Morgens zum Angriff gewählt, da dann das Untermenschentum nach den Gelagen und Ausschweifungen der wilden Nächte zumeist im tiefen Schlaf lag. So war auch wieder der Angriff auf Tuckum für die Frühe des 15. März 1919 angesetzt, an einem sehr kalten, aber wunderbar klaren Wintertage in hohem Schnee.

Ich leitete vor den Höhen von Tuckum, von Kandau kommend, das Gefecht, welches befehlsgemäß abrollte und programmäßig verlief.

Das Stabsauto, in dem sich die Befehle, nötigsten Schriftsachen u. dgl. mehr befanden, hatte ich unter Aufsicht des Polizeichefs der Baltischen Landeswehr, dem ehemaligen russischen Polizeioffizier Hauptmann Schnee, etwas weiter rückwärts an der Hauptstraße gelassen.

Plötzlich fährt, ohne meinen Befehl erhalten zu haben, das Auto vor, durch unsere Gefechtslinie hindurch und verschwindet beim Gegner. Ein Anhalten war nicht möglich. In meinem Gefechtsstab war mit Recht große Erregung und Besorgnis, da wir einmal den guten Schnee schon bei den Bolschewisten geviertteilt sahen, zum anderen die Auswertung unserer Gefechtsstärken usw. seitens des Gegners von unübersehbaren, mißlichen Folgen gewesen wäre.

Zum Glück bekam das Auto aber im „Niemandslands", welches tiefer lag und unserer Sicht entzogen war, so heftiges Feindfeuer, daß Schnee und Chauffeur vor Feind- und Freundfeuer in einer nahegelegenen Kiesgrube Schutz fanden. Dort holten wir beide, bei fortschreitendem Angriff, wieder gesund heraus. Schnee hatte geglaubt, wir wären schon in Tuckum drin.

Gegen 9.30 Uhr vormittags stand ich mit meinem engeren Stabe auf dem Marktplatz von Tuckum; der nähere Gefechtsgang gehört nicht hierher.

Allmählich trauten sich die verängstigten Menschen aus ihren Häusern; aber keine Befreiungsfreude war auf ihren Zügen zu erkennen. Schließlich fragte ich einen der Bürger, der gleich sehr traurig sagte:

Kavallerie-Abteilung der Baltischen Landeswehr

Photo: Heeresarchiv

„Ja, wir selbst sind ja sehr froh, aber die armen Geiseln, die sie vor zwei Stunden in Richtung Schlock abgeschleppt haben!" Es stellte sich dann heraus, daß etwa 104 Menschen, zumeist „Edelleute", wie man dort sagt, und zwei Pastoren, der alte Ortspfarrer Fleischer und ein jüngerer Pastor Gurland, sich unter den Verschleppten befanden.

Durch die Bolschewisten geschändete Gräber der Herzöge von Kurland in Mitau
2 Photos: Heeresarchiv

Auf den Befehl hin: „Freiwillige vor zur Befreiung der Verschleppten" meldete sich die ganze Reiterabteilung von Below, der sich der heldenhafte Stoßtruppführer Baron Hans von Manteuffel und andere anschlossen, die sofort zur Verfolgung aufbrachen.

Während noch weitere Befehle auf dem Marktplatz gegeben wurden, erschien eine Kavalleriepatrouille, die einen Mann am Lasso führte.

Der Patrouillenführer meldete mir, es sei ihm gelungen, den Kommissar zu erwischen, der in Tuckum als „Minister des Innern" das Haupt der Mordtscheka gewesen sei. Später stellte es sich heraus, daß dieser aus Petersburg hierhergesandte Mann einer der größten Bluthunde Rußlands war.

Nun besah ich mir den Mann! In feinstem, teuerstem Pelz ein kleiner, breitschultriger Jude mit wulstigen Negerlippen und teuflischen Augen.

„Wie heißt Du?" fragte ich ihn. Darauf er in deutsch in zynisch-frechem Ton: „Ich verstehe nur Russisch und Lettisch!" — Ich: „Bist Du der Kommissar des Innern gewesen, der die Erschießungen angeordnet hat?" Er, in frechem Ton: „Natürlich".

Darauf ich: „Ich rufe ein Standgericht zusammen, Mitglieder: ich, der Befehlshaber, der Stabschef Graf Dohna, der Ordonnanzoffizier v. Bassewitz. Ich beantrage Todesstrafe durch Erhängen, sofort zu vollstrecken, einverstanden?"

Nach Einverständnis der beiden anderen Herren hing der Kommissar innerhalb zwei Minuten am selben Lasso am nächsten eisernen Haken auf dem Marktplatz.

Bei den Haussuchungen, die nach bewährtem russischen Muster in abgesperrten Häuserblocks und abgesperrter Stadtgrenze stattfanden, entdeckte man auch seine Geliebte. Sie hieß in Tuckum „die in der lila Samtjacke", und sie hatte die bolschewistische Eigenart, beim Spazierengehen in der Stadt, begleitet von Flintenweibern, all die Menschen sofort totschießen zu lassen, die sie nicht grüßten. Diese Dirne von 17 Jahren war die Tochter eines lettischen Stellmachers. Auch sie wurde natürlich standrechtlich erschossen.

Ich hatte in der Villa Behr Quartier bezogen, als gegen 3 Uhr nachmittags ein schaumbedeckter Reiter mir die Freudenmeldung brachte, alle Geiseln seien befreit, nur eine junge Frau habe bei der Schießerei eine unbedeutende Wunde erhalten, in anderthalb Stunden sei der Wagenzug hier. Wie ein Lauffeuer verbreitete sich die Nachricht in der Stadt.

Und dann trafen die „Befreiten" ein. An der Spitze der alte, fast siebzigjährige Ortspfarrer Fleischer mit dem jugendlichen Pastor Gurland, dann alle die zu Tode gehetzten und gequälten Menschen. Ich habe in meinem Leben sehr viel Schönes und sehr viel Schweres erlebt, aber diese Minuten des Wiedersehens Totgeglaubter und Todgeweihter mit ihren Familien und Freunden ist das Ergreifendste, was mein Leben sah! Auch sonst sich Fernstehende fielen sich in die Arme und weinten Freudentränen!

Nicht-Ortsansässige wurden in die gastlichen Häuser verteilt; mein Stab erhielt einige alte Herren und drei junge Mädchen in Bauernkleidern, die sich zuerst weigerten, mit uns zu essen — sie schämten sich, sie seien durch und durch voll Ungeziefer! Und diese Unglücklichen waren die Baronessen O. S. aus uraltem Großgrundbesitz!

Alle Gefangenen waren halb verhungert und mußten deshalb sehr vorsichtig ernährt werden.

Und dann ging es ans Erzählen! Aus dem Höllenleben der Gefängnisse in Tuckum und Talsen, vom Marsch, als Vieh getrieben, aus Tuckum hin an den Meeresstrand nach Schlock. Als die arme Menschen-

Von den Bolschewisten in Mitau ermordete Geiseln

Kolonne nicht mehr das Tempo halten konnte, welches die viehischen Henkersknechte verlangten, da hieß es: „Hinknien zum Erschießen!"
Unter dem Gebet der tapferen Pastoren geschah dies, und da kam das Wunder Gottes! Schüsse fielen, die Henkersknechte stoben auseinander vor der heranpreschenden Kavallerie der Landeswehr.
Was von den Bolschewiken erreicht wurde, wurde niedergemacht — die Gefangenen waren frei!
Das war Tuckum! Und deshalb ist mir dieser 15. März 1919 der schönste Tag meines Lebens!
Zwei Tage später war Dankgottesdienst in der Kirche. Beide geretteten Pastoren vor dem Altar. Der alte Pastor Fleischer vor Bewegung kaum fähig, zu sprechen! Großer Gott, wir loben dich — brauste es durch die schöne, alte Kirche, die an diesem Tage den letzten Einwohner Tuckums faßte, und der Predigttext lautete: „Wenn der Herr die Gefangenen Zions erlösen wird, werden wir sein wie die Träumenden."

Blau-weiße Achselklappenschnur der Baltischen Landeswehr
Vorlage: Archiv Reiter gen Osten

Kleinkrieg in Eis und Schnee

Von Hauptmann a. D. von Lieberman, ehem. Führer des Freikorps von Lieberman

Die besondere Art der Kampfführung im Baltikum ist wohl in keinem der 38 Gefechte, welche das Freikorps in diesem Feldzug hatte, so deutlich hervorgetreten, wie in den zweitägigen Kämpfen um Doblen. Seit vielen Tagen war das Freikorps in Stärke von 2 Infanterie-Kompanien, 1 MG.-Kompanie, 1 Pionier-Kompanie, 1 Batterie, 2 Geschützen und 20 Meldereitern im Vormarsch von der Windau. Von der Eisernen Division als vorgesetzter Kommandostelle kamen stets nur allgemeine Weisungen für mehrere Tage. Die Feindnachrichten waren sehr dürftig, Verbindung mit den Nachbartruppen nur gelegentlich und mehr zufällig zu erhalten. Es bildete sich eine Kampfweise heraus, die darin bestand, zunächst mit starken Jagdkommandos den Feind zu suchen, ihn zur Entwicklung zu zwingen, um dann abzubauen und den erkannten Feind mit der ganzen herangeführten Truppe anzugreifen. So war auch am 18. März der Leutnant Gehlhar mit einer Gruppe Infanterie auf Panjewagen, einem schweren Maschinengewehr auf Panjewagen und einem leichten Minenwerfer, der an einen solchen Wagen angehängt war, zusammen 40 Mann, auf Doblen vorgestoßen, um festzustellen, ob dieser wichtige Flußübergang vom Gegner besetzt war und durch überraschenden Angriff die Stärke der Besetzung festzustellen. Während Minenwerfer und schweres Maschinengewehr abwechselnd das Vorgehen der Schützen überwachten und im Trabe sprungweise nachkamen, war der Führer des Freikorps mit den Meldereitern zunächst zur Aufklärung südwärts geritten, erschien aber vor Doblen in dem Augenblick, als der Gegner von einer Höhe, etwa 1½ Kilometer ostwärts Doblen, mit drei schweren Maschinengewehren das Feuer eröffnete. Dem leichten Minenwerfer gelang es bei dem gefrorenen Boden mit wenigen Schüssen, die Maschinengewehre zum Schweigen zu bringen. Es wurde daher weiter auf Doblen vorgegangen, um die Stärke der Besetzung des Ortes festzustellen. Bis kurz vor dem Dorfrand gelangte der Vorstoß. Da marschierte auf der Straße Doblen—Groß-Bersen eine bolschewistische Abteilung von etwa 300 Mann in unsere Flanke. Aus Doblen ratterten allmählich zwölf schwere Maschinengewehre, nur feindliche Artillerie war nicht zu erkennen. Der Zweck des Unternehmens war erreicht, deshalb wurde jetzt staffelförmig der Rückzug begonnen. Das schwere Maschinengewehr übernahm von der nächsten Höhe hinter uns den Feuerschutz. Der Minenwerfer wurde noch weiter nach rückwärts gezogen, um beim Zurückgehen des Maschinengewehrs den Feuerschutz übernehmen zu können. Die Meldereiter machten im Fußgefecht einen Flankenstoß und ermöglichten so dem Leutnant Gehlhar mit seinen Schützen das Zurückgehen. Jetzt wurde es aber höchste Zeit für die Meldereiter! Zurück an die

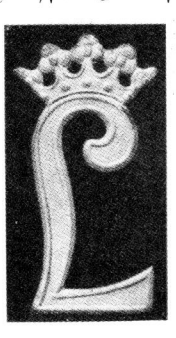

Ärmelabzeichen des Freiwilligen-Bataillons von Lieberman
Vorlage: Heeresarchiv

Photo: Archiv Reiter gen Osten

Hauptmann von Lieberman, ehemals Führer des Freiwilligen-Bataillons von Lieberman

Pferde und im vollen Galopp, dem Gegner deutlich sichtbar, hinter das schwere Maschinengewehr! Trotz des aufgeregten Feuers aus zwölf Maschinengewehren gelang es den in dieser Kampfweise erfahrenen Meldereitern, durch weites Auseinanderziehen eigene Verluste zu vermeiden. Der Gegner aber wurde, wie beabsichtigt, in den Feuerbereich des schweren Maschinengewehrs gelockt. Mehr als zwei Kilometer weit folgte der Gegner dem zurückgehenden Jagdkommando, Stärke und Kampfkraft dabei immer deutlicher zeigend. Immer wieder konnte das schwere Maschinengewehr oder die Meldereiter mit kurzen Feuerstößen den Gegner fassen und zu Boden zwingen, bis es endlich gelang, sich ganz von ihm zu lösen. Dank der geschickten Geländeausnutzung, die vor allem die Reiter hier sehr bald lernten, beschränkten sich unsere Verluste auf zwei Leichtverwundete.

Unterdessen war beim Stabe der Befehl für ein großes Unternehmen gegen Doblen eingegangen. Freikorps von Lieberman sollte frontal angreifen und den Gegner möglichst lange fesseln, während das Freikorps Balla von Nordwesten und Freikorps von Borcke von Norden her den Gegner in die Zange nehmen sollte. Im Süden konnte vielleicht mit dem Eingreifen der Maschinengewehr-Abteilung von Petersdorff gerechnet werden. So wurde am 19. April mit dem ganzen Freikorps der Angriff des 18. März gewissermaßen wiederholt, doch diesmal sollte er wesentlich ernster werden. Wohl gelang es den beiden zunächst in die Front eingesetzten Infanterie-Kompanien durch Vorfühlen mit schwachen Patrouillen den Gegner aus Doblen herauszulocken und damit zu fesseln. Die Lage wurde aber reichlich schwierig, da die beiden anderen Freikorps noch weit zurück waren und wir daher die gesamte erhebliche Übermacht des Gegners auf uns ziehen mußten. Einem derartigen Kampf aber war unsere kümmerliche Munitions-Ausstattung nicht gewachsen. Nur das geschickte Eingreifen der Batterie des Leutnants der Reserve Schilling stellte immer wieder die Lage her. Jetzt wurden die Meldereiter unter Führung des Adjutanten, Leutnant d. R. im Ulanen-Regiment 8 Berner, eingesetzt, um die Verbindung mit dem Freikorps Balla unter allen Umständen aufzunehmen. Unerwartet stießen sie bei Gut Adamshof auf starken Gegner, der plötzlich auf 150 Meter mit mehreren Maschinengewehren das Feuer eröffnete. Der Gefechtslärm war beim Stabe zu hören, doch keine Meldung. Endlich erschien ein verwundeter Meldereiter, der in völliger Erschöpfung sich kaum noch auf seinem von sieben Schüssen getroffenen Pferde halten konnte, und meldete die starke Besetzung des links rückwärts von uns liegenden Gehöfts Adamshof. Natürlich sollte die Patrouille restlos vernichtet sein. Wie sich später herausstellte, waren nur ein Reiter und zwei Pferde tot, ein Reiter schwer und zwei leicht verwundet. Der Führer war durch einen Streifschuß am Hals für wenige Augenblicke kampfunfähig gewesen. Die Verbindung mit dem Freikorps Balla wurde nach diesem Zwischenfall dennoch aufgenommen. Es stellte sich aber heraus, daß die Nachbartruppe in sehr schwerem Gefecht mit überlegenem Gegner lag und daher mit ihrem Eintreffen sobald nicht gerechnet werden konnte. Vom Freikorps Borcke war nichts bekannt. Jetzt wurde die Pionier-Kompanie als Reserve hinter den linken Flügel gestaffelt und ihr eine besondere Aufmerksamkeit nach rückwärts aufgegeben. Schwere Maschinengewehre und Minenwerfer wurden ebenfalls auf besondere Überwachung der linken Flanke aufmerksam gemacht. Trotzdem sollte das Freikorps in eine außer-

Hauptmann Hauptmann, ehemals Führer des Freiwilligen-Bataillons Hauptmann, das sich aus Sudetendeutschen und Österreichern zusammensetzte Photo: Archiv Reiter gen Osten

Hauptmann Balla, ehemals Führer des Freiwilligen-Bataillons Balla Photo: K. Kaftan, Goldap

ordentlich kritische Lage geraten. Das weitere Fortschreiten des Gefechts beim Freikorps Balla hatte die Bolschewiken in Adamshof unruhig gemacht. Sie zogen sich nunmehr auf Doblen zurück und stießen dabei auf unseren linken Flügel, was beide Parteien erst im letzten Augenblick merkten. Bitter sollte es sich jetzt rächen, daß die Heimat uns zwar mit großen Worten und noch größeren Versprechungen veranlaßt hatte, weit draußen in Kurland die deutsche Grenze zu schützen, einen Nachschub aber ständig behinderte. Die schweren Maschinengewehre waren jetzt im kritischsten Augenblick eingefroren. Glyzerin gab es nicht. Zwar waren sie zu Beginn des Gefechts mit kochendem Wasser gefüllt worden, aber die knappe Munitionsausstattung hatte es nicht ermöglicht, die Kühlflüssigkeit durch öfteres Schießen vor dem Einfrieren zu schützen. So fielen die Maschinengewehre aus. Die beiden Minenwerfer und die Batterie konnten nur ganz langsam schießen, da bei der großen Kälte und dem völligen Fehlen von Vulkanöl die Richtvorrichtungen so klemmten, daß jede Zieländerung zum Kunststück wurde. Es kam daher zu einem wütenden Handgemenge in unserer Stellung. Um das Unglück vollzumachen, griff jetzt das Freikorps von Borcke in das Gefecht ein. 12 Maschinengewehre wurden in Stellung gebracht und eröffneten das Feuer, flankierend auf die in unserer Stellung kämpfenden und an den großen Pelzmützen gut kenntlichen Bolschewiken. Da half keine Leuchtkugel! Dieser Belastung des Nahkampfes unter gleichzeitigem, flankierendem Maschinengewehrfeuer eigener Truppen war das Freikorps nicht gewachsen. Der zum Gegenstoß einsetzende Bataillonsstab verlor auch noch ein leichtes Maschinengewehr, das mitsamt dem Panjewagen, auf dem es lag, infolge Verwundung des Pferdes zu den Bolschewiken überlief, und so platzte das ganze Freikorps auseinander. Maschinengewehre und Minenwerfer gingen verloren. Mit Mühe und Not gelang es, in Höhe der Batterie aus den zurückflutenden Männern eine Kompanie zu formieren, die dann sofort allerdings wieder zum Angriff schritt. Im richtigen Augenblick erschien im Süden die Maschinengewehr-Abteilung von Petersdorff, dem die bei uns durchgebrochenen Bolschewiken in die Arme liefen, so daß von ihnen nicht ein Mann entkam. Jetzt erschien auch das Bataillon Balla in gleicher Höhe mit uns. Mit neuem Schwung wurde Doblen gestürmt und der Gegner zum fluchtartigen Rückgang gezwungen. Zwei Stunden nach der Katastrophe hatte das Freikorps nicht nur seine Maschinengewehre und Minenwerfer wieder, sondern auch noch drei russische Maschinengewehre mit sehr viel Munition erbeutet. Diese Waffen, für die wir jederzeit beliebig viel Munition vom Gegner holen konnten, sollten uns im weiteren Verlauf des Feldzuges noch ganz besonders gute Dienste leisten. Der Tag endete mit einem vollen Sieg über einen zahlenmäßig mindestens sechsfach überlegenen Gegner. Das Freikorps aber hatte gezeigt, daß selbst ein ganz schwerer Zusammenbruch die innere Verbindung zwischen Führer und Mann nicht lösen konnte. In kürzester Frist war alles wieder kampfbereit und angriffsfreudig wie je. Diese Leistung mögen sich jene vor Augen halten, die immer noch in einzelnen Freikorps im allgemeinen und den Baltikumern im besonderen nichts als einen zusammengewürfelten Haufen von zweifelhaften Existenzen ohne militärischen Kampfwert sehen wollen.

Die Spandauer stürmen Bauske

Von Hauptmann a. D. Frhr. v. Maltzan, ehem. Führer des Freiw.-Det. v. Maltzan

Nach Angaben von Agenten war die Stadt Bauske von etwa 6000 Bolschewiken besetzt. Die Aufgabe der Spandauer sollte es sein, die Stadt zu nehmen, um dadurch den Vormarsch auf Riga ermöglichen zu können. Das Detachement Maltzan marschiert in Eilmärschen auf Salati. Leichterer Widerstand durch Bolschewiken-Patrouillen und kleinere Abteilungen wird bereits durch eine vorausreitende Eskadron beseitigt. Die Bahn Riga—Schaulen wird von Brandis-Truppen gesprengt, ein feindlicher Panzerzug nach Riga verjagt.
Das Detachement Maltzan erhält den Befehl, in der Nacht vom 22. zum 23. März 1919 durch eine Umfassung von Norden her die Stadt im Rücken zu fassen, wobei eine Kompanie des Freikorps Brandis ein Entweichen der Bolschewiken nach Süden verhindern sollte.
Die Aufgabe war insofern außerordentlich schwierig, als alle Gehöfte nördlich der Stadt von den Bolschewiken besetzt waren, und diese erst genommen werden mußten, ehe man überhaupt in die Stadt selbst eindringen konnte. Für das Eindringen selbst stand nur eine einzige Brücke zur Verfügung. „Landsturmbrücke", erbaut vom deutschen Landsturm.
Es kam also darauf an, die Dunkelheit auszunutzen und durch Überraschung möglichst schnell an die Stadt selbst, womöglich auch noch bei Dunkelheit, heranzukommen.
Es gelingt, in den Abendstunden des 22. März das gesamte Detachement in die Waldungen westlich Gut Bornsmünde heranzuführen, von wo aus Schleichpatrouillen über die hier zugefrorene Aa hinübergetrieben wurden. Die Bolschewiken hatten den Fehler begangen, das gegenüber Bornsmünde liegende Gut Jungfernhof unbesetzt zu lassen. Dieser Fehler hat das ganze Unternehmen wesentlich erleichtert.

Kragenabzeichen des
Freiwilligen-Bataillons v.
Maltzan
Vorlage: Archiv Reiter gen Osten

Oberleutnant Freiherr v.
Maltzan, ehemals Führer
d. Freiwilligen-Bataillons
Maltzan
Photo: Archiv Reiter gen Osten

Ich ließ noch in den Abendstunden auf das Eis der Aa Bretter legen, damit ganze Abteilungen den Fluß passieren konnten. Unbehelligt erfolgt 12 Uhr nachts der Übergang über den Fluß. Die Kompanien gehen mit aufgepflanzten Seiten- und freigemachten Maschinengewehren über den Fluß und haben strikte Anweisung, bei irgendwelcher Gegenwehr nicht einen Schuß abzugeben, sondern im Bajonettangriff irgendwelche Widerstände zu brechen. Die Bereitstellung erfolgt zum weiteren Angriff in Gut Jungfernhof und Vorwerk Neujungfernhof. Wir klopfen an die Tür des Gutshauses, nach langem Zögern wird uns geöffnet. Der deutsche Besitzer starrt uns entgeistert entgegen, und kann es nicht fassen, daß auch seine Retter so völlig unbemerkt bei ihm erschienen sind. Noch wenige Stunden vorher waren bei ihm die Bolschewiken, die nach seinen Angaben einen Posten von 50 Mann in dem Vorwerk Thome haben sollten, das nur einige Kilometer von Gut Jungfernhof entfernt lag. Sofort gebe ich den Befehl, dieses Gut zu nehmen. Die vorderste Kompanie entwickelt sich zum Angriff und geht lautlos auf dieses Vorwerk vor. Für die jungen Spandauer Freiwilligen die erste harte Nervenprobe, in der Nacht ins Ungewisse hineinzustoßen, in der dauernden Besorgnis, plötzlich mit dem Feind in Berührung zu kommen. Unentwegt geht der Vormarsch vorwärts, und man kann bereits in der Dunkelheit die Umrisse des Gehöftes wahrnehmen. Fieberhafte Spannung, plötzlich ein lebhafter Feuerüberfall von dem Vorwerk her, und im ungestümen Draufgehen wird das Vorwerk genommen. Die Bolschewiken reißen aus, was sie können, ein Freiwilliger von uns hat durch Kopfschuß sein Leben lassen müssen. Das Vorwerk wird sofort nach allen Seiten gesichert, die Maschinengewehre werden in Stellung gebracht. Der Weg nach Bauske war hierdurch geöffnet, doch lag nun in etwa 1500 Meter Entfernung vor uns das Gut Dörpers-Memelhof, bei dem die Batterie der Bolschewiken in Stellung gegangen war. Diese wollten wir unter allen Umständen in die Hand bekommen. Da wir uns im Falle des Mißlingens den Weg über Thome, Jungfernhof nach Bornsmünde freihalten mußten, übergab ich dem Oberleutnant v. Bülow den Befehl, bei Vorwerk Thome mit zwei Maschinengewehrzügen und einem Infanteriezug die Sicherung zu übernehmen. Mit dem ganzen Rest des Detachements traten wir den weiteren Vormarsch auf Dörpers-Memelhof an. Dieser kam nicht so schnell in Fluß, wie ich es gewünscht hatte, denn wir wurden aufgehalten durch deutsche Flüchtlinge, die sich plötzlich vom Erdboden vor uns erhoben und ihre Gesichter mit Ruß geschwärzt hatten. Sie waren vor den Bolschewiken geflüchtet und hatten auf freiem Felde mit geschwärzten Gesichtern übernachtet, um nicht von den Bolschewiken erkannt zu werden. Es waren alles kleinere Besitzer aus der Gegend von Bauske mit ihren Frauen, die uns aber sehr gut über die Besatzungen in Bauske und über die Verhältnisse selbst orientieren konnten. Die Frauen umklammerten meine Beine und schluchzten vor Freude, daß nun ihre Rettung gekommen war. Ich mußte sie energisch abwehren, um nicht Zeit zu verlieren, denn der Morgen fing bereits an zu grauen. Das Feuer hatte bei Thome die Bolschewiken alarmiert, und im Morgengrauen sahen wir eine lange Schützenlinie auf uns zukommen. Auch die Batterie bei Dörpers-Memelhof war erwacht und beschoß uns mit Granaten. Gegen diese Schützenlinie mußten wir zunächst Front machen und brachten sie durch unser Feuer zum Stehen. Bis Bauske waren es noch 2,5 Kilometer. Man mußte die Brücke bei Bauske in die Hand bekommen, um die Bolschewiken in der Stadt festzuhalten, und anderseits mußte man Front machen gegen die Bolschewiken, die in der Gegend Dörpers-Memelhof sich bei der Batterie versammelten. Leider konnten wir uns mit ihr nicht mehr beschäftigen, da die Einnahme der Stadt jetzt vordringlich war. Ich ließ nun in einzelnen Sprüngen die Gruppen auf Bauske vorgehen, wobei wir stark durch die Batterie und durch Maschinengewehrfeuer vom Turm der Burg aus belästigt wurden. Es wurde inzwischen immer heller und alles mußte auf Schnelligkeit gesetzt werden. Endlich erreichten wir das steile Flußufer und erblickten bereits 500 Meter uns gegenüber die scheinbar noch völlig schlafende Stadt Bauske. In diesem Augenblick prescht aus der Stadt heraus eine Eskadron Bolschewiken, die wir unter heftiges Feuer nehmen, worauf sie in völliger Auflösung und mit Verlusten in den Wäldern verschwand. Es entsteht ein Wettlauf nach der 400 Meter vor uns liegenden Brücke, zu der wir atemlos herankamen und eine kleine Munitionskolonne der Bolschewiken noch abfassen konnten. Unsere Maschinengewehre waren leider in diesem Tempo nicht nachgekommen, so daß wir uns allein mit der Infanterie begnügen mußten. Ich nehme das Fernglas und sehe am jen-

Die Ruinen der alten deutschen Ordensburg Bauske

seitigen Rande der Brücke einen Haufen Soldaten sitzen, die ich zuerst nicht für Bolschewiken hielt. Wir gehen daher im Schritt über die Brücke vor, werden nun aber lebhaft auch mit einem Maschinengewehr von der, wie sich nun herausstellte, bolschewistischen Brückenwache beschossen. Wie ich darauf kam, weiß ich nicht, aber ich drohte mit meinem Spazierstock den Bolschewiken und schrie ihnen zu, augenblicklich das Feuer einzustellen. Tatsächlich sprangen die Bolschewiken auf und ergriffen die Flucht, und wir jagten ihnen nach. Die Brücke hatten die Bolschewiken scheinbar sehr eilig mit Telefondrähten verzogen, die uns aber keine Hindernisse bereiteten. An dem jenseitigen Brückenkopf hatte ich noch eine starke Wache zurückgelassen, damit uns vom Rücken her keine Überraschung treffen konnte. Wieder war es ein Wettlauf nach dem Innern der Stadt, um schnell den Marktplatz zu erreichen. Wir laufen bis auf den Marktplatz vor und erhalten von dort ein sehr lebhaftes Feuer. Menschen wimmeln auf dem Marktplatz herum, Wagen und einzelne Reiter jagen davon. Wir schießen in sie hinein, Pferde und Menschen stürzen, Wagen kippen um, alles wälzt sich schreiend auf dem Boden herum. Die meisten verschwinden in den Häusern, doch viele halten noch stand und überschütten uns mit Gewehrfeuer. Die sechs ersten Leute, mit denen ich den Marktplatz erreicht hatte, liegen neben mir und feuern, was aus den Gewehren herausgeht. Ich selbst hatte einem Verwundeten das Gewehr abgenommen, um sofort mitschießen zu können. Die Munition geht uns bald aus und wird uns aus den hinteren Häusern

zugeworfen. Inzwischen gehen die Kompanien nach rechts und links schrittweise von Haus zu Haus vor und besetzen die Fenster. Da stürmen die Bolschewiken noch einmal gegen uns vor, um über die Brücke zu entkommen. Ein starkes Feuer von uns hält sie auf, nur wenige kommen dicht an uns heran. Vorne weg ein großer Kerl mit schwarzem Bart, der direkt auf mich loskommt, er fällt durch meine Hand. Die sechs Leute neben mir waren ruhig geworden, ich sehe zu ihnen herüber, alle sechs liegen tot da, wie sie angekommen waren, zum Teil noch die Gewehre im Anschlag. Ich selbst hatte auch einen Moment die Besinnung verloren durch einen Stein, der mir mit voller Wucht gegen die Brust flog und von einem Dumdum-Geschoß von der Mauer abgerissen war. Im letzten Augenblick konnte ich noch in eine Kellerluke eintreten, in die ich mich hineinrutschen ließ. Bald aber hatte ich die Besinnung wieder und ging nun gemeinsam mit meinen Leuten an die Säuberung des Marktplatzes und der angrenzenden Straßen. Überall holen wir in Haufen die Bolschewiken aus den Häusern und treiben sie vor der Markthalle zusammen. Sechs Maschinengewehre haben wir von den Bolschewiken auf dem Marktplatz erbeutet und stellen sie im Halbkreis um sie herum. Allmählich werden über 400 zusammengetrieben. Leider waren uns die meisten durch die Seitengassen und über den zum Teil vereisten Fluß entkommen. Es waren übrigens alles mongolisch aussehende Kerle, mit völlig vertierten Gesichtern und langen Haaren, die einen penetranten Geruch verbreiteten.

Kurz überlege ich, ob ein Pardon für dieses Gesindel

angebracht ist, doch fasse ich den Entschluß, die Menschheit von diesen Mördern und Verbrechern zu befreien. Die Maschinengewehre werden schußfertig gemacht, und nun merken die Bolschewiken, daß wir mit ihnen Ernst machen. Todesangst starrt aus ihren Gesichtern. Die Bestie ist auf die Knie gezwungen. Schon habe ich das Ankündigungskommando zum Schießen gegeben, als in langen Sätzen ein russischer Oberst auf mich zuspringt, mit beiden Armen meine Hüften umfaßt und in gutem Deutsch mich bittet, nicht schießen zu lassen, da unter den Bolschewiken sich etwa 30 Offiziere befänden, die gezwungenermaßen mitgemacht hätten. Ein Unteroffizier von mir wurde hysterisch, stellte sich mit weit ausgebreiteten Armen vor die Bolschewiken und schrie: „Wir sind nicht als Richter über diese Menschen berufen." Eine lautlose Stille trat ein; alle Augen von Freund und Feind starren auf mich, was nun erfolgen würde. „Abführen", kommandierte ich, auch innerlich entlastet, diese Menschenmassenerschießung nicht erleben zu brauchen.

Schleunigst wurden nun sämtliche Ausgänge der Stadt mit Wachen besetzt, um keine Überraschungen und Rückschläge zu erleiden. Die Stadt wird gesäubert und noch viele Bolschewiken aus den Häusern herausgeholt. Nun wurde auch die Zivilbevölkerung lebhaft. Alles strömte auf den Markt zusammen und überschüttete uns mit Danksagung. Viele Frauen warfen sich vor mir nieder und umklammerten schluchzend meine Beine. Das Gefängnis wurde geöffnet und eine ganze Reihe Bürger der Stadt und Gutsbesitzer freigelassen. Erst sehr viel später erfuhr ich, daß ich dabei auch Verwandte meiner Frau aus dem Gefängnis herausgeholt hatte. Nur mühsam konnte ich die Leute abwehren, die ihre Dankbarkeit durch alles mögliche beweisen wollten Ganze Schweine und Schafe wurden herbeigeholt für unsere Leute, sowie Wein, Obst und vieles andere. Weit schlimmer als uns war es der Abteilung Bülow ergangen, die ich beim Vorwerk Thome als Sicherung zurückgelassen hatte. Die Bolschewiken, die wir durch Feuer aufgehalten hatten, um nach Bauske zu gelangen, arbeiteten sich allmählich gegen unsere Abteilung vor. Die Maschinengewehre taten volle Arbeit und hielten bis zum letzten Schuß aus. Schließlich mußten aber unsere Leute zurückgehen, da die Gefahr bestand, von der erdrückenden Übermacht von beiden Seiten umfaßt zu werden. Oberleutnant v. Bülow ließ die Maschinengewehre zurückbringen und bei Gut Bornsmünde in Stellung bringen. Er selbst deckte nur mit wenigen Leuten den Rückzug und hatte starke Verluste. Schließlich ging er auch selbst auf Bornsmünde zurück, und nur mit alleräußerster Anstrengung gelang es, die auf Bornsmünde nachdrängenden Bolschewiken zum Stehen zu bringen. Hierbei zeichnete sich ganz besonders der schon siebenmal verwundete Wachtmeister Berger aus. Nachdem Bornsmünde ausreichend gesichert schien und der Feind keine Anstrengungen machte, über den Fluß zu kommen, ritt v. Bülow zu mir nach Bauske, um mir über die Lage zu berichten und weitere Befehle zu erhalten. Von den Anstrengungen waren wir natürlich völlig erschöpft und froh, daß nun endlich auch die Truppen von Brandis und Yorck nach Bauske hereinkamen. Ich ließ nun die Verluste feststellen, die im Verhältnis zu denen der Bolschewiken nur einen Bruchteil bedeuteten, aber es waren immerhin doch 29 Tote, 28 Verwundete und ein Vermißter. An den Divisionskommandeur meldete ich eingehend die Einnahme Bauskes. Er schrieb darunter: „Klares und sicheres Verhalten, das vollste Anerkennung und hohes Lob verdient. Gezeichnet Tiede. Generalmajor und Kommandeur der 1. Garde-R.-D."

Revolte in Libau

Von Oberst a. D. von Schauroth, ehemaligem Führer des Freiw.-Detachements von Schauroth

Als mich der Chef des Stabes vom Gouvernement Libau empfing und mir bedeutete, es gelte für uns, Unruhen im deutschen Regiment Libau niederzuschlagen, da sagte ich als Antwort: „Ach herrjeh!" Das löste die etwas bange Frage aus: „Werden Ihre Soldaten das nicht tun?" Soldaten nicht tun? Gab es so etwas?

„Nein, mein verehrter Chef, Sie unterschätzen uns. Das gibt es bei uns nicht. Aber der Auftrag ist nicht angenehm. Doch darum machen Sie sich keine Sorgen. Wir werden ihn erfüllen."

Vielleicht erfreut es meine alten Soldaten im Baltikum, wenn ich etwas davon erzähle, was ich persönlich damals sah und dachte.

Ich saß am 3. April 1919 in einem Zimmer im Gouvernement in Libau, hatte dort Verbindung durch Telephon mit der Entlausungsanstalt, dem Fürstenlager und dem Bahnhof Libau. In der Entlausungsanstalt wurden gerade die Kompanien Kurowski und Grosse (das Freikorps 1. Garde-Regiment 3. F. und die Kompanie „Elisabeth") zum nicht geringen Schrecken des Chefs vom Gouvernement in kleinen Trupps gesäubert. Sie hatten sich am Morgen des Tages dorthin begeben, hatten Pferde und Fahrzeuge mitgeführt, auf denen Waffen und Munition unter Decken verborgen ruhten, und hatten den Eindruck tiefen Friedens vorgetäuscht, — und waren doch bis an die Zähne bewaffnet. Im Fürstenlager war die mir unterstellte 2. Batterie 1. Garde-Reserve-Feld — ein Offizier der Batterie — ständig am Telephon. Und auf dem Bahnhof Libau stand noch das eben ausgeladene Freikorps Gardeschützen, dem ich Befehl

Ärmelabzeichen des Freiw.-Korps Garde-
Schützen im Freiw.-Det. von Schauroth
Vorlage: Heeresarchiv

Ärmelabzeichen des Freiwilligen-Det. von
Schauroth
Vorlage: Archiv Reiter gen Osten

Oberst von Schauroth, ehemals Führer des Freiw.-Det. von Schauroth *Photo: Frank, Potsdam*

gab, ins Fürstenlager abzurücken. Im Gouvernement erwartete man jeden Augenblick den Ausbruch offener Revolte. Diese Erwartung erwies sich heute als richtig. Der Garnison-Soldatenrat befahl dem Truppen-Soldatenrat, den Regierungsbefehl nicht zu befolgen, nachdem wegen Disziplinvergehen entlassene Soldaten abfahren sollten, und außerdem noch einen Offizier gefangenzunehmen. Beides geschah. Das Bataillon, bei dem sich das ereignete, war schon dabei, den allgemeinen Widerstand in der Kaserne einzuleiten.

Da gab Graf von der Goltz mir den Befehl, das Bataillon zu entwaffnen und die Kaserne zu besetzen und fragte mich, wie lange das vermutlich dauern werde. Ich sagte: „Von der Entlausungsanstalt sind es rund 3 Kilometer Marsch, gleich eine halbe Stunde", und befahl Herrn Hauptmann Grosse, mit den Kompanien „Elisabeth" und 1. Garde-Regiment den Auftrag durchzuführen. Um den Erfolg war mir nicht bange. Auf meine Kompanien war Verlaß, auch in bezug auf Schnelligkeit. Ob dabei scharf geschossen werden mußte, war eine andere Frage.

Eine Zeit der Spannung begann für mich. Ich öffnete das Fenster, um nach Schüssen zu lauschen. Es verging wohl eine Viertelstunde, vielleicht 20 Minuten. Kein Feuer war zu hören. Da kam schon Hauptmann Grosse und meldete: „Der Auftrag ist ohne Blutvergießen in etwas mehr als 10 Minuten nach Empfang des Befehls ausgeführt. Drei Soldatenratsmitglieder, die aufhetzend angetroffen wurden, sind festgenommen. Die Kaserne ist besetzt, das Bataillon entwaffnet."

Graf von der Goltz bedankte sich bei mir für diese fabelhafte Leistung. Wie war das möglich? Die Kompanie Kurowski war im gestreckten Galopp — alle auf Fahrzeuge verladen — durch die Stadt gejagt, von Kompanie „Elisabeth" gefolgt, Leutnant v. Kurowski mit ein paar Reitern an der Spitze. Als sie aus einer kurzen Seitenstraße vor dem Kasernentor erschienen, hatte der Posten das Tor noch schließen wollen. Doch es war zu spät. Die Reiter ritten durch das Tor, die Kompanie jagte hinein. Von den Fahrzeugen schnell heruntergenommene fünf MG. wurden sofort drohend auf

General der Infanterie Graf von der Goltz,
Kommandierender General des VI. Reservekorps
Photo: Archiv Reiter gen Osten

die Kasernenwache und den bevölkerten Hof gerichtet. Unter dieser Drohung erstarrte alles, gab jeden Widerstand sofort verloren.

Das war ein guter Anfang und würdig einer guten Truppe. Ich selbst war hochbefriedigt über diese außerordentliche Leistung. Aber es war erst der Anfang. Es war noch mindestens mit einem weiteren

Bataillon zu rechnen, das letzte des Regiments schien etwas weniger meuterisch zu sein. Aber ich hatte ja noch das ganze Freikorps Gardeschützen und eine Batterie zur Verfügung. Es dauerte nicht lange, dann kam der zweite Akt des Dramas. Graf von der Goltz sprach mir gerade seine große Freude aus über den hervorragenden Geist meiner Soldaten, da hörten wir marschieren und, als wir aus dem Fenster sahen, kam eine Kompanie, vorneweg ein kleiner untersetzter Unteroffizier, geradeswegs aufs Gouvernement marschiert. „Ist das eine Kompanie von Ihnen?" wurde ich gefragt. „Nein." Schon sahen wir, daß die Ausgänge besetzt wurden. „Die wollen mich verhaften", sagte Graf von der Goltz und ging ins Nebenzimmer, in das bereits der kleine Soldatenrats-Unteroffizier eingetreten war. Ich hörte durch die Tür die Worte: „Herr Gouverneur, ich erkläre Sie für verhaftet."

Donnerwetter, das war ein starkes Stück. Man hätte den kleinen Mann für seinen Schneid bewundern können. Doch zum Bewundern war jetzt keine Zeit. Ich rasselte am Telephon: „Verbindung Fürstenlager". Es meldete sich der Artillerieoffizier. „Das klappt ja gut, Befehl: Gardeschützen und Batterie sofort zum Gouvernement. Graf von der Goltz wird gerade verhaftet. Die Ausgänge sind von einer Kompanie vom Regiment Libau besetzt."

Nun würde sich wohl Libau bald zum zweiten Male heute wundern. Ich steckte mir befriedigt eine Zigarette an, setzte mich in einen bequemen Stuhl und wollte nun der Dinge warten, die sich entwickeln würden. Doch ich fand kaum Zeit, mich hinzusetzen, da fand ich schon Gesellschaft. Zwei Soldaten betraten mein Zimmer im Schmuck der Waffen. „Was wollt ihr denn?" Antwort: „Wir sollen dafür sorgen, daß nicht telephoniert wird." „Seht mal an: Ihr denkt an alles. Wenn das nun schon geschehen ist? Habt ihr euch auch schon überlegt, was ihr hier macht? Das ist doch eine ziemlich böse Sache." Wieder als Antwort: Schweigen. „Seid ihr denn tapfere Soldaten?" Auch darauf keine Antwort. „Ihr werdet eure Tapferkeit in spätestens einer halben Stunde erweisen müssen." Die Augen der beiden sahen mich jetzt schon recht fragend an. Doch sie benahmen sich manierlich. Sie waren anscheinend ohne eigenen Willen in diesen Strudel der Verhetzung geraten. Ich nahm mir vor, ihnen den Weg zurück nicht zu versperren. Auf einmal hören wir draußen Bewegung, — Klappern von Hufen und Wagen, Kommandorufe, Laufen schwerer Stiefel, Klirren von Gerät. Schon wendet sich die Lage. Ich sage noch zu meinen beiden Bewachern: „Jetzt ist es schon so weit, die Tapferkeit zu zeigen." Sie sind verwirrt, wissen nicht recht, was tun, — wollen hinaus. Sollen sie mit den Waffen kämpfen? Sie sind bedenklich geworden. Draußen laufen ihre Kameraden fort, oder sind umstellt. Die Eingänge werden schon von fremden Soldaten besetzt.

Ich helfe den beiden aus ihrer Beklemmung und sage ihnen: „Ihr habt euch mir gegenüber manierlich betragen. Stellt eure Gewehre an die Wand, bleibt hier und wartet, bis ich wiederkomme." Sie tun es, ich habe den Eindruck: dankbar für die goldene Brücke, die ich ihnen baue. Sie sind wohl von Natur nicht schlecht, und ich mußte ihnen helfen, sich darauf wieder zu besinnen.

Ich ging hinaus, begrüßte meine brave Truppe. Es war die Kompanie Kurowski. Sie hatte in der entwaffneten Kaserne davon gehört, daß eine Kompanie eines anderen Bataillons zum Gouvernement marschiert sei und war dorthin geeilt. Die Kompanie „Elisabeth" genügte in der entwaffneten Kaserne jetzt allein. So war die Kompanie Kurowski zum zweiten Male im Galopp durch Libau gefahren. Ihr unvermutetes Erscheinen vorm Gouvernement in diesem Tempo löste Entsetzen aus.

Unsere Belagerer verschwanden eiligst, soweit sie nicht bereits umklammert waren. Kein Schuß war nötig, die Besatzung aufzuheben. Die Kompanie Kurowski besetzte kampflos das Gouvernement, Graf von der Goltz bedankte sich zum zweiten Male. Da kam auch schon der erste Teil der Gardeschützen auf ihren Lastkraftwagen angerollt. Sie brachten mir ein Horridoh, erhielten Befehl, zum Polizeipräsidium

Truppen der Eisernen Division auf dem Transportdampfer „Kassel" beim Transport von Stettin nach Libau
Photo: Heeresarchiv

Kragenabzeichen des Freiwilligen-
Bataillons Graf zu Eulenburg
Vorlage: Heeresarchiv

Links:
Hauptmann Kiewitz, ehem. Führer
des 3. Kurländischen Infanterie-
Regiments *Photo: Archiv Reiter gen Osten*

Rechts:
Rittmeister Botho Graf zu Eulen-
burg, ehem. Führer des Freikorps
Eulenburg *Photo: Sandau*

zu fahren, wo Arrestanten in Haft gehalten wurden. Ein Teil vom meuternden Regiment versuchte dort, die Arrestanten zu befreien. Auch dort stob alles auseinander, als die Gardeschützen kamen.

Kaum hatte ich Zeit, die Gardeschützen zu befehlen, da kam auch schon im scharfen Trabe die Batterie mit den Kanonen hinter schaumbedeckten Pferden vor das Gouvernement gedonnert.

Gefechtsbericht des Detachements Medem

Abschrift vom Original des Konzepts zum dienstlichen Gefechtsbericht vom 23. Mai 1919

1. Zusammensetzung des Detachements: Führer: Hauptmann Freiherr v. Medem, eine Schwadron Stoßtrupp, Maschinengewehr-Abteilung Abteilung Medem, eine Batterie — drei Geschütze — Abteilung Medem, Kavallerietrupp Abteilung Medem.

2. Auftrag: Das Detachement marschiert von ein Kilometer vor Tintendüne um 1.15 nachts bis Skangal und sichert das Vorgehen des Gros des Detachements Fletcher. Von Skangal übernimmt es die Aufgabe der Vorhut für das Gros der Abteilung Fletcher zum Vormarsch auf Riga nach den vom Oberstab gegebenen Befehlen.

3. Ausführung des Befehls: Um 1.15 Uhr trat das Detachement in folgender Marschordnung vor Tintendüne an:
Infanteriespitze, ein Geschütz, 200 Meter Abstand ein Zug Stoßtruppschwadron auf Panjewagen, zwei Geschütze mit drei Munitionswagen, MG.-Abteilung (sechs schwere Gewehre), Rest der Schwadron auf Panjewagen, Kavallerie-Abteilung. Etwa zwei Kilometer südöstlich Tintendüne stieß das Detachement auf Feldwachenwiderstand des Gegners. Von dem Spitzenzug mit leichten MG. und zwei schweren MG. wurde der Widerstand schnell durch den großen Schneid der angreifenden Stoßtruppschützen gebrochen, ohne daß der Vormarsch eine Verzögerung erlitt. Östlich des vormarschierenden Detachements, etwa in der Richtung Skangal, schoß eine Batterie. Nach Überwindung des ersten Widerstandes nahm der Führer noch bei Dämmern die Kavallerie-Abteilung — 20 Reiter — an die Spitze und gab Oberleutnant Thöne den Auftrag, der roten Batterie, die mit fortschreitendem Vormarsch aufprotzen würde, auf den Fersen zu bleiben und die Fühlung mit dem Gegner dauernd aufrechtzuerhalten; das Detachement würde folgen. Zugleich wurden zwei Geschütze und vier Gewehre der MG.-Abteilung vor sämtliche Panjewagen im Gros vorgezogen. Dem Spitzenführer wurde ein Geschütz und ein MG.-Zug zur Verfügung gestellt, die Oberleutnant Thöne nach eigenem Ermessen vorzuziehen und einzusetzen hatte. Hart nordöstlich Skangal leistete der Gegner Widerstand, der gebrochen wurde, während das Gros der Kolonne noch mit den Resten des im Walde weichenden Feindes kämpfte und hierbei Gefangene, MG. und Beute machte. Der Gegner hatte an beiden Stellen schwere Verluste. Kurz vorher hatte die Kavallerie-Abteilung, die über ein leichtes, tragbares

MG. verfügte, den Gegner hart westlich Skangal durch Attacke geworfen und ihn mit leichtem MG.-Feuer und Schützenfeuer verfolgt. Infolgedessen war der Widerstand östlich Skangal in starken Stellungen gering. Der Gegner wurde mit Geschütz hinausgeschossen. Die Verfolgung des Gegners (Stärke: vier Geschütze, einige schwere MG. und, nach Angaben von Gefangenen bei Skangal, etwa 300 Mann) brachte die Kavalleriespitze und damit das Detachement auf den Weg nach Mangal bis an die Rotbergschneide. Hier bog der Gegner nach Osten ein. Ein vor die Kavalleriespitze vorgeschobenes Geschütz bekam am Waldausgang am Anfang des Sumpfweges heftiges Feuer und brach den Widerstand durch Artilleriefeuer auf kürzeste Entfernung. Der Führer entschloß sich, seinen Auftrag, auf dem Kommandeurweg zu marschieren und die Vorhut für das Gros des Detachements Fletcher zu bilden, nicht auszuführen, sondern auf eigene Verantwortung dem fliehenden Gegner auf den Fersen zu bleiben und möglichst durchzustoßen bis Dsilne, um dort die große Straße nach Kalnzem frühzeitig abzuschließen. Entsprechende Meldung wurde nach rückwärts gesandt. Bei Rutka erhielt die Spitze des Detachements von den Waldrändern längs des Weges Vorwerk Zenne und Miglow heftiges MG.- und Schützenfeuer. Die Lage für das auf dem Bohlenpfad befindliche Detachement war schwierig. Durch Feuer aller vorzüglich liegenden, in Stellung gebrachten MG. und Geschütze wurde der Gegner nach etwa 10 bis 15 Minuten geworfen. Das Detachement marschierte auf Vorwerk Zenne, und unter dem Schutze der Düne Zennenhof bekam das Detachement von Richtung Zennenhof Artilleriefeuer. Dort war die verfolgte Batterie in Stellung gegangen. Die eigenen Flieger nahmen hier Verbindung mit der Abteilung auf und gaben deutlich das Zeichen zum Weitervorgehen. Gegen Zennenhof wurde ein Zug Stoßtrupp entwickelt. Es kam zu keiner Gefechtsberührung. Die Kavallerie-Abteilung, die bislang dauernd Fühlung mit dem Gegner behalten hatte, so daß Überfälle und Überraschungen durch den Gegner nicht zur Ausführung kamen, besetzte Zennenhof. Von Zennenhof aus wurde die gesamte Stoßtrupp-Schwadron wieder auf Panjewagen gesetzt, die schneller beweglichen Fahrzeuge der Abteilung Medem nach vorn genommen, und der Führer des Kavallerietrupps bekam den Auftrag, mit einem Geschütz und zwei MG. so schnell wie möglich nach Dsilne durchzustoßen und dies zu besetzen. Einem vom Detachement Manteuffel zum Detachement Medem geschickten Offizier gab der Führer folgende Orientierung:

Ich marschiere ohne Aufenthalt von Zennenhof nach Dsilne und werde die für Pferd und Mann nach dem außerordentlich schnellen Vormarsch unbedingt nötige Atempause von ein bis zwei Stunden benutzen, um die Straße von Dsilne zu sperren. Dann werde ich auf die Brücke bei Riga durchstoßen. Ich beabsichtige etwa 9.30 Uhr von Dsilne nach Riga aufzubrechen. An dem Waldrand südwestlich Pinkenhof hatte der Gegner sich erneut festgesetzt und gegen die Kavalleriespitze einen Feuerüberfall aus MG. eröffnet. Das bei dem Kavallerietrupp befindliche Geschütz und der MG.-Zug gingen in Stellung. Zu gleicher Zeit sah man auf der Straße nördlich Unkenhof und Dsilne zurückgehende Gegner. Mit sämtlichen Geschützen und schwerem MG.- und Schützenfeuer der Schwadron wurde auf die Kolonne und dem gegenüber festgesetzten Gegner überwältigendes Feuer eingesetzt mit dem Erfolg, daß der Gegner den Waldrand räumte und damit die Sicherung der Straße aufgab. Das Detachement wurde in Dsilne gesammelt, das zur Verteidigung geeignet schien, und nach allen Seiten gesichert. Gegen die große Rückzugsstraße des Feindes wurden zwei Geschütze und vier schwere MG. in Stellung gebracht, die von 7.45 Uhr an dauernd auf Kolonnen und zurückgehenden Feind feuerten, mit sichtbar großem Erfolge. Die Aufgabe des Detachements Fletcher, Öffnung der Straße Kalnzem—Dsilne und Festhalten bzw. Abdrängen des vor der Brigade Ballodt zurückgehenden Feindes war durch das Detachement Medem erfüllt. Die Telephonzelle in

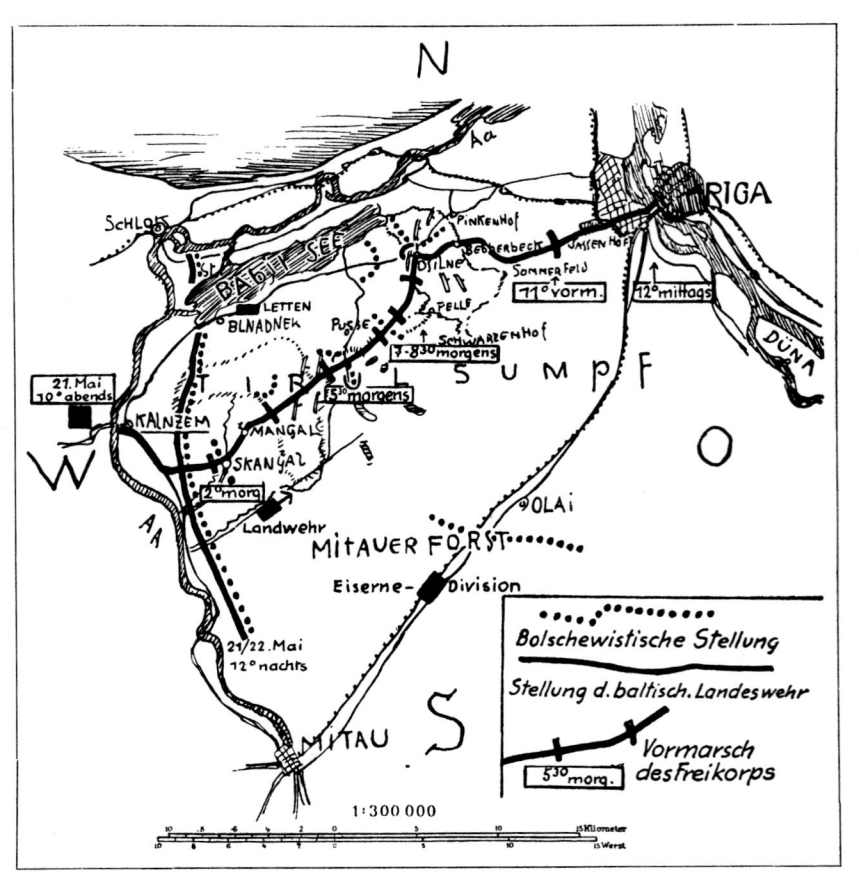

Übersichtskarte zum Sturm auf Riga   Zeichnung: Roederer

Kragenabzeichen des Freikorps von Medem
Vorlage: Heeresarchiv

Hauptmann von Medem mit seinem Adjutanten Oberleutnant Thöne am Tage nach dem Sturme auf Riga
Photo: Heeresarchiv

Dsilne, dem ehemaligen bolschewistischen Brigade-Stabsquartier, wurde durch einen beim Detachement marschierenden russischen Offizier besetzt, der nach Riga fingierte Nachrichten weitergab.
Der Feind ging nach Norden in Richtung Pupke und in Richtung Babitsee zurück und hatte schwere Verluste. Es wurde Beute an MG. gemacht. Gegen 9.45 Uhr traf eine Patrouille der Kavallerie-Abteilung Hahn ein. Damit wurde die Verbindung mit der auf der großen Straße marschierenden Kolonne aufgenommen. Der Führer beschloß, mit seinem Detachement nunmehr in schnellstem Tempo über Gut Bellerbeck auf die Brücke von Riga zu marschieren. Die Stoßtruppschwadron wurde auf Panjewagen gesetzt. Vorher gab er der Kavallerie-Abteilung Hahn für die nachkommenden Teile des Bataillons Eulenburg folgende Orientierung: „Der nach Norden ausweichende Feind muß verfolgt und von Riga abgedrückt werden. Desgleichen muß das Bataillon Eulenburg die Aufgabe übernehmen, die Straße von Neubilderlingshof nach Riga abzusperren." Von Dsilne aus trabte das Detachement durch bis etwa Gut Schampeter. Hier hielt die Kavalleriespitze etwa gegen 11 Uhr, um gegen Riga zu Fuß aufzuklären. Zu gleicher Zeit wurde auf der Straße von Gut Schwarzenhof—Lindenruh nach Riga etwa südlich Petrien—Rank in Ordnung zurückgehende starke bolschewistische Kolonnen beobachtet, die gegen das auf der Straße haltende Detachement ordnungsmäßige Schützenlinien zu entfalten begannen. Der Führer verhinderte ein aus der Truppe heraus beabsichtigtes Schießen auf diesen Gegner, beruhigte die Truppe mit dem Hinweis, „das muß die Eiserne Division sein", ließ sofort aufsitzen und befahl ein beschleunigtes Vorgehen auf Riga. Er wollte unter keinen Umständen mit dieser geordneten Bolschewistentruppe in Gefechtsberührung kommen und noch vor dieser zurückgehenden Kolonne den Brückenkopf in Riga erreichen. In diesem Augenblick kam der Kommandant des Stoßtrupps, Baron von Manteuffel, für seine Person zum Detachement Medem. Der Einmarsch in Riga vollzog sich nun mit äußerster Schnelligkeit und völlig überraschend für den Gegner. Der Widerstand auf den Straßen wurde bald gebrochen. Abfahrende Züge bei Sassenhof wurden unter Feuer genommen. Ein ahnungslos anliegender Dampfer wurde besetzt. „Während ein aus dem Peterpark kommender Angriff durch MG.- und Geschützfeuer abgeschlagen wurde, beschloß der Führer, keine Bekämpfung der in den Häusern hart östlich der Dünabrücke liegenden MG.-Nester anzuordnen, sondern im Handstreich und ohne Schuß das jenseitige Ufer zu erreichen."
Mit der vorstürmenden Spitze der Stoßtrupp-Schwadron, allen voran Baron von Manteuffel, jagten zwei Geschütze und vier schwere MG. über die Brücke. Noch bevor diese das Ufer erreicht hatten, erhielten sie heftiges MG.-Feuer. Geschütze und MG. mußten abprotzen und nahmen den Platz und die Häuser nahe der Brücke unter heftigstes Feuer. Als erste erreichten das jenseitige Ufer Meldereiter Hedwig der Abteilung Medem (Rigaer Freiwilliger) mit Mannschaften der Kavallerie-Abteilung Medem. Die Lage für die auf der Brücke stehenden Infanteristen und Protzen war außerordentlich gefährdet. Verluste und starke Ausfälle der Pferde traten ein; es fiel der Führer der Stoßtrupp-Schwadron, Leutnant Olbrich, doch war die Über-

raschung gelungen. Nach schwersten Verlusten des Gegners stellte dieser das Feuer momentan ein. Die Geschütze und MG. konnten vor die Brücke, Mannschaften und Gespanne an die Häusermauer in Deckung gebracht werden. Währenddessen hatte ein Geschütz mit zwei MG. und einigen Mannschaften der Stoßtrupp-Schwadron die Sicherung des westlichen Brückenkopfes übernommen mit dem Befehl, auf dem westlichen Ufer zu bleiben und den Brückenkopf zu schützen, bis die ersten eigenen Truppen eintrafen. Nachdem der östliche Brückenschutz eng an die Brücke herangezogen war, beschlossen Baron von Manteuffel und der Führer, mit einem Geschütz, zwei schweren Maschinengewehren und zwölf Mann des Stoßtrupps durch die Stadt durchzumarschieren und die Zitadelle zu besetzen, um die Gefangenen zu befreien. Der Vormarsch dieser kleinen Truppe vollzog sich unter dauerndem Schießen aus Fenstern und Straßenecken. Es fiel kurz vor der Zitadelle der Führer des Stoßtrupps, Baron von Manteuffel. Die Zitadellenstraße wurde gesichert nach beiden Seiten durch Geschütz und Maschinengewehre, die in dauerndem Feuer standen. Ein weiteres Vorkommen war für diesen kleinen Trupp aussichtslos; selbst eine Verbindung bis zur Brücke war auf Stunden nicht zu erlangen. Der Führer hatte die Brückensicherung Oberleutnant Thöne übergeben und ihm kurze Anweisung zum Einsatz ankommender Truppen hinterlassen. Der zweite Auftrag des Detachements Fletcher, den Übergang über die Düna zu sichern, war zugleich mit Sicherung eines Gefängniszentrums durch das Detachement Medem erfüllt. Oberleutnant Thöne ließ sofort durch Unteroffiziere der Abteilung Medem die Schienen der Eisenbahnbrücke sprengen, da nach Aussage verschiedener Balten mit der Annäherung des Panzerzuges zu rechnen war. Das zurückgebliebene Brückendetachement erhielt noch von beiden Seiten der Düna Maschinengewehr- und starkes Schützenfeuer. Das Feuer kam vor allen Dingen aus Richtung Thorensberg und aus der Gegend des Rigaer Bahnhofs. Gleichzeitig wurden noch aus Häusern längs des Kais vereinzelte Schüsse abgegeben, so daß sich Oberleutnant Thöne gezwungen sah, ein systematische Haussuchung vornehmen zu lassen. Ein Auto, das von einem Matrosen und einem Hauptbeteiligten der Bolschewistenliga besetzt war, hatte, wie sich später herausstellte, den Auftrag, die Holzbrücke in Brand zu setzen. Die Benzinbehälter und Explosivstoffe fanden sich im Auto vor. Das Auto wurde in dem Moment, in dem es auf die Brücke fahren wollte, stark beschossen und mußte haltmachen. Die Insassen waren sofort tot. Gleichzeitig hatte ein Detachement, das hauptsächlich aus Kriegsschülern der Rigaer Kriegsschule bestand, den Auftrag, die Brücke zu sichern. Mehrmalige Versuche dieser Abteilung, an die Brücke heranzukommen, mißlangen vollständig, und die Abteilung wurde durch Gewehr- und Maschinengewehrfeuer zersprengt. Auch die Brückenkopfwache am westlichen Ufer wurde von der Eisenbahnbrücke her stark an-

Besprechung des Stabes der Baltischen Landeswehr vor dem Sturme auf Riga

2 Photos: Heeresarchiv

Kolonne der Baltischen Landeswehr überschreitet eine Floßbrücke über die Aa bei Bilderlingshof

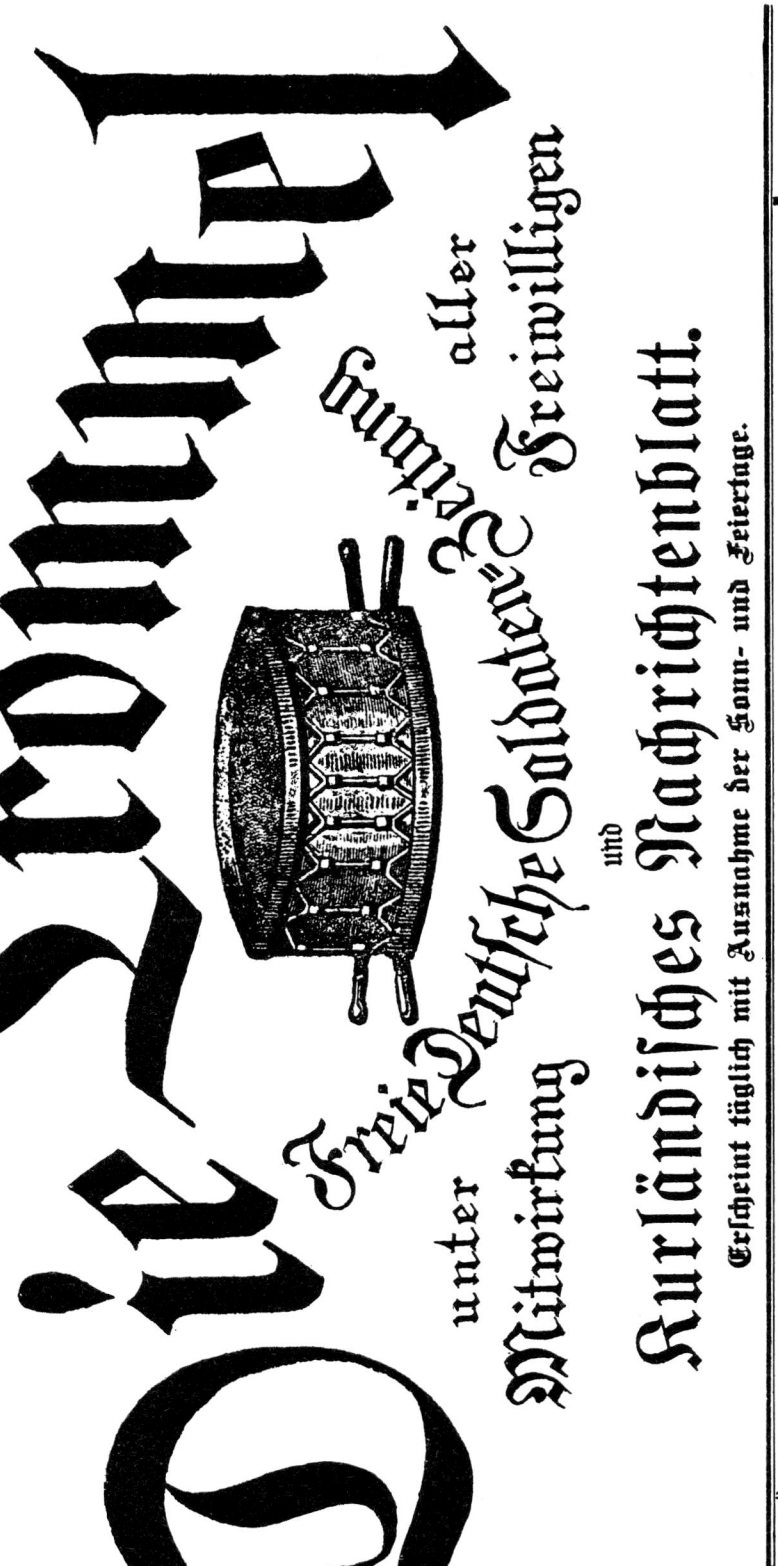

Postanschrift der Schriftleitung der „Trommel":
Deutsche Feldpost Nr. 3066.
Sprechstunden des Hauptschriftleiters von 11–12
Mitau, Kannengießer-Straße Nr. 22, 1 Tr. r.

Bezugspreis: monatlich 10 Mk. Einzelnummer 40 Pf.
Annahme von Inseraten und Abonnements:
Mitau Kannengießer-Straße Nr. 22, 1 Treppe rechts.
Preis der sechsspaltigen Kleinzeile 60 Pf.

Die Trommel

Freie Deutsche Soldaten-Zeitung aller Freiwilligen

unter Mitwirkung und

Kurländisches Nachrichtenblatt.

Erscheint täglich mit Ausnahme der Sonn- und Feiertage.

| Nr. 11 | Mitau, Donnerstag, den 13. November 1919 | 1. Jahrgang |

Von der baltischen Ententemission.

Die militärische Lage.

Mitau, am 13. November, morgens.

Bei Redaktionsschluß lag uns der amtliche Bericht des gestrigen Tages leider noch nicht vor. Auf Grund von telephonischen Anfragen an amtlicher Stelle sind wir jedoch in der Lage, folgende Mitteilungen zu machen.

Rattenlöcher verkrochen. Wozu also ist all die Aufregung gewesen, wozu haben wir selbstquälerisch an unseren Nerven gezerrt? Sind wir wirklich schon so kleinmütig geworden, daß wir uns vor leutseligem Gehabel fürchten, und sind wir wirklich schon so mißtrauisch und so argwöhnisch, daß wir den amtlichen Stellen keinen Glauben schenken, wenn sie uns mitteilen, daß die Frontverlegung im

Caveant consules.

Ein Rückblick und ein Ausblick.

Als im Weinmont des Jahres des Urteils 1918 ganz Deutschland erbebte unter den Hieben, die ihm der Militarismus schlug, da darin uns...

Batterie der Baltischen Landeswehr am Dünaufer; links an der Schuppenwand gefangene Bolschewisten, bewacht von Leuten der Batterie Schlageter

2 Photos: Heeresarchiv

Überführung der Leiche des bei der Befreiung Rigas gefallenen Kommandeurs der Stoßtruppe der Baltischen Landeswehr, Hans Baron von Manteuffel

gegriffen. Hier fiel Graf Reuter des Stoßtrupps. Der für das ganze Detachement Medem sehr gefährliche Angriff brach im Geschütz- und Maschinengewehr- und Gewehrschnellfeuer zusammen. Versuche der Bolschewisten, nach Besetzung der Brücken in Booten über die Düna zu kommen, wurden durch Gewehr- und Maschinengewehrfeuer verhindert. Oberleutnant Thöne übergab dann die Brückenwache auf kurze Zeit Leutnant Ande und fuhr im eroberten Auto mit Dolmetscher nach dem Bahnhof Sassenhof, wo zu Beginn des Einrückens der Abteilung Medem nach Riga ein Zug mit Bolschewisten beschossen worden, aber — wie es sich herausstellte — dennoch nach dem Vorwärtsrücken der Geschütze weitergefahren war. Mit Hilfe des deutschen Betriebsleiters des Bahnhofs Sassenhof wurde festgestellt, daß noch einige Züge von Dünaburg angesagt waren, beziehungsweise fahrplanmäßig eintreffen mußten. Der Betriebsleiter erhielt Befehl, telephonische Verbindungen mit Dünamünde aufrechtzuerhalten und möglichst zu versuchen, daß die angesagten Züge auch noch nach Riga abgesandt würden. Oberleutnant Thöne ließ dann durch den Stoßtrupp den Bahnhof besetzen. Auf Bahnhof Sassenhof wurde ferner festgestellt, daß der vorher beschossene Zug nach Thorensberg durchgefahren und anscheinend dort entgleist war. Über den weiteren Verlauf der getroffenen Anordnungen wird voraussichtlich der Stoßtrupp nähere Meldung machen können. Oberleutnant Thöne begab sich dann zur Brücke zurück und versuchte dann, im Auto Verbindung mit der Zitadellen-Abteilung zu bekommen. Das Auto kam infolge starken Maschinengewehr- und Schützenfeuers nicht bis zur Zitadelle durch. In der Zwischenzeit, d. h. gegen 1 Uhr mittags, war die Spitze der „Eisernen Division", bestehend aus Oberleutnant Petersdorff und einigen Radfahrern, an dem Brückenkopf eingetroffen und wurde dahin orientiert, daß die bald darauf folgenden Panzerautos mit in den Kampf am Rigaer Bahnhof und zur eventuellen Unterstützung des Zitadellendetachements anzusetzen seien. Kurz darauf traf das Gros des Detachements Fletcher ein. Dem an der Brücke eingetroffenen Oberstab hat Oberleutnant Thöne persönlich über die getroffenen Maßnahmen Meldung gemacht. Die 2. Batterie-Abteilung von Medem wurde zur Verstärkung des Brückenkopfes auf dem östlichen Ufer eingesetzt, hatte aber keine Gelegenheit mehr, sich an dem Kampf um die Zitadelle zu beteiligen, da Frhr. von Medem mit seinem Detachement die Zitadelle und das Gefängnis besetzt hatte.

Flieger im Baltikum

Aus einem Kriegstagebuch des Kampfgeschwaders Sachsenberg. Von Carl Cranz

März 1919:

Seit Januar haben wir das Fliegerkampfgeschwader Sachsenberg aufgestellt. Lang und schwer war die Arbeit der Neuaufstellung. Drei Staffeln und einen Freiwilligenverband, bestehend aus einer Geschwader- und einer Maschinengewehrkompanie, hatten wir unter großen Schwierigkeiten und langwierigen Auseinandersetzungen mit den sogenannten Soldatenräten in den Berliner Arsenalen aufgestellt. Aber nun haben wir es erreicht und stehen wieder im Krieg. Rußlands weite Öde hat uns aufgenommen. Wir sperren unsere Ostgrenzen. Eisiger Wind, Schnee und Eis — weit und einsam das Land — wie wir. Erst langsam hat sich gefunden, was uns zusammenhält — treueste und geradeste Kameradschaft.

Oberleutnant z. S. Gotthard Sachsenberg, ehemals Führer des Kampfgeschwaders Sachsenberg *Photo: Archiv Reiter gen Osten*

Offiziere des Kampfgeschwaders Sachsenberg. In der Mitte der alte Kriegs-Pour-le-mérite-Flieger Oberlt. z. S. Gotthard Sachsenberg, zweiter von rechts sitzend sein Vertreter, Oberlt. z. S. Eberhard Cranz, auf dem Bilde links neben Sachsenberg stehend der Verfasser, Leutnant Carl Cranz *Photo: Carl Cranz, Berlin*

(Das amtliche Nachkriegswerk „Darstellungen aus den Nachkriegskämpfen deutscher Truppen und Freikorps" berichtet über die Tätigkeit der folgenden Wochen: Das Geschwader Sachsenberg begann am 6. März seine Tätigkeit mit Erkundungen in dem Raum Okmijany—Popeljany. Es griff am 14. März feindlichen Verkehr in und um Shagory, am 15. einen Panzerzug auf der Bahn Alt-Auz—Mitau mit Bombenwürfen und Maschinengewehrfeuer an. Nach Verlegung des Flugplatzes nach Alt-Auz dehnte das Geschwader seine Aufklärungstätigkeit bis zur Düna von Dünaburg bis zur Mündung aus ...

Am 12. April fand eine gemeinsame Unternehmung der Abteilung Yorck und des Geschwaders Sachsenberg statt. Teile des Freikorps Brandis und die Schwadron 1. Garde-Dragoner umstellten in der Nacht das Städtchen Schönberg, nachdem sie auf dem Anmarsch 200 Bolschewisten bei Alt-Raden zersprengt hatten. Sie zwangen die Besatzung unter Zurücklassung vieler Toter zur Flucht und nahmen den Kommandeur des Sowjet-Infanterie-Regiments Nr. 98 gefangen. Gleichzeitig griffen die Flieger heranmarschierende Verstärkungen, und aus Schönberg flüchtende Bolschewisten, an und jagten sie auseinander ...)

April 1919:

Endlich die ersten Flüge über dem Feind! Mitau! Riga! Wie eine Märchenstadt kommt uns Riga vor, und märchenhaft ist das Grauenvolle, das man von dieser Stadt hört. Hunger, Mord und Menschenschinden. Wir sollten Riga nicht mehr angreifen.

Man sagt, für jede deutsche Bombe werden Deutsche gemordet. Im Westen sinkt die Sonne in bunten Farben in die weite, unendliche See. Tot und wie ausgestorben liegt die deutsche Stadt unter uns. Auf dem Rückflug lassen wir die Maschinengewehre ein paarmal spielen auf ein paar bolschewistische Motorboote auf der Düna unten im Hafen und auf ein paar Fahrzeuge auf der Landstraße. Eine Bombe setzen wir auf die Bahnlinie Riga—Mitau; ein Bolschewikenzug pufft unter uns nach Süden.

10. Mai 1919:

Ich fliege mit einem Kornett der Baltischen Landeswehr. Es ist ein Kornett wie ich ihn mir denke. Blauäugig, blond, groß und ernst, gerade und selbstverständlich. Seine Heimat ist Estland. Unter uns kennt er Weg und Steg, denn er hat lange dort gefochten für seine Heimat in der Baltischen Landeswehr. Man fliegt gern mit ihm.

Nun haben wir drei Feindflüge gemacht und mit Scharon, einem biederen Friesen, als Führer einen vierten, der war nicht ohne. Wir wollten Eckau, ein feindliches Depot, und das Stabsquartier angreifen. Eine Viertelstunde vor dem Ziel brüllt mir Pilot Scharon durch das Rattern des Motors ins Ohr: „Bomben raus, egal wohin! Notlandung!"
Notlandung bei den Bolschewiken ist peinlich, unsere Gefangenen und zumal Flieger verstümmeln sie zu Tode, schlimmer als Wild. Also Bomben raus! Mit keuchendem Motor und zu wenigen Touren kommen wir noch zurück in den Hafen.

Bruder Eberhard blieb neulich an der Aa, drei- bis vierhundert Meter von den bolschewistischen Linien entfernt, stürzte herab und wußte zunächst nicht, daß er noch bei uns war. Gerade unserer prächtigen Seeoffiziertruppe von der 1. Garde-Reserve-Division fiel er in die Hände und kam heil zurück.

23. Mai 1919:

Nun ist Riga deutsch! Die letzten Tage ging's lebhaft zu. Täglich gab es Massenflüge an die Front und auf die zurückgehenden Bolschewisten. Sie werden unsere Geschwader jetzt schwer im Magen haben. Am 22. Mai war eine ganze Staffel eingesetzt zum Angriff auf Groß-Eckau, wo ein bolschewistischer Stab und mehrere größere Depots lagen. In einer Reihe stehen unsere Kisten startbereit und dann geht's los. Eine nach der anderen hebt sich in die Höhe. Oben staffeln wir uns befehlsgemäß. Wenn man die Nachbarkisten sieht, meint man, sie stehen in der Luft. Nur der Blick auf die Erde zeigt, daß man weiterkommt — der Front entgegen.

Groß-Eckau! Unten auf dem Hauptplatz überall Reiter und Soldaten. Wir kreisen über den Häusern, stoßen herunter, stellen fest, es sind alles Deutsche. Also ist Groß-Eckau schon in unserer Hand. Weiter geht's nach Norden bis zur Bahn Mitau-Jakobsstadt. Die ersten bolschewistischen Kolonnen mit der Marschrichtung nach Norden werden sichtbar. Mein Führer deutet hinunter und droht mit der Faust. Schon brausen wir hinab. 300 — 200 — 100 — 50 Meter. Tack, tack, tack, tack, tack — die Maschinengewehre des Piloten und gleich darauf das meinige von hinten aus dem Beobachtersitz. Unter uns jagen in rasendem Galopp die Bolschewiken davon, zu Fuß, zu Pferd und auf Wagen. Einzelne unten wehren sich, wohl im Walde oder hinter

Ärmelabzeichen
des Kampfgeschwaders
Sachsenberg
Vorlage: Carl Cranz, Berlin

Häusern versteckt. Scharf knackt es aus naher Entfernung. Einmal zuckt es klingscharf und wie man es draußen im Westen oft hörte, wenn der Tod dicht an einem vorbeischritt. Diesmal war's ein Treffer im Rumpf, 1½ Meter hinter meinem Beobachtersitz. Immer noch halten wir auf den Feind unter uns und knattern unsere Gurte hinaus. Leider läßt der Tourenzähler nach. So können wir nur noch unsere Bomben abwerfen. Eine verfolge ich bis kurz vor dem Aufschlag. Gäule reißen sich von ihrem Führer los und galoppieren querfeldein. Schade, nun müssen wir sie in Ruhe lassen.

Unser Auftrag lautet weiter gen Riga. Der Motor erholt sich wieder, und im leuchtenden Sonnenschein geht's über Olai gegen Norden; die ganze Hauptstraße Mitau—Riga ist voller Kolonnen. Wir gehen herunter, schießen weiße Fahnensignale ab und winken. Es sind deutsche Kolonnen. Nun reicht das Auge bis Riga, und man kann deutlich die ein-

Flugplatz Tuckum
Photo: Kanisch, Berlin

marschierenden deutschen Kolonnen in der südlichen Vorstadt erkennen.

27. Mai 1919:
Die Friedensbedingungen wurden soeben bekannt. Wir verstehen jetzt ein Wort, das der famose Hauptmann von Rabenau, Chef des Stabes der Division, vor einigen Tagen sagte: „Die Frage vom August 1914 ist noch nicht beantwortet!" Seit diesen „Friedensbedingungen" sind wir hier draußen — so scheint es mir — andere Menschen geworden. Das Vertrauen von Offizier und Mann hebt sich. Es bleibt unsere Aufgabe, diesen Geist weiterzupflegen.

30. Mai 1919:
Die Verhandlungen über Ansiedlungsmöglichkeiten im Baltikum sind weitergediehen. Heute erhalten wir die Mitteilung, daß uns die Bewirtschaftung des Gutes Abgulden zugesichert worden ist.

16. November 1919:
An diesen Novembertag 1919 werden wir ewig denken! Heute sollen wir Kurland räumen! Nur einer, der hier mit uns gekämpft hat, gelitten und gehofft, kann verstehen, was uns bewegt.

Flugplatz Wainoden, Kurland, mit ehemaligen Luftschiffhallen
Photo: Heeresarchiv

4. Dezember 1919:
Im Güterzug sitzen wir, der uns seit über acht Tagen beherbergt hat. Beim trüben Schein einer kleinen Öllampe. Der Bahnhof Metgethen bei Königsberg ist erreicht, unser Ziel, das Ende des Rückzuges aus dem Baltikum.

Als Infanterieflieger in Kurland
Von Vizefeldwebel Kanisch und Unteroffizier Hillmann

Ich hatte in den ersten Maitagen gerade eine Halberstädter CL. IV erhalten, eine Kampfmaschine mit zwei festen Maschinengewehren für den Führer, die durch den Propeller schossen, und einem Maschinengewehr für den Beobachter. Am Rumpf waren die automatisch auszulösenden Minen angebracht, außerdem wurden an Bord noch bei jedem Flug soviel wie irgend möglich davon verstaut, als die Maschine nur schleppen konnte.

Eines Abends klingelt das Telephon. Schlock meldet sich: „Die Batterie schießt!" — Wir hatten genau 38 Kilometer Anflug, in 800 Meter Höhe sichten wir unser Ziel — sie sind gerade beim Abrücken in Deckung. Die Maschine gedrückt, die Batterie liegt in Visierlinie, bei 400 Meter beide MG. ausgelöst, und die Geschoßgarbe liegt mitten im Ziel — da spritzt mir Benzin ins Gesicht! Verdammt! Das konnte nur ein Treffer im Vergaser sein. Wir können beide fast nichts mehr sehen, so brennt das Zeug in den Augen. Instinktiv wird die Maschine hoch über den Flügel zurückgerissen. Die „Riesenfahrt" kommt uns jetzt zustatten. Mit stehendem Motor segeln wir am Tirulsumpf entlang nach rückwärts auf unsere Linien zu. Wir müssen die Maschine entlasten, sonst erreichen wir nicht mehr die Aa. Leutnant Deichmann läßt die bereits entsicherten Minen fallen. Mit Riesengetöse explodieren sie unter uns im Gelände. Auch sein MG. wirft er hinterher. Wir wußten, daß wir bei einer Landung keinen Pardon zu erwarten haben. Dann leuchtet vor uns der Fluß auf. Zehn Meter hinter der Aa setzen wir die Maschine auf sumpfigem Gelände auf. Vom jenseitigen Ufer versucht uns Maschinengewehrfeuer zu fassen, doch wir waren ja früher einmal beide Infanteristen. Unter wechselndem Aufstehen und Hinlegen gelang es uns, aus dem Feuer herauszukommen — in der Nacht wurde die Maschine abmontiert und zum Flugplatz transportiert.

So kam der 22. Mai heran, der Tag des Sturmes auf Riga. Der Angriffsplan war auch für uns Fliegerabteilungen bis ins einzelgehende vorbereitet. Jede Maschine hatte ihre bestimmten Aufgaben. Immer eine bis zwei Schlachtmaschinen wurden von einer Jagdmaschine gedeckt. Die Truppen waren mit Leuchtpistolen und Signalgerät ausgerüstet worden, damit sie mit uns Verbindung halten konnten. Als erste Kette war eingeteilt: Vizefeldwebel Kanisch — Beobachter Leutnant Deichmann. Gefreiter Wolf — Beobachter Leutnant Rauch. Das zugeteilte Jagdflugzeug flog Vizefeldwebel Jedwill. Wir hatten zunächst die Straße Kalnzem—Dsilne aufzurollen, auf der zwischen Babitsee und Tirulsumpf die Bal-

Ärmelabzeichen der Freiw. Flieger-Abteilung 424 *Vorlage: Martin, Berlin*

Offiziere der Freiw. Flieger-Abt. 424 nach ihrem Übertritt zur Freiw. Russ. Westarmee. Mitte mit weißer Mütze: Oblt. Martin, Führer der Abteilung; zweiter von rechts: Rittmeister Frhr. Marschall von Bieberstein, gen. Euir.
Photo: Martin, Berlin

tische Landeswehr vorstieß. In kleinen Gruppen beobachteten wir den Vormarsch. Feindliche Flieger zeigten sich an diesem Tage nicht.

Mit den feindlichen Fliegern hatte sich wenige Tage vorher eine interessante Episode ereignet. Es tauchten plötzlich über Riga zwei veraltete Nieuport-Einsitzer auf. Sie stellten sich uns nicht zum Kampf, sondern rückten ab. Am nächsten Tage begegneten drei von ihnen der Maschine einer anderen deutschen Abteilung. Der Führer machte sich bereits auf einen schweren Kampf gefaßt, als er sah, daß die feindlichen Flugzeugbesatzungen mit weißen Tüchern winkten. Er winkte zurück und zog ab in Richtung auf seinen Flugplatz bei Mitau. Neben ihm setzten in einer sauberen Landung die drei feindlichen Flieger auf. Ihr Gepäck und Bettzeug hatten sie mitgebracht. Es waren russische Fliegeroffiziere, die die Bolschewisten zum Fliegen gezwungen hatten.

Der Vormittag des 22. Mai verging mit ständigen Vorstößen auf rote Kolonnen und Bagagen. Ernstlicher Widerstand wurde nicht geleistet. Nur hin und wieder gerieten wir in feindliches Maschinengewehrfeuer. Wo der Gegner erkannt wurde, deckten wir ihn mit geballten Ladungen und Wurfminen zu. Der Führer unseres Jagdflugzeuges, Vizefeldwebel Jedwill, stieß auf eine marschierende Bolschewikenabteilung, die ein willkommenes Ziel bot, herunter. Nach Verbrauch seiner Munition drehte Jedwill ab. Dabei erhielt er lebhaftes Feuer von den in Stellung gegangenen Bolschewisten. Ein Treffer durch den Haupttank zerfetzte ihm den linken Oberschenkel und verursachte riesigen Blutverlust, trotzdem gelingt es Jedwill, unter Aufbietung aller Energie die Maschine zum Flugplatz zurückzufliegen. Zweimal wollte er zur Landung ansetzen, aber immer wieder war die Startbahn durch abfliegende Maschinen besetzt. Endlich war der Platz frei. Sauber setzte er die Maschine auf den Boden, stellte den Motor ab, hinzueilende Mannschaften mußten ihn besinnungslos aus der Maschine heben. Der Rumpf des Flugzeuges war bis zu den Steuerflächen hinten mit Blut bespritzt. Niemand hätte es für möglich gehalten, daß Jedwill in einem solchen Zustand noch fliegen und landen konnte.

Etwa um 4 Uhr nachmittags landete ich mit Leutnant Deichmann als erste Maschine auf dem Flugplatz in Riga. Die roten Besatzungen hatten erst wenige Minuten vorher den Platz fluchtartig verlassen. Ich ließ die vorhandenen roten Flugzeuge aus den Hallen schieben, um Platz für unsere Maschinen zu schaffen. Auch die Quartiere der roten Flieger und Mannschaften wurden von uns beschlagnahmt. Ich war froh, daß kurze Zeit nach uns noch etwa fünf Maschinen unserer Abteilung landeten, denn rund um den Platz wurde noch heftig gekämpft.

Am Tage nach der Einnahme von Riga wurde von uns bereits der Flugplatz Riga besetzt. Der Rigaer Platz lag diesseits der Düna in Thorensberg. Als Unterkunft dienten uns die Arbeiterwohnungen einer in der Nähe liegenden Zementfabrik. Von der Eile, mit der unsere Truppen die Bolschewisten hier vertrieben hatten, zeugte das viele liegengebliebene Material, das uns eine willkommene Beute wurde. So erhielten wir einen hocheleganten englischen Napierwagen, der mit seiner elektrischen Licht- und Anlasseranlage der Stolz der Kraftfahrer wurde und noch bei der späteren Luftfahrt-Überwachungsabteilung Mitteldeutschland Dienst gemacht hat. Eigenartig das Schicksal dieses Wagens, der im Baltikum den Bolschewiken abgenommen, in der Heimat in Mitteldeutschland später im Kampf gegen den Bolschewismus — gegen Max Hölz und Genossen — eingesetzt wurde. Vorläufig jedenfalls gaben wir uns für einige Tage der verdienten Ruhe hin.

Vorstoß bei Bausk

Von Wolfgang Delbrück, ehem. Adjutant im Freikorps von Brandis

„Also hören Sie, Delbrück, da muß etwas geschehen", sagte Hauptmann von Brandis. „So kann die Sache bei Bötticher nicht mehr lange gehen... Wir gehen jetzt hier unten" — damit zeigte er zum Fenster hinaus auf die Muscha — „über den Fluß und dann einfach gerade los nach Süden. Da müssen die Kerls vor Kemjany doch mal wieder ausreißen. Die ganze 1. Kompanie nehmen wir mit. Habe ich schon befohlen. Hier auf diesem Ufer bleibt, außer in Kemjany, nichts. Holen Sie noch Lach mit einem Geschütz ran und Wulffen mit zwei Zügen. Um ½5 Uhr müssen wir drüben sein."

Und damit ging er, bewaffnet mit einer langen Latte, zum Fluß, stieg mit Pollanke in den Kahn und maß die Tiefe aus. An der flachsten Stelle war die Muscha einen reichlichen Meter tief. „Das muß gehen, da werden die alten Karren gleich mal ordentlich gewaschen. Nun man schnell wegschicken und die ganzen Boote hierherrudern lassen und dann die An- und Abfahrt festmachen", befahl er. Und gleich wurden die Balken geschleppt, Reisigbünde darauf, dann Grasnarbe und Strohbündel, und als um 4 Uhr die ersten ankamen, konnte es gleich losgehen. Allen machte es einen wahnsinnigen Spaß. Nur den armen Pferden nicht. Das Wasser war doch noch kühl und der Untergrund ziemlich sumpfig. Die Kanone verschwand vollkommen im Wasser, die Maschinengewehr- und Munitionswagen, deren Munition in Booten rübergeschafft wurde, bis über die Sitze. Aber mit dem nötigen Vorspann war bei dem allgemeinen Eifer um 4.30 alles drüben...

Wir rückten drüben ohne Aufenthalt gleich nach Süden ab. Als Seitendeckung nach Osten ritt Pollanke mit den ganzen Meldern weit links von uns. Bei Pomusche-Schilinga gab's eine harte Nuß zu knacken. Die Kerls saßen ziemlich fest. Aber nach genügend Maschinengewehr- und Artillerieschießen trieb Thomsen mit der 1. Kompanie die Bande heraus. Ihre Maschinengewehrwagen ließen sie stehen, nur leider schossen sie zu unserer Wut die schönen Pferde davor tot.

Wie wir durch das Gut durch waren, hörten wir auf der anderen Uferhöhe ein fürchterliches Hurrageschrei. Da kamen die Roten, denen die Knallerei in ihrem Rücken schon unangenehm geworden war, in wilder Flucht auf der Straße nach Salaty angetürmt in dichten Scharen und gleich hinterher der lange Fähnrich mit seinem Zug. Das war was für unsere Kanone, und während die 1. Kompanie bei uns schon weiterzog und in dem Wald von Scharkarni verschwand, feuerte Lach nach drüben in die Fliehenden noch ein paar gutsitzende Schüsse. Dann rückte auch er in den Wald. Links in unserer Flanke schoß allerdings immer noch ein Maschinengewehr. Wir kümmerten uns aber nicht weiter darum. Heute war ja doch alles kunterbunt durcheinander. Freund und Feind.

Da wär's uns aber doch beinahe noch schlecht gegangen! Von der 1. Kompanie und Maschinengewehrkompanie sahen wir nichts mehr. Also die mußte schon weit vor sein. Uns führte W., der hier jeden Baum kannte. Während wir an einer Waldlichtung

Hauptmann Cord von Brandis, ehem. Führer des Freikorps von Brandis
Photo: Archiv Reiter gen Osten

Kragenabzeichen des Freikorps von Brandis
Vorlage: Heeresarchiv

Ärmelabzeichen des Freiw.-Det. Michael
Vorlage: Archiv Reiter gen Osten

Korvettenkapitän Michael, ehem. Führer des Freiw.-Det. Michael
Photo: Archiv Reiter gen Osten

Major Graf Yorck von Wartenburg, ehem. Führer des Freiw.-Regiments Graf Yorck von Wartenburg
Photo: Offiziersverein der Schwedter Dragoner

Ärmelabzeichen des Freiw.-Detachements Graf Yorck von Wartenburg
Vorlage: Heeresarchiv

mit der Kanone friedlich durch den Sand, richtigen märkischen Kiefersand, hinterherzogen, da auf einmal, drüben am anderen Waldrand, keine 200 Meter von uns, sahen wir plötzlich eine große feindliche Kolonne marschieren. Und nun ging alles in Sekunden. Alles runter von den Pferden, in die Sandlöcher, mucksmäuschenstill, die Kanone herum, und mein Lach, das war heute sein Heldenstück, noch ehe die Roten die Situation überhaupt erfaßt hatten, setzte er ihnen Schuß auf Schuß vor die Nase. Aber wenngleich auch die meisten türmten, steckten sich doch viele in den Graben, und wie sie merkten, daß bei uns paar Reitern nur die eine Kanone war, eröffneten sie ein rasendes Feuer. Unsere Kanoniere rissen meist aus, Lach allein mit seinem Unteroffizier schoß weiter und der Hauptmann mit uns mit den Karabinern. Zum Glück hatte Wulffen links das Geknalle gehört und kam jetzt mit einem Maschinengewehrwagen herangepreßt. Während sie ihm das Pferd unter dem Leibe erschossen, ging er mit seinem Gewehr in Stellung und schoß die Bande von der Seite über den Haufen, daß sie wild auf und davonjagten, nachdem ihr Führer, der Kommandeur des 5. Lettischen Schützen-Regiments, gefallen war. Der vierte Regimentskommandeur, den das Freikorps zur Strecke brachte.

So kamen wir heraus aus der Falle. Es war höchste Zeit, denn schon wurde es im Walde bedenklich dunkel. Da unser Zweck, wie wir auf dem anderen Ufer gesehen hatten, erreicht war, ließ der Hauptmann „Sammeln" blasen. Der Feind hatte nicht den Mut, sich genug wieder zurechtzufinden, und ungestört gingen wir, die Kanone zuerst, bei Scharkarni durch die Furt, und von da alles ab in die Quartiere.

Die Eiserne Division greift an

Von Korvettenkapitän Freiherr von Steinaecker, ehem. Führer des Freiw.-Bataillons Poensgen

Es war ein kühler Morgen, wunderbar fing die Sonne an aufzugehen; die waldreiche Umgebung, das kriegerische Bild, Flieger über uns, das Geratter der Maschinengewehre des in Berührung mit dem Feinde befindlichen Bataillons vor uns erweckten in mir — dem Neuling — eine ganz besondere Stimmung. Das erstemal sollte ich doch endlich als Infanterist einmal an den Feind kommen.

Es dämmerten unwillkürlich in mir Erinnerungen, und ich mußte wieder lebhaft an jene Tropennacht zurückdenken, in der ich vor vielen Jahren in Puerto Cabello in Venezuela mit unserem Landungskorps durch die engen Straßen der Stadt zog, um unsere Landsleute zu befreien. Ich sah die Gewehrläufe der auf den Dächern hockenden venezolanischen Schützen auf uns gerichtet. Eine bewegungslose Kolonne, hätten sie uns alle abknallen können. Durch „Verhandlungen" löste sich damals der Knoten. —

Um 4 Uhr morgens setzte ein anderthalbstündiges Betrommeln der feindlichen Front ein, und anschließend traten wir an. Das vor uns stehende Bataillon hatte keinen leichten Stand; da es sich durch die dichten Waldungen rechts und links vorarbeiten mußte, kam es nur langsam vorwärts.

Das auf der Chaussee vom Feinde gezogene Drahtverhau war bald beseitigt, und so konnten wir folgen. Fröhlich lachend zogen wir hinter unseren kämpfenden Brüdern her. Das Schießen vor uns sowie rechts und links von uns nahm an Heftigkeit erheblich zu; man hatte ihn also gepackt, den Feind. Da aber keine Verstärkung erbeten wurde, schien sich alles programmäßig zu entwickeln. Da, links, die erste weiße Leuchtkugel, das Zeichen, daß die Kolonne an einem vorher bestimmten Punkt angelangt ist. Wieder vorn und links dasselbe Signal, der Feind scheint nicht zu halten, das Artilleriefeuer hat ihn wohl mürbe gemacht.

„Da stürzt ein Flieger ab!" ruft mein Adjutant mir zu. Ja, leider einer der unsrigen. Er kam in das Schleppseil eines Fesselballons.

So ging der Vormarsch unbehindert weiter. Die ersten Verwundeten begegneten uns. Die Sonne war inzwischen heraufgekommen und versprach einen heißen Tag. Ich entledigte mich meiner Pelzjacke und trank einen Schluck Rum. Gut, daß ich es tat, in den nächsten Minuten war die Flasche fort.

Vorne halt — rechts und links um uns schlagen Artillerietreffer ein. Ein Zug der Batterie Kauffholz ist auf einen russischen Panzerzug gestoßen; ihm wird von diesem heftig zugesetzt. Ihr tatkräftiger Führer, Offizierstellvertreter Edler, war in dem Drange, vorwärts zu kommen, sogar über die Infanteriespitze hinausgejagt und erleichterte auf diese Weise der nachkommenden Infanterie ihre Aufgabe wesentlich. Mit einigen Verlusten an Pferden ist die Episode abgetan! Der Panzerzug rollt ab! Weiter geht es langsam vorwärts.

Die Infanteriespitze fordert weiter Artillerie an. Kauffholtz selbst mit dem Rest seiner Batterie pirscht nach vorn. Da — ein Geschoßeinschlag mitten in die vorfahrende Batterie! Ein wildes Knäuel! Ein Blindgänger — null Tote — Gott sei Dank! Schade um jeden deutschen Soldaten, der dem Feuer der feindlichen Horden zum Opfer fällt.

Fünf Meter neben meinem zweiten Pferd wieder ein Aufschlag. Das sah verdächtig aus. „Schulz, wie geht's?" — „Mir gut, aber der Gaul ist verrückt, er dreht sich fortgesetzt im Kreise!" Die Feldflasche mit Rum ist verlorengegangen. Wie komisch!

Weiter ziehen wir, immer die Chaussee entlang. Es fängt an heiß zu werden.

Ohne Zwischenfall erreichen wir am Mittag Olai, die Gegend, wo sich die russischen Stellungen aus dem Weltkrieg befinden. Sie sind noch tadellos erhalten und durchaus verteidigungsfähig. Ich habe Befehl, dort zu halten und Rast zu machen; marschierten wir doch fast ohne Pause den ganzen Vormittag — eine glänzende Leistung unserer Truppen. Der Aufenthalt reizt alles zum Niesen — hier ging eine Gasgranate nieder! — Also auf — 500 Meter weiter!

Wir harren sehnsüchtig der Feldküchen, aber die vielen Kolonnen verstopfen die Chaussee; ist doch alles auf diese eine angewiesen; schließlich kommen sie. Man muß nur schimpfen! Nur schnell essen, wir wollen weiter! Wir müssen dem Feind an der Klinge bleiben! Die Stimmung der Leute ist glänzend; sie könnten bis Petersburg laufen, rufen sie lachend.

Der Divisionsstab trifft ein. Kurze Beratung für das weitere Vorgehen.

Der Divisionsstab hat weiter disponiert; kurz darauf erhalte ich Befehl, mit meinem Bataillon als Spitze anzutreten.

Auf sieben Autos verpackt, geht es mit den Hauptteilen des Bataillons noch schneller nach vorn, bis dicht an das Weichbild der Vorstadt. Feindliche Batterien legen das Feuer rechts und links der Chaussee, warum nicht auf die Chaussee? Vor uns stockt es. Eine Kolonne der Formation Petersdorff macht Rast. Sie wartet auf Nachricht von vorn; auch wir warten für Augenblicke. Die Chaussee liegt nun unter heftigem Feuer. Ich löse das Bataillon auf. Züge zur Säuberung der Maschinengewehrnester rücken vor. Wir bleiben in Deckung. Allmählich merkt man die Arbeit der durch Hütten und Laubengewirr sich vorarbeitenden Züge. Ein Zug bringt 250 Gefangene, zwei 15-Zentimeter-Geschütze und Maschinengewehre ein.

Wir kommen unbehelligt in die Vorstadt. Da liegt ein deutscher Soldat. Bauchschuß! Niemand hat sich um ihn gekümmert, wir übergeben ihn der Sanitätskolonne.

Krankenschwestern und Ärzte in weißen Gewändern kommen uns entgegen. Gott sei Dank brauchen wir sie nicht. Überall werden wir mit Jubel begrüßt.

Man hört das Knattern der Maschinengewehre, dazwischen Kanonendonner. Also Straßenkampf.

Eine ungenaue Karte läßt uns den Weg in die Stadt verlieren. Wir geraten in starkes Gewehr- und Maschinengewehrfeuer. Aus allen Häusern knallt es. Keine Freude! Wir drücken uns weiter vor. Das Feuer wird vernichtend. Ich will mich über die Lage orientieren und wage mich etwas vor, dafür bekomme ich einen Schlag an den Hals — eine Kugel ist es nicht — dafür aber erheblich viel Mauerkalk. Ein Querschläger ging dicht neben mir in die Wand. Neben der Halsschlagader blute ich etwas. Donnerwetter, das ging noch gut. Wir suchen zunächst Deckung in den Hauseingängen. Die Kugeln pfeifen uns um die Ohren; gut, daß man Stahlhelme hat. Wir müssen weiter, also heraus aus der Deckung; gleichzeitig flaut das Feuer etwas ab.

Der Feind hat genug. Er baut ab.

Nach mehrstündigem erbittertem Kampfe, der auch auf unserer Seite Opfer forderte, sind die Hauptzentren der Stadt vom Feinde gesäubert.

Gegen 7 Uhr abends ist der Weg nach meinem Rendezvous-Platz frei. Ich sammle meine etwas gelockerte Truppe in der Nähe des Bahnhofs. Hungernde Menschen stürmen auf uns ein, wer ein Stückchen Brot erhascht, birgt es ängstlich unter seinem Kleid und verschwindet.

Ärmelabzeichen des Freiw.-Batl. Poensgen der Eisernen Division
Vorlage: Heeresarchiv

Korvettenkapitän Freiherr von Steinaecker, Führer des Freiw.-Batl. Poensgen bis 12. Juni 1919
Photo: Archiv Reiter gen Osten

Kameradentreue

Von Dr. von Hülst, ehem. Kompanie-Führer im 1. Kurländischen Infanterie-Regiment

Am Morgen des 31. Mai trat das II. Bataillon des 1. Kurländischen Infanterie-Regiments der Eisernen Division beim ersten Morgengrauen an. In Friedenszeiten würde sich ein Kompaniechef die Haare gerauft haben über das Aussehen einer derartigen Formation. Nicht der Größe nach sind die Leute angetreten, sondern so, wie sie sich miteinander verbunden fühlten. Manche sind aus dem gleichen Dorf, manche noch aus dem Kriege zusammen. In zwei Fällen stehen sogar Vater und Sohn in der gleichen Gruppe. Kein Führer nimmt hier Anstoß daran, daß am rechten Flügel ein Mann von 1,65 Meter steht, während in der Mitte der Formation einer mit Länge von 1,90 Meter begnadet ist. Hier geht es um den Kampfwert der Truppe, und jeder Frontsoldat weiß, was es heißt, einen Kameraden neben sich zu haben, auf den er sich in jeder Lage verlassen kann.

Mit dem Führer der ersten Kompanie und meinem Bataillonskameraden aus dem Weltkrieg, Leutnant Giese, mit dem ich schon aus der Fähnrichszeit her befreundet war, ritt ich vor der Spitze, die von

Major Bischoff, ehemals Führer der Eisernen Division
Photo: Herrmann, Berlin

meiner Kompanie gestellt wurde. Giese hatte beim ersten Durchbruch des Vormarsches auf Riga einen Splitter in den Rücken bekommen, war aber wieder wohlauf, obgleich erst eine Woche seit dem Tage der Verwundung verflossen war.

Vom Bolschewisten war nichts zu sehen. Da wir, aus der Karte zu schließen, etwa zwei Kilometer von Ringmundshof sein mußten, trabten wir mit zwei Meldereitern vor, um aufzuklären. Bei einer Wegebiegung sahen wir die ersten Häuser von Ringmundshof auf etwa 200 Meter vor uns und erkannten einen bolschewistischen Posten, der sofort einen Schuß abgab und dann hinter einem Hause verschwand. Durch das Glas konnten wir noch beobachten, wie die Bolschewisten den unmittelbar vor dem Dorf liegenden Waldrand besetzten. Dann rissen wir die Pferde herum und galoppierten zurück. Jetzt schossen die Bolschewisten schon mit Maschinengewehren hinter uns her, aber die Garbe lag wohl zu hoch.

Das Bataillon entwickelte sich rechts und links der Straße. Meine Kompanie hatte den linken Flügel und lag rechts und links von einem Bahndamm. In kurzen Sprüngen arbeiteten wir uns vor. Plötzlich sahen wir auf dem Bahndamm den Panzerzug herankommen, mit dem wir bereits gestern Bekanntschaft gemacht hatten. In ziemlichem Tempo kam er herangebraust und schoß mit Maschinengewehren und einer Revolverkanone. Die Situation war peinlich, denn er bekam uns in der Flanke zu fassen, und wir hatten keine Deckung. Ich schreie den Leuten zu: „An den Bahndamm." Aber alles war nur ein Werk von Minuten. Schon hatten die Maschinengewehre auf nächste Entfernung grauenhaft gewirkt. Nur etwa zwei Drittel meiner Leute erreichten noch den Bahndamm, wo uns die Feuergarben nicht mehr fassen konnten.

Jetzt stand der Panzerzug unmittelbar über uns. Das Maschinengewehr mähte die am Bahndamm stehenden Sträucher, als wenn sie mit einer Sense abgeschnitten würden. Wir hörten das Rufen der Bolschewisten, die nun auch noch anfingen, Handgranaten auf uns zu werfen. Eine verteufelte Situation. „Herr Leutnant, wie an der Somme", grinste mich ein Oberjäger von meinem alten Bataillon an, aber mir war das Lachen vergangen. Man zog die Beine an den Leib, um nur nicht aus dem toten Winkel herauszukommen. Eine Handgranate in der Hand und mit entsicherter Pistole warteten wir darauf, daß die Bolschewisten ausstiegen und uns den Rest geben würden. Neben mir lag ein junger baltischer Adeliger von vielleicht 17 Jahren. Wir sahen, wie er sein Taschentuch an sein Gewehr steckte und dieses hochheben wollte. Wir wälzten uns herüber und rissen ihm das Gewehr aus der Hand. Aber der Mann war nicht zu beruhigen, seine Nerven waren mit ihm durchgegangen, und es blieb uns nichts anderes übrig, als ihn durch mehrere Schläge mit einer Handgranate zu betäuben.

Wie lange der Panzerzug über uns stand, wußte später keiner zu sagen. Es kam uns wie eine Ewigkeit vor. Jedenfalls fuhr er plötzlich weiter und blieb etwa hundert Meter hinter unserer Front stehen. Ich hatte eine Handgranate, der Oberjäger

Hauptmann Knie,
ehemals Führer des Freiw.-Batl.
Knie der Eisernen Division
Photo: Archiv Reiter gen Osten

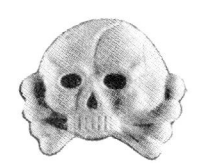

**Mützenabzeichen
der Eisernen Division**
2 Vorlagen: Heeresarchiv

**Ärmelabzeichen des Freiw.-Batl. Henke
der Eisernen Division**

Oberleutnant Büchner,
ehemals Führer des Jäger-Batl. der
Eisernen Division
Photo: Femina, Frankfurt a. M.

vier. Wir kletterten den Bahndamm hinauf und buddelten mit den Händen die Erde unter den Schienen weg. Der Panzerzug mußte dieses bemerkt haben, denn er kam zurückgefahren. Es gelang uns aber noch, die Handgranaten unter die Schienen zu bringen und abzuziehen. Kurz bevor der Panzerzug an der Stelle war, an der wir die Handgranaten eingebuddelt hatten, ging die Ladung hoch. Der Panzerzug hielt, fuhr dann aber weiter und blieb wieder über uns stehen. Der gleiche Feuerzauber wiederholte sich. Um das Unglück voll zu machen, begann unsere eigene Artillerie auf den Panzerzug zu schießen, so daß wir unter Doppelfeuer lagen. Furchtbar wirkte auf uns das Schreien unserer verwundeten Kameraden, denen wir unmöglich helfen konnten.

Plötzlich hörte das Schießen auf, und der Panzerzug fuhr in rasendem Tempo zurück. Wir standen auf, aber nur zehn Leute konnte ich sammeln. Wir stürmten gegen den Waldrand in einer sinnlosen Wut. Aber kein Bolschewik zeigte sich. In der Ferne sahen wir den weißen Rauch des abfahrenden Zuges, er hatte den Rückzug der Bolschewisten gedeckt. Wir drangen in die ersten Häuser von Ringmundshof ein. Zitternd standen die Einwohner in den Stuben. Wir brüllten sie an: „Bolschewik hier?" Aber aus angstverzerrten Gesichtern schauten sie uns an und konnten kein Wort herausbringen.

Wir liefen weiter und sahen vier Bolschewisten, welche auf etwa 50 Meter Entfernung von Strauch zu Strauch krochen. Ohne einen Schuß abzugeben, stürmten wir auf sie los. Mit dem Kolben wurde ein furchtbares Gericht abgehalten. Jetzt waren wir wieder ruhiger geworden. Ich teilte meine Leute ein, um den Anschluß nach rechts herzustellen, und stieß im Vorgehen auf eine Gruppe der 5. Kompanie. Wir fragten sie nach der Lage und erfuhren, daß das Bataillon sich bereits gesammelt hätte. Die anderen Kompanien hatten kaum Verluste gehabt. „Herr Leutnant", sagte dann einer, meinen grünen Rock betrachtend, da vorn liegt noch ein toter Jägeroffizier." Unfähig, irgendeinen Gedanken zu fassen, ging ich vorwärts und sah meinen Freund Giese in einem Graben liegen. Ein Sanitäter stand bei ihm und sagte: „Er hat einen Kopfschuß und zwei Herzschüsse bekommen."

Nachts biwakierten wir draußen. Nur etwa die Hälfte der Kompanie hatte sich wieder eingefunden. Die rauhen Landsknechte waren an diesem Abend still; das Kartenspiel blieb im Tornister.

In der Zwischenzeit hatte ich über Leutnant Gieses Tod Näheres erfahren. Man hatte uns für verloren angesehen. Da hatte Giese mit Freiwilligen seiner Kompanie die Front der Bolschewisten durchstoßen, um dem Panzerzug die Rückfahrt durch Sprengung der Schienen abzuschneiden. Dies hatte der Panzerzug gemerkt und war zurückgefahren. Dabei kam Giese in das Streufeuer der Maschinengewehre des Panzerzuges. Seine Freundestreue mußte er mit dem Leben bezahlen.

Am nächsten Tage wurde Friedrichstadt ohne Kampf eingenommen. Kurland war vom Bolschewismus befreit. Unsere Kompanie hatte mit schweren Verlusten ihr Möglichstes dazu beigetragen.

Vormarsch nach Livland
Von Georg Heinrich Hartmann

Es war ein wunderschöner Morgen, als wir uns auf der Esplanade, dem Rigaer Paradeplatz, versammelten. Unsere Kolonne bestand aus zwei Kavallerieschwadronen, der 5. Infanterieschwadron der Stoßtruppe und zwei Gebirgsgeschützen der Batterie Medem. Wir führten eine kleine Funkstation mit uns. Die Hauptkräfte des Stoßtrupps blieben in Riga mit wesentlichen anderen Teilen der Landeswehr als Garnison zurück. Ich war dem Stabe zugeteilt. Wir zogen durch die endlose Alexanderstraße. Sie wies noch Spuren des kürzlich stattgehabten Kampfes auf. Die Stimmung war nicht so gehoben wie sonst bei unseren Vormärschen. Was wollten wir noch? Der Feind war ja so gut wie vertrieben. Zogen wir als Polizei durchs Land, so waren wir zu stark und hätten uns in kleine Trupps auflösen müssen. Zogen wir zum Kampfe an die Front, so waren wir zu schwach und hatten keine rückwärtige Verbindung. Wo lag die Front? Unser Marschziel war Baltinowo oder ein kleiner Flecken ähnlich lautenden Namens in Polnisch-Livland, 150 Kilometer in der Luftlinie von Riga entfernt. Wir marschierten auf der schnurgeraden nach Wenden führenden Chaussee. Hinter dem Kommandeur ritt auf riesigen Rappen ein sechs Fuß hoher Meldereiter im Stahlhelm, Träger eines alten, in der baltischen Geschichte bewährten Namens. Der Wind spielte mit seinem weißen Lanzenfähnchen, auf dem sich das schwarze Kreuz deutlich abhob. Ich mußte an die Vergangenheit denken. Ein Ordensritter, der wiedererstanden war. Es kam mir vor, als wenn die dazwischenliegende Zeit ausgelöscht wäre. Wir ritten den ganzen Tag. Am späten Nachmittag kamen wir an die livländische Aa. Es erwies sich, daß die Holzbrücke niedergebrannt war. Auf einer kleinen Fähre dauerte das Übersetzen mehrere Stunden. Wir freuten uns der schönen bewaldeten Ufer. Ein junges Mädchen kam gelaufen und flehte um einen Arzt. Ihr Vater sei am vorhergehenden Tage von einer Bande überfallen und schwer verwundet worden, erzählte sie. Gleich hinter der Aa kamen wir in die sogenannte tote Zone. Kein Haus steht dort, kaum ein Mensch fristet sein Leben in Höhlen. Während des Weltkrieges wurde sie von der deutschen Heeresleitung zum Schutz vor russischen Angriffen geschaffen. Sie soll sich später als unnötig erwiesen haben. Blühende Blumen und Sträucher überwucherten die Ruinen. Dort sah ich meinen Schulfreund K. nach Jahren zum ersten und in dieser Welt zum letzten Male. Er war gerade nach seinem nahegelegenen Gute hinübergeritten und hatte es in Trümmern gefunden. Er klagte nicht, wie ich fast nie einen Balten habe klagen hören. Als es dunkel wurde, kamen wir nach dem Schlosse Cremon. Das Gutshaus war vollständig ausgeplündert, wie alle, die wir während dieses Marsches betraten. Sogar Türen und Fenster fehlten. Bei Kameraden der 5. Schwadron fand ich freundliche Aufnahme. Anderntags ging es weiter. Wir zogen durch die sogenannte livländische Schweiz. Auf uns schauten die Reste des Festungsdreiecks aus der Ordenszeit, Cremon, Treiden und Segewoldt, herab. Wunderten sie sich über das Fähnchen mit dem schwarzen Kreuz, das unter ihnen auf und nieder wippte? Erkannten sie das Zeichen an unseren Mützen, das sie früher auf den weißen Mänteln ihrer Bewohner gesehen? Unser Ziel war Wenden. Der Stab sollte in Klein-Roop Quartier nehmen. Auf dem Wege dahin erfuhren wir, daß es von Truppen unbekannter Nationalität besetzt sei. Als wir in den Schloßhof ritten, umzingelten uns verwahrlost aussehende, bewaffnete Gestalten. Sie trugen keine Uniform, sondern nur eine Kokarde an der Mütze, an welcher wir sie als „Semitanletten" erkannten. Als sie merkten, daß wir nicht allein waren,

Kragenabzeichen
des Bad. Sturm-Bataillons
Vorlage: Archiv Reiter gen Osten

Rittmeister von Jena, ehemals Führer des Freiw.-Det. Jena

Major Böckelmann, ehem. Führer des Bad. Sturm-Bataillons

2 Photos: Archiv Reiter gen Osten

verschwanden sie ziemlich plötzlich. Im Hause selbst fanden wir den Führer, der erklärte, hierher gesandt worden zu sein, um die Bevölkerung zu mobilisieren. Am nächsten Tage zogen wir auf der hügeligen Straße nach Wenden weiter. Es war uns gelungen, einige bekannte bolschewistische Missetäter dingfest zu machen. Kurz vor Wenden begegneten wir einer starken Kavalleriepatrouille. Obgleich wir ihr keine Hindernisse in den Weg legten und uns sehr zuvorkommend benahmen, machte der Führer einen äußerst mißtrauischen und unsicheren Eindruck. Die Brücke über die livländische Aa war bei Wenden notdürftig wiederhergestellt. Die Wache ließ uns passieren. Es waren eben eingezogene Leute, die über mangelnde Bekleidung und Nahrung klagten und einen sehr kriegsmüden Eindruck machten. Wir ließen gleichfalls Posten zurück. Als wir in Wenden einzogen, fühlten wir, daß die Lage sich zuspitzte. Aus jedem Fenster schauten Soldaten und maßen uns mit haßerfüllten Blicken. Durch die Straßen marschierten starke Formationen. Unsere Kavallerie saß auf dem Marktplatz ab. Davor lag die estnische Kommandantur. Der Kommandeur begab sich hinein und bat um Quartiere. Die estnischen und lettischen Offiziere erklärten, die Stadt sei überfüllt, wir sollten uns woanders welche suchen. Ihre Haltung war ablehnend, geradezu feindselig. Wir hatten das untrügerische Empfinden, als ob etwas gegen uns geplant würde. Wir bestiegen unsere Pferde, machten kehrt, um die Stadt zu verlassen, jeden Augenblick eines Angriffs gewärtig. In den engen Straßen und bei der vielfachen Übermacht wären wir unfehlbar bis auf den letzten Mann niedergemacht worden. Was wir in Wenden an Truppen sahen, machte militärisch einen schlechten und moralisch einen bolschewistischen Eindruck. Alles atmete auf, als man endlich die Stadt hinter sich hatte. Ein Schuß krachte, hoch über unseren Köpfen pfiff eine Kugel. Es erfolgte nichts weiter. Die müden Pferde mußten uns noch hohe Berge hinaus und hinab bis zum Gute Karlsruhe schleppen. Wir merkten, daß man uns beobachtete und ergriffen alle Vorsichtsmaßnahmen. Gegen Morgen wurde ein Mann verhaftet, der aussagte, einer Abteilung angehört zu haben, die sich in der Nacht zu „Übungszwecken" in unserer nächsten Nähe aufgehalten hatte. Er wurde freigelassen und beauftragt, seinen Vorgesetzten mitzuteilen, daß derartige Übungen zur Zeit besser zu unterbleiben hätten. Es erschien ein Gemeiner zu Pferd und überbrachte dem Kommandeur einen mit Bleistift geschriebenen, zettelartigen Brief, in dem dieser in unhöflichem und befehlsmäßigem Ton aufgefordert wurde, binnen 24 Stunden hinter die livländische Aa zurückzugehen, widrigenfalls die Feindseligkeiten eröffnet werden würden. Später stellte sich heraus, daß die Führer der beiden anderen Kolonnen ebensolche Ultimata erhalten hatten. Alle gaben dieselbe Antwort, indem sie sich als nicht befugt zur Entgegennahme anderer Befehle als von ihrem direkten Vorgesetzten erklärten und die

Schreiben an den Befehlshaber nach Riga sandten. Wir wußten nicht, wo sich die beiden anderen Kolonnen befanden. Zu unserer Freude stellten wir fest, daß die mittlere an der Bahn nur acht Kilometer von uns entfernt stand. Ich wurde mit einem Aufträge nach Riga gesandt und langte gegen Abend dort an. Bei der Ankunft traf ich den Adjutanten des Befehlshabers. Er fuhr an die Front, um mit den Esten zu verhandeln und sie für ein gemeinsames Vorgehen gegen die Bolschewiki zu gewinnen. Er hat keinen Erfolg gehabt. Zu den Verhandlungen fuhren die Esten mit Panzerzügen in unsere Linie.

Schwadron der Baltischen Landeswehr reitet in livländischen Gutshof ein
Photo: Heeresarchiv

Von Riga fuhr ich mit zwei Kameraden von der J. Schwadron zur Truppe zurück. Wir benutzten einen Transport, der aus der Maschinengewehrkompanie eines deutschen Freikorps bestand. Der Führer nahm uns freundlicherweise in seinen Wagen. Ich glaube, er hieß Leutnant Fischer. Am nächsten Morgen fiel er. Auch meine beiden Begleiter leben nicht mehr. Ein feiner Regen rieselte. Die deutschen Mannschaften, die gekommen waren, die Bolschewiki zu bekämpfen und zum erstenmal in ihrem Leben das Wort Esten hörten, schienen mir mißmutig. Die verwickelte politische Lage konnten sie naturgemäß nicht begreifen. Unser Zug war endlos lang. Ich konnte nicht schlafen, Sorgen um die Zukunft ver-

183

ließen mich nicht. Am Morgen kamen wir auf der letzten Station vor Wenden an. Es wurde sehr rasch ausgeladen. Man hörte fernes Schießen. Ich ging ins Stationsgebäude. Dort lagen Verwundete der 5. Stoßtruppschwadron. Die Esten hatten am vorhergehenden Tage die Feindseligkeiten eröffnet. Die 5. Schwadron hatte ein Gefecht mit einem estnischen Panzerzuge gehabt, dessen Führer getötet und ihn zum Rückzuge gezwungen, aber selbst sehr schwere Verluste erlitten. Wir fuhren auf der Chaussee in Richtung Wenden. Das Schießen verstärkte sich. Man hatte den Eindruck, daß wir nicht vorwärts kamen. Mitten auf der Chaussee, die an dieser Stelle unter Feuer lag, stand der Rittmeister von Jena, welcher befehligte. Die Maschinengewehrkompanie wurde sofort eingesetzt. Ich suchte zu den Stoßtruppschwadronen durchzukommen, was mir nicht gelang. So blieb ich bei der Batterie Barth. Das Feuer wurde immer stärker. Die Granaten der Panzerzüge schlugen bei uns ein. Barth war ein tüchtiger Artillerist. Stunde auf Stunde verging. Wir bildeten ungefähr das Zentrum der Stellung. Ich sah unsere Leute mehrmals vor- und zurückgehen. Endlich ließ das Feuer des Gegners nach. Wir drangen vor und besetzten Wenden. Obgleich der Feind stärker war, hatten wir ihn zum Rückzuge gezwungen. Unsere eigenen Verluste waren erheblich. Besonders beim Stoßtrupp und der deutschen Maschinengewehrkompanie, die sich sehr tapfer gehalten hatte. Wir merkten jetzt, daß wir es mit einem sehr gefährlichen Gegner zu tun hatten.

Auf dem Marktplatz lagen einige Tote. Die Stadt hatte wenig gelitten, da wir sie möglichst schonten. Nach ein paar Tagen griffen die Esten wieder an, wurden aber zurückgeworfen. Es wurde ein Waffenstillstand abgeschlossen, auf den näher einzugehen hier nicht der Ort ist. Vertreter der Entente beteiligten sich. Es war um die Zeit der Unterzeichnung des Versailler Friedensvertrages. Indem die Esten anfingen, uns einzukreisen, brachen sie den Waffenstillstand.

Nun begannen wir mit einer Gegenoffensive. Die Landeswehr unter Fletcher drang unter ständigen Kämpfen bis auf wenige Kilometer von Wolmar vor. Sie bildete den rechten, die Eiserne Division den linken Flügel. Das Terrain war sehr unübersichtlich. Der Gegner zog immer neue Verstärkungen heran. Wir hatten wachsende Verluste. Die Begeisterung, wie sie sich den Bolschewiki gegenüber äußerte, fehlte. Der Prozentsatz der kaum ausgebildeten, seelisch und körperlich in der roten Schreckenszeit mitgenommenen jungen baltischen Soldaten war groß. Die Gebirgsbatterie von Medem wurde fast aufgerieben.

Wir gingen zurück, erst langsam, dann immer schneller.

Ein wilder Ritt

Von Rittmeister W. v. Engelhardt, ehem. Führer der Kavallerie-Abteilung v. Engelhardt

Laut der Disposition des Vormarschbefehls vom 30. Mai wurde meine Kavallerie-Abteilung der Kolonne des Rittmeisters Jena zugeteilt und schloß sich dieser am 31. Mai bei Bonaventura an, wo wir in den zwei beieinander liegenden Krügen Nachtquartier bezogen hatten, da der Gutshof Bellenhof bereits besetzt war.

Auf schnurgerader breiter Chaussee ging es mit Gesang in den sonnenhellen, goldig-frischen Morgen hinein, als erste vor der Kolonne. Schon nach einigen Kilometern begegneten uns einzeln und in kleinen Trupps feindliche Soldaten, meist zerlumpte, verwegene Gestalten, die ihre Gewehre weggeworfen hatten und nach Riga strömten, um sich dort gefangen zu geben.

Frohen Muts und in voller Hoffnung lösten wir uns von der Kolonne und zogen in Gewaltmärschen die staubige, sonnendurchglühte Chaussee weiter nach Osten zu, ohne mit dem Feinde Fühlung zu bekommen. Unser Marsch führte uns durch reiches, fruchtbares Feld- und Wiesengelände, eingefaßt von herrlichen, geschonten Forsten des Schlosses Adsel. Das dem gleichen Besitzer gehörende Gut Treppenhof bestach das Auge durch Bauten, Parkanlagen und landschaftliche Schönheit. Im mit Maschendraht umgebenen Wildpark weideten Kühe. Am Himmel hatte sich rechts von uns ein schwerer, dunkler Wolkenrand gebildet, der Wind sprang auf und rauschte in den hellgrünen Wipfeln der Birken und in den dunklen Spitzen der kerzenschlanken Fichten. Nun hieß es, noch vor Ausbruch des Wetters Schwarzbeckhof zu erreichen. Kommandoruf erschallt, die Gangart wird zu scharfem Trabe verschärft, und noch vor dem ersten schweren Regentropfen passierten wir das Flußtal durch eine Furt, da die Brücke von den Bolschewiki abgebrannt worden war. Hinter dem Hof war aber noch eine zweite Brücke in moorigem Gelände abgebrannt, und so mußte hier eineinhalb Stunden gewartet werden. In Strömen rasselte warmer Gewitterregen auf die durstige Erde hinab, Feld und Wiese zu reicher Ernte befruchtend. Wir hatten unsere Pferde in langen, offenen Sommer-

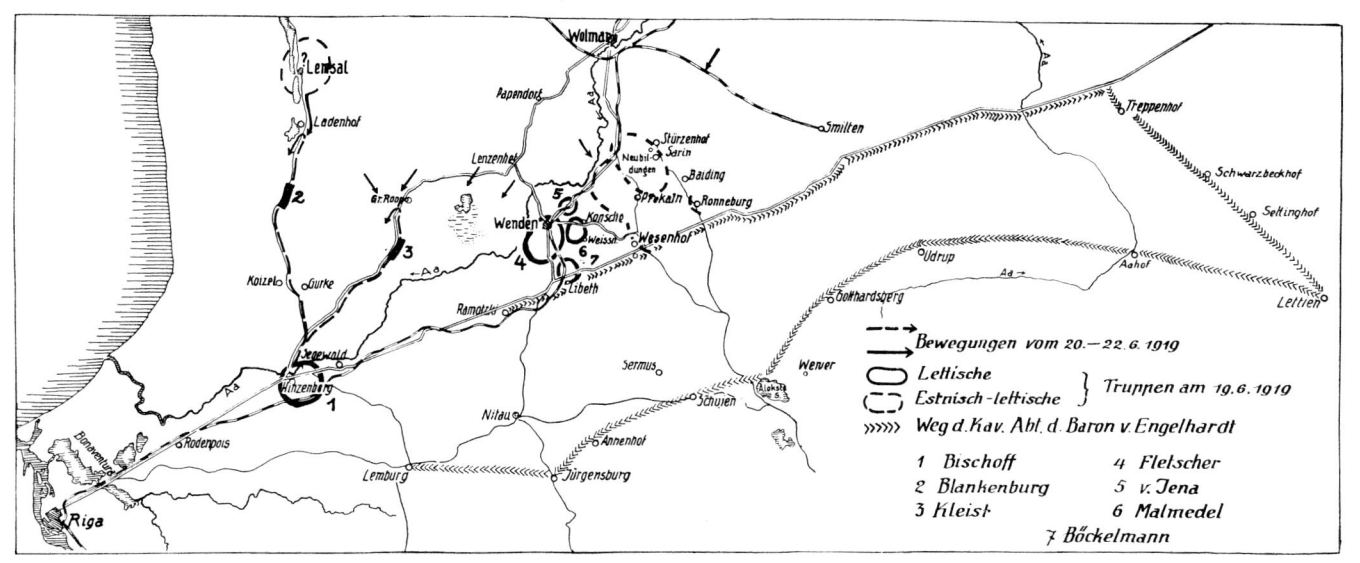

Übersichtskarte für die Kämpfe um Wenden und den Patrouillenritt der Kavallerie-Abteilung Engelhardt
Zeichnung: Roederer, Berlin

ställen untergebracht, woselbst sich noch gutes, altes Heu vorfand, und wir Reiter stärkten uns mit Butterbrot und Eiern, die wir unterwegs eingekauft und in unseren Satteltaschen verstaut hatten. Die freundliche Verwaltersfrau nötigte mir noch zehn Stück hartgekochte Eier auf, und als ich diese bezahlen wollte, wies sie solches entrüstet zurück. Im Gutsgebäude hatten die roten Brüder auch gehaust, die Felder aber waren alle bestellt, die Wirtschaft in vollem Gange, Vieh und Pferde noch genügend vorhanden. Inzwischen war das Gewitter vorübergezogen und die Brücke repariert worden. Wir sprangen in die Sättel und ritten in den frischen, goldschimmernden Park hinein, auf aufgeweichten Landstraßen, in deren Wasserpfützen sich die Mittagssonne strahlend spiegelte. Das lieblich und vertraut klingende Pfeifen des großen Regenpfeifers schallte von den weiten Flußwiesen herüber, um die sich ein dichter grüner Kranz schönen Mischwaldes legte. Ein Eldorado für den Jäger, das sahen wir der Gegend auf den ersten Blick an: viel Sumpfwild, aber auch kapitales Gehörn führendes Rehwild, die markigen Urgestalten südländischen Elchwildes und den leisen Balzgesang des großen Hahnes, das zauberte mir mein Jägergemüt vor die schönheitstrunkenen Blicke. Nach längerem Marsch erreichten wir die geräumige Hoflage des Gutes Seltinghof. Auch hier war die Brücke übers Flüßchen gesprengt. Nach kleinem Umweg ritten wir in den Hof ein und fanden das riesige Herrenhaus ratzekahl ausgeräumt, dafür aber gute Ställe und freundliche Aufnahme von seiten der Hofsleute. Fröhliches, reges Biwakleben war in das einsame, stille Herrenhaus gekommen. Die Trainwagen wurden ausgepackt, die Pferde zur Tränke geritten. Dort loderte ein helles, immer wieder aufflammendes Strohfeuer, um das ein Kreis dunkler Gestalten mit Kochgeschirren, Messern und Gabeln hantierte, um ein für die Abteilung gekauftes Schwein aufzuteilen. (An Stelle des örtlichen roten Müllers brachte nämlich eine nach ihm gesandte Patrouille ein Schwein.) Dort liefen die Reiter mit den Futterkörben zur Haferausgabe, dort lagerte sich ein kleiner Kreis um die Sänger, aus deren frischen jungen Kehlen schöne Soldatenlieder erklangen. In den Fenstern und Türen lehnten die Frauen und Mädchen und sahen mit lachenden neugierigen Augen in dies fremde sorglose Treiben.

Rittmeister W. Baron Engelhardt, ehemals Führer der Baltischen Kavallerie-Abteilung Engelhardt
Photo: W. Baron Engelhardt, Berlin

Von Seltinghof brachen wir am 5. Juni um 3 Uhr morgens auf, voll guter Hoffnungen auf das Gelingen unserer Pläne, da nach den gesammelten Daten und Nachrichten ein Teil der roten Armee mit ihrem Train und schwerer Artillerie noch in den Schwaneburg-Seßwegenschen Wäldern stecken sollten.
Nach dreistündigem Marsche haben wir lettisches Terrain erreicht, eine schöne, lindenbegrenzte Allee

Oberstab der Baltischen Landeswehr

O.St.Qu., den 12.6.19.

Tagesbefehl No 119.

Parole für den 12.6.19 von 6 Uhr abends an: „Wolga".

Frontbericht:
  Frontlage unverändert.

1) I. Die Abteilung Engelhardt, welche in Gewaltmärschen dem weichenden bolschewistischen Gegner nachgesetzt ist, hat gestern nach Durchbruch der estnischen Front die Landwehr wieder erreicht.
Ich spreche dem tapferen Führer und seiner hervorragenden Truppe meine vollste Anerkennung aus. Mir ist eine grosse Sorge vom Herzen, so brave Männer wieder bei uns zu wissen.
  Der Oberbefehlshaber
  gez. Fletcher.

Tagesbefehl des Oberstabes der Baltischen Landeswehr nach der Rückkehr der Kavallerie-Abteilung Engelhardt von ihrem Patrouillenritt hinter die estnische Front

Photo: W. Baron Engelhardt, Berlin

---

führt durch weite, schöne Roggenfelder, eine große Herde roten Anglerviehes bevölkert den Kleeschlag; die Wirtschaft scheint hier in vollem Gange zu sein. Dort tauchen auch schon die weißen Mauern und roten Dächer der Wirtschaftsgebäude auf. Wir biegen den großen Weg links ein und reiten unter den ersten schweren Tropfen des einsetzenden Gewitterregens vor das Herrenhaus, um welches kriegerisches Leben brandet. Ein Wagenpark steht in Reih und Glied, Gruppen waffenloser Soldaten in Räuberzivil stehen plaudernd und rauchend zusammen. Einige Offiziere in russischen Soldatenmänteln treten an uns heran und fragen, wer wir sind und woher wir kommen. Hier stände seit vorgestern ein Bataillon des 2. estnischen Infanterie-Regiments, hier sei die estnische Front und die Bolschewiken kämen noch täglich bis zur Station Sitta mit einem Panzerzuge, dessen grollende Stimme wir bereits während des Rittes vernommen hatten.

Am nächsten Morgen stand unsere Reiterabteilung marschbereit für das gestern geplante Unternehmen, als ein Offizier mich zum Bataillonskommandeur bitten ließ, um noch einige Fragen näher zu besprechen. Im Stabsquartier wurde mir eröffnet, daß der Regimentskommandeur solche Unternehmungen von unseren Leuten nicht gern sähe, da hier ihre eigene Front sei, und er ließe mich bitten, keinerlei Aufklärungspatrouillen und -ritte zu unternehmen, bis sich die beiden Stäbe, die miteinander verhandelten, geeinigt hätten. Ich lehnte solchen Wunsch ab, für mich seien die Befehle und Instruktionen unseres Oberbefehlshabers bindend, und ich würde von mir aus alles tun, was den Bolschewiken Schaden und Abbruch tun könnte. Dann würde es zu einem blutigen Zusammenstoß kommen, sagte mir der Bataillonskommandeur in ernstem Ton. „Sie, Herr Kapitän, tragen dann aber die volle Verantwortung und vielleicht sprechen Sie sich noch mit Ihrem Regimentskommandeur aus." Der Kapitän klingelte an und nach zehn Minuten hatte ich telephonische Verbindung mit dem Regimentskommandeur. Das Resultat war die Bitte, ein bis zwei Stunden abzuwarten, dann würden wir endgültigen Bescheid erhalten. Ich gab mich damit zufrieden, ließ absatteln und wartete auf die versprochene Nachricht. Einige Stunden vergingen — wir hatten den herrlichen Park und die wunderschönen Gärten, die großangelegten Hofanlagen nebst nächster Umgebung kennengelernt und sogar einen Abstecher bis zur gesprengten Eisenbahnbrücke gemacht, um für den geplanten Angriff auf den Panzerzug die technischen Fragen an Ort und Stelle zu besprechen, als mir erst gegen Abend der Bataillonskommandeur mitteilte, daß wir gebeten würden, keinerlei Unternehmungen und Ritte zu machen, er dürfe uns nicht durch ihre estnische Front lassen. Inzwischen trafen weitere alarmierende Nachrichten ein: Die Verbindung zwischen unseren drei Zügen war durch aufgestellte estnische Feldwachen gegen Abend gesperrt worden. Ein Fahrer war von 20 estnischen Soldaten entwaffnet, zuletzt aber wieder mit Waffen losgelassen worden. Die estnischen Soldaten hatten ein Meeting abgehalten, auf dem beschlossen worden war, uns am nächsten Tage zu überfallen und zu entwaffnen.

Mitten in Feindesland sind wir, 150 Kilometer hinter der Front — es müssen eben inzwischen Verhältnisse eingetreten sein, die wir nicht kennen. Aber jetzt ist eins klar: Die Esten stellen sich feindlich, und die unsrigen sind wer weiß wie weit von uns entfernt, ohne Möglichkeit uns zu helfen, also sind wir nur auf uns selbst angewiesen.

Ungehindert passieren wir die Feldwache und vereinigen uns gleich hinter ihr mit dem schon auf uns wartenden dritten Zuge, während ein Teil des Trains noch im letzten Augenblick auf einem kleinen Nebenweg auf etwa 400 bis 500 Schritt Entfernung der Feldwache entging. Rittmeister Müller, der zurückgeblieben war, trifft hier auf 20 ansprengende estnische Reiter, die augenscheinlich der Feldwache zugeteilt gewesen waren und versucht, sie in estnischer Sprache von offenen Feindseligkeiten abzuhalten. Da reißt einer der Reiter den Karabiner vom Rücken — Rittmeister Müller gibt seinem Pferde die Sporen, und schon knallt es lustig hinter uns her. Die Kugeln singen und pfeifen, und das eine MG.-Pferd schlägt hart in den Graben. Plötzlich setzt lebhaftes MG.-Feuer ein. Ich kehre meinen Gaul herum, nehme den Karabiner vom Rücken und eröffne das Feuer vom Pferd aus auf die uns verfolgenden Reiter. Am Horizont zieht in schneller Fahrt unser Train, dazwischen ackern einige Bauern. Jetzt schlägt MG.-Feuer über die Fläche hin, auf der in voller Karriere Tiedjens auf seiner scharfen kupierten Stute herankommt. Das MG. tackt wie toll. Näher, immer näher kommt der Reiter. Plötzlich überschlägt sich die Stute in vollem Lauf, und Roß und Reiter bleiben im offenen Gelände liegen, sofort ist ein zweiter Reiter zur Stelle und hilft den Gefallenen auf die Beine, im tollsten Feuer schwingt sich dieser aufs Pferd und beide schließen sich unversehrt den anderen an. Ein leichter Streifschuß im Nacken hatte die Stute zu Fall gebracht. Inzwischen ist einer der pflügenden Bauern von einer verirrten estnischen Kugel getroffen, der zweite flüchtet in wilden Sätzen dem Walde zu, während der Gaul ruhig im Felde grast.

Über bergiges Terrain mit starker Nachhut und weit vorgeschobener Spitze zogen wir den Aaübergängen zu. Waren sie vom Feinde besetzt, so mußten wir uns durchschlagen oder weiter südlich den Durchbruch nach Riga versuchen. Auf dem Wege trafen wir drei Infanteristen in grauen, russischen Soldatenmänteln, die schon von weitem ein weißes Tuch schwenkten, sie trugen rot-weiß-rote Kokarden und waren Letten, die von den Esten gewaltsam mobilisiert worden waren, aber angeblich nicht kämpfen wollten, sondern nach Hause eilten, um sich weiter in ihren landwirtschaftlichen Betrieben zu betätigen. Zur Mittagszeit ritten wir in den Flecken Aahof ein, passierten die Aa und lagerten uns im Hakelwerk bei der Apotheke, wo schnell Kotelette aus frischem Rindfleisch hergestellt und hungrig verspeist wurden. Von hier wurden zwei Mann auf einem requirierten Fuhrwerk nach Seltinghof — 17 Kilometer von hier entfernt gelegen — geschickt, um sich zu vergewissern, ob nicht unsere Kolonne unter Rittmeister Jena dort programmmäßig eingetroffen war; wir ahnten ja nicht, daß sie schon gleich am zweiten Vormarschtage bei Ramotzky den Weg von estnischen Truppen versperrt fand und an den inzwischen stattgefundenen Kämpfen bei Wenden teilgenommen hatte. In das friedliche Treiben kommt plötzlich Bewegung. Meldung von Posten an der Aabrücke, daß feindliche Schützenketten sprungweise auf das Hakelwerk zugehen, Kommandorufe erschallten und in fünf Minuten steht die Abteilung vor den gesattelten Pferden und wartet auf die Rückkehr der zur Aufklärung gesandten Patrouille. Blinder Alarm; ein Haufen Schuljungen übte im Kriegsspiel das sprungweise Vorrücken der Schützenkette. Inzwischen war es 5 Uhr nachmittags geworden, die Abteilung rückte ab und zog in schlankem Trabe durch alte, schöne Kiefernforsten, auf sandigen Wegen, über Bruch und Halde, immer nach Westen zu. Eine Patrouille von zwei Mann wird zur Beobachtung der großen Chaussee zum Udrupkruge vorausgeschickt. Graue Abendschatten legen sich auf die liebliche Landschaft, die Herden werden hereingetrieben, der Hirtenjunge bläst auf dem Kuhhorn und nichts gemahnt daran, daß Krieg ist und jeden Augenblick ein scharfer Büchsenschuß den Abendfrieden stören kann.

Auf kleinen gewundenen Wegen geht es in die Palzmarschenwälder hinein, es wird so dunkel, daß man einen drei Schritt vorn reitenden Kameraden nicht mehr sehen kann. Stunde um Stunde verrinnt, immer noch Wald, Wald und wieder Wald, bald hochstämmige Kiefernforsten, bald junger Mischwald und herrliche weite Hochmoore und Brüche, wo noch Elchwild und Auerhahn ihr verschwiegenes Leben führen.

An der nächsten Buschwächterei endet die Weisheit unseres im Udrupkrug angenommenen Führers. Er

Kavallerie-Abteilung der Baltischen Landeswehr auf dem Vormarsch   *Photo: Heeresarchiv*

Gefangene estnische Truppen, die mit französischen Stahlhelmen ausgerüstet sind
Photo: Heeresarchiv

wird entlassen und Baron Buddenbrock reitet ans Gehöft heran. Ein längeres Parlamentieren durchs offene Fenster und nach zehn Minuten langer Pause setzt sich der Zug wieder in Bewegung, im Sattel des Handpferdes der neue wegkundige Führer.

Auf hohem Hügelkamm liegen zwei Bauernhöfe mittendrin im herrlichen Waldmeer, bei deren freundlichen Bewohnern unsere drei Züge Ruhequartiere bezogen haben. Tief unten am Waldessaum weiden unsere braven Gäule, die trotz der verringerten Hafergaben täglich ohne Rasttag 60 bis 75 Kilometer pro Marschtag machen, auf tiefen, sandigen und bergigen Wegen, im glühenden, prallen Sonnenbrande. Hier stößt zu uns der schon verlorengegebene Train des zweiten Zuges, der im Laufe eines Tages fast 100 Kilometer gemacht und von seinem Führer, Graf Kayserling, meisterhaft auf kleinen Wald- und Feldwegen aus der feindlichen Zone herausgeführt worden war. Die Freude war groß, unsere verlorengeglaubten Kameraden wieder bei uns zu haben. Hier wurde aber auch der Beschluß gefaßt, den Train aufzulösen, alles unnütze Gepäck aufzuteilen oder in Verwahrung zu geben und sich zu einer leichten, berittenen Kolonne zu formieren, mit der auch auf den kleinsten Waldwegen operiert werden konnte. Bald bot der stille Bauernhof das Bild eines Jahrmarktstreibens dar. Alles Mögliche lag zum Kauf und Tausch aus, alte Kleider, Stiefel, Geschirre, Proviantartikel, Brack- und Reitpferde, Geld, Eier, Butter, Brot, wurden von den bäuerlichen Kontrahenten dagegen geliefert und zu beiderseitiger voller Befriedigung wurde das Geschäft restlos in kürzester Zeit liquidiert. Von hier aus übernimmt die Spitzenführung der hier mit Weg und Steg vertraute Bevollmächtigte von Palzmar, Baron Buddenbrock. Man nimmt Abschied von den braven

Waldbauern, die Pferde werden gesattelt und bald taucht der lange seltsame Reiterzug wieder im Waldesdunkel unter, um erst gegen Abend desselben Tages in das offenere Gelände, hinter dem Gute Gotthardsberg gelegen, aufzutauchen, dessen schöne hochstämmige Waldpartien mir noch lebhaft in Erinnerung sind. Um 3 Uhr morgens rasten wir an einem hübschen waldumgebenen Mühlenhof, da trägt uns der leichte Morgenwind aus weiter Ferne Kanonenschläge zu. Rasch ist der Kompaß zur Hand — eingestellt und zur Karte gebracht — genau die Richtung auf Wenden oder gar Ramotzky — hurra — also die unsrigen sind nicht auf Riga zurückgedrängt; wir kommen noch durch.

Und bald müssen wir aus der Demarkationslinie heraus sein, von der in dem uns erst heute in die Hände gefallenen Anschlage mit dem estnischen Ultimatum vom 4. Juni die Rede war.

Nach vorsichtigem Überschreiten der großen Straße zog unsere Abteilung über ein seendurchsetztes Hochplateau von Gesinde zu Gesinde, bis wir gegen Mittag am Nordende des großen Alokstsees eintrafen und auf einer verschwiegenen Waldwiese haltmachten, um Pferde und Menschen die wohlverdiente dreistündige Mittagsrast zu gönnen. Abgekocht durfte nicht werden, denn von der anderen Seite hatten die Posten Gesang von Soldatenliedern gemeldet. Ein kaltes Mittagsmahl aus den Vorräten der Satteltaschen mit einem Schluck Portwein genügte uns vollauf, und bald lagen am kühlen Waldesrande die gesamten Mannschaften und schnarchten in das tiefe Waldesschweigen und die mittagssonnendurchglühte Landschaft hinein. Um 3 Uhr mittags wird gesattelt und in langer Reihe zu einem geht es im Schutze des waldigen Geländes am See entlang, bis uns ungeschütztes Gelände wieder aufnimmt und wir die Marschlinie zu zweien wieder aufnehmen können. Die Nachhut ist versteckt weiter zurückgeblieben, und die Spitze reitet einen halben Kilometer vor uns. Es gilt, unbemerkt die große Lubahner Heerstraße zu passieren, dann ist die Hauptgefahr für die kleine Abteilung vorüber. Alle Blicke sind gespannt auf die weißschimmernde Schlangenlinie des Weges gerichtet, die durch bergiges Land und offene Wiesenfläche führt. Die Tête hält, weit vorn wirbelt eine Staubwolke auf, die Gläser suchen die Ferne ab, nichts vom Feinde zu sehen, eine Herde Vieh hat den Staub auf der Landstraße aufgewirbelt. Vor uns verliert sich der schmale Gesindeweg in ein weites offenes Wiesengelände, wir passieren einen kleinen Flußlauf, dann kommen wir auf die Straße und gehen im scharfen Trabe bergan, zu unserer Rechten eine weite weißschimmernde Fläche, ein weites Moor mit blühendem Wollgras. Nun biegt die Hetze vor der großen Straße nach links, quer über ein Feld, und eine lange, von hohen Hügeln umsäumte Mulde nimmt uns schützend auf.

Unser heutiges Marschziel ist Schujen, der Karte nach in offenem Gelände, aber schon hinter der Demarkationslinie. Die Abendschatten werden dunkler und länger, der Weg windet sich hin und her, ein großer Landweg wird überquert und auf etwas höherem Landrücken leuchten die Dächer eines größeren Gehöftes hervor, der Lage nach muß das Schujen sein. Von der Spitze kommt die Meldung: Quartier muß geteilt werden in zwei nebeneinanderliegenden Gehöften. Vor uns liegt Schujen mit besserer Unterkunft, nebenan ein Beihof. Die Frage wird bald durch Schiedsspruch entschieden. Die Quartiermacher losen und zwei Züge beziehen in Kleinschujen ein ärmliches Quartier, inmitten einer durch und durch bolschewistischen Bevölkerung. Heute bleiben die Pferde auf den Weidegang beschränkt, kein Hafer ist erhältlich und doch haben wir noch eineinhalb Tagesmärsche vor uns. Glutrot geht die Sonne im Westen unter, über die Wiesen und Äcker senkt sich die frische Kühle der Nacht, und bald stören das tiefe Nachtschweigen nur die gleichmäßigen Schritte des wachthabenden Postens. Erquickt durch kurzen, aber tiefen Schlaf, strömt die Mannschaft schon um 5 Uhr auf den Hof zum Brunnen hin, wo eine eingehende Säuberung vom Schweiß und Staub vom letzten Marsch vorgenommen wird.

Noch ein Nachtquartier vor Riga, und dann schon das nächste bei den Lieben in Riga. Vorsicht ist aber heute noch geboten, da die Stellung Ballods noch unbekannt ist. Mit den gleichen Sicherungen reitet die Abteilung durchs offene Feld- und Buschgelände, bis wir endlich wieder in kühlen Waldesschatten tauchen. Das schön gelegene, von örtlichen Einwohnern ausgeraubte Gut Annenhof wird passiert, dann biegen wir nach links von der großen Straße ab und erreichen um die Mittagszeit das Gut Jürgensburg, 20 Kilometer von meinem schönen, lieben Gut Altenwoga entfernt. Wie sieht dieser einst herrliche Herrensitz heute aus; hier haben die Russen schon übel gehaust und die Deutschen im Herbst 1917 die breite sogenannte „tote Zone" geschaffen. Inmitten des verwilderten Parks und eines noch geschlossenen, in voller Blüte stehenden Obstgartens, die Trümmer und Restmauern großer, massiver Wirtschaftsgebäude und des ausgebrannten Schlosses; nur vor der Einfahrt prangen noch die Granitobelisken als Zeugen verschwundener Pracht und Herrlichkeit.

Der nächste Rastplatz ist das verhältnismäßig noch gut erhaltene Schloß Lemburg mit wunderschönen, englischen Parkanlagen und Gärten, etwas abseits von der großen Straße gelegen. Am Wege angelangt, kommt zu uns ein Spitzenreiter in scharfer Gangart herangetrabt mit der Meldung, daß eben feindliche Kavallerie von der anderen Seite in den Hof einrückt. Der Zug hält, eine Aufklärungspatrouille soll in den Hof geschickt werden; da kommt die Meldung von vorn: blinder Alarm. Nur ein langer Leichenzug war die Allee entlanggezogen.

Im Schloß stand eine Ballodsche Telephonabteilung, uns scheinbar freundlich gesinnt. Ein befreites Aufatmen geht durch unsere Reihen, nun sind wir geborgen und können mit Riga die seit zehn Tagen unterbrochene Verbindung wieder aufnehmen.

Lager Wolmarshof

Das Martyrium der Baltikumer in lettischer Gefangenschaft

Von Erich Manz

Wer erinnert sich heute noch der Leiden der Kameraden, die in lettische Gefangenschaft fielen? Ich war sechs Monate Gefangener im Lager Wolmarshof und wundere mich heute noch, wie ich dieser Hölle entkommen konnte. Die traurigen Erinnerungen daran würden allein ein Buch füllen. Ich will nur zwei Szenen davon herausgreifen, um zu zeigen, wie Baltikumkämpfer, damals fern der Heimat, enden mußten.

Eines Tages wurden in unserer Baracke zwei Leute eingeliefert. Der eine war neu. Er war ein Kornett der Baltischen Landeswehr. Der andere hatte vor einigen Tagen mit einem Kameraden einen Fluchtversuch gemacht. Sie waren bis Sägewold gekommen. Dort wurde der Freund plötzlich krank. Er hatte Fleckfieber und bat, der andere solle seine Flucht allein fortsetzen. Der wollte aber nicht, und wußte sich nicht anders zu helfen, als einen lettischen Bauern zu Hilfe zu holen. Der holte sie in einem Panjewagen ab und lieferte sie in Sägewold der Kommandantur aus. Dort erhielten sie zunächst eine Tracht Prügel, und dann wurden sie nach

Wolmarshof zurückgebracht. Der Freund, dessen Zustand sich erheblich verschlimmert hatte, wurde in die Krankenbaracke eingeliefert.

Die beiden Ankömmlinge waren noch keine Stunde da, als ein lettischer Posten erschien und sie abholte. Eine halbe Stunde später schleppten sie sich wieder in die Baracke, völlig zerschlagen. Man hatte sie in der Kanzlei auf eine Bank geschnallt und mit Reitpeitschen bearbeitet. Dem Kornett half es gar nichts, daß er immer wieder beteuerte, daß er ja mit der Flucht gar nichts zu tun habe. Die Prügel, die er erhielt, galten eigentlich dem Kranken. Wir erzählten dem Posten den Irrtum, der aber nur darüber lachte.

Einige Tage später wurde auch der zweite Flüchtling in unsere Baracke eingeliefert. Bleich und bis zum Skelett abgemagert, saß er mit seinem Freunde am Abend still in einer Ecke und beteiligte sich mit keinem Wort an der allgemeinen Unterhaltung.

Am andern Morgen exerzierten die Wachsoldaten vor dem Lager auf einem freien Platz. Plötzlich erschienen zwei Posten und holten die Ausreißer ab. Bange Ahnungen erfaßten uns. Dicht belagerten wir die Fenster, jeder wollte sehen, was draußen vorging. Die Posten verschwanden mit den beiden hinter der Kanzlei nach dem Park zu. Ein Lette kam von dort zurück und machte dem Kommandanten eine Meldung. Das Wachkommando rückte ab. „Die sollen erschossen werden", sagte einer von uns. „Das werden sie nicht wagen", fiel ihm ein anderer ins Wort. In atemloser Stille wartete alles. Alle Nerven waren gespannt. Jeden Augenblick glaubten wir die Schüsse zu hören. Aber die Minuten dehnten sich zu Ewigkeiten. Keiner sprach ein Wort. Vermutungen wurden laut, daß man sie vielleicht erst verschleppt habe. Es war eine harte Geduldsprobe. Plötzlich erschien an der Ecke des Hauptgebäudes eine Gestalt. Sie trug eine Last auf dem Rücken und kam langsam auf das Lager zu, begleitet von zwei Posten. Es waren unsere beiden Kameraden. Alles eilte bei uns an das Tor. Taumelnd trug der eine seinen ohnmächtigen Kameraden, es war der Kranke, auf seinem Rücken ins Lager. Am Tor nahmen hilfsbereite Hände die Last ab. Wir schleppten beide in unsere Schlafräume auf die Pritschen und wuschen den Ohnmächtigen mit kaltem Wasser ab. Währenddessen saß der Gesunde mit stierenden Augen, kalkweiß im Gesicht, auf der Pritsche und starrte zum Fenster hinaus. Auf Fragen gab er keine Antwort. Als der Kranke wieder zu sich gekommen war, entrollte sich vor uns ein fürchterliches Bild des Schreckens.

Die Posten hatten sie im Park auf eine kleine Lichtung geführt. Ein Lette habe ihnen zwei Spaten gebracht und ihnen geheißen, eine Grube zu graben. Nach einigen Spatenstichen brach der Kranke zusammen, aber ein Lette schlug so lange mit dem Gewehrkolben auf ihn ein, bis er sich, stöhnend vor Schmerzen, wieder erhob. Als er bald darauf wieder zusammenbrach, rannte ein Lette zur Kanzlei, um eine Peitsche zu holen, mit der er dann unablässig auf den Kranken einschlug. Doch der hatte alle Besinnung verloren. Der andere grub indessen so tief, wie es die Letten haben wollten. Da kam das Wachkommando in den Park marschiert. Vor ihnen nahm es Aufstellung. Sie mußten sich mit dem Gesicht zu den Letten zu aufrichten. Jetzt erfaßten sie, daß ihre letzte Stunde geschlagen hatte. Sie drückten sich die Hand und wünschten sich ein letztes Lebewohl. Der Führer kommandierte. Fünfzig Gewehrläufe sahen sie auf sich gerichtet. Die Sekunden wurden zu Ewigkeiten. Kam noch nicht das erlösende Kommando? Sie wurden unruhig. Da — ein Kommando! Aber was war? Die Letten nahmen Gewehr bei Fuß. Hatte man sie begnadigt? Der Kommandant lächelte höhnisch. Die Abteilung marschierte ab. Vier Posten blieben in der Nähe. Neue Schritte. Die Wache kam zurück. Wieder machte sie Front vor ihnen. Sie legten an. Unendliche Sekunden. Der Kranke brach zusammen. Ein Lette mit einer Peitsche hieb so lange auf ihn ein, bis er sich wieder aufraffte. Die Letten zielten wieder, dann ein paar Kommandos, und sie rückten wieder ab. Zehn Minuten später erschien die Abteilung wieder. Dasselbe Manöver. Jetzt brach der andere mit seinen Nerven zusammen. „Schießt, ihr Hunde!" brüllte er, aber macht dieser Quälerei ein Ende!" Dann stürzte er hin. Peitschenhiebe brachten ihn wieder in die Höhe. Was dann geschah, wußte keiner mehr richtig, bis wir sie am Tor in Empfang nahmen. Der andere hatte diese Erzählung apathisch angehört.

In der Nacht nach diesem schrecklichen Tage erwachten wir durch wirre Schreie und Seufzer. Der Kranke hatte einen Rückfall erhalten und phantasierte. Der andere saß auf seiner Pritsche, mit dem Rücken gegen die Wand, die Füße angezogen. Die Hände wie zum Schutze ausgestreckt, stierte er vor sich hin. Am andern Morgen holten die Letten den Kranken ab. 24 Stunden später war er tot. Der andere bekam plötzlich einen Tobsuchtsanfall. Nur mit Mühe konnten ihn die Kameraden bändigen. Er wurde in eine Irrenanstalt überführt, wo er auch einige Tage später starb. Zwei Kameraden waren grundlos von ihren lettischen Peinigern in den Tod getrieben worden.

Noch schlimmer erging es zwei anderen Kameraden. An einem Oktoberabend brachte ein lettischer Posten zwei Deutsche ins Lager zurück, die in der Nacht vorher geflüchtet waren. Ein Bauer hatte sie etwa fünfzehn Kilometer vom Lager entfernt gesehen und sie festnehmen lassen.

Am andern Morgen wurde sonderbarerweise nicht zur Arbeit angetreten. Erst gegen Mittag mußten wir in Gruppenkolonne heraustreten, etwa fünfzig Posten verteilten sich auf die beiden Seiten der Kolonne, und dann wurde nach dem benachbarten Gefangenenlager Neulandshof marschiert. Die Gefangenen dieses Lagers waren auch angetreten. Ein Lette hieß die beiden Ausreißer vortreten. Der eine war ein Unteroffizier, etwa 21 Jahre alt, aus Düsseldorf. Der andere war ein blutjunges Kerlchen, höchstens 18 Jahre alt, aus Köln. Beide mußten in die Hauptkanzlei eintreten. Inzwischen brachten uns Letten sechs Spaten. Die ersten sechs Mann in unserer Kolonne erhielten je einen Spaten in die Hand gedrückt. Nach kurzer Zeit traten unsere beiden Kameraden wieder aus der Kanzlei, bleich und verstört, hinter ihnen der Lagerkommandant mit mehreren Offizieren. Der junge Kölner weinte, er drängte sich durch die lettischen Posten. Er wollte zu uns herüberkommen, aber die Letten stießen ihn nach der anderen Seite. Händeringend ging er auf den Kommandanten zu, aber der kümmerte sich gar nicht um ihn. Er rief den Posten einige Worte zu, die ihn zu seinem Kameraden zurückdrängten. Der Unteroffizier starrte nur vor sich hin. Er hielt sich tapfer und stützte seinen Kameraden, der zusammenzubrechen drohte.

Wir mußten nach einer Anhöhe marschieren. Am Rande eines kleinen Parkes, auf einem Wiesenhang, standen die beiden unglücklichen Kameraden. Uns gegenüber, auf der anderen Seite, hielt der Kommandant mit einer Gruppe von Offizieren. Dazwischen bildeten etwa fünfzehn bis zwanzig Letten eine Schutzlinie.

Die Gefangenen kamen in Aufruhr. Der Unteroffizier hatte den Kölner um die Schulter gefaßt, der heftig schluchzte. Plötzlich riß sich der Junge los und stürzte händeringend auf den Kommandanten zu. Wir konnten es nicht verstehen, was er sprach; aber schon der Anblick drehte uns das Herz im Leibe um. Der Kommandant aber versetzte dem Jungen einen Fußtritt. Posten kamen und schleppten den Kölner zu seinem Kameraden zurück, der immer wieder auf ihn einsprach. Befehle schallten herüber. Der Kommandant hob den Arm. Die Letten legten ihre Gewehre an. Lautlose Stille herrschte. Alles starrte wie gebannt auf die Kameraden. Arm in Arm standen sie da und erwarteten das Ende. In diesem Augenblick senkte der Kommandant den Arm. Eine Salve krachte, zwei, drei Schüsse hallten nach. Die Kameraden drüben stürzten in die Knie, fielen um, schrien und wälzten sich im Grase. Der Unteroffizier raffte sich noch einmal hoch, ballte die Faust gegen den Kommandanten, schrie zu ihm hinüber, blutüberströmt brach er dann zusammen, neben seinem Freunde, der noch immer gellend schrie. Endlich ermannten sich zwei Letten unter den ratlos herumstehenden Schützen, sie traten zu dem Schwerverletzten heran und jagten ihm aus nächster Nähe einige Kugeln in den Kopf. Der Bann unter uns war gebrochen, laut stießen wir Verwünschungen aus und hoben drohend unsere Fäuste dem Kommandanten entgegen, der diesen bestialischen Mord auf dem Gewissen hatte. Zwei Maschinengewehre wurden vor uns in Stellung gebracht. Der Kommandant schrie uns an, er wolle noch mehr erschießen, wenn wir nicht Ruhe geben würden. Sechs Mann sollten kommen und die beiden Toten einscharren. Leutnant Winterhalter und Leutnant Baumgarten sollten darunter sein. Wenn sie noch einmal flüchteten, würden sie ebenfalls erschossen. Schweigend sahen wir von der Höhe, wie die sechs Mann den Kameraden das Grab schaufelten und die Toten behutsam an ihre letzte Ruhestätte legten. Auf den Grabhügel steckte der eine ein Holzkreuz, das er aus zwei Lattenstücken in der Eile mit einer Schnur zusammengeflickt hatte. Zum Schluß umstanden die sechs das Grab und verrichteten ein kurzes Gebet. Die Spaten warfen sie von sich, bleich und fahl im Gesicht, mit Tränen in den Augen, kamen sie zu uns herauf. So starben zwei Baltikumkämpfer.

Der Weg vom Freikorps zur Freiwilligen russischen Westarmee

Von Ernst von Salomon

Der Waffenstillstand lautete so: Die Deutschen mußten zurück bis zur Olaistellung. Die Esten mußten zurück bis zur estnisch-lettischen Grenze. Die Ulmanis-Letten besetzten Riga, die Stadt; der baltenfreundliche Ministerpräsident, Pastor Needra, wurde unter die Anklage des Hochverrats gestellt.

Wahrscheinlich war Olai vor dem Kriege ein Komplex von nicht allzu weit verstreuten Gesinden gewesen, vielleicht vor mehreren Jahrhunderten eine Grenzstation. Denn der auf der Karte mit „Olai" bezeichnete Punkt liegt an der Misse, einem kleinen, im Sommer ausgetrockneten Flüßchen, das sich zwischen dem Mitauer Kronforst und dem Tirulsumpf dahinschlängelt, und auf der Brücke über der schnurgeraden Straße zwischen Mitau und Riga steht ein plumper Obelisk mit den Wappen der Herzogtümer Kurland und Livland. Aber sicherlich hatte dieser Punkt Olai keine Bedeutung bis zu jenem Tage, da er auf mancher deutschen und russischen Generalstabskarte ein Fähnchen zum Schmuck erhielt. Denn hier schnitt die deutsche Stellung die Straße, genau die Entfernung zwischen den Hauptstädten beider Ostseeprovinzen halbierend, und so war Olai bis zum Jahre 1917, bis der deutsche Vormarsch begann, wieder ein Grenzort geworden, ohne daß freilich von dem Orte selber viel übrigblieb. Und nun, zwei Jahre später, nisteten sich in die verlassene Stellung wieder deutsche Soldaten ein und starrten über das Vorfeld nach Riga hin, nach der Stadt, die 22 Kilometer weit hinter dem ewigen Dunst des Tirulsumpfes lag. Wieder zog sich hier eine Grenze, an der Brücke standen Posten und fragten nach dem Paß jedes Vorüberwandernden, und 6 Kilometer weiter nach Riga zu, dicht vor der Ortschaft Katherinenhof, war die lettische Stellung, und dies war früher, bis zum Jahre 1917, eben die russische Linie gewesen. Dazwischen breitete sich der Sumpf, eine weite, herbe Fläche mit wenigen zerzausten Kuscheln und vielen Gräben und Schwärmen von Moskitos der unangenehmsten Art.

Die Unterstände waren noch gut erhalten, stabil gebaut, mit gehörigen Stämmen und großen, nicht einmal niedrigen Räumen. Aber sonderlich bombensicher waren die Unterstände nicht angelegt, auch die Gräben schienen vielmehr mit der Liebe und Bedachtsamkeit gebaut zu sein, mit der gute Bürger unter primitiven Verhältnissen etwa an die Schaffung eines gemütlichen Heimes zu gehen pflegen. Diese Stelle der Front bis zum Jahre 1917 kann nicht atemraubend aufregend gewesen sein. Nur spärlich lagen Gräber am Waldrand, hübsch geschmückt mit nun verwittertem Birkenholz. In den Unterständen waren noch zwischen wucherndem Gras die Bettgestelle aus Drahtgeflecht sichtbar und gut zu benutzen. Durch den unheimlich dichten und wirren Wald mit sumpfigen Boden gingen Knüppeldämme; unversehens trat der Fuß auf verrostete Konservendosen, auf vergessene Ausrüstungsgegenstände; manchmal aber fanden wir auch noch die Reste von den Leichen der im Mai gefallenen Bolschewiken.

Hier hauste das Bataillon v. Lieberman drei Monate lang, die Monate Juli, August und September des Jahres 1919. Die Soldaten schoben Wache, sie lagen in den stabilen Unterständen, sie jagten Flöhe und zündeten Abend für Abend riesige Holzstöße an, um die Mücken zu verjagen. Sie strichen durch den Wald, besuchten die Nachbarkompanien und machten ab und zu eine streng verbotene Patrouille ins Vorgelände, um die lettischen Posten mit mannigfachen und seltsamen Geräuschen um deren Schläfrigkeit zu bringen. —

Die Entente befahl die Räumung des Baltikums. Wir hörten davon und lachten. Dann befahl die Reichsregierung den Abtransport einiger Truppenteile. Wir hielten das für einen Trick Noskes, der die Alliierten hintergehen wolle, oder der mit einem geschickten Manöver die Forderung der belfernden Unabhängigen in der Nationalversammlung unschädlich zu machen versuche. Dann erfuhren wir, daß Teile der Garde-Reserve-Division und das Freikorps Pfeffer aus der Front herausgezogen und abtransportiert wurden, auf Befehl der Regierung, angeblich, weil diese Truppen zum Grenzschutz gebraucht wurden und dort nötiger waren als vor Riga. Wir zweifelten nicht, daß diese Maßnahme nur vorläufig sei und die Truppen bald wieder ins Baltikum zurückkehren würden. Dann wurde erzählt, diese Formationen wären gar nicht beim Grenzschutz eingesetzt, die Garde-Reserve-Division zum Beispiel sei kurzerhand aufgelöst worden, denn

Ärmelabzeichen der Freiwilligen Westarmee
Vorlage: Archiv Reiter gen Osten

Oberst Fürst Awaloff-Bermondt, ehemals Führer der Freiw. Westarmee
Photo: Heeresarchiv

Ärmelabzeichen des II. russ. Westkorps Wirgolitsch, dem zahlreiche deutsche Formationen beitraten
Vorlage: Combecher, Gera

die Entente verlange die Reduzierung der gesamten deutschen Heeresmacht erst auf 150 000, dann auf 100 000 Mann. Wir waren überzeugt, daß das nicht stimme; denn, wenn schon aufgelöst werden müsse, dann waren die untauglichen Garnisonen dran. Dann hieß es, die Regierung verlange kategorisch unsere Rückkehr nach Deutschland und drohe mit Entzug des Soldes. Wir dachten, das könne nicht sein, denn die Regierung hatte ja unsere Forderung an Lettland und auf Siedlung anerkannt und begünstigt. Schließlich verlautete, Deutschland müsse dem Wunsche der Entente um jeden Preis nachgeben. Doch alle Gerüchte, die aus dem Reiche zu uns drangen, bestätigten, daß Deutschland nie und nimmer

Deutsche Truppen, die zu der Freiwilligen Westarmee übergetreten sind, kenntlich an den deutschen Uniformen mit russischen Kokarden und Achselklappen *Photo: Heeresarchiv*

den Friedensvertrag unterzeichnen werde. — Aber die Dinge sollten auf die Spitze getrieben werden. Jede Nachricht, die aus Deutschland kam, konnte die Truppe nur in dem Wunsch bestärken, das Land nicht aufzugeben, das sie erobert hatte. Der Truppe schienen ihre Rechtsartikel klar, — und das um dies Land geflossene Blut gab jedem Anspruch eine gültige Unterlage. Natürlich konnte die Truppe nicht in alle Erwägungen ihrer Führung eingeweiht werden, aber sie hatte Vertrauen in ihre Führung, und dies Vertrauen sollte nicht getäuscht werden. Am 24. August 1919 verbot der Führer der Eisernen Division, der Major Bischoff, kurzerhand den Abtransport von Teilen seiner Division. Dies Verbot wirkte wie ein erlösendes Wort. Gewiß, dies war Meuterei! Aber jedermann verstand, es war die Meuterei des Grafen York! Vielleicht, sicherlich mußte diese Tat eine Bewegung auslösen gleich jener vor hundert Jahren, und wenn nicht, — die Aussicht auf Mißerfolg konnte nicht vor der Pflicht entbinden, alles zu wagen. Die begeisterten Truppen der Eisernen Division brachten ihrem Führer am Abend dieses Tages einen Fackelzug.

Jedem einzelnen von uns wurde die Frage vorgelegt, ob er bleiben oder die Befehle der Regierung folgen wolle. Fast alle blieben. Wer innerhalb der einzelnen Formationen, die geschlossen bleiben wollten, vorzog, dem Befehl der Regierung zu folgen, war meist nicht der Beste. Die Marodeure verschwanden, die letzten Rubeljäger, all das zweifelhafte Gesindel, das die Truppe trotz allen Siebens noch mit sich schleifen mußte, und das nun fürchtete, in den harten Endkampf mitgezerrt zu werden. Aber es fuhren auch Formationen ab, die, tadellos im Einsatz, Führern folgten, die in Deutschland die Möglichkeit zu besserer und fruchtbarerer Verwendung sahen. Die Eiserne Division blieb in ihrem Bestand fast ganz erhalten. Die Freikorps, die bislang nicht zur Eisernen Division gehörten, schlossen sich unter dem Befehl des Kapitäns Sievert zu einer „Deutschen Legion" zusammen.

Dann verabschiedete sich die Baltische Landeswehr von uns. Sie kam unter den Befehl eines englischen Offiziers und wurde an der neugebildeten lettischen Bolschewikenfront eingesetzt. Den Balten ging es um das Letzte. Sie hatten nur den einen Willen, ihren Bestand zu wahren, nicht das Schicksal der russischen Emigranten teilen zu müssen. Viele von uns gingen hin, die Balten noch einmal zu begrüßen. Da stand in Reih und Glied, was immer von den Männern dieses deutschen Stammes übriggeblieben war und Waffen tragen konnte. Da standen Knaben, den Lyzeumsgürtel noch um die schmalen Hüften und erliegend fast unter der Last des Gepäcks, und neben ihnen standen Greise, Landmarschälle, Edelleute — Kinderaugen unter deutschen Stahlhelm und zerfurchte, hagere Gesichter. Sie standen schweigend und mit unzerbrochenem Hochmut und retteten durch ihren bitteren Entschluß die karge Aussicht auf ein Leben unter dem Banner ihrer ehemaligen Knechte. Ein russischer Oberst, der Fürst Awaloff-Bermondt, sammelte um diese Zeit russische Soldaten, meist entlassene Kriegsgefangene, um eine weißgardistische Armee aufzustellen und gegen die Bolschewiken zu führen. Er kam ins Baltikum, nicht sonderlich gern gesehen von den Engländern und eben darum von uns geachtet. Er hatte phantastische Pläne unter seiner tscherkessischen Pelzmütze und war geneigt, bei den Baltikumern Unterstützung zu suchen. Es wurde eine westrussische Regierung gegründet mit der Basis Kurland und mit einer westrussischen Armee, deren Stamm die Baltikumer bilden sollten. Der deutsche Oberbefehlshaber, der General Graf von der Goltz, folgte dem Ruf der Reichsregierung, nahm aber seinen Abschied und ging als Privatmann wieder zu seiner Truppe. Doch war nun Bermondt

191

nominell der Führer. An Lettland ging die Aufforderung, im Falle eines westrussischen Angriffs gegen den gemeinsamen Feind, den Bolschewismus, zumindest neutral zu bleiben. Bermondt wollte über Dünaburg vorstoßen, nach Rußland hinein, bis Moskau, bitte! Nicht mehr und nicht weniger als das. Aber Lettland forderte den Abmarsch der Deutschen. Und so beschloß Bermondt, seinen Kreuzzug mit der Eroberung Rigas zu beginnen. Und damit waren wir einverstanden.

An alle Deutschen

des Detachements Graf Keller, Wirgolitsch, der Eisernen Division, der Deutschen Legion, sowie der anderen übergetretenen oder übertretenden deutschen Formationen.

Soldaten!

Um den ewigen heimtückischen Überfällen der Letten ein Ende zu setzen, die uns den Weg zur Niederringung des Bolschewismus versperren wollten, hatte ich mich schweren Herzens entschlossen, zum Schwert zu greifen.

Schulter an Schulter mit Euren russischen Kameraden, habt Ihr in erstem Ansprung den Feind über die Düna geworfen. Ich war Zeuge Eures schneidigen Vordrängens, mit dem Ihr oft dreifache Übermacht von Dorf zu Dorf jagtet. Ich habe Euch gesehen, wie Ihr in erbittertem Nahkampf mit dem zahlenmäßig weit stärkeren Gegner um jeden Fußbreit Boden ranget. Ich bin stolz, einer solchen Truppe Führer zu sein und rechne es mir zur Ehre an, Euch befehligen zu dürfen.

Soldaten! Im Gefühl aufrichtiger Dankbarkeit erneuere ich hiermit die Versprechen, die ich Euch beim Eintritt in mein Heer gegeben habe.

Als meine nächste Pflicht erachte ich, Euch weiterhin Löhnung, Verpflegung und Ausrüstung zu beschaffen, um Euch so wenigstens eine vorläufige Existenz sicherzustellen.

Alle Zusagen, durch die Euch, nach Vernichtung des Bolschewismus, Grundlagen zu einer gesunden Entwickelung und dauernden Fortkommen gegeben werden, bekräftige ich nochmals **und bin willens, nur eine solche Regierung anzuerkennen, die diesen meinen Vertrag restlos erfüllt!**

Jedem wird die Möglichkeit gegeben, das russische Bürgerrecht zu erwerben und in Staatsdienste zu treten. Entsprechend seiner Dienstzeit wird jedem von Euch **Siedlungsland** in beliebigen Teilen Rußlands zur Hälfte der 1914 ortsüblichen Preise zur Verfügung gestellt. Die Regierung übernimmt die **Entschädigung der Kriegsbeschädigten und Hinterbliebenen.** Pensionsauszahlung erfolgt nach den deutschen Gesetzen über Pension für Offiziere, die Versorgung der Personen der Unterklassen des Reichsheeres nach dem Militärhinterbliebenengesetz.

Neben dem Kampf mit dem Bolschewismus, der unsere höchste Aufgabe bildet, will ich das von meiner Armee besetzte Land auch auf friedlichem Wege durchdringen. **Ich bin bereit, soweit es irgend möglich ist, gute Elemente aus der Kampftruppe herauszuziehen,** damit sie als Kämpfer des Geistes und der Kultur helfen, die Grundlagen zu schaffen, die ihren Brüdern an der Front Kampf und Sieg ermöglichen.

Soldaten! Noch liegt das Land, das Euch versprochen, durch einen Berg ungeheurer Aufgaben Euren Blicken entzogen. Aber der erste Schritt ist getan! Eure sterbenden Kameraden rufen Euch zu: „Verratet nicht das Ziel, um deretwillen wir unser Blut vergossen! Vollendet das Werk, Wir sterben für Euch. Wenn unser Opfer nicht umsonst sein soll, laßt Euer Schwert nicht rosten, bis Eurer Sache der Sieg errungen!"

Auf den Feldern von Kurland ist das erste Blut geflossen! Besser als das gemeinsame Ziel es vermag, wird dieses Blut Deutsche und Russen zu dauernder Waffenbrüderschaft einen.

Sieger von Thorensberg! Ganz Europa lauscht mit verhaltenem Atem Eurem kühnen Waffengang. Die Welt, durch die Schrecken eines vierjährigen Krieges entnervt und entmannt, will nicht glauben, daß es noch im Osten noch Männer gibt, die ihr Schicksal todesverwegen auf die eigene Degenspitze setzen.

Ihr habt die Heimat verlassen, um Euch in meiner Armee das Recht zu neuem Heimatboden zu erkämpfen. Dies eine große Ziel eint Euch heute Führer wie Mann. Und dieser eine gleiche Wille ist es, an dem alle Stürme, komme, was kommen mag, ohnmächtig abprallen werden.

Schwer ist es, hart zu bleiben, wenn das eigene Vaterland Euer Ziel verkennt und Euer hohes Wollen mit Schmutz bewirft.

Kommt aber einst der Tag, der Euer Mut birgt, daß er kommen muß —, wo die Morgensonne Eures Sieges über das befreite Rußland leuchten wird, dann wird auch Euer Vaterland beschämt erkennen, daß Eure Tat den Boden bereitet hat, zu Deutschland-Rußlands ewigem Freundschaftsbund.

Fürst Awaloff,

Oberbefehlshaber der Freiw. Westarmee.

Aufruf des Fürsten Awaloff zum Kampf gegen die Letten

Wir hefteten die russische Kokarde an unsere Mützen, nicht ohne verschmitzt die deutsche darüber anzubringen. Wir nahmen erheitert das Papiergeld, das Bermondt kurzerhand drucken ließ — Deckung: das Heeresmaterial, das wir erbeuten würden.

In den ersten Tagen des Oktober kam die Nachricht, der Lette rüste zu einer Offensive. Das konnte uns nicht überraschen, denn wir rüsteten auch. Um dem Feind zuvorzukommen, wurde der Angriff auf den 8. Oktober festgesetzt. —

Das Fähnchen der Pioniere stand an der Strohmiete aufrecht, und der Wimpel hing an der Stange wie ein nasses Handtuch. Der Wind blies uns schwarze Rußflocken entgegen. Nun stand, soweit der Blick reichte, kein Haus mehr, das nicht brannte. Es wurde langsam dunkler. Strichweise war der Regen mit Hagelschloßen untermischt. Die Stellung verschwamm langsam, zeigt sich nur durch ein ständiges Aufblitzen an. Plötzlich steigerte sich hinten unser Abschußlärm. Ganze Salven fauchten über unsere Köpfe, schlugen drüben ein. Immer toller wurde das Feuer. Der Oberleutnant jagte eine rote Leuchtkugel hoch. Sekunden später hieben vor uns in der Wiese die Einschläge unserer Batterie, warfen den Schlamm in die Höhe und bildeten einen schmalen Streifen Wald, der sich langsam nach vorn wälzte. Von hinten kam eine Schützenlinie heran. Die Männer stapften mit breiten Abständen gebückt einher. Auf den hochgepackten Tornistern lag quer das Gewehr. An den Kokarden erkannten wir Bayern. Es war das Bataillon Berthold. Kaum hatten sie unsere Linie erreicht, als der Oberleutnant mit der Peitsche nach vorn zeigte und aufsprang. Wir rappelten uns mühsam hoch und stakten mit verkrampften, eingerosteten Gliedern mit den Bayern mit.

Mein Gewehrschlitten hieb mir bei jedem Schritt eine Stange ins Kreuz. Ich rief den Schützen 2 heran, der das Gewehr trug, und wollte bei der nächsten Gelegenheit aufmontieren. Aber unentwegt schritt die Linie vorwärts, nicht sonderlich schnell. Unsere Füße platschten ins Wasser. Der Bayer neben mir sackte zusammen, als habe ihn sein Tornister erdrückt. Der Oberleutnant, der plötzlich vor mir lief, nahm die Peitsche in die rechte Hand. Auf seiner linken bildete sich ein blutiges Rinnsal. Der Marsch wurde schneller. Ein Pionier brach, aufjaulend wie ein Hund, zusammen. Schmitz rannte mit seinem Gewehr halbrechts voraus, den Wasserkasten schwingend. Ich sah auf den schwankenden Erdboden unter mir und sprang keuchend vorwärts, um mit der Linie mitzukommen. Ein Bayer verlor seinen Tornister und lief weiter, ohne sich umzusehen. Ein anderer blieb plötzlich stehen und blickte traurig auf den Boden. Dann sank er sanft auf die Knie.

Ich hörte nichts mehr von dem Brausen, das in meine Ohren schlug. Der Boden stieg an und wurde fester. Es war dunkel geworden, aber die brennenden Häuser warfen zuckende Lichter. Meine Nebenleute hasteten als schwarze Schatten wirr durcheinander.

Da war vor mir ein Drahtverhau. Die Füße rissen wütend am Gewirr, das sich wie ein federnder Schlangenknaul um die Füße wand. Einer sank gegen meine Schulter, daß ich taumelte. Steil stieg eine Böschung an. Die Wasserkästen hatte ich längst verloren. Mit freien Händen, durch den Schlitten gehemmt, riß ich mich an Grasbüscheln, die aus grellem Sande ragten, hoch. Der Fuß rutschte ab. Einer packte mein Gestell und zog. Ich wälzte mich herauf, lag keuchend auf der Böschung. Vor mir Gewimmel. Links zog sich dunkel ein Verhau, an dem geballte Haufen entlang eilten auf eine Lücke zu, die dicht vor mir sich auftat. Ich warf meinen Schlitten ab und kroch zu ihm. Er hatte sein Gewehr bereits gerichtet und stampfte mit dem Absatz den Sporn fest. Der Schütze hinterm Abzug griff sich an die Stirn und kollerte dann langsam den Abhang hinunter. Ich warf mich hinter die Knarre und zog die Hebel fest. Ich drückte los — die ganze Dumpfheit dieses Tages wich. Das Gewehr bäumte sich und schnellte wie ein Fisch, ich hielt es fest und zärtlich in der Hand, ich klammerte seine zitternden Flanken zwischen meine Knie und jagte einen Gurt, den zweiten auch, hintereinander durch. Der Dampf stieg zischend aus dem Rohr. Nichts sah ich, doch Schmitz sprang tanzend, schreiend, johlend auf der Böschung, stieß mich beiseite und kletterte an meine Stelle.

Bermondt-Geld　　　　　　　　　　　　　　2 Vorlagen: Reichsarchiv

Ich griff zur Handgranate und lief vor. Wir sprangen in einen Graben. Ich trat auf weiche Leiber, die merkwürdig nachgaben, an dunklen Höhlen, von Stoffetzen verdeckt, vorbei; Gewehre, wirr in Haufen, querten den engen Weg. Geschrei kam uns entgegen, hinter Erdmauern scholl die dumpfe Detonation von Handgranaten. Plötzlich war Schmitz über mir, warf sein Gewehr wie eine Brücke über den Graben und sprang hinüber. Ich wuchtete ihm die Knarre nach und kletterte an der geraden Wand hoch. Da lag die Lücke des Verhaus vor mir. Wir stolperten über Leichen. Einer trat ich auf den Kopf. Hinter dem Verhau lag die zweite Stellung, etwas höher und betoniert.

Der Oberleutnant jagte an mir vorbei. Ich sehe noch, wie tausend feine rötliche Spritzer sein Gesicht bekleckert haben. Taghell flackern die Häuser. Ein dumpfer Krach reißt eines auseinander. Aus der Glut kommt wirres Knattern, die Balken fliegen quer über den Weg. Der Oberleutnant kreist die Peitsche über seinem Haupt und schreit nach seiner Kompanie. Ich rase zurück, mir ein MG. zu suchen. Aus Unterständen kriechen Kerls, der eine schwingt ein leuchtendes Kochgeschirr. Ich breche in einen Unterstand und stoße einen Pionier beiseite. Ein Haufen wunderbarer englischer Gummizeltbahnen sticht mir in die Augen. Ich nehme eine, breite sie beglückt im kargen Schein des Feuers aus, sie ist ganz neu, kann auch als Umhang dienen. Der Pionier zieht langsam einer Leiche die Schuhe aus. „Auf der Straße sammeln", schreit einer, ich laufe weiter. Überall plündernde Gruppen. Schnapsflaschen stopft sich einer in den Brotbeutel. Ein anderer greift mit allen blutbekrusteten Fingern in einen Topf gelber Marmelade, schleckt sich gierig, das Gesicht bekleckernd, die Pfoten ab.

193

Zerstörter lettischer Panzerwagen beim Vormarsch auf Riga Photo: Heeresarchiv

Allmählich kommen wir zur Straße. Auf ihr herrscht wildes Durcheinander. Die Wege sind verstopft von Kolonnen. Feldküchen werden gestürmt. Artillerie fährt langsam vor. Wir drängen uns durch die Haufen. Überall schreien die Kompanieführer ihren Erkennungsruf. Der Oberleutnant steht auf einem noch schwelenden Schutthaufen am Rande der Straße und läßt antreten. Mein Gewehr ist vollständig zur Stelle. Es wird abgezählt. Die Gruppenführer melden. Der Oberleutnant zählt halblaut die Abgänge. Er hat die Pfeife nicht mehr im Munde. Es fehlt ein Viertel seiner Kompanie. Vom Gewehr Schmitz fehlen zwei Mann. Indes hinter unserer Front das Bataillon Berthold in Marschkolonnen in die schwarze Nacht marschiert, nach vorn, sagt der Oberleutnant, die Leistung des MG.-Zuges sei hervorragend gewesen, er habe es während seiner ganzen Feldzugszeit nicht erlebt, daß die schweren MG. unter so schwierigen Verhältnissen nicht nur nicht zurückblieben, sondern sogar noch vor der Infanterie in die Stellung eingedrungen seien. Schmitz murmelt was von einem Päckchen Tabak, das ihm lieber wäre.

Dann schwenkten wir ein und schoben uns langsam an den Kolonnen vorbei, die lodernden Häuser hinter uns lassend. Der Wald nahm uns auf. Dicht an die Straße drängte er sich heran, die ersten Stämme streckten ihre Wurzeln in den Graben. Und dichtes Gebüsch säumte den Waldrand. Die Nacht war schwarz. Auf der Straße marschierten zwei Kolonnen nebeneinander, in der Mitte bohrten sich Maschinengewehrwagen mühsam vorwärts. Der Oberleutnant fluchte sich mit einem Kolonnenführer herum. Ich marschierte neben einem massigen Pferd, das mir seinen Nüsteratem in die Seite blies. Das Gewehr hatte ich auf dem Schlitten, es wurde von der Bedienung getragen. Ich weiß nicht, warum ich beim Abmarsch von der Stellung gerade die SMG.-Munition zum Tragen ausgesucht hatte. Auch eine Leuchtpistole hing an meinem Koppel. Die Kästen waren schwer, ich hatte keinen Tragegurt. So legte ich den einen Kasten auf die Deichsel des neben mir stampfenden Pferdes. Fast nickte ich im Gehen ein. Die schmerzenden Füße wollten sich kaum heben. Ich hatte einen eklen Geschmack im Munde, die Kleider klebten am Körper, die Kästen zogen die Arme schwer hernieder. Wir tappten alle wie blind voran. Fast jedes Sprechen war verstummt. Nur die Räder knarrten, und das dumpfe Geräusch vieler Schritte lullte ein. Wir stießen ins absolute Dunkel. Wir stießen direkt auf das schwarze Tor zu, das auf einmal den Rachen öffnet und uns aus spritzenden Wogen Feuer entgegenknallt. Eine glühende, zuckende Schlange züngelt nach vorn — durch die Schwärze zieht sich eine Reihe flimmernder Gedankenstriche —, ah, denke ich, Leuchtmunition, hoch oben zwitschern sie über uns weg, es rattert nervös. „Ich bin verwu—u—undet", lang hingezogen stöhnt es neben mir, ich stoße gegen eine weiche Masse. Da ist mein Gewehr. Einer greift zu, wir wuchten das Gewehr hoch, schieben es auf den Grabenrand. Da steht das dunkle Tier, ein schwarzes Ungeheuer, dicht vor uns sprüht es feuerrot und knatternd; wir sind im toten Winkel, blitzschnell freut es sich in mir, wir haben ja SMG.-Munition, den Gurt hinein, der Lauf fliegt herum, ich drücke los, es knallt — da ist das Ziel, hinein in die dunkle Masse —, schon ist es still, das Vieh; nun sehe ich, daß Schmitz es ist, der mir half, er drängt mich weg. Ich verstehe ihn sofort, er wird mich mit dem Gewehr decken. Sofort setzt das Ungetüm wieder feuernd ein. Ich krieche ein Stück rechts, stoße auf einen Soldaten, der mir, begreifend, fast zuvorkommt. Schmitz knallt los, wir springen auf, einen, zwei, drei Schritt vor — abziehen, weg damit, abziehen, Nummer zwei, es kollert, rollt, tänzelt, stößt gegen hartes Eisen — ich reiße die Leuchtpistole raus, Rakete aus der Hosentasche, der Lauf schnappt ein, Arm vor, los — es zischt —, weg, zurück, ein metallenes Bersten, auf mich purzelt der Soldat, schlägt in den Graben

194

Abschiedparade vor dem Oberkommandierenden General von der Goltz in Mitau

— blendend weiß sprüht es auf. Im Nu öffnet sich ein Vulkan, schneeweiße Qualmballen stößt die Erde aus, eine weißglühende Wand baut sich auf, eine Hitzewelle dörrt uns den Atem, der Panzerwagen brennt. Ein irrsinniger, gurgelnder Schrei, zwei torkelnde Gestalten, brennend, schlagen mit fuchtelnden Armen, purzeln in den Graben. Es ist taghell. Es ist totenstill. Gespenstisch steht die glühende Wand allein.

Am Grabenrand liege ich und bohre den Kopf in den nassen Boden. Fast als hätte man mir alle Sehnen durchschnitten. Am liebsten hätte ich geschlafen. Aber Schmitz steht über mich gebeugt und fragt, ob ich eine Zigarre habe für die beiden Engländer, die sich aus dem brennenden Panzerwagen gerettet haben. Die stehen zerfetzt und blutig und verbrannt und sehen mit toten, rotgeränderten Augen still vor sich hin. Die Straße wird lebendig. Wir gehen zurück, die Engländer zwischen uns. — In dieser Nacht marschierte das Freikorps Berthold allein weiter vor.

Der Hauptmann Berthold, Ritter des Pour le mérite, Kriegsflieger mit 44 Abschüssen, ein wilder Draufgänger, stieß in der völligen Dunkelheit mitten in den feindlichen Gegenstoß hinein. Sein Bataillon Bayern focht ganz allein gegen den lettischen Überfall, es hielt die bis zum Bersten gespannte Lage gegen Panzerzug und nächtlichen Infanterieangriff, erlitt gewaltige Verluste und konnte doch eine Katastrophe verhindern, die unbedingt eingetreten wäre, wenn der Feind mitten unter die in völliger Erschöpfung lagernden Angriffstruppen an der Straße gelangt wäre. Bis an die ersten Häuser der Rigaer Vorstadt konnten die Bayern dringen, und als sie im Morgengrauen abgelöst wurden, hatten sie ihre Verwundeten zurücklassen müssen. Wir fanden sie, bis auf den letzten Mann erschlagen, in den Häusern vor, in die sie von den Sanitätern gebracht worden waren. Und auch von den Sanitätern lebte keiner mehr. So kämpften die bolschewisierten lettischen Banden.

MGSS.-Abt. Koch auf dem Vormarsch auf Riga
Aus einem Erinnerungsblatt der MGSS.-Abteilung Koch

Für unsere Kompanie begann der Krieg bereits am 4. Oktober morgens. Auf Befehl der Division mußte sie die Kreiskommandantur Groß-Platon entwaffnen. Die Mitglieder derselben wurden nach Mitau transportiert. Trotzdem dachte noch keiner von den Kameraden an einen Vormarsch. In der Nacht vom 5. bis 6. Oktober, nachdem die letzten kaum von Groß-Platon zurück waren, kam der Befehl zum Marschieren. Freudiger hat sich wohl noch nie eine Truppe marschfertig gemacht. Sollte es doch endlich nach Riga gehen? Ein Ultimatum Oberst Bermondts an die lettische Regierung, uns den Weg durch Lettland und Riga freizugeben, damit wir an die Bolschewistenfront marschieren könnten, beantworteten die Letten mit einem Angriff auf unsere Feldwachen an der Olaistellung. Jetzt durfte unsere Führung nicht mehr zögern, wollten wir nicht als Feiglinge dastehen. Der Vormarsch begann.

Unser Regiment hatte den Auftrag, die rechte Flanke zu sichern. Das MG.-Bataillon, bestehend aus unserer Kompanie und der MG.-Kompanie Württemberg, unter Führung von Oberleutnant Uhrich, marschierte als letztes. Über Klein-Platon marschierend erreichten wir unser erstes Marschziel, Superinten-

Feldwache der MGSS.-Abteilung Koch *Photo: Archiv Reiter gen Osten*

dentenhof an der Aa, gegen 8 Uhr abends. Ungefähr 35 bis 38 Kilometer hatten wir zurückgelegt. Eine ganz beachtliche Leistung, wenn man bedenkt, daß viele von uns mit sehr mangelhaftem Schuhwerk und Bekleidung ausgerüstet waren. Trotzdem war die Stimmung vorzüglich.

2 Uhr 30 Min. früh ging es trotz aller Müdigkeit weiter. Eine Stunde später wurde die Aa bei Stalgem über eine von deutschen Pionieren im großen Krieg errichtete Brücke überschritten. Obwohl auch der zweite Marschtag rund 40 Kilometer hatte, machte doch keiner schlapp. Gegen 6 Uhr abends machten wir halt im Walde von Ellei. Vor uns das I. Bataillon auf Vorposten, nächtigten das II. Bataillon und wir in alten Unterständen. Von der Kälte geschüttelt, war alles frühzeitig munter. Lustige Scherze und Witze ertönten. Noch froher wurde die Stimmung, als unsere Artillerie vorfuhr. „Macht's gut, Kameraden! Gebts ihm ordentlich." — „Wird schon besorgt! Er soll unsere Handschrift kennenlernen!" — Ein Witzbold hatte einen Zylinderhut irgendwo aufgelesen und behauptete, den soll Ulmanis bekommen. Auf einmal geht durch die Kolonne der Ruf: „Der Hauptmann kommt!" Alles macht Platz. Brausende Hurras ertönen, wo er vorbeikommt. Bei jedem Bataillon macht er halt. „Kameraden", spricht er, „Ulmanis hat seinen Truppen erzählt, wir wären Feiglinge und nur hierhergekommen, um zu rubeln. Zeigt ihnen das Gegenteil, zeigt, daß ihr noch wert seid, Deutsche zu sein! Ich weiß, daß ich mich auf euch verlassen kann!" „M.W., machen wir!" Bald darauf geht es weiter. Auf dem ganzen Anmarsch wurden Feldwege benützt, damit uns der Lette nicht von dieser Seite vermutete. Wer russische Wege kennt, wird wissen, was es heißt, rund 90 Kilometer Anmarsch in zwei Tagen zu schaffen. Noch war kein Schuß gefallen. Nur stockte der Marsch öfter. Auch die Sonne meinte es gut. Es mochte wohl gegen 9 Uhr sein, als der Rummel losging. Donnernd beginnt die Artillerie. Zwischendurch hört man auch heftiges Gewehrfeuer. Es war in der Nähe von Janson, wo wir den Feind stellten. Ausgebaute Verteidigungsanlagen vom großen Krieg erschweren uns das Vorgehen ungemein. Schon kommen die ersten Verwundeten. Sie erzählen von schweren Kämpfen. Eine Batterie lettische Artillerie macht uns viel zu schaffen. Doch schon kommen mehrere Flieger. Dem einen gelingt es, zwei Geschütze zu zerstören. Auch die anderen sind bald erledigt. Viel Artillerie hatten die Letten am Anfang überhaupt nicht. Erst vor Riga machte sich die englische bemerkbar. Noch war kein Befehl zum Vorgehen gekommen. Ruhig gibt der Koch deshalb das Mittagessen aus. Doch kaum haben die letzten gegessen, kommt der Befehl: „Gewehre freimachen!" Vergessen ist alles. Ein paar Minuten später marschiert alles hinter dem beliebten, als Draufgänger bekannten Kompanieführer, Leutnant Koch, her. Am Bahndamm noch ein kurzes Halt. Die letzten Vorbereitungen zum Kampf werden getroffen. Der Befehl lautet: „Die Kompanie geht halb rechts vor und greift den Feind in der Flanke an!" Ungefähr zwei Kilometer weit geht es durch einen unwegsamen Sumpf. Noch bekommen wir kein Feuer, trotzdem wir uns auf 700 bis 800 Meter herangearbeitet haben. Doch kaum sind die Gewehre in Stellung gebracht und fangen an, sich einzuschießen, als uns die Letten mit einem rasenden Maschinengewehrfeuer begrüßen. Gefreiter Küter sinkt verwundet ins Wasser. Gleich darauf trifft es die Unteroffiziere Roßerath und Obermüller. Da wir uns hier ohne jede Deckung nicht halten können und mit schwerem Maschinengewehr einen Schützengraben nicht stürmen können, befiehlt der Kompanieführer: „Zurück!" Das dann etwas weiter rechts in Stellung gehende II. Bataillon zwingt den Feind zum Zurückgehen. Doch wie hatten uns die Letten zerzaust. Außer den drei Erstgenannten wurden noch verwundet Gefreiter Wettig und die Schützen Hentzschel und Seidel. Unteroffizier Roßerath ist leider auf dem Transport ins Lazarett gestorben.

In einem Unterstand, der von Zivilisten bewohnt ist, sammelt sich die Kompanie um einen warmen Ofen. Völlig durchnäßt, frierend drängt alles heran. Doch schon kommt der Befehl zum Nachrücken. Weiter geht es. Schlaftrunken und frierend marschiert alles hinter dem Gewehrwagen im Regenwetter her. Weit vor uns, schon kurz vor Riga, gehen Leuchtkugeln hoch. Gespenstisch beleuchten sie an der Rigaer Chaussee liegende Trümmer. Hier ein feindliches Panzerauto, durch Granatvolltreffer erledigt, dort Artilleriemunition, zerstörte Protzen und Wagen. Langsam rücken wir auf der Chaussee vor. Drei, vier Kolonnen fahren nebeneinander her, so daß man Obacht geben muß, daß man nicht von der Kolonne oder Kompanie abkommt. Vor uns marschiert das

Deutsche Soldaten-Zeitung

Erscheint täglich ausser Sonntags. Abonnementspreis halbmonatlich 2 Mark | **Nachrichtenblatt** in Litauen und im Baltikum | **für den Ostschutz** Bisher Abschnitt Suwalki | Anzeigenpreis für die Petitzeile 60 Pfg. Druck u. Verlag „Deutsche Soldatenzeitung"

Organ der Truppen des Freik. v. Diebitsch in Schaulen. — Herausgeg. in Grodno bis 25. April. 19 und in Suwalki bis 20. August 19.

Nr. (195) 13 — Schaulen, Sonnabend, den 25. Oktober — Jahrgang 1919

Oberstleutnant v. Diebitsch an sein Freikorps

Schaulen, 20. Okt.

Oberstleutnant v. Diebitsch, der bereits am 24. Sept. in seinem Aufruf an seine Truppen zur Bildung eines „Freikorps der Arbeit" aufgefordert hat, wendet sich anlässlich des bevorstehenden Abtransportes in einem neuen Aufruf an seine Truppen.

An mein Freikorps!

Ueber 5 Jahre stand ich jetzt ausserhalb Deutschlands Grenzen im Felde und im 9. Monat mit denjenigen zusammen in Litauen, die mein Freikorps bilden halfen. Wir hatten hier Teil an der letzten deutschen Tat in dieser so schmachvollen Zeit, die den vor 700 Jahren erkämpften deutschen Boden festhalten will als Siedlungsland für das arme geschlagene Vaterland, das seiner Kolonien beraubt ist, in dem die Deutschen der ganzen Welt eingesperrt sind. Wir halten hier das Hinterland und die rückwärtigen Verbindungen sichern für unsere, die Bestie des Bolschewismus bekämpfenden Brüder, die wir in geraumer Zeit wohl abgelöst hätten, um auch ihnen eine Atempause zu ermöglichen. Wir haben hier draußen Gott sei dank vergessen, daß der Parteihaß die Heimat zerfleischt. Wir waren im Herzen nur Deutsche. Schulter an Schulter mit den ganz gleich gerichteten Russen, die auch um Rettung ihres vom Bolschewismus zerfressenen Vaterlandes kämpfen.

Laßt uns das nicht vergessen, und laßt uns nicht vergessen, daß, wenn es der russischen Westarmee gelingt, sich zu behaupten, Deutschland damit unendlich genützt wird. Wenn sie hilft, Russland wieder aufzurichten, wird sich daran Deutschland auch wieder erheben können zu wirtschaftlicher und verjüngter Kraft. Das alles will das gemeine, perfide England verhindern. Es will die Bruderhände deutscher und russischer Soldaten auseinanderreißen. Es will die letzten deutschen Frauen und Kinder im Baltikum durch vertierte lettische und esthnische Bolschewiken bestialisch ermorden, allen deutschen Besitz vernichten lassen. Jede Gemeinheit aus feigem Hinterhalt ist ihm recht. England läßt seine Schiffe die lettische Bolschewikenflagge aufziehen und schießt aus feiger Ferne auf russische wehrlose Truppen mit schwersten Kalibern. Es unterstützt den Bolschewismus im Stillen und tut, als ob es ihn bekämpfe an anderer Stelle. Ja, es treibt seine Räubergenossen dazu, unsere Frauen und Kinder in der Heimat der Hungerblockade wieder preiszugeben, damit ihr Wehegeschrei unsere Schwertfaust erzittern machen soll. Ich denke, die Schmach und Schande und Wut

eint uns darin, daß wir **Deutsche uns an unser Deutschtum** erinnern und nie vergessen, wer unsere Feinde sind und kleinlichen Parteihader beiseite lassen. Jeder ist unser Feind, der nicht Deutschland über alles setzt.

Das Freikorps soll nun zunächst bereitstehen, um nötigenfalls deutsches Land gegen polnische Raublust zu verteidigen. Eine Aufgabe, die das Freikorps dem Rufe seiner guten Manneszucht und Diziplin verdankt, während andere Truppen aufgelöst werden. Ich erwarte nun, dass jeder an seiner Stelle diesen Ruf des Freikorps, durch Diensteifer, Strammheit und gute Aufführung erhält, damit wir noch lange zusammenbleiben. Ich werde dann Zeit finden, das „**Freikorps der Arbeit**" so vorzubereiten, dass alle Arbeitslustigen eine glückliche Zukunft finden und allen, die zu mir halten, die Not ferne bleibt.

Ich warne Euch vor den Hetzereien derjenigen in der Heimat, deren Beruf Unfrieden ist, lasst Euch nicht irre machen. Lasst Euch nicht in den Parteihader zerren. Schliesst Euch nur dichter zusammen! Wir wollen zusammen halten in deutscher Treue zum Schutze Deutschlands und zum Schutze unserer Arbeit, unseres „**Freikorps der Arbeit**" Hierüber halte ich Euch auf dem laufenden. Seid stolz darauf, hier draussen gewesen zu sein und gedenkt der Brüder, die hier bleiben in Treue, lasst Euch nichts vorreden von Hetzern daheim! Wir wissen es besser. Wir sehen weiter als die geängstigte Menge daheim! und die deutsche Geschichte wird sie einmal mit goldenen Lettern preisen, die letzte deutsche Tat.

Den Offizieren und Mannschaften, die aus dem Verbande des Freikorps scheiden, rufe ich ein herzliches Lebewohl zu, vor allen Dingen denen, die hier weiter kämpfen wollen. Ich werde sie nie vergessen, und die Verbindung wird nicht aufhören. Noch einmal rufe ich Euch allen zu, Offiziere und Soldaten, wo Ihr auch seid, vergeßt nie, daß wir zuerst treue Deutsche sind, haltet zusammen, verfolgt Euer Ziel, laßt Euch nicht irre machen. Ich halte zu Euch und lebe, arbeite und sterbe für Euch.

von Diebitsch
Oberstleutnant und Kommandeur.

In diesem Aufruf hieß es wie folgt:

Die Reichswehr und unsere früheren bürgerlichen Berufe haben nicht für uns alle Platz. Da rufe ich Euch auf zu einem „Freikorps der Arbeit", an dessen Spitze ich mich stellen werde. Unser Freikorps der Arbeit will überall dort, wo das Vaterland kräftige Arme nötig hat, zugreifen, um

unseren wirtschaftlichen Aufbau zu ermöglichen. Wahrlich eine Arbeit, des Schweisses jedes Deutschen wert. Viele Kameraden sind uns auf diesem Wege schon vorangegangen. So ist Hauptmann Schmude mit 800 seiner Getreuen im Frühjahr in ein Bergwerk bei Halle gegangen und hat seitdem ohne Streik ununterbrochen gearbeitet und für sich und seine Leute soviel zusammengespart, dass ein Halb-Millionen-Fonds für den Erwerb von eigen Haus und Hof zusammen gekommen ist.

Dieser Aufruf wurde in weiten Kreisen der Heimat mit besonderer Genugtuung begrüsst, da in dem Plane eine Hilfsaktion grossen Stils für alle gesehen wurde, denen die Brücken zum Wiedereintritt in ihre bürgerlichen Berufe durch die Revolution vorläufig abgebrochen sind.

Ein Teil der Angehörigen des Freikorps, besonders die zahlreichen Auslandsdeutschen und Deutsch-Russen, sind inzwischen in der Ueberzeugung, dass sie in der alten Heimat nicht mehr ihren Platz zur friedlichen Arbeit finden werden und zugleich in der stolzen Erkenntnis, dass für die deutsche Armee noch Arbeit genug ist in der Welt und dass gerade jetzt im Kampfe gegen den Bolschewismus dem Freunde und Schicksalsgefährten unseres Volkes, dem russischen Volke, dringend Hilfe nottut, zur russischen Westarmee „Graf Keller" übergetreten.

Diejenigen aber, welche in die Heimat zurückkehren werden, soll in dieser Zeit vom Wirrwarr und wilden Streik der feste Wille zur Arbeit, der heute unserem Volke am nötigsten ist, im Freikorps der Arbeit zusammenhalten. Das ist eine psychologische Notwendigkeit, weil der einzelne Mann nur sehr schwer den Weg in eine fremde und ungewohnte Arbeit und in die Aufgabe, wieder für sich selbst zu sorgen, hineinfindet und der Gedanke ist nicht leicht in die Tat umzusetzen. Es gehört vor allem ein Stamm von Leuten dazu, die ganze Menschen sind und von einem einmal gefassten Plan nicht ablassen. Leute, die wirklich arbeiten wollen, ganz gleich, wo und wie die Arbeit beginnt. Sobald ein Stamm sölcher Männer zusammen ist, dann wird er zusammen kommen, das sehen wir bei Hauptmann Schmude und Hauptmann Haumann — wird der Plan greifbare Gestalt gewinnen. Ein solches Freikorps der Arbeit muss durch die Gewalt des in ihm lebenden sozialen Gedankens und aus dem Zwang der Selbsthilfe heraus, den jeder arbeitswillige Mann empfinden muss, die Kraft gewinnen, eine Gasse durch das

MGSS.-Abteilung Koch beim Übersetzen über die Aa, Sommer 1919
Photo: Archiv Reiter gen Osten

II. Bataillon, dann Kompanie Württemberg und wir. Vielleicht 6 Kilometer vor Thorensberg, einer Vorstadt Rigas, bogen wir rechts in einen Bohlenweg ein. Auf einmal, kurz vor Romanshof, es mochte gegen 12 Uhr sein, überfielen uns die Letten mit einem tollen Gewehrfeuer. Im Dunkel der Nacht waren wir in die lettische Stellung geraten, ohne daß wir sie bemerkt hatten. Schnell Gewehre und einen Minenwerfer freigemacht und ein paar Minuten später gaben wir Antwort. Als jedoch die Letten unsern Minenwerfer hörten, gaben sie Fersengeld. Glücklicherweise kamen wir ohne nennenswerte Verluste davon. Das II. Bataillon ging dann in Stellung und nahm den Kampf auf. Wir mußten als Reserve auf dem Wege halten. Bitterkalt war es, wozu sich noch ein bis auf die Haut gehender Bindfadenregen gesellte. Doch auch die längste Nacht hat ein Ende. Endlich, als ob er sich gar nicht hervorgetraute, dämmerte der neue Tag. Was wird er bringen? An der Mitauer Chaussee geht es schon wieder lebhaft zu. Doch auch wir sollten bald wieder in Bewegung kommen. Ein Melder kommt und meldet aus der Vorstadt Bienenhof Panzerautos. Schnell machen die Fahrzeuge kehrt. Währenddem gehen Artillerie, unsere Maschinengewehre und Minenwerfer in Stellung. Doch getrauen die Panzerautos sich nicht aus den Häusern hervor, so daß bald wieder Ruhe eintritt. Bald darauf wurde die Kompanie in den vor Bienenhof gelegenen Sanddünen eingesetzt. In schneidigem Angriff warf sie die Letten in die ersten Häuser zurück. Etwas früher schon war ein Zug unter Führung von Offizierstellvertreter Nagel der 6. Kompanie als Unterstützung zugeteilt worden. Dort geht es besonders schwer her. Im Gegenangriff versuchen die Letten uns zurückzuwerfen. Der eine Gewehrführer, Unteroffizier Keller, ließ die Letten ganz nahe herankommen. Ja, er winkte ihnen sogar

noch zu, näher zu kommen. Als er sie aber richtig vor der Mündung hat, schmettert er sie erbarmungslos nieder. Das russische St. Georgskreuz schmückt heute die Brust dieses Tapferen, der leider kurz darauf durch einen Fußschuß kampfunfähig wird. Die Kompanie hatte inzwischen Befehl erhalten, mehrere, halblinks vor ihr liegende, stark besetzte Häuser zu stürmen. Ein Trupp der Kompanie geht mit Handgranaten vor. Da wir aber keine Infanterie bei uns haben und allein zu schwach sind, müssen wir zurück. Offizierstellvertreter Tabarg ist kein Freund vom Zurückgehen. Tollkühn bleibt er mit einer kleinen Schar und einem schweren Maschinengewehr vorn liegen, die nachdrängenden Letten unter schwerstes Feuer nehmend. Kritisch wird die Lage. Immer mehr Verstärkung werfen die Letten heran und versuchen, ihn abzuschneiden. Doch endlich naht die Erlösung. Die soeben eingetroffene Infanterie schwärmt aus und setzt zum entscheidenden Angriff ein. Trotzdem alles todmüde ist, wird der Angriffsbefehl mit Freuden begrüßt. Nachmittags 3 Uhr steht die Kompanie sturmbereit in einem alten Laufgraben. Von den zwölf Maschinengewehren der Kompanie wird nur ein leichtes Maschinengewehr mitgenommen, die andern bleiben bei der Bagage. Alles ist bewaffnet mit Karabinern und Handgranaten. Mit der Uhr in der Hand stehen die Offiziere da, ein langgezogenes Pfeifensignal, und mit Hurra geht es auf die ungefähr 300 Meter entfernten lettischen Stellungen los. Aus der ersten Stellung wird der Feind hinausgeworfen. Doch aus mehreren Gehöften bekommen wir Maschinengewehrfeuer. Dort sitzt er noch fest und zwingt uns dadurch zu einem längeren Halt. Ungefähr zwei Stunden liegen wir 30 bis 50 Meter entfernt vor diesen Gehöften. Erst die eintretende Dämmerung bringt uns Hilfe. In ihrem Schutze schleichen sich kleine Trupps mit

Handgranaten heran und räumen auch hier auf. Überall steigen kleine weiße Sprengwolken auf. In wilder Flucht geht der Feind zurück, Tote und Verwundete und vieles Material uns überlassend. Ausgeschwärmt geht die Kompanie hinter den Letten her, ohne erst einen Befehl abzuwarten. In einer zweiten, starken Dünenstellung leistet er noch einmal Widerstand. Doch mit Hurra wird er auch hier hinausgeschlagen. Jetzt ist kein Halten mehr. Durch das schnelle und ohne Befehl erfolgte Vorgehen der Kompanie Koch ist das Gefecht entschieden. Die Letten sehen ihre Rückzugslinie bedroht und räumen Thorensberg in wilder Flucht. Singend ziehen Stoßtrupps durch die Straßen, vereinzelt noch Widerstand leistende Letten mit Maschinengewehrfeuer und Handgranaten zum Schweigen bringend. Der frühe Morgen findet die MG.-Kompanie Koch an der Brücke, die gegenüberliegenden Häuser beschießend, im Verbande der Deutschen Legion. Gegen Mittag wird das Regiment aus der Feuerlinie zurückgezogen. Die Kompanie sammelt sich in der großen Lagerstraße, wo sie dann auch Quartier bezieht. Frühzeitig geht alles zur Ruhe, hatten wir doch drei Tage und drei Nächte nicht geschlafen.

Unserem Sturm auf Thorensberg folgten dann noch sechs Wochen lang erbitterte, schwere Kämpfe und lange Märsche in Kälte und Regen. Erscheinen die Verhältnisse im Kurland-Kriege dem Unbeteiligten auch lächerlich klein im Verhältnis zu denen im großen Krieg, so hat doch der einzelne Mann ebensoviel auszuhalten gehabt als ein Kämpfer im Weltkriege.

Kampfwagen beim Vormarsch auf Thorensberg

Von Vizefeldwebel G. Baumann, ehem. Führer des Kampfwagens „Titanic"

Gefechtsstand Thorensberg, den 25. Okt. 1919. Mancher alte Baltenkämpfer in der Abteilung wünschte schon lange das deutschfeindliche Lettenregime zum Henker. Endlich brachte der 8. Oktober den langersehnten Vormarsch nach Riga. Am besagten Tage, morgens früh, stand die Abteilung, mit einem schweren, mit Geschützen bestückten Panzerwagen sowie einem leichten Straßenpanzerwagen und zwei „Flak"-Autos befehlsmäßig auf der Straße nach Riga. Nach kurzem Warten kam der Befehl, mit dem Feind Fühlung zu suchen. Also volle Fahrt voraus! Bei Olai sollte die erste feindliche Stellung sein. Dort sah man aber keinen Letten. Die Flaks folgten dem Panzer jetzt in einem Abstand von 300 bis 500 Meter; kurz vor dem Jansson-Gehöft war die Straße mit Holz-Barrikaden und Drahtverhauen gesperrt. Dicht bei diesen Hindernissen überraschte uns der Feind plötzlich mit einem wütenden Feuerüberfall aus sechs bis acht Maschinengewehren. Um unsererseits in volle Feuertätigkeit treten zu können, mußte der schwere Panzer „Titanic" dem Feind den Rücken zeigen. Auf das Umdrehen der „Titanic" — bei der schmalen Straße ist das nicht so leicht —, hatte ein feindlicher Minenwerfer gewartet. Prompt pflasterte er seine Dinger immer in eine für uns ungefährliche Entfernung. Wir nahmen nun auch die gegnerischen Stellungen unter Feuer. Das Jansson-Gehöft, aus welchem wir heftiges Gewehrfeuer erhielten, wurde mit drei Granaten von der „Titanic" erledigt. Trotz des starken Gegenfeuers aus nur 300 bis 400 Meter Entfernung klatschte höchst selten ein Geschoß an unsere Panzerplatten. Das zeigt eine schlechte Ausbildung der lettischen Schützen. Unser kleiner Panzer „Nürnberg" hatte sich beim Wenden festgefahren. Zu seinem Schutze manövrierten wir mit der „Titanic" noch einige Zeit vor den Barrikaden, bis von den weiter zurückstehenden Flaks ein schweres MG. zur Bedeckung der „Nürnberg" in Stellung gebracht war. Durch unglückliche Treffer im Geschützturm hatten wir in kurzer Zeit einen Toten und drei Leichtverwundete. Diese brachten wir zurück. Auf der Rückfahrt konnten wir unsere Flaks im Gefecht bewundern. Dicht vorm Feind, auf dem Auto ein sichtbares und gut zu fassendes Ziel gebend, stand die Bedienung und feuerte raus, was das Rohr hergeben wollte. Trotz Verwundungen wollten die Leute nicht ihre Kanonen verlassen. Später bedankten sich zurückgehende Infanteristen bei der Bedienung eines unserer Geschütze. Nur dank dem gutliegenden Flak-Feuer war es ihnen möglich gewesen, in die eigenen Linien zurückzukehren.

Nachdem wir unsere Verluste ersetzt hatten, ging's wieder vor. Der Feind suchte noch immer den mittlerweile ganz in den Straßengraben gerutschten „Nürnberg" außer Gefecht zu setzen, mit einer gar nicht so harmlos aussehenden Minenschießerei. Die Besatzung der „Nürnberg" war zum Schutz ihres Wagens mit Gewehr und Handgranaten ebenfalls in Stellung gegangen. Fünf Stunden hielten unsere braven Kameraden, zum Teil im Wasser liegend, den Feind hinter seinen Drahtverhauen fest. Dann stürmte das Bataillon Berthold unter Mitwirkung der „Titanic" die feindliche Stellung. Dabei hatten wir leider einen Schwerverwundeten. Wir sollten aber noch mehr Pech haben.

Um ein weiteres Vorgehen mit dem schneidigen Bataillon Berthold möglich zu machen, mußten die Barrikaden umfahren werden. Dabei kamen wir bis zu den Panzerplatten in Sandlöcher. In strömendem Regen war die ganze Nacht hindurch Spaten und Hacke bei uns Trumpf. Um 6 Uhr morgens standen beide Kampfwagen wieder fahrbereit. Durchnäßt und todmüde, dazu hungrig, warteten wir auf der Straße zum Schutze einiger Batterien, denn Infanterie sollte nicht mehr vorne sein. Um 11 Uhr 15 brachte ein Meldereiter der Division den Befehl zu einer Erkundungsfahrt hinter die feindliche Linie. Wie eine Erlösung kam für uns dieser Befehl. Nur nicht auf der Straße liegen und untätig sein müssen! Beim Vorfahren wurden wir gleich links und rechts der Straße aus dem Gebüsch aus Gewehren beschossen. Das hinderte uns aber weiter nicht. Schlauer geworden, drehten wir jetzt schon um und, rückwärts fahrend, dem Feind unser gefährliches Hinterteil zeigend, näherten wir uns Thüringshof. Aus einem schwarzen Haus, rechts an der Straße, beschoß man uns recht herzhaft, bis wir mit einem Schrapnelltreffer die Herrschaften eines anderen belehrten. Durch diesen Artillerieschuß wurden auf der Straße etwa 30 Kavalleristen aufgescheucht, welche ein gutes Ziel für die MG. unseres rechten Turmes wurden. Überall boten sich jetzt lohnende Ziele für MG. und Kanone. Ein feindliches MG. wurde durch Volltreffer unseres Geschützes aus 150 Meter erledigt. Der Schütze dieses MG. hatte den Kopf in die Erde gesteckt und knallte Löcher in die Luft. Ein feindliches Panzerauto sauste heran und verschwand blitzschnell wieder hinter dem Bahnübergang bei Thüringshof. Fast eine Stunde wurde die lettische Stellung von hinten beschossen. Unter flüchtende Letten konnten wir noch einige Granaten jagen. Dann glaubte ich genügend erstanden zu haben und gab das Kommando: volle Fahrt voraus! Wenn alles gut geht, streikt gewöhnlich der Motor. So auch diesmal. Der Vergaser war verstopft. So etwas kann nun sehr unangenehm werden — 4 Kilometer hinter der feindlichen Linie. Das Schicksal aber meinte es aber noch gut mit uns. Sprungweise zog uns der Motor zurück. Unser Abteilungsführer hatte von der Jansson-Stellung aus unsere Lage erkannt. Das Schlimmste befürchtend, kam er uns mit etwa 15 Freiwilligen aller Truppengattungen entgegen. Glücklicherweise brauchten unsere Kameraden uns nicht herauszuhauen. Herr Major Bischoff sprach persönlich der Abteilung seine vollste Anerkennung aus.

Da fast keine Infanterie vor uns lag, erhielt die Abteilung den Auftrag, den Feind in seinen Stellungen dauernd zu beunruhigen.

Zur Unterstützung gingen Flaks mit vor, welche ihr Feuer nach Leuchtkugelzeichen von der „Titanic" lenkten. Der kleine Panzerwagen „Nürnberg", welcher mit in die feindlichen Linien einbrach, wurde gleich durch zwei Tankgeschosse außer Gefecht gesetzt. Die Kugeln waren durch die Panzerplatten in den Motor gedrungen, so daß er nur schwer die eigenen Linien erreichen konnte. „Titanic" nahm das Gefecht allein weiter auf und hatte vollen Erfolg. Fast alle Munition, etwa 15 000 Schuß, waren verbraucht. Ein Turm mit MG. war außer Gefecht gesetzt. Mit Handgranaten wollte uns zu guter Letzt der Lette ans Leder. Er hatte aber nicht mit unseren vielen Handgranaten gerechnet, für die wir endlich ein Objekt fanden. Anscheinend an unsere Unverwundbarkeit glaubend, schoß der Feind später sehr wenig. In seinen Löchern warf er Mützen hoch und drohte mit dem Gewehrkolben. Ohne jegliche Artilleriemunition mit nur einem schußbereiten MG. mit 400 Schuß, waren wir gezwungen, in Mitau unsere Bestände frisch aufzufüllen.

Am andern Morgen 4 Uhr 15 brauste die „Titanic" nach Thorensberg ab. An den Brückenköpfen kamen wir noch einmal ins Gefecht. Nur schade, daß die Lübeckbrücke hochgezogen war. Hier wurde auch unser glänzender Kraftfahrer Birkert verwundet. Am 12. und 13. wurden wir gegen den bei der Insel Dahlen über die Düna vorgedrungenen Letten verwandt. Auf einem Bohlenweg mühsam vorkommend, konnten wir selten in das Gefecht eingreifen. Durch die starke Inanspruchnahme ist die „Titanic" reparaturbedürftig geworden.

Rückzug

Vom bitteren Ende im Baltikum

Von Dr. von Hülst, ehem. Kompanieführer im 1. Kurländischen Infanterie-Regiment

Ich entnehme meinem Tagebuch folgende Notiz: „Dienstag, den 4. November 1919. In der Nacht ist es ruhig. Bei Essenhof (wo unsere MGK. unter Führung meines Bataillonskameraden Wegener eingesetzt ist) wird viel geschossen. Der Lette hat Minenwerfer eingesetzt, schlimm für die MGK., da keine Deckung vorhanden ist. Am Morgen kommt die Nachricht, daß Damenhof, etwas später auch Annenhof vom Gegner eingenommen sind. Der Lette soll seinen rechten Flügel bei Damenhof haben. Um 12 Uhr mittags wird 3. Kurl. Infanterie-Regiment zum Gegenstoß eingesetzt. Wann kommen die Freikorps aus Deutschland, um uns zu helfen?

Mittwoch, den 5. November 1919. Der Gegenstoß vom 3. Kurl. Infanterie-Regiment muß sich bei starkem feindlichen Widerstand auf die Defensive beschränken. Bei Bumbur sollen Russen-Bataillone die Letten mit gutem Erfolg angegriffen haben. Morgen soll die neu eingetroffene Sturmabteilung Roßbach, auf die wir schon seit Tagen so sehnsüchtig warten, unter persönlicher Führung von Major Bischof in Stärke von 2000 Mann angreifen. In

Essenhof ist es sehr lebhaft. Noch schlimmer haben es die Jäger. Die armen Kerle liegen bereits drei Tage und Nächte, ohne sich irgendwie wärmen zu können, draußen und haben trotz der barbarischen Kälte guten Humor."

Unter größter Nervenanspannung, täglich von den Schiffsgeschützen beschossen und von der lettischen Infanterie attackiert, vergehen die nächsten Tage. Wilde Gerüchte schwirren herum. Lettische Flugzeuge werfen in deutscher Sprache gedruckte Zettel ab, in welchen unseren Soldaten erklärt wird, daß die Lage der Baltikumtruppen verzweifelt sei. Unsere Leute werden aufgefordert, den Offizieren den Gehorsam zu verweigern und sofort nach Deutschland zurückzukehren. Jeder deutsche Soldat, der von den Letten gefangen werde, würde sofort erschossen.

Am Morgen des 10. November schießen die Schiffsgeschütze ins Hintergelände. Um 11 Uhr vormittags greifen, von Dünamünde kommend, vier Dampfer meine am Dünaufer liegende Feldwache an. Die Dampfer haben Minenwerfer und Revolverkanonen an Bord. Der Angriff wird jedoch von unserem 3. Zug unter Führung von Leutnant Klingsor abgeschlagen.

Gegen Mittag kommt die Nachricht, daß die Letten durchgebrochen und bereits in unserem Rücken in Thorensberg seien. Bald erscheint der Bataillonskommandeur Graf Gröben mit seinem Adjutanten Leutnant von Kyaw und teilt mit, daß er keine Verbindung mehr mit dem Regimentsstab bekommen könne. Die letzte Nachricht sei gewesen, daß der Lette bei Nordeckshof durchgebrochen sei. Wir halten Kriegsrat. Furchtbar verlassen kommen wir uns vor. Dürfen wir die Stellung räumen? Kommen wir überhaupt noch zurück, da der Lette bereits unsere Rückzugstraße besetzt haben soll? Ein Rückzug bedeutet das Ende des Baltikumunternehmens, das Aufgeben unserer hohen Ziele, Deutschland aus den Ketten des Versailler Vertrages und von der „roten Pest" zu befreien. Hierfür sind soviel unserer Kameraden verblutet. Soll das alles umsonst gewesen sein?

Wie unendlich schwer wurde der Entschluß, obgleich man das Unhaltbare der Situation nur zu klar vor Augen sah. Um 6 Uhr nachmittags waren die 5. Kompanie, MGK. und Feldwachen zurückgeholt. Wir beschließen Rückzug bis an die Straße von Thorensberg, wo wir Anschluß an das I. Bataillon zu bekommen hofften. 4. Kompanie als Spitze, MGK. und Bagagen in der Mitte, 5. Kompanie als Nachhut, marschieren wir in weiten Abständen ab. Die feindlichen Schiffsgeschütze geben uns noch einen kräftigen Segen. Aufheiternd wirkt es gerade nicht, in dieser, die Nerven bis aufs äußerste anspannenden Lage den Abschuß, das Rollen der schweren Kohlenkästen und den Einschlag ertragen zu müssen. Aber wie durch ein Wunder geht alles gut.

Als wir in der Dünamündschen Straße in Thorensberg ankommen, werden wir aus den Häusern beschossen. Hier hilft nur ganz energisches Durchgreifen, sonst werden wir zusammengehauen. Mit einem Zug dringen wir rechts und links in die Häuser ein, machen viel von der Handgranate Gebrauch und schaffen tatsächlich Ruhe. Wir besetzen die Lagerstraße und riegeln die Zugänge ab. Das Bataillon ist noch etwa 100 Gewehre stark. Eine wilde Schießerei setzt ein. Auch die lettische Zivilbevölkerung nimmt am Kampf teil. Werden wir jemals aus diesem Hexenkessel herauskommen?

Wir haben einen Straßenplan von Thorensberg gefunden und gehen zu vier Offizieren in ein Haus, um uns an Hand dieses Planes zu unterrichten. Die Bewohnerin ist eine ältere Deutsch-Baltin, die uns mit Fragen bestürmt. Wir bitten sie, uns allein zu lassen, da wir uns nur schnell bei Licht den Stadtplan ansehen wollen. Nach fünf Minuten kommt sie mit einem Teesamowar wieder und bittet uns, eine Tasse Tee zu trinken. Als wir gerade den ersten Schluck nehmen, hören wir einen Mordskrach, Kolben schlagen gegen eine Tür, und es klirren Fensterscheiben. „Die Letten kommen", schreit die Baltin. Wir riegeln die Tür ab, und während von den Letten auf die Zimmertür eingehauen wird, können wir uns in aller Ruhe durch ein Fenster retten.

Bis etwa 5 Uhr morgens halten wir die Lagerstraße besetzt. In der Zwischenzeit sind das Jäger-Bataillon, das Bataillon Baltenland und zwei Pionier-Kompanien zu uns gestoßen. Mit Handgranaten haben sich die Pioniere unter Führung von Oberleutnant Vierow durchgehauen, sogar ihre toten Kameraden haben sie mitgenommen. Wir sind uns darüber klar, daß es uns nur noch im Schutze der Dunkelheit gelingen kann, uns durchzuschlagen. Das Jäger-Bataillon übernimmt die Spitze, Bataillon Baltenland die Nachhut. Fast ohne Kampf kommen wir weiter. Da taucht ein Panzerauto auf. Wir drücken uns rechts und links an die Häuser, sprungbereit, unser Leben möglichst teuer zu verkaufen. Das Panzerauto hält. Sind es unsere Leute oder sind es Letten? Wir hören den Ruf: „Eiserne Division?" und geben Antwort. Stahlhelme tauchen im Panzerauto auf, und unter lautem Freudengebrüll umringen wir unsere deutschen Kameraden, die sich als Angehörige des Freikorps Roßbach entpuppen.

Bald stießen wir auf Roßbachtruppen, die den Rückzug deckten. Wir waren zu müde, um unserer Freude den richtigen Ausdruck geben zu können. 40 Kilometer marschierten wir an diesem Tage zurück. An Marschpausen war bei der Kälte kaum zu denken. Wir marschierten den gleichen Weg, auf dem wir vor einem halben Jahre, die Bolschewisten vor uns herjagend, zur Einnahme Rigas ausgezogen waren. Traurig sah die Marschstraße aus, endlose Kolonnen bewegten sich gen Mitau.

Gegen Abend kamen wir in Paulsgnade, unserer Kampfstellung im März-April, unter. Wir waren zu müde, um unsere Quartiere zu heizen, und froren trotz unserer Müdigkeit in dieser Nacht bitterlich. Was würde der nächste Tag bringen?

Roßbachs Marsch ins Baltikum
Von Kurt Oskar Bark

"Eure Exzellenz! Reichswehr-Jäger-Bataillon 37 mit achtzehn Offizieren, vierundvierzig Unteroffizieren und dreihundertachtzig Mann angetreten!"

Der Kommandierende dankte. Dann schüttelte er nachdenklich den Kopf. "War die Freiwillige Sturmabteilung Roßbach nicht stärker? Ich entsinne mich anderer Zahlen, so etwa sieben- bis achthundert!"

"Die Kündigungen häufen sich in der letzten Zeit, Eure Exzellenz."

"Trotzdem Roßbach Abteilungskommandeur blieb? Damals hieß es doch, die Leute wollten zum größten Teil kündigen, weil ein älterer Offizier die Truppe übernehmen sollte."

"Die Leute fühlen sich in ihrer Rolle hier sinnlos, Exzellenz. Ihre Heimat wird abgetreten. Sie wissen alle, wie sehr es gerade das Verdienst unserer Abteilung ist, daß Westpreußen vor dem Schicksal der Provinz Posen bewahrt wurde. Und nun sind sie der Auffassung, daß all ihr Einsatz und ihre Kämpfe vertan sind."

"Herrgott, ich kann das doch auch nicht ändern. Aber wo wollen die Leute denn bleiben? Arbeit finden sie nicht, und die berühmte Parole vom Baltikum ist ja nun auch vorbei..."

"Fast alle, die gekündigt haben, gingen ins Baltikum. Und der Rest will dorthin."

"Ich weiß auch, daß Sie, die Offiziere, diesen Unfug gutheißen und unterstützen. Ich will mit den Leuten sprechen. Mit den Leuten, verstanden? Die Herren Offiziere können ein Stück zurücktreten."

Er versammelte die Mannschaft zu einem engen Kreise und sprach. Es waren die Worte eines besorgten Vaters. Die Männer sollten sich alle Gedanken an das Baltikum aus dem Kopf schlagen. Auch dort seien die Kämpfe für die Deutschen abgeschlossen. Wir dürften uns nicht mehr an ihnen beteiligen, wenn wir dem Feindbund nicht neue Vorwände für seine Gewaltmaßnahmen geben wollten. Lange und eindringlich sprach der General. Die Männer hörten kaum zu, denn was sie hören wollten, und was in ihnen mitgeklungen hätte, das sagte er nicht.

Es war gut, daß die Offiziere dicht hinter der Mannschaft geblieben waren. So konnten sie durch gelegentliche Rippenstöße überflüssige Bemerkungen verhindern...

Der Kommandierende General kam viel zu spät. Er wäre zu jeder Zeit zu spät gekommen. Man kann keine Freiwilligentruppe erziehen und in hartem Einsatz schulen, um hinterher von ihr zu verlangen, daß sie ein Diktat von Versailles hinnimmt, während andere Kameraden das nicht tun. Diese anderen Kameraden standen an der letzten Front des Weltkrieges: im Baltikum. Sie kämpften gegen den Feind, der heute noch nicht vernichtet ist: gegen den Bolschewismus. Die Roßbacher gehörten dorthin, also mußten sie dorthin, und wenn sämtliche Kommandierenden Generäle der Welt sie daran hindern wollten! Und wollten denn die Generale sie eigentlich hindern? Sprachen sie nicht nur so, weil sie so sprechen mußten?

Der Teil des Freikorps, der an dieser Besichtigung im August 1919 nicht teilgenommen hatte — und das waren nicht wenige —, war auf Reisen. Diese Reisenden interessierten sich in Berlin für Wintermäntel, Wäsche und sonstige Ausrüstung, sogar für Flugzeuge, sie interessierten sich in Danzig für die verschiedensten Gebrauchsgegenstände, in anderen Orten für Pferde und Fahrzeuge. Hier wieder plauderten sie in den Kasinos der benachbarten Garnisonen, und in Ostpreußen schien sie die Schönheit der

Oberleutnant Gerhard Roßbach, ehemals Führer des Freikorps Roßbach
Photo: Burman, Kolberg

Landschaft und der Soldatenbräute zu fesseln: doch dies nur längs einer bestimmten Straße. Nur beim Generalkommando Res. VI in Mitau wurde ebenso offen gesprochen wie in gewissen Räumen zu Culmsee (Westpreußen), in denen Leutnant Roßbach eine Besprechung nach der andern abhielt. Offiziell war er zur Erholung in Urlaub.

Sämtliche Gesuche des Freikorps um Versetzung zu den deutschen Truppen in Kurland waren abgelehnt worden. Auch der letzte Versuch, wenigstens an die ostpreußische Grenze versetzt zu werden, war mißglückt. Nun führten nach Kurland nur noch zwei Wege: entweder sämtliche Roßbacher nahmen ihre Entlassung und sammelten sich wieder jenseits der Grenze, oder sie marschierten gegen den Willen der

Regierung. Die Lage der Baltikumtruppen in bezug auf Waffen, Munition und Bekleidung verbot den ersten Weg von selbst, 800 unausgerüstete Männer konnten drüben nicht viel helfen. Also mußte marschiert werden. Dem Plan gehörten die mannigfachen Vorbereitungen, von denen trotz aller Geheimhaltung einiges durchsickerte. Culmsee begann Mittelpunkt des Interesses zu werden. Eine Reihe von Truppen wollte sich dem Marsch anschließen. Wir hatten nichts dagegen, aber wir warben auch nicht sonderlich dafür, weil wir noch auf eine Änderung des westpreußischen Schicksals hofften und durch unsere Werbung nicht möglicherweise diese ganze Front auflösen wollten. So kam es dahin, daß am Tage des Abmarsches nur ein halbes Bataillon aus Thorn und kleinere Gruppen überall aus dem Reich — selbst aus München — zu uns stießen.

Dieser Tag des Abmarsches war eine verzwickte Angelegenheit. Man hatte oben Lunte gerochen und seine Maßnahmen getroffen. Das Freikorps sollte in den Raum links der Weichsel abtransportiert werden. Zwei Kompanien sollten sofort verladen werden, der Rest später. Der Transportzug sollte in

Ärmelabzeichen des Freikorps Roßbach
Vorlage: Archiv Reiter gen Osten

Marienwerder ausgeladen werden, und von dort die Kompanien westwärts abmarschieren.

Doch da geschah eine Reihe von Unbegreiflichkeiten. Die Bromberger Linien-Kommandantur erhielt von der OHL. aus Kolberg den Befehl zu einer weit größeren Anzahl von Transportzügen, und hinzu kam, daß die Reise eine ganz andere Richtung haben sollte. Die Linien-Kommandantur bat die OHL. um Antwort, welcher Befehl nun ausgeführt werden sollte. In Kolberg wußte man von dem zweiten Befehl nichts, und so scheiterte der schöne Plan. Immerhin waren auf Grund eines ähnlichen Befehls bereits sechs Waggons mit Ausrüstung und Bekleidung von Culmsee nach Osten abgerollt und schaukelten unter guter Bedeckung der Grenze zu. Um die gleiche Zeit starteten ein paar Flugzeuge, nach deren Verbleib man in Berlin vergeblich forschte, in Culmsee in Richtung Kurland.

Aber das Unbegreiflichste am Tage des Abmarsches blieb für die stillen Beobachter, daß sich auf dem Bahnhof von Culmsee alles durchaus befehlsgemäß vollzog: zwei Kompanien wurden verladen und rollten nach Marienwerder ab, der Rest des Freikorps rückte befehlsgemäß in die nahen Dorfquartiere.

Hörbar atmeten die vorgesetzten Stellen auf. Sie konnten es nicht sehen, daß der Hauptteil des Freikorps in den Dorfquartieren nicht haltmachte, sondern weitermarschierte. In einem Gewaltmarsch von etwa 60 Kilometer erreichte er den Raum nahe Bischofswerder. Die beiden Kompanien in Marienwerder wurden ausgeladen, eine Reihe von höheren Offizieren beobachtete den Abmarsch pflichtgemäß und stellte fest, daß die Straße nach Süden tatsächlich zur Grabower Brücke führte. Die Herren konnten es nicht sehen, daß an der Stelle, wo die Straße rechts zur Brücke führt, die Kolonne links einschwenkte und noch vor dem Hauptteil des Freikorps den Raum westlich Bischofswerder erreicht hatte. Als am anderen Tage die höheren Dienststellen es feststellen mußten, daß eine Truppe von über eintausend Mann einfach von der Bildfläche verschwunden war, schliefen die Roßbacher tief und erschöpft in den Scheunen und Speichern verschiedener Güter und Dörfer, um sich für den nächsten Nachtmarsch zu stärken.

Inzwischen spielten die Fernsprecher des Generalkommandos. Vor dem Freikorps lag die Seenenge von Saalfeld, eine ideale Mausefalle, mit einem einzigen Bataillon gründlich zu sperren. Diesen Befehl erhielt das Bataillon Reichswehr in Osterode (Ostpreußen). Aber kurze Zeit darauf erhielt es vom Generalkommando den Gegenbefehl, sich wegen revolutionärer Ereignisse in Thorn vorerst in seiner Garnison alarmbereit zu halten. Der Kommandeur schimpfte zwar über diese unklare Befehlspraxis, aber er blieb in Osterode. Auch der Führer eines aus Elbing alarmierten Truppentransports wunderte sich, daß die Linienkommandantur einen ganz anderen Befehl hatte als er, und daß der Zug sich nicht in Richtung Saalfeld bewegte, sondern in Richtung Danzig. Woher die Gegenbefehle kamen, konnte nachher niemand feststellen, und die Fernsprech-Soldaten in den Dienststellen, von denen diese Telegramme abgegangen waren, wußten es auch nicht. Sie konnten sich nur entsinnen, daß irgendein netter Unteroffizier oder Leutnant sie besucht, mit ihnen geplaudert und auch reichlich Schnaps angefahren hatte. So reichlich, daß sie tatsächlich von nichts wußten.

Am anderen Morgen hatte das Freikorps die Seenenge von Saalfeld hinter sich und lag vor der Stadt Mohrungen.

Es war das letzte Drittel des Oktober 1919. Auf Ostpreußens Straßen raschelte gelbes Laub unter den Pferdehufen. Einer Gespensterkolonne gleich marschierte die Truppe durch die Sternennächte nach Nordosten. Alle Abzeichen von den Uniformen waren verschwunden. Von Quartier zu Quartier wechselte der Name. „Reichswehr-Jäger-Bataillon 37" gab es nicht mehr. Nun erst wurde die Bezeichnung „Freikorps Roßbach" allgemein, und niemand weiß, wer sie zuerst gebraucht hat: ob Außenstehende oder Freikorps-Soldaten.

Es ist ein Zeichen jener Zeit, daß die Ostpreußen unseren Rebellenmarsch mit vergnügtem Lächeln und mit herzlicher Anteilnahme verfolgten.

In Morungen hatte der Bürgermeister zwei unserer Späher festgenommen. Dem Leutnant, der ihre Freigabe forderte, trat er zunächst sehr energisch entgegen, war aber zum Schluß doch glücklich, daß er noch keinen Befehl dazu hatte, Roßbacher in den Zellen seines Rathauses zu sammeln. Mit besten Wünschen und feuchten Augen entließ er seinen Besuch.

Die tüchtige Maschinengewehr-Kompanie hatte zum Neide der anderen einige Lastwagen aufgetrieben und überholte mit Freudengeheul die Kolonne. Und das war gut so. Sie kam an eine Brücke, an der sich eben eine Radfahrer-Kompanie aus Labiau aufbaute, um das Freikorps aufzuhalten. Den gleichen Befehl hatte er auch, meinte der Führer der MGK. Eine kurze Feststellung ergab, daß der MGK.-Führer der dienstälteste Offizier „am Platze" sei. Er übernahm also das Kommando über die Gesamtabsperrung. Hinterher war der Führer der Radfahrer froh, daß er die Hälfte seiner Kompanie nach Labiau heimbrachte: die übrigen waren „übergelaufen".

Überaus anstrengend waren die Märsche. Am Ende hatte das Freikorps die Gesamtstrecke von mehr als 500 Kilometer in zwölf Tagen geschafft, zwei Ruhetage mit eingerechnet.

Inzwischen tat sich was bei den hohen Befehlsstellen. In Königsberg war als Beauftragter Noskes der General von Seeckt eingetroffen. Die ostpreußischen Kommandeure meldeten ihm, daß die Truppen nicht in der Lage seien, das Freikorps mit Gewalt aufzuhalten. Sie seien froh, wenn ihre Soldaten nicht überliefen.

Also versuchte man es mit Güte. Man erwählte für diese Rolle den einzig geeigneten Mann: den Major im Generalstabe Wagner vom Danziger Generalkommando. Die Roßbacher kannten und schätzten diesen Offizier, der sie während ihrer Aufstellung und auch später wesentlich betreut hatte. Plötzlich tauchte er also beim Freikorps auf, mit einer kleinen Begleitung. Aussprachen und Gespräche führten zu der Abmachung, daß es ihm unbenommen bleiben solle, jeden Roßbacher aufzusammeln, der die Lust am Kurland-Marsch verlöre. So nahm denn Major Wagner während der zweiten Hälfte des Marsches täglich auf einem geeigneten Marktplatz die Parade der marschierenden Kolonne ab, hinter sich einen Mann mit einem großen Schild, auf dem zu lesen stand: „Sammelstelle für Versprengte von der Freiwilligen Sturmabteilung Roßbach". Diese Sammelstelle blieb ohne Klienten, aber kurz vor Insterburg wurde das Schild von unserer Radfahrer-Kompanie erbeutet und im Triumph mitgeführt.

Kurz vor Tilsit suchte uns der letzte Polizeichef von Mitau, ein Oberst, auf und wollte uns mit Kraftworten das Unternehmen ausreden. Er meinte, drüben sei alles aus und vorbei. Seine Darlegungen verloren ein Wesentliches an Überzeugungskraft, als sich beim Abmarsch der Bursche des Obersten mit dessen Pferden als Freiwilliger meldete.

Mit Tilsit kam der letzte schwierige Punkt des Marsches: die lange Luisen-Brücke über den vielarmigen Memelfluß und die starke Garnison. Unterirdisch war hier vorgearbeitet, und was übrigblieb, war nur noch ein Schaustück.

Schweigend marschierte das Freikorps an den schweigenden „alarmbereiten" Kasernen vorbei durch die dunkle Stadt. Bei der Spitzengruppe befanden sich außer Roßbach und seinem Stab der größere Teil der wesentlichen Führer, als die Truppe die hochgezogene Zugbrücke erreichte. Ein einziges Maschinengewehr hätte die gesamte Führung vernichten können. Aber damals gab es die Erfahrung vom 9. November 1923 noch nicht.

Es war auch kein Maschinengewehr dort. Es standen da nur einige höhere Offiziere, die Roßbach zu sprechen verlangten. Er meldete sich.

„Leutnant Roßbach, ich fordere Sie im Auftrage der Regierung auf, Ihr Unternehmen aufzugeben und sofort kehrtzumachen!"

Roßbach drehte sich um: „Spitzengruppe! Durchladen! Sichern!" Die Gewehrschlösser knackten, die Spitzengruppe bildete in Sekundenschnelle eine Schützenlinie.

„Ich weiche der Gewalt!" ertönte wieder die Stimme des höheren Offiziers. Der Brückenwärter erschien. Beim Schein einer Petroleumlaterne sahen wir ihn langarmig kurbeln. Die hohe graue Wand senkte sich. Die Brücke war frei.

Am anderen Tage überschritt das Freikorps mit Musik und wehenden Fahnen die Grenze. Bald darauf fand die Vereidigung auf den Freikorpsführer und die russischen Kriegsgesetze statt. Der Platz dieser Feierlichkeit war das Denkmal von Tauroggen.

Der erste Kampf im Baltikum war der Kampf um Verpflegung. Die russischen Offiziere, die uns in Culmsee besucht hatten, hatten alles versprochen und notiert, aber nichts gehalten. Einige Machtwörtchen mußten geflüstert werden.

Der nächste Kampf galt den Transportmitteln zur Weiterfahrt. Der Gewaltmarsch hatte aus der Truppe alles herausgeholt. Sie hatte nur einen Schwerkranken und ein paar Fahrzeuge (darunter die beiden Behelfs-Panzerwagen) verloren. Nun aber sofort einen Weitermarsch quer durch Litauen und Lettland bis in die Vorstädte von Riga anzutreten war zuviel verlangt.

Inzwischen musterte in Mitau der Kommandeur der Eisernen Division von Zeit zu Zeit das Thermometer. Kam Frost und fror die Düna zu, dann war die dünne Front am Westufer des Flusses kaum zu halten. Die Front hatte überall Löcher. Die Sol-

204

daten hatten keine Winterkleidung, keine Mäntel. Munition war knapp.

Unsere abgeteilten Transporte hatten das bitter erfahren müssen. Die Flugzeuge, die in Alt-Autz landeten, waren dort soviel wert wie Alteisen; es gab keinen Betriebsstoff mehr. Die sechs Waggons Ausrüstung und Bekleidung, die glücklich die Grenze überwunden hatten, mußten von ihrer Bedeckung mit aufgefahrenem MG. gegen die Beschlagnahme durch Baltikum-Truppen verteidigt werden.

In dieser Lage kam der Generalstabsoffizier der Eisernen Division auf den unglücklichen Gedanken, nach Maßgabe der vorhandenen Transportmittel Teile des Freikorps Roßbach vorzuholen und in die schlimmsten Löcher der Front zu stopfen. Roßbach wehrte sich nach Kräften gegen eine Teilung der aufeinander eingespielten Truppe, und nur, weil mit der Umklammerung der westlichen Vorstädte von Riga: Thüringshof, Thorensberg usw., stündlich zu rechnen war, erklärte er sich zu einem Kompromiß bereit: drei inzwischen vorgezogene Kompanien sollten die Lage bereinigen und dann wieder zum gesamten Freikorps stoßen. Westlich dieser Vorstädte zog sich von der Küste her nach Süden ein breites, unwegsames Gelände, der Tirul-Sumpf, in dem die Lage völlig ungeklärt war. Ein Vorstoß des Gegners aus dieser Richtung konnte die einzige Straße nach Mitau treffen und damit alle Truppen, Artillerie und Kolonnen abschneiden, die in diesen Vorstädten lagen. Und die Reinigung des gegnerischen Aufmarschgebiets an der Küste war unter dem Feuer der englischen Kriegsschiffe nicht möglich. Zudem fehlte es an Truppen.

Unsere MGK. stieß in den Tirul-Sumpf vor und traf dort auf die Reste des Freikorps des Fliegerhauptmanns Berthold. Der Hauptmann saß in einem Schuppen auf einem Hauklotz, der Pour le mérite baumelte am Kragen seines blauen Interimsrockes: er rauchte und war die Ruhe selbst, obwohl er in diesem weiten Gelände mit seinen knapp fünfzig Mann bald verloren sein mußte. Der Angriff ließ auch nicht lange auf sich warten, aber unsere MGK. war schon da, und die feindliche Zange schloß sich nicht: die Rückzugsstraße war gerettet. Unsere MGK. verlor acht Tote und einige Verwundete.

Unsere Radfahrer-Kompanie wurde am Nordrand von Thorensberg eingesetzt, wo der befehlführende Regimentskommandeur allein im Gefechtsstand saß: Adjutanten und Fernsprecher hatte er zum Lückefüllen nach vorn geschickt. Auch hier ließ der feindliche Angriff nicht auf sich warten. Die Radfahrer schlugen ihn ab und stießen vor. Ohne Anschluß nach rechts und links gaben sie nach einiger Zeit den Vorstoß wieder auf und entzogen sich der Umklammerung.

Inzwischen setzte bereits in den Vorstädten die Panik bei den Kolonnen ein, und auf der Straße nach Mitau vollzog sich stundenlang ein „Rückzug im Galopp". Niemand wußte, daß noch Artillerie und andere Truppen an der Düna standen und hielten. Alles schien verloren. Eine weitere Kompanie Roßbacher stieß in der Nacht auf die Meldung von eingeschlossenen Kolonnen hin in die verlassenen Vorstädte und geriet in eine üble Falle, die sie mehrere Tote kostete.

Am anderen Tage sah die Lage wesentlich ruhiger aus. Die Truppen lösten sich vom Feinde, gaben die Vorstädte auf und zogen sich auf die Olai-Stellung zurück, eine aus dem Weltkriege stammende Linie. Die Kompanien des Freikorps marschierten nach Mitau zurück und erhielten nun endlich ein paar Tage verdienter Ruhe.

Aber die Kriegslage war im Rollen. General von Eberhardt, der neue Kommandierende General des VI. RK., ersuchte nunmehr als Beauftragter der Reichsregierung Roßbach um Einsatz seiner Truppe und sicherte ihm Straffreiheit für den Rebellenmarsch zu. Damit stand das Freikorps wieder unter

Eine Kompanie des Freikorps Roßbach überschreitet die deutsche Grenze

deutschem Oberbefehl und hatte die Aufgabe, die Räumung Kurlands zu schützen. Eine Trennung von der Eisernen Division vollzog sich dadurch nicht, auch nicht eine Absonderung von den westrussischen Truppen des Fürsten Awaloff.

Erste Aufgabe in dieser neuen Lage war die Bändigung der Panik. Höhere russische Offiziere versuchten in Mitau mit gezückten Banknoten zum Bahnhof durchzubrechen und Flüchtlingszüge zu erstürmen. In den Wachtstuben der Roßbacher konnten sie nicht genug über die merkwürdigen Soldaten staunen, die nicht einmal für bare hundert Mark ein Auge zudrücken. — Mit Marodeuren wurde rasch und gründlich umgegangen: eine geraubte Schachtel Zigaretten genügte, um den Täter sofort zu erschießen.

Als der Gegner den Rückzug durch Angriffe zu beschleunigen versuchte, stieß nun das Freikorps geschlossen mit anderen Truppen vor und warf ihn für einige Zeit zurück. Der Rückzug und die Rückführung der deutschen Flüchtlinge konnte sich in Ordnung vollziehen, ebenso die Räumung von Mitau.

Die Todesfahrt des Kapitäns Siewert

Von Hauptmann Wagener, ehem. Stabschef der Deutschen Legion

Kapitän Siewert sah mit düsterem Blick in die Zukunft. Die feindliche Überlegenheit war zu groß, als daß man ihr hätte standhalten können. Dazu kam die immer stärker werdende Bedrohung des Rückens

Kapitän Siewert †, ehemals Führer der Deutschen Legion
Photo: Heeresarchiv

durch die Litauer. Die Leiden der eigenen Truppen unter der Kälte wurden immer schwerer. Eine Aussicht, ihnen Bekleidung, Wäsche und Mäntel geben zu können, bestand nicht mehr. Der Zusammenbruch all unserer großen Ziele stand unmittelbar bevor. Das bedeutete für unser Vaterland den Bolschewismus für 1920. Eine einzige Hoffnung konnte noch sein. Die Intervention der Interalliierten Kommission. Sie war bereits in Tilsit eingetroffen und konnte dieser Tage in Mitau sein. Vielleicht erkannte sie noch rechtzeitig die Größe der bolschewistischen Bedrohung und griff zu unseren Gunsten ein. Dann war's noch zu retten. An der deutschen Grenze lagen Tausende von Urlaubern, die zur Zeit nicht zu ihren Truppenteilen zurück konnten. In Deutschland standen noch Dutzende von Bataillonen und Batterien bereit, um, sobald es die Reichsregierung erlaube, hinauszugehen und uns zu stützen. Und hauptsächlich die Bekleidung! Sie konnte in wenigen Tagen hier sein. Das also war die letzte Möglichkeit. Es mußte versucht werden, wenigstens solange durchzuhalten, bis die Stellung der Baltikum-Kommission geklärt war.

Kapitän Siewert wollte selbst die Regimenter sprechen, um ihnen die Lage zu schildern und sie noch einmal aufzumuntern. 9 Uhr vormittags fuhr er in Mitau ab, zunächst nach Garossen. Der zweite Generalstabsoffizier der Legion, Oberleutnant Thöne, begleitete ihn. Er traf das Regiment Baltenland, dessen Kommandeur er selbst früher gewesen war. Es war bitter, mit anzusehen, wie die armen Leute litten. Seit über einem Monat im Kampf, schlecht gekleidet, in den letzten Tagen auch schlecht genährt, und seit Mitte Oktober ohne Löhnung, so lagen sie da am Garosse-Ufer, gruppenweise um kleine Holzfeuer versammelt. Kein Dach, kein Haus war in der Nähe. Alles war seinerzeit von den Bolschewisten niedergebrannt worden.

Als der Kapitän ausstieg, kamen ihm einige entgegen und sagten: „Nicht wahr, wir geben doch nicht nach, Herr Kapitän!" Und als er ihnen sagte: „So Gott will, nicht; aber ihr müßt noch acht Tage aushalten!!", da riefen sie freudig: „Acht Tage geht's noch!" Aber der Regimentsführer, seit einigen Tagen Oberleutnant v. Werder, meinte leise: „Es geht nicht, es ist schon jetzt zu viel. Ich hätte mir im großen Kriege nicht getraut, das von meinen Leuten zu verlangen, was die hier freiwillig auf sich genommen haben. Aber die Widerstandskraft des Menschen hat eine Grenze." Major Kurz war auch dort. Die kurze Pfeife in der linken Hand, die Reitpeitsche in der rechten, ging er von Mann zu Mann und rief ihnen zu: „Kerls, wir werden uns doch nicht von den Letten verhauen lassen!" Einer antwortete: „Und erst recht nicht der besch... Reichsregierung nachgeben!" Und als der Kapitän den Major darauf hinwies, daß die Armee sich darauf verlasse, daß er mit seinen Leuten den rechten Flügel der Eisernen Division stütze, da meinte er: „Regiment Baltenland hat noch 400 Mann, Petersdorff bringt noch 600 mit, und außerdem habe ich acht Geschütze. Da müßte schon eine königlich-preußische Division kommen, um uns zurückzuwerfen." Und dabei glänzten seine Augen wie die eines jungen Leutnants.

Kapitän Siewert fuhr nach Stalgen weiter. Dort traf er den Kapitän Stever an der Aabrücke. Kapitän Stever hatte bis vor kurzem nur die schweren Langrohre eines Kriegsschiffes kommandiert. Sein Kreuzer war an England abgegeben worden. Jetzt stellte er leichte Feldgeschütze auf gefrorener Erde auf und richtete sie selbst ein. „Sie haben keinen Infanterieschutz vor sich?" fragte der Befehlshaber der Legion. „Dort drüben steht ein Leutnant von mir mit drei Mann mit Karabinern. Sie sollen nur kommen. Bis morgen früh halten wir. Und dann kommt Petersdorff." Und dabei lachte der alte Seebär in seinen rotblonden Bart hinein, daß man beruhigt sein konnte. „Aber Bekleidung, Handschuhe, Mäntel!" — Wieder ging die Fahrt weiter, über Annenburg nach Joden. Manchmal sahen der Kapitän und Oberleutnant Thöne sich an. Einmal stand eine Träne in den Augen des Führers. Dann sagte er: „Es ist schauerlich. Wenn doch

FREIK. STEVER

wenigstens einmal ein Mitglied der Regierung hier herausgekommen wäre! Sie beschimpfen uns, aber sie wissen gar nicht, wer wir sind. Ein Bruchteil dieses Geistes, der hier herrscht, würde genügen, um aus Deutschland wieder einen Staat zu machen." Als der Kraftwagen Satschen erreichte, hörte man aus Richtung Bauske Infanterie- und MG.-Feuer. Sollte der Feind schon so dicht gefolgt sein? Je näher sie kamen, desto lebhafter wurde es. Auf der Straßengabel in Zoden stand Rittmeister Krauße d'Avis. Er meldete, daß eine feindliche Abteilung vor einer Stunde auf Alt-Raden vorgestoßen sei, und daß offenbar neue Kräfte nördlich und südlich des Ortes zum Angriff vorgingen. Er habe dem Regiment von Jena den Befehl gegeben, unter allen Umständen die Linie Peterhof—Rudsen zu halten. Gerade in dem Augenblick kam die Meldung, daß weitere feindliche Abteilungen von Stelpenhof auf Rudsen vorfühlten, und daß sich dort ein Gefecht entwickle. Südlich von Bauske war feindliche Kavallerie gesehen worden, Goldfeldsche Reiter, sie hießen nach ihrem Führer, einem jüdischen, ehemals bayerischen Reserveoffizier, „Goldfeld", der jetzt auf lettischer Seite ein Kavallerie-Regiment führte. — Das Gefecht wurde immer lebhafter. Bei Raden griff bereits Artillerie ein. Auch die MG.-SS.-Abteilung Damm meldete, daß gegen ihre Stellung nicht weit nördlich von Zoden feindliche Streifpatrouillen vorkämen. Kapitän Siewert mußte die

Ärmelstreifen des Freikorps Stever
Vorlage: Heeresarchiv

Korvettenkapitän Stever, ehemals Führer des Freikorps Stever
Photo: Archiv Reiter gen Osten

Führung des Gefechts dem Brigade-Kommandeur, Rittmeister Krauße d'Avis, überlassen. Jetzt mußte er nach Mitau, von wo aus er das Ganze übersehen konnte. Der feindliche Angriff machte den Eindruck größerer Stärke. Vielleicht waren neue Entschlüsse zu fassen. 2 Uhr nachmittags fuhr er in Zoden ab. Er wollte wieder über Annenburg—Garossen zurückfahren. Da ereignete sich das Furchtbare. Wo sich die Straße der Aa nähert, etwa 10 Kilometer nordwestlich Zoden, stand ein Zivilist mitten auf der Straße und winkte dem Kraftwagen „Halt" zu. Schon wollte der Fahrer bremsen, als Kapitän Siewert sah, wie einige Leute mit Gewehren hinter das Haus liefen, vor dem der einzelne stand. Sofort rief er dem Kraftfahrer zu: „Nicht halten! Mit Volldampf voraus!" Da knatterte auch schon das Feuer aus etwa 20 Gewehren auf den Wagen, der in voller Fahrt zwischen den Letten durchsauste. Noch schien es gut gehen zu wollen. Aber es war noch nicht zu Ende. Einige hundert Meter weiter eröffnete wieder eine feindliche Patrouille das Feuer, und dann klatschten die Geschosse von allen Seiten in den Wagen hinein. In rasendem Tempo ging's mitten durch den Feind, der johlend und schießend hinter Bäumen hervor und aus Panjehütten herauslief. Es knallte und krachte bald ganz nah, bald weiter ab, und fern von Südwesten her dröhnte der Kanonendonner der Kämpfe von Bauske. Das war für Kapitän Siewert herrliche Musik!! Wie wenn in einer Schlacht ein Kreuzer in voller Fahrt durch die hochspritzenden Wogen brauste! Der Kapitän zog seine Sturmmütze ins Gesicht. Mit zusammengekniffenen Lippen blickte er unter den dichten Brauen hervor, geradeaus, und seine Augen sprühen Feuer! Da zuckte er leise zusammen. Er sank in den Wagen zurück. Eine Kugel hatte ihn ins Herz getroffen. Auch der Kraftfahrer war verwundet. Oberleutnant Thöne hatte einen Streifschuß im Stiefelschaft. Der Wagen hatte 21 Treffer. So kamen sie in Stalgen an, als gerade die Sonne ihre letzten Strahlen vom Himmel herübersandte. — „Der Kapitän ist tot!" Wie ein Lauffeuer ging's von

Major Wagener, ehemals Stabschef, später Führer der Deutschen Legion
Photo: Archiv Reiter gen Osten

Mund zu Mund, von Fernsprecher zu Fernsprecher. „Von lettischen Banden, von Zivilisten, Bolschewisten ermordet!" Es war ein furchtbares Gefühl der Niedergeschlagenheit, das jeden Freikorpsführer, jeden Offizier und Mann und besonders den Stab des Befehlshabers der Legion, ergriff. Er war ein Mensch, der in seiner Art einzig dastand. Vom Scheitel bis zur Sohle Offizier. Er trug schwer an der Verantwortung, die er auf sich genommen hatte.

Aber die glühende Liebe zu seinem Vaterlande, das feste Bewußtsein, daß „Männer" nicht aussterben dürfen, bis der Tag da ist, der die große Tat der Befreiung gestattet, dies Bewußtsein hat ihm die Kraft gegeben, so Ungeheures zu wagen. Von ihm war sie auf die Führer übergegangen — und auf die Truppe. Die Leiche des Kapitäns wurde nach Mitau gebracht. Von da begleitet sie die weiteren Kämpfe der Legion.

Die Schlacht von Mitau

Von Hauptmann a. D. Wagener, ehem. Stabschef der Deutschen Legion

Bei Tagesanbruch traf beim Stabe der Deutschen Legion eine Meldung aus Schaulen ein, daß die Litauer am Abend vorher die Postierungen vorwärts Radziwilischki auf den Ort zurückgedrängt hatten, und daß Überläufer den Angriff der lettischen Armee für den Morgen des 20. November voraussagten. Das war die letzte Mitteilung, die aus

Übersichtskarte für die Schlacht bei Mitau
Zeichnung: Raederer, Berlin

Schaulen durchkam. Von da ab war die Verbindung abgebrochen. Litauische Banden hatten, wie sich später herausstellte, bei Meschkuze die Leitungen zerstört.

An der Aa herrschte dichter Nebel. Die Patrouillen des Regiments Baden konnten nur immer 100 bis 200 Meter weit sehen. Der Brigadeführer, Rittmeister Kraußze d'Avis, war vorne bei seinem alten Regiment. Da kamen kurz vor 9 Uhr vormittags die Patrouillen zurück und meldeten den Feind im Anmarsch. Bald darauf tauchten aus dem Nebel dichte Schützenketten hervor, die sich langsam beiderseits der Straße näherten. Es schienen zwei, drei Linien hintereinander zu sein. Ein echt russischer Angriff. Wie ein Gewitterhagel prasselte das MG.-Feuer der Badener und der Abteilung Damm in diese Reihen. Die Geschütze schossen in offener Stellung auf 150 Meter. Der Feind warf sich hin. Da und dort schoß er. Andere wichen zurück. Es dauerte nicht lange. In wenigen Minuten war der Angriff abgeschlagen. Die Letten verschwanden im Nebel, woher sie gekommen waren. Patrouillen folgten ihnen, um sie zu beobachten. Es war ein kurzer Kampf gewesen, aber er hatte dem Gegner schwere Verluste gekostet.

Es vergingen Stunden. Daß der Angriff wiederholt wurde, war sicher. Die Kälte erschien bei dieser Spannung und Erwartung viel eisiger als sonst. Es waren — 10 Grad. Der Nebel hob sich langsam. Da erkennen die vordersten Beobachter erneut feindliche Linien, die jetzt, etwas weiter auseinandergezogen, beiderseits der Straße ankamen. Wieder brauste ein wildes Feuer los. Aber nun antwortete auch der Gegner mit seinen Waffen. Sprungweise arbeitete er sich näher, obwohl er wieder große Verluste hatte. Denn er kam nicht in zwei oder drei Wellen, sondern in sieben Linien hintereinander ging er vor. Auf etwa 500 Meter stockte der Angriff. Es entwickelte sich ein längeres Feuergefecht.

Währenddem entbrannte ein neuer Kampf beim Regiment von Jena. Dort hatte der Feind offenbar den linken Flügel des Regiments Baden umfassen wollen. Regiment von Jena aber hielt ihn an. Auch dort kam er in dichten Schützenketten mit geringen Abständen, so daß er unseren MG. lohnende Ziele bot. Das Gefecht kam zum Stehen. Sie erkannten drüben, daß sie hier nicht vorwärtskamen. Hauptmann v. Brandis, der von Groß-Schwitten aus den Gefechtslärm gehört hatte, war mit seinem Bataillon und der Batterie nach Kaupenhof gerückt, um eingreifen zu können. Da meldete ihm 12 Uhr mittags seine Infanteriepatrouille, die er auf Bauske vorgesandt hatte, daß eine starke feindliche Kolonne, wohl ein Infanterie-Regiment stark, auf der Straße von Schloß Ruhental auf Groß-Schwitten marschiere. Eine weitere Kolonne von etwa gleicher Stärke befinde sich noch etwa vier Kilometer südlich davon im Marsch auf Kaben.

Major von Weickhmann, ehem. Führer des Freikorps von Weickhmann
Photo: Privataufnahme

Das sah allerdings gefährlich aus! Was tun? Der Gegner drohte nicht nur die 2. Brigade zu umfassen, sondern er gelangte mit seiner südlichen Kolonne in den Rücken der Legion! Hauptmann v. Brandis war an schwierige Situationen gewöhnt. Wer kennt ihn nicht, den Ritter des Pour le Mérite von der Erstürmung des Douaumont her! Er meldete der Legion durch Fernspruch die Lage und fügte hinzu: „Ich greife mit meinem Bataillon das nördliche Regiment aus der Flanke an." Und lachend sagte er: „Solange ich mein Bataillon zusammenhabe, kann mich die ganze lettische Armee am...!"
12.30 nachmittags trat das Bataillon an. Eine Kompanie und die Batterie erhielten den Befehl, nach Groß-Schwitten zu rücken und den Feind in der Front anzupacken. Die Batterie sollte außerdem nach Südosten beobachten. Mit den beiden anderen Kompanien und einem Zug der MG.-Kompanie marschierte v. Brandis durch den Wald hindurch auf Sulain. Als er den jenseitigen Waldrand erreichte, sah er 1500 Meter schräg vor sich die gemeldete Kolonne. Es war ein Regiment. Deutlich konnte man die Bataillonsabstände unterscheiden. Der Anfang hatte Bersteln (1,5 Kilometer östlich Groß-Schwitten) schon erreicht. „Jetzt aufgepaßt!" Die Kompanien schwärmten aus. Der Waldrand wurde besetzt. Der Gegner marschierte ahnungslos seinen Weg. Mit dem den Russen eigenen, langsamen, plumpen Schritt sah man sie durchs Fernglas gehen, sechs Rotten nebeneinander. „Marsch!" Jetzt ging's in freiem Tempo aus dem Walde heraus, Marsch-

richtung mitten auf den Feind. Die MG. waren auf den Flügeln. Sie kamen 100 Meter vor, 200 Meter. Der Feind merkte nichts. Er hatte offenbar alle Aufmerksamkeit nach vorn gerichtet. Es war ein seltsames Bild. Da gingen 300 Deutsche in einer einzigen dünnen Linie auf einen Feind los, der 2000 bis 3000 zählen mochte. Aber das war gleichgültig. Nicht die Zahl, das Herz gibt den Ausschlag. Und außerdem mußte der Feind zum Stehen gebracht werden.

Jetzt waren sie auf 1000 Meter herangekommen. Da krachten die ersten Artillerieschüsse von Groß-Schwitten her in die Kolonne. Jetzt galt es auch hier zu handeln! „Stellung! Visier 1000! Schützenfeuer!" Wie ein Donnerwetter brach es los. Man sah beim Feind ein kurzes Stutzen, ein Laufen, ein Deckungnehmen. „Angreifen!" befahl Hauptmann v. Brandis. Und nun ging's: Sprung — auf — marsch-marsch!, Zug um Zug, näher an den Feind heran. Erst allmählich gelang es dem Gegner, aus seinem dichten Knäuel heraus Schützenlinien zu entwickeln. Seine Verluste müssen furchtbar gewesen sein.
Hauptmann v. Brandis ging zum Wald zurück, wo die Pferde hielten, und ritt nach Groß-Schwitten. Dort fand er, etwas nördlich des Gutes, die Batterie im Feuer. Die Kompanie hatte das Gut besetzt. Es war kurz vor 2 Uhr nachmittags. Von der südlichen feindlichen Kolonne war noch nichts zu sehen. Patrouillen waren ausgesandt. Bei Bersteln war das Gefecht im vollen Gange. Jetzt ging auch die Kompanie von Groß-Schwitten zum Angriff über, geradeaus längs der Straße nach Bersteln. Der Lette war fast mit seinem ganzen Regiment gegen die beiden

Kragenabzeichen des Freikorps von Wildemann in der Deutschen Legion
Vorlage: Heeresarchiv

Ärmelabzeichen des Freikorps von Weickhmann
Vorlage: Heeresarchiv

Kompanien, die in seiner Flanke angriffen, eingeschwenkt. Bersteln hielt er jedoch besetzt. Allein gegen das Gut vorzugehen, hatte für die eine Kompanie keinen Zweck. Sie nahm das Feuer auf und suchte mit MG. in die Flanke des Gegners zu wirken, der die Front nach Norden hatte. Die Letten schienen inzwischen erkannt zu haben, wie schwach die Deutschen waren, die ihnen gegenüberstanden. Sie gingen zum Gegenangriff über. Jetzt wurde die Lage für

209

die beiden Kompanien ernst. Nach Westen konnten sie nicht mehr zurück. Der Lette drückte besonders stark mit seinem linken Flügel vor. Zunächst versuchten sie, nach Norden auszuweichen. — Das war das letzte, was Hauptmann v. Brandis von ihnen sah. Dann fing es langsam an, dunkel zu werden. Vor der 2. Brigade hatte der Gegner das Gefecht allmählich abgebrochen und war nach Osten zurückgegangen. Am Abend trafen zwei Meldungen bei Hauptmann v. Brandis ein. Die eine kam von einer Patrouille, die gegen die südliche Kolonne des Feindes gesandt war. Sie teilte mit, daß diese Kolonne angehalten hatte, als der Gefechtslärm von der nördlichen Kolonne her erschollen war. Bei Einbruch der Dunkelheit stand sie noch an derselben Stelle. Die andere Meldung kam von Leutnant Block, dem Führer der einen der beiden Kompanien. Sie lautete: Wir sind vom Gegner abgedrängt worden. Wir greifen jetzt Schloß Ruhental an. Dort soll ein feindlicher Stab liegen.

8 Uhr abends meldete Hauptmann v. Brandis mit Rittmeister Krauße d'Avis zusammen den Verlauf des Tages an die Legion. Der große Stoß der gesamten Ballodschen Division, die vollkampffähig, frisch und ausgeruht war, war abgewehrt. Unsere zerlumpten Kerle, zehnfach unterlegen an Zahl,

General der Infanterie Graf von der Goltz im Gespräch mit Hauptmann von Brandis und Leutnant von Wildemann *Photo: Heeresarchiv*

schlecht verpflegt, überanstrengt, frierend und von der Heimat beschimpft und verlassen, hatten das geleistet. „Aber wir haben auch Verluste gehabt", bemerkte Krauße d'Avis. „Und ich bin zur Zeit nur 100 Mann stark", fügte Brandis hinzu; „aber Block kommt wieder. Ich kenne ihn!" Das waren Führer! Mit ihnen konnte man alles wagen! Und der Geist, der in ihnen steckte, hatte sich auch auf ihre Unterführer und Leute übertragen. Etwas von diesem Geist den Deutschen zu Hause!

Bei der 1. Brigade hatten die Kämpfe ebenfalls am frühen Morgen begonnen. Beiderseits der Aa, in Höhe von Salgalen, hatte der Gegner stärkere Kräfte versammelt und rückte nach Norden. Schwächere Abteilungen fühlten zwischen Stalgen und Garossen gegen die Front der Brigade vor. Es war der Angriff, der die Stellung bei Mitau aufrollen oder die Kräfte dort festhalten sollte, bis die große Umfassung der Ballodschen Division zur Wirkung kam.

Major Kurz hatte das Detachement v. Petersdorff mit einem Teil bei Stalgen aufgestellt. Patrouillen waren noch jenseits der Aa im Walde. Der andere Teil stand als Reserve rückwärts bei Billenhof. Dort war auch die Schwadron des Detachements und seine Artillerie. 9 Uhr vormittags nahm der Gegner Annenburg und Ibenek. 9.30 Uhr näherte er sich Stalgen. Da faßte ihn die Besatzung von Stalgen und die Batterie Stever in der Front. Die Reserve von Billendorf setzte Major Kurz zum Angriff in die Flanke des Feindes an. Die Schwadron erhielt Befehl, über Neubergfried den Rücken des Feindes zu gewinnen.

Hiii—ju—hu—hu—hu——! erklang der Ruf des Oberleutnants v. Petersdorff. Etwa 250 Mann waren's, die den Stoß von Billenhof her ausführten. Die Batterie ging mit vor. Es ging querfeldein in Richtung Ibenek. 10 Uhr vormittags trafen sie auf den Feind, der nördlich Ibenek im Gefecht mit Stalgen lag. Der Angriff begann. Der Feind verstärkte seine Linie und verlängerte sie nach Süden. Aber sein Feuer konnte das ungestüme Vorwärtsdrängen der Petersdorffer nicht aufhalten. Sie kamen näher und näher. Da wichen die Letten zurück. Sie verschwanden in den Büschen, die dicht und mannshoch das Aa-Ufer begleiteten. Petersdorff stürmte nach. Ein Teil seiner Leute folgte über den gefrorenen Fluß und nahm Annenburg wieder. Er selbst blieb westlich der Aa, überall den Gegner werfend, wo er sich setzte. Der Lette gab's bald auf. Immer dichter hinter ihm drängten sie nach.

Von überall her klang der gellende Melderuf. Petersdorff ließ dem Feind keine Rast. Unten am Fluß verhinderten MG. das Ausweichen über die Aa. So ging's hinterher, bald im Schritt, bald im Laufen, bis endlich aus dem Park von Salgalen MG.-Feuer den Verfolgern Halt gebot. Hier war das Gefecht zu Ende. Heute kam der Gegner kaum mehr wieder. Oberleutnant v. Petersdorff ließ Patrouillen am Feinde und sammelte sein Bataillon in der Richtung auf Stalgen. Annenburg ließ er besetzt, ein leichter Minenwerfer verstärkte die Besatzung.

Zwischen Stalgen und Garossen war es zu einem einheitlichen Angriff des Gegners nicht gekommen. Da und dort stießen kleinere und größere Abteilungen vor und wurden stets abgewiesen. Die Brücke von Stalgen bildete um die Mittagszeit den Brennpunkt lebhafter Kämpfe. Eine feindliche Kompanie war bis nahe herangekommen und trat zum Sturm an. Die schwache Besatzung am Ostende der Brücke wurde überrannt. Die Letten drangen auf der Brücke und unten auf dem Eis der Aa vor. Da traf sie der Gegenstoß der Besatzung von Stalgen, das Feuer der Steverschen Kanonen zwang sie zur Umkehr. Die Brücke wurde wieder besetzt. Der Angreifer ging in den Wald zurück.

So waren also auch bei der 1. Brigade alle Unternehmungen des Feindes gescheitert. Die Legion stand in denselben Stellungen, wie am Abend vorher. Nur in der Lücke zwischen der 2. und 3. Brigade schien die Lage nicht ganz geklärt. Die Schwadron, die von Billenhof auf Neubergfried vorgeritten war, hatte dort Feuer erhalten. Sie war zum Gefecht zu Fuß abgesessen und hatte den Ort genommen. Er war nur schwach besetzt gewesen. Aber südlich davon und östlich schien der Feind stärker zu sein. Die Schwadron blieb deshalb in Neubergfried, um den Rücken ihrer Brigade zu decken.

Beim Legionsstab war inzwischen ein Befehl des Generals v. Eberhardt eingetroffen, der besagte, daß der Rückmarsch der Armee nunmehr beginne.

Da alle Verbindungen mit der 1. Brigade unterbrochen waren, erhielt ein Ordonnanzoffizier des Legionsstabes, Leutnant v. Alten, den Auftrag, den wichtigen Rückzugsbefehl zu Major Kurz zu bringen. Er nahm zwei Reiter mit und ritt ab. 1½ Stunden später kam der eine Begleiter zurück und meldete völlig verstört, sie seien mitten in den Feind geraten. Leutnant v. Alten sei verwundet, der zweite Reiter sei gefallen, ihm selbst sei das Pferd unter dem Leib weggeschossen worden. Er war mit einem leichten Armschuß davongekommen. Nach seiner Beschreibung mußte der Zusammenstoß bei Jatschen erfolgt sein. Also hatte sich der Feind schon tief zwischen die beiden Brigaden hineingeschoben und bedrohte beide mit der Umfassung. Wie sich später herausstellte, war Leutnant v. Alten tatsächlich verwundet worden. Er hatte einen Oberschenkelschuß, der auch sein Pferd verwundet hatte. Außerdem hatte das Pferd noch zwei Treffer. Aber Leutnant v. Alten war sich bewußt, daß der Befehl durchmußte. Er gab seinem Pferd die Sporen und jagte, nunmehr allein, im Galopp mitten durch die vom Feind besetzte Ortschaft hindurch. Die Letten schossen in der Dunkelheit hinter ihm her. Da versagte das zu Tode getroffene Tier. Es brach zusammen. Jetzt versuchte der brave Reiter, zu Fuß weiterzukommen, wie sehr ihn auch die Wunde schmerzte. Abseits der Straße stand eine Panjehütte. Dort holte er sich den Letten heraus und ließ anspannen. Dann ging es mit dem Panjewagen weiter. Nach 10 Kilometer nächtlicher Fahrt endlich langte er beim Brigadestab an. Die Befehle übergab er Major Kurz. Licht gab es nicht. Aus Zeitungen und Stroh wurde im Ofen ein helles Feuer entfacht. In seinem Schein wurden die Befehle gelesen. Dann wurde Leutnant v. Alten verbunden. Zugleich diktierte Major Kurz seinen Bericht über den heutigen Tag und fügte hinzu: „Hoffentlich halten die Letten morgen Ruhe. Denn wenn wir uns in der nächsten Nacht durchschlagen müssen, brauchen wir alle Nerven." Mit diesem Bescheid wollte er einen anderen Offizier zur Legion zurücksenden. Aber Leutnant v. Alten wollte selbst fahren. Er wollte es sich nicht nehmen lassen, seinen Auftrag bis zu Ende auszuführen. Mit beginnendem Wundfieber hoben sie ihn in seinen Panjewagen. Nach Mitternacht verließ er die 1. Brigade. Er benutzte jetzt einen mehr westlichen Weg. Nach einer Stunde traf er glücklicherweise mit einem anderen Offizier des Legionsstabes zusammen, der Verpflegung und Munition zur 1. Brigade vorgebracht hatte. Am Wege hatte er mit den ermüdeten Pferden gerastet. Er nahm sich des Verwundeten an. Fast noch drei Stunden ging die furchtbare Fahrt. 4 Uhr morgens endlich erreichte Leutnant v. Alten das Legionsstabquartier. Von zwei Leuten getragen, erschien er am Lager des Stabschefs. Dort meldete er: „Befehl ausgeführt!" Dann verließen ihn die Kräfte.

Der Feind griff am 21. November zunächst nicht an. Seine Niederlage vom vorhergehenden Tag war doch offenbar so verlustreich gewesen, daß er erst wieder seine Verbände ordnen mußte. Vielleicht waren es auch die beiden Kompanien v. Brandis in seinem Rücken, die seine Entschlußkraft lähmten. Sie hatten tatsächlich Schloß Ruhental angegriffen, konnten es aber nicht nehmen. Die feindliche Besatzung war zu stark. Erst versuchten sie dann nach Norden auszuweichen, stießen aber auf Postierungen. Sie verbrachten deshalb den Rest der Nacht in einem Walde westlich Ruhental. Am Morgen pirschten sie sich nach Westen vor. Da erkannten sie auf einem unbebauten großen Feld feindliche Schützenlinien, die offenbar Übungen machten. Und das während einer Gefechtshandlung, bei der es für die Letten darauf ankam, rasch vorwärtszukommen! Welch ein Schluß läßt das auf die blutigen Erfahrungen vom vorhergehenden Tag zu! Leutnant Block überlegte nicht lange. Er eröffnete das Feuer. Hei! Wie sie liefen. Zum Teil hatten sie die Ge-

Hauptmann Lütkenhaus,
ehemals Führer des Freiw.-Batl.
Lütkenhaus

Ärmelabzeichen des Freikorps
von Petersdorff Vorlage: Heeresarchiv

2 Photos: Archiv Reiter gen Osten

Oberleutnant von Petersdorff,
ehemals Führer der MGSS.-
Abteilung von Petersdorff

wehre zusammengesetzt. Nicht einmal bei friedlicher Übung hatten sie Ruhe vor dem verdammten Deutschen! Zahlreiche Tote blieben auf dem Übungsfelde. 26 Letten wurden gefangengenommen. Dann rückten die Reste der beiden Kompanien ungestört nach Westen ab. Am Nachmittag meldete sich Leutnant Block bei seinem Hauptmann zurück. Leider hatte auch er etwa 70 Mann an Toten beim Feinde lassen müssen.

Gegen die Mittagszeit fühlten einige feindliche Patrouillen gegen die 2. Brigade vor. Nur bei Groß-Bersteln zeigte sich vorübergehend stärkerer Gegner. Nördlich der Brigade schien sich der Feind dagegen weiter nach Westen vorzuschieben. Seine Patrouillen stießen bis Sismen und Bredenfeld, nicht weit von der Straße Mitau—Meiten, vor. Mit der 1. Brigade war keine Verbindung mehr zu bekommen. Sie war von den Letten von Süden her eingeschlossen. Wie gut war's, daß Leutnant v. Alten so brav durchgehalten hatte! So wußten sie doch wenigstens, was zu tun war. Die armen Kerls! Erst hatten sie so wacker gestanden, und nun mußten sie zum Schluß noch für ihr Leben kämpfen!

Am Nachmittag traf eine Meldung von der Ortskommandantur Janischki ein. Sie besagte, daß Scheime von litauischer Infanterie besetzt wurde, daß in Kruki heute früh litauische Kavallerie gewesen und daß die Bahn Mitau—Schaulen bei Meschkuze unterbrochen sei. Fernsprechverbindung mit Schaulen bestehe schon seit zwei Tagen nicht mehr. Landeseinwohner sagten aus, daß Radziwilischki von den Litauern genommen sei und daß die litauische Armee vor Schaulen stehe. — Was daran wahr war, konnte man nicht wissen. General v. Eberhardt war mit seinem Stab in der Nacht zum 21. nach Schaulen gefahren. Züge von dort waren seitdem nicht mehr angekommen. Es mußte demnach das Schlimmste angenommen werden.

Wir waren also abgeschnitten, ganz allein auf die eigene Kraft angewiesen. Eine seltsame Lage. Und dabei noch von der 1. Brigade getrennt! Als der Regimentsarzt des Regiments v. Jena, Assistenzarzt Dr. Zelter, am Abend zum Stabschef kam, um ihm den Verband zu wechseln, fragte er, was aus den Verwundeten werden solle. Er hatte über 250 Mann in seinen Sammelstellen bei Sessau und Meiten. Der Ib des Stabes, der gerade zugegen war, Leutnant Gehrels, tröstete ihn. Er hatte schon Fürsorge getroffen. Eine Kolonne von beinahe 100 Panjewagen war zusammengetrieben worden, um die Verwundeten mitzuführen. Der Abtransport sollte am nächsten Morgen beginnen.

Die Nacht brach ein, eine schlaflose, gedankenschwere Nacht. Was war zu tun, wenn die Litauer wirklich in Meschkuze und Schaulen säßen! Es gab nur eins: Wir mußten uns durchschlagen. — — Wenn nur die 1. Brigade schon da wäre.

Da klingelt der Fernsprecher. 3 Uhr morgens. „Hier Leutnant Hoffmeier." Der Adjutant des Major Kurz! „Mensch, wo sind Sie, wo ist der Major, und wo ist die Brigade?" „Ich sitze hier auf einer Telegraphenstange und suche Anschluß zur Legion. Wir sind durchgebrochen. Die Brigade steht bei Neuhof. Herr Major bittet um Befehle!" Gott sei Dank, das war eine Freude, eine Erlösung! „Soll da stehen bleiben und nach Osten und Norden sichern. Befehle werden hingebracht." Alsdann ritt ein Ordonnanzoffizier mit der notwendigen Orientierung für Major Kurz ab. Nach drei Stunden kehrte er zurück und meldete, wie es der Brigade ergangen war.

Am Nachmittag hatte der Gegner seinen Angriff

auf Stalgen von Süden her erneuert. Diesmal griff er aber auch von Osten her mit starken Kräften und in der ganzen Breite der Brigade an. Bei Garossen gelang es ihm, das westliche Aa-Ufer zu gewinnen und das Regiment Baltenland zurückzudrängen. Auch bei Stalgen kam er über den Fluß. Dort warf ihn ein Gegenstoß einer Kompanie v. Petersdorff zurück. Südlich Stalgen konnte er bis einige hundert Meter nördlich Ibenek Raum gewinnen. So hielt die Brigade bis zum Einbruch der Dunkelheit. Dann räumte Major Kurz die Stellung und sammelte die Reste seiner Regimenter bei Billenhof. Einige Reiter von Petersdorff und ein Geschütz von Stever, dessen Gespanne gefallen waren, blieben an der Brücke zurück. Sie wurden eine Stunde nach Dunkelwerden nochmals angegriffen. Sie schossen, was aus den Karabinern ging. Kapitän Stever selbst gab mit zwei Kanonieren noch zwanzig Schuß aus seiner Kanone ab, mitten über die Brücke. Dann mußten sie das Geschütz stehenlassen. Nur den Verschluß nahmen sie mit. Der Gegner folgte aber nicht nach. Major Kurz bildete nun eine Marschkolonne. Detachement v. Petersdorff voraus, dann Stever und dann Regiment Baltenland. 9 Uhr abends traten sie an. Es herrschte völlige Dunkelheit. Zuerst ging's auf der Straße bis Skilwen. Dann querfeldein. Eine furchtbare Anstrengung bei dem gefrorenen Boden mit Pferden und Fahrzeugen. Aber es mußte sein. Ringsherum war der Feind, und Straßen gab es nicht in der Richtung nach Südwesten. Nach mühseligem, über eine Stunde dauerndem Marsch näherte sich die Kolonne dem Gut Griwen. Oberleutnant v. Petersdorff war mit seinen Aufklärungspatrouillen einige hundert Meter voraus. Aus dem Gut erhielten sie Feuer. Hiiiii—ju—hu—hu—hu! Sein Kriegsruf erschallte. Seine Leute verstanden ihn. Bald brauste ein vielstimmiges „Hurra" durch die Nacht. Die Ortschaft wurde erstürmt. Nun hatten sie die große Straße. Aber die Dörfer an ihr, Klein- und Groß-Feldhof, waren vom Feind besetzt. Sie mußten da hindurch, ein anderer Weg war nicht vorhanden. Noch einmal querfeldein, das hielten Menschen und Pferde nicht mehr aus. Es mußte eine List angewendet werden, um die Straße freizubekommen. Das „Hurra" von Griwen hatte die Letten wohl schon alarmiert. Um so besser. Jetzt wurden kleine Trupps gebildet, die weit von der Straße ab auf beiden Seiten und östlich des Baches nach Süden vorgingen. Sie schossen bald da, bald dort, stießen ihren weithin hallenden Melderuf aus und stürmten mit lautem Hurra bald diesen, bald jenen Strohhaufen. Zum Teil verkrochen sie sich in die Hütten, in denen sie Quartier hatten, zum Teil rissen sie aus. Auf der Straße aber marschierte die Brigade Kurz durch Klein- und Groß-Feldhof hindurch, ohne vom Feind gestört zu werden. Einzelne Postierungen wurden von der Vorhut vertrieben. 3 Uhr morgens traf Major Kurz in Neuhof ein. Man muß ihn kennen, um ihn sich bei diesem Durchbruch vorstellen zu können: Auf einer lebhaften schwarzen Halbblutstute, die Pfeife im Mund und die Peitsche in der Hand, die Zeichen der Ruhe und des Willens: ein wirklicher Führer, jung und stets frohen Mutes. Daß die Brigade geschlossen und ohne verlustreiche Kämpfe aus der Umklammerung herauskam, war ein Streich, der sich würdig an den Angriff des Hauptmann v. Brandis vom 20. November reiht. —

Die Schlacht bei Mitau war zu Ende. Die Leistungen der Legionäre waren das höchste, was man von Soldaten verlangen könnte. Nach 1½ Monate dauernden Entbehrungen, nach den furchtbaren Leiden unter der Kälte und nach Verstoßung von der Heimat haben sich die Truppen einer doppelten Umfassung, die ein vielfach überlegener Feind erzwingen

Brand des Schlosses in Mitau   *Photo: Heeresarchiv*

wollte, tagelang erfolgreich erwehrt. Die braven Leute standen mit ihren Führern zusammen wie ein Mann. Wie hart und schmerzlich mußte es für sie sein, wenn sie in deutschen Zeitungen lasen, daß es sich im Baltikum um Gelegenheitssoldaten und Abenteurer handelte, die mitmachten, solange es gut ging, und ausrissen, wenn's hart auf hart kam. Die Befürchtung, daß die Regimenter meuterten und gegen ihre Offiziere vorgingen, weil sie von ihnen „verführt" worden seien, mußte angesichts der Heldenkämpfe jeder einzelnen Abteilung verstummen. Es war kein Zurückgehen wie nach dem Ende des großen Krieges. Hier steckte ein tieferer Geist in den Freikorps, als er leider nach dem vierjährigen Kriege bei großen Teilen der Armee noch übrig geblieben war. Hier waren die oberflächlichen Gedanken der Revolution bereits überwunden.

Die Baltenfahne

Von Baron v. Manteuffel-Katzdangen,
ehem. Führer des Soldaten-Siedlungs-Verbandes „Kurland"

Die Grenzwacht hielt im Osten
Dem Feinde lange stand
Heut kehrt ihr letzter Posten
Zurück ins Vaterland.

Erschöpft und aufgerieben
In treuer Ritterschaft
Die besten sind geblieben
Uns andern brach die Kraft.

Doch bringen wir die Fahne
Die wehend vor uns stritt
Von Rigas blut'gem Plane
In allen Ehren mit.

Die sturmbewährt, sich nimmer
Vor einem Feind geneigt
Und heute noch und immer
Den Weg nach Osten zeigt.

Es rauscht, dorthin zu mahnen
Zu ihr der Väter Geist
Trotz aller Not ein Ahnen
Das deutsche Zukunft heißt.

Sind wir auch fremd geworden
Euch Brüdern aus dem Reich
Aus West und Süd und Norden
Das Banner blieb sich gleich.

Ob wir auch hier verderben
Das kümmere Euch nicht
Die Fahne zu vererben
Ist unsre letzte Pflicht.

Ich darf nicht länger zagen
Bald zwingt sie Euren Sinn
Nach Ostland sie zu tragen
Sie will, sie muß dorthin.

Grenzkampf im Osten

10. November 1918	Arbeiter- und Soldatenräte unter polnischem Einfluß in Posen gebildet.
14. November 1918	Bildung eines „Nazelna rada ludowa" (Obersten polnischen Volksrats) und eines „Deutschen Volksrats" in Posen.
15. November 1918	Bildung eines AOK.-Heimatschutzes Ost in Berlin.
17. November 1918	Polnischer Aufruf zum Eintritt in die Volkswehren.
19. November 1918	Vertreter der deutschen Regierung, Hello von Gerlach, trifft in Posen ein. Verhindert die Entsendung von Westfronttruppen, weil keine Gefahr für Posen bestehe.
24. November 1918	Aufruf der OHL. zur Bildung von Freiwilligentruppen für Heimatschutz Ost. Freiwillige Grenzschutz-Kompanie Roßbach rückt aus Graudenz zur Drewenzgrenze ab.
6. Dezember 1918	Polnische Flugblattpropaganda aus Flugzeugen über Berlin.
10. Dezember 1918	Einsatz der 117. Infanteriedivision im oberschlesischen Industriegebiet als Grenzschutzdivision gegen polnische Angriffsabsichten.
15. Dezember 1918	Abbruch der Beziehungen zwischen Berlin und Warschau.
26. Dezember 1918	Paderewski in Posen. Grenadier-Regiment 6 und deutsche Zivilbevölkerung in Posen demonstrieren gegen Feindbundflagge. Blutige Zusammenstöße. Polen besetzen öffentliche Gebäude.
30. Dezember 1918	Schwere Kämpfe in Posen, Polen besetzen Wreschen, Miroslaw, Schroda, Kosten. Gefecht bei Zachau (Gnesen). Hauptmann von Liliencron mit 100 Mann besetzt Bentschen.
31. Dezember 1918	6. Grenadiere in Posen erhalten freien Abzug mit Waffen. Ostrowo von Polen besetzt.
1. Januar 1919	Krotoschin, Erin und andere Orte von Polen besetzt. In Tirschtiegel Bildung einer deuschen Volkswehr, ebenso eines Sicherheitsdienstes in Bromberg.
2. Januar 1919	Leutnant Manthey befreit mit freiwilligen Bauern Schubin von polnischer Besatzung. Waffenstillstand in Hohensalza.
3. Januar 1919	Polen brechen Waffenstillstand. Heftige Kämpfe. Neutomischel wird an die Polen ausgeliefert.
4. Januar 1919	Verhandlungen in Bromberg. Absetzung der preußischen Behörden in Posen. Polnischer Überfall auf Bahnhof Bentschen abgewiesen. Kämpfe des Jäger-Bataillons von Chappuis in Königshütte.
5. Januar 1919	Polen stürmen Fliegerlager Lowica bei Posen. Schwere Kämpfe in Hohensalza, Argenau, Wolkenstein, Czarnikau, Budsin.
6. Januar 1919	Hohensalza (Infanterie-Regiment 140) kapituliert. Freier Abzug mit Waffen. Polnische Aufstandsversuche in Westpreußen.
7. Januar 1919	Kolmar befreit. Deutsche Flieger greifen Posen an.
8. Januar 1919	Großkampf an der Nordfront. Freiwilligen-Bataillone nehmen Schubin, Znin, Labischin. Kolmar wieder verloren. Deutscher Angriff auf Czarnikau.
10. Januar 1919	Kämpfe in Abschnitt Lissa. Polen besetzen Sarne. Stadt Usch erklärt sich neutral.
11. Januar 1919	Polen nehmen Güldenhof, Schubin, Znin, Labischin, Koppnitz. Weitere schwere Kämpfe um Bentschen, Sarna, Luschwitz und Bargen (Lissa).
12. Januar 1919	Polen besetzen vorübergehend Unruhstadt.
14. Januar 1919	Deutscher Angriff bei Rawitsch. Gefechte bei Samotschin. Erster polnischer Kriegsbericht von der Posener Front.
15. Januar 1919	Grenzschutz-Bataillone besetzen die Stellungen im oberen Netzetal.
20. Januar 1919	Schwere Kämpfe bei Hopfengarten.
24. Januar 1919	Bildung des „Oberschlesischen Freiwilligenkorps" aus Angehörigen der oberschlesischen Industrie.
25. Januar 1919	Polen besetzen Bomst und Unruhstadt.
28. Januar 1919	Deutsche Angriffskämpfe zwischen Nakel und Bromberg. Besetzung von Culmsee.
2. Februar 1919	Rückzugsgefechte vor Bromberg. Waffenstillstandsverhandlungen.
3. Februar 1919	Polnischer Überfall bei Bomst. Schwerer polnischer Angriff auf Rawitsch.
4. Februar 1919	Schwere Streikunruhen in Oberschlesien.
5. Februar 1919	Polnischer Vorstoß auf Thorn.
5.—6. Februar 1919	Polnischer Nachtangriff auf Rawitsch.
6. Februar 1919	Zduny vom deutschen Grenzschutz genommen. Schwere deutsche Verluste bei Rosko. Abwehrkämpfe bei Netzwalde.
9. Februar 1919	Deutscher Angriff auf Güldenhof-Hohensalza.
10. Februar 1919	Harte Abwehrkämpfe bei Nakel. Erfolgreiche Angriffe bei Rawitsch.
12. Februar 1919	Unruhstadt und Bomst von Fronttruppen und Freiwilliger Volkswehr genommen.
14. Februar 1919	Beschluß der Obersten Heeresleitung in Kolberg zum Vormarsch auf Posen.
16. Februar 1919	Jäger-Bataillon Kirchheim stürmt Neudorf a. d. Obra.
17. Februar 1919	Waffenstillstand an der Posener Front — für die Deutschen.
19. Februar 1919	Polen besetzen trotz Waffenstillstand zahlreiche Orte und beschießen Nakel. Schwere Kämpfe im Abschnitt Schneidemühl.
21. Februar 1919	Kämpfe bei Kolmar.
22. Februar 1919	Friedensverhandlungen unter interalliiertem Vorsitz (General Dupont).
24. Februar 1919	Angriff der Polen bei Groß-Neudorf (Abschnitt Bromberg).
8. März 1919	Generalstreik in Oberschlesien. Entfernung des Grenzschutzes gefordert.
19. März 1919	Abbruch der Verhandlungen in Posen.

23. April 1919	Polen beschießen Argenau.
8. Mai 1919	Große Protestkundgebungen im ganzen deutschen Osten gegen den geplanten Diktatfrieden.
6. Juni 1919	Schwerer polnischer Angriff auf Tannhofen.
29. Juni 1919	Marxistische deutsche Führer drohen mit Generalstreik, wenn Grenzschutz Offensive zur Wiedereroberung der Ostmark ergreifen sollte.
3. August 1919	Drohende Aufstandsgefahr in Oberschlesien. 3. Marine-Brigade (von Loewenfeld) wird nach Oberschlesien verlegt.
15. August 1919	Generalstreik in Oberschlesien.
16.—17. August 1919	Mitternachtsputsch in ganz Oberschlesien. Erfolgreicher polnischer Bandenangriff auf Geschützpark in Paprozan und auf das Bataillon Petri des Freikorps Haffe in Pleß.
18. August 1919	Der südliche Teil Oberschlesiens überwiegend in den Händen der polnischen Aufständischen.
19. August 1919	Vertreibung der polnischen Putschisten aus dem Industriegebiet.
20. August 1919	Schwerer Überfall auf das Freikorps Haffe südlich Rybnik. Säuberung der Kreise Pleß und Rybnik von polnischen Aufständischen.
24. August 1919	Generalkommando VI meldet: Aufstand abgeschlossen.
10. Januar 1920	Polnische Truppen besetzen in vier Abschnitten das an Polen im Friedensvertrag abgetretene deutsche Gebiet der Provinzen Posen, Westpreußen und Schlesien.
16. Januar 1920	Truppen der Entente besetzen Oberschlesien. Eine interalliierte Kommission übernimmt die Verwaltung des oberschlesischen Abstimmungsgebiets.
17. August 1920	Französische Kavallerie reitet in deutsche Abstimmungsdemonstration in Kattowitz. Straßenkämpfe, 9 Tote und 26 Verwundete.
18. August 1920	Haus der Polnischen Plebiszit-Kommission in Kattowitz wird in Brand gesteckt.
19. August 1920	Französische Panzerautos schießen in Kattowitz auf deutsche Passanten. Polnische Unruhen in Neu-Berun und Laurahütte.
20. August 1920	Polnische Unruhen in allen oberschlesischen Landkreisen. Das Dorf Anhalt im Kreise Pleß wird niedergebrannt, Sicherheitspolizei wird von den Franzosen entwaffnet.
20.—28. August 1920	Zweiter polnischer Aufstand in Oberschlesien, grauenhafter Terror der Insurgenten in allen Landkreisen.
28. August 1920	Beuthener Abkommen zwischen deutschen und polnischen Parteien über Waffenruhe, Auflösung der Sicherheitspolizei, Ersatz durch paritätisch zusammengesetzte Abstimmungspolizei.
September 1920	Beginn der Organisation des deutschen Selbstschutzes.
25. September 1920	Beginn des Aufbaues der Spezialpolizei des Oberschlesischen Selbstschutzes.
3. Februar 1921	Interalliierte Kommission setzt Abstimmungstermin auf 20. März 1921 fest.
20. März 1921	Deutscher Abstimmungssieg 60,3 Prozent für Deutschland, 39,7 Prozent für Polen.
29. April 1921	Französische Grenzpostierungen in der Gegend Beuthen-Kattowitz werden zurückgezogen.
3. Mai 1921	Besetzung der südlichen Landkreise Oberschlesiens durch polnische Insurgenten, Sprengung der Eisenbahnlinien nach Deutschland, Ermordung von 24 Apobeamten in Antonienhütte.
4. Mai 1921	Besetzung von Hindenburg durch Insurgenten.
	Kämpfe zwischen Italienern und polnischen Insurgenten im Kreise Rybnik; Italiener hatten 30 Tote und etwa 100 Verwundete.
	Italiener genehmigen Einstellung von 3000 Oberschlesiern als Hilfspolizei.
5. Mai 1921	Besetzung der Kreise Pleß, Rybnik, Kattowitz, Beuthen, Tarnowitz, Hindenburg, Gleiwitz und Teile der Kreise Ratibor und Cosel durch Insurgenten. Besetzung des Eisenbahnknotenpunktes Kandrzin, Abtransport französischer Truppen aus Kreuzburg, Aufstellung eines deutschen Selbstschutzes, u. a. Aufbau der Selbstschutz-Sturmabteilung Heinz in Neisse.
8. Mai 1921	Korfanty droht mit Vormarsch nach Niederschlesien. Einteilung der spontan entstandenen deutschen Abwehrtruppen in drei Hauptgruppen unter einheitlicher Leitung. Kämpfe der Studentenkompanie von Eicken bei Dechowitz und Leschnitz. Kämpfe der ersten Gruppen des Freikorps Roßbach im Kreise Kreuzburg.
9. Mai 1921	Besetzung des Brückenkopfes Cosel durch Insurgenten.
10. Mai 1921	Eintreffen der ersten Freiwilligen für das Korps Oberland in Neustadt O.-S.
13. Mai 1921	Sprengung der großen Eisenbahnbrücke bei Cosel.
14. Mai 1921	Erstes Offensivunternehmen des deutschen Selbstschutzes durch das Sturmbataillon Heinz bei Strebinow.
16. Mai 1921	Übernahme des Oberbefehls durch General Hoefer.
16.—18. Mai 1921	Starke polnische Angriffe vom Annaberg gegen den Brückenkopf Krappitz.
18. Mai 1921	Schwere Kämpfe bei Seichwitz.
20. Mai 1921	Polnischer Angriff mit Panzerzügen gegen Zembowitz.
21. Mai 1921	Sturm auf den Annaberg.
23. Mai 1921	Starke polnische Angriffe bei Leschnitz und Großstein. Gegenstoß des Korps Oberland bis nach Salesche-Lichinia.
	Mißglückter Vorstoß deutscher Selbstschutztruppen bei Kreuzenort nach dem rechten Oderufer.
	Starker polnischer Angriff über die polnische Grenze bei Costau.
26. Mai 1921	Starker polnischer Angriff aus Rosenberg.
28. Mai 1921	Eintreffen der ersten englischen Bataillone „zum Schutze Oberschlesiens".
30. Mai 1921	Beschießung von Ratibor durch polnische Artillerie, Abweisung heftiger polnischer Angriffe bei Rosenberg, Zembowitz und Landsberg.
31. Mai 1921	Deutscher Sturm auf Kalinow.
2. Juni 1921	Einnahme von Lichinia durch den Tiroler Sturmzug des Korps Oberland.
4. Juni 1921	Sturm auf Salesche-Slawentzitz, Einnahme von Kandrzin, Zusammenstoß der Sturmabteilung Heinz mit Franzosen bei Ujest.
	Ultimatum der Interalliierten Kommission an General Hoefer, Städte des Industriebezirks den Polen zu überlassen, wenn Selbstschutz weiter angreift.
5. Juni 1921	Schwere Kämpfe um den Bahnhof Kandrzin.

7. Juni 1921	Besetzung der Stadt Rosenberg durch englische Truppen. Beginn des Aufbaues einer neutralen Zone zwischen der deutsch-polnischen Front. Schwere Kämpfe der Bataillone Hindenburg und Guttentag bei Zembowitz.
12. Juni 1921	Beginn des Rückzuges der polnischen Insurgenten.
29. Juni 1921	Beginn der Räumung des Abstimmungsgebietes durch den Selbstschutz.
4. Juli 1921	Schwere Tumulte beim Einzug englischer Truppen in Beuthen durch französische Soldaten. Tod des französischen Majors Mont d'Allègre.
5. Juli 1921	Offizielle Beendigung der Auflösung des deutschen Selbstschutzes.
20. Oktober 1921	Entscheidung des Völkerbundes und der Botschafterkonferenz über die Teilung Oberschlesiens.
21. Juni 1922	Einzug der ersten deutschen Truppen in das von den Franzosen geräumte Kreuzburg.
29. Juni 1922	Schwere Kämpfe zwischen aufgelösten deutschen Selbstschutzgruppen und Franzosen am Peter-Pauls-Tag in Hindenburg.
10. Juli 1922	Einzug der deutschen Truppen in Oppeln und im deutsch verbliebenen Industriegebiet.

Sturm auf den Fliegerhorst Elsenmühle bei Posen

Von L. Brzenk, Spandau

Die Sache begann mit dem Einzug des polnischen Nationalhelden Paderewski in Posen. Von weither strömte das Volk in die Stadt. Kompanien in deutschen Uniformen und mit polnischen Abzeichen rückten zum Bahnhof. Rings um Posen begann ein Trommelfeuer als Artilleriesalut. Inmitten einer unübersehbaren Menschenmenge schob sich, gezogen von Mädchen in Weiß und Rot, ein Automobil vorwärts. Paderewski saß barhäuptig im offenen Wagen, neben ihm der englische Oberst Wade. Auf Posens Kaiserschloß wehte die Präsidentenstandarte der Republik Polen.

In diesem Augenblick rollten in den Bahnhof mehrere Züge mit zurückkehrenden Truppen aus dem Osten, und zwar des Grenadier-Regiments 6 und des Infanterie-Regiments 46. Sie platzten mitten hinein in die feierliche Verkündigung der Vereinigung Posens mit der Republik Polen. Sie standen der Sachlage verständnislos gegenüber. Unter dem Gesang deutscher Lieder marschierten sie geschlossen durch die Menschenmassen in die Kaserne. In der Nacht wurden sie angegriffen. Die Menge versuchte die Kasernentore zu stürmen, wurde aber zunächst zurückgewiesen. Als jedoch in den nächsten Tagen die Artillerie Posens in polnische Hände gefallen war, gingen die Aufständischen zu neuen Angriffen über. Nach heftigem und blutigem Straßenkampf wurde der 600 Mann starken Besatzung der 6. Grenadiere am Morgen von den Polen freier Abzug gewährt. So waren nun nur noch die 29er Pioniere in der Stadt, die aber auch nach dem Kampfe in der Nacht vom 3. zum 4. Januar Posen verlassen mußten. Beim Fliegerhorst Elsenmühle bei Posen fanden sich dadurch zahlreiche versprengte Soldaten ein, die Posen nicht mehr verlassen konnten. Dadurch wurde das vordem schwache Häuflein der 60 Mann starken Besatzung der Fliegerstation auf 150 Mann verstärkt. Für diese kleine Schar war die Lage angesichts der sie umgebenden Polen sehr brenzlig. Nachdem Kommandeur und Soldatenräte einfach abgerückt waren, hatten sie ihr Los allein in die Hand zu nehmen. Als die Flugzeugführer in letzter Stunde noch Flugzeuge außerhalb Posens nach Meseritz fliegen wollten, um dieselben nicht in die Hände der Polen fallen zu lassen, wurden sie von ihrem Kommandeur unter Zuhilfenahme von Posten kurz vor dem Start daran gehindert, und so mußten die Maschinen wieder in die Halle gerollt werden. Ein recht eigenartiges Verhalten dieses Herrn. Leider ist mir der Name entfallen. So blieben Hunderte von flugfähigen Maschinen in Posen.

Von der Stadt vollkommen abgeschnitten, stand die Besatzung auf verlorenem Posten. Keine Hilfe von der Regierung traf ein. Die Besatzungen der Flugplätze Frankfurt a. d. Oder und Schneidemühl versuchten Lebensmittel mit Bombenflugzeugen abzuwerfen. Lastkraftwagen, mit denen versucht wurde, Lebensmittel aus der Stadt heranzuholen, sah die Besatzung niemals wieder.

Am Sonntag, dem 3. Januar, fuhr mittags vor dem Haupteingang des Fliegerhorstes ein polnisches Auto vor. Ihm entstiegen zwei Mann mit Stahlhelm, Handgranaten und Karabinern. Man nahm ihnen zunächst einmal die Waffen ab, dann führte man sie zu dem Führer der Besatzung, dem Leutnant Fischer. Sie zeigten einen Notizbuchzettel vor, nach dem die

Besatzung aufgefordert wurde, sich zu ergeben. Sie wurden abgewiesen und durften ohne Waffen wieder zur Stadt zurückfahren.

So kam der Sonntagabend heran. Um 9.30 Uhr abends wurde plötzlich die Besatzung alarmiert, weil ein Zug ohne Licht durch den Bahnhof Elsenmühle fuhr. Eine ausgesandte Patrouille meldete nichts Neues. Da — plötzlich ging das Licht aus. Auch der Scheinwerfer auf dem Beobachtungsturm versagte. Alarm! Die Posten wurden verstärkt, doch es blieb ruhig. Auf eine Anfrage bei der Station, warum das Licht ausgegangen sei, wurde von der Stadtkommandantur mitgeteilt: Hier ist nichts davon bekannt.

6.25 Uhr morgens fielen am Haupttor einzelne Gewehrschüsse. Alarmschüsse des Postens, da auf der Straße eine polnische Kavalleriepatrouille ankam. Wir lassen jetzt am besten die Schilderung eines Mitkämpfers folgen:

Dumpf knatternde Alarmschüsse weckten uns aus dem Schlummer. Jeder eilte auf seinen Posten in der Erkenntnis: Sie sind da. Aus den Alarmschüssen entspann sich nun ein heftiges Gefecht. An allen Ecken knatterten die Maschinengewehre, tiefer, dichter Nebel erschwerte uns die Sicht und ermöglichte den überraschenden Angriff der Polen. Der Hauptstoß wurde von uns von der Stadtseite erwartet; aber er kam aus unserem Rücken, traf also unsere schwächste Stelle. Handgranaten krachten, und am Hauptgebäude bewiesen zwei gut gezielte Treffer,

daß wir auch mit Artillerie bekämpft wurden. Aus dem Hauptgebäude fielen Schüsse, die von Verrätern unter uns auf uns abgegeben wurden. Dreißig Minuten hielten wir die Lage, dann hörte ich das Hornsignal: „Das Ganze halt." Das heftige Feuer ließ nach. Das war zu Beginn der Morgendämmerung. Im ungewissen darüber, was hinter mir vorging, sandte ich eine Patrouille zurück. Sie kam nicht wieder. Nun nahm ich meinen Karabiner und schlich bis zum Hauptgebäude. Immer noch Nebel, Schatten, starkes Stimmengewirr. Fast glaubte ich an unseren Erfolg. Plötzlich wurde ich gepackt, wehrte mich, wurde unter Kolbenhieben an das Tor gedrückt, sah vier Gestalten um mich und erkannte bei dem einen

Demonstration deutscher Truppen in Posen am 25. Dezember 1918 gegen die Beflaggung Posens mit Feindbundflaggen durch Polen aus Anlaß des Besuches Paderewskis
Photo: Reichsarchiv

an der Mütze den weißen Adler. Nun war ich im Bilde. Ich verweigerte die Abgabe meines Karabiners, aber ein paar Kolbenhiebe und ein paar Fußtritte halfen auch bei mir. Dann wurde ich abgeführt. Hier erst erfuhr ich, daß ein Teil des Angriffs über unsere Verladeanlagen und aus dem Dorfe Sawica heraus erfolgt war.

Auf dem Kasernenhofe mußten wir antreten. Soviel wie die Polen auch zählten, es waren nicht mehr wie 152 Mann, die ihnen in den ganzen vergangenen Tagen Widerstand geboten hatten. Wie wir im Gefangenenlager Sczypiorno, wohin wir nach vielen Irrfahrten übergeführt wurden, erfuhren, waren gegen uns 3000 Mann mit 40 Maschinengewehren, zwei Batterien Feldgeschütze und eine Schwadron Kavallerie aufgeboten worden.

Hohensalza
Wie eine deutsche Stadt in polnische Hände fiel.
Von Steuer-Inspektor Paul Schulze

Die Stadt Hohensalza, gelegen in der Provinz Posen, umfaßte 1918 etwa 25 000 Einwohner. Als Garnison lagen in der Stadt das Infanterie-Regiment Nr. 140 und die 1. Abteilung Feldartillerie-Regiment Nr. 53. Durch die Revolution 1918, Entlassungen, Beurlaubungen, „Selbstbeurlaubungen" usw. war der Kampfwert der Truppe zahlenmäßig und auch moralisch sehr gesunken. Auf dem Papier standen wir uns, anstatt mehrerer kleiner Patrouillen einen starken Trupp von etwa 30 Mann abzusenden.

In diesen Tagen kamen auch Anforderungen um militärischen Schutz vom Bahnhof, Postamt, von der Gasanstalt, dem Elektrizitätswerk usw., weil die Beamten stark bedroht und z. T. schon von der aufständischen Bevölkerung angegriffen worden waren. Leider konnten wir wegen unserer geringen Mann-

Übersichtskarte über die Grenzschutzkämpfe in den Prov. Posen u. Westpreußen 1918/19
Zeichnung: Roederer, Berlin

noch etwa 800 Soldaten; am Kampftage selbst wurden kaum 100 bis 150 Mann zusammengebracht. Die Unsicherheit nahm einige Tage vor Weihnachten 1918 derart zu, daß die Postordonnanz des Regiments meldete, sie könne nicht mehr zur Post gehen, weil sie das letztemal schon angegriffen worden sei. Die Post mußte daher unter Begleitung mehrerer bewaffneter Soldaten abgeholt werden. Patrouillen, die von uns in einer Stärke von acht Mann des Nachts durch die Straßen gingen, erwiesen sich bereits als zu schwach. So entschlossen schaftsstärke nur das Postamt und den Bahnhof mit kleineren Abteilungen von nur je acht Mann besetzen. In der Stadt zogen sich starke polnische Kampfabteilungen, meistens Insurgentenverbände, unterstützt durch viel Zulauf diesseits und jenseits der Grenze, zusammen. Auf Hilfe von außerhalb, insbesondere aus Berlin, war nicht zu rechnen.

So nahte der blutige Sonntag, der 5. Januar 1919. Schon am Spätnachmittag des vorhergehenden Tages kam es zu Schießereien, es gab die ersten Verwundeten. Patrouillen, Reserven wurden eingeteilt.

Feldwache des Freikorps Brüssow im
Abschnitt Nakel   Photo: Brüssow, Berlin

So erlebten wir eine unruhige Nacht; an Schlaf war nicht zu denken. Am nächsten Sonntagmorgen hörten wir plötzlich vom Bahnhof her heftiges Gewehrfeuer. Sofort wurde in der Kaserne ein Freiwilligentrupp zusammengestellt und im Laufschritt zum Bahnhof geschickt. Was war dort vorgefallen? Im Schutze der Dunkelheit hatten sich die Polen in großer Übermacht am Bahndamm entlang geschlichen und die Bahnhofswache nach heftiger Gegenwehr niedergemacht. Unser Stoßtrupp konnte zwar die Wache nicht mehr retten, es gelang ihm aber nach einstündigem Kampfe, die Polen, die sich im Bahnhofsgebäude verschanzt hatten, niederzukämpfen und gefangenzunehmen.

Unterdessen hatten die Polen auch den schwachen Posten im Postamt angegriffen, die Besatzung und einen Teil der Postbeamten niedergemacht oder schwer verwundet. Diese Nachricht erreichte uns in der Kaserne zu spät. Während wir den Bahnhof hielten, war die Post für uns verloren.

Ein gleicher Angriff erfolgte am Sonntagmorgen auf die am anderen Ende der Stadt gelegene schwach bemannte Artillerie-Kaserne. Es gelang einigen Artilleristen, sich mit zwei Geschützen in rasendem Galopp auf unseren Kasernenhof zu retten. Die Artilleriekaserne wurde von gut organisierten starken polnischen Abteilungen besetzt.

Jetzt begann von allen Seiten auf die Infanteriekaserne der Generalangriff. Der Hauptstoß kam vom katholischen Friedhof her, wo die Angreifer hinter Grabhügeln und Denkmälern gute Deckung fanden. Angesichts der erdrückenden Übermacht wurde die Lage für uns Eingeschlossene sehr ernst. Wir verteidigten uns unter Anspannung aller Kräfte; besonders das Unteroffizierkorps zeichnete sich dabei aus. Diese alten, gedienten Feldwebel, Sergeanten und Unteroffiziere nisteten sich kaltblütig mit leichten und schweren Maschinengewehren auf den Kasernendächern ein und erwiderten mit Dauerfeuer den Angriff. Unsere Artillerie konnte wenig ausrichten. Eins von den beiden Geschützen war unbrauchbar, das andere hatte vom Kasernenhof schlechtes Schußfeld und im ganzen nur 20 Schuß Munition. Zwei Eisenbahnern war es am Vormittag gelungen, auf einer abgekoppelten Lokomotive nach der 35 Kilometer entfernten Stadt Bromberg Nachricht zu überbringen. Während des Kampfes erschien auch gegen 2 Uhr nachmittags ein deutscher Flieger und warf Nachricht ab, auszuharren, Hilfe sei im Anmarsch. Diese Hilfe blieb aber aus. Mit herein-

---

Freiwillige ...., den ....
Sturmabteilung Roßbach

Vertrag

Ich ....

trete als Freiwilliger in die Freiwillige Sturmabteilung Roßbach ein und verpflichte mich zu einer Dienstleistung bei derselben von drei Monaten mit Kündigungsfrist über einen Monat.
Die etwaige Kündigung hat mündlich beim Abteilungs-Führer zu erfolgen.
Sollte die Abteilung plötzlich aufgelöst werden, so erlischt das Freiwilligen-Verhältnis sofort, ich erhalte jedoch meine bisherigen Gebührnisse noch zehn Tage lang, vom Tage der Entlassung ab gerechnet, weiter.
Ich habe mich meinem Abteilungs-Führer durch Handschlag verpflichtet, den angesetzten Dienst auszuführen und ohne Murren unbedingt zu gehorchen. Ich gelobe treue Kameradschaft zu halten und ohne Erlaubnis meine Truppe nicht eigenmächtig zu verlassen. Ich erkenne die Kriegsgesetze an.
Ich weiß, daß ich bei Übertretung dieses Gelöbnisses strenge Strafen zu erwarten habe.
Ich gelobe, daß ich mich als tapferer und ehrliebender Soldat verhalten, dem Vaterlande, dem Deutschen Reich und meinem Heimatsstaate zu jeder Zeit und an jedem Orte meine ganze Kraft widmen, die vom Volke eingesetzte Regierung schützen und meinen Vorgesetzten Gehorsam leisten will.

....

Gegengezeichnet:

....

Vertrauensmann.   Leutnant u. Abt.-Führer.

brechender Dunkelheit wurde unsere Lage immer kritischer. Den Polen war es gelungen, uns Wasser, Gas, Elektrizität und Telephon abzuschneiden. Unsere Munition ging zur Neige. Der erwartete und der gefürchtete Nachtangriff blieb aber aus. Bereits am Spätnachmittag hatten die Polen Parlamentäre geschickt und mit uns Übergabeverhandlungen aufgenommen, die in der Nacht vom Sonntag zum Montag trotz des Kampfes fortgesetzt wurden. Von deutscher Seite führte die Verhandlungen unser Führer, Major v. Grolman, mit den Kompaniefeldwebeln, welche die Kompanien führten. Die meisten Offiziere, die in der Stadt wohnten, waren bei dem Überfall durch die Polen gefangengesetzt worden. Der Verhandlungsführer auf polnischer Seite war ein ehemals preußischer Offizier mit polnischem Namen. Der polnische Unterhändler führte die Verhandlungen in anständiger Weise, er konnte aber bei der Zusammensetzung und Stimmung seiner Mannschaft für sein Wort nicht restlos einstehen.

Die Polen verlangten bedingungslose Übergabe und Abzug ohne Waffen. Wir forderten ehrenvollen Abzug mit Waffen und Gepäck, sonst Kampf bis zur letzten Patrone. Nach schwierigen Verhandlungen wurden unsere Forderungen angenommen. Hierbei haben wohl die polnischen Verluste durch unser Maschinengewehrfeuer ausschlaggebend mitgewirkt. Am Montag war der Kampf um Hohensalza beendet. Wir rüsteten in aller Eile zum Abmarsch. Jeder Mann konnte seine Waffen und sein Gepäck mitnehmen.

Am Montagnachmittag um 5 Uhr fand dann der ehrenvolle Abmarsch des Infanterie-Regiments Nr. 140 aus seiner alten Garnison mit Waffen, Gepäck und Bagage statt. Gegenüber dem Kasernentor hatte eine polnische Kompanie mit präsentiertem Gewehr Aufstellung genommen.

So fiel vor nunmehr 18 Jahren eine deutsche Stadt in polnische Hände, deren Garnison eine der wenigen gewesen ist, die sich einen ehrenvollen Abzug erkämpft hatte.

Felddivision und Freikorps unter dem Generalkommando VI. AK.

Von Oberstleutnant a. D. Hesterberg

Im Brennpunkt der Ereignisse und Kämpfe im eigenen Lande stand unmittelbar nach dem 9. November 1918 die Provinz Schlesien. Kein Teil Deutschlands war damals gleichermaßen und ringsum bedroht wie die Südost-Ecke unseres Vaterlandes. Polen und Tschechen umfaßten Schlesien von drei Seiten, nur der verhältnismäßig schmale Rücken nach Westen hin war frei.

Verantwortlich für die Erhaltung der Provinz war das Generalkommando des VI. AK. in Breslau. Als das Generalkommando Mitte November in seiner alten Friedensgarnison wieder eintraf, war es die erste aktive Formation, die nach Schlesien zurückkehrte. Viel Zeit zum Überlegen blieb ihr nicht. In der ersten Nacht schon begriffen wir, was sich tat; denn da schon wurde der nächst erreichbare Generalstabsoffizier des Korps aus seinem Hotelbett geholt. Der Soldatenrat regierte die Stunde.

Nach und nach trafen die Felddivisionen ein; auch Freikorps, in der Aufstellung begriffen, meldeten sich. In Oberschlesien wurde gestreikt, und in den ersten Januartagen 1919 kam es zu Krawallen am Bergamt in Königshütte. Hier griff das Res.-Jäger-Batl. 11 unter dem Hauptmann v. Chappuis ein. Hier auch hören wir das erstemal von dem aktiven Einsatz einer reinen Freiwilligen-Formation, nämlich von dem Freikorps Aulock.

Zur selben Zeit traten auch die Freikorps Paulßen und Kühme auf den Plan, und zwar zur Abwehr des polnischen Vormarsches im Norden der Provinz. Das Freikorps Aulock hingegen kam bis zum August-Aufstand — dem sogenannten ersten polnischen Aufstand — neben dem Auseinandertreiben eines verrotteten Bewachungs-Bataillons nur noch bei Streiks zum Einsatz. Damit stand Aulock vor der entsagungsvolleren, politisch sofort umstrittenen Aufgabe.

Der Ursprung dieser drei Korps, ihre Entstehung, war verschieden. Kühme und Aulock stellten ihre Formationen innerhalb ihres Armeebereiches an der Westfront aus Angehörigen verschiedenster Divisionen zusammen. Den Stamm brachten die Führer aus der Division mit, zu der sie selbst gehörten. So sind zunächst die meisten Freikorps zusammengekommen: aus Offizieren und Mannschaften verschiedener Frontdivisionen.

Hingegen war das Freikorps des jungen Kriegsleutnants Paulßen eine Formation, die einfach nichts anderes war als die in sich geschlossene Gebirgs-Maschinengewehr-Abteilung Nr. 229, wie sie durch das Kriegsministerium während des Krieges nach der Stärkenachweisung aufgestellt wurde. Paulßen hatte mit seiner Abteilung zur Ostsee-Division des Grafen v. d. Goltz in Finnland gehört und wurde in Hangö anfangs Dezember 1918 auf der „Alten

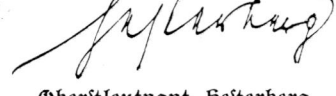

Oberstleutnant Hesterberg,
ehemals Chef des Generalstabes des
VI. (Schles.) Armeekorps und
Schöpfer des Grenzschutzes Schlesien
Photo: Archiv Reiter gen Osten

Hauptmann Hartlaub, ehem. Führer
des Oberschlesischen Landjägerkorps
Photo: Archiv Reiter gen Osten

Major von Chappuis, ehem. Führer
des Freiw. Res.-Jäger-Bataillons 11
Photo: Archiv Reiter gen Osten

burg" nach Deutschland eingeschifft. An Bord des Schiffes herrschte die revolutionäre Marine. Der Kapitän, ein Seeoffizier, sagte zu dem Abteilungsführer: „Schade um Ihre straffe, tadellose Truppe, in wenigen Stunden haben sie meine roten Marineräte zersetzt." Als Antwort beteiligte sich Paulßen mit seinen Offizieren an den Versammlungen, die die Räte veranstalteten. Die Diskussionen aber fanden stets ein trübseliges Ende für die Einberufer. So ging die Fahrt zunächst nach Warnemünde, dann nach Lübeck und schließlich nach Stettin. Hier wollte keiner die Truppe haben, und so begann die Verpflegung zu stoßen. Der Kompanieführer ließ schließlich Zugpferde schlachten, Offiziere und Mannschaften aßen von nun an Pferdefleisch. Trotzdem weigerten sich die Stettiner Hafenarbeiter, die „reaktionäre" Truppe auszuladen. Die Gebirgs-Maschinengewehr-Abteilung half sich jedoch mit ihren eigenen Mechanikern und Facharbeitern. Bald war alles an Land. Dort, am Kai, gab es zunächst eine solenne Keilerei, die das Kameradschaftsgefühl und den Stolz auf die Zusammengehörigkeit innerhalb der Truppe stark hob. In Stettin mußte hinter bewachten Toren im Schlachthof biwakiert werden, und der Transportzug nach Schlesien wurde von den Offizieren mühsam selbst zusammengestellt. Den Marsch der Truppe alsdann zum Bahnhof begleiteten nicht gerade die Segenswünsche der Bevölkerung. Dieser Dank des Vaterlandes an die Heimkehrenden aber schmiedete den Freikorps-Geist.

Von da ab war der Weg der schlesischen Freikorps wieder der gleiche. Sie erließen Aufrufe, erhielten entsprechenden Zulauf. Paulßen machte die endgültige Aufnahme in seine Reihen von einem Scharfschießen abhängig, was in bezug auf das Aussieben zuverlässige Resultate ergab.

Das Generalkommando VI hatte diesen Bemühungen der Freikorps-Führer nicht abwartend gegenüber gestanden, sondern war auf eigene Faust vorgegangen. Es hatte sich alsbald mit der Frage befaßt, die drei inzwischen eingetroffenen schlesischen Divisionen, die 11., 12. und 117., bis auf die Kadres aufzulösen und wieder mit Freiwilligen aufzufüllen. Mit General Hoefer, dem Kommandeur der 117. Division, wurde die Absicht besprochen, die sich dann aber aus den verschiedensten Gründen nicht in diesem Umfang verwirklichen ließ. Da aber auch die Divisionen des Posenschen Generalkommandos V in Schlesien demobil machen sollten, so wurde die 9. Infanterie-Division dieses Korps zur Umwandlung im großen in ein Freikorps bestimmt. Die Division hatte posenschen Ersatz, der Schwierigkeiten bereitete, weil die Heimatprovinz Posen bereits im Besitz der Polen war. Die Mannschaften drängten jetzt nach Hause. So wurden wir über die sofortige Entlassung diese Elemente los und erhielten eine saubere Truppe, die in Stolz und Ehren den Namen „Freikorps Schlesien" (9. Infanterie-Division) getragen hat. Aber wenn auch dieser Versuch glückte, so zeigte er doch, daß solche gewaltsamen Organisationseingriffe eine Kehrseite haben. Denn die summarisch Entlassenen, soweit sie nicht in die Provinz Posen zurückkehrten, fuhren jetzt in Schlesien umher, ärgerten die Werbebüros und bildeten lange Zeit Elemente der Unruhe.

Es konnte nun gar nicht anders sein, daß zwischen den aus ausgesiebten Mannschaften zusammengestellten Freikorps und den inzwischen zurückgekehrten, auf der Eisenbahnfahrt und in der Heimat verseuchten Felddivisionen zunächst ein weiter Abstand klaffte. Hatten die Felddivisionen doch schon während der letzten Kriegsjahre ihre Mannschaften von den Ersatz-Bataillonen bekommen, bei denen sich gerade ausgebildeter Ersatz befand. Tradition und Landsmannschaft konnten von dem Augenblick an nicht mehr berücksichtigt werden, als die Verluste an der Front das Ersatztempo vorgeschrieben. — Hierdurch aber fehlte der von der Heimat ausgehende Kitt innerhalb der Regimenter bis hinunter zu den Kompanien. Das Gefüge war locker, das Gift der Revolution fand leichter Einlaß. Auch schleppte das Heer mit, was in ihm bleiben wollte. Die Bestimmung, daß Arbeitslose und Soldatenräte gegen ihren Willen nicht entlassen werden durften, war eine stete Quelle des Ärgers. Denn Soldatenrat hieß nichts anderes denn aufwiegeln und Schwierigkeiten machen. Die Freikorps hatten keine Räte und kümmerten sich nicht um die Erlasse aus Berlin, die allenthalben „Kontrollorgane", wie sie wörtlich hießen, vorschrieben. Auch kam zu ihnen nur — oder wurde sonst schleunigst wieder hinausgetan — wer im Innersten soldatisch fühlte. Führer und Mann waren begeistert für ihre Aufgabe, sie waren schon in ihren früheren Heeresverbänden durch Können und Taten zumeist aufgefallen. Ihr Geist, das Wertvollste, war militärisch gesund. So hatten sie auch bereits seit Mitte Januar wieder gegen die Polen kämpfen können. Kühme verlor damals bei Ligotha (nordöstlich Groß-Wartenberg) an einem Tage 30 Mann. Paulßen stieß in derselben Gegend tief über die Grenze vor, holte einen deutschen Zollbeamten mit seiner Familie aus einem polnisch besetzten Dorf heraus, hatte Tote und kam selbst mit zerschossenem Fernglas zurück. Aulock stand in Königshütte als Vorderster am Bergamt. Solchen kriegerischen Leistungen gegenüber mußten die Felddivisionen abwartend, untätig in politisch verseuchten Städten liegen, und kämpften hier mit Unvernunft und bösem Willen der eigenen Volksgenossen, die sich Soldatenräte nannten. Diese Soldateska abzuschütteln erforderte, weil so besonders entsagungsvoll und ekelerregend, mehr Nervenverbrauch als wie dem anständigen Gegner an der Front ins Gesicht zu sehen. Deshalb wird die Geschichtsschreibung, die jetzt auch an die schlesischen Ereignisse herankommt, zwar feststellen, daß es länger gedauert hat, bis die Felddivisionen wieder schlagfertig in die Hand der Offiziere waren. Sie wird hören, daß die 2. Garde-Infanterie-Division Mitte Januar 1919 noch keinen Exerzierdienst wieder ansetzen konnte, und daß im Füsilier-Regiment 38 im März bei Unruhstadt vorm Einsatz noch gemeutert wurde. Später in München aber gegenüber den

Freiwillige Jäger!

Jäger-Batl. 6 ist auf Befehl des Gen.-Kmdos. VI. A.-K. zum „Freiwilligenkorps Schlesien" getreten.

Zur Auffüllung der Bestände braucht das Bataillon **Freiwillige** und wendet sich hiermit an **alle Schlesier**. Insbesondere an Alle, die im Krieg und Frieden in Ehren **den grünen Rock getragen haben.**

Ihr Sieger aus den Argonnen, Flandern, Bapaume, Polen, Galizien den Karpathen und Italien die Ihr vier Jahre lang draußen Euer Vaterland gegen feindliche Übermacht ruhmvoll verteidigt habt, eilt auch jetzt herbei wo es gilt, **die engere Heimat zu schützen,** und kämpft Schulter an Schulter mit den alten Kameraden. (2

Schlesien ist bedroht!

Helft Eure Heimat retten!

Meldet Euch in Oels

beim

Jäger-Bataillon 6!

Aufruf!!!

An alle deutschen Männer jeden Standes und Berufes!
An die deutsche wehrfähige Jugend, auch Primaner und Präparanden!
An alle jüngeren aktiven und Reserve-Offiziere, Fähnriche, Unteroffiziere und Mannschaften,
überhaupt an jeden, der aus selbstloser Hingebung und **Liebe zu unserm geplagten Vaterland** sein Leben in ehrenvollem Kampfe einsetzen will, zum Eintritt in die
Freiwillige Offiziers-Abteilung in Schlichtingsheim.
Wir kämpfen in alter deutscher Treue für unsers Vaterlandes Schutz und Ehre!
Voraussetzung: Unbedingte Diszipl. u.
Es gelten die für den Grenzschutz bekannt. Bedingungen.
Sofortige Meldung bei der Freiwill. Offiziers-Abteilung Schlichtingsheim. Bahnstrecke Glogau—Guhrau.
Telephon: Schlichtingsheim 22.
Telegramm-Adresse: Offiziers-Abtlg. Schlichtingsheim.

v. Roeder, Reinecke,
Major. Oblt. u. Führer.

Die Geb.-Masch.-Gew.-Abt. Nr. 229 im Grenzschutz in Kempen b. Oels.

stellt noch **Freiwillige**

zu den bekannten Bedingungen ein.

Leute, die sich dem bewährten frischen Geist der Abtlg. anpassen wollen, können sich melden und bekommen Fahrscheine zugesandt

Geb.-Masch.-Gew.-Abt. Nr. 229.

Paulßen, Leutn. d. R. u. Abt.-Führer.

Zeitungsanzeige für die Werbung von Freiwilligen Vorlage: Schlesische Zeitung, Breslau

Spartakisten war die 2. Garde-Infanterie-Division voll einsatzbereit und im August-Aufstand in Oberschlesien half das Füsilier-Regiment 38 die Lage wiederherzustellen.

Wie stellte sich nun das Generalkommando zur Beantwortung der Frage, ob es sich mehr auf die Freikorps oder mehr auf die Divisionen stützen sollte? Oder verließ es sich auf beide Truppenkörper gleichmäßig? Darüber ist folgendes zu erwidern:

Es war eine planmäßige Heeresformation, das schon genannte Reserve-Jäger-Bataillon 11 unter dem Hauptmann v. Chappuis, die völlig intakt unmittelbar nach der Revolution Mitte November 1918 schon sich vom Truppenübungsplatz Neuhammer aus dem Generalkommando zur Verfügung stellte. Das Bataillon bewährte sich alsbald in ernster Lage. Nach ihm kamen die Freikorps nach Schlesien, sie wurden dann die festeste Stütze der Breslauer Behörde, da sie aus den in dieser Betrachtung angeführten Gründen schon sehr frühzeitig eine Elite-

General der Infanterie Weber Pascha †, ehemals Führer des Freikorps Schlesien (9. Inf.-Div.)
Photo: Verlag Offene Worte, Berlin

Truppe bildeten. Waren sie doch ebenso eine Regierungstruppe wie das gesamte Heer. In den Aufrufen der damaligen Zeit zur Gewinnung von Freiwilligen wird deshalb zumeist erwähnt, daß die Formationen auf dem Boden der Regierung ständen. Diese Voraussetzung zwar bedingte für jeden Waffenträger eine starke Zumutung. Sahen wir doch in der Regierung Ebert-Scheidemann unseren naturbedingten Gegner, von dem uns eine Welt trennen mußte. Irgendeine Regierung aber mußte anerkannt werden. Das Chaos hatten die Leute um Ebert zwar durch ihre Vorarbeiten verschuldet. Trotzdem waren nur sie, jedenfalls nicht eine Militärdiktatur oder eine bürgerliche Regierung, imstande, die völlige politische Auflösung des Staates abzuwenden. Zwischen dieser Regierung und den Heeresresten standen zudem noch die alten Vorgesetzten des Kriegsheeres, der Feldmarschall von Hindenburg und für Schlesien das Oberkommando I in Berlin unter dem General der Infanterie Freiherrn Walther v. Lüttwitz. So waren die schlesischen Freikorps unpolitische, rein soldatische Formationen. Nur so auch hat das Generalkommando die Schlagfertigkeit der Freikorps ganz besonders gefördert. Sie erhielten reichliche Geldmittel, legten, so gut es ging, besondere Uniformen und auch Abzeichen an. Ebenso wurde vermieden, die Formationen den Divisionen zu unterstellen. In keiner Weise sollten sie in ihrem Aufbau von selbst notleidenden Zwischeninstanzen abhängig gemacht werden. Mit dieser Anordnung setzte sich das Generalkommando allerdings in Gegensatz zu den verständlichen Wünschen der Feldformationen. Doch allein der Befehl, daß das Freikorps Paulßen bei der Besetzung von Breslau März 1919 taktisch dem Freikorps Kühme unterstellt wurde, führte schon zu Schwierigkeiten zwischen den beiden Führern. Uns aber lag daran, in den Freikorps den Stolz auf ihre Selbständigkeit nicht nur zu erhalten, sondern zu fördern. Darüber hinaus wuchs ihr Verantwortlichkeitsgefühl mit der nahen Zusammengehörigkeit zur höchsten militärischen Behörde Schlesiens.

Politische Spannungen traten in den schlesischen Freikorps erst vor dem Kapp-Putsch aus den bekannten Gründen auf. Die Betonung ihrer Abneigung gegen Berlin war bis dahin kaum stärker gewesen wie die eines jeden Soldaten, der ernst vaterländisch dachte. Denn Pazifismus und das Verächtlichmachen des Heldischen, das die Regierung auf ihre Fahnen geschrieben, hatte nichts gemeinsam mit dem Schwur, den wir in unserem Fahneneid geleistet hatten. Solche Bindungen aber erloschen erst recht nicht mit diesem Systemwechsel.

Um die Front-Divisionen hat sich das Generalkommando etwa bis Ende April weniger kümmern können. Einmal war es der Trieb der militärischen Selbsterhaltung, der dazu zwang, das schnell auszubauen, zu dem das Fundament bereits gut gelegt war. Die Mittel auch reichten für die Gesamtheit nicht aus. So kamen die Divisionen zu kurz.

Dann aber bedurften die Divisionen nicht so unmittelbar der Verbindung mit Breslau. Denn an der Spitze der acht Divisionen, die bis Ende Dezember 1918 nach Schlesien kamen, standen Offiziere in Generals- oder Generalleutnantsrang. Neben langer Friedensschulung hatten diese hohen Offiziere sämtlich sich im Kriege bewährt. Namen wie v. Friedeburg, Lequis, v. Heuduck, Graf v. d. Goltz, Frhr. v. Schmidtseck, Weber, Hoefer leben in der Kriegsgeschichte weiter. Ihre Gehilfen waren wendige Generalstabsoffiziere, unter ihnen auch als Hauptleute die jetzigen Kommandierenden Generäle v. Witzleben, v. Reichenau und v. Wietersheim. Bekannt und befreundet vom Kriege her mit den Offizieren des engeren Stabes in der Schweidnitzer Straße, spielte sich unter solchen Voraussetzungen die Zusammenarbeit in einem Vertrauensverhältnis ab, das die Grundlage der gegenseitigen Achtung im alten Heere bedeutet hat.

Gewiß verblieb eine persönliche engere Bildung zwischen den Freikorps, Führern und Mannschaften mit dem Generalkommando auch nach der Zeit zurück, als alle Truppen gleich schlagfertig wieder geworden waren. So stellten bis zuletzt nur die Freikorps die Wacht-Kompanie in Breslau. Das erklärte sich aus dem Dankbarkeitsgefühl aus jener Zeit, als Aulock, Paulßen und Kühme den Fronttruppen noch weit voraus waren. Ebenso selbstverständlich hat das Generalkommando sich dafür eingesetzt und erreicht, daß die Freikorps-Führer mit höherem Patent in das 100 000-Mann-Heer übernommen wurden. Ihre Freikorps aber sollten entsprechend ihrer Stärke in Traditions-Truppenteilen der Reichswehr als Dank und Anerkennung weiterleben. Der Ausgang des Kapp-Putsches hob dann alle solche Zusagen auf.

Trotzdem waren die Front-Divisionen vom ersten Polen-Aufstand an alsdann der Rückhalt, das Gros der Kräfte des VI. Korps. Die Freikorps übernahmen hierfür wieder die Sonderaufträge, die sie nach Beweglichkeit von Führer und Truppe und nach ihrer vielseitigen Zusammensetzung und Erfahrung am besten durchführen konnten. Ihnen fiel dadurch der schwerere Teil zu.

Nach dem Versailler Schandfrieden trat das 100 000-Mann-Heer das Erbe des Generalkommandos VI aus der Zeit des Zusammenbruchs und der Anfänge des Wiederaufbaues an. Die Reichswehr konnte im zweiten und dritten Polen-Aufstand 1920 und 1921 nicht aktiv eingreifen wie die Trümmer des ruhm-

Parade der schlesischen Freikorps und der Leibkürassiere vor dem Kommandierenden General Freiherrn von Lüttwitz (1); Major Hesterberg (2)   Photo: Archiv Reiter gen Osten

reichen alten Heeres bei der ersten Erhebung, denn jetzt herrschte für sie „Friede". So fanden sich wieder die Freikorps, aufgelöst schon und verstreut, als letzte Hilfe in Schlesien zusammen. Allein, ohne Rückhalt, trugen sie nunmehr, ganz auf sich gestellt, die Kampfesbürde, entsprechend ihrem Wesen, im Angriff. Ein letztes Mal erglänzte vom Annaberg her der helle Schein ihrer Taten über das zerrissene Deutschland. Uns aber, ob unter der Trutzfahne, im Divisionsverband oder bei der höchsten Kommandobehörde, die wir die entsagungsvolle, harte Zeit in Schlesien nach dem 9. November 1918 miterleben durften, verband sich mit jener begeisternden Tat die Erinnerung an die Höhe im eigenen Leben: als wir, jeder an seiner Stelle, bewiesen, daß wir Hammer, nicht Amboß gewesen waren.

Kampf um Rawitsch

Von Oberstudienrat Dr. Schmitz, Rawitsch, ehem. Führer des Volkswehrbataillons Rawitsch

Abgeschnitten von der Provinzialhauptstadt, beschlossen die Städte und Kreise Rawitsch, Lissa und Fraustadt am 4. Januar 1919, sich von der Provinz Posen zu trennen, und suchten an Schlesien Anschluß, der ihnen vom Breslauer Volksrat, Zentralrat für die Provinz Schlesien, gewährt wurde.

Inzwischen rückten die polnischen Aufständischen bedenklich nahe an die Stadt heran. Sie bemächtigten sich sogar unter Führung eines fanatisch-polnischen Lehrers und Kriegsleutnants mit Namen Burza des rein deutschen Städtchens Sarne, das etwa 5 Kilometer nordöstlich von Rawitsch liegt, und gedachten es zu einem Stützpunkt für ihre Unternehmungen gegen Rawitsch auszubauen. Das mußte verhindert werden, und die Rawitscher Volkswehr beschloß, Sarne zu befreien. Am 11. Januar fand der Angriff statt. Er gelang vollkommen. Während zwei Geschütze zur Einschüchterung der Polen vom nordöstlichen Rawitscher Stadtrande her einige Granaten mit hohem Sprengpunkt über Sarne setzen, so daß kein Schaden angerichtet werden konnte, und dann die Straße zwischen Sarne und Görchen unter Feuer

225

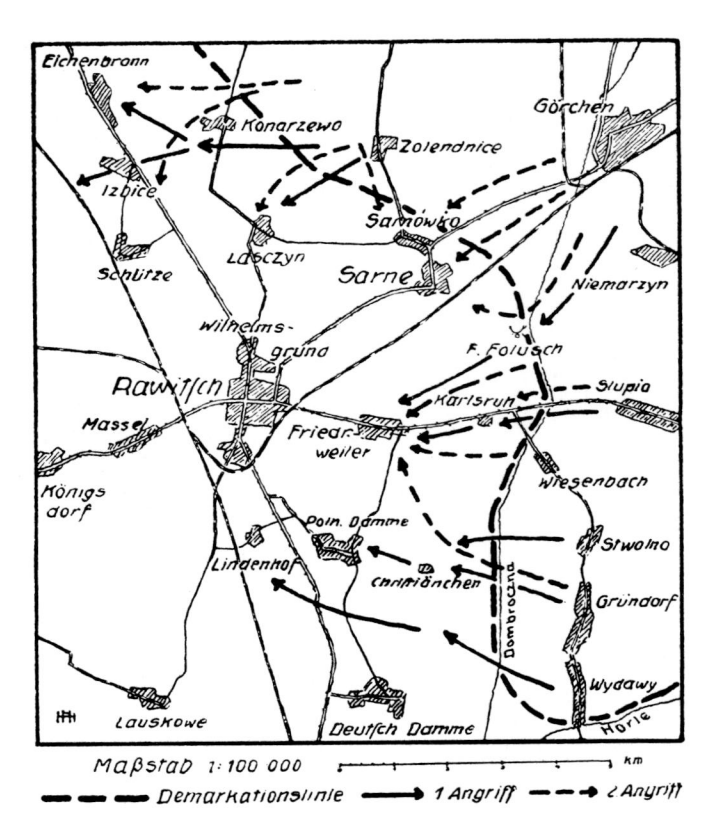

Übersichtskarte für die Kämpfe um Rawitsch
Zeichnung: Grenzmärkische Heimatblätter

hielten, um Ersatz von dort zu verhindern, gingen Teile der Rawitscher Volkswehr, unterstützt von einer halben Kompanie 50er von zwei Seiten gegen Sarne vor. Während sich die eine Abteilung unter Führung von Hauptmann Grosser zwischen Bahnlinie und Chaussee gegen Sarne heranarbeitete, kam die andere mit Benutzung des Sarner Waldes bis unmittelbar an den Sarner Bahnhof heran, ohne daß die Polen etwas merkten. Als die beiden Abteilungen sich nahezu die Hand reichten und sich durch zwei rote Leuchtkugeln verständigten, platzten verabredetermaßen die Granaten über der Stadt, und die Deutschen gingen zum Sturmangriff vor. Da setzte eine wilde Flucht der polnischen Soldateska ein. So Hals über Kopf erfolgte diese Flucht, daß nur ein einziger Pole mit der Waffe in der Hand gefangen werden konnte. Allerdings führten unsere Truppen, die keinerlei Verluste erlitten hatten, auch den Hauprädelsführer der Polen, den Fleischermeister Sobanski, gefangen mit nach Rawitsch. In Sarne blieb eine kleine deutsche Besatzung von 30 Mann mit zwei Maschinengewehren zurück. Sofort aber bildete sich dort eine Volkswehr unter Leutnant d. R. Berger. Sie wurde der Rawitscher Volkswehr unterstellt. Besonders verdient machte sich auch der in Sarne wohnende Kreistierarzt Huth, ein rühriger und tapferer Mann, der später freiwillig aus der Welt ging, weil er die Abtretung des deutschen Städtchens an Polen nicht überleben mochte.

Mehrere Wochen hielten die Polen nun Ruhe, dann wurde ihre Angriffslust wieder stärker. Ihre militärischen Verbände vermehrten sich; ihre Bewaffnung und Ausrüstung wurde infolge der in der Festung Posen erbeuteten Bestände immer besser. Auch Geschütze standen ihnen jetzt zur Verfügung. Die Deutschen in Rawitsch und den Nachbarstädten sahen sich ebenfalls nach Verstärkungen um. Hauptsächlich erwartete man Hilfe vom VI. Armeekorps. Der kommandierende General in Breslau hatte zwar Hilfe in Aussicht gestellt, aber noch war er nicht in der Lage, Truppen zu schicken.

So war die Lage, als in der Nacht vom 3. zum 4. Februar der erste große Angriff der Polen auf Rawitsch erfolgte. In den letzten Januartagen war es den Polen gelungen, Bomst und Unruhstadt zu nehmen. Von dort aus bedrohten sie die Ortschaften an der Grenze des Kreises Züllichau. Bei dem groß angelegten Angriff auf Rawitsch kam es ihnen zweifellos darauf an, durch Einnahme dieser Stadt und des Bahnhofs die Bahnlinie Lissa—Breslau zu durchschneiden und so Lissa von Süden abzuriegeln, so wie sie es bereits von Osten und Norden abgeschnürt hatten. Es wäre ihnen dann verhältnismäßig leicht gewesen, auch das wichtige Lissa zu nehmen.

In der Nacht vom 3. auf den 4. Februar, gegen 2 Uhr, wurden die Bürger von Rawitsch durch Glockengeläute und Trompetensignale aus dem Schlummer geweckt — die elektrische Feuersirene hatte leider im entscheidenden Augenblick versagt. Auf einer 13 Kilometer langen Front griff der Pole Rawitsch an und suchte die Stadt von Norden und Süden zu umfassen. In den umliegenden Dörfern verkündeten rote Leuchtkugeln, daß die dortigen Besatzungen im Gefecht standen. Die schwachen Feldwachen in Folusch, Karlsruh und Christiänchen waren überrannt worden. In kürzester Zeit war die Rawitscher Garnison alarmiert. In geschlossenen Zügen und Kompanien wurden 50er und Volkswehr an die bedrohten Punkte der Stadtgrenze geworfen oder als Reserve bereitgestellt. Doch bevor Hilfe gebracht werden konnte, ging Polnisch-Damme (trotz des Namens ein völlig deutsches Dorf) verloren und damit fielen zugleich auch die dort in Stellung befindlichen beiden Feldgeschütze in polnische Hand. Auch aus Friedrichsweiler, Sarne, Laszczyn dröhnte der Gefechtslärm. Kaum war eine Kompanie 50er nach Damme zum Ersatz abmarschiert, als die Meldung kam, daß die Polen in Laszczyn, das nördlich von Rawitsch liegt, eingedrungen seien. Lange noch feuerten die beiden dort aufgestellten Haubitzen. Dann verstummten sie. Auch Laszczyn war verloren. Die letzte Kompanie des Infanterie-Regiments 50, die als Reserve noch verfügbar war, wurde zur Wiedereroberung des Dorfes eingesetzt. Inzwischen rückten die Polen im Süden bedrohlich nahe an die Stadt heran. Lindenhof wurde als vom Feinde besetzt gemeldet. Bis an die Bahnlinie waren die Polen herangekommen. Ein Zug der Volkswehr zwang sie hier zum Rückzug. Auch im Norden waren die Polen mit Umgehung des Gutes Eichen-

Major von Kirchheim, ehem. Führer
des Jäger-Bataillons Kirchheim
Photo: Stumm, Goslar

**Kragenabzeichen
des Jäger-Bataillons von Kirchheim**
Vorlage: Heeresarchiv

**Ärmelabzeichen
der Freiw. Sturmabt. Schlichtingsheim**
Vorlage: Archiv Reiter gen Osten

Hauptmann Schmitz, ehem. Führer
des Volkswehrbataillons Rawitsch
Photo: Nitschke, Schwerin a. d. W.

bronn, dessen tapfere Besatzung sich gehalten hatte, und dessen Haubitzen teilweise rückwärts feuern mußten, an die Bahnlinie Lissa—Rawitsch gelangt, wo sie mit der Zerstörung der Telegraphendrähte und des Bahnkörpers begannen. Doch als der Morgen graute, war die Kraft des Angriffs gebrochen. Die Stadt Sarne und das Dorf Friedrichsweiler, im Osten von Rawitsch gelegen, hatten sich gehalten, Damme und Laszczyn wurden in der Frühe zurückerobert, und der von Lissa zu Hilfe kommende Panzerzug verhinderte die weitere Zerstörung der Eisenbahnstrecke. Durch sein Minen= und Maschinengewehrfeuer brachte er den Polen, die aus dem Dorfe Izbice Verstärkungen erhielten, sehr empfindliche Verluste bei, so daß sie sich eiligst zurückzogen und auch Izbice räumten. Gegen 9 Uhr morgens war die Lage überall wiederhergestellt. Immerhin waren vier Geschütze verlorengegangen und schmerzliche Verluste zu beklagen. Die blutigen Verluste der Polen waren allerdings bedeutend größer als die unsrigen. Der Feind ließ drei Maschinengewehre und 40 Gefangene in unserer Hand.

Wie aus den Aussagen der polnischen Gefangenen hervorging, hatten die frisch gebildeten und tadellos ausgerüsteten polnischen Bataillone „Koschmin" und „Jarotschin" mitgekämpft. An Zahl waren die Polen den Deutschen um ein mehrfaches überlegen gewesen.

Schon in der Nacht vom 5. auf den 6. Februar erfolgte der zweite Angriff auf Rawitsch. Diesmal war das Städtchen Sarne das erste Angriffsziel. Nach erbittertem Widerstand und hartem Kampf, in dem Hauptlehrer Arndt fiel, mußte die tapfere Besatzung das Dorf und Gut Sarnówko und die Stadt Sarne räumen. Auch das Dorf Friedrichsweiler wurde um 2.30 Uhr nachts angegriffen. Die Polen drangen ins Dorf ein und besetzten den Kirchhof. Doch die Rawitscher Garnisonskompanie, aus älteren gedienten Rawitscher Bürgern bestehend, verteidigte den Ort und warf den Feind zurück. Der tapfere Führer, Leutnant d. R. Eckert, ein Fabrikbesitzer aus Rawitsch, fand hier den Heldentod. Das Dorf Laszczyn fiel wiederum in polnische Hand, wurde aber andern Tages um 9 Uhr früh zurückgewonnen. Sarne blieb den ganzen anderen Tag über im Besitz der Polen, die hier fürchterlich geplündert haben und den ganzen Viehbestand des Rittergutes Sarnówko wegführten. Die Stimmung in Rawitsch war sehr gedrückt.

Der Spätnachmittag des 6. Februar wird den Rawitschern unvergeßlich bleiben. Diesmal griff der Pole schon am Spätnachmittag an. — Es ist 4 Uhr nachmittags. Die Polen gehen gegen Friedrichsweiler vor. An der Nordpromenade der Stadt in der Nähe des Seminars schlagen ein paar polnische Granaten ein, allerdings ohne Schaden anzurichten. Die Signalhörner schmettern Alarm, die Glocken läuten Sturm. Zitternd stehen Frauen und Kinder vor den Türen. Die beherzten Bürger eilen zu den Waffen, während die Angstmeier und Miesmacher gruppenweise auf den Straßen zusammenstehen und sich mit schreckensbleichen Gesichtern gegenseitig durch allerhand Schauermärchen das Gruseln beibringen. Manche verlassen sogar mit eiligst zusammengeraffter Habe in Richtung Königsdorf die Stadt, um sich nach Schlesien zu retten. Da rückt mit klingendem Spiel vom Bahnhof her ein Jägerbataillon in die Stadt, in gleichem Schritt und Tritt und mustergültiger Haltung wie in guter alter Zeit. Die vom Generalkommando V in Glogau versprochene Hilfe war eingetroffen. Es waren Goslarer Jäger, lauter Freiwillige, unter dem Befehl des Majors Kirchheim.

Daß sie gerade in diesem schicksalsschweren Augenblick in Rawitsch eintrafen, erschien den Bürgern wie eine Fügung des Himmels. Man fühlte sich gerettet, Frauen weinten vor Freude. Doch noch eine weitere Hilfe war zur rechten Zeit eingetroffen. Das Fußartillerie-Regiment Nr. 5, das bis zum Aufstand in Posen in Garnison gestanden hatte, war soeben mit dem Zuge angekommen und hatte nach entgegengenommener Meldung von der Gefechtslage sofort am Bahnhof abgeprotzt und die Geschütze gerichtet. Jetzt dröhnten von dort die Schüsse, so daß alle Fensterscheiben in Rawitsch klirrten. Heulend und gurgelnd flogen die 15-Zentimeter-Granaten über die Stadt und schlugen den stürmenden Polen verheerend entgegen, ihren Angriffsgeist erheblich dämpfend. Gleichzeitig ging eine Jägerkompanie, an der Stadtgrenze ausschwärmend, gegen Friedrichsweiler vor. Da bekamen es die Polen mit der Angst zu tun. Ihre Kampfverbände fluteten zurück. Die Lage war gerettet, und die Nacht verlief ruhig.

Am anderen Tage, dem 7. Februar, eroberten die Jäger in schneidigem Angriff mit Unterstützung von Pionieren (Pi.-Batl. 5), einer Begleitbatterie und des Lissaer Panzerzuges Sarne zurück. Von zwei Seiten war der Angriff angesetzt, vom Sarner Walde im Südosten und von Laszczyn im Westen her. Auch Flieger beteiligten sich am Kampfe. Die Angreifer hatten keine nennenswerten Verluste, denn die Polen nahmen sofort Reißaus. Leider konnte der Angriff nicht, wie beabsichtigt, bis nach Görchen vorgetragen werden, denn es setzte ein dichtes, jegliche Sicht verhinderndes Schneegestöber ein, das den stürmenden Truppen mit heftigem Nordostwind entgegenschlug. Der Plan des Angriffs auf Görchen wurde aufgeschoben und sollte gründlich vorbereitet werden. Die Aufnötigung der Demarkationslinie hat ihn dann später verhindert. Zunächst begnügte man sich damit, die Polen aus den Dörfern Wiesenbach, Stwolno, Gründorf und Wydawy zu vertreiben. Am 10. Februar erfolgte in der Morgenfrühe überraschend der deutsche Angriff unter Leitung des Majors Vogt vom Infanterie-Regiment 50. Den linken Flügel gegen Wiesenbach hatte das Jäger-Bataillon Kirchheim, das mit zwei links gestaffelten Kompanien einen Flankenstoß des Feindes aus Slupia abwehren mußte. Auf dem rechten Flügel gingen zwei Kompanien des Grenadier-Regiments Nr. 6, das in Trachenberg lag, gegen das Dorf Wydawy vor, während im Zentrum das II. Bataillon Infanterie-Regiment 50 sich über das offene Wiesengelände gegen die Dörfer Stwolno und Gründorf vorarbeitete. Das Flüßchen Dombroczna und z. T. die Horla mußten beim Angriff überschritten werden. Trotz der Schwierigkeiten und des deckungslosen Geländes gelang der Angriff vollständig. Ein polnischer Gegenstoß wurde abgeschlagen. Die Polen hatten sehr starke blutige Verluste und ließen sieben MG. und 45 Gefangene in unserer Hand.

Die Männer von Tirschtiegel

Von Kilian Koll

Der Grenzschutz bestand in Tirschtiegel Anfang Januar 1919 aus etwa fünfzig Mann, die Hälfte schickte das freigebige Reich, die andere Hälfte stellten die Einwohner selbst. Es war darüber hinaus kein halbwegs Waffenfähiger im Städtchen, der sich nicht eingereiht hätte; beim ersten Alarm schwärmte über die vereisten Äcker eine weite Schützenkette von Männern jedes Alters, sie trugen Uniform oder Zivil, sie konnten schießen oder nicht, ganz gleich, sie stellten sich hin. Es schien uns damals, die Polen seien tief in Deutschland eingebrochen. In Wirklichkeit hielt der Grenzschutz das alte polnische Gebiet in einem ungeheuren Halbring umklammert, der südlich von Masuren begann und bis östlich Schlesiens schon Anfang Januar die eiserne, gerechte Grenze zog; überall wo das Deutschtum gründlich und lebendig vertreten war, hatten sich in eigenem Auftrag bewaffnete Männer gegen die Bewaffneten erhoben, welche den polnischen Adler an der Kappe trugen und die doch auch im Auftrag ihres Blutes dastanden. Es gab keine Gräben. — Nur in Städten und Dörfern ballten sich hüben und drüben kleine Trupps, die zu Pferde und mit umgehängten Karabinern durch die preußisch sauberen Tannenforste streiften, selten nur flitzten die Kugeln, Anwesenheit des Gegners verrieten die Spuren im Schnee. Die Flächen und Landstraßen des aufgestörten Landes lagen verödet, im Zwischengebiet wagte kein Mensch sich aus dem Haus; doch dies merkte man kaum, eben des tiefen Winters wegen. Sonst aber standen alle Wege so offen und friedlich ungesichert wie je, vom Westen marschierten heimkehrende deutsche Soldaten polnischer Nationalität durch die winterlichen Forste, bis sie die Kokarden und Achselklappen abreißen und sich offen als Polen erklären konnten. Vom gründlich gesicherten Osten herüber schlichen zur Nachtzeit deutsche Männer aus dem verlorenen Land zu uns herüber und kamen mit ausgebreiteten Armen auf unsere Posten zu; meist ließen sie sich Gewehre geben und traten in unsere Reihen. Uns gegenüber lag der Ort Lomnitz, und für uns erschöpfte sich dieser seltsame Krieg darin, daß wir Angriffe gegen diesen von den Polen stark besetzten Ort richteten oder Überfälle von dort her abzuwehren hatten. So ging es zu auf dieser ganzen Front, feldgraue Bewaffnete beider Lager schlichen durch das oft 10 Kilometer breite Zwischenland, den Karabiner über der Schulter, bisweilen standen sie sich plötzlich auf hundert Schritt gegenüber, richteten die Waffen aufeinander, zögernd scholl das „Wer da?" Manchmal verschwanden die Angerufenen in Schnee und Gebüsch, und die Kugeln prasselten eindeutige Antwort. Die von drüben trugen die gleiche Uniform, die gleichen Waffen — sie waren von uns unterschieden nur durch eine fingerbreite, fingerlange, weißrote Litze am Kragen und durch einen weißen Adler an der Mütze — Abzeichen also, die man auf dreißig Schritt nicht mehr sicher zu erkennen vermochte. Die Banden von Lomnitz standen unter dem Befehl des Offiziers, der noch seine deutschen Achselstücke trug.

Doch während uns bekannt wurde, daß die Polen Verstärkung bekamen und gut gestaffelt bis Neutomischel in Reserve lagen — kam zu uns aus der zerfallenen Heimat so gut wie kein Mann. Ein paar Gymnasiasten aus Schwiebus meldeten sich, blasse, schlechternährte Kinder, aber wir nahmen jeden. Wer nicht schießen konnte, dem brachten wir es bei; im übrigen brauchten wir Posten rund um den Ort, da sich die nächtlichen Feuerüberfälle häuften. Es gab in der Nähe ein Dorf, dessen Bauernschaft polnisch fühlte — und die kamen alle paar Nächte mit Schwärmen von Handgranaten, heimgekehrte Frontsoldaten waren es, die ihre Knallerbsen springen ließen und eilig verschwanden. Woher hatten sie diese unerschöpflichen Mengen? Zwei Stunden Fußmarsch von Tirschtiegel lag ein Munitionsdepot, wie ich ein so riesenhaftes nie zuvor gesehen. Rund herum lief ein Zaun von 4 Kilometer Länge, das Lager diente als Sammeldepot für Teile der Ostfront, es war doch tief in Deutschland angelegt und enthielt alles, dessen der gewesene Krieg an Sprengzeug bedurfte: Granaten und Minen bis zu den schwersten Kalibern, unzählige Mengen Gewehrmunition, gewaltige Stapel von Handgranaten. Die Landsturmkompanie, welche die niedliche Anhäufung von Riesenspielzeugen zu bewachen hatte, war schon im November nach Hause gegangen. Und lächerlicherweise hatte die Weltgeschichte dies Lager an eine Stelle in der flachen Landschaft gerückt, die jetzt einigermaßen zum Zwischengebiet geworden war, sie gehörte weder den Polen noch uns. Dies Lager gehörte beiden kriegführenden Parteien: die polnischen Aufständischen und die polnischen Bauern der Gegend versorgten sich dort ebenso mit Kriegsbedarf wie der deutsche Grenzschutz Ost und wie die deutschen Bauern, die sich zum Schutze von Haus und Hof ein Kistchen Munition holten. Jeder, der da wollte, ging hin und nahm sich ungefragt, soviel er wegtragen konnte. Die Karren polnischer Bauern knarrten in den finsteren Nächten schwerbeladen durch die Wälder zurück. Auch kam es vor, daß Trupps von beiden Seiten dort zusammentrafen, dann flogen die Gewehre an die Schultern, zwischen den Munitionsbergen krachten die Handgranaten. Trotzdem verliefen solche Scharmützel fast immer gänzlich unblutig. — Seit kurzem hatte der Marschall Hindenburg den Oberbefehl an dieser „Front" — dieses letzten Teiles der letzten deutschen Front. Er hatte in Kolberg sein Hauptquartier, und er, der das größte Heer der Weltgeschichte geführt hatte, befehligte einige Häuflein zerlumpter Soldaten, alles in allem in Stärke einer friedensstarken Brigade etwa —, und gleich liefen Gerüchte von einer Offensive um. In den Schlendrian hier kam ein forscher Ton. An mich aber erging aus heiterem Himmel ein Befehl, der mich zum Kommandanten jenes sagenhaften Munitionslagers ernannte...

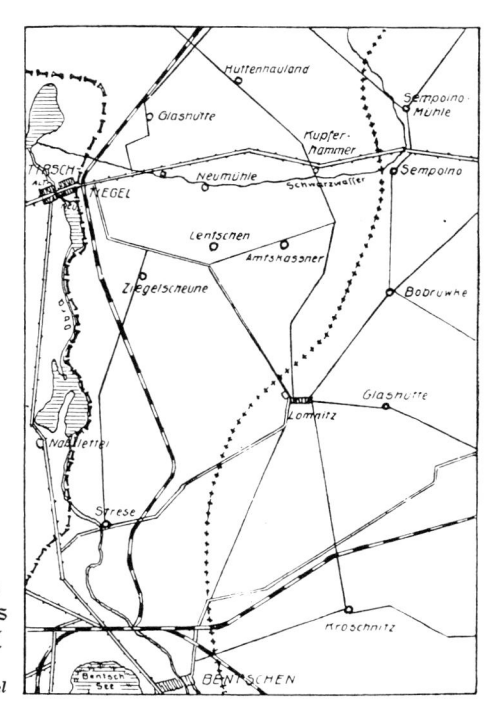

Übersichtskarte d. Kampfraumes um Tirschtiegel
Zeichnung: Brühl, Tirschtiegel

In so jungen Jahren, spottete der Leutnant Subrack, sei solches eine ausschweifend hohe Ehre. Befehl ist Befehl. Ich bekam einen Burschen, welcher mir zugleich Dienste als Kanzleischreiber leisten sollte. Wir packten Koffer und Tornister. Ein Begleiter mit Wagen und Pferd wurde uns für den Weg mitgegeben. Höhnisch fanden die Kameraden sich zum Abschied ein; ich las auf jedem Gesicht das Vergnügen, daß dieser Auftrag einen andern getroffen. Wir drei zuckelten los, stundenlang am Rande des Zwischengebietes, kein Mensch unterwegs, Hufspuren polnischer Reiterpatrouillen im Schnee. Karabiner schußbereit in den Händen. Feld zur Rechten, Wald zur Linken. Die Räder knarrten verdammt. Zwischen alten Tannen, das herrliche Haupt erhoben, stand äugend ein Hirsch. Ich hätte ein anderer sein müssen, kein K.-Leutnant, verwildert dazu, um nicht auf der Stelle die Knarre zu heben. Der Schuß krachte. Ein Rudel floh zwischen den Stämmen, in langen federnden Sprüngen jagten die Tiere dicht vor uns wie besessen feuernden Landsknechten über den Weg aufs Feld hinaus, ich schoß auf den Leithirsch, Schuß, Schuß, keinerlei Wirkung, plötzlich blieb der Leithirsch stehen, wir schossen nicht mehr, das Rudel entfernte sich, der Hirsch äugte auf uns, keinerlei Furcht und Verwirrung verratend — und stürzte tot in den Schnee. Eine der Spitzkugeln hatte ihm den Magen aufgeschlitzt. Ein ungeheurer Vierzehner. Gewildert Ende Januar von einem Offizier.

Nun, es bereitete Mühe, das vier Zentner schwere Tier auf den Wagen zu heben. Wir machten uns schleunigst davon, der Lärm dieser Jagd konnte polnische Patrouillen hergerufen haben. Ungefährdet erreichten wir die Stätte meiner künftigen Tätigkeit. Ich hatte bisher nur von diesen Munitionsschätzen Märchen gehört, nun sah ich es selber. Vorn am Lager standen hübsche Häuser, ganz neu, einige waren von friedlichen Familien bewohnt, einige verlassen, ich konnte mir nach Belieben eine Villa aussuchen und eine zweite für meinen Burschen, es kostete nichts, es war fast wie im Paradies. Bewohner eines nahen Dorfes (Deutsche oder Polen?) betrachteten freundlich meine Jagdbeute, ein Mann erbot sich, sie auszuweiden. Ist denn das so eilig? —!— „Was wollen Sie denn hier?" fragte man teilnehmend. „Hier ist doch die ganze Wachtkompanie davongelaufen. Geben Sie acht, vorhin waren die Polen im Lager." Die Leute meinten es sichtlich gut, ganz einfach menschlich. Man mußte sich die Gegend mal ansehen. Wir drei schlichen, die Flinten schußbereit, zwischen dem jedes Ausmaßes spottenden Munitionshaufen herum. Das lag hier, von Schnee halb zugedeckt, in wunderlich zweckloser Ordnung aufgetürmt, als warte es auf einen neuen Riesenkrieg. „Halt! Wer da?"

„Halt! Deutsche!"

„Deutsche!" Die erhobenen Mündungen senkten sich, die paar Mann traten aus ihren Deckungen hinter den Geschoßstapeln hervor. Der Führer gegenüber war das gewaltigste Mannesbild, das mir jemals begegnet. Wir legten die Finger an die Mützen und stellten uns vor, er nannte einen ellenlangen adeligen Namen. Der Mann war über zwei Meter groß. Während seine Leute die Munitionskisten herabhoben, steckten wir uns Zigaretten an, wahrscheinlich war hier Rauchen verboten, aber im Falle des Falles tat es nicht mehr weh. Wir lehnten uns an Minen von höllischem Kaliber. Der Riese erzählte stolz, aber doch ganz einfach: der Vater gefallen, fünf Brüder gefallen, er war der letzte seines Namens, hier freiwillig gegen die Polen. Wie hatte Sudbrack gesagt? „Bis zur Körperlosigkeit aufgelöst ins Schicksal dieses Volkes..." Die hatten die Auflösung gründlich betrieben!

Übrigens erklärte ich hier auf der Stelle und erbat seine kameradschaftliche Meinung dazu: daß ich dies blödsinnige Kommando nicht zu übernehmen gedächte, zwei Männekens für ein unbewachtes Munitionslager von vier Kilometer Umfang.

Abends stand ich, Hand an der Mütze, wieder in Tierschtiegel vorm Hauptmann und benutzte die streng dienstliche Formel, ich sei nicht verrückt geworden. Geestefeld zuckte auf den näheren Bericht die Achseln, er hatte mir diesen Uriasbrief nicht geschrieben und nahm die Meldung meiner Weigerung wohlwollend zur Kenntnis.

Die Magd von Konopka kam in meine Stube: es werde Alarm geblasen. Ich stand, ein wenig taub, am Waschtisch und rasierte mich zum Sonntag, der Milchbart mußte nun doch schon jede Woche ein- oder zweimal geschabt werden. Alarm am Sonntag früh? „Ja", sagte die Magd, „es heißt, ihr sollt einen Angriff auf Lomnitz machen, das wußte ich schon gestern." „Dann wird es gewiß richtig sein", lachte ich sie aus.

Allein die Magd behielt recht. Zwei Haufen marschierten sorglos in der Wintersonne; Hauptmann Gestefeld ritt an der Spitze. Es war wieder nichts von Belang, kein Unternehmen von Wichtigkeit, wir wollten bei unseren polnischen Freunden in Lomnitz nur mal eben eine Stippvisite machen und sofort wieder zurück. Doch diesmal wirkte höhere Strategie nicht bloß zu blödem Frontalstoß, die beiden Haufen sollten Punkt 12 von West und Ost den Ort in eine schnell beißende Zange nehmen. Hübsch ausgedacht. Nur klappte verschiedenes nicht, es war kein sehr glücklicher Tag — erst kam der Haufe, der den weiten Weg hatte, durch den hohen Schnee gehindert, eine halbe Stunde zu spät, der Pole stand ohnehin schußbereit, Verrat war im Spiel. Unser westlicher Haufe löste sich schwer von der Übermacht, bevor wir anderen heran waren. Dann schoß der Umfassungstrupp, auf die Häuser von Lomnitz losschwärmend, unsern plötzlich sinnlos dahersprengenden Hauptmann über den Haufen, die Leute erkannten ihn nicht, sein Warnungsruf kam zu spät, schon knallten die Schüsse, der Gaul stieg, der Hauptmann stürzte und blieb auf dem Gesicht liegen. Als wir ihn aber herumdrehten, war es ein fremder Mann, ein Offizier mit deutschen Achselstücken und polnischen Abzeichen, dies im Sterben verzerrte Gesicht hatte ich nie gesehen. Unmittelbar darauf begann der Straßenkampf in Lomnitz. Ein Mann meines eigenen Zuges beschoß mich auf dreißig Schritt. Alles flitzte durcheinander, Freund und Feind trugen dieselben Uniformen, schon auf geringen Abstand konnte man niemand mehr unterscheiden. Ein Fenster öffnete sich, eine junge Frau trat furchtlos heran — sie hob ein Gewehr, sie zielte gründlich, sie schoß, einer von uns kippte in den Schnee. Der Feldwebel Furth sprang vor, von ganz nah schleuderte er eine Handgranate ins Fenster, im Krach splitterten Rahmenholz und Glas. Schüsse von der Hauptstraße her warfen ihn selber um. Weinend schleppte sein junger Bruder den Toten unter Hilfe von Kameraden zum Waldrand, sie wollten ihn heimbringen.

Ich hatte das untrügliche Gefühl, daß dies alles vollkommen sinnlos sei und daß eine unbekannte Gefahr uns noch überdies bedrohte. Ich gab Befehl zu schleunigem Rückzug. Wir setzten uns in Trab. Da flatterte zu unserer Seite eine grelle, weißrote Fahne, polnische Verstärkungen brachen hervor, wir lagen im Schnee und deckten den Rückzug.

Der tote Feldwebel war liegengeblieben, zwei Mann versuchten seinen sich wütend sträubenden Bruder fortzuziehen. Da ließen sie ihn. Er blieb bei der Leiche stehen und wies den anprallenden Polen seine nackten Hände vor. Wir andern überquerten in einem abenteuerlichen Rückzug eine einen halben Kilometer breite Lichtung, in unserer Flanke schoß polnische Übermacht die Läufe heiß, die Kugeln wirbelten den Schnee in hohen Strähnen auf, die Kugeln hüpften in tollen Sprüngen über den Schnee, weißen Staub hochreißend. Kein Verwundeter blieb liegen. Wir verschwanden im Tannenwald, wo die Querschläger brummten. Eine gefangene polnische Feldwache lief mit, sechs Leute in Feldgrau. Die mußten Verwundete tragen.

Das Abenteuer schien einigermaßen glimpflich abgelaufen. Wir holten Bauern aus einem Dorf im Zwischengebiet, ließen anspannen und uns alle in Schlitten zurückschaffen. Das ging hurtig, hopp! Ganz Tirschtiegel war auf den Beinen, sie winkten, sie riefen. Da stand Hildchen Brühl, die Tochter des Hauptlehrers, meine kleine Liebe. „Halt, Fuhrmann!" Sie riß rotgeweinte Augen auf. „Tag, Hildchen! Da sind wir wieder!"

„Es ist behauptet worden, Sie seien tot", murmelte sie.

„Oh! Wieder mal. Springlebendig! Soll ich nachher zu euch herüberkommen?"

Vor der Kanzlei kletterten wir lachend vom Schlitten und hoben die Verwundeten herunter. Hauptmann Gestefeld kam aus dem Haus. Ich meldete: „Bei meinem Zug ein Toter, fünf Verwundete, einer in Gefangenschaft". Er gab mir verdrossen die Hand. „Sudbrack ist gefallen".

Ich ging andertags, durch einen hohlen Raum wandelnd, in Sudbracks Quartier, sein Bett stand bereit, sein Rock hing über den Stuhl, sein Mantel am Haken. Die blanken ungenagelten Reiterstiefel standen in der Ecke. Auf seinem Tisch lächelte ein Bild. Ein Blatt lag dabei, darauf hatte er sich eine Unterschrift eingeübt, dutzendfach „Sudbrak" mit einem hübschen Schwung. Hier sah alles so lebendig aus („Herr Leutnant kommt in fünf Minuten zurück"), an seinem Handtuch befanden sich kleine, schmutzige Stellen, wo er sich das Ohr ausgerieben. Ich packte seine Sachen in den Koffer.

Ich saß untätig den Tag in der Wirtschaft von Konopka, mir gegenüber der Stuhl des Kameraden, das Mädchen kam, um mir schweigend ein Glas Rotwein hinzustellen. Alle schlichen herum und sprachen nicht. Kein Wort den ganzen Tag. Die Stadt schlich an diesem 10. Februar auf den Zehenspitzen, es fehlten so viele, davon war mehr als die Hälfte aus dem Ort. Man ging an uns vorüber und drehte die Köpfe beiseite.

Eine Frau kam von Lomnitz herübergewandert, ein schwarzes Tuch um die Schultern. Die Feldwache verband ihr die Augen und führte sie in die Stadt zum Hauptmann. Am selben Tag fertigten die Tischler neun Särge an, sauber und einfach, darin lagen die gefallenen Polen, gewaschen und in weißen Totenhemden. Die Särge wurden auf Wagen gehoben, Frauen aus Tirschtiegel führten die Pferde. Sie sprachen nicht. Sie gingen schweigend und zusammengekrümmt neben den nickenden Pferdeköpfen.

Frauen von Lomnitz brachten ihnen die deutschen Gefallenen vom blutigen Sonntag entgegen. Auf halbem Wege trafen sie sich im föhnisch tauenden Wald und tauschten. Mit Särgen, die aus schmutzigen, alten Bretterbohlen zusammengenagelt waren, kamen die deutschen Frauen zurück. Einwohner und Truppe gingen ihnen in regellosen Massen entgegen

Hauptmann Gestefeld, ehemals Führer des Grenzschutzbataillons Tirschtiegel
Photo: Archiv Reiter gen Osten

und empfingen den Zug in tiefem Schweigen. Die Frauen gingen wie Nonnen. Auf dem vordersten Wagen, sagte man mir, läge der Leutnant Sudbrack. In der Turnhalle nahmen wir sofort den Deckel von diesem Sarg herunter, ich mußte das mit eigenen Augen sehen, eher glaubte ich das nicht — ich war selber ein paarmal tot gesagt, ich zog selber mal einen unkenntlich verbrannten, geliebten Kameraden aus einem explodierten Unterstand, und es war ein Irrtum gewesen, es war ein anderer gewesen, der richtige lebt heute noch. — Deckel zu. — Soviel Särge? Mein Gott! Wir zählten. Drinnen krümmten sie sich in Uniformen, wieder ausgegraben — in einem Sarg lag der letzte Mann, den wir neulich verloren hatten, alle Gefangenen erschlagen, wüst verstümmelt. Beide Furths, der dritte und der vierte Sohn.

Den ganzen Frontabschnitt entlang ging ein Wutgeschrei. Bei Bentschen, bei Birnbaum flackerten

231

Gefechte auf, sinnlos, sie entschieden nichts, kein Fußbreit Boden wurde gewonnen oder verloren, aber deutsche und polnische Männer wüteten mit Messern widereinander, und niemand gab Pardon. Und die heute im Kampf Erschlagenen wurden morgen von ihren Kameraden in blutigen Überfällen gerächt, Rache und Rächersrache wurde genommen.

Daraufhin meldete auf der ganzen Front ein neues Ferngespräch: „Hier Nationalversammlung in Weimar! Zwischen Deutschland und Polen ist der Waffenstillstand unterzeichnet worden. Sie erhalten noch nähere Befehle. Alle weiteren Kampfhandlungen haben zu unterbleiben."

Irgendwo in diesem eisernen Bogen stand in der Minute dieses Gespräches ein Haufen Bewaffneter, sturmbereit, Zug herrschte unter diesen Burschen, sie hatten am Morgen zwei Fahnenflüchtige standrechtlich erschossen. Der Adjutant wurde plötzlich schwerhörig. „Hier ist kein Ton zu verstehen. — Wie? — Was für eine Handlung? — Hier ist kein Laden. Falsch verbunden." Die Bewaffneten marschierten, sie stürmten, ein Städtchen an der äußersten Grenze wurde wieder deutsch und blieb es.

Nun aber folgten überall die „näheren Bestimmungen". Bei uns lauteten sie so: „Hier Nationalversammlung in Weimar! Ihre Truppe räumt sofort den Ort und zieht sich zehn Kilometer auf die Linie Dürrlettel zurück. Tirschtiegel wird neutrale Zone, über seine Zugehörigkeit entscheiden die Friedensverhandlungen." So flog der schneidend scharfe Befehl die ganze Front entlang, bei Bentschen, bei Birnbaum in Masuren und in Schlesien. Und ohne daß sich irgendeiner mit seinen Nachbarn verständigt hätte, geschah überall dasselbe. — Bei uns sah es so aus:

Auf dem Marktplatz strömten die erregten Menschenmassen zusammen, graue, verhärmte Grenzer, Nachkömmlinge des alten Geschlechts, das einst hier gegen die Slawen standgehalten; in furchtbarem Kreise war die deutsche Geschichte gegangen, nun stand sie wieder an derselben Stelle und bot den Urenkeln das Schicksal längst begrabener Jahrhunderte. Wir nahmen es an! Wir, aus dem ewigen Vaterland, wir, Seite an Seite mit den Grenzern, wir „lösten uns bis zur Körperlosigkeit auf ins deutsche Schicksal", wie der erloschene Mund gesagt — und rissen die Mützen von den Köpfen, keiner war Führer, keiner war Gefolgschaft. „Keinen Schritt zurück!" schrieen wir, und: „Wir gehorchen nicht!" und: „Tirschtiegel bleibt deutsch — bleibt deutsch!" Und blieb es!

Die Entstehung einer Grenzschutzbatterie

Von Major a. D. Karl Beutler

An der Neuhöfener Schleuse war mir eins klargeworden, als ich das Gelände und die Lage prüfte: ohne Artillerie ist die Verteidigung der Netzelinie und der Stadt Filehne (die Polen erhielten immer mehr Verstärkung) nicht denkbar. So reifte in mir — nach meinem wenig erfolgreichen Debüt bei der Infanterie — der Entschluß, mit meinen mir verbliebenen Unteroffizieren und Mannschaften einen schweren Artilleriezug aufzustellen. Aber wie? Das war die Frage! Es war nutzlos, von dem in der Auflösung befindlichen Fußartillerie-Regiment 15 in Bromberg Unterstützung zu erbitten. Das schwere Geschützmaterial wurde von sich bildenden Freiwilligen-Formationen benötigt. Bromberg wurde hart bedrängt. Man hatte keine Zeit, sich um das Häuflein Artilleristen in Filehne zu kümmern. Ich setzte mich mit dem kommissarischen Landrat, einem Regierungsassessor, in Verbindung und wurde zu einer Besprechung des Kreisausschusses gebeten. Dort war auch Leutnant Heinrich. Es wurde manches zur Verteidigung Filehnes erwogen, aber zu dem einzigen richtigen Entschluß kam er nicht, nämlich einem älteren kreiseingesessenen Offizier — es gab deren mehrere — die ganze Leitung in die Hände zu legen, diesem uns beide jungen Leutnants mit unseren jungen Kerls als Stoßkompanien zur Verfügung zu stellen, die Bürgerwehren zu einer großen Formation unter besagtem Führer zusammenzufassen, statt in zermürbender Defensive zu verharren, zur mutigen Offensive überzugehen und die Polen aus dem Kreis Filehne zu vertreiben. Dieser Entschluß wurde nicht gefaßt. Dazu fehlte die Spannkraft. Die einzigen positiven Entschlüsse, die gefaßt wurden, waren: 1. die Netzewiesen werden unter Wasser gesetzt — und es war gar nicht so einfach, diesen Entschluß zu fassen, man debattierte lebhaft, wie sich diese Maßnahme für die Anlieger auswirken würde —, 2. Leutnant Beutler darf einen Artilleriezug aufstellen, wenn er glaubt, dies fertigzubekommen.

Nun telegraphierte ich nach Swinemünde an mein Heimatregiment, Fußartillerie-Regiment 2, und bat, mir zwei 10-Zentimeter-Kanonen mit 1000 Schuß Munition für die Kreisverteidigung Filehne zu schicken; Kreisausschuß und A.- und S.-Rat seien einverstanden. Diese Geschütze habe ich nie bekommen, aber sie sind auf der Eisenbahn wenigstens durch Filehne durchgerollt. Von meiner Absicht, eine Batterie oder mindestens einen Artilleriezug aufzustellen, sprach ich auch mit einem Leutnant von der Demobilmachungskommission.

Am übernächsten Tage — es kann so in der Zeit vom 10. bis 12. Januar gewesen sein — wird mir von der Bahnverwaltung mitgeteilt, es seien drei Geschütze mit Munition angekommen, wenn ich sie haben wollte, sollte ich sie ausladen. — Ich fand drei Feldkanonen mit 2000 Schuß Munition; Abgangsort Stettin. Wer sie geschickt hatte, weiß ich nicht. Auf mein Telegramm hin können sie nicht gekommen sein, ich vermute aber, daß der erwähnte Offizier sie besorgt hatte. Nun aber war ich gar nicht darüber erfreut, daß es nur Feldkanonen waren. Als schwerer Artillerist wollte ich auch schwere Geschütze haben, den leichten Feldkanonen traute ich nicht viel Gutes zu. Aber in der Folgezeit sollte ich bald eines Besseren belehrt werden. Die Geschütze waren ausgezeichnet. — Geschütze und Munition hatte ich nun, Bedienung auch; es fehlte nur die Bespannung und sonstiges Zubehör, vor allem Richt- und Beobachtungsgerät. Gott sei Dank waren wenigstens noch Schußtafeln für die verschiedenen Munitionssorten vorhanden, sonst hätten wir vielleicht gar nicht schießen können. Jetzt kam die Frage, wie und wo die Geschütze in Stellung bringen. Stellungen waren genug vorhanden, aber nicht alle waren beziehbar, es galt da viele Hindernisse zu berücksichtigen; die ausschlaggebenden waren: fehlende Bespannung, Unterbringung der Mannschaften, fehlendes Batterie-Richtgerät. Ich mußte eine Stellung beziehen, wo die Möglichkeit bestand, die Bedienung in nächster Nähe vernünftig unterzubringen, und wo ferner die Möglichkeit bestand, mit den Geschützen einen auch auf der Karte bezeichneten Geländepunkt, Fabrikschornstein oder dergleichen direkt anzurichten, um dann die Geschütze untereinander auf die so gewonnene Grundrichtung parallel stellen zu können. Karten hatte ich mir besorgt, und zwar vom Katasteramt Filehne. Zwei Stellungen hatte ich gefunden, die die erwähnten, sich zwangsläufig ergebenden Bedingungen erfüllten. Eine war im Schloßpark Filehne, die mir am günstigsten betreffs der Hauptschußrichtung und der Unterbringung der Mannschaften erschien. Die Leute wollte ich im Schloß oder in den Wirtschaftsgebäuden unterbringen, sie hätten dann nur einen Sprung bis zur Stellung gehabt. — Jedoch daraus wurde nichts. — Denn die unteren Organe der Schloßverwaltung behaupteten hartnäckig, daß eine Unterbringung von Mannschaften im Schloß sich nicht machen ließe.

Nun entschied ich mich für die zweite vorgesehene Stellung, das Ruhewäldchen bei Ludwigsdorf. Die Gutsverwaltung wurde einfach davon in Kenntnis

Deutsche Zukunft
Monatsschrift des Bundes ehemal. Mitglieder der Freiw. Sturm. Abteil. Schlichtingsheim

Nr. 3   Schlichtingsheim, den 1. November 1919   1. Jahrgang

Zeitschrift der Freiwilligen Sturm-Abteilung Schlichtingsheim
Vorlage: Archiv Reiter gen Osten

Die Möwe.
Wochenzeitschrift des Freikorps Dohna.
Erscheint wöchentlich 1 mal.

Nr. 9.   Sonnabend, den 28. Juni 1919.   Nr. 9.

Zeitschrift des Freikorps Dohna   *Vorlage: Heeresarchiv*

gesetzt, daß ich die Stellung beziehen würde, und daß ich dort Deckungsbauten und alle notwendigen militärischen Arbeiten vornehmen würde. Auch hier machten die unteren Organe der Forstverwaltung Einwendungen. Ich sollte keine Bäume fällen, und für Flurschaden sollte ich haftbar sein. Wenn nicht der Generaldirektor der Gräflich Schulenburgschen Güterverwaltung, Oberforstmeister a. D. Riebel, ein Machtwort gesprochen hätte und mir die Berechtigung erteilt hätte, alle notwendigen Geländeveränderungen vorzunehmen, die ich für den Stellungsbau als notwendig erachtete, wer weiß, ob ich diese Stellung hätte beziehen können.

Nun also, die Batterie wurde in Stellung gefahren, und zwar mit ländlichen Gespannen, die das Gut Corda zur Verfügung stellte. Ich war einigermaßen in Verlegenheit, wie sich meine Unteroffiziere und Kanoniere mit dem ihnen ziemlich fremden Geschützmaterial abfinden würden, und glaubte, da erst eine längere Ausbildungsperiode einschalten zu müssen; auch ich selbst mußte mich in die Eigenart der neuen Waffe erst einfühlen. Diese Schwierigkeit wurde überraschend durch einen Zufall gelöst. An demselben Tage, an dem ich die Geschütze in Stellung gebracht hatte, sprach ich beim Strommeister vor, um mit ihm über die Möglichkeit der Überschwemmung der Netzewiesen zu verhandeln. Da finde ich in dem Sohn des Hauses einen ehemaligen Leutnant d. R. der Feldartillerie, der sich auch bereit erklärt, sofort als Batterieoffizier bei mir einzuspringen. — So kam er dazu, seine geliebte Feldartillerie-Uniform wieder anzuziehen, die er auch schon resigniert an den Nagel gehängt hatte, um in Zivil Bürgerwehrmann zu spielen. Auch er ergriff freudig die Gelegenheit, eine Stelle bekleiden zu können, in der er mehr nutzen konnte denn als Bürgerwehrinfanterist. Er brachte noch eine Anzahl Bekannter, alles ehemalige Unteroffiziere und Mannschaften der Feldartillerie, mit. So erhielt die sich bildende Batterie einen Ausbildungsstamm, und einen Tag später konnte ich bereits getrost dem Leutnant Heinrich die Feuerbereitschaft der Batterie melden. Wir hatten als Grundrichtung den Schornstein der Abdeckerei Filehne vor dem Südbahnhof gewählt. Beobachtung war der Bismarckturm in den Anlagen an der Wreschener Chaussee. Das einzige Beobachtungsgerät waren die Eigentums-Doppelgläser der Offiziere. Zu einer Batterie gehört aber zum mindesten eine Fernsprechleitung Feuerstellung — Beobachtung. Wir hatten keinen Meter Draht und keinen einzigen „Quasselkasten" mehr. Ich setzte mich mit der Post in Verbindung, und die Post erwies sich großzügig, legte eine Leitung Post—Bismarckturm, Post—Strommeisterhaus (so daß auch mit der Schleuse Neuhöfen gesprochen werden konnte), Feuerstellung—Batterieführer=Quartier. Man brachte meinem „Unternehmen" das Interesse der Neuheit entgegen und versprach sich auch gewisse Sicherheit davon. — Nun mußte die Batterie auch einmal eingeschossen werden, denn wir kannten noch nicht das Verhalten der Geschütze — jedes Geschütz hat bestimmte Eigenheiten, die durch Versuchsschießen festgestellt werden, dessen Ergebnis dann dauernd beim Geschütz festgelegt bleibt. Das Schießen sollte nach einem Wegekreuz am abfallenden südlichen Netzeufer in der Grundrichtung geschehen. Der kommende Sonntag wurde dazu ausersehen. Erst mußte vom Bürgermeisteramt einmal öffentlich ausgeklingelt werden, daß die nach Wreschen führende Chaussee und das Gelände am Südbahnhof sowie bestimmte Feldwege im Netzegrund wegen Artillerieschießens von nachmittags 1.30 Uhr an höchst gefährdet seien und das Betreten der genannten Geländeteile mit Lebensgefahr verbunden sei. Das Schießen fand statt. Es gestaltete sich zu einem kleinen Volksfest. Halb Filehne, Männlein und Weiblein, standen im Ruhewäldchen und beurteilten sachverständig unser Tun und Treiben. Viel Spaß machte den Leuten das Schießen auf einen alten Schuppen der Weidenverwertungsgenossenschaft, der ein willkommenes Ziel bildete. Ich hätte beinahe später die alte, wertlose Bretterbude bezahlen müssen. Ich hatte nun meine Batterie auf das erste Sperrfeuer eingeschossen, wußte, daß die Geschütze fehlerlos schossen, also ich war restlos befriedigt. Meine Batteriestellung baute ich nun weiter aus. Es mußte ständig eine Sperrfeuerwache in der Feuerstellung sein, die sofort bei Alarm das erste Sperrfeuer abgeben und die Feuertätigkeit wenigstens solange unterhalten konnte, bis die gesamte Batteriebedienung aus den Quartieren in Ludwigsdorf heran war. Wie nun eine Wachtunterkunft in der Stellung schaffen? Wir hatten doch kein Baumaterial. Den Wald wollten wir auch nicht ausholzen, aus Deckungsgründen nicht. Auch die Frage wurde gelöst. Strommeister Müller — sein Sohn war ja mein Batterieoffizier — stellt mir eine Arbeiterbude von einem Wohnprahm der Wasserbauverwaltung zur Verfügung. Das Ding wurde in Feuerstellung aufgestellt und hat während der ganzen Zeit, in der die Stellung besetzt war, ein ideales Wachlokal für die Alarmbedienung abgegeben. — Schon in den nächsten Tagen, als die Geschütze in Stellung waren, meldete sich ein zweiter Offizier bei mir zum Dienst, der Leutnant d. R. im Fußartillerie=Regiment 15, Quiram, auch Filehner; desgleichen trat eine große Anzahl junger Artilleristen aus den Dörfern Ludwigsdorf, Follstein, Neuhöfen und aus dem nördlichen Hinterland in meine Batterie ein. Besonders willkommen waren mir die Bauernsöhne, die sich aus den schon von den Polen besetzten Dörfern zu mir durchgeschlagen hatten, das waren eiserne Kerls, die wußten, um was es ging. Auch Fahrer meldeten sich in größerer Zahl, ich ließ keinen gehen, obwohl ich keine Pferde hatte. Ich sagte mir, du wirst auch Pferde bekommen; kommt Zeit, kommt Rat! Ich habe mich darin nicht getäuscht. Vorläufig hatte ich mir die Gespanne von Gut Corda für bestimmte Alarmzwecke gesichert. Ich selbst hatte mir von einem jungen Gutsbesitzersohn für acht bis vierzehn Tage ein Reitpferd mit Sattelzeug gepumpt, soweit er es nicht selbst brauchte.

Die Batterie stand etwa fünf Tage in Stellung, da wollten die Polen wieder vorstoßen. Die Kompanie Heinrich und die Bürgerwehr hatten keinen leichten Stand, aber da prasselte mein Schrapnellfeuer unentwegt in die Sperrfeuerräume und in den Wreschener Wald, die Polen mußten zurück.

(Mit Genehmigung des Verlages entnommen den „Grenzmärkischen Heimatblättern", herausgegeben von der Grenzmärkischen Gesellschaft, Schneidemühl.)

Flieger im Grenzschutz

Luftangriff auf Kolmar und Tod des Leutnants Näther, Sieger in 26 Luftkämpfen
Von Leutnant d. R. a. D. Hans Brzenk

Rrrrr! Fernsprecher! „Hier Fliegerstation, wer dort?!" — „Postamt!" — „Aha, 'n Tag! Na — was haben Sie denn auf dem Herzen, verehrtes Fräulein? Wollen Sie uns vielleicht wieder durch einen kleinen Schreckschuß alarmieren, etwa wie vorgestern? Zehntausend Polensöhne im Anmarsch auf Schneidemühl! — Himmel! Das wäre zuviel des Guten."

„Pfui! Sie machen schon wieder Witze!" summt's zurück. „Starke Banden sollen bei Margonin, Kolmar und Fitzerie versammelt sein."

„Aha! Da wollen wir uns mal die Muschkis von oben näher beäugen! — Danke Ihnen sehr! Schluß!"

*

„Na, mein lieber Brzenk, was gibt's? Ist heute immer noch keine Nachricht von unserer Polenfront eingetroffen?" fragt Leutnant Näther.

„Jawohl, eben erhielt ich vom Postamt die Nachricht, daß sich starke Banden bei Margonin, Kolmar und Fitzerie versammelt hätten."

„Sehr ordentlich! Donnerwetter! Diesen Banausen werden wir mal gehörig auf die Köpfe spucken."

„Lassen Sie, bitte, die Fokker gleich mit Munition nachfüllen. Etwas Phosphor und Leuchtspur dazwischen, schon wegen der besseren moralischen Wirkung, und geben Sie auch Petersen Bescheid, der soll dann nach Wissek abhauen. — Start sämtlicher Flugzeuge 1.30 Uhr nachmittags."

*

„Das kann ja heute sehr nett werden", meint Leutnant Näther. „Bei dieser Hundekälte fliegen."

Die Maschinen stehen schon vor der Halle. Nur Wasser ist noch nicht aufgefüllt. Die Monteure bringen es in dampfenden Kannen angeschleppt. Während sie das heiße Wasser einfüllen, ziehen wir uns fertig an.

Wie Polarforscher schauen wir aus: dick gefütterte Kombination, Pelzstiefel bis über die Knie, dicker Schal, Pelzkappe.

Zum Schluß noch eine fingerdicke Schicht Staufferfett auf's Gesicht. Nur Lippen und Augen bleiben frei. Da wären wir ja fertig. Als wir uns gegenseitig anschauen, müssen wir lachen. Zum Liebkosen oder gar Küssen sehen wir wirklich nicht aus.

Eingehend wird nun der Kriegsplan entworfen. „Petersen beschäftigt sich nur mit Wissek. Sie, Brzenk, fliegen nach Fitzerie, und ich nehme Margonin. — 2.15 Uhr treffen wir uns beide über Usch. — 2.30 Uhr Angriff auf Kolmar."

Die drei Fokker sind jetzt startbereit. Blitzschnell folgt alles: Einsteigen, Laufenlassen, Rollen, Starten. Im raschen Steigen geht's zunächst dem Lauf der Rüdow entlang. In zahlreichen Knicken und Windungen schlängelt sie sich durch das wellige Gelände. Die Netze erscheint. Dann taucht aus leichten Dunstschleiern drunten Kolmar auf. Ein schneller Blick umfaßt das Städtchen, und schon biege ich in scharfer Kurve südwärts, dem Ziele entgegen.

800 Meter zeigt der Höhenmesser. Hier oben ist die Luft kalt und klar. Doch unten überschwemmt ein feiner leichter Bodennebel die Netzewiesen.

Ich spähe nach vorn. Aha, dort die große Straße von Kolmar nach Fitzerie, zu beiden Seiten Wald, wo gegnerische Ansammlungen möglich sind. Mit Argusaugen überblicke ich das Gelände. Nichts zu sehen. Alles in schönster Ordnung. Doch — halt! — Nanu! — Was ist denn das? Auf der Straße, dicht an den Waldrand geschmiegt, eine Anzahl Wagen; ob Wagen, ob Autos, Fuhrwerke oder andere Fahrzeuge ist noch nicht zu erkennen. Aber jetzt! Teufel! Kurz hintereinander vier — sechs rote Blitze, dann ununterbrochenes Aufblitzen. Maschinengewehrfeuer. Das gilt mir.

Wartet, ihr Burschen! Einen Augenblick! Nur einen Augenblick! Ihr werdet nicht lange schießen.

Gas weg! In rasendem, fast senkrechtem Sturzflug saust die Maschine nach unten: 1000, 800, 700, 500, 300, 100 Meter.

Mit Vollgas jagt sie nun waagerecht weiter. Jetzt erkenne ich alles: Eine Kolonne von fünfzehn Wagen, daneben zwei Maschinengewehre, die noch immer emsig weiterfeuern. Noch einen kleinen Seitensteuerausschlag, dann stimmt die Richtung. So — nun kann die Vorstellung beginnen.

Wieder kippe ich die Maschine nach unten, lege den Kopf gegen die Einlage, das Auge fest über Visier und Korn, dann beginnen die schweren Läufe vor mir zu hämmern: Tack — tack — tack — tack, bis ich glaube, daß mein Propeller im nächsten Augenblick in die Baumwipfel des Waldes hauen müsse, drehe meine Volte, reiße die Maschine hoch und stürze mich, von neuem feuernd, herunter.

Das wiederholt sich vier- bis fünfmal! In die Kolonne kommt Verwirrung — sie flieht. Die Pferde gehen durch, Wagen fahren in den Straßengraben und stürzen um. Alles rennt und flüchtet.

Jetzt ist's auch genug. Die Hälfte meiner Munition habe ich verschossen. Ich muß für Kolmar auch noch etwas übrig haben.

*

Über Usch, aus bläulichem Höhendunst schärfer und schärfer werdend, schält sich ein Schatten heraus und kommt näher: Näther! Ein scharfes Umkreisen und frohes Zuwinken, dann Kurs Kolmar.

600 Meter zeigt der Höhenmesser. Dicht vor uns liegt das Ziel unseres Fluges. Sofort stehen unsere Vögel auf dem Kopf und in rasender Fahrt geht es senkrecht hinunter. In zwanzig Meter über den Häusern der Stadt brausen wir weiter. Spähend durchsuchen wir die Straßen. Aha! Dort der Markt, auf dem eben einige bespannte Fuhrwerke eintreffen. Prasselnd schlagen unsere Maschinengewehrgarben dazwischen.

Auch von unten werden wir lebhaft beschossen. Deutlich knattert es jetzt an mein Ohr. Tack — tack — tack — tack, dann höre ich in meiner Kiste Treffer knacken und sehe dicht am Sitz zwei winzige kleine Einschlaglöcher. Pfui Teufel! Jetzt wird die Sache ungemütlich. Aber wo in aller Welt stecken die Kerle? Da — Donnerwetter! Meine Augen erfassen ein recht unliebsames Bild. Unten zwischen den Häusern stehen überall Menschen, die wie toll auf uns schießen.

Von neuem schlagen unsere Kugeln in die Straßen. Auf der Flügelspitze kehrt, und wieder knattern die Gewehre. Wieder mache ich Kehrt, daß fast der Flügel die Dächer streift und blicke nach rückwärts. Nanu — wo ist denn Näther? Eben zog er doch noch hinter mir in die Kurve? Ich blicke nach links, ich blicke nach rechts, nach oben, nach unten, nirgends ist das Flugzeug zu sehen. Sollte er sich schon auf dem Heimwege befinden? Unmöglich! Das wäre ja gegen unsere Verabredung. So sorgfältig ich auch den Horizont absuche, ich sehe nichts, rein gar nichts. Immer noch höre ich unten noch das Prasseln der Maschinengewehre. Ein instinktives Gefühl sagt mir, entweder ist er notgelandet oder gar abgeschossen. Nach fünf Minuten erfolglosen Suchens gebe ich meine Bemühungen auf. Ich werfe meine Maschine herum und drücke mit sorgenvollen Gedanken dem Flugplatz zu. Bald liegt der Platz vor mir. Ein kurzer Gleitflug, dann schwebt mein Fokker über

Die Überführung des im Luftkampf bei Kolmar gefallenen Leutnants Näther in die Heimat   *Photo: Brzenk, Spandau*

den Hallen aus, um kurz dahinter mit den Rädern auf dem Boden des Flugplatzes aufzusetzen. Noch einige Meter Auslauf. Glatt gelandet.

Die erste Frage an meine Monteure: „Ist Leutnant Näther schon hier?" — „Nein." — „Sonderbar."

Na. Warten wir! Für eine halbe bis dreiviertel Stunde hat er noch Betriebsstoff, dann muß er sich ja einfinden. Trotzdem will das unruhige Gefühl nicht von mir weichen.

4 Uhr. — — — Allmählich beginnt es zu dämmern. Nun hätte er längst hier sein müssen. Benzin kann er nicht mehr haben, folglich muß er notgelandet sein. Daß ihm was Ernsteres zugestoßen ist, will man nicht annehmen. Keiner wagt es in den Mund zu nehmen, aber jeder fürchtet es im stillen.

Es wird 5 Uhr — es wird 6 Uhr! Näther kommt nicht. Überall große Aufregung. Emsiges Telephonieren nach allen Seiten, um zu ermitteln, wo ein Flieger gelandet sein könnte. Kein Mensch kann Auskunft geben. Ein ungemütlicher Zustand. Die Stunden verlaufen wie Minuten.

9 Uhr — noch immer keine Nachricht.

10 Uhr. — Plötzlich rattert das Telephon. Mit einem Satz bin ich am Apparat.

„Bitte. — Jawohl, hier Flugleitung." — Himmel, höre ich recht: „Ich muß Ihnen leider die traurige Mitteilung machen, daß Leutnant Näther über Kolmar abgeschossen worden ist."

Näther tot. — Ich konnte es kaum fassen. Sechsundzwanzigmal war er Sieger im Luftkampf geblieben. Man konnte es kaum fassen.

Der Tod Näthers ging uns sehr nahe, denn er war nicht nur ein Vorbild an Schneid, sondern er war auch als Mensch eine Persönlichkeit, wie es nur wenige gibt.

Ehre seinem Andenken!

Luftkampf über Czarnikau

Von H. Brzenk

Dreimal schrillt das Telephon ... Meldung ... Zwei feindliche Flieger kreisen über Usch. Hurra! — welch' angenehme Überraschung. Endlich lassen sich die Panjes sehen. Daß die Polen Flugzeuge hatten, war uns bekannt. Waren sie doch durch die Eroberung der Flieger-Ersatz-Abteilung 4 Posen in den Besitz einer größeren Anzahl von Maschinen gelangt. Nun schnell abhauen und den Kerls eins draufgebrannt. Keine Minute durfte verloren werden. Maschinen heraus ... Pelz an ... Kopfschützer ... Brille ... Schal um den Hals ... Handschuhe.

„Frei?"

„Frei!" tönt's von vorne, zum Zeichen, daß sich nichts mehr im Bereich des Propellers befindet, und der Motor beginnt zu brummen.

Ein kurzer Probelauf auf Vollgas.

„Klötze weg!"

„Los!"

Von neuem rast der Motor, losdonnernd heult die Schraube. Schaukelnd und langsam rollt die Maschine vorwärts, hebt jetzt den Schwanz, rollt immer schneller und schneller, noch ein kleiner Hopser, ich fliege.

Ferner und ferner rückt der Boden. Wie der Teufel klettert die Maschine. Scharfe Linkskurve, so, jetzt bin ich weit genug herum. Schnell richtet sich der Fokker wieder in die Waagerechte auf. Ich schaue nach vorne hinunter. Unten die lange Reihe der Flughallen und vor Halle 1 mit dem Windsack, der im Morgenwinde lustig flattert, eine dichte Schneewolke, Sporbert startet, na endlich!

*

Über der Netzeniederung, dem so heiß umstrittenen Gebiet, hängen zwei Fokker. Sporbert 100 Meter hinter mir. Fast senkrecht unter uns liegt Usch. Angestrengt spähe ich in die Runde: vorn, hinten, rechts, links, unten, oben — außer uns — nirgends ein Flugzeug in der Luft zu sehen. Sollten die Burschen uns rechtzeitig erblickt und sich schleunigst verdrückt haben?

Ärgerlich! Da, vielleicht hat Sporbert den Kram auch satt — kurz, er legt die Maschine scharf in die Rechtskurve und schwirrt in Richtung Kolmar ab. Und ich! —

Den Motor stark gedrosselt, ziehe ich dem Abschnitt Charnikau entgegen. Ich suche das Gelände ab. Alles still und ruhig. Schon nach kurzem Weiterflug taucht links von mir Charnikau auf. Wiederum ein scharfes Spähen. Nichts von Bedeutung heute. Doch — halt! Ein Pünktchen — in der Brille oder am Horizont? Der Punkt bewegt sich. Das Auge heftet sich daran, ihn nicht zu verlieren. Wird größer, kommt auf mich zu — ein Flugzeug. Wohl eine unserer eigenen Maschinen. Oder sollte das? ... Ganz unwillkürlich entsichere ich die Gewehre. Langsam, dann schneller und schneller schieben sich die Maschinen einander entgegen, deutlich werden die braunen Tragdecks. Und da — Donnerwetter! — Große rot-weiße Kokarden leuchten herauf... Wahrhaftig, ein Pole.

Mich hatte das Jagdfieber gepackt. Schon im nächsten Moment kippte ich meinen Vogel senkrecht nach unten — kam durch den Sturzflug in seine Höhe etwa 80 Meter hinter ihn, zielte und schoß. Tack-tack-tack-tack-tack.

Auch mein Gegner, ein Doppelsitzer (DFW C. 5) antwortete. Der Beobachter stehend im Rumpf... umspannt das Maschinengewehr, aus dem ununterbrochen Maschinengewehrfeuer mir entgegenblitzte. Meine Leuchtspurmunition sah ich im Rumpf des feindlichen Flugzeuges verschwinden, doch wunderte ich mich, daß drüben kein Anzeichen irgendeiner Wirkung kommen wollte.

Da — jetzt habe ich ihn getroffen.

Mit einem Male verschwand die blinkende Scheibe vor der feindlichen Maschine, und die Propellerflügel wurden in langsamer Umdrehung sichtbar. Fast gleichzeitig kippte er nach vorn über und zog in steilen Spiralen zu Boden. Ich folgte von Kurve zu Kurve. Näher und näher rückte die Erde. Anscheinend wollte er landen. Nahm die Maschine aus der Spirale heraus — sauste der Erde zu — und dann in den Boden.

In dichter Schneewolke barst der Riesenvogel auseinander.

Ich flog ganz dicht über ihn, um zu sehen, ob sich noch etwas regt. Nichts — friedlich lagen auf einem Acker zwischen Czarnikau und Briesen die vier rot-weißen Kokarden. Es war einmal.

Der Durchbruch von Znin

Von Leutnant Stephan, ehem. Adjutant des Grenzschutz-Bataillons 3

Auf Bitten der Zniner deutschen Bevölkerung wurde vom Grenzschutzabschnitt Bromberg ein Detachement, unter Führung des Leutnants Eckert, aufgestellt. Leutnant Eckert, ein älterer Offizier und langjähriger Kompanieführer im Felde, hatte bereits mit Leutnant Stephan und dem größten Teil derselben Freiwilligen am 8. Januar eine ähnliche Unternehmung gegen Slesin geleitet. Die hierbei bewiesene Umsicht ließen ihn als Führer des neuen verantwortungsvollen Unternehmens besonders geeignet erscheinen. Die sich alle für das Unternehmen freiwillig meldenden Mannschaften waren prächtige Soldaten, zum größten Teil Bauern und Bauernsöhne, Kinder des Posener Landes, die von den Polen aus ihrer Heimat vertrieben waren, und die nun Vergeltung hierfür ersehnten.

An Munition und Handgranaten wurde soviel mitgenommen, wie ein jeder tragen konnte, außerdem eine verfügbare Munitionsreserve, die jedoch eine Grenze an dem vorhandenen Bestand des Anwerbebüros hatte. Auf schnellen Munitionsersatz konnte nicht immer auf diesen Streifzügen gerechnet werden. Am 10. Januar, abends, wurde die Abteilung verladen und war bald an ihrem Ziel in Znin, schon sehnsüchtig von der deutschen Bevölkerung und angesehenen Bürgern der Stadt auf dem Bahnhof erwartet. Mit „Deutschland, Deutschland über alles" rückte die Truppe zum Hotel „Deutsches Haus", wo zur Bewirtung alles bestens vorbereitet war. Um 11 Uhr abends standen bereits an allen aus Znin führenden Straßen und am Bahnhof Postierungen. Kompanie Gräger mit einem schweren MG. sicherte die Ostausgänge, Kompanie Stephan die Süd- und Westausgänge. Den Norden und einen Teil des Südens deckten der Große und Kleine Zniner See. Vier Gruppen mit einem MG. der Kompanie Stephan verblieben als Reserve zur Verfügung des Leutnants Eckert im „Deutschen Hause", woselbst sich auch die Befehlsstelle befand. Während der Nacht unternahm noch Leutnant Stephan mit zwei Gruppen auf Leiterwagen eine Streife bis Birkenfelde. Polen wurden jedoch nicht angetroffen. Andere Abteilungen klärten in den Morgenstunden des 11. Januar bis Bolschwitz und Venetia auf und vertrieben dort leichtere polnische Kräfte.

Plötzlich, 10 Uhr vormittags, begann an den Verteidigungsstellen ein heftiges Feuergefecht. Die Polen griffen etwa in Stärke eines Bataillons von Gora—Podgorschin—Rydlewo an. Sie arbeiteten sich rasch heran, und es gelang ihnen nach hartem Kampf, die Zuckerfabrik am Bahnhof zu stürmen. Sonst brachen ihre wiederholten Angriffe im ruhig gezielten Feuer der Besatzung zusammen. Hierbei seien noch die braven Zniner Eisenbahner hervorgehoben, die sofort mit Einsetzen der polnischen Angriffe an die Verteidigungsstellung an der Kleinbahn (Znin—Rydlewo) eilten und die Truppe in vortrefflicher Weise unterstützten. Selbst die Jugend scheute kein Feuer. Wenn sie auch nicht mitschießen konnte, so waren doch einige junge Zniner im Alter von 14 bis 15 Jahren immer an der Stelle zu finden, wo das Gefecht tobte. Sie schafften, ungeachtet des feindlichen Feuers, Munition für die Truppe heran. Auch ihrer sei hier ehrend gedacht. Die Truppe beseelte eine kampfesfreudige, gehobene Stimmung.

Der in der Zuckerfabrik eingenistete Feind wirkte

durch sein aus versteckten Schießscharten erfolgendes Flankenfeuer äußerst unangenehm auf die an der Chaussee nach Gora liegende Abteilung. Der Feind konnte sich infolgedessen hier bis auf 50 Meter heranarbeiten. Gefreiter Zech, der die bedrohte Lage an der Chaussee wahrgenommen hatte, eilte selbständig mit sechs Mann seiner Gruppe von der Verteidigungsstellung an der Kleinbahn den Kameraden zu Hilfe und mit diesen vereint gelang es, die Polen zurückzuschlagen und im Gegenstoß zu werfen, bis das stark anhaltende Feuer aus der Zuckerfabrik dem Vorgehen ein Ende setzte. Hierbei spielte sich noch ein harter Kampf ab. In einem Hause hatte sich an der Chaussee, zu der auch die bereits erwähnten Stürmer des einzelnen Hauses zählten, lag im Chausseegraben in Stellung. Sobald eine polnische Angriffswelle durch starke Verluste einigermaßen mürbe war, sprangen die Braven aus ihrer Deckung heraus und warfen die Polen im Gegenstoß zurück. Der Angriff gegen die Kleinbahn stockte schon etwa 200 Meter vor der Stellung. Die Lage im Ostteil der Stadt war somit gesichert.

Durch den polnischen Angriff waren auch in den Reihen der Besatzung die ersten Verluste eingetreten. Der Wartesaal wurde schnell in einen Verbandsraum umgewandelt. Der Kreisarzt waltete in auf-

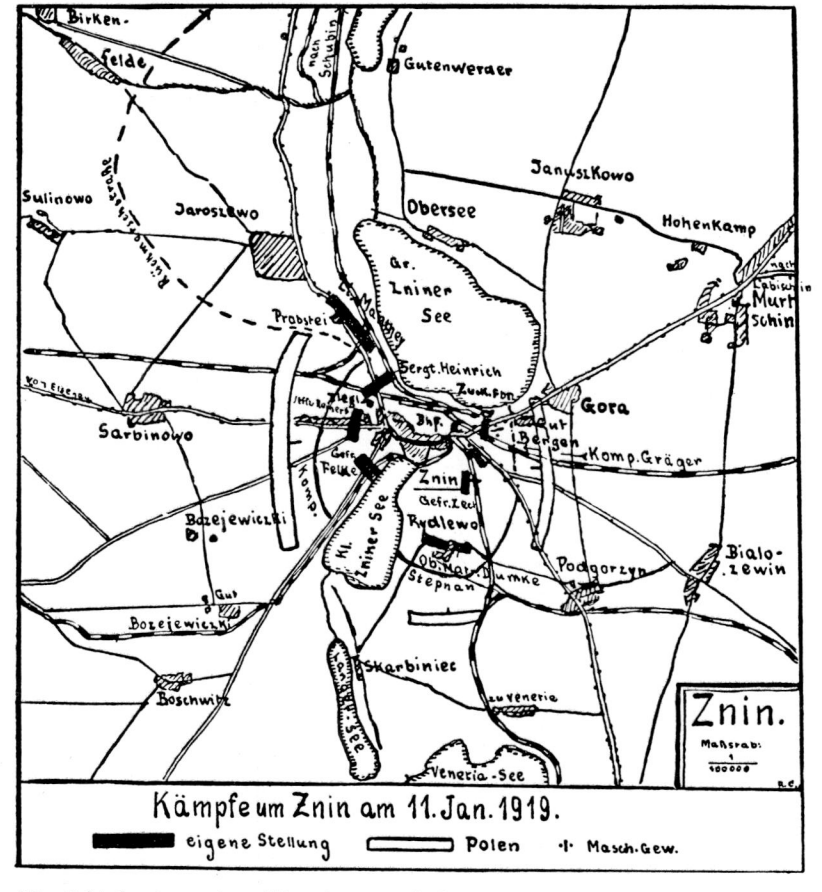

Übersichtskarte zu den Kämpfen um Znin   Zeichnung: Archiv Reiter gen Osten

eine größere Anzahl Polen eingenistet. Sergeant Heinrich, der ebenfalls auf den Gefechtslärm hin zur Unterstützung mit einigen Mann erschienen war, und die Gefreiten Zech und Timm schlichen sich an das Haus heran und warfen Handgranaten hinein. Als auch auf deren Wirkung hin das Feuer noch nicht verstummte, wiederholte sich derselbe Vorgang dreimal, dann ein kräftiges Hurra. Das Haus wurde gestürmt. Die wenigen Überlebenden auf seiten der Polen fielen im Nahkampf.

Die Hauptangriffe spielten sich an der Chaussee nach Podgorschin ab. Die Polen bissen sich immer wieder an der Chaussee fest, und ein Angriff folgte dem andern. Leutnant Eckert erschien rechtzeitig mit den Reserven und entlastete die Kämpfer. Die Besatzung

opfernder Weise seines Amtes, und Frauen bemühten sich um die Verwundeten.

Um gegen den in der Zuckerfabrik befindlichen Feind besser wirken zu können, wurde nach Freiwerden einiger Mannschaften eine neue Front hinter Bahnwagen, Häuserecken, Gartenzäunen und in der Bahnhofshalle aufgestellt, von wo aus die Schießscharten in der Zuckerfabrik unter Feuer genommen wurden. Bald wurde das Feuer aus der Fabrik schwächer und schwächer, eine Folge der hohen Verluste der Polen. Bald entstand ein neuer Feind aus der Stadt heraus. Ein Teil der polnischen Bürger beteiligte sich als Franktireure am Kampf. Leider fehlte es an Zeit und Kräften, um mit ihnen in gehöriger Weise abzurechnen. Einige Angehörige der Bürgerwehr übernahmen auf den Straßen die Überwachung der Häuser, wodurch eine Besserung des unhaltbaren Zustandes eintrat. Diese Vorkommnisse voraussehend, war beim Einrücken am Abend vorher von Leutnant Eckert die Forderung gestellt worden, die gesamte männliche polnische Bevölkerung in einem Raum unterzubringen und zu bewachen. Angesehene Bürger der Stadt beschworen aber Leutnant Eckert, diese Maßnahme zu unterlassen, da die Polen bei ihrem ersten Einfall die Deutschen verhältnismäßig gut behandelt hätten. Es wäre auch sonst hier ein Ausnahmefall zu machen, da bisher das Einvernehmen zwischen deutschen und polnischen Bürgern in Znin ein gutes gewesen wäre. Doch der Erfolg? Die Truppe hat ihre Gutgläubigkeit an die Ritterlichkeit der Polen mit ihrem Blut bezahlen müssen. 12 Uhr mittags begannen an der Westseite von Znin heftige polnische Angriffe in Stärke etwa eines Bataillons aus Richtung Jaroschewo—Sarbinowo. Dieser Macht standen auf seiten der Besatzung nur 30 Mann, verteilt auf drei Feldwachen, und etwa 20 Bürgerwehrleute gegenüber. Die Feldwache bei der Ziegelei am Wege nach Jaroschewo wurde fast vollkommen aufgerieben. Der Rest im Verein mit der Bürgerwehr unter ihrem bewährten Führer Feldwebelleutnant Knaak brachten nach schwerem Kampf den Angriff auf der Linie Südwestecke des Großen Zniner Sees und Nordwestecke des Kleinen Zniner Sees zu vorübergehendem Stillstand. In der höchsten Not erschien der Retter. Zur rechten Zeit kam Leutnant Manthey mit seinen Schubiner Freiwilligen zu Hilfe und brachte die Entscheidung. Leutnant Manthey möge über seinen Kampf selbst zu Worte kommen. Er schreibt hierüber folgendes:

„Am 11. Januar morgens wurde ich von Znin angeklingelt und um sofortige Hilfe gebeten, da Znin von allen Seiten angegriffen werde. Meine Patrouillen, die ich ausgesandt hatte, waren nicht auf Polen gestoßen, es bestand also keine Gefahr für Schubin, ich kam daher mit 80 Freiwilligen, vier Meldereitern und zwei MG. nach Znin meinen Kameraden zu Hilfe. — Ich sollte meine Heimat nicht mehr sehen. —

Vor Znin ließ ich den Zug halten und die Leute aussteigen. Zniner meldeten von Elsenau her starke polnische Truppen im Anmarsch. Meine Meldereiter bestätigten mir dies. Ich ließ nun im Bahneinschnitt Znin—Elsenau meine Leute ausschwärmen und griff die Polen von der Flanke an. Diese verteidigten sich zäh. Wir erhielten heftiges MG.-Feuer und kamen auf dem freien Felde nur langsam vorwärts. Doch es gelang uns, gegen Abend den Feind zu werfen, wobei wir mehrere Polen gefangennahmen. Wir selbst hatten vier Tote und sechs Verwundete, darunter auch Ernst Stelter aus Schubin. Stelter war auf dem rechten Flügel, der in der Luft hing, durch einen Kieferschuß schwer verwundet, von den Polen beraubt und dann mit dem Bajonett erstochen worden. Paul Schmidt, der neben ihm lag und vier Schüsse hatte, entging dem gleichen Schicksal nur

Ärmelabzeichen des Grenzschutz-Batl. 3
Vorlage: Stephan

Hauptmann Just †, ehemals Führer des Grenzschutz-Batl. 3, Bromberg
Photo: Archiv Reiter gen Osten

dadurch, daß er sich tot stellte, aber beraubt wurde er trotzdem.

Als ich nun nach Znin hineinmarschierte, erhielt ich die Nachricht, daß Schubin von den Polen angegriffen und zum Teil bereits genommen, die Bahnstrecke bei Jaroschewo von den Polen besetzt sei. Ich schickte einen Melder zum Bahnhof mit dem Befehl, der Zug solle leer nach Jaroschewo fahren, während ich sofort auf Schubin losmarschierte. Bei der Propstei Znin erhielten wir aus dem Hinterhalt Feuer, wir stürmten das Gehöft, wobei sich mein Meldereiter Wels hervorragend auszeichnete. Mir wurde mein Reitpferd unter dem Leibe weggeschossen. Bei Jaroschewo erhielten sowohl wir auf der Chaussee als auch der Leerzug heftiges MG.-Feuer. Da meine Leute den ganzen Tag über ohne einen Bissen in schwerem Gefecht gelegen hatten, zog ich mich nach Znin zurück, ließ meine Leute verpflegen und befahl zwei Stunden Ruhe."

Durch den Angriff des Leutnants Manthey im Westen entlastet, griffen Teile der Kompanien Stephan und Gräger die Zuckerfabrik und den Gegner, der sich am Ostausgang festgesetzt hatte, kraftvoll an und warfen ihn gegen 5 Uhr nachmittags vollkommen zurück. Eine primitive polnische Fahne, die anscheinend als Erkennungszeichen zwischen den polnischen Abteilungen diente, wurde hier erbeutet. Sie befindet sich jetzt im Kriegsmuseum der Stadt Bromberg.

Auf seiten der Besatzung erschienen derartige Erkennungszeichen nicht nötig, da ein jeder den Stahlhelm trug, den die Polen nicht ihr eigen nannten. Diese trugen aber dieselbe feldgraue Uniform wie die Zniner Truppe, nur mit dem Unterschied, daß ein selbst auf nahe Entfernungen nicht sichtbarer polnischer Adler an der Feldmütze befestigt war. So konnte es an der Stelle, wo Ferngläser nicht zur Verfügung standen, vorkommen, daß einzelne Leute, des genauen Verlaufs der Verteidigungsstellung bei deren lückenhaften Besetzung unkundig, den Polen in die Hände liefen, von diesen vollkommen ausgeplündert wurden, dann aber nach waghalsiger Flucht sich meist wieder bei der Truppe einfanden.

Das Detachement Eckert hatte bei seiner kleinen Schar erhebliche Verluste. Im ganzen waren vier Tote und 17 Verwundete zu beklagen. Doch von den aufständischen Polen hatten etwa 70 ins Gras beißen müssen, und unzählige Verwundete konnten von der Schießkunst der tapferen Besatzung berichten. Die nächste Sorge des Leutnants Eckert war, die Truppe, welche durch den langen, harten Kampf erschöpft, bei angestrengtem Wachtdienst zum zweiten Male den Schlaf entbehren mußte, durch Verstärkung zu entlasten und wieder kampfkräftig zu machen. Trotz ausreichender Versorgung mit Munition war diese durch das anhaltende, schwere Feuergefecht während des ganzen Tages bis auf einen kleinen Rest verschossen. Jeder Mann besaß nur noch etwa 50 Patronen. Die Handgranaten bedurften auch der Ergänzung. Noch um 5.30 Uhr nachmittags sprach Leutnant Stephan im Auftrage des Detachementsführers mit Hauptmann Just in Bromberg, dem die Lage klargelegt, und der dringend um Verstärkung und Nachschub von Munition und Handgranaten gebeten wurde. Es wurde alles zugesagt bis auf die Verstärkung. Mannschaften stehen nicht mehr zur Verfügung, schallte es durch das Telephon, da morgen gegen Labischin eine Unternehmung gemacht werden soll. Auf nochmalige dringende Vorstellungen hin wurde schließlich Verstärkung mit dem Panzerzug zugesichert.

Bereits um 7 Uhr nachmittags erhielt Leutnant Eckert von Hauptmann Just die Nachricht, daß Schubin in Polenhand gefallen sei, und daß der Panzerzug in Schubin heftig beschossen worden und daher Hilfe von ihm nicht zu erwarten sei. Hauptmann Just gab Leutnant Eckert den Rat, den Durchbruch durch die feindlichen Linien zu wagen. Damit war die Zniner Truppe, weitab von ihrer Basis Bromberg, von jeder Verbindung mit der Außenwelt abgeschnitten. Der Fernsprecher versagte auch seinen Dienst. Die Polen standen kampfkräftig um Znin. Für den nächsten Tag standen weitere Kämpfe bevor, die mit der erschöpften Truppe und der wenigen noch vorhandenen Munition nicht zu eigenen Gunsten entschieden werden konnten. Die Vernichtung war dann nur noch eine Frage der Zeit. Es blieb unter diesen Umständen nur der schwere Entschluß übrig, vertrauend auf seine eigene Kraft, sich durch den Ring der Polen, mit welchen Opfern es auch sei, nach Bromberg durchzukämpfen.

Es waren bange, schwere Stunden, die ein jeder in Znin durchlebte. Die Polen boten Verhandlungen an, die angenommen wurden. Leutnant Eckert und Leutnant Manthey, der später hinzu kam, verhandelten mit den polnischen Herren von Tucholka und Grypski. Von diesen wurde der polnische Befehlshaber in Gonsawa telephonisch angerufen. Er erklärte sich zu Verhandlungen bereit, wenn die Leutnants Eckert und Manthey zum polnischen Hauptquartier kämen. Freies Geleit wurde zugesagt. Doch mit Rücksicht auf die Vorgänge in Gnesen, wo unsere Parlamentäre von den Polen kurzerhand festgesetzt worden waren, erklärte Leutnant Eckert, den Vorschlag nicht annehmen zu können, sondern schlug als Verhandlungsort Znin vor und sicherte den polnischen Führern freies Geleit zu. Als Grundlage der Verhandlung forderte Leutnant Eckert freien Abzug mit allen Waffen und Munition nach Brom-

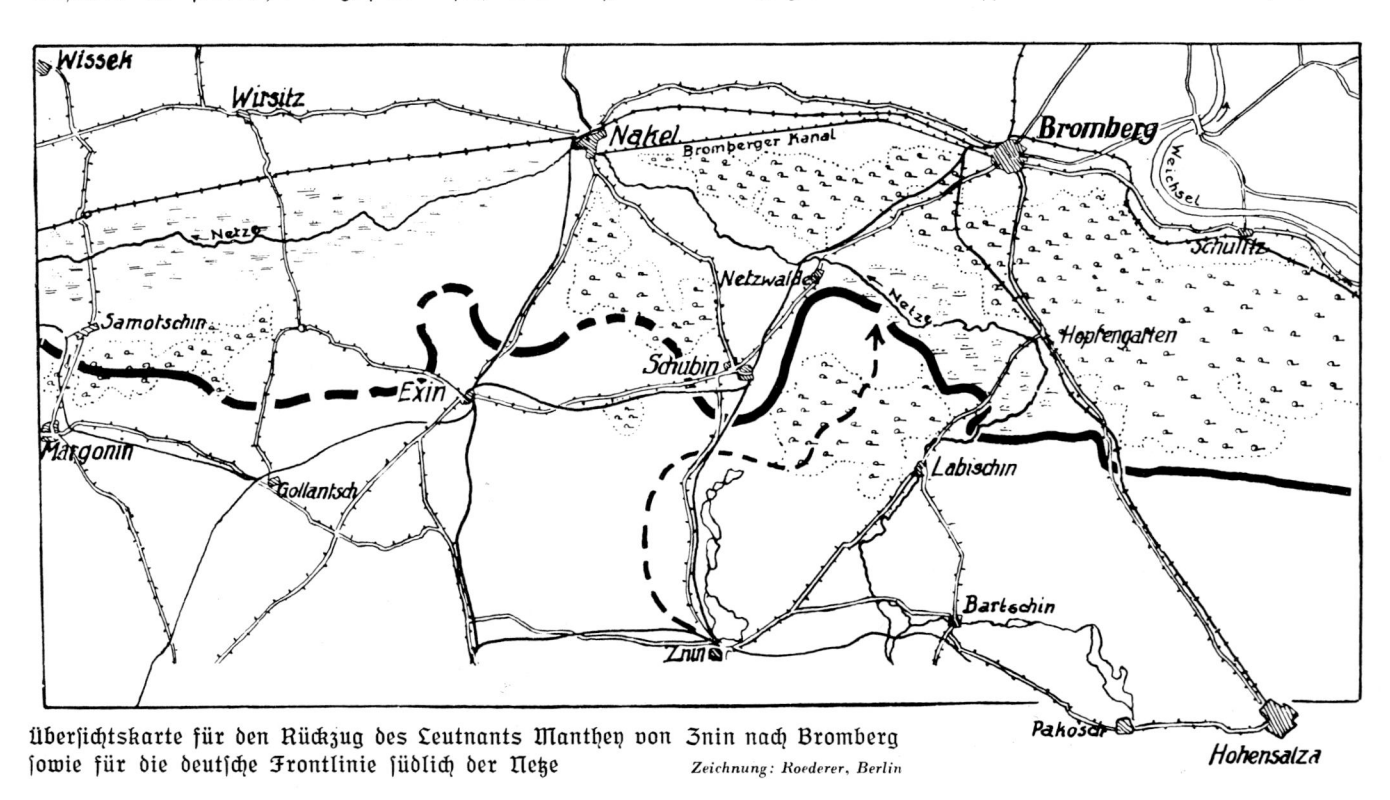

Übersichtskarte für den Rückzug des Leutnants Manthey von Znin nach Bromberg sowie für die deutsche Frontlinie südlich der Netze *Zeichnung: Roederer, Berlin*

240

berg. Doch die Polen lehnten jede Verhandlung ab welche nicht in ihrem Hauptquartier stattfände. Nach dem Versprechen der polnischen Herren von Tucholka und Grypski, sich für das Wohlergehen der Deutschen in Znin zu verwenden, falls die Truppe es zu einem neuen Kampf in Znin nicht kommen ließe, wurden die Verhandlungen abgebrochen.

Nach kurzer Besprechung der Offiziere wurde dem Vorschlage des Leutnants Eckert zum Rückzuge nach Bromberg über freies Feld von Znin nach Nordwesten zwischen Joroschewo und Sulinowo über Birkenfeld — Eichenhain — Wonsosch — Grünau — Kornelino — Netzwalde zugestimmt.

Die Stunden schlichen vorwärts. Die Offiziere waren oft bei den Postierungen und sprachen ermunternde Worte. Der größte Teil der Leute wußte zum Glück nicht, wie es um die Besatzung stand. Um 11 Uhr abends wurden die Postierungen eingezogen. So viel an Waffen fortgeschafft werden konnte, wurde mitgenommen, alles übrige zersplitterte an den Bürgersteigen. Gebrauchsfähig sollte der Pole nichts in die Hände bekommen. 11.30 Uhr nachts stand die Zniner Truppe auf der Chaussee nach Jaroschewo am Bahnübergang unmittelbar nördlich der Stadt marschbereit. Leutnant Manthey mit seinen geländekundigen Leuten führte. Schon 1 Kilometer vor der von den Polen stark

Ärmelstreifen der Freiwilligen Sturmabteilung Courbière
Vorlage: Heeresarchiv

Ärmelabzeichen des Grenzschutz-Panzerzuges 22
Vorlage: Heeresarchiv

Armbinde des Freiwilligen Eisenbahner-Bataillons Bromberg
Zeichnung: Roederer

Posten des Freiwilligen Reserve-Grenzschutzes (Ortswehren)
Photo: Heeresarchiv

besetzten Zniner Propstei schwenkte die Kolonne auf freies Feld. Nun ging es in schwerstem Lehmboden über Sturzacker und Saatfelder. Der Marsch war äußerst beschwerlich und stellte die höchsten Anforderungen an die Disziplin der Truppe. Doch die gemeinsame Gefahr hielt sie alle zusammen, und man hat wohl selten so gute Zucht bei einem Nachtmarsch beobachten können. Kein lautes Sprechen war zu hören, kein Klappern, und niemand wagte, sich eine sonst so unentbehrliche Zigarette anzuzünden. Jeder beobachtete daraufhin seinen Nachbar. Es stand auch zu viel für jeden auf dem Spiel.

Die Pferde keuchten. Nach 100 Meter Stockung. Die Wagen waren zu schwer beladen. 100 Brote flogen auf den Boden. Wieder ging es ein Stück weiter, doch in dem tiefen Morast der Äcker stockte es bald erneut. Weitere schwere Belastung, 180 Fleischbüchsen, der Rest der Brote und sonstige Lebensmittel wurden abgeladen und blieben den Polen als Beute. Nun ging es rascher vorwärts. Eine Gruppe war ständig bei jedem Wagen und griff in die Speichen, denn sonst konnten es die Pferde nicht schaffen. Alles triefte von Schweiß, und doch faßte jeder frischen Mut in dem Gedanken, den Polen ein Schnippchen zu schlagen und später mit ihnen abzurechnen. Die Häuser von Jaroschewo, wo der Pole Wache hielt, sah man im Halbdunkel vor sich. Die Achsen der Räder litten unter dem heutigen

Fettmangel und gaben nicht gerade leise Klagelaute von sich. Doch es blieb trotzdem alles ruhig.

Plötzlich in der Nähe von Birkenfelde ein Bach mit steilen Ufern, der sich als Hindernis in den Weg legte. Ein Zaudern konnte es da nicht geben. Kurz entschlossen stampfte alles durch das Wasser. Ein Wagen mußte von den Mannschaften durchgezogen werden, da es die Pferde nicht zu leisten vermochten. Ein MG.-Wagen blieb stecken, dadurch riß die Verbindung mit der Hauptkolonne ab, und so mußten die Zurückbleibenden unter Führung des Leutnants Eckert, der bei der Nachhut geblieben war, auf eigene Faust ihren Weg suchen. Inzwischen verfolgte die Hauptabteilung ihren geplanten Weg weiter. Bei Grünau wurde sie durch eine polnische Patrouille belästigt, die aber von einigen Freiwilligen unter Leutnant Stephan vertrieben wurde. Bei diesem kleinen Zwischenfall konnte man so recht die Leutnant Manthey gegebene Führereigenschaft bewundern. Die unvermutete Störung durch eine feindliche Patrouille nach langem, angestrengtem Marsch brachte naturgemäß Unruhe in die Truppe hinein. Doch da griff Leutnant Manthey mit eiserner Faust durch, ließ erst die Abteilung antreten und traf dann die weiteren Anordnungen. Diese Gabe, die Soldaten gerade in schwierigen Lagen mit der ihn nie verlassenden Ruhe unter seinen Willen zu zwingen, hat Leutnant Manthey die große Verehrung, die er bei seinen Freiwilligen genießt, verschafft.

Sonst gab es keine Ruhepause. Ohne Unterbrechung ging es vorwärts, nur vorwärts. Kein menschliches Wesen war zu sehen. Wer sollte auch nachts etwas auf Sturzäckern zu suchen haben? Wie dankbar wurde es begrüßt, wenn die Truppe einmal für einige 100 Meter einen alten, verlassenen Feldweg vorfand.

Am 12. Januar, 8 Uhr vormittags, war der schwierigste Teil geschafft. Man befand sich in der Nähe des großen Nakeler Forstes. Es war auch höchste Zeit; denn es war inzwischen ziemlich hell geworden. Alles atmete erleichtert auf. Nun konnte man sich auch eine kurze Rast gönnen. Nachmittags kam die Truppe in Kornelino an, wo sie mit Jubel von der Bevölkerung begrüßt wurde. Man hatte die Zniner Schar schon verloren gegeben. Gehen konnten die meisten nicht mehr, die Füße waren bei dem Marsch auf dem unebenen Boden wund geworden, und Schultern und Hüften waren durch das ungewohnte Gepäck angeschwollen.

Wie ging es nun der Nachhut, mit der die Verbindung verlorengegangen war?

Bei den eifrigen Versuchen, den im Graben festsitzenden Wagen wieder flottzumachen, standen sowohl Leutnant Eckert als auch seine Leute abwechselnd bis an den Hüften im Wasser. Die angetriebenen Pferde schlugen bei den Versuchen, den Wagen weiter zu bekommen, wild um sich. So kam es, daß in der kalten Januarnacht die Kameraden der Nachhut einschließlich des Führers bald bis auf die Haut durchnäßt waren.

Nach einstündigem Kampfe mit Wasser und sumpfigem Bachboden, zum Glück vom Feinde unbemerkt, gab Leutnant Eckert Befehl, Maschinengewehr und Munition mitzutragen und unter Mitnahme der Pferde den Wagen seinem Schicksal zu überlassen. Als nach einer weiteren Stunde ein Dorf in Sicht kam und durch Patrouille festgestellt war, daß das Dorf vom Feinde frei war, beschloß Leutnant Eckert, unter entsprechender Sicherung mit seiner Nachhut in diesem Dorfe, in Zinsdorf, zur Ruhe überzugehen. In kurzer Zeit standen die erschöpften Kämpfer in den Küchen der Gehöfte um die Herde und trockneten ihre durchnäßten Sachen. Die Einwohner, deutsche Bauern, gaben gern Wäschestücke und warme Getränke. Bald war die Truppe wieder ganz auf der Höhe. Die tiefernsten, entschlossenen Gesichter zeigten, daß sich alle des Ernstes der Lage bewußt waren. Ringsum die Dörfer vom Feinde besetzt und hier 40 Mann mit einem Maschinengewehr, einigen Handgranaten und wenig Munition.

Leutnant Eckert hatte sich mit dem ortskundigen Matrosen Koth und einigen Bauern inzwischen über die Lage orientiert und sich entschlossen, in der Dämmerung das Dorf Slupy nördlich zu umgehen und über Bahnhof Wonsosch den Forst Blumenthal zu erreichen.

Gegen 6 Uhr morgens trat die Nachhut frisch erwärmt und gestärkt den Weitermarsch an und erreichte gegen 8 Uhr den Bahnhof Wonsosch. Jetzt wurde es hell. Der Bahnbeamte wollte es nicht glauben, daß er eine deutsche Abteilung vor sich hatte, da doch in Slupy eine polnische Kompanie und ein Stab lägen. Fern bei Grünhagen sah man polnische Posten und ebenso bei Slupy eine feind-

Festnahme eines spionageverdächtigen Bauern durch Freiwilligen Reserve-Grenzschutz *Photo: Heeresarchiv*

Grenzschutz mit erbeutetem
Maschinengewehr *Photo: Heeresarchiv*

liche Patrouille. Die Truppe war angesichts dieser marschiert, Stahlhelm im Arm, Mütze auf, ohne Armbinde. Jeder wußte: Was jetzt so getarnt in Feindeshand fällt, hat sein Leben verwirkt. Aber nur dieser Weg führte nach Bromberg, wo diese Soldaten so nötig gebraucht wurden. Es hieß Nerven behalten. Und die braven Grenzer behielten ihre Nerven. Der Förster in Blumenthal war genau so erschrocken, hatte doch vor wenigen Minuten erst eine polnische Kompanie nach Schubin hin Blumenthal verlassen.

Als um 5 Uhr nachmittags die Spitze von einem Posten bei Kornelino beschossen wurde und dieser als Deutscher erkannt war, wurden die Helme wieder aufgesetzt und die Armbinden angelegt. Mit Jubel begrüßten sich die vereinigten Kämpfer von Znin.

Inzwischen hatte Leutnant Manthey den Befehl erhalten, mit der Truppe nach Bromberg zurückzukehren. Auf bereitgestellten Kastenwagen ging jetzt die Fahrt in den späten Abendstunden des 12. Januar bei starkem Frost, der plötzlich einsetzte, nach Bromberg, wo die Truppe 1 Uhr nachts erschöpft anlangte. Sie hatte eine Tat hinter sich, auf die sie stolz sein konnte. Im Verbande des Grenzschutz-Bataillons 3 fanden sich die alten Zniner und Schubiner Kämpfer wieder und haben in den weiteren Kampfhandlungen des Bataillons mit den Polen zur Deutscherhaltung des Netzedistriktes eisern ihren Mann gestanden. Sie bildeten eine Truppe, die aus dem Erleben heraus zusammengeschweißt war und die im Kampfe nicht zu trennen war.

Doch während die Zniner Truppe in Sicherheit war, ereilte den braven Gefreiten Zech mit seiner Gruppe ein tragisches Schicksal. Auf die Meldung einer Gefechtsordonnanz hin, daß die Stellung an der Kleinbahn bereits verlassen wäre und sich die Besatzung am Bahnhof zum Rückmarsch gesammelt hätte, unterblieb eine nochmalige Feststellung an der Kleinbahn. Den Gefreiten Zech wollte man mit seinen Leuten zum letzten Male beim Abmarsch zu einem Patrouillengange gesehen haben. Gefreiter Zech, dem der Abschnitt an der Kleinbahn zunächst zur Verteidigung zugewiesen war, war im Laufe des Angriffstages mit Teilen seiner Gruppe je nach dem Erfordernis der Lage an die verschiedensten Stützpunkte geraten. In den späten Abendstunden hatte er seine Gruppe gesammelt und selbständig seinen alten Abschnitt besetzt. Er harrte hier nun treu mit seiner Gruppe bis zum nächsten Morgen aus. Die Ruhe ringsum wurde ihm aber mit der Zeit unheimlich, kein Offizier war mehr erschienen, was doch sonst so häufig vorkam. Er ging auf den Bahnhof und sah nur noch die zerschlagenen Gewehre auf der Straße. Der nächste Gedanke war jetzt für ihn: „Wie komme ich noch mit meinen Leuten mit heiler Haut aus diesem Kessel heraus?" Schnell wurde das Gepäck fertig gemacht. Man wollte den Rückmarsch auf dem Bahngleis nach Bromberg antreten. Doch schon am Bahnhof in Znin ereilte die kleine tapfere Schar das Verhängnis. Sie war von der Stadt aus bemerkt worden, von wo sie Feuer erhielt. Bald kamen auch die Polen ausgeschwärmt an. Gefreiter Zech ging noch mit seiner Gruppe in Stellung und führte ein hartes Feuergefecht mit der polnischen Übermacht etwa eine halbe Stunde lang, in dessen Verlauf zwei Mann seiner Gruppe durch Verwundung ausfielen. Dann erfolgte die Gefangennahme. Die Polen plünderten das kleine Häuflein vollkommen aus, ließen sie bis auf das Hemd ausziehen, nahmen sämtliche Sachen und Wertgegenstände ab und gaben ihnen dafür zerrissene und verlauste Wäsche und Bekleidungsstücke. So ist Gefreiter Zech ein Opfer seiner vorbildlichen Pflichttreue geworden.

Sturmabteilung Roßbach greift an!

Culmsee, den 1. Februar 1919

Bericht über den Vorfall am 28. Januar 1919 in Culmsee.

Laut Befehl der 35. Infanterie-Division in Goßlershausen hatte die freiwillige Sturmabteilung Roßbach den Auftrag, von Hermannsruhe, Kreis Strasburg, nach Culmsee zu marschieren und dort Quartiere zu beziehen. Am 27. Januar rückte die Abteilung von Hermannsruhe ab und bezog am Nachmittag desselben Tages in Rheinsberg Quartiere. Am 28. Januar vormittags wurde der Marsch in Richtung Culmsee fortgesetzt. Ich fuhr mit einem Vizefeldwebel, Kraftfahrer und zwei Mann im Auto der Abteilung nach Culmsee voraus, um die Quartiere, die bereits vorher von der Division gestellt waren, zu übernehmen. Als das Auto in die Stadt einfuhr, herrschte überall Ruhe. Am Rathaus angekommen, hielten wir, und ich begab mich in den Sitzungssaal, wo zur selben Zeit die Stadtverordneten zu einer Besprechung zusammengekommen waren. Bei meinem Eintritt in den Saal herrschte unter den polnischen Stadtverordneten große Erregung. Besonders aufgeregt war ein Mitglied namens Szymanski, der u. a. sich der Worte bediente: Der Grenzschutz wäre ein Terror. Kurz nach diesem Ausspruch hörte ich vor dem Rathaus mehrere Schüsse fallen und begab mich nach der Stelle, an der ich das Auto hatte halten lassen. Hier hatte sich inzwischen eine große Menge angesammelt, die das Auto umringte. Den Vizefeldwebel und einen Mann, die beim Kraftwagen zurückgeblieben waren, nahm ich mit nach dem Rathaus und ließ mir Bericht über die entstandene Schießerei geben.

Die Volksmenge war ohne jede Ursache auf das Auto gestürzt, hatte die Insassen entwaffnet und beschossen. Die Geschosse gingen fehl in die Mauern des Rathauses. Ich forderte nunmehr von dem Magistrat und Arbeiterrat sofortige Rückgabe der Waffen und des Kraftwagens, um so schnell wie möglich zu meiner Truppe zu kommen. Ich betonte, daß es zu Blutvergießen kommen würde, wenn meine Leute erfahren würden, daß ich hier festgehalten würde. Herr Szymanski sagte sehr erregt, daß er es auf das Blutvergießen ankommen lassen wolle. Die anderen Herren waren über diese Äußerung sehr empört.

Nach längerem Verhandeln wurde mir gesagt, daß ich abfahren könne. Zwei Mitglieder des Arbeiterrats begleiteten mich zum Auto. Noch bevor ich es erreicht hatte, fiel die Menge über mich her, riß mir die Waffen und Achselstücke ab und schlug mir in das Gesicht. Ich war so eingeengt, daß ich keinen Arm rühren konnte. Dem Hinzukommen und Dazwischenschlagen meiner Leute zu Dank gelang es mir, in den Keller zu kommen. Ein Mann — Schütze Bürger — fehlte. Später stellte es sich heraus, daß er mit großer Geistesgegenwart gleich zu Anfang sich durchgeschlagen hatte und zur Truppe entkommen war.

Ich setzte mir eine Mannschaftsmütze auf und kam glücklich mit den beiden Leuten, die sich übrigens ganz hervorragend benommen haben, es waren Vizefeldwebel Baaske und Schütze Kasiske, zu meiner Truppe zurück.

An der Straßengabel, drei Kilometer östlich der Stadt, traf ich auf meine Kavalleriespitze. Ich schickte sie bis Gut Seehof vor, um die Straße abzusperren. Kurz darauf traf auch der Maschinengewehrzug der Infanteriespitze des Leutnants Kunow ein und wurde bis zum Kavallerieposten vorgeschickt. Als der Zug dort eintraf, erschien plötzlich ein Auto auf der Straße, einige Leute sprangen ab und gaben ein lebhaftes Schützenfeuer auf den Zug ab. Die Maschinengewehre wurden trotz des Feuers schnell freigemacht und das Feuer hiermit und mit Karabinern eröffnet. Hierbei erledigte Schütze Bürger, derselbe, der vorher aus der Stadt zur Truppe zurückgekehrt war, einen Polen, der eben auf Leutnant Kunow geschossen hatte. Der Pole war sofort tot. Man fand bei ihm den vorher am Rathaus geraubten Karabiner des Schützen Bürger. Ein vorher durch einen Zivilradfahrer an den Arbeiterrat übermitteltes Ultimatum von mir blieb unbeantwortet.

Ich ließ nun das Gut Pluskowenz und den Fernsprecher durch eine Kavalleriepatrouille besetzen, sprach telephonisch mit dem Arbeiterrat und forderte unzweideutig bedingungslose Übergabe der Stadt und Auslieferung der Waffen bis nachmittags 2 Uhr. Dieselbe Forderung stellte ich einer der Abteilung entgegengesandten Abordnung, bei der sich u. a. der Bürgermeister und vorgenannter Szymanski befanden. Ich verlängerte ihnen die Frist bis 3 Uhr, sie versprachen alles zu tun, um weiteres Blutvergießen zu vermeiden.

Um 3½ Uhr erhielten die Vortruppen wiederum Feuer vom Stadtrand. Es wurde beobachtet, daß

Ärmelabzeichen des Grenzschutz-Jägerbataillons v. Hiller, ebenso Ärmelabzeichen des Danziger Grenzschutz-Detachements Hagelsberg
Vorlage: Heeresarchiv

Ärmelabzeichen des Freiwilligen Grenz-Jägerkorps Körner
Vorlage: Creutz, Hilden

der Kirchhof besetzt war und auf der Kirche ein Beobachtungsposten stand. Ich ließ die Artillerie und Minenwerfer ein kurzes Vorbereitungsfeuer (etwa zehn Schuß) abgeben und setzte die Stoßtrupps mit Maschinengewehren, Stoßgeschütz und Minenwerfern gegen die Stadt an.

Nach kurzem Straßenkampf wurden die Polen vertrieben und liefen fluchtartig auseinander. Es gab auf feindlicher Seite einige Tote und Verwundete. Die Sturmabteilung hatte keine Verluste.

Meiner Ansicht nach und nach den Ergebnissen der bisherigen Untersuchung handelt es sich um einen lange vorbereiteten organisierten Widerstand gegen den Grenzschutz.

Meine Truppe hatte sich ausgezeichnet geschlagen und mußte oft zurückgehalten werden.

Nach Besetzung der Stadt ließ ich die Züge an den Ausgängen zur Sicherung nach außen — aus Thorn sollen Verstärkungen von den Polen angefordert sein — und besetzte die Post, den Markt und das Rathaus.

Die Kavallerie setzte ich um 2 Uhr nachmittags unter Umgehung der Stadt auf Hermannsdorf, Kunzendorf und Griffen an. Sie traf zwischen 5 und 6 Uhr abends ein.

Das auf der Straße stehengebliebene Auto bei Seehof erwies sich als der Kraftwagen der Abteilung.

Durch die starke Besatzung — es sollen 20 Polen

Kragenabzeichen der Grenzschutztruppen des ehem. 17. (westpreuß.) Armeekorps
Vorlage: Heeresarchiv

Major Hiller v. Gaertringen, ehemals Führer des Grenzschutz-Jägerbataillons v. Hiller
Photo: Archiv Reiter gen Osten

gewesen sein — hat das Auto so gelitten, daß es unbrauchbar ist. Aus Schönsee traf auf meine Bitte am Abend Verstärkung unter Hauptmann Steinhoff ein, die das Innere der Stadt besetzte.

gez.: Roßbach.

Am Feuer auf dem Kreuzberg
vor der Einsegnung der Wandervogelhundertschaft zu Rogau
(25. März 1919)

Tief, tief in Nacht versanken Deutschlands Sterne,
Ein blut'ger Schein zerflackert fern am Himmelssaum,
Und unser Traum von Größe, unser stolzer Traum,
Zerstob in Nichts, versank in leere Ferne.

Zu Trümmern fiel der Bau, der uns erfreute,
Was unser Glück, was unsre Sehnsucht war, zerbrach:
Vor uns der Abgrund, hinter uns die Schmach,
Und neben uns das bitterschwere Heute.

Rotglühend von des Aufruhrs wilden Flammen
Das eigene Land — und von des Hasses Peitschen-
[schlag gejagt,
Wie finstre Meerflut um den Fels, der einsam ragt.
Von West und Ost bricht's über uns zusammen. —

So lodere hell, du, deutscher Freiheit Zeichen,
Aus Nacht und Dunkel, reine Flamme, brich empor;
Von einsam ferner Warte leucht' uns vor,
Daß aufgescheucht die Nachtgespenster weichen!

Zum Ring geschlossen heben wir die Hände,
Und glüh' ihn fest, den Schwur, heiliger Flamme Glut:
Dem Felsen gleich, dem ehernen, trotz der Slawenwut,
Und treu der Heimaterde bis zum Ende.

Zum frohen Ende, wenn dem Feind entrissen
Der letzte Ackerstreif', den deutscher Landmann baut;
Nicht ruh'n, nicht rasten, bis der Morgen graut,
Und wenn es gilt, freudig zu sterben wissen!

Das walte Gott und unsre gute Wehre! —
Wild braust der Wettersturm vom West ins Land herein —
So schlage hoch, du Flamme, glüh' mit hellem Schein,
Wir wahren dich, wir wahren Deutschlands Ehre!

Auf! Vorwärts denn! Fest das Gewehr genommen!
Und lagert Sturmgewölk schwer auf den Bergeshöh'n,
Ein mannhaft Lied! Getrost, es muß die Nacht vergehn
Und einmal muß die Sonne wieder kommen!

Einsegnung der Wandervogelhundertschaft in Rogau

Von Fritz Günther

Winterwetter! Tief beugten sich die Äste der Bäume auf dem Kreuzberge unter der Last des Schnees, den der junge Frühling schwer auf sie gelegt. So weit das Auge sehen konnte, weiße Felder, und darin die Dörfer mit ihren Lichtern, und die Städte, hier Zobten, dort in der Ferne Schweidnitz, die Garnison der Wandervogelhundertschaft, die heute hier beim lodernden Feuer nach altem Wandervogelbrauch ihrer Heimat das Gelübde der Treue bringen wollte, ehe sie zur Einsegnung hinunterzog nach Rogau.

Die letzte Dämmerung verging im Westen, doch der blasse Schimmer des Schnees half den grauen Gestalten um den Bismarckturm bei ihrer Arbeit, den Holzstoß zu schichten, für sich und die Kameraden, die zu Fuß kamen. Es waren die Leichtkranken, fiebernd und an Stöcken; doch um nichts in der Welt hätten sie diese Stunde versäumen wollen. Mühsam hatten sie sich von Zobten heraufgeschleppt und warteten nun, im kalten Windhauch fröstelnd, ihrer Kameraden. Da tauchte es aus den Bäumen, schattenhafte Gestalten mit Schnee bedeckt. Heilrufe her und hin. Sie waren es. Mit feldmarschmäßigem Gepäck waren sie von Schweidnitz gekommen, der Aufstieg war ihnen wohl schon etwas schwer geworden, doch nun war die Müdigkeit verflogen. Schnell wurde der Ring geschlossen und Feuer an den Holzstoß gelegt. Hell loderten die Flammen auf, weithin den Nachthimmel rot färbend. Doch so recht wollte es nicht brennen, es war zuviel Schnee gefallen. Bald drohte es zu verlöschen. Doch noch einmal gelang es. Grell beleuchtet standen die Krieger, in flackerndem Rot glühten die schneebedeckten Tannen. Da trat ein Unteroffizier in den Ring und sprach: Wild brause der Sturm durch das Land, doch sie seien entschlossen, fest zu stehen bis zum Ende. All ihre junge Kraft wollten sie einsetzen und gern ihr Leben geben für die Heimat. Noch sei Winter überall, doch bald müsse der Frühling kommen. Solange wollten sie aushalten und kämpfen, das solle ihr Gelübde sein. Die Hundertzwanzig reichten sich die Hände, das Greifenbanner wurde enthüllt, und ernst und feierlich klang der Schwur zum nächtlichen Himmel.

Die Flammen erloschen; noch stand alles still, nur der Wind sang und zischte um Gewehre und Stahlhelme.

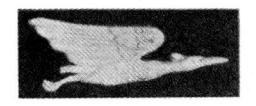

Mützenabzeichen der Wandervogelhundertschaft im Grenzschutz-Jägerbataillon Schill
Photo: Archiv Reiter gen Osten

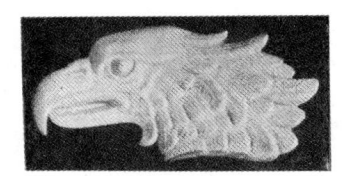

Kragenabzeichen des Grenzschutz-Jägerbataillons Schill
Photo: Archiv Reiter gen Osten

Da klangen gedämpfte Befehle der Offiziere, und in langer Reihe, die Kranken voran, begann der Abstieg. Noch lag der Ernst des Augenblicks schwer auf ihnen, kein Lied, kein Scherzwort wie sonst. Schweigend zogen sie hinunter.

Zobten war erreicht. Ein klingendes Kommando der Leutnants, und in Gruppen eingeschwenkt zog die Kompanie in die Stadt und Rogau entgegen. Eine seltsame Hundertschaft. Offiziere, Unteroffiziere und Mannschaften, alles Wandervögel, alles Freunde; im Dienst die schärfste Disziplin, doch sonst der „Panje" nicht mehr als der Muschkot. Wer mochte es für möglich halten, daß der, der sich eben noch in strammster Haltung vor dem Leutnant aufgebaut, ein wenig später sagt: „Du, Panje, halt mir mal schnell die Knarre!" Doch, es ist möglich, und die Hundertschaft ist musterhaft im Dienst und murrt nicht, wird sie auch dreimal in der Nacht von Panje alarmiert.

Und es wollte scheinbar doch Frühling werden! Im hellsten Sonnenschein sammelte sich die Hundertschaft vor der historischen Kirche zu Rogau. Feldmarschmäßig mit vollem Gepäck und aufgerolltem Mantel. Halb acht Uhr. „Achtung! Stillgestanden!" Und unter den Klängen der Orgel, von einem Kameraden gespielt, zogen sie in die Kirche. Klarer Sonnenschein auf dem weißen Holzwerk der Galerien mit seinen goldenen Leisten. Neben dem schlichten, mit Tannengrün geschmückten Altar, über einer Gewehrpyramide an einem Bajonett das Greifenbanner, ein Geschenk von Schweidnitzer Mädeln.

Mit dem Liede: „Wir treten hier im Gotteshaus mit frommem Mut zusammen" begann die Feier. Dann verlas der Missionspfarrer Stellen aus den Werken von Arndt und Körner, die der Weihe des Augenblicks entsprachen. Der Chor auf der Orgel, schnell gebildet aus Kameraden und einigen Wandervogelmädeln antwortete mit Liedern: „Es ist ein Schnitter, der heißt Tod!", „Kein schön'rer Tod ist in der Welt, als wer vorm Feind erschlagen". Ernst klangen die alten Weisen durch den Raum. Hunderte Male hatten sie sie gesungen, doch noch nie war ihnen ihre wahre, bittere Meinung so tief zum Bewußtsein gekommen wie heute. Denn wahrlich, nicht umsonst waren sie herbeigeeilt, um Schlesiens Grenzen zu schützen; nicht umsonst hatten sie versprochen, nicht eher auseinanderzugehen, als bis alle Gefahr vorüber.

Der Pastor begann seine Predigt.

Er wählte den Bibelspruch 5. Mos. 32,7: „Lasset uns gedenken der vorigen Zeit bis daher" und das Körnersche Wort: „Klein ist die Schar, doch groß ist das Vertrauen auf den gerechten Gott". Begeistert drangen seine Worte in die Herzen der Kriegerschar, die das Schiff der Kirche füllte. Er schloß: „An dieser Stätte umschweben euch die Geister der Vergangenheit. So werdet ihr nicht erschüttert werden, denn in euch sind die Kräfte der Vergangenheit geblieben. So helfet denn über den Jammer der Gegenwart hinweg eine neue Zukunft bauen, Kindern und Enkeln zum Heil. Und daß ihr das könnt, dazu verhelfe euch Gott!"

Das Gebet folgte und der Segen, mit dem im Felde die Krieger in der Schlacht gesegnet wurden. Die Feier war beendet.

Ein Rasseln der Gewehre, der Tornister. Die Hundertschaft verläßt die Kirche. Ein scharfes Kommando, und unter den Klängen eines Landsknechtmarsches ging es das Dorf entlang. Heute hielt die feierliche Stimmung nicht so lange, zu hell war die Sonne, zu jung das Leben. Noch einmal wurde in der Herberge haltgemacht, sich zu stärken für den Marsch; dann ging es heim nach Zobten und Schweidnitz. In der Ferne verklang das kriegerische Lied, verklangen Gitarre, Geigen und Flöten, und das Dorf lag wieder einsam in sonntäglicher Stille, unbewußt, daß heute ein hoffnungsfreudiges Stück Zukunft in seinen Mauern geweilt. „Und dräut der Winter noch so sehr — es muß doch Frühling werden!"

Mein schwerster Entschluß

Von Major Dr. Lierau, ehem. Führer des Detachements Lierau

In der Nacht vom ersten zum zweiten Osterfeiertag 1919 unternahmen die Polen von Zurze und Rzetnia aus einen Angriff auf die Stellung meiner Ulanen bei Juliustal und westlich. Ich befand mich gerade als Gast auf dem Gut Kojentschin, wo noch mehrere Offiziere des Ulanen-Regiments Schlesien eingeladen waren. Da tönte mitten in die Unterhaltung plötzlich starkes Geschütz- und Maschinengewehrfeuer hinein. Sofort saßen die Offiziere auf. Ich eilte im Kraftwagen auf meine Befehlsstelle in Kempen. Bald läßt sich erkennen, daß es sich tatsächlich um eine ernste Sache handelt. Das Gefecht greift nach Osten und nach Westen in die Nachbarabschnitte über. Das Ulanen-Regiment Schlesien fordert Munition an. Da gehe ich zum Fernsprecher und bitte die Division, mir zu gestatten, bei Tagesanbruch einen Gegenstoß mit dem ganzen Detachement, und zwar über die Demarkationslinie hinaus, ausführen zu dürfen. Nach einiger Zeit kommt von der Division zurück: „Genehmigt!" Schnell wird die Truppe benachrichtigt, die Jäger-Radfahrkompanie und eine Artillerie-Abteilung, die in Strenze-Kerstenbruch in Reserve lag, alarmiert. Die Führer wurden mit Kraftwagen herangeholt. Bei der Truppe herrscht eine unbeschreibliche Stimmung. Endlich, endlich vorwärts! Und über die verbotene Linie hinaus! Mindestens bis Schildberg!

Inzwischen war die Verbindung mit der Division unterbrochen. An sich war das mir nicht unlieb. Es war ja alles schon vorher geregelt, und im Innern hatte ich immer noch die Furcht, daß die Genehmigung rückgängig gemacht werden könnte. Ohne Drahtverbindung mit der Division war das weniger zu befürchten. Da — es war um 1 Uhr nachts, alles war bereits im Anmarsch zu den Sammelstellen für den Angriff — traf ein Kraftradfahrer von der Division ein. Mir wurde heiß und kalt: „Angriff des Detachements über die Demarkationslinie hinaus kann vom AOK. nicht gestattet werden."

Nun kamen für mich Stunden, die zu den schwersten meines Lebens gehörten. Was soll ich tun? Sollte ich dem Gegenbefehl, der, wie ich wußte, schweren

Major Dr. Lierau, ehemals Führer des Grenzschutz-Bataillons Lierau
Photo: Grösser, Berlin

Herzens gegeben war, gehorchen oder nicht? Alles war zum Durchbruch bereit. Daß er gelingen würde, war fraglos. Auch daß mein Angriff das wackere Freikorps Kühme mitreißen würde, war sicher. Vermutlich würden auch die weiter nach Westen anschließenden Freikorps vorgehen, und so durch meinen Angriff möglicherweise die Wiedereroberung der Provinz Posen ins Rollen gebracht werden. Aber, wenn es tatsächlich dazu käme, würden wir die Provinz behalten dürfen? Würden womöglich umsonst neue Opfer an Menschenleben gebracht werden? Würde ein Federstrich der Entente unsere ganzen Erfolge zunichte machen? Damals schon hatten mir polnische Offiziere gesagt: „Sie mögen mit Ihren Truppen kämpfen soviel Sie wollen, der Kreis Kempen kommt doch zu Polen!" Was sollte ich tun? Es war, wie ich es heute nur beurteilen kann, gut und richtig, daß ich mich schließlich entschloß, von dem Durchstoß abzusehen, aber damals habe ich mich vor meiner Truppe — geschämt! Noch immer klingen mir die vorwurfsvollen Worte des Hauptmanns v. H. in den Ohren, als er sich damals bei mir meldete. Es war eine bittere Nacht! Schlimmer als manche Großkampfnacht!

Bandenkämpfe in Oberschlesien

Amtlicher Bericht des Leutnants von Scheele,
ehem. Kompanieführer der 3. Kompanie Reichswehr-Infanterie-Regiment 63

Am Morgen des 18. August 1919, 3.30 Uhr, rückte der Kompanieführer mit einer Patrouille von zehn Mann auf einem Lastauto nach Scharley ab, da von dort unklare Meldungen über Schießereien gekommen waren. Um in Scharley überraschend hereinzukommen, fuhr das Lastauto über Radzionkaugrube in Scharley ein. In Radzionkaugrube wurde beim Grubendirektor telephonisch Auskunft über die Lage eingezogen, die besagte, daß in Scharley Schüsse gefallen seien, jetzt aber vollkommen Ruhe herrsche. Beim Einbiegen des Autos in Scharley auf die Straße Beuthen—Scharley—Deutsch-Piekar erhielt das Auto von allen Seiten in dem gänzlich ruhigen Ort, wo nichts Verdächtiges zu bemerken war, plötzlich lebhaftes Gewehr- und Revolverfeuer. Es entwickelte sich ein kurzes, aber lebhaftes Feuergefecht, nachdem das Auto vom Führer angehalten und geräumt worden war. Da die Patrouille auf der freien Straße dem Feuer des unsichtbaren Gegners von allen Seiten her deckungslos preisgegeben war und ein Unteroffizier gefallen und zwei Mann verwundet waren, ließ der Führer das nächstgelegene Haus besetzen und zur Verteidigung einrichten. Von dem Hause aus wurde durch Gewehr- und Maschinengewehrfeuer die Straße so lange unter Feuer gehalten, bis vollkommene Ruhe eintrat. Unter dem Schutze von in demselben Hause zusammengetriebenen Männern und Frauen ging der Patrouillenführer mit zwei Mann nach dem nächsten Telephon und erlangte dort Verbindung mit dem Regiment. Da das Regiment der Patrouille Entsatz nicht sicher versprechen konnte, sollte sich die Patrouille nach Beuthen zurückziehen. Dies wurde unter dem Schutz der wieder zusammengenommenen Zivilbevölkerung und unter Mitnahme des Toten, der Verwundeten und des Lastautos durchgeführt. Auf dem Wege nach Beuthen stieß die Patrouille auf die 3. Kompanie, die unter Führung des Leutnants d. R. Mehring 4/63 mit einem schweren Maschinengewehr zum Entsatz der Patrouille heranrückte. Der Kompanieführer entschloß sich nunmehr umzukehren, das Polizeigebäude in Scharley, von dem aus die Patrouille auch lebhaftes Feuer erhalten hatte, und den ganzen Ort von dem Gesindel zu säubern. Dies gelang. Sämtliche Polizisten waren entwaffnet in ihren Amtsräumen festgesetzt und durch Posten bewacht worden. Einen Polizeiwachtmeister hatten die Aufständischen erschossen. Auf der Gegenseite wurden einwandfrei 1 Toter und etwa 5 Verwundete festgestellt. Die Verwundeten entkamen. Festgenommen wurden 10 Zivilpersonen.

Am 19. August 1919, vormittags, wurden Haussuchungen in Roßberg vorgenommen und 6 Gefangene eingebracht. Im Anschluß daran wurden Ansammlungen, die sich zwischen Moltkeplatz und Synagoge gebildet hatten, mit aufgepflanztem Seitengewehr auseinandergetrieben. Am 20. August, früh 3 Uhr, wurde unter Führung des Vizefeldwebels Stoppa mit 2 Unteroffizieren und 10 Mann ein Munitionstransport nach Laurahütte geleitet. Der Feldwebel kehrte ohne Verluste um 6 Uhr früh zurück. Um 8.30 Uhr traf beim Regiment die Meldung ein, daß in Deutsch-Piekar und in Scharley Schießereien im Gange seien. Der Kompanieführer erhielt den Auftrag, in beiden Orten Ordnung zu schaffen. Nach Besprechung mit dem Infanterieführer und dem Regimentskommandeur wurden dem Kompanieführer die 1. Kompanie des Reichswehr-Infanterie-Regiments 63, zwei schwere Maschinengewehre der 4. Kompanie sowie 1 Geschütz des Feldartillerie-Regiments 32 zur Verfügung gestellt. Um scharf durchgreifen zu können wurde beschlossen, beide Orte einzuschließen. Die 1. Kompanie erhielt den Auftrag, die Orte nach Westen, ein schweres Maschinengewehr die Orte nach Süden und die 3. Kompanie die Orte nach Osten abzusperren. Als Treffpunkt für die Flügel der 1. und 3. Kompanie wurde vom Führer der 3. Kompanie die Ziegelei nördlich Deutsch-Piekar befohlen. Das Geschütz wurde zunächst beim Klotildenschacht in Stellung gebracht, von wo aus es sowohl gegen die aufrührerischen Ortschaften wie auch gegen die polnische Grenze wirken konnte. Bei Durchführung ihrer Bewegung erhielt die Kompanie aus der zu Bobrowniki

Merkblatt
für Führer im Grenzschutz

Die Reichswehr ist eine Schutztruppe für die Bevölkerung. Sie kann ihre Aufgabe nur dann richtig erfüllen, wenn die Truppe die Bevölkerung des Landesteils, in dem sie wirken soll, genau kennt.

Daher bei jeder Gelegenheit, möglichst täglich, die Truppe über Land und Leute aufklären, daß sich Truppe und Bevölkerung verstehen können.

In steter Verbindung bleiben mit den entsprechenden Zivilbehörden und sämtlichen Parteiführern, häufiger Meinungsaustausch mit ihnen, so daß durch gegenseitige persönliche Bekanntschaft ein vertrauensvolles Zusammenarbeiten entsteht, daß Hindernisse jeder Art aus dem Wege geräumt werden, noch ehe sie tiefergehende Wirkung bekommen haben.

Breite Berührungsflächen mit der Bevölkerung schaffen, damit sie Vertrauen zur Truppe bekommt.

Stets die Truppe von neuem wieder darauf hinweisen, welche unendlichen Vorteile sie hat, wenn sie durch höfliches, zuvorkommendes Wesen, Hilfsbereitschaft und unbedingte Diensttreue die Zuneigung des Volkes hat. Elemente, die das Ansehen der Truppe durch flegelhaftes oder gar aufreizendes Benehmen gefährden, aus der Truppe entfernen.

Den Mut haben, eigene Übergriffe sofort zu melden, damit sie nicht die Gegenpartei zur Verhetzung des Volkes aufbauschen kann. Stets der Truppe vor Augen halten, daß sie sich auf deutschem Boden befindet.

Nicht warten, bis die Bevölkerung zum Führer mit ihren Wünschen und Sorgen kommt, sondern selbst den ersten Schritt tun, um die erste Schüchternheit zu überwinden.

Versuchen, der Bevölkerung das richtige Verständnis für die schwierigen Aufgaben der Truppe bei Verwendung im Innern beizubringen, dann werden Leistungen und etwa auch vorkommende Übergriffe von der Bevölkerung richtig eingeschätzt werden.

Häufig aufklären über den Belagerungszustand. Je mehr die Truppe und Bevölkerung hier aufgeklärt sind, desto leichter ist der Dienst. Besonders die Truppe muß hier vollkommen im klaren sein, wie weit ihre Befugnisse reichen, damit Übergriffe und Mißverständnisse unter allen Umständen vermieden werden.

Sind sich Truppe und Führer dieser Grundsätze jeden Augenblick bewußt, dann wird die Truppe auch Erfolge haben, weil sie von der Liebe und Zuneigung des Volkes getragen ist.

Generalkommando VI. A.K.

gehörenden, nordsüdlich verlaufenden Häuserreihe lebhaftes Gewehrfeuer, als sie sich in der Bewegung zwischen Kapellenberg und Gruben nördlich Kolonie Brzezowitz befand. Ein Mann der 4. Maschinengewehrkompanie wurde hierbei verwundet. Das Feuer wurde erwidert, mit dem Erfolg, daß auf der Gegenseite mehrere Verluste beobachtet wurden. Zwei Flüchtlinge wurden beim Passieren der Brinitza verwundet, von denen einer anscheinend ertrunken ist. Zur Durchführung seines Auftrages ließ der Kompanieführer das Gefecht abbrechen und schützte sich durch Mitnahme von auf den Feldern zusammengetriebenen Zivilisten. Die Vereinigung mit der 1. Kompanie bei der Ziegelei war um 2.00 Uhr erreicht und die Orte hermetisch abgeschlossen. Beide Ortschaften wurden nunmehr eingekreist. Sämtliche Straßen wurden freigemacht, sämtliche Fenster geschlossen. Von Norden nach Süden wurden in beiden Ortschaften sämtliche Männer ausgekämmt und vor dem Polizeigebäude in Scharley zusammengetrieben. Dort wurde auf Befehl des Regiments nochmals das Standrecht und das Streikverbot bekanntgegeben.

Beim Heranziehen der Autos und Bagagewagen wurden diese von Polen her beschossen. Der Kompanieführer ließ die polnischen Schützen mit drei Schuß Schrapnells belegen, worauf das Feuer verstummte, und zog dann das Geschütz an den Südausgang von Scharley heran. Die Lastautos wurden nach Beuthen zurückgeschickt. Auf ihrem Marsch erhielten sie anscheinend von der Halde hart südlich Scharley Infanteriefeuer. Es wurde von der Bagage erwidert. Außerdem wurde die Halde mit drei Schuß Schrapnells belegt. Die Nacht und der darauffolgende Tag, der zu Haussuchungen benutzt wurde, verliefen vollkommen ruhig.

Am 22. August 1919 wurde die Silesiahütte 3 in Lipine abgesucht, jedoch nichts Verdächtiges gefunden. In den darauffolgenden Tagen wurden von der Kompanie täglich bis zur Ablösung aus Beuthen Durchsuchungen vorgenommen, darunter in Silesiahütte 3 bei Lipine, in Hohenlinde, in Roßberg und in Beuthen. Die Festgenommenen wurden auf der Wache abgeliefert, das Belastungsmaterial dem Gericht bzw. dem I/63 übergeben.

In Oberschlesien herrscht Ruhe!!??

Von Oberst a. D. Tüllmann, ehem. Führer des Freiw.-Det. Tüllmann

Die Nacht vom 16./17. August 1919 bildete den Auftakt zu mehreren von den Polen gegen die deutschen Truppen in Zusammenarbeit mit der sogenannten Haller-Armee beabsichtigten Unternehmungen.

Nachdem die sehr rührige deutsche Militär-Kriminalpolizei einwandfrei festgestellt hatte, daß in der Ortschaft Halemba größere Vorbereitungen zu einem bewaffneten Aufstand getroffen waren, wurde dieser Ort in einem völlig überraschenden Angriff eingeschlossen und genommen. Den Truppen des Detachements gelang es dabei nicht nur, einen großen Teil der Rädelsführer dingfest zu machen, sondern auch eine erhebliche Menge an Material — Gewehre, Maschinengewehre und Munition — zu beschlagnahmen, die auf mehreren Lastautos abtransportiert wurden.

Den von dieser Unternehmung gegen 6 Uhr morgens in sein Quartier in Kochlowitz zurückkehrenden Detachementsführer erreichte dort die Nachricht, daß ein polnischer Aufstand in Nikolai ausgebrochen, das

Grenzschutztruppen beim Kampf im oberschlesischen Industriegebiet

Photo: Heeresarchiv

Korvettenkapitän Nicolaus Graf Dohna-Schlodien, ehemals Führer des Freikorps Möwe
Photo: Archiv Reiter gen Osten

General der Infanterie E. Hasse, ehem. Führer des Freikorps Hasse
Photo: Meinhard, Potsdam

Oberst Tüllmann †, ehem. Führer des Detachements Tüllmann
Photo: Archiv Reiter gen Osten

dort einquartierte Fußartillerie-Bataillon in der Nacht angegriffen, in Paprotzan in der Dunkelheit eine Feldbatterie überrumpelt, in Oberboischow eine Jäger-Eskadron zersprengt und der Ort Tichau, sein Bahnhof und Post vom Feinde besetzt sei.

Kurz nach 6 Uhr vormittags traf der Befehl des Divisions-Kommandeurs, General Hoefer, ein, der Detachementsführer solle sich nach der Ortschaft Nikolai begeben und die eingedrungenen Insurgenten zurückschlagen.

Aus dem Umstand, daß die Truppen des Detachements auf einen großen Raum verteilt waren und daß die gegen Halemba verwendeten Mannschaften, in erster Linie das Husaren-Regiment 12, sich zur Ruhe begeben hatten, stellten sich dem dringend notwendigen schnellen Handeln erhebliche Schwierigkeiten entgegen. Daher wurden von der Division Teile des Marine-Infanterie-Regiments 5 der III. Marine-Brigade v. Loewenfeld zur Verfügung gestellt.

Der Detachementsführer begab sich sofort mit seinem Stabe im Auto nach Nikolai, eine interessante Fahrt, da die dazwischen liegenden Waldungen von Insurgenten dicht besetzt waren.

Nach Ankunft in Nikolai wurden folgende Einzelheiten festgestellt: acht Mann des dortigen Fußartillerie-Bataillons, die in einer Wirtschaft einquartiert waren, waren in der Nacht mit Handgranaten und Infanteriefeuer angegriffen worden. Der Angriff scheiterte jedoch an dem tapferen Verhalten der Mannschaften, von denen der Fahrer Wildner, der sich besonders durch Mut und Geistesgegenwart hervorgetan hatte, durch einen Revolverschuß in den Unterkiefer schwer verwundet und der Kanonier Kiefer im Rücken leicht verletzt waren.

Zu gleicher Zeit versuchten die Insurgenten, sich in den Besitz der dortigen Schule zu setzen, in der Bedienungsmannschaften der schweren Batterien lagen. Auch dieser Angriff scheiterte dank des energischen Verhaltens der Kanoniere. Der Gegner wurde in die Flucht geschlagen, aber der Kanonier Schlüter erlag am Morgen des 18. August seinen dabei erhaltenen sehr schweren Verwundungen. Auch der Obergefreite Kühn, der den Kampf gegen einen zahlenmäßig weit überlegenen Gegner zunächst allein geführt hatte, wurde durch zwei Gewehrschüsse schwer verletzt. Die Leute wurden zum Teil in ihren Betten überrumpelt, wie es in Paprotzan geschehen war.

An anderer Stelle versuchte eine Anzahl Insurgenten, sich durch Überfall auf das zu ebener Erde gelegene Quartier des Bataillons-Zahlmeisters Habicht in den Besitz der Bataillonskasse zu setzen. Sie drangen mit Handgranaten durch das Fenster ein. Glücklicherweise waren letztere so minderwertig, daß der Zahlmeister mit einer geringen Verletzung davonkam. Nachdem mehrere Mannschaften zur Hilfe

Kragenabzeichen des Detachements Tüllmann

Kragenabzeichen d. Freikorps Möwe
3 Vorlagen: Heeresarchiv

Kragenabzeichen d. Freiw.-Truppen d. 32. Reichsw.-Brig.

herbeigeeilt waren, gelang es unter der entschlossenen Führung des Zahlmeisters, die Angreifer zu verjagen und die Kasse zu retten.

Nach den vorgefundenen Blutspuren wurde nach Tagesanbruch festgestellt, daß die Aufständischen versucht hatten, ihre Verwundeten mitzuschleppen. Leider war es bei der Dunkelheit nicht möglich gewesen, die Verwundeten und die Hilfsmannschaften festzunehmen. Sie hatten sich in den umliegenden Getreidefeldern verborgen und konnten unter dem Schutze der Nacht entkommen. Nur wenige wurden gefangen.

Nach seinem Eintreffen in Nikolai veranlaßte der Detachements-Kommandeur zunächst die Besetzung der Post, die überraschenderweise noch Verbindung mit dem Divisions-Stabe in Gleiwitz hatte.

Es handelt sich zunächst darum, die wegen ihrer Bahnverbindung wichtige Ortschaft Tichau wieder zu nehmen und sodann bis an die Grenze auf Neu-Berun vorzudringen. Dabei mußte das Zwischengelände von etwa eingedrungenen feindlichen Kräften gesäubert werden.

Die mittlerweile eingetroffenen 12. Husaren übernahmen die Vorhut mit dem Befehl, rechts und links der Marschstraße Seitendeckungen vorzuschieben und von Patrouillen ausgiebigen Gebrauch zu machen. Die Fliegerabteilung in Gleiwitz erhielt den Befehl, die Aufklärung zu unterstützen.

Die auf 12 Lastautos eingetroffene Marine-Infanterie unter dem Befehl des Majors Klöbe sowie zwei Feldbatterien folgten in befohlener Marschordnung.

Der Fliegerabteilung gelang es, die in der Nacht in Paprotzan genommene Feldbatterie, die der Gegner in Stellung gebracht hatte, mit Maschinengewehren aus der Luft erfolgreich anzugreifen, so daß der Gegner die Geschütze im Stich ließ und mit der Bespannung die Flucht ergriff.

Der nunmehr eingetroffene Divisionskommandeur General Hoefer erteilte nach kurzer Besprechung mit dem Oberstleutnant Tüllmann diesem den Befehl über die gegen Tichau und darüber hinaus einzusetzenden Truppen. Auch ein aus Gleiwitz herangekommener Panzerzug trat unter sein Kommando. Ein aus diesem entsandter Stoßtrupp konnte nach kurzem, aber hartem Kampfe den Bahnhof Tichau und das dortige Postgebäude wiedernehmen.

Nach kurzer Zeit konnte die Meldung abgehen: „Tichau vom Feinde frei! Gegner geht fluchtartig auf die Wälder südlich Tichau zurück!"

Mittlerweile hatte die Dunkelheit eingesetzt, die aber dem Vormarsch nicht eher Einhalt gebot, bis die Grenze erreicht war. Die Einwohner von Tichau begrüßten die deutschen Truppen mit großer Begeisterung.

Die, wie bereits erwähnt, von den Polen durch den Fliegerangriff preisgegebenen Geschütze wurden noch in der Nacht wiedergenommen. Auch Paprotzan, wo die Feldbatterie überfallen war, wurde in der Nacht zurückerobert. Der Aufstand schien erloschen, nur von Zeit zu Zeit flackerten auf den Dörfern Bandenkämpfe auf.

Ehrenmal mit den Namen von 1500 Grenzschutz-Ost-Gefallenen in der Marienkirche zu Frankfurt a. d. Oder
Photo: Kriebel, Frankfurt a. d. O.

Spezialpolizei im Einsatz
Nach Tagebuchblättern bearbeitet von Friedrich Glombowski

Ein geheimnisvolles Telegramm hatte mich nach Oberschlesien berufen. „Sofort Hotel ‚Goldenes Lamm', Brieg, melden. Hochberg." Einen Herrn Hochberg kannte ich nicht. Aber wichtig schien die Sache zu sein. Also fuhr ich mit meinen letzten paar Groschen los. Im Hotel konnte ich den Herrn Hochberg zunächst nicht erreichen. Ich mußte warten.

Beim Abendessen im Hotel fiel mir auf, daß einzelne Tische des Lokals mit Gruppen junger Leute besetzt waren, die mir alle etwas bekannt vorkamen. Ich konnte mich zwar nicht entsinnen, sie je gesehen zu haben, aber ich hatte das unwillkürliche Gefühl, daß die Gruppen zusammengehörten. Doch einen erkannte ich plötzlich wieder, das war ja mein Freund Becker von der Militär-Kriminalabteilung der Marine-Brigade! Erfreut, wenigstens ein bekanntes Gesicht wiederzufinden, stürzte ich auf ihn zu: „Mensch, Becker, altes Haus, was machst du hier?" „Halt die Schnauze!", damit stieß er mich in die Seite, daß mir die Luft wegblieb. „Ich heiße hier Bühring. Du gehörst jetzt auch zu uns? Setz dich mit heran an den Tisch. Das ist unser Kamerad Wulffen und das hier Kamerad Werner. Wir drei gehören zu einem Stoßtrupp."

Nach der üblichen Begrüßung wurde ich informiert. Die Gäste im Hotel waren fast alles Kameraden. Seit einigen Tagen war hier ein ständiges Kommen und Gehen. Es war untersagt, sich offiziell untereinander zu kennen, um kein Aufsehen zu erregen. Becker erläuterte:

Da drüben sitzen Roßbacher. Die zwei dort sind Baltikumer von der Eisernen Division, die dort vom Freikorps Lützow. Überall ist der Chef herumgereist und hat seine Auswahl getroffen. Die tollsten Brüder unter den wirklich nicht zart besaiteten Freikorpsleuten hat er organisiert. Die meisten sind allerdings aus der Marine-Brigade von Loewenfeld. Da sitzt der Leutnant Schnepper, der den Stoßtrupp Liegnitz übernehmen soll, neben ihm Schlageter, der bei Loewenfeld Batterieführer der Gebirgshaubitzen-Batterie war. Da kommt wieder ein Loewenfelder. Das war der Leutnant Jürgens, den kannte ich vom Sturmbataillon. Er begrüßte mich. Nun erfuhr ich zum ersten Male Näheres.

Der zweite polnische Aufstand im besetzten Oberschlesien hatte zahlreiche Opfer unter den heimattreuen Deutschen durch Terrorakte polnischer Insurgenten gefordert. Die französische Besatzung hatte nahezu nichts getan, um die bedrohten Deutschen zu schützen und die Täter einer Bestrafung zuzuführen. Es bestand im Gegenteil in vielen Orten der Anschein, als ob die Franzosen die polnischen Stoßtruppler zu ihren Taten ermutigten und sie deckten. Die deutsche Bevölkerung war diesem Treiben schutzlos preisgegeben. Um von sich aus alles getan zu haben, was irgendwie möglich war, beauftragten deutsche Stellen den Führer der Marine-Brigade von Loewenfeld, den Fregattenkapitän von Loewenfeld, mit der Aufstellung einer Abwehrorganisation, die, allein auf sich selbst angewiesen, einen Krieg im Dunkeln gegen die unsichtbaren Insurgenten-Stoßtrupps führen sollte. Die amtliche Bezeichnung dieser Organisation sollte „Spezialpolizei des oberschlesischen Selbstschutzes" lauten. Da der Fregattenkapitän von Loewenfeld in diesen Wochen jedoch einen schweren Kampf mit den die Vorgänge während des Kapp-Putsches untersuchenden Reichsdienststellen führen mußte, beauftragte er den viel jüngeren Einjährigen-Unteroffizier Heinz Hauenstein mit dieser Aufgabe. In dieser Auswahltruppe sollten wir nun einen Kampf führen, der in seinen Formen uns völlig neu war. So war ich zunächst auch nicht zu sehr enttäuscht, als ich erfuhr, daß ich zunächst noch keinem Stoßtrupp zugeteilt wurde, sondern nur eine Kommandierung zur Stoßtruppschule nach Liegnitz erhalten sollte. Der Unterricht war höchst interessant. Mit unseren Vorkenntnissen konnten wir wenig anfangen. Der Unterrichtsplan umfaßte so ungefähr alle Gebiete eines Kampfes im Dunkeln. Es würde zu weit führen, über unseren täglichen Stundenplan zu sprechen. Es war jedenfalls hochinteressant und unbedingt wichtig, um auch nur einigermaßen gewappnet zu sein.

Recht gut vorbereitet rückten wir also wieder in Breslau ein. Im Büro erhielt ich meine Zuteilung zum Stoßtrupp „Harry", einen ordentlichen Armee-

Französische Besatzung vor ihrer Baracke in Oppeln *Photo: Archiv Reiter gen Osten*

Der Abstimmungskampf in Oberschlesien

Deutsche und polnische Wahlplakate
2 Vorlagen: Reichsarchiv

revolver und eine Anweisung auf einen Paß mit dem Namen Müller. Meine Photographie hatte ich schon vorher einreichen müssen. Nun hieß es, den Dienst antreten. Der mir gegebene Befehl lautete: Zugeteilt als Aspirant dem Stoßtrupp „Harry". Bis morgen abend in Neiße melden.

In Neiße wurde ich in einem Hotelzimmer dem Stoßtruppführer vorgestellt. Zunächst erhielten wir einen kleinen Überblick über die Organisation. Die Zentrale saß in Breslau. Zugeteilt waren ihr ein Autopark, die Stoßtruppschule und sechs große Stoßtrupps mit Standquartieren im unbesetzten Gebiet. Das waren die Stoßtrupps, die die großen Kampfaufgaben durchführten. Planmäßig wurden sie von Hauenstein von Fall zu Fall angesetzt, zur Ausführung der Aktion ins besetzte Gebiet geschickt und nach Durchführung der Aufgabe zurückgezogen. Im besetzten Gebiet arbeiteten ständig mehrere Spionage-Abteilungen, in Oppeln, Beuthen und Kattowitz, und in jedem Kreis ein Beobachtungstrupp, der sich aus bodenständigen Leuten zusammensetzte, die Vorbereitungen von Aktionen unter sich hatte, an den Aktionen selbst aber niemals teilnahm, um sich nicht bloßzustellen. Außerdem saß in jedem Dorfe mindestens ein Vertrauensmann. Da die Mitglieder der Organisation sich untereinander meist nicht persönlich kannten, gab es geheime Ausweise, die etwa alle 14 Tage über ganz Oberschlesien gewechselt wurden. Harmlose Postkarten, Schlüsselmarken, Notizbücher, von denen der Uneingeweihte beim besten Willen nicht behaupten konnte, daß sie als Ausweise der Spezialpolizei anzusehen waren.

Zu meiner Freude erhielt ich nach einer kurzen Lehrzeit bei einem Beobachtungstrupp bald eine Zuteilung zu einem der großen Stoßtrupps. Am Nachmittag traf ich in Breslau ein. Im Quartier wurde mir ohne jeden Zusatz ein Befehl überreicht: „Sie melden sich heute abend 9 Uhr in Cosel, ,Hotel Reichshof', bei Kamerad Bergerhoff. Heinz."

Englischer Offizier besichtigt eine Schlagwaffe, die von polnischen Stoßtrupps bei ihren Überfällen verwandt wurde
Photo: Archiv Reiter gen Osten

Offiziere der Interalliierten Kommission in Kattowitz
Photo: Zeitschrift Oberschlesien, Ratibor

Innerlich meuterte ich etwas, denn ich glaubte, mir ein paar Tage Ruhe verdient zu haben. Aber es schien etwas in der Luft zu hängen. Mit einigen Erwartungen wand ich mich also wieder durch die verschiedenen Demarkationslinien und erschien pünktlich gegen Abend in Cosel.

In einer Ecke saß Bergerhoff und spielte mit einigen unserer Leute Skat. Was sollten wir weiter tun als kiebitzen? Nach einiger Zeit wurden wir beiseitegenommen und erhielten mündlich etwa folgenden Befehl:

„Mehrere Stoßtrupps der Spezialpolizei greifen heute das Gefängnis Cosel an und befreien daraus sämtliche aus politischen Gründen verurteilten deutschen Gefangenen. Die Stoßtrupps versammeln sich gegen Abend in verschiedenen Lokalen und treten gegen 1 Uhr in unauffälligen Gruppen den Marsch nach dem Gefängnis an. Die Aktion im Gefängnis hat unbedingt lautlos vor sich zu gehen. Leitung: Oberleutnant Bergerhoff.

Von Breslau aus sind sechs Autos nach Cosel bestellt, die um 1 Uhr 30 Minuten am Friedhof eintreffen. Die befreiten Gefangenen sind sofort mit Armee-Revolvern zu bewaffnen, die Rückfahrtstraße Cosel—Oberglogau bis zur Grenzstelle bei Zülz ist durch Radfahrpatrouillen gesichert."

Das war so eine Aufgabe für uns! Die Minuten bis zur Polizeistunde verstrichen wie eine Ewigkeit. In stoischer Ruhe wurde ein Spielchen nach dem andern erledigt. Einmal kamen Italiener ins Lokal und musterten die Gäste. Sie verschwanden bald wieder, aber ein leises Gefühl des Unbehagens konnte wohl keiner von uns loswerden. Sollte jemand Lunte gerochen haben? Gingen wieder Spitzel um? Oder hatte es bei den anderen Stoßtrupps nicht geklappt? Während der letzten Stunden konnte man alle paar Minuten einen von unseren Leuten nach der Uhr schielen sehen!

Endlich war es so weit! Fast eine Erlösung! In Gruppen von zwei und drei Mann verabschieden wir uns und ziehen los. Die Straßen liegen in tiefster Ruhe. Kaum, daß noch eine Laterne brennt. Viel zu laut hallen unsere Schritte durch die Nacht. Der Armeerevolver wird langsam entsichert. Draußen am Gefängnis stehen schon ein paar dunkle Schatten. Neue tauchen auf, flüsternd werden Meldungen gemacht. In der Stadt hört man ein paar Betrunkene grölen, irgendwo bellt ein Hund wie rasend. Leise kreischend öffnet sich das Gefängnistor. Wir springen hinein, den Revolver in der Faust. Am zweiten Tor eine Gestalt, flüsternde Zurufe, und schon geht es die Treppen hinauf in die Gänge. Ein paar Mann übernehmen die Wachen und Aufseher. Ich kriege mit einigen anderen Schlüssel und Zellennummern in die Hand gedrückt. Man möchte die Schlüssel in Watte packen, so klirren sie beim Aufschließen durch die Gänge. Erschrocken fahren die Gefangenen von ihren Pritschen in die Höhe.

"Sofort Sachen packen! Heraustreten zum Abtransport nach Metz!"

Die deutschen Gefangenen taumeln in die Höhe. Manche sind so verschlafen, daß wir ihnen ihren Pappkarton in die Hand drücken und sie aus der Zelle schleppen müssen. Verstört sehen sie dem eigenartigen Betrieb zu. Bis ihnen einer zuruft:

"Mensch, es geht nach Breslau!"

Ein Strahlen geht über die Gesichter. Einige flüstern aufgeregt nach Waffen, sie glauben noch nicht recht an den Erfolg, wollen aber ihr Leben bis zum Letzten verteidigen.

Kaminski hat währenddessen leise die Tür zum Schlafraum des französischen Aufsehers geöffnet. In der einen Hand den Revolver, in der anderen die Blendlaterne, schleicht ins stockdunkle Zimmer. Da rührt sich's in der einen Ecke!

"Que voulez-vous?"

Mit einem Sprung ist Kaminski fort, und im grell aufblitzenden Scheinwerferkegel erscheint der jäh im Bett in die Höhe gefahrene Franzose, geblendet die Hand vor die Augen haltend.

"Sacré nom de Dieu!"

Aufschauend blickt er in den Lauf des Revolvers. Sein eigener liegt neben ihm auf dem Stuhl. Aber ein nicht mißzuverstehendes Knacken veranlaßt ihn, langsam die Hände nach oben zu nehmen.

"Pardon, pardon! J'ai des enfants! Pardon!"

"Mach' kein Quatsch und sei ruhig, sonst...", der drohende Revolverlauf kommt wieder verdächtig nahe. Da taucht ein zweites Gesicht hinter Kaminski auf. Es ist Grauer, der ein paar kräftige Stricke aus der Tasche nimmt und wortlos den sich nur noch schwach sträubenden Franzosen mit Armen und Beinen kunstgerecht am Bett festbindet. Kaminski nimmt den Dienstrevolver des Franzosen und will ihn sichern. Plötzlich kracht ein Schuß. Der Revolver ist von selbst losgegangen. Hallend überschlägt sich das Echo in den Gängen. Für Bruchteile von Sekunden ist alles erstarrt. Dann gellt das Kommando:

"Sofort alles heraus! Am Friedhof sammeln!"

Alles stürzt die Treppe hinunter zum Ausgang. Einer der Gefangenen ist kriegsverletzt. Auf einem Bein versucht er die Treppe hinunterzuspringen! Einer von uns nimmt ihn auf die Schulter und im Laufschritt geht es durch die Tore. Gott sei Dank, die Straße ist noch frei!

"Die Buchenallee hinunter nach dem Friedhof! Dort sind die Autos!"

Laut hallen die flüchtenden Schritte durch die Nacht. Am Friedhof ein aufgeregtes Durcheinander. Es sind nur zwei Autos eingetroffen! Bergerhoff entscheidet:

"Sämtliche Gefangenen und sechs Mann in die Autos! Alles übrige in kleinen Trupps querfeldein! Treffpunkt morgen mittag Breslau Zentrale!" Lautlos verschwinden die Trupps im Dunkeln. Hinter uns scheint die Stadt zu erwachen. Mit Mühe wird alles in den Autos verfrachtet. Auf jedem Trittbrett stehen zwei Mann mit gezogenem Revolver. Nach hinten und vorn sichern Maschinenpistolen. Ächzend fahren die Wagen an. Der gefährlichste Punkt des ganzen Unternehmens liegt noch vor uns. Mit Vollgas rasen die überladenen Wagen durch die Nacht. Baumreihen fliegen vorüber, dunkle Dörfer, Wegkreuzungen. Ab und zu tauchen im Scheinwerferlicht Radfahrer auf. Zwei Finger der rechten Hand heben sie in die Höhe. Der Weg ist frei! Schlageter sichert hier mit seinem Stoßtrupp den Weg.

Jetzt kommt die Entscheidung! Wenn die Besatzung von Cosel die Wachen an der Demarkationslinie benachrichtigt hat, so kann man uns in den Straßen von Oberglogau bequem abfangen. Knatternd rasen die Wagen durch die stillen Straßen. Eine Apopatrouille versucht den Weg zu sperren. Rücksichtslos jagen die Wagen mitten unter die Posten daß sie entsetzt zur Seite springen. Hinter uns trillern Alarmpfeifen. Aber schon fegen die Autos über die

Das Gefängnis in Cosel, aus dem 21 deutsche Gefangene durch die Spezialpolizei befreit wurden
Photo: Archiv Reiter gen Osten

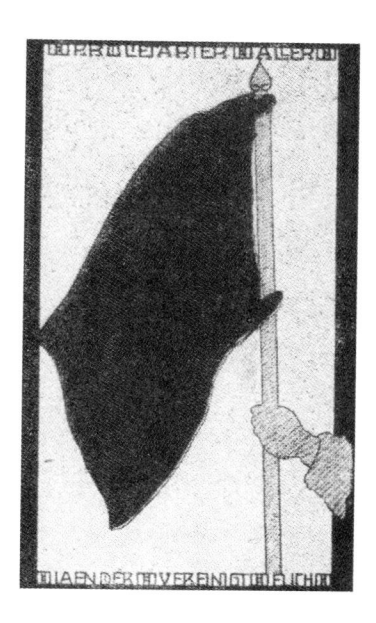

Geheimausweise der Spezialpolizei des oberschlesischen Selbstschutzes, die alle 8 Tage gewechselt wurden

3 Photos: Archiv Reiter gen Osten

Landstraße nach Zülz. Auf freiem Felde tauchen plötzlich die Grenzschranken auf. Knirschend halten die Wagen. Einer der Gefangenen stimmt die „Wacht am Rhein" an. Alles fällt ein, und laut schallt das Lied über die nachtdunklen Felder. Von den französischen Kontrollposten ist nichts zu sehen. Einer springt vor und hebt die Schranke hoch. Unbesetztes Gebiet ist erreicht!

Die Freude der Gefangenen war unbeschreiblich. Im „Hotel Kaiserhof" in Neustadt erhielten sie ein kräftiges Frühstück. Sie schüttelten uns immer wieder die Hände, und die meisten von ihnen erklärten sich sofort bereit, in die Spezialpolizei einzutreten.

Nur Heinz saß mit etwas besorgtem Gesicht unter uns allen! Ich hörte ihn zu Bergerhoff sagen: „Wenn sie Winkler geschnappt haben, müssen wir noch einmal nach Cosel. Winkler können wir nicht sitzenlassen. Er ist gestern nachmittag in Cosel eingetroffen, und ich kann mir nicht denken, warum er nicht am Friedhof war. Ich warte nur auf die Meldung unserer Vertrauensleute nach Breslau."

Winkler war unser bester Kraftfahrer, der stets zu den schwierigsten Unternehmungen kommandiert wurde. Zu unser aller Erstaunen war er mit seinem Wagen nicht an der befohlenen Stelle eingetroffen. Später erfuhren wir folgendes: Winkler war nachmittags befehlsgemäß im „Deutschen Haus" in Cosel eingetroffen. Er hatte soeben zu Abend gegessen, als ein französischer Beamter in Begleitung mehrerer Italiener das Lokal betrat und sofort auf ihn zuschritt.

„Ihren Paß, bitte!"

„Hier!"

„Sie heißen Winkler? Der Paß scheint in Ordnung zu sein. Haben Sie Waffen bei sich?"

Er wurde von oben bis unten abgetastet, aber man fand nichts.

„Führen Sie uns zu Ihrem Wagen!"

Etwas beunruhigt führte sie Winkler in den Hof. Der Wagen wurde bis in den letzten Winkel untersucht. Als man das Kissen vom Rücksitz aufhob, hallten aufgeregte Rufe durch den Hof. Im Kasten lagen still und friedlich zwei schußfertige Maschinenpistolen. Winkler erklärte, er heiße Winkler und wisse von nichts. Mit vorgehaltenem Revolver wurde er gezwungen, zum Quartier der Italiener zu fahren. In der Wachtstube mußte er sich in eine Ecke setzen. Seine Gedanken überschlugen sich. War das ganze Unternehmen geplatzt? Saß außer ihm auch alles andere? Die langweilige Ruhe der italienischen Soldaten sprach nicht dafür. Aber würden auf Grund seiner Verhaftung nicht alle Vorsichtsmaßnahmen verdoppelt werden? Er zermarterte sich den Kopf über Fluchtmöglichkeiten. Die Italiener qualmten und spielten. Kaum einer kümmerte sich um ihn. Ermüdet sank er mit dem Kopf gegen die Wand.

Wie lange er so gedöst hatte, wußte er nicht. Er wurde plötzlich munter durch großen Lärm in der Wachtstube. Draußen heulten Alarmsirenen, und die Wache machte sich fertig zum Raustreten. Ein paar italienische Offiziere im Stahlhelm stürzten in die Wachtstube. Winkler wurde in den Hof geholt und mit vorgehaltenem Revolver zum Fahren aufgefordert. Warum sollte er nicht? Nicht ohne Genugtuung merkte er, daß er ausgerechnet auf die richtige Straße nach Oberglogau angesetzt wurde. Also mußte das Unternehmen doch geklappt haben! Zu nahe durfte er unseren Kraftwagen jedenfalls nicht kommen, schon von wegen der Maschinenpistolen. Und so versagte ab und zu die Benzinzuführung, die Zündkerzen verrußten, der Motor ging eben nicht. Dagegen kann selbst ein italienischer Offizier nichts machen! Erst am hellen Morgen traf der Wagen an der Demarkationslinie ein. Am Grenzübergang standen bereits alarmierte italienische Truppen. Die

257

Mitglieder des Hindenburger Stoßtrupps beim Gurten von MG.-Munition im Keller ihres Hauses
Photo: Przibilla, Hindenburg O./S.

italienischen Offiziere stiegen aus, ein Apo-Beamter blieb als Bedeckung zurück. Plötzlich hörte Winkler hinter sich flüstern:

„Mensch, hau ab!"

Erstaunt sah sich Winkler um und erkannte den Wachtmeister, der uns am Tage zuvor den Gefängnisschlüssel überreicht hatte. Winkler ließ sich das nicht zweimal sagen und brauste ab. Die Italiener schossen zwar hinter ihm her, aber Winkler war inzwischen schon längst über alle Berge. —
Unterdessen saß Heinz wieder in Breslau und nahm die verschiedensten Meldungen entgegen. Soweit sich feststellen ließ, war Winkler durch Verrat in die Hände der Italiener geraten. Von den drei fehlenden Kraftwagen war einer an der Demarkationslinie angehalten worden und verspätet in Cosel eingetroffen. Sie brachten Berichte über die Aufregung der italienischen Besatzung in Cosel mit. Eine besondere Anordnung der Interalliierten Kommission in Oppeln hatte noch am Vormittag das Gefängnis besichtigt und eingehende Verhöre angestellt. Die polnische Presse heulte vor Wut. Der Erfolg war also gesichert.

Plötzlich fuhr draußen ein Wagen vor. Zum größten Erstaunen aller Herren in der Zentrale meldete sich Winkler in militärisch knapper Form wieder zur Stelle. Schmunzelnd holte er aus dem Rücksitz seines Wagens die beiden schußfertigen Maschinenpistolen. Das war ein glänzender Schlag. Leider gab es nicht alle Tage solche Aufgaben.

In Breslau traf ein Telegramm ein:
„Kommission elf-achtzehn annulliert. Sorgt Rücknahme. Hüttengasthaus F."

Da war Gefahr im Verzug. Unsere letzte Waffensendung war anscheinend nicht mehr ganz sicher. Drei Lastautos mit dem Stoßtrupp Klein sausten kurze Zeit darauf in das Industriegebiet ab.

Abends im Hüttengasthof ist großer Betrieb, Tanz und dazu Schnaps in nur in Oberschlesien bekannten Quantitäten. Klein schiebt sich langsam durch angeheiterte Menschen zum Büfett. Ein Händedruck mit dem Wirt, kurz darauf in der Küche die erste Aussprache.

Das Waffenlager in der Zentralheizung des Hüttengasthofes ist verraten! Die Franzosen wissen noch nichts! Die Polen wollen wahrscheinlich in dieser Nacht das Lager für sich ausheben. Also sofort an die Arbeit. Ein Handwagen wird requiriert, die Leute werden verteilt. Einige reichen aus dem Kellerloch Gewehre, Maschinengewehre, Handgranaten. Von Zeit zu Zeit rollt der Wagen viel zu laut über den Hof und über die Straße zu dem Verwaltungsgebäude der Hütte.

Der Himmel leuchtet rot von den schwelenden Feuern der Hochöfen. In einer Kohlenhalde werden die Waffen in kleinen Posten verscharrt. Noch zweimal den Weg, dann haben es unsere Leute geschafft. Auf der Straße drücken sich ein paar verdächtige Gestalten in die Ecken.

Instinktiv werden die Revolver entsichert. Plötzlich peitscht drüben im Hüttengasthaus ein Schuß durch die Nacht. Zwei, drei folgen. Jäh bricht die Musik ab. Im Saal Schreie und wilder Lärm. Von allen Seiten schießt es auf einmal. Pfeifend und heulend fegen die Kugeln und Querschläger durch die Nacht. Der Hüttengasthof liegt unter dem Feuer unbekannter Schützen. Drinnen im Saal löscht man die Lichter, um kein Ziel zu bieten. Drüben am Hofeingang tauchen jetzt in langer Reihe Gestalten auf. Von uns sind nicht so viele da, also sind es Polen! Aber soll man schießen?

Wenn es nun Leute aus dem Saale sind?

Im Hof blitzen Schüsse auf, ein paar Detonationen, Handgranaten!

Das gilt unseren Leuten im Keller.

Im Laufschritt springt Klein mit unseren Leuten über die Straße. Der Hof ist leer. Am Eingang zum Saal wälzt sich jemand am Boden — röchelnd und schreiend, einer unserer Leute mit Lungenschuß. Nichts Gutes ahnend, dringt Klein in den Keller vor gegen einen beizenden Rauch, der sich den Gang entlangwälzt. Im Heizraum ein grauenhafter Anblick. Zwei unserer Leute wälzten sich in einer Ecke in ihrem Blute. Die Polen hatten Handgranaten in die Kellerluken geworfen, als sie ihre Arbeit vereitelt sahen. Einer von den beiden starb nach kurzer Zeit, der andere wurde erst nach monatelanger Pflege wiederhergestellt.

Unsere Leute knirschten vor Wut.

Als französische Offiziere zur Aufnahme des Tatbestandes erschienen, waren die Verwundeten bereits weggeschafft, und unsere Leute verdrückten sich ins Dunkle. —

So sah unser Kampf aus — der Kampf der Spezialpolizei — der Krieg im Dunkeln. Erforderte er nicht mehr Mut und Entschlossenheit des einzelnen, als ein Sturmangriff in Reih und Glied?

Der Sturm bricht los!
Eine deutsche Kreisleitung erlebt den Ausbruch des Aufstandes
Von Joachim Urbanczyk, ehem. Stabschef der Kreisleitung Rybnik im Selbstschutz Oberschlesien

... Nach dem Abstimmungstage jagten sich die Ereignisse. Ununterbrochen große Besprechungen in Ratibor; in Oppeln wurde die Kurierzentrale durch französische Kriminalbeamte ausgehoben. Hauptmann Reiß wurde abberufen, Kröner mit der Erledigung aller militärischen Angelegenheiten beauftragt. Als Kreisleiter kam Herr Perl nach Rybnik. Für Oberleutnant v. Scheele übernahm ein baltischer Offizier, v. Boetticher, den Abschnitt Rauden; sein Adjutant war Leutnant Deutschmann. Der Abschnittsführer von Sohrau, Bartsch, wurde ebenfalls abberufen. Der Stadtkommandant von Rybnik, Weltzien, verließ Rybnik auf Anordnung der Gruppe, jedenfalls war er gefährdet. — Besprechung in Ratibor: v. Schaper, Dittrich, Kröner und ich. Es herrschte so ein gewisser Alpdruck. Die Zentrale in Breslau wollte Rybnik—Pleß als aufgegeben räumen. Im Kreise Pleß sollte nur die Stadt Pleß verteidigt werden, im Kreise Rybnik alles südlich der Stadt gelegene Gelände aufgegeben werden. Die Waffen sollten nach der Kreisstadt gebracht werden. Ich erreichte bei der Besprechung, daß wenigstens die deutsche Stadt Sohrau die Waffen behalten und sich verteidigen sollte.

Wenige Tage später fand ein Abendessen statt, zu dem ich den Hauptmann der Abstimmungspolizei, Radwan, mehrere italienische Offiziere und den englischen Kontrolloffizier eingeladen hatte. Der Erfolg dieses Abends war in zweierlei Hinsicht ein ungeheurer. Wir erfuhren den gerade eingetroffenen Regimentsbefehl, nach dem die italienischen Kompanien Rybnik verlassen sollten. Andererseits hatte ich mich mit zwei Offizieren derart angefreundet, daß ich sie später zu bestimmen vermochte, aktiv in die Kampfhandlungen einzugreifen und mit dem deutschen Stoßtrupp gemeinsam gegen die Insurgenten zu kämpfen. Der Kompanieführer Hauptmann Biondi fiel, Oberleutnant d'Errico wurde mißhandelt. Diese beiden Offiziere haben sich mit ihren Mannschaften ein unvergängliches Andenken bei uns alten Selbstschutzkämpfern gesichert.

Am kommenden Morgen fand in Ratibor, in der Wohnung von Dr. Doms, eine „große Führerbesprechung" statt, bei der vielleicht an 40 Herren anwesend waren. Die Nachrichten, die ich am Abend vorher erfahren hatte und die ich gleich zu Beginn der Sitzung bekanntgab, schlugen wie eine Bombe ein. Als Kuriosum sei erwähnt, daß die Bataillonskommandeure vielleicht zu gleicher Zeit ihren Regimentsbefehl erfuhren, vielleicht aber auch erst später.

Einige Tage vorher waren die Herren des Gleiwitzer Stabes verhaftet worden. Diesen Umstand hatte ein Spion benutzt, um sich als Vertrauter auszugeben. Als ich am Abend nach Rybnik zurückkam, wurde mir mitgeteilt, daß der Ordonnanzoffizier eines bekannten Offiziers sich hätte die Akten vorlegen lassen. Man hatte ihm auch gutgläubig alles gezeigt. Ich stellte im gleichen Augenblick fest, daß es sich um einen französischen Agenten handele, ließ ihn in einem Hotelzimmer unter Bewachung internieren und mit dem nächsten Zug über die Grenze bringen. Am kommenden Morgen verließen die Herren des Stabes auf höheren Befehl Rybnik, es blieben vom engeren Stabe nur Perl und ich zurück, zwei andere Offiziere wurden mir avisiert. Am gleichen Tage erhielt ich aus Ratibor von Kröner ein chiffriertes Telegramm, das besagte, daß der ganze Stab Ratibor verhaftet worden sei. Frankreich wollte den Polen den Putsch leicht machen. Die Führer der deutschen Organisation sollten vor dem

Eisenbahnbrücken, die von den Polen bei Beginn des dritten Aufstandes gesprengt wurden *2 Photos: Zeitschrift Oberschlesien, Ratibor*

259

Putsch in sicheren Gewahrsam genommen werden. — Die italienischen Truppen waren an diesem Tage abmarschiert. In Rybnik saß ich nun allein mit meinen Kurieren und Ordonnanzen und dem Stoßtruppführer. Ich hatte noch vorher alle Vollmachten des Stabschefs bekommen, mußte aber alle Ressorts selbst bearbeiten. So war die Lage wenige Tage vor dem Putsch. Ich wohnte damals im Hotel Wittig, nachdem meine Eltern kurz vorher Rybnik verlassen hatten. Es herrschte eine unheimliche Stille vor dem Sturm. —

Ich begann mit der Mobilmachung. In Ratibor war eine geheime Kurierzentrale; Rittmeister v. Schaper und der Gruppenleiter, Rechtsanwalt Thienel, waren mit knapper Not der Verhaftung entgangen und warteten in Breslau die Entwicklung ab. An diese Ratiborer Kurierzentrale sandte ich die genauesten Berichte. Jeden Morgen und am Nachmittag mußte ein Geheimkurier nach Ratibor. Ich forderte Geld. Dieses aber blieb aus. Die Lage war unerträglich. Wie mobilisieren, ohne den nervus rerum? Ich ordnete erhöhte Alarmbereitschaft an, die allen Abschnitten übermittelt wurde. Ich forderte Informationsberichte an; alle Abschnitte sandten diese und drückten ihre große Besorgnis aus. Hauptmann Radwan hatte es übernommen, mit dem ganzen Rybniker Selbstschutz und der deutschen Apo die befestigte Irrenanstalt als Fort von Rybnik zu verteidigen. — Täglich wurden durch Verrat immer wieder neue Waffenlager unserer Organisation durch die Franzosen ausgehoben und neu ankommende Waffenlager beschlagnahmt, bevor sie in unseren Besitz kamen. Wo mögen diese Elenden stecken, die an ihren Brüdern diesen furchtbaren Verrat geübt haben und uns um den Sieg brachten? — Mit den Führern von Paruschowitz, dem Außenfort von Rybnik, hatte ich noch eingehende Besprechungen. Alles war dort klar zum Gefecht. — Dem Führer von Czerwionka gab ich einen Brief an einen italienischen Offizier mit, und er konnte mir bald darauf mitteilen, daß die Italiener „mitmachen". Alle kleineren Ortsgruppen forderte ich auf, sofort die festen Plätze aufzusuchen. Mit Rauden wurde telephonisch alles besprochen. Ein Dauerkurierdienst wurde eingerichtet. Die Abschnitte mußten zweimal täglich Rapporte erstatten. Herr Perl fuhr nach Pleß, das ebenfalls unserer Kreisleitung angegliedert war. — Stand am 1. Mai: Führerstäbe in Ratibor und im Gleiwitz-Kattowitzer Industriegebiet verhaftet oder geflohen. Rybnik: ich allein, Perl auf Inspektionsreise, Waffenlager zum größten Teil ausgehoben. Keine Mobilmachungsgelder. Beunruhigende Nachrichten aus allen Orten. Überall größte Ruhe. An der Grenze sieht man polnische Stoßtrupps, die sich nach Polen begeben, um dort Waffen zu erhalten. — Am 2. Mai: Letzte Instruktionen. Zwei Kuriere bringen ausführliche Berichte nach Ratibor. Gegen Abend kommen aus allen Orten prominente Deutsche nach dem Hotel Wittig. Sie wissen, daß nachts das Grauen über die Heimat und die jahrzehntelange Arbeitsstätte kommt. Abends kaum noch telephonische Verbindungen zu erhalten. Alle Telephon- und Telegraphenleitungen sind durchschnitten. Wir wissen alle, was das zu bedeuten hat. Ich spreche noch mit Rauden; die Polen sind in die Wälder abgerückt, sie erhalten Ausrüstung und Waffen.

In dieser Nacht schliefen wir nur wenige Stunden. Der 3. Mai: Am Vorabend dieses ereignisreichen Tages hatte ich einen sehr ausführlichen Bericht nach Ratibor gesandt, um der Leitung die katastrophale Lage im letzten Augenblick eindringlichst vor Augen zu führen. Dieser Bericht wies folgende Punkte auf:

1. Allgemeine politische Lage. 2. Abgefangene polnische Nachrichten. 3. Aufstellung deutscher Stoßtrupps und Abwehrmaßnahmen. 4. Verhalten der Interalliierten Kommission. 5. Bericht des englischen Offiziers. 6. Verhalten der Abstimmungspolizei. 7. Vermutungen über den Ausbruch des Putsches.

Aus diesem Bericht war klar ersichtlich, daß am 3., spätestens am 4. Mai der polnische konzentrische Angriff auf das Abstimmungsgebiet erfolgen mußte. Die Kreisleitung Rybnik hat alles getan, was sie unter den gegebenen Umständen nur tun konnte: nämlich die ungeschminkte Wahrheit der vorgesetzten Dienststelle zu berichten und sämtliche Abschnitte in Alarmbereitschaft zu setzen. —

Nachts kehrte Herr Perl zurück. Er hatte Pleß und Sohrau besucht und war ebenfalls der Meinung, daß der kommende Tag Furchtbares bringen müßte. Ich verfaßte nochmals einen Bericht, der auch durch einen sehr gewandten Kurier während der Kampfhandlungen nach Ratibor gebracht wurde. —

Gegen 4 Uhr wurde ich geweckt. Maschinengewehrfeuer, Gewehrsalven. Die vom Stoßtrupp geräumte Stadt war in polnischer Hand. Wenige Stunden später war ich mit Plebiszitkommissar, dem Leiter der P.V.H.O., und vielen prominenten Wirtschaftsführern Gefangener der Insurgenten. Ich hatte aber die Beruhigung, daß alle Stoßtrupps wohlorganisiert und selbständig waren und den Polen beweisen würden, daß kampflos deutsches Gebiet nicht übergeben wird. Die Übermacht war eine so ungeheure, daß an ein Halten der Positionen nicht zu denken war. Desto erstaunlicher war es, daß die Polen trotz dieser Übermacht und bester Bewaffnung die Irrenanstalt, Stadt Loslau und Schloß Schönburg nicht einnehmen konnten und den Sturm auf Rauden am ersten Tage nicht wagten. Die Irrenanstalt war in der Nacht von der polnischen Besatzung der Apo geräumt worden; die deutsche Besatzung der Apo und der Rybniker Selbstschutz setzten diese in Verteidigungszustand. Das Kommando führte der Polizeihauptmann Radwan und der englische Kapitän Michaelson. Gleich der erste Ansturm der Polen in den frühen Morgenstunden brach unter dem Feuer der deutschen Truppen zusammen. Als erster fiel der Führer der Polen, ein ehemaliger deutscher Reserveoffizier; Radwan und Michaelson hatten gleichzeitig auf ihn geschossen. — Alle Angriffe der Polen wurden abgeschlagen. Das Fort von Rybnik hatte sich nicht übergeben. Einer späteren Vereinbarung gemäß wurde der Truppe freier Abzug gewährt. Das gegebene Ehrenwort haben die Insurgenten-Führer nicht gehalten; sie holten einige Deutsche, darunter den Stoßtruppführer von Rybnik, Smolka, und den Gymnasiasten Haase, einen Fabrikantensohn, heraus, und erschlugen sie.

Die Verteidigung des Außenforts Paruschowitz gehört zu den größten Heldentaten des Selbstschutzes. Im Hause des Kaufmanns Nimiec waren unter der Treppe Maschinengewehre, Gewehre, Pistolen, Handgranaten und Munition eingemauert. In der Nacht versammelte sich dort der Stoßtrupp Paruschowitz und besetzte den Bahndamm. Beim ersten Angriff wurden Handgranaten verwandt. Die Verluste der Insurgenten waren groß. Darauf zog sich der Stoßtrupp in das Haus Nimiec zurück und erwartete dort den weiteren Angriff. Der Kampf, der sich dort entspann, war ein furchtbarer. Die Maschinengewehre und Karabiner spien Tod und Verderben in die polnischen Linien. Die Übermacht aber war eine zu große. Als die letzte Patrone verschossen war, stürmten die Insurgenten, erbrachen die Tür, töteten die Führer, die beiden Brüder Nimiec, und andere Kämpfer. Der Rest der Besatzung wurde in ein Konzentrationslager geschafft.

Czerwionka erfüllte ebenfalls in heldenhafter Weise seine Pflicht. Der Stoßtrupp kämpfte gemeinsam mit der italienischen Kompanie gegen die Insurgenten. Wir hatten dort 40 Mann mit 40 Gewehren. Sie verschossen ihre ganze Munition, mauerten dann die Gewehre in einen Kamin und ergaben sich dem Feinde. Die Italiener mußten sich ebenfalls wegen Munitionsmangel ergeben. Ihr Führer, Hauptmann Biondi, starb den Heldentod.

Stadt Loslau. Leutnant Eberding, ein Mann von unerschütterlicher Ruhe, sitzt mit seinen Leuten in einer Privatwohnung am Ring. Am Fenster ein Maschinengewehr. Die Polen besetzen Loslau, ihr Führer Michalczyk hält eine Siegesansprache. Da plötzlich setzt das Maschinengewehr ein; Michalczyk

Gelb-weiße Armbinde zahlreicher deutscher Selbstschutzformationen
Vorlage: Archiv Reiter gen Osten

Abzeichen des Selbstschutzes Oberschlesien, das von allen Selbstschutzformationen teils am Arm, teils an der linken Brustseite getragen wurde
Vorlage: Heeresarchiv

sinkt vom Pferde, die Polen ergreifen die Flucht. Schwer verwundet lassen sie ihren Führer im Stich. Eberding geht hinunter und verbindet seinen Feind. Er besetzt alle Ausgänge der Stadt und verteidigt sie. Erst nach Tagen, vom Magistrat aufgefordert, die Verteidigung aufzugeben, schlägt er sich mit seinen Leuten durch die Wälder durch und führte in der Folgezeit ein Freikorps.

Schloß Schönburg wurde durch Erich Kroll, den Sohn des dortigen Domänenpächters Rittmeister Kroll, verteidigt. Den Polen gelang es nicht, das Schloß einzunehmen. Auch er mußte sich mit seinen Leuten später durchschlagen, da es an Munition mangelte.

So begann für uns der Aufstand — ein Kampf auf verlorenem Posten.

Deutsch-italienische Front bei Ratibor

Von Hermann Katsch

Am 3. Mai, um 10 Uhr morgens, hören die Ratiborer plötzlich heftiges Infanterie- und Maschinengewehrfeuer aus nordöstlicher und südöstlicher Richtung, von Markowitz und Hohenbirken her; alle Oderdörfer, so lief das Gerücht, sollten von Banden bewaffneter Insurgenten überschwemmt, Schloß Schönburg völlig ausgeplündert sein. Ratibor, so hieß es weiter, sei im Abstand von etwa einem Kilometer auf der ganzen Ostseite von Insurgenten eingeschlossen, die im Bogen von Leng und Zawada an den Waldrändern entlang über Markowitz bis Hohenbirken auf der rechten Oderuferseite standen. Telegraphische und telephonische Verbindungen gelangen nur noch auf dem linken Oderufer, nach Osten und Süden war jede Verbindung unmöglich. Da traf der in der Nähe von Ratibor ansässige Rittergutsbesitzer v. Banck in der Stadt ein, es folgten die Besprechung mit dem italienischen Major Invrea, die stürmische Kundgebung der Arbeiterschaft, die Waffen gegen die Polen verlangte, als die Parteiführer aus dem Hause Invreas heraustraten. Als einziger Anwesender, der als Offizier den Krieg mitgemacht hatte, wird der Forstvolontär v. Scheele mit der Organisation des beschlossenen Selbstschutzes betraut, zwei Meldezimmer für die Freiwilligen eingerichtet, ein Arzt verpflichtet, der die sich Meldenden untersucht, die sofort nach Brauchbarkeitserklärung in Listen eingetragen wurden und das Wenige, was an Waffen aufgetrieben werden konnte, eingehändigt erhielten. Bis zum Abend waren auf diese Art kleine Trupps gebildet, die die Ausgänge von Ratibor besetzten; den Bahndamm sicherten 60 Eisenbahner, die mit Gewehren ausgerüstet wurden, die man den polnischen Apobeamten abgenommen hatte. Sogar eine behelfsmäßige Gefechtsleitung wurde in der Taubstummenanstalt eingerichtet, die die telephonische Verbindung mit den noch erreichbaren Oderdörfern aufnahm. Die Mitteilungen lauteten, daß alle Gemeinden bewaffnete Wehren aufstellten, überall aber fehle es an Offizieren. Am dringendsten klangen die Hilferufe aus Kreuzenort, einem Dörfchen im Süden des Kreises, das, an der Bahn gelegen, eine sehr wichtige Chausseebrücke, die über die Oder bei Lappatsch führt, zu verteidigen gezwungen war. Denn wäre hier den Polen der Übergang geglückt, so konnte er Ratibor auch von Süden und im Rücken, d. h. von allen Seiten, angreifen. In richtiger Würdigung dieser Lage hatten sich in Kreuzenort, nachdem der Landjäger sich nach Ratibor in Sicherheit gebracht hatte, 16 Einwohner unter der Führung des Zollbetriebsassistenten Janotta zusammengetan, um den Schutz der Brücke zu übernehmen. Sie fanden auf dem rechten Oderufer die Brücke bereits in den Händen der Polen, die im Besitz von Infanteriegewehren eine Übermacht darstellten, gegen die die 17 Mann nichts anfangen konnten. Erst allmählich, tropfenweise kamen Waffen, kamen Munition und Hilfsmannschaft an, während die Polen inzwischen Maschinengewehre gegen die Brücke in Stellung gebracht und ein dauerndes Feuer darauf unterhalten hatten. Ratibor, an das sich die Kreuzenorter beständig mit der Bitte um Hilfe wandten, konnte zunächst keine Leute entbehren. Man war nicht ganz sicher, ob die italienische Besatzung stark genug und bereit war, den Schutz Ratibors zu übernehmen. Auf die immer dringlicheren Hilferufe aus Kreuzenort wurde deshalb die Gemeinde von Kranowitz telephonisch aufgefordert, die Feuerglocke läuten zu lassen und aus den herbeieilenden Leuten einen Hilfstrupp zu bilden, der den Kreuzenortern zur Entlastung sofort zuzuführen sei. Die Kranowitzer waren auch bald beisammen und zur Hilfe bereit, aber da die Bauern den Vorspann verweigerten, mußten sie die 10 bis 13 Kilometer zu Fuß zurücklegen, so daß sie erst in den frühesten Morgenstunden anlangten. Die Italiener hatten zwar inzwischen Verstärkung in Höhe eines Bataillons und etwas Artillerie erhalten, aber sie rückten bis auf ein Bataillon, das in Ratibor zurückblieb, noch nachts mit Lastautos ab. Die Insurgenten ließen sie durch ihre Posten durch, schlossen aber die Reihen hinter ihnen wieder fest. Schon am ersten Abend begegneten wir in den Berichten mehreren Namen von Offizieren, die im Laufe des

Italienische Truppen in Stellung an der Oder bei Ratibor

Photo: Zeitschrift Oberschlesien, Ratibor

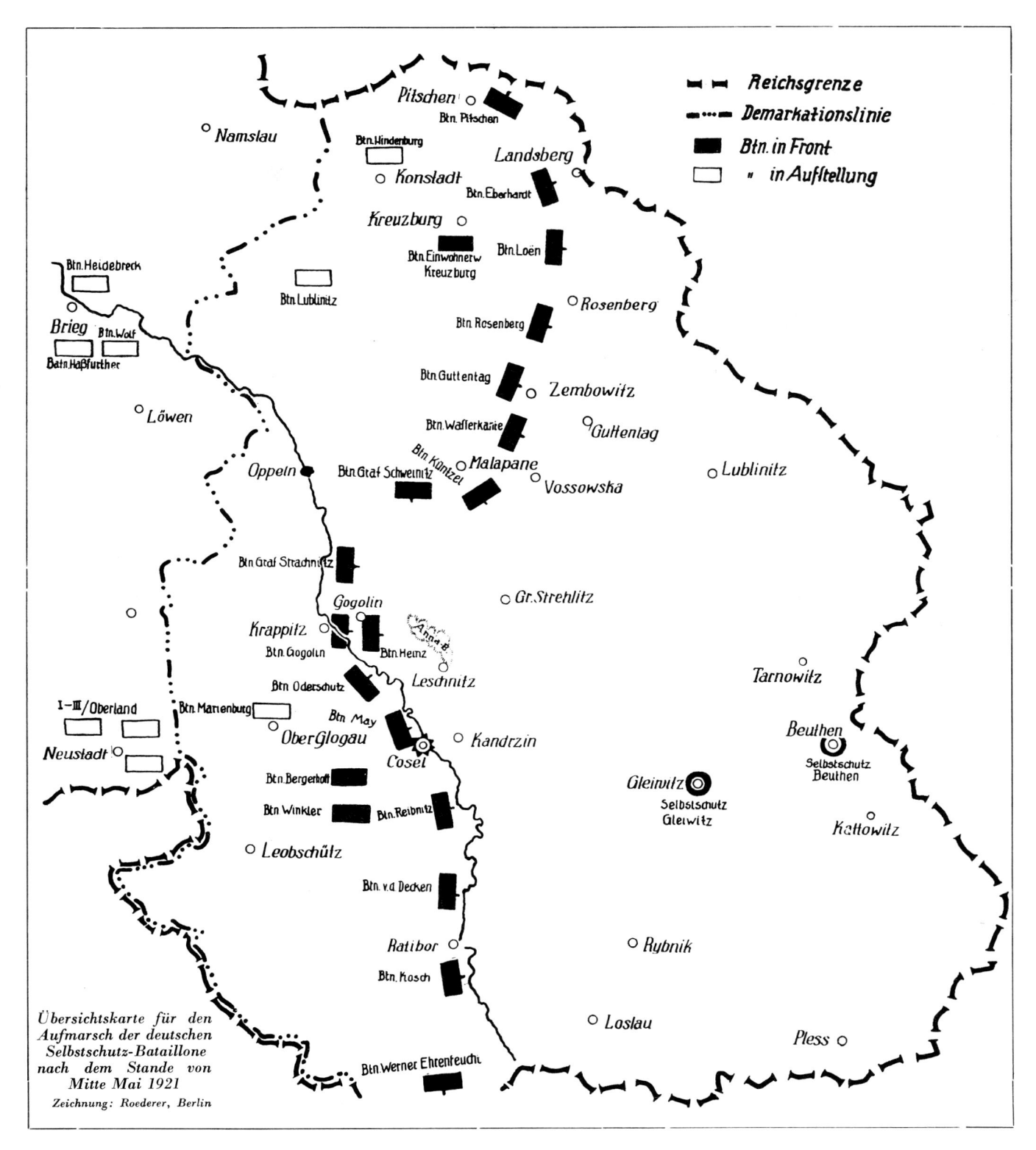

Übersichtskarte für den Aufmarsch der deutschen Selbstschutz-Bataillone nach dem Stande von Mitte Mai 1921
Zeichnung: Roederer, Berlin

Tages aus nahen Wohnsitzen herbeigeeilt waren, und dem stolzen Worte „Kompanie". So ging schon abends um 9 Uhr die „Kompanie Riedel" — 40 Mann — nach Niedane ab, einem kleinen nördlich Ratibor vorgelagerten Orte, der eine Fähre zu verteidigen hatte; eine halbe Stunde später übernahm die Kompanie Horstmann die Sicherung des Oderufers im Süden der Stadt, etwa vom Stadtpark bis zum Schützenhaus. Im Anschluß daran sicherten die Italiener die Stadteingänge selber; ein paar Halbzüge wurden als Reserven bereitgestellt. Patrouillen durchschritten die Stadt selbst ununterbrochen.

In dieser Stunde, als noch kein Meter Ratiborer Gebietes verloren war, als noch niemand einen Insurgenten zu Gesicht bekommen hatte, machte der französische Kontrolleur den Vorschlag, die Stadt den Polen zu übergeben, um alles Blutvergießen zu vermeiden. Läßt dies völlig unmotivierte Verlangen nicht den Schluß zu, daß den Insurgenten

Rittmstr. von Watzdorf, ehem. Führer des Selbstschutz-Bataillons v. Watzdorf
3 Photos: Archiv Reiter gen Osten

Oberltn. Raben, ehem. Führer der Selbstschutz-Abteilung Raben, die später in das Sturm-Regt. Heinz eingegliedert wurde

Hauptmann Imhoff, ehem. Führer des Selbstschutz-Bataillons Keith (Immiolczyk)

von ihren lieben Franzosen bereits zugesagt war, daß sie die Stadt ohne Anstrengung bekommen würden? Die schwache italienische Besatzung hatte einen anderen Begriff von Ehre und Pflicht und lehnte Vibouts — so hieß der Edle — Verlangen glatt ab. Ununterbrochen arbeitete es aber inzwischen weiter im Bereich des kaum geborenen Selbstschutzes. Wir finden schon in den ersten Nachtstunden eine Einteilung der Front in Abschnitte: 1. Niedane bis Proschowitz, den die Kompanie Riedel, 2. von der Brülschen Ziegelei bis Ostrog, den die Kompanie Höhne, 3. Rybniker Straße bis Villa Nova, die die Kompanie Horstmann deckte. Die 4. Kompanie Zelnick wurde schließlich den Kreuzenortern zu Hilfe geschickt, und zwar mit der Bahn. Der Lokomotivführer Böhm hatte auf eigene Verantwortung eine Lokomotive unter Dampf gehalten, um sie für dringende Fälle sofort bereit zu haben, und nun dampfte sie den armen Kreuzenortern zu Hilfe nach Süden mit 40 Mann. Die Munition war hier dem Häuflein von 16 Mann bereits ausgegangen, als die Ratiborer auf der Bahn und die Kranowitzer zu Fuß fast gleichzeitig eintrafen und in gemeinsamem frischen Anlauf die Insurgenten von der Brücke vertrieben. Die Namen Riedel, Höhne, Horstmann, Zelnick tauchen in den Berichten auf, ohne daß mitgeteilt wird, woher sie plötzlich kamen. So war es im großen auch: plötzlich sind Leutnants, Hauptleute, Stabsoffiziere, sogar Generale da, von niemand gerufen, als von der Not ihrer engeren Heimat Oberschlesien. Mit einer selbstverständlichen Einordnung stellten sie sich zur Verfügung.

Rastlos wurde den folgenden Tag an der Weiter-

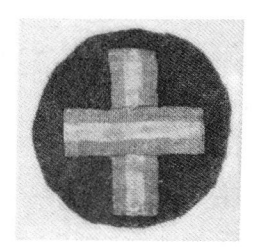

Hauptmann May, ehem. Führer der Selbstschutz-Abteilung May
Photo: Wosnitzka, Cosel O./S.

Ärmelabzeichen des Selbstschutz-Bataillons Keith (Immiolczyk) Photo: Archiv Reiter gen Osten

Hauptmann Martin, ehem. Führer des Selbstschutz-Detachements Martin
Photo: Archiv Reiter gen Osten

264

bildung von Formationen gearbeitet, und am 5. Mai richtete Rittmeister v. Schaper bereits einen richtigen Stab ein. Das rasche Anschwellen der Verbände durch die sich massenhaft meldenden Freiwilligen und die geschickte Organisation, die trotz der Jugend der ersten Kommandierenden und trotzdem kein aktiver Offizier darunter war, hatten dem Major Invrea doch wohl einigen Eindruck gemacht, denn er äußerte sich dahin, irreguläre Bewaffnete dürfe er in der Stadt nicht dulden, das sei gegen seine Instruktion; dagegen gestattete er die Vermehrung der durch die Beseitigung der polnischen Apobeamten geschwächten Polizei durch Einstellung von Ersatz; aber mindestens 500 Mann müßten es sein. Infolge dieser Bestimmungen zog die Gefechtsleitung hinaus aufs Schloß, und die Kompanien kamen in die Vororte. Gleichzeitig trat die „Hilfsapo" nach kurzer Unterweisung ins Leben; eine weiße Binde mit dem Stempel I.K. (Interalliierte Kommission) unterschied die neue Truppe von der alten.

Unter fortwährendem Feuergefecht mit den Insurgenten erhielten die Freiwilligen ihre Ausbildung, und nicht lange dauerte es, da war auch die anfängliche Nervosität, wie sie sich bei den beständig knallenden Insurgenten recht deutlich anzeigte, überwunden, und die Leute schossen bloß noch, wenn sie ein klares Ziel für ihren Schuß erkannt hatten. Denn Munition war sehr knapp und mußte geschont werden; so wurden z. B. für die Ausbildung im Scharfschießen dem Manne — sage und schreibe — zwei Patronen bewilligt. Am 5. Mai finden wir auch schon eine Fronteinteilung längs der Oder, die mit geringen Änderungen bis zuletzt beibehalten wurde. Den Südabschnitt von der tschechischen Grenze bis Studzienna (südlich Ratibor) sicherte der Hauptmann Werner-Ehrenfeucht mit seinen 300

Gelb - weiß - gelbe Armbinde des Selbstschutz-Bataillons Werner-Ehrenfeucht
Vorlage: Heeresarchiv

Mann, die aus den Ortswehren von Ruderswald, Zabelkau, Roschdin, Kreuzenort, Tworkau, Benkowitz und Schmolzinna bestanden. Zwanzig Kilometer Front mit dreihundert Mann! Am Abend seines ersten Amtstages, dem 5. Mai, nahm er mit den Wehren von Haatsch und Annaberg den Polen das einzige Dorf ab, das sie auf dem linken Oderufer besetzt hatten, Zabelkau. Der Pfarrer von Zabelkau, von der Volksstimme als Anstifter der Ermordung zweier Lehrer bezeichnet, wurde gefangen abgeführt. Zehn Patronen hatte ein jeder der Leute zur Verfügung, bei der Eroberung von Zabelkau; es fehlte überhaupt an allem, an Decken, Verpflegung, Geld und Unterkunft. Aber das waren diesen Männern Nebensachen, die Freiheit und Unversehrtheit des Landes ging ihnen über alles. Ein Bienenzüchter der Gegend, dessen Name leider nicht mitgeteilt wurde, machte sich in hervorragender Weise um die Verpflegung der Kämpfer verdient, indem er über-

Hauptmann Kosch, ehem. Führer des Selbstschutz-Bataillons Kosch
Photo: Engler, Ratibor
2 Photos: Archiv Reiter gen Osten

Oberst von Notz, ehem. Führer des Abschnitts Ratibor

Hauptmann Werner-Ehrenfeucht, ehemals Führer der Selbstschutz-Abteilung Werner-Ehrenfeucht

all, mit seinem Wagen herumfahrend, Lebensmittel sammelte.

Nach vierzehn Tagen konnten die drei Hundertschaften dieses Abschnittes schon wagen, einen Angriff auf den Gegner zu unternehmen. Unter Führung von Oberleutnant Retzlaff, Leutnant Bötzer und Kocher und mit zwei Hundertschaften der Abteilung Kosch und begleitet von dem Panzerzug Bruno stürmten sie über die beiden Brücken bei Zabelkau — eine Eisenbahn- und eine Chausseebrücke —, schlugen die Polen trotz ihrer zehn Kompanien, ihrer starken Stellungen und zwölf schweren Maschinengewehre nebst vier Granatwerfern in eine Flucht, die bis Olsau und Rybnik ausgedehnt wurde. Der Panzerzug stürmte weiter vor, und das ganze rechte Oderufer wurde bis Ratibor aufgerollt. Das Wort „Panzerzug" könnte leicht den Anschein erwecken, als ob wir doch am Ende nicht ganz so unvorbereitet gewesen wären, wie es dargestellt wurde. Aber mit diesem stolzen Panzerzuge hatte es eine eigene Bewandtnis: vier ehrwürdige ehemalige Kalkwagen hatten einen stolzen Behang von Eisenplatten erhalten, ebenso die Lokomotive, die sie zog, und nun standen sie als Panzerzug in der Liste des Selbstschutzes. Die sehr willkommene Beute des Tages waren zwölf schwere Maschinengewehre und vier Granatwerfer, 50 österreichische Gewehre und 40000 Schuß Munition. Die Ausbildung im Scharfschießen konnte jetzt also etwas verschwenderischer ausgestaltet werden. Der Panzerzug nahm die Beute fort nach Ratibor mit, die Gewehre mußten nachgeprüft, die Munition für die MG. gegurtet werden.

Der mit Menschen- und Kriegsmaterial aber sehr viel stärker ausgerüstete Gegner konnte kurz darauf mit sehr starken Kräften einen Gegenstoß unternehmen. In den Dörfern rechts der Oder läuteten die Sturmglocken, die Belegschaften der Bergwerke fuhren zutage und wurden zwangsweise bewaffnet, und unter Vortritt Posenscher und Krakauer regulärer Infanterie stürmten die Polen gegen das kleine Häuflein Sieger an. Der eigene Panzerzug war fort, dafür kam aber jetzt auf polnischer Seite ein richtiger französischer Panzerzug mit Geschützen angefahren, um in das Gefecht einzugreifen. Die dicht anstürmenden feindlichen Massen hatten zwar deutlich erkennbare große Verluste, aber der Selbstschutz mußte der großen Übermacht weichen. Die Hundertschaft aus Oderau schwamm über den Fluß, das Zentrum zog sich nach Neuhof auf das rechte Oderufer zurück, wo es den Polen den Übergang über die Oder verwehrte, die Hundertschaft Retzlaff aber auf dem rechten Flügel wurde auf tschechisches Gebiet abgedrängt. Sie hatte auf dem äußersten rechten Flügel ziemlich isoliert die Oderbrücke bei Olsau um ½4 Uhr morgens gestürmt. Olsau selbst nach heftigem Widerstand der Polen im Straßenkampf genommen und war befehlsgemäß weiter vorgegangen. Der Zug Militz stürmte und besetzte Vorwerk Teichhof, der Zug Fingas Uhilsko und drang bis Klein-Gorschütz vor. Um 8 Uhr konnte die Kompanie melden, daß die befohlene Linie erreicht sei. Um ½9 Uhr kam aber ein schwerer polnischer Gegenstoß, der nicht nur die Kompanie von den übrigen Teilen des Bataillons trennte, sondern auch die einzelnen Züge weit auseinanderbrachte. Von vier Seiten durch eine Übermacht von Insurgenten angegriffen, ohne Möglichkeit, das Bataillon zu benachrichtigen, im Rücken von Olsau aus von dem feindlichen Panzerzug beschossen, der nach Abfahrt unserer vier Kalkwagen herangedampft kam, versuchte der Kompanieführer Retzlaff gegen 11 Uhr noch einmal die Brücke durch Überraschung zu nehmen, um den Rückzug zu ermöglichen, aber mit seinem einen MG. gegen ein Dutzend feindlicher und seinen schwachen Zügen gegen sechs- bis achtfache Übermacht — der eine Zug war zudem fast einen Kilometer abgedrängt — war dies Unternehmen von vornherein aussichtslos. Aus Olsau selbst schließlich angegriffen, und mit eintretendem Munitionsmangel bedroht, beschloß er gegen 2 Uhr, nach fast zehnstündigem Kampfe gegen eine große Übermacht, um der Gefangenschaft zu entgehen, auf tschechisches Gebiet überzutreten. Hier entwaffnet und in Pardubitz interniert, gelang es aber den Leuten unter Führung Retzlaffs, vollzählig „auszubüchsen" und sich in Ratibor wieder zur Stelle zu melden. Alle nicht auf das Gebiet der Tschechei versprengten Leute dieser Truppe waren inzwischen auf andere Formationen verteilt worden; als sie aber die Rückkehr ihres Führers vernahmen, begehrten sie alle, wieder ihm unterstellt zu werden, so stark war in der kurzen Zeit das Gefühl der Zusammengehörigkeit, die alte deutsche „Gefolgschaft", schon gediehen.

Am 7. Mai traf aus Potsdam Exzellenz v. Hülsen ein, auch ein geborener Oberschlesier und berühmter Führer aus dem großen Kriege. Er übernahm die Führung des ganzen südlichen Teiles der Front des Selbstschutzes.

Mit der Führung des Abschnittes Oderfront beauftragte er den Oberst von Notz, mit der Führung des Abschnittes Krappitz den Oberst Graf Magnis. Damit setzte der systematische Aufbau der deutschen Abwehrfront ein.

Ärmelabzeichen des Selbstschutz-Bataillons Heydebreck
Vorlage: Archiv Reiter gen Osten

Ärmelabzeichen des Selbstschutz-Bataillons Cogolin
Vorlage: Heeresarchiv

Einsatz der Selbstschutz-Sturm-Abteilung Heinz in Gogolin

Von Friedrich Glombowski

Wir hatten einen schweren Marsch hinter uns. Es mochte gegen 10 Uhr abends sein, und wir konnten beim Marschieren kaum den Vordermann erkennen. Am Eingang einer Ortschaft hatten wir halt gemacht. Es war Gogolin. Wir lagen im Straßengraben und horchten in die Nacht. Ununterbrochen wurde geschossen. Von Zeit zu Zeit tackten Maschinengewehre mit kurzen Feuerstößen in das Dunkel.

„Wo ist der zweite Zug der ersten Kompanie?" rief halblaut jemand.

„Hier!"

„Fertigmachen! Zigaretten aus! Mir lautlos folgen."

In Kolonne zu einem folgten wir dem Führer. Gespenstisch ragten aus dem Dunkel Häuser ohne jedes Licht. Vor uns wurde es plötzlich taghell. Irgend jemand hatte eine Leuchtkugel abgeschossen. Pechschwarz erschien die Dunkelheit nach ihrem Verlöschen. Über einen Hof und durch einen Obstgarten stolperten wir vorwärts. Plötzlich leises Rufen vor uns: „Hallo, Ablösung? Gott sei Dank!"

„Links und rechts verteilen! Jeder übernimmt ein Schützenloch!"

Vor mir erhob sich jemand. „Hier, hau dich rein!" stieß einer mich an.

„Das Gelände steigt vor dem Loch. Also etwas hochhalten, solange wie du die Gegend noch nicht kennst. Besonders morgens gegen 5 Uhr aufpassen. Da kommen die Hunde meist durch das Getreide geschlichen. Hals- und Beinbruch!"

Damit war die Gestalt verschwunden. Da lag ich nun, allein, ohne zu wissen, was überhaupt los war. Ich hatte keine Ahnung, wie es vor mir aussah und von wo der Pole vielleicht kommen konnte. Zunächst steckte ich mir einmal unter meinem Rock eine Zigarette an. Der Kompanieführer kam an die Linie entlanggeschlichen.

„Daß ihr verdammten Kerls das Qualmen nicht unterlassen könnt!"

Es fing an zu regnen. An diese Möglichkeit hatte ich noch gar nicht gedacht. Mäntel, Zeltbahnen und ähnliche Dinge waren als Luxusgegenstände zu Hause gelassen worden. Es war unangenehm, so allmählich die Feuchtigkeit durchdringen zu fühlen, wie sie nacheinander jeden Körperteil erreicht und durchkältet. Die Stunden dehnten sich endlos, und fröstelnd versuchte ich Freiübungen zu machen. Mein Nebenmann kam herübergekrochen: „Hast du einen Schnaps mit? Nicht? Komm her, nimm einen kräftigen Zug." Das tat gut. Allmählich begann es auch im Osten zu grauen. Das Gelände hob sich allmählich gegen den Himmel ab. Es wurde nur noch hin und wieder einmal geschossen. Wir lagen vor einem Friedhofe.

Ein Meldegänger lief an den Schützenlöchern entlang.

Heinz Hauenstein, ehem. Führer der Spezialpolizei des oberschlesischen Selbstschutzes vor der Abstimmung, Führer der Selbstschutz-Abteilung Heinz während des dritten Aufstandes in Oberschlesien und Führer der Sabotageorganisation Heinz 1923 im Ruhrkampf
Photo: Max Glauer, Oppeln

Ärmelabzeichen der Selbstschutz-Sturm-Abteilung Heinz
Vorlage: Heeresarchiv

Offizier u. Freiwilliger der Sturmabteilung Heinz
Photo: Archiv Reiter gen Osten

Maschinengewehrzug der Sturm-Abteilung Heinz
Photo: Thiele-Winkler, Moschen O./S.

„Zweiter Zug sammelt links in der Leichenhalle. Jede Gruppe stellt einen Posten. Maschinengewehre bleiben besetzt!"

In der Halle roch es unangenehm süßlich. Im Halbdunkel warf ich mich in eine Ecke auf einen Haufen Stroh, und dicht an meinen Nebenmann gedrängt, war ich bald eingeschlafen. Aber ich konnte keine Ruhe finden. Der Geruch wurde mir allmählich unerträglich. Meinem Nachbarn schien das nicht zu stören, er schlief wie ein Toter. In der Halle flüsterte jemand: „Wer heißen Kaffee haben will, heraustreten!"

Ich mußte unbedingt heraus, an die frische Luft, in der Tür stand der Kompanieführer. — „Das ist ja ein unglaublicher Gestank darin", konnte ich mich nicht enthalten zu bemerken. — „Ja, wenn Sie sich gerade neben die toten Polen legen! Ich habe mich schon über Sie gewundert!"

„Was, tote Polen? Hier in der Halle? Was sollen denn die hier?"

„Wahrscheinlich liegt der Friedhof tagsüber unter schwerem Feuer. Da hat man sie noch nicht begraben können. Nachher fliegen sie raus." — Kopfschüttelnd ging ich nach meiner Lagerstätte. Meine drei Nachbarn zur Rechten waren wirklich tot. Die Hitze der vorhergehenden Tage hatte sie dick aufgetrieben. Ich mußte mich vor die Tür setzen und meinen Magen mit einem halben Kochgeschirr Schnaps in Ordnung bringen.

Tagsüber war es in der Nähe des Friedhofes ungemütlich. Von mehreren Seiten lag das Gelände unter Kreuzfeuer. Zu sehen war gar nichts. Scharf hoben sich auf der Höhe vor uns die Kalköfen ab. Aber nirgends zeigte sich ein Schütze.

Links von uns lag eine Arbeiterkolonie, um die bereits mehrmals heftig gekämpft worden war. Es galt als Vereinbarung mit den Polen, daß während des Mittagsläutens die Bewohner nach dem zwischen den Linien liegenden Brunnen laufen konnten, um sich Wasser zu holen.

Das Feuer wurde während dieser Zeit von beiden Seiten eingestellt. Auch wir beobachteten an diesem Tage das friedliche Zwischenspiel. Mehrere Frauen und Kinder liefen mit Eimern und Kannen zum Brunnen. Da fiel plötzlich von polnischer Seite ein Schuß. Eines der Mädchen, vielleicht das hübscheste von allen, stieß einen kleinen Schrei aus, machte noch einen Schritt vorwärts und stürzte dann zur Seite über ihre Eimer hinweg. Schreiend lief alles zurück hinter die schützenden Häuser. Von beiden Seiten setzte jetzt schärfstes Feuer ein. Am Brunnen wand sich das Mädchen in Zuckungen. Aus den Häusern krochen ein paar Kameraden nach vorn. Jetzt hatten sie das Mädchen erreicht, rollten es auf eine Zeltbahn und zogen es nun Schritt für Schritt zurück. Die Hilfe kam bereits zu spät.

Ein paar Kameraden trugen sie zu uns nach dem Friedhof. Es war die Tochter des Totengräbers. In einer Feuerpause grub er sie mit Hilfe einiger Kameraden ein, während ihm bittere Tränen aus den rotgeweinten Augen quollen.

Am 14. Mai wurden wir beim Morgengrauen aus unseren Löchern herausgeholt.

„Die Kompanie sammelt am Ortseingang nach Groß-Strehlitz —, weitersagen!" ging die Meldung von Mund zu Mund.

Langsam gingen wir durch Gärten zur Hauptstraße zurück. Dort war großer Betrieb. Irgend etwas war im Gange.

Am Ortsausgang war fast das ganze Bataillon versammelt. Der Chef sprach mit den Kompanieführern. Maschinengewehre wurden nach vorn gebracht. Ordonnanzen kamen und gingen. Noch fiel kaum ein Schuß. Oberleutnant Harry kam zu uns:

„Kinder, heute geht's los! Strebinow soll gestürmt werden!"

Er hatte noch nicht ausgesprochen, als plötzlich Maschinengewehre einsetzten und vom Giebel des

Leichtes Maschinengewehr der Kompanie Schlageter der Sturm-Abteilung Heinz
Photo: Archiv Reiter gen Osten

Gasthofes Staub, Mörtel und Querschläger auf die Straße sausten. Wie ein Blitz lag alles auf dem Boden und in Deckung.

„Solche verdammten Schweine! Da muß doch schon wieder jemand aus dem Dorfe mit den Polen in Verbindung stehen. Denn gegen Sicht sind wir hier gedeckt." Harry schimpfte vor sich hin.

Die 3. Kompanie rückte ab. Auch wir sammelten wieder und zogen uns bis zum Dorfrande vor. Unten am Bahndamm begann das Gefecht. Maschinengewehre hämmerten. Dort ging Wandesleben mit seiner Kompanie vor. An der Chaussee nach Groß-Strehlitz tauchten hin und wieder Köpfe im Straßengraben auf. Dort entwickelte sich, vom Feind zunächst noch unbemerkt, die Kompanie von Eicken. Breit vor uns lag das Dorf. Sobald auch nur einer von uns den Kopf hob, spritzte neben ihm die Erde auf. Ein Meldegänger kam über das Feld gelaufen, kniete neben Harry und wollte eben hinunter zum Bahndamm zeigen, als er aufschrie. Der Zeigefinger hing nur noch an ein paar blutigen Sehnen. Sanitäter bemühten sich um ihn.

Es wurde allmählich langweilig. Wir lagen schon fast eine Stunde ausgeschwärmt auf freiem Felde. Von Polen war nichts zu sehen. Ich drehte mich auf den Rücken, um ein wenig zu schlafen, rief nur meinem Nebenmann zu, mich zu wecken, wenn es weitergehen sollte.

Geschrei weckte mich. Mit einem Sprung war ich hoch. So weit ich sehen konnte, war eine einzige große Schützenlinie in Bewegung. Stolz flatterten die Sturmfahnen vor der Front. Im Laufschritt wurde gebrüllt, was die Kehle hergab. Warum eigentlich? Es war wie ein innerer Trieb, ohne jede Überlegung. Plötzlich blieb mir aber doch die Sprache weg. Mitten in der Schützenlinie stand einer mit einem großen Aufnahmeapparat und kurbelte seelenruhig den Angriff. Wahrscheinlich für die Ufa-Wochenschau. Was heute nicht alles möglich ist! — Jetzt waren wir an den Häusern. Am Eingang zum Gutshof stand ein schweres Maschinengewehr. Ein paar Polen hantierten daran herum. Anscheinend hatte es Ladehemmung. Eine Handgranate rollte vor ihre Füße. Mit einem Schlage flogen sie auseinander. Das Maschinengewehr hob sich mit einem Satz zur Seite. Ohne Rücksicht darauf, sprang ich darüber hinweg und in den Gutshof hinein. Vor mir stand eine Hecke, hinter der ein Pole verschwand. Eine Handgranate flog hinter ihm her. Eine Wassersäule stieg mit der Explosion in die Höhe. Die Hecke verbarg anscheinend einen Teich. Links wollten sich zwei Polen auf Pferde schwingen. Auf zehn Meter schoß ich den einen vom Pferde, der andere wurde von einem Kameraden heruntergeholt. Ich nahm das eine Pferd am Zügel.

„Gaul sein lassen, vorwärts geht's!" brüllte mich einer an. Es war der Chef, einen Revolver in der Faust. Am anderen Ende des Hofes stockte ich doch einen Moment. Vor dem Tore lagen tote Polen in Haufen. Unsere Maschinengewehre hatten die Rückseite des Hofes flankierend beschossen, und die Polen rannten bei ihrer Flucht mitten in die Feuergarben. Nur im Obstgarten hatten sich noch ein paar Gegner festgesetzt. Handgranaten räumten mit ihnen bald auf. Unter den Toten fanden wir einen französischen Offizier. — In einer Nummer der „Oberschlesischen Grenzzeitung" Korfantys, die wir bei einem späteren Gefecht fanden, bezifferten die Polen ihre Verluste bei Strebinow auf 240 Tote. Nach unserer Schätzung dürfte das eher zu niedrig als zu hoch gegriffen sein.

Generalleutnant Hoefer, ehemals Führer der 32. Reichswehrbrigade im Grenzschutz und später Oberkommandierender des oberschles. Selbstschutzes   Photo: Däuser, Coburg

Oberstleutnant Grützner †, ehem. Führer der Gruppe Nord im Selbstschutz Oberschlesien
2 Photos: Archiv Reiter gen Osten

Generalleutnant v. Hülsen, ehemals Führer des Freikorps von Hülsen in den Kämpfen um Berlin und Führer der Gruppe Süd im Selbstschutz Oberschlesien

Annaberg

Von Viktor Scheffel, Hauptmann und Kompaniechef 5. J.-R. 51,
ehem. Kompanieführer der 1./III. Sturmfahne Freikorps Oberland

Das kleine Oderstädtchen Krappitz, in dem wir, die III. Sturmfahne Oberland, in den späten Abendstunden des 19. Mai 1921 von Neustadt her einrückten, glich einem Ameisenhaufen. Von allen Seiten strömte es hinein und hindurch, ein zwar wenig soldatisches, aber durchaus kriegerisches Bild bot sich der staunenden und ebenso erfreuten deutschen Bevölkerung! Kleinere und größere Abteilungen marschierten mit wehenden Fahnen heran, und begeistert erklangen die alten Marsch- und Kampflieder. Aber das Aussehen dieser „Truppen" — man hätte lachen und weinen mögen zugleich! Wenig Uniformen, Zivil in allen Ausführungen und in jeder Schattierung, Feld- und Schirmmütze neben Filz- und Strohhut, Windjacke neben Cutaway, Marschstiefel neben elegantem Lackhalbschuh. Und die Bewaffnung! Wer ein Gewehr hatte, der trug es stolz auf der Schulter, neben Pirsch- und Jagdbüchsen, und die anderen — und das waren sehr, sehr viele — trugen ihren Eichenknüppel, ein Seitengewehr, einen Dolch oder auch ihren alten Reitersäbel! Dem äußeren Eindruck nach war es keine Truppe, die da zum entscheidenden Kampf gegen den verhaßten Polen heranrückte, aber der Geist, der jeden einzelnen der alten und jungen Freischärler beseelte, war vorzüglich: soldatisch, selbstbewußt, zuversichtlich und zum letzten Einsatz entschlossen!

Auch meine Kompanie, die 1. der III. Sturmfahne, bot das gleiche Bild. Im grauen zerschlissenen Waffenrock der Kompanieführer und der Kompanieoffizier, Leutnant Buhl, dahinter der Kompaniefeldwebel, unser guter alter Adler aus Breslau, in Windjacke und Mütze, und der Führer der 1. Gruppe, Unteroffizier Mrzyczek, in schwarzem Schwenker, gestreifter Hose und braunen Halbschuhen. Die Gewehre am Bindfaden über die Schulter gehängt, teils mit, teils ohne Koppel, der eine mit Tornister, der andere mit Rucksack, der ganze 3. Zug ohne jede Schußwaffe. Aber ein Glanzstück folgte der Kompanie: eine blitzsaubere Feldküche, um die wir unsere letzten Quartiergeber in Neustadt, die Schupo, „erleichtert" hatten, und zu der sich sogar noch rechtzeitig die Pferde „hinzugefunden" hatten.

Es ging am 20. Mai früh aus den Federn, d. h. aus dem Stroh, das uns die treuen Krappitzer bereitwilligst geschüttet hatten, und — hinaus auf den Sportplatz. Einzel- und Kompanieexerzieren! Wie haben da die süddeutschen Kameraden von der I. und II. Sturmfahne geguckt und gelacht über die „damischen, närrischen Preußen", die da am Tage vor dem Angriff noch exerzierten. Aber ich wußte genau, was ich da machte. Drei Tage erst waren wir zusammen, Nieder- und Oberschlesier, Städter und Bauern, alte Frontsoldaten und junge Weißgesichter,

Die 2. Kompanie des III. Bataillons Oberland auf dem Marsch

Photo: Scheffel, Liegnitz

Streng geheim, durch Offiziere geschrieben.   20.5.21

Vorbemerkung: Annaberg verraten, deshalb Änderung notwendig, nur nachstehender Befehl gilt.

                           Gruppenbefehle

1. Zur Schaffung eines Brückenkopfes wird die eigene Stellung am Nordflügel vorverlegt. Ziel: Bachabschnitt Januschkowitz-Rokitsch-Kurzowka-Lichinia-Scharnosin, Höhe 305 bei Kadlubietz-Nieder-Ellguth - Nordrand Steinbrüche bei Gogolin.
2. Vom Feinde ist bekannt:
   a) Postierungen am rechten Oderufer mit Infanterie und MG.
   b) Besetzung der Bahn Kandrzin-Gogolin. Stärker am Bahnhof Kandrzin und Leschnitz.
   c) Voraussichtlich schwächere Kräfte Slawentzitz, Lenkau, Raschowa, Rokitsch. Stärker wird Besetzung Kandrzin, Leschnitz und Annaberg sein, auf Annaberg vielleicht Artillerie.
   d) Infanterie, MG. und MW. in Front vor Gogolin.
   e) Die Dörfer der Oderniederung haben starken polnischen Einschlag, die auf den Höhen weniger.
3. In Groß-Strehlitz stehen französische Truppen, Kampfführung darf auf keinen Fall stattfinden.
4. Am 21.Mai, 3 Uhr 30 Min. vormittags, greifen von den untengenannten Ausgangsstellungen beginnend an:
   a) Det.v.Chappuis über die Linie Oder-Krempa-Jeschona (Jeschona ausschließlich). Ausgangsstellung: Höhenrücken südöstlich Ottmuth - Ausgang Gogolin nach Oberwitz (Gogolin ausschließlich).
   Truppen: Freiw.-Abtlg. Lensch, v.Winkler, Bergerhoff.
   b) Det.Horadam den Annaberg und die Waldstücke nördlich davon.
   Schwergewicht zur Umfassung auf linken Flügel, rechter Flügel über Jeschona.
   Ausgangsstellung Gogolin einschließlich und nördlich davon.
   Mit Det.Strachwitz ist Fühlung zu nehmen (Heinz ist orientiert).
         Truppen: 2 Freiw.-Abtlg.Oberland,
                  1   "   "   v.Holz,
                  1   "   "   Heinz.
   Anzustreben ist, daß das Det.v.Chappuis den Bachabschnitt von Januschkowitz bis Scharnosin ausschließlich erreicht. Hier schließt sich das Det.Horadam in der unter Ziffer 1 genannten Linie an. In der erreichten Linie sind sofort Stützpunkte anzulegen.
5. Als Gruppenreserve stehen am 21., 3 Uhr 30 Min. vormittags, unter Führung des Majors v.Gilgenheimb bereit:
   Freiw.-Abtlg. v.Watzdorf und Artilleriezug F.K.16 in Krappitz, Anfang Ring Krappitz, Front nach der Oder. Linke Straßenseite ist unbedingt freizuhalten.
   Freiw.-Abtlg. v.Rotkirch-Wild-Eicken wird nach Maßgabe des Vorschreitens des Angriffs zur Gruppenreserve herangezogen. Der heranbeförderte F.K.16-Zug tritt zur Gruppenreserve, Unterkunft in Klein-Strehlitz nach näherer Anweisung des Majors v.Gilgenheimb.

Es ist unter allen Umständen zu verhindern, daß Teile der Freiw.-Abtlg.Rotkirch-Eicken mit den ersten Kolonnen vorgehen.

6. Reihenfolge beim Überschreiten der Oderbrücke Krappitz am 21. früh:
   Kolonne Horadam, Kolonnen Chappuis,
   Anfang Horadam: 1 Uhr 30 Min. vormittags von Schloß Krappitz ab.
7. Die Truppe wird nach Maßgabe des Fortschreitens zunächst aus der Kompanie Wild einen deutschen Ortsschutz in den genommenen Orten einrichten. Hauptmann Wild meldet sich, sobald eine Abteilung zusammengezogen ist, beim Gruppengefechtsstand Krappitz (Schloß).
8. Unterkunft vom 20.Mai, 3 Uhr 30 Min. vormittags ab, für Kolonne Horadam: Krappitz-Oratsche (Heinz bleibt am bisherigen Ort). Kolonnen Chappuis Stoblau-Dobrau.
   Abteilung Watzdorf: Klein-Strehlitz.
   Vorbeförderung der Truppen durch Bahn regelt O.O. unmittelbar, letzter Teil der Bewegungen zur Erreichung der Ortsnuterkünfte bei Dunkelheit; scharfe Absperrung der Oderübergänge bei Krappitz, um Geheimhaltung zu sichern, muß rücksichtslos durchgeführt werden.
9. Hauptverbandsplatz: Krappitz, Schloß.
10. Gefechtsstand der Gruppe vom 20.Mai, abends 8 Uhr: Schloß Krappitz.
    Abschnitt Gilgenheimb stellt Quartier sicher für Se.Exzellenz, Chef, Ia, 4 Offiziere, 1 Ordonnanzenzimmer.
11. Nachrichten-Abteilung sorgt für sichere Verbindung von Krappitz-Schloß nach Polnisch-Neukirch.
    Den Kolonnen Horadam und Chappuis sind Fernsprechtrupps mit je 20 Kilometer Kabel pro Kolonne mitzugeben, die für ständige Verbindung zwischen Gefechtsstab Gruppe Schloß Krappitz und den beiden Kolonnen sorgen. Meldung bei Major v.Chappuis und Horadam 20.Mai mittags in den Ortsunterkünften. Als Fernsprechreserve ist ein Trupp mit 20 Kilometer Kabel beim Gefechtsstab der Gruppe vom 20.Mai, 8 Uhr abends, ab bereit zu halten. Zu jedem Detachement tritt ein Verbindungsoffizier der Gruppe.
12. Die Abschnitte demonstrieren an zahlreichen, wahrscheinlichen Stellen ihrer Front in der Nacht zum 21.Mai mit geräuschvollen Unternehmungen, die beim Gegner den Anschein eines oder mehrerer Übergangsversuche erwecken sollen. Abschnitt A beginnt am 20.Mai, Abschnitt B am 21.Mai, 2.30 Uhr vormittags.
13. Die Pionier-Abteilung hält sich vom 21. vormittags bereit, an der erkundeten Übergangsstelle, sobald Angriff genügend fortgeschritten, den Brückenanschlag vorzunehmen.

gez. Hülsen
Generalleutnant

14. Parole: Annaberg.

    Verteiler: Se.Exzellenz/Chef/Ia/O.O./Lt.Handy/Bba./Pi.-Ab./ Abschn.A/Abschn.B (zugleich für Abt.Watzdorf)/Det.Horadam (zugleich für Oberland und v.Holz)/Det.v.Chappuis (zugleich für Freiw.-Abtlg.Lensch/v.Winkler und Bergehoff)/Det.Gilgenheimb (zugleich für Freiw.-Abtlg.Rothkirch-Eicken-Wild)/ Freiw.-Abtlg.Heinz.

Major Horadam, ehemals Führer des Freikorps Oberland
Photo: Stumpf, Würzburg

Hauptmann Ritter von Finsterlin, ehemals Führer des II. Bataillons Oberland
Photo: Archiv Reiter gen Osten

Major Siebringhaus, ehem. Führer des III. Bataillons Oberland
Photo: Archiv Reiter gen Osten

die noch nie Pulver gerochen hatten; die Leute mußten erst in die Hand ihrer Gruppenführer und Zugführer kommen, aus dem „Haufen" mußte erst die Kompanie werden, und hierfür war bei der Kürze der Zeit straffer, preußischer Exerzierdrill das einzige Mittel!

Für die Nachmittagsstunden des 20. Mai war die Erkundung des Geländes für den Angriff auf den Annaberg befohlen, von dem sich unser sturer, eisenharter Korpsführer, Major Horadam, trotz der tausendfachen Bedenken ängstlicher Gemüter und trotz der Absagen weichgewordener „Stabswachen" usw. nicht abbringen ließ, nachdem erst einmal der Angriff durch den Führer der Gruppe Süd, Generalleutnant von Hülsen, genehmigt und befohlen worden war. Mein Bataillonsführer, Major Siebringhaus, hatte ein Vehikel, das den stolzen Namen „Automobil" beanspruchte, besorgt, in das die Offiziere der III. Sturmfahne wie Heringe in der Tonne verfrachtet wurden, und hinaus ging es über die Oderbrücke und durch Ottmuth nach Gogolin, das gegen zahlreiche polnische Angriffe von der tapferen Freiwilligenkompanie von Eicken und der Sturmabteilung Heinz gehalten worden war. Noch vor Gogolin erhielten wir polnisches Infanteriefeuer aus den Waldstücken südlich der Straße, und auch in der Häusergruppe ostwärts des Bahnhofes summten uns sofort die Maschinengewehrgarben um die Ohren, kaum daß wir die Köpfe zum ersten Blick ins Vorgelände über eine Gartenmauer gesteckt hatten. Was wir von der deutschen Dorfbesatzung hörten und was wir selbst sahen, war nicht sehr erfreulich. Rings um Gogolin saß der Pole in gut ausgebauten Stellungen, ausgezeichnet bewaffnet und munitioniert und zahlenmäßig uns um das Mehrfache überlegen. Aber bange machen gilt nicht! Und bald waren die Bereitstellungsräume und die Angriffsstreifen für die Kompanien festgelegt, und mit einbrechender Dämmerung ging es zurück nach Krappitz, wo in wenigen kurzen Nachtstunden die letzten Vorbereitungen für den Angriff zu treffen waren.

Im Schloß gab es die letzten, endgültigen Befehle: „Am 21. Mai, 2 Uhr 30 Minuten früh, wird angegriffen!

Gliederung: Rechts, d. h. zunächst südwestlich der Bahnlinie Gogolin—Kandrzin: Angriffskolonne Chappuis mit den Bataillonen Bergerhoff, Lensch und Winkler (in Reserve das Bataillon Watzdorf). Links, d. h. nördlich und nordostwärts dieser Bahnlinie: Angriffskolonne Horadam mit dem Freikorps Oberland und dem Bataillon Heinz.

Die Sicherung der linken Flanke gegen den Groß-Steiner Forst übernimmt das Detachement Strachwitz, das sich dem Angriff in Richtung auf Groß-Stein anschließt.

Kragenabzeichen des Freikorps Oberland
Vorlage: Archiv Reiter gen Osten

Hauptmann Oestreicher, ehemals Führer des I. Bataillons Oberland
Photo: Max Glauer, Oppeln

273

Angriffsziel: der Annaberg!"

Sieben schwache Bataillone, ohne schwere Waffen, ohne jede Artillerie, gegen einen Feind in ausgebauter Stellung, mit zahlreichen schweren Waffen, wie schweren Maschinengewehren, Minenwerfern, Granatwerfern, mit starker Artillerie, an Zahl dem Angreifer vierfach überlegen, ein solcher Angriff mußte von nüchtern und rein sachlich urteilender Stelle als glatter Wahnsinn bezeichnet werden. Er mußte einfach mißglücken!

Eine Stunde nach Mitternacht rückten wir von Krappitz ab. Unser Quartierwirt hatte der Kompanie auf unsere Bitte die schwarz-weiß-rote Fahne, die zu unserem Willkommen von dem Giebel seines Hauses geweht hatte, geschenkt. Niemand konnte wissen, zu welch hohen Ehren dieses schlichte Feldzeichen an diesem Tage kommen sollte. In lautloser Stille ging es rasch durch die finstere Nacht über die Oderbrücke bis zum Bahnhof Gogolin, wo sich die Kompanie hinter Gartenmauern und Hecken zum Angriff auf die Gogoliner und Sakrauer Kalkwerke bereitstellte. Nach links hatten wir Anschluß an die 2. Kompanie unter ihrem frohgemuten, unverwüstlichen Kompaniefahrer Rittmeister Eckelt, und weiter nördlich von der 2. Kompanie stellte sich — mit Anschluß an das Detachement Strachwitz — das Bataillon Heinz bereit. Rechts von uns lag die I. Sturmfahne unter ihrem als tollkühnen Draufgänger bekannten Bataillonsführer, dem Freikorpshauptmann Östreicher, und weiter südlich die II. Sturmfahne unter Hauptmann Finsterlin mit Anschluß an die Angriffskolonne Chappuis. Große Freude löste bei uns die von rechts durchgesagte Meldung aus, daß sich die tapfere Kompanie von Eicken dem Angriff im Streifen des 1. Bataillons anschließen würde.

Im trüben Zwielicht des herandämmernden Morgens trat die Kompanie 2 Uhr 30 Minuten an: Rechts: Zug Huwerth, links: Zug Buhl, der 3. Zug — alle Mann ohne Gewehr — hinter der Mitte. Je Gewehr vier Rahmen Munition — 20 Schuß je Gewehrträger. Daher strengstes Verbot für die vorderen Züge, ohne meinen ausdrücklichen Befehl das Feuer auf den eingenisteten Feind aufzunehmen. Flott geht es vorwärts. Bald tauchen vor uns im Morgennebel wie Ungetüme am Horizont die einzelnen Kalköfen auf, als uns auch schon ein rasendes Maschinengewehr- und Schützenfeuer entgegenschlägt. Gott sei Dank, die Feuerleitung und die Richtschützen an den polnischen Maschinengewehren sind miserabel. Hoch über uns hinweg saust die eiserne Saat, und prasselnd schlagen die Maschinengewehrgarben auf die Dächer der hinter uns liegenden Häuser. Dann doch einzelne Aufschreie rechts von mir, die ersten Verwundeten! Zug Huwerth kommt ins Stocken: da muß ich selbst hin! Bald ist der Zug wieder auf Schwung gebracht, die Kompanie erreicht eine kleine Geländewelle, 150 Meter vor den Kalköfen, und nun erst kommt mein Befehl: „Feuer frei!" Jetzt kracht auch von uns Schuß auf Schuß gegen den Polen, der am Mündungsfeuer seiner Waffen in seinen Stellungen deutlich auszumachen ist. Ich reiße die nächsten Gruppen vor, und mit lautem Hurra stürmt sofort die ganze Kompanie gegen den Feind, der den Nahkampf nicht annimmt und türmt. Der Schlitten eines schweren Maschinengewehrs und ein Granatwerfer sind die erste Beute! Mit keuchenden Lungen geht es hinter dem weichenden Feind her, durch die Kalkwerke hindurch, jeden verfluchten Widerstand überrennend. Zwölf Tote läßt der Pole zurück, um deren Gewehre sich meine Leute des 3. Zuges am liebsten gerauft hätten. Schnell wird die Kompanie geordnet, die erbeutete Munition verteilt und Verbindung zu den Nachbarn gesucht. Links war die Sache in Ordnung. Wir hatten ja auch das Hurra der stürmenden Studenten gehört, und nach kurzer Zeit kam die Meldung: „Anschluß links zur 2. Kompanie vorhanden!"

Aus südwestlicher Richtung schallte lauter Kampflärm zu uns herüber. Erbittert wurde hier vom 1. Bataillon um das von Polen zur Festung ausgebaute und mit Maschinengewehren gespickte Vorwerk Strebinow gekämpft. Auch die Angriffsbataillone der Kolonne Chappuis lagen im schwersten Abwehrfeuer des Polen vor Oberwitz und der Wygoda-Höhe fest.

Ich stieß daher mit der Kompanie zunächst nur bis an den Ostrand des Waldes (westlich Dombrowka) nördlich der Chaussee vor. Der Pole suchte auch hier nach kurzem Feuergefecht unter Zurücklassung von Verwundeten und Waffen das Weite. Inzwischen hatte die erste Sturmfahne das Vorwerk Strebinow und Neuhof genommen und war im Angriff gegen Sakrau. Meine vorgesandte Sicherung meldete Dombrowka feindfrei. Als ich nun noch mit dem Fernglas die Schützenlinien des Sturmbataillons Heinz im Norden in unaufhaltsamem Vorgehen gegen den Sprentschützer Berg beobachtete, entschloß ich mich zum weiteren Vorgehen auf Nieder-Ellguth und trat mit der entfalteten Kompanie — die drei Züge hintereinander, nur eine Gruppe als Sicherung vor — längs der Chaussee an. In Höhe von Punkt 229 erhielt die Kompanie vom Ellguther Steinberg her schweres Maschinengewehrfeuer, das zwar die oberen Äste der schönen Kirschbäume an der Straße herabfegte, das Vorgehen der Kompanie aber in keiner Weise aufhalten konnte. Meine Spitzengruppe war auf 1000 Meter an Nieder-Ellguth herangekommen, als — wir glaubten unseren Augen nicht trauen zu dürfen! — in breiter Front ein polnischer Gegenangriff in mehreren Wellen von den Ellguther Steinbergen herab gegen die Kompanie Eicken und das 1. Bataillon (rechts von uns) vorstieß. Der Nordflügel des polnischen Angreifers kam über Gut Nieder-Ellguth und dann etwa 200 Meter südlich der Straße vor. Schon spritzen meine Melder zu den Zügen, und in kürzester Zeit lag die ganze Kompanie in langer Linie Mann an Mann hart westlich von 241 im Straßengraben, Front nach Süden. Kein Schuß fiel! Erst als die vorderste Welle der Polen die gleiche Höhe mit uns erreicht hatte, da schlug

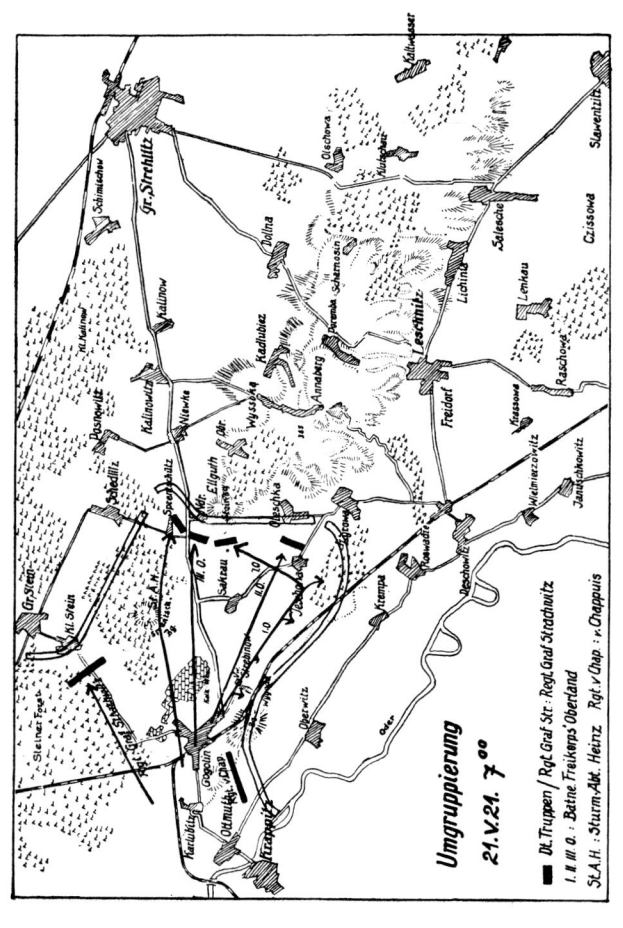

Gefechtsskizzen vom fortschreitenden Angriff auf den Annaberg

Zeichnungen: Roederer

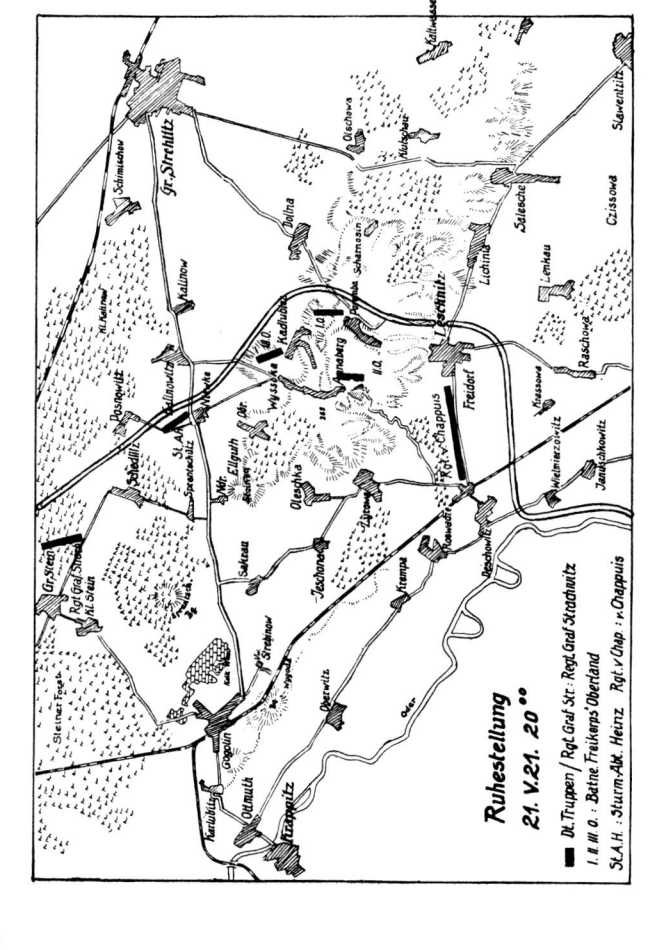

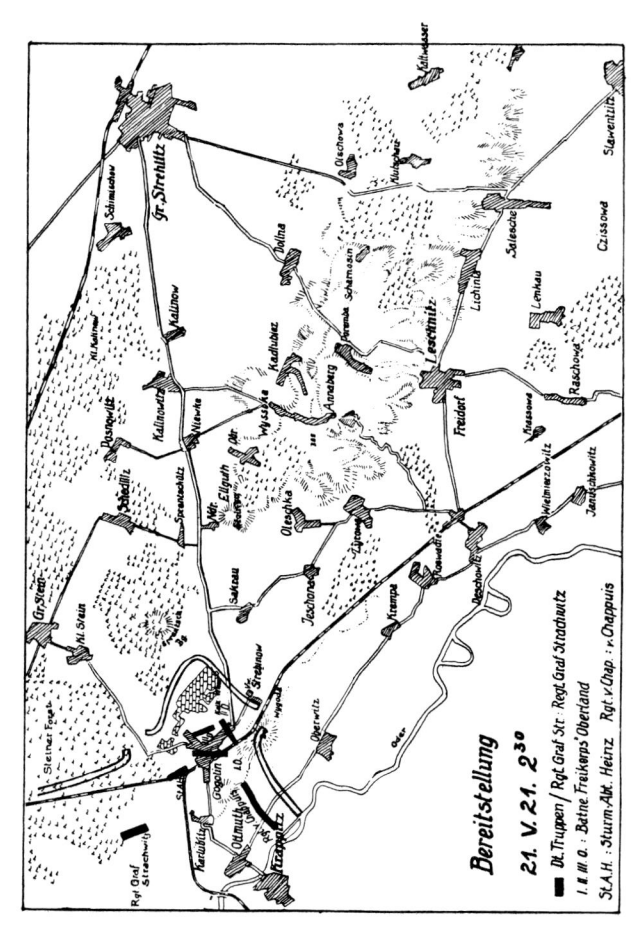

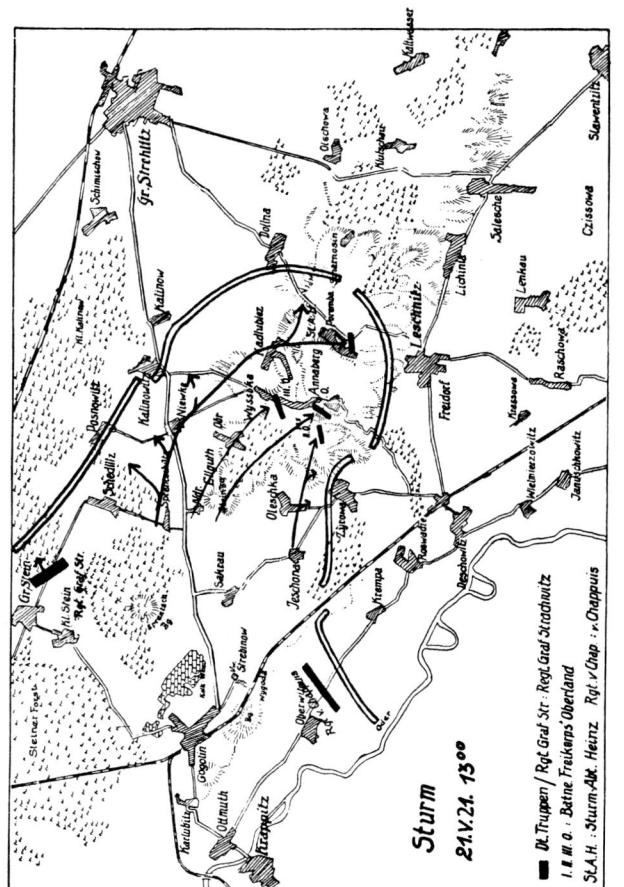

Bereitstellung 21. V. 21. 2³⁰

Umgruppierung 21. V. 21. 7⁰⁰

Sturm 21. V. 21. 13⁰⁰

Ruhestellung 21. V. 21. 20⁰⁰

Dt. Truppen / Rgt. Graf Str: Regt. Graf Strachwitz
I. B. III. O.: Batne. Freikorps Oberland
St. A. H.: Sturm-Abt. Heinz   Rgt. v. Chap: v. Chappuis

auf meinen Befehl der vernichtende Feuerhagel der Kompanie flankierend in die polnischen Reihen, zersetzte sie und zwang die Überlebenden zu Boden. Ein schweres Maschinengewehr in der zweiten Welle versuchte gegen die Kompanie in Stellung zu gehen, der Gruppenführer der Spitze und ich sprangen aus dem Graben, und in stehendem Anschlag hinter Chausseebäumen warf Schuß auf Schuß aus unseren Büchsen die Bedienung des schweren Maschinengewehrs über ihrem Gewehr zusammen, noch ehe ein einziger Schuß den Lauf verlassen hatte. Da stürmten plötzlich einige Männer der Kompanie vor: „Das schwere Maschinengewehr müssen wir haben!" — es waren alte Maschinengewehrleute —, und wie eine wilde Jagd braust nun auf einmal die ganze Kompanie mit wildem Gebrüll gegen den Feind. Hier wurde ganze Arbeit gemacht! Auch Östreicher und Eicken hatten die Polen warm empfangen, und nur kümmerliche Reste des stolzen polnischen Gegenangriffes sah man von uns aus nach und über den Steinberg zurückhasten. Mit welcher Erbitterung vor allem auch meine braven oberschlesischen Kerls hier dazwischengehauen hatten, bewiesen die zersplitterten und zum Teil abgeschlagenen Kolben ihrer Gewehre. Dies hätte bei mir als Kompanieführer am Beginn des Angriffstages noch schwere Kümmernis hervorgerufen, aber jetzt war mein Waffen- und Munitionsmangel beseitigt. Jeder Mann hatte jetzt ein tadelloses Gewehr 98 und alle Taschen voll Munition! Unbändig aber war die Freude bei Leutnant Buhl und dem Freiwilligen Wisgott, daß sie — die alten schweren Maschinengewehr-Brüder — nun endlich ihre geliebte Waffe hatten. Ein blitzblankes deutsches schweres Maschinengewehr mit Zielfernrohr (Waffenfabrik Danzig 1918) und acht volle Kästen mit gegurteter Munition, das war hier unsere schönste Beute!

Nun ging es mit frischem Mut weiter drauf, und während der linke Nachbar Sprentschütz nahm, wurde von uns Nieder-Ellguth durchschritten und mit der 2. Kompanie zugleich, 9 Uhr vormittags, das Tagesziel der III. Sturmfahne, das Dorf Niewke, erreicht. Hier wurden Patrouillen gegen Kalinowitz vorgetrieben, Sicherungen ausgestellt und der Truppe die ehrlich verdiente Rast und Verpflegung gegönnt. Durch den nachkommenden Bataillonsstab hörten wir endlich auch etwas von der allgemeinen Lage.

Das Vorkommen der I. und II. Sturmfahne hatte auf die Widerstandskraft der polnischen Verteidigung südwestlich der Bahn, die sich durch Oberland in ihrer Flanke gefährdet sah, stark eingewirkt. Das Bataillon Bergerhoff hatte die hart umkämpfte Wygoda-Höhe und sein rechter Nachbar das Dorf Oberwitz genommen. Durch den Fall dieser beiden Bastionen war nunmehr auch hier auf dem rechten Angriffsflügel die polnische Front erschüttert und wankte in allen Fugen. Die Angriffskolonne Chappuis stieß hinter dem weichenden Gegner bis Krempaer Wald. Hier an der Bahnlinie gab ein moderner polnischer Panzerzug, zu dessen wirksamer Bekämpfung den Deutschen die nötigen schweren Waffen fehlten, dem Bataillon Bergerhoff eine schwere Nuß zu knacken und fügte besonders der einen Kompanie dieses Bataillons bei seinem ersten überraschenden Erscheinen schmerzliche Verluste zu. Die II. Sturmfahne Oberland (Finsterlin) hatte Jeschona genommen und war im Angriff gegen das vom Polen verbissen verteidigte Oleschka.

Die I. Sturmfahne, die hinter Sakrau die ersten Geschütze (auch deutsche Feldgeschütze) erbeutet hatte,

Grabmal für 21 deutsche Selbstschutzkämpfer auf dem Friedhof zu Leschnitz
Photo: Archiv Reiter gen Osten

Skizze aus den Kämpfen um den Annaberg

Zeichnung: C. Diebitsch 21

FREIKORPS OBERLAND

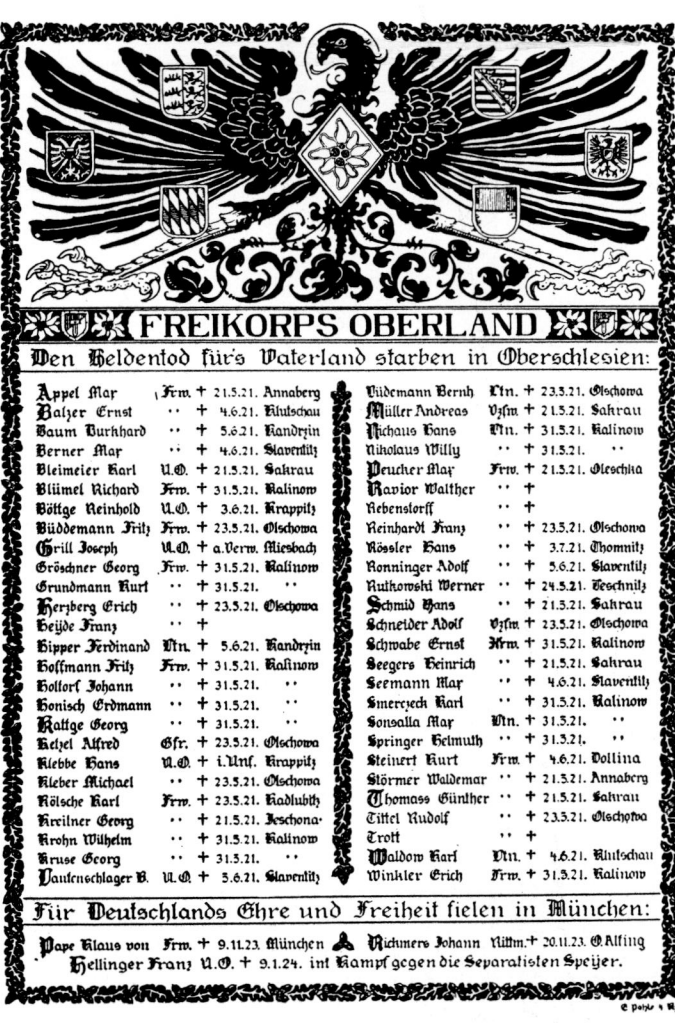

Den Heldentod für's Vaterland starben in Oberschlesien:

Appel Max	Frw.	† 21.5.21. Annaberg	Lüdemann Bernh.	Ltn. † 23.5.21. Olschowa
Balzer Ernst	„	† 4.6.21. Klutschau	Müller Andreas	Vfw. † 21.5.21. Sakrau
Baum Burkhard	„	† 5.6.21. Kandrzin	Nichaus Hans	Ltn. † 31.5.21. Kalinow
Berner Max	„	† 4.6.21. Slawentitz	Nikolaus Willy	„ † 31.5.21.
Bleimeier Karl	U.O.	† 21.5.21. Sakrau	Peucher Max	Frw. † 21.5.21. Oleschka
Blümel Richard	Frw.	† 31.5.21. Kalinow	Ravior Walther	„ †
Böttge Reinhold	U.O.	† 3.6.21. Krappitz	Riebenstorff	„ †
Büddemann Fritz	Frw.	† 23.5.21. Olschowa	Reinhardt Franz	„ † 23.5.21. Olschowa
Grill Joseph	U.O.	† a.Verw. Miesbach	Rössler Hans	„ † 3.7.21. Thommitz
Gröschner Georg	Frw.	† 31.5.21. Kalinow	Ronninger Adolf	„ † 5.6.21. Slawentitz
Grundmann Kurt	„	† 31.5.21. „	Rutkowski Werner	„ † 24.5.21. Leschnitz
Herzberg Erich	„	† 23.5.21. Olschowa	Schmid Hans	„ † 21.5.21. Sakrau
Heijde Franz	„	†	Schneider Adolf	Vfw. † 23.5.21. Olschowa
Hipper Ferdinand	Ltn.	† 5.6.21. Kandrzin	Schwabe Ernst	Hfm. † 31.5.21. Kalinow
Hoffmann Fritz	Frw.	† 31.5.21. Kalinow	Seegers Heinrich	„ † 21.5.21. Sakrau
Hollorf Johann	„	† 31.5.21. „	Seemann Max	„ † 4.6.21. Slawentitz
Honisch Erdmann	„	† 31.5.21. „	Smerczek Karl	„ † 31.5.21. Kalinow
Kattge Georg	„	† 31.5.21. „	Sonsalla Max	Ltn. † 31.5.21. „
Kehel Alfred	Gfr.	† 23.5.21. Olschowa	Springer Helmuth	„ † 31.5.21. „
Kiebbe Hans	U.O.	† i.Unf. Krappitz	Steinert Kurt	Frw. † 4.6.21. Dollina
Kleber Michael	„	† 23.5.21. Olschowa	Störmer Waldemar	„ † 21.5.21. Annaberg
Kölsche Karl	Frw.	† 23.5.21. Kadlubth	Thomass Günther	„ † 21.5.21. Sahrau
Kreilner Georg	„	† 21.5.21. Jeschona-	Tittel Rudolf	„ † 23.5.21. Olschowa
Krohn Wilhelm	„	† 31.5.21. Kalinow	Trott	„ †
Kruse Georg	„	† 31.5.21. „	Waldow Karl	Ltn. † 4.6.21. Klutschau
Paulenschlager B.	U.O.	† 5.6.21. Slawentitz	Winkler Erich	Frw. † 31.5.21. Kalinow

Für Deutschlands Ehre und Freiheit fielen in München:

Pape Klaus von Frw. † 9.11.23. München   Richmers Johann Nittm. † 20.11.23. G.Alfing
Hellinger Franz U.O. † 9.1.24. im Kampf gegen die Separatisten Speyer.

Ehrentafel für die Gefallenen des Korps Oberland
Vorlage: Archiv Reiter gen Osten

---

und Kompanie Eicken waren inzwischen in den Westrand des großen Wyssokaer Waldes eingedrungen. Da das Bataillon Heinz nach Süden eingedreht hatte und mit seinen vordersten Teilen bereits bei Niewke und ostwärts davon erschienen war, entschloß sich der Führer der III. Sturmfahne (Siebringhaus) zum weiteren Vormarsch (und zwar nach Süden in die Flanke der polnischen Annaberg-Stellung), der gegen 10 Uhr auf dem Feldweg nach Wyssoka angetreten wurde. Meine Kompanie hatte die Spitze und führte ihre schweren Maschinengewehre, einige zwanzig überzählige Gewehre und mehrere tausend Schuß Reservemunition auf einem in Niewke requirierten Bauernwagen mit sich. Bereits in Höhe des nach Ober-Ellguth führenden Feldweges erhielt das Bataillon aus Richtung Wyssoka schweres Maschinengewehrfeuer, das zur Entfaltung zwang. Die 2. Kompanie wurde ostwärts, die 1. Kompanie westlich des Feldweges angesetzt. Das schwere Maschinengewehr der 1. Kompanie verblieb unter Führung von Leutnant Buhl auf dem Wege und nahm auf 1500 Meter Entfernung den Feuerkampf mit den polnischen Maschinengewehren im Schloßpark von Wyssoka und auf der Anhöhe westlich davon auf. Im flotten Vorgehen erreichte die 1. Kompanie, dank des vorzüglich liegenden Feuers ihres schweren Maschinengewehrs, das schmale Gehölz hart ostwärts von Höhe 330 und eröffnete von hier aus gleichfalls das Feuer auf den Polen, dessen Widerstand sich merklich versteift hatte. Inzwischen hatte die 2. Kompanie weiter ostwärts des von Kalinowitz kommenden Weges Niederhof—Wyssoka angegriffen. Der weitere Angriff der 1. Kompanie gewann unter Verlusten nur schrittweise Boden, trotzdem die beiden lästigsten polnischen Maschinengewehre am nordwestlichen Dorfrand von dem nachgezogenen schweren Maschinengewehr Buhl niedergekämpft wurden. Erst als Teile der Kompanie Eicken am Ostrand des Wyssokaer Waldes erschienen und in den Kampf um Wyssoka eingriffen, reifte auch hier eine schnelle Entscheidung heran. Ich konnte beim Verteidiger deutlich das Frontmachen des linken Flügels gegen Westen und das Zurücklaufen einiger Leute beobachten und trat daher sofort mit der ganzen Kompanie zum Sturm an. Mit Hurra wurden die ersten Widerstandsnester überrannt, und mit fliehenden Polen zugleich drang die Kompanie in Dorf und Dominium Wyssoka ein. Hier wurden die Reste der polnischen Verteidigung fast völlig aufgerieben, da fast gleichzeitig der 2. Kompanie der Einbruch von Norden her geglückt war. Während ich noch mit dem Ordnen meiner beim Sturm stark durcheinandergekommenen Gruppen beschäftigt war, sah ich Leutnant Buhl mit seinem wieder auf dem Kastenwagen verladenen schweren Maschinengewehr und einem Trupp von reichlich zehn Mann auf der Dorfstraße in Richtung Annaberg hinauffahren. Weitere deutsche Kräfte (anscheinend Eicken und Teile der 2. Kompanie) waren im Vorgehen auf die Windmühlenhöhe (Höhe 385). Ich raffte alle mir im Augenblick erreichbaren Leute — es mögen 50 bis 60 Mann gewesen sein — zusammen und stieß unverzüglich am Ostrand von Wyssoka entlang gegen Annaberg vor. Mit lautem Jubel hatten wir gerade die ersten Häuser von Annaberg erreicht, als eine polnische Abteilung, wahrscheinlich vorgeholte Verstärkung, von Poremba aus den Berghang heraufgestiegen kam. Unser Schnellfeuer aus Gärten und Hecken faßte sie überraschend und ließ sie in wilder Flucht wieder den Berg hinunterstieben.

Es war kurz vor 12 Uhr, als ich mit meiner Abteilung den hochgelegenen Marktplatz von Annaberg erreichte, bis zu dem wenige Minuten vorher der schwere Maschinengewehrtrupp der Kompanie unter Leutnant Buhl auf der Hauptdorfstraße, ohne Widerstand zu finden, durchgestoßen war. Ich stellte sofort an den nach Poremba, Leschnitz und dem Kuhtal führenden Straßen starke Sicherungen aus und schickte den Unteroffizier Rieschik in das Kloster mit dem Befehl, die seit Krappitz mitgeführte Kompaniefahne auf dem Turm der Klosterkirche zu hissen. — Alle Erzählungen, die von wilden Nahkämpfen mit Dolchen und Handgranaten um das Kloster und im Klosterhof sprechen, sind erst in späterer Zeit erfunden und erdichtet worden.

Ohne jede Schwierigkeit konnte Unteroffizier Rieschik seinen Auftrag ausführen, und brausende Heilrufe der Kompanie und der herbeigeströmten Bevölkerung begrüßten die schwarz-weiß-rote Fahne, die fast mit dem Glockenschlag 12 Uhr hoch vom Turm des berühmten Klosters weit ins deutsche Oberschlesierland hinein den deutschen Sieg am Annaberg kündete. Und nie hörte ich in meinem Leben das Deutschlandlied mit größerer Inbrunst singen als an jenem 21. Mai 1921 auf dem Marktplatz von Annaberg.

Wenig später schien sich die Lage für meine Kompanie, von der nur das eine schwere Maschinengewehr und ungefähr 70 Schützen zur Stelle waren, äußerst bedrohlich zu gestalten. Die Süd-Sicherung meldete lebhafte feindliche Bewegungen von Leschnitz her; plötzlich einsetzendes Artilleriefeuer auf Annaberg aus westlicher Richtung — es konnte sich also nur um eigene, erbeutete Artillerie handeln, die noch in Unkenntnis darüber, daß die 1./III. Sturmfahne Oberland bereits von Norden her Annaberg genommen hatte, den Berg und damit die eigene Truppe beschoß —; die West-Sicherung meldete starken polnischen Angriff aus Richtung Waldhof! — Nun hieß es eiserne Ruhe bewahren! Befehl an Leutnant Buhl: „Schweres Maschinengewehr am Westrand des Ortes in Stellung. Alle vom schweren Maschinengewehr-Trupp nicht benötigten Leute mit schwarz-weiß-roten und gelb-weißen Fahnen auf die Dächer, um den anderen Sturmabteilungen kenntlich zu machen, daß Annaberg bereits in deutscher Hand ist." — Ich selbst eile mit dem Reservezug im Marsch-Marsch durch die enge Gasse zwischen Gasthaus und Papiergeschäft Gielnik an den Westhang und komme gerade rechtzeitig, um die ersten polnischen Trupps auf nächste Entfernungen mit Feuer empfangen zu können. In maßloser Überraschung und Verwirrung werfen die Polen ihre Waffen weg und lassen sich zu Dutzenden gefangennehmen. Alles Haller-Soldaten! Wie kommt der Deutsche auf den Annaberg?

Sie wollten ja gar nicht angreifen, sondern waren auf der Flucht vor den Sturmkompanien des Bataillons Östreicher, die auch schon in breiter Front über den Höhenrücken vorkommen!

Nun war ich jede Sorge los und lief voller Freude den Oberländern entgegen. Weniger erfreut aber war der alte Haudegen Östreicher, der mir ergrimmt mit der Faust drohte, weil ich ihm „sein Annaberg" vor der Nase weggeschnappt hätte, und der jetzt sein Bataillon nach Süden abdrehte und über das Kuhtal bis Leschnitz vorstieß.

Die II. Sturmfahne hatte den Polen unter tapferstem persönlichem Einsatz ihres Führers Finsterlin und seines Stabes Oleschka und anschließend Zyrowa entrissen und sich dann dem Sturm auf Annaberg (rechts neben Sturmfahne Östreicher) angeschlossen. — Auch die Bataillone der Angriffsgruppe Chappuis waren in kühnem Angriffsschwung gut vorgekommen und hatten Roswadze, Deschowitz, Bahnhof Leschnitz genommen.

Nur schwer konnte die Führung, um bei der so breit gewordenen Front Rückschläge zu verhüten, einem weiteren Vordringen der siegesfreudigen Truppe Einhalt gebieten. Ein glänzender Erfolg war errungen! — Aus dem knapp fünf Kilometer breiten Gogoliner Brückenkopf heraus hatte der deutsche Angriff die polnische Front in einer Tiefe von 15 Kilometer und einer Breite von 25 Kilometer zerschlagen. Sechs Geschütze und zahlreiche Maschinengewehre waren erbeutet, der Pole hatte schwerste Verluste erlitten, 28 deutsche Ortschaften waren vom polnischen Terror befreit, der „heilige Berg" war fest in deutscher Hand.

Das Oberlanddenkmal in Schliersee

Vorlage: Archiv Reiter gen Osten

Udzial Marynarzy W III. Powstanie
Ein polnischer Marine-Stoßtrupp kämpft um den Annaberg*)

Die Teilnahme der polnischen Marine am III. Aufstand in Oberschlesien ist eines der ruhmreichsten Blätter in der Geschichte der schlesischen Aufstände. Es genügt, darauf hinzuweisen, daß es der Marine-Stoßtrupp war, der während der heißesten Kämpfe um den Annaberg die Front zwischen Lichinia und Salesche halten konnte.

Wenn die Marine am III. Aufstand als eine fest geschlossene Truppe teilnehmen konnte, so verdankt sie das nur der Initiative des Kapitäns Robert Oszek, der es verstand, trotz aller Hindernisse sie zu organisieren und zu bewaffnen. In kurzer Zeit schuf er aus Hunderten von Freiwilligen einen Marine-Stoßtrupp, der sich nur aus alten Seebären und Frontkämpfern zusammensetzte. Er beschlagnahmte in der Baildonhütte die notwendigen Lastwagen sowie mehrere Tonnen Stahlblöcke, die er unter Aufsicht des Ingenieurs Wosniak zu starken Blechen auswalzen ließ. Nach zwei Tagen war der erste Panzerwagen mit sieben Maschinengewehren fertig. Er erhielt den Befehl, sich unverzüglich mit seiner Abteilung an die Front bei Kandrzin zu begeben, wo gerade die schärfsten Kämpfe im Gange waren. Die neuaufgestellte Truppe bewährte sich in diesen Abwehrkämpfen glänzend. Schließlich wurde die Truppe nach Rokitsch abkommandiert, wo sie in das 1. Infanterie-Regiment, das der alte Kämpfer Wlodjimierz Fojkis führte, eingegliedert wurde. In diesen Tagen traf auch Leutnant Walerus mit seinem Panzerauto und Fähnrich Forestier mit seinem Panzerwagen „Gorny Slansk-Alsacja" ein. — Die Situation an der Front war sehr bedenklich. Die Ruhe konnte die alten Kämpfer nicht darüber täuschen, daß irgend etwas bei den Deutschen in Vorbereitung war. — Der Stoßtrupp war erst wenige Stunden bei seinem neuen Regiment eingetroffen, als ein Angriff sie aus der Ruhe herausriß. Am frühen Morgen des 20. Mai griffen die Deutschen die Front der Regimenter Fojkis, Cyms und Rataj (1., 2. und 8. Infanterie-Regiment) so heftig an, daß bald alle Reserven im Feuer lagen. Gegen 5.30 Uhr rissen sich die Deutschen in die Höhe und stürmten längs des Oderufers. Leutnant Fojkis befahl dem Führer des Marine-Stoßtrupps, sich durch das Dorf Roswadze hindurch zur Ziegelei und zum Gute Krempa vorzuarbeiten. Der Gegenangriff gelang im ersten Anlauf, dann lagen sie aber in so starkem Kreuzfeuer, daß sie sich wieder bis Roswadze zurückziehen mußten. Kurz darauf trat der Kapitän zu einem erneuten Vorstoß an. Seine Taktik dabei war, mit dem Panzerwagen auf der Straße vorzufahren, rechts und links begleitet von den Matrosen und anderen Aufständischen. Es gelang, einen Hügel zu besetzen, der in aller Eile zu einer festen Stellung ausgebaut werden sollte. Die Führung der Stellung wurde dem Seemann Jan Borzela übertragen. Das Feuer unserer Maschinengewehre auf die offenliegende deutsche Flanke war von so nachhaltiger Wirkung, daß diese ihre gesamte Feuerkraft auf den Hügel konzentrierten. Jan Borzela fiel durch mehrere Kopfschüsse, während ein anderer an seine Stelle sprang. Für kurze Zeit wurden sie auch von dem Hügel heruntergeworfen, aber in einem Gegenangriff konnten sie die alten Stellungen wieder einnehmen.

Trotzdem verschlechterte sich die Lage von Minute zu Minute. Der Stoßtrupp kämpfte bereits nach drei Seiten. Ein deutscher Angriff, der mit Maschinengewehr-Motorrädern bis in die Nähe des Panzerwagens vorgetragen wurde, brach zusammen. Boten brachten die Nachricht, daß Verstärkung im Anzug sei. Da ertönten aus dem Getreidefelde rechts von dem Panzerwagen Stimmen: „Schießt nicht auf uns! Wir gehören zu euch!" Eine Reihe von Gestalten bewegte sich im Halbkreis auf den Panzerwagen zu. Es sah aus, als ob dies die angekündigte Verstärkung sei, aber Oszek trieb eine dunkle Ahnung, vorsichtig zu sein. Auf 20 Meter ließ er schießen. Handgranaten kamen geflogen. Jemand schrie: „Herrgotts-sakra!" Es waren Deutsche! Ein Gegen-

Insurgentenposten an der Dreikaiserecke bei Myslowitz während des Aufstandes
Photo: Archiv Reiter gen Osten

*) (Dem Buche „Wspomnienia i Przyczynki do Historji, III-go Powstania Gornoslaskiego" des polnischen Oberkommandierenden Maciej Mielzynski (Nowina-Doliwa) entnommen, um einen Eindruck von der polnischen Geschichtsschreibung über den III. Aufstand zu vermitteln.)

Polnische Reserven auf dem Marsch am Tage nach der Erstürmung des Annaberges
Photo: Maciej Mielzynski in Wspomnienia i Przyczynki

Kłodnica 22. V. 1921 r. — Przemarsz powstańców.

stoß warf sie zurück. Es waren zweifellos verkappte Reichswehrsoldaten, denn sie hatten zwar verschiedenartige Röcke, aber völlig gleiche Helme, Stiefel und Hosen an.

Inzwischen sammelte sich die Infanterie der Aufständischen hinter dem Dorf Roswadze, unterstützt durch den Panzerzug „Korfanty", der von dem Oberleutnant Dr. Abamowicz geführt wurde. Durch das Eintreffen neuer Kräfte konnten wir wieder zum Angriff übergehen. Jetzt mußten sich die Deutschen zurückziehen. Am linken Flügel ließen sie sogar zwei Maschinengewehre zurück. Der Kampf um diesen Frontabschnitt wurde immer heftiger. Die Vorstöße unserer Panzerwagen und des Panzerzuges zwangen die Deutschen zum Einsatz ihrer letzten Reserven. Leider war alles vergeblich. Die Stellungen rechts und links von uns wurden von den Deutschen genommen, so daß die Front zurückgenommen werden mußte.

Die Kampfpause wurde benutzt, um dem Stoßtrupp Gelegenheit zu geben, seine Verwundeten gegen neue Kämpfer auszutauschen und um die Bewaffnung zu ergänzen. Die freie Zeit benutzte Oszek zur Einführung einer neuen Erfindung, auf die er durch den Tod von Borzela gekommen war. Im Schloß Slawentzitz beschlagnahmte er eine Reihe von Schubkarren, auf die er aus leichten Panzerplatten Schutzschilder anbringen ließ, hinter die er Maschinengewehre stellte. Dieser bewegliche Karren schützte beim Schießen zwei Leute, die gleichzeitig den Karren bei einer Änderung der Lage schoben. Diese Erfindung fand für die Eigenart unserer Kämpfe volle Anerkennung. Im Gegensatz zu einer ähnlichen Einrichtung, die die Bolschewisten im polnischen Kriege anwandten, die aber von Pferden gezogen wurde, war unser Feuerwagen stets feuerbereit, weil er immer in Schußrichtung stand, während der bolschewistische Wagen stets erst herumgedreht werden mußte.

Weiter führte der Kapitän Oszek ein Signalsystem ein, in dem durch rot-weiße Flaggen Signale für Angriff, Rückzug, Feuereröffnung usw. festgelegt wurden. In einem späteren Kampfe wurde Oszek beim Signalisieren verwundet. Er erhielt einen Schuß in sein Fernglas, wobei er zu Boden geworfen und in der Hüfte verwundet wurde.

Kaum hatte man in nächtlicher Arbeit einige Schubkarren montiert, als ein neuer Befehl Oszek und seine Leute an die Front berief. Während die Deutschen am 20./23. ihren Sturm gegen Annaberg richteten, versuchten sie jetzt, ihre den Aufständischen blutig abgerungenen Stellungen nach Norden gegen die Gruppe Bogdan und nach Süden auf Salesche—Lichinia zu erweitern.

Als es den Deutschen gelang, die polnische Front am Annaberg zu durchbrechen, wollten sie auf geradem Wege nach Gleiwitz durchmarschieren, um sich mit dem dortigen Selbstschutz, der von unserem braven Mastalerz eingekreist worden war, zu vereinigen. Wenn es den Deutschen gelungen wäre, die Front bei Kaltwasser und Salesche zu durchstoßen, hätte das für die polnische Front, besonders im Hinblick auf den wichtigen strategischen Stützpunkt Slawentzitz, von unabsehbarer Bedeutung sein können. Aus diesen Gründen hat das Aufhalten der Deutschen auf dieser Linie eine außerordentliche Bedeutung.

Am 22. Mai um 20 Uhr erhielt Oszek den Befehl, die Wegkreuzung 300 Meter westlich von Salesche zu besetzen und so lange zu halten, bis neue Befehle kämen. Als er die Stellung besetzt hatte, sandte er eine Patrouille in das Dorf, die bei ihrer Rückkehr meldete, daß das Dorf zunächst noch unbesetzt sei, aber einige deutsche Einwohner im Saale des

Polnischer Panzerwagen   Photo: Archiv Reiter gen Osten

Gasthauses die rot-weißen Fähnchen entferne. Sofort war eine freiwillige Patrouille bereit, der polnischen Fahne Genugtuung zu verschaffen. Die nächsten Tage vergingen verhältnismäßig ruhig bis auf einige Patrouillengefechte.

Eines Morgens traf jedoch der Befehl ein, zusammen mit der Abteilung Musiol die Ortschaft Salesche zu besetzen. Kurz darauf erschien der Kommandeur der 1. Division, Major Ludyga-Laskowski, und befahl uns, die Brücke halbwegs Salesche-Lichinia, die am Tage des Rückzuges vom Annaberg gesprengt worden war, wiederherzustellen.

Inzwischen hatten die Deutschen anscheinend bemerkt, daß wir die Brücke instandsetzten, denn plötzlich traf uns ein sehr starker Angriff in die Flanke. Sie versuchten, die Brücke zu sprengen, um damit unser Panzerauto von der Infanterie abzuschneiden. Deutsche Granaten deckten die Straße zu, auf dem das Panzerauto, um kein festes Ziel zu bieten, unablässig mit seinen Maschinengewehren die Flanken bestreichend, auf und abfuhr. Der Stoßtrupp war in höchster Bedrängnis. Da entschloß sich Oszek zum Angriff. Die Brücke wurde durch einen schnell aufgeworfenen Damm verstärkt, und in voller Fahrt ging es gegen die deutschen Linien, die so überrascht wurden, daß sie einige Maschinengewehre zurückließen. Auf ein vom Auto aus gegebenes Zeichen griff nun auch die Abteilung Musiol an, die eine deutsche Stellung nach der anderen nehmen konnte. Da kam den Deutschen Artillerie zu Hilfe, die versuchte, zwischen uns und die Deutschen eine Sperrfeuerkette zu legen. Die Deutschen hatten sich in einigen Gebäuden beiderseits der Straße festgesetzt, in denen wir ihnen in Ermangelung von Artillerie nicht beikommen konnten. Trotzdem arbeitete die Abteilung Musiol sich Schritt für Schritt heran. Nach mehrstündigem Kampfe drangen sie in die ersten Siedlungshäuser von Lichinia ein. Oszek erkannte, daß ein weiteres Vorrücken von der Niederkämpfung einiger Maschinengewehrnester abhängig war. Tollkühn fuhr er mit seinem Panzerwagen mitten in die feindlichen Stellungen und arbeitete sich durch sie hindurch, ein Nest nach dem anderen niederkämpfend. Als das Panzerauto in ihrem Rücken angekommen war, flohen sie, vier schwere Maschinengewehre zurücklassend. Das Dorf Lichinia war erobert. Die Abteilung Musiol besetzte und befestigte es.

Der Kampf um Lichinia tobte in den nächsten Tagen in alter Heftigkeit weiter. Der Ort wechselte mehrmals den Besitzer, blieb aber zuletzt doch in polnischer Hand. Der Marine-Stoßtrupp erlebte schwere Stunden. Es fehlte an Munition. Der Nachschub lag in den Händen unserer tapferen Kadetten. Viele von ihnen sind gefallen oder wurden verwundet. Einen von ihnen fanden wir, von vielen Kugeln durchbohrt, krampfhaft seine Munitionskiste umfaßt. Auch unser Panzerauto befand sich einmal in diesen Kämpfen in einer sehr kritischen Lage. Es war von der nassen Straße in einen Graben geraten und im Kot steckengeblieben. Die Deutschen hatten uns bereits den Rückzug abgeschnitten. Unter dem heftigsten Feuer verließen alle Mann den Wagen, die Munition ging aus. Da erbot sich der Bootsmann Cyganek zu dem Versuche, sich nach hinten durchzuschlagen. Eine halbe Stunde später brachte er Hilfe und Munition. Wir waren gerettet.

Am 27. Mai wurden die Reste des Marine-Stoßtrupps, nur noch 27 Mann, auf Urlaub geschickt. Sie wurden als Helden in der Heimat empfangen. Ein Jahr später dekorierte der Marschall Pilsudski alle überlebenden des Marine-Stoßtrupps mit den Tapferkeitsauszeichnungen, dem „Virtuti militari" und dem Kreuz der Tapferen (Krzyz Walecznych).

Polnisches Geschütz in Feuerstellung   Photo: Archiv Reiter gen Osten

Zembowitz

Ein Brennpunkt des Kampfes im Abschnitt Nord

Von Major a. D. Schnepper, ehem. Führer des Selbstschutz-Bataillons Guttentag

Es war noch vor der Einnahme von Zembowitz. Im Vorwerk Amalienhof liegt ein Halbzug des Bataillons Guttentag. Er soll Verbindung halten mit dem rechten Nachbarn im großen Forst, und die Flanke von Radau schützen. Rund um das Vorwerk ziehen sich riesige Getreidefelder. Eines Morgens ist der Wagen, der die Verpflegung zum Vorwerk bringt, ausgeblieben. Er bleibt spurlos verschwunden. Das läßt nichts Gutes ahnen. Die Wachsamkeit wird aufs höchste gesteigert. Alle Zugänge zum Vorwerk werden verrammelt. In der großen Scheune, worin die Mannschaft liegt, stehen in jedem Eingang zwei geladene MG. Eine Nacht weicht wiederum dem Tag, es dämmert. Die Posten lauschen angestrengt. Klirrte da nicht eben etwas im hohen Roggen? Ehe sie sich noch recht darüber klar werden, stürzen in dem Zwielicht mit infernalischem Gebrüll eine Unmenge Gestalten aus dem hohen Feld auf das Vorwerk. Einen Moment zu früh geschrien. Der Posten ist ein ganzer Mann. Er wirft sich ins Scheunentor. Schmeißt das Tor zu, stürzt hinter das MG. und jagt seine Garben durch die Scheunentür in den Feind, der sich, ihm dicht auf den Fersen gefolgt, vor dem geschlossenen Tor zusammenballt. Mehr als ein Dutzend Tote liegen vor dem Tor, darunter der Führer, ein früherer deutscher Reserveoffizier, wie sich aus seinen Papieren ergibt. Der Überfall ist durch die Geistesgegenwart des Postens abgeschlagen. Er hat das Leben seiner Kameraden gerettet.

Nach Radom, den unangenehmen Gefechten mit dem polnischen Panzerzug, Bahnhof Zembowitz, Pruskau, war auch das Dorf Zembowitz in den glühendheißen Sommertagen genommen. In überraschendem Überfall aus Rücken und Flanke war beim Morgengrauen die schneidige 3. Kompanie bis mitten in den Ort eingedrungen. Da erschienen plötzlich Khakibraune, Engländer. Also endlich die so oft Angekündigten. Es besteht schärfster Befehl, daß unter diesen Umständen nicht mehr geschossen werden darf. Da knallt's plötzlich in den ahnungslosen Haufen. Infanteriefeuer, MG., Handgranaten. Die dritte kann sich mit viel Glück und Mühe der Überrumpelung entziehen. Zembowitz ist verloren. Die Engländer waren Polen. — Das war vor ein paar Tagen.

Aber heute morgen, in planmäßigem, umfassenden, durch Artillerie wirksam unterstütztem Angriff ist es endgültig gelungen. Das Dorf ist unser. Der Feind unter schweren Verlusten und Zurücklassen seiner MG. ist geflohen.

Gegen Mittag beobachtet man vom Kirchturm aus beim Feinde lange LKW.-Kolonnen, die in Richtung Zembowitz im Walde verschwinden. Dann setzt Artilleriefeuer auf das Dorf ein. Erst eine, dann mehrere Batterien. Jetzt wird's mulmig. Das Schußfeld ist sehr schlecht. Besonders vor der

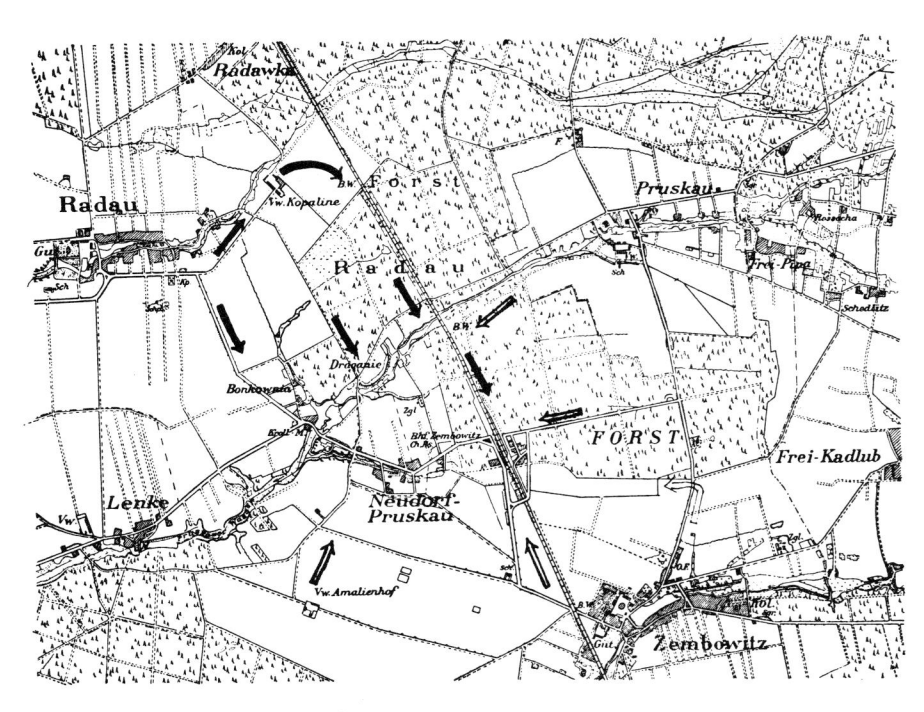

Skizze der Kämpfe um Zembowitz   Zeichnung: Dr. Hahn, Breslau

Oberleutnant Schnepper, ehemals Führer des Selbstschutz - Bataillons Guttentag   Photo: Archiv Reiter gen Osten

5. Kompanie, die, erst seit kurzem beim Bataillon, heute morgen ihre Feuertaufe erhalten hat, verhindern Getreidefelder, die sich rechts des Dorfes bis zum Walde hinziehen, jede Sicht.

Hoffentlich ist der rechte Nachbar, wie vorher vereinbart, auch und weit genug vorgegangen. Er soll in dem großen Walde unsere Flanke schützen. Eine Feldwache des Bataillons ist außerdem zur Sicherung und Verbindung nach rechts in den Wald vorgeschoben. Sie hat noch nichts gemeldet.

Am späten Nachmittag erfolgt der polnische Angriff. Frontal halten 1. und 2. Kompanie, beide im Feuer gehärtete, bestbewährte Kompanien unter bester Führung. Vor der 5. in der rechten Flanke sind, wenn es die Sicht zuläßt, für Augenblicke dichte Schützenlinien zu sehen, die teilweise über die Bahn herüberreichen.

Ist es der Nachbar? Sie gehen langsam aufrecht vor. Also sicher eigene Truppen. Vom Bahndamm winkt man herüber, um sich kenntlich zu machen, das Winken wird erwidert. — Warum meldet aber die Feldwache nicht?

Der Gefechtslärm ist auf der ganzen Front zu hören. Da knallt's auch am Bahnhof, wo sich der Bataillonsgefechtsstand und die Verwundeten befinden. Gedeckt durch den Wald ist der Feind bis an die Bahn vorgestoßen. Alles, was ein Gewehr tragen kann, Offiziere, Meldeläufer, Telephonisten, Verwundete, wird eingesetzt. Da keucht ein Meldeläufer heran. „Feind hat Pruskau genommen. 4. Kompanie aufgerieben." Das bedeutet, daß die linke Flanke offen ist und der Pole deshalb wohl bis zum Bahnhof vorstoßen konnte.

Doch damit nicht genug. Gedeckt durch die Getreidefelder und deshalb als Feind viel zu spät erkannt, ist der Pole trotz tapferster Gegenwehr bei der 5. eingebrochen. Im hin und her wogenden Häuserkampf dringt er nun auch vom Rücken her auf die frontal kämpfende 1. und 2. Kompanie ein. Die noch in Reserve befindlichen Züge der 3. werden, soweit als möglich, nach rechts in die bedrohte Flanke geschoben. Trotz schneidigen Vorgehens gegen große Übermacht können auch sie das Schicksal nicht mehr wenden.

Um der Vernichtung zu entgehen, kämpft sich alles,

Freiwillige für das Selbstschutz-Bataillon Guttentag marschieren in Konstadt ein
Photo: Heeresarchiv

Am Maschinengewehr vor Zembowitz
Photo: Archiv Reiter gen Osten

Oberleutnant Wolf, ehemals Führer
des hess. Selbstschutz-Bataillons Wolf
Photo: Archiv Reiter gen Osten

Major von Waldow †, ehem. Führer
des Selbstschutz-Bataillons Generalfeldmarschall von Hindenburg
Photo: Archiv Reiter gen Osten

Hauptmann Genz, ehemals Führer
des Selbstschutz-Bataillons Lublinitz
Photo: Wältje, Oldenburg

was in Zembowitz ist, zum rückwärtigen Dorfrand durch und flutet über den großen Rübenschlag zurück. Zembowitz ist zum zweiten Male verloren.

Der Feind ist nachgestoßen, überall sieht man auf dem trockenen Acker die kleinen Rauchwölkchen der Einschläge seines MG.- und Artilleriefeuers. Das summt wie ein Bienenschwarm. Auch am Bahnhof ist der Feuerkampf zu größter Heftigkeit angeschwollen.

Da sprengt ein Reiter hinter dem Bahnhof herum, über die Bahn, mitten unter die Zurückflutenden. Er scheint gegen die Kugeln gefeit zu sein. Laut schallt sein Kommando über das Feld. „Alles kehrt Marsch. Marschrichtung Kirchturm Zembowitz." Es gelingt, der Befehl kommt durch. Angespornt durch den Reiter, macht alles kehrt, und in schwungvollem und unwiderstehlichem Angriff, alles mitreißend in wildem Durcheinander, beseelt von ungebeugtem Sieges-

willen wird der Sturm bis zum feindwärtigen Dorfrand, der alten Stellung, wieder vorgetragen. Die 3. hat die Situation schnell erfaßt und nun ihrerseits den Feind in der Flanke gefaßt. Zembowitz ist endgültig unser.

Der Feind am Bahnhof wird ebenfalls geworfen. Die Verbindung mit Pruskau, das nicht verloren, sondern von der bewährten 4. trotz vollkommener Umzingelung gegen starke Übermacht heldenhaft verteidigt wurde, wird befreit.

Die Feldwache der rechten Flanke war von den Polen vor Beginn des Angriffs überfallen und vernichtet worden.

Der Sieg des heißen Tages ist vollständig. In der Nacht übergab das Bataillon dem zur Ablösung eingetroffenen Bataillon Hindenburg und der Radfahrkompanie Hesse die Stellungen von Zembowitz und Pruskau.

Die Abzeichen des hessischen Selbstschutz-Bataillons Wolf. Von oben nach unten: links: Ärmelstreifen des Bataillons, darunter Ärmelstreifen der 1., rechts: der 2. u. 3. Kompanie
Photo: Archiv Reiter gen Osten

Ärmelstreifen des Selbstschutz-Bataillons Generalfeldmarschall von Hindenburg
Photo: Heeresarchiv

Aus Tagebuchblättern der Sturmabteilung Roßbach
Angriff in Oberschlesien

23. Mai. Als erste zogen am 23. früh Hein, Reischauer, ich und eine ganze Anzahl von Leuten auf Lauerpatrouille vor Sophienberg. Aufbruch vor Sonnenaufgang. Eilmarsch, aber doch vorsichtig durch den Wald. Kurz nach Sonnenaufgang Eintreffen vor Sophienberg. Wir suchen zunächst die Nordseite auf, beobachteten auf wenige hundert Meter einen Posten, der mit seinem Gewehr spielte und eine Anzahl Insurgenten, die nach und nach zum Waschen aus dem Quartier kamen. Auch diesmal verzichteten wir schweren Herzens auf das Schießen, um uns das Tagesergebnis nicht zu verderben. Von der Nordseite gingen wir nach dem Westausgang zurück, besahen uns noch aus nächster Nähe die Försterei, bei der vor einigen Tagen ein Kamerad, der arme Wallner, sein Ende gefunden hatte, und bezogen dann die Lauerposten. Hein nahm mit der Mehrzahl der Leute die Hauptstraße, die vom Westausgang in den Wald hineinführt. Reischauer und ich nahmen mit zwei Mann den großen Fahrweg, der erst etwas nach Norden und dann auch nach Westen zieht. Den ganzen Tag lagen wir mäuschenstill, ließen uns von den Mücken fressen. Rehe wechselten an uns vorbei, ohne uns zu merken. Aber kein Pole kam. Gegen Mittag ging Sobanja nach Busow und kam nach einigen Stunden mit mehreren Körben Stullen und einigen Kannen Milch zurück, die er sich von einigen Jungen tragen ließ. Die armen Bengels mußten nun bei uns aushalten bis zum Abend. Dem einen machte die Sache riesigen Spaß, der andere jedoch hatte furchtbare Angst vor dem Störungsfeuer, das wie immer auch heute von den Polen in kurzen Abständen planlos in den Wald hineingeschossen wurde. Wir verstauten beide in tiefen Wurzellöchern, damit ihnen auf keinen Fall etwas zustoßen konnte. Abends mußten wir dann leider unverrichteterssache wieder heimziehen. Mit Gesang ging es durch Busow zurück. Als wir gegen 7 Uhr in Donnersmarck eintrafen, erwartete uns schon ein großer Befehl zum Angriff auf die polnischen Stellungen in der gleichen Nacht. Zwischen 10 und 11 Uhr Abfahrt auf Leiterwagen. Vereinigung mit dem 4. Zug in Lindenhof. Fahrt bis zur Straße Matzdorf—Tenczinau, dann zu Fuß bis zur Kreuzung mit der Straße Busow—Gohle. Der 2. Zug und eine andere Kompanie waren schon da. Angriffsplan: Je 10 Mann Stoßtrupp sollen unauffällig rechts und links an Tenczinau vorbeigehen, sich nach Josefsberg hineinschleichen und die polnische Wache bei Tomalla, einem Gastwirt, überrumpeln. Dann Leuchtkugeln abschießen. Daraufhin Angriff der Kompanie vom Waldrand her auf Tenczinau. Der Stoßtrupp soll die zurückgehende polnische Feldwache abschneiden und dann Neudorf angreifen. Dabei soll die Kompanie unmittelbar nach-

Stab des Selbstschutz-Regiments Schlesien (Roßbach)

Photo: Zeitschrift Oberschlesien, Ratibor

Einmarsch einer Selbstschutzkompanie

2 Photos: Zeitschrift Oberschlesien, Ratibor

folgen. Es werden zwei Trupps gebildet. Die Nordseite nimmt Reischauer mit mir und weiteren neun Mann, die Südseite der Fähnrich v. Flotow vom 2. Zug. Als wir im Begriff sind, den Wald zu verlassen, kommt Gegenbefehl. Es wird nicht angegriffen. Grund: Der 3. Zug sei so überanstrengt, daß er nicht vorgehen könne. Wir schimpfen wie die Rohrspatzen, aber müssen gehorchen. Wir stehen noch unentschlossen; Burkhardt, Schulz und Hein beraten. Da hören wir den Beginn des Kampfes um Sophienberg. Nun steht auch für uns der Entschluß fest. Es wird doch angegriffen, wenn wir auch nur Josefsberg und Tenczinau bekommen. Die beiden Stoßtrupps gehen zusammen unter Änderung des ursprünglichen Plans an der Nordseite vor, greifen Josefsberg und das Ostende von Tenczinau von Norden her an. Die Kompanie vom Westen aus.

Die Polen schießen recht lebhaft, ziehen sich dann aber eiligst auf Neudorf zurück. Unter Horrido! Hepp, Hepp, Konitz! geht es hinter ihnen her. Die Gruppenführer schreien ihre Gruppen an, befehlen Richtung halten. Flotow brüllt seine Kommandos, von Mann zu Mann werden sie durch die Schützenlinie weitergerufen. Ein Höllenlärm. Hurra! Horrido! Leuchtsignale, Schützenfeuer. MG.-Feuer aus der Brennerei von Neudorf. Hinter uns der Lärm der nachrückenden Kompanie. Wir erhalten Feuer von links. Die linke Flügelgruppe schwenkt und greift den Waldrand an. Das Feuer verstummt. Noch ist es nicht so hell, daß man deutlich zielen kann. Gott sei Dank, denn wir greifen über freies Feld Neudorf an. Das polnische Feuer läßt nach. Wir sind am Hof des Dominiums. Das erwartete Feuer bleibt aus. Flotow befiehlt mir, über die linke

Fahnenverleihung an Kompanien des Selbstschutz-Regiments Schlesien (Roßbach)

Gruppe der Selbstschutz-Abteilung Schlesien

2 Photos: Zeitschrift Oberschlesien, Ratibor

Oberleutnant Lenz, Organisator des
Selbstschutzes im Kreise Kreuzburg
Photo: Archiv Reiter gen Osten

Major Günther, ehemals Führer
des Selbstschutz-Rgts. Oberglogau
Photo: Archiv Reiter gen Osten

Major Pitter, ehemals Führer des
Selbstschutz-Bataillons Wasserkante
Photo: Archiv Reiter gen Osten

Straße vorzugehen. Er selbst geht mit dem Gros rechts. Ein leichtes MG. springt vor. Ich nehme es mit nach links. Ein paar Schüsse die Straße runter. Handgranaten frei. Probeweise einen Schuß aus dem Browning. Er ist in Ordnung. Und nun alte Berliner Reminiszenzen. Straße frei! Fenster zu! Und mit Hurra und Horrido geht es die Dorfstraße hinunter. Die Schule, das alte Polenquartier, ist verlassen. Ein Bauer begrüßt uns mit Jubelrufen. Die Polacken sind ausgerissen. Die MG. haben sie auf Wagen davongefahren. Wir kommen zum Ostausgang von Neudorf. Hier gibt es wieder Feuer. „Nehmen Sie den Nordausgang", ruft mir Flotow zu. Eine Gruppe zusammengerafft und die Straße nach Martiklos hinauf. Noch lehnt eine Leiter an einem Chausseebaum, auf dem ein erhöhter Schützenstand sich befindet. Nach Osten zu sieht man einzelne Gestalten im Morgengrauen. Schützenfeuer. Aber auch uns pfeifen die Kugeln um die Ohren. Von der Anhöhe links kommt eine Schützenkette herunter, Hein mit dem 1. Zug. Oben schanzt schon Stefanowski. Ich melde meine Gruppe. Wir treten in den Zug ein. Die Chaussee wird besetzt. Hein geht nach Neudorf, um weitere Befehle zu holen. Er übergibt mir den Zug. Links von uns Feuer. Der 3. Zug greift Martiklos an. Bald kommt er auch in Schützenlinie über den Berg und verlängert unseren linken Flügel. Wir stehen im Feuergefecht mit Krysanowitz und Zawisna. Aus Praschka fahren drei Eisenbahnzüge heraus. Ich lasse schießen, der letzte Zug fährt wieder nach Praschka hinein. Hein kommt zurück, nimmt eine Neueinteilung vor. Ich gehe ins Dorf, um Reischauer zu suchen. Am Ostausgang finde ich ihn im Schuppen des Dorfkruges. Die nach Osten führenden Türen sind weit offen. An den Eckpfeilern stehen Leutnant Koepke und Reischauer und beobachten den Feind, der bei Laskeschütz und Zawisna Schützenlinien bildet. An den Abhängen südlich von Praschka sieht man jenseits der Grenze flüchtende Polen zurückgehen. Auf unseren Schuppen konzentriert sich das gegnerische Feuer. Klatschend schlagen die Kugeln durch die dünnen Planken, pfeifen zum Tor hinein, lassen die Ziegel splittern. Der einzige sichere Platz ist noch hinter den beiden steinernen Torpfeilern. Unser Scharfschütze Warsitz schießt langsam, regelmäßig, sicher. Auch ich schieße und beobachte abwechselnd. Leutnant Koepke tritt etwas in den Toreingang, um besser zu sehen. Er schreit auf, läuft nach hinten, bricht auf dem Hof zusammen. Schuß durch das kleine Becken. Reischauer versorgt ihn. Ich bleibe mit Warsitz allein. Die Schützenlinien bei Laskeschütz gehen wieder zurück. Der ganze Ostrand unseres Dorfes liegt dauernd unter heftigem Feuer. Im wesentlichen halten wir die Chaussee. Ab und zu arbeiten die MG., sonst verhalten wir uns ruhig. Ein Unteroffizier hat einen Nervenzusammenbruch. Er wird zurückgeschafft. Der linke Flügel drückt von Seichwitz nach Süden vor an der Grenze. Das polnische Feuer läßt allmählich nach. Gegen 11 Uhr kommt ein Wagen aus Laskeschütz. Darauf Leute aus Neudorf, die bei unserem Angriff die polnischen MG. haben fortfahren müssen. Sie berichten: bis zur Grenze ist alles frei. Eine halbe Stunde später kommt eine Patrouille von Krysanowitz und erzählt, die Brücke über die Prosna ist gesprengt. Die Detonation hatten wir gehört. Das Feuer hat gänzlich nachgelassen.

„Wasserkante"
Ärmelstreifen des Selbstschutz-Bataillons Wasserkante
Vorlage: Heeresarchiv

Die Artillerie der Gruppe Nord beim Selbstschutz in Oberschlesien

Von Major d. R. a. D. Rudolf Wolff, ehem. Führer der Artilleriegruppe Wolff

Eigentlich „vergessene Artillerie". Warum? Weil in der damaligen Zeit in Deutschland artilleristisches Material zu den größten Kostbarkeiten gehörte und das wenige vorhandene, das aus „Schrott" zusammengestellt werden konnte, dem Zugriff der interalliierten Kontrollkommission unter keinen Umständen preisgegeben werden durfte. Deshalb wurde der Befehl, „keinerlei Aufzeichnungen oder gar Bildaufnahmen artilleristischer Art, die irgend einmal in unberufene Hände kommen könnten, zu machen", eisern durchgeführt.

Jetzt nach den Tagen der Einweihung des Ehrenmals auf dem Annaberg dürfte vielleicht in kurzen Strichen etwas über die Artillerie bei Gruppe Nord gesagt werden.

Als verdrängter „Posener", damals in der „Orgesch" tätig, hatte ich mich für „einen Fall des Falles" zur Verfügung gestellt und wurde dementsprechend bei Ausbruch des „Oberschlesischen Aufstandes 1921" angefordert. Bei der Leitung in Breslau, wo ich zunächst tätig war, wurde der Wunsch nach „Artillerie" laut. Bei einer Besichtigungsfahrt der Front von Süden nach Nordost mußte festgestellt werden, daß wohl bei „Gruppe Süd" einige Artillerie, besonders bei dem aus Bayern herangeholten „Korps Oberland", vorhanden war, bei „Gruppe Nord" (Führer Major Grützner) hingegen nicht ein einziges Geschütz.

Auf Wunsch und Befehl der Leitung in Breslau (artilleristisch Major Bock), unter Zusicherung weitester Unterstützung bei direkter Unterstellung unter die Leitung, übernahm ich den Aufbau und Führung einer Artillerie für Gruppe Nord. 12 Stunden später bestand in Karlsruhe O.-S. die Artilleriegruppe Wolff, deren Grundlage die in der Aufstellung begriffene Batterie „von Wietersheim" bildete, und die sich zunächst mit der Wiederherrichtung „besorgter", zu Schrott bestimmter Feldhaubitzen beschäftigte. Nachdem nunmehr reichlicher Mittel zur Verfügung gestellt wurden, konnte das Unternehmen schon etwas größer aufgezogen werden. Stab mit Leitung lag in einem Stift in Karlsruhe, die Freiwilligen in Bürgerquartieren in und bei Karlsruhe, von Bevölkerung und Behörden bestens unterstützt; besonders durch die Post, die in wenigen Stunden für die Legung der notwendigen Fernsprechleitungen sorgte, und die Damen des Fernsprechamtes, die Tag und Nacht für schnellste Verbindung mit den benötigten Stellen sorgten. Die Zahl der Freiwilligen, meist alte Soldaten, darunter viele Offiziere und Studenten, aber auch aus allen anderen Berufen, aus allen Teilen Deutschlands, vergrößerte sich täglich. Pferde wurden gekauft und allerhand notwendiges Material beschafft. Am schwierigsten war die Beschaffung von Munition und rein artilleristischem

Selbstschutzbatterie Weydemann

Photo: Zeitschrift Oberschlesien, Ratibor

Material — auch dieses wurde mit den verschiedensten Mitteln und auf den sonderbarsten Wegen besorgt. In den Lagern der Treuhandgesellschaften, in Werkstätten, in denen verschrottetes Material lag, konnten gewandte Kommandos allerhand „Nützliches" besorgen. Unter anderem wurde durch ein Jagdkommando unter Leutnant Bier, meinem späteren Adjutanten, die zu den bereits besorgten 8 Feldhaubitzen fehlenden Verschlüsse unter den Augen einer interalliierten Kontrollkommission aus einer Werkstatt, wo sie gerade zerschnitten werden sollten, vermittels Lastautos geklaut. Acht dazugehörige Protzen konnten leider nicht mehr fortgeholt werden, da sie inzwischen von marxistischen deutschen Elementen zerstört wurden. Die Protzen wurden behelfsmäßig aus den Vorderteilen besorgter Feldwagen hergestellt. Ein anderes Kommando unter den Leutnants Heickes und Riggert holten aus einer alten schlesischen Festungsstadt in zwei aufeinanderfolgenden Nächten 12 ehemalige französische Feldkanonen, mit denen sie auf einem Lastkahn die Oder heraufgeschwommen kamen. Eine Anzahl meiner damaligen Offiziere wurde infolge dieser und ähnlicher Unternehmungen formell steckbrieflich verfolgt, so auch mein Adjutant Leutnant Bier, allerdings unter dem Namen „Feld", der ihm als Deckname diente. Oberleutnant von Wietersheim trat als Verbindungsoffizier zur Gruppe Nord in Konstadt. Während in der improvisierten Werkstatt auf einem Vorwerk bei Karlsruhe ehemalige Waffenmeister, Schlosser und Handwerker an der Wiederherstellung der Geschütze arbeiteten, wurden Roß und Mann in den Karlsruher Wäldern ausgebildet. Die erste fertiggestellte Feldhaubitze wurde mit Bedienung an Gruppe Süd abgegeben und hatte erheblichen Anteil bei der Wiedereinnahme des Coseler Oderhafens. Die erste einsatzbereite bespannte Batterie war Batterie Weydemann mit vier Feldhaubitzen, deren Einsatz ganz plötzlich bei Zembowitz erfolgte. Hier hatte der Pole bei einem Angriff des Bataillons Schnepper im Gegenstoß erheblichen Erfolg gehabt. Als der Pole am nächsten Tage weiter angreift, schlägt ihm aus nächster Nähe wider Erwarten das Feuer von vier Feldhaubitzen entgegen, und er wird mit schwersten Verlusten, wie er sie wohl kaum vorher mal gehabt hat, abgeschmiert. Das Verdienst dieses Erfolges gebührt dem Verbindungsoffizier Oberleutnant von Wietersheim und dem Batterieführer Oberleutnant Weydemann. In den nächsten Tagen gibt Batterie Weydemann eine Feldhaubitze ab, und es werden zwei weitere Batterien — Toll und Herrmann — mit je zwei Feldhaubitzen eingesetzt. Gruppenstab siedelt nach Konstadt über, während Karlsruhe Werkstatt und Aufbaustelle bleiben. Hier wird die Batterie „Riedel" (Hauptmann a. D. FA. 20) mit vier zu zwei Pferden bespannten ehemaligen französischen Feldgeschützen aufgestellt und ausgebildet, kam aber während des Aufstandes nicht mehr zum Feuern. Es sei erwähnt, daß ein Zug fast geschlossen aus Straßenbahnern der Gräbschner Straßenbahn unter dem Sohn ihres Direktors, des Leutnants Colle (später tödlich verunglückt) bestand; der andere Zug überwiegend aus pommerschen Bauernsöhnen. Zur besonderen Verwendung standen bei Karlsruhe vier schwere Feldhaubitzen und zwei lange 10-Zentimeter, allerdings ohne Bespannung, bereit. Der Frontabschnitt für Artilleriegruppe Wolff ging etwa von Malapane nach Nordosten über Zembowitz südlich Rosenberg bis zur alten russischen Grenze; dann Bereitschaft von nördlich Pitschen bis etwa nördlich Namslau. Um die Aufgabe einigermaßen zu erfüllen, blieb später im allgemeinen nur eine Batterie in der Gegend Zembowitz in Stellung, während die anderen Batterien in Bereitschaft lagen und entsprechend der Lage schnell nach vorher erkundeten und vorbereiteten Stellungen geworfen wurden. Die Schwierigkeit der Umgruppierungen bestand in der Geheimhaltung vor den interalliierten Kontrollkommissionen und Verrätern. Hier fanden wir weitgehendste Unterstützung in Kreuzburg durch Herrn Bahnhofsvorsteher Pfefferkorn und seine Eisenbahner, die uns zwei Güterwagen so umbauten, daß in jeden derselben eine Feldhaubitze mit allem Zubehör, Munition, Geschirr, Gewehre usw., untergebracht werden konnten. Während Herr Pfefferkorn auf Anruf diese Güterwagen an die gewünschte Stelle leitete, rückte die dazu gehörige Mannschaft als harmlose Überlandfahrer auf die befohlene Stelle. Zwei andere Feldhaubitzen wurden in gedeckten Lastautos den Augen der Späher entzogen.

Während wir fieberhaft arbeiteten, aufbauten und zu einer kleinen Macht anwuchsen, die nicht nur zum Halten der Stellungen, sondern zum Angriff bereit waren, brachten die unglückseligen Verhandlungen für uns die Räumung des von uns besetzten bzw. gehaltenen Gebiets. Die Artilleriegruppe Wolff war inzwischen auf etwa 250 Freiwillige und 70 Pferde angewachsen und hatte eingesetzt bzw. einsatzbereit: eine bespannte Batterie zu drei Feldhaubitzen, eine bespannte Batterie zu zwei Feldhaubitzen (Lastauto), eine bespannte Batterie zu vier Feldkanonen (ehemals französische), vier unbespannte schwere Feld-

Geschütz der Batterie Lembert (Oberland)

Photo: Archiv Reiter gen Osten

haubitzen und zwei lange 10-Zentimeter, vier unbespannte Feldkanonen; alles mit der dazu notwendigsten, wenn auch nicht allzu reichlichen Munition.

Weiter waren abgegeben: eine Feldhaubitze an Gruppe Süd, eine Feldkanone für einen Panzerzug und eine Feldkanone (französisch) an Roßbach. Immerhin eine Anzahl von Geschützen, die damals etwa einem Fünftel der gesamten deutschen Artillerie entsprach.

Als im Juli der endgültige Räumungsbefehl kam, war wiederum die Artillerie vergessen. Während für alle anderen Freikorps von der Gruppe mit dem Räumungsbefehl gleichzeitig die Unterkünfte für die Folgezeit bekanntgegeben wurden, blieb es der Artilleriegruppe Wolff selbst überlassen, sich unterzubringen und ihr Material unsichtbar zu machen, was allerdings etwas schwieriger war als Maschinengewehre und Gewehre verschwinden zu lassen. In den wenigen noch zur Verfügung stehenden Tagen und besonders Nächten wurde diese Aufgabe unter Anspannung aller Kräfte gelöst und sämtliche Geschütze, Material und Munition teils vor und teils hinter der Demarkationslinie sicher verstaut. Geschütze wurden in den Wäldern vergraben, in Strohschobern verpackt oder zerlegt in Kellern untergebracht. Die beiden Güterwagen mit den zwei Feldhaubitzen wurden in die Zuckerfabrik gestellt, die beiden herausgenommenen Verschlüsse fanden ihren Platz in Wabnitz in der Badestube des inzwischen verstorbenen Landrats Rojahn. Mann und Roß fanden ihre Unterkunft in und um Bernstadt und Oels, der Stab in Oels.

Als die Aussichten auf ein Wiederaufleben des Kampfes allmählich schwanden, wurden zunächst ein Teil der Mannschaften entlassen, dann die Pferde abgegeben und nur ein kleiner Stamm je Batterie blieb zurück, während die Einberufungstelegramme für die „Entlassenen" bereitlagen. Im September gelangte auch der Rest der Freiwilligen zur Entlassung, während Skizzen der Hinterlegungsorte des Materials der zuständigen Stelle übergeben wurden und hiermit hatte die „Artilleriegruppe Wolff" zu bestehen aufgehört.

Ihre Anerkennung fand die Artilleriegruppe Wolff in der Verleihung von 88 Schlesischen Adlern II. Stufe, 20 Schlesischen Adlern I. Stufe und sechs Eichenkränzen.

Als besonderes Truppenabzeichen wurde von allen Angehörigen der Artilleriegruppe auf der Armbinde unter dem Schild ein schwarzes Samtviereck von 7 × 9 Zentimeter getragen.

Wenn auch die eigentlichen Kampfhandlungen nur einen geringen Teil der Tätigkeit der Artilleriegruppe einnehmen, so mußten doch infolge des eigenartigen Aufbaues mit seinen Schwierigkeiten und des Kampfes gegen Verrat und Spionage die größten Anforderungen an jeden einzelnen Freiwilligen gestellt werden, die aber auch erfüllt wurden. Das mußte einmal für die tapferen Selbstschutz-Artilleristen gesagt werden.

Geschütze des oberschlesischen Selbstschutzes, die nach Beendigung der Kämpfe in einer Talsperre versenkt wurden   *Photo: Scher*

Das sächsische Selbstschutzbataillon Haßfurther

Vom Alltag des Selbstschutzkampfes

Von Hauptmann (E) Judeich

28. Mai! Mit anderen Selbstschutz-Bataillonen rückt das sächsische Freikorps Haßfurther in den Frontabschnitt an der Oder, der sich südlich Ratibor bis zur tschecho-slowakischen Grenze hinzieht. Nachdem durch den schneidigen Sturm der Oberländer den Polen der Annaberg verlorengegangen war, war der Druck auf diesen Frontabschnitt besonders groß geworden und mit allen Mitteln versuchten die Aufständischen, im Norden geworfen, nunmehr hier im Süden den Durchbruch nach Westen über die Oder zu erzwingen. Schwere Anforderungen wurden in diesem Abschnitt an den einzelnen Freiwilligen gestellt. Unübersichtlich zog sich die Stellung am Lauf der breiten Oder entlang, und wiederholt stieß der Pole überraschend über den Fluß vor, meist in der Dämmerung, Ufergestrüpp und Flußwindungen gut ausnützend. Aber die sächsischen Freiwilligen sind auf der Hut! Bei Kreuzenort und Lapatsch faßt ihr Schützen- und MG.-Feuer den Polen: Zähes verbissenes Ringen um Streifen sumpfigen Bodens sieht im Mondlicht der langsam dahinfließende Strom. Am Morgen noch war der Kommandeur die Stellung abgegangen. Der junge Posten hat seine Meldung gemacht. Vertrauensvoll schauen ein paar leuchtende Augen den Führer an. So viel Fragen gibt es zu stellen! Wann es weiter vorwärts gehe, ob man dort oben die Höhen jenseits des Flusses einmal noch nehmen würde mit stürmender Hand? Da will der junge Bursche bestimmt dabeisein! Seine Schwester hat ihm, dem 17jährigen, in Leipzig gesagt: „Dich, kleinen Bruder, können sie ja doch nicht gebrauchen."

Ärmelabzeichen des Selbstschutz-Bataillons Haßfurther
Photo: Archiv Reiter gen Osten

Major Haßfurther, ehemals Führer des Selbstschutz-Bataillons Haßfurther
Photo: Judeich, Königsberg

Und jetzt will er beweisen, daß er nicht zu jung ist! ... Schüsse in der Nacht aus dem Oderschilf! Vornüber sinkt er tot in die Arme eines älteren Kameraden. — So manchen haben wir dort unten begraben müssen: die Freiwilligen Daulsberg, Großmann, Ebert von der 4. Kompanie; so mancher mußte verwundet aus der Stellung getragen werden! Aber durchgekommen ist der Pole bei uns nicht, das hätte den Verlust der Stadt Ratibor, des südlichsten Eckpfeilers der gesamten deutschen Selbstschutzstellung bedeutet. —

Seit wir die Abstimmungsgrenze überschritten hatten, waren wir auch des öfteren in direkte oder indirekte Berührung mit den Vertretern der interalliierten Großmächte gekommen. Als „Hüter der Ordnung" waren ihre bis an die Zähne bewaffneten Regimenter eigentlich bestimmt; doch mit elementarer Wucht waren die Wellen des Aufstandes über ihnen zusammengeschlagen.

Mit den Italienern standen wir, besonders im südlichen Raum des Aufstandsgebietes, auf bestem Fuß. Hatten sie doch gerade hier durch persönlichen Bluteinsatz bewiesen, daß sie ihrer Aufgabe als Hüter der Ordnung gerecht zu werden versuchten.

Auch der Engländer brachte der Sache des deutschen Selbstschutzes ein fühlbares Wohlwollen entgegen. Bezeichnend dafür ist eine kleine Begebenheit, die sich in der Nähe von Oppeln abgespielt hat. In den Abmachungen, die Exzellenz Höfer mit der Interalliierten Kommission abgeschlossen hatte, und die bis zu einem gewissen Grade die deutschen Selbstschutzverbände im Machtbereich der Interalliierten Kommission legalisierten, war eine Bestimmung verankert, daß nur in Oberschlesien Gebürtige dem deutschen Selbstschutz angehören dürften. Als die Kommission anfing, auf Grund dieser Bestimmung die deutschen Selbstschutzverbände genauer unter die Lupe zu nehmen, existierten eben in den Bataillons-Geschäftszimmern zwei Listen, eine unter „H" = geheim, die die wirklichen Heimatorte der Freiwilligen enthielt und eine unter „C" = offizielle Kontrolliste, in der die ausgefallensten oberschlesischen Ortschaften fein säuberlich als Geburtsorte der Freiwilligen aufmarschiert waren. Als diese „C"-Liste dem dortigen Kreiskontrolleur, einem englischen Major, vorgelegt wurde, überflog er sie lächelnd und reichte sie mit den Worten zurück: „Oh, ich sein very erstaunt, was ist wesen Oberschlesien for ein fruchtbares Land".

Das Verhalten der Franzosen allerdings stand nicht im Einklang mit der ihnen zugewiesenen Aufgabe. Nur mit Hilfe des Generals Le Rond und der französischen Kreiskontrolleure war es ja Korfanty und

Selbstschutzkämpfer

Die Leipziger Kompanie des Selbstschutz-Bataillons Haßfurther beim Passieren einer Schiffsbrücke der Oder
Photo: Judeich, Königsberg

seinen Anhängern möglich gewesen, den Aufstand in einem derartigen Ausmaße zu entfesseln. Wo es ging, leisteten die Franzosen den Aufständischen Vorschub durch Waffen- und Munitionslieferungen. Auch wir Sachsen sollten sie kennenlernen. In einem geschlossenen Straßenpanzerwagen mit wehender Trikolore kamen sie eines Tages in Slawentzitz angefahren, ein General, ein Kapitän und ein im Unteroffiziersrange stehender Dolmetsch. Brüsk verlangten sie nach dem deutschen Kommandeur. Kühl empfängt sie Major Haßfurther. Aufgeregt gestikulierend verlangen sie unser sofortiges Abrücken und die Räumung der von uns besetzten Ortschaften sowie der eben erst genommenen Stellungen jenseits des Klodnitz-Kanals im Althammer Forst. Aufs bestimmteste lehnt unser Kommandeur das Ansinnen ab. Knapp und klar fallen seine Worte: „Auf Grund unserer Überzeugung und unserer Befehle stehen wir hier, Herr General!" Wieder ein Schwall von französischen Worten: „Sicherheit würde ja durch die interalliierten Truppen gewährleistet und daher sei die Anwesenheit von deutschen Truppen überflüssig. Ihr Bleiben sei als eine Aktion gegen die interalliierten Truppen aufzufassen." Kühl antwortet unser Kommandeur: „Nicht gegen die interalliierten Truppen, sondern gegen aufständische Banden ist der deutsche Selbstschutz aufgeboten, gegen Banden, die anscheinend durch die interalliierten Truppen nicht gehindert werden können, ihr Unwesen zu treiben. Es wird die Deutschen nur freuen, wenn es den interalliierten Truppen gelingt, diesem Treiben ein Ende zu bereiten. So lange dies nicht geschehen ist, bleiben wir hier!" In großer Pose wirft der französische General seine Arme empor und sprudelt mit theatra-

lischem Pathos die Worte heraus: „Wenn Sie meine Warnung nicht befolgen, richten Sie ein europäisches Blutbad an!!" Während der ganzen Unterredung, die von dem Korporal geschickt verdolmetscht wurde — wir verstanden aus Prinzip bei Verhandlungen mit Franzosen kein Französisch und sprachen nur deutsch —, läuft der Kapitän in einemfort sichtbar besorgt ans Fenster, und was er sieht, scheint ihn in leichten Schrecken zu versetzen. Bewohner des Dorfes und Freiwillige haben sich draußen im Hof am französischen Panzerwagen zusammengefunden. Recht deutliche Worte dringen ins Zimmer und auch an die Ohren der Herren Franzosen, die unseren Kommandeur beim plötzlich sehr schnellen Verlassen des Raumes noch „vor der Welt verantwortlich machen, daß sie unbelästigt davonkommen". Ein Offizier unseres Stabes hat sie auch glücklich durch die aufgeregte Menge hindurchbugsiert. —

Ein Aufstand ist nicht vergleichbar mit einem Krieg, der mit alles verzehrender Flamme dahinbraust über ein Land. Unheimlicher ist ein Aufstand, ist ein schwelendes Feuer, das einmal hier, einmal da hell auflodert, um dann rasch wieder in sich zusammenzusinken. Auf dieser schwelenden Glut unter der Asche fanden in der Pfingstzeit 1921 im Oberschlesierland in den Städten die Märkte statt, wurde in den Betrieben und den Fabriken gearbeitet und der Bauer ging aufs Feld, so lange — bis plötzlich die MG. irgendwo tackten und da und dort der Aufständische sich festsetzte. Dann erstarrte natürlich alle Tätigkeit und das gesamte Leben wurde hineingezogen in den Strudel des Kampfes, der zwischen deutschem Selbstschutz und den Aufständischen entbrannte. War aber ein Stück deutschen Bodens durch

Vormarsch einer Kompanie des Selbstschutz-Bataillons Haßfurther auf Slawentzitz
Photo: Judeich, Königsberg

den Gegenstoß des Selbstschutzes befreit, so ging das Leben sofort wieder seinen zwar nicht ganz geordneten, aber doch alltäglichen Gang; das Feuer unter der Asche aber schwelte weiter...

Wo immer aber der deutsche Selbstschutzmann marschierte durch schon befreites oder noch in Kampfhandlung verwickeltes Land, da wurde er mit der dem Oberschlesier eigenen Herzlichkeit als Beschützer und Befreier begeistert aufgenommen. Ob Schloß oder Kate, Schule oder Gasthof uns Quartier bot, sofort wurden wir einbezogen in den Leidens- aber auch Freudenkreis der Bevölkerung. Sie stand in den Dörfern am Straßenrande und reichte der durchmarschierenden Truppe Lebensmittel und Erfrischungen, sie empfing uns mit ihren Musiken an den Dorfeingängen und gab uns oft langes Geleit, wenn wir wieder abmarschierten zu neuem Kampfeinsatz. Besondere Freude herrschte, wenn wir hier und da einmal auf einen Landsmann stießen. Da hatte der eine in einem sächsischen Truppenteil gedient, ein anderer seine Jugendjahre auf der Wanderschaft in Sachsen verbracht. Ein dritter wieder, wie der Inspektor Behne auf Dedowitz-Hof bei Kreuzenort, hatte sich aus dem Sachsenlande, aus Dresden, seine Frau geholt, die während unseres Einsatzes an der Oderfront besonders rührend und unermüdlich für die sächsischen Selbstschutzkameraden sorgte.

Unvergeßlich aber wird denen, die dabei waren, ein Erlebnis bleiben. Nach langem Marsch war eines Abends das Bataillon in ein Dorf gekommen und hatte todmüde Ortsunterkunft bezogen. Es war nicht ganz geheuer in dem Ort, in dem bis kurz vor unserem Einmarsch noch das polnische Element Oberwasser gehabt hatte. Etwas abgesetzt vom Dorf, auf einem einsamen Gehöft hatte der Stab des Bataillons notdürftig Quartier gefunden. Kommandeur und Adjutant hatten sich sofort noch zu einer wichtigen Dienstbesprechung in den Gruppenstab begeben müssen und nur der diensthabende Offizier befand sich mit wenigen Gefechtsordonnanzen und Telephonisten zusammengepfercht im engen Wohnraum des Gehöftes. Da plötzlich tauchen aus der Dunkelheit Lichter am Dorfrand auf, eins nach dem andern und wandern immer auf uns zu. Ein Überfall? Kaum denkbar, denn wer wird ausgerechnet mit Laternenbeleuchtung uns überrumpeln wollen? Doch Vorsicht ist besser als Nachsicht. Wir stecken unsere Pistolen schußbereit in die Rocktaschen und starren in die Nacht. Näher kommen die Lichter, und da sehen wir auf einmal: Der alte Lehrer aus dem Dorf ist es mit den deutschen Schulkindern. Sie haben bei unserem Einmarsch unseren Kommandeur gesehen, wie er einarmig vor uns herritt. Da haben sie gedacht, er sei General Höfer, der ja auch im

Aufbahrung eines an der Oder gefallenen Kameraden vor der Überführung in die Heimat Photo: Judeich, Königsberg

Studenten des Selbstschutz-Bataillons Haßfurther auf dem Bahntransport Photo: Judeich, Königsberg

Kompanie beim Bahntransport Photo: Judeich, Königsberg

großen Kriege einen Arm einbüßte, und der jetzt oberster Führer des oberschlesischen Selbstschutzes ist. Wie ein Lauffeuer hat es sich im Dorf herumgesprochen. Schnell ein paar Blumen gepflückt, rasch die Jungen und Mädels zusammengetrommelt! Und nun sind sie da und wollen Höfer, den Schützer und Befreier ihrer Heimat sehen, wollen ihn sprechen, ihm danken. Vergeblich sucht der wachthabende Offizier ihnen klarzumachen, daß es sich um eine Verwechselung handelt und daß auch unser Kommandeur nicht anwesend ist. Sie bleiben bei ihrem Glauben. „Er is ok blus miede und hat sicher noch vil zu tun, ja, ja; aber singen wull'n wir ihm eins, das wird nicht stören!" Und nun schallen aus liebem Kindermund deutsche Lieder weithin über das nächtliche Land. Aus der Ferne, dort wo wir morgen eingesetzt werden sollen, hämmert ein MG. unregelmäßigen Takt zu dem schlichten oberschlesischen Volksliede, das uns, die wir es damals hörten, heute noch nach langen Jahren in den Ohren klingt.

Die letzte Schlacht

Von K. Hopp

Im Morgengrauen des 3. Juni wird die Sturmkompanie alarmiert. Bald liegen die Ruhequartiere hinter der Truppe. Der Marsch über die schluchtenreichen Abhänge des Annabergs läßt alle Erinnerungen an den Sturm lebendig werden. Vor zwei Wochen ging es mit ausgepumpten Lungen hinter den fliehenden Polen her, heute glaubt man sich fast auf einer Wanderung. Die Sonne taucht aus den dunkelgrünen Buchenwäldern des Annabergs empor und beleuchtet den Klosterberggipfel mit rötlichem Gold. Alle sind froh gestimmt, daß die Langeweile der Ruhezeit zu Ende ist. Tatendrang und Kampfesfreude leuchten aus den Gesichtern. Der Maschinengewehrführer Kuhna stimmt sein Lieblingslied an: „Wer recht in Freuden wandern will der geh' der Sonn' entgegen." Immer werden wir an sein frohes Jungengesicht denken, wenn wir dieses Lied hören. Er und mancher andere, der hell und freudig mitsang, sah die Sonne nur noch einmal sinken. Ein unvergeßliches Bild ist diese Marschkolonne in der Morgensonne. Eiserne Gesichter alter Soldaten von allen Schlachtfeldern des Weltkrieges, neben ihnen andere, die erst vor einer Woche ihre Feuertaufe erlebten, und dazwischen richtige Knabengesichter, Kerlchen, die eben in die Truppe eingereiht sind und mit halb staunenden, halb bangen Augen dem großen Erlebnis entgegensehen: dem Kampf, der sie zu Männern machen soll. Hell klingt es: „Da zieht die Andacht wie ein Hauch...", während sich die lange Reihe an den Kalvarienstationen des „Heiligen

Oberleutnant Graf Strachwitz, ehemals Führer der Selbstschutz-Abtlg. Graf Strachwitz   Photo: Max Glauer, Oppeln

Kapitänleutnant Fels, ehem. Führer der Freischar Dömning
Photo: Rosenbauer, Frankfurt a. M.

Oberleutnant Bergerhoff, ehemals Führer des Selbstschutz-Bataillons Schwarze Schar   Photo: Willemer, München

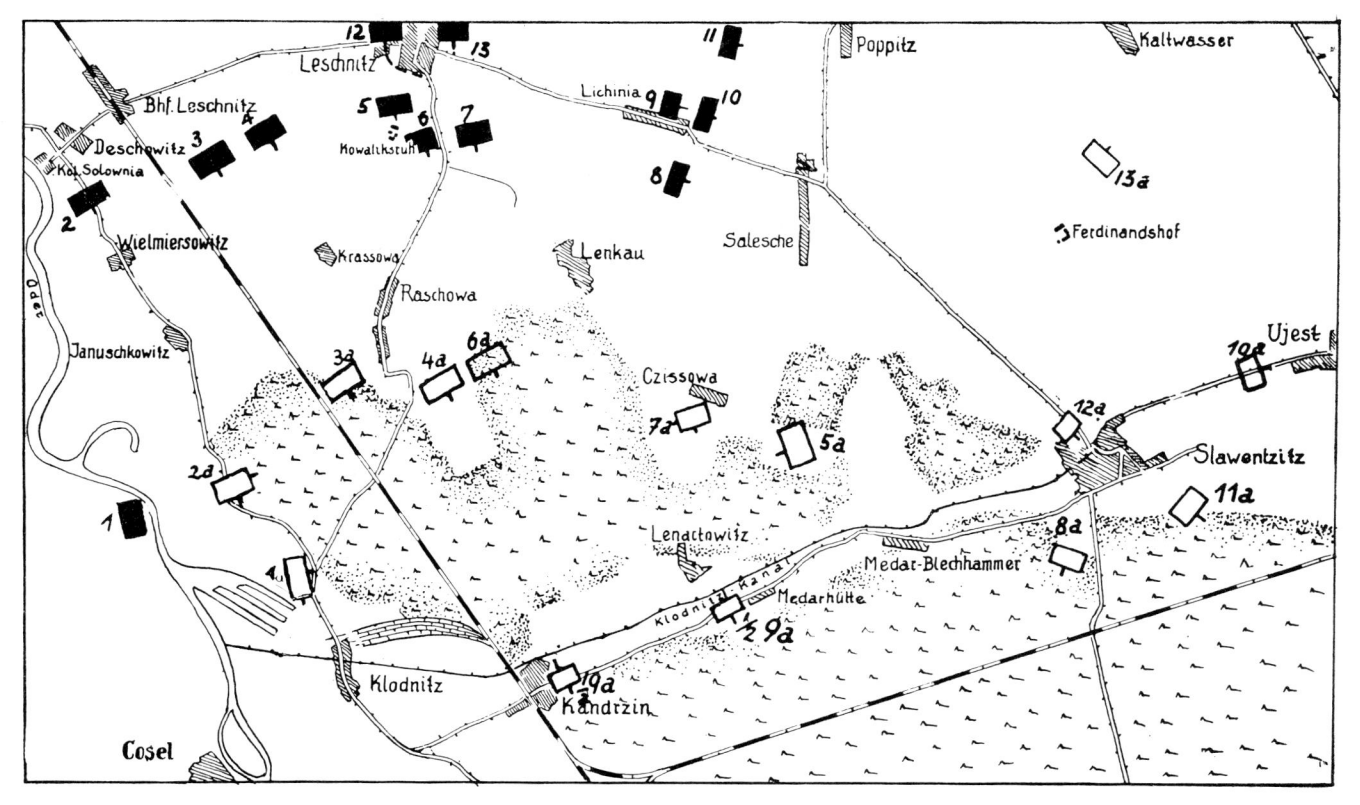

Übersichtskarte für die Kämpfe um Salesche — Slawentzitz — Kandrzin am 4. Juli 1921

1, 1a: Selbstschutz-Bataillon May; — 2, 2a: Selbstschutz-Bataillon Marienburg; — 3, 3a: Selbstschutz-Bataillon Watzdorf; — 4, 4a: Selbstschutz-Bataillon Gleiwitz (Buth); — 5, 5a: Selbstschutz-Bataillon Wendorf; 6, 6a: Selbstschutz-Bataillon Garnier; — 7, 7a: Selbstschutz-Bataillon Bethusy-Huc; — 8, 8a: Selbstschutz-Bataillon Gogolin; — 9, 9a: I. Bataillon Freikorps Oberland; — 10, 10a: Selbstschutz-Sturm-Bataillon Heinz; — 11, 11a: II. Bataillon Freikorps Oberland; — 12, 12a: Selbstschutz-Bataillon Haßfurther; — 13, 13a: Selbstschutz-Bataillon Schwarze Schar (Bergerhoff)

Zeichnung: Roederer, Berlin

Berges der Oberschlesier" vorbeiwindet, einem Pilgerzug ähnlich; nur fehlt der Glaube an die heilsame Wirkung der Bildstöcke. Die Sache des Vaterlandes ist heilig, mit ihr wird Gott sein.

Hell glänzt das Korn in breiten Wellen, vom Sommerwind bewegt. Die Zeit der Ernte ist nicht mehr fern, aber die Ernte, die der Kampf hält, wartet nicht auf Jahreszeit und Reife. Ab und zu hämmert von fern ein Maschinengewehr. Im Frieden wogender Kornfelder wirkt es wie das Dengeln einer Sense. Das Städtchen Leschnitz liegt unter leichtem Geschützfeuer. Die Wandervogelstimmung ist verflogen.

In Lichinia werden die Oberländer abgelöst. Bis zur Abenddämmerung sind die Sturmausgangsstellungen bezogen. Sie lehnen sich links an den Scharnosiner Wald und verlaufen über die Felder am Lenkauer Wasser entlang in Richtung Rokitsch.

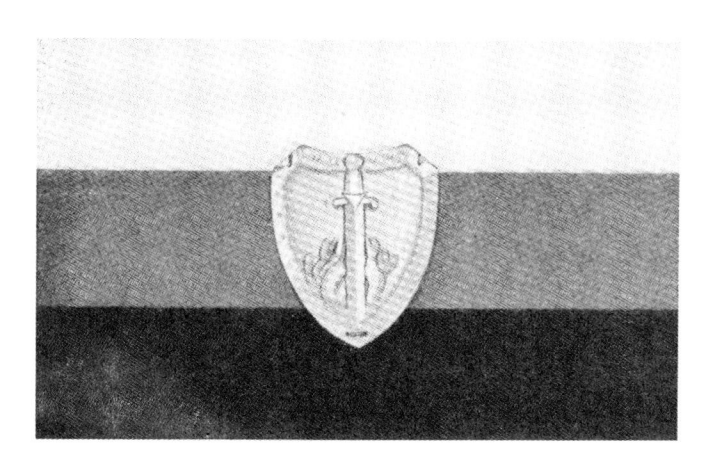

Armbinde der Selbstschutz-Abteilung Graf Strachwitz
Vorlage: Graf Strachwitz, Groß-Stein

Ärmelabzeichen der Schwarzen Schar
Vorlage: Archiv Reiter gen Osten

Ärmelabzeichen des Selbstschutz-Bataillons Marienburg
Vorlage: Archiv Reiter gen Osten

Selbstschutz auf dem Marsch zur Front   *Photo: Archiv Reiter gen Osten*

Kapitänleutnant Lensch, ehem. Führer
des Selbstschutz-Batl. Marienburg
Photo: Illenberger, Stuttgart

Der Angriffsbefehl ist bereits in den Händen der Führer. Bis 1 Uhr nachts ist die Stellung zu halten. Um 2 Uhr 30 Minuten haben sich die Sturmtruppen auf Front Salesche bereitzustellen. Bataillon Heinz mit Kompanie Schlageter links, Sturmkompanie v. Eicken rechts der Straße Lichinia—Salesche. Gestaffelt folgen 3. und 4. Kompanie des Bataillons Gogolin.

Die Nacht zieht herauf und taucht Männer und Gedanken in ihr düsteres Gewand. Schwarz steht der Waldstreifen vor Poppitz gegen den Nachthimmel. Aus ihm löst sich ab und an ein Schuß und wirft sein Echo über die Feldschluchten. Dann wieder unheimliche Ruhe. Die Meldegänger haben bis Mitternacht dem letzten Posten an der Mühle Umgruppierungs- und Angriffsbefehle überbracht. Da meldet sich der linke Flügelmann, daß der Anschluß nach Norden fehlt. Im Anschluß an den Meldegang geht der „Pastor" — so nennen die Kameraden einen Freiwilligen-Studenten — in der Bachmulde nach Norden, um die Nachbarformation festzustellen. Auch ihm gelingt das nicht. Vorsichtig schleicht er bis zur Mühle an der Waldspitze, als er im Busch polnische Stimmen hört. Eine starke Insurgentenpatrouille fühlt hinter der deutschen Front vor. So schwach waren die deutschen Angriffstruppen, daß ganze Frontteile entblößt werden mußten, um die nötigen Sturmtruppen zusammenzuziehen. Hätte der Feind die Meldung dieser Patrouille benutzt, so konnte er, ohne Widerstand zu finden, bis zum Annaberg vorstoßen. Er verpaßte den Zeitpunkt.

Um 2 Uhr 30 Minuten bewegt sich die dünne, langausgestreckte Linie, eine sehr schwache Linie, die von der Scharnosiner Mühle bis Lenkau sichtbar ist, auf Salesche. Während der nördliche Teil dieses Dorfes sich wie eine natürliche Wallbefestigung aus der Ebene erhebt, bildet der südliche Teil durch viele Gartenmauern eine nicht minder starke Verteidigungsstellung. Schwarz-weiß-rote, weiß-gelbe (schlesische) und schwarze Fahnen machen die Sturmlinie in ihrem Vordringen kenntlich. Die polnischen Maschinengewehre hämmern rasend. Das hohe Korn, daß die vom Morgentau schnell durchnäßten Angreifer fast bis zum Hals verbirgt, wird von Querschlägern durchfegt. Am linken Flügel muß Schlageter sein Grabengeschütz einsetzen. Am Dorfrand springen schwarze Rauchfontänen hoch. Es sind die Einschläge der Oberland-Batterie Lembert. Unter dem Schutz dieses Feuers kommt der Sturm gut voran. Wohl reißt das polnische Feuer Lücken, die sich nicht schließen. Reserven gibt es nicht. Was tut's, daß der rechte Nachbar nicht mehr aufsteht und dem linken ein Querschläger beide Hände kaputtreißt. Mit brausendem Hurra brandet die Sturmlinie an die Häuser des Dorfes. Schon räumen die Polen fluchtartig die Stellung. Neben verlassenen Maschinengewehren liegen Tote und haufenweise Gewehre. Die Stürmer nehmen sich kaum Zeit, dem fliehenden Feinde einige Schüsse nachzujagen, und schon geht es in Richtung Slawentzitz weiter. In gesicherter Marschkolonne wird das Dorf ohne Aufenthalt in demselben Augenblick erreicht, in dem es der zurückfliehende Pole südwärts verläßt. Einem im Schloß liegenden polnischen Stabe und einer Batterie gelingt es leider im letzten Augenblick, in den schützenden Wald zu entkommen. Während aus dem Dorf dumpfe Detonationen herüberschallen, stürzen die Einwohner aus den Häusern. Jubelnd und vor Freude schluchzend begrüßen sie die siegreiche Truppe als ihre Befreier und Erretter aus höchster Not. Jammer und Jubel der Bevölkerung durfte die Truppe nicht aufhalten. Es galt, dem Feinde auf den Fersen zu bleiben und zu verhindern, daß er sich hinter der Klodnitz festsetzte. Wie die Detonationen uns bereits angezeigt hatten, mußte der Gegner den Versuch gemacht haben, die Brücken zu sprengen. Trotzdem ein gewaltiger Betonblock durch das Kirchendach in das Innere des Gotteshauses geschleudert worden war, fanden wir nach Durchschreiten der Klodnitz die Kanalbrücke nur unvollständig gesprengt vor. Nach Beseitigung eines Dynamithaufens, der genügt hätte, um halb Slawentzitz in die Luft zu jagen, konnten wir mit Maschinengewehren und sogar einem Geschütz über den Brückenrest vorstoßen und den Südteil der Kolonie durch Posten sichern. Dies geschah um 5 Uhr morgens. Erst später erreichten die Radfahrkompanie Richthofen und die anderen Kompanien des Bataillons Gogolin das Dorf. Als die Kompanie Glowalla (4. Gogolin) den Brückentorso betrat, stürzte dieser zusammen und begrub zwei Gruppen unter seinen Trümmern. Dadurch waren die südlich der Klodnitz stehenden schwachen Kräfte der rückwärtigen Verbindung beraubt. Das konnte verhängnisvoll werden. Die Sturmtruppe gab sich der Täuschung hin, daß sich das Dorf Slawentzitz immer mehr mit Truppen fülle und wartete auf Lastautos, um in das Industriegebiet vorzustoßen. Die Absichten der oberen Führung waren vorn nicht bekannt. Inzwischen wurden alle anderen Formationen in einer Rechtswendung an der Klodnitz entlang über Blechhammer in Richtung Kandrzin herumgeworfen. Nur gegen Ujest sicherten schwache Kompanien (Heinz). Slawentzitz bildete also die Spitze eines Keils, der hinter die polnischen Linien vorgetrieben worden war. So kam es, daß die auf den Verfolgungsbefehl ungeduldig wartende Sturmkompanie nichtsahnend einer Gefahr gegenüberstand, die den Erfolg des Vormarsches beinahe vernichtet hätte.

Doch lassen wir einen Mann erzählen, der als erster mit seinem Zug in den Klosterhof des Annabergs gelangte und dessen Zugfahne am Turm den deutschen Sieg verkündete. Leutnant Herzig berichtet: „Ich erhielt Befehl, die Kolonie Sl. durch eine Feldwache zu sichern. Ich wählte ein einzelnes Gehöft am Südostausgang. Der Wald saß mir zwar verteufelt vor der Nase, jedoch bis zum Wald vorzustoßen war unsinnig. Ich handelte nach alter Kriegsregel: Hauptbedingung Schußfeld, zweite erst: Deckung. Meinen Befehl, sich einzugraben, wollten die Leute nicht verstehen. Insbesondere die Bedienung des mir zugeteilten Maschinengewehrs vom 3. Zug äußerte: ‚Wozu einbuddeln. Es geht ja doch gleich weiter; wozu die Arbeit!‘ Der Posten am Südwestausgang (Wegkreuz Blechhammer—Bahnhof Slawentzitz) hatte eine polnische Radfahrpatrouille getroffen, die er mit einem Rahmen Patronen erledigte. Bei dem einen der Getöteten fand der Posten 50 000 Mark Löhnungsgelder, die er dem Kompanieführer für die Hinterbliebenen unserer Gefallenen übergab. Offenbar waren die Polen von der Einnahme Slawentzitz nicht unterrichtet gewesen. Inzwischen fiel am Südostpunkt eine Salve. Ich machte sofort kehrt. Zwei Mann der Feldwache waren verwundet. Mit vier Mann stieß ich wütend in den Wald vor, ohne Feuer zu erhalten. Vom Gegner war nichts festzustellen; lediglich eine polnische Kompanieliste (darunter Namen von Slawentzitzern) hatte der Feind verloren. Ich nahm an, daß wir es mit der Nachhut des Gegners zu tun hatten und wiederholte den Befehl, sich einzugraben. Ich eilte ins Dorf, um Meldung zu machen. Kaum dort, geht vorn ein Höllenlärm los. Mehrere Maschinengewehre rattern, dazwischen rasendes Gewehrfeuer. Eicken eilte mit mir nach vorn. Die Lage mußte bedenklich sein. Es war unmöglich, am Wege voranzukommen. Alles war mit Feuer zugedeckt. Endlich gelangte ich über Gärten und Zäune hinweg, im

Die Spitze des Selbstschutz-Bataillons Gogolin auf dem Vormarsch. An der Spitze rechts der Führer des Bataillons, Oberleutnant von Frobel, links daneben Leutnant von Eicken
Photo: Archiv Reiter gen Osten

Kurze Gefechtspause nach dem Eindringen des ersten Stoßtrupps in Slawentzitz.
Photo: Heeresarchiv

Schutz der Gehöfte, zum letzten Haus. Von hier sah ich, daß es trostlos um die Feldwache stand. Das Maschinengewehr schoß nicht. Die Besatzung lag tot daneben. Die Infanteristen lagen in den flachen Löchern. Ob sie noch leben? Das Feuer der Maschinengewehrgarben spritzt um sie, daß der Erdstaub wirbelt. Ich krieche um das Haus herum in den Garten. Woher kommt das Feuer? Doch ich merke nur, daß auch hier Schuß um Schuß einschlägt, daß eine Rose vor mir herunterfällt, daß abgeschossene Blätter von den Bäumen rieseln, daß Äste splittern und beständig Putz und Ziegelbrocken auf meinen Rücken spritzen. Da höre ich Eicken hinterm Haus fluchen: Da hockt ihr feiges Gesindel im —, während vorn eure Kameraden verbluten! Schleunigst kroch ich zurück, um neues Unheil zu verhüten. Eicken tat zum erstenmal den Leuten unrecht. Er war erbittert und durch sein hohes Fieber gereizt und zum Äußersten entschlossen. Ich schlug vor, ein Maschinengewehr vom Dachgiebel aus anzusetzen. Oben im Dachzimmer fand ich einige Leute, darunter den Artilleriebeobachter. Ich eilte zum Fenster. Zurück, Leutnant Herzig!! Ich hatte aber schon im Garten deutlich gehört, daß zwischen dem Maschinengewehrfeuer Gewehrfeuer näherkam. Also ging polnische Infanterie im Schutze überhöhenden Maschinengewehrfeuers vor; eine Taktik, wie ich sie mit Vorliebe im Felde bei meiner Divisionskompanie angewendet habe, wenn es das Gelände nur irgend gestattete. Ich würde gern an den Tag von Slawentzitz denken, da wir hier zum erstenmal in Oberschlesien einen ebenbürtigen Gegner vor uns hatten, wenn nur nicht die hohen Verluste gewesen wären. (Später hörten wir, daß uns die polnische ‚Todesschar' angegriffen habe, eine aus ehemaligen deutschen Unteroffizieren Posens und Oberschlesiens gebildete Elitetruppe. Fest steht, daß sie von einem ehemaligen U-Boot-Kapitän aus Posen geführt wurde.)

Ich sprang also ans Fenster. Schon hatte ich zwei Schuß aus einer Maschinengewehrgarbe weg. Einen Steckschuß im linken Oberschenkel. Der andere traf mich, bereits im Wenden, als Streifschuß an Stirn und Nase. Zuerst glaubte ich an Schlimmeres. Den Schuß ins Bein zwar spürte ich gar nicht. Von dem anderen aber hatte ich infolge der in und unter das Auge gedrungenen Horn- und Glassplitter meiner Brille das Gefühl: der ging durchs Auge mitten ins Gehirn. Infolge dieser Einbildung sackte ich ab. Der Anblick meines käsebleichen blutüberströmten Gesichts muß auf die Kameraden über-

Hauptmann Buth, ehem. Führer des Selbstschutz-Bataillons Gleiwitz
Photo: Archiv Reiter gen Osten

Überführung eines gefallenen Kameraden der Selbstschutz-Abteilung Wolf
Photo: Archiv Reiter gen Osten

Sperrung der oberschlesischen Grenze.

Die polizeilichen Maßnahmen zur Sperrung der oberschlesischen Grenze sind durchgeführt. Die Grenze ist gesperrt. Das preußische Ministerium des Innern entsandte neun Hundertschaften Schutzpolizei an die Grenze, welche den Eintritt von Bewaffneten aus Deutschland verhindern und aus Oberschlesien zurückkehrende Bewaffnete entwaffnen soll.

Um eine Unterlage für die nachdrückliche Unterbindung der Bildung von Freikorps und anderen Freiwilligen-Verbänden für Oberschlesien in den anderen Teilen des Reiches zu geben, hat der Reichspräsident, wie amtlich gemeldet wird, auf Antrag des Reichsministeriums in Ergänzung der bestehenden Strafbestimmungen eine besondere Verordnung erlassen. Danach wird mit Geldstrafe oder Gefängnis bestraft, wer es unternimmt, ohne Genehmigung der zuständigen Dienststellen Personen zu Verbänden militärischer Art zusammenzuschließen, oder wer an solchen Verbänden teilnimmt. Auch jede Art der Geldunterstützung solcher Unternehmungen ist danach strafbar, ebenso die Werbung und die Aufnahme von Werbeinseraten in der Presse. Die Verordnung bezieht sich auf das ganze Reich mit Ausnahme des Abstimmungsgebietes selbst, in dem die Verwaltung den Alliierten zusteht, denen auch die Regelung des Selbstschutzes dort unterliegt.

Die Verordnung des Reichspräsidenten, die vom heutigen Tage datiert ist, hat folgenden Wortlaut:

„Auf Grund des Artikels 48 der Verfassung des Deutschen Reiches verordne ich zur Wiederherstellung der öffentlichen Sicherheit und Ordnung für das Reichsgebiet folgendes:

§ 1. Wer es unternimmt, ohne Genehmigung der zuständigen Dienststellen Personen zu Verbänden militärischer Art zusammenzuschließen, oder wer an solchen Verbänden teilnimmt, wird mit Geldstrafe bis zu 100 000 M. oder mit Gefängnis bestraft.

§ 2. Diese Verordnung tritt mit dem Tage ihrer Verkündung in Kraft.

Berlin, 24. Mai 1921.

Der Reichspräsident:
gez. Ebert.

Der Reichskanzler:
gez. Dr. Wirth.

Der Reichsminister des Innern:
gez. Dr. Gradnauer.

Regierungsverordnung gegen die oberschlesischen Freikorps und Selbstschutzverbände   Vorlage: Vossische Zeitung, Berlin

zeugend gewirkt haben. Innerhalb von 24 Stunden war ein Augenzeugenbericht bei meiner Schwester: ‚Leutnant Herzig ist bei Slawentzitz durch Kopfschuß getötet'. Aber das Luder lebt zum Ärger der Neuroder Spießer heut' noch. Ich blieb also eine Zeitlang der Meinung, bei mir hätte, um den wunderschönen Frontausdruck zu gebrauchen, das A...löchle Amen gesagt. Aber der Weg ins Jenseits schien lang. Es geschah nichts, ich zweifelte, versuchte das rechte Auge aufzumachen, es ging; ich sah die zerschossene Stube, rief: „Hamdudillei hat ich noch', nämlich das Augenlicht, und krabbelte auf allen vieren — nein, auf dreien, denn jetzt erst merkte ich den Beinschuß — zu den andern. Der Oberländer legte mir den ersten Verband an. Der Kerl war übrigens Gold wert. Endlich war einer auf den Gedanken gekommen, Löcher durch die Wand zu brechen. So konnten wenigstens einige das Feuer der Polen erwidern. Mein Samariter wirkte in seiner Ruhe auf die anderen. Ich höre ihn noch heute vor jedem Schuß vor sich brummen: ‚Drruckpunkt', und sein Nebenmann bestätigte den Erfolg mit den Worten: ‚Hat ihm'. Mir flößte man Rum und Wein ein, wohl, um mir die verzweifelte Lage erträglicher zu machen. Es konnte sich ja nur noch um Minuten handeln, und der Pole nahm im letzten Anlauf das Haus, und das bedeutete in jeder Hinsicht das Ende. Auch der Bayer wurde jetzt unruhig und schien verzweifelt auf irgend etwas zu warten. Die Leute legten sich Handgranaten zurecht. Ich tastete nach meiner Pistole. An den Schießscharten schossen sie schneller. Es sprach keiner mehr ein Wort. Das Maschinengewehrfeuer der Polen war nicht verstummt, aber es schien hoch über uns hinwegzufegen.

Dafür klatschte das Feuer der polnischen Schützenlinie gegen das Haus. Wieviel Sekunden noch? Da — unvermutet, ein berstender Krach! Mein erster Gedanke: Nun schießt er zum Überfluß noch mit Minen. Im selben Moment macht mein Oberländer einen Luftsprung, tanzt einen Schuhplattler, haut mir Häuflein Unglück auf die Schulter, jodelt und brüllt: ‚Jetscht haut's aber alles zsammen, jetscht haut's aber alles zsammen!' Hat der prächtige Kerl den Frontkoller gekriegt. Wieder ein donnernder Krach, da brüllt auch schon der Bayer: ‚Schaut's, wie die jetscht laufe!' Und tatsächlich war das Infanteriefeuer verstummt, und nach dem dritten Schuß hörte auch das Maschinengewehrfeuer auf. Und hundert Meter vorm Ziel ließ sich der Pole den sicheren Sieg durch ein einziges prächtiges Geschütz aus der Hand reißen und türmte, was er türmen konnte zurück in den Wald und zurück hinter Ujest und die ihn schützenden Franzosen. Die Geschützbedienung war beim Vorbringen des Geschützes bis auf einen Mann zusammengeschossen worden, ehe sie zum Schuß kam. Der leichtverwundete Leutnant Spahn versuchte vergeblich, das Geschütz allein vorzuschieben, da es kein Schußfeld hatte. Es sprang ein Freiwilliger unserer Kompanie, der ‚Pastor', an den Lafettenschwanz, und die beiden schafften es, die Feldkanone dem prasselnden Gewehrfeuer entgegenzuschieben und in die stürmenden Polen auf 150 Schritt hineinzufunken. Die moralische Wirkung war so ungeheuer, daß der Feind, statt im Wagnis des letzten Sprunges das Geschütz zu nehmen, schleunigst die Flucht ergriff. Durch die Tat zweier Menschen waren wir, war Slawentzitz, ja vielleicht die Schlacht gerettet."

Der Peter-Pauls-Tag in Hindenburg

Von einem Mitkämpfer

In den frühen Nachmittagsstunden des 29. Juni 1922 saß ein Hindenburger Oberprimaner in seinem Dachstübchen und grübelte an einem Hausaufsatz, der längst überfällig war. Daß die Arbeit nicht vorwärtsgehen wollte, war nicht verwunderlich, denn nebenbei war man auch noch Angehöriger der Hindenburger „Schwarzen Schar", die in diesen für Oberschlesien so schlimmen, schicksalsschweren Tagen gegen polnisches Aufständischengesindel bereitstand. Was Wunder, daß die Gedanken immer wieder ihre eigenen Wege gingen und mehr bei den Kameraden von der Freischar waren als bei der so lästigen Schularbeit. In diese friedliche Arbeit heulten mit einem Male die Sirenen der Donnersmarckhütte. Hausaufsatz hin, Hausaufsatz her, jetzt hieß es nur noch: Raus und so schnell wie möglich nach der Röhrengießerei der Donnersmarckhütte zu unserem Sammelpunkt und Waffenlager. Glücklich erreicht man das Tor an der Biskupitzer Straße. Auf den Straßen und Wegen des Werkes ein Rennen und Hasten, alles in Richtung Röhrengießerei.

Fragen schwirren durcheinander, Vermutungen werden laut, zunächst aber weiß keiner, was eigentlich geschehen ist. In das allgemeine Durcheinander knallen die ersten Schüsse, bald bellen MG. und schon mischt sich das Krachen von Handgranaten in das Konzert, und alle wissen mit einem Male: Heute gilts nicht nur einen polnischen Angriff abzuwehren, heute kommen Franzosen. Die ersten Meldungen gehen ein, das Waffenlager in der Röhrengießerei der Donnersmarckhütte war an die Franzosen verraten worden! Das konnte der deutsche Oberschlesische Selbstschutz nicht preisgegeben! Die das zu spüren bekamen, ist eine französische Offizierspatrouille, die am Kasino der Donnersmarckhütte vorbei durch den Hüttenpark in die Röhrengießerei einzudringen versuchte. Der Empfang, der ihnen da zuteil wurde, wird ihnen unvergeßlich bleiben. Jedenfalls gibt es vor dem Kasino so viel Dunst, daß sie unter Zurücklassung eines Toten und mehreren Verwundeten schleunigst das Weite suchen.

Nun ist es uns klar, was kommen muß. Man wird versuchen, uns einzuschließen, um die „Brut" auszuräuchern. Die Stellung, die wir inne haben, ist an und für sich nicht schlecht. Die Donnersmarckhütte ist nämlich ringsherum mit einem hohen Zaun, zum Teil aus Draht, zum Teil aus Mauerwerk, umgeben, und außerdem von dichtem Buschwerk umstanden, das ausgezeichnete Deckung bietet. Zwischen den Linien liegen wie kleine, feste Stützpunkte die Tore der Donnersmarckhütte mit dem Pförtnerhäuschen, die mit schweren MG. besetzt sind.

Der Franzose läßt die Frontlinie von Panzerautos abfahren, die er von Gleiwitz herübergeholt hat. Wir können mit unseren 98er Gewehren gegen diese Stahlkolosse nichts ausrichten, aber alte Frontsoldaten, wie die Feuerwehrleute der Donnersmarckhütte, gehen die Panzerwagen mit geballten Ladungen an, ohne jedoch einen greifbaren Erfolg zu erzielen.

So bekommen wir in der Röhrengießerei bis gegen 5 Uhr nachmittags außer den Panzerwagen kaum etwas zu sehen, obwohl das MG.-Feuer in der Stadt nie abreißt. Ich liege in einer bunten Schar von Kameraden aller Berufsschichten. Es herrscht ein buntes Durcheinander von Arbeitskluft, Sonntagsausgehanzug und Räuberzivil, ab und zu sieht man auch eine Litewka. Es kennt kaum einer den anderen, aber alle sind einig in dem Gedanken, daß der Franzose nicht an unsere Waffen darf. So liegen wir am

Armbinde der Beuthener Selbstschutzkompanien, die sich — eingeschlossen von polnischen Insurgenten und abgeschnitten von jeder Verbindung zur deutschen Front — bis zur Beendigung des Aufstandes in heldenhaften Straßenkämpfen behaupten und die Stadt Beuthen vor einer Besetzung durch die Insurgenten bewahren konnten
Vorlage: Pisarski, Beuthen

Zaun der Donnersmarckhütte und harren der kommenden Dinge. Eine Meldung wurde durchgegeben, die Silos zu besetzen. Im Aufzug geht es hoch bis zur obersten Sturzrampe, die über den Silos entlang läuft. Dort trauen wir unseren Augen nicht, denn wir sehen eine lange Schützenlinie der Franzosen, die sich, gedeckt durch ein Getreidefeld, gegen den Bahnhof Ludwigsglück zu bewegt. Also wollen sie uns angreifen! Uns schlägt das Herz bis zum Halse. Besser könnten wir sie nicht kriegen und nun raus, was die Knarre hergibt. Wie die Hasen auf einer Treibjagd haben wir sie vor uns, und von da bis zur Totenkapelle des Hindenburger Krankenhauses, das uns gegenüberliegt, ist's für sie noch ein ganzes Stück. Sie kommen nicht weit. Das Feuer kommt so überraschend und deckt sie so völlig zu, daß von ihnen kein Schuß zu uns herüberfällt. Könnten sie weiter, es nützte ihnen nichts, denn dann laufen sie vor unsere MG., die am Bahnhof Lud-

Stoßtrupp Fitzeck von der Ludwigsglückgrube bei Hindenburg, einer der Stoßtrupps, der an den Kämpfen des Peter-Pauls-Tages teilnahm. Die Leute waren überwiegend ehemalige Kameraden der Selbstschutz-Sturmabteilung Heinz. Die Fahne nahm an der Spitze der 1. (Radfahrer) Kompanie der Sturmabteilung Heinz an der Erstürmung des Annaberges teil. Sie steht heute im Fahnensaal des Braunen Hauses in München. Der Fahnenträger holte am 14. Juli 1920, am französischen Nationalfeiertage, von der französischen Gesandtschaft am Pariser Platz in Berlin trotz der damals vor dem Gebäude stehenden französischen Wachtposten die Trikolore herunter und entkam zunächst unerkannt
Photo: Archiv Reiter gen Osten

wigsglück eingebaut sind, wo der Selbstschutz aus Borsigwerk uns zu Hilfe geeilt ist.

Wir hatten also von der Stürzrampe aus den Rand des Kornfeldes unter Feuer, als sich plötzlich ein Hochofenarbeiter neben uns aufrichtete und nun freihändig wie am Scheibenstand hinunterschießt. Er rechnet nicht damit, daß er nun von allen Seiten zu sehen ist, und das wird uns zum Verhängnis. Bald bellt drüben ein MG. auf, die Schüsse klatschen gegen die eisernen Träger und pfeifen als Querschläger ab. Bald liegt ein Toter und ein Schwerverletzter neben uns. Ohne jede Deckung liegen wir auf der Plattform. Das pfeift und trummt um uns herum, fast jeder Schuß wird zum Querschläger, und wir wissen nicht, woher das Feuer kommt. Zu sehen ist nichts. Nirgendwo zeigte sich ein blaugrauer Rock oder Helm, und trotzdem nimmt das Feuer ständig zu. Die einbrechende Dunkelheit macht der Schießerei ein Ende. Wir ziehen uns über die Donnersmarckhütte, Concordiagrube nach Borsigwerk zurück, wo sich im Hüttengasthaus alles versammelt. Das Waffenlager war inzwischen geräumt worden. Der Weg in die Donnersmarckhütte konnte den Franzosen freigegeben werden.

In Hindenburg gibt es 16 Tote. Die Mehrzahl sind Frauen und Kinder, die den französischen MG. in der Stadt zum Opfer gefallen sind. Wie wir am nächsten Tage erfahren, hatten die Franzosen in der Stadt an allen Straßenkreuzungen und Plätzen MG. aufgestellt und auf alles geschossen, was sich nur rührte. Ein paar Tage darauf ziehen sie endgültig ab unter Mitnahme aller ihrer Toten und Verwundeten.

Am 30. Juni erhalte ich von dem Oberstudienrat Kleinwächter den Auftrag, nach unseren Verwundeten zu sehen und ihnen Liebesgaben, die in der Stadt gesammelt wurden, zu überbringen. Im Hindenburger Krankenhaus komme ich mit einer Stationsschwester ins Gespräch. Dabei erzählt sie, wie die französische Schützenkette, die am Krankenhaus entlang durch ein Kornfeld gegen die Sicht unserer Schützen am Straßenrand gedeckt vorging, plötzlich von unserem Feuer zugedeckt wurde. In kurzer Zeit war fast alles verwundet. Ein paar Franzosen brachten darauf kurzerhand ein französisches MG. ins Krankenhaus, stellten es draußen trotz aller Einsprüche der Oberschwester in der Veranda auf einen Tisch und eröffneten das Feuer auf die Röhrengießerei und die Silos, auf deren Plattform wir lagen. Daß wir da oben nicht größere Verluste hatten, ist mir nur erklärlich aus der Nervosität der französischen Schützen.

Als wir dann und an den folgenden Tagen unsere Toten begruben, traten manchem von uns die Tränen in die Augen, aber es waren Tränen der Wut über hingemordete deutsche Menschen. Damals sahen wir keinen Sinn in diesen Opfern, heute wissen wir, daß auch sie zu den Blutzeugen für das neue größere Deutschland gehören, und daß ihr Opfer notwendig war.

Das Freikorps-Ehrenmal auf dem Annaberge *Photo: Zeitschrift Oberschlesien, Ratibor*

Grenzkampf im Süden

16. Oktober 1918	Österreichische Regierung verkündet die Absicht der Proklamation von vier konföderierten Nationalstaaten: Deutsch-Österreich, Tschecho-Slowakei, Südslawien, Ruthenien. Ablehnung bei Deutschen und Slawen.
19. Oktober 1918	Bildung eines Slowenischen Nationalrats für Kärnten.
29. Oktober 1918	Tschechen beginnen mit der Besetzung von Böhmen und Mähren. Brünn, Olmütz (29. 10.), Warnsdorf, Rumburg (3. 11.), Iglau (6. 11.), Saaz (15. 11.), Brüx (28. 11.), Marienbad (8. 12.), Teplitz (9. 12.), Eger (10. 12.), Aussig (11. 12.), Karlsbad, Tetschen-Bodenbach (13. 12.), Reichenberg, Gablonz (14. 12.), Troppau (18. 12.). Ausrufung der Provinz Deutsch-Böhmen und Einberufung eines Deutsch-Böhmischen Landtages nach Reichenberg.
2. November 1918	Ernennung eines „Generalkommissars für das Slowenische Kärnten".
7. November 1918	Slowenen beginnen mit der Besetzung des südlichen Teiles von Kärnten.
18. November 1918	Slowenischer Hauptmann Lavric besetzt Ferlach.
23. November 1918	Vertrag zwischen Beauftragten der Slowenen und der Kärntner Landesversammlung über vorläufige Abtrennung der Interessengebiete.
28. November 1918	Einnahme von Brüx durch die Tschechen. 13 Tote und viele Schwerverletzte auf deutscher Seite.
5. Dezember 1918	Vertreibung der slowenischen Besatzung aus den Ortschaften westlich Gailitz.
14. Dezember 1918	Südslawische Truppen stoßen nach Grafenstein vor.
15. Dezember 1918	Volkswehr aus Klagenfurt wirft Südslawen zurück.
24. Dezember 1918	Waffenstillstand zwischen Südslawen und Kärntnern auf Veranlassung der Bischöfe von Klagenfurt und Laibach.
26. Dezember 1918	Südslawische Patrouille bricht durch Vorstoß über die Lavantbrücke bei Ettendorf den Waffenstillstand. Im Gegenstoß säubern Kärntner Volkswehren das Lavanttal. Befreiung von St. Paul i. L.
5. Januar 1919	Gailtaler Volkswehr und Freiwillige nehmen Arnoldstein und rücken bis Fürnitz vor.
6. Januar 1919	Volkswehr stürmt die Brücke von Rosegg, nimmt Rosenbach. Südslawen halten den Nordausgang des Rosenbacher Tunnels.
7. Januar 1919	Erstürmung der Hollenburger Brücke. Der Führer der Südslawen, Major Lavric, wird schwerverwundet gefangengenommen.
8. Januar 1919	Ferlach wird genommen. Südslawen halten Brückenkopf um Völkermarkt.
13. Januar 1919	Waffenstillstand zwischen der Laibacher Nationalregierung und dem Kärntner Landesausschuß.
27. Januar 1919	Amerikanische Kommission in Marburg. Deutschtumsdemonstration wird von südslawischem Militär beschossen. 10 Tote, 60 Verwundete.
3. Februar 1919	Beginn des Volksaufstandes an der Mur (Untersteiermark).
5. Februar 1919	Wiener Nationalversammlung billigt Sudetendeutschland 70 Vertreter im Deutsch-Österreichischen Landtage zu. Wahlen werden von den Tschechen mit Waffengewalt unterdrückt.
4. März 1919	Sudetendeutsche demonstrieren für selbständiges Sudetendeutschland. Schwere Zusammenstöße in Reichenberg, Kaaden und Sternberg. 54 Tote und 112 Schwerverletzte.
29. April 1919	Bruch des Waffenstillstandes in Kärnten durch Südslawen. Überfälle und Angriffe an der gesamten Front.
2. Mai 1919	Sturm Kärntner Volkswehren auf Völkermarkt.
4. Mai 1919	Hochfläche von Abtei von Kärntnern genommen.
5. Mai 1919	Vormarsch bis zur Landesgrenze. Bleiburg wird befreit.
6. Mai 1919	Gutenstein nach hartem Kampfe genommen. Der slawische Kommandant Malgaj fällt.
7. Mai 1919	Friedensbedingungen von Versailles werden bekannt. Tschechische Grenze soll mit historischer Grenze Böhmens zusammenfallen ohne Rücksicht auf Selbstbestimmungsrecht der Sudetendeutschen.
19. Mai 1919	Erörterung der Kärntner Gebietsfragen bei den Friedensverhandlungen von St. Germain.
28. Mai 1919	Südslawischer Angriff auf die Front Eisenkappel—Unterdrauberg. Kärntner Volkswehren müssen hinter die Drau zurückgehen.
29. Mai 1919	Südslawen bedrohen Klagenfurt von Süden.
1. Juni 1919	Abgabe einer staatsrechtlichen Erklärung der deutschen Abgeordneten im Prager Parlament, in der die Selbstbestimmung für die Deutschen in der Tschecho-Slowakei gefordert wird.
4. Juni 1919	Rückzug der Volkswehren auf der Linie Klagenfurt—St. Veit.
5. Juni 1919	Bekanntwerden der Friedensbedingungen. Abzug der Kärntner Truppen auf die Grenze der Abstimmungsgebiete.
10. September 1919	Abschluß des Friedensvertrages von St. Germain. Alle sudetendeutschen Gebiete werden in die Tschecho-Slowakei eingegliedert.
10. Oktober 1919	Abstimmungstag. 60 Prozent für Österreich, 40 Prozent für Südslawien.
19. November 1919	Übergabe der bei Österreich verbleibenden Zone Kärntens an Österreich.
13. März 1938	Wiedervereinigung Österreichs mit dem Deutschen Reich.
24. April 1938	Konrad Henlein stellt in Karlsbad acht Forderungen zum Umbau des tschechischen Staates auf.
21. Mai 1938	Prager Teilmobilmachung.
17. September 1938	Aufstellung eines sudetendeutschen Freikorps.
28. September 1938	Abkommen von München.
1. Oktober 1938	Einmarsch der deutschen Truppen in das Sudetenland.

Widerstand in Böhmen
Von Wilhelm von Schramm

An einem Oktobertag des Jahres 1918 waren an allen Ecken und Mauern der ehemaligen freien Reichsstadt Eger große, mit Hakenkreuzen geschmückte Plakate „An das Volk des Egerlandes" angeschlagen worden. In einem Augenblick, da die alte k. u. k. Monarchie schon in allen Fugen krachte und auseinanderzufallen drohte, riefen sie in begeisternden Worten die Egerländer zur Freiheit und Selbstbestimmung auf. Unterzeichnet war dieser Appell, der ungeheures Aufsehen erregte, von dem „Rat für die Freiheit und Unabhängigkeit des Egerlandes"; der eigentliche Kopf dieses Rates und der Verfasser des Aufrufs aber war der damals 23jährige Leutnant und kriegsbeschädigte Frontoffizier der 73er, des Egerländer Hausregiments, Ernst Leibl, der aus Graslitz im Egerlande stammte.

Er war um diese Zeit selbst nicht in Eger, sondern stand bei seinem Regiment in Prag und hatte eben dort die Vorbereitung der Tschechen zum entscheidenden Schlag mitansehen müssen und als einziger, nur von wenigen Freunden umgeben, die notwendigen Folgerungen daraus gezogen. Er war entschlossen, in letzter Stunde zu handeln...

Kaum waren die Plakate angeschlagen worden, so wurde auch schon der k. u. k. Leutnant in der Reserve Ernst Leibl verhaftet, um vor ein Kriegsgericht gestellt und als „Hochverräter" abgeurteilt zu werden. Es schien damals festzustehen, daß man den Mann, der die Selbstbestimmung der Heimat wollte, ebenso aufhängen werde, wie man 16 Jahre später andere, ebenso tatbewußte Männer in jenem Österreich, das sich als Fortsetzung der k. u. k. Monarchie betrachtete, in der Tat an den Galgen hängen sollte. Ein gewaltsamer Befreiungsversuch, von Unteroffizieren des Regiments für ihren Leutnant unternommen, scheiterte...

Aber das Schicksal hatte noch etwas vor mit dem Leutnant Leibl. Am 27. Oktober bricht die Habsburger Monarchie auseinander, bevor man den Hochverräter verurteilt hatte. Leibl wird frei. Er wendet sich sogleich an den Kommandanten seines Regiments und versucht, durch die alt-österreichische Schale zu dessen deutschem Herzen vorzudringen. Er fordert ihn zum bewaffneten Widerstand gegen die damals noch schwachen Tschechen auf. Er dringt darauf, sie wenigstens innerhalb der Regimenter zu entwaffnen. Aber alles Drängen, Fordern, Beschwören ist umsonst. Das deutsche Verhängnis nimmt seinen Lauf. Aber der Leutnant Leibl gibt das Spiel nicht verloren. Er hat kein Geld, keine Partei, er ist nicht das Haupt einer geschlossenen Verschwörung, er hat nur ein paar Freunde um sich, fast alle aus der Jugendbewegung, aber in ihm brennen der Glaube und eine unbedingte Entschlossenheit. So eilt er nach Eger. Gleich auf dem Bahnhof beginnt er Ordnung zu schaffen und dann die neuen Anfänge einer waffenfähigen Truppe zu organisieren. Das Ziel, sein geliebtes Egerland endlich zum Reiche zu bringen und mit den Waffen die Volksabstimmung zu schützen, scheint greifbar nahe zu sein. Noch einmal verhandelt der Leutnant mit einem k. u. k. General und beginnt Verhandlungen mit militärischen Stellen im benachbarten Bayern. Aber allenthalben wird abgewartet. Darüber ist der 11. November gekommen und die dunkelste Stunde über das Deutschtum hereingebrochen. Der einzige, der im Egerland zu Taten entschlossen wäre, ist 23 Jahre alt. Es geht über seine Kräfte, den Widerstand in dieser tragischen Stunde zu organisieren. Denn von den Heimkehrern, die endlich Frieden haben wollten, begreift kaum einer den furchtbaren Ernst der Stunde.

Unterdessen aber kehrten die tschechischen Legionäre zurück und begannen heimlich, aber unaufhaltsam wie Diebe sich in die sudetendeutschen Gebiete einzuschleichen. Die Deutschen aber, die allzu gute Soldaten waren, auch in der k. u. k. Monarchie, warteten

---

An das Volk des Egerlandes!

Brüder! Die Heimat ist in Gefahr! Das alte Österreich bricht zusammen, und in maßloser Gier nach unserem reichen und schönen Lande will der Tscheche, wie Deutschböhmen überhaupt, so auch uns vergewaltigen und in den künftigen tschechischen Staat hineinzwingen. Mit Kraft, Ausdauer und Aufopferung arbeitet er an diesem Ziel. Indessen tun unsere Abgeordneten, sei es aus Angst und Furcht oder aus schmachvergessener Nachlässigkeit nichts, um der wahren Stimme unseres Volkes Geltung zu verschaffen. Da ist es nun hoch an der Zeit, daß wir selbst daran denken, unsere Heimat zu schirmen. Das heilige Land, das gegen Abend und Mitternacht an Bayern und Sachsen, gegen Mittag und Morgen an das tschechische Sprachgebiet und die Siedlungen unserer Brüder am Mittellauf der Elbe grenzt, unser Egerland darf nie und nimmer in die Gewalt der Tschechen fallen.

Und da es unsere Abgeordneten nicht auszusprechen wagen, was das zu Boden gedrückte Volk des Egerlandes will, so rufen wir es weit hinaus in alles Land, damit jeder es höre: Das Volk des Egerlandes will aus den schmählichen österreichischen Verhältnissen, aus Not, Elend und Unterdrückung heraus!

Das Volk des Egerlandes will frei und unabhängig sein Geschick selbst bestimmen und sich einem großen deutschen Volksstaate anschließen, der alle Deutschen aller Reiche und Länder umfaßt, und verlangt die Einverleibung in das Deutsche Reich. Es will, daß aller Großgrundbesitz, wie die reichen Bäder, Heilquellen und Bergwerke in das Eigentum der Egerländer Volksgenossenschaft übergehen und kein Volksfremder Grund und Boden der heiligen Heimat erwerben darf. Es will ein Recht, das es den Juden wie allen Volksfremden unmöglich macht, unser Land auszubeuten.

Das Volk des Egerlandes verlangt, daß alle Egerländer Regimenter und Soldaten sofort in die Heimat zurückkehren.

Das ist in groben Zügen, was das Volk des Egerlandes will und was es im Bunde mit allen deutschen Volksbrüdern zu erkämpfen entschlossen ist.

Brüder! Nun ruht das Schicksal unserer geliebten Heimat in unseren Händen und Herzen allein. Tue nun jeder seine Pflicht! Stehet entschlossen hinter uns! Schützet unserer Mütter Land, das heilige, damit es uns und unsern Kindern nie verlorengehe! Schützet das Egerland!

Der Rat für die Freiheit und Unabhängigkeit des Egerlandes.

Aufruf Ernst Leibls an die Egerländer

Lt. Ernst Leibl, Führer eines Aufstandsversuches gegen die Tschechen in Eger im Dezember 1918
Photo: Archiv Reiter gen Osten

immer noch auf Befehle, Kommandos, neue Verordnungen.

Am 10. Dezember 1918 wird plötzlich Eger vom 35. Infanterie-Regiment, das aus Tschechen besteht, besetzt. Man hatte Leibl nicht verständigt. Er erfuhr erst davon, als sich die Tschechen bereits des Flugplatzes bemächtigt hatten und schon mit den deutschen Behörden verhandelten.

Der 23jährige Leutnant Leibl macht einen letzten Aufstandsversuch. Er verhaftet einfach den tschechischen Unterhändler, obwohl die Tschechen immer wieder versichern, nur Ruhe und Ordnung zu bringen. Aber er ahnt die Lüge, und sein ganzer Instinkt bäumt sich gegen die Besetzung auf. Doch die Tschechen reden von Freiheit und Selbstbestimmung ebenso verlogen und hinterhältig, wie sie davon in anderen Städten geredet haben, bis sie die Macht bekamen. — Bezirkshauptmann, Stadtverordnete, alle „Verantwortlichen" fallen Leibl in den Rücken und vollziehen kampflos die Übergabe.

Sudetendeutschlands Märzgefallene

Von Rolf Liemann

Am 4. März 1919 fielen 54 Sudetendeutsche den Schüssen bolschewistischer Legionäre zum Opfer, und 112 wurden schwer verletzt in die Krankenhäuser getragen. Wer weiß heute in Deutschland etwas über diese Vorgänge?

Es gibt darüber kaum Literatur. Ein paar österreichische Schriften, ein paar tschechische Darstellungen. Das ist alles. Als Deutscher könnte man heulen, wenn man die Geschichte jener Tage liest, in der der tschechische Staat geboren wurde. Welche Zerrissenheit und Müdigkeit auf deutscher und welche Einigkeit und rücksichtslose Entschlossenheit auf der anderen Seite. Während die Deutschen sich um Soldatenräte und Staatsformen, um einen Anschluß an Berlin oder Wien, um die Frage eines Widerstandes oder nicht herumschlugen, besetzten die Tschechen einen deutschen Ort nach dem andern. Sie hatten keinerlei Berechtigung dazu, denn noch verhandelte man auf der Friedenskonferenz über den Umfang des künftigen tschechischen Staates, und noch war nichts über das Schicksal Sudetendeutschlands entschieden. Erst am 7. Mai, als den deutschen Unterhändlern in Versailles die Friedensbedingungen überreicht wurden, erfuhr die Öffentlichkeit daraus, daß die künftigen Grenzen der Tschechoslowakei mit den historischen Grenzen Böhmens, ohne Rücksicht auf das so viel gepriesene Selbstbestimmungsrecht der Völker, übereinstimmen sollten. Aber bereits am 29. Oktober 1918 besetzten die Tschechen Budweis, Brünn und Olmütz, am 3. November die rein deutschen Gebiete um Warnsdorf, Rumburg und Schönlinde, am 6. Iglau, am 15. Saaz, am 20. Mährisch-Trübau, am 28. Brüx, am 8. Dezember Marienbad, am 9. Teplitz-Schönau, am 10. Trautenau, Eger, Komotau und Zwittau, am 11. Aussig, am 13. Karlsbad, Tetschen-Bodenbach und Fulnek, am 14. Reichenberg und Gablonz, am 15. Mährisch-Schönberg, Znaim und Nikolsburg, am 18. Troppau, Mährisch-Neustadt und Sternberg. Weihnachten 1918 befand sich nahezu ganz Sudetendeutschland ohne jeden Rechtstitel in tschechischem Besitz.

Alle Proteste waren vergeblich. Die Wiener Nationalversammlung hatte den Sudetendeutschen 70 Vertreter zugebilligt. Die Wahlen dafür sollten im Februar stattfinden. Die Tschechen verboten jede Wahlhandlung und drohten, notfalls mit Waffengewalt dagegen vorzugehen. Eine solche Kundgebung wäre den Tschechen in diesem Zeitpunkte deswegen besonders unangenehm gewesen, weil Kramarsch in Paris versuchte, dem in der Geographie Europas schwachen Wilson nachzuweisen, daß es in dem in Aussicht genommenen Gebiete des tschechischen Staates nur Tschechen und keine Minderheiten gebe. Man hatte Befürchtungen, daß Wilson in die komischen Ansichten von einem Selbstbestimmungsrecht der Völker zurückfallen könnte, wenn er erfahren sollte, daß eine zahlenmäßig sehr starke Minderheit dort existiert. Aus Furcht vor den tschechischen Bajonetten unterblieb auch jede Wahlhandlung.

Am 4. März 1919 sollte in Wien die österreichische Nationalversammlung zusammentreten. Auf Grund beunruhigender Gerüchte über den Verlauf der Friedensverhandlungen in Paris war beschlossen worden, an diesem Tage in allen deutschen Städten für ein selbständiges Sudetendeutschland zu demonstrieren.

In Reichenberg war der Marktplatz schwarz von Menschen. Noch hatte kein Redner das Wort ergriffen, als tschechische Legionäre auftauchten. Jemand schrie laut über den Marktplatz unverständliche Worte. Vorn drängte man nach rückwärts. Ehe man begriffen hatte, was vor sich ging, ratterten plötzlich Maschinengewehre. Ein Aufschrei ging durch die Menge. Alles stürzte in die schmalen Gassen, unbarmherzig von peitschenden Kugeln gejagt. Plötzlich verstummte das Feuer, aber um so tierischer hallte das Geheul der Legionäre und das Schreien der vielen Verwundeten über den Platz. Die tschechische Soldateska hatte befehlsgemäß die unangenehme Kundgebung verhindert.

Ähnlich erging es an diesem Tage fast allen aufmarschierenden Sudetendeutschen. In Kaaden hatten die Tschechen schon am Morgen Maschinengewehre in der Post und im Hotel Austria aufgebaut. Als die Demonstranten sich ansammelten, feuerten sie ohne jede weitere Aufforderung in die Menge. 26 Tote blieben auf dem Platze liegen. In Sternberg kommandierte ein blutjunger Fähnrich: „Feuer!", ohne vorher zu einem Auseinandergehen aufgefordert zu haben. Er ließ so lange in die Menge feuern, als noch außer den Toten und Verwundeten Leute auf dem Marktplatz waren. 54 Todesopfer forderte dieser Tag. Die Tschechen gingen achselzuckend darüber hinweg, kaum, daß etwas davon in der Presse erwähnt wurde.

Erschütternd ist die Liste der Gewalttaten der Tschechen, die sich durchaus nicht auf diesen einen Tag beschränkt. So wurden im November 1918 bei der Besetzung des Bahnhofs Wiesa-Oberleutensdorf durch tschechische Legionäre zwei deutsche Volkswehrmänner erschossen, weil sie den Tschechen nicht schnell genug den Platz räumten.

Am 23. November 1918 wurden in Gastorf bei Leitmeritz zwei 19jährige junge Männer erschossen, weil sie den Einzug der Legionäre „höhnisch" beobachtet haben sollen.

Fünf Tage später „eroberten" die Tschechen Brüx, in das sie unter starker Bedeckung von Maschinengewehren und Geschützen einrückten. Obwohl ihnen von deutscher Seite keinerlei Widerstand entgegengesetzt wurde, fielen diesem Tage 13 Deutsche zum Opfer. Zahlreiche Schwerverletzte wurden in den Krankenhäusern abgeliefert.

Am 29. November tobten auf dem Marktplatz in Mährisch-Trübau betrunkene Legionäre. Sie schossen in die um sie stehenden Zuschauer. Drei Frauen, ein 15jähriges Mädchen und ein 14jähriger Lehrling wurden tot vom Platze getragen.

Am 3. Dezember übte eine deutsche Volkswehrabteilung vor dem Orte Kaplitz im Böhmer Walde, als tschechische Legionäre heranrückten. Ohne jede vorhergehende Auseinandersetzung eröffneten sie das Feuer. Ein Toter und ein Schwerverletzter waren die Opfer.

Wenige Tage vor Weihnachten drang eine Militärpatrouille in eine deutsche Versammlung ein und räumte sie mit Gewehrkolben und Bajonetten. Ein Deutscher wurde dabei erstochen.

Ehrengrab der Märzgefallenen auf dem Friedhof in Kaaden

Photo: Ragimund Reinesch

Am 12. Februar 1919 entstand in Preßburg auf der Straße eine Schlägerei zwischen tschechischen Soldaten. Plötzlich wandten sie sich gegen die Straßenpassanten und schossen wahllos dazwischen. Acht Todesopfer blieben zurück.

Wenige Tage später wurde in Freudenthal (Schlesien) eine von allen deutschen Parteien einberufene und von den Behörden genehmigte Versammlung durch Militär aufgelöst. Ein Arbeiter blieb tot, zwei Frauen schwer verletzt im Saale liegen.

Am 17. Mai 1919 zog Masaryk in Pilsen ein. Dieser Tag brachte wilde Exzesse des tschechischen Pöbels und wurde zu einem Schreckenstag für das Pilsener Deutschtum. Eine Apothekerwitwe wurde von eindringenden Tschechen zur Rede gestellt, warum sie nicht geflaggt und die Fensterläden geschlossen habe. Sie war krank, lag im Bett, und ihre vier kleinen Kinder konnten die erregte Menge nicht zurückhalten. Sie wurde aus dem Bett gezerrt, mißhandelt und, mit dem Kopf auf die Stiegenstufen schlagend, auf die Straße geschleppt. Wenige Tage später erlag sie ihren Verletzungen.

Am 20. Februar 1920 fand in Porlitz (Südmähren) eine Protestversammlung gegen die Quälereien an deutschen Bauern statt. Legionäre umzingelten die Veranstaltung und schossen mit Salven in die Teilnehmer. Zwei Tote und 18 Schwerverletzte blieben auf dem Platze.

Sechs Wochen später kam es in Iglau zu einem Feuergefecht zwischen tschechischen und slowakischen Soldaten. Auf die deutsche Bevölkerung Rücksicht zu nehmen, bestand für die streitenden Parteien keine Veranlassung. Fünf Deutsche mußten diesen Tag mit ihrem Leben besiegeln.

Am 17. November 1920 stürzten tschechische Legionäre in Saaz das Kaiser-Franz-Joseph-Denkmal. Die deutsche Bevölkerung wollte es nachts bei Scheinwerferlicht wieder aufstellen. Die Tschechen schossen mit Maschinengewehren dazwischen. Drei Tote und 23 Verwundete hatte die Stadt zu beklagen.

Am 3. August 1921 hatte die deutsche Bevölkerung Aussigs zu einer Protestversammlung gegen die Übergriffe des tschechischen Militärs aufgerufen. Während der Versammlung erschienen plötzlich tschechische Legionäre mit aufgepflanztem Seitengewehr, die die Versammelten vom Marktplatze herunter in die Nebenstraßen trieben. Drei Deutsche wurden dabei erstochen.

Am 27. Oktober 1921 erfolgte Beneschs Mobilmachung. Als sich deutsche Arbeiter in Graslitz weigerten, der Mobilmachungsorder Folge zu leisten, wurde Militär gegen sie eingesetzt. 15 Deutsche besiegelten diesen Tag mit ihrem Leben. Diese Liste des Grauens ließe sich noch lange fortsetzen. Sie zeigt die rücksichtslose Entschlossenheit der Tschechen, sich mit allen Mitteln in den Besitz des Landes zu setzen.

Kärnten im Abwehrkampf

Von Hauptmann a. D. A. Maier-Kaibitsch

Anfang November 1918. Von der Front kamen die unmöglichsten Gerüchte und vermehrten die ohnehin schon vorhandene Verworrenheit im Hinterlande. Für den Armeeführer Boroevic wurde bereits am Wörthersee Quartier gemacht. Die Front war also im Zurückfluten. Im Hinterland bildeten sich die Soldatenräte, zum größten Teil bestehend aus in Uniform steckenden Gesellen, die es durch vier Jahre verstanden hatten, der Front fernzubleiben. Nun aber waren sie die Herren, fanden große Töne und sprachen von Gleichheit und Brüderlichkeit, von Kriegshetzern, von der Herrschaft des Proletariats und ähnlichem. Durch Kärnten aber begann sich eine zurückflutende Armee zu wälzen, die einstigen k. u. k. Soldaten eines nun erledigten, einst großen und mächtigen Reiches. Ungarn, Polen, Ruthenen, Tschechen, Bosniaken usw., Soldaten, die einst dem Kaiser und damit der Doppelmonarchie den Soldateneid geschworen hatten, den Hunderttausende bis zu ihrem Tode gehalten hatten, die Kämpfer und Streiter vom russischen und italienischen Kriegsschauplatz, strebten nun ihrem neuen Vaterlande zu, um, nichts mehr wissen wollend von Kampf und Krieg, in den neugebildeten Nationalstaaten ihren Platz einzunehmen. Was gestern noch Freund war und Kamerad, war heute Feind. Auch die Züge, die durch das Hinterland rollten, waren zum Bersten gefüllt, auf den Dächern und Plattformen hockten die Soldaten, disziplin- und führerlos, die letzte Munition, die sie mitbrachten, sinnlos verschießend, ein Schrecken der Bevölkerung. Nur wo blieben die deutschen Truppen?! Zu einer Zeit, als die Front bereits abbröckelte und die andersprachigen Truppen der alten Monarchie meuterten und den Rückzug antraten, hielten die alpenländischen Truppen, tief in Venetien stehend, dem vordringenden Feinde stand. Und noch zu einer Zeit, als der Untergang der alten Monarchie bereits besiegelt war, traten diese deutschen Soldaten nochmals an zum letzten Waffengang, nicht um die habsburger Monarchie vielleicht doch noch zu retten, sondern aus soldatischem Pflichtgefühl für deutsche Treue und Waffenehre. Der letzte Heeresbericht im Weltkrieg nannte nochmals das ruhmreiche Kärntner Infanterie-Regiment Nr. 7, das, als der Krieg schon verloren war, sich opferte, die Stellung am Monte Pertica im Sturm nahm, um dann, dem Befehl gehorchend, als letztes Regiment sich den Abmarsch in die Heimat in wohl geordnetem Rückzug mit seinen Offizieren zu erzwingen. Kärnten, dieses ausgeblutete, aus vieltausend Wunden schwer leidende Land, war hart bedrohtes Grenzland geworden. Kein Feindesfuß hatte vermocht, trotz vieler Angriffe durch zwei Jahre hindurch, Kärntner Boden zu betreten. Die Gebirgsfront stand, verteidigt im Sommer 1915 von Knaben und Greisen, spärlich aufgefüllt mit Landsturmleuten, später dann verteidigt von Kärntens waffenerprobten Männern selbst, von den Siebnern des Khevenhüller-Regiments, den Achterjägern und den Gebirgsschützen zäh gehalten. Noch waren diese paar hundert abgekämpften Soldaten auf dem Rückmarsch aus Venetien, als, das Chaos im deutschen Österreich ausnützend, slowenische Abteilungen, geführt von wagemutigen nationalen Offizieren, schon in der ersten Hälfte des Monats November 1918 begannen, durch das Mießtal über Gutenstein, über den Loiblpaß und Seebergsattel und den Rosenbacher Tunnel vorrückend, den südöstlichen Teil Kärntens zu besetzen, um dieses Land dem südslawischen Staat, dem neugebildeten Staat der Serben, Kroaten und Slowenen, einzuverleiben. In Kärnten hatte sich aus den deutschen Parteien des Landes eine provisorische Landesversammlung und ein Landesausschuß gebildet. Niemand der verantwortlichen Stellen dachte jedoch vorerst an einen bewaffneten Widerstand, und schon gar nicht Wien. Im Verhandlungswege versuchte man friedliche Vereinbarungen abzuschließen, nach denen das Land südlich der Drau bis zur Regelung eines allgemeinen Friedensvertrages hätte freigegeben werden sollen. Wieder waren es jedoch die Frontsoldaten, die zu den Waffen riefen, und die alles um sich sammelten, was bereit war, den letzten Einsatz zu wagen, um die Heimat deutsch zu erhalten. Inzwischen waren Ferlach und auch Völkermarkt besetzt worden, und am 14. Dezember 1918, als sich für jeden Soldaten beschämende Verhandlungen als vollkommen nutzlos erwiesen hatten, kam die Meldung von der Besetzung von Grafenstein bei Klagenfurt durch ein Bataillon Südslawen, das den Befehl hatte, am 15. Dezember, einem Sonntag, in Klagenfurt, der Landeshauptstadt Kärntens, einzumarschieren. In den Morgenstunden des 15. Dezember erfolgte, von den Soldaten des Krieges fordernd ertrotzt, als der erste Versuch eines bewaffneten Widerstandes der Angriff eines schwachen Bataillons, bestehend aus den ehemaligen Siebnern, auf Grafenstein. Die südslawische Besatzung wurde gefangengenommen. Durch das ganze Land ging ein Schrei der Befreiung und der Erlösung. Was die sogenannte Volksvertretung für unmöglich gehalten hatte, war Wirklichkeit geworden. Noch lebte in den Kärntnern der gute Kampfgeist, noch immer fragten sie nicht, wie stark ist der Feind, und nochmals waren sie bereit, zum letzten Waffengang um die Heimat selbst anzutreten. Die Einnahme von Grafenstein war das Signal für den Aufstand im Lande. Nicht so sehr die Waffentat selbst war das Entscheidende, sondern ausschlaggebend war der Entschluß, ohne die Stärke des Gegners und ohne nach den möglichen, von den Gegnern des bewaffneten Widerstandes in den schwärzesten Farben geschilderten Folgen eines solchen Widerstandes zu fragen, den Kampf bis zum letzten Ende aufnehmen zu wollen. Aus dem unteren Lavanttal wurde von den dortigen Soldaten nach St. Paul vorgestoßen, und in der Nacht des 26. Dezember wurde St. Paul im Lavanttal im Sturm genommen. Die Südslawen mußten sich bis südlich

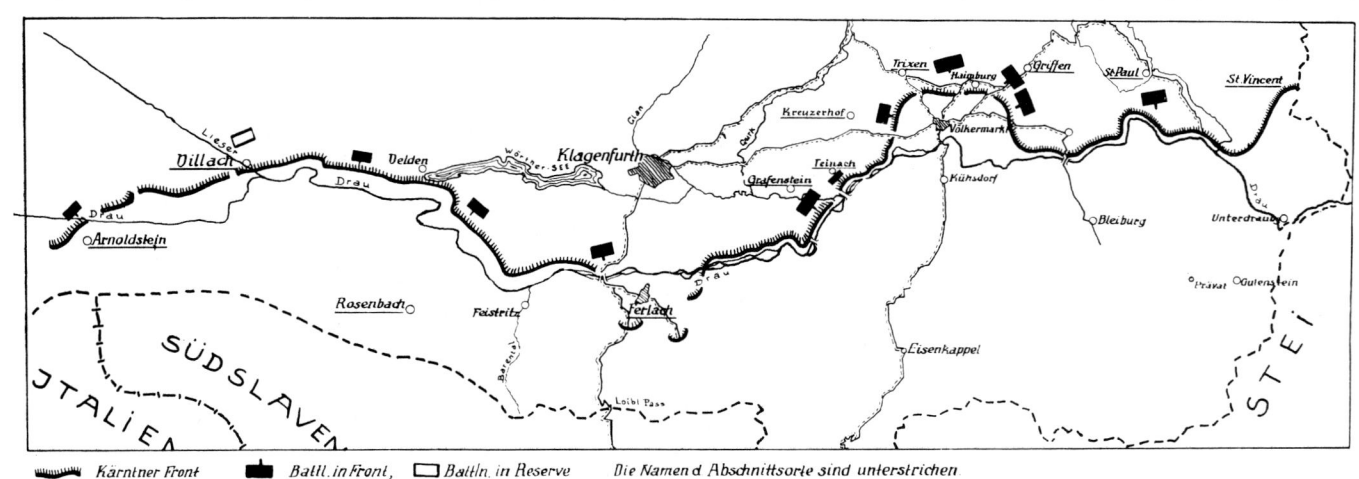

Verteilung der Kärntner Volkswehr-Bataillone auf die Abwehrfront im April 1919. Abschnitt Arnoldstein: Volkswehr-Bataillon Gailtal Nr. 5; — Abschnitt Villach: Volkswehr-Bataillon Villach Nr. 4; — Abschnitt Rosenbach: Volkswehr-Marine-Kompanie, Volkswehr-Kompanie Velden, Volkswehr-Sturm-Kompanie Maria-Gail, Tiroler Volkswehr-Bataillon; — Abschnitt Ferlach: Volkswehr-Bataillon Klagenfurt Nr. 1; — Abschnitt Grafenstein-Teinach: Volkswehr-Bataillon Klagenfurt Nr. 3; — Abschnitt Kreuzerhof: Volkswehr-Bataillon Klagenfurt Nr. 2; — Abschnitt Trixen: Volkswehr-Bataillon St. Veit Nr. 8; — Abschnitt Griffen: 1 Kompanie vom Volkswehr-Bataillon Wolfsberg Nr. 10, Volkswehr-Kompanie Jäger Nr. 8, 2 Kompanien vom Volkswehr-Bataillon Spittal Nr. 6; — Abschnitt St. Paul: 1 Kompanie vom Volkswehr-Bataillon Wolfsberg Nr. 10, Volkswehr-Kompanie „Soldatenwache".

Zeichnung: Roederer, Berlin

Oberlt. Fritz Kronegger, ehemals Führer einer Volkswehr-Abteilung im Lavanttale

Hauptmann Maier-Kaibitsch, ehem. Führer der Maschinengewehr-Komp. der Freiw. des Geb.-Schützen-Rgts. 7

Hauptmann Treu, ehemals Führer des Kärntner Volkswehr-Bataillons Klagenfurt Nr. 3

3 Photos: Archiv Reiter gen Osten

Lavamünd zurückziehen. Südlich von Klagenfurt standen die braven ehemaligen Gebirgsschützen, bei Velden sammelten sich ehemalige Marinesoldaten und Infanteristen, in Villach und St. Veit bildete sich ein Bataillon, und auch das Gailtal meldete sich bereit zum Angriff, um am 5. Januar 1919 Arnoldstein zu stürmen. In der Nacht auf den 6. Januar gelang der verlustreiche Übergang über die Drau bei Rosegg, südlich von Velden, durch den die Südslawen bis nach Rosenbach zurückgedrängt wurden, wo sie den Tunnel nach Aßling in schweren Verteidigungszustand setzten. Südlich von Klagenfurt drangen die Gebirgsschützen mit den braven Kämpfern aus Maria Rain über die Drau vor, um Ferlach, wo der tapfere südslawische Kommandant, Major Lauritsch, seinen Standort aufgeschlagen hatte, zu befreien. In diesem Kampf um Ferlach geriet Lauritsch verwundet in Gefangenschaft. Besonders schwer waren die Kämpfe um Völkermarkt. Trotz verschiedener Versuche, trotz mancher Angriffe, gelang dort der deutsche Durchbruch nicht, und ständig war dieser starke Brückenkopf bei Völkermarkt eine Bedrohung der Landeshauptstadt Klagenfurt. Volks- und Heimwehrabteilungen standen dort den südslawischen Truppen gegenüber. Über Vermittlung einer amerikanischen Kommission kam es am 12. Januar zwischen der Kärntner Landesregierung und der Laibacher Nationalregierung zu einem Waffenstillstand, der in Graz abgeschlossen wurde. Ein großer Erfolg war bereits erreicht. Die Besetzung von Klagenfurt war verhindert und dem vordringenden Feind war Halt geboten worden. Mit Ausnahme von Völkermarkt und bei Dullach an der Drau, wo sich die Südslawen gleichfalls in einem Brückenkopf hielten, war das Land nördlich der Drau nur von deutschen Truppen besetzt. Durch den Widerstand war der deutlichste Beweis dafür erbracht worden, daß Kärnten von einer Angliederung an Südslawien nichts wissen wollte. Die paar Dutzend Kämpfer, die schon im November 1918 neuerdings zu den Waffen griffen, und die als Narren, Phantasten, ja auch als Verbrecher verspottet und beschimpft worden waren, hatten recht behalten, und im ganzen Lande wuchs der Wille zum Widerstand und erstarkte immer mehr der Glaube an das Recht. Mochte in Wien die Parteienwirtschaft Orgien feiern, man kämpfte ja in Kärnten nicht für Wien, sondern für ein deutsches Land, für Deutschland. Abgesehen von Vorposten-Schießereien wurde der Waffenstillstand im großen und ganzen eingehalten. Man wartete auf den Schiedsspruch der interalliierten Mächte. Der Zeitpunkt, da über Österreich und damit auch über Kärnten diese Entscheidung fallen sollte, rückte immer näher. Dies wußten auch die sehr gut orientierten Südslawen, und so griffen sie auf der ganzen Front, ohne den Waffenstillstand zu kündigen, in den ersten Morgenstunden des 29. April 1919 überraschend und überfallartig an. Das Ziel dieses zentralen Angriffs war Klagenfurt. Die Absicht war, möglichst weite Teile des Landes Kärnten mit der Landeshauptstadt zu besetzen, um so die Herren, die bei den Friedensverhandlungen die Entscheidung trafen, vor eine fertige Tatsache zu stellen. Wäre damals dieser Durchbruch am 29. April gelungen, und hätten sich die Kärntner Truppen über Klagenfurt hinaus weiter nach Norden zurückziehen müssen, so wäre damit wohl auch das Schicksal Südkärntens entschieden gewesen. Es gelang zwar südslawischen

Hauptm. Walter Mahr, ehemals Führer des Kärntner Volkswehr-Batls. Gailtal Nr. 5

Oberstlt. Schenk, ehem. Führer des Abschnitts Klagenfurt d. Kärntner Abwehrfront

2 Photos: Archiv Reiter gen Osten

Abteilungen, die erhebliche Verstärkungen und Kriegsmaterial aus Slowenien erhalten hatten, in einzelnen Frontabschnitten durchzubrechen, doch war dieser Erfolg nur ein vorübergehender. Maßlos erbittert und verstärkt durch weitere freiwillige Formationen, Bauern und Beamte, Städter und Knechte, Studenten und alte Landstürmler, wurde zum Gegenangriff geschritten. Schon am Abend des 30. April wurden die Südslawen auf der ganzen Linie wiederum zurückgeschlagen, und auch der so wichtige Dullacher Brückenkopf bei Tainach wurde im Sturmangriff genommen. Am 2. Mai erfolgte der Angriff auf Völkermarkt und brachte die Befreiung dieser deutschen südlichsten Stadt an der Drau. Auch im Abschnitt Rosenbach gelang es den Kärntner Truppen, diesen Zipfel des Landes nach schwerem, heldenmütigem Kampf vom Feinde zu befreien. Am 4. Mai nahmen die Gebirgsschützen die südslawischen Stellungen bei St. Margarethen in Rosenbach, am gleichen Tage überschritt eine Siebner Kompanie die gesprengte Dullacher Brücke, um südlich der Drau den Vormarsch gegen Bleiburg anzutreten. Diese eine Kompanie stieß nach einem Nachtmarsch bei Heiligen Grab bei Bleiburg auf einen vielfach überlegenen Feind, der gerade im Begriff war, die neue Verteidigungslinie zu beziehen. Einer stürmte gegen zehn, und wiederum gelang der Durchbruch. Bleiburg, der wichtigste Ort des Jauntals, war befreit, die Absicht des Gegners, noch westlich von Bleiburg den deutschen Angriff zum Stehen zu bringen, war gescheitert. Nun sammelte aber der südslawische Kommandant, Oberleutnant Malgay, tapfer und entschlossen seine besten Soldaten und bildete mit ihnen die sogenannte „Todesschar", um bei Gutenstein im Mießtal als letzte Verteidigungsstellung in Kärnten eine Widerstandslinie zu beziehen. Von dort hoffte er nach Eintreffen von Verstärkungen wieder zum Angriff übergehen zu können. Am 6. Mai griffen eine Siebner Infanterie-Kompanie und die Siebner Maschinengewehr-Kompanie die Stellungen Malgays an. Es waren durchweg Frontsoldaten, keiner ohne Kriegsauszeichnung, alle beseelt von dem starken Willen, mit dem letzten Einsatz das ganze Land vom Gegner zu befreien. Die Stellungen Malgays wurden unter starkes Maschinengewehrfeuer genommen. Während die Infanterie-Kompanie sich zu einem Angriff in die linke Flanke Malgays formierte und diesen Angriff vorwärts trug, hielten die schweren Maschinengewehre, zwölf an der Zahl, den Gegner nieder. Als die Infanterie-Kompanie zum Sturm ansetzte und die Maschinengewehr-Kompanie bereits den Ort Gutenstein besetzt hatte, fiel Malgay, der tapfere Führer der Todesschar. Der letzte Widerstand war gebrochen. Unendlich war der Jubel in dem nun befreiten Kärnten.

Neuerdings setzten Verhandlungen ein. Die Wiener Regierung, dem Druck der Südslawen nachgebend, forderte die Zurücknahme der Kärntner Truppen auf die Linie des 29. April. Dieser Forderung wurde nicht stattgegeben. Die Freiheitskämpfer lehnten es ab, freiwillig Kärntner Boden preiszugeben. War bis dorthin der Kampf ohne jede Unterstützung und ohne jedes Verständnis, ja sogar gegen den Willen der Wiener Regierung durchgefochten worden, so konnte und sollte es nun auch so bleiben. Schütter, sehr schütter aber war die Kampffront geworden. Nur starke Feldwachen schützten die Grenze. So war es von Rosenbach angefangen bis nach Köttelach im Mießtal. Immer mehr verdichtete sich die Nachricht, daß sich der Feind in Untersteiermark sammle, um einen großen Angriff gegen die Kärntner Truppen vorzubereiten. Am 28. Mai erfolgte dieser Angriff. Ein serbischer General mit serbischen Truppen, auf das Beste ausgerüstet, führte ihn durch. Nach schwerer Artillerievorbereitung stießen die südslawischen Angriffskolonnen im Raum Unterdrauburg und über den Vellacher Sattel vor. Bei Köttelach wehrten die Kärntner den Angriff ab, und jauchzend wollten die Khevenhüller Soldaten bereits zum Gegenstoß vorgehen. Da kam der Befehl zum Rückzug. Über steirisches Gebiet kommend, wurde die Front in der linken Flanke aufgerollt. Auch gelang den Serben die Umgehung bei Schwarzenbach. Alles Heldentum war vergeblich. Nun wurde der Versuch gemacht, nochmals die Draulinie zu halten, der Feind jedoch war über die Koralpe in das Lavanttal hereingebrochen und rollte auf diese Art die Draufront einfach auf. Jeder Widerstand war militärisch aussichtslos geworden. Der Kampf Kärntens mit der Waffe war zu Ende. Am 6. Juni ritten in Klagenfurt die serbischen Reiter ein. Zu gleicher Zeit verhandelte man in Saint Germain über das Schicksal Kärntens. Wenn auch ein Teil Kärntens mit der Landeshauptstadt besetzt war, so mußte man doch diesen südöstlichen Teil Kärntens, dessen Bevölkerung sich so tapfer zur Wehr gesetzt hatte, eine Volksabstimmung zugestehen, allerdings eine Volksbefragung unter für Deutsch-Kärnten ungünstigsten Bestimmungen. Das Abstimmungsgebiet blieb von den Südslawen besetzt. Südslawische Verwaltung, südslawische Lehrer, Pfarrer und südslawische Propaganda arbeiteten durch 16 Monate hindurch, um die Bevölkerung für Südslawien zu gewinnen. Auf deutscher Seite konnte man nichts bieten. Ein am Boden liegendes Vaterland, die Fuchtel der Sieger über sich, in deutschen Landen Juden und Schieber, die Not des hungernden Volkes zu unheimlichen Verdiensten ausnützend, drohende schwerste sogenannte Reparationen, eine sogenannte demokratische Regierung, die von Völkerversöhnung faselte, ein wehrloses, entwaffnetes Volk, ausgeblutet, ausgehungert, ohne Hoffnung auf die Zukunft, ohne Armee und ehrlos. Auf der anderen Seite der Siegerstaat, groß und mächtig von sich redend, Brot und Mehl verteilend, mit phantastischen Versprechungen und aber auch mit schweren Bedrohungen arbeitend. Durch 16 Monate hindurch. Wer glaubte da noch an einen Volksabstimmungssieg der Kärntner. Wer ist in der Lage, das Leid zu schildern aus jener Zeit. Wo ist aber auch das Land, wo so, wie in Kärnten, durch nichts zu brechen war der Glaube an das Recht, der Glaube an Deutschland. Viele Hunderte wanderten neuerdings in die Kerker, Tausende wurden brotlos, keine Familie ohne Leid und keine Familie ohne Kampf. Und so kam der 10. Oktober 1920, und er brachte den Sieg, den ersten Sieg eines kleinen, unbekannten deutschen Landes, eines Niemandslandes, den Sieg für Deutschland.

Serbische Paßkontrolle bei Feistritz im Rosentale
Photo: Kärntner Heimatmuseum, Klagenfurt

Plakat für die Volksabstimmung in Kärnten
Vorlage: Reichsarchiv, Potsdam

Das Schlußergebnis der Abstimmung war folgendes:
Stimmberechtigte Personen 39 291
Abgegebene gültige Stimmen .... 37 304 = 94,94 %
  davon Stimmen für Österreich .... 22 025 = 59,04 %
  davon Stimmen für Südslawien .... 15 279 = 40,96 %
Zahl der Gemeinden 51
  davon mit österreichischer Stimmenmehrheit 33
  davon mit südslawischer Stimmenmehrheit 18

Die Namen von gegen 300 Toten zeugen von der Schwere des Kampfes, der begonnen hatte im November 1918, der jedoch am 10. Oktober 1920 seinen ersten großen Abschluß fand. Noch einmal griff das Kärntner Volk zu den Waffen, im Juli 1934, und wiederum war der letzte Kampf um deutsches Land in der Nähe der Stätte, wo Malgay fiel, im Südosten Kärntens. Und wiederum kam ein Tag, der die Erfüllung brachte, der 10. April 1938. Die Streiter des Jahres 1919 und 1920 aber kämpften, starben und siegten für das gleiche Ziel wie die des Juli 1934, für Deutschland.

Der Tag von Grafenstein

Von Dr. Hans Steinacher

Es war in den Abendstunden, leichter Nebel lagerte über den Flußtälern. Da brachte mir ein Bauer die Kunde, daß die Südslawen in Bataillonsstärke gegen Grafenstein, das in meiner rechten Flanke lag, im Anmarsch seien. Eine andere Meldung sagte gleich darauf, daß meine Wache, die Grafenstein deckte, in St. Peter gefangengenommen worden sei. Meine Reiter, die ich nach Grafenstein ausschickte, wurden bei der Station Grafenstein von serbischen Posten angeschossen. Zu meiner weit rechts an der Annabrücke exponierten Abteilung wurde plötzlich die Telephonleitung unterbrochen. Die Annabrücke mußte als verloren gelten. Von Grafenstein aus konnten die Serben in zwei Marschstunden über Ebental Klagenfurt erreichen. Kein Soldat war auf dieser Linie, der sie auch nur mit einem Schuß aufgehalten hätte. Meine eigenen Leute, die ich alarmiert hatte, wurden wegen der offenen rechten Flanke unruhig. Ich kann mit dem Landesbefehlshaber in Klagenfurt nicht rasch genug Verbindung bekommen, um dort zu alarmieren und zu drängen. Inzwischen muß ich selber handeln. Jede Minute ist kostbar. Die Entscheidung erbringt die Kanone, meine einzige Feldkanone, mit der ich zwar selber nicht zu schießen verstehe. Zu allem Unglück ist der Kommandeur dieses Geschützes, der Offiziersstellvertreter Mitter, der vier Monate später bei Tainach fiel, zum Wochenende in Klagenfurt. Dazu versagt im entscheidenden Moment die Telephonleitung zum Geschütz, das ich auf der Höhe von Hörtendorf postiert hatte. Mit Läuferverbindung verständige ich mich. Nach ungeduldigem Warten wird endlich die Leitung zum Geschütz wiederhergestellt. Ich berechne, so gut es geht, die Schußentfernung auf Grafenstein, erteile die Befehle zum Richten und zum Laden. Mit Hilfe eines Taschenkompasses und beim Licht von Streichhölzern werden meine Befehle ausgeführt. Dann: Schuß! Dumpf rollt der erste Kanonenschuß im Kärntner Abwehrkampf durch das Land. Knapp über das Schloß Rain hinweg segt das Geschoß und zerplatzt mit dem doppelten Schlag des Granatschrapnells irgendwo rechts vorne in der Gegend von Grafenstein. Meine Leute sind wie vom Bann erlöst. Das nervenzerrende Warten ist zu Ende. Nun wird gehandelt. Es folgt Schuß auf Schuß. Der Erfolg konnte, wie nachträglich festgestellt wurde, nicht besser sein. Einige Artilleriegeschoße der braven Kanone waren sogar in der Nähe der anmarschierenden serbischen Kolonnen geplatzt. Die Südslawen stellten sofort den Marsch ein und bezogen gesicherten Halt um Grafenstein. Nun aber ist auch die Verbindung mit dem Hauptmann Kohla da, dem Stabschef des Landesbefehlshabers in Klagenfurt. Ich gebe die Lage bekannt, dränge zu sofortigem Handeln und fasse zusammen: die Südslawen auch nur zwölf Stunden in Grafenstein zu lassen, bedeutet, daß sie am nächsten Tag in Klagenfurt sein werden. Ich fordere sofortige Verstärkung, damit noch in der Nacht der Angriff ausgeführt werden kann. Um Mitternacht treffen die anderen Abteilungen des früheren Regiments 7 mit den Offizieren Rauter und Maier-Kaibitsch an der Gurk ein. Major Serstka übernimmt das Gesamtkommando. Unter seinem Befehl wird die Angriffsaktion durchgeführt. Bei Morgengrauen muß das südslawische Bataillon — sechs Offiziere und an 400 Mann — kapitulieren.

Dieses Gefecht bei Grafenstein bereitete den Politikern und Diplomaten arges Kopfzerbrechen. Die feindlichen Offiziere waren zum größten Teil Reichsserben. Die Mannschaften waren es, soweit festgestellt werden konnte, zum erheblichen Teil. Was nun mit diesen Gefangenen anfangen? Dazu traten die gefangenen serbischen Offiziere noch äußerst anmaßend auf und kündigten wegen der kärntnerischen Feindseligkeiten schwere Sanktionen an. Es erhoben sich auch bei der Beratung gewichtige Stimmen, die die sofortige Freilassung der Gefangenen beantragten. Schließlich überwog aber bei diesen Antragstellern doch die Furcht vor dem Unwillen der eigenen Soldaten. Es wurde der Ausweg gefunden, die Gefangenen der deutsch-österreichischen Zentralregierung nach Wien abzugeben. Diese übergab die Gefangenen der Interalliierten Waffenstillstandskommission, diese wiederum setzte die Gefangenen in Freiheit und schickte sie nach Belgrad, von wo sie bald wieder in Kärnten auftauchten.

Oberlt. Hans Steinacher, ehem. Führer der Kärntner Volkswehr-Abteilung im Abschnitt Grafenstein

Photo: Archiv Reiter gen Osten

Gefecht bei Hollenburg

Von August Sorko

Gailtaler Bauern eröffneten Anfang Jänner 1919 den blutigen Reigen und nahmen überraschend Arnoldstein und Fürnitz. Der Wurzenpaß wurde durch eigene Abteilungen besetzt und die Drau handstreichartig bei Rosegg überschritten. Rastlos wurde dem zurückflutenden Gegner nachgedrängt, und am 6. Jänner durcheilte die frohe Kunde das Land: „Rosenbach von eigenen Truppen besetzt".

Aus den Gefechtsverfügungen für den 7. Jänner 1919 entwickelte sich für die Gruppe Hollenburg ein zweitägiges, blutiges Ringen, das mit einem gründlichen Mißerfolg der Slawen abschloß.

Um vier Uhr nachmittags schritt die Gruppe Hollenburg, Kommandant Oberstleutnant Anton Schenk (Volkswehrbataillon Gebirgsschützen Nr. 1), zum Angriff. Die drei Kompanien, verstärkt durch Freiwilligenabteilungen, die bereits in den ersten Nachmittagsstunden am nördlichen Drauufer bereitgestellt waren, eilten im Sturmlauf über die in heftigem Maschinengewehr- und Infanteriefeuer liegenden Brücken und erstürmten trotz großer Verluste die von den Slawen als Stützpunkte befestigten Häuser am südlichen Drauufer. Das Vorgehen der Kompanien wurde durch starkes Maschinengewehrfeuer, welches aus den Hängen des Schlosses Hollenburg zermürbend auf die Slawen niederratterte, und durch Artilleriefeuer wirksam unterstützt. Die slawischen Stellungen wurden zäh verteidigt, doch zäher war der Grimm der kühnen Stürmer. Um fünf Uhr nachmittags war die Linie Weizelsdorf—Kirschentheuer—Görtschach erreicht. Der feindliche Abschnittskommandant, der mit seinem Adjutanten auf einem Fuhrwerk dem Gefechtslärm zueilte, wurde verwundet und gefangen. Sein Adjutant fiel.

Joseph Gerstmann berichtet über den Vorfall folgendes: „Über die lange Hollenburger Brücke waren wir am 7. Jänner 1919 glücklich gekommen. Ein gefährlicher Weg war das. Zu vieren sprungweise in strömendem Regen, zwei Fäuste hoch Wasser auf der Brückendecke und vom Gehöft Simandl das Feuer der beiden feindlichen Maschinengewehre uns entgegen. Die Krainer schossen jedoch herzlich schlecht und trafen keinen meiner Kompanie.

Nach Versammlung in einer Deckung verschob sich die Kompanie in der Au zur Mühle nördlich Kirschentheuer. Von hier brachen wir in langer Linie gegen Görtschach vor. Den linken Flügel, der auf den Ort Richtung hatte, bildete der wackere Heimwehrzug Maria Rain. Beim Erreichen der Landstraße wurde in Gefechtsbereitschaft gehalten. Zwei Männer des

Blick von der Hollenburg auf die Kampforte im Rosental

Die gesprengte Dullacher Brücke
Photo: Kärntner Heimatmuseum, Klagenfurt

Heimwehrzuges standen als Flügelschutz auswärts. Sie waren nur an den Waffen als Krieger kenntlich. Die Straße durch Görtschach lag bereits im Düster der einbrechenden Nacht. Plötzlich rollt ein Wagen heran, doppelspännig, sechs Gestalten sitzen obenauf. Da gellt aus nächster Nähe Anruf und Frage: „Halt! Wer da?" Jäh reißt der Fahrer das Gespann zurück. Auf dem Wagen erhebt sich eine Gestalt und ruft: „Major Lavrič". Der hastige Griff nach der Pistole zwingt die beiden waffenkundigen Heimwehrmänner zu rascher Abwehr. Im Absprung vom Wagen erhält Lavrič zwei Schüsse, die ihn schwerverletzt zu Boden werfen. Ein dritter Schuß streckt seinen Adjutanten für immer nieder. Zwei Soldaten entspringen, die beiden anderen werden gefangen.

Mit vieler Mühe schütze ich den militärischen Führer der Krainer vor dem gerechten Grimm meiner Leute. Unter Bedeckung wird er auf einem Wagen nach Klagenfurt geführt.

Uns ließ dieser unerhoffte Glücksfall auf Hunger, Kälte und Nässe vergessen."

Die zunehmende Dunkelheit, der einsetzende Regen und neuer Widerstand des Feindes ließen ein weiteres Vordringen nicht angezeigt erscheinen. Die erste Kompanie, Kommandant Hauptmann Josef Gerstmann, und die zweite Kompanie, Kommandant Oberleutnant August Sorko, bezogen im Raume Görtschach—Kirschentheuer gesicherten Halt, während die dritte Kompanie, Kommandant Hauptmann Richard Reinl, gegen Unterbergen sicherte. Während der Nacht entwickelten sich rege Patrouillengefechte. Eine größere Zahl von Gefangenen, erhebliche Verpflegungsvorräte und Kriegsmaterial blieben in der Hand der Angreifer. Bei Morgengrauen sammelte sich die erste und zweite Kompanie nahe vor dem stark besetzten Ferlach. Ein Angriff mit den schwachen Kompanien schien recht verlustreich zu werden. Um acht Uhr vormittags erhielten beide Kompanien den Befehl zum Angriff. Die zweite Kompanie sicherte die Flanke gegen das Loibltal. Um neun Uhr vormittags wurde die Dobrava im Wald an dem Ortsrande Ferlachs erreicht. Maschinengewehrnester, die die vorrückenden Kompanien mit einem Geschoßhagel überdeckten, wurden überrannt und Ferlach trotz des Feuers aus Häusern und Bäumen durch wirksames Eingreifen eigener Artillerie um 10.30 Uhr vormittags genommen. Der Jubel der Bevölkerung kannte keine Schranken. Weinen und Lachen spiegelten das Leid und die Freude der armen drangsalierten Bevölkerung wider. Auf dem Turme, wo noch das slawische Dreifarb flatterte, hißten Ferlacher Bürger die deutsche Fahne und verbrannten auf dem Marktplatz unter freudigem Beifall die verhaßte Trikolore. Inzwischen nahmen die braven Volkswehrmänner bereits wieder ihre Stellungen ein, um die befreite Heimat gegen jede neue Überraschung zu sichern.

Kampftage um St. Jakob im Rosental

Von Oberst Eglseer

Vom 14. Januar 1919 ab wurde der Kärntner Abwehrkampf, der schon im Dezember 1918 begonnen hatte, durch einen von beiden Teilen unterzeichneten Waffenstillstand unterbrochen.

In den ersten Morgenstunden des 29. April 1919 griffen die Jugoslawen ohne Kündigung des Waffenstillstandes völlig unerwartet an allen Fronten an. Ganz besonders heftig traf ihr wohlvorbereiteter Stoß die Verteidiger des Kampfabschnittes Rosenbach. Der Bruch des Waffenstillstandes und des Ehrenwortes durch den südslawischen Kommandanten, der Regen und neblige Morgen, vor allem aber die Rücksichtslosigkeit, mit der in die Unterkünfte schlafender Abwehrkämpfer Handgranaten geschleudert wurden, waren die Ursachen der anfänglich gegnerischen Erfolge.

An der Abwehr des heimtückischen Überfalles, der von den Eindringlingen bis gegen St. Jakob im Rosental, Maria Elend und nach Mühlbach vorgetragen werden konnte, beteiligten sich in gleich hervorragender Weise die Kärntner, ferner die zwei Tiroler Kompanien und die Artillerie des Abschnittsbereiches.

Am Abend dieses schweren Tages lagen die Braven

der Oberleutnante Arneitz und Brabeck, die Maria Gailer (Maria Gail, ein Ort bei Villach), dann die Kärntner freiwillige Marinekompanie bei Schlatten an der Bahnstrecke Rosenbach—Villach. Der Bahnhof Rosenbach wurde durch Villacher gehalten. Mühlbach war schon am Nachmittage durch Veldener (Velden am Wörthersee) und Marine, denen Villacher folgten, befreit worden. In diese Ortschaft kam in den ersten Nachtstunden die Villacher freiwillige Offizierkompanie unter Hauptmann Petz.

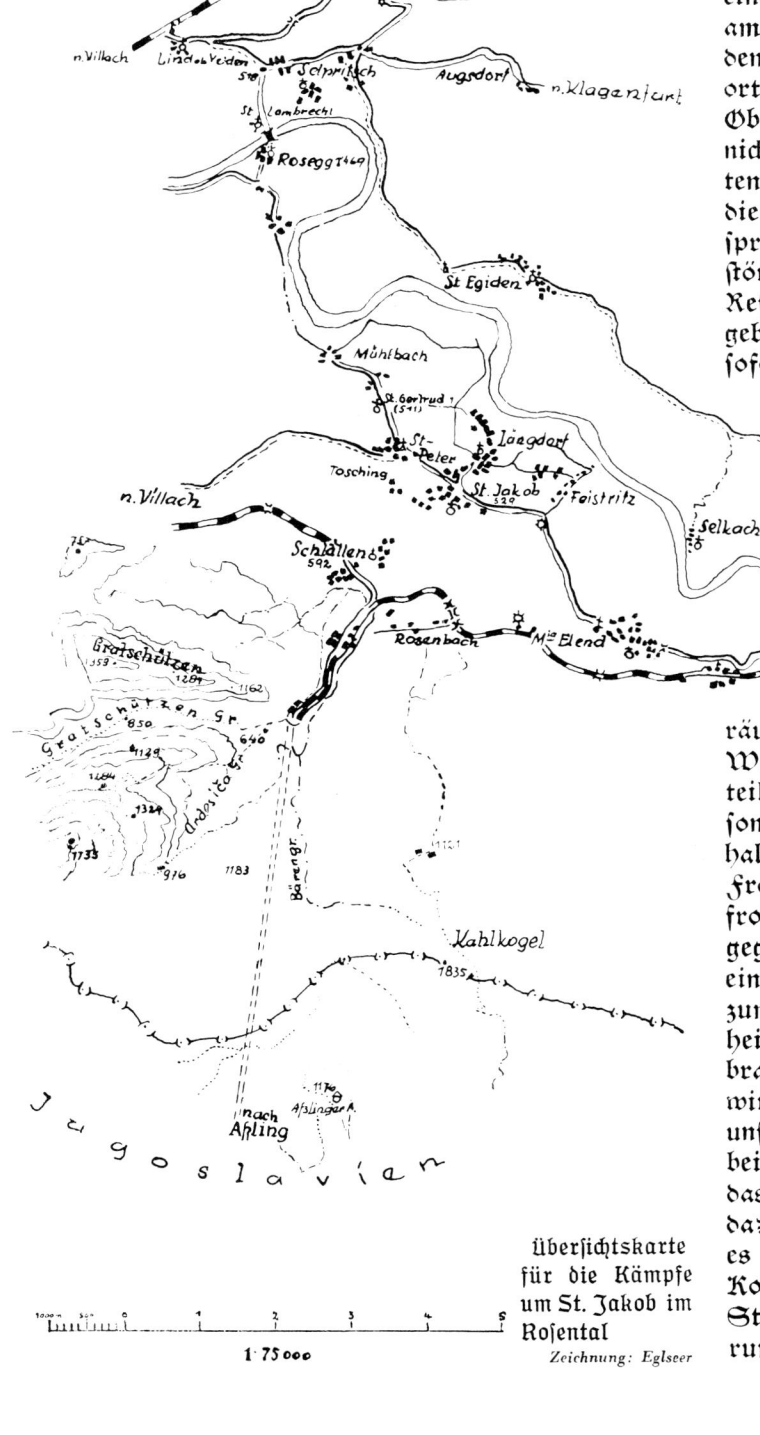

Übersichtskarte für die Kämpfe um St. Jakob im Rosental
1 : 75000
Zeichnung: Eglseer

Die Tiroler waren unter dem Eindruck des feindlichen Angriffes abends von Maria Elend über die Drau an das Nordufer nach Selkach zurückgegangen. Als ich um etwa 11 Uhr nachts von einer Erkundung aus Maria Elend nach St. Jakob, meinem Kommandostandpunkt, zurückkehrte, fand ich noch alles in schönster Ordnung. Leutnant Fritz und seine kleine treue Heldenschar, durchwegs kärntentreue „Windische", die tagsüber bei der Abwehr des ersten Feindstoßes ganze Arbeit geleistet hatten, schliefen auf meinen Wunsch schon fest, um für den nächsten Tag neue Kräfte zu sammeln. Starke Wachen um den Ort und bei der hochgelegenen Kirche sollten für die Sicherheit sorgen, da infolge der Lage und unserer ganz dünn besetzten, waldreichen Front, mit einem neuen Überfalle und einer Wiederholung des am Vortage aufgefangenen Angriffes gerechnet werden mußte. Standen den Angreifern doch besonders ortskundige Führer zur Verfügung.

Obwohl ich schon todmüde war, durfte ich die Nacht nicht verstreichen lassen, ohne mit den Kommandanten bei Schlatten und im Bahnhofe Rosenbach über die weiteren Pläne und Abwehrmaßnahmen gesprochen zu haben. Da alle Fernsprechleitungen zerstört waren, für deren Neubau Leute und besonders Reservematerial, das über die Drau in Sicherheit gebracht worden war, fehlten, so entschloß ich mich, sofort nach Schlatten und Rosenbach zu gehen. Als Begleiter bot sich mir der bekannte Maler-Radierer Hauptmann d. R. Felix Kraus an, der zufällig als Verbindungsoffizier des Landesbefehlshabers in St. Jakob anwesend war. Ich zog beruhigt aus, da ich den Kommandostand genügend gesichert glaubte.

Die Nacht war rabenschwarz, und der Regen, der allmählich in Schnee überging, verschluckte alle Geräusche. Zum Glück kannte ich die Gegend und wählte Waldwege und Fußsteige, so daß wir feindlichen Abteilungen leichter ausweichen konnten, die sich besonders in dieser Nacht mehr an die Hauptlinien halten mußten. Glücklich gelang das Abgehen der Front bei Schlatten und Rosenbach, und hoffnungsfroh zogen Kraus und ich im ersten Morgengrauen gegen St. Jakob. So sehr freuten wir uns auf einige Ruhestunden, daß wir den steilen Hang, der zum Graben südlich St. Jakob abfällt, trotz Dunkelheit und Müdigkeit im raschen Laufe hinter uns brachten. An der kleinen Brücke im Graben sahen wir im ersten Dämmerlicht erst aus nächster Nähe unseren Doppelposten. Ganz richtig nehmen die beiden ihre Gewehre schußfertig. Doch was war das? — Statt des vorschriftsmäßigen „Halt! Wer da?" erklangen slawische Rufe. Zuerst glaubte ich, es seien unsere braven Windischen auf Posten. Konnte und wollte ich doch nicht glauben, daß St. Jakob in unserer Abwesenheit vom Gegner überrumpelt worden sei, und hoffte auch dann noch auf

317

Hauptmann Eglseer,
ehemals Führer der
Kärntner Marine-
Sturm-Kompanie
Photo: Ketzler, Innsbruck

ein Mißverständnis, als schon die slawischen Gewehre eine deutliche Sprache begannen.

Und doch war es geschehen! Für den Kommandanten gab es bange Fragen im Augenblicke dieser Erkenntnis. Fragen waren es, die das Schicksal der eigenen Leute in St. Jakob, Fragen, die die Front mit dem Gegner im Rücken betrafen. Wie stark war der Feind, wie sollte man seiner rasch Herr werden? Wird er die eigene Front von rückwärts aufreißen, oder will er sich gegen Rosegg an der Drau wenden, um unsere Verbindungen und Lebensadern zu durchschneiden?

Ahnungslos rannten die verschiedenen Verbindungs- und Spähtrupps, die zum Abschnittskommando wollten, dem Gegner in die Fangarme. Es galt, rasch zu handeln und nicht trüben Gedanken nachzuhängen. Da ich in Mühlbach die Villacher Kompanie Petz wußte, so schlich ich mich mit Kraus, an slawischen Wachen, die uns anriefen und beschossen, vorbei, über Längdorf dorthin. Von Mühlbach gelang es nach und nach, mit allen Unterführern Fühlung zu nehmen und sie von der Lage zu verständigen. Die meisten wußten schon, daß in St. Jakob der Feind saß. —

Im Laufe des Vormittags tasteten sich von allen Seiten gegen die Kirche und den Ort St. Jakob die eigenen Fühler heran. Ich stand auf der Höhe St. Gertrud, halbwegs zwischen Mühlbach und St. Peter, bei einem Maschinengewehr der Villacher Kompanie Petz, und beobachtete gegen St. Jakob, als mir plötzlich ein kleines Mädel einen ganz zerknitterten Zettel überreichte. Treuherzig blickte es mit seinen klugen Augen zu mir auf, als ich zu lesen begann. Von mir unbemerkt, verschwand das Mädel so plötzlich wie es gekommen war. Nur mit Mühe entzifferte ich die Nachricht des Leutnants Fritz von der Überrumpelung und Gefangensetzung im Gasthaus Schuster in St. Jakob. Die Tat eines Kindes, die wahrlich verdient, der Vergessenheit entrissen zu werden!

Am Feistritzgraben, ostwärts von St. Jakob, hörte man schon schwachen Gefechtslärm von Erkundungsabteilungen des nicht gefangenen Teiles der Kompanie Leutnant Fritz unter Stabsfeldwebel Jakob Truppe, der Tiroler und Artilleristen unter Leutnant Perkonig, die alle von Maria Elend kamen. Durch einige wohlgezielte Granaten gelang es der 10-Zentimeter-Feldhaubitzen-Batterie bei Maria Elend, die feindlichen Maschinengewehre im Kirchturm von St. Jakob zu vernichten.

Über die bewaldete Tösching fühlten Spähtrupps der Villacher und Maria Gailer auf St. Jakob vor. Immer enger schloß sich der Ring, und der Gegner, dessen Stärke noch unbekannt war, verharrte zu seinem Verderben untätig. Fürwahr! Der Beginn der Unternehmung zur Rückgewinnung von St. Jakob ließ sich günstig an.

Enger und enger zog sich der Feuerkreis der ratternden eigenen Maschinengewehre, die hauptsächlich gegen die Kirchenhöhe und gegen die Schule von St. Jakob wirkten. Beim Gegner wurde es eigentümlicherweise immer ruhiger.

Ich schloß mich einer Offizier-Maschinengewehrtruppe an, die gegen die Schule westlich St. Jakob vorging. Am Waldrand der Tösching sah ich die Maria Gailer unter dem heldenmütigen Stefan Moser und die Villacher vorgehen, die diesmal, wohl zur Täuschung des Gegners, durchwegs italienische Stahlhelme trugen.

Nach einiger Feuervorbereitung, die, um den Ort zu schonen, nur mit Maschinengewehren und nicht mit Artillerie durchgeführt wurde, begann der Hauptstoß gegen die Kirchenhöhe von St. Jakob. Maria Gailer und Villacher, von südslawischer Artillerie, von den Gratschützen und vom Tunnel her erfolglos beschossen, stürzten gegen die Friedhofsmauer vor. Etwa eine feindliche Kompanie ergab sich. Und nun wälzte sich die Flut des Angriffs von der Kirchenhöhe gegen den tiefer gelegenen Ort.

Voll Ungeduld eilte ich der eigenen Maschinengewehrgruppe gegen die Volksschule von St. Jakob voraus. Ich glaubte die Schule nur ganz schwach vom Gegner besetzt, da seit einiger Zeit kein Schuß mehr von dort abgegeben worden war. Am Schultore angelangt, kam mir ein langer Jugoslawe, die Hände hochhaltend, waffenlos entgegen. Und hinter ihm wieder einer und noch einer. So kamen viele.

„Gefangene! Gefangene!", so schrie jubelnd ein blutjunger Abwehrkämpfer, der sich an meiner Seite eingefunden hatte. Stolz führte er sie ab. Es war auch etwa eine Kompanie mit etlichen Offizieren. Und auf dem Platze in St. Jakob, da gab es ein Durcheinander von Abwehrkämpfern und ein Umarmen und Frohlocken der befreiten Bevölkerung. Zwischendurch schob sich der jugoslawische Gefangenenzug.

Der Eindruck, den der kärntnerische Gegenangriff auf die Jugoslawen gemacht hatte, muß niederschmetternd gewesen sein. Aus allen möglichen Schlupfwinkeln wurden sie hervorgezerrt. So wurde erst einen Tag später einer unter einer kleinen

Brücke hervorgeholt, und zwei Tage später erschien unser kleiner tapferer Marinejunge Regner mit einem ganz verhungerten, baumlangen Serben, den er irgendwo im Stroh einer Scheune versteckt gefunden hatte, meldete stolz: „Herr Hauptmann, ich melde einen Serben."

Nach der Wiedernahme von St. Jakob wagte der Angreifer in diesem Abschnitte keine einzige Unternehmung mehr und beschränkte sich nur auf Artillerie- und sonstiges Abwehrfeuer. Es war Zeit, den schon lange gehegten Plan, die Eindringlinge über den Karawankenkamm zurückzuwerfen, zu verwirklichen. Fieberhaft wurde in den nächsten Tagen der große Schlag vorbereitet, der am Morgen des 4. Mai, dank dem Heldenmute aller Abwehrabteilungen des Abschnittsbereiches Rosenbach, glücklich gelang.

Es wurden nicht nur die seit langem vorbereiteten Gebirgsstellungen des Gegners, sondern auch der für uneinnehmbar gehaltene Karawanken-Tunnel bei Rosenbach genommen und viel Kriegsmaterial, darunter zahlreiche Geschütze, Minenwerfer und Maschinengewehre, erbeutet.

Gemütliches aus ungemütlichen Tagen

Von Viktor Arneitz

Als am 15. Jänner 1919 ein Waffenstillstand zwischen Kärnten und SHS. den Kampflärm auf einige Zeit zum Schweigen gebracht hatte, war bei Rosenbach die Lage so, daß die Jugoslawen den Karawankentunnel besetzt und dessen schwarzgähnende Öffnung durch eine Feldwachlinie bewacht hielten, während wir ihnen jenseits einer einen Kilometer breiten neutralen Zone gegenüberlagen. Laut Waffenstillstandsabmachung durfte diese Zone von keiner der beiden Kampfparteien betreten werden. Kommandant auf der Seite der Kärntner war Hauptmann Eglseer, Befehlshaber der Jugoslawen war in diesem Frontabschnitt Hauptmann Martinčič. Ich selbst war Führer der Kampftruppe Rosenbach und leitete meinen Wirkungsbereich vom Stationsgebäude aus. Wir freuten uns herzlichst der eingetretenen Ruhe, als eines Abends unsere Freude eine empfindliche Trübung erlitt: das elektrische Licht ging aus; da mußte Abhilfe geschaffen werden.

Irgendwie brachten wir in Erfahrung, daß an dem auf feindlicher Seite befindlichen Turbinenhaus der Rechen vor dem Turbinenzuflußrohr derart greulich mit Ästen, Blättern, Steinen und anderen Dingen verstopft sei, daß nicht genügend Wasser die Turbine speisen könne, daher die lästige Finsternis. Unser ganzes Sinnen und Trachten hing in jener Zeit an dem verfilzten Rechen. Das eine stand fest: er mußte gereinigt werden. Nicht so fest stand das andere: wie kann das geschehen? Schon hatte ich den Plan zurechtgelegt, mit einigen Leuten heimlich bei Nacht auf eigene Faust den Rechen auszuputzen; ich war überzeugt, daß uns hierbei niemand erwischt hätte. Vor Ausführung des Planes jedoch erhielten wir Befehl, im Einverständnis mit dem Gegner zu handeln und mit Hauptmann Martinčič Rücksprache zu pflegen.

Wir hielten uns an den Befehl, wenn wir uns auch keinen erfreulichen Erwartungen hingaben. Hauptmann Martinčič, ein ehemaliger Zweier-Bosniaken-Offizier, brach denn auch, als ich ihm unser Anliegen unterbreitete, in ein höhnisches Gelächter aus und erklärte mir in liebenswürdiger Weise, wir dürften die ersehnte Rechenreinigung vornehmen, wenn wir ihm in den Tunnel, in dem er mit seinen Leuten vor Rauch fast erstickte, einen Ventilator einbauten . . . Wenige Tage später kam gegen 2 Uhr früh die Telephonordonnanz über meinen süßen Schlummer, weckte mich und meldete: „Alarm!" Die Jugoslawen seien im Begriff, anzugreifen! So wenigstens hätte die Feldwache in den Fernsprecher gerufen; sie seien schon mit dem ganzen Eisenbahnzug vor dem Tunneleingang.

Bedienung der zwei bei Glainach stehenden Feldkanonen. Der zweite von links ist der tapfere Feuerwerker Waidacher
Photo: Kärntner Heimatmuseum, Klagenfurt

Was nun folgte, war das Handeln weniger Minuten. Angezogen, wie wir dauernd schliefen, sprangen wir auf; dann die Waffe in die Hand und im Eillauf hinaus, jeder an seinen ihm schon vorbestimmten Platz, so schnell es nur anging. Ingenieur Oberleutnant Brabek und ich befanden uns bei der ersten Feldwache, dem Tunnel gerade gegenüber. Wirklich mußten wir wahrnehmen, daß dort der Zug drohend vor dem schwarzen Schlund stand und mit Schnauben und Pusten Millionen von Funken in den nächtlichen Himmel streute. Wir hatten keine Ursache, an der Feindseligkeit des Ereignisses zu zweifeln, denn nach dem Waffenstillstandsvertrage durften die Jugoslawen mit dem Zug nicht aus dem Tunnel herausfahren. Wir warteten kampfbereit. Es rührte sich nichts. Merkwürdig; wir warteten eine halbe Stunde, noch eine halbe Stunde verging — nichts geschah.

Da beschloß ich, die Ursache des Vorfalles zu ergründen. Ich begab mich mit Oberleutnant Brabek in den Bereich der jugoslawischen Feldwachlinie, die beiden Posten lagerten in eitel Frieden und Ruhe auf ihrem gewohnten Platze. Ich rief sie an, einer sollte den Hauptmann Martinčič holen. Es dauerte wohl eine Viertelstunde, da hob sich aus dem Dunkel die mächtige Gestalt des Hauptmanns ab. Er fuhr mich recht verschlafen an: „Was willst du?" Ich teilte ihm höflich in Kürze mit, daß er, wenn er angreifen wolle, das rasch besorgen möge und uns nicht in der kalten Nacht herumwarten lassen solle. Seine Antwort lautete, er habe durchaus keine Angriffsabsichten. Als ich ihm dann das Vertragswidrige vorhielt, weil sein Zug den Tunnel verlassen habe, da sagte er grimmig: „Halt du es in dem Loch aus! Wenn ich die Lokomotive nicht unter Dampf halte, ist es kalt zum Erfrieren; hab ich sie unter Dampf, gibt es einen Rauch, daß man ersticken kann. Deshalb bin ich eben herausgefahren." Ich erwiderte darauf, er müsse mit seinem Zug sofort wieder in den Tunnel hinein, fügte jedoch hinzu: „Sie können heraußen bleiben, Herr Hauptmann — aber nur unter der Bedingung, wenn Sie uns den Rechen ausputzen, damit wir wieder Licht haben." Seine Antwort war nicht sehr freundlich, er brummte, ich wäre reif zu einem Diplomaten. Nach dieser Bemerkung, die nicht wie eine Schmeichelei klang, stapfte er nach kurzem Gruß wieder in die Nacht hinein. Unsere Leute beruhigten sich bald und rückten wieder ein. Am nächsten Morgen waren unsere freudigen Gesichter von elektrischem Licht beglänzt.

Die Einnahme von Völkermarkt

Nach Tagebuchaufzeichnungen von Oberst i. R. E. Michner

29. April

Auf dem Abschnitt Trixen liegt starkes Artilleriefeuer; die darauf einsetzenden Angriffe der Südslawen werden tagsüber wiederholt abgewiesen und im Gegenstoß sogar einige feindliche Maschinengewehre erbeutet.

Kritisch wird die eigene Lage, als der benachbarte Abschnitt Kreuzerhof eingedrückt wird und zurück muß, wodurch der Gegner den nur aus der Volkswehrkompanie 3/8 bestehenden rechten Flügel meiner Stellung mit einem Bataillon angreifen konnte. Sofort sandte ich die eben eingerückten Leute der Trixner Alarmkompanie als Verstärkung an die gefährdete Stelle, und es gelang diesen Leuten im Verein mit der Volkswehrkompanie 3/8 die Stellung bei St. Margareten und dem Frankenberg bis 4 Uhr nachmittags zu halten. Inzwischen richtet der Feind auch gegen die anderen Teile meiner Front seine Angriffe, die nicht nur restlos abgewiesen werden, sondern bei denen es uns sogar gelang, trotz der numerischen Überzahl des Angreifers, in kühn geführten Gegenstößen zehn Gefangene, drei Verschläge Munition und 70 Handgranaten dem Gegner abzunehmen. Gegen Mittag wurden rechtzeitig erkannte Ansammlungen der Südslawen am Raunig- und Hauserkogel durch Artilleriefeuer zerstreut.

So wogte der Kampf stundenlang unentschieden hin und her. Gegen 3 Uhr nachmittags setzte der Gegner — nach starker Artillerievorbereitung und Heranziehung frischer Reserven — zu neuem Vorstoß an, und es gelang ihm nun, unsere schwachen Abteilungen (Feldwachen) beim Martinbauer und auf Bergstein sowie die Feldwache am Dragonerfels zur Räumung ihrer Stellungen zu zwingen.

Hier will ich auch eine besonders schneidige Waffentat von fünf beherzten Männern der Volkswehrkompanie 2/8 schildern — es sind dies die Infanteristen Valentin Obmann, Johann Schlögl, und noch drei Mann, deren Namen ich leider nicht ermitteln konnte — welche, angeeifert durch das beispielgebende Verhalten ihres Kommandanten Oberleutnants Graß und des mutig vorgehenden Heimatverteidigers Konstantin Pirker, Besitzers auf Bergstein, in einem kühnen Handstreich das uns gegenüber befindliche feindliche Maschinengewehr mit Handgranaten mitten aus der feindlichen Linie herausholten, in unsere Stellung brachten und dann gegen den Feind kehrten. Auch waren es 20 beherzte Männer dieser Kompanie,

KUNDMACHUNG!

Auf Befehl des Höchstkommandos wird folgendes zur Aufrechterhaltung der Ruhe und Ordnung kundgemacht:

1. Jene Dörfer, welche sich dem gegenwärtigen Zustande widersetzen, werden mit der gesamten Bevölkerung vollständig niedergemacht.

2. Für jeden getöteten od. verwundeten südslawischen Soldaten **im Gemeinderayon werden 25 Deutsche od. Renegaten erschossen.**

3. Im Gemeinderayon, wo ein Telegraphendraht zerschnitten wird, beziehungsweise Brücken, Eisenbahnstrecken usw. beschädigt werden oder versucht wird, dieselben zu beschädigen, oder auf die Eisenbahnzüge geschossen wird, wird der Bürgermeister und der ganze Gemeindeausschuß, beziehungsweise alle politisch verdächtigen Personen, unter das **Standrecht** gestellt und werden gegen die Bevölkerung die strengsten Repressalien vorgenommen.

4. In Häusern, in welchen nach dieser Kundmachung **Waffen, Munition und anderes Kriegsmaterial** vorgefunden werden, wird der Besitzer, beziehungsweise Verwalter, unter das Standrecht gestellt.

5. Im Dorfrayon, wo deutsche Patrouillen erscheinen, müssen diese von der Ortsbehörde entwaffnet, beziehungsweise das nächste Militärkommando sofort verständigt werden. Im entgegengesetzten Falle werden gegen die Bevölkerung **die strengsten Repressalien** vorgenommen werden. Desgleichen geschieht mit Dörfern und dessen Bewohnern, wenn man nachweisen kann, daß sie mit geflüchteten deutschen Soldaten in Verbindung stehen.

6. Alle Gemeinden müssen von jenen Personen, die gegen die südslawische Armee gekämpft haben, Listen anfertigen und binnen 24 Stunden dem Stationskommando übergeben und zugleich anführen, welche über die Demarkationslinie geflüchtet sind, welche sich noch zu Hause befinden, und die genaue Adresse der Angehörigen. Alle Gemeinden haben auf jeden Fall jene Personen, welche gegen die öffentliche Ruhe und Ordnung arbeiten, sofort dem nächsten Militärkommando anzuzeigen. Ohne Bewilligung der Gemeinde ist Personen das Passieren aus einer Ortschaft in die andere verboten. Wenn die Gemeinde verdächtigen Leuten Bewilligungen erteilt, ist sie dafür verantwortlich. Für jeden Fall werden die Vorsteher der Gemeinden unter das Standrecht gestellt, wenn sie diese Anordnungen nicht befolgen.

7. **Jedes Ansammeln** in und außer den Häusern ist **strengstens verboten.** In der Zeit zwischen 8 Uhr abends u. 6 Uhr morgens darf niemand auf der Straße sein. Die Fenster müssen verhängt sein. Die Gasthäuser werden geschlossen und das ganze Alkoholgetränk wird sofort versiegelt.

**Der Kommandant
der südslawischen Truppen.**

welche an der Spitze ihres Führers Oberleutnants Graß schon früher einmal durch ihr rasches und erfolgreiches Eingreifen zur Verbesserung unserer Stellung wesentlich beitrugen. Es war in der Nacht zum 14. April, als sechs tapfere Männer der Besatzung St. Stefan, und zwar Zugführer Georg Zanella, Korporal Josef Zison, dann die Infanteristen König, Fabian Boßmar, Johann Zürnig und Johann Mikosch, alle von der 4./8. Volkswehrkompanie, in mutigem Zugreifen den Südslawen die von ihnen in den letzten Wochen besetzten Kogeln nächst St. Stefan—Altendorf entrissen, dadurch die Bevölkerung von einem unerträglichen Druck befreiten und dem fortwährenden Beschießen dieser für die Versorgung des Abschnittes Griffen so wichtigen Lebensader ein Ende setzten. Die darauf einsetzenden Versuche des Feindes zur Wiedergewinnung seiner verlorenen Stellungen konnten durch das vorerwähnte Eingreifen des Oberleutnants Graß mit seinen 20 Getreuen verhindert werden.

Nachdem der Überfall der Südslawen unter Bruch des vereinbarten Waffenstillstands — demnach ganz unerwartet — erfolgte, standen mir auch keine nennenswerten Reserven zur Verfügung; die sofort als Verstärkung angeforderten, für meinen Abschnitt bestimmten Alarmkompanien aus dem Görtschitz-, Glan-, Gurk- und Metznitztal konnten frühestens erst im Laufe der Nacht eintreffen.

Das feindliche Artilleriefeuer verstärkte sich zusehends, und der Raum um das Schloß Obertrixen, woselbst mein Gefechtsstand war, wurde sogar mit Gasgranaten belegt. Ein Volltreffer zerstörte die Telephonanlage im Schloß und machte uns den Aufenthalt daselbst unmöglich. Mit angehaltenem Atem sprangen mein Adjutant und ich ins Freie. Wir schleppten den Telephonisten, der infolge Einatmens von Gas schon halb bewußtlos war, aus dem gasgeschwängerten Raum heraus, betteten ihn an einer geschützten Stelle im Freien, wo er sich bald erholte, und eilten dann zum Straßenknie nächst der Ruine Waisenberg, wo wir die zurückgehenden eigenen Leute sammeln und sie zur Besetzung des Defilees nächst Waisenberg erneut vorführen konnten. Rasch einsetzendes überwältigendes Infanteriefeuer, namentlich starke Flankenbedrohung durch stärkere feindliche Abteilungen, zwangen zum Aufgeben dieser Stellung und zum Rückzuge bis in eine neue Rückhaltstellung südlich vor Klein-St. Veit. Als diese Stellung dem Druck des Feindes nachzugeben drohte, wurde sie von den Oberleutnanten Raab und Kastellitz mit einigen auf Lastautos von Reinegg herandirigierten schwachen Verstärkungsabteilungen mit acht Maschinengewehren bezogen und gehalten.

Ich stand — Meldungen entgegennehmend und Befehle erteilend — mit meinem Adjutanten und dem Telephonisten auf der Straße Trixen—Klein-St. Veit, als eine südslawische Abteilung auf uns losging, dem Adjutanten die Telephonkassette aus der Hand schoß und ihn sowie den Telephonisten zwang, im nahen Wald Deckung zu suchen. Nun war ich mutterseelenallein auf der Straße. „Stoj"-Rufe erschallten, Schüsse krachten, rund um mich einschlagend, und es ist mir heute noch ein Rätsel, wie ich aus diesem „Hexenkessel" heil herauskam. Ich lief — vom Feinde und seinem Feuer verfolgt — im Zickzack, bald den Getroffenen markierend und mich niederwerfend, dann wieder auf die andere Straßenseite springend, gegen Klein-St. Veit. Endlich erreichte ich bei meinem „Todeslauf" eine Straßenbiegung und kam so außer Sicht des Gegners.

Ich ordnete nun die Sicherung des Defilees bei Klein-St. Veit an sowie die Nächtigungsgruppierung: Gruppe Oberleutnant Raab am Feind, Defilee Klein-St. Veit übernimmt Sicherung bis zur Gurk; Volks-

Maschinengewehr des Kärntner Volkswehr-Bataillons St. Veit Nr. 8 in Stellung bei Völkermarkt

Photos: Kärntner Heimatmuseum, Klagenfurt, und Archiv Reiter gen Osten

Major Michner, ehemals Führer des Kärntner Volkswehr-Batls. St. Veit Nr. 8

Gruppe des Tiroler Volkswehr-Bataillons
2 Photos: Kärntner Heimatmuseum, Klagenfurt

wehrkompanie 3/8 besetzt Rückhaltstellung hinter der Gurk bei St. Gregorn; abends eingetroffene Teile der 1./8. Volkswehrkompanie sowie Reste der Trixner Alarmkompanie gelangen nach Reinegg; die zwei italienischen Kanonen der Reservestellung Gregorn werden feuerbereit gemacht.

Noch vor Mitternacht gebe ich — nach Orientierung des Landesbefehlshabers über die Lage — den schriftlichen Befehl für die Vorrückung am nächsten Tage zur Wiedergewinnung der früheren Stellungen.

30. April

Der Vormarsch begann befehlsgemäß um 4 Uhr früh. Der Feind hatte sich unter Rücklassung von Patrouillen zurückgezogen, nachdem er vorher unsere Telephonleitungen mehrfach zerschnitten und eine große Anzahl von Handgranaten an den von uns begangenen Stellen derart versteckt hatte, daß die leiseste Berührung die Explosion der Granaten zur Folge haben mußte. Nur durch unsere besondere Vorsicht wurden größere Unglücksfälle vermieden.

Um 8.30 Uhr ist der Raum Mittertrixen—Sankt Margareten erreicht; um 10 Uhr wird Töllerberg besetzt. Gegen St. Martin und St. Stefan, das vom Gegner noch stark besetzt ist, stoßen vor: die von Brückl aus noch nachts über Diex dirigierte Gendarmerieassistenz und Teile der dort stehenden 4./8. Volkswehrkompanie, ferner 30 Mann der vom Bürgermeister Scheriau in Eppersdorf zur Verfügung gestellten Filippner Alarmkompanie, die im Verein mit der Alarmkompanie Trixen auch Ober- und Unter-Aich erobern.

Um 2 Uhr nachmittags rückt Oberleutnant Stohr gegen St. Stefan vor, nimmt den Ort im Kampf, besetzt den Kogel südlich St. Stefan, muß jedoch den ebenfalls eroberten Hauserkogel angesichts starker feindlicher Bedrohung wieder aufgeben. Oberleutnant Stohr wird durch eine Tretmine schwer verwundet, Feldwebel Melcher getötet. Feindliche Angriffe in der Nacht auf Aich und Bergstein werden abgewiesen. Dem Feind wurden außer dem uns gehörigen Material noch abgenommen: 4 Maschinengewehre, etwa 70 Handgranaten und 20 Verschläge Infanterie- sowie Maschinengewehrmunition.

In den Abendstunden war die Situation vom Vortage wiederhergestellt und der Gegner in seine früheren Stellungen zurückgeworfen.

2. Mai

Um 3.30 Uhr früh setzt unser Angriff befehlsgemäß ein.

Nach hartem Widerstand gelingt es der Angriffsgruppe Hauptmann Dr.-Ing. Fattinger, den Hauserkogel zu nehmen; Oberleutnant Graß gewinnt über Rammersdorf gegen Uschnig Raum. Um 8 Uhr fällt Arlsdorf, bald darauf Kaltenbrunn. Die Angriffsgruppe Leutnant Benke muß mit nicht gesichertem rechten Flügel vorgehen, gewinnt daher angesichts des besetzten „Hohenrainer" nur schwer Terrain.

Um 9 Uhr macht sich der Angriff des Abschnitts Griffen über Gschenitzen auf Goldbrunnhof bzw. Lindenhof geltend. Von unseren Leuten wird der Struzikogel genommen und dadurch die feindliche Besatzung auf „Hohenrainer" zum Rückzug gezwungen.

Nunmehr spielen sich die Ereignisse rasch ab. Noch vorhandene Widerstandsnester werden niedergehalten und umgangen, die Stadt Völkermarkt gestürmt, deren feindliche Besatzung schon größtenteils vorher fluchtartig die Stadt geräumt hatte. In Völkermarkt selbst ist der Jubel über die Befreiung vom südslawischen Joch ungeheuer. Die Verbände sind ganz vermischt. Ein unsererseits versuchter Vorstoß über die Draubrücke scheitert wegen der dort in ziemlicher Anzahl postierten feindlichen Maschinengewehre.

Angesichts der Verbrüderungsszenen mit den befreiten Völkermarktern, die nicht ohne Trinkgelage abgingen, der großen Ermüdung der Truppen, welche seit 29. April nicht zur Ruhe gekommen waren, und des unzureichenden Befehlsapparates war die Herstellung der Ordnung sowie die Sicherung der dem Feind entrissenen Stadt, die er ohne Unterbrechung vom jenseitigen Drauufer aus mit Schrapnells, Granatschrapnells und Maschinengewehrfeuer belegte, eine ungemein schwierige Aufgabe.

Jagdschloß des Prinzen Liechtenstein, das durch einen Minentreffer zerstört wurde

Im Morgengrauen des 29. April bei Glainach

Von Josef Gerstmann

„Herr Hauptmann!" — Ich fahre aus dem Schlafe auf. „Was gibt's?" „Alarm! Die Krainer sind da." Mit einem Satz bin ich im „Bischofszimmer" des Pfarrhofes beim Fernsprecher. Der Inspektionsfeldwebel Hartmaier antwortet von Unterglainach auf meine Frage: „Alles ruhig. Bin soeben Posten abgegangen, waren in Ordnung."

Ich gehe ins „Kaplanszimmer" zurück. Mein Schlafkamerad, Leutnant Schaar, ist munter geworden. Wir lugen zum Fenster hinaus in das Dämmern des anbrechenden Tages. Es regnet in Strömen. Hin und wieder fallen einige Schneeflocken. Die Uhr zeigt halb fünf. Aus der unter uns liegenden Küche des Pfarrhofes dringt Geräusch. Die brave Haushälterin des höchst verehrungswürdigen greisen Hausherrn entzündet das Feuer im Herd.

Wir wollen aber noch ein wenig dösen, da schnalzt ein Büchsenschuß in nächster Nähe. Ich stürze ans Fenster, in dem grauen Nebel ist nichts zu sehen. Doch, hinter den kahlen Kronen der Obstbäume, gegen die Straße hin, ein großer, dunkler Haufen. Einzelheiten sind nicht zu erkennen. Ich befehle dem Gebirgskanonenzug, der am Nordufer der Drau, oben auf dem steilen Hange ins Tal droht, telephonisch Feuerbereitschaft.

Leutnant Schaar steckt schon in Schuhen und Kleidern, greift nach Stutzen und Handgranaten und rennt los. Indem ich mich hastig ankleide, blicke ich ab und zu gegen den verdächtigen Haufen hinter den Baumkronen. Ja, es ist ein Trupp Slawen. Ich sehe noch, wie Leutnant Schaar ihn anspringt, die Krainer schießen gegen ihn, er hebt den Stutzen (dieser war nicht geladen!), setzt wieder ab, zündet eine Handgranate und wirft. Die Feinde stieben auseinander. Einige rennen gegen den Pfarrhof. Ich eile auf die Straßenseite — herein dürfen die Kerle nicht — der erste, ein Hüne von Gestalt, bekommt meine Kugel, der Nächste will davonspringen, noch einmal kracht mein Stutzen, und nun setze ich über die Treppen und zum Haus hinaus.

Soeben springt Schütze Anton Wutte aus der Unterkunft des dritten Zuges (Kompanie-Reserve im Gasthaus Antonitsch), er ist im Hemd, schmeißt das Maschinengewehr in den Dreck der Straße, sich dahinter, und schon fegt es die Straße entlang taktak-taktak ... an mir vorbei.

Die Krainer sind verschwunden. Der Großteil hat sich in Häuser und Stadel gedrückt, einige fliehen in die Wiesen, dem Schießplatz zu.

Diesen setzt Offiziersstellvertreter Lorenz Wutte mit seinem Zug nach. Hierbei findet Leutnant Krainz, der Kommandant der feindlichen Abteilung, den Tod.

Ich befahl, sofort nach den versteckten Krainern zu suchen. Durch Versagen eines Postens wurde es möglich, daß der Feind vom Walde am Nordfuß des Matzen aus unbemerkt in Glainach eindringen konnte. Hätten sich die Krainer geschickter und entschlossener verhalten, wäre mancher von uns zu Schaden gekommen.

Die Lage im Orte war somit gerettet.

Am östlichen Ortsrande stand ein Feldkanonenzug in Stellung. Die Bedienung, durch die Schüsse alarmiert, war, dürftig bekleidet, aus dem Quartier zu den Geschützen gelaufen. Hier mußten sie vorerst einen Tanz um die Schutzschilde ausführen, denn sie wurden von den in Glainach eingedrungenen Krainern beschossen. Nachdem diese erledigt waren, schoß der Feind aus entgegengesetzter Richtung mit Maschinengewehren gegen die Geschütze. Gegen die Maschinengewehre südlich von Unterglainach befahl ich Feuereröffnung, welchem Befehl die wackeren Kanoniere freudigst nachkamen.

Ich sprang nun mit Leutnant Schaar nach Unterglainach. Hier fand ich meine beiden Infanteriezüge, so wie es wiederholt geübt worden war, nach drei Seiten kampfbereit. Jeder Mann auf seinem Platz. Die Leute des ersten Zuges sangen überdies kecke Lieder.

Vor wenigen Minuten war hier die feindliche Vorpatrouille angerannt. Die Krainer spähten nicht scharf genug, so daß sie den gut gedeckten Doppelposten übersahen. Dies wurde den beiden vordersten Spähern zum Verhängnis. Sie lagen tot vor unseren Posten, die anderen waren in den nahen Wald entlaufen. Von dort her gab der Feind, gegen Sicht geschützt, ein lebhaftes Feuer gegen uns ab. Er wollte uns augenscheinlich „mürbe" machen. Der Quartiergeber des ersten Zuges, ein bejahrtes Bäuerlein, kriegte dabei einen Schuß in die linke Schulter ab. Er war etwas gar zu sorglos zwischen Haus und Stadel herumgegangen. Glücklicherweise war es nur eine Fleischwunde.

Nun faßte ich das Feuer der vier Geschütze, zweier

Gebirgsgeschütz in Stellung bei Rosenbach
Photo: Kärntner Heimatmuseum, Klagenfurt

Maschinengewehre und etlicher Schützen gegen den Wald zusammen. Es gab einen achtunggebietenden Kriegslärm. Den Slawen schwand der Mut zu einem Nahangriff, das abscheuliche Wetter dürfte ihre Begeisterung auch stark verwässert haben. So gingen sie auf St. Margareten und Abtei zurück.

Ein toter Offizier, drei tote Soldaten und 18 Gefangene, ein Maschinengewehr, zahlreiche Munition und Handgranaten blieben in unseren Händen. Ihre vielen Verwundeten schleppten die Krainer mit sich.

Auf unserer Seite war nur ein Schütze leicht verwundet.

In den Pfarrhof nach Glainach zurückgekehrt, entschuldigte ich mich ob der „Ruhestörung" und fragte, ob nicht ein Geschoß sich vielleicht ins Haus verirrt habe. Da gab mir die gute Haushälterin zur Antwort: „Jaz sem koi vokne zuaperva, da mi li grdi hudiči niso mogle senter strelat." („Ich habe gleich die Fenster geschlossen, daß mir die häßlichen Teufel nicht hereinschießen konnten.")

Wir stürmen den Tunnel

Von Oberleutnant Karl Fritz

Eglseers Angriffsbefehl lautete*):

Am rechten Flügel greift Oberleutnant Arneitz mit den Maria Gailern, einer Freiwilligentruppe und einer Sturmabteilung der Heimwehrkompanie Rosenbach unter Leutnant Fritz die Gratschenitza an, überrumpelt überraschend den feindlichen linken Flügel und schwenkt dann gegen den Tunnel ein.

Die Mittelgruppe, bestehend aus Villacher Volkswehr und Freiwilligenabteilungen sowie Veldener Volkswehr drücken gegen den Tunnel und haben nach Eintritt der Flankenpressung gegen den Tunnel vorzustoßen. Am linken Flügel greift das Tiroler Volkswehr-Bataillon den Suhivrh und die Guadia an und schwenkt dann ebenfalls gegen den Tunnel ein.

Der Angriff beginnt um 5.00 Uhr früh und wird durch ein Wirkungsschießen unserer gesamten Artillerie unterstützt.

Durch Raketensignale ist die Einnahme der Angriffsziele bekanntzugeben.

Wir waren uns alle klar darüber, daß uns eine

*) Siehe die Karte auf Seite 317

schwere und blutige Arbeit bevorstand, denn an dem Tunnel hatten wir uns schon einige Male die Zähne ausgebissen.

Ein ganzer und voller Erfolg konnte nur durch eine vollkommene Überrumpelung eintreten.

Am 3. Mai marschiere ich mit meiner Sturmabteilung in der Stärke von 25 ausgesuchten, geländekundigen Leuten und einem schweren MG. in die Ausgangsstellung nach Schlatten, wo ich mich mit der Angriffskolonne Arneitz vereinige.

Führer und Unterführer haben schwere Mühe, die bunt zusammengewürfelten Freiwilligenabteilungen zusammenzuhalten, denn trotz aller Maßnahmen haben manche Leute tiefer als nötig ins Glas geschaut und wissen vor lauter Angriffslust nicht aus noch ein.

Wie leicht war es doch im Kriege beim regulären Militär; Führern und Unterführern standen die schwersten Mittel zur Aufrechterhaltung der Manneszucht zur Verfügung.

Hier bei uns und im ganzen Kärntner Freiheits-

Gebirgsgeschütze werden vom Bahnhof Maria Elend aus gegen Rosenbach in Stellung gebracht

Angehörige der Kärntner Volkswehr-Sturmkompanie Maria Gail
2 Photos: Kärntner Heimatmuseum, Klagenfurt

Offiziergruppe des Tiroler Volkswehr-Bataillons, das unter der Führung des Hauptmanns Dragoni den Kärntnern zu Hilfe kam und im Rosental kämpfte
Photo: Kärntner Heimatmuseum, Klagenfurt

Leutnant Fritz, ehem. Führer einer Kärntner Sturm-Abteilung
Photo: Archiv Reiter gen Osten

Kampfe kam dies alles gar nicht in Frage, denn es handelte sich fast nur um Freischärler, die nach jeder Aktion, wenn es ihnen paßte, wieder nach Hause zu ihrer täglichen Arbeit gehen konnten.

Es konnte sich auch keine Autorität lediglich auf Grund seines Chargengrades durchsetzen, wenn nicht ein ganzer Kerl dahinterstand, der aber auch alles einsetzen mußte, um sich bei seinen Leuten durchzusetzen, die aber auch dann, wenn alles klappte, für ihn durchs Feuer gingen.

Aber bald gaben auch die übermütigsten Jungen Ruhe, als der Steilanstieg gegen die Gratschenitza beginnt und die schweren MG.-Bestandteile und die Munitionsvorräte auf die Schultern zu drücken anfangen. Führer und Unterführer sind überall tätig und helfen den Leuten, wo sie nur können.

Bereits tags zuvor war durch eine Patrouille festgestellt worden, wie weit der Kamm besetzt war. Wir hatten unseren Anstieg so eingerichtet, daß wir den Kamm auf der voraussichtlich unbesetzten Flanke erreichten.

So hoffen wir denn guten Mutes, den schwierigen Anstieg im Fels wenigstens ohne feindliche Einwirkung durchführen zu können. Ein Bestürmen des Steilkammes wäre auch beim geringsten Widerstand fast unmöglich gewesen.

Immer schwieriger wird es für uns, die Leute mit ihren schweren Lasten vorwärtszubringen. Vor Tagesanbruch mußten wir unbedingt unsere Sturmstellungen erreicht haben, sollte der Angriff nicht von vornherein zum Scheitern verurteilt sein.

Ungefähr 100 Meter unter dem Kamme verlasse ich die Hauptkolonne, um meine Ausgangsstellung zu gewinnen.

Schnell dämmert der Morgen heran. Da meine Leute fast gänzlich erschöpft sind, lasse ich sie ungefähr 30 Meter unter dem Kamme auf einer Schutthalde lagern, damit sie sich bis zum Angriffsbeginn erholen.

Müde wirft sich alles auf den Rücken und lüftet das Gepäck. Ich klettere allein gegen den Kamm, um meine Angriffsrichtung festzulegen.

Soeben fällt unser erster Kanonenschuß.

Mit einem Klimmzug ziehe ich mich hoch und äuge vorsichtig über die Felskante, als ich in die Mündung eines schweren MG. starre, das mit eingezogener Gurte schußfertig hinter dem Kamme steht. Der Posten sitzt dahinter, hat wahrscheinlich geschlafen und ist beim Kanonenschuß aufgewacht. Er schaut gegen den Tunneleingang hinunter, wo gerade die erste Sprengwolke unserer schweren Granate steht.

Der verbaute Eingang zum Rosenbacher Tunnel
Photo: Kärntner Heimatmuseum, Klagenfurt

*Flankierungs-
anlage westlich des
Bahnhofes Rosen-
bach*
*Photo: Kärntner
Heimatmuseum, Klagenfurt*

Hinter dem Posten ist ein Zeltlager sichtbar. Also scheinbar eine ganz neue, erst vor kurzem bezogene Stellung.

Das Blut erstarrt mir in den Adern, wenn ich an meine untenliegenden, in der Schutthalde zusammengeballten Leute denke. Jeden Augenblick wird dazu noch weiter unten die Kolonne Arneitz auftauchen. Tritt das feindliche MG. in Aktion, ist alles verloren...

Blitzschnell ziehe ich mich zurück. Zum Glück beobachten mich meine Leute und deuten meine Bewegungen richtig.

Durch Gebärden winke ich meinen Truppe Jakob, den tapferen Rosegger, Seidl Franz und meinen Vetter Hans Rauter, die mir am nächsten sind, zu mir herauf. Die anderen decken sich so gut und so still sie es können und soweit es das Gelände ermöglicht. Alles hängt von den nächsten Sekunden ab.

In diesen kritischen Augenblicken zeigt es sich, über welch prachtvolle Leute ich befehle. Sie zeigen sich der kritischen Lage voll gewachsen.

Nun sind sie leise neben mich getreten...

Truppe entsichert eine Handgranate, Seidl und Rauter ergreifen die Stutzen schlagbereit bei der Gewehrmündung.

Ich gehe mit meinem Stutzen vorsichtig hoch...

Der Posten schaut gerade her, wir blicken uns gegenseitig ins Auge... mein Schuß versagt... Der Slawe ist ein prachtvoller Soldat. Keinen Augenblick erschreckt er sich, sondern wirft sich hinter sein MG., und schon prasselt es los. Ich lasse mich fallen, denn in diesem Augenblick wirft Truppe die rauchende Granate, und diese wirft Posten und Gewehr über den Haufen. Und schon stürmen wir viere wie Teufel den Kamm, die andere Mannschaft hinter uns drein...

Im Nu stehen wir mitten unter der feindlichen Besatzung, die teilweise niedergemacht, teilweise gefangen wird. Einigen gelingt die Flucht, darunter auch dem Kommandanten.

Nun steigt, jubelnd von den Stürmern begrüßt, die Rakete in die Höhe, die Eglseer und den Unseren kundgibt, daß der Gratschenitzakamm in unseren Händen ist.

Sofort beginnen wir den Kamm tunnelwärts aufzurollen. Bald sind wir mit den Stürmern im Rücken der feindlichen Verteidigungslinie. Mit unserem und den eroberten MG. schießen wir, was die Rohre halten, auf die tief unter uns liegenden slawischen Stellungen, wo alles in wilder Unordnung sich der drohenden Umklammerung zu entziehen sucht.

Wir vereinigen uns mit den Stürmern der Kolonne Arneitz, und jauchzend jagen wir gemeinsam gegen den Tunnel.

Eine Gebirgskanonen-Batterie fällt in unsere Hand, die der Feind in wilder kopfloser Flucht vollkommen feuerbereit uns überließ. Gerade auf diese Batterie hatten wir es besonders abgesehen, weil sie durch ihre wunderbar überhöhte Stellung uns in den vorhergehenden Tagen viel zu schaffen gemacht hatte.

In der Batterie schnaufen wir aus und besprechen die weitere Aktion.

Die feindliche Front ist bereits durch den Einsturz ihres linken Flügels schwer erschüttert, da die Flankenwirkung unseres Angriffes sich allenthalben bemerkbar macht.

Oberhalb des Tunnels sind betonierte MG.-Stände, die sich noch hartnäckig halten. Dort steht die Laibacher akademische Legion. Auch der feindliche rechte Flügel scheint noch vollkommen intakt zu sein. Dort stehen serbische Elitetruppen, die Baum um Baum und Fels für Fels zäh halten.

Zunächst müssen wir die Legionäre oberhalb des Tunnels haben. Kurzerhand drehen wir die eroberten Geschütze um und, da wir zufällig keine Artilleristen bei uns haben, versuchen wir Offiziere mit unseren bescheidenen Kenntnissen die Schußelemente zu ermitteln.

Nach einigen mißglückten Versuchen steigen aber bald die Sprengwolken vor den MG.-Ständen aus dem Boden. Nach kurzem Wirkungsschießen schweigen die hartnäckigen Gegner. Das feindliche Zentrum ist sturmreif!

Nur der rechte slawische Flügel steht wie ein Fels in der Brandung, aber auch von dort hört man bald aus dem Feuern, daß auch die Serben ihre Sache für verloren halten. In einem wahnwitzigen Tempo preschen wir gegen den Tunnel. Unsere Leute sind wie von Sinnen. Jauchzend und brüllend, wie wütige Stiere, tragen sie den Angriff gegen das ersehnte Ziel. Meine Rosentaler Raufer sind in ihrem Element. Ich habe meine helle Freude an ihnen.

Über alles Lob erhaben ist auch unsere Artillerie, die mit einer wunderbaren Sicherheit, ohne uns auch nur im geringsten zu gefährden, den Gegner niederhält.

Wir stehen vor dem Tunnel.

Die letzten Schüsse einer von tollkühnen Artilleristen bis ganz nach vorne gebrachten Kanone donnern gegen den Eingang, wo einige brave slawische Soldaten vergeblichen Widerstand leisten.

... Hurra! Oberleutnant Arneitz, der vorbildliche Führer und Kamerad, dringt als erster ein und erbeutet eine jugoslawische Fahne.

Der geschlagene Gegner mußte größtenteils über den Kahlkogel (Goliza) flüchten, um der Gefangenschaft zu entgehen. Der Eindruck der Niederlage war so gewaltig, daß nach dem Eintreffen der ersten Flüchtlinge im slawischen Aßling, jenseits des Tunnels, die Zivilbevölkerung diesen Ort räumte in der Meinung, die Kärntner würden nun in Krain einmarschieren. Wir dachten natürlich gar nicht daran, fremden Volksboden zu bedrohen. Es genügte uns, daß es gelungen war, den heimatlichen Boden vom Feinde zu säubern.

Ein großer Sieg war errungen.

15 Geschütze, darunter 5 schwere, und an 50 MG. und große Mengen an Munition und Handgranatenbeständen sind unsere Beute.

Unter den Handgranatenverschlägen finden wir solche jüngsten Datums, die von den roten Verwaltungen der Munitionsfabriken Wiener Neustadt an die Slawen gegen Umtausch für Nahrungsmittel geliefert worden waren.

Ein trauriges Zeichen marxistischer Denkungsart!

Der Panzerzug

Von Sepp Schleisner

Klagenfurt, 11. November 1918.

Daheim!

Vor neun Tagen in einer grauenhaften, endlosen Nacht durch Sperrfeuer und Schneesturm über Gletscher, auf Viehsteigen vom Ortler zu Tal. Ohne Verständnis für die ungeheuerliche Katastrophe, mit dumpfer Verzweiflung im Herzen, tagelang als Landstreicher auf Wegen und in Straßengräben, bis nach Innsbruck. Dann kreuz und quer in und auf Zügen, die aussahen wie schleichende Menschenknäuel. Herausgerissen aus der Stellung hoch oben auf dem Felsgipfel mitten im Eis, wo wir als Soldaten eines Kaisers für ein Vaterland dienten, hinein in ein vollendetes Chaos...

Klagenfurt, 29. April 1919.

Das war ein wundervoller Tag! Ich glaube, es ist der Geburtstag der Kärntner Heimat. Unser altes Lied ist Wirklichkeit geworden: „Das Volk steht auf!"

Seit vorgestern schien es, als habe der verhaßte Waffenstillstand am längsten bestanden. Heute früh krachten die Alarmschüsse vom Stadtpfarrturm. Nun geht es los!

Aus dem Hof der Jesuitenkaserne rollte ein Lastwagen nach dem anderen, darauf Jauchzen, Lachen und Singen.

Im Vorbeilaufen gab mir ein Offizier Bescheid: Die Serben haben ohne Kündigung des Waffenstillstandes angegriffen und beginnen die Offensive an der ganzen Front. Am Loibl-Paß ist die Lage bedrohlich. — Dann saß ich auf meinem Fahrrad.

Als ich schweißtriefend Unterloibl erreichte, war dort bereits bekannt, daß der Angriff bei der Teufelsbrücke aufgehalten sei. Alle verfügbaren Leute müssen ins obere Rosental. In der Station Weizelsdorf wurde ich angerufen. Dort stand ein merkwürdiger Zug: in der Mitte eine mit Brettern vernagelte Lokomotive, vorne ein gedeckter Güterwagen mit Schußlöchern nach allen Seiten, rückwärts ein Kohlenwagen, aus dem drei Maschinengewehre blinzelten. Das Ganze hieß: „Der Panzerzug."

Regimentskameraden schleppten Munitionsverschläge: „Pack' an, und fahr' mit!" Mein Fahrrad flog in den rückwärtigen Wagen, und ich kletterte hinterher, als plötzlich vom Hang westlich der Hollenburg auf uns geschossen wurde. Also haben die Serben die Drau übersetzt und bedrohen unsere Artillerie.

Wir fuhren los, um die feindliche Linie vor uns zu durchstoßen. Im rückwärtigen Wagen standen, gleich wie im vorderen, drei Maschinengewehre schußbereit. Sechs Mann lagen am Boden, drei bedienten die Maschinen, wir übrigen begnügten uns mit Gewehr und Handgranaten. In unserem Wagen bestand die Panzerung aus einigen verrosteten Weichenplatten, während man im vorderen — gedeckten — Wagen und am Führerstand der Lokomotive Doppelwände eingebaut und den Zwischenraum mit Schotter ausgefüllt hatte.

Die Ortschaft Weizelsdorf war ohne Leben, St. Johann hingegen hatte davon zuviel. Von allen Seiten begrüßte uns Gewehrfeuer. Links vom Kirchturm, rechts vom Dachboden eines Bauernhauses schossen Maschinengewehre. Auch die verhetzten slawischen Bauern knallten aus ihren Häusern. Besonders eifrig beteiligte sich der Pfarrhof. Langsam ging der Zug vor, blieb stehen, ging langsam zurück und wieder vor. Die Waggonwand splittert an vielen Stellen. Mein Nachbar sinkt um: „Mich hat's!" Später stellt sich heraus, daß ein Stück Weichenplatte durch den Lederrock bis an seine Haut vorgedrungen war, sich damit aber begnügt hatte.

Dann schweigt das feindliche Maschinengewehr rechts, bald nachher auch das am Kirchturm. Die Serben laufen wie die Hasen. Unsere Aufgabe ist erfüllt.

Der Zug rollt langsam zurück. Warum verfolgen wir nicht? In der Station Weizelsdorf sehen wir die Bescherung: die Lokomotive hat 40 Treffer, das Sicherheitsventil ist abgeschossen, der Dampf zischt in den grauen Abendhimmel. Das Gefälle der Strecke hatte uns in die Station zurückrollen lassen. Der Kommandant, Hauptmann Ramsauer, der sich auf der Lokomotive aufhielt, ist durch neun Schüsse schwer verwundet. Trotzdem ließ er erst rückfahren, nachdem die Serben Reißaus genommen hatten und der austretende Dampf den Zug kampfunfähig machte. Weitere zwei Mann sind leicht verwundet.

Während die Verletzten erste Hilfe erhalten und der neue Kommandant, Oberleutnant Mitterbacher, nach einer Ersatzlokomotive Ausschau hält, haben sich Lokomotivführer und Heizer ohne Abschied mit einem eben nach Klagenfurt gehenden Transportzug aus dem Staube gemacht. Von einer sofortigen Reparatur der zerschossenen Maschine kann keine Rede sein, eine andere ist nicht vorhanden. Damit ist die Mannschaft außer Gefecht gesetzt. Leise beginnt es zu schneien, und das Schießen verstummt.

Die Zugmannschaft beschließt, in Weizelsdorf zu bleiben. Ich nahm Urlaub bis morgen, um mein Fahrrad nach Hause zu bringen.

Klagenfurt, 30. April 1919

Die Kerle haben mich betrogen. Als ich morgens mit einem Transportzug nach Weizelsdorf kam, mußte ich hören: Die Mannschaft des Panzerzuges hat noch in der Nacht gemeinsam mit der Ferlacher Heimwehr die Verfolgung aufgenommen. Mit einer neuen Lokomotive sei der Zug später gefolgt. Als Beute führte der Zug das eine der beiden Maschinengewehre, die wir gestern in St. Johann zum Schweigen brachten, und den Kanarienvogel des dortigen, rechtzeitig durchgebrannten Pfarrers mit sich.

Unterwegs nahmen wir Verwundete auf und kamen nachmittags nach Klagenfurt. Vor allem muß die gepanzerte Lokomotive instandgesetzt und der zweite Wagen gefechtstüchtig gemacht werden.

Klagenfurt, 3. Mai 1919

Der Zug steht bereit. Unser Wagen hat seinen Schotterpanzer und fünf Maschinengewehre. Eines davon darf ich bedienen. Zwischen der Lokomotive und dem zweiten Wagen ist ein dritter — nicht gepanzerter — eingeschoben, der eine Feldkanone führt. Der heutige Tag verging damit, einen Lokomotivführer und einen Heizer zu finden. Alle haben sich geweigert, den Panzerzug zu fahren. Erst jetzt, abends, brachte der Bahnhofsvorstand zwei Leute, die es mit uns wagen wollen. Gestern wurde Völkermarkt, heute früh der Tunneleingang in Rosenbach gestürmt. Endlich! Seit Tagen hat sich nichts gerührt. Wir brennen lichterloh vor Ungeduld. Morgen dürfen wir fahren, wie es heißt, nach Grafenstein, um gegen Völkermarkt vorzustoßen.

Der Panzerzug mit seiner Besatzung

2 Photos: Kärntner Heimatmuseum, Klagenfurt

Die Mannschaft des Panzerzuges bei einer Rast

Klagenfurt, 5. Mai 1919.

Wir hatten Pech: der Zug ist wieder in Reparatur. Gestern, mittags, fuhren wir nach Grafenstein und erhielten dort abends den Befehl, an die Draubrücke vorzugehen. Das Geleise auf der Brücke war entfernt. Wir mußten zurück, um Schienen und Pioniere zu holen. Nach Mitternacht rollte der Zug langsam auf das feindliche Ufer. Langsam und vorsichtig schob er sich dort weiter, die Lichtkegel unserer Laternen irren den Hang entlang. Wir kamen in die Station Rückersdorf, die eben vom Feind geräumt worden war. Drei mächtige Granattrichter zieren den Bahnsteig, und auch das Stationsgebäude hat seinen Teil abbekommen. Blutige Fetzen lagen auf der Erde und gaben Zeugnis von angeschossenen Serben. Wie im wirklichen Krieg sah es hier aus, das unruhige Licht der Laternen ließ das Bild noch wilder erscheinen.

Wir brachten unser tägliches Brot, den Wasserkran, in Ordnung und kehrten nach Grafenstein zurück, um neue Schienen zu holen. Im Morgengrauen ging es abermals über die Drau. Im Geschützwagen hatten wir zehn Pioniere mitgenommen.

Um 6 Uhr früh lief der Zug in die Station Völkermarkt-Kühnsdorf ein, welche den neuen slawischen Namen „Velikovec-Sincawas" in großen Lettern kundtat. Zugleich mit uns tauchten dort die Vorposten der von Norden her aus Völkermarkt vorstoßenden Truppen auf. Sie und wir geizten nicht mit Lautstärke, als wir uns begrüßten.

Nach kurzem Aufenthalt setzte der Zug seine Fahrt fort und war um 7 Uhr in der nächsten Station, Mittlern. Eine feindliche Patrouille mußte unter Feuer genommen werden, worauf sie eilends verschwand. Die feindliche Linie war erreicht.

Mitterbacher forderte die Pioniere auf, in die beiden gepanzerten Wagen zu kommen. Fünf von ihnen fanden das Umsteigen zu unbequem und blieben im Geschützwagen.

Wenige hundert Schritte hinter der Station wurde der Zug mit heftigem Maschinengewehrfeuer empfangen. Quer über die Strecke lief eine neu aufgeworfene Verteidigungslinie, vom Dorf Lettenstätten bis zum Katharinenkogel. Erhobenen Hauptes, das Gewehr geschultert, kam uns ein serbischer Soldat entgegen, ausgerechnet zwischen den Schienen. Leutnant Alber an der Stirnmaschine drückte los, und der Tschusch beendete sein Leben mit einem Salto nach rückwärts. Der Zug stand mitten in der feindlichen Stellung. Jantsch, Prokop und ich schossen nach rechts — und wir schossen gut. Ein Tschusch nach dem anderen ging in die Ewigkeit, der Rest begann zu laufen. Zuletzt ist auch das MG. am Kogel still. Prokop und ich führen einen erbitterten Streit, wer von uns beiden den serbischen Maschinisten so kunstgerecht hintüberlegte. Wir mit den Dachmaschinen feuern nun nach links in das Dorf. Schweine, Hühner und Tschuschen laufen.

Da gibt es plötzlich in allernächster Nähe eine dumpfe Explosion, der Wagen macht einen Sprung. Der Wind treibt uns Brandgeruch in die Nase. Also Granat-Volltreffer! Hurra: der Zug bewegt sich dennoch — wenn auch zurück!

In Mittlern fand sich des Rätsels Lösung. Eine der letzten feindlichen Kugeln hatte einen Granatzünder getroffen und brachte so mehrere Verschläge der mitgeführten Artilleriemunition zum gleichzeitigen Krepieren. Der Geschützwagen war zertrümmert, zwei der Leute in Stücke gerissen, zwei andere schwer verwundet. Der fünfte blieb, wie durch ein Wunder, unverletzt.

So gut es ging, wurden Notverbände angelegt. Da kam die nächste Hiobspost vom vorderen Wagen: die rechtsseitige Wand so zerschossen, daß man jeden Augenblick mit dem Durchbrechen des Schotters rechnen muß.

Wir müssen zurück, müssen abermals auf die Verfolgung des Feindes verzichten. Während der Heimfahrt halten Prokop und ich die Ehrenwache bei den Gefallenen.

Mittags fuhren wir in Klagenfurt ein. Die Verwundeten übergaben wir der Ambulanz der Rettungsgesellschaft. Auch Vater war unter ihnen. Als er die zerrissenen Toten sah, drückten wir uns wortlos die Hand.

Daß uns gerade jetzt dieses Unglück treffen mußte! Wieder heißt es warten, warten...

Prävali, 7. Mai 1919.

Eine richtige Studentenbude ist um mich. Über dem Bett hängt die blaue Mütze eines Grazer Studenten und ein Säbel.

In den letzten dreißig Stunden hatten wir nichts anderes zu tun, als die Hände der Befreiten zu schütteln. Überall werden sie uns entgegengestreckt, überall löst unser Erscheinen einen wahren Freudentaumel aus. Die Mädchen sind außer sich, in Prävali fielen sie uns um den Hals. Warum auch nicht: seit heute vormittag ist das ganze prächtige Kärntner Land frei! Es ist so wunderschön, ein Kind dieser Heimat zu sein.

Gestern, mittags, hatten wir das Gerümpel, welches auf den stolzen Namen „Panzerzug" hört, zur Not zurechtgeflickt. Kurz darauf kam der Befehl, nach Bleiburg zu fahren. Dort wurden wir nach Prävali dirigiert, wo wir abends eintrafen. „Der weitere Angriff ist erst für den nächsten Morgen angesetzt", erklärte uns der Abschnittskommandant. Uns war es recht so, denn es ist ein überwältigendes Erleben, Zeuge der immer wiederkehrenden Freudenausbrüche der befreiten Unterkärntner zu sein. Mit Kind und Kegel ist alles unterwegs, schwärmt, singt und jauchzt durch den Ort. Überall ist Musik und Tanz, und die Soldaten werden mit Blumen überschüttet. Braten und Wein gibt es in nicht vertilgbaren Mengen, wie im Schlaraffenland!

Da der augenblickliche Verlauf der eigenen und der feindlichen Linie beim Kommando nicht bekannt ist, überdies die Strecke sich längs eines Steilhanges hinzieht, entsendet Mitterbacher eine Patrouille voraus. Langsam folgt der Zug. An der zweiten Miesbrücke bei Döbriach, wo das Gelände wieder übersichtlich wird, zieht der Kommandant die Patrouille ein. Angesichts des Feindes gibt es dort ein heiteres Zwischenspiel. Ausnahmslos leidet die gesamte Mannschaft an Diarrhöe und bildet längs der Strecke Schwarmlinie. Mittags erfuhren wir, daß die uns nachfolgenden Truppen über beiden Brücken MG.-Nester ausgehoben haben. Weshalb die uns wohl unbehelligt ließen?

Vorsichtig schob sich der Zug weiter und lief bald nach 6 Uhr früh in den Bahnhof Unterdrauburg ein. Kurze Zeit vorher hatte die serbische Nachhut den Platz verlassen. Nur wenige Leute waren zugegen, doch diese rissen uns fast die Hände aus dem Leib. Wir fuhren weiter — auf steirisches Gebiet. Wieder begleitet uns, diesmal auf der rechten Seite, ein freundlicher Steilhang. Dieser ließ uns unbehelligt, von einer Lehne am anderen Drauufer dagegen wurden wir beschossen. Um 8.30 Uhr erreichte der Zug Saldenhofen. Händeschütteln, Freudentränen, Blumen! Ob wir nach Marburg fahren werden, ins schöne, deutsche Marburg? Ja, wir hoffen es fest. Vorderhand fand unser Vorrücken ein Ende. Die Tschuschen waren — endlich! — so schlau, die Ausfahrtsweiche zu sprengen. So eilig hatten sie es mit ihrer Flucht, daß sie zwischen der Steiner Draubrücke und Saldenhofen nirgends die Strecke beschädigten. Morre, unser Sanitätsmann von der Klagenfurter Feuerwehr, rannte, auf der Suche nach dem besten Tropfen, gegen eine serbische Gendarmeriepatrouille, machte Krieg auf eigene Rechnung und brachte zum Andenken einen Gefangenen mit.

Nach einer Stunde trat der Zug die Rückfahrt nach Unterdrauburg an. Wieder erhielten wir Feuer von der anderen Drauseite.

In Unterdrauburg ging es hoch her. Die Truppen aus dem Lavanttal waren eingetroffen. Am Bahnhof stand in Reih und Glied die Akademische Legion von den Grazer Hochschulen, fesche Kerle mit zerhauenen Gesichtern. Über dem Soldatenrock trugen sie ihre Burschenbänder. Neben ihnen setzten wir uns auf die Erde und stopften emsig MG.-Gurte. Dann gab es kurzen Urlaub, und wir liefen in den Ort. Dort bot sich uns das gleiche Bild wie gestern in Prävali. Glückliche Gesichter, Lachen und Singen, so weit Auge und Ohr reichen.

Mittags traf der Landesbefehlshaber ein und brachte bitterböse Nachricht. Die steiermärkische Landesregierung untersagt den Kärntner Truppen striktest das Betreten untersteirischen Bodens. Ihr elendes, schlappschwänziges Gesindel! Marburg soll also preisgegeben werden? Heute abend könnten wir dort sein, zugleich die Obersteirer, wenn sie von Graz aus angreifen.

Nicht genug damit, fordern die Wiener Bolschewiken, wir müßten unsere Truppen an die Drau zurücknehmen, in die Linie vom 28. April. Das Vorgehen Kärntens bilde eine Gefährdung des Staates. Wir pfeifen auf diesen „Staat", zuerst brauchen wir eine Heimat. Nun wissen wir nicht mehr, gegen wen wir eigentlich Krieg führen: gegen die Serben — oder gegen die Wiener Regierung — oder gegen den steirischen Landeshauptmann?

Um 2 Uhr nachmittags befiehlt der Landesbefehlshaber unserem Kommandanten, neuerlich nach Saldenhofen vorzugehen. Die Tschuschen haben aber den Braten unterdessen gerochen und fühlen wieder vor. Da und dort tauchen feindliche Patrouillen auf. Noch sind sie das Laufen gewohnt und ziehen sich beim Anblick des Panzerzuges zurück.

Abends kehren wir nach Unterdrauburg zurück und erhalten Befehl, die Nacht über in Prävali zu bleiben. Hier hat die Begeisterung seit gestern noch zugenommen. Am Bahnhof wurden wir jubelnd begrüßt, und dann gab es einen regelrechten Kampf, wer uns für die Nacht in seinem Hause haben darf. Ein liebes, altes Mütterlein und ein würdiger, graubärtiger Herr nahmen mich in ihre Mitte. Dann hub sündhaftes Schlemmen an, bis ich am letzten Ende meines Könnens stand.

Nach zwei durchwachten Nächten sind drei Stunden Schlaf wenig, aber wesentlich mehr als nichts. Um 5 Uhr früh ist Abfahrt befohlen.

Klagenfurt, 9. Mai 1919.

Unser braver Panzerzug und seine Mannen sind aufs Eis gelegt. Gestern, spät abends, erreichte uns in Unterdrauburg der Befehl des Landesbefehlshabers, nach Klagenfurt einzurücken.

Nach dem schönen Abend in Prävali liefen wir gestern im Morgengrauen in Unterdrauburg ein. Wieder saßen wir Mann neben Mann auf der Erde und füllten die Gurte. Als wir um die Mittagszeit in dem Markt verschwinden wollten, kam der Befehl, auf der Strecke Windischgraz—Cilli aufzuklären. Überdies sollten wir einen gestohlenen Transportzug aus Windischgraz mitbringen.

Die Ortschaft lag in hellstem Sonnenschein: wehende Tücher grüßten uns, Blumen flogen in die Wagen — ein Stückchen weiter, in St. Martin, tolles Gewehr- und MG.-Feuer von allen Seiten. Soldaten und Bauern schossen aus den Häusern und Gärten, schreiende Weiber liefen dazwischen und rangen die Hände. Aus dem Pfarrhof feuerte ein feindliches Maschinengewehr. Es war keine leichte Arbeit, es zum Schweigen zu bringen. Gurte auf Gurte gingen durch die Maschinen. Durch die Schießscharte erhält Prokops Stahlhelm einen Streifschuß.

Seit dem 4. Mai ist es der dritte Fall in unserem Wagen.

Allmählich verstummt der Feind. Wir fuhren zurück und hielten in Windischgraz. Trotz des wütenden feindlichen Feuers hatten wir nur einen Verwundeten. Im Festkleid standen die Frauen und Mädchen am Bahnhof und ließen nicht locker, bis sie uns mit Kaffee und Kuchen vollstopfen durften. Immer das gleiche farbenfrohe Bild: von feiertäglich geputzten Menschen sind umringt die verwahrlosten Pz.-Mannen: schwarz wie die Rauchfangkehrer und schmierig als kämen sie eben samt und sonders aus einem Ölfaß gekrochen. Es ist das eigenartige Bild des Krieges im Frieden, und ich kann mir ein schöneres und fröhlicheres Kämpfen nicht denken.

Hochrot im Gesicht kommt ein Mädel mit einem schwarz-rot-goldenen Band. Dieses Band war ihr geheimer Schatz gewesen, und nun erhält jeder von uns ein Stück, zum Gedenken an die deutschen Frauen von Windischgraz.

— Arme, liebe Menschen! Am Abend schon brachte ein Flüchtling die traurige Kunde, die Serben seien in den Ort wieder einmarschiert und hielten Gericht. Nun müßt ihr büßen für eure Freude und Gastfreundschaft. —

Ehe der Zug die Rückfahrt antrat, koppelten wir die von den Serben entführten Wagen an, um sie befehlsgemäß nach Unterdrauburg zu bringen. Kaum waren wir dort eingetroffen, als der Zug abermals nach Saldenhofen mußte, um dort aufzuklären. Diesmal erreichten wir Saldenhofen nicht mehr. Bei St. Peter erhielten wir von beiden Seiten Feuer, vom Steilhang flogen Handgranaten, dann auch von der Böschung des Bahndammes herauf. Unsere Maschinengewehre waren den steilen Neigungen hinauf und hinunter nicht gewachsen. Wir antworteten mit Stutzen und Handgranaten und beförderten die

Das Innere des Geschützwagens nach dem Gefecht bei Bleiburg
Photo: Kärntner Heimatmuseum, Klagenfurt

zunächst stehenden Serben ins Jenseits. Nun war aber die Dämmerung daran, der Nacht zu weichen, und wir hatten am Rückweg mehrere kleine Brücken zu passieren. Wenn auch nur ein einziger normal begabter Mann sich unter den Tschuschen befindet, muß er auf die Idee kommen, eine dieser Brücken mit zwei oder drei Handgranaten zu sprengen oder zumindest das Geleise zu zerstören. Damit sind wir in diesem Gelände — rechts der Hang, links die Drau — ohne Zweifel erledigt. Also zurück!

Vor Unterdrauberg brachten wir unserer Feldwache die Lagemeldung.

Mit wütenden Flüchen auf die steirische Landesregierung, die uns tags zuvor den sicheren Vormarsch nach Marburg untersagt hatte, erwarteten wir am Bahnhof weitere Aufträge. Dann kam der Befehl zum Einrücken nach Klagenfurt. Mißmutig hockten wir auf der Heimfahrt im Wagen. Niemand sang, kein Jauchzer ließ sich hören, selbst Kari Lichem's nimmermüde Laute stand unbeachtet in ihrer Ecke. Im Zivilkleid komme ich mir heute entsetzlich überflüssig vor. Immerhin wäre alles gut und recht, hätte die Grazer Regierung sonst nichts auf dem Gewissen.

Klagenfurt, 31. Mai 1919.

Alles ist dahin. Die übermüdete Volkswehr hatte nicht die Kraft, den mit zehnfacher Übermacht an der ganzen Front angreifenden serbischen Regimentern standzuhalten. Der Feind steht wieder dort, wo er im April war, und wird sich, einmal im Vorgehen, damit nicht begnügen.

Am Morgen des 28. Mai wurde Bleiburg alarmiert, nachdem wir aus einem Ferngespräch erfahren hatten, daß die Slawen angriffen und unsere Truppen sich gegen Prävali zurückzögen. Der Panzerzug war eben fahrbereit, als die Depesche einlangte, wir hätten sofort vorzugehen. Die alte Kaffeemühle drohte, aus dem Geleise zu springen; in kürzester Zeit hielten wir in Gutenstein. Der Ort stand bereits unter Artilleriefeuer. Der Zug erhielt Befehl, eiligst nach Döbriach vorzugehen und dort die Angreifer so lange aufzuhalten, bis die eigenen Truppen des Abschnittes mit den bereitstehenden und angeforderten Zügen abtransportiert seien.

Der Zug stand zwischen den beiden Döbriacher Brücken. Was hatten wir vor drei Wochen an derselben Stelle über unsere tragikomische Schwarmlinie gelacht. Damals waren wir am Vormarsch, allen anderen Formationen weit voraus — heute müssen wir den Rückzug decken. In den ersten Stunden kamen noch kleine Abteilungen von den Höhen rechts und links, dann war alles still. Der Feind mußte uns längst erspäht haben, wagte aber anscheinend nicht, den Zug anzugreifen. Am frühen Nachmittag erschienen Pioniere, um die Brücke zu sprengen. Zum letzten Male rollte der Panzerzug über die Brücke und hielt jenseits derselben, um die arbeitenden Pioniere zu decken. Dann zischten die Zündschnüre, wir nahmen die Pioniere auf und zogen uns zurück. Gleich darauf ein dumpfer Schlag. Nochmals fuhren wir zur Brücke vor: die Sprengung war gelungen.

Gegen Abend — auf den umliegenden Höhen stand der Feind, die eigenen Truppen waren seit Stunden in Sicherheit — kehrten wir nach Gutenstein zurück. Die Station bot ein Bild des Jammers. Schluchzende Frauen, ein bißchen Habe in ein Bündel gebunden, die Kinder an der Hand, drängten in die zwei letzten Transportzüge. Fluchende, ausgepumpte Soldaten, Nachzügler aus den entlegenen Stellungen, sammelten sich im Bahnhof. Wir retteten, was es zu retten gab, ein Infanteriegeschütz, zahlreiche Maschinengewehre und Munitionsverschläge. Als wir um 6 Uhr abends als letzte Gutenstein verließen, hatte der Panzerzug 28 Maschinengewehre aufgeladen. Zum Teil lagen sie am Kohlentender, weil die Wagen nicht mehr Raum genug boten.

In Prävali die gleiche unbeschreibliche Verzweiflung. Der letzte überfüllte Transportzug fuhr eben aus der Station. Mit zusammengebissenen Zähnen nahmen wir Abschied von den Zurückbleibenden. Als sich bei einbrechender Dunkelheit der Zug in Bewegung setzte, ging ein einziges, herzzerreißendes Schluchzen durch die am Bahnhof Versammelten.

Zwischen Prävali und dem Homburger Tunnel wird der langsam fahrende Zug angehalten. Ein Oberstleutnant bat um Aufnahme. Er sei der letzte seiner zurückgehenden Truppe und habe so lange gewartet, bis der letzte Mann in Sicherheit war.

Nun ist es auch für uns ums Haar zu spät geworden. Am Homberg, über dem Tunneleingang, sitzen die Tschuschen und begrüßen uns mit Gewehrfeuer. Nach oben sind wir ohne Deckung. Zusammengekauert hocken wir an unseren Maschinen. „Jetzt ist's aber letz!" Prokop und ich murmeln es wie aus einem Munde und müssen darüber lachen. Da gab der Zug Volldampf — und durch waren wir.

Um 9 Uhr erreichten wir Bleiburg, als auch dort der letzte Transportzug das Signal zur Abfahrt gab. Frauen hoben ihre Kinder hoch und liefen hinterher. Dicht gedrängt, standen die Bleiburger am Bahnhof. Überall die eine bange Frage: was soll nun werden? Vor kaum einem Monat Tränen des Glücks, heute verzweifeltes Weinen.

Gegen Mitternacht erreicht uns die Meldung, daß ein feindlicher Vorstoß aus Eisenkappel gegen Kühnsdorf im Gange sei. Wir hatten also keine Zeit zu verlieren. Stumm reichten wir unseren Bleiburger Freunden die Hand. Wie ein Ertrinkender sich an einen Strohhalm klammert, hatten die Leute ihre letzte Hoffnung in den zurückgebliebenen Panzerzug gesetzt. Als wir uns nun zur Abfahrt bereitmachten, mußten wir fast Gewalt anwenden, um den bis zum äußersten beladenen Zug vor dem Sturm derer zu retten, die noch mitfahren wollten.

Als wir in Kühnsdorf einliefen, gingen Leuchtraketen hoch, als Signal für die bei Eberndorf haltende Gruppe Hauptmann Banfield, daß der Panzerzug in Sicherheit sei. Nun geht die Rückendeckung wieder auf uns über.

Kärntner Abwehrkämpfer bei einem Vorbeimarsch zur Erinnerung an die Kämpfe im Rosental
Photo: Mauritius, Berlin

Um 2.30 Uhr früh hatte es den Anschein, als seien wir umzingelt. Mit der Absicht, durchzubrechen, fuhren wir los, erreichten aber unbehelligt Rückersdorf. Dort warteten wir bis 4 Uhr. Dann ging der Zug langsam über die Steiner Draubrücke zurück und war am 29. Mai um 5 Uhr früh in Grafenstein. Übermüdet warfen wir uns auf die Wartesaalbänke. Um 8 Uhr werden wir unsanft geweckt. Eben nimmt der Landesbefehlshaber am Bahnsteig die Meldung unseres Kommandanten entgegen. Mitterbacher bittet, nochmals über die Drau vorstoßen zu dürfen; jener untersagt es mit dem Bemerken, daß diese unnütze Opferung von Menschen auf die Lage keinen Ausschlag mehr geben könne. Er befahl dem Zug, nach Klagenfurt einzurücken.

Die Stadt ist aus dem sorglosen Siegestaumel der ersten Monatshälfte jäh erwacht. Bestürzt erkennt man, daß der letzte Aufruf des Landesbefehlshabers nicht weniger ernst zu nehmen war als der Alarm am 29. April. Die Erkenntnis kommt zu spät. Die zurückflutenden Truppen sind so zerrüttet und abgehetzt, daß man mit der Einnahme Klagenfurts rechnen muß — wenn auch dieser Gedanke unerträglich ist.

Klagenfurt, 1. Juni 1919.

Der zweite Wagen ist unbrauchbar, an seiner Stelle muß ein neuer gebaut werden. Die Republik darf sich glücklich schätzen, einen so sparsamen ‚Staatssekretär für Heerwesen' erkoren zu haben. Die für diesen Zweck gebauten, widerstandsfähigen Panzerzüge der alten Armee stehen wohlverwahrt im Arsenal zu Wien. Für Kärntens Befreiungskampf „jenseits der Draulinie" ist der alte, zimperliche Kasten gut genug.

Um Mitternacht wurde uns befohlen, die Volkswehrkompanie Oberleutnant Rauter samt Maschinengewehren und Minenwerfern nach Grafenstein zu bringen. Von dort sollten wir als Bedeckung der Sprengmannschaft an die Steiner Draubrücke vorgehen. Unser Pech wollte es haben, daß ein Granat=

treffer das Stellwerk an der unteren Ausfahrt der Station vernichtete. Der rückwärtige Wagen entgleiste, die Kupplung riß, die Achsen und Lager sind kaputt, die Doppelwand ist geborsten, der Schotter bedeckt den Wagenboden.

Der Zug war kampfunfähig. Wir mußten warten, bis eine Lokomotive aus Klagenfurt kam, um mitzuhelfen, den Wagen auf das Geleise zu heben. Der neue Wagen ist in Arbeit.

St. Veit a. Glan, 7. Juni 1919.

Die Tschuschen sind in Klagenfurt, gestern nachmittag haben sie die Stadt besetzt.

Es soll eine Verfügung der Friedenskonferenz bestehen, wonach sich die Südslawen hinter die Karawanken, die kärntnerischen Truppen an die nördliche Grenze des Klagenfurter Beckens zurückzuziehen hätten. Im zwischenliegenden Gebiet soll eine Volksabstimmung stattfinden — bis dahin wird dieses Gebiet von Ententetruppen besetzt. Man sagt, der Landesbefehlshaber wollte dieser Verfügung entsprechen und habe darum das Land bis zur Linie St.Paul i.L.—St.Veit—Feldkirchen—Villach kampflos geräumt. Die Serben treffen hingegen ihre Verfügungen selbständig: sie sitzen in Kärntens Landeshauptstadt, in Völkermarkt und rings um den Wörthersee.

Am 3. Juni war der neue Wagen fertig. Am Mittag des nächsten Tages erhielt der Zug Befehl, abzurüsten. Um 4 Uhr nachmittags kam der Gegenbefehl, an die Gurkbrücke auszufahren. Bis dorthin hatten sich unsere Leute bereits zurückgezogen. Hauptmann Treu, vor einem Jahre mein Kommandant im letzten Marschbataillon der Kärntner Schützen, teilte uns mit, daß sich noch drei Wagen mit Artilleriemunition in der Station Grafenstein befänden. Guter Rat war teuer: die Gurkbrücke stand im traurigen Schmuck zahlreicher Sprengsäckchen, sie war zur Sprengung fertig adjustiert. Lokomotivführer Handl, der brave Kerl, winselte in allen Tonarten. Überdies stand der Raum von Grafenstein, wo sich seit einem halben Tag kein deutscher Soldat mehr befand, unter schwerstem feindlichem Artilleriefeuer.

Mitterbacher streifte die üblichen Glacéhandschuhe über seine Finger und gab Befehl zum Einsteigen. Der Zug schlich über die Brücke, ein paar kitzlige Minuten lang, in denen wir unsere Seelen dem lieben Gott empfahlen. Dann ging es mit Volldampf gegen Grafenstein. Lange vor der Station kam der erste große Vogel: chchch — schrumms... knapp neben der Strecke! Ein kleinerer folgt und wieder einer, dann zwei, drei große, alle gut gemeint, aber genau daneben. Vor der Station kreischen die Bremsen, der Kommandant und drei Mann springen ab und stürmen auf die Munitionswagen zu, um sie entgegenzuschieben. Aus der Richtung des Schlosses kommt wütendes Gewehrfeuer. Granate auf Granate schlägt ein. Zu zweit halten wir die Kuppelung unseres Vorderwagens hoch. Mit hellem Klang stößt Puffer an Puffer: im Kuppeln haben wir mehr Übung als ein mittelmäßiger Verschieber. Während wir die Spindel anziehen, fährt der Zug los und saust dann, als habe er den Teufel hinter sich. Wir schwingen uns auf den fahrenden Zug — zugleich schlägt eine schwere Granate mitten ins Geleise, wenige Meter hinter dem letzten Wagen. Mahlzeit! So rasch sind wir im Einschnitt vor der Gurkbrücke, daß wir gar nicht Zeit fanden, die unguten Folgen eines allfälligen Volltreffers zu überdenken. Hinter uns Einschlag auf Einschlag, dann wird es still. Nun stinkt die Geschichte aber wieder. Wir halten vor der adjustierten Gurkbrücke — und haben Zeit und Muße zum Nachdenken. Ein Teil der Mannschaft kommt auf den schlauen Einfall, es wäre sicherer, die Brücke zu Fuß zu passieren. Handl weigert sich zu fahren, wenn auch nur ein Mann den Zug verläßt. Er hat recht: wir waren lange genug unzertrennlich in Freud und Leid, um, wenn es sein muß, gemeinsam in den Himmel zu fahren.

Langsam, ganz gottverlassen langsam schieben sich die Granatverschläge über die Dynamitsäcke. Die eiserne Brücke bebt und zittert, als bange sie selbst am meisten um unser Leben. Dann sind wir drüben, seufzen ein wenig, und wer gerade Platz findet — klopft dem wackeren Handl auf die Schulter. Er trocknet sich die Stirne und schmettert schon wieder, wie er es immer gewohnt war.

Einen Teil der geretteten Munition gaben wir im Vorbeifahren an die bei Gurnitz aufgestellte Haubitze ab, den Rest brachten wir nach Klagenfurt.

Abends flog die Gurkbrücke in die Luft, die Landeshauptstadt wurde geräumt. Es gehört Mut dazu, unter solchen Umständen von den Seinen Abschied zu nehmen. Ich fühle noch den stillen Vorwurf, der sich neben den Abschiedstränen aus den Augen der Mutter stahl. Wir haben aber getan, was wir konnten; der Herrgott ist unser Zeuge.

Vorgestern, am 5. Juni, um 1 Uhr früh, verließ der Panzerzug, auch hier als letzter, die Stadt und blieb bis 9 Uhr in Velden. Dann kehrten wir nach Klagenfurt zurück. Noch war die Stadt frei. In mehreren Patrouillen streiften wir durch die nähere Umgebung und stießen nirgends auf den Feind. Mittags um 12 Uhr gab Mitterbacher den Befehl zur Abfahrt. Wohl winkten sie vom Bahnsteig, solange wir zurücksehen konnten — aber was für ein Winken war das! Rückzug über die Heimatstadt hinaus. Es tat schier unerträglich weh, den Unterstand am Ebenferner dem Katzelmacher überlassen zu müssen — das war ein Gletscher im Feindesland. Nun lassen wir die engste Heimat schutzlos hinter uns. Wir fuhren nach Villach.

Feldkirchen, 13. Juni 1919

Es wird Zeit, die rot-weiß-rote Fahne des Panzerzuges einzuholen. Wir haben Befehl, nach dem Einrücken der Italiener in Spittal an der Drau abzurüsten. Morgen früh tritt der Zug seine letzte und zugleich traurigste Fahrt an.

Villach, 20. Juni 1919

Vorgestern, als wir morgens nach dem Wetter sahen, stand der zweite Wagen des Panzerzuges am Verschiebegeleise vor unserem Fenster. Ein Nachtzug mag ihn wohl aus Spittal gebracht haben. Die von vielen Kugeln durchlöcherte Außenwand gab Zeugnis von heißen, frohen Kampftagen; die Innenwand war zerschlagen. Welch trauriges Wiedersehen! Am Mittag, als wir nach Hause kamen, fanden wir einen zerstörten Wagen, daneben ein Häuflein Schotter, grauen nichtssagenden Schotter. So starb der Panzerzug.

Nach dem Rückzug: Geschütze in Klagenfurt
Photo: Kärntner Heimatmuseum, Klagenfurt

Volksaufstand an der Mur
Von einem ehemaligen Mitglied der Abwehrleitung Untersteiermark

Im Anschluß an den Zusammenbruch der Mittelmächte und die Auflösung der Donau-Monarchie drang südslawische Soldateska in die untere Steiermark ein, um „zur Aufrechterhaltung der Ordnung bis zum endgültigen Volksentscheid" — er hat übrigens niemals stattgefunden — diesen Landstrich, dessen Bevölkerung zu mindestens 80 Prozent für ein Verbleiben bei Österreich war, unrechtmäßig zu besetzen. Die Regierung in Wien sah voll untätiger Ohnmacht zu; schwächliche Hofratspolitik und schäbiges Parteigezänke bewirkten es, daß das strittige Gebiet vor jenen „Entente-Truppen", wie sie ein unglückseliger behördlicher Bürokrat ängstlich benannte, widerstandslos geräumt wurde, trotzdem manche militärisch wichtigen Orte leicht zu halten gewesen wären. So kam es, daß kleine feindliche Truppen von 10 bis 20 Mann die Bahnlinie Spielfeld—Radkersburg besetzten und das ganze untere Murtal in ihre Hand brachten.

Anfangs verhielten sich diese Besatzungen — wohl nur aus einem Gefühl der Unsicherheit — ziemlich umgänglich; als sie aber ständig Verstärkung bekamen und ihnen auch durch die Haltung unserer Behörden der Kamm schwoll, begannen sie allenthalben die Bevölkerung zu drangsalieren. Sie plünderten, nahmen gewaltsam das Vieh weg, visitierten willkürlich die Personenzüge, rissen in den Wagen alle deutschen Aufschriften herunter und beflegelten und verprügelten die Reisenden. Es kam auch vor, daß Wachtposten Schulkinder ausraubten, sich an Mädchen vergingen und die sich zur Wehr setzenden mit dem Kolben bearbeiteten. Man kann sich die Empörung der Murtaler vorstellen, als die Besatzung auch daranging, in rein deutschen (und heute auch wieder zur deutschen Ostmark gehörigen) Gebieten Rekruten auszuheben. Um der verhaßten fremden Militärdienstpflicht zu entgehen, flüchteten aus den besetzten Orten die wehrfähigen Männer in die Umgebung; als aber nun die südslawische Soldateska ihr Mütchen an den schutzlos Zurückgebliebenen zu kühlen begann, da stand das Volk auf. Männer, halbe Knaben und Greise erhoben in heiliger Empörung die Hand und zogen, oft nur mit Ackergeräten bewaffnet, gegen die Peiniger.

In der Nacht vom 3. auf den 4. Februar 1919 rotten sich die Geflüchteten zusammen und brechen in sechs Abteilungen, nur mangelhaft bewaffnet, gegen die einzelnen Standorte des slawischen Militärs in Radkersburg vor. Der Bahnhof, der von fünffacher Übermacht besetzt war, wird im Sturm genommen; um das Stationskommando entspinnt sich ein heftiger Kampf; die Abteilung, welche gegen die Gendarmeriekaserne vorgeht, wird durch heftiges Maschinengewehrfeuer zum Stehen gebracht.

Die Nachricht vom Sturm auf die Stadt Radkersburg geht wie ein Lauffeuer durch das ganze Murtal und erweckt überall begeisterte Nachfolge. In Halbenrain wird am hellen Tag eine ansehnliche Gendarmerieabteilung überfallen und gefangengenommen. Am 5. Februar wird ein von Mureck kommender Bahnzug, der eine Kompanie serbische Infanterie zur Verstärkung der Radkersburger Besatzung enthält, bei Purkla aufgehalten und die Kompanie von nur sieben Bauernburschen auf freiem Felde zur Übergabe gezwungen, wobei auch ein Maschinengewehr den Siegern in die Hände fällt. Die Gefangenen werden mit ihrem Kommandanten nach Graz abtransportiert und unseren Behörden übergeben — tauchen aber wenige Tage später neuerdings unter der feindlichen Besatzung auf! Gosdorf wird gestürmt und im dortigen Bahnhofsgebäude viele Waffen und Munition erbeutet. Die Orte zwischen Mureck und Radkersburg sind so bald von den Südslawen befreit.

Der Zustrom an Mitkämpfern nimmt ständig zu; entlang der Bahnlinie verwandeln sich die Ortschaften bis hinauf gegen Spielfeld in Feldlager. Einsichtige Unterbehörden stellen, entgegen den Befehlen von „oben", Bewaffnung und Fernsprechanlagen zur Verfügung; leider ist aber nur wenig vorhanden. Jede Ortschaft wählt sich ihren Kommandanten, dem sich die Einwohner auf Tod und Leben verpflichten. Ein ständiger Wachtdienst wird eingerichtet; die feindwärts gelegenen Ortschaften, die bald durchlaufend telephonisch miteinander verbunden sind, werden durch Posten und Patrouillen Tage und Nächte gesichert. Die Südslawen ziehen sich, nachdem sie auch aus Lichendorf vertrieben worden sind, aufs rechte Murufer zurück und halten diesseits des Flusses nur noch das Stadtinnere von Radkersburg, Mureck, Weitersfeld und Spielfeld, die sämtlich von der deutschen Kampflinie eingeschlossen sind. Um Radkersburg wird erbittert gerungen. Die steirischen Bauern, von den Ungarn unterstützt, halten den Bahnhof, die Eisenbahnbrücke und alle Zugänge zur inneren Stadt besetzt, müssen aber teilweise zurückgehen, da der Feind sie mit Artilleriefeuer belegt. Auch das Abstaller Becken jenseits der Mur hilft tapfer mit. Eine südslawische Infanterieabteilung wird dort auf dem Durchmarsch nach Radkersburg aufgehalten und zersprengt; viel Kriegsmaterial fällt dabei in die Hände der Aufständischen. Einer Kavalleriepatrouille ergeht es nicht besser, sie wird bei Schöpfendorf überraschend gefangengenommen und die Pferde über die Mur geschafft, wo sie den diesseitigen deutschen Kämpfern gute Dienste leisten. Aus Feldbach in der Ost-Steiermark marschieren 60 Marinesoldaten an, die, in den Ortschaften verteilt, schneidig mitkämpfen und sich auch als Telegraphisten an der rasch wieder instand gesetzten Bahnleitung hervorragend betätigen. Die Ausrüstungsergänzung für die Aufständischen übernimmt unfreiwillig der Feind; Feldwachen werden am hellen Tage überfallen, und zwar meist so erfolgreich, daß den Stürmenden die Bewaffnung, vor allem die wichtigen Maschinengewehre, in die Hände fällt. Der Oberbefehlshaber des südslawischen Militärs, General Majster, sendet von überall Truppen ins Kampfgebiet; im Verein mit ihm stellen die eigene Presse und die eigenen Behörden unseren Kampf um Heimat, Volkstum und Freiheit als „bolschewistische Empörung" hin und fordern amtlich die Steiermärkische Landesregierung auf, gemeinsam mit Südslawien gegen diesen gefährlichen „Anarchismus" vorzugehen! Letztere hat großartigerweise dieser Aufforderung nicht stattgegeben, sondern nur weiterhin ihre Neutralität und Einflußlosigkeit gegenüber den Aufständischen betont. Wohl aber ist eine Gruppe von „Volkswehrmännern" — so hieß unser damaliges Militär — ihrem Truppenkörper entwichen und hat Schulter an Schulter mit uns gekämpft.

Am 7. Februar, vormittags, fand eine Beratung aller Heimwehrführer statt, in der beschlossen wurde, in der folgenden Nacht auf der ganzen Linie — Spielfeld wegen der ungünstigen Vorrückungsmöglichkeiten ausgenommen — anzugreifen: Gruppe 1 erstürmt Weitersfeld, übersetzt dann die Mur mittels der Süßenberger Fähre und marschiert am rechten Murufer gegen Schloß Obermureck; Gruppe 2 greift Bahnhof, Hauptwache und Brücke in Mureck an, erkämpft sich, mittlerweile durch Gruppe 1 unterstützt, den Übergang über die Mur und stürmt gemeinsam mit Gruppe 1 das Schloß Obermureck; hierauf marschieren beide Gruppen durch das Abstaller Becken nach Radkersburg und greifen die dortige Besatzung im Rücken an, während die Deutschen am linken Murufer ebenfalls die Stadt stürmen. Da zweifelsfreie Belege vorliegen, daß auch die slawische Bevölkerung der Windischen Bühel nicht nur unterstützend neutral bleibt, sondern aktiv mithilft, wird in großen Umrissen auch der Plan zum Vormarsch gegen Marburg festgelegt. Eine Abteilung erhält den Befehl, die Eisenbahnstrecke am Abend nahe bei Spielfeld hinreichend zu zerstören, um etwaige rasche feindliche Truppenheranziehungen unmöglich zu machen.

Der Rest des Tages vergeht mit fieberhaften Vorbereitungen. Alle Augenblicke empfangen unsere Posten Kundschafter, die sich aus den belagerten Orten schleichen und ergänzende Meldungen über das Verhalten der feindlichen Besatzungen überbringen. Frauen und Mädchen fertigen Verbandzeug an und richten Verpflegung zur Mitnahme her. Am Abend setzt Nebel ein und begünstigt unser Vorhaben.

Bitterkalte Winternacht; der Nebel ist undurchdringlich geworden. Um Mitternacht beginnt eine Glocke angstvoll und heiser zu bimmeln. Alarm! Fackellichter flackern heran; Männer, Greise, Kinder umstehen einen Bildstock; in ihrer Mitte der Heimwehrführer, aufrecht und ernst, der furchtbaren Verantwortung bewußt. Ein Volkswehrmann zeigt einem silberhaarigen Greis die Handhabung des Militärgewehres, ein anderer einem Knaben die Handgranate. Ein Priester im schwarzen Gewand hebt den Gekreuzigten mit fahlen Händen hoch über die Lichter und segnet die Ausziehenden. Durch die Erwartung bricht die Stimme des Kommandanten: „Kameraden, wir wissen nicht, wer von uns heimkehren wird. Heute geht es nicht um Gott oder Kaiser, heute geht es um die Heimat, auf der wir stehen, und um unsere Kinder, die deutsch bleiben müssen, wie wir selbst. Ich habe gelobt, euch nach bestem Wissen und Können zu führen, und werde bis zum letzten Herzschlag meinen Schwur halten! Von euch verlange ich Gehorsam und Tapferkeit bis in den Tod. Gott sei mit uns. Vorwärts!"

Die Fackeln verlöschen, Reihen ordnen sich im Gehen, der Priester hängt das Kreuz an die Brust und ergreift ein Gewehr...

Herr Gott, wie finster der Nebel ist; man sieht kaum den Vordermann! Das Graufahle über uns, das muß doch wohl der Himmel sein? Der Schnee knirscht unter den Füßen, die Hände brennen in der beißenden Kälte. Das Herz schlägt so fern, alles ist fremd, namenlos.

„Achtung, lautlos halten!" Eine Erhöhung vor uns: der Bahndamm. „In Schwarmlinie langsam vorrücken!" Eine Gruppe schwenkt nach links ab, wir lösen uns auf, überschreiten lautlos den Bahndamm und schleichen gebückt durch den Schnee, den schußbereiten Stutzen in der Hand... immer langsamer... Drei Mann kriechen voraus — ein Posten muß da vorne stehen — wir warten Ewigkeiten — sie kommen zurück — der Platz war leer. Weiter! Ein grauer Schatten wuchtet vor uns auf: eine Scheune; und gleich dahinter muß das Gehöft sein, wo der Feind steckt... der Feind! Das Herz hämmert in der Kehle, unser leiser Gang wird zum Raubtierschleichen, jede Faser bebt Erwartung durch die angespannte Stille. Ein gellender Schrei: „Nemci pridejo!" („Die Deutschen kommen!"). Feuer blitzen ringsum auf, vielfältiges peitschendes Krachen schlägt einem die Luft ins Gesicht und pfeift um die Ohren, aber die marternde Spannung im ganzen Körper läßt nach und das Herz wird ruhiger. Die nächsten Sekunden vergehen traumhaft langsam, ohne das Bewußtsein zu beschäftigen. Das Harte neben mir — ach ja: das ist ein Brunnen, und der schwache Lichtschein halblinks kommt aus der Wirtsstube, in welcher die Windischen sind. Aus der Tür und aus dem Garten fallen unausgesetzt Schüsse, rasend schnell. Unsere Leute schießen besinnlich und langsam. Allmählich werden die Schüsse auf der Gegenseite vereinzelter. Handgranaten zerdonnern vor uns, aber der tiefe Schnee hemmt ihre Wirkung. An der Tür muß noch einer stehen, der Erfahrung hat, denn seine Schüsse fallen langsam und immer erst nach dem Aufblitzen eines der unsrigen. Warte...! Nach wenigen Schüssen klappert ein Gewehr hart über die Türstufen, dann ein schwerer Fall hinterher, kein Gegenschuß mehr: der Eingang ist frei. Rasch ans Hauseck — da reißt mir ein peitschender Schlag die Mütze vom Kopf, warm rieselt es über die Schläfe! Neben mir ein Fenster. In der mattbeleuchteten Stube kniet ein Soldat — das Gewehr am Fensterbrett angelegt, die Mündung armweit vor mir — und repetiert. Doch ich bin schneller; er sinkt nach rückwärts um und aus seinem Hals schießt hochauf ein roter Strahl. In der Stube wimmelt es von Soldaten. Ein Alter hinter mir zieht bedächtig eine Handgranate nach der anderen ab und wirft sie zum Fenster hinein. Furchtbare Schreie begleiten die Explosionen, vermischt mit dem Prasseln der einstürzenden Decke. Verwundete jammern; wir betreten das Haus, zugleich mit unserer anderen Abteilung, die inzwischen den Ort gesäubert hat und jetzt, viele Gefangene mitführend, im rückwärtigen Eingang erscheint. Da — um Gotteswillen: Was ist das? Ein gleichmäßiges Rollen kommt immer näher... ein Pfiff... in dem nur wenige Schritte entfernten Bahnhof fährt ein Zug ein — zugleich ein durchdringender Schrei von dort: „Verrat, serbische Verstärkung ist da!" Dann dringen fremdsprachige Kommandos zu uns herüber, das Getrappel zahlloser Schritte und hämmerndes Maschinengewehrfeuer. Wir kämpfen uns schrittweise durch die rasch gebildete feindliche Linie; plötzlich schreit unser Führer auf und versinkt unauffindbar im dichten Nebel. Unsere Reserve hält den Bahnhof unter Maschinengewehrfeuer, so daß wir unverfolgt heimmarschieren können.

Inzwischen ist der Zug gegen Mureck weitergedampft. Nachher hören wir, daß die Gruppe 2 schon inmitten von Mureck sich sammelte, als gerade — ähnlich wie bei uns — am Bahnhof die feindliche Verstärkung eintraf. Es sollen 600 Serben gewesen sein. Wie wir uns selbst hernach überzeugten, waren an zwei Stellen nahe bei Spielfeld die Schienen etwa zwei Meter lang mit Handgranaten herausgesprengt; der Zug fuhr jedoch — wahrscheinlich infolge seiner großen Geschwindigkeit — glatt darüber hinweg und machte unsere Siege zunichte. Übrigens war, wie wir später erfuhren, unser Angriff am gleichen Tage schon in den südslawischen Abendblättern angekündigt — auf welchem Wege, hat sich zweifelsfrei nie feststellen lassen.

Der nächste Tag (8. Februar) fand uns begreiflicherweise alle in gedrückter Stimmung. Einerseits erwarteten wir einen Gegenangriff des nunmehr zahlenmäßig noch stärker überlegenen Feindes, anderseits lastete uns der Verlust eines unserer tapfersten Führer trauernd auf der Seele. Wie uns Kundschafter berichteten, fiel er bewußtlos in die Hände der Serben, die ihn sofort nach Marburg schafften. Ein feindliches Dum-Dum-Geschoß hatte ihm den Fuß über dem Knöchel abgerissen. Er starb unter den entsetzlichsten Qualen an Brand (?) in einem Marburger Spital.

Wohl versuchte der Gegner im Laufe des Nachmittags mit einem Panzerzug gegen Gosdorf vorzugehen, fuhr aber lange vor Schußnähe plötzlich zurück. Das einzig Erhebende an diesem Tage war die Nachricht vom Eintreffen eines Waggons Waffen in Feldbach, den uns die Kärntner Landesregierung in seltener Nibelungentreue sandte. Auch eine Menge Sprengmunition traf damit ein — leider zu spät: aber anderseits doch noch früh genug, um dem oben erwähnten Panzerzug einen würdigen Empfang zu bereiten. Ich muß noch bemerken, daß Panzerzüge technische Errungenschaften sind und als solche vom Benützer einen gewissen Intelligenzgrad verlangen; wenn der nicht vorhanden ist, kann es vorkommen, daß man erst einen Kilometer vor dem anzugreifenden Gegner bemerkt, daß die seitlich herausragenden Geschütze nach rückwärts gerichtet sind und man infolgedessen auf den Gegner nicht schießen kann. — Im übrigen sorgte unser Ekrasit am Bahnkörper dann dafür, daß der Panzerzug nicht zurückkommen konnte. Gegen Abend traf ein Telegramm unserer Landesregierung ein, welches nach schwulstigen Danksagungen die Mitteilung enthielt, daß General Maister die Landesregierung ersuchte, zwischen ihm und uns einen Waffenstillstand zu vermitteln. Nach langer Beratung wurde, obschon viele abrieten, ein zustimmender Beschluß nach Graz gedrahtet und noch am selben Abend mit dem Gegner ein 24stündiger Waffenstillstand geschlossen, der ihm sehr strenge Bedingungen auferlegte, aber trotzdem widerspruchslos angenommen wurde. Dieser Waffenstillstand wurde noch einige Male verlängert, da eine interalliierte Kommission zur Prüfung der Sachlage angekündigt war. Sie erschien dann auch auf der Bildfläche, und wie alle diese Kommissionen, welche uns Österreichern die damalige Zeit öfter bescherte, traf sie keine besonders günstigen Entscheidungen. Raummangel verbietet mir leider, ihre Aufnahme — bei ihr befanden sich außer einem Franzosen, Italiener und Japaner (!) auch unser damaliger Landeshauptmann sowie der gegnerische General Majster — näher zu schildern. Man kann sich denken, daß das Erscheinen des verhaßten feindlichen Generals böses Blut machte und es der gesamten Tatkraft der Besonnenen unter uns bedurfte, um schwere Ausschreitungen zu verhindern. Die Auseinandersetzungen in den einzelnen Orten gingen durchaus nicht in der diplomatisch ruhigen Form, welche solche Kommissionen gewohnt sind, vor sich. Zu sehr war die Erbitterung der Bauern über die letzten Schandtaten der Südslawen angewachsen. Einen unserer braven Kämpfer, der als einzelner von einer Feldwache überraschend umzingelt worden und nach heldenmütiger Verteidigung verwundet in ihre Hände gefallen war, hatten sie z. B. auf einen Sessel gebunden und unter ihm Feuer angezündet, um ihn so zum Verrat unserer militärischen Verhältnisse zu zwingen. Er starb unter fürchterlichen Qualen, ohne ein Wort zu gestehen. Die Ententevertreter „für Recht und Gerechtigkeit" nahmen diesen Vorfall achselzuckend zur Kenntnis, wie sie ebenso achselzuckend zwei eroberte Verschläge Infanteriemunition, welche die Südslawen durch Einschnitte in Dum-Dum-Geschosse verwandelt hatten, betrachteten, und ebenso achselzuckend einen schriftlichen Befehl, wonach jeder von uns im Ergreifungsfall entweder geblendet oder aufgehängt werden sollte, lasen!

Die dann folgenden Verhandlungen von Marburg haben bewiesen, daß das spontane Volksgefühl recht gehabt hat, und daß es sowohl unklug war, den Waffenstillstand zu bewilligen, wie auch, das Volk zurückzuhalten, das die gesamte Kommission in Haft setzen und durch die Androhung der sofortigen Aufknüpfung des Generals Majster die feindlichen Truppen zum Rückzug bis hinter die Drau zwingen wollte. Eingeweihte wissen heute besser denn je, daß dieser Gewaltstreich sicher gelungen wäre und uns Marburg gerettet hätte. So aber kam es zu den unseligen Abmachungen, die übrigens von den Bauernführern, den Meistberechtigten, nicht mitunterzeichnet wurden. Wohl erwirkte man, daß das Abstaller Becken und die von den Aufständischen befreiten Orte diesseits der Mur geräumt blieben und an der westlichen Südgrenze kleine Änderungen zu unseren Gunsten vorgenommen wurden, so die Freigabe von Leutschach; aber Spielfeld und Radkersburg verblieben auch weiterhin in südslawischer Besetzung und wurden erst viel später geräumt; das tapfere Abstaller Becken gar ist später dem südslawischen Staate dauernd einverleibt worden.

Ich will aus der Rede, die General Majster kurz nach den Marburger Verhandlungen bei einem Bankett in Spielfeld vor seinen Offizieren hielt, nur das hier Wesentliche anführen: „Ich habe die Verhandlungen mit dem Gefühl begonnen, daß außer der Murlinie auch Marburg und Pettau für uns verloren seien; aber dank dessen, daß in der steirischen Landesregierung lauter Idioten sitzen, blieb uns nicht nur Marburg und Pettau, sondern auch Spielfeld und Radkersburg erhalten."

Kampf um den Sorghof

Der sudetendeutschen Freiheit entgegen! Von Emil Schneemann

Im Schatten der weltpolitischen Geschehnisse vom September 1938, die durch den Hussitensturm innerhalb des Staatsgebildes der alten Tschechei heraufbeschworen worden waren, standen deutsche Menschen, Sudetendeutsche, auf dem Boden ihrer Heimat in einem Abwehrkampf gegenüber dem Tschechentum, der sich zwar unbeachtet, aber desto verbissener an der offenen und blutenden Grenze abspielte. Zwar sind die Tatsachen, die hier in einem kurzen Aufriß geschildert werden sollen, jetzt keineswegs mehr als aktuell anzusprechen, aber immerhin geben sie den Lesern und Leserinnen einen Einblick in den Ablauf jener geschichtlichen Ereignisse, die zur Freiheit des Sudetenlandes führten, auch wenn sie nur am Rande dieser gewaltigen historischen Zeit stehen. Zwar fällt nicht das grelle Scheinwerferlicht der großen Öffentlichkeit, was weder notwendig war noch erwartet wurde, auf jene Männer, die in den entscheidenden Stunden ihr Leben für die Freiheit der Heimat in die Schanze schlugen, aber es war deshalb genau soviel Einsatzkraft und Opferfreude notwendig, wie sie beispielsweise jene Männer aufbrachten, die einstens in den Maitagen des Jahres 1921 in Oberschlesien den Annaberg stürmten. Es ging den Männern des Sudetendeutschen Freikorps und des Freiwilligen Sicherheitsdienstes (FS.) wirklich nicht um Ruhm

Kameraden vom Sudetendeutschen Freikorps vor der Schule in Seidenberg
Photo: Archiv Reiter gen Osten

und Ehre und hohe Anerkennung, es ging ihnen auch nicht um Begriffe und Dinge, die sich in greif- und zählbare Werte umsetzen lassen, es ging ihnen allein um die Erreichung der Freiheit der Heimat, die unter einem zwanzigjährigen Tschechenterror ausgeplündert und ausgeblutet am Erliegen war. Nur aus dieser Einstellung und Haltung heraus sollen und dürfen die nachstehenden Zeilen gewertet werden. Als Konrad Henlein unter dem Eindruck der grenzenlosen tschechischen Verwüstungen im Sudetenland, der Ermordung und Folterung deutscher Menschen seine sudetendeutschen Volksgenossen zur Selbsthilfe und zur Bildung eines Freikorps aufrief, da meldeten sich Zehntausende, und das waren sicherlich nicht die Schlechtesten, denn ein Appell an den Opfermut wird immer nur von den wertvollen Kräften eines Volkes gehört. Der Einsatz dieser Freiwilligen war im gesamten Randgebiet sehr unterschiedlich. Teilweise kam infolge Mangels an Bewaffnung und an genügender Ausbildung, und vor allen Dingen gehemmt durch die diplomatischen Verhandlungen, ein Einsatz überhaupt nicht vor. Neben anderen Grenzgauen stand jedoch das Egerland, bekannt als die Kornkammer Böhmens, als das Bäderdreieck und bekannt durch seine deutsche, harte und unbeugsame Bevölkerung, von allem Anfang an mitten im Brennpunkt der Kämpfe. Der Bezirk und die Stadt Asch hatten sich bereits in der Nacht vom 21. zum 22. September aus eigener Kraft vom tschechischen Joch freigemacht, Grenzer, Gendarmerie, Geheimpolizei usw., insgesamt weit über 400 Tschechen, entwaffnet und gefangengesetzt. Bis über Eger hinaus war das Militär abgezogen und mit ihm der ganze Troß an tschechischen Verwaltungsbeamten, die im Laufe einer zwanzigjährigen Zwangsentnationalisierung der Sudetendeutschen in dieses urdeutsche Land verpflanzt worden waren. Die Regierung Hodscha hatte der Abtretung der sudetendeutschen Gebiete an das Reich zugestimmt, trat jedoch wenige Stunden später zurück, um einem neuen Kabinett, das sich aus der sogenannten Kriegspartei zusammensetzte, Platz zu machen. Der „Mustertscheche Benesch" blieb jedoch weiterhin am Ruder. Eine der ersten Maßnahmen dieser säbelrasselnden neuen tschechischen Regierung bestand darin, das von Militär entblößte Egerland mit allen Mitteln, selbst unter Anwendung von Brachialgewalt, wieder zu besetzen. Schon wenige Stunden nach dem Abzug der Tschechen aus Eger und Franzensbad kehrte mit Tanks und Panzerwagen die tschechische Soldateska wieder zurück. Die bereits von allen Dächern und über allen Bauernhöfen wehenden Hakenkreuzfahnen, die von der zurückgebliebenen Bevölkerung nach dem Abzug der Tschechen unter wahren Begeisterungsstürmen aus dem Versteck hervorgeholt worden waren, wurden eingerollt, Girlanden und Kränze sowie die Bilder des Führers und Konrad Henleins in fiebernder Hast abgenommen und für den Tag der wirklichen Freiheit, der doch nicht mehr ferne sein konnte, aufs neue versteckt.

Das Strafgericht, das die Tschechen in den wiederbesetzten Gebieten abhielten, war von hussitischer Grausamkeit. Wo es Zeit und Gelegenheit noch zuließen, flüchteten die Städter wie die Bauern über die nahen Reichsgrenzen oder aber in den noch unbesetzten sogenannten Ascher Zipfel, den westlichsten Teil der Tschechei, der sich recht naseweis hart an Selb und Bad Elster vorbei in Richtung Hof in Bayern erstreckt.

Sofort nach dem Bekanntwerden der Wiederbesetzung

In Erwartung des Führers nach Beendigung des Kampfes
Photo: Beez

Abteilung des Sudetendeutschen Freikorps beim Überschreiten der Grenze in Seidenberg am zerschossenen tschechischen Zollhaus

von Eger und Franzensbad entschloß sich die Führung der Sudetendeutschen Partei in Asch, eine Verteidigungslinie, die sich von Sachsen aus der Gegend von Voitersreuth quer durch das Land zur bayrischen Grenze hinzieht, aufzurichten. Bereits in den späten Nachmittagsstunden des 22. September wurde diese Verteidigungslinie von rasch zusammengefaßten FS.-Leuten und Freikorpsmännern besetzt. Die Bewaffnung dieser Männer war äußerst primitiv, wenn bedacht wird, daß sie nicht nur tschechische Infanterie abzuwehren hatten, sondern auch Tanks und Panzerwagen. Es stand an Waffen lediglich das zur Verfügung, was in der vorhergegangenen Nacht den Tschechen abgenommen worden war, und das war herzlich wenig. Es waren insgesamt rund 400 Gewehre und Karabiner, einige leichte tschechische Maschinengewehre, einige Gendarmeriepistolen und eine Anzahl Handgranaten zur Hand. Schlimm bestellt war es auch mit der Munition. Der einzelne Mann bekam nicht mehr als höchstens zwei bis drei Rahmen, die Maschinengewehrbedienung wurde in Ermangelung von Pistolen und Karabinern mit Handgranaten ausgerüstet. Mit einer derartigen jämmerlichen Ausrüstung, im Räuberzivil, besetzten etwas über 400 Männer diese Linie, die mit den verschiedenen geländebedingten Ausbuchtungen sich annähernd 20 Kilometer lang hinzog. Fünf Tage und fünf Nächte hielten so diese Männer den tschechischen Durchbruchsversuchen und Angriffen stand. Sämtliche Straßen wurden durch Baumverhaue gesichert, die, wenn auch nicht gerade einen Tank, so aber doch immerhin Panzerwagen aufhalten konnten.

Die Tschechen, die ihre Angriffe nach dem Grundsatz „Die Vorsicht ist der bessere Teil der Tapferkeit" immer nur zögernd vortrugen, hielten sich zumeist an die Flügel, also entweder längs der bayrischen oder der sächsischen Grenze. Hier allerdings gingen sie unter dem Schutze ihrer Tanks und Panzerwagen ziemlich frech vor, was jedoch gegenüber der kleinen Zahl der Verteidiger und ihrer geringen Bewaffnung nicht gerade als Heldentat angesprochen werden kann. So bauten sie u. a. auch den sogenannten Sorghof, der inzwischen durch Presse, Rundfunk und Film bekanntgeworden ist, zu einem festen Stützpunkt aus. Um freies Schußfeld zu haben, brannten sie fast alle Stroh- und Getreidehaufen, die rings um den Hof geschichtet waren, rücksichtslos nieder. Ja selbst der in der Nähe liegende Wald sollte in Brand gesteckt werden. Dieses Vorhaben mißglückte trotz Anwendung von Benzin und Petroleum. Unter dem Abwehrfeuer der Freikorpsmänner mußten sich die Brandstifter immer wieder in das Gehöft zurückziehen. Gefährlicher waren allerdings schon die Vorstöße der Tschechen mit Tanks und Panzerwagen aus dem Sorghof heraus in Richtung der Verteidigungslinie, und es war nur dem tollkühnen Einsatz einiger weniger Freikorpsmänner zu danken, daß ein Durchstoßen der beweglichen Abwehrlinie vermieden werden konnte. Mit Handgranaten gingen die Freikorpsmänner diesem Ungetüm aus Stahl und Eisen zu Leibe. Es glückte einem der Männer, eine geballte Ladung gut anzubringen. Die mit gewaltigem Getöse explodierenden gebündelten Handgranaten konnten den Tank zwar nicht verwunden, aber immerhin so zum Schwanken bringen, daß die „tapfere" Besatzung es vorzog, schleunigst wieder zum sicheren Schlupfwinkel zurückzukehren. Leider mußte einer der Freikorpsmänner seinen Einsatz mit dem Leben bezahlen; ein Kopfsteckschuß verwundete ihn schwer, am nächsten Tage erlag er der Schußverletzung. Jener Draufgänger, der bis auf wenige Meter an den schießenden Tank heranschlich, um ihm die Handgranatenladung vor die Raupenbänder zu werfen, blieb wie durch ein Wunder unverletzt. Lediglich

Patrouille des Sudetendeutschen Freikorps beim Einmarsch in einen Grenzort bei Friedland 2 Photos: Archiv Reiter gen Osten

der Hut, den er in Ermangelung eines Stahlhelms trug, wurde ihm zerschossen.

Überrascht durch dieses Draufgängertum und wohl auch unsicher gemacht über die Stärke der Verteidiger, zogen die Tschechen in der nun folgenden Nacht aus der Garnison in Eger Verstärkungen heran, so daß am nächsten Morgen den Tschechen, die den Sorghof besetzt hielten, bereits 6 Tanks und Panzerwagen zur Verfügung standen. Aber trotz dieser erdrückenden Überlegenheit an Kampfwagen gelang den Tschechen kein Durchbruch. Lediglich zwei Personenwagen, die bis nahe an die Linie der eingegrabenen Freikorpsmänner herangefahren waren, wurden einem Sieb gleich zerschossen, einer davon brannte aus.

Auch an der sächsischen Grenze in der Gegend von Voitersreuth versuchten die Tschechen immer und immer wieder, die Linien der Verteidiger zu durchbrechen. Stundenlang wurden die Stellungen der Männer vom Freikorps und vom freiwilligen Sicherheitsdienst der Sudetendeutschen Partei von tschechischem Maschinengewehrfeuer überschüttet, so daß es notwendig wurde, um sich der drohenden Umgebung zu entziehen, einzelne Stützpunkte und Dörfer zu räumen, die dann auch sofort von den nachrückenden tschechischen Militärabteilungen besetzt wurden. Trotz allen Mutes und aller persönlichen Tapferkeit wäre es unmöglich gewesen, den tschechischen Angriffen, die immer mit einer haushohen Überlegenheit an Menschen und Material durchgeführt wurden, auf die Dauer zu widerstehen, wenn nicht im letzten Augenblick Hilfe gekommen wäre. Konrad Henlein, der sich in einer dieser sternenklaren Nächte, die erfüllt waren von einer wilden Schießerei, selbst von der mangelhaften Bewaffnung und Besetzung der Verteidigungslinie überzeugt hatte, führte in den letzten Septembertagen das gut

Konrad Henlein,
Führer der Sudetendeutschen
Photo: Schneemann, Berlin

ausgebildete und mit allen modernen Waffen versehene 1. SS.-Bataillon des Sudetendeutschen Freikorps heran. Endlich waren nun genügend Waffen und Munition vorhanden, und endlich standen auch schwere Infanteriewaffen, die Infanteriegeschütze, Panzerabwehrkanonen zur Verfügung, die nicht allein eine zahlen- und waffenmäßige Verstärkung der Abwehrlinie bedeuteten, sondern vor allem auch eine ungeheure moralische Unterstützung für jene Männer waren, die nun schon fast eine Woche lang Tag und Nacht die im Rücken liegende Heimat vor dem geplanten blutigen tschechischen Strafgericht bewahrten. Ein neuerlicher tschechischer Tankangriff aus dem Sorghof heraus blieb im Feuer der schweren Maschinengewehre, die mit Stahlkernmunition schossen, liegen. Der Sorghof selbst wurde mit allen Kräften angegriffen und in den frühen Morgenstunden des nächsten Tages besetzt. Das Gut war grauenhaft verwüstet. Es fehlen die Worte, um das Entsetzliche zu schildern. Nicht nur, daß die Wohnräume vollständig zerstört waren, mit Maschinengewehren schossen die Tschechen in die Wohnräume, mit Handgranaten vollendeten sie jenes Werk der Vernichtung, das mit Maschinengewehren nicht erreicht werden konnte; auch unter dem Viehbestand richteten sie ein gräßliches Blutbad an. Bei der Besetzung des Sorghofes lag eine Kuh, die entsetzlich verstümmelt war, bereits verendet im Stall, fünf andere Tiere, die von den entmenschten Horden der tschechischen Soldateska gräßlich zugerichtet waren, mußten sofort notgeschlachtet werden. Im Schweinestall war es ähnlich. Mit dem eingeschnittenen Sowjetstern auf dem Rücken lag ein Zuchtschwein verblutet im Stroh. Eine Reihe anderer Tiere mußte ebenfalls sofort geschlachtet werden. Echt hussitisch war auch das Verfahren, das die Tschechen anwendeten, um die Zerstörung dieses Hofes zu vollenden. Mit Tanks und Panzerwagen fuhren sie im Gutshof herum und schossen alles, aber auch alles

Freiwillige vom Sudetendeutschen Freikorps Abschnitt Asch
Photo: Beez

341

kurz und klein. Es ist ein wahrhaftes Wunder, daß der Hof nicht doch noch in Flammen aufging.

Mit der Einnahme dieses Tschechenstützpunktes war die Stellung der Tschechen unhaltbar geworden. Auf der ganzen Linie mußten sie ihre Stellungen aufgeben und den Rückzug in Richtung Franzensbad—Eger, hart bedrängt von den sogleich nachfolgenden Freikorpsmännern, antreten. Auf den Höhen jenseits des Sorghofes gruben sich die Männer des Freikorps wieder ein, da zu erwarten stand, daß die Tschechen in der Nacht den Versuch unternehmen würden, den verlorengegangenen Stützpunkt wiederzuerobern. Mit der hereinbrechenden Dunkelheit unternahmen die Tschechen tatsächlich auch wieder Angriffe, die, begünstigt durch hügeliges und waldreiches Gelände, verschiedentlich bis auf fast 100 Meter an die Linie der Freikorpsmänner herangetragen werden konnten. Ein Durchbruch scheiterte an der Abwehrfront des Freikorps. Die ganze Nacht hindurch bellten ununterbrochen die Maschinengewehre und krachten auf dem äußersten rechten Flügel die tschechischen Infanteriegeschütze. Leuchtkugeln erhellten das Vorgelände, um überraschende Vorstöße rechtzeitig erkennen zu können. Eine vorwitzige tschechische Maschinengewehrabteilung, die sich bis auf annähernd 100 Meter an die eingegrabenen Verteidiger herangeschlichen hatte, wurde in Grund und Boden geschossen. Leider gab es auch bei den Freikorpsmännern Verluste. Zwei Kameraden, die zu einer zersprengten Streife gehörten, gerieten in das Maschinengewehrfeuer eines tschechischen Panzerwagens. Einer davon fiel, durch die Lunge geschossen; innerhalb weniger Minuten hatte er sich verblutet. Der andere erhielt einen Schuß durch beide Knie. Die Tschechen zogen den Schwerverletzten quer über das Feld, legten ihn auf den Panzerwagen und fuhren zurück bis zu dem dem Kurort Franzensbad vorgelagerten Dörfchen Oberlohma. Ein tschechischer Straßenmeister schoß hier dem Wehrlosen eine Kugel durch den Kopf. Durch diesen grauenhaften Mord verloren vier unversorgte Kinder ihren Vater.

Die Wut und die Enttäuschung der Tschechen wegen des mißglückten Rachezuges in das Ascher Gebiet machte sich in einer grauenhaften und sinnlosen Zerstörung Luft. Stundenlang widerhallte das gesamte Egerland von den Explosionen und Sprengungen, denen Brücken, Eisenbahnanlagen u. ä. zum Opfer fielen. Es ist keine Übertreibung, wenn gesagt wird, daß sich diese andauernden Explosionen wie eine Artillerieschlacht anhörten. Was in diesen Tagen an Werten zerstört wurde, ist kaum abzuschätzen. Ganz im Gegensatz zu diesem Wüten der Benesch-Horden stand die Haltung der Egerländer Bevölkerung in den Städten, Dörfern und Ortschaften, soweit sie überhaupt noch nicht geflüchtet war. Tage- und wochenlang hausten alte Männer und Frauen mit den Kindern auf Stroh in Kellern und feuchten Gewölben. Unbeschreiblich der Dank und die Freude dieser Menschen, als sie endlich aus ihrer qualvollen Lage befreit wurden.

Unter dem Druck der vordringenden Freikorpsmänner und nicht zuletzt unter dem Druck der Münchener Abmachungen zogen endlich die Tschechen all ihre Truppen aus Franzensbad und Eger zurück. In den Abendstunden des 1. Oktober 1938 rückte bereits eine Kompanie des Freikorps in Eger ein, um den Schutz dieser alten Staufenstadt zu übernehmen. In den Straßen dieser wunderschönen Stadt stauten sich die überglücklichen Menschen, die, beide Hände zum Himmel gestreckt, tränenüberströmten Angesichts ihren Dank für die nun geschenkte Freiheit in die Nacht stammelten. Noch waren die Menschen verschüchtert, noch standen sie zu sehr unter dem furchtbaren Alpdruck der verflossenen Wochen und Monate. Erst allmählich wurden sie sich des ganzen großen Glücks bewußt.

Das Freikorps, soweit es bis nach Eger vorstoßen konnte, besetzte die ehemals tschechischen Kasernen, die in einem völlig ausgeplünderten Zustande vorgefunden wurden. Vorsichtshalber wurden die Räumlichkeiten, vor allen Dingen die Keller, genau durchsucht, um Sprengladungen unschädlich zu machen. Im Stroh versteckt fanden die Männer zahllose tschechische Eierhandgranaten, die von der abgezogenen tschechischen Besetzung bewußt zurückgelassen worden waren, um auf diese heimtückische, hinterlistige Art dem Freikorps noch Verluste beizufügen. Kurz nur war der Aufenthalt in Eger, denn nach einer knappen Stunde schon mußte eine neue Sicherungslinie jenseits der Eger in Richtung Karlsbad und Marienbad aufgestellt werden, um zu verhindern, daß die Tschechen in der Nacht noch einmal mit ihren fahrbaren Festungen zurückkommen. Erst weit hinter Eger, an der Straße nach Marienbad, fand der Vormarsch des Freikorps an einer gesprengten Brücke ein Ende. Zu einem bewaffneten Zusammenstoß kam es jedoch nicht mehr. Diese Stellungen, die in der kalten und regnerischen Nacht vom 1. zum 2. Oktober vom Freikorps besetzt wurden, konnten am übernächsten Tage der einrückenden deutschen Wehrmacht übergeben werden.

Grabmal für die am letzten Kampftag gefallenen Freikorpskämpfer Martin Balzer und Josef Höhl *Photo: Archiv Limpert, Berlin*

Der Kapp-Putsch

1. März 1920	General von Lüttwitz bei der Brigade Ehrhardt in Döberitz.
11. März 1920	Absetzung des Generals von Lüttwitz. Haftbefehl gegen Kapp, Oberst Bauer, Major Pabst.
13. März 1920	Korvettenkapitän Ehrhardt marschiert mit 6000 Mann in Berlin ein. Regierung Ebert-Noske flieht über Dresden nach Stuttgart.
13.—14. März 1920	5000 Oberländer und Zeitfreiwillige besetzen München. Regierung übergibt die vollziehende Gewalt an General von Möhl.
14. März 1920	Schwere Kämpfe um den Fliegerhorst Gotha.
15. März 1920	Allgemeiner Generalstreik. Straßenkämpfe in Leipzig. Batterie Hasenclever vom Freikorps Lichtschlag aus Münster nach Wetter verladen, wird in Wetter von 2000 Roten überfallen. Von 150 werden 109 erschlagen. In der Nacht zum 16. März wird Kompanie Lange des Freikorps Lichtschlag in Herdecke überfallen und entwaffnet. Hauptmann Berthold in Harburg mit seiner „Eisernen Schar" eingeschlossen und von rotem Pöbel ermordet. Straßenkämpfe in Chemnitz. Kämpfe in Magdeburg, Halle, Kiel, Frankfurt a. M., Staßfurt, Hettstedt, Bitterfeld.
17. März 1920	Kapp und von Lüttwitz treten zurück. Rote Armee überfällt den Hauptteil des Freikorps Lichtschlag in Dortmund.
18. März 1920	Ermordung von Zeitfreiwilligen am Rathaus in Berlin-Schöneberg. Kämpfe in Berlin-Adlershof. Rote Armee nimmt Essen nach heftigem Kampf. Die Besatzung des Wasserturms wird erschlagen.
19. März 1920	Rückzug der Regierungstruppen des Industriegebiets auf Wesel. Reichswehr-Schützenregiment 61 schlägt sich durch das Aufstandsgebiet in schweren Kämpfen nach Wesel durch. Belagerungszustand in Berlin.
21. März 1920	Abmarsch der Brigade Ehrhardt aus Berlin.
22. März 1920	Beschluß zur Beendigung des Generalstreiks in Berlin.
22.—24. März 1920	Straßenkämpfe in Berlin, in der Lausitz, in Mecklenburg.
23. März 1920	Severing verhandelt mit der roten Armee in Bielefeld.
24. März 1920	Rote Armee fordert Übergabe von Wesel. Nach Ablehnung Beschießung der Stadt mit 15-cm-Haubitzen. Stellungskrieg. Die rote Armee im Ruhrgebiet wächst auf etwa 80 000 Mann an. Kämpfe um Sömmerda. Bielefelder Abkommen. Kämpfe werden fortgesetzt.
26. März 1920	Aufmarsch der Freikorps gegen rote Armee beendet.
28. März 1920	Regierung fordert Entwaffnung. Vollziehung durch General von Watter.
1.—2. April 1920	Vormarsch der Detachements Faupel und Epp.
3. April 1920	Allgemeiner Angriff. Heftige Kämpfe bei Hamborn, Oberhausen, Duisburg, Bottrop, Henrichenburg.
5. April 1920	Division Wesel rückt in Mülheim ein.
6. April 1920	Befreiung von Dortmund.
7. April 1920	Befreiung von Essen.
Mitte April	Ruhe im Ruhrgebiet. Die Freikorps werden aufgelöst.

Das Kapp-Unternehmen

Aus dem Tagebuch eines Sturmsoldaten

Von Hartmut Plaas

Wir lagen in Döberitz. Am 13. März kam mit den Frühzeitungen die Nachricht, daß gegen Kapp, Oberst Bauer und Schnitzler Haftbefehl erlassen sei. Sofort verbreitete sich im Lager das Gerücht, auch der Kommandeur solle verhaftet werden. Wie eine Bombe schlug das ein. Das mußte der Anlaß zum Losschlagen werden! Jetzt gab's kein Zurück. Der Kommandeur wurde, wo er sich zeigte, von Offizieren und Mannschaften bestürmt, die den Marschbefehl forderten. Er fuhr im Auto nach Berlin. Auf der Heerstraße kam ihm General von Lüttwitz im Kraftwagen entgegen. Der Entschluß zum Handeln stand bei beiden Männern fest. Es wurde verabredet, daß die Brigade am Sonnabend, dem 13. März, morgens um 6 Uhr mit der Spitze am Brandenburger Tor stehen sollte. Der Kommandeur fuhr ins Lager zurück und befahl Alarmbereitschaft. Begeistert gingen die Leute an die Vorbereitung des Alarms. Aufrufe an die Zeitfreiwilligen gingen durch Stichworttelegramme hinaus. Seit Monaten war diese Organisation planmäßig aufgebaut worden. Alle ehemaligen Sturmsoldaten, die aus beruflichen oder anderen Gründen aus der Sturmkompanie ausscheiden mußten, wurden als Zeitfreiwillige weitergeführt und mußten in ihren Heimatorten neue Kameraden werben, die sich zu einem Einrücken im Ernstfalle verpflichteten. Wer einen zuverlässigen Kriegskameraden hatte, mußte ihn wenigstens für einen solchen Fall breitschlagen. So wurde eine Liste geführt, die um ein Vielfaches größer war als die aktive Kompanie. Die Einberufung hatte einen durchschlagenden Erfolg. In wenigen Tagen waren diese Reservisten, die sich teilweise unter den abenteuerlichsten Umständen durchschlugen, vollzählig bei der Truppe. Hunderte kamen schon am nächsten Tag und wurden in einer besonderen Formation zusammengestellt. Da es fast alles ehemalige Offiziere und Fähnriche waren, war der Wert der Verstärkung außerordentlich hoch.

Am 12. März fanden in Berlin nochmals Besprechungen zwischen Kapp und seiner neuen Regierung statt, in denen die ersten Maßnahmen besprochen wurden, die nach Übernahme der Macht zu treffen seien. Auch General Ludendorff nahm daran teil. Lüttwitz erschien nochmals im Döberitzer Lager, um sich zu vergewissern, ob alles bereit sei. Was er in Döberitz sah, erfüllte ihn mit höchster Begeisterung. Er fand eine Truppe, die in dem besten Glauben stand, durch ihre eigenmächtige Tat einen neuen Abschnitt deutscher Geschichte einzuleiten.

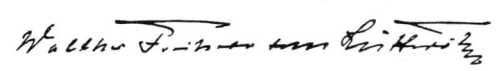

General der Infanterie von Lüttwitz, ehem. Oberkommandierender der Regierungstruppen
Photo: Archiv Reiter gen Osten

Hauptmann Pabst, ehem. I. Generalstabsoffizier der Garde-Kavallerie-Schützen-Division
Photo: Archiv Reiter gen Osten

Parade der II. Marine-Brigade aus Anlaß des einjährigen Bestehens vor General von Lüttwitz in Döberitz
Photo: Heeresarchiv

Marsch einer Kompanie der II. Marine-Brigade Unter den Linden
Photo: Heeresarchiv

Die Mittagspresse brachte die Nachricht, daß General von Lüttwitz seines Amtes enthoben und gegen Hauptmann Pabst Haftbefehl ergangen sei. Gegen 6 Uhr wurden die Brigadeoffiziere zusammenberufen. Da standen sie zuhauf, in schlichtem Feldgrau, echte Soldaten. In den klugen Schädeln leuchteten tatfrohe Augen. Kapitän Ehrhardt trat in den Saal. Die Erwartung dieses Augenblicks durchzuckte alle. „Meine Herren, ich habe dem General von Lüttwitz zugesichert, daß die Brigade morgen früh um 6 Uhr am Brandenburger Tor steht. Die Marine holt sich ihre Ehre wieder. Ich habe es gewagt." Der Jubel der Truppe stieg zum Rausch. In kürzester Zeit war das Sturmgepäck gezurrt und die Bagage aufgeladen. Die Leute standen umher und warteten auf den Befehl zum Antreten.

Um 9 Uhr abends war der Abmarsch festgesetzt. Es erfaßte die Sturmsoldaten geradezu ein Taumel der Überwältigung, als sie sich jetzt das Sturmgepäck auf die Schultern luden, den Handgranatensack und Karabiner umhängten zum entscheidenden Marsch. Jetzt gab uns die Kommandostimme des Fähnleinführers den Befehl zur Stunde des Ernstes und der Entscheidung. Schweigend rückte die Sturmkompanie vom Hof ihres Quartiers, der Zielbaukaserne in Döberitz, ab. Die Lagerlaternen warfen ein unbestimmtes Licht auf die anderen Kompanien, die marschfertig auf der großen Lagerstraße hielten und das Anrücken

Patrouillenauto der Berliner Zeitfreiwilligen am Potsdamer Platz
Phot.: Heeresarchiv

der Sturmkompanie abwarteten. Da standen die grauen Kolonnen, klar zum Gefecht gegen die eigene Regierung, als wenn das selbstverständlich wäre. Nicht eine Angelegenheit von uns Offiziersoldaten war dieser Schlag. Da standen unsere Männer schon klar mit der gleichen Selbstverständlichkeit wie wir. Nicht der geringste Unterschied war zwischen ihnen und uns. Der gleiche Geist trieb sie an. Das war ein Jahr, nachdem die Hetze der Meuterei alle Bande militärischer Disziplin gelöst hatte. Ein Jahr, nachdem künstlich ein tiefer Abgrund aufgerissen wurde zwischen Offizier und Mann. 2500 Mann holten aus zum Sprung. 2500 Mann tadellos disziplinierte, aufs beste bewaffnete Soldaten. 2500 Herzen, die einem Ziel entgegenschlugen.

Schweigend ließen uns die Kolonnen vorüber. Schweigend schwenkte die Sturmkompanie ein auf die Heerstraße nach Berlin. Die anderen schlossen an, zunächst eine 10,5-Haubitz-Batterie, bis der ganze Heerwurm in Bewegung war.

Der Marsch wird jedem unvergeßlich bleiben, der ihn mitgemacht hat. Vollkommen schweigsam schritt die Sturmkompanie ihren Weg. Man hörte nur den lebhaften Gleichschritt und das leise Geschepper, das marschierende Truppen begleitet, und das von Kochgeschirren, Trinkbechern und Helmrändern herrührt. Niemand sprach.

An der Pichelsdorfer Brücke wurde haltgemacht und der Truppe der Sinn und Zweck des Marsches bekanntgegeben. Auch das Ultimatum an die Regierung wurde mitgeteilt. Die Regimenter quittierten mit ungeheurem Jubel. In der Sturmkompanie trat augenblicks ein Rückschlag ein, als der Kompanieführer geendet hatte. Wozu Ultimatum? Warum kein sofortiger Handstreich? Während in der übrigen Brigade die fröhlichste Stimmung herrschte, verzehrten die Sturmsoldaten mit einem gewissen Ingrimm ihren Speck und begleiteten die zum Umtrunk von einigen fürsorglichen herumgereichten Feldflaschen voll Schnaps mit ungeschminkten Männerworten.

Eine fast verbissene Wut beherrschte die Sturmkompanie, als gegen 3 Uhr weitermarschiert wurde. Eine wüste Rauflust war an die Stelle der freudigen Erwartung getreten. Die Angriffsstimmung war heftiger, feindlicher, gereizter geworden. Das war an sich keine Schande. Aber ein Schatten zog jetzt mit, während hinten die Brigade im hellsten Jubel sang.

In Charlottenburg stieß die Spitze auf Einwohnerwehr. Ein merkwürdiges Bild boten diese Männer mit den weißen Armbinden, in Stahlhelm und Zivilpaletot standen sie da mit umgehängter Knarre. Es war sogar einer dabei, der einen Strohhut aufhatte. Einige riefen Hurra und andere meinten, wir sollten nur kräftig aufräumen.

An der Berliner Brücke machte die Spitze die Handgranaten scharf. Im Tiergarten stand Sicherheitspolizei. Bei unserem Erscheinen traten sie an die zusammengesetzten Gewehre, formierten sich und rückten ab. Die Brigade besetzte den Tiergarten.

Besetzung des Potsdamer Bahnhofs während des Kapp-Putsches
Photo: Heeresarchiv

Kapitänlt. Manfred von Killinger, ehem. Führer der Sturmkompanie der II. Marine-Brigade Ehrhardt, später Führer der Selbstschutz-Abteilung Koppe in Oberschlesien
Photo: Stengel & Co.

Einmarsch der Sturmkompanie in Berlin. + Der Führer der Sturmkompanie, Kapitänlt. Manfred von Killinger
Photo: Archiv Reiter gen Osten

Es war überall kriegerisch-heitere Stimmung. Die Mannschaft lagerte, Feldküchen fuhren auf, hier und da wurde Biwakfeuer angezündet. Nur bei der Sturmkompanie, die vorm Bendler-Block lagerte, war es still. Die Sturmsoldaten saßen mit dem Rücken an die Eichen gelehnt in ihren Stahlhelmen und sahen den Ringeltauben zu, die in der Morgendämmerung umherstrichen. An den Drahthindernissen vor der Bendlerstraße standen Posten vom Sturmbataillon Schmidt. Da kam gegen Morgen, 7 Uhr, die Nachricht, daß die Regierung die Forderung abgelehnt habe und geflohen sei. Mit einem Schlage war alles in hellster Begeisterung! Begeistert hingen unsere Augen an der alten Kriegsflagge als wir kurze Zeit darauf mit dem Liede „O Deutschland hoch in Ehren" in die Bendlerstraße einrückten. Die Leute vom Sturmbataillon Schmidt hatten selbst die Drahthindernisse weggeräumt und begrüßten uns mit Hurra.

Am Brandenburger Tor war inzwischen Lüttwitz und Kapp mit ihren Mitarbeitern erschienen. Kapitän Ehrhardt ritt auf Kapp zu und sagte: „Also jetzt übernehmen Sie die Regierung — aber fangen Sie auch an zu regieren." Lüttwitz strahlte, als die Brigade mit dem Deutschlandliede unter dem Jubel und dem Hüteschwenken der Bevölkerung, die sich angesammelt hatte, durch das Brandenburger Tor ins Regierungsviertel einzog. Unter den Linden wurde ein Heerlager eingerichtet. Auf den öffentlichen Gebäuden wehte die Kriegsflagge.

Wo am 13. März die marschierenden Kolonnen der Brigade auftauchten, jubelte der Bürger. Bereits am nächsten Tage sah das Bild anders aus. Generalstreik der Arbeiterschaft. Die Gegenaktion war da.

Der Bürger jubelte nicht mehr, sondern blieb zu Hause. Der Arbeiter ging auf die Straße. Wo am Tage vorher Zustimmung, ja Begeisterung gewesen war, zeigte sich jetzt entschlossene Ablehnung. Die geflohene Regierung faßte die Arbeiterschaft bei der proletarischen Solidarität und rief selbst zum Generalstreik auf. Die Flugblätter wurden schneller verbreitet als die Proklamation Kapps, die nur sehr zögernd herauskamen und gar nicht durchdrangen, weil keine Vorsorge getroffen war, dem Druckerstreik zu begegnen, und weil Kapp ein generelles Presseverbot, also einschließlich der nationalen Zeitungen, erlassen hatte. Kapp wurde unsicher und verlor die Nerven.

Der 15. März war der kritischste Tag auf der

Vorbeimarsch von Truppen der II. Marine-Brigade vor Kapitän Ehrhardt
Photo: Heeresarchiv

Straße. An mehreren Stellen Berlins wurde geschossen. Ein Bataillon der Brigade entwaffnete in einer Kaserne ein Pionierbataillon, das gemeutert und seine Offiziere gefangengesetzt hatte. In Schöneberg war eine Bürgerwehrkompanie, unter ihr viel alte Offiziere, eingeschlossen worden. Sie ließ sich überreden, ohne Waffen abzurücken und wurde dann

Bagage der Marinebrigade am Leipziger Platz
Photo: Heeresarchiv

Marinesoldaten am Wilhelmplatz
Photo: Heeresarchiv

Gefecht am Brandenburger Tor beim Abmarsch der Marine-Brigade aus Berlin
Photo: Heeresarchiv

von der Menge gelyncht. Die Sturmkompanie befreite die übrigen Teile der Einwohnerwehr aus ihrer bedrängten Lage. Dabei gingen in Steglitz die Karabiner los, ohne Befehl. Acht Tote und eine Reihe Verwundeter lagen auf dem Pflaster. Niemand unter den Hunderttausenden, die auf den Straßen sich stauten, begriff diesen Irrsinn. Kapp aber brach zusammen. In der Reichskanzlei trat völliger Leerlauf ein. Es wurde nur noch registriert. Wozu war eigentlich die Truppe noch da? Tiefe Niedergeschlagenheit machte sich in der Sturmkompanie bemerkbar. Alles umsonst! Ein großer Aufwand an Mut und heller Begeisterung war nutzlos verschossen. Und doch! Die Truppe blieb Sieger auch im Scheitern der Aktion. Wenige Tage noch dauerte der Aufenthalt in Berlin. Dann kam der Rückmarsch nach Döberitz. War das ein geschlagenes Korps? Die Sturmkompanie, wie immer, an der Spitze, marschierte mit hellem Klang: „Drum immer lustig Blut, ein heitrer, froher Sinn, bei Putsch ist futsch und Kapp ist hin..." Dahinter die Regimenter mit klingendem Spiel. An der Queue knatterten die Gewehre. So hat noch nie eine Truppe nach einer Niederlage ihre Stellung geräumt! Das war der Geist des neuen Soldatentums, das keine Niederlagegedanken kannte, der Geist des neuen Soldatentums, das an seinem Endsieg nicht eine Minute zu zweifeln vermochte. Das Gefecht war verloren, die Moral der Brigade so gut wie noch nie. Niemand wagte die Truppe anzutasten. Trotzdem war die Auflösung nach dem Scheitern der Aktion nicht mehr zweifelhaft, da die Regierung die Entwaffnungsforderungen der Entente natürlich restlos annahm und für eine eventuelle neue Aktion die Basis fehlte. Zwar trafen aus dem Ruhrgebiet dringende Hilferufe ein. Eine rote Armee hatte sich gebildet, die Regierungstruppen vertrieben und die Städte besetzten. Aber die Regierung getraute sich nicht, die Brigade wieder einzusetzen. Sie kam ins Munsterlager zur Auflösung.

Das Grab der Leutnante z. S. Hermann Fischer und Erwin Kern, zwei ehem. Angehörige der II. Marine-Brigade Ehrhardt, die nach der Erschießung des Ministers Rathenau auf Burg Saaleck den Tod fanden.
Photo: Kehl, Adlershof

Abschied

Zur Auflösung der 2. Marine-Brigade (Ehrhardt)

Rollt stumm die Fahnen zusammen,
Umhüllt sie mit Trauerflor,
Bald künden züngelnde Flammen,
Was Deutschland heute verlor.

Ein Jahr voll tapferer Taten
In nie ermüdendem Drang:
Und zum zweitenmal heute „verraten",
O Wort von so bitterem Klang!

Von der Heimat verraten, verlassen,
Für die ihr gekämpft und gewacht!
Eure Liebe vergolten mit Hassen,
Euer Führer in Bann und Acht!

O Deutschland, bald mußt du bereuen
In brennender Scham und Schand,
Daß du die Treusten der Treuen
Verstoßen mit frevelnder Hand!

Kamerad, gib her deine Rechte,
Wir sind nun allein auf der Welt,
Wer nimmermehr taugt zum Knechte,
Ist heute auf sich nur gestellt!

Nun führen die alten Farben
Wir heimlich im Herzen mit,
Und die für das Vaterland starben,
Ziehn mit uns in Schritt und Tritt!

Ihr Toten sollt stets uns mahnen,
Wenn Hand und Herz uns verzagt;
Einst schreiben erneut auf die Fahnen
Das Wort wir: „Ich hab's gewagt!"

Eberhard Kautter, Kapitänleutnant.

Der Kampf um Friedrichshagen

Bericht über den MG.-Zug Henschel der Zeitfreiwilligen-Abteilung 13, Berlin

Am 15. März 1920 rückte der Zug in Stärke von 35 Mann mit zwei schweren Maschinengewehren aus der Kaserne in der Blücherstraße in das „Vorwärts"-Gebäude zur Verstärkung der dort liegenden Baltikumer ein. Eigentliche Kampfhandlungen spielten sich während der Besetzungszeit nicht ab. Es schwirrten sehr viele Gerüchte über Angriffsabsichten der Kommunisten herum, doch es erfolgte kein Angriff. Dagegen wurde die Haltung der Massen, die den südlichen Teil der Lindenstraße und den angrenzenden Abschnitt des Belle-Alliance-Platzes füllten, immer bedrohlicher. Die Außenposten mußten eingezogen, die Torgitter geschlossen werden. Als die Funktionäre des „Vorwärts"-Betriebes mit Ausweisen der Regierung erschienen, die ihnen das Betreten des Gebäudes erlaubten, und nachdem eine Rückfrage bei höheren Stellen ergeben hatte, daß ihnen das Gebäude geöffnet werden sollte, wurde die Lage am Eingang unhaltbar. Es erschienen erstaunlich viele Funktionäre, die hineingelassen werden sollten, und die Menge drückte sich immer näher an die Eingangsposten heran, so daß diese jegliche Bewegungsfreiheit verloren, einer von ihnen verprügelt und ihm die Waffe entwunden wurde. Der Zug übernahm die Räumung der Straße, und die Verteidigung des gesamten Gebäudes wurde Leutnant Henschel unterstellt. Durch einen kräftigen Vorstoß mit einer Gruppe unter Deckung durch die MG. wurde in wenigen Minuten die Straße geräumt und vom Belle-Alliance-Platz bis zur Markgrafenstraße unter Umleitung des gesamten Verkehrs abgeriegelt. In der folgenden Nacht zogen sich die Truppen aus dem Zeitungsviertel zurück.

Am 19. März wurde der Zug Henschel zur Besetzung des Wasserwerks Friedrichshagen in Marsch gesetzt. Die Hinfahrt auf einem überfüllten Lastkraftwagen mit Anhänger lief glatt ab, trotzdem der Südosten und seine Vororte stark von Kommunisten besetzt und Köpenick ganz in ihrer Hand war. Die abgelöste, bisherige Besatzung versuchte trotz Warnung

Der Vormarsch
★ Blätter der Wikinger ★
Sondernummer zum Gedächtnis der Brigade Ehrhardt

Wir stießen den zerbroch'nen Schaft / Der Fahne in die Erde ——— / Und sieh! Gott gab ihm neue Kraft / Und sprach von neuem: „Werde!" / Der Stamm schlug tief die Wurzeln ein, / Auf daß er ewig lebe, / Hell strahlt im gold'nen Sonnenschein / Der Flagge morsch Gewebe. / Die Herzen hoch, den Kopf empor, / Kämpft wider Schmach und Lügen, / Das Schwert zur Hand, das Banner vor! / Wir wollen, müssen siegen!

Zeitschrift für ehem. Offiziere und Mannschaften der Marine-Brigade Ehrhardt

Vorlage: Archiv Reiter gen Osten

nach Berlin durchzukommen, wurde aber gefaßt und niedergemetzelt. Zweifelsohne war die Einfahrt des Zuges Henschel nur möglich, weil die Kommunisten seiner in Friedrichshagen, das rings von ihnen eingeschlossen war, sicher zu sein glaubten.

Im Wasserwerk arbeitete eine starke Abteilung der Technischen Nothilfe unter Aufbietung aller Kräfte daran, die Wasserversorgung eines großen Teils von Berlin zu sichern mit dem Erfolg, daß tatsächlich 60 bis 70 Prozent des notwendigen Wasserdrucks erreicht wurden. Als sich die Anzeichen für einen kommunistischen Angriff mehrten und deutlich wurde, daß Verstärkung aus Berlin nicht erwartet werden konnte, jedoch die Kommunisten aus Rüdersdorf, Erkner, Hirschgarten und aus der ganzen Umgebung dauernd Verstärkung erhielten, wenn auch Zahlen wie 3000 bis 6000 Mann übertrieben waren, traten etwa 30 Mann der Technischen Nothilfe zur Truppe über.

Im Anfang spielte sich ein erbitterter Postenkampf ab, in dem die Truppe überlegen war, weil sie disziplinierter handelte und besser schoß. Aber sie war völlig auf die Verteidigung beschränkt und mußte bei dem weiten, ungedeckten Gelände mit ihrer kleinen Zahl durch Postenstehen stark beansprucht werden. Lebensmittel kamen nicht heran, Munition auch nicht, die vorhandene hätte im Falle eines entschlossenen Angriffs knapp für ein einstündiges Gefecht gereicht.

Am zweiten Tage wurde eine Aufforderung zur Räumung des Werks, Waffenabgabe gegen freien Abzug abgewiesen. Der nächste Tag wurde sehr lebhaft. Es erfolgten mehrere stärkere Feuerüberfälle und eine kurze Minenbeschießung. Ein Angriff schien sich vorzubereiten. Die Truppe entschloß sich zu einem vorbeugenden Gegenangriff, um unter allen Umständen die Bewegungsfreiheit wiederzugewinnen. Über die Stärke der Kommunisten waren nur Schätzungen möglich. Ihr Führer behauptete am Fernsprecher, über 1000 Gewehre hinter sich zu haben. Anzunehmen ist, daß ihre Stärke mindestens 600 gut bewaffnete Leute betrug.

Plötzlich zogen sich die kommunistischen Posten und Streifen zurück. Der Grund war das Eintreffen einer berittenen Reichswehr-Abteilung aus Fürstenwalde, etwa 60 Mann, die auf einem Lastkraftwagen ein Feldgeschütz mit sich führten. Da die Truppe gerade zum Angriff bereitstand, wurde sofort angesetzt und der Führung von Leutnant Henschel unterstellt. Der Angriff wurde mit drei Stoßtrupps vorgetragen, einem kleineren nördlichen — Richtung Bahnhof — mit neun Mann, einem größeren — Richtung Kirche Ortsmitte — mit vierzehn Mann, einem südlichen auf der Seestraße mit elf Mann, Lastkraftwagengeschütz und etwa zehn Mann Reichswehrbedeckung und -bedienung. Es war ein breites Kleingartengelände gegen einen geschlossenen langen Häuserblock zu durchschreiten. Diese günstige Verteidigungsmöglichkeit wurde von den Kommunisten nicht ausgenutzt. Es kam zu unregelmäßigen Einzelschießereien, aber nicht zu planmäßigem Kampf, weil der Angriff überraschend kam und zu schnell vorgetragen wurde.

Der nördliche Trupp erreichte sein Ziel zuerst; dort wurde dann allerdings sehr hart um die Säuberung einiger Häuser gekämpft. Der mittlere Trupp kam zwei bis drei Minuten später bei der befohlenen Linie an und konnte ohne Verluste die Säuberung durchführen, bei der über 100 Gewehre aufgestöbert wurden. Auf der Seestraße hatte sich das Vorgehen durch sehr schwere Verluste verzögert. Die Reichswehr-Geschützbedienung war gefallen. Der Angriff stockte und konnte erst weitergeführt werden, als die Reichswehr, die als Reserve im Wasserwerk geblieben war, eingesetzt wurde. So kam es, daß das Geschütz durch die Hauptstraße auf den Bahnhof schoß, als der Widerstand schon gebrochen war.

Die Säuberung mußte außerordentlich schnell vollzogen werden, weil die Truppe wegen ihrer geringen Zahl bei Einbruch der Dunkelheit wieder zusammengezogen werden mußte und den ausgedehnten Ort nicht besetzen konnte.

Während dieser Vorgänge wurde von anderen Truppenteilen um Köpenick und nordöstlich davon heftig gekämpft. Mit Einbruch der Dunkelheit fand

Werbe-Postkarte — Vorlage: Bayer, München

Ärmelabzeichen der Truppen der 15. Reichswehr-Brigade
Vorlage: Archiv Reiter gen Osten

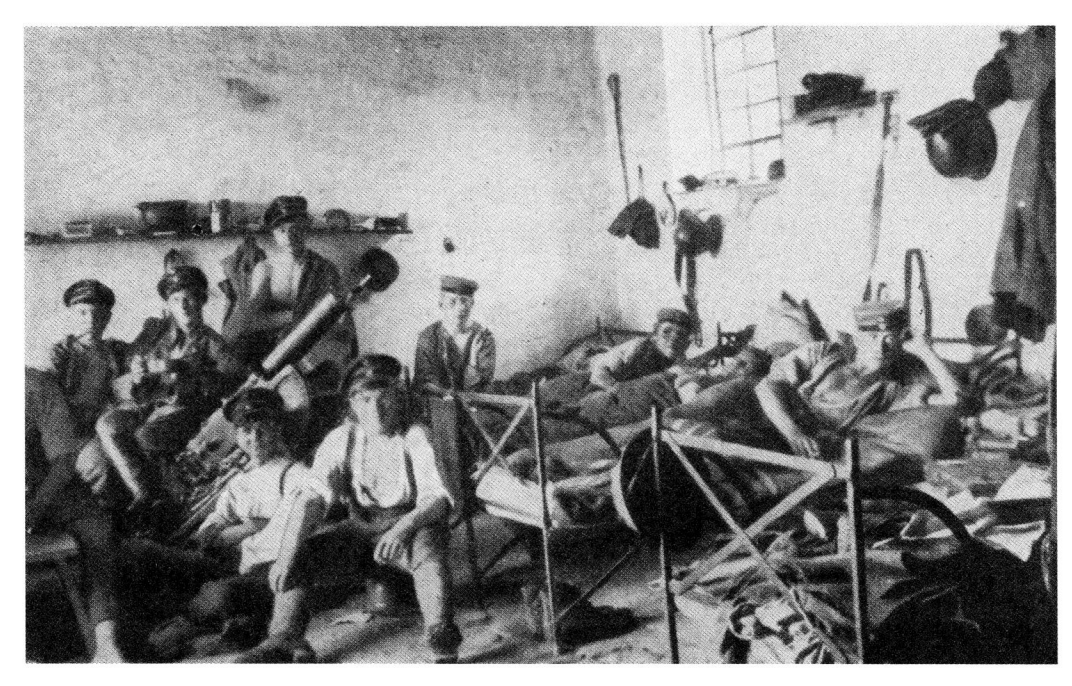

Dom Alltag des Freikorpslebens: Ruhequartier in Neuenhagen bei Berlin
Photo: Heeresarchiv

eine nochmalige Säuberung und die Fahndung auf Kommunisten nach einer vorgefundenen Liste statt. Am nächsten Morgen löste die Abteilung v. Pflugk-Hartung den Zug Henschel ab. Ihr wurden auch die über 50 Gefangenen anvertraut.

Um Mittag wurden die Gefallenen auf drei mit der Marinekriegsflagge und alten Reichsflagge geschmückten Lastkraftwagen durch die Straßen zur Kirche gebracht und dort feierlich aufgebahrt. Im Anschluß daran rückte der Zug nach Berlin ab und hatte am Bahnhof Jannowitzbrücke einen längeren Aufenthalt. Dort umlagerte ihn eine große Menschenmenge, und nur der Disziplin und dem entschiedenen Auftreten aller Angehörigen der Truppe war es zu danken, daß es an dieser Stelle nicht zu Verwicklungen kam. Das Einrücken in die Kaserne wurde allseitig bestaunt, denn der Zug war längst aufgegeben und totgesagt worden.

Die Eiserne Schar Berthold in Harburg

Von Georg Seitz

Im Dezember 1919 überschritt das Freikorps Berthold, vom Baltikum kommend, oben bei Memel die deutsche Grenze, um in der nächsten Umgebung Quartier zu nehmen. Nachdem der Führer der Baltikumer, Major Bischoff, nach einer kurzen Parade in Memel nach Berlin abgereist war, um für uns zu verhandeln, wurde uns gestattet, uns wieder nach dem Innern Deutschlands zu begeben. Im Januar 1920 wurde das Freikorps Berthold in Memel verladen, und dann ging die Fahrt über Hamburg nach Stade, wo wir ausgeladen wurden. In dem ungefähr drei Stunden entfernt liegenden Drochtersen wurden wir einquartiert und von der Bevölkerung herzlich aufgenommen. Die schöne Erholungszeit ging bis Anfang März, als bekanntwurde, daß wir nach Zossen bei Berlin kämen, und schon wurde von unserer Kompanie die erste Gruppe als Quartiermacher unter Führung von Leutnant Kuhn abgeschickt. Am Morgen des 13. März kam der Befehl, daß wir abmarschieren. Als das Bataillon feldmarschmäßig bereit stand, kam Hauptmann Berthold mit seinem Adjutanten Leutnant Philipp und übergab dem Bataillon eine neue Fahne.

Nach kurzer Ansprache erklärte er zum Schluß, die bevorstehende Aktion wäre ein Putsch zur Stürzung der jetzigen Regierung, bemerkte aber zugleich, der Putsch sei verloren, da die Herren in Berlin acht Tage zu früh losgeschlagen haben; warum, wüßte er nicht, da er keine Verbindung mehr bekomme. Weiter aber sagte Hauptmann Berthold: „Wir haben versprochen, die gerechte Sache zu unterstützen, und werden das auch tun, denn wir haben harte Schädel, das haben wir bewiesen und werden es auch weiter beweisen. Bataillon — marsch!", und ab ging es in Richtung Stade, wo wir noch am Vormittag eintrafen. Widerstand hatten wir in Stade nicht. Die öffentlichen Gebäude wurden von uns besetzt, was allerdings wenig Zweck hatte, da ja bereits der allgemeine Generalstreik ausgerufen war. Letzterer war auch schuld, daß wir erst am 14. März die Weiterfahrt antreten konnten, da uns das Zusammenstellen eines Zuges viel Schwierigkeiten machte. Am Nachmittag des 14. März wurden wir verladen zur Fahrt nach Harburg. Zur Sicherung wurden auf der Lokomotive Offiziere postiert, und an jedem Waggon stand ein Mann an der Bremse. Um gegen Überfälle gesichert zu sein, war der Befehl für die Bremser: Pfeift die Maschine einmal, dann sofort bremsen, bei zweimal langsam und bei dreimal die Bremsen wieder auf. Das wurde während der Fahrt nochmals probiert und klappte gut. Gegen Abend kamen wir in Harburg an und stiegen vorsichtshalber eine Station vor dem Hauptbahnhof aus. Singend marschierten wir dann nach dem für uns bestimmten Quartier, einem Schulhaus (Heimfelder Mittelschule). Eine kleine Abteilung blieb als Wache beim Zuge zurück. Rund um das Schulhaus wurden sofort Doppelposten aufgestellt und vor dem Hauptportal ein MG. in Stellung gebracht. Mit einem Kameraden hatte ich eben den Posten bezogen, und schon kamen die Zivilisten gelaufen und bestürmten uns mit Fragen: „Was ist los?", „Was wollt ihr hier?", „Wer seid ihr?" usw. „Straße frei, weitergehen, wer stehenbleibt, wird erschossen!" Da wußten sie, was los war. Die Posten hatten den Auftrag, sobald sie angegriffen oder bedroht wurden, drei Alarmschüsse abzugeben, was für die übrigen Posten bedeutete, sich sofort nach dem Schulhaus zurückzuziehen. Nachdem wir eine halbe Stunde auf Wache standen, fielen die Alarmschüsse, und im Schulhaus erfuhren wir, daß die Posten von einer Abteilung Pioniere angegriffen worden waren. (Das Pionier-Bataillon Nr. 9 war nämlich nicht nur der Noske-Regierung treu geblieben, sondern versorgte auch noch die Arbeiter mit Waffen.) Das war natürlich eine ungeheure Übermacht, da die Arbeiterschaft und 900 Mann Pioniere alle gut bewaffnet waren.

Außer kleineren und unbedeutenden Schießereien war es in der Nacht ruhig, selbst noch am Vormittag des 15. März. In der Nähe von unserem Quartier befand sich ein Kaffeehaus, wo ich morgens gegen 7 Uhr saß, um Kaffee zu trinken. Da ich die letzten zwei Nächte immer Wache geschoben hatte, war ich bald fest eingeschlafen, und da weckte mich Leutnant Philipp und gab mir den Befehl: „Gehen Sie nach dem Schulhaus und sagen Sie Herrn Leutnant Voß, er möchte Herrn Hauptmann wecken und soll ihm sagen, es wäre kein Brief angekommen, und Anschluß bekäme er auch keinen." Das war am Morgen des 15. März, die letzte Nacht vor Hauptmann Bertholds Tod. Im Laufe des Vormittags verhandelte Hauptmann Berthold noch mit Abordnungen von den Arbeitern. Es kam aber keine Einigung zustande. Dagegen konnte ich vom Schulhaus aus sehen, wie Zivilisten in der Nähe schwere

MG. einbauten. Kurz vor 13 Uhr versammelte sich vor dem Schulhaus eine größere Menschenmenge, an die unser Hauptmann eine Ansprache hielt. Ich hörte gerade noch: „Wenn das Volk nicht vernünftig wird, ist der Bürgerkrieg unvermeidlich", als der verhängnisvolle Schuß fiel, der Hauptmann Berthold galt und infolgedessen aus der Menge abgegeben sein mußte. Das war das Signal, und im Moment war die Hölle los. Die Menge stürzte auseinander und, zwischen der Bevölkerung versteckt, schossen die Marxisten auf uns. Da gab Hauptmann Berthold den Befehl zum Schießen, und das MG. vor dem Portal feuerte los. Bei dieser Schießerei sollen auch Frauen und Kinder getroffen worden sein. Nun bekamen wir rasendes Feuer. Das Schulhaus war von drei Seiten von Häusern umgeben, wo jedes Fenster besetzt war. Noch bevor wir richtig Deckung nehmen konnten, hatten wir viele Verwundete. In der Eile wurde ein MG. vor dem Schulhaus stehengelassen, der Schütze konnte sich eben noch verwundet in das Schulhaus retten, ein Toter lag bereits vor der Tür. Von den Häusern konnte der Feind gut in das Innere des Schulhauses sehen, und wo sich einer blicken ließ wurde wie toll geschossen.

Wir waren eingeschlossen und hatten keine Verteidigungsmöglichkeit, da die feindlichen MG. unsere Ausgänge beherrschten. Der Sanitäter unserer Kompanie wurde dauernd gerufen, bald in die erste, bald in die zweite Etage, und hatte dabei Glück, denn gerade die Treppen waren durch die großen Fenster gut übersehbar, und mancher Kamerad mußte sein Leben lassen, als er eine Etage höher wollte. Nirgends war man sicher, die Kugeln flogen durch die Schulzimmer nach dem Flur, wo wir lagen, und prallten an den Wänden ab. Da ging auch noch das Verbandzeug aus, und wir waren gezwungen, die Fenstervorhänge zu Bandagen zu verarbeiten. Das Wasser wurde uns abgestellt, und wir waren gezwungen, für die Verwundeten das Wasser aus den MG.-Kästen zu verwenden. Einmal erscholl der Ruf: „Die Arbeiter stürmen!", und schon krachten vier Karabiner, bedient von Offizieren, die am Portal postiert waren. Wie ich am Abend von einem Arbeiter erfuhr, waren es nur drei Mann, die das draußenstehende MG. holen wollten. Alle drei waren tödlich getroffen. Unter unseren Kameraden hatten wir auch einen Harburger. Der wurde zum Hauptmann gerufen, wahrscheinlich, um bei einem Ausfall über das umliegende Gelände Bescheid zu geben. Denn kurz nachher kam der Befehl zum Fertigmachen für den Ausfall, er wurde aber später wieder zurückgenommen. Um dem ungleichen Kampf ein Ende zu machen, entschloß sich Hauptmann Berthold mittels einer Schultafel Waffenstillstand anzubieten. Eine große Schultafel mit der Aufschrift „Feuerpause zum Verhandeln" wurde mittels Brotbeutelband unter starkem Feuer von Leutnant Philipp und Feldwebel Schillinger zum Fenster hinausgelassen. Innerhalb ein paar Minuten war die Tafel durchlöchert wie ein Sieb. Da schossen wir eben auch wieder. Einmal hatten wir noch Hoffnung. Der Feind war feste am Feuern, aber sonderbarerweise nicht nach uns, sondern auf ein anderes Ziel. Das kann nur Hilfe für uns sein, aber wer? Ehe wir uns richtig überlegen konnten, war es auch schon wieder ruhig. Das war nur unsere Besatzung vom Zug, die sich zu uns durchschlagen wollte. Ich glaube, Leutnant Dütsch war der Führer. Der Übermacht weichend, mußten sie dem Pöbel den Zug überlassen, der bei der Plünderung auch ganze Arbeit machte. Ein Kamerad von der Zugbesatzung erzählte mir später, er hätte sich schwerverwundet in ein Haus geschleppt, wurde auch freundlich aufgenommen, aber leider von den Roten wieder aufgespürt und vom Bett heraus gefangengenommen worden. Am meisten machten dem Feind die MG. oben am Dach zu schaffen, und um die zu beseitigen, schossen sie das ganze Dach in Trümmer. Aber das MG. der ersten Kompanie hielt aus. Kamerad Wonz bediente es. Durch die schweren Verluste, Wassermangel und aussichtslosen Kampf hißten wir gegen Abend die weiße Fahne, um uns zu ergeben. Die Antwort war dieselbe wie bei der Schultafel. Da sagte uns Leutnant Philipp wörtlich: „Kameraden, wir wollten uns euch zuliebe ergeben, denn wir Offiziere sind sowieso erledigt; aber wie ihr seht, gehen die Schweinehunde nicht darauf ein, und so geht der Kampf eben weiter bis aufs Messer." Aber es kam nicht so weit. Eine Stunde später war Ruhe und Waffenstillstand. Ich schaute aus dem Fenster und sah, wie Hauptmann Berthold bereits mit den Arbeitervertretern verhandelte. Als unser Hauptmann zurückkam in das Schulhaus, sagte er noch zu uns: „Ruhig, Kinder, euch geschieht nichts. Ich habe so verhandelt, daß ihr freien Abzug habt." Das waren seine letzten Worte an uns. Als ich ihn

Ärmelabzeichen der Eisernen Schar Berthold
Photo: Archiv Reiter gen Osten

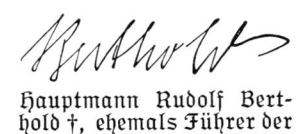

Hauptmann Rudolf Berthold †, ehemals Führer der Eisernen Schar Berthold
Photo: Archiv Reiter gen Osten

wiedersah, war Hauptmann Berthold bereits verstümmelt. Nun wurden noch schnell die Gewehre unbrauchbar gemacht, soweit es ging, und die Fahne in Sicherheit gebracht. Schon strömte auch das Volk herein, uns mit allerhand Gemeinheiten titulierend.

Die erste Frage war nach dem MG.-Schützen vom Dach mit der hellen Windjacke (gemeint war Wonz). Dieser warf seine Jacke weg, und wir gaben zur Antwort, daß der MG.-Schütze schon lange tot ist und oben am Speicher liegt. „Das ist sein Glück", war die Antwort. Dann wurde gebrüllt: „Waffen liegenlassen und heraus aus dem Schulhaus!" Gerade als ich zur Tür hinauswollte, rief einer: „Die können auch im Tornister Waffen versteckt haben!", und schon hieß es: „Tornister abgeben und nur herausnehmen, was euer Eigentum ist." Nachdem ich meinen Tornister abgelegt und mich wieder zum Ausgang wendete, packte mich kurz vor der Treppe einer am Kragen und zog mich zu seinem Genossen vor, wo man mich fragte: „Was bist du für ein Landsmann?" Ich sagte stolz: „Ein Oberbayer." — „Du Lump!" sagte einer zu mir und haut mir mit seinen Flossen ins Gesicht, daß es ganz hell war um mich, und zugleich bekam ich einen Tritt auf meine Rückenverlängerung, daß ich die Treppe hinunterflog. Draußen war fast bereits das ganze Bataillon versammelt und wurde schon teilweise abgeführt. Währenddessen krachten im Schulhause noch vereinzelte Schüsse. Ein Arbeiter sagte zu uns, daß unsere Offiziere erschossen werden. In Harburg waren noch Offiziere von anderen ehemaligen Freikorps zu uns gestoßen. Ich glaube hauptsächlich vom Freikorps Balla und vom Freikorps Lieberman. Nur wenige Offiziere konnten sich retten, indem sie sich schnell unkenntlich machten. Dann wurden auch wir abgeführt unter höhnischen Bemerkungen. Wir waren noch nicht lange marschiert, da rief man uns zu: „Hier könnt ihr euren Hauptmann sehen!" Im Scheine einer Taschenlampe lag Hauptmann Berthold am Boden, halb seiner Kleider beraubt, sein lahmer Arm aus dem Gelenk gerissen.

Die Fahne der Eisernen Schar Berthold. Sie wurde von einem Freiwilligen bei der Flucht aus der belagerten Schule um den Leib gebunden. Der Freiwillige wurde von den Spartakisten erschlagen. Die Blutflecke befinden sich heute noch auf der Fahne. Sie wurde jetzt von der Freikorps-Kameradschaft Hamburg der Hitler-Jugend übergeben
Photo: Freikorps-Kameradschaft, Hamburg

355

In zwei großen Sälen wurden wir untergebracht. Eine Hälfte im Gambrinussaal und wir im Sanssouci. Vorerst war es ganz schön. Wir konnten Bier und Würstchen kaufen, wovon ich feste Gebrauch machte, um mein Geld loszuwerden. Einer von dem Mordgesindel erlaubte sich unaufgefordert mitzuessen und erzählte mir dabei: „Wenn wir früher gewußt hätten, daß ihr per Zug von Stade kommt, hätten wir euch in die Luft gesprengt, oder wenn ihr wenigstens bis nach dem Harburger Hauptbahnhof gefahren wäret, hätte keiner lebend den Zug verlassen." Eben hatte mir mein Erzähler die letzte Wurst vom Teller genommen, als die Arbeiterkommission an der Tür erschien. Da ging es los: „Ihr Schweine, Baltikumräuber, Frauen- und Kindermörder!" usw. „Ihr freßt und sauft hier, das wollen wir euch austreiben. Angetreten, Waffen abgeben; wo eine Pistole gefunden wird, der wird erschossen!" Unter Waffen waren auch die Militärlöffel mit Gabel gemeint. Dann mußten wir bei Todesstrafe das Geld abgeben, das ein Arbeiter in eine Kiste warf und dabei vor unseren Augen seine Taschen füllte. Ich hatte gerade noch 30 Reichspfennige, und trotz genauester Untersuchung war nicht mehr zu finden. Da meinte einer: „Hast du nicht geplündert im Baltikum?" (Das Geld wurde übrigens wieder zurückbezahlt, aber nur 35 vom Hundert.) Als diese Aktion beendet war, kam eine Ansprache vom roten Häuptling. Die begann: „Kameraden, ihr seid von euren Offizieren verraten und betrogen worden, und trotzdem befinden sich noch zehn Offiziere unter euch (das stimmte genau), gebt sie heraus." Aber es gab keinen Verräter. Da lief man unsere Front auf und ab, um die Offiziere vielleicht an den Gesichtszügen zu erkennen, aber leider, von denen war eben keiner am Zittern. Das Gemeinste wurde uns noch geboten. Ein Arbeiter mit zwei abgeschlagenen Gewehrkolben kam rein und rief: „Damit habe ich eurem Hauptmann den Schädel eingeschlagen!" und wies die blutigen Gewehrläufe vor. Endlich wurde erlaubt, daß wir uns auf den blanken Boden zum Schlafen hinlegten, Sprechen war verboten. Zur Bewachung kam eine Abteilung Pioniere, die sich am Ende vom Saal mit einem leichten MG. und Handgranaten aufstellten. Man wollte uns eigentlich per Schiff nach Hamburg geliefert haben, aber der Weg nach dem Hafen war von einer gewissen Sorte Menschen belagert.

Das Erwachen am andern Tag war alles andere als rosig. Die Brüllerei ging gleich los, an die Tische setzen. Sprechen war verboten. Mich hätte ein Frühstück interessiert, wurde aber leider vergessen. An der Seite von der Tür rief die Menge: „Gebt sie heraus, die Hunde, schlagt sie tot!" usw. Auf der anderen Seite waren Fenster, da wurden die Scheiben eingedrückt und irgendeine Fratze sichtbar, die spuckte und allerhand Neuigkeiten wußte, wie: „Heute habt ihr zum letztenmal die Sonne aufgehen sehen!" oder: „Eure letzte Stunde hat geschlagen!" Ein anderer wieder: „Morgen um diese Zeit seid ihr lange kalt!", und so ging das weiter. Es war zu glauben, denn an der Tür wurde die Masse nur mehr durch Gewalt zurückgehalten. Auf einmal wurde Feldwebel Schillinger verlangt, der auch sofort vortrat. Ich weiß nicht mehr genau, was man ihm vorwarf. Ich glaube, er sollte einen über den Haufen geschossen haben, was eine gemeine Lüge war, denn vor dem Kampf wurde von uns niemand belästigt oder gar angegriffen. Aber um die Sache richtigzustellen, wurde Schillinger aus dem Saal unter die rasende Menge geführt. Ich gab ihn verloren, aber Schillinger kam wieder; das wiederholte sich dreimal, und wie mir der Feldwebel später erzählte, rettete ihn nur seine unverschämte Frechheit und Kaltblütigkeit. So gegen Mittag kam der Befehl, daß wir abgeführt werden, und zwar immer 40 Mann; wohin hatten wir keine Ahnung.

Ich ging gleich mit der ersten Kolonne, auf das Schlimmste gefaßt. Es war schlimm genug. Als der erste Mann den Fuß über die Schwelle setzte, brüllte eine tausendköpfige Menge: „Sie kommen, schlagt die Hunde tot!" Wir marschierten ruhig, Gruppenkolonne formierend, zwischen der rasenden Menge. Und schon begann der Tanz. Von allen Seiten auf uns einschlagend, stürmte das rasende Volk auf uns, um unsere Reihen zu sprengen und uns einzeln zu zertreten. Aber, ohne es uns vorher auszumachen, rein instinktiv hingen wir uns Arm in Arm zusammen, um eine einzige Kette zu bilden, dabei faßt der hintere seinen Vordermann noch am Rock, und da war das Gesindel nicht mehr in der Lage, uns zu sprengen. Ich ging an der äußeren Seite, da wurde an mir gezogen, um mich herauszureißen, und nur durch radikale Fußtritte war es mir manchmal möglich, meinen Stand zu behaupten. „Schlagt den Hund tot, der Hund will sich noch wehren!", so ging es dann. Wir waren noch keine zwei Minuten auf dem Wege, da hatte schon keiner mehr eine Mütze, dafür aber Beulen am Kopf. Am meisten schlug man mir auf die Augen, daß ich fast nichts mehr sah. Mit Stöcken und Schirmen wurde geschlagen, mit Steinen geworfen, dabei zeichneten sich am meisten die Weiber aus. Wie zum Hohn liefen neben uns bewaffnete Einwohnerwehrposten her, um uns angeblich zu beschützen. Neben mir ging dauernd so ein Held her, und ich hörte, wie er zu dem rasenden Pack sagte: „Schlagt feste drauf, wir Posten dürfen nicht, uns sind die Hände gebunden." Wenn uns die Menge nach der linken Straßenseite abdrängte, dann stieß der Lump mir regelrecht immer den Gewehrkolben zwischen die Rippen mit der Bemerkung: „Bleibt doch in der Mitte von der Straße." So kamen wir, aus vielen Wunden blutend, an den Gambrinussaal, wo die anderen Kameraden untergebracht waren, und da wurde hineingeschwenkt. Warum, weiß ich nicht, vermutlich wollte man erst die Straße frei machen, denn wir konnten fast nicht mehr weiter. Der Gambrinussaal war ein Hinterbau, in den der Lärm von der Straße nicht eindrang. Die Kameraden waren daher nicht wenig erstaunt, als sie uns in dieser Verfassung wiedersahen, und empfingen uns mit Fragen: „Wie seht ihr aus, was ist denn los?" Wir sagten nur: „Geht einmal heraus, dann seht ihr es schon." Zugleich hörte man auch schon das Volk schreien, das in den Saal wollte und nur mit Gewalt zurückgehalten werden konnte. Nach kurzer Rast waren leider wieder wir die ersten, die heraus mußten. Schon hörte man auch wieder: „Sie kommen, schlagt sie tot!" Wir klammerten uns wieder zusammen und schickten uns in das Unvermeidliche. Gefährlich war die Sache, als wir durch einen Park geführt wurden. Da waren die Wege teilweise zu schmal, um in Viererreihen gehen zu können, und mehrmals waren wir gezwungen, loszulassen, um einen Baum zu umgehen. Wie Raubtiere faßten sie da nach uns, und nur mit harter Mühe konnte ich mich einmal noch losreißen. Die Weiber schrien: „Hängt sie auf, hier sind genug Bäume!"

Andere waren wieder dafür, uns in die Elbe zu werfen und wie Ratten zu versäufen. Mir war schon alles egal. Eben hatte mir einer derart mit dem Stock den Schädel bearbeitet, daß ich bald zusammengebrochen wäre, wenn im letzten Moment nicht irgendein Posten den Mann zurückgerissen hätte. Kurz vor der Pionierkaserne, wo wir eingeliefert wurden, war es dem Pöbel doch gelungen, uns in zwei Hälften zu sprengen, und der vordere Teil war bereits am Laufen, zwischen uns das Volk; ich dachte schon, jetzt ist es aus, da rief eine kräftige Stimme: „Stehenbleiben da vorne, sonst seid ihr verloren!", und das wurde befolgt. Nun drängten wir von hinten nach, die zwischen uns befindliche Bevölkerung wurde radikal zur Seite gestoßen, und schon waren wir wieder mit unseren Kameraden vereint. Da kamen wir auch schon vor dem Kasernenhof an, aber das Hineinkommen war schwer trotz des starken Aufgebots von Reichswehr. Geschlossen hineinzumarschieren war unmöglich. So waren wir gezwungen, loszulassen und uns einzeln durchzuarbeiten. Da konnte man noch allerhand mitmachen. Aber wer drin war, war gerettet, die Pioniere bewachten das Tor gut. Hinter uns kam Schub für Schub von unseren Kameraden an, die hatten es allerdings etwas leichter, denn das ganze Volk hatte uns begleitet, aber vor dem Kasernentor war auch für die noch etwas fällig. Mancher Kamerad hatte noch ernste Verletzungen davongetragen durch Messerstiche usw. Untergebracht wurden wir in einem großen Holzschuppen, der als Aufbewahrungsort von Heu und Stroh diente für die Pionierpferde. Das war leider bald verfüttert, und wir lagen dann auf blanker Erde. Abends brachte man unsere Mützen und warf sie auf einen Haufen. Jeder nahm sich eine, die eigene zu suchen war unmöglich bei etwa 400 Mützen. Verpflegung bekamen wir. Mittags gab es eine Wassersuppe, und abends bekamen sechs Mann zusammen ein Kommißbrot. Täglich mußten wir im Hof zwei Stunden spazierengehen. Dabei wurden wir von der am Tor stehenden und teilweise auf der Kasernenmauer sitzenden Bevölkerung beschimpft und verspottet. Deswegen weigerten wir

Gedenkstein vor der Heimfelder Mittelschule, heute Bertholdschule, in der die Eiserne Schar Berthold von den Spartakisten belagert wurde
Photo: Freikorps-Kameradschaft, Hamburg

Tafel auf dem Grabe Bertholds
Photo: Archiv Reiter gen Osten

uns einmal, den üblichen Spaziergang zu machen; da zwang man uns, indem man ein schweres MG. vor uns aufstellte mit der Weisung: „Wenn ihr nicht herausgeht, wird geschossen!" Austreten gehen durften immer nur drei Mann, und fünfzig standen dauernd vor der Tür. Man war gezwungen, sich eine Stunde vor dem zu erwartenden Bedürfnis anzustellen. Das ging so drei Wochen, und erst in der vierten Woche begann der Abtransport immer kolonnenweise. Die letzte Woche Gefangenschaft war allerdings schon erträglicher, da regnete es Liebesgaben kistenweise, und als die Pioniere zum Essenholen riefen, waren sie erstaunt, als sie hören mußten, daß sie ihren Dreck selber fressen sollen. Bei einem der letzten Transporte war ich dabei. Wir wurden vorsichtshalber nicht nach dem Harburger Bahnhof geführt, sondern auf Umwegen zu einem Vorortbahnhof. Die Vorsicht war angebracht, denn bevor wir noch den Zug bestiegen, wurden wir von einer bekannten Sorte Menschen angepöbelt. Unser Sammelplatz war das Munsterlager. Dort wurde für Erholung gesorgt. Doppelte Fourage, Löhnungsnachzahlung und Liebesgaben. Aber leider löste sich dort auch das Freikorps Berthold auf. Die meisten fuhren nach Hause, ungefähr eine Kompanie ging mit Leutnant Kühn nach Stralsund zu irgendeinem Truppenteil. Der Rest, darunter ich, fuhr nach Bottropp zur III. Marine-Brigade von Löwenfeld, wo wir dann dem Sturmbataillon von Arnauld überwiesen wurden.

Zeitfreiwilligen=Regiment Pommern

Von Hans Albert Pikarski

Im Reich finden schwere Kämpfe statt. Es ist der März 1920. „1. Kompanie Zeitfreiwilligen=Regiment Pommern übernimmt ab 4 Uhr nachmittags die Sicherung und Verteidigung des Personenbahnhofs Stettin." — So lautet unser Befehl.

Leutnant X ist der Führer des Vorkommandos. Frontsoldaten neben Primanern; Vulkanarbeiter neben höheren Verwaltungsräten. Mariner und ehemalige Baltikumkämpfer schließen den Kreis. Was tut es, wenn der Kommandoführer ein Kriegsleutnant ist, der eisgraue Major mit allen anderen im Glied steht. Ein Mariner grinst über das ganze Gesicht: — „Kinder, jetzt jibt's Arbeet." Schnell werden die Männer eingeteilt. Es heißt schwere Munitionskisten schleppen, Decken in genügender Menge verstauen. In welchen Büros werden derartige Dinge geübt? Der Eifer unserer Jüngsten machte allen manch schweren Handgriff leicht.

Die Maschinengewehrschützen erhalten Parabellumpistolen. Die Munition wandert der Einfachheit halber in die Hosentaschen. Schnell werden noch schlechtsitzende Stahlhelme aus= und umgetauscht. Unser Fourier haut ab wie der Blitz zum Verpflegungsoffizier, um die nötigen Wurstringe, Eimer mit Marmelade, eiserne Portionen für unser Vorkommando zu sichern.

„Herrschaften, nehmt noch eure Beerdigungskosten in bar mit", ruft unser Feldwebel, und zahlt die Löhnung aus. Alles lacht, wir kannten unsere Kompaniemutter. Feldwebel Baganz schimpfte am Tage nur einmal, dafür aber von frühmorgens bis spät abends. Das Einsetzen der Dynamitsprengkapseln in die Handgranaten erledigte unser Waffenmeister. Er war nicht etwa Vize, sondern von Beruf Dreher im Vulkan.

Während wir unsern Transportwagen fertigmachten, gellte in der Linsingenstraße am Berliner Tor Gewehrfeuer von der Stadt her. Die „Spartakistenbataillone" hatten genügend Munition, gute Waffen und Lederzeug, dafür hatten die jüdischen Marxistenführer bestens gesorgt. Für weiter aber auch nichts. Sie saßen bestenfalls im Café Monopol, wenn sie überhaupt zu sehen waren. Bei diesen Bewaffneten trug alles die Gewehre am Riemen über die Schulter mit dem Lauf nach unten, sie kamen sich hierdurch furchtbar spartakistisch vor, wie uns später „ein Gefangener" erzählte.

Unsere Jungs lagen hinter dünnen Drahtverhauen in der Linsingenstraße bei der Bugenhagenkirche auf dem Bauch im Reitweg und schossen nur, wenn der Angriff der roten Horden auf die Drahtverhaue Ernst wurde.

Die Führer zwangen die „Klassenbewußten", ihre Frauen und Mädchen, oft mit kleinen Kindern auf dem Arm, vor sich herzuschieben und über sie hinweg von Zeit zu Zeit Gewehrsalven auf unsere

Ärmelabzeichen des Zeitfreiw.=Rgts. Pommern
Vorlage:
Archiv Reiter gen Osten

Hauptmann Gené, ehem. Führer der Greifswalder Zeitfreiwilligen
Photo:
Archiv Reiter gen Osten

Kameraden von der 5. Kompanie abzugeben. Langsam aber sicher trieben sie diese Frauengarde vor sich her, so schrittweise den Drahtverhauen näherkommend.

Die Oder und Hafengewässer durchkreuzten Schlepper und Boote mit schwer bewaffneten Spartakisten. Der Generalstreik war ausgerufen. Der Zugverkehr war eingestellt worden.

Und wir sollten zum Bahnhof? Ein Ulanenoffizier aus Thorn übernimmt das Amt des „Kampfwagenführers", spuckte sich in die Hände und meinte, es wäre sowieso ein Zeichen irrsinnigsten Selbstvertrauens, sich diesem lächerlichen kleinen Rollwagen mit dem halbkaputten Motor als Kampfwagen anzuvertrauen. Ging's schief, wolle er wenigstens mit dem Zügel in der Faust sterben; er deutete dabei auf das Steuerrad. Alles lachte.

Knatternd setzt sich unser „Koloß" in Bewegung. Das schwere MG. auf dem Dach des Führersitzes will sich selbständig machen. Harte Fäuste nehmen sich seiner an. Es pariert und bleibt im Anschlag stehen.

Siehe da, von der Nordseite des Grenadier-Kasernenhofes löst sich ebenfalls etwas Graues. Ein zweiter größerer Wagen folgt uns; er ist vom Stammzug von der 2. ZW.-Kompanie, die den Personenbahnhof bis jetzt mit leichten Kräften besetzt hat. Raus — sind wir auf die Straße. Feuerüberfall! Wir kommen durch.

An der Durchfahrt Ecke Linsingenstraße liegen Zeitfreiwillige von der 5. Kompanie mit schweren und leichten MG. Langsam rollen wir durch den Drahtverhau. Nach etwa 150 Meter kommen wir an eine Menschenmauer in der Passauer Straße. Der „Aktionsausschuß" der Roten hatte zu Massendemonstrationen zusammengetrommelt.

„Hoch die Weltrevolution!" — „Nieder mit der Soldateska!" brüllt man uns entgegen. „Bluthunde!" — Immer erregter kamen die Zurufe.

Drüben an der Haustüre schleichen drei junge Lümmels, Gewehre mit Lauf nach unten, Patronengurte um die Schulter tragend. Wir machen den Kommandoführer darauf aufmerksam. „Das Haus im Auge behalten!" — „Flammenwerfer fertigmachen!" Im Ruck hebt der eine Mann vorn den Flammenwerfer dem zweiten auf den Rücken; er erste Mann erfaßt die Feuerdüse. Es sind fixe Jungs. Alles stiebt auf die Straße zurück. Der Erfolg ist da. Die Menge zischt. Unser Kavallerist am Steuer brummt den Motor auf.

Am Manzelbrunnen fliegt plötzlich etwas Rotes in unsern Wagen. Der Mariner brüllt: „Kinder, jetzt Feierabend, gebt Zunder!" — Aber es war nur ein Stein mit Flugblättern des kommunistischen Aktionskomitees. Über uns brummte ein Flieger. Wie wir hörten, brachte er die neuesten Nachrichten aus Berlin.

Wir fuhren jetzt unter lauten Pfuirufen durch die Menge und unter der Eisenbahnbrücke durch. Ein Steinhagel gegen unsern Wagen. Ein Strolch, rechts und links ein Mädel eingehakt, brüllt: „Euch hab'n se wohl in Flandern vergessen zu beerdigen." Ein Ruck, und wir halten am Bahnhof.

„Vorkommando der 1. ZW.-Kompanie, 1 Führer, 12 Mann zur Stelle. Kompanie folgt fünf Stunden später." —

Die Zeitung der Roten log zu unserer Fahrt u. a. wörtlich: „Die unbewaffnete Menge stob auseinander! Aber die Mordgier der Offizierskamarilla und rotscheuen Zeitfreiwilligen hatte damit noch nicht genug. In der Johannisstraße wurde von Soldaten aus feigem Hinterhalt auf die Passanten geschossen, die die Straße passieren wollten." —

Wir zwölf stehen auf dem Bahnsteig, warten, warten und rauchen. —

„... erkämpft das Menschenrecht." Draußen von der Oder her schallen die letzten Takte der Internationale zu uns herüber. Unser Mariner füttert eine halbverhungerte kleine Katze, die scheu und ohne Ahnung der menschlichen Tücke zwischen unseren Beinen herumspaziert.

Denkmal für das Zeitfreiwilligen-Regiment Pommern in der alten Grenadier-Kaserne in Stettin   Photo: Gerardi, Stettin

Mit dem Panzerwagen in den Leipziger Straßenkämpfen

Von Oberfeldmeister Kurt Mirus

Es war am 13. März 1920 nachmittags. Ich lag mit einer leichten Halsentzündung in meinem Zimmer gegenüber der Döbelner Kaserne, als plötzlich mein Sergeant Eckhardt aufgeregt ins Zimmer platzte und mir die ersten Meldungen über den Kapp-

Abzeichen des Zeitfreiwilligen-Regiments in Leipzig
Vorlage: Kameradschaft des Zeitfreiwilligen-Regiments Leipzig

Putsch brachte. Noch bevor ich mich fertig angekleidet hatte, erschien Hauptmann Zuckertort, der Chef der gesamten Kraftfahrtruppen der Brigade Senfft von Pilsach. Ich bekam Befehl, noch am selben Abend mit einem Panzerkraftwagen und den dazugehörigen Mannschaften nach Leipzig, das sich zum großen Teile in der Hand der aufständischen Spartakisten befinden sollte, aufzubrechen und zu versuchen, nach der Ulanenkaserne in Leipzig-Gohlis durchzubrechen. Von den drei zum Panzerkraftwagenzug XIX gehörigen Wagen mit den Namen „Raufbold", „Roland" und „Rinaldini" war nur einer verfügbar. Dieser war eigentlich gar kein richtiger Panzerkraftwagen. Er hatte früher der Flugzeugabwehr gedient und war nur notdürftig umgebaut worden. Durch seine Panzerung war die Besatzung nur etwa bis zur Brusthöhe geschützt. Jetzt war er ausgerüstet mit zwei schweren Maschinengewehren nach rückwärts, einem schweren Maschinengewehr an jeder Seite und einem fünften schweren Maschinengewehr am Sitze neben dem Fahrerplatz; außerdem besaß er eine fünfläufige, nach allen Richtungen hin ausschwenkbare Revolverkanone für Voll- und Explosivgeschosse.

Nachdem der Wagen fertiggemacht und genügend Munition verstaut worden war, ging die Reise nachts gegen 10 Uhr in Döbeln ab. Inzwischen waren aus allen Landesteilen die wildesten Nachrichten eingelaufen. Ein klares Bild der Lage konnte sich niemand machen. Zunächst war es Haupt-

Oberst a. D. Schieblich     Major a. D. Bramsch     Oberst Bierey

Die ehem. Führer des Zeitfreiwilligen-Regiments Leipzig   *3 Photos: Archiv Reiter gen Osten*

Barrikaden während des Kapp-
Putsches in Leipzig
*2 Photos: Kameradschaft des Zeitfreiwilligen-
Regiments Leipzig*

aufgabe des Wagens, möglichst ungesehen nach Leipzig an seinen Bestimmungsort zu gelangen. Da wir keine Tarnkappe für unseren „Rinaldini" hatten, fuhren wir fast ausschließlich auf kleinen Neben- und Feldwegen, bei den damaligen Straßenverhältnissen für einen so schweren und nur mit glattem Vollgummi bereiften Wagen gewiß kein Vergnügen. Nach dem Muldenübergang bei Grimma wurden die ersten Schüsse aus dem Dunkel heraus gegen den Wagen abgegeben, jedoch ohne Erfolg. Die erste Warnung, Leipzig möglichst östlich zu umfahren, gab uns bald darauf ein Landgendarm. Auf dem linken Muldeufer, gegenüber von Trebsen, erhielten wir wieder Feuer und büßten dabei einen Scheinwerfer ein. Jetzt ging es bis Taucha gut. Dort am Restaurant zum Bürgergarten gab es einen direkten Feuerüberfall, den jedoch unser Maschinengewehrfeuer schnell zum Schweigen brachte. Kurz zuvor hatte man dort, wie ich später erfuhr, einen Transport der Kraftwagen-Kolonne 238, geführt von Hauptmann Knofe, dem jetzigen Polizeipräsidenten von Leipzig, überfallen. Auf beiden Seiten hatte es Tote und Verletzte gegeben. Morgens in der Dämmerung kamen wir in der Ulanenkaserne an, ohne inzwischen weiter behelligt worden zu sein, und meldeten uns. Tags darauf bekamen wir Befehl, nach Leipzig hineinzufahren und zur Verfügung und Unterstützung des Zeitfreiwilligen-Regiments uns im Neuen Rathaus bei Major Ledig, der dort den Befehl führte, zu melden. Auf dieser Fahrt wurden wir nur an der Kreuzung der Hallischen und Lindenthaler Straße erfolglos beschossen und kamen im übrigen unbehelligt nach unserem Bestimmungsort, dem Neuen Rathaus. Der Wagen wurde im Hofe untergebracht und meinen Leuten und mir besondere Zimmer angewiesen, damit wir jederzeit verfügbar waren.

Es war bekanntgeworden, daß Zeitfreiwillige, die an der Ecke der Rödel- und Könneritzstraße wohnten, von der Kommune abgeschnitten seien und eventuell mit ihren Waffen in die gegnerischen Hände fallen könnten. Um diese Leute und, wenn angängig, auch ihre Waffen in Sicherheit zu bringen, bekam ich am 16. März Befehl, nach der genannten Stelle zu fahren. Da zu dem Panzerwagen mit mir nur sieben Mann Besatzung gehörten, wurde mir ein Lastkraftwagen mit einem Zug Zeitfreiwilliger unter Führung des Leutnants d. R. Lotze beigegeben. Dieser Wagen stieß erst an der Thomasschule zu mir. Von dort aus ging es durch die Plagwitzer Straße, Karl-Heine-Straße, am Felsenkeller links ab, durch die Zschochersche Straße bis zum Eingang von Klein-

Gefallener Zivilist am Johannisplatz

Leutnant Büchner, Ritter des Ordens pour le mérite, Sieger in 40 Luftkämpfen, von roten Maschinengewehren über Leipzig abgeschossen
Photo: Archiv Reiter gen Osten

Wer Leipzig lieb hat, melde sich zum Zeitfreiw.-Regt. Leipzig!

Meldestellen: Batl. A Richterstr. 8, Batl. B Thomasschule, Schreberstr. 9
Batl. C Amtshauptmannschaft, Wilh. Seyferstr. 9, Batl. D Naschmarkt 5
Regimentsgeschäftsstelle, Nordstr. 44

Werbeplakat des Zeitfreiw.-Regt. Leipzig *Photo: Heeresarchiv*

Das Volkshaus in Leipzig nach dem Brand
Photo: Archiv Reiter gen Osten

Freiw. Verb. 40. I.-D.

Ärmelstreifen des Freiw.-Verbandes der 40. Inf.-Division. Der Name dieser Truppe wurde dann abgeändert in Freikorps Michaelis, später wurde daraus ein Bataillon der Sächsischen Grenzjäger.
Vorlage: Michaellis, Bautzen

Abzeichen der Sächsischen Grenzjäger
2 Vorlagen: Heeresarchiv

Abzeichen des Zeitfreiwilligen-Regiments Chemnitz

---

zschocher, dann durch die Antonienstraße Richtung Schleußig. Am Eingang von Kleinzschocher schien gerade die Kommune sich zu sammeln. Bassermannsche Gestalten, das Infanteriegewehr am Bindfaden über der Schulter und Pistolen in den Händen, standen in großen Haufen zusammen. Wir fuhren mit unserem „Rinaldini" mit Vollgas und unter Betätigung der Kompressionspfeife Richtung Klarastraße zwischen sie hinein. Als wäre der Böse hinter ihnen her, so verschwanden alle in Häusern und Gärten. Inzwischen fuhr links hinter uns der Lastkraftwagen mit den Zeitfreiwilligen Richtung Elsterbrücke—Rödelstraße. Unser braver alter „Rinaldini" wendete so schnell wie er konnte und fauchte und donnerte eiligst hinterdrein. Ein Schuß fiel dort nicht, so groß war die Überraschung gewesen. An dem kleinen Platz, gebildet durch die Antonien-, Könneritz- und Rödelstraße, dazu die Elsterbrücke, wurde gehalten und Aufstellung genommen. Der Panzerwagen stand mit der Rückseite in Richtung Kleinzschocher zwischen Brücke und Könneritzstraße, der Lastkraftwagen vor ihm in Richtung Stadt. Von je zwei Mann wurden die drei Straßen abgeriegelt. Während Leutnant Lotze mit seinen Leuten nach den Waffen und den Zeitfreiwilligen ging, kam im Holz auf dem linken Elsterufer in guter Deckung die Zschochersche Kommune an. Sie hatte sich vom ersten Schrecken erholt. Bald pfiffen Kugeln vereinzelt, dann häufiger aus dem Walde heraus, ohne jedoch Schaden anzurichten. Ein ungefähr sechzehnjähriger Junge, der am Zschocherschen Ende der Elsterbrücke stand und mit einem Tuche Zeichen nach dem Walde zu gab, wurde schnell gegriffen und auf den Lastwagen gebracht. Inzwischen kehrten die Zeitfreiwilligen nach Erledigung ihres Auftrages zurück. Jetzt galt es, befehlsgemäß möglichst rasch und ohne Verluste nach der Thomasschule bzw. dem Neuen Rathaus zurückzukehren. Ich ordnete den Rückweg durch die Könneritzstraße Richtung Bootshaus Sturmvogel, Palmengarten, Plagwitzer Straße an. Um Verluste zu vermeiden, durfte der Lastkraftwagen von den Zeitfreiwilligen zunächst nicht bestiegen werden. Wir marschierten in folgender Staffelung: In der Mitte der Könneritzstraße der Lastkraftwagen, nur mit dem Fahrer und dem Gefangenen, rechts und links scharf an den Häusern zur Beobachtung der gegenüberliegenden Fenster und

Hauptmann Michaelis, ehemaliger Führer des Freiw.-Verbandes der 40. Inf.-Div. (Freikorps Michaelis)
Photo: Archiv Reiter gen. Osten

Dächer die Zeitfreiwilligen, als Schluß in etwa 35 Meter Abstand der Panzerwagen, auch nur mit dem Fahrer, dem Kanonier und den zwei rückwärtigen Maschinengewehrschützen besetzt; wir übrigen ebenfalls rechts und links an den Häusern. Schon nach etwa 100 Meter Weg bekamen wir von rückwärts, aus Richtung Naturpark Schleußig, heftiges Infanteriefeuer, das ich sofort durch meine Maschinengewehre erwidern ließ. Obgleich wir die im Park versteckten Gegner nicht sahen, wurden ihre Schüsse seltener und sehr ungenau. Unangenehm waren die vielen durch Steinmauern und Pflaster bedingten Querschläger. Gefährlicher war das Flankenfeuer beim Passieren der Querstraßen. So kamen wir durch die Könneritzstraße über die Rödelbrücke bis zum Bootshaus Sturmvogel. Eingangs des Klingerweges bestiegen die Zeitfreiwilligen den Lastkraftwagen. Das benutzte der Gegner, um anzugreifen. Plötzlich sah ich an der Rödelbrücke einen wilden Haufen auftauchen und auf uns zustürmen, vor allen anderen erkenntlich ein Mann mit steifem Hut und schwarzem Gehpaletot, den Revolver in der Faust. Ich gab den rückwärtigen Maschinengewehren des Panzerwagens Befehl zum Feuern, der Mann mit dem steifen Hut stürzt zuerst. Was von den anderen Gegnern noch laufen konnte, verschwand teils in den angrenzenden Parkanlagen, teils in den Häusern, andere jenseits der Elster in den Gärten an der Nonnenstraße. Jetzt wurde die Sache ungemütlich, von drei Seiten gab es Feuer, und der Feind war schwer zu erkennen. Der Lastkraftwagen konnte unter dem Schutze unseres MG.-Feuers noch die Brücke am Palmengarten erreichen, und damit war für ihn der Rückweg nach der Thomasschule frei. Zu unserem Unglück blieb bei unserem braven „Rinaldini" auch noch der Motor stehen, und der Fahrer, der Gefreite Andrä, bemühte sich, frei im Feuer stehend, den Motor wieder in Gang zu bringen. Als das Feuer aus Richtung hinterer Palmengarten-Eingang immer heftiger wurde, und wir abgeschnitten zu werden drohten, gab ich Befehl, aus der Revolverkanone zu schießen. Keiner war froher und stolzer als der Kanonier Hänisch, der bis jetzt untätig hatte zusehen müssen. Er legte sein Feuer so genau, daß wir schon nach kurzer Zeit etwas Luft bekamen und mit der inzwischen wieder in Gang gebrachten Maschine gerade noch die Brücke passieren konnten, ehe sie uns gesperrt werden konnte. Immer noch heftig feuernd, bogen wir rechts in die Plagwitzer Straße ein. Auch hier hatten sich inzwischen Kommuneschützen eingefunden, die jetzt allerdings der Mut verließ. Von Passanten wurden wir verschiedentlich auf sie aufmerksam gemacht, und wir haben drei solcher Burschen, die sich unter Treppen der Vorgärten verkrochen hatten, als Gefangene mitgenommen. Sie wurden auf den Wagen frei feindwärts gestellt, und wir konnten in flotter Fahrt unbehelligt nach der Thomasschule und von dort zum Neuen Rathaus gelangen.

Ehrenmal des Zeitfreiwilligen-Regiments Leipzig
Photo: Kam. d. Zeitfreiwilligen-Rgt. Leipzig

Die Toten vom Panzerwagen Siegfried

Von Hans Roden

In Dresden gärte es. Die am 15. März im „Kristallpalast" abgehaltene Versammlung der Linksradikalen erinnerte an eine der Sitzungen des russischen Revolutionstribunals. Finstere Gesellen, um den Ärmel die rote Binde, die Parabellumpistole am Koppel, den Karabiner mit dem Kolben nach oben umgehängt, bevölkerten den Saal und drängten bis zur Bühne hinauf. Durch den rauchigen Dunst von der Unruhe der Massen halb verschlungen, erklangen vom Rednerpult die Namen der Dresdener Bürger, die zur gleichen Stunde von Rotgardisten als Geiseln festgenommen wurden.

Aus einer Seitenstraße kommend, rollte die buntfleckig bemalte Masse eines Panzerautos über den Postplatz. Pfiffe gellten auf, Fäuste reckten sich gegen den stählernen Koloß, der sich mit unbeirrbarem Gleichmaß und der Wucht eines Riesentiers seinen Weg durch johlende, verhetzte Menschenmassen bahnte. Plötzlich, ehe die Menge das Geschehen noch nicht recht erfaßt hatte, klemmte die Gestalt eines der wilden Gesellen an einen Vorsprung des Panzerwagens, und fliegende Hände versuchten hastig die an einer Schießscharte baumelnden Handgranaten in das Innere des Wagens zu drücken.

Sekundenlang hing das Leben der Panzerwagenbesatzung an dem dünnen Faden der Abzugsschnur, die die geballte Ladung zur Explosion bringen sollte. Da peitschte aus einer der Luken ein Schuß, der Mann warf die Arme hoch und sackte aufs Pflaster. Grollend dröhnte der eingeschaltete Gang aus dem schweren Motor und beschleunigte die Fahrt des wenige Sekunden später entschwundenen Panzerautos.

Während dieses Vorganges hatte sich die Situation für die das Telegraphenamt besetzt haltende Einwohnerwehr von Minute zu Minute verschlechtert. Noch standen vor dem Eingang zu dem Gebäude die Zivilposten mit dem Gewehr unterm Arm, aber hier und da wurde schon ein einzelner abgedrängt, verschwand im Strudel der Massen, man entriß ihm das Gewehr, trat den Wehrlosen zu Boden, und weiter ergoß sich der Strom dem Hauptportal zu. Dann war alles ein Wirbel, ein wildes Durcheinander, die eingekeilten Wehrleute streckten die Waffen, die blitzschnell von Hand zu Hand weitergegeben wurden. An den Fenstern des Telegraphenamtes tauchten bewaffnete Spartakisten auf, die ihre Gewehre in Anschlag brachten. Rote Verstärkungen mit Maschinengewehren rückten in das Telegraphengebäude ein, andere besetzten das „Hotel Weber" und das Dach des „Gambrinus"-Restaurants. Dann trat Ruhe ein. Eine unheimlich lastende Stille legte sich auf die Gemüter der in den Gebäuden, hinter Bäumen und Zäunen versteckten Menschen. Irgend was mußte geschehen! Es war die letzte Ruhe vor dem Sturm.

Da, gegen 17.30 Uhr knallten in der Wettinerstraße Schüsse. Bewaffnete Rote, hinter Bäumen versteckt, winkten nach rückwärts — „Achtung!" Von der Sophienstraße her kam das Brummen eines schweren Motors, der Feind, der verhaßte Panzerwagen, tauchte auf und fuhr auf das „Stadtwaldschlößchen" zu. Es war, als ob die Hölle losgelassen würde. Von allen Seiten rasselte das Feuer aus Gewehren und Maschinengewehren gegen den Wagen. Singend klirrten die Querschläger ab und zogen pfeifend ihre Bahn. Funken sprühten vom Beschuß des Steinpflasters auf, gleichmäßig rasselte das MG.-Feuer auf die buntgefleckten Flanken des Panzerwagens. Was war das? Der sonst so wendige Riese stand mit brummendem Motor und rührte und regte sich nicht. An seinen Wänden trommelte das feindliche Feuer, hin und wieder blitzte aus einer der Schießscharten ein Schuß auf, jagte eine MG.-Garbe aus dem Turm des Wagens die tollkühnsten der Angreifer wieder in sichere Deckung zurück, aber der Panzerwagen stand. Allmählich erkannte man, daß da etwas nicht stimme, daß die in dem stählernen Koloß nicht weiterkonnten. Und die Erkenntnis wurde bald zur Gewißheit, als einige Männer der Besatzung im tollsten Feuer versuchten, sich außen an dem Wagen zu schaffen zu machen. Aber das Vorhaben mißlang. Mit knapper Not, wie durch ein Wunder unverletzt, glückte es ihnen, wieder in den Wagen zu kommen, dessen Stahlwände sie vor dem Schlimmsten doch zunächst schützten.

Haßerfüllter, wilder Jubel über die hilflose Lage des Panzerautos, das, wie sich später herausstellte, durch einen Bruch der Steuerungswelle manövrierunfähig geworden war, ließ die waghalsigsten der Spartakisten zum letzten Angriff vorgehen. Vom „Stadtwaldschlößchen" her krochen einige Verwegene heran, während im Rücken des Wagens ein einzelner sich vorarbeitete. Die Sekunde, in der er sich im toten Winkel des Schußbereichs der Wagenbesatzung befand, genügte, um das Werk der Vernichtung zu vollenden. Durch eine der offenen Luken flog eine abgezogene Handgranate. Sekundenlang war es, als ob der Koloß sich aufbäumen wollte. Rote Lohe schlug mit dem dumpfen Donner der Detonation aus Luken und Schießscharten. Grauer Qualm schwelte langsam nach. An der gesprengten, halbgeöffneten Tür lag eine zusammengesunkene Gestalt in feldgrauer Uniform.

Brennendes Mitteldeutschland

Gefechtsbericht des Leutnants Seyd, ehem. Führer des leichten Kampfwagenzuges 16

Vom 13. März, 7 Uhr 30 nachmittags ab, lag der Zug in erhöhter Alarmbereitschaft. Am 15. März, 8 Uhr vormittags, erhielt der Zug den Befehl, zur Sicherung des Marktplatzes von Halle dorthin zu rücken. Dort sicherte der Zug gemeinsam mit der 8. Kompanie FLK.*) den Markt, säuberte ihn wiederholt, als die dort angesammelte regierungsfeindliche Menschenmenge eine bedrohliche Haltung einnahm, und half an der Absperrung. Mit der Waffe brauchte nicht eingegriffen zu werden; der Zug stand ständig in Kampfstellung.

17. März 1920, 9 Uhr vormittags, Abmarsch. Ankunft in Helfta ohne Zwischenfall. Verbindung mit der Zeitfreiwilligen-Abteilung aufgenommen. Verzögerung der Ankunft durch unterwegs notwendig gewordene Reparaturen an den Kampfwagen. 11 Uhr Ankunft von Verstärkung der Zeitfreiwilligen-Abteilung auf einem Lastkraftwagen.

11 Uhr 25 etwa erhielt die Abteilung 1 Kilometer vor Eisleben von drei in einem Holzlager, welches sich an der Straße befand, aufgebauten MG. Feuer. Der LKZ. eröffnete sofort das Feuer auf dieses MG.-Nest und brachte es zum Schweigen. Die Zeitfreiwilligen-Abteilung schwärmte aus und ging dort in Stellung. Die Lkw. blieben etwa 400 Meter hinter einer Anhöhe. Der LKZ. rückte zur Aufklärung und Niederkämpfung des schwersten Widerstandes weiter vor. Die Stadt war festungsartig in Verteidigungszustand gesetzt. Der Zug erkämpfte sich unter anhaltendem MG.-Feuer und häufigem Gebrauch der B.-Kanonen den Weg durch die Hauptstraßen (Hallische und Sangerhauser Straße), die unter lebhaftestem MG.-, Infanterie- und Handgranatenfeuer lagen. Es waren fast alle Häuser dieser Straßen mit Schützen und zahlreichen MG. besetzt. Der Zug drang bis über den Markt hinaus, zum Westausgang der Stadt vor, fuhr dann denselben Weg wieder zurück, um die Infanterie zur Besetzung nachzuholen. Die Straßen waren vom Feinde geräumt, der Widerstand aus den Häusern nur noch gering und wurde auf der Rückfahrt fast gänzlich niedergekämpft. Der Zug fuhr zurück zur Stellung der Zeitfreiwilligen (2 Uhr nachmittags). Verluste auf seiten des Zuges: ein Schwer-, zwei Leichtverwundete.

3.15 Uhr wurde vom 1. Landesjäger-Regiment der Befehl gegeben, sich so gut wie möglich vom Feinde loszulösen und wegen dringenden Bedarfes dieser Truppen nach Halle zurückzukehren. Die Zeitfreiwilligen-Abteilung wurde nach Helfta zurückgesandt. Der LKZ. fuhr 4 Uhr nochmal kreuz und quer durch die gefährdetsten Straßen der Stadt. Die Hauptstraßen waren durch Barrikaden (zusammengeschobene mit Ziegelsteinen vollbeladene Wagen) versperrt,

* Abkürzungen: LKZ. = leichter Kampfwagenzug 16; FLK. = Frw. Landesjägerkorps; Lkw. = Lastkraftwagen

hinter denen sich Tankfallen von etwa 1½ Meter Breite und 1 Meter Tiefe befanden, die durch leichtes Material oben wieder zugedeckt waren. Der Widerstand durch Beschuß war ziemlich gering. Das Beseitigen der Barrikaden und Durchfahren ohne Infanterie war nicht möglich. Die Barrikaden und der Gegner hinter denselben wurden durch B.-Kanonen zusammengeschossen. Die Kampfwagen fuhren durch andere Straßen um die Barrikaden herum. Der Widerstand war im allgemeinen durch Beschuß jetzt in der ganzen Stadt gering. 5 Uhr Rückfahrt nach Helfta. Zusammentreffen mit der Zeitfreiwilligen-Abteilung.

Überfall des Sammelplatzes in Helfta gegen 6 Uhr durch stärkere bewaffnete Banden aus der ganzen Umgebung von Helfta, Niederkämpfung des feindlichen Angriffes und Abfahrt der Abteilung nach Halle. Unterwegs keine Zwischenfälle. Gesamtverluste des LKZ. 16: 1 Schwer-, 2 Leichtverwundete. Verluste des Gegners konnten nicht einwandfrei festgestellt werden, aber nicht unerheblich. Beschädigung

---

Arbeiter! Parteigenossen!

Der Militärputsch ist da! Die Baltikum-Landsknechte, die sich vor der befohlenen Auflösung fürchten, haben den Versuch unternommen, die Republik zu beseitigen, und **eine diktatorische Regierung** zu bilden.

Mit Lüttwitz und Kapp an der Spitze!

Arbeiter, Genossen!

Wir haben die Revolution nicht gemacht, um uns heute wieder einem blutigen Landsknechtregiment zu unterwerfen. Wir paktieren nicht mit den Baltikum-Verbrechern.

Arbeiter, Genossen!

Die Arbeit eines ganzen Jahres soll in Trümmer geschlagen, Eure schwer erkaufte Freiheit vernichtet werden.

Es geht um alles! Darum sind die schärfsten Abwehrmittel geboten.

Kein Betrieb darf laufen, solange die Militärdiktatur der Ludendorffe herrscht!

Deshalb legt die Arbeit nieder! Streikt! Schneidet dieser reaktionären Clique die Luft ab. Kämpft mit jedem Mittel um die Erhaltung der Republik! Laßt allen Zwist beiseite! Es gibt nur ein Mittel gegen die Diktatur Wilhelms II.:

Lahmlegung jeden Wirtschaftslebens!
Keine Hand darf sich mehr rühren!
Kein Proletarier darf der Militärdiktatur helfen!
Generalstreik auf der ganzen Linie!

Proletarier vereinigt Euch! Nieder mit der Gegenrevolution!

Die sozialdemokratischen Mitglieder der Regierung:
Ebert, Bauer, Noske, Schlicke, Schmidt, David, Müller.

Der Parteivorstand der Sozialdemokratischen Partei:
Otto Wels.

Der verhängnisvolle Aufruf der Reichsregierung zum Generalstreik

Vorlage: Reichsarchiv

an den Kampfwagen: durch Beschuß zahlreiche Treffer, von denen aber nur ganz wenige den Panzer durchschlugen.

Am 18. März, 12 Uhr mittags, erhielt der Zug den Befehl, auf den Marktplatz von Halle zu rücken zur Sicherung desselben, gemeinsam mit der dort stationierten 8. Kompanie FLK. Gegen 6 Uhr nachmittags sammelte sich auf dem Markt, der wegen seiner Lage für den Verkehr nur teilweise abgesperrt werden konnte, eine große Menschenmenge, welche eine bedrohliche Haltung einnahm und tätlich gegen die Truppe vorging. Der LKZ. griff sofort mit der Waffe ein und säuberte den Markt restlos, wobei es auf der Gegenseite mehrere Tote und Verwundete gab. Während der Nacht fuhr der Zug befehlsgemäß stündlich Patrouille in der Umgebung des Marktes, da durch Spione festgestellt war, daß der Markt diese Nacht von Spartakus gestürmt und besetzt werden sollte. Doch verlief die Nacht ruhig.

Am 19. März, morgens 4 Uhr, erhielt der Zug den Befehl, zur Verstärkung des Abschnittes Süd zur Artilleriekaserne zu rücken. Gegen 10 Uhr vormittags wurde die Kaserne aus Richtung Ammendorf von roten Banden angegriffen. LKZ. griff sofort auf der Straße Halle bis Ammendorf den Gegner an und schlug ihn zurück. Ein Vorstoß des LKZ. bis zum Bahndamm nördlich Ammendorf klärte die Lage der feindlichen Stellungen auf, und es konnte die ungefähre Stärke des Gegners festgestellt werden; sie wurde auf 80 bis 100 Mann geschätzt. Eigene Verluste hierbei: 3 Mann verwundet.

1 Uhr mittags erhielt der Zug Befehl vom Garnisonkommando (telephonisch), sofort zu den Frankeschen Stiftungen zu rücken, deren Besatzung (Einwohnerwehr) von allen Seiten von roten Banden angegriffen wird. Der Zug kam dort gerade an, als sich der Angriff der Banden unmittelbar auf die Frankeschen Stiftungen entfaltet hatte. Der LKZ. fuhr die äußeren Straßen um die Frankeschen Stiftungen herum und schlug zunächst den Angriff von der Ostseite, dessen Gelingen den Verlust der Reichsbank gekostet hätte, und den von der Südseite, der am gefährlichsten war, nieder. Der Gegner, welcher teilweise, besonders am Rennischen Platz, erbitterten Widerstand leistete, erlitt hohe Verluste und büßte allein an dieser Stelle zwei MG. ein. Der Angriff war abgeschlagen. Eigene Verluste: Ein Schwerverwundeter. Der LKZ. fuhr befehlsgemäß weiter über den Markt, Steinstraße zur Roßplatz-Kaserne, die Straßen von Spartakisten säubernd.

Die ruhige Nacht vom 19. zum 20. März mußte benutzt werden zum Überholen der Motoren, Instandsetzen der Kampfwagen, der Waffen und Fertigmachen der Munition und des sonstigen Kampfgerätes.

Am 20. März, 9 Uhr vormittags, rückte der Zug auf Befehl des Garnisonkommandos zum Hallmarkt, säuberte diesen, erstürmte Klausbrücke östlich des Hettstedter Bahnhofes und säuberte die Umgebung, die von Spartakistennestern stark besetzt war. Die bereitgestellte 3. Zeitfreiwilligen-Kompanie konnte daraufhin den Saaleübergang besetzen. LKZ. 16 fuhr dann zur Sicherung dieser neugeschaffenen eigenen Stellung nach Südosten durch die Dryhauptstraße—Königsplatz—Alte Promenade und säuberte diese Gegend. 12 Uhr 30 Rückkehr zur Roßplatz-Kaserne. In der Nacht vom 20. zum 21. fuhr der Zug Patrouille durch die Stadt; größtenteils herrschte Ruhe in unserm Abschnitt, vereinzelte Schüsse von feindlichen Dachschützen sollten die Posten der Regierungstruppen beunruhigen. Sie wurden mit Leuchtkugeln abgesucht und beschossen.

Am 21. März, 8 Uhr vormittags, erhielt der Zug Befehl, zur Unterstützung des Abschnitts Bahnhof einen Vorstoß in der Richtung Delitzsch zu machen. Etwa 1,5 Kilometer westlich Delitzsch, an der Delitzscher Dachpappenfabrik, erkannte der Zug feindliche Stellungen in den sogenannten Schrebergärten. Sie wurden unter Feuer genommen. Nachdem die Lage der gegnerischen Stellung und ungefähre Stärke des Gegners festgestellt worden war, fuhr der Zug befehlsgemäß nach Norden weiter zum Schlachtviehhof und nahm Verbindung mit einer Zeitfreiwilligen-Kompanie auf. 11 Uhr 30 vormittags Rückkehr zur Roßplatz-Kaserne.

12 Uhr mittags trat die 1. Abteilung mit LKZ. 16 in der Ausgangsstellung hart nördlich Roßplatz-Kaserne zum Sturm auf den Flugplatz und Säuberung der nördlichen Umgebung von Halle an. Die Rückeroberung des Flugplatzes gelang, der Zug fuhr darauf zur Umfassung des Gegners und Deckung der rechten Flanke über die Dörfer Mötzlich und Tornau, die vom Gegner stark besetzt waren. Der feindliche Widerstand wurde gebrochen und der Gegner auf freies Gelände nach Westen abgedrängt, wo er von der Infanterie vernichtend geschlagen wurde. LKZ. 16 fuhr befehlsgemäß weiter nach Seeben, wo nur schwacher feindlicher Widerstand geleistet wurde, sicherte Seeben nach Norden und Westen bis zur Besetzung durch Infanterie, dann weiter nach Trotha, das stark besetzt war. LKZ. 16 stürmte den Osteingang, säuberte den Nord- und Ostteil und sicherte diese wieder bis zur Besetzung durch die Infanterie. Nun wurde durch Trotha der Rückmarsch nach Halle angetreten, der Ring war geschlossen, die Spartakisten auf Halle zurückgeworfen. Von Halle aus setzte ein Angriff des Polizei-Bataillons ein; die Spartakisten waren auf dem Galgenberg umfaßt, zusammengedrängt und wurden dort vernichtend geschlagen. Eigene Verluste: 1 Verwundeter. Feindliche Verluste: an Menschenmaterial sehr erheblich. 5 Uhr nachmittags Rückkehr zur Roßplatz-Kaserne. 6 Uhr nachmittags rückte der LKZ. 16 zum Markt, der von Spartakus stark besetzt war. Es entspann sich ein längerer Kampf. Spartakus hatte sich hinter Barrikaden, auf dem Roten Turm, in den Häusern und auf den Dächern verschanzt. Die Kampfwagen kreisten unter anhaltendem Feuer auf dem Marktplatz und beschossen mit sämtlichen MG. und B-Kanonen den Gegner in allen seinen Stellungen. Die

Landesjäger-Zeitung

Verantwortliche Schriftleitung:
Oblln. a. D. Aschenberg,
Andernach a. Rh., Kirchberg 14.

Bezugspreis:
Jährlich 10.— Mark
Erscheint einmal monatl. zur Monatsmitte.

3. Jahrgang.   Sonntag, den 10. Juli 1921.   **Nummer 7**

In eigener Sache!

Ein deutscher Reichsminister hat es fertig gebracht, in den Tagen des polnischen Überfalls auf Oberschlesien von den freiwilligen Truppen des deutschen Selbstschutzes als von einem „Wiederaufleben des Freikorpsunwesens" an die Interalliierte Militärkontrollkommission zu schreiben.

Man glaubt, nicht richtig zu hören! Man darf von einem Reichsminister doch wohl eine, zum mindesten oberflächliche Kenntnis der Geschichte der deutschen Revolution erwarten. Ist dem Herrn Minister tatsächlich nicht bekannt, daß die Freikorps im Frühjahr 1919 Deutschland vor dem Zusammenbruch durch den Kommunismus bewahrt haben, diesen dort, wo er sich bereits eingeführt hatte, wieder beseitigt haben; daß die heutige Regierung es also nur den Freikorps verdankt, daß sie überhaupt besteht?

Muß ich den Herrn Minister daran erinnern, daß die Reichsregierung es war, die am 9. 1. 19 (nachdem allerdings das Landesjägerkorps schon gebildet war) bringend zur Aufstellung von Freiwilligen aufrief, indem sie darauf hinwies, wie die Ostprovinzen durch den polnischen Imperialismus unter Brechung von Gesetz und Landfrieden gefährdet seien? „Meldet Euch freiwillig zum Grenzschutz! Ihr sollt das Vordringen von Landesfriedensbrechern aufhalten. Freiwillige vor!" So hieß es damals.

Zwei Monate später richteten Reichsministerium und das preußische Kultusministerium gemeinsam eine Depesche an die Hochschuldirektoren: „Reichsregierung bedarf bringend der akademischen Jugend im Kampf gegen die drohende Anarchie und baut auf ihre Treue und Hingabe."

Das war vor zwei Jahren. Und heute, wo die polnischen Mord- und Plünderbanden wieder „unter Brechung von Gesetz und Landesrecht" deutsches Land überfallen haben und sich, Gott sei Dank, mangels anderen Schutzes deutsche Männer bereit finden, zur Verteidigung der Heimaterde ihr Leben einzusetzen, da wagt es ein Reichsminister, von einem „Wiederaufleben des Freikorpsunwesens" zu schreiben.

Dankbarkeit verlangen wir nicht, Herr Minister. Sie wächst auf politischem Boden als sehr seltenes Gewächs. Wohl aber dürfen wir von einem Reichsminister erwarten, daß er die köstlichen Blüten der Vaterlandsliebe, der „Treue und Hingabe" hoch bewertet und sie nicht mit täppischer Hand knickt.

Ihr Ausdruck, Herr Minister, richtet sich von selbst. In tiefem Ernste aber rufe ich Ihnen zu:

„Gedenke, daß du ein Deutscher bist."

Maercker.

Zeitschrift des Freiwilligen Landesjägerkorps General Maercker, später des Landesjäger-Bundes General Maercker e. V.

Vorlage: Archiv Reiter gen Osten

Barrikaden wurden durch Handgranaten gesäubert. Nach etwa halbstündigem Kampfe war der Markt restlos gesäubert und wurde dann von Infanterie besetzt. Dann fuhr der Zug unter Beseitigung von vier Barrikaden über Riebeckplatz bis Artillerie=Kaserne zurück. Rückkehr 11 Uhr 30 nachts. (Roßplatz=Kaserne.)

Am 22. März, 9 Uhr vormittags, Offiziererkundung der 1. Abteilung und Führer des LKZ. 16 für einen gemeinsamen Ausfall in Richtung Ammendorf. 2 Uhr nachmittags Aufmarsch der Truppen von der Artillerie=Kaserne zum Unternehmen Ammendorf. LKZ. 16 als Sturmbock auf der Straße Halle — Ammendorf; Bahndamm, Bahnbrücke und die dahinterliegenden Häuser, Rosengarten, waren als starke Stellung ausgebaut, die mit Minenwerfer und zahlreichen MG. versehen war. Der Zug erhielt bereits 800 Meter vor dem Bahndamm in Höhe Rusches Hof Feuer, die folgende Infanterie konnte über das freie Gelände links und rechts der Straße nur sehr langsam und sprunghaft vorgehen. Der LKZ. 16 stieß weiter vor, Bahndamm und Bahnbrücke mit sämtlichen MG. und B=Kanonen mit größter Feuergeschwindigkeit beschießend, fuhr in schnellem Tempo unter der Bahnbrücke durch und griff die gegnerischen Stellungen von hinten an. Gleichzeitig wurde der Widerstand aus den Häusern kurz hinter dem Bahndamm links und rechts der Straße sowie aus dem stark besetzten Rosengarten gebrochen. Infanterie konnte, ohne starkem Widerstand zu begegnen, diese Stellung besetzen. Ein großer Teil Waffen und Munition aller Art wurde erbeutet. Der Zug rückte weiter auf Ammendorf bis zur Straße nach Beesen vor und nahm die zurückflutenden roten Banden unter wirksames Feuer. Darauf stieß der LKZ. 16 in Richtung Beesen vor, dessen Dorfrand vom Gegner stark besetzt war. Diese Stellung wurde lebhaft unter Feuer genommen. Der Zug sicherte somit den Weg der rechten Flanke der Infanterie, die das Munitionsdepot Beesen besetzen sollte. Ammendorf und Beesen wurden vom Gegner fluchtartig geräumt. Die Infanterie blieb zum Teil zur Besetzung der eroberten Stellung zurück. Der Zug rückte befehlsgemäß 7 Uhr abends nach Halle, Roßplatz=Kaserne, ab.

Eigene Verluste: 4 Verwundete, darunter einer schwer. Durch Minentreffer unmittelbar am Kampfwagen wurde ein größeres Loch in die Panzerung gerissen, feindliche Verluste sehr erheblich.

Die Umzingelung Halles durch die roten Banden war jetzt überall durchbrochen, der Gegner vernichtend geschlagen. Er zog sich in der Nacht vom 22. zum 23. überall zurück, teils unter Mitnahme der Waffen, Munition und Plündergut, teils fluchtartig unter Zurücklassung der gestohlenen Sachen.

Erst am 23., 5 Uhr nachmittags, durfte der Zug nach Passendorf rücken, da den roten Banden von der Regierung freier Abzug gewährt worden war. Passendorf wurde kampflos besetzt. Die roten Banden waren geflüchtet. Die Quartiere, Waffen, Munition, Bekleidung, Küchen= und Werkzeugkammern waren fast restlos geplündert, Schreibstube durchstöbert, Privatsachen geraubt, von den drei Lkw. war einer entzweigefahren und stehengelassen, einer wurde bereits in Halle den Banden wieder abgenommen, einer (Loeb=Wagen) war von den Roten mitgenommen worden. Ein Kampfwagen wurde sofort Richtung Eisleben entsandt, um den Loeb=Wagen, der in dieser Richtung einige Stunden vorher mit Waffen und Munition beladen abgefahren war, zurückzuholen. Die Quartiere wurden wieder vom Zuge belegt, Wache zog auf, und in Passendorf wurden sofort Haussuchungen vorgenommen. Das Restkommando war am 23. März, früh, freigelassen worden.

Der in Richtung Eisleben entsandte Kampfwagen kehrte mit dem Loeb=Wagen zurück, den die roten Banden kurz hinter Teutschenthal aus Benzinmangel stehenlassen mußten. Der Loeb=Wagen war angefüllt mit Waffen (Gewehren, leichten MG., Munition und Handgranaten). 150 Gewehre hat der Zug an das Garnisonkommando Halle abgeliefert. Die leichten MG., Munition und Handgranaten, die größtenteils aus der Kammer des Zuges stammten, behielt der Zug für sich zurück. Am 25. März verlegte der LKZ. 16 seine Unterkunft von Passendorf nach der Roßplatz=Kaserne in Halle.

Befehl!

Auf Grund des von mir erklärten Belagerungszustandes verordne ich:

Alle Schusswaffen und alle Munition aus Heeresbeständen (Gewehre, Karabiner, Pistolen, Maschinengewehre, Handgranaten, Gewehrgranaten, Minenwerfer und Flammenwerfer), die im Besitze dazu unbefugter Personen sind, sind bis zum

15. März, 6 Uhr abends

bei der Polizei abzugeben.

Schusswaffen aus Heeresbeständen sind auch die im Inlande befindlichen aus feindlichen Heeresbeständen stammenden Schusswaffen.

Die Ablieferungspflicht erstreckt sich ferner auf sonstige Faustfeuerwaffen moderner Konstruktion sowie dazu gehörige Munition.

An diesen Waffen ist zwecks späterer Rückgabe der Name des Einliefernden sichtbar und dauerhaft anzubringen.

Der bisherige unbefugte Besitz bleibt straflos, wenn die Ablieferung bis zu dem oben angegebenen Zeitpunkte erfolgt.

Wer nach Ablauf der Ablieferungspflicht im unbefugten Besitz von Waffen oder Munition der im Absatz 1 bezeichneten Art betroffen wird, wird mit Gefängnis bis zu 5 Jahren und Geldstrafe bis zu Hunderttausend Mark oder mit einer dieser Strafen bestraft. Sollten die Waffen oder die Munition zu Gewalttätigkeiten gegen Personen oder Sachen verwendet werden, so ist die Strafe Zuchthaus bis zu 5 Jahren, bei mildernden Umständen Gefängnis nicht unter 3 Monaten. — § 3 der Verordnung über den Waffenbesitz vom 13. Jan. 1919, Reichsgesetzblatt Seite 31.

Dieser Befehl ergeht im Interesse der öffentlichen Sicherheit, und seine Übertretung wird, sofern nicht die obenstehenden Strafen verwirkt sind, nach § 9 b des Gesetzes über den Belagerungszustand bestraft.

Halle, den 13. März 1919.

gez. **Maercker.**
Generalmajor u. Kommandeur des Freiw. Landesjäger-Korps.

Entwaffnungsbefehl des Generals Maercker *Vorlage: Reichsarchiv*

Aufruf!
Diktatur des Proletariats!

Wir haben mit unseren roten Truppen den Ort besetzt und verhängen hiermit das proletarische Standrecht, das heißt, daß

jeder Bürger erschossen wird,

der sich nicht den Anordnungen der militärischen Oberleitung fügt. Im selben Augenblick, wo uns gemeldet wird, daß Sipo oder Reichswehr im Anmarsche ist, werden wir sofort

die ganze Stadt anzünden und die Bourgeoisie abschlachten,

ohne Unterschied des Geschlechtes und Alters. Solange keine Sipo oder Reichswehr anrücken, werden wir das Leben der Bürger und ihre Häuser schonen.

Alle Waffen, Hieb- und Stichwaffen, Schießwaffen aller Art, müssen sofort an die militärische Oberleitung abgegeben werden. Bei wem durch Haussuchung noch Waffen gefunden werden, wird auf der Stelle erschossen. Alle Autos, Personen- und Lastwagen, müssen sofort zur militärischen Oberleitung gebracht werden. Geschieht dies nicht, so werden die Betreffenden erschossen.

Militärische Oberleitung
Max Hölz

Aus Halles „roter Zeit"

Nach amtlichen Berichten zusammengestellt von Dr. W. Lützkendorf, Mannheim

Am Freitag, dem 19. März, hielt ich mit einer Gruppe der 4. Streifkompanie den von der Mansfelder Straße aus führenden Zugang zur städtischen Gasanstalt besetzt. Ich hatte die Aufgabe, Arbeiter, die Notstandsarbeiten verrichteten, hineinzulassen, sie aber auf Waffen zu untersuchen, ohne jedoch zu provozieren.

Gegen 9 Uhr vormittags erhielt ich die Nachricht, daß die Wache am Zettstedter Bahnhof durch Überrumpelung entwaffnet wäre. Ich alarmierte sofort meine Gruppe und ließ das MG. in Stellung bringen. Da bewegte sich auch schon vom Zettstedter Bahnhof her eine Menschenmenge auf das Gaswerk zu. Als ich nach Abgabe einiger erfolgloser Schreckschüsse das Kommando zum Feuern geben wollte, erkannte ich an der Spitze der Masse die Kameraden von der Zettstedter Wache im Handgemenge mit der Menge. Unaufhaltsam drängten die Roten vorwärts, Frauen und Kinder vorweg. Da ich unter meinen Kameraden und den Kindern und Frauen kein Blutbad anrichten wollte, versuchte ich die Menge durch lautes Rufen zum Halten zu bewegen. Ich erreichte das Gegenteil: johlend schob sich die Masse nur noch näher heran. Ich zermarterte mein Gehirn: Soll ich in die Menschenmasse hineinschießen lassen, soll ich so Hunderte meiner Volksgenossen hinschlachten? Ich verzichtete und hoffte, durch Verhandlungen, die kritische Lage zu retten. Noch oft hat mir dieser Entschluß später Kopfzerbrechen gemacht. Denn er war der Anfang einer sich nun mit unabänderlicher Wucht vollziehenden Tragödie. Plötzlich war mir das Schußfeld genommen! Jetzt noch zu schießen, wäre Selbstmord gewesen, da dann keiner von uns der aufgepeitschten Menge lebend hätte entrinnen können. Im Nu waren wir von der Masse umringt. Nun wurden auch wir zurückgedrängt. Die Tragödie nahm ihren Lauf. Denn gerade jetzt passierte das gleiche Mißgeschick der an der anderen Brücke postierten Gruppe.

Der dortige Führer berichtet darüber: Ich befand mich in folgender Lage: Unmittelbar vor der Genzmer Brücke standen Hunderte von zum Teil bewaffneten Roten. Auf der Straße vom Holzplatz her drängte sich eine Menschenmenge heran, und an der Saaleböschung standen und lagen etwa 20 bewaffnete Kommunisten mit einem MG. Die Technische Nothilfe hatte zu Beginn der Schießerei zu arbeiten aufgehört; die städtischen Werke standen damit still! Vom Sandanger, auf dem zu gleicher Stunde eine gewaltige kommunistische Volksversammlung stattfand, bewegte sich bereits ein neuer Volkshaufen auf das Elektrizitätswerk zu und drohte, um das Wasserwerk herum von der Wiese her uns in den Rücken zu fallen.

Inzwischen meldete Leutnant K., der telephonische Verbindung mit dem Abschnitt aufgenommen und die bedrohliche Lage der Wache nach dorthin geschildert hatte, daß Verhandlungen zwischen Garnison und Arbeiterschaft im Gange wären, die gegen Mittag zum Abschluß gebracht werden würden.

Noch während ich überlegte, kam ein Zivilist über die Brücke, der durch Zeichen zu verstehen gab, daß er „neutral" sei. Er war von der Menge beauftragt, mitzuteilen, daß eine Arbeiterkommission mit dem Militär zu verhandeln wünsche. Ich sah in der trostlosen Lage keinen anderen Ausweg und ging mit dem Zivilisten zum jenseitigen Ende der Brücke, um die Unterhändler aufzufordern, auf unsere Seite herüberzukommen. Daraufhin drängte sofort die Menge auf mich zu. Ich drohte, sofort die Verhandlungen abzubrechen und zu schießen, wenn die Masse nicht zurückbliebe. Nach einigen Bemühungen gelang es mir auch, eine Kommission von vier bis fünf Mann aus der Menge herauszubekommen. Auf meine Forderung hin stellten dann diese Männer, die sich als Führer der bewaffneten Roten ausgaben, einige von ihren Leuten als Posten vor die Brücke, um die Volksmenge zurückzuhalten; meine Posten standen nach wie vor auf der Brücke!

Die nun einsetzenden Verhandlungen gingen um die Frage der Übergabe des Elektrizitäts-Werks gegen freien Abzug. Die Unterhändler erklärten jedoch, das nur gewähren zu können bei Übergabe der Waffen! Was nützte es, wenn ich diese Forderung für uns als unannehmbar hinstellte; das Unglück nahm seinen Lauf. Die tobende Menge war nicht mehr zu halten, trotzdem sich die roten Unterhändler bemühten, Ordnung zu halten. Da ich es jetzt für unmöglich hielt, mich mit meinen Leuten durchzuschlagen, entschloß ich mich, um meine Leute lebendig von hier fortzubringen, gegen Zusicherung freien Geleites zur Abgabe der Waffen! Einen Teil der Gewehre sowie die Zuführer der MG. konnten wir in die Saale werfen, des Restes bemächtigte sich die Menge.

Jetzt begann der Abtransport! Man führte uns nun unter Bedeckung durch einige bewaffnete Kommunisten über die Wiesen nach der Eisenbahnbrücke zu. Sofort aber schlossen sich auch einige Hundert andere Rote dem Zuge an, dauernd fordernd, man solle uns erschießen und in die Saale werfen.

Nach kurzer Zeit ging die Masse zu Tätlichkeiten über und schlug auf uns ein. Dabei wurden zwei Mann, stud. jur. Büsch und stud. med. May, aus der Abteilung herausgerissen und von der Menge bestialisch mißhandelt. Unmittelbar darauf hörten wir einige Schüsse! Entsetzt, nichts Gutes ahnend, drehten wir uns um: von den beiden war nichts mehr zu erblicken. Was mit ihnen geschehen ist, hat keiner von uns mit eigenen Augen gesehen. Fest steht nur, daß am 26. März ihre Leichen aus der

Saale, dicht bei dieser Stelle, geborgen wurden. Beide hatten Kopfschüsse!

Mit Mühe gelang es unseren Begleitmannschaften, die Menge von uns fernzuhalten. An der Eisenbahnbrücke verlangte man abermals unter wilden Drohungen unseren Tod. Die einen wollten Handgranaten zwischen uns werfen, die anderen verlangten, wir sollten von der Brücke herab in die Saale geworfen werden. Schließlich gelang es uns dennoch, über die Brücke zu kommen, die dann hinter uns durch Spartakusposten abgesperrt wurde. Jetzt ging es zum Stadtgut Böllberg, in dem wir zunächst untergebracht werden sollten. Auf dem Gute wurden wir alle in ein kleines Zimmer eingesperrt, in dem wir nur eng aneinandergedrängt stehen konnten. Auf dem Hof und vor dem Gute aber stand die johlende Menge wie eine Mauer, von den Begleitmannschaften mit Gewalt von neuen Tätlichkeiten gegen uns abgehalten.

Gegen 2 Uhr hieß es dann plötzlich, Militärautos kämen; wir müßten sofort nach Ammendorf gebracht werden. Unser Widerspruch half nichts. Wieder von der johlenden Menge treulich begleitet, ging es über Böllberg und Beesen tatsächlich nach Ammendorf. Unterwegs mußten wir uns von der Menge schwere Mißhandlungen gefallen lassen. Dauernd wurden wir geschlagen und getreten, mußten unsere Gamaschen hergeben, und ständig bedrohte man uns mit dem Tode! Den größten Teil des Weges mußten wir mit hinter dem Kopf verschränkten Armen zurücklegen. Kurz vor Ammendorf, als wir durch die qualvolle Behandlung bis zum äußersten erschöpft waren, zwang man uns noch zu singen, worauf wir zum größten Staunen unserer Peiniger anstimmten: „Noch ist die blühende, goldene Zeit, noch sind die Tage der Rosen . . .!"

In Ammendorf wurden wir in den Hof des Gasthauses zum „Goldenen Adler" getrieben. Hier erreichte die Wut der Menge ihren Höhepunkt: den meisten von uns wurden ihre Kleidungsstücke vom Leibe gerissen — und alte Sachen warf man ihnen dafür hin. „Hier kommst du ja doch nicht wieder raus", war stets die Begründung. Wir wurden schließlich abgezählt, dann hieß es: „Alles in einer Reihe antreten! Hände hoch, Leute mit Gewehren auf die andere Seite!" In diesem Augenblick, der wohl der kritischste des ganzen Tages war, erschien ein Mann, der offenbar roter Befehlshaber in Ammendorf war, und brachte etwas Ordnung in die Masse.

Das wirkte etwas beruhigend und der kommunistische Aktionsausschuß zog sich zurück, um meine Darstellung zu prüfen und über unser Schicksal zu entscheiden. Einzelne Spartakisten freilich suchten auch jetzt noch ihre Wut an uns auszulassen. So befahl einer, wir sollten die Arme wieder über den Kopf nehmen. Infolge eines im Felde erhaltenen Armschusses war mir mein rechter Arm bei der langen gezwungenen Armhaltung lahm geworden, und ich mußte sagen, daß ich den Arm nicht länger halten könnte. Darauf wurde ich ins Gesicht geschlagen und mußte mich auf den steinigen Hof hinlegen. Als ich mich mit meinem lahmen Arm nicht wieder aufrichten konnte, sollte ich am Boden weiter mißhandelt werden.

Da erschien glücklicherweise wieder der Führer und verbot jede weitere Mißhandlung. Wir wurden jetzt in einen Gartensaal gebracht und konnten uns dort etwas ausruhen. Die Menge allerdings plünderte uns weiter aus und forderte unseren Tod.

Gegen 6 Uhr abends wurden die Kommunisten, die noch auf dem Hofe waren, zu einer Abteilung formiert und ins Gefecht geschickt, und damit wurde der Abmarsch für uns möglich. Unter Führung des roten Zugführers H. ging es unter starker Bedeckung nach Merseburg. Wir wurden dort in die Kaserne gebracht. Unsere Lage besserte sich hier zusehends, wenn auch am nächsten Tage noch einmal bewaffnete Arbeiter in unsere Stuben eindrangen und uns ausräuberten.

Sturm auf den Fliegerhorst Gotha

Pünktlich um 2 Uhr nachmittags steht die 5./21., welche ausschließlich aus Feldwebeln und Unteroffizieren — sogenannte Unterführerkompanie — bestand, mit dem Stabe in der Rudolfstraße, um sich zum Marsch nach Gotha mit aus der Jägerkaserne kommender Kavallerie und Artillerie zu vereinigen.

Gerüchte über schwere Kämpfe in Gotha werden in der Truppe laut, und entschlossen tritt das Häuflein von insgesamt 180 Mann seinen Weg nach Gotha um 2.30 Uhr an.

Kriegsmäßige Gliederung: die Kavalleriespitze unter Rittmeister Schelle klärt auf, und bald befindet sich die Abteilung auf der großen Hauptstraße von Erfurt nach Gotha im Marsch. Kriegserinnerungen werden wach. Die Unterführerkompanie — ausnahmslos in vielen Schlachten erprobte Feldsoldaten — marschiert mit umgehängtem Gewehr und offenem Kragen, die Maschinengewehrfahrzeuge und das Geschütz rasseln über die harte Landstraße, und über dem Ganzen liegt die mit Worten nicht zu beschreibende Spannung und Stimmung der Truppe, vor dem Einsatz in ein Gefecht, wie wir sie so oft im Kriege erlebten.

In Siebleben erhielt die Kavalleriespitze Feuer. Die Führung beschließt deshalb, in Tüttleben, nördlich von Friemar, von der Hauptstraße abzuschwenken, um über die Kindleber Straße das Marschziel Gotha, den Fliegerhorst, zu erreichen.

Bezeichnend für die damalige Verworrenheit ist der Durchmarsch durch Tüttleben. Die Fahrzeuge werden dadurch gesichert, daß die U=Kompanie in Kolonne zu einem auf beiden Seiten der Fahrzeuge marschiert. Von einer Hochzeitsgesellschaft am Anfang des Dorfes wird die Truppe freudig begrüßt, und mancher Landser erbt einen Hochzeitsschnaps. Wenige Häuser weiter werden Verwünschungen, wie: „Die Suhler werden's euch schon besorgen" laut, und Frauen bemühen sich mit wutverzerrten Gesichtern, Männer zurückzuhalten, die am liebsten gleich losgeschlagen hätten.

Auf der Höhe von Friemar erwischt uns ein wolkenbruchartiger Regen, und schließlich erreichen wir nach Einbruch der Dunkelheit über die Kindleber Straße den Fliegerhorst Gotha durch das Haupttor. Fahrzeuge, Pferde und Mannschaften werden in Flugzeughallen und Schuppen — unter örtlicher Sicherung — untergebracht, und wir trocknen erst mal unsere triefenden Brocken.

Oberleutnant Thoene übernimmt später die Sicherung am Haupttor gegenüber der Waggonfabrik, die mit ihren vielen und hohen Gebäuden bedrohlich den Westzipfel des Fliegerhorstes und den Haupteingang an der Kindleber Straße beherrscht.

Der Flugplatz selbst und das Rollfeld bleiben frei von Besetzung, da sie vom Innenraum voll zu übersehen sind und die einigermaßen ausreichende Besetzung der anderen Gebäude schon alle Kräfte erfordert.

Kaum sind die Posten besetzt, geht auch schon das Gefecht los. Einzelne Schützen erscheinen in den Häusern am Ostrand in Gotha und nehmen das Feuer aus dem zweiten und dritten Stock der Häuser gegen das Flugplatzgelände auf. Barrikaden werden an den östlichen Straßenausgängen von Gotha erkannt und von dem Geschütz mit gutem Erfolg unter Feuer genommen.

Um 7 Uhr vormittags erscheint auf der Kindleber Straße vom Ostbahnhof her ein Parlamentär, der Major Hünicken vorgeführt wird. Er verlangt die Übergabe des Flugplatzes, welche von Major Hünicken zurückgewiesen wird. Die Teile der U=Kompanie, welche als Reserve in der Werfthalle lagen, werden von diesem Vorgang unterrichtet.

Auf eine Meldung, daß um 7.30 Uhr vormittags eine spartakistische Bande den Bahndamm bei dem Bahnwärterhaus nördlich Bahnhof Gotha=Ost besetzt, wird Oberleutnant Thoene mit einer Gruppe und einem leichten Maschinengewehr dagegen angesetzt und geht gegen das Bahnwärterhaus durch den Haupteingang des Flugplatzes an der Kindleber Straße, die Waggonfabrik nördlich umfassend, vor. Hierbei erhält er aus der Waggonfabrik starkes Flankenfeuer; ebenso meldet der vorgeschobene Posten im Westzipfel des Flugplatzes, daß die Waggonfabrik besetzt sei. Es wird infolgedessen ein neuer Stoßtrupp Kirchhoffer angesetzt, der die Aufgabe hat, durch die Waggonfabrik vorzugehen und zusammen mit dem Stoßtrupp Thoene den Bahndamm zu säubern. Unteroffizier Kirchhoffer geht durch den Südteil der Waggonfabrik auf den Bahndamm vor, und es gelingt ihm, mit Oberleutnant Thoene, der von Norden her eingeschwenkt ist, zusammen den Auftrag zu lösen — der Bahndamm wird gesäubert und drei Kästen Maschinengewehrmunition werden erbeutet.

Oberst von Selle, Kommandeur des Reichswehr-Infanterie-Regiments 21 in Erfurt während des Kapp-Putsches
Photo: Archiv Reiter gen Osten

Zu der dringend notwendigen, gründlichen Säuberung der Waggonfabrik sind die vorhandenen Kräfte leider viel zu schwach. Infolgedessen bleibt nach der Ausführung des Auftrages Unteroffizier Kirchhoffer als Posten in der Südwestecke der Fabrik zurück, während der Stoßtrupp Thoene kurz nach 9 Uhr über die Kindleber Straße — also nach vollständiger Umfassung der Waggonfabrik — das Haupttor wieder erreicht, nicht ohne schon wieder vorher Feuer aus der Waggonfabrik erhalten zu haben.

Zur selben Zeit kommt auch das Gefecht an der Südfront in Fluß. Starke Banden ziehen sich südlich des Bahnhofs Gotha=Ost an den Bahndamm und nisten sich dort mit Maschinengewehren ein. Zu unserem großen Erstaunen erscheinen sie plötzlich in hellen Scharen, 300 bis 600 Meter von der Südgrenze des Fliegerhorstes entfernt, an den Rändern der dort liegenden Kiesgruben und bauen am Bahndamm ihre Maschinengewehre auf. Wußten wir doch nicht, daß ein gedeckter Anmarschweg durch den Einschnitt einer Feldbahn von Gotha direkt in die Kiesgruben führte, durch welchen die Spartakisten in beliebiger Anzahl, völlig ungesehen, nahe herankommen konnten. Im Laufe von weniger als einer Stunde wächst das Gefecht in diesem Abschnitt zu seinem Höhepunkt. Zahlenmäßig weit überlegen, mit mehreren Maschinengewehren gut ausgerüstet, merken wir sofort, daß wir hier keine jungen Leute als Gegner haben, sondern kriegsgeschulte Männer, die zu schießen wissen. Mit beispielloser Heftigkeit peitscht auf nahe Entfernungen das Maschinengewehrfeuer der Spartakisten in den Fliegerhorst und durchschlägt die dünnen Mauern der Gebäude und Baracken. Unser vorgeschobener Posten im Westzipfel hat im ersten Stock eines Flugplatzgebäudes sein Maschinengewehr auf einem Tisch im Innern der Stube aufgebaut und hält den Feind am Bahndamm in Schach; von dort erhält es schweres Maschinengewehr- und Schützenfeuer. Das Geschütz steht jetzt plötzlich zwei, zeitweise auch drei Maschinengewehren auf 400 bis 600 Meter Entfernung gegenüber, die es gleichzeitig zudecken. Nur unter Anspannung aller Kräfte ist es in den nächsten Stunden möglich, den Gegner so weit niederzuhalten, daß er nicht zum Sturm ansetzt. Immer wieder erscheinen die Köpfe bei den Maschinengewehren über den Rändern der Kiesgrube, um nach einer günstigen Gelegenheit zum Ansetzen des Sturmes zu spähen; eisern werden sie niedergehalten. Im Laufe des Vormittags treffen immer weitere Verstärkungen des Gegners vom Thüringer Wald ein. Durch Überspringen eines Feldweges zwischen zwei Kiesgruben in der Nähe des Friemarer Weges verlängert der Feind seine Linie im Kiesgrubengebiet nach Osten und kommt auf diese Weise gedeckt bis auf 200 Meter an die südlichen Flugplatzgebäude heran. Der Zug Helbing hält ihn vom Maschinengewehrschießstand des Flugplatzes mit Maschinengewehrfeuer nieder.

Kurz nach Einsetzen des Angriffs auf die Südfront kommt ein Fahrer atemlos mit der Meldung zu mir, daß die Spartakisten im Begriff seien, das Haupttor zu stürmen.

Was war inzwischen an dem nördlichen Frontabschnitt — Waggonfabrik — vor sich gegangen? Kaum war Oberleutnant Thoene mit seinem Stoßtrupp am Haupttor angelangt, so drückten die Spartakisten durch die schwer übersichtlichen Gebäude der Waggonfabrik nach. Gedeckt durch die Waggons, Schuppen und Holzstapel, pirschten sie sich an die Kindleber Straße heran und schnitten so der Gruppe Kirchhoffer den Rückzug ab. Diese war nunmehr gezwungen, sich nach dem Fliegerhorst durchzuschlagen, was ihr unter Verlust von vier Toten und drei Schwerverwundeten schließlich gelang.

Jetzt waren die Spartakisten unumschränkte Herren der Waggonfabrik in allen Teilen und trugen den Angriff gegen den Schlüsselpunkt unserer Stellung — den Haupteingang zum Flugplatz an der Kindleber Straße — vor. Mit größter Zähigkeit und die vorhandene Deckung in allen Teilen ausnutzend, kamen sie bis an das Tor heran und wurden im letzten Augenblick — vornehmlich im Handgranatenkampf — abgewiesen. Alles, was in diesem Augenblick im Innenraum des Fliegerhorstes noch verfügbar war — Flieger, Artilleriefahrer — half mit, und so konnte das Eindringen gerade noch verhindert werden. In dem Flugzeugschuppen, unmittelbar neben dem Haupteingang, standen die Pferde der Fahrzeuge in ihren Geschirren, und bei den wenige Meter neben ihnen platzenden Handgranaten und geballten Ladungen stellten sie sich nahezu in ein unentwirrbares Knäuel in ihren Strängen auf dem Boden. Wir hatten viel Mühe, mit den jungen Fahrern die Gespanne wieder in Ordnung zu bringen. Das Tor stand nunmehr für den Rest des Tages unter dem Kommando von Oberleutnant Thoene, der es bis zum Schluß gehalten hat.

Alle verfügbaren Reserven waren vormittags um 11 Uhr bereits eingesetzt, und der Kampf hielt auf der nunmehr von drei Seiten umklammerten Fliegerwerft mit unverminderter Heftigkeit bis in die Mittagsstunden an.

Immer wieder wird der zahlenmäßig turmhoch überlegene Gegner niedergehalten. Zug Helbing und der vorgeschobene Posten besorgen die Arbeit an der Südfront; Oberleutnant Thoene hält das Tor und läßt den Gegner — der von nun an auf Handgranatenentfernung über die Straße liegt — keinen Zentimeter vor. Das Geschütz hält die Kiesgruben in Schach; man merkt es dem Gegner an, er möchte es zu gern haben. 30 Meter freies, vollständig deckungsloses Gelände zwischen Flugplatzgebäuden und Geschütz sind beim Heranschleppen der Munition immer wieder im feindlichen Feuer zu überwinden. Eine harte Aufgabe für die junge Bedienung, die sie heldenmütig löst.

Der Geschützführer, Unteroffizier Müller, hält die Bedienung vorbildlich zusammen, mit Humor feuert er die Leute zum Durchhalten an, und mit lachenden Gesichtern schleppen Kanoniere und Fahrer immer wieder Munition an das im schwersten Maschinengewehrfeuer liegende Geschütz. Die Artillerie kann die Maschinengewehre — so nah sie sind — mit dem Flachbahngeschütz nicht endgültig niederkämpfen. Jedesmal, wenn sie ein feindliches Maschinengewehr unter Feuer haben, verschwindet es samt der Bedienung in der Deckung der steilen Kiesgruben, wo es nicht mehr zu fassen ist. Diesen Vorgang benutzen zwei andere Maschinengewehre, um die Geschützbedienung ins Visier zu bekommen. Die Bedienung verliert einen Toten und einen Verwundeten, und bei dieser Art des Kampfes, der sich über Stunden erstreckt, ist es wie ein Wunder, daß nicht noch mehr Verluste eingetreten sind.

Zwei Stunden steht der Kampf an der ganzen Front mit gleichbleibender Heftigkeit auf dieser Höhe. Auf dem Hauptgebäude ist ein Maschinengewehr der Flieger eingesetzt. Zwischen den Gebäudedurchgängen liegen jetzt gezielte Maschinengewehrgarben aus der Waggonfabrik und vom Bahndamm her, so daß die Wege zum Kommandeur recht ungemütlich werden. Noch ist das Flugfeld, und damit die letzte Seite, vom Gegner frei, und scharf wacht jeder einzelne darüber, daß sich hier kein Gegner einnistet.

Oberleutnant von Herff, der am Morgen nach Erfurt gefahren war, war in Unkenntnis der Lage am Vormittag in feindliches Maschinengewehrfeuer auf der Kindleber Straße, von der Waggonfabrik her, geraten und versuchte nun mit seinen drei Begleitern, von Kindleben aus die Fliegerwerft über den Flugplatz zu erreichen. Er wurde erst für eine feindliche Patrouille gehalten und von der 5. Kompanie beschossen. Es gelang ihm jedoch, mit einem Verwundeten schließlich die Werft zu erreichen.

In der Mittagsstunde erschien wiederum ein Parlamentär der Spartakisten beim Major Hünicken. Es wurde eine mehrstündige Waffenruhe zur Bergung der Toten und Verwundeten, welche zwischen den Gefechtslinien lagen, vereinbart. Mit verbundenen Augen wurde der Parlamentär zu dem Nebenausgang am Maschinenhaus geführt und das Geschütz sofort nach Abschluß des Waffenstillstandes innerhalb der Flugplatzgrenze zurückgezogen. Die Spartakisten waren so verbissen auf das Geschütz, daß sie beim Zurückziehen desselben beinahe noch ihren eigenen Parlamentär totgeschossen hätten.

Die Waffenruhe wurde seitens der Truppe mit Unbehagen aufgenommen und die Abmachung von der gegnerischen Seite nur mangelhaft eingehalten; immer wieder flackerte vereinzeltes Feuer auf. Auf strengsten Befehl des Majors Hünicken stellte die Truppe das Feuer ein. Schließlich wurde „das Ganze halt" geblasen und das Signal auf ausdrücklichen Befehl des Majors Hünicken nochmals wiederholt. Die Bedienungen der einzelnen Posten erhielten nun den Befehl, sich mit je der Hälfte zum Essenempfang an der Feldküche abzulösen, so daß eine ganze Anzahl von Leuten im Innenraum des Flugplatzes versammelt war. Während des Waffenstillstandes gegen 2.30 Uhr nachmittags erscheinen einzelne Leute vom Gegner am Maschinengewehrschießstand an der Südostecke des Fliegerhorstes, um sich mit den Posten zu unterhalten. Wenige Minuten später lief ein Posten von der Südostecke auf das Hauptgebäude zu mit dem Ruf: „Sie kommen!" Der Mann war noch nicht am Hauptgebäude angelangt, als, unter Bruch des Waffenstillstandes, aus den Kiesgruben die Spartakisten in hellen Haufen nach Norden vordringen und den Flugplatz besetzen; mehrere Schützenlinien entwickelten sich in erheblicher Stärke hintereinander über den Flugplatz nach Norden. Vorschriftsmäßig gestaffelt — wie auf dem Exerzierplatz — hatten sie sich bald über die ganze Breite des Flugplatzes verteilt, machten eine Linkswendung und gingen — so

Wachtmannschaften des Freikorps Thüringen in Erfurt
Photo: Freikorps Thüringen, Erfurt

tief gestaffelt — gegen das offene Viereck des Fliegerhorstes vor.

Alles dies war das Werk weniger Minuten!

Atemlos, mit stieren Augen, verfolgten die Truppen diese Vorgänge. Wußte doch jeder einzelne von uns, was es bedeutet, wenn die Spartakisten uns von der letzten offenen Seite faßten. Das grausame Schicksal der in der Gothaer Post zurückgebliebenen Verwundeten steht unmittelbar vor unseren Augen. Aber die Fäuste fest um die Gewehre gepreßt, hält die Truppe eisern Disziplin — kein Schuß fällt. In diesem Augenblick beispielloser Spannung sendet Major Hünicken den Hauptmann im Generalstab, Schmeidler, mit Oberleutnant von Herff, Unteroffizier Bauch, einen Hornisten und einen Mann mit weißer Flagge den Spartakisten, die nunmehr stürmisch vordringen, als Abordnung entgegen, in der Annahme, daß ein Mißverständnis vorliegen müsse.

Aufrecht und heldenmütig ist dieser Gang.

Die Abordnung erreicht die erste Welle des Gegners, als sie bereits in das nach Osten offene Gebäudeviereck des Fliegerhorstes eingedrungen ist, und wird von den mit entsicherten Gewehren vorgehenden Spartakisten immer mehr auf das Hauptgebäude der Fliegerwerft zurückgedrängt.

Man hört erregte Rufe und sieht, wie die Spartakisten Hauptmann Schmeidler und Oberleutnant von Herff zu umringen versuchen. Da gibt es kein Halten mehr! Ein einziger, wutentbrannter Aufschrei hallt durch die Truppe: „Feuer!", und das Schicksal nimmt seinen Lauf. Zwei schwere Maschinengewehre aus den Toren der Flughalle heraus, und vom Turm des Hauptgebäudes herab peitschen erbarmungslos ihre Geschosse in die stürmenden Reihen der Spartakisten, die sich niederwerfen und im Schützenfeuer weiterhin den Innenraum des Fliegerhorstes bekämpfen. Auf dem glatten, deckungslosen Boden des Rollfeldes nutzt ihnen das nicht viel, und sie werden von unseren

Maschinengewehren in kurzer Zeit blutig niedergekämpft. Was nicht tot und verwundet ist, wagt sich nicht mehr zu rühren. Zu gleicher Zeit nimmt das Feldgeschütz den Maschinengewehrschießstand des Flugplatzes unter Feuer, um das Einnisten eines feindlichen Maschinengewehrs zu verhindern. Die Abordnung hat sich bei Eröffnung des Feuers zu Boden geworfen und bleibt — wie durch ein Wunder — bis auf Unteroffizier Bauch, der schwerverletzt zusammenbrach, unverwundet. Da diese Stelle von den Maschinengewehren aus den Flugzeughallen wegen der eigenen Leute nicht genügend unter Feuer genommen werden kann, brechen Soldaten gegen die Südostecke der Flugplatzgebäude vor und erledigen den eingedrungenen Gegner im Nahkampf.

Wie ungeheuer groß die Gefahr für die eingeschlossene Truppe war, zeigt, daß allein an dieser Stelle etwa zwölf Spartakisten von den vorbrechenden Soldaten im Nahkampf mit dem Kolben erschlagen werden mußten, während von den ersten Wellen auf dem Flugplatz 50 bis 60 Opfer dieses Angriffs lagen. Lediglich die letzten dünnen Reihen, welche ungefähr 600 bis 700 Meter zurücklagen, schossen noch vereinzelt vom Flugplatz her in den Fliegerhorst.

Beispiellose Erregung über die Vorgänge der letzten Viertelstunde zittern in der Truppe nach; allenthalben lebt der Kampf nun wieder auf. Während die Südfront des Gegners durch die Kampfhandlung auf dem Flugplatz so weit geschwächt ist, daß kein Angriff mehr erfolgt, versucht Spartakus immer wieder von der Waggonfabrik, den Schlüsselpunkt unserer Stellung — das Haupttor des Fliegerhorstes an der Kindleber Straße — anzugreifen.

Auf die Nachricht hin, daß der Durchbruch der Gothaer Besatzung geglückt ist — die beiden Geschütze der 7./2J. stehen nach einem Marsch über Bufleben um 4 Uhr nachmittags an der Wegegabel 300 Meter südwestlich Kindleben und greifen in den Kampf entlastend ein, und Teile der Kompanie Brabänder treffen am Spätnachmittag am Flugplatz ein —, wird nach Erfüllung der Aufgabe der Rückzugsbefehl für den Abend gegeben. Es war klar, daß ein Zurückgehen vor Einbruch der Dunkelheit ohne große Verluste nicht möglich war.

Zwischen 5 und 6 Uhr nachmittags bricht das Feldgeschütz durch die Reste der Spartakisten auf dem Flugplatz und vereinigt sich mit dem Zuge des Oberleutnants Pini in der Aufnahmestellung, um von hier aus mit freiem Schußfeld den Rückzug zu decken. Vornehmlich werden von den drei Geschützen Kiesgruben und Bahndamm unter Feuer gehalten. Wie fanatisch der Gegner kämpfte, zeigte sich wieder bei der Fahrt des Geschützes über den Flugplatz. Ein einzelner Mann springt dem Geschirrführer und dem Vorderpferd in die Zügel und wird von dem Kanonier Klee und dem Geschützführer erledigt. Die Geschützbedienung muß sich den Weg durch die hinteren Wellen der Spartakisten, von denen einzelne plötzlich wieder auf die Pferde zu schießen anfangen, mit dem Karabiner im Nahkampf bahnen.

Bei der Truppe im Fliegerhorst tritt gegen 5 Uhr erheblicher Munitionsmangel ein. Doch dem entschlossenen Vorspringen von fünf Unteroffizieren mit Oberleutnant von Herff, trotz stärksten Maschinengewehrfeuers, war es zu verdanken, daß die letzten Munitionskästen von einem im feindlichen Feuer stehenden Gefechtswagen herangeholt wurden. Die letzten Patronen wurden an die Nordtorbesatzung — als der bedrohtesten Stelle — ausgegeben. Die Truppe machte sich in Erwartung neuer Angriffe zur Verteidigung mit der blanken Waffe bereit. In der Zwischenzeit hat der Rittmeister Schelle mit einigen Ulanen den Flughafen erreicht und mit großer Kühnheit die letzten Teile der von Osten vorgegangenen Spartakisten attackiert und vertrieben. Bis zur Dunkelheit waren es immer noch fast zwei Stunden. Die eigenen Verluste wurden immer größer. Aber der Gegner greift außer dem Nordtor nicht mehr an. Eine große Sorge bereitete der Abtransport der in der Werft liegenden 7 Toten und 18 größtenteils schwerverletzten Soldaten. Ein Lastkraftwagen in der Werfthalle ist noch fahrbereit, doch mußte dieser wegen aufgeweichten Bodens auf der unmittelbar am Nordtor vorüberführenden Fahrbahn auf 60 Meter an einem feindlichen Maschinengewehrnest vorbei. Aber es mußte versucht werden, wollte man nicht die Verletzten einem qualvollem Tode durch die unglaublich rohen Spartakisten aussetzen. Die Besatzung am Nordtor, Oberleutnant Thoene, wurde durch Leutnant Helbing und Oberleutnant von Herff verstärkt und alle noch verfügbaren Handgranaten nach dort abgegeben. Die Kompanie ging um 6.30 Uhr in Schützenlinie über den Flugplatz Richtung Friemar zurück. Kurze Zeit später wurde der Lastkraftwagen angeworfen, und unter der Detonation mehrerer Handgranatensalven gelang es, den Kraftwagen ohne neue Verluste an dem gefährdeten Tor vorbeizubringen.

Oberleutnant Thoene, Helbing und von Herff, die Vizefeldwebel bzw. Unteroffiziere Gollhardt, Mathesius, Meyenberg, Haueisen, Witzmann, Hartwig, Rost und Meier waren die letzten, die das Haupttor verließen. In der letzten Kampfstunde hatte jeder Mann noch vier Handgranaten, zwei hiervon wurden bei der Abfahrt des Kraftwagens geopfert, um diesen zu verdecken, zwei behielt jeder bei sich, um sein Leben so teuer wie möglich zu verkaufen, wenn die Spartakisten nachdrängen sollten.

Kurz nach Verlassen des Pflasters im Flugplatz sank der Lastwagen auf leichtem Boden ein; mit Hilfe aller wurde er wieder flottgemacht, Lastkraftwagen und Nachhut erreichten ohne weitere Verluste Friemar.

Die Loslösung vom Feind war durch die Entschlossenheit einer Handvoll Männer, welche bis zum letzten Augenblick den Schlüsselpunkt der Stellung hielt, geglückt. Die drei Feldgeschütze, welche während der letzten Stunden den Rückzug von der Höhe südwestlich Kindleben aus gedeckt hatten, mußten sich noch einmal die Rückzugslinie erkämpfen. — Eine Abteilung Spartakisten erscheint plötzlich beiderseits der Straße Kindleben—Bufleben auf der Kindleber Höhe und geht in losen Schützenlinien gegen die Straße Kindleben—Gotha vor. Heftiges Schützenfeuer faßt die auf der Höhe stehenden Geschütze im Rücken und in rechter Flanke. Da der Reservezug 4./21 inzwischen schon abgerückt ist, nimmt der Zug Pini den Kampf gegen den neuen Angreifer allein auf, während das Geschütz Gramatke weiterhin das Flugplatzgelände unter Feuer hält. Der Geschützzug Pini macht im Feuern kehrt und verschießt seine letzte Nahkampfmunition gegen die vorgehenden Linien. Alsdann wird der Gegner durch Gewehrfeuer von hinzukommenden Infanteristen in Schach gehalten. Die Geschütze werden im starken Infanteriefeuer aufgeprotzt, Zug Pini auf den Westausgang von Friemar zurückgezogen und dort bereitgestellt. Das Geschütz Gramatke nimmt auf der Straße Kindleben—Friemar 300 Meter östlich Kindlebens nochmals Aufnahmestellung, und die letzten Schüsse werden bei stark hereinbrechender Dunkelheit gegen die auf Kindleben gehenden Spartakisten abgegeben.

Aus der Versammlung in Friemar wird der gemeinsame Marsch auf Tröchtelborn angetreten. Nachhut, der Rittmeister Schelle und Oberleutnant Thoene, sichern das Detachement. Die Infanterie geht in Erdstedt 4 Stunden zur Ruhe über, die berittenen Truppen marschieren nach Erfurt durch, treffen dort um 12.30 Uhr in der Kaserne ein, während die Infanterie ihren Standort Erfurt am 20. März 9 Uhr vormittags erreicht.

Der Kampf um den Fliegerhorst Gotha war beendet. Mit größter Ausdauer bis zur letzten Patrone und unter vollem Einsatz des Lebens hatte jeder einzelne aus der Truppe gegen eine erdrückende Übermacht seine Pflicht getan. Die Aufgabe — Entsatz der in Gotha eingeschlossenen Kompanie Brabänder und der Polizei — war voll geglückt.

Die beispiellose Heftigkeit des Kampfes zeigen die außerordentlich hohen Verlustziffern. Von 180 Mann des Detachements Zünicken waren 11 Tote, 27 Verwundete und 10 Vermißte zu beklagen. Das Feldgeschütz allein wies über 50 Maschinengewehrtreffer auf. Die ungleich höheren Verluste hatten allerdings die Spartakisten, die sich auf mehrere Hundert an Toten und Verwundeten zusammen beziffern. Wahrlich ein wahnwitziger Einsatz gewissenloser Führer und Hetzer.

Weit über Thüringen erstreckt sich die Auswirkung dieses Kampfes. Das Schicksal Erfurts in diesen Tagen ist im Gothaer Fliegerhorst entschieden. Nach den blutigen Köpfen, die sich Spartakus dort geholt hatte, brachten die sich um Erfurt allenthalben vom Thüringer Wald aus zusammenziehenden spartakistischen Banden nicht mehr den Mut auf, gegen Erfurt vorzurücken, noch viel weniger hatten die in Gotha in großen Mengen aus Zella-Mehlis und Suhl herbeigeströmten Abteilungen die Kraft, sich hieran mit zu beteiligen. Der Führung war es daher möglich, Erfurt selbst vollständig von Truppenteilen zu entblößen und die Sicherung der Stadt vor den einheimischen Spartakisten der Ordnungshilfe Erfurt zu überlassen.

Zeitfreiwilligen-Regiment des Freikorps Thüringen beim Abendessen
Photo: Freikorps Thüringen, Erfurt

Einsatz in Hannover

Von Oberleutnant d. R. Schmidt, ehemals Ordonnanzoffizier beim Freikorps Hindenburg

Am 10. März 1920 hatten wir den Gründungstag unseres Freikorps gefeiert. Der Feldmarschall war bei uns gewesen, und in der Stadt Celle, die man uns nach der Auflösung des großen Hauptquartiers in Kolberg als Garnison zugewiesen hatte, hatte großer Jubel geherrscht. Feier und Nachfeiern waren anstrengend, so daß Offizier und Mann ohne Ausnahme wohl am 13. März recht früh zu Bett gingen. In meine schönsten Träume rattert plötzlich der Fernsprecher: „Herr Leutnant, sofort zum Geschäftszimmer!" Es ist 4 Uhr früh, dazu noch Sonntag. Fluchend in die Hosen, eilig in die Kaserne. Leutnant Heide hat gerade die beiden geschlüsselten Fernsprüche entziffert: „Sturmbataillon Hindenburg mit Batterie von Mertens sofort zum Abrücken nach Hannover bereitstellen. Vor Einrücken Verbindung mit Brigade aufnehmen. Einrücken erst nach Klärung der Lage." Der zweite Funkspruch besagt: „Abmarschbefehl sofort ausführen!"

Früh 9 Uhr wird der Abmarsch befohlen. Die tausend Kleinigkeiten, die ein Abmarsch auf unbestimmte Zeit erfordert, werden mit den Feldwebeln besprochen: Wieviel Handgranaten, Munition, eiserne Rationen, ob wollene Decken, welche Fahrzeuge, wieviel Verpflegung, all das wird besprochen und befohlen. Um 5 Uhr schon ist alles in fieberhafter Tätigkeit. 6.30 Uhr sind alle Offiziere auf dem Geschäftszimmer. Wir versuchen noch einmal Verbindung mit Hannover aufzunehmen, aber die Brigade meldet sich nicht mehr. Ob sie schon abgeschnitten ist? Dazu wird die Frage erörtert, wofür wir überhaupt kämpfen. Für Kapp oder gegen Kapp? Gestern erst war eine unbestimmte Meldung über einen Staatsstreich in Berlin zu uns gelangt. Ein Bild über die Verhältnisse konnten wir uns daraus nicht machen.

Draußen tritt das Bataillon zusammen. Ein naßkalter Märzmorgen, richtiges hannoverisches Nebelwetter. Die Kompanien sehen fein aus in blankgewichsten Stahlhelmen. Die MG.-Kompanie rückt auch an, alle Gewehrwagen mit schwarz-weiß-roten Fähnchen geschmückt. Vor dem Tor stehen unsere Pferde. Wir machen uns fertig und dann geht's, dem Kommandeur, Hauptmann Otto folgend, von Kompanie zu Kompanie im Galopp. Überall schlägt uns ein freudiges „Morjen, Herr Hauptmann!" entgegen. Kurz schwenken die Kompanien in Gruppenkolonne ein, der Stab setzt sich hinter die Musik, worauf unter den Klängen des Pepitamarsches das Sturm-Bataillon abrückt. An der Artilleriekaserne hängt sich Hauptmann von Mertens mit seiner Batterie an. Sie ist tadellos in Stand, eine der besten Batterien, die wir kennen. Hauptmann von Mertens, Ritter des Pour le mérite, reitet mit uns.

Hauptmann Otto,
ehemals Führer des Freikorps von Hindenburg
Photo: Schmidt, Gera

Celle liegt hinter uns. Der Nebel kommt naß herunter. Wir klappern auf unseren Gäulen; dabei die Aussicht vor uns, 40 Kilometer bis Hannover Schritt zu reiten. Erfreulicherweise erhalte ich den Auftrag, vorauszureiten und mit Hannover Verbindung aufzunehmen. Mit 6 Reitern und 12 Radfahrern trabe ich los. Endlos zieht sich die Celler Heerstraße durch die reizlose Heide. Alles grau in grau.

In Kirchhorst soll ich Quartier machen. Das ist sonntags schwierig. Ich versuche mit der Brigade in Hannover zu telephonieren. Es gelingt nicht. Verbindung gestört. Ich erbitte Befehle nach der Posthalterei und mache mit dem famosen alten Gemeindevorsteher Quartier. Die Unterkünfte werden noch einmal abgeritten, alles in bester Ordnung. Als ich an der Posthalterei wieder eintreffe, sieht man schon das Bataillon kommen. Da werde ich an den Fernsprecher gerufen.

Kragenabzeichen des Freikorps von Hindenburg
Vorlage: Heeresarchiv

Besuch des Generalfeldmarschalls von Hindenburg bei einem Zuge des Freikorps von Hindenburg
Photo: Heeresarchiv

„Hauptmann Keitel, I.A. der Reichswehr-Brigade 10 am Apparat. Befehl für Ihr Bataillon: ‚In Groß- und Klein-Buchholz sowie Bothfeld ist Ortsunterkunft zu beziehen‘." Mit den schönen Quartieren in Kirchhorst war es aus. Also raus aus die Kartoffeln! Weiter nach Buchholz. Dort müssen wir wegen der fortgeschrittenen Zeit mit einigen schnell belegten Tanzsälen und Schulzimmern vorliebnehmen. Die Einwohnerschaft kommt um ihre diversen Tanzvergnügen.

Gegen 5 Uhr Alarmbefehl! Aus den Federn! Ein Auto ist aus der Stadt gekommen, um den Kommandeur, den Adjutanten und Hauptmann von Mertens zu einer Besprechung zum Garnisonkommando zu holen. Am Eingang zur Stadt wird eine Autosperre, von Bürgerwehr bewacht, für uns geöffnet. Sonst tiefster Frieden. Wir biegen in eine schöne breite Allee ein. Da schlägt uns vom Waterlooplatz her MG.-Feuer entgegen, und vor uns wogt, Kopf an Kopf, eine johlende Menschenmenge zum Garnisonkommando hin. Wir stoppen ab. Einen anderen Weg gibt es nicht. Also rein mit aller Kraft. Alles dreht uns den Rücken zu, hört uns erst im letzten Augenblick und tritt zurück. So öffnet sich vor uns eine Gasse, durch die wir, unbeschädigt aber schwer beschimpft, durchfegen, die entsicherten Pistolen in der Hand. So fahren wir zum Waterlooplatz, den Reichswehr unter Major von Stülpnagel absperrt. Die ganze Fläche des Platzes mit den an ihm liegenden Kasernen ist seit langem mit Stacheldraht gegen die Stadt hin abgesperrt.

Im Garnisonkommando empfing uns Generalmajor Riebensam, Infanterieführer 10 und Kommandant von Hannover, und Hauptmann von Hindenburg, sein Generalstabsoffizier. Nach kurzem Händedruck führt uns Hauptmann von Hindenburg in die Lage ein —, berichtet über den Putsch und die unklare Haltung der Regierung, die zur Siedehitze gesteigerte Erregung der Masse. Die Kampfleitung des Gegners liegt im Gewerkschaftshaus, dort auch Waffendepots. Davor auf dem Klagesmarkt ständig kommunistische Versammlungen. Das Freikorps Hindenburg rückt in Hannover ein, besetzt die Technische Hochschule und bricht jeden Widerstand, der ihm entgegengesetzt wird.

Mit Bündeln von Stadtplänen bestiegen wir wieder unser Auto. Am Listerturm treffen wir das Bataillon, das mit Musik anrückt, von jubelndem Volk begleitet. Das Bataillon marschiert an uns vorüber. Wir sind bei Hauptmann von Mertens, als es vor uns stockt und die Kolonne hält. Vom Pferd sehen wir über die Köpfe hinweg, sehen großes Volksgedränge, hören Geschrei, Kommandos, Trompete blasen; reiten, nichts Gutes ahnend, nach vorn. Mit jedem Schritt wird das Fortkommen schwieriger. Die Menge drängt in die Kolonne. Je weiter ich nach vorn reite, desto wüster ist die Erregung, und als ich aus der Celler Straße auf den Klagesmarkt komme, übersteigt das, was zu sehen ist, die schlimmsten Erwartungen.

Schon in der Celler Straße hat die Spitzenkompanie die Straße nicht mehr freihalten können. Beim Heraustritt auf den Klagesmarkt ist die Spitze in eine nach Tausenden zählende johlende Masse hineingerannt, die die Straße sperrt und eine drohende Haltung einnimmt. Doch scheinen die Massen unbewaffnet. Die erste Kompanie kommt nicht weiter. Der Befehl zum Feuern muß ein Blutbad bringen. Leutnant Holzapfel, der Spitzenführer, ist verzweifelt, denn die Massen drücken immer mehr und mehr nach und zähneknirschend gehen die Pioniere Schritt um Schritt zurück. Auch Hauptmann Sassenberg, Chef der ersten Kompanie, noch zu Pferd, ist ganz umringt. Plötzlich wird Leutnant Holzapfel überwältigt, zu Boden gerissen und verschwindet in der Menge. Die MG.-Kompanie hat zwei Gewehre freimachen lassen; aber auch sie kommen nicht zum Feuern. Die Wut der aufgepeitschten Menge erreicht ihren Höhepunkt. Niemand wird diese fanatischen, wild verzerrten Gesichter vergessen, wie sie die Freiwilligen anbrüllen: „Ihr Hunde wollt auf eure Brüder schießen. Schlagt eure Offiziere tot! Gebt die Waffen her!"

Die zweite Kompanie erhält Befehl, an der ersten Kompanie, die einen Wall gegen die Menge bildet, vorbei den Weg zur Technischen Hochschule freizumachen. Das gelingt. Die zweite Kompanie ist schon

Zeitfreiwillige in Hannover   Photo: Archiv Reiter gen Osten

über die Mitte des freien Platzes, als plötzlich hinter ihr bei der ersten Kompanie eine schwere Detonation erfolgt, der heftiges Gewehrfeuer folgt. Wir springen an die Häuser auf der anderen Seite des Klagesmarktes. Um uns spritzt Erde und pfeifen Querschläger von Geschossen, die auf dem Pflaster aufschlagen. Aus den Dachluken der umliegenden Häuser, aus den Fenstern des Gewerkschaftshauses und hinter der Kirchhofmauer blitzen Mündungsfeuer auf. Der Platz hat sich bei der Schießerei schlagartig geleert. Die Menge stürzte in die umliegenden Straßen, das Freikorps sammelte an den Häusern des Platzes. Die schweren Maschinengewehre gehen in Stellung. Vom Freikorps fehlt die 3. Kompanie und der Troß. Ein Zug der 1. Kompanie soll Verbindung zu den fehlenden Teilen aufnehmen. Am Eingang der Celler Straße kommt er jedoch in ein so heftiges Maschinengewehrfeuer, daß er zurückgehen muß. Die Straßen werden abgeriegelt. Die Nerven sind überall auf das äußerste gespannt. Kurz darauf schallen kurze Kommandos von der Kirche her. Hauptmann Wittstein mit dem größten Teil des Trosses hat sich zu uns durchgeschlagen.

Er erzählt: Als die 3. Kompanie eben der 2. in Richtung auf die Technische Hochschule folgen wollte, detonierte plötzlich eine Handgranate, die ein Aufrührer zwischen die Freiwilligen geworfen hatte. Ein Pferd fiel. Dem Pionier Heimburg wurde der Fuß abgerissen. Viele leicht verwundet. Die Batterie hinter ihm drängte nach. Schon hatte sich die Menge dazwischen gedrängt und versucht, den Freiwilligen die Waffen zu entreißen. Aber die Handgranate hatte zu einem geholfen; die Scheu vor dem ersten Schuß ist verschwunden. Alles reißt den Karabiner hoch und mit dem Kolben wird Raum geschaffen. Es war auch höchste Zeit, denn allein die 1. Kompanie hatte bereits Verwundete. Jetzt wird ohne Rücksicht geschossen. Eine Menge Aufrührer bleiben auf dem Markte liegen. Die beiden Kompanien und die Batterie bahnen sich einen Weg über den Rummelplatz durch die Wagen von „Haases Stufenbahn" zur Technischen Hochschule. Der Führer der Bespannung macht mitten in der Menschenmenge mit seinen Packwagen kehrt, reitet im Galopp an, durchbricht die Menge und erreicht kurz darauf unser letztes Quartier. Am nächsten Tage im Morgengrauen reitet er vor der Technischen Hochschule vor. Vor uns liegt die Technische Hochschule, das alte Welfenschloß. Kein Klopfen und Klingeln hilft, aber als die Melder mit dem Kolben die Tür einschlagen wollen, wird sie geöffnet. Vorsichtig überzeugt sich der alte Pedell, ob wir auch keine Marodeure sind. Er führt uns in die Hörsäle und Arbeitsräume, die als Unterkunft in Frage kommen. Seine größte Sorge gilt den Examensarbeiten, die überall auf den Tischen umherliegen. Wir lassen sie säuberlich bündeln und aufbewahren, so daß tunlichst wenig Schaden entsteht. Die Kompanien werden untergebracht. Die Befehlsstelle kommt ins Pförtnerzimmer. Unser Arzt findet bereits zwei Schwerverwundete Hochschüler vor, die als Zeitfreiwillige auf Posten angeschossen wurden. Einer von ihnen ist leider kurz nach unserem Eintreffen verblutet. Draußen richtet sich alles in seinen Abschnitten ein. Posten werden aufgestellt. MG.-Nester in den Rasen der Anlage gegraben. Minenwerfer und Geschütze gehen in Stellung. Fernsprecher werden angeschlossen, und dem Garnisonskommando unser Eintreffen gemeldet: „Das Freikorps Hindenburg steht bereit zum Einsatz in Hannover!"

Unruhen in Frankfurt am Main

Von Rittmeister von Neufville

Am 13. März vormittags befand sich das gesamte Offizierkorps der Garde-Landesschützen-Abteilung auf einem taktischen Übungsritt im Taunus. Eine Kompanie war auf den Homburger Schießständen, die größten Teile der anderen im Patrouillendienst tätig. Um 10 Uhr wurde ich in der Homburger Kaserne durch das Abschnittskommando in Frankfurt a. M. angerufen und erhielt den Befehl, sofort nach Bonames zurückzukehren, da Unruhen bevorständen. Über die Berliner Vorgänge war weder mir noch irgendeinem anderen Angehörigen der Abteilung bis dahin etwas bekannt. Ich erhielt davon erst Nachricht, als ich mich beim Abschnittskommando Frankfurt befehlsgemäß meldete; erfuhr dabei allerdings nur, daß die alte Regierung gestürzt sei und Baltikum- und Marinetruppen in Berlin einmarschiert seien. Gleichzeitig erfuhr ich, daß die Stimmung in Frankfurt a. M. gegen die Militär- und Polizeigewalt infolge der Nachricht aus Berlin sehr gereizt sei. Um nicht zu provozieren und neuen Reizstoff zu geben, wurde befohlen, die Truppe in Bonames zusammenzuhalten. In Würdigung der Mißstimmung der Bevölkerung gegen die Reichswehr gab ich der Bahnhofswache, der einzigen Wache in Frankfurt, Befehl, in die Kaserne nach Bonames zu rücken, verbot sofort jedes Verlassen der Kaserne und zog die schießende Kompanie aus Homburg so schnell wie möglich heran.

Nachmittags 2 Uhr erhielt ich die Nachricht, daß die Wache auf dem Hauptbahnhof von der Menge schwer bedrängt wurde und entwaffnet werden sollte. Vom Polizeipräsidium erhielt ich auf die Bitte um Unterstützung die Nachricht, daß die Polizeiorgane ebenfalls schwer bedrängt seien und von dort aus nicht geholfen werden könne. Ich gab deshalb sofort den Befehl, daß die Wache durch ein bewaffnetes Automobil entsetzt und zurückgeholt werden sollte. Dies geschah auch etwa 3 Uhr nachmittags. Wache und Entsetzungskommando hatten sich tadellos benommen, die Situation völlig beherrscht und kamen geschlossen unversehrt in die Kaserne zurück.

In den folgenden Stunden erhielt ich dauernd alarmierende Nachrichten von unberechtigten Bewaffnungen, von Angriffen gegen die Polizei und linksradikaler Agitation gegen Polizei und Militär. Ich hatte das Empfinden, daß die Polizei allein der Lage nicht mehr Herr würde sein können und daß es zu einem militärischen Eingreifen kommen müsse. Um von Anfang an jeden Widerstand brechen zu können, bat ich das Abschnittskommando um Genehmigung zur Heranziehung meiner Artillerie und Minenwerfer vom Truppenübungsplatz Orb und gab dorthin telephonischen Befehl, sich bereitzuhalten.

Gegen 6 Uhr abends erhielt ich vom Abschnittskommando den Befehl, Frankfurt zu besetzen und die spartakistischen Elemente, welche verschiedene Polizeireviere gestürmt und besetzt hatten und Machtzentren am Eschersheimer Turm und im Frankfurter Hof eingerichtet haben sollten, anzugreifen. Nähere Unterlagen über die Stärke des Gegners und vor allem über die von ihm besetzten Stadtteile hatte ich nicht. Dagegen nur die Mitteilung, daß die grüne Sicherheitspolizei sehr geschwächt und wenig widerstandsfähig sei. Meine Truppe war in Bonames noch nicht völlig versammelt, die Kompanie aus Homburg gerade von einem 25-Kilometer-Marsch zurückgekehrt. In Anbetracht dieser Umstände, vor allem aber mit Rücksicht darauf, daß die späte Stunde einen Nachtangriff verlangt hätte gegen einen Gegner, dessen Position noch völlig unbekannt war, dazu ohne Artillerie und Minenwerfer, mußte ich ein sofortiges Eingreifen als militärisch unmöglich bezeichnen. Der Angriff in der Dunkelheit hätte voraussichtlich zu einer Auflösung der Truppe geführt und zu blutigen Straßenkämpfen, die durch die wahrscheinliche Verwechslung von Freund und Feind noch blutiger geworden wäre. Ich versprach, frühmorgens das Polizeipräsidium zu besetzen und von dort aus die Säuberung der Stadt vorzunehmen. Nach Orb gab ich den Befehl, in beschleunigtem Nachtmarsch heranzurücken und möglichst bis 6 Uhr vormittags da zu sein. Die mir zugewiesene Friedberger Kompanie bat ich, nach Bonames (Bahnhof) zu leiten. In der Nacht vom 13. zum 14. März häuften sich die Nachrichten über Entwaffnungen der Sicherheitspolizei in Frankfurt, vor allem aber die Nachrichten von Waffenausgaben durch kommunistische Führer in allen Stadtteilen Frankfurts. Urlaubern der Abteilung, die auf dem Bahnhof ankamen, sind

Rittmeister von Neufville, ehemals Führer des Freiwilligen-Garde-Landes-Schützenkorps von Neufville

Photo: Archiv Reiter gen Osten

durch Hilfspolizisten mit Legitimationskarten im Namen des Polizeipräsidenten die Waffen abgenommen worden. Nachher wurden den Leuten die Achselstücke abgerissen und ihnen ihr Geld gestohlen. 4.30 Uhr nachts erhielt ich die Nachricht von Waffenausgaben in Bornheim. Ich schickte daraufhin einen Offizier mit einem bewaffneten Automobil, dem es gelang, ein der Sicherheitspolizei abgenommenes Automobil mit Maschinengewehren zu erbeuten und gleichzeitig acht Kommunisten zu verhaften, die dabei waren, das Automobil mit Munition zu beladen.

6 Uhr früh stand die Abteilung einschließlich der Friedberger Kompanie zum Einmarsch bereit. Die Orber Formationen waren noch nicht heran. Ich wartete noch eine halbe Stunde, entschloß mich dann aber, um keine Zeit zu verlieren, auch ohne Artillerie und Minenwerfer, wenigstens die Besetzung des Polizeipräsidiums durchzuführen. Der Einmarsch

Achselklappenabzeichen des Freikorps von Neufville

Ärmelstreifen des Freikorps von Neufville   *3 Vorlagen: Heeresarchiv*

Ärmelabzeichen des Freikorps von Neufville

Das Blatt der Schwarzen Garde

Zeitung der
1. Garde-Landesschützen-Abteilung

Erscheint in zwangloser Reihenfolge

Nachdruck: Wo nicht besonders vermerkt, mit Quellenangabe und Benachrichtigung der Schriftleitung gestattet. — Abonnement: Monatlich 1,50 Mk., für Angehörige der Abteilung, Jung- und Altschützen 1,— Mk. Anmeldung zum Abonnement bei 1. Garde-Landesschützen-Abteilung, Abteilung Presse, Postadresse Bad Orb; für jetzige und frühere Angehörige der Abteilung durch ihre Kompagnien. — Beiträge, Bilder, Zeichnungen usw. sind ebenfalls an die Abteilung direkt einzusenden.

| Nr. 13. | Bad Orb, 10. April | 1920. |

Das Treukreuz der Schwarzen Garde.

Die Schwarze Garde blickt jetzt auf ein 16monatiges Bestehen zurück. Nach Friedensbegriffen gemessen, würde diese kurze Zeit nicht mehr bedeuten, als daß wir noch ganz in den Kinderschuhen stecken, in der Geschichte des Heeres noch ein Säugling, der keinen Sitz und keine Stimme im Kolleg der Alten hat.

Eine Vorkriegstruppe, die vorm Krieg erst einige Jahre oder wenige Jahrzehnte bestand, mochte wohl dank der einheitlichen Soldatenerziehung und der daraus erwachsenen militärischen Disziplin die gleiche Höhe erfüllt weiter, was die Freikorps von 1813 auf ihr Banner schrieben, vom vaterländischen Geiste getragen, freiwilliger Einsatz der Person, Wiederaufbau des niedergerissenen Vaterlandes. Als die Freikorps damals ihre Aufgabe vollendet hatten, wurden sie zum größten Teil aufgelöst, weil Preußen für sein Söldner-Friedensheer Ausländer bevorzugte. Sie bestanden also nicht lange. Und doch gibt es kaum eines, dessen Namen und Taten nicht durch die Geschichte überliefert worden sind. In der Geschichte Preußens bleibt trotz ihres kurzen Bestehens der Ruhm

Zeitschrift der 1. Garde-Landesschützen-Abteilung (Freikorps von Neufville)   Photo: Archiv Reiter gen Osten

erfolgte in zwei Kolonnen, völlig überraschend und durch nichts gestört. Um 9 Uhr war das Polizeipräsidium, Goethe-Gymnasium und Eisenbahndirektion in militärischer Hand. Artillerie und Minenwerfer waren nach 60 Kilometer Nachtmarsch um 10 Uhr vormittags der Abteilung in die Stadt gefolgt. Dem Polizeipräsidenten machte ich von meinem Einrücken Mitteilung und erklärte mich auch bereit, nicht ohne Befehle zu handeln.

Im Laufe des Vormittags stellte es sich heraus, daß die aufrührerischen Elemente in der Nacht anscheinend auf das Einrücken des Militärs ihre Position geräumt hatten und sich zunächst versteckt hielten. Unberechtigte Bewaffnungen in allen Stadtvierteln gingen jedoch lustig weiter. Am Abend des 14. März erhielt ich Nachrichten von beabsichtigten Angriffen auf die Kaserne und das Polizeipräsidium. Ich ließ durch Patrouillen die Kaserne sichern und schützte das Polizeipräsidium durch Absperrung des Truppenviertels mit Draht. Ferner ließ ich in der Kaserne eine Kompanie der Zeitfreiwilligen.

Sehr bedrohlich schien die Lage nochmals am Dienstag infolge des allgemein am Montag erfolgten Generalstreiks. Die Banken riefen um Schutz, die Nachrichten über neue Waffenverteilungen und Angriffsversuche mehrten sich. Statt des verabredeten Abmarsches der Truppe wurde ich wieder zurückgehalten. Zum Schutze des Bankviertels ließ ich unter Mitteilung an den Polizeipräsidenten eine weitere Kompanie in die Stadt rücken. Notwendig schien mir nunmehr eine einheitliche Führung des Militärs und der Sicherheitspolizei nach dem Befehl der Reichswehr-Brigade durch den militärischen Truppenführer. Nur dadurch konnte im Fall eines neuen Putsches und der geringen vorhandenen Truppenkräfte die Lage beherrscht werden.

Kragenabzeichen
des Hessischen Freikorps

Kragenabzeichen
des Freikorps Hessen-Nassau

2 Vorlagen: Heeresarchiv

Vor allem schien mir auch eine Entwaffnung aller unberechtigt Waffentragenden, und dies war eine große Zahl, selbst unter der Hilfspolizei, notwendig. Der Abschnittskommandeur, Herr Oberst Ingenohl, stimmte dem bei und wollte mir die Führung übertragen. Ich wollte sie lediglich in militärischen Angelegenheiten übernehmen unter voller Wahrung der Tätigkeit des Polizeipräsidenten. Gegen die militärische Führung wurde jedoch vom Polizeipräsidenten, von den Mehrheitsparteien in Frankfurt, vom Magistrat, dem Bürgerausschuß und den gesamten Arbeitervertretungen sofort entschieden Stellung genommen. Es war dies zweifellos eine ungesetzliche Handlung, die vom taktisch-politischen Standpunkt aus wohl richtig war, aber den verfassungsmäßigen Bestimmungen des verhängten Ausnahmezustandes nicht entsprach, vor allem aber die Sicherheit der Stadt für den Fall eines Putschversuches in keiner Weise gewährleistete. Aus praktischen Gründen ging Herr Oberst Ingenohl auf eine Einigung ein, nachdem der Abbau des Generalstreiks zum Mittwoch versprochen war und der Polizeipräsident sich verpflichtete, die Entwaffnung der Bevölkerung durchzuführen. Die Einigung verlangte ferner die Herausziehung der Truppe aus Frankfurt. Als Zeichen des guten Willens ließ ich nach der Einigung sofort die Geschütze und Minenwerfer wegziehen, in der Nacht die Drahthindernisse abnehmen und gab am nächsten Morgen, als ich mich überzeugt hatte, daß der Trambahn- und öffentliche Verkehr wieder vonstatten ging, den Befehl zum Abmarsch. Er erfolgte von der einen Kompanie mittags, von dem letzten Teil 2 Uhr nachmittags. Ein früherer Zeitpunkt war nicht möglich, ohne die Würde der Truppe zu schädigen.

Ich konnte unmöglich den Befehl zum Abmarsch geben, bevor die Arbeit aufgenommen war. Agitatoren nutzten naturgemäß diese bestimmte Haltung des Militärs zu neuen Hetzen aus. Es gelang ihnen auch an einigen Stellen, die Arbeiter zum Verlassen der Betriebe zu bewegen. Das gleiche gelang ihnen aber auch noch am folgenden Tage.

Der Tag von Wetter

Von E. Sauter

Nachdem unser Transportzug, beladen mit der berittenen Batterie Hasenclever und etwa 20 Pionieren, insgesamt in der Stärke von ungefähr 130 bis 140 Mann, den Dortmunder Bahnhof verlassen hatte und über Witten nach Wetter fuhr, merkten wir schon allein an der drohenden Haltung der Bevölkerung, die, als sie den vorbeifahrenden Zug sah, aus ihrer Wut und Erbitterung keinen Hehl machte, daß dieser Tag ein ernster für uns alle wurde. Mit gemischten Gefühlen, jedoch frohen Mutes, trafen wir in Wetter ein. Die ersten beiden Waggons wurden entladen, sie enthielten Pferde. Daraufhin wurde der Zug etwa 500 Meter hinausgefahren. Auf freier Strecke ließ uns der Lokomotivführer im Stich, indem er seine Lokomotive loskoppelte und davonfuhr. Im Nu hatte alles den freistehenden Transportzug verlassen und auf Befehl des Batterieführers Hauptmann Hasenclever, der schon zu Anfang den Zug verlassen hatte und mit einigen Männern den Bahnhof besetzt und dort die Verbindung mit der Leitung des Aufmarsches, dem General Watter, aufgenommen hatte, eine starke Patrouille entsandt, die bis zum Rathaus vorstieß. Fast zu gleicher Zeit drang eine größere Menschenmenge, die zum Teil mit Waffen versehen war, auf den Bahnhof ein. Beim Zurückdrängen dieser Menge fielen einige Schüsse, worauf Befehl gegeben wurde, blinde Schüsse abzufeuern. Daraufhin zerstreute sich die Menschenmenge, und die Ruhe schien wiederhergestellt zu sein.

Es dauerte jedoch nicht lange, da konnten wir durch unsere Ferngläser feststellen, daß die umliegenden Höhen um Wetter von den Spartakisten besetzt wurden. Die Lage wurde sehr ernst. Es schien uns unmöglich, die Geschütze, die noch auf dem Transportzug waren, freizubekommen, so daß wir lediglich auf unsere Gewehre und Maschinengewehre angewiesen waren. Alles ging in Stellung, planmäßig wurden die Maschinengewehre verteilt, und es dauerte nicht lange, da fielen schon die ersten Schüsse seitens der Spartakisten, die durch unser Feuer erwidert wurden. Der Kampf schwebte hin und her und wollte zu keinem Resultat kommen. Nach ungefähr drei Stunden befahl der Batterieführer, Hauptmann Hasenclever, selbst auf die Gefahr hin, daß dieses oder jenes Geschütz dabei zu Bruch ging, die Geschütze einfach von den Loren hinunterzuwerfen und in Stellung zu bringen, um einen nördlich des Bahnhofs in einem Wäldchen sich festsetzenden Feind abzuwehren. Es gelang, zwei Geschütze in Stellung zu bringen und hieraus sieben Schüsse abzugeben, deren Wirkung so günstig war, daß es der Gegner nicht mehr wagte, von diesem Geländeabschnitt aus den Bahnhof zu beschießen. Wie schon gesagt, waren sämtliche Höhen um Wetter herum vom Feind besetzt, der nun konzentrisch das

Hauptmann Hasenclever bei einer Besichtigung seiner Batterie in Münster
Photo: Heeresarchiv

Maschinengewehrfeuer auf die in Stellung gegangenen Geschütze lenkte und eine weitere Bedienung dieser Geschütze unmöglich machte. Gott sei Dank hatten wir keine Verluste.

Wieder wurde das Gefecht ruhiger, bis auf einmal vom Kirchturm Maschinengewehrfeuer aufkam, welches uns sehr zu schaffen machte. Der Fähnrich Hans Frielinghaus erhielt den Auftrag, mit einigen Männern den Kirchturm zu beschießen. Dieser Auftrag wurde derartig erledigt, daß nach knapp zehn Minuten kein Schuß mehr aus dem Kirchturm abgegeben wurde. Gegen 4 Uhr nachmittags (die Zeit ist mir nicht mehr genau im Gedächtnis) kam der Oberbürgermeister Cuno von Hagen, um mit unserem Batterieführer, Hauptmann Hasenclever, zu verhandeln. Es wurde uns freier Abzug mit Waffen gewährt, und nach Verlauf einer vereinbarten Zeit ließ Hauptmann Hasenclever „Das Ganze halt" blasen. Das Feuer wurde eingestellt und schnell festgestellt, ob wir Verluste hatten. Lediglich der Leutnant Peter de Weldige hatte einen unbedeutenden Streifschuß an der Schläfe, und ein anderer Kamerad war ebenfalls ganz gering verletzt. Nichts Böses ahnend, ließen wir die Spartakisten, mit denen ja nun vereinbart war, daß wir freien Abzug mit Waffen hatten, herankommen. Plötzlich, als diese bis auf 20 bis 30 Meter an uns herangekommen waren, begannen sie wie wild zu schießen, so daß uns nichts anderes übrigblieb, als in das Bahnhofsgebäude zu flüchten und von dort den Handgranatenkampf aufzunehmen. In ungeheuren Mengen flogen die Handgranaten der Spartakisten in den Bahnhof hinein, so daß bald ein großer Teil von uns durch die Detonationen kampfunfähig wurde.

Am Ausgange des Bahnhofsvorstand-Zimmers stand Hauptmann Hasenclever und gab von dort seine Befehle. Am Eingang des Bahnhofes nach der Straße zu stand ein Maschinengewehr von uns, welches unausgesetzt feuerte. Die Spartakisten waren inzwischen so nahe herangekommen, daß sie den Maschinengewehrschützen mit dem Kolben hinter dem Maschinengewehr erschlugen. Der Schütze hatte sich derart in das Gewehr verkrampft, daß dieses durch seinen Fingerdruck weiterschoß und erst, durch einen kräftigen Kolbenschlag bedingt, aufhörte zu schießen. Ich meldete diesen Vorgang dem Batterieführer, und im selben Augenblick, als ich ihm diese Meldung zurief, erhielt Hauptmann Hasenclever einen Schuß aus 20 Meter Entfernung in den linken Kiefer, der an der rechten Schläfe wieder herauskam. Er stürzte in die sich sofort bildende große Blutlache und war augenblicklich tot. Ein Pionieroffizier und noch drei andere Kameraden zogen sich in die Privatwohnung der Bahnhofsvorstehers zurück und hofften so, der Gefangennahme zu entgehen. Furchtbar wüteten die Spartakisten! Was sie von uns noch stehend antrafen, schlugen sie mit dem Kolben nieder, und was lag, wurde getreten. Nachdem nach einiger Zeit eine Beruhigung eingetreten war, wurden die Überlebenden, die nicht so verwundet waren, daß sie noch stehen konnten, zusammengetrieben und nach Hagen ins Lazarett gebracht.

11 Tote und alles andere verwundet, es war ein heißer Tag für uns.

Generalleutnant Freiherr von Watter, ehemals Kommandeur des Wehrkreiskommandos VI und Führer aller Freiwilligen-Truppen in Rheinland-Westfalen
Photo: Scherl

Vom Kampf der Essener Einwohnerwehr

Von Walter Sager, Dierdorf/Westerwald

Mein Stoßtrupp hatte Patrouillendienst. Wie tot lagen die Straßen in Essen da. Unheimliche Stille herrschte. Nur in der Ferne, aus Richtung Kray, hörte man Schützenfeuer und das Bellen der Maschinengewehre. Um 6 Uhr in der Frühe des 20. März kehrten wir reichlich müde zu unserem Stützpunkt zurück. Die Beurlaubung durch unseren Kompanieführer lehnten wir vom Stoßtrupp jedoch ab. Wir hatten das dumpfe Gefühl, daß dieser Tag uns schwere Stunden bringen würde.

So kam es auch. Eben hatten die übrigen Leute der Maschinengewehrkompanie und der Bezirkskompanie sich zur Ruhe nach Hause begeben, da ging der Tanz schon los. Von allen Seiten kamen Meldungen, die besagten, daß Polizei und die Kompanien in den Vororten sich bereits in heftigem Kampf mit der konzentrisch auf Essen vorrückenden roten Armee

Knopflochabzeichen der Essener Einwohnerwehr
Vorlage: Dietzsch, Essen

Major Dietzsch, Führer der Essener Einwohnerwehr
Photo: Archiv Reiter gen Osten

befanden. Meine Leute wälzten sich auf ihrem Strohlager herum. Sie konnten trotz großer Müdigkeit keinen Schlaf finden. Alles Frontkämpfer, ahnten sie, was nun kommen würde?

Kurz vor 9 Uhr schrillte das Telephon. Ich sprang auf, der Kommandant der Hauptpost, Leutnant Tholen, rief an. Er verlangte den sofortigen Einsatz des Stoßtrupps, da er sonst die Post nicht mehr halten könne. Was, an der Post wird schon gekämpft? Ich forderte eine Ordonnanz an, da ja eine Irreführung durch die roten Schweine möglich war. Fünf Minuten darauf traf dieselbe bei mir ein und überbrachte den schriftlichen Befehl des Einsatzes. Nun aber los! Fertigmachen! In Eile ging es durch die Kruppstraße zur Hauptpost. Fast mit Gewalt mußten wir uns schon hier durch erregte Menschenmassen den Weg bahnen. Das Maschinengewehr in der Mitte, seitlich durch Schützen flankiert, erreichten wir unter ständigem Rufen „Straße frei!" den Hauptbahnhof.

Der Turm der Post lag unter ständigem Maschinengewehr- und Schützenfeuer der Roten. Durch die Einschläge stellten Leutnant Tholen und ich fest, daß das Feuer von dem Ruinenfeld des Schultz-Knautschen Geländes kam. Also kaum 300 Meter von der Post entfernt befand sich das rote Gesindel schon.

Nach einiger Überlegung machte ich Leutnant Tholen den Vorschlag, mit dem Stoßtrupp den Bahnhof zu besetzen und die Roten in der Flanke anzugreifen. Gesagt, getan. Ich sammelte meinen Trupp. Leutnant Oertel und Leutnant Pauli stießen zu mir und schlossen sich uns an. Der Bahnhof war von den revolutionären Eisenbahnern verrammelt. Am Gepäckraum wollte ich vordringen, aber auch der war verschlossen. Mit der Pistole schlug ich eine Scheibe ein. Da erschien ein Gepäckträger, den ich aufforderte zu öffnen. Als er nicht wollte, hielt ich ihm die Pistole unter die Nase und zählte bis drei. Das half. Die Tür flog auf mit dem Bemerken: „Gewalt geht vor Recht" und „den Hals kriegt ihr doch abgeschnitten".

Ich übernahm nun das Maschinengewehr, übertrug Gruppenführer Romberg das Kommando und stürmte dann mit den Leuten den Bahnsteig I hinauf. Beim Betreten des Bahnkörpers erhielten wir Feuer von vorn und rechts seitlich von der Hutropstraße. Ich ließ ausschwärmen und die niedriger liegenden Schienenstränge besetzen, brachte das MG. in Stellung und bald prasselte unser Feuer auf die Heckenschützen der Hutropstraße. Nach zehn Minuten brachten wir das Gegenfeuer zum Schweigen.

Nun drangen wir vor. Ich behielt den linken Flügel. Um meine Achse sollte sich der ganze Trupp ausgeschwärmt drehen. Durch dieses Manöver konnten wir die rote Linie im Schultz-Knautschen Gelände flankierend angreifen. Alles klappte vorzüglich, ohne

Spartakisten beim Einschießen eines schweren Maschinengewehres
Photo: Heeresarchiv

Verlust nahmen wir Stellung, ein Teil meines Stoßtrupps kletterte in einen Personenzug. Jetzt eröffneten wir ein rasendes Feuer auf die Flanke der Gegner. Aber auch dieser schoß unentwegt. Besonders die besetzten Wagen nahm er unter Feuer, die Holzsplitter flogen nur so. Aber wir waren im Vorteil, denn wir lagen zehn Meter höher als der Gegner. Dadurch gingen dessen Schüsse viel zu hoch. Mein Maschinengewehr streute Tod und Verderben in die feindliche Linie. In kurzer Zeit hatte ich zwei schwere MG. zum Schweigen gebracht. Kein Mann und keine Maus konnten uns entweichen, jede Bewegung wurde mit Feuer zugedeckt. Plötzlich zogen die Roten eine weiße Flagge. Wir stoppten das Feuer. Siegesbewußt kletterten meine Leute aus dem Zuge und stellten sich als Zielscheibe auf den Rand des Bahnkörpers. Ich schrie noch „hinlegen". Jedoch hörte es keiner. Im Nu hatten die Roten den Vorteil erkannt, und ein Schnellfeuer ließ meine

wundeten durch Sanitäter zurückholen lassen, kaum waren diese auf dem halben Wege, so wurden sie von rasendem Feuer empfangen. Aus war's jetzt für uns mit dem Waffenstillstand. Den Hunden wollten wir's zeigen. Gleich hämmerte mein MG. wieder los und unter unserem Deckungsfeuer gelang es, wenigstens unseren verwundeten Heubach zurückzubringen. Zum Abschied reichte er mir noch den zerschossenen Arm. Der Wirt des Wartesaales 4. Klasse weigerte sich, dem Verwundeten Kognak zu geben. Leider konnten wir uns nicht rächen.

Der Hauptansturm gelang bei uns nicht. Näher als auf 300 Meter kamen die Gegner nicht heran.

Gegen 1 Uhr hörte ich plötzlich Schüsse aus Richtung Hügelstraße fallen. Wir sind umgangen und sitzen in der Mausefalle, blitzartig durchzuckt mich dieser Gedanke. Hin und wieder bellen die schweren MG. an der Hauptpost. Also auch dort versucht das Gesindel durchzubrechen. Verschossen habe ich

Links:
Das Haus Condrink in Stoppenberg am Tage nach dem Kampfe

Rechts:
Der Wasserturm in Essen, in dem 20 Angehörige der Schutzpolizei und der Einwohnerwehr von Spartakisten umzingelt und erschlagen wurden

2 Photos: Archiv Reiter gen Osten

Braven tot in den Sand sinken. Leutnant Pauli erhielt einen Schuß durch den Mund und Wirbelsäule, ein Kruppscher Schlosser einen Herzschuß. Mein Freund Gustav Heubach war durchsiebt von Kugeln. Aber er lebte noch. Zwei Tage später starb er im Thyssen-Stift in Essen. Eine Kugel hatte ihm beide Oberarme zerschmettert und die Lunge zerfetzt.

Nun gab es kein Halten mehr. Wir schossen auf den flankierten Gegner, bis sich kein Lebewesen mehr zeigte. Um 12 Uhr kam ein Waffenstillstandsbefehl. Das Feuer mußte eingestellt werden, da Oberbürgermeister Luther mit dem Gegner verhandelte, um weiteres Blutvergießen zu verhindern.

Inzwischen wurde uns das Nahen eines Transportzuges der Roten gemeldet, den wir abfangen sollten. Deshalb mußten wir uns zum Bahngebäude zurückziehen. Aber dieser Zug traf nicht ein, sondern hielt vorher und die Besatzung umzingelte den Wasserturm. Wir wollten nun unsere Toten und Ver-

mich zum Überfluß auch noch. Verteufelte Situation! Gott sei Dank, da kommt Leutnant Oertel und bringt mir genügend MG.-Munition. Durch den Posttunnel ist er gekommen. Jetzt sollen sie nur kommen. Aber man hütete sich, denn man hatte gemerkt, daß ein Sturm über den Schienenweg den sicheren Tod bedeutete.

Um nicht abgeschnitten zu werden bat ich Leutnant Oertel, mit den noch lebenden Leuten mir den Rücken freizumachen. Gerade will er den Leuten das entsprechende Kommando geben, da trifft ihn ein Querschläger, der ihm die rechte Niere herausreißt. In wenigen Minuten ist dieser Held verblutet. Einer unserer Besten starb den Heldentod für sein Vaterland, für das er siebenmal im Weltkriege blutete. Es ist dies ein Sohn des Pfarrers und Landtagsabgeordneten Oertel vom Hundsrück.

So stand ich nun mit meinem MG. mutterseelenallein auf dem verlorenen Posten. Bis 3 Uhr hielt ich den Bahnhof, die letzte Patrone war verschossen. Von der Hauptpost dröhnte der Nahkampf zu mir herauf. Handgranaten platzten, das Teufelslachen der MG. ertönte und dazwischen das heisere Bellen der Gewehre. Schnell machte ich mein MG. unbrauchbar, indem ich den Zubringer herausriß und in weitem Bogen wegwarf. Scheue Halunkengesichter schielen um die Ecke; als sie merken, daß ich wehrlos bin, stürzten diese entmenschten Bestien sich mit Indianergebrüll auf mich und rissen mir den Mantel und Uniformrock buchstäblich vom Leibe. Mit Fußtritten und Schlägen stießen sie mich vor sich her und schleppten mich in den Gepäckraum. Dort zeigten sie mir an den dort liegenden Toten, wie es mir nachher ergehen würde. — Mit Hilfe eines Eisenbahners gelang es mir dann zum Glück zu entkommen.

Der Kampf um Remscheid
Erzwungener Übertritt in englisches Besatzungsgebiet

In der Nacht vom 17. auf 18. März traf General v. Gillhausen mit Freikorps Hacketau unter Major v. Falkenstein, der Sicherheitspolizei unter Major Gärtner und den Elberfelder Zeitfreiwilligen in Remscheid ein. Dort befanden sich nunmehr: Freikorps Lützow, Zeitfreiwilligenkorps Remscheid, Freikorps Hacketau, Elberfelder Zeitfreiwillige und grüne Polizei. Die Gefechtsstärke der Truppen belief sich im ganzen auf nahezu 1200 Mann. Schon in der Frühe des 18. März war das Vorrücken der roten Armee von Norden her fühlbar. Der Plan der Verteidiger ging dahin, den Gegner durch Besetzung der auf Ronsdorf zu vorgeschobenen Höhenzüge mit MG. im Vorfeld zu erledigen.

Aber der bergische Nebel, der am Spätnachmittag des 18. März plötzlich auftrat und den auf Erdelen und anderen Remscheider Bergabhängen aufgestellten MG.-Schützen die Sicht mit einem grauen Tuch verhängte, machte den Plan der Verteidiger, die vordringende rote Armee im Vorfeld zu treffen, illusorisch. Die Postierungen mußten zurückgezogen werden.

Die Truppen bezogen im Nebel eine Art Nachtstellung in einem Kreise um Remscheid herum, wobei allerdings die Grenze zum Brückenkopf Köln freiblieb. Die Postenlinie besetzte zu diesem Zweck den in die Bismarckstraße einmündenden Teil der Freiheitstraße, die Nordstraße bis zur Eberhardstraße und von dort in allgemeiner Richtung auf die Königstraße. Diese Linie konnte bei der großen Aus-

Oberstleutnant Carl Menz, ehemals Führer des Freikorps Hacketau
Photo: Archiv Reiter gen Osten

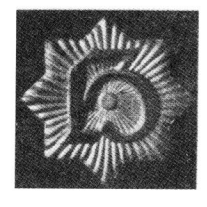

Kragenabzeichen des Freikorps Hacketau
Vorlage: Heeresarchiv

Ärmelabzeichen des Zeitfreiwilligenkorps Remscheid
Vorlage: Freikorps-Kameradschaft, Remscheid

Hauptmann Dr. Weisemann, ehemals Führer des Zeitfreiwilligenkorps Remscheid
Photo: Archiv Reiter gen Osten

Hacketau

Ärmelstreifen des Freikorps Hacketau Vorlage: Heeresarchiv

dehnung nicht zusammenhängend besetzt werden, weil die Truppenstärke dazu nicht ausreichte. Lücken waren zahlreich vorhanden, die bei den oben geschilderten Geländeschwierigkeiten dem Angreifer zahlreiche Gelegenheiten zum Durchstoßen boten.
Die Roten beschossen das Rathaus und andere Teile der Stadt bereits am Nachmittag mit Feldgeschützen, die auf den nördlich von Remscheid gelegenen Höhenzügen bei Spelsberg aufgestellt waren. Eine Erwiderung des feindlichen Artilleriefeuers war nicht möglich, weil die Batterien des Freikorps Lützow bereits vor den Kapp-Tagen den Abmarsch nach Berlin angetreten hatten. Die Roten verfügten über sieben Feldgeschütze, deren Feuerwirkung auf die Einwohnerschaft eine nicht zu verkennende moralische Wirkung ausübte. Während der Beschießung der Stadt trafen Parlamentäre der roten Armee unter der Führung der Genossen Otto Braß, MdR., und Sauerbrey auf dem Rathaus ein. Ihr Hauptquartier befand sich im Hause Korizius an der Straße von Barmen-Lichtenplatz nach Ronsdorf. Von dort aus wurde die Einschließung von Remscheid durchgeführt und geleitet. Die Parlamentäre verlangten nicht mehr und nicht weniger als die waffenlose Abwanderung der Truppen. (Nach der Darstellung von Sauerbrey: „Die Beschießung Remscheids." „Freie Presse", 15. März 1930.) Ein solches Verlangen wurde abgelehnt, und so zogen die Unterhändler unverrichteterdinge wieder ab.
Zur selben Zeit mit den Abgesandten der Roten erschienen auch zwei Vertreter der örtlichen Demokratischen Partei, die wegen der bereits angerichteten Zerstörungen die Einstellung des Kampfes verlangten. Sie standen schon vorher mit den kommunistischen Parlamentären in telephonischer Verbindung. Das Ansinnen dieser Herren wurde jedoch abgewiesen; sie mußten sich in großer Eile entfernen, um dem Streufeuer der MG. zu entkommen. Das Verlangen nach einem waffenlosen Abzug war undurchführbar und wäre bei dem Zustand der Angreifer reiner Selbstmord gewesen. Der Kampf mußte weitergehen.
Der Angriff erfolgte zunächst mit starken Kräften von Nord und Nordost, doch kam er nur langsam vorwärts. Die Gegner verbissen sich in zähem Kampf ineinander, besonders am Markt, am Telegraphenamt, am Realgymnasium (gegenüber der Reichsbank) und an der Ecke Salem- und Hochstraße (Fritz-Rocholl-Straße). Die Maschinengewehre ratterten und die Handgranaten krachten. In den Kämpfen am Telegraphenamt fiel Leutnant Rocholl vom JKK. Langsam wurde das Feuer in das Innere der Stadt vorgetragen. Jürgen Bachmann schreibt

über diese Phase des Kampfes im „Berliner Lokal-Anzeiger" vom 1. Juni 1930 unter der Überschrift: „Das Grauen des Bürgerkrieges": Der Kampf währte mit kleinen Unterbrechungen den ganzen Tag über, und der Kampf war mit allen jenen Plötzlichkeiten und Widerwärtigkeiten, Listen und Überfällen verbunden, die Straßenkämpfe in unübersichtlichem Gelände nun einmal mit sich bringen. Noch heute steht mir lebhaft dies Bild vor Augen: In den Gängen des Rathauses liegt eine Kompanie, müde und abgekämpft. Ein Kommando ertönt, und im nächsten Augenblick schon formiert sie sich draußen auf dem weiten Platz. Über dem Platz liegt das ununterbrochene Maschinengewehrfeuer der Roten. Aber ruhig und sicher werden die Kommandos gegeben und sicher werden sie ausgeführt. Und dann verschwindet die Kompanie mit dem Lied: „O Deutschland, hoch in Ehren!" in der Dämmerung des Abends. Ein halbe Stunde später trug man die ersten Verwundeten dieser Kompanie ins Rathaus zurück." Die Verteidiger kämpften gegen einen Angreifer, den ein ungeheurer Fanatismus beseelte, getragen von blutigem Haß gegen die „Noskiden", die „Reaktion", oder wie sonst die Schlagworte einer wilden Zeit lauteten. Remscheid war in jenen Stunden des 18. März der einzige Stützpunkt der Reichswehrtruppen, gegen den sich der konzentrische Angriff der roten Armee in einer mindestens 15fachen Übermacht richtete. Man hat die Zahl der Angreifer auf 20 000 Mann geschätzt. Meist waren es Auswärtige aus dem Hagener Bezirk, die sehr bald örtliche Unterstützung fanden. Darunter befanden sich, wie Beobachtungen festgestellt haben, wirkliche Verbrechertypen, die noch die Uniform des Zuchthäuslers trugen.
Jedenfalls war diese rote Armee militärisch durchorganisiert, wohlbewaffnet und ausgerüstet mit MG., Gewehren, Minenwerfern und Geschützen, alles Waffen, denen die Verteidiger ein gleiches nicht entgegenzusetzen hatten.
Die Nacht vom 18. auf 19. März verlief im allgemeinen ruhig. Mit dem Freitagmorgen des 19. März brach ein herrlicher Frühlingstag an. Nebel und Gewölk vom Vortage waren verschwunden. Schon in aller Frühe war der Ernst der Lage nicht mehr zu verkennen. Die Verteidiger mit dem Rathaus als Stützpunkt waren völlig zerniert. Das war während der Nacht geschehen. Das noch von Zeitfreiwilligen verteidigte Telegraphenamt lag unter Artilleriefeuer und erhielt in kurzer Zeit aus nächster Entfernung mehrere Volltreffer, die eine unbeschreibliche Verwüstung anrichteten. Die Roten hatten ihre Geschütze bis auf einige hundert Meter an das Telegraphenamt herangezogen. Das Rathaus wurde in der Hauptsache von der Ostseite beschossen. Es wimmelte von roten Dachschützen, die von hochgelegenen Stellen mit MG. die Rathausfront abstreuten. Neben dem Telegraphenamt drängten aus der Ludwigstraße her die Rotgardisten gegen das hochgelegene Realgymnasium vor, in das die

Revolutions-Nachrichten.

Lützow völlig und fest eingeschlossen!

Der Kampf tobt. — Lützows Stellung unhaltbar. — Die revolutionären Kämpfer gehen planmäßig und schneidig vor. — Schwere Artillerie der Revolutionäre auf dem Anmarsch. — Lützow hat vergeblich Eisenbahnzug angefordert. — 2000 Engländer besetzen Grenze der neutralen Zone. — Das Mordgesindel der Einwohnerwehr zittert. — Lage im Reich gut. — Berliner bewaffnete Arbeiter ehemalige Noskiden im Zentrum Berlins umzingelt. — Der Sieg der Remscheider Revolutionskämpfer gesichert. — Nach dem Sieg bleibt alles auf den Schanzen!

Der Kampf wogt.
Die Revolutionäre vor dem Sieg.

Mit prächtigem Elan haben gestern die von Auswärts zur Entlastung Rem., als angerückten Kampfgenossen den Angriff auf die Lützowstellung aufgenommen. Mit Einsicht, Ruhe und feurigem Mut haben sie sich, von innen durch die gestern noch sehr mangelhaft bewaffnete Arbeiterschaft unterstützt, an die Hauptstellung herangearbeitet. Seit gestern nachmittag schon gibt Lützow sich verloren; er hält sich die offene Desertion des größten Teils seiner Truppen **nur durch die Lüge** zusammen, daß die Revolutionäre ihnen kein Pardon geben, sie samt und sonders niedermetzeln würden.

Die Lützowtruppen sind seit gestern von den Revolutionären völlig eingeschlossen. In dem Augenblick, wo diese Zeilen geschrieben werden, beginnt der Sturm der Revolutionäre mit verstärkter Macht einzugreifen. Siegesbewußt tritt die Arbeiterschaft zum letzten Sturm an.

Ueber jedes Lob erhaben sind die Kampfgenossen, die der bis dahin völlig waffenlosen Remscheider Arbeiterschaft zu Hilfe geeilt sind. Aus Westfalen (Hagen, Milspe usw.) aus Elberfeld-Barmen usw. sind die Genossen herbeigeeilt um die Hauptstellung der ganzen Reaktion unseres Bezirks anzugreifen, um die bedrängten Remscheider Kampfgenossen zu entsetzen.

Und was bis heute früh an revolutionärer Kampfkraft vorhanden war, das war erst die Spitze. Die Hagener Hauptkampftruppe ist noch im Anmarsch. Durch Panzer-Automobile wirksam gedeckt rücken die Hagener gegen Remscheid an. Ebenso sind aus anderen Bezirken weitere Verstärkungen auf dem Anmarsch.

Die feigen Macher der Remscheider Einwohnerwehr, die wahnsinnig genug waren sich einzubilden, das Lützowkorps könne dauernd die Remscheider Arbeiterschaft terrorisieren, und die feigen Mörder der Einwohnerwehrschützen, **sie haben sich verrechnet.** Ihr Haß gegen die Freiheit hat ihre Denkfähigkeit ausgeschaltet.

Für das Freikorps Lützow ist Remscheid, das als Aufnahmestellung für alle geschlagene Noskiden a. D. gedacht war, zur Falle geworden.

Mit dem Siege auf Remscheids Bergen ist das ganze Industriegebiet des Westens von allen Truppen der Reaktion gründlich gesäubert und das ganze Gebiet fest in der Hand des revolutionären Proletariats. Es wird es diesmal zu halten wissen. Es hat gelernt.

Direktor Eilenders reaktionäre Fabrikanten schießen a. d. Fenstern.

An mehreren Stellen ist gestern aus Fabrikantenhäusern auf die in den Straßen bewegenden Arbeiter geschossen worden. Die Villen der Mannesmänner waren bis gestern Stützpunkte der Einwohnerwehr und mit Signaleinrichtungen ausgestattet, die während der Nacht stündlich in Tätigkeit waren. Eine Reihe von Fensterschützen wurde von den Revolutionären gefaßt.

Die Schwäche der Lützowtruppen.
Frau und Kinder des Genossen Koch in ihrer Rathauswohnung als Geiseln festgehalten.

Wie schwach sich die Lützowtruppen trotz ihres großen Munitionsvorrats schon gestern fühlten, geht daraus hervor, daß sie die Familie des Genossen Koch, Frau und Kinder, als Geiseln ihrer in der schlimmsten Feuerzone liegenden Rathauswohnung festgehalten haben. Dem Genossen Lützowen zu entwischen.

Arbeiter, Kampfgenossen.
Ein kurzes, ernstes Wort.

Ihr habt Euch prächtig gehalten. Der Kampf hat gezeigt, daß unter der Arbeiterschaft vollwertige Soldaten und militärische Führer in Masse vorhanden sind.

Mit einem Wort

Jetzt muß die rote Armee Tatsache werden.

Noch eins: Nach errungenem Sieg legt Euch nicht schlafen. Errungene Erfolge auszunutzen, um die Stellung zu halten, ist meistens schwieriger, wie die Errichtung des Sieges selbst.

Bleibt wach auf Euren Posten!
Jetzt kommt die Hauptarbeit: Die Sicherung!
Bleibt wach!

Der Markt schon heute früh vor 8 Uhr von der Arbeiterschaft genommen.

Von allen Seiten wurde heute früh gegen das Zentrum der Lützowtruppen vorgegangen. Während unser erster Maschinengewehrtrupp bereits am gestrigen Abend die Nordstraße gesäubert (die auf der städtischen Kippe im Schützengraben liegenden Lützower hatten diese Stelle in wilder Flucht geräumt, nachdem ihr Graben ein Granat-Volltreffer erhalten hatte.) und seine Stellung kurz vor der Elberfelderstraße in der Salemstraße festgesetzt hatte, wurde heute früh schon vor 8 Uhr der Markt von den Arbeitern genommen. Unsere Freunde von Auswärts und unsere Remscheider gehen überall geschickt und schneidig vor.

An den Pranger!
Aus der Liste der Einwohnerwehr, der feigen Mörderbande.

Nachstehend einige Namen aus der Liste der Einwohnerwehr:

Dr. Weisemann, Ludwigstr., (Führer der Bürgerwehr.)
Gustav Saffenhaus, sen., Nordstr.
Gebrüder Kotthaus, Vieringhausen
Gebrüder Welp, Freiheitstr.
Gebrüder Krumm, Vieringhausen
von Staa, Elberfelderstr
Brand, jr., Büchelstr.
Helmut Scheffer, Ludwigstr.
Müller jr., Bankdirektor, Blumenstr.
Elbertzhagen, Eberhardstr
Röntgen,
Bickenbach, Ludwigstr.
Richard v. Kürten, Salemstr., Nähe Elberfelderstr. X
Mühlhoff, Rath.
Metmbresse jr., Wilhelmstr.
Gustav Lange, Steinbergerstr
von der Nahmer, Königstr.
Karl Hessenbruch, Brüderstr., (Walzwerk)
Karl Arns, (Firma Friedr. Aug. Arns, Vieringhaus.

Arbeiter, Revolutionäre.

... Namen der feigen Mörder

An den Pranger!

Die vollständ. Liste der Einwohnerwehr, der feigen, schuldigen Mörder der Remscheider Arbeiterschaft

wird vielleicht noch im ... des heutigen Tages der Oeffentlichkeit unterbreitet werden. Einer der verächtigsten Drahtzieher dieser Schandtat ist der Postdirektor von Osten, unterstützt durch seine Kulis, die Hauptpost zu einer Festung und einem großen Waffendepot ausgestaltet hat.

Während Eilender, Osten und Genossen bei und nach der großen Verhaftsaktion am 6. Juni des vorigen Jahres mit Erfolg dafür sorgten, daß der Arbeiterschaft Remscheids auch die letzte Stütze entzogen wurde, bewaffneten diese Helden unter oskildischen Belehrungszuständen die rückstichtslos Freiheitstruppen die Sprößlinge ihrer Kaste. Die bei sten der Arbeiterschaft an den Tag gelegte niedrige Heuchler Helden am Tag der Eilender festzustellen, ist heute an der ...

Der Staatsanwalt mitgeteilt, daß ... worden ist. Es ... halten jedoch ... er ganzen Familie gemißbilligt worden ist.

Im Kampf und Pulver auch!

Arbeiter! Volksgenossen! In den Straßen Remscheids tobt der Kampf. Vereint mit unseren tapferen Brüdern von auswärts ist der Angriff gegen die ruchlose Militaristenbande im Gange.

Wir gehen siegreich vor. In schwerem, uns aufgenötigten Kampfe werden wir unsere Feinde auf die Knie zwingen.

Den letzten Mann heraus! Der revolutionäre Kampf ist keine Phrase mehr. Wir wollen und müssen siegen, eine Niederlage bedeutet den Untergang des Proletariats.

Die Herzen hoch, bereit zu sterben für den Sieg der Freiheit

Rote Siegesnachricht und Hetzmeldungen aus den Kämpfen um Remscheid

Vorlage: Kameradsch. d. Zeitfreiw.-Korps Remscheid

Verteidigung der gegenüberliegenden Reichsbank verlegt worden war. Auch hier kämpften Teile des Zeitfreiwilligenkorps Remscheid. Im Südwesten verstärkte sich der Druck so sehr, daß die auf dem Schützenfeld am Stadtpark untergebrachte grüne Polizei sich in Richtung Rathaus zurückzog. Es stand außerhalb jeden Zweifels: der rote Generalangriff stand bevor!

Diesem konzentrischen Angriff der Roten mit ungewöhnlicher Überlegenheit an Zahl und Kampfmaterial hatten die Verteidiger nichts Entsprechendes entgegenzusetzen, schon deshalb nicht, weil die Munition auszugehen begann. Besonders aus diesem Grunde reifte bei der Führung ein Entschluß, dessen Durchführung ein gefährliches Wagnis bedeutete, nämlich: sich der Umklammerung im letzten Augenblick zu entziehen und sich auf den von den Engländern besetzten Brückenkopf Köln durchzuschlagen. Dazu wurde gegen 10 Uhr vormittags des 19. März der Befehl gegeben. Viel Zeit war nicht zu verlieren; denn, sollte der Durchbruch gelingen, dann mußte er mit Schnelligkeit erfolgen, ehe sich der Angreifer über die Veränderung der Lage klar wurde und entsprechende Weisungen geben konnte.

Die MG. und Gewehre, die zurückbleiben mußten, wurden unbrauchbar gemacht. Nur die Gefechtsbagage ging mit der Truppe, alles übrige mußte geopfert werden.

Besonders verhängnisvoll wirkte es sich nachher aus, daß leider versäumt wurde, drei der Truppe gehörige Automobillastwagen unbrauchbar zu machen. Sie fielen hernach in die Hände der Roten, wurden eiligst angekurbelt und dienten dazu, auf Umgehungswegen der abrückenden Besatzung die entschlossensten Kämpfer der Roten in die Flanke zu werfen.

Nach einer kurzen Bereitstellung, um der Besatzung von Telegraphenamt, Realgymnasium und Schlachthof Zeit zu geben, sich vom Feinde zu lösen, wurde der Abmarsch angetreten. Die Spitze bildete die grüne Polizei mit orts- und straßenkundigen Zeitfreiwilligen als Sicherung, es folgte das Gros mit Freikorps Lützow und Hacketau und Zeitfreiwilligenkorps Remscheid. Der Vormarsch ging vom Remscheider Rathaus über Lindenstraße, Parkstraße, Stockderstraße, Vieringhauser Straße, Güldenwerth, Reinshagen, Westhausen, Burg. In Burg an der Wupper wurde das von englischen Truppen besetzte Gebiet des Brückenkopfes Köln betreten. Der Angreifer erkannte zuerst die Lage nicht und rechnete wohl mit einem Ausfall, der Entlastung bringen sollte. Die abrückende Truppe zog daraus einen Zeitgewinn. Trotzdem war der Abmarsch von Gefahren bedroht. Dauerndes Flankenfeuer von Honsberg und von dem nach Ehringhausen führenden Höhenzug stellte eine außerordentliche Beunruhigung des Abmarsches dar. Oft mußte haltgemacht werden, um aus der Marschkolonne heraus verdächtige Häuserfronten mit ihren Fenstern zu beschießen, die mit spartakistischen Schützen besetzt waren. Beim fortschreitenden Gefecht hatten sich ortseingesessene kommunistische Arbeiter den Rotgardisten angeschlossen.

Trotz der schwierigen Lage war aber der Marsch nach dem Städtchen Burg an der Wupper ohne nennenswerte Verluste für Spitze und Gros durchgeführt worden. Anders, furchtbar, gestaltete sich der Rückzug der Nachhut! Zwischen dieser und dem Gros war eine Lücke entstanden, die dem Verfolger die Möglichkeit gab, in Vieringhausen dem Rest der abziehenden Truppen den Weg zu verlegen und diese bei einem Hause an der Weggabel Brückenstraße, Vieringhauser Straße und bei Haus Böker unmittelbar vor die drohenden Läufe seiner MG. zu bringen. Eine Möglichkeit, das rote MG.-Nest mit stürmender Hand zu nehmen, bestand nicht. Deshalb bog die Nachhut an der Weggabel Vieringhauser und Solinger Straße von der Hauptrichtung ab und marschierte in Richtung Müngsten, um dort das englisch besetzte Gebiet zu betreten. Dieser Weg wurde zur Katastrophe! Mittlerweile hatten die Spartakisten den von Cronenberg nach Sudberg auslaufenden Höhenzug besetzt, und als die Nachhut sich bei dem an der Solinger Straße nahe bei Müngsten gelegenen sogenannten „Weißen Hause" befand, bekam sie von Sudberg, über das tiefe Morsbachtal

Ehrenmal des Zeitfreiwilligenkorps Remscheid
Photo: Freikorps-Kameradschaft Remscheid

Freikorpskämpfer-Schicksal

hinweg, ein so verheerendes MG.-Feuer von Front und Flanke, daß der größte Teil der Nachhut einem gräßlichen Blutbad erlag. Es gelang nur einem kleinen Teil der Truppen, bei Müngsten und in Schaberg, nachdem sie die große 107 Meter hohe Eisenbahnbrücke überschritten hatten, sich auf besetztes Gebiet durchzuschlagen. Das übrige fiel in spartakistische Gefangenschaft.

Bei Krahenhöhe, das an der von Burg nach Solingen führenden Landstraße liegt, wurden die Truppen von den Engländern entwaffnet, in tiefster Seele deprimierend für jeden, der es erlebt hat!

So war Remscheid als letzter Hauptstützpunkt im Kampfe gegen die rote Armee nach heldenhaftem Kampfe gefallen und in die Hände der siegestrunkenen Spartakisten geraten. Am gleichen Tage fiel auch Essen, nachdem der Mord am Wasserturm den letzten Widerstand beseitigt hatte.

Ritt durch die rote Front

Aus der Geschichte des Husaren-Regiments 11

Die Nachricht vom Kapp-Putsch trifft das Regiment unerwartet. Nur einige wenige Zeitfreiwillige, darunter verschiedene Krefelder, eilen zum Regiment, um ihre Hilfe anzubieten.

Eine nervenaufreibende Zeit beginnt. Es vergeht kein Tag, an dem nicht alle Mannschaften wenigstens einmal in die Stadt beordert werden, da Ansammlungen, Ausschreitungen usw., gemeldet werden. Zwei starke, ständige Lastkraftwagen-Patrouillen liegen zum sofortigen Einsatz alarmbereit; Angriffe auf die Kaserne werden befürchtet. Kurz, es sind schwere Tage, die von allen äußerste Kraftanstrengung verlangen.

Im Innern der Stadt ist es bisher nicht zu offenen Kämpfen gekommen. Am Abend des 19. März, kurz nach 10 Uhr, trifft Befehl ein: „Regiment 61 rückt in der Nacht, spätestens 3 Uhr, aus Düsseldorf ab und sucht Dinslaken zu erreichen."

Es bedurfte der ganzen Tatkraft eines Kommandeurs wie Major v. Moers und der Umsicht seines Adjutanten, Leutnant Grolig (Werner), sowie seines Ordonnanzoffiziers, Leutnant der Reserve Linden, um alle Anordnungen in der kurzen Spanne Zeit reibungslos in die Tat umzusetzen.

Ärmelabzeichen des Freikorps Wesel
Vorlage: Heeresarchiv

Kragenabzeichen des Freikorps Düsseldorf
Vorlage: Heeresarchiv

Die Schwadronen im Gas- und Elektrizitätswerk, die noch von nichts wissen, die Wachen in der Stadt, müssen herangeholt, die Fahrzeuge beladen, Sachen gepackt werden; Verpflegung und Munition werden ausgegeben. Die Mannschaften werden noch schnell neu eingekleidet, Geheimbefehle verbrannt, überflüssige Munition und Waffen gesprengt. Im Laufe des 19. März war noch eine neue Batterie aufgestellt worden, deren Führung Leutnant Steinmetz der 3. Eskadron übernahm; als Zugführer erhält die Batterie die Leutnante der Reserve Bommers und Grolmann. Im Laufe des 20. März fallen Leutnant Steinmetz und Leutnant d. R. Grolmann, Leutnant d. R. Bommers wird schwer verwundet.

Wie befohlen, um 2 Uhr 45 Minuten nachts, steht das Regiment; Reihenfolge: Ulanen 5, Husaren 11, Füsiliere 39, und pünktlich um 3 Uhr nachts erfolgte der Abmarsch. Die Sicherung der Stadt wird dem „Reserve-Freikorps Düsseldorf" übertragen.

Leider verlor das Regiment kurz nach dem Ausrücken auf der Kaiserswerther Straße infolge Krepierens einer Handgranate, deren Abreißschnur sich

Ärmelabzeichen des Freikorps Schulz
Vorlage: Archiv Reiter gen. Osten

Major Schulz, ehemals Führer des Freikorps Schulz
Photo: Archiv Reiter gen. Osten

Hauptmann Bentivegni, ehemals
Führer des Freikorps Düsseldorf
Photo: Archiv Reiter gen Osten

am Koppel des Trägers festgeklemmt hatte, eine ganze Gruppe der 2. Eskadron. Die Verwundeten wurden in das Kaiserswerther Krankenhaus geschafft.

Der Marsch über Kaiserswerth — Huckingen nach Duisburg geht nur sehr langsam vonstatten. Ab und zu entstehen Stockungen, Verbindungen zwischen den einzelnen Bataillonen zerreißen, alle nur möglichen Zwischenfälle treten auf. Als Husaren 11 glücklich am nächsten Mittag zum nördlichen Rheinufer gelangt, wird das in einem größeren Abstande folgende III./6 in ein Gefecht verwickelt. Kurz darauf erhält die Spitze der Ulanen in Duisburg-Meiderich Feuer. Es dauert längere Zeit, bis der Widerstand gebrochen wird, und der Weitermarsch erfolgen kann. Einige Zeit später werden die Handpferde der berittenen Ulanen-Eskadron, die vor den Husaren marschiert, beschossen. Die Pferdehalter sind machtlos. Die Pferde reißen sich los, machen kehrt und galoppieren wild in die nachfolgenden Husaren. Verwirrung ist groß, Spartakus feuert dazwischen. Schnell ist jedoch die Truppe wieder in der Hand der Führer. Sofort werden Sicherungen ausgestellt, einige der herrenlosen Ulanenpferde eingefangen; doch die Verbindung nach vorne mit Ulanen 5 und nach rückwärts mit Füsilieren 39 ist verloren; der Vormarsch geht weiter. Durch zerschossene Häuserzeilen, über zerbrochene Fensterscheiben und Leichen führt der Weg. Hinter jeder Ecke lauert der hinterlistige Feind; Schüsse knallen; von vorne, von hinten, von rechts, von links, von oben knallt es unentwegt. Lokomotiven, die auf Bahnübergängen stehen und mit Maschinengewehren bewaffnet sind, feuern von hinten in die marschierende Truppe. Die Spitze der Husaren bildet eine Offiziersgruppe unter persönlicher Führung des Majors v. Moers. Vier Stunden dauert der entsetzliche Durchmarsch unter ständigem Feuer. Endlich, um 3 Uhr nachmittags, stößt das Husaren-Bataillon auf die Ulanen, die südlich Aldenrade den Übergang erzwungen haben, sie können das Dorf selbst nicht vom Feinde säubern, ihr Angriff kommt nicht vorwärts.

Leutnant der Reserve Linden erhält den Auftrag, über die Niederung einen anderen Übergang zu erkunden, den er auch nach einiger Zeit findet. Über diesen Übergang werden die 2. und 3. Eskadron unter persönlicher Führung des Majors v. Moers zum umfassenden Flankenangriff auf Aldenrade angesetzt. Der Angriff gelingt und der Feind räumt den Ort. Inzwischen ist II./6, hart bedrängt vom Feind, herangekommen. Von allen Seiten erhalten die noch südlich der Niederung auf der Straße stehenden Truppen und Bagagen Feuer; der Feind geht sprungweise vor. Die Lage wird hier unhaltbar. Die unter schwerer Not stehenden Bagagen des III. Bataillons drängen nach vorn; im Galopp stürmt alles über die unter heftigem Feuer liegende Brücke nach Aldenrade hinein. Oberleutnant d. R. Greeven erkennt die Gefahr für die noch südlich der Brücke stehenden Teile, zieht seine Eskadron nach rückwärts vor, nimmt Front gegen die hart andrängenden Spartakusmassen, die er durch wohlgezieltes Feuer aufhält und so dem noch südlich der Brücke stehenden Teile des Regiments 6 den Übergang ermöglicht. Drei Viertelstunden lang hält die tüchtige 1. Eskadron unter ihrem bewährten Führer den Angriffen stand, unterstützt von Oberleutnant Seyffardt mit zehn Füsilieren des III./6 und unserem Bataillonsarzt Dr. Tröge. Erst als alles in Aldenrade ist und auch die 1. Eskadron Gefahr läuft, abgeschnitten zu werden, zieht sich Oberleutnant der Reserve Greeven kämpfend zurück, und es gelingt ihm auch, ohne größere Verluste die gefürchtete Brücke zu passieren. Noch zwei Stunden Marsch und das Regiment Schulz ist gesichert. Die Husaren waren derart ermüdet, daß sie sich in den Quartieren auf den nackten Boden warfen und sofort schliefen.

An der hartumkämpften Eisenbahnbrücke bei Wesel
Photo: Archiv Reiter gen Osten

Der blutige Montag in Duisburg

Von Kamerad Roßmann (Mitglied des Wehrausschusses) und Kamerad Schmidthuysen
(Führer eines Stoßtrupps der Duisburger Einwohnerwehr)

Die politischen Vorgänge in Berlin und der Aufruf zum Generalstreik brachte auch in Duisburg alle Arbeiter auf die Straße. Ansammlungen wurden von roten Hetzern ausgenutzt und die Arbeiterschaft bis zum Siedepunkt aufgepeitscht, mit dem Vorsatz, die Ruhe und die Ordnung in den Mauern der Stadt Duisburg zu zerstören. Die Straßen füllten sich gewaltig mit lichtscheuem Gesindel, besonders waren die Umgebungen des Rathauses stark belagert, so daß ein Verkehr kaum möglich war. Immer und immer wieder hörte man aufpeitschende Reden und die Aufforderung an die Massen zur Widersetzlichkeit.

Die Stoßtrupps der Bürgerwehr und die Polizei sperrten mit eiserner Ruhe alle Zugänge zum Burgplatz (Rathausvorplatz) ab. Diesen Absperrkommandos wurden die gemeinsten Schimpfworte aus der aufgehetzten Volksmenge entgegengeschleudert.

Von Stunde zu Stunde erhöhte sich das Drängen — gewitterschwer lag die drohende Gefahr über der sonst so ruhigen Stadt. Das Gejohle des Pöbels machte jedes Wort unverständlich, und Schritt für Schritt wurde die Volksmasse von den roten Führern nach vorn geschoben. Selbst wagten sich diese feigen Volksverräter nicht in die vorderste Linie, Frauen und Kinder wurden nach vorn gedrängt, um so den Stoßtrupps und der Polizei die Schießgelegenheit zu nehmen.

Nach einer Demonstration in der Tonhalle und auf dem Dellplatz, in der der kommunistische Redakteur Wildt sich besonders hervortat und immer wieder die Entwaffnung sowohl der Bürgerwehr als auch der Polizei forderte, kam es zu einer unheimlichen Ansammlung in der Gutenbergstraße, Poststraße und auf dem Knüppelmarkt. Das Gejohle der Volksmenge steigerte sich zu einer hysterischen Raserei. Der Mob verlangte, daß eine Abordnung zum Oberbürgermeister geführt werde. Diesem Wunsche wurde stattgegeben, und als Wortführer trat der kommunistische Redakteur Wildt in den Vordergrund. Er spielte nach außen hin den friedfertigen Menschen.

Der Oberbürgermeister erklärte dieser Abordnung, daß die Bürgerwehr lediglich einen defensiven Charakter trage und forderte Wildt auf, dafür zu sorgen, daß die auf der Straße versammelte Volksmenge ruhig auseinandergehe. Der Volksaufwiegler Wildt erklärte sich mit der Besprechung ausdrücklich einverstanden und versprach, auf die Menge in beruhigendem Sinne einwirken zu wollen.

Kaum hatte Wildt die Sperrkette des Stoßtrupps und der Polizei durchschritten, als er von mehreren Genossen auf die Schulter gehoben wurde. Von hier aus hielt er eine aufpeitschende Rede an die versammelte Volksmenge. Unter anderem erklärte er, das Rathaus sei vollgepfropft von Bürgerwehrmännern und sei gespickt mit Waffen. Es gebe nur eine Parole: Entwaffnung der Bürgerwehr und Bewaffnung der Arbeiterschaft.

Nunmehr setzte ein wahnsinniges Gejohle ein und die Volksmenge ging gegen die aufgestellte Postenkette vor. Steine und Flaschen wurden gegen die Einwohnerwehr und die Polizei geschleudert. Die Menge hatte sich langsam bis auf Reichweite an die Postenkette herangeschoben. Die Waghalsigsten versuchten bereits, sich eines Gewehres der Postenkette zu bemächtigen. Hier gab es nur eine Lösung: Handgranaten über die Köpfe der ersten Postenkette hinweg — dorthin, wo der Angriff der wütenden Volksmenge am stärksten drohte. Eine Salve der Postenkette folgte. Dem Gewehrfeuer und der Detonation der Handgranaten folgte eine Totenstille und dann setzte ein entsetzliches Geschrei der Verwundeten ein. In wenigen Sekunden waren die Straßen von der wütenden Volksmenge gesäubert, und die Stoß-

Gruppe der Duisburger Einwohnerwehr   *Photo: Heeresarchiv*

trupps „Schmidthuysen" und „Casimir" verfolgten die Fliehenden und riegelten die Zugangsstraßen zum Rathaus ab.

Nunmehr begann das Aufräumen des Kampfplatzes. 18 Tote, zum Teil total zerfetzt, und 54 Verwundete lagen auf dem Kampfplatz. Selbst für alte Frontkämpfer war es ein Bild des Grauens, Frauen zwischen den Toten liegen zu sehen.

Schnellstens wurden die Verwundeten den umliegenden Krankenhäusern zugeführt und die umliegenden Häuser der abgesperrten Straßenzüge bis unter die Dächer einer Untersuchung unterzogen. Der Kampfplatz war übersät mit Schuhen, Handtaschen, Hüten, Schirmen, Stöcken und dergleichen. Über der ganzen Stadt lag eine Schwere, und die unheimlich einsetzende Ruhe in den Straßen wirkte beängstigend. Die Einwohnerwehr und die Polizei verfolgten die Fliehenden und versuchten der Führer habhaft zu werden. Leider waren diese nicht unter den Toten, und auch die aufgenommene Verfolgung war erfolglos. In den Kassenräumen des Rathauses und in den Vorfluren wurde provisorisch ein Verbandplatz eingerichtet. Abgerissene Gliedmaßen lagen umher und der anwesenden Ärzte harrte eine reichliche Arbeit.

Ernst und mit bleichem Gesicht sah man den Oberbürgermeister, Dr. Jarres, die Verwundeten aufsuchen. Die Straßen der Stadt waren menschenleer, nur der eiserne Tritt der Polizei- und Einwohnerwehrmannschaften war zu hören. Der blutige Montag war zu Ende.

Durchbruch des Reichswehr-Schützen-Regiments 61

Von Heinrich Wilden

Das Regiment erhielt am 19. März 1920, kurz vor 10 Uhr abends, den gänzlich unerwarteten Befehl, noch in derselben Nacht nach Wesel abzurücken. Dieser Befehl war zweifellos eine Folge der Ereignisse in Essen, Dortmund, Elberfeld, Remscheid und anderen Orten.

Der Marsch ging über Kaiserswerth—Duisburg auf Ackerfähre, nordöstlich von Duisburg. Als schon die Nachhut bis Ruhrort gelangt war, erhielt ihr Führer die Meldung einer motorisierten Offizierpatrouille, daß sämtliche Lastkraftwagen, die infolge Defekts des Führerwagens einige Kilometer zurückgeblieben waren, in Duisburg von bewaffneten Arbeitern mit Infanterie- und MG.-Feuer überfallen seien und die Bedeckung in schwerem Kampfe stehe. Die Nachhutbatterie und die MG. und Minenwerfer wurden nebst einem Infanteriekommando auf Lastkraftwagen sofort von der Nachhut abgetrennt und auf Duisburg in Marsch gesetzt. Kaum war diese Abteilung in Höhe des Kaiserberges, als sie starkes Infanterie- und MG.-Feuer erhielt. Es war die bereits von Mühlheim und auf Lastkraftwagen eingetroffene rote Verstärkung, etwa 300 Mann, die sich in den Raub der Lastwagen teilen wollten. Unsere Batterie brachte die roten Räuber nach einigen Schüssen zum Schweigen, und weiter ging es in die Stadt hinein. Als die Sturmabteilung fast bis auf hundert Meter an die Lastwagen herangekommen war, erhielt sie plötzlich auch von vorne Feuer. Wieder war es die Batterie, die den Weg zum Sturm bahnte. Leider fiel hierbei der Führer des ersten Geschützes. Ein Teil der Lastwagen war bereits befreit und konnte mitgenommen werden; die Wagen selbst waren durch Schüsse in Kühler und Motor bewegungsunfähig. Die Sturmabteilung zog sich nun unter ständigem Beschuß aus Häusern, Hecken und Sträuchern an das Gros zurück.

Der nun folgende Marsch von Meidrich über Hamborn nach Alsum-Walsum war beispiellos. Selbst alte kriegsgewohnte Offiziere und Unteroffiziere hatten dergleichen noch nicht mitgemacht. Das Streben aller Teile der Truppe, den Anschluß nach vorne zu halten, wurde durch andauerndes Schießen aus Häusern und Kellerluken, von Dächern, aus Fabriken, von Halden, Bergwerken, Eisenbahndämmen fast unmöglich gemacht. Entwickelte sich nun eine Kompanie gegen einen solchen Feind, so konnte sie mit tödlicher Sicherheit gewiß sein, daß der Feind das Feld geräumt hatte, wenn sie zum Sturm schritt. Dadurch ging aber wieder jeglicher Anschluß verloren. Die Truppe zerriß in viele kleine Teile, die nur andauernd kämpfend vorwärts kamen und häufig Fahrzeuge und Pferde auf offener Straße stehenlassen mußte. Es ist nicht leicht, zu entscheiden, wer den schwersten Stand hatte: die Vorhut, die ständig durch rote Banden am Weitermarsch gehindert wurde, das Gros, das in den Flanken angefallen wurde, oder die Nachhut, die als solche erkannt wurde und darum das stärkste Feuer über sich ergehen lassen mußte.

Die Verluste auf diesem Marsche waren groß! Am traurigsten aber ist die Feststellung gewesen, daß sowohl die im Kampf gefallenen als auch die lebend in Gefangenschaft geratenen Kameraden fast ausnahmslos als Leichen — völlig unbekleidet!! — am Abend dieses Tages in den Krankenhäusern von Duisburg, Beeck, Laar, Hamborn usw. eingeliefert wurden.

Von 3 Uhr morgens bis 8 Uhr abends war das Regiment marschiert.

Am Abend des 20. März bezogen die Kompanien Alarmquartier in Dinslaken. Unter der rührenden Teilnahme und Sorge der Einwohner erholte man sich schnell wieder.

Am 23. März begann schon früh das Schießen. Was sich in den nun folgenden Tagen abspielte, hätte nach den Novemberereignissen von 1918 niemand mehr für möglich gehalten: Stellungskrieg, MG.-Nester, Patrouillenvorstöße, altbekannte Laute vom Abschuß des Artilleriefeuers bei Freund und Feind, farbige Leuchtkugeln und Morgen- und Abendmeldungen. Zum Glück halfen herrliches Wetter, Milch und Honig der von dem roten Terror befreiten und daher äußerst freigebigen Bauern uns über die schweren Tage hinweg. Zwei Ereignisse verdienen aber besonders festgehalten zu werden: Einmal ist es die Tatsache, daß die sogenannte „Rote Armee" von Nordosten bei Brünen her einen Vorstoß machte, um nach Wesel zu gelangen; aber sie mußten mit blutigen Köpfen und unter Zurücklassung vieler Toter diesen Versuch bezahlen. Das zweite Ereignis war die Ankunft von drei Parlamentären im Auto an der Straße Schermbeck—Wesel. Sie wurden auch auf Wunsch nach Wesel geführt und baten hier um Frieden. Sie erklärten, alle Waffen niedergelegt zu haben, die abgeholt werden könnten. Ein Kommando des 2. Bataillons fuhr auf offenem Lastwagen mit den durch weiße Binden und weiße Fahnen deutlich erkennbaren drei Parlamentären durch die eigene Linie hindurch der feindlichen zu. Aber Freund und Feind wurde mit starkem Schützenfeuer empfangen. Auf der Gegenseite war trotz des Bielefelder Abkommens der Kampfeswille stärker als der Friedenswille. Erst nach schwersten Kämpfen gelang es uns, die aufgegebenen Orte wiederzunehmen und unsere alte Garnison zu besetzen.

Vormarsch gegen Essen

Von Ulrich von Bose, ehem. Hauptmann im Generalstab und 1. Generalstabsoffizier der III. Marine-Brigade von Loewenfeld

In Breslau erhielten wir zusammen mit den Freikorps Aulock und Kühme den Befehl zum Verladen nach Westfalen. Mißtrauisch wurde dieser Befehl entgegengenommen. Sollte es eine Maßnahme zur Zersplitterung und Auflösung der Brigade sein? Mit aller Vorsicht wurde die Zusammenstellung der Transporte vorgenommen. Gemischte Detachements, so daß jeder Transportzug in der Lage war, für sich zu kämpfen. Mit wehenden Marine-Kriegsflaggen fuhren unsere Züge durch Deutschland, Wagen und Stahlhelme mit Hakenkreuzen gezeichnet. Mit Ausnahme einiger unblutiger Demonstrationen auf ein paar großen Bahnhöfen verlief die Fahrt ruhig.

Am 25. März traf das 1. Bataillon Marine-Regiment 5 als erster Transport in Borken ein. Durch Postierungen ringsum gesichert, verbrachte das

Abzeichen der III. Marine-Brigade von Loewenfeld
Vorlage: Heeresarchiv

Links:
Hauptmann von Bose, Chef des Stabes der III. Marine-Brigade von Loewenfeld
Photo: Archiv Reiter gen Osten

Rechts:
Fregattenkapitän von Loewenfeld, ehemals Führer der III. Marine-Brigade v. Loewenfeld
Photo: Archiv Reiter gen Osten

Zeitfreiwilligen-Verband Göttingen.

Kragenabzeichen des
Zeitfreiwilligen - Rgts.
Hannover
2 Vorlagen: Heeresarchiv

Armbinde des Zeitfreiwilligen-Regiments Göttingen
Vorlage: Archiv Reiter gen Osten

Kragenabzeichen
des Freikorps
Bergmann

Bataillon in der Formation des „Igels" die Nacht auf dem Bahnhof. Die Lage erforderte einen Vorstoß des Bataillons auf Raesfeld.

26. März 1920, 10 Uhr vormittags, trat Bataillon Kolbe — verstärkt durch einen Zug Feldkanonen der Batterie Müller — von Borken mit starker Vorhut auf Raesfeld an. Ein entgegenkommender Bauer orientiert: Raesfeld von Roten stark besetzt, an allen Ausgangen Postierungen, Kolbe nimmt den Bauern als Lotsen mit, da Karten vollkommen fehlen. Am Waldrand, 800 Meter nördlich von Raesfeld, entfaltet Kolbe sein Bataillon zu umfassendem Angriff: je ein Zug mit Maschinengewehr westlich und östlich ausholend, Rest des Bataillons beiderseits der Straße. Die östliche Umklammerung erhält aus dem nach Dorsten zu gelegenen Ortsrand zuerst Feuer.

Kolbe gibt Signal zum Angriff auf der ganzen Linie; Raesfeld wird — Kolbe selbst stürmt in den Reihen der 2. Kompanie mit — im ersten Anlauf genommen, die Roten fliehen nach Süden, Kolbe stößt durch Raesfeld hindurch nach. Plötzlich eine tolle Schießerei im Rücken mitten im Dorf. Ein Lastauto mit großer roter Fahne, eine Feldküche angehängt, war nichts ahnend von Wesel her in Raesfeld eingefahren. Obermaat Oehlke brachte es durch eine Handgranate, die unmittelbar über dem Auto platzt und das auf der Feldküche sitzende Weibsstück tötet, zum Halten. Die Rotgardisten flüchteten in die Häuser, sie werden einzeln herausgeholt und im Handgemenge niedergeschossen. Der Führer war ein großer, gut aussehender Mann in Marineuniform, weißes Paradehemd, rote Schärpe,

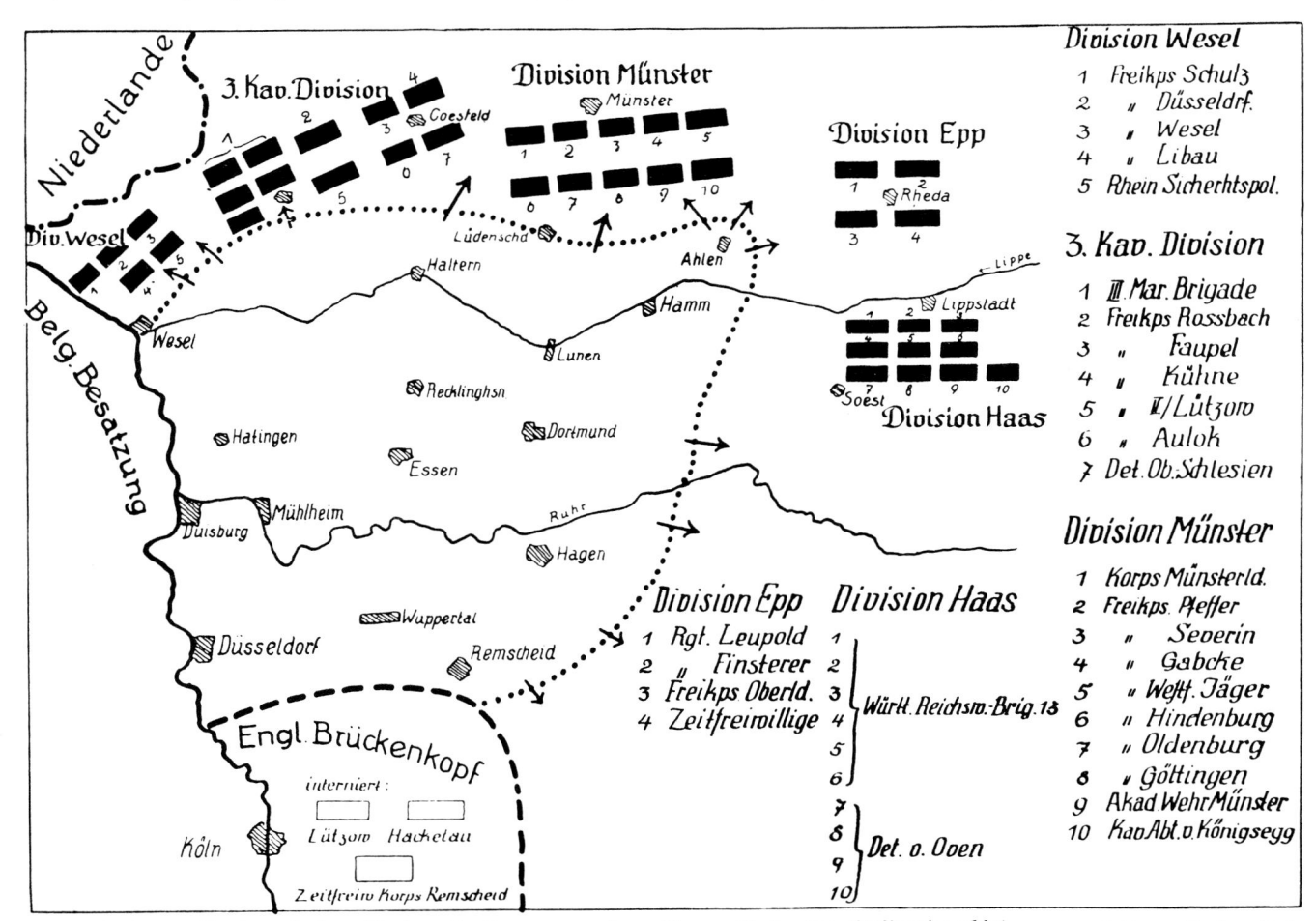

Übersichtskarte für den Aufmarsch der Freikorps vor dem Einmarsch in das Aufstandsgebiet

Zeichnung: Roederer, Berlin

Division Wesel
1. Freikps Schulz
2. „ Düsseldrf.
3. „ Wesel
4. „ Libau
5. Rhein Sicherheitspol.

3. Kav. Division
1. III. Mar. Brigade
2. Freikps Rossbach
3. „ Faupel
4. „ Kühne
5. „ I/Lützow
6. „ Aulok
7. Det. Ob. Schlesien

Division Münster
1. Korps Münsterld.
2. Freikps. Pfeffer
3. „ Severin
4. „ Gabcke
5. „ Westf. Jäger
6. „ Hindenburg
7. „ Oldenburg
8. „ Göttingen
9. Akad Wehr Münster
10. Kav Abt. v. Königsegg

Division Epp
1. Rgt. Leupold
2. „ Finsterer
3. Freikps Oberld.
4. Zeitfreiwillige

Division Haas
Württ. Reichsw.-Brig. 13
Det. v. Oven

Oberstleutnant Severin, ehemals
Führer des Freikorps Severin

Kragenabzeichen des Freikorps Gabcke

Kragenabzeichen des Freikorps Severin
2 Vorlagen: Heeresarchiv
Photo: v. Plathen, Leipzig 

Photo: Archiv Reiter gen Osten

Generalmajor Gabcke, ehem. Führer
des Freikorps Gabcke

rotes Mützenband, langen Säbel. Bei ihm fand man die sehr gut geführte Kompanieliste der x=ten Kompanie Regiment „Rosa Luxemburg". Die Liste, welche genaue Anschriften enthielt, war später von großem Wert. Die Roten hatten hier einen Verlust von 20 Toten. Außer Lastauto mit Feldküche wurde noch ein Wagen, drei Pferde und ein schweres Maschinengewehr erbeutet.

Als Kolbe abends gerade die Posten abritt, kam eine Radfahrpatrouille aus Richtung Wesel zurück mit der Meldung, daß auf der Straße von Wesel mehrere Lastauto mit Rotgardisten kämen. Die 1. Kompanie bekam Befehl, die Burschen würdig zu empfangen. Kaum war Kolbe mit seinem Ordonnanzoffizier Rieve wieder beim Bataillonsstabsquartier

angekommen, als eine furchtbare Schießerei begann, auch die Feldkanonen fielen ein. Alle Kompanien wurden alarmiert, Karabiner genommen und zum Dorfausgang nach Wesel gelaufen. Hier traf Kolbe die 1. Kompanie in schwierigster Lage. Die Roten kamen, zahlenmäßig weit überlegen, in zwei bis drei starken Wellen über die Höhe. Die 1. Kompanie mußte sich auf das Schloß zurückziehen, um nicht umfaßt zu werden. Durch das Feuer der Geschütze festgehalten, stellten die Roten sich im gegenüberliegenden Waldrand zum Angriff bereit. Kolbe setzte den Minenwerferzug ein, die ersten Minen krachten in den Baumkronen. Man hatte den Eindruck, daß den Roten die Angriffslust vergangen sei. Plötzlich erschienen sie aber in Haufen auf der Straße und

Kragenabzeichen der Freikorps - Batterie von Bock
Vorlage: Heeresarchiv

Ärmelabzeichen der Akademischen Wehr Münster
Vorlage: Heeresarchiv

Major von Bock und Polach, ehem. Führer der Freikorps-Batt. von Bock
Photo: Verlag Emil Griebsch, Hamm (Westf.)

Hauptmann Naendrop, ehem. Führer der Akademischen Wehr Münster
Photo: Archiv Reiter gen Osten

rückten auf dieser in der Abenddämmerung vor. Die beim Dorfeingang eingebauten Maschinengewehre bekamen Befehl, erst auf Kommando zu feuern. Auf kurze Entfernung wurde dann auf die Massen hingehalten. Was nicht sofort liegenblieb, flüchtete in den Straßengraben. Da die Roten auf dem Rückzug im Graben über die Brücken mußten, die auf die Felder führten, konnten sie gut abgeschossen werden. Inzwischen war die 2. Kompanie rechts der ersten eingesetzt worden und ging in Schützenlinien vor. Da kam ein Wagen aus Richtung Wesel, er wurde angehalten, es kam die Antwort: „Nicht schießen, hier gut Freund." Kapitänleutnant Wenninger nahm einige Freiwillige und ein leichtes Maschinengewehr mit und ging auf den Wagen zu, sah plötzlich, daß Gewehrläufe herauskamen. Mit dem leichten Maschinengewehr wurde die Besatzung zusammengeschossen, bis auf eine Rotkreuzschwester, welche abgeführt wurde. Leider hat der Bauernsohn, der gezwungen war, den Wagen zu fahren, auch sein Leben lassen müssen.

In Berlin war man sich noch immer nicht schlüssig, ob man gegen die roten Verbrecher mit Waffengewalt vorgehen oder lieber mit ihnen verhandeln sollte. Starke Kräfte, besonders die roten Gewerkschaften, waren für Verhandeln. Die Truppen, die täglich die Gewalttaten der Roten vor sich sahen und von flüchtenden Einwohnern zu Hilfe gerufen wurden, drängten auf Vormarsch. Der Entschluß der Regierung war, wie damals üblich, ein Kompromiß, General Watter erhielt die Erlaubnis, am 28. März die Truppen bis an die Lippe vormarschieren zu lassen.

Jeder Soldat weiß, daß es taktisch unhaltbar ist, an einer Flußlinie stehenzubleiben, wenn ein weiterer Vormarsch in Aussicht steht. Kapitän von Loewenfeld bereitete deswegen ohne jede Rücksicht den Lippeübergang vor.

Am 28. März nahm die Vorhut der rechten Kolonne Schermbeck, erzwang im feindlichen Feuer den Flußübergang und richtete durch Besetzung von Gahlen einen Brückenkopf ein. In 24 Stunden errichtete die

Gruppe der Akademischen Wehr Münster bei einer Rast während des Vormarsches auf Dortmund Photo: Heeresarchiv

Panzerzüge der schweren Panzerwagenabteilung 10 bei Wesel Photo: Heeresarchiv

Offiziere der III. Marine-Brigade von Loewenfeld. Von links nach rechts: Kptlt. Siegfried Claaßen, ehem. Kommandeur II. Batl. Marine-Regt. 6; Kptlt. Carls, ehem. Kommandeur I. Batl. Marine-Regt. 6; Major Bruns †, ehem. Kommandeur des Marine-Regts. 6; Major Kloebe, ehem. Kommandeur des Marine-Regts. 5; Korvettenkapitän Kolbe, ehem. Kommandeur I. Batl. Marine-Regt. 5; Kptlt. von Arnauld de la Perrière, ehem. Kommandeur d. Sturmbataillons; Kptlt. von Fischel, ehem. Kommandeur des II. Batls. des Marine-Regts. 5

Photo: Heeresarchiv

1. Pionierkompanie und die Begleitwaffenkompanie des Sturmbataillons eine schwere Kolonnenbrücke. Die linke Kolonne erreichte die Lippe bei Lippramsdorf. Unter schwerem Feuer holen Freiwillige der 2. Pionierkompagnie die Fähre vom Südufer ein. Bei Bergbossendorf mußte die Vorhut auf einem Floß übersetzen, das jenseitige Ufer im Sturm nehmen, um Raum für den Bau einer Kolonnenbrücke zu schaffen, die in elf Stunden fertiggestellt wurde.

Die Regierung hatte den Roten ein Ultimatum gestellt. Bis zum 30. März, 12 Uhr mittags, sollten die Waffen niedergelegt werden. Es blieb unbeantwortet. Doch abermals zögerte die Regierung. Die Erbitterung der Truppe stieg auf das äußerste. Der Freiwillige Sameck, der seine Eltern bei Dorsten besuchen wollte, wurde von Roten auf grauenhafte Weise ermordet. Endlich wurde die Genehmigung zum Vormarsch erteilt.

Im Morgengrauen zum 3. April trat die Brigade an. Die Kolonne des Majors Bruns, mit der Feldkanonenbatterie, unterstützt durch den Panzerzug, marschierte geradewegs auf Gladbeck, welches Major Bruns nach kurzem Gefecht in schneidigem und raschem Vorgehen von Norden und Osten anpackte und einnahm. Die Führer der roten Besatzung von Gladbeck, an der Spitze der berüchtigte Kampfleiter Gehrhus, entflohen als erste unter Zurücklassung beachtenswerter Akten der roten Armee. Es war gerade eine neue Aktion von Plünderungen und Zwangsmaßnahmen — auch Geiselfestnahmen — in Vorbereitung.

Beim Sturm auf Gladbeck fand der Sergeant Thomalla vom I. Bataillon Marine-Regiment 6 den Heldentod, die Roten hatten erhebliche Verluste an Toten und Verwundeten. Das rasche Zupacken des Regiments 6 machte es unnötig, daß das I. Bataillon Regiment 5 von Westen her eingriff, dieses marschierte deswegen weiter auf Bottrop.

Sofort nach der Einnahme von Gladbeck gab Kapitän von Loewenfeld den Befehl, daß das Regiment 6 sofort den Angriff nach Süden fortsetzt und bis zum Abend den Emscherkanal auf der Linie Karnap bis Horst besetzt. Aus Buer kam immer noch Flankenfeuer der Roten, gegen welche der Panzerzug angesetzt wurde.

Inzwischen war die Kolonne am weitesten rechts auf der Straße Kirchhellen—Bottrop, ohne auf Widerstand zu stoßen, vormarschiert und traf schon etwa 10 Uhr vormittags am Bahnhof,

Das schwerumkämpfte Rathaus in Bottrop nach der Einnahme durch das Sturmbataillon der III. Marine-Brigade von Loewenfeld

Photo: Archiv Reiter gen Osten

Kämpfer von Bottrop. Diese Aufnahme wurde wenige Tage vor dem Kampf um Bottrop am Rathaus in Breslau gemacht. Von links nach rechts: Lt. z. S. Lind, starb wenige Wochen später; Fähnrich z. S. Graf Pfeil, wurde bei Bottrop schwer verwundet (Oberschenkelschuß); Lt. z. S. Kukat, der noch am 9. November 1918 im Hafen von Gibraltar mit seinem U-Boot einen englischen Panzerkreuzer versenkte, fiel bei Bottrop; Fähnrich z. S. Meyer verlor bei Bottrop seinen rechten Arm

Photo: Hauenstein, Berlin

einen Kilometer nördlich von Bottrop, ein. Kapitänleutnant von Arnauld de la Perrière faßte den Entschluß, auf zwei Straßen einzumarschieren, und zwar mit dem Stab der 2. Kompanie und der Begleitwaffenkompanie auf der direkten Straße, mit der 1. Kompanie auf der östlich davon gelegenen von Gladbeck herkommenden Straße.

Der Nordrand von Bottrop war außerordentlich unübersichtlich, dem eigentlichen Ortsrand waren einzelne Häusergruppen vorgelagert, dazwischen Acker- und Gartenland. Stark gesichert wird angetreten, voraus die Panzerwagen „Lotta" und „Enzio". „Lotta" bekommt aus den ersten Häusern Feuer, erwidert dasselbe, erhält leider sehr bald einen Schuß, der den Wagen bewegungsunfähig macht, wie sich später herausstellte, einen Prellschuß von unten ins Getriebe. „Enzio" versucht vergeblich, „Lotta" abzuschleppen. Die Roten eröffnen auf die beiden Panzerwagen ein rasendes Feuer, es stellt sich heraus, daß der ganze Häuserrand dicht mit Schützen- und Maschinengewehren besetzt ist, und zwar in mehreren Stockwerken und sehr gut in die Tiefe gegliedert, die vorgelagerten Häuser wurden von den Roten geschickt zur Flankierung ausgenutzt. Kapitänleutnant von Arnauld sah sich einem an Zahl bei weitem überlegenen Gegner, der sich in vorzüglicher Verteidigungsstellung befand, gegenüber. Trotzdem mußte er den Angriff ansetzen, um seinen Panzerwagen nicht im Stich zu lassen. Schon beim Antreten zum Angriff traten die ersten Verluste ein, hier fiel der U-Bootsmannsmaat Döring der 1. Kompanie an der Seite seines Zugführers Heide, als dieser mit seinem Zuge vorstürmte, ein tapferer Mann, der manche Unterseebootsfahrt im Kriege mitgemacht.

Von Garten zu Garten, von Schuppen zu Schuppen, von Haus zu Haus wurde der Angriff vorgetragen, die Minenwerfer und Artillerie eingesetzt. „Lotta" lag unbeweglich fest. Die Besatzung mußte den Wagen verlassen und geriet mit den Roten ins Handgemenge. Der Freiwillige Heinz Hauenstein, der sich schon beim Festnehmen der Hajok-Bande in Oberschlesien ausgezeichnet hatte und der später die Organisation „Heinz" gründete, war hier auch dabei. Bei der 1. Kompanie des Oberleutnant z. S. Kukat wurde die Munition knapp. „Enzio" brachte welche heran. Kukat tritt zum Panzerwagen und erhält dabei einen schweren Bauchschuß. Ein Fortsetzen des Angriffs gegen die Übermacht ist unmöglich, die Kompanien graben sich ein. Die Scharfschützen der Roten nehmen jeden einzelnen aufs Korn. Oberleutnant z. S. Mengdehl erhält beim Beobachten über den Grabenrand einen Kopfschuß durch den Stahlhelm, Schädeldecke zertrümmert, er lebte noch bis 16. Mai.

Voll Sorge hört Kapitän von Loewenfeld von Gladbeck aus den Gefechtslärm bei Bottrop. Er eilt mit seinem Generalstabsoffizier im Kraftwagen nach vorn.

Loewenfeld erkannte, daß hier nur rohe Gewalt hilft, er gab Anordnung, daß Hauptmann Umber mit der leichten Haubitzbatterie mit Granaten mit Verzögerung Haus für Haus durch Salven räumt. Dann fährt er zurück zu der über Gladbeck vormarschierenden Kolonne des Regiments 5, um deren Eingreifen zu beschleunigen. Den schwerverwundeten Oberleutnant Kukat, der leider den nächsten Tag nicht mehr erlebte, nimmt er mit ins Krankenhaus. Aber auch Major Kloebe, der beim I. Bataillon des Regiments 5 marschierte, hat den schweren Gefechts-

Grabstein für die bei Bottrop gefallenen Angehörigen des Sturmbataillons der III. Marine-Brigade von Loewenfeld

Photo: Archiv Reiter gen Osten

lärm von Bottrop vernommen und griff nun in den Kampf gegen Bottrop von Osten her ein. Auch der Ostrand von Bottrop war so wie der Nordrand von den Roten besetzt. Auch hier kam der Angriff nur schrittweise vorwärts. In vorderster Linie stand hier Schlageter mit seinen Geschützen, mit 150 Schuß säuberte er zusammen mit den Maschinengewehrkompanien die Häuserfronten, um das Vordringen der Infanterie zu ermöglichen. Vier Unteroffiziere und drei Freiwillige des I. Bataillons Regiments 5 starben hier den Heldentod, der Regimentsadjutant Oberleutnant Loyke, heute Marineattaché in Rom, erhielt hier einen Schuß durch beide Knie, als er der vordersten Linie Befehle überbrachte.

Gegen Abend ließ die beiderseitige Kampfwut nach, nur noch einmal flatterte am Nordrand von Bottrop das Infanteriegefecht heftig auf, als Kapitänleutnant von Arnauld einen Stoßtrupp nach vorn schickte, um den Panzerwagen, der immer noch zwischen den Linien lag, zu sprengen. Die Sprengung gelang, das Gefecht erforderte leider schon wieder Verluste, so daß das Sturmbataillon an diesem Tage 15 Tote zu beklagen hatte, auch bei der zugeteilten Artillerie fanden zwei Unteroffiziere den Heldentod. Der Ostersonnabend 1920 war der schwerste Kampftag der Geschichte des Freikorps. Mit Wehmut gedenken wir all der lebensfrohen Kameraden, die in Begeisterung ihr Leben ließen. Die Opferwilligkeit der Truppe muß besonders hoch anerkannt werden, da jeder wußte, daß die baldige Auflösung des Freikorps bevorstand.

Aber auch die linke Kolonne unter Major Bruns war in ein schweres Gefecht mit den Roten geraten. Als nach der Einnahme von Gladbeck Major Bruns sein Regiment und die zugeteilte Feldkanonenbatterie zum Vormarsch sammelte, um gemäß Befehl des Kapitäns v. Loewenfeld weiter bis zum Horst–Emscher-Kanal vorzustoßen, bekam das Vorhut-Bataillon — noch während es sich sammelte — Feuer roter Banden, die sich sogar anschickten, die sich sammelnde Truppe zu überfallen.

Kapitänleutnant Carls warf ihnen schnell eine Kompanie entgegen und sprengte die Banden durch Flankenangriff auseinander. Zwischen Gladbeck und dem Horst–Emscher-Kanal stellten sich der Vorhut noch verschiedentlich örtliche Widerstände entgegen, die Kapitänleutnant Carls jedoch stets mit schnellem Anlauf überrannte. Es wurde jedoch ohne größeren Widerstand der Horst–Emscher-Kanal erreicht, und zwar in der Breite von Westrand Karnap bis Ostrand Horst. Im rechten Teil des Abschnittes bezog das I./6, im linken Teil des Abschnittes das II./6 Stellung. Während links anschließend Fühlung mit dem Freikorps Faupel bestand, klaffte auf dem rechten Flügel des Regiments eine Lücke bis zu dem am Ostrand von Bottrop liegenden I./5. Diesen schwachen Punkt am rechten Flügel des Bataillons Carls erkannten die Roten bald und richteten im Laufe der beiden Ostertage, dem 4. und 5. April 1920, nicht nur auf den ganzen Frontabschnitt des Regiments 6, sondern insbesondere gegen den rechten Flügel des Bataillons Carls die heftigsten Angriffe. Auf dem rechten Flügel des I. Bataillons lag die 1. Kompanie von Kapitänleutnant Slevogt, links

Rote Sicherheits-Kompanie

Photo: Heeresarchiv

An Alle!

Der Bevölkerung wird zur Kenntnis gebracht, daß die Rote Armee keine Greueltaten und Rohheiten begangen hat. Die Reichswehrtruppen dagegen haben in der unmenschlichsten Weise die festgenommenen Geiseln und die in Gefangenschaft geratenen Soldaten der Roten Armee behandelt. Die Geiseln wurden mit ausgespreizten Beinen über die Maschinengewehre gestellt und dienten somit als Deckung der Maschinengewehr-Schützen. Die Gefangenen wurden in Strohhaufen gesteckt und bis zur Verkohlung verbrannt, andere, mit den Füßen nach oben, aufgehängt, ihre Leiber aufgeschlitzt und die Därme herausgenommen; vorher wurden sie in der brutalsten Weise mit Gewehrkolben mißhandelt. So haben Reichswehrtruppen gegen ihre eigenen Landsleute gehandelt

Wir bringen mit dem Gefühle des Abscheues, der Verachtung und entsetzlichen Grauens dieses von sogenannten „Reichswehrtruppen" (Banditen sind es) der Bevölkerung zur allgemeinen Kenntnis, ohne an Rache und Vergeltung an Unschuldigen zu denken.

Der gesamten Bevölkerung wird gerechter Schutz durch die Rote Armee zugesichert, wenn sie sich loyal verhält und die Waffen streckt. Keine Rache, keine sonstigen Strafen wird die Rote Armee verhängen. Wir kämpfen nur für unsere Ideale, das die der ganzen Menschheit sein müßten, für ein freies Volk auf freiem Grunde.
Keine Greueltaten, keine Vergeltung, keine Strafen; nur Menschenliebe und Gerechtigkeit wollen wir obwalten lassen.

Die Rote Armee.

Hetzflugblatt, von der roten Armee verteilt, um gegen die Freikorps zu hetzen

Vorlage: Archiv Reiter gen Osten

neben Oberleutnant v. Werder mit seiner hauptsächlich aus Balten bestehenden Kompanie. Links davon die 3. Kompanie unter Oberleutnant a. D. Zilschens. Die MG. hatte Kapitänleutnant Carls hauptsächlich hinter dem rechten Flügel seines Bataillons eingeteilt.

Entlang des von Westen herkommenden Bahndammes stießen die Roten derartig stark vor, daß eine Vorpostenstellung mit zwei MG. vorübergehend verloren ging.

Trotzdem er auch frontal angegriffen wurde, zog Kapitänleutnant Carls einen Zug aus der Front der 2. Kompanie heraus und setzte denselben zum Gegenangriff an. Es gelang, die beiden MG. zurückzuerobern und die Roten zurückzutreiben.

Als letzte Reserve in der Hand der Brigade — die beiden Pionierkompanien waren vor Bottrop noch nicht entbehrlich — schickte Kapitän v. Loewenfeld die Minenwerferkompanie des Regiments 6 zur Hilfe. Das Regiment 6 selbst formierte aus den Freiwilligen und Stäben und dem Fahrpersonal des Trosses eine Reserve, die von Kapitänleutnant Carls zur Verlängerung auf dem rechten Flügel rechts rückwärts gestaffelt angesetzt wurde. Aber auch diesen neuen rechten Flügel versuchten die Roten zu umzingeln. Da die Marine-Brigade über keine Reserven mehr verfügte, gelang es Major Bruns, seinen linken Nachbarn, den Oberstleutnant Faupel, zu bewegen, während der Nacht hinter dem rechten Flügel des Bataillons Carls, zwei schleunigst von Oberstleutnant Faupel aus der Front gezogene Kompanien in Bereitschaft zu legen.

Auch am linken Abschnitt des Regiments 6, wo das II. Bataillon zunächst die Stadt Horst mit Unterstützung der Batterie Müller genommen hatte, fanden dauernde Kämpfe statt. Insbesondere die 4. Kompanie unter Oberleutnant z. S. Hinüber, die als erste nach Horst hineinstürmte, hatte ein schweres Gefecht mit den Roten. Hier fiel der Fähnrich z. S. Werner Steindel und der Gefreite Artur Bernhard.

Kapitänleutnant Claassen hielt unter Vorschiebung der Postierung an den Horst—Emscher-Kanal seine Truppen am Rande von Horst geschlossen beisammen und hielt nach rechts zum I./6 durch Patrouillen die Verbindung aufrecht.

Die beiden Ostertage über kämpften die Roten mit der größten Verzweiflung. Sie hatten auch Artillerie bei sich; ein Geschütz war auf der Straße nach Horst aufgestellt, hatte aber bald seine Munition verschossen. Erst als jeder Feuerüberfall der Roten durch Feuer der mittleren Minenwerfer des Pionier-Bataillons beantwortet wurde, trat allmählich Ruhe ein; insbesondere, da es den Minenwerfern gelang, durch wohlgezieltes Feuer, gerade die MG.-Nester der Roten zu vernichten. Die Verluste der Rotgardisten waren sehr hoch, sowohl an Toten wie auch an Verwundeten. Leider mußten eine ganze Reihe von Häusern, in denen sich die Roten mit MG. eingenistet hatten, sehr zu Schaden kommen. Es wurden doch immerhin 40 bis 50 Minen verschossen. Auch die neutrale Bevölkerung hatte bedauerlicherweise Verluste, immerhin acht bis zehn Tote.

Am 5. April zwischen 10 und 11 Uhr vormittags überschritten die ersten Stoßtrupps des Regiments 5 den Emscher-Kanal und wurden von einem inzwischen aus Essen eingetroffenen Vertreter der Stadtverwaltung empfangen.

Im Kampf um die Befreiung Essens ließ das Freikorps Loewenfeld 37 Tote (zwei Offiziere, drei Fähnriche, zwölf Vizefeldwebel und Unteroffiziere, 20 Freiwillige). Der Ostersonnabend nahm den Roten auf der ganzen Front vor der III. Marine-Brigade vollkommen die Kampfeslust, ihr Essener Zentralrat begann wieder Verhandlungen mit der Regierung, und zwar diesmal die letzten. So wurde ohne wesentliche Gegenwehr am Ostersonntag Bottrop besetzt und auf der ganzen Linie der Horst—Emscher-Kanal erreicht.

Seinen Truppen voran fuhr Loewenfeld mit seinem Generalstabsoffizier, begleitet von einem Panzerwagen nach dem Rathaus Essen, wo er von Oberbürgermeister Luther mit den Beigeordneten der Stadt empfangen wurde. Hier spielte sich noch eine kleine, nette Episode ab: Nach Worten des Dankes bat Dr. Luther den Kapitän von Loewenfeld, doch ja nicht mit schwarzweißroten Fahnen einzumarschieren. Ob es denn nicht ginge, zur Vermeidung neuer Spannungen die Reichsfarben zu zeigen. Loewenfeld drehte sich halb um zu seinem Generalstabsoffizier und fragte: „Wissen Sie, was heute die Reichsfarben sind?" Dieser antwortete prompt: „Ich glaube Schwarz-Grün-Violett." Auf eine weitere Diskussion der Flaggenfrage wurde darauf verzichtet.

Einzug des Freikorps von Epp in Dortmund
Photo: Bayer, München

Freikorps Epp bei Pelkum

Wir denken oft an den 1. April 1920 zurück. Es war Gründonnerstag damals. Bereits seit Tagen waren bolschewistische Truppen bis in die Gegend von Hamm vorgezogen. Die Spartakisten erwarteten den Gegenstoß, der von jenseits der Lippe kommen mußte. Bereits am Dienstag kreisten Flugzeuge in großer Höhe über Pelkum, Wiescherhöfen und Herringen — lächerlicherweise von eifrigen, aber unkundigen roten MG.-Schützen mit einigem Geknatter begrüßt. Am Nachmittag dieses Tages wurde das Gebiet westlich von Hamm unmittelbar vor den Toren der Stadt, aus der man stündlich die feldgrauen Bataillone angstvoll erwartete, abgeriegelt. Die äußersten Posten der Roten standen auf dem Daberg, jenem historischen strategischen Punkt für westliche Feinde der Stadt Hamm. Gegen Abend wurde der Verkehr der Straßenbahn Hamm—Pelkum unterbunden. Weiter rückwärts sah man überall wilde Lagerszenen. Die roten Banditen strolchten selbstverständlich — „jeder Zoll ein Weltrevolutionär!" — dahin. Dazwischen die widerlichsten aller Figuren, die roten „Krankenschwestern". Sie pflegten ihre Krieger vorsorglich in gesunden Tagen. Und denen ging der Frühling ins Geblüt. Dieses in Feld und Wald.
Über die Landstraßen rollten die Lastwagen. Hoch auf dem Führersitz ein Maschinengewehr aufmontiert. Dahinter wilde Gestalten, die „Knarren" in der Luft schwenkend. Taumel der Begeisterung — oder Angst?
Das war das Vorspiel. In der Frühe des Mittwochs waren die bolschewistischen Truppen planmäßig vorgezogen. Von der Lippe über den Herringer Weg auf den Daberg zu, weiter nach Wiescherhöfen und Weetfeld lagen sie hinter Misthaufen auf den Feldern und ähnlichen natürlichen Deckungsmitteln und warteten schußbereit. Gegen 10 Uhr rollten Streifen der Bayern zunächst den Herringer Weg und dann die Flanke der Roten auf dem Daberg auf. Munter flogen die Kugeln. MG.-Geknatter.
Und dann gab es ein einzigartiges Schauspiel, das wir, die wir es erlebten, niemals vergessen werden: die roten Krieger flüchteten. Hals über Kopf türmten sie über Hecken und Zäune in den Schutz der Zeche de Wendel und weiter ins Dorf Pelkum hinein.
Unterdes quollen aus dem Westen Hamms die Bayern. Bald war auf dem Daberg ein kleines Flachbahngeschütz in Stellung gebracht. Da, wo heute die Siedlungshäuser sich ausgebreitet haben, stand damals noch ein Wäldchen mit viel Gebüsch und Unterholz. Das Geschützfeuer sollte, ohne daß die Bayern Verluste hätten, das unübersichtliche Gelände schnell säubern. Dennoch war ein Kommunist im Versteck liegengeblieben und erschoß nachher, als die Soldaten vorrückten, einen Mann mit dem Revolver. Der Mörder war ein Hammer Kind, ein übelberüchtigtes Subjekt. Er wurde einige Stunden später standrechtlich erschossen.
Die Bayern rückten weiter vor. Am Mittwochnachmittag fuhren auf dem Daberg drei Geschütze auf, Kaliber 7,5, und richteten, zunächst drohend, ihre Schlünde gen Pelkum. Dort setzten sich die Roten fest und die Soldaten mußten ihren Angriff nach mehrfachen blutigen Zusammenstößen in der Form der Umfassung führen.
Dabei kam es zunächst bei Weetfeld zu erbitterten Kämpfen, die leider auch Opfer der Bayern forderten. Der Hauptkampftag in Pelkum war der Gründonnerstag. Morgens feuerten die Geschütze vom

Ärmelabzeichen der Zeitfreiwilligen-Kompanie Hamm im Freikorps Epp
Vorlage: Heeresarchiv

Batterie des Freikorps Epp bei Dortmund Photo: Heeresarchiv

Mützenabzeichen d. I. Zeitfreiw.-Batls. Godin in der Schützenbrigade Epp im Ruhrgebiet
Photo: Bayer, München

Das Ehrenmal für die gefallenen westdeutschen Freikorpskämpfer in Essen-Steele
Photo: Archiv Reiter gen Osten

Daberg. Erst in den späten Nachmittagsstunden gelang die Eroberung.

Grauenvolle Stunden, Tage und Nächte mußte die Bevölkerung in den Kellern verbringen. Der volle Bürgerkrieg tobte. Die Bolschewiken wurden nervös und terrorisierten Männer und Frauen auf das schwerste. Dabei mußten sie immerzu weichen. Sie hatten zwar mit einem riesigen Aufwand von Sprengstoff die Eisenbahnüberführung („die Alpen") am Osteingang des Dorfes gesprengt. Aber auf geringem Umweg konnten die Bayern doch Panzerwagen vorschicken, die großen Erfolg hatten. Die Bolschewiken zogen sich auf den Westausgang von Pelkum zurück, wo ihnen der Friedhof und ein MG.-Nest im Hofe des Hauses Provinzialstraße 110 nach beiden Seiten für weite, bestreichbare Flächen die Umklammerung ausschloß. Um dieses Gelände ging der Endkampf. Ein Flieger griff ein und wollte, von oben jäh herabstoßend und feuernd, die MG.-Besatzungen vertreiben. Eine Abteilung der Bayern unter Führung von Hauptmann Spatz hatte die Umklammerung fast vollzogen, konnte aber nicht über den letzten völlig freien Abschnitt hinüber. Hauptmann Spatz starb dabei den Heldentod!

Schließlich — im letzten Augenblick vor der als unumgänglich angesetzten Artilleriebeschießung des Hauses Nr. 110 — fiel diese Bastion. Die Roten flüchteten, soweit sie konnten, nach Kamen. Was sonst noch von ihnen in Pelkum lebte, wurde erschossen.

Im Massengrab auf dem Pelkumer Friedhof liegen 85 im Kampfe oder standrechtlich erschossene Kommunisten. Wir, die wir den roten Terror von 1920, Gefahr, Drangsal, Not und Sorge erlebt und erlitten haben, danken noch heute den Bayern für ihr eisernes Zupacken.

Es waren Freiwillige. Münchener Studenten, Kaufleute und andere. Sie haben uns geholfen als Severing in Preußen nicht wollte und nachher dann auch nicht konnte. Das soll ihnen nie vergessen sein! Ihr Führer und der Befreier Pelkums und des Hellwegs war General Ritter von Epp.

Letzter Sturm

Von C. Hoffmann, Rostock.

Es war im März 1920 nach dem Kapp-Putsch. Das Freikorps Roßbach hatte Wismar von den Roten geräumt. Da traf die Meldung aus dem kleinen mecklenburgischen Landstädtchen Gnoien ein, daß sich rote Banden dort festgesetzt hätten und die Bauernschaft der Umgebung terrorisierten. Man wolle eine Räterepublik Gnoien ausrufen.

Eine Abteilung des Freikorps Roßbach erhielt den Befehl, Gnoien von den Terrorbanden zu säubern.

150 Köpfe zählte die Abteilung, eine Kompanie Infanterie und ein Geschützzug.

Nach anstrengendem Marsche tauchte das verträumte Landstädtchen vor der Abteilung auf.

„Das Drecknest werden wir bald zusammengeschossen haben," meinte der Feldwebel Noroczinsky, ein alter Landsknecht, der nach sechs Jahren Krieg jede gegnerische Stellung nur vom Gesichtspunkt schnellstmöglichster Vernichtung aus ansah.

"Wir sind hier nicht im Baltikum, Feldwebel," meinte der Leutnant und Abteilungsführer. "Das Städtchen und seine Leute sind in Ordnung, brave Bauern und Bürger. Weiß der Teufel, wo das rote Gesindel herkommt. Wir müssen hier eine reinliche Scheidung vornehmen." Der Feldwebel brummte etwas Undefinierbares vor sich hin. Plötzlich fegte eine Maschinengewehrgarbe aus einem der nächsten Häuser über die Straße zwischen die Abteilung. Wie der Blitz war alles im Straßengraben verschwunden. Zwei- und dreifach lagen sie keuchend und fluchend übereinander.

"Da haben Sie Ihre Scheidung", meinte der Feldwebel zum Leutnant. Die Straße war wie leergefegt. Nur die drei Geschütze standen auf der Straße. Einige von den Pferden waren verletzt und zerrten unruhig an den Seilen.

"Nichts wie abprotzen und zunächst zehn Lagen rein", riet der Feldwebel. Der Leutnant befestigte jedoch sein Taschentuch an einem Stock und schwenkte diese weiße Fahne nach dem Gegner zu. Einige Schüsse peitschten noch den Sand, dann wurde es stille. Kurz darauf erschienen zwei Männer am Ausgang von Gnoien. Deutlich sah man an ihrem linken Arm die roten Armbinden. Der Leutnant stand auf. "Geschütze fertigmachen, ich gehe zur Verhandlung." Der Feldwebel fluchte wie ein Rohrspatz. Aber er ließ die Geschütze in Stellung bringen, die Kompanie entwickeln, Maschinengewehre einbauen.

Auf der Straße, einige hundert Meter vor ihnen traf der Leutnant mit den beiden Unterhändlern zusammen. Trotzige Ablehnung funkelte ihm aus den Augen der Unterhändler entgegen. Er teilte ihnen mit, daß er den Auftrag habe, Gnoien zu besetzen, und er ließ keinen Zweifel darüber, daß er diesem Befehl unter allen Umständen Folge leisten werde. Privat versuchte er, die beiden außerdem von der Unsinnigkeit eines Widerstandes zu überzeugen. Aber alles vergebens. Überheblich rief ihm der eine noch zu: "Ihr habt Arras nicht gekriegt und ihr werdet Gnoien auch nicht bekommen!" Der Leutnant schüttelte verständnislos den Kopf, dann machte er kehrt. Kaum waren die Unterhändler hinter der Stadtmauer verschwunden, als aus zahlreichen Häusern am Stadtrand ein wahnsinniges Feuer auf die in Stellung gegangene Abteilung niederprasselte. "Was nun? Sollen wir wirklich?" Dabei streifte der Blick des Leutnants die schußfertigen Geschütze. "Bedenken Sie, Feldwebel, in dem Orte befinden sich Frauen und Kinder. Die Mehrzahl der Leute ist gegen die Roten. Sollen wir sie deswegen zusammenkartätschen? Man müßte wissen, wie es in dem Ort aussieht, wo der Hauptwiderstand sitzt."

Der Feldwebel blickte seinen Leutnant an: "Soll ich gehen?" Zögernd meinte der Leutnant: "Wenn Sie glauben."

Schnell war aus einer der Protzen bereitgehaltenes Zivilzeug herausgeholt und hinter einem Busch gegen die Uniform vertauscht worden. Auf einem Feldwege, der zunächst seitwärts ab von der Abteilung führte, machte sich der Feldwebel davon. Bald war er mitten im Ort. Auf dem Marktplatz wimmelte es von Rotgardisten. Der Feldwebel schlenderte durch die Straßen und Gassen. In einer Wirtschaft kehrte er ein und trank mit den Roten. Er konnte nur zu bald feststellen, daß sich kaum Einheimische darunter befanden. Abschaum aus den Hafenstädten hatte sich auf der Flucht vor den vordringenden Freikorpsformationen auf das Land zurückgezogen und die Gewalt in dem kleinen Städtchen an sich gerissen. Aus fragenden Blicken und dem Getuschel einiger Leute merkte er, daß er auffiel. Als Fremder, der keine rote Armbinde trug, war es schwer, eine passende Erklärung für seinen Aufenthalt zu finden. So schnell es ging verdrückte er sich. Auf Umwegen fand er den Weg zur Abteilung und meldete dem Leutnant. Er hatte sich selbst überzeugt, daß ein rücksichtsloses Durchgreifen mehr Unschuldige als Schuldige treffen mußte.

Die Abteilung hatte inzwischen Verstärkung erhalten. Demminer Ulanen waren auf einer Patrouille dem Schießen nachgeritten und hatten selbst am anderen Ortsausgange einen kurzen Zusammenstoß. Der Leutnant rang mit sich. Er wollte einen letzten Versuch machen. Noch einmal sandte er einen Parlamentär mit zwei Mann gegen die Stadt. Sie sollten

Rote Krankenschwestern *Photo: Heeresarchiv*

405

ankündigen, daß die Geschütze das Feuer in zehn Minuten aufnehmen würden, wenn nicht die Roten ihre Waffen niederlegten. Man sah, wie die drei Mann mit Rotgardisten verhandelten. Man war erstaunt, als die drei Mann sich plötzlich nach der Stadt wandten und zwischen den Häusern verschwanden. Anscheinend hatte man ihnen bedeutet, ihre Meldung dem roten Kommandanten selbst zu übergeben. Man wartete Minuten, eine halbe Stunde, zwei Stunden. Nichts rührte sich. Die Unterhändler kamen nicht zurück. Eine weitere Stunde verging. Plötzlich hörte man aus der Stadt in Richtung des Marktplatzes zwei Salven. War es möglich? Sollten die roten Bestien wirklich so unmenschlich gehandelt und die drei Kameraden erschossen haben?

Nochmals versuchte der Leutnant, allein gegen die Stadt vorzugehen. Frei, mitten auf der Straße schritt er auf die ersten Häuser zu. Wütendes Maschinengewehrfeuer zwang ihn in den Graben nieder. Endlich sah er ein, daß jede Schonung zwecklos sei.

„Geschütze fertigmachen. Ziel Marktplatz. Eine Lage." Die Granaten heulten gegen die Stadt und detonierten mit berstendem Krachen. Mit aufgepflanztem Seitengewehr stürmte die Abteilung in breiter Schützenlinie gegen die Stadt vor. Die Ulanen preschten im Galopp über die Felder, um bei einer Flucht den Roten den Rückweg abschneiden zu können. Noch ratterten Maschinengewehre aus der Stadt. Mehrere Roßbacher stürzten verwundet oder tot. Ein kurzes Handgemenge am Eingang zur Stadt. Dann fegte ein Maschinengewehr der Roßbacher die Straße zum Markte leer.

„Straße frei, Fenster zu!" Von Haus zu Haus sprangen die Leute vorwärts. Nur hin und wieder fiel noch vom Marktplatz her ein Schuß. Bald war der Spuk zu Ende. Mehrere Autos rasten aus Gnoien. Sie konnten nur noch von den Ulanen unter Feuer genommen werden.

Erschüttert stand der Leutnant mit seinen Leuten vor den erschossenen Kameraden auf dem Marktplatz. Vorsichtig wagten sich die ersten Bürger auf die Straße. Sie rissen die Betten von den Fenstern, die sie als Kugelfang davor gelagert hatten. Aus den Kellern stiegen zitternde Kinder und bleiche Frauen. Alles atmete auf, als sie die Freikorpsoldaten auf dem Marktplatz antreten sahen. Gnoien war befreit vom roten Terror.

Die letzte Parade der III. Marine-Brigade von Loewenfeld am Skagerraktage 1920

Sennelager am 31. Mai morgens vor dem Quartier des Kommandeurs — Flaggenparade — „Heiß' Flagge" —. Langsam steigt die deutsche Kriegsflagge am Mast empor. Dieselbe Flagge, die beim Siege von Coronel und Skagerrak, die in Not und Kampf von Bord der deutschen Kriegsschiffe wehte. Feierlich, mahnend und ernst klingt es in den Morgen: „Einigkeit und Recht und Freiheit für das deutsche Vaterland, danach laßt uns alle streben, brüderlich mit Herz und Hand." Salutierende Offiziere — Treuwache. Ein wohlbekanntes altes Bild. So war's schon im Frieden, so war's während des ganzen Krieges. Und doch heute ist es etwas anderes, heiße brennende Wünsche steigen in jedem Herzen auf, wehmütige Erinnerungen an vergangene Zeiten — trotz allem aber fester Glaube an eine neue sonnenhelle Zukunft. Die III. Marine-Brigade wird unter dem Druck des Friedensvertrages, auf Verlangen der Entente aufgelöst und damit endet die ruhmreiche Geschichte eines in schwersten Kämpfen bewährten, von hohen Idealen beseelten Freikorps. Es ist etwas anderes mit so einem Freikorps als mit einer gewöhnlichen Truppe, wo Führer, Unteroffizier und Mann ständig wechseln, „Freikorpsgeist" — eine Truppe, die aufgebaut ist auf unbegrenztem Vertrauen zu ihren Führern, einig in dem Willen für ein großes Ziel, Gesundheit, Leben, alles einzusetzen, kampferprobte, wetterfeste Männer. Ein festes Band schlingt sich um alle, ob Führer oder Mann, gegenseitige Achtung, engstes Zusammengehörigkeitsgefühl — Einigkeit! Das ist's, was die Truppe so vor allen anderen Truppen auszeichnet. Heute ist die letzte Parade; der letzte Tag des Bestehens der Brigade — blauer Himmel. —

Lachender Sonnenschein — Frühling — Heide —. In langsamem Trabe reitet ein kleiner Trupp Husaren über das Heideland. An einer Lanze flattert der Kommodorestander. Kapitän v. Loewenfeld — ganz allein —. Jetzt nähert sich der Trupp der im offenen Viereck aufgestellten Brigade, die Pferde greifen aus. — Galopp. — Augen rechts — Präsentiermarsch. Der Kommandeur hält in der offenen Seite des Vierecks. Vor ihm die Brigade, überall Fahnen, Kriegsflaggen, gestickte schwarz-weiß-rote Fahnen mit Fahnenbändern, die dankbare Bürger befreiter Gebiete den Truppen schenkten und alle mit Eichenlaub geschmückt. Im Schritt reitet der Kommandeur mit dem Stabe die Front ab. Scharf blickt er jedem einzelnen in die Augen. Freudig klopft jedem das Herz — ein erhebendes Bild ist es, die ganze

Vorbeimarsch des Sturmbataillons der III. Marine-Brigade vor dem Fregattenkapitän von Loewenfeld am Skagerraktage 1920

Photo: Heeresarchiv

Brigade so in Paradeaufstellung. Nur das eine ist bitter, daß es heute das letztemal sein soll. Der Kommandeur ist mit seiner Besichtigung fertig, die Kompanien und einzelnen Abteilungen rücken zusammen, er will eine Ansprache halten. Scharf und hell klingen seine Worte, oft kurz abgerissen: „Heut vor Jahren war es, wir waren einig im Willen England zu schlagen und damals haben wir gesiegt. Heut am Skagerraktage ist auch der letzte Tag der Brigade gekommen. Wir nehmen Abschied von der III. Marine-Brigade.

Schweren Herzens aber unabänderlich. Wir gedenken derer, die unter unseren Fahnen und Abzeichen ihr junges Leben gelassen haben. — Vom Feinde gefürchtet, vom Freunde geliebt, wissen wir, daß unsere Stärke der unerschütterliche Zusammenhalt, Disziplin und Kameradschaft waren. Nehmen Sie diese erprobten deutschen Tugenden mit hinein ins deutsche Volk, dann wird die deutsche Sonne wieder aufgehen. — So schließe ich. — Lasset hoch die Banner wehn, zeiget stolz, zeigt der Welt, daß wir treu zusammenstehn." Einen Augenblick lang tiefe Stille. Antreten zum Parademarsch. Und dann marschieren sie an ihrem Kommandeur vorbei und jeder gibt sich Mühe, es heute besonders gutzumachen. — Es ist ja das letztemal. Die Leute sehen glänzend aus. — Blitzende Waffen, trutzige Stahlhelme, Offiziere zu Pferde. Die Musik spielt die alten Paradenmärsche der Marine. Ja, sehen Sie, die meisten Leute sind von der Marine, aber sie haben den Landkrieg in den 14 Monaten gelernt. — Das dort sind die Pioniere — die Kompanie dort hat in Kiel mitgekämpft und schwere Verluste erlitten. Daher ist sie so schwach. Das da sind Bayern mit der Fahne von Hauptmann Berthold, den sie vor kurzem so schmählich umgebracht haben; darum tragen sie den schwarzen Trauerflor um die Fahne. Ein kurzer Abstand, dann folgt das Sturm-Bataillon. Ausgesuchte Mannschaften, Fähnriche und Aspiranten, die hier in Reih' und Glied als einfache Mannschaften Dienst tun. An der Spitze Kapitänleutnant v. Arnauld de la Perrière. Und bei der vordersten Kompanie die Flagge seines U-Bootes „U 35". Die Infanterie mit Maschinengewehren und allem, was sonst noch dazugehört, ist vorbei. Leicht wirbelt der Staub auf, frische Reiterklänge, im Trabe kommt die Artillerie an ihrem Kommandeur vorüber. Kopf an Kopf die Pferde. Schnurgerade ausgerichtet. Und hinterher wieder eine Staubwolke. Die Musik bricht ab. Die Parade ist zu Ende. — Abends vor dem Quartier des Kommandeurs: „Hol' nieder Flagge." Irgend einer erzählt von dem Skagerrakgeist von vergangenen Zeiten. Die III. Marine-Brigade hat aufgehört zu existieren und nun gehen sie auseinander. Ein Teil tritt zur Schiffsstamm-Division der Ostsee, andere werden zur Reichswehr übernommen und ein Teil zieht den grauen Rock für immer aus, aber der treue deutsche Geist, der sie alle beseelt hat vom obersten Führer bis zum letzten Mann, den nehmen sie alle mit! „Einigkeit und Recht und Freiheit."

Freikorps-Arbeitsdienst-Siedlung

Das Schicksal eines Vorkämpfers der Freikorpssiedler

Von Dr. Franz Wiemers-Borchelhof (Münster)

Es war im November 1919, als die Freikorps in Litauen und im Baltikum genötigt waren, den Rückzug anzutreten. Dichter Schnee rieselte vom Himmel. Die Soldaten waren verbittert. Mit dem Versprechen, daß sie sich im Baltikum ansiedeln können, waren sie verraten, verraten sowohl von den Letten als auch von der marxistischen Regierung in Deutschland. Beide Regierungen waren durch die Soldaten, die nun auf dem Rückmarsch waren, gerettet worden vor dem Untergang und vor der bolschewistischen Flut. In langen Kolonnen zogen die Sieger über den Bolschewismus an der Nordfront die Landstraße südwärts. Überall angegriffen von lettischen und litauischen Banden.

Es war in den ersten Novembertagen, als ein Teil der Formationen bereits verladen wurde und ein anderer Teil trotz des hereinrückenden Winters noch auf die Möglichkeit hoffte, in Kurland oder Litauen zu bleiben und zu siedeln. Da traf ich am 5. November 1919 zum erstenmal auf einer kleinen Verladestation in der Nähe von Schaulen den Kameraden Wiese. Kamerad Wiese war Hauptmann und Kompanieführer einer Formation innerhalb des Freikorps v. Diebitsch. Auch er war im Moment des Zusammenbruchs im November 1918 nicht wankend

schaftlichen Worten schüttelten wir uns die Hände. Wir waren voller Hoffnung, daß wir uns wenigstens mit unseren ostdeutschen Siedlungsplänen zum Schutz deutschen Bodens doch durchsetzen würden. Auch Hauptmann Wiese war einer von denen, die aus der Schule des Soldatensiedlungsverbandes Kurland hervorgegangen waren. Er hatte den Feuereifer des Verbandsführers Baron von Manteuffel-Katzdangen in Mitau für die Siedlungen in den baltischen Ost-

Hauptmann Wiese, ein Vorkämpfer der Freikorpssiedler, ehemals Führer des Freiwilligen-Bataillons 52

Baron von Manteuffel-Katzdangen, Vorsitzender des Siedlungsverbandes Kurland

2 Photos: Wiemers, Münster

geworden. Er war auf seinem Posten geblieben wie alle die, die zwischen Riga und Grodno an der Front geblieben waren. Galt es doch, den heranrollenden Bolschewismus von unserer Heimat fernzuhalten. Der kleine verwitterte Hauptmann war eine ausgesprochene Pflichtnatur, ein tüchtiger Soldat und der beste Kamerad, den sich seine Leute wünschen konnten. Es war ihm gar nicht in den Sinn gekommen, angesichts der großen Gefahr von seinem Posten auszureißen, wie es so viele andere getan hatten. In seinen schäbigen russischen Pelzmantel gehüllt, stand er unter seinen Leuten, die ebenfalls, wenn auch nicht schön, so doch durch die Fürsorge des Hauptmanns warm verpackt waren. Es war trotz des Schneewetters bitter kalt. Kamerad Wiese erteilte seine letzten Befehle zum Verladen. An dem kameradschaftlichen Verhältnis, das zwischen dem Führer der Kompanie und seinen Leuten bestand, erkannte man gleich, daß hier der eine für den anderen durchs Feuer ging. Echte Freikorpskameradschaft und selbstgeschaffene Freikorpsdisziplin! Nicht äußere Rangzeichen hatten hier Disziplin geschaffen, sondern das Treueverhältnis von Mann zu Mann. Mir gefiel dieser Mann im Kreise seiner Leute. Wir sprachen einige flüchtige Minuten über die zusammengebrochenen Pläne. — Mit kamerad-

marken kennengelernt. Auch er war von ihm mitgerissen. Land in Not! Deutschtum in Not! Tausende hatten kurländische Bauern werden wollen. Zu spät. Nun waren unsere Hoffnungen auf Ostpreußen gestellt.

Nur wenige Tage später. Da sahen wir uns wieder in Thorn. Hauptmann Wiese stand inzwischen mit seiner Kompanie im Grenzschutz den Polen gegenüber. Seine Kompanie gehörte auch hier zum Freikorps v. Diebitsch, welches damals das Gebiet südlich Thorn gegen die Polen sicherte. Wir waren zu einer wichtigen Besprechung in die Reithalle einer Thorner Kaserne befohlen. Kein Mensch wollte damals glauben, daß es schon in wenigen Tagen zur Räumung Thorns kommen würde. Unser Freikorpskommandeur nahm uns in einer Ansprache den letzten Zweifel daran. Verbittert schaute er drein, als er seine Anordnungen gab. Es war uns, als hätten die Fenster der Reithalle springen müssen von so vielen bösen Nachrichten. Räumung Thorns! — „Kameraden", so sagte er zum Schluß, „ich werde alles tun, daß wir zusammenbleiben. Wir wollen unseren Truppenverband zu einem ‚Freikorps der Arbeit' umgestalten, damit wir jederzeit wieder auf dem Platze sind, wenn man uns braucht. Und das hoffentlich bald." — Dann zog er die weite Pelerine seines

Der Arbeitskamerad

Fürs Vaterland

Harte Arbeit – unser Weg
unsere Hoffnung – Haus u. Heimat

2. Jahrgang Febr.-Heft — Nummer 3.

Die Zeitschrift der Arbeitsgemeinschaften entlassener Freikorpskämpfer

Vorlage: Hiemers, Münster

Mantels fest um sich, als ob ihn fröre und verließ die Reithalle.

An der Räumung Thorns war nicht mehr zu zweifeln. Die deutsche Bevölkerung bestürmte jeden einzelnen Kameraden. Sie wollte es nicht glauben und konnte es nicht glauben. Sie hoffte und wir alle mit ihr auf eine baldige Wiederkehr der Freikorpstruppen. Hauptmann Wiese stand sprachlos neben mir. Erst allmählich kam ihm die Luft mit einem derben Wort wieder. Er sagte, daß seine Leute ihn dringend gebeten hätten, heute alles zu tun, daß der Abmarsch der deutschen Truppen verhindert werden möchte. Es sei eine Ehrlosigkeit der Regierung, die Deutschen in Thorn und in der weiten Umgebung im Stich zu lassen. Wenn es aber nicht mehr zu verhindern sei, so möchten seine Leute alle mit ihrem Hauptmann zusammenbleiben, wohin er sie auch führe und sich mit ihm gemeinsam irgendwo ansiedeln.

Der Abmarsch von Thorn gehört mit zu den bittersten Erinnerungen an unsere Freikorpszeit. Wir alle sagten uns, daß der Abmarsch Verrat an der deutschen Sache war.

Einige Wochen später lag das Freikorps von Diebitsch mit dem größten Teil seiner Truppen in Königsberg und seiner weiteren Umgebung. Hauptmann Wiese hatte sich ebenfalls eifrig mit der Idee der Arbeits- und Siedlungsgemeinschaften befaßt, wie der Oberst v. Diebitsch sie plante. Es war am 27. Januar 1920, als ein großer Grundbesitzer aus Mecklenburg dem Hauptmann Wiese seine Rechte gab und ihm mit strammen Worten versprach, die sehr kameradschaftlich klangen, ihn, zwei Offiziere und 50 seiner Leute, die mit ihm durch dick und dünn gehen wollten, auf seinem Gute unterzubringen, damit jeder dort Arbeit bekäme und alle später eine eigene Bauernstelle bekommen sollten, um die sie von den Leuten im Baltikum betrogen worden seien. Da war der alte Soldat voll neuen Glaubens und neuer Hoffnung.

Aber Eigennutz ging damals mehr denn je vor Gemeinnutz. In einem verlassenen Schweinestall hatten sich seine Leute mit nassen Brettern ihre Quartiere auf dem Boden herrichten müssen. Mit seinen Leuten kam Kamerad Wiese im März 1920 wieder in unser Barakenlager nach Ponarth zurück. Er schilderte uns, wie man seine Kameraden behandelt habe und schlug dabei mit der Faust auf den Tisch, daß unsere Blechtassen mit der braunen Brühe von den Tischen sprangen. — Neue gemeinsame Arbeitsbeschaffungspläne wurden geschmiedet. Gute Löhne und Siedlungsland sollten im westlichen Hannover zu finden sein. Dorthin fuhren unsere Kundschafter, um eventuell gleich als Quartiermacher dort zu bleiben.

Zwei Monate später sahen Hauptmann Wiese und ich uns wieder bei Heseper-Twist in der Gegend von

Freikorpssiedler bei Arbeiten im Moor

Photo: Arbeitsdienst u. Siedlung, Berlin

Büro der Arbeitsgemeinschaft des Freikorps Diebitsch im Barackenlager Königsberg
Photo: Wiemers, Münster

Meppen im Emsland. Weit hinten im Moor wurden Baracken aufgebaut. Dort wohnten die Arbeitskameraden. Die Bevölkerung nahm die Freikorpskameraden nicht gerade freundlich auf. Vor allem beargwöhnten sie die Tatsache, daß Hauptmann Wiese und seine beiden Offiziere mitsamt 80 Leuten Torf zu stechen beabsichtigten, um auf diese Weise ihr täglich Brot zu verdienen. Aber mit der Zeit bildete sich mit der einheimischen Bevölkerung doch ein sehr gutes Verhältnis heraus, sogar die Glaubensgegensätze wurden überwunden, sobald sich die deutschen Menschen über ihr Inneres hatten aussprechen können, und wenn des Tages Arbeit, die mit Sonnenaufgang draußen im Moore begann, im Laufe des Nachmittags zu Ende ging, war überall an den Häusern ein freundlicher Kontakt der Bevölkerung mit den fleißigen Freikorpskämpfern sichtbar.

Wiese hatte sich mit seinen Leuten von neuem fest in die Hoffnung auf eine Siedlung verbissen. Monate um Monate zog Hauptmann Wiese frühmorgens mit seinem Torfgrabergerät auf dem Nacken mit seinen Kameraden hinaus in das Moor. Er war Idealist, er wollte seinen Leuten mit gutem Beispiel vorangehen und ihnen zeigen, daß man alles kann, wenn nur der gute Wille da ist und daß keine Arbeit schändet, vor allem nicht solche Arbeit, hinter der die Hoffnung auf eine eigene Scholle und Bodenverbundenheit winkt. Damals haben wir uns oft in der Heide getroffen, da mir die Betreuung der in der Heide gebliebenen Kameraden von Oberst v. Diebitsch übertragen war. Eine Sorge stieg nur im Verlauf der Monate in uns auf, die wachsende Erkenntnis, daß die Kameraden durch die damalige Regierung und durch die liberalistischen Gewalten erneut um ihre Hoffnung auf eigene Siedlungsstellen betrogen werden würden. Die Löhne waren gut wegen des damaligen Mangels an Kohlen, aber die Siedlungsaussichten schlecht.

Als die Arbeit Mitte 1921 recht im Gange war, wurde Kamerad Wiese vom Wehrkreiskommando in Königsberg herausgeholt. Man bat ihn, seine Erfahrungen bei der Unterbringung der in Ostpreußen zur Entlassung kommenden Kameraden zur Verfügung zu stellen. Durch Vorträge und praktisches Beispiel blieb auch dort seine Arbeit nicht ohne guten Erfolg. Im Bereich der in Bartenstein liegenden Brigade wurden weit über ein Dutzend Abteilungen unter Führung der alten Offiziere geschaffen, die auf genossenschaftlicher Basis, ähnlich wie in Westfalen und Hannover, zusammengeschlossen wurden, und die sich durch Lohnfuhrwerk, Erdarbeiten und sonstige Unternehmungen eine neue Existenz zu gründen hofften. Es blieb uns Freikorpssoldaten ja auch nichts anderes übrig, als nach Möglichkeit zusammenzubleiben und auf eigene Faust Arbeits- und Siedlungsmöglichkeiten zu schaffen, da für uns von der damaligen Reichsregierung keine Unterstützung zu erwarten war. Aber infolge der Heeresverminderung war das neue Arbeitsgebiet für Kamerad Wiese noch vor Ablauf des Jahres zu Ende gegangen. Wieder stand der alte Soldat vor einer lichtlosen Zukunft. Bei allen Bemühungen, im Wirtschaftsleben in Ostpreußen unterzukommen, stieß Kamerad Wiese jetzt auf den immer brüsker werdenden Boykott und die Verfemung, die überall gegen die Freikorpskämpfer verhängt waren. Das ergebnislose monatelange Bemühen war für ihn schwerer zu ertragen als die Torfarbeit im Moor des Emslandes. Die wenigsten haben wie unser Kamerad Wiese erfahren, mit welchem Zynismus damals die aus den Freikorps zurückgekehrten Kameraden behandelt wurden. Das Herz des völkisch und vaterländisch gesinnten Idealisten mußte sich zusammenkrampfen, wenn das Ohr hören mußte, wie der Dank für sein Ausharren an der Ostfront lautete. Ein bedauerndes Achselzucken war das mindeste, was er erntete. Er hat es hingenommen, wie alle Freikorpskameraden es getan haben, die sich selbst treu geblieben sind. Gerade aus dieser Zahl der sich selbst treu Gebliebenen sind in der Nachkriegszeit die nationalen Organisationen entstanden. Eine Weile konnte sich dann Kamerad Wiese für die ostpreußische Arbeits- und Siedlungsgenossenschaft in Königsberg und die Kriegsbeschädigten-Werkstätte in Königsberg betätigen. Beide Einrichtungen waren ebenfalls

Verladen von Torf bei der Arbeitskameradschaft des Hauptmanns Wiese am Emskanal bei Hesepertwist im Jahre 1920 bis 1921
Photo: Wiemers, Münster

411

vom Obersten v. Diebitsch geschaffen worden und beschäftigten damals eine in die Tausende gehende Zahl von heeresentlassenen Kameraden.
Als die Inflation beendet war, hatte Kamerad Wiese sein Letztes verloren. Nur hatte er als alter Siedlungsfanatiker aus dem Baltikum die Hoffnung auf die Siedlung nicht aufgegeben. So hatte er schon eine Weile mit Interesse die Zeitungsnotizen verfolgt, die Mitteilungen aus der Artamanen-Bewegung zur Verfügung in der Hoffnung, daß sein Siedlungsplan doch noch einmal Wirklichkeit werden würde. Als alten völkischen Kämpfer nahm man ihn gern an. Er wurde als Führer einer Kolonne von 16 jungen Menschen auf eine größere landwirtschaftliche Domäne geschickt. So sehr die Erntearbeit bei dem herrlichen Sommerwetter die alte Freikorpskämpfersehnsucht nach Siedlung in ihm neu lebendig werden ließ, so wenig Freude hatte er an der Erziehung der jungen ungedienten Burschen. Disziplin war unter dem damaligen System nicht zu erreichen. Die Briefe mit den alten Freikorpskameraden aus der Freikorpszeit mußten ihn entschädigen für die unfrohen Erlebnisse in dieser Zeit. Zudem mußte er erkennen, daß die Hoffnungen auf die Erlangung einer eigenen Scholle wiederum betrogen waren. Zu allem überfluß warfen ihn die Folgen einer Kriegsverletzung aufs Krankenlager.
Der Zufall fügte, daß ich ihm die Adresse eines Bekannten nennen konnte, der zu einem der Werke in einer maßgeblichen Verbindung stand. So kam Kamerad Wiese zwar nicht nach Heseper-Twist, sondern nach Georgsdorf. In Georgsdorf sah man ihn zuerst mit etwas schiefen Augen an, da er so wenig nach einem Torfstecher aussah.
In einem späteren Brief schildert er, wie er dann von Nordhorn zu Fuß, am Kanal entlang, in das weite Moor gewandert ist. In ihm die Erinnerung an eine Zeit, wo durch treues kameradschaftliches Zusammenhalten schwerste Arbeit leicht wurde. Er erzählt: „Schön war es nicht immer, aber was hatte ich alter Landsknecht danach zu fragen. Ungemütlich und kalt war es zu der frühen Jahreszeit in den Baracken, und das Heidebauernfutter, Erbsen mit Speck oder Speck mit Erbsen, wollte meinem Magen zuerst nicht so recht bekommen. Ungefähr zwei Monate war ich an der Arbeit. Torf, Torf, Torf! Als ich eines Morgens in der Frühlingssonne emsig schaffte, tauchte auf dem Moor eine Gestalt auf, die auf mich zukam. Aber wer wollte mich hier am Ende der Welt aufsuchen? Und dann erkannte ich ihn, es war doch der Fritz, mein letzter Bursche aus dem Baltikum, der 1920 auch mit ins Moor ging. Verwundert rief ich: „Fritz, woher kommen Sie!" Vor mir stehend, sagte er: „Von Twist komme ich und zu Ihnen will ich." — „Ja, woher wissen Sie?" — „Moorgeschwätz! Es hat sich herumgesprochen, daß der Hauptmann von 1920 und 1921 wieder hier ist, und nun müssen Sie mit."
Es half nichts, er mußte mit zum Twist und wurde in Fritzens Häuslichkeit — er hatte sich inzwischen

Hauptmann Wiese mit seiner Familie im Sommer 1936 vor seiner bäuerlichen Siedlung
Photo: Wiemers, Münster

ein Weib genommen — bewirtet. Es kamen dann noch andere alte Kameraden aus dem Moor, ihren ehemaligen Kompanieführer zu begrüßen. Und Kamerad Wiese mußte wieder zu ihnen auf den Twist kommen und sollte beim Fritz wohnen. Kurz und gut, nach acht Tagen hielt er seinen Einzug.
Die Sehnsucht nach Land, Heim und Scholle hatte ihn wieder ins Moor gezogen. Welch ein Glaube gehört dazu, trotz der fehlgeschlagenen Erfahrungen so vieler Jahre, doch auf den Dornenweg der Siedlung zurückzukehren. Hut ab, vor so viel Energie, vor so viel Glauben! Das Lebensschicksal des Kameraden Wiese ist aber auch eine schwere Anklage gegen die, welche so viel Glauben in Tausenden von Menschen zerstört haben, obwohl es nicht nötig gewesen wäre, wenn nationalsozialistischer Geist sich schon 1920 und 1921 hätte auswirken können und nicht unter dem Wucher des Liberalismus und Kapitalismus erstickt worden wäre. In der Stille der Heide wuchs dem alten Kämpfer wieder der Glaube an das Ziel zur Schollenverbundenheit, das so viele schon nach wenigen Monaten mißlicher Erfahrungen trotz aller Siedlungsfreudigkeit wieder von sich gewiesen hatten.
Jeden Abend wurden im Kreise der wiedergefundenen Kameraden Freikorpserinnerungen ausgetauscht. Die Gestalt des Obersten v. Diebitsch wurde wieder vor ihren Augen lebendig, der lange Zeit ihr treuer Wegführer war. Spät erst trat man den Heimweg an. Draußen geisterte das Moor. Wie oft hatte der alte Landsknecht — Landsknecht in des Wortes gutem Sinne — auf diesen einsamen Heimwegen die Sehnsucht nach einem Stück eigener Scholle gespürt und die Sehnsucht nach einem eigenem Heim und einer eigenen Familie, wenn er gerade den Kreis der Kameradenfamilien verlassen hatte. Da der Weg vom Kanal zum Werk reichlich weit war, zog Kamerad Wiese in das sogenannte Ledigenheim des Werkes, das von einem alten preußischen Husarenwachtmeister verwaltet wurde. In dessen Familie hat er ebenfalls manche Stunde verbracht, so daß ihm sein gewiß nicht ganz leichtes Leben angenehm wurde. Das Jahr 1930 brachte ihm endlich die ersehnte Wendung. Er folgte zum Weihnachtsfest 1929 einer

Ausgabe A.

Der Kamerad

Eine Wochenschrift für Zeitfragen und Unterhaltung

Mitteilungsblatt der Arbeitsgemeinschaften Roßbach (Gau Pommern, Gau Hubertus, Gau Schlesien), E.D. einschließlich Müller, Lützow I, v. Brandis, Ost, Trus G.m.b.H., Wirtschaftsvereinigung Weppner, des Vereins ehem. Angehöriger der 3. M.G.K. J.R. 175 und des „Vereins ehem. Baltenkämpfer"

| Herausgegeben für die Z.A.G. von Kurt Oskar Bart postversand von Berlin aus | 2. Jahrgang ♦ Nummer 25 Sonntag, den 19. Juni 1921 | Schriftleitung und Geschäftsstelle in Wannsee, Otto-Erich-Straße 10 Fernsprecher: Wannsee Nr. 613 |

Nachdruck aller Originalbeiträge ist nur mit erfragtem Einverständnis des Verlages gestattet.

Aus dem Inhalt:

Ein frevelhaftes Spiel . . . . B—.
Umschau . . . . B—.
Liebesgaben für Oberschlesien . . . B—.
Oberschlesischer Zirkus . . . . B—.
Der heimliche Zar . . . . B—.
Siedelung . . . . B—.
Eine ganz alte Geschichte . . . . . —rf
Fremde Federn. — Briefkasten. — Rätsel-Ecke. — Anzeigen.

Bilder von der Front in Oberschlesien: Ein Schützengraben des deutschen Selbstschutzes unmittelbar vor Rosenberg. — Besuch in der deutschen Selbstschutzstellung vor Rosenberg. Leichtes Maschinengewehrnest. — Deutscher Selbstschutz in Ruhe am Bahnhof Alt-Rosenberg.

☛ Vom 1. Juli dieses Jahres ab wird — um möglichst allen Kameraden den Bezug der Wochenschrift zu ermöglichen — der Bezugspreis für die Ausgabe A auf 10,— Mark vierteljährlich zuzüglich Bestellgeld bei Bestellung durch die Post, auf 12,— Mark bei Bezug direkt vom Verlag ermäßigt. Der Preis des einzelnen Exemplars beträgt dann 1,— Mark. „Der Kamerad."

Ein frevelhaftes Spiel.

Kurz vor Drucklegung dieser Ausgabe kommen die Nachrichten über das Vorgehen der Ententeregierungen gegen die deutsche Regierung, die blitzartig das gemeine Spiel erhellen, das mit Oberschlesien getrieben wird. Die Entente stellt den oberschlesischen Selbstschutz, der vier Wochen lang auf Hilfe der „Interalliierten" gehofft hat, als Sündenbock hin, so daß eine weitere Intervention von interalliierten Truppen nicht möglich wäre. Frankreich droht mit scharfem Vorgehen in Berlin. Wieder verlangt die Entente die Unterschrift unter einen Blankowechsel, dessen Zahlen — Korfanty ausfüllen wird.

Daß die heutige Regierung Schutzmaßnahmen für die neuen Opfer französisch-englischer Intrige in genügender Weise treffen wird, wird niemand erwarten, der ihr Wesen kennt. **Aber eines soll sie wenigstens tun, laut und deutlich soll sie aller Welt den neuen Rechtsbruch der Entente verkünden, immer und immer wieder, bis er auch den Schwerhörigsten in die Ohren gellt!**

Es geht um deutsche Volksgenossen und um deutsche Würde!

B—.

Umschau.

Am 10. Juni wurde der unabhängige Reichstagsabgeordnete Gareis in München erschossen. Der Täter ist nicht festgestellt. Das war den Linksparteien aber gleichgültig. Sie hatten wieder einmal ihre Reklameleiche und haben sie auch gründlich ausgewertet. Generalstreik in Bayern, Demonstrationen im ganzen Reich, Reklame gegen Escherich, gegen Kahr, gegen die Rechtsparteien waren die diesbezüglichen Veranstaltungen, trotzdem Person und Herkunft des Mörders bisher unbekannt blieb. Es ist eigentlich eine furchtbar lächerliche Behauptung, die Rechtsparteien oder irgendeine nationale Organisation, wie z. B. die Orgesch, stände hinter diesem Vorkommnis. Solche Behauptungen sollen nur verhetzen, und es finden sich ja immer noch Dumme genug, die darauf hereinfallen. Wer wird denn durch so eine phantastische Tat sich der Gefahr aussetzen, Leidenschaften zu entfesseln, die doch nur seiner eigenen Organisation schaden könnten, zumal Gareis doch auch nur einer von vielen und nicht der ausgesprochene Führer einer Strömung war.

Jedenfalls: Die Reklameleiche ist da. Just zu derselben Zeit stand der armenische Student Teilirian vor Gericht, weil er den ehemaligen Staatsmann Talaat-Pascha auf offener Straße zusammenschoß. Die Tat geschah aus Rache, aus Rache an einem Tyrannen, der es für richtig hielt, einen

Einladung des Kameraden, der ihm einige Jahre vorher die Arbeitsstätte bei der Zuckerfabrik besorgt hatte, nach Mecklenburg. In deren Nähe wurde es ihm ermöglicht, eine Kleinbüdnerei zu erwerben, wo nun endlich sein alter sehnlichster Wunsch in Erfüllung ging, ein Stück Heimatscholle sein eigen zu nennen. Eine Scholle und ein Heim! Im gleichen Jahre verlobte er sich und heiratete. Nun wußte er wenigstens, was Heimat für eine Stärke gibt und für wen er alle Arbeit tat. Neue Sorgen kamen. Der Kampf um die Scholle, der ihm heute zugleich auch der Kampf für Weib und Kind geworden ist.

Die unerschütterliche Hoffnung auf Deutschlands innere und äußere Freiheit, auch das geistige Erwachen seines Volkes hat ihn immer wieder hochgerissen. Wille wird Tat. Auch im kleinen. Das Schicksal des Freikorpskameraden Wiese und seine fanatische Hoffnung auf eine eigene Scholle ist ein Beweis dafür.

Das letzte Bild, das ich von ihm erhalten habe, zeigt ihn vor seiner Büdnerstelle. In der Tür steht seine Frau und beide schauen der Kleinen, nunmehr dreijährigen Hannelore zu, ein Bild, das Bestand haben soll durch die Erbfolge der Geschlechter.

Der Reiter gen Osten

Organ der Baltikumkämpfer

Herausgegeben vom Hauptverein, Geschäftsstelle in Labes in Pommern, Hindenburgstraße Nr. 18

Verlag und Schriftleitung Heinrich Müller in Labes in Pommern, Hindenburgstraße Nr. 18

Berliner Schriftleitung: Werner Heinrich Helling, Berlin S.W. 11, Bernburgerstraße 7 pt.

Hamburger Schriftleitung: W. John, Hamburg 4, Hochstraße 18 II

Postscheck-Konto: H. Müller, Stettin Nr. 10871 — Bankkonto Stadtbank Labes 365.

Nr. 6   Labes, den 15. Juli   1923

Riga-Marschlied.
(22. Mai 1919.)

Unser Gen'ral von der Goltz
Sprach: „Potzschwerenot!
Auf, ihr frommen Langenknecht,
Fürchtet nit den Tod,
Steckt die schwarzen Fahnen auf
Mit den Schädelbein,
Morgen um den Hahnenschrey
Muß marschieret seyn!"

Gen die Eckau, rumm und bumm,
Richten sich die Stück,
Auf der Brucken hinterm Draht
Liegt der Bolschewick;
Rigas Türme grüßt von fern
Mayen-Morgenrot,
Leise rührt sein Trummenspiel
Schon bey uns der Tod.

Hei, da schmunzelt in den Bart
Bischoff, der Obrist,
Sein Kurländisch' Kriegervolk
Weiß, was „rubeln" ist;
Musquetier und Reutereyn
Seind schon in Allarm,
Auerbach'sche Artollrey
Hält die Rohre warm.

Marschkolonnen zieh'n in Tritt
Die große Straß' entlang,
Tausendfach zum Himmelszelt
Schwingt sich ihr Gesang:
„Deutschland, höre unsern Ruf,
Knüpf' das alte Band,
Eisern unser Schwerter Schlag,
Eisern Herz und Hand,

Heimdall, vor Riga, Mai 1919.

Zeitschrift der Baltikumkämpfer, die den Zusammenhalt über die Inflations- und Verbotszeit aufrechterhielt

Vorlage: Archiv Reiter gen Osten

Grenzkampf im Westen

11. November 1918	Artikel 5 des Waffenstillstandvertrages: Räumung des linken Rheinufers durch die deutsche Armee.
1.—14. Dezember 1918	Besetzung der Pfalz und des Mainzer Brückenkopfes durch Franzosen.
	Besetzung des Kölner Brückenkopfes durch Engländer.
	Besetzung von Trier, der Eifel und von Koblenz durch Amerikaner.
	Besetzung des Niederrheins durch Belgier.
15. Januar 1919	Foch fordert autonomen Staat am linken Rheinufer.
26. Mai 1919	Belgier besetzen Moresnet, Eupen, Malmedy und Herbesthal.
1. Juni 1919	Ausrufung der „Rheinischen Republik" in Wiesbaden.
	Putschversuch von Separatisten in Speyer scheitert.
12. Juni 1919	Französischer General Gérard führt den Vorsitz in einer Vertrauensmännerversammlung des Bundes „Freie Pfalz".
29. August 1919	Französische Gewalttaten gegen das Postamt Ludwigshafen.
10. April 1920	Darmstadt und Frankfurt werden von den Franzosen besetzt.
17. Mai 1920	Frankfurt und Darmstadt werden wieder geräumt.
8. März 1921	Besetzung von Düsseldorf, Duisburg, Ruhrort, Mülheim, Oberhausen und Teilen des rechtsrheinischen Gebiets durch Franzosen.
7. Oktober 1922	Ordonnanz der Rheinlandkommission zum Schutze von Separatisten.
6. Januar 1923	Reparationskommission stellt Erfüllungsverfehlungen (Holzlieferung) von Deutschland fest.
9. Januar 1923	Rheinisch-Westfälisches Kohlensyndikat verlegt seinen Sitz nach Hamburg.
11. Januar 1923	Besetzung von Gladbeck, Buer, Gelsenkirchen, Wattenscheid, Steele, Werden.
13. Januar 1923	Internationale Reparationskommission unterstellt Kohlenverteilung im besetzten Gebiet einer interalliierten Kohlenkommission.
15. Januar 1923	Erstes Blutvergießen in Bochum: 1 Toter, 2 Verletzte.
	Reichskohlenkommissar verbietet Lieferung von Kohlen an Frankreich und Belgien.
16. Januar 1923	Besetzung von Dortmund und Lünen.
18. Januar 1923	Internationale Reparationskommission beschlagnahmt Zölle sowie Ein- und Ausfuhrabgaben.
24. Januar 1923	Amerikaner verlassen Ehrenbreitstein, Franzosen übernehmen Besetzung.
	Industriellenprozeß Kersten, Thyssen usw. in Mainz. Hohe Geldstrafen.
29. Januar 1923	Verhängung des verschärften Belagerungszustandes über das Ruhrgebiet.
1. Februar 1923	Kohlentransporte aus dem Ruhrgebiet ins Reich werden gesperrt.
4. Februar 1923	Offenburg und Appenweiler werden besetzt.
8. Februar 1923	Französische Soldaten mißhandeln in Recklinghausen die Zivilbevölkerung.
10. Februar 1923	Schießereien zwischen Franzosen und Polizisten in Gelsenkirchen. Deutscher Polizist erschossen; Verhaftung aller Polizeibeamten.
13. Februar 1923	Besetzung von Wesel und Emmerich. Rheinkanal wird bei Bottrop durch Kahnversenkung gesperrt
16. Februar 1923	Kohlenschiff im Hafen Mathias Stinnes unweit Karnap versenkt. Hafen gesperrt.
19. Februar 1923	Essener Polizei wird entwaffnet.
22. Februar 1923	Königswinter, Caub, Lorch und weitere Rheinorte werden besetzt.
26. Februar 1923	Besetzung der „Flaschenhälse" zwischen Mainz, Koblenz und Köln.
2. März 1923	Franzosen besetzen Mannheimer und Karlsruher Hafen sowie Güterbahnhof in Darmstadt.
3. März 1923	Der gesamte pfälzische Eisenbahnbetrieb wird stillgelegt.
7. März 1923	Französische Militärbehörde übernimmt Eisenbahnbetrieb. Bevölkerung lehnt ab, mit der Bahn zu fahren.
9. März 1923	Dr. Dortens Gutenberg-Druckerei in Koblenz wird zerstört.
10. März 1923	Zwei französische Offiziere werden in Buer erschossen.
11. März 1923	Belagerungszustand in Buer, sieben Deutsche werden ermordet.
12. März 1923	Beginn des Einsatzes fremder Arbeitskräfte zum Abtransport von Kohle und Koks.
17. März 1923	Separatist Smeets wird durch Kopfschuß schwer verletzt.
18. März 1923	Französischer Soldat Schmidt wird in Essen erschossen, furchtbare Unterdrückung der Bevölkerung.
27. März 1923	Erster Sabotageprozeß gegen Eisenbahninspektor Gottfried, 20 Jahre Zwangsarbeit.
31. März 1923	Blutbad in Essen. 13 tote, 29 verletzte Krupp-Arbeiter.
8. April 1923	Rhein-Herne-Kanal wird von Deutschen bei Henrichenburg gesprengt.
15. April 1923	Letzte Eisenbahnsprengung Schlageters bei Calkum.
18. April 1923	Kommunistenaufstand in Mülheim/Ruhr.
19. April 1923	Befreiung von Mülheim durch freiwillige Stoßtrupps und Polizei.
1. Mai 1923	Verhaftung von Krupp.
9. Mai 1923	Krupp-Prozeß in Werden, Krupp wird zu 15 Jahren Gefängnis verurteilt.
10. Mai 1923	Schlageter wird in Düsseldorf zum Tode verurteilt.
16. Mai 1923	Beginn eines Kommunistenaufstandes im Dortmunder Gebiet. Schutz der Zechen durch freiwillige und Polizei in Zivil aus dem unbesetzten Gebiet. Kommunisten benutzen französische Hilfe zur Vertreibung des Zechenschutzes.
23. Mai 1923	Kommunistensturm auf das Gelsenkirchener Rathaus. Verteidigung durch freiwillige Hilfspolizei und Feuerwehr. Schwere Kämpfe in Bochum.
26. Mai 1923	Albert Leo Schlageter wird bei Düsseldorf erschossen.
	Schwere Kämpfe des freiwilligen Zechenschutzes auf allen Gruben östlich Bochum mit Kommunisten, besonders um Zeche Minister Stein.
29. Mai 1923	Zwischen Insheim und Landau entgleist ein Personenzug durch eine Sprengung, ebenso bei Weidenthal. Zusammenbruch des Kommunistenaufstandes.
30. Mai 1923	Leutnant Goerges versucht bei Mutterstadt Eisenbahnbrücke zu sprengen und wird verhaftet.
10. Juni 1923	Zwei französische Offiziere werden in Dortmund erschossen, darauf Überfall auf Passanten, 7 Tote.

14. Juni 1923	Goerges wird zum Tode verurteilt. Graf von Keller und Genossen versuchen Eisenbahnbrücke bei Düsseldorf zu sprengen und werden verhaftet.
24. Juni 1923	Verlängerung der Straßensperre über Buer, fünf tote Deutsche.
30. Juni 1923	Explosion in einem Personenzug zwischen Duisburg und Rheinhausen, 9 Tote, 50 Verletzte. Sperrung des gesamten Verkehrs zwischen besetztem und unbesetztem Gebiet bis 16. Juli 1923.
13. Juli 1923	Graf von Keller, Ludwig Schulze und Egon Ringenberg werden zum Tode, Kurt Lorbeer zu lebenslänglicher Zwangsarbeit verurteilt. Franzosen rücken in Barmen ein.
29. Juli 1923	Verschmelzung der Separatistengruppen Smeets und Dr. Dorten in Koblenz.
23. September 1923	Kundgebung der Separatisten in Wiesbaden.
26. September 1923	Reichsregierung beschließt Aufgabe des passiven Widerstandes.
30. September 1923	Zusammenstoß zwischen Separatisten und Polizei in Düsseldorf. Polizei wird von Franzosen entwaffnet. 4 Polizeibeamte und 17 Separatisten getötet.
17. Oktober 1923	Prozeß gegen Haller und Andler wegen Sprengungsversuch am Rhein-Herne-Kanal; Urteil lebenslängliche Zwangsarbeit.
21. Oktober 1923	Separatisten rufen in Aachen die „Rheinische Republik" aus. Separatistenputsch in München-Gladbach. Ausrufung der Rheinrepublik in Monschau. Auf Befehl des französischen Kreisdelegierten muß die Polizei in Bonn die Waffen ablegen.
22. Oktober 1923	Separatisten besetzen Wiesbaden, Trier, Düren; Kämpfe in Mainz und Koblenz. Separatisten erschießen im Hofe des Regierungsgebäudes in Aachen vier Schutzpolizeibeamte. Separatisten erstürmen das Bonner Rathaus. Dr. Dorten ruft in Wiesbaden die „Rheinische Republik" aus.
23. Oktober 1923	Krefelder Rathaus wird durch Separatisten besetzt. Separatistenputsch in Mainz. Entwaffnung der Separatisten in Aachen durch die Bevölkerung. In München-Gladbach und Bonn werden die Rathäuser von den Separatisten befreit. In Mainz wollen die Bürger den Bahnhof von den Separatisten säubern; französisches Militär greift ein und tötet vier Einwohner und verletzt zwanzig schwer. Erbitterte Kämpfe in Krefeld.
24. Oktober 1923	Der Vertreter der französischen Kreisdelegierten in der Pfalz, Major Louis, proklamiert die „Autonome Pfalz". Rathaus von Andernach wird durch die Bevölkerung von den Separatisten gesäubert; französische Gendarmerie schützt die Separatisten.
26. Oktober 1923	Separatisten rücken in Speyer ein. Einzug der Separatisten in Koblenz. Vertreibung der Separatisten aus dem Rathaus in Duisburg.
28. Oktober 1923	Englische Regierung erkennt die „Rheinische Republik" nicht an.
29. Oktober 1923	In Worms wird die „Rheinische Republik" ausgerufen. Separatisten besetzen die öffentlichen Gebäude in Bingen.
31. Oktober 1923	In Ludwigshafen werden die deutschen Schutzwachen gegen Separatisten von den Franzosen entwaffnet und mißhandelt.
2. November 1923	Schwere Kämpfe in Aachen; Separatisten werden entwaffnet.
3. November 1923	Monschauer Separatisten flüchten nach Belgien.
5. November 1923	Separatisten brechen unter Führung von Dorten in die Pfalz ein und besetzen Kaiserslautern, Neustadt, Bergzabern, Landau.
9. November 1923	Kämpfe zwischen Bevölkerung und Separatisten bei Lamprecht. Separatisten greifen Regierungsgebäude in Speyer an, werden von Gendarmerie blutig abgewiesen. Entwaffnung der Gendarmen durch die Franzosen; Separatisten erhalten die Waffen.
10. November 1923	Niederlage der Separatisten bei Hanhofen, 8 Tote.
16. November 1923	Niederlage der Separatisten im Siebengebirge, Ende der Separatistenherrschaft am Mittelrhein.
17. November 1923	Prozeß gegen Schutzpolizeibeamte vor dem französischen Kriegsgericht in Düsseldorf. Entwaffnung und Entfernung der Separatisten aus Limburg (Lahn). Entwaffnung der Separatisten in Trier.
19. November 1923	Einnahme von Wittlich und Vertreibung der Separatisten.
23. November 1923	Separatisten besetzen Ludwigshafen.
27. November 1923	Separatistenregierung wird in Koblenz aufgelöst. Belgier entziehen den Separatisten den Schutz in Duisburg. Staatsstreich der Dorten-Anhänger innerhalb des Separatistenlagers. Rheinische Separatistenrepublik bricht zusammen.
29. November 1923	Separatisten besetzen Pirmasens.
3. Dezember 1923	Separatisten besetzen Zweibrücken.
17. Dezember 1923	20 000 Menschen protestieren in Ludwigshafen gegen die Separatistenherrschaft.
19. Dezember 1923	Zwölf Deutsche werden wegen Entfernung einer Separatistenfahne in Wiesbaden vom französischen Kriegsgericht verurteilt.
9. Januar 1924	Separatistenführer Heinz-Orbis wird in Speyer erschossen.
14. Januar 1924	Britische Regierung entsendet Generalkonsul Clive zur Orientierung nach der Pfalz; machtvolle Kundgebungen gegen die Separatisten.
1. Februar 1924	Separatisten räumen Wiesbaden.
12. Februar 1924	In Pirmasens wird das von den Separatisten besetzte Regierungsgebäude in Brand gesetzt, 16 Separatisten erschossen. Blutige Zusammenstöße in Kaiserslautern.
13. Februar 1924	Separatisten ziehen von Zweibrücken ab. Kaiserslauterner Bevölkerung verlangt Abzug der Separatisten; Franzosen gehen gegen die Bevölkerung vor, 2 Tote.
14. Februar 1924	Bad Dürkheimer Bevölkerung geht gegen Separatisten vor und tötet mehrere von ihnen.
17. Februar 1924	Abzug der Separatisten aus Ludwigshafen, Speyer und Kaiserslautern.
1. September 1924	Das Londoner Abkommen zur Liquidierung des Ruhreinfalls tritt in Kraft.
21. Oktober 1924	Die Häfen von Karlsruhe und Mannheim werden von den Franzosen geräumt.
31. Juli 1925	Das Ruhrgebiet wird geräumt.
25. August 1925	Die Brückenköpfe Düsseldorf und Duisburg werden geräumt.
30. Juli 1930	Abmarsch der letzten Besatzungstruppen aus dem Rheinlande und aus der Pfalz.
16. März 1935	Einmarsch deutscher Truppen ins Rheinland.

Krieg im Dunkeln
gegen die französische Besatzung in Essen

Von Dr. Reckhaus, Essen
ehemals Führer der Ruhrkampforganisation Rauh

Ich sehe die Spitze der französischen Einmarschgruppe den Werdener Berg, kurz vor dem Rathaus Essen-Bredeney, heraufmarschieren. Im trüben Januarmorgenlicht schimmern die Linien der Poilus, wie ich sie oftmals dicht gedrängt vor Sturmangriffen im feindlichen Graben sah, blaßblau im Nebel. Auf den Seitenstraßen wird haltgemacht. Die Zeit der Unterdrückung hat für das Ruhrgebiet begonnen. Der Einmarsch in Essen wird von Behörden und dem größten Teil der Bevölkerung mit eisiger Ruhe hingenommen. Auf die Aufforderung, den General Fournier am Rathauseingang zu empfangen, gibt der Bürgermeister die treffliche Antwort: Ein deutscher Bürgermeister pflegt dienstliche Besuche nicht am Eingang des Rathauses, sondern nur in seinem Dienstzimmer zu empfangen. Das Schauspielhaus bringt an diesem Abend „Wilhelm Tell". An den Rütlischwur sollen alle erinnert werden.

Das erste Flugblatt „Deutsches Volk, wach auf!" ist bald entworfen und wird am Spielabend unseres Klubs verlesen. Es fordert die Bevölkerung zu kräftigem Widerstand auf. Die Kasse übernimmt die Kosten. Es schlägt wie der Blitz ein. Entschlossene Männer finden sich zu uns. Einige Tage später ist Besprechung in größerem Rahmen. Die Aufstellung von Abwehrgruppen wird beschlossen. Zur Deckung der Kosten wird ein Konto aufgemacht: „Ehrenmal für die Gefallenen des Weltkrieges", und die Essener werden unter dieser harmlosen Firma zum Zeichnen aufgefordert. Die Aufstellung der Gruppen vollzieht sich schnell; Ende Januar können wir schon in einer Reihe von Bezirken arbeiten. Eine große Menge jüngerer und älterer Kameraden schließen sich in diesen Propagandagruppen zusammen. Flugblätter werden entworfen und bei dieser oder jener Druckerei gedruckt, was im Anfang keine besonderen Schwierigkeiten macht. Die Gruppen gehen zu vier bis sechs Mann nachts los, um Mauerwände und Zäune bis dicht unter den Augen der französischen Wachen mit Flugblättern zu bekleben. Der Feind erkennt die Bedeutung dieser Gegenwehr. Wie ernst er sie nimmt, beweist die zunehmende Patrouillentätigkeit, die er dagegen einsetzt und die eine Reihe von Haussuchungen und Verhaftungen zur Folge hat. Unsere Arbeit wird von Tag zu Tag schwerer; sie wird jedoch auch durch solche Mittel nicht lahmgelegt. Wo ganze Gruppen verschwinden müssen, werden gleich wieder neue aufgestellt. Schließlich, als alle Gewaltmittel dagegen versagen, sendet die Besatzung beim Hellwerden in aller Frühe Teerkolonnen auf Fahrrädern aus, die die Straßen nach solchen Plakaten absuchen, die gefundenen teeren und dadurch unleserlich machen müssen. Man will unter allen Umständen unseren Kolonnen das Handwerk legen. Wir werden sehr vorsichtig.

Haussuchung! Eines Mittags komme ich gegen ein Uhr nach Hause, setze mich an meinen Schreibtisch und lese einen Brief, den ein Kurier überbrachte. Telephon und Post werden überwacht. Plötzlich höre ich an der Tür eine Auseinandersetzung. Ich verstecke den Brief schnell in einem Buch; man muß ja stets auf der Hut sein, denn die Spitzeltätigkeit blüht. Im gleichen Augenblick treten drei Beamte der fran-

Dr. Reckhaus, ehem. Führer der Ruhrkampforganisation Rauh
Photo: Archiv Reiter gen Osten

zösischen Sureté ins Zimmer. Der Anführer spricht von Durchsuchung. Meine Frau und ich müssen uns an die Wand stellen und werden von einem der beiden Verbrechertypen beobachtet. Meine Frau erkennt in diesem den Mann, der morgens bereits in höflichster Form dringend nach mir gefragt hat, um „eine Mitteilung zu überbringen". Da die Zustellung durch Kuriere üblich war, hatte sie keinen Verdacht geschöpft. Spitzel! Unterdessen geht die Untersuchung weiter. Auf dem Schreibtisch liegen einzelne gegnerische und auch einige von unseren eigenen Flugblättern. „Woher", fragte der Anführer. „Von euch", antworte ich. „Und jene?" „Von uns!" Ein

Gummiknüppel, der mich auf meinen nächtlichen Gängen begleitet, wird mit Interesse besichtigt, Akten aus dem Schreibtisch zum Mitnehmen bereitgelegt, alle Schränke genau untersucht, Wände beklopft usw. Im Kleiderschrank des Schlafzimmers stößt man auf meine Uniformen. Der Führer sieht die Achselstücke und meint dann grinsend: „Sie sind ja Straßburger Zehner! Ich kenne eine ganze Reihe Zehner, ich bin selbst Straßburger." Nach dieser interessanten Feststellung ist das Auftreten der

Französische Flugblatt-Propaganda
2 Vorlagen: Archiv Reiter gen Osten

Michels Leid und Freud.

In Berlin Herr Cuno spricht:
„Bezahlen will und werd' ich nicht!"

Der Michel freut sich dieser Worte:
„Ich lobe Leute dieser Sorte".

Marianne findet die Affär
Im höchsten Grade ordinär.

Mit Schreck gewahret - o jemineh
Der Michel die Ordr' des Poincaré...

Zu pfänden Michels Hab' und Geld,
So wie's Gesetz ist in der Welt.

Für Schlotenjunker und Vaterland
Zu fasten im Westfalenland

Es fletschen die Zähne die beiden sodann,
Weiß Gott wie lange es währen kann.

Und in Berlin er mit echt deutschem Mut
Zum Teufel gejagt er die Wilhelmsbrut.

Nicht Haß noch Feindschaft werden sie mehr hegen,
Denn überall wird herrschen des Friedens Segen.

Quos Jupiter....

Wen die Götter verderben wollen, den schlagen sie mit Torheit!

drei weniger feindlich. Man gibt mir sogar nach Aufforderung eine Quittung über die mitzunehmenden Akten. Der belastende Brief ist nicht gefunden worden. Schwein muß der Mensch haben! Eine halbe Stunde später kommt ein Kurier und meldet mir, daß die Druckerei zur selben Stunde durchsucht worden sei. Es habe vorher alles herausgeschafft werden können, so daß die Durchsuchung erfolglos geblieben sei. Als aber dann die Belegschaft das Deutschlandlied angestimmt habe, habe die Wut der Franzosen keine Grenzen gekannt. Der Besitzer und ein Schriftsetzer seien verhaftet und eingesperrt worden. Sie bekamen drei Jahre Zuchthaus.

Nach diesem Zwischenfall richteten wir bei einem Kameraden auf einem verschwiegenen Dachzimmer eine kleine Druckerei ein, um für alle Fälle vorbereitet zu sein. Einige Kameraden wurden notdürftig in Satz und Druck ausgebildet. Nachdem aber kurz darauf eine zweite Druckerei mit Erfolg durchsucht war und der Besitzer schwer bestraft und durch Zerschlagen seiner Maschinen wirtschaftlich ruiniert ist, wird unsere eigene Druckerei in Betrieb genommen. Da sie aber

DER DEUTSCHE. — Von wo ist geschossen worden?
DER "POILU". — Von Berlin.

— Mutter, warum sind unsere Soldaten im Ruhrgebiet?
— Damit Du nicht auch zur Witwe wirst, mein Kind!

Französische Flugblatt=Propaganda
2 Photos: Archiv Reiter gen Osten

wenig leistungsfähig ist, werden wir nunmehr in der Hauptsache von der „Pressestelle Bielefeld" beliefert. Das Material wird in Milchkannen verpackt und, als Milch deklariert, ins besetzte Gebiet geschickt. Auch das wird eines Tages entdeckt, und nun müssen unsere Kuriere daran glauben. Nacht für Nacht schleppen sie dicke Pakete auf Schleichwegen über die durch starke französische Postierungen besetzte Grenze. Daß dabei auch noch andere nette Sachen, ich nenne nur „Munition" und „Seife", geschleppt werden, versteht sich am Rande. Der Beruf des Kuriers ist so ein recht vielseitiger,

419

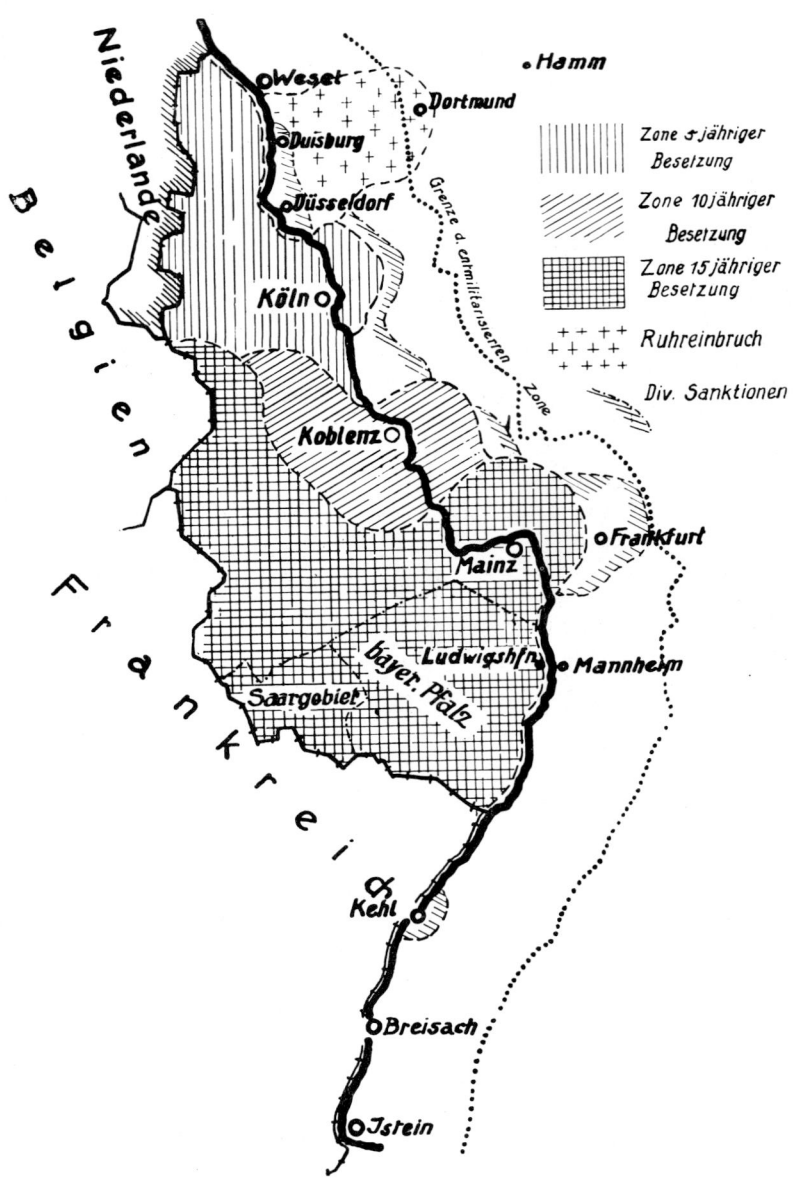

Übersichtskarte für die verschiedenen Besetzungszonen im Westen
Zeichnung: Roederer

und es gehört schon eine große Portion Schneid und „Frechheit" dazu, sich in allen Lagen aus den kitzligen Affären herauszuhauen. So glückte es dem Kurier F., der festgenommen wird, als er von einem Kuriergang zurückkommt, und dann im offenen Auto von der Villa W. (Sitz der französischen Kriminalpolizei) zum Kohlensyndikat gebracht werden soll, in einem günstigen Moment, kurz entschlossen aus dem fahrenden Wagen zu springen und, ohne daß ihm das Trommelfeuer der beiden Beamten schadet, in einem nahen Wäldchen im Schutz der Dunkelheit zu verschwinden. Lieber will er auf diese Weise zugrunde gehen, als in dem berüchtigten Kohlensyndikat zu Tode geschlagen zu werden. Dieser Männer, der Kuriere und der Drucker, die das große Risiko aus ihrer kämpferischen Einstellung heraus auf sich nahmen, soll hier besonders gedacht werden. Im übrigen ist es eine Freude zu sehen, mit welcher Begeisterung gerade junge Leute sich uns zur Verfügung stellen, wie auch weit hinten im unbesetzten Gebiet unsere Arbeit verfolgt wird und man den Weg zu uns sucht und findet. Eines Tages meldet sich ein junger, unbekannter Student aus Göttingen mit einem kleinen „Paketchen" unter dem Arm und berichtet, wie er seit 14 Tagen unterwegs sei, um Anschluß an solche Gruppen zu finden. Er ist außer sich, diesen Anschluß nun gefunden zu haben, und erzählt, es habe sich eine Gruppe gebildet, die uns mit Flugblättern und Geld unterstützen wolle. Das ausgepackte „Paketchen" zeigt allerdings — es enthielt nur einige hundert Flugblätter — welch unzureichende Vorstellung man sich dort von unserer Arbeit machte, und als nun unser Junge sehr kleinlaut wird, ist es an uns, ihn wieder aufzumuntern. Wir zeigen ihm den richtigen Einsatz der angebotenen Kräfte. Er selbst schließt sich einer Gruppe an und lernt nun, daß man Flugzettel in Straßenbahnen, Autos und Restaurants liegenlassen kann, daß man sie unter die Haustür schieben und aus den Fenstern der Warenhäuser ungestört in die Menge werfen kann, daß man sie dagegen nur nachts kleben kann, und daß man auch die Pflicht hat, gegnerische Flugblätter abzureißen, wo man sie sieht. Er hat es auch sehr bald herausbekommen, wie man die Blätter, die sich an die Franzosen selbst wenden, diesen in die Hand spielt, wie man den Teerkolonnen ein Schnippchen schlägt und wie man zur Ablenkung mit dem Posten anbändelt.

Eine recht interessante Tätigkeit ist die Beobachtung der Bevölkerung. Da hat man bald heraus, wer mit der Besatzung liebäugelt und wer es ablehnt, die für jeden Deutschen selbstverständliche Pflicht des Widerstandes auszuüben. So entstehen die Flugzettel, auf denen Männer und Frauen, die die deutsche Ehre besudeln, namentlich angeprangert werden. Diese und noch drastischere Erziehungsmethoden, auf deren Wiedergabe hier verzichtet werden soll, finden ihre Berechtigung in der schweren Zeit, die unser Volk durchmacht.

Kolonne Nr. 5 bricht um Mitternacht auf, indem sie zwei Späher meldet: Selbstschutz. Drei warm angezogene Spießergestalten kommen auf die Kolonne

Der Einmarsch der Franzosen in Essen
Photo: Archiv Reiter gen Osten

Verhaftung am Hauptbahnhof in Essen
Photo: Archiv Reiter gen Osten

Kragennadel der Ruhrkampforganisation Rauh
Vorlage: Reckhaus, Essen

Französischer Panzerwagen in Dortmund
Photo: Stadtarchiv Dortmund

zu und sind ungehalten über deren Arbeit und über Scherereien, die sie dadurch mit den Franzosen haben. Unsere Leute werden saugrob und das Geschäft geht weiter. Am nächsten Selterwasserbüdchen plötzlich: „Hände hoch!" Eine französische Patrouille springt hinter der Bude hervor und stellt die Kolonne, die auseinanderstiebt. Hinter dem Schnellsten werden einige Schüsse hergeschickt, die jedoch nicht treffen. Ein zweiter verschwindet in entgegengesetzter Richtung und zwei Mann werden gefaßt, bei denen man die Flugblätter und den Kleisterpott findet. Die Späher, die sicherten, werden ebenfalls festgenommen und alle vier mit „Hände hoch!" zum Wachtlokal gebracht. Am nächsten Morgen Untersuchung! Die beiden mit den Flugblättern können nicht leugnen; die beiden anderen geben sich als harmlose Bürger aus, die von einer Familienfeier gekommen sein wollen, was den Franzosen auf Rückfrage gern bestätigt wird. Die beiden anderen erhalten je acht Monate, eine nach Besatzungsbegriffen milde Strafe. Spezialität der Kolonne 17 ist das Anzünden der Holztafeln, auf denen die Bekanntmachungen der Besatzung angezeigt werden. In der Nähe steht gewöhnlich ein Posten. Während er durch einige torkelnde Gestalten abgelenkt wird, werden die Tafeln mit Benzol übergossen und angesteckt. Was waren das für Männer, die sich damals fanden und in treuer Kameradschaft und uneigennütziger Haltung sich nicht unterkriegen ließen, die das Rückgrat der deutschen Ehre bildeten? Alle diese Ruhrkämpfer waren von dem ehrlichen Willen beseelt, dem Vaterlande uneigennützig zu helfen. Es waren weder Abenteurer- noch Landsknechtsnaturen, es waren zähe Männer, die die ihnen verbliebenen Möglichkeiten dazu verwandten, die Stimmung im Volke aufrechtzuerhalten und der Besatzung wenigstens den moralischen Sieg zu nehmen. Wir sind stolz darauf, daß sich unsere Tätigkeit ohne jede verräterische Handlung aus den eigenen Reihen heraus vollziehen konnte. Die Männer schlossen sich in bitterer Verzweiflung über die Tatenlosigkeit der Regierung gegen innere und äußere Feinde zusammen, um dem Versinken des deutschen Widerstandswillens entgegenzuarbeiten. Sie waren sich klar darüber, daß sie auf eigene Verantwortung handelten, daß ihre Tätigkeit regierungsseitig nur so weit geduldet wurde, als damit keine Bedrohung der Tendenzen des damaligen Systems verbunden war, daß jenes System jedoch kein Verständnis dafür aufbrachte, daß es sich um Sein oder Nichtsein des deutschen Volkes handelte. Wenn diese Feststellung lediglich eine Scheidung der Geister sein soll, so will sie darüber hinaus aber die Achtung vor der Persönlichkeit dieser Kämpfer wahren und ihrer Arbeit ein würdiges Denkmal setzen.

Anläßlich einer besonders anmaßenden Verfügung des Befehlshabers der schwarzen und weißen Besatzungstruppen, General Degoutte, fordern wir in einem neuen Flugblatt zur Sabotage auf. Das Flugblatt ist noch „warm". Es ist am frühen Morgen; die Menschen eilen zu den Fabriken, Geschäften und Schulen. Vor unseren Plakaten stauen sie sich. Lachende Gesichter! Darin der Wille zum Widerstand.

Sabotage! Auch dieser Arbeit liegt die Absicht zugrunde, die Besatzung an der Ausbeutung der Ruhrwirtschaft zu hindern. Sie soll sich an der Ruhr nicht wohlfühlen und andererseits soll die deutsche

Kiek ens! Hei sieht ut, als ob hei mal müßt und könnt nich.

Deutsche Gegenpropaganda
2 Vorlagen: Archiv Reiter gen Osten

Bevölkerung durch besonders gelungene Sabotagefälle — ich erinnere an die Brückensprengung Schlageters bei Calcum, an die Lahmlegung der Schiffahrt auf dem Rhein-Herne-Kanal, an die Unterbrechung des Eisenbahnverkehrs durch Sprengung am Eisenbahnkörper — moralisch gestärkt werden. Eine tiefeinschneidende, das Leben der Ausführenden bedrohende Tätigkeit! Transport der „Zuckerhüte" und „Seifen" usw. in Aktenmappen und Rucksäcken. Lagerung bis zum günstigsten Augenblick. Kamerad W. hat fünf Zentner tagelang seelenruhig unter dem Küchentisch liegen! Tapfere Frau, die dabei nicht die Nerven verliert. Und dann die schwierige Ausführung, da die Objekte von Posten scharf bewacht wurden. Todesstrafe bedroht diejenigen, die solche Pläne entwerfen oder ausführen. Aber nichts schreckt die Männer ab, die den zähen Willen haben, alles zu versuchen und lieber zu sterben, als in der Unfreiheit leben zu müssen. So läßt Albert Leo Schlageter, der tapfere Mann, dessen Freiheits- und Gerechtigkeitsbewußtsein sich am stärksten gegen den Eindringling aufbäumt und dessen Persönlichkeit infolgedessen der Mittelpunkt für alle Ruhrkämpfer bleiben wird, sein junges Leben; so fallen am Karsamstag die dreizehn Kruppschen Arbeiter, darunter einer unserer aktivsten Gruppenführer, Kamerad Göllmann, so fällt Ludwig Knickmann im Kampfe um den Bestand des deutschen Volkes.

Was man in Frankreich druckt!

Als „Witz" erschien dieses Bild in

LE JOURNAL

Quinze centimes (numéro 11088)   Dimanche 25 Février 1923

Poincaré mange les enfants de la Ruhr
(Poincaré verspeist Kinder aus dem Ruhrgebiet.)
Dessin d'ABEL FAIVRE

So verkommen ist die Gesinnung der französischen Gesellschaft! Wen wundern dann die Bestialitäten der französischen Soldateska!

Es sind viele ehemalige Freikorpskämpfer bei den Sabotagekolonnen und Ruhrkampforganisationen. Sie bilden den eigentlichen Kern der Mannschaft. Entweder stießen sie einzeln, nach der Auflösung ihrer Freikorps, zu den Zentralen des Widerstandes, oder aber sie traten in ganzen geschlossenen Gruppen auf, einheitlich geleitet und angesetzt, wie die Leute um Pfeffer und Hauenstein, die Männer der Ehrhardt-Brigade und des Korps Oberland. Dazu gesellten sich, in einer besonderen Sabotage-Organisation zusammengefaßt, die Württembergischen Eisenbahner des Reichsbahn-

Ein Bild vom Propagandakampf im Ruhrgebiet: Links oben französische Plakate, von deutschen Stoßtrupps mit Zetteln überklebt „Alles Schwindel!"; rechts unten deutsches Plakat, von französischen Militärpatrouillen überteert.

Photo: Verlag für Sozialpolitik, Berlin

Achtung! Spione!
Agenten! Spitzel!

Vorsicht bei Gesprächen!
Vorsicht bei neuen Bekanntschaften!

Das Ruhrgebiet wimmelt von französischen und belgischen Spionen und Agenten! Auch außerhalb des besetzten Gebietes! An seinen Grenzen!

Diese Spione wollen alles wissen:

zum Schaden der Betriebe,
zum Schaden der Arbeiterschaft,
allein Frankreich zum Nutzen.

Jeder Fremde sei Euch verdächtig!
Wahrt Euch vor jedem Elsässer!
Auch Ausweise und Pässe können gefälscht sein!

Denkt immer daran, daß niemand Euch schützt:
wenn Ihr selbst es nicht tut!

Darum: Vorsicht bei Gesprächen!
Vorsicht bei neuen Bekanntschaften!

Achtung! Spione! Agenten! Spitzel!

direktors Geiges, die, in manchem Sturm erprobt als Bahnschutzleute, im Ruhrgebiet eine besonders wirksame Tätigkeit bei Eisenbahnsabotagen entfalteten.

Deutsche Gegenpropaganda

Der Weg ins Ruhrgebiet

Von Friedrich Glombowski

Deutschland taumelte durch den Hexentanz der Inflation. Devisen- und Aktienkurse, Geschäfte, Gewinne, Millionen, Milliarden, das waren Begriffe, um die sich alles drehte. Was galt Ehre, Bildung, Arbeit! Vorbei. Überlebt! Die Börse regierte; der Dollar gebot, und sein Gefolge wühlte in Papiergeld und warf mit vollen Händen um sich.

„Einmarsch der Franzosen ins Ruhrgebiet! Die deutsche Regierung ruft zum passiven Widerstand auf!"

In der Kantine der Ludwigsglückgrube begannen eifrige Debatten. Was heißt passiver Widerstand? Wir kannten aus den Kämpfen der Spezialpolizei nur einen Widerstand, und der war aktiv! Sollte der Widerstand im Westen mit anderen Mitteln geführt werden? Sollten die Erfahrungen von Oberschlesien sich einst auch im Ruhrgebiet verwerten lassen? Wir warteten und hofften. Heinz kannte unseren Aufenthalt, würde er rufen?

Beim Schichtwechsel wurde uns ein dringendes Telegramm ausgehändigt: „Sofort in Elberfeld melden." Werner und ich holten unsere Papiere, packten unsere geringen Habseligkeiten und setzten uns auf die Bahn. Neuen Kämpfen ging es entgegen.

Aber schon in Breslau wartete unser die erste Enttäuschung. Kriminalpolizei erschien in unserem Abteil vierter Klasse und erklärte uns für verhaftet. Beamte schleppten uns zum Polizeipräsidium. Man hatte uns erwartet und wollte unbedingt von uns hören, welche schlimmen Streiche wir gegen die Republik im Schilde führten! In endlosen Vernehmungen mußten wir unsere Harmlosigkeit beweisen, und nach 24stündiger Haft entließ man uns aus dem Polizeigefängnis, kaum daß man ein bedauerndes Achselzucken für uns übrig hatte. Der Zwischenfall war an sich unbedeutend, zeigte uns jedoch, welche Unterstützung wir durch die Heimat zu erwarten hatten!

Berlin — im Taumel der Großstadt. Hastende Geschäftemacher, überfüllte Tanzbars und Dielen. Geld, Geld! Das waren die Eindrücke, die uns geradezu ins Gesicht schlugen. In den Straßen brüllten die Händler die neuesten Meldungen über den Einbruch im Ruhrgebiet, Verhaftungen der Zechenbesitzer, grausame Mißhandlungen Gefangener, Verurteilung deutscher Beamter. Gleichgültig wurde es gelesen, zur Kenntnis genommen.

„Arme Leute, da drüben im besetzten Gebiet, im Ruhrgebiet. Aber wie soll man ihnen helfen? Jeder hat heutzutage mit sich selbst zu tun. Der Dollar — Sie verstehen!"

So und ähnlich klangen die Meinungen, die wir hörten. Auf den Bahnhöfen war keine Auskunft über unser Reiseziel zu erhalten.

„Bis Bielefeld kommen Sie bestimmt, was dann kommt, wissen nur die Franzosen. Hagen soll besetzt sein, in Hamm sind gestern Franzosen eingerückt. Elberfeld gehört längst zur Besatzungszone. Jede Einreise ist verboten. Hinter Bielefeld wird alles aus dem Zuge geholt und verhaftet."

Das waren Tatarennachrichten, wie sie „amtlich" vom Eisenbahnpersonal verbreitet wurden!

Auf gut Glück fuhren wir los. Im Zuge bange Gesichter, großes Rätselraten: „Wie weit werden wir kommen?" Der ganze Zug kannte sich, überall wurden Nachrichten ausgetauscht, die wildesten Gerüchte tauchten auf. Hannover! „Endstation des Zuges unbekannt! Bielefeld noch unbesetzt!" Bis Hamm dürfte der Zug noch durchgeführt werden, wenn die Franzosen nicht inzwischen schon...!

Also weiter! Gütersloh, Rheda, Hamm. Nirgends blaue Uniformen. Unterwegs hörten wir von einem Vorfall, der sich auf einem Bahnhof bei Essen zugetragen hatte. Eine Gruppe Franzosen bestieg einen fahrplanmäßigen Zug nach Düsseldorf. Zu ihrer großen Verwunderung verließen sämtliche Mitreisenden den Zug und postierten sich vor ihr Abteil. Höhnische Zurufe und Pfiffe wechselten mit patriotischen Liedern. Da der Zug anscheinend nicht abging, wandte sich ein Korporal an den Aufsichtsbeamten.

„Ich bedauere außerordentlich", zuckte dieser die Achseln, „aber der Zug kann nicht abgehen, da der Lokführer und die Heizer die Maschine verlassen haben. Ersatz ist nicht da. Außerdem weigert sich das Publikum, mit Ihnen zu fahren, wie Sie ja sehen!"

Wütend schimpfte der Korporal auf dem Bahnsteig herum, vom höhnischen Gelächter der Umstehenden begleitet. Endlich rief er einen seiner Leute heran, um den Aufsichtsbeamten verhaften zu lassen.

„Vielleicht können wir Abhilfe schaffen", meinte dieser, „wenn wir für Sie einen besonderen Wagen anhängen lassen!"

Man einigte sich, und nach kurzer Zeit rollte auch eine Rangierlokomotive einen einzelnen Wagen durch die Halle an das Zugende. Das Begleitpersonal forderte mit verständnisvollem Blick zum Einsteigen auf. Der Zug dampfte los — der letzte Wagen mit den Franzosen blieb auf dem Bahnsteig stehen! Er war nicht angekoppelt gewesen. Schallendes Gelächter von den Nachbarbahnsteigen, wüstes Schimpfen der Franzosen.

In Hamm wurde die Sache ernster. Im nächsten kleinen Ort sollte französische Kavallerie sitzen. Einreisebedingungen nach Dortmund waren unbekannt. Strecke nach Elberfeld noch frei. Für uns das Wichtigste! Hart an den Grenzen des französischen Vorstoßes ging die Bahnlinie entlang. Bei Westhofen auf der Hohensyburg wehte bereits die Trikolore!

Hagen fieberte in Erwartung der Franzosen. Lenne und Wuppertal waren noch frei. Barmen. Elberfeld! Am Bahnhof stehen Hauenstein, Schlageter, Jürgens, daneben die alten Kameraden! Alles bekannte Gesichter. Stürmisches Wiedersehen! Helleuchtende Augen! Kräftige Händedrücke!

„Nun kann's losgehen! Schlimm sieht es drüben aus!"

Heinz war gerade mit Schlageter und Hayn von der ersten Orientierungsreise zurückgekommen. Wenige Worte genügten.

„Oberschlesien ist nichts dagegen; hier geht es um Leben und Sterben!"

Ein kräftiger Trunk zum Willkomm, ein kleines Gasthaus als Nachtquartier. Am nächsten Morgen Einteilung. Ich wurde dem Stoßtrupp Essen zugeteilt. Truppführer Schlageter.

Es folgten Instruktionen für das Verhalten im besetzten Gebiet. Heinz als alter Fachmann erläuterte: Unauffällig benehmen, keine Papiere mitnehmen, die belasten können. Wir sind erwerbslose oberschlesische Bergleute, die im Ruhrgebiet Arbeit suchen. An einzelnen Zechen um Arbeit vorsprechen. Waffen nur bei Aktionen mit sich führen, sonst an neutralen Stellen aufbewahren. Beachten, daß wichtige Straßenkreuzungen, Straßenbahnen besetzt sind und daß körperliche Visitationen stattfinden. Nicht in Hotels, sondern in Arbeiterquartieren wohnen. Stets seinen Aufenthalt an irgendeinem Orte unauffällig begründen können. Bei Verhaftungen auf seinen Angaben bestehen bleiben und sofort Verbindung nach außen aufnehmen. Wohlinformiert ziehen wir eines Tages los.

Zunächst in der Straßenbahn nach Werden. In Neviges finden wir die Straße gesperrt. Französische Gendarmerie kontrolliert Pakete und tastet jeden einzelnen, Männer und Frauen, nach verborgenen Waffen ab. Ich habe meinen Revolver im Hut hängen. In Werden an der Ruhrbrücke dasselbe Manöver.

Schlageter holte uns am Treffpunkt in Essen ab. Als erstes Quartier wurde uns eine Rettungsstelle für verunglückte Bergleute angewiesen. Unauffällig konnten wir dort aus und ein gehen. Unsere Arbeit begann.

Ich wurde zunächst mit der Aufstellung eines Beobachtungstrupps aus aktiven Kräften der Essener Kampfverbände beauftragt. Der Anschluß war schnell gefunden. In wenigen Tagen war ein Trupp ausgewählter Kerls unter der Bezeichnung „Gruppe Lorenzen" zusammengeholt. Ihre erste Aufgabe war die Beobachtung der französischen Nachrichtenstellen, um deutsche Spitzel feststellen zu können. Da war das Kohlensyndikat. Dort hatten die Franzosen ihre Inquisitoren, die verhaftete Deutsche in grauenhafter Weise mißhandelten. Abends hörten wir auf unseren stillen Posten gellende Hilferufe und verendendes Wimmern, ohne helfen zu können. In stoischer Ruhe wanderten drüben die französischen Posten vor dem Eingang mit ihren Trippelschritten auf und ab. Wir ballten die Fäuste in den Taschen und ahnten nicht, daß uns wenige Wochen später dasselbe Schicksal erwartete. Scheu und verstohlen um sich blickend, verließ gelegentlich ein Zivilist das „Haus des Grauens". Das waren die Richtigen. Feiges Pack, das gegen klingenden Lohn die eigenen Volksgenossen an die Franzosen verriet. Verkrachte Existenzen, die nichts zu verlieren, alles zu gewinnen hatten. Die mußten festgestellt werden. War die Gelegenheit günstig, so erhielten sie einen Denkzettel. Die Tarnung der Organisation wurde schärfer durchgeführt als in Oberschlesien. Während wir bei der Spezialpolizei wenigstens alle Kameraden der Stoßtrupps kannten, wurde hier alles verheimlicht. Außer unserem eigenen Stoßtrupp und einigen Kameraden der Zentrale kannten wir niemanden. Kaum daß alle Kameraden die Leute unserer Beobachtungsgruppe gesehen hatten. Wir wußten nicht, wer in den Nachbarorten kämpfte. Ich glaube, der einzige, der alle Glieder kannte, war der Chef. Dieser geheimnisvolle Aufzug der Organisation mag manchmal hinderlich gewesen sein, manchmal vielleicht auch etwas schwerfällig, aber er hat sich im Ernstfall bewährt. Ein Verräter konnte selbst beim besten Willen immer nur einen ganz kleinen Teil an die Franzosen ausliefern. Die Aktionen griffen so ineinander über, daß wir oft selbst nicht wußten, wer sie einleitete und wer sie beendete. Alles lief ineinander wie in einem Uhrwerk.

Eines Tages erschien Heinz wieder zur französischen Platzmusik vor dem Hauptbahnhof in Essen, unserem gewöhnlichen Treffpunkt. Schlageter holte mich heran, und ich erhielt einen jener Aufträge, über deren Zusammenhang wir uns oft die Köpfe zerbrachen. Ich hatte zunächst bei der Zentrale eines der berüchtigten „Kohlenstücke" abzuholen. Das war ein größeres Kohlenstück, das innen ausgehöhlt und mit Ekrasit gefüllt war. Der Transport war nicht ungefährlich, denn die Zündung, einige Gramm Knallquecksilber, war beim Verschließen bereits mit eingeschmolzen worden. Mit der Ruhe, die man sich bei

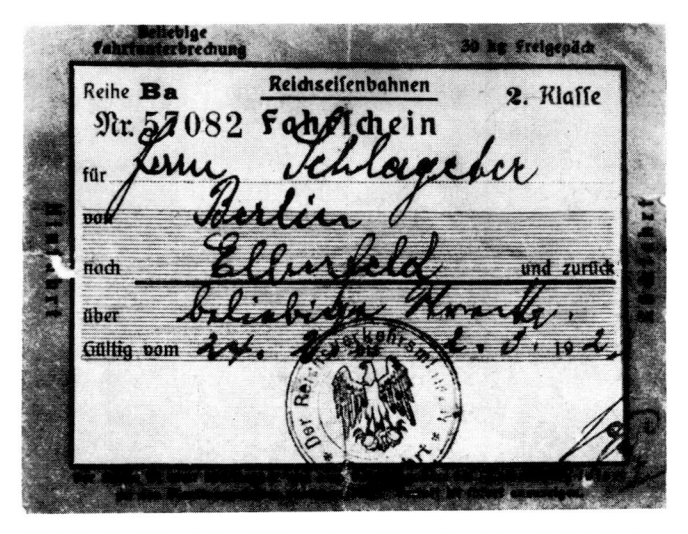

Fahrkarte Albert Leo Schlageters, die er für seine Fahrt in das Ruhrgebiet benutzte
Photo: Archiv Reiter gen Osten

425

solcher Tätigkeit angewöhnt, verstaute ich die Höllenmaschine unter dem Sitz im Regiezug auf der Dampfheizung. Für französische Kontrollen war es jedenfalls der sicherste Aufbewahrungsort. In einer kleinen Kneipe in einem Vororte Düsseldorfs hatte ich das Paket am Büfett mit einem schönen Gruß von Herrn Hartmann abzugeben. Im Lokal saßen ein paar verdächtige Objekte, anscheinend Gesindel, das sich den französischen Truppen zum Verladen von Kohlen und zum Betrieb der Eisenbahnen zur Verfügung gestellt hatte. Mein Auftrag war damit erledigt. Ich nehme an, daß einer dieser Regiearbeiter zur Organisation gehörte, und daß er die Höllenmaschine auf dem Tender einer Lokomotive unterzubringen hatte.

Ich mußte weiter nach Köln. Ich stieg in einem kleinen Hotel als Reisender ab. Einen kleinen Musterkoffer mit Preislisten und allem möglichen hatte man mir in der Zentrale in die Hand gedrückt. Der Portier holte mich vom Frühstück weg ins Vestibül, ein Herr kam mir freudestrahlend entgegen: „Mein lieber Herr Kollege! Ich kann leider nicht mit Ihnen nach Elberfeld fahren. Ich möchte noch einen kleinen Abstecher nach Königswinter machen." Dabei stellte er mir eine recht nette junge Dame vor.

„Sie sind wohl so liebenswürdig und nehmen meinen Musterkoffer mit nach Elberfeld."

Ich sagte selbstverständlich zu, obwohl ich keine Ahnung hatte, mit wem ich es zu tun hatte. Wenig später erschien ein Bankbote und brachte mir mehrere große Briefe, über die ich quittieren mußte. Ich hatte Anweisung, um 11 Uhr abzureisen und kam auch ungefährdet nach Elberfeld. Später erfuhr ich, daß in dem Koffer Aktenstücke aus dem Büro des Separatistenführers Smeets und in den Briefumschlägen Passierscheine einer englischen Behörde für das gesamte Ruhrgebiet enthalten waren.

Eines Tages saßen wir mit ein paar großen Paketen Sprengstoff in der Straßenbahn. Als die ersten Franzosen zur Paßkontrolle erschienen, war uns doch nicht ganz wohl! Unsere Pakete hatten wir unter die Bänke gelegt und möglichst weit davon Platz genommen. Wir verkehrten sehr höflich miteinander, damit keiner auf den Gedanken kommen konnte, die zwei gehören zusammen. Es gibt aber immer neugierige Menschen. So saß gegenüber einer Dame ein wohlaussehender Bürger, der das eine Paket unter dem Sitz der Dame mit dieser verglich und wohl zu dem Schluß gekommen war, daß „das" — doch nicht zu „der" gehören könne! Oder — Donnerwetter, lag das nicht schon da, ehe die Dame überhaupt eingestiegen war? Er blickte ringsum. Da - unter seinem eigenen Platz lag ja genau so ein Paket! Unwillkürlich rückte er beiseite, worauf sich der französische Sergeantmajor neben ihm bequem breitmachte. Finstere Blicke aller deutschen Passagiere auf unseren Spießer, ganz verstört blickt der umher. Es war, als wirke unser Dynamit in den Paketen schon jetzt mit seiner geheimen Kraft. Endlich: Duisburg! Unser Dicker ist neugierig, jetzt muß doch herauskommen, wem die Pakete gehören. Er bleibt zurück und läßt dem Franzosen dadurch den Vortritt beim Aussteigen. Zum zweiten Male verächtliche Blicke und Gemurmel der anderen. Wir haben aber bereits unsere Pakete unter dem Arm und verschwinden im Gedränge.

Es regnet noch immer. Das Packpapier ist schon vor dem Besteigen der Straßenbahn durch die Nässe stark mitgenommen gewesen. Zu unserem Treffpunkt, einem Café, müssen wir durch die ganze Stadt. Auf den Straßen ist voller Betrieb, an jedem dritten Haus hängt die Trikolore oder eine belgische Fahne. Verflucht noch mal! Unser Lokal ist ganz ohne Nischen, ohne Musik, voller französischer und belgischer Offiziere und Soldaten. Wie auf einer Bühne treten wir auf mit unseren Paketen! Die Dinger mit an den Tisch zu nehmen, gefällt uns nicht; zuweilen wird einmal das ganze Lokal „überholt". Also zunächst an die Tonbank.

„Fräulein, können Sie mal die Pakete an sich nehmen? Wir holen sie dann wieder ab!"

„Gerne, meine Herren. Aber die sind ja so schwer! Was ist denn da drin?"

„Seife, Fräulein! Aber...", sie sieht mich fragend an; sie hat nämlich die „Seife" direkt neben die riesige Spiritusflamme gestellt, die den Kaffeekessel heizt. Ich sehe sie bittend an... Aller Augen im Lokal... Und kein Krach, keine Musik...!

„Kuchen gefällig?" fragt sie.

„Ja, Kuchen! Bitte!"

Wir setzen uns an einen Tisch, weit weg von der Theke! Ich muß dauernd nach den Paketen sehen!

„Du, Ali, die dampfen ja schon!"

Es ist aber nur die Feuchtigkeit im Papier. Die Hitze scheint jedoch ziemlich hoch, das Papier fängt schon an, sich zu kräuseln. Wenn die Geschichte nun abbrennt? Aber wieder da vorne rumtanzen ist auch dumm. Ein Trost wenigstens: Die drei Franzosen werden dabei auch zum Tempel rausgefegt. Wenn doch Fok bald kommen wollte.

Endlich erscheint er. Fok liebt Verkleidungen. Er trägt eine riesige Ballonmütze und blaue Brille. Ohne uns zu beachten, geht er „jemanden suchend" wieder hinaus.

Ganz heiß sind unsere Pakete, eine Stunde hätten sie da nicht mehr stehen dürfen. Draußen verschwindet Fok im nächsten Hausflur. Er soll uns Zündschnur bringen. Unter der Weste hat er sie in Form eines Reifens. Das Zeug darf nicht geknickt werden. Wir lachen, als er die Weste aufknöpfen muß, und entlassen ihn. Wir nehmen die Schnur lose in die Hand und ziehen ebenfalls ab. Sie sieht wie ein Stück elektrischer Leitungsdraht aus, so etwas kann doch nicht beanstandet werden.

Der Bahnübergang ist durch Zickzackbarriere gesperrt, der Posten erwartet uns schon! Hoffentlich interessiert er sich nicht für den Inhalt unserer Pakete. Zurück geht's nicht mehr — so laufen wir den Posten mit vielen Worten, uns nach dem nahen Dorf erkundigend, an. Und Glück! Er fordert nur die Pässe und gibt höflich Bescheid. Unsere Pakete sind bald gänzlich aufgeweicht; die deutsche Stielhandgranate zeigt schon lieblich ihre Formen. Wenn es doch Abend wäre!

Dann im Walde an einem Bach. Ich bin gerade dabei, die Pakete bis zur Nacht unter Brombeersträuchern mit Laub zu bedecken. Da fängt Ali, der am anderen Ende des Grabens Schmiere steht, an zu flöten. Noch ein paar letzte Zweige, einen Satz über den Graben, ein paar Meter über das Moor, an der nächsten Grabenböschung in Deckung und Pistole heraus. Ich sehe drei französische Offiziere, die mit einer Frau auf Ali zukommen. Ali hat keine Gelegenheit mehr, um in Deckung zu gehen. Er hat sich am Bach niedergelassen, Schuhe und Strümpfe abgestreift und beginnt zum größten Erstaunen der vier unliebsamen Passanten sich in dem eisigen Märzwasser die Füße zu baden! Bald ist die Luft wieder rein, und Ali hat schimpfend seine Kneipkur beendet. Wir setzen unseren Weg fort, um Hayn zu treffen, der wieder die andere Gruppe in unserem Stoßtrupp führt.

Es ist bereits dunkel, als wir vier uns dem Ziele nähern. Wie dumm, das Stellwerk, welches dran glauben sollte, ein viereckiger Bau, ist mit vier Lokscheinwerfern besetzt, die nach allen Himmelsrichtungen das Gelände hell erleuchten. In den Schlagschatten bemerken wir die Posten. Anpirschen ist also unmöglich.

Kurze Beratung: weiter zur freien Strecke. Die Pakete werden geöffnet, die Ladungen zusammengetan. Die Handgranate geschärft, Zündkapsel und Zündschnur eingesetzt. Alles geht lautlos vorwärts, jeder Handgriff ist bekannt.

„Fertig!"

Jeder weiß, was er zu tun hat.

Querfeldein, Sturzacker. Zäh hängt sich der Boden an die Füße. Stockdunkel. Wald nimmt uns auf. Ein Jagdweg. Tastend stolpern wir vorwärts, lautlos. Vordermann nicht verlieren. Ein Königreich für eine Zigarette. Verboten! Der Sprengstoff drückt. Halt! Voraus spricht jemand. Französisch! Einer kriecht nach vorn. Minuten vergehen. Endlich leises Flüstern. Vor uns der Bahndamm. Eine Patrouille ist scheinbar in der Nähe, also Vorsicht! Wir kriechen vor. Zwei Mann mit dem Sprengstoff bleiben zurück. Im dichten Gras am Bahndamm in die Höhe. Hinaus ins Freie! Halbrechts eine Brücke. Plötzlich durchschneidet grelle Lohe die Nacht! Verflucht! Die Augen blenden. Unwillkürlich pressen sich die Körper zwischen die Schienen. Ein Scheinwerfer? Woher? Kein Glied rührt sich. Die Gedanken jagen. Endlich — tiefschwarze Nacht. In der Ferne geht greller Lichtschein nieder. Die Franzosen leuchten mit Scheinwerfern die Strecke ab. An die Arbeit! In hohem Bogen fliegt Schotter, um die Bohlen frei zu machen. Einer beobachtet. Ein halblauter Ruf, wie der Blitz sinkt alles seitlich ins Gras. Taghell ist wieder die Strecke. Minuten vergehen, wie ein riesiger Finger reckt sich das Licht und schlägt drüben in die Finsternis. Wir springen auf. Vor uns französische Rufe. Plötzlich stehen wir wieder mitten im grellsten Licht. Und — hundert Schritte vor uns eine französische Postenkette. Jemand ruft: „Jean, Jean, Attention!" In langen Sätzen springen wir den Bahndamm hinunter in den Wald. Schüsse krachen. Das Licht wirft phantastische Schlagschatten. Wir tauchen im Dunkel unter, schlagen an Bäume, stolpern vorwärts. Wir rennen im Walde, sind plötzlich mitten auf einem Gehöft. Wütend schlagen Hunde an. Über Koppelzäune, Gräben, in der Fichtendichtung verschwinden wir und verscharren unsere Pakete. Dann im Eilmarsch eine Schneise hinab, Wasser spritzt uns um die Ohren. Langsam zieht das Wasser durch die Kleider.

Wir müssen zurück!! Auf Umwegen marschieren wir unseren Quartieren entgegen. Die Stimmung ist wie das Wetter um uns.

Franzosen besetzen die Unterkünfte der deutschen Schutzpolizei

Die Franzosen auf dem Marsch im deutschen Ruhrrevier

2 Photos: Archiv Reiter gen Osten

Sprengung des Rhein-Herne-Kanals

Von einem Mitkämpfer der Ruhrkampf-Organisation Oberland

Ob dem französischen Posten, der am Nachmittag des 4. April 1923 in der Nähe von Henrichenburg den Rhein—Herne-Kanal an der Stelle bewachte, wo er, in ein Betonbett gefaßt, die unter ihm dahinfließende Emscher kreuzt, der Zivilist aufgefallen ist, der in einiger Entfernung von seinem Fahrrad abgestiegen war und eine Minute lang sich das Bild der Kanalüberführung einprägte, steht dahin. Wahrscheinlich ist, daß er keinerlei Argwohn in sich aufsteigen fühlte, denn er ließ den Mann, der gleich darauf sein Fahrrad bestieg und davonfuhr, unbehelligt. So kam es, daß am Abend des benannten Tages der Plan, die Kanalüberführung zu sprengen und den Franzosen den Abtransport der im nördlichen Ruhrgebiet beschlagnahmten Kokslager auf dem Wasserwege unmöglich zu machen, in seinen Einzelheiten ausgearbeitet werden konnte.

Der Führer des rasch zusammengestellten Sprengkommandos — es war der Radfahrer, der am Nachmittag das Gelände besichtigt hatte — gehörte, wie verschiedene andere Mitglieder des Trupps, früher dem Freikorps Oberland an, dessen Mitglieder von den Kämpfen in Oberschlesien her sich auf waghalsige Aktionen wohl verstanden und daran gewöhnt waren, Kopf und Kragen zu wagen. Als Helfer waren zwei mit Sprengungen vertraute Steiger von benachbarten Zechen und etliche andere mutige, ortskundige Männer gewonnen; etwa zehn zuverlässige Leute standen für den Transport des Sprengmaterials und zur Sicherung während der Ausführung des Anschlages zur Verfügung. Diese Sicherung, für die entschlossene und an mutiges Zupacken gewohnte Männer in Frage kamen, hatte die Aufgabe, französische Patrouillen von dem mit den Sprengvorbereitungen beschäftigten Teil der Gruppe fernzuhalten. Überraschungen mußten schon deswegen befürchtet werden, weil in etwa 300 Meter Entfernung in dem am Kanal gelegenen Ausflugslokal „Wartburg" ein starkes Wachkommando lag, das die Strecke nachts von Doppelposten begehen ließ.

Der leergelaufene Rhein—Herne-Kanal nach der Sprengung
Photo: Stadtarchiv Dortmund

für die Vorbereitungen blieben, da die Sprengung bereits in der Nacht zum 7. April, einem Sonntag, erfolgen sollte, nur zwei Tage übrig. Der Freitag wurde dazu gebraucht, mit Hilfe eines Ingenieurs und Sprengsachverständigen die Decke des betonierten Kanalbodens abzuschätzen und die Stärke der in Frage kommenden Sprengladungen zu errechnen. Man beschloß schließlich, eine Ladung von 50 Kilogramm Dynamit unter dem Emscherdücker, das heißt dem die Emscher überbrückenden Gewölbe, anzusetzen, zwei weitere Ladungen von je 25 Kilogramm sollten auf dem Boden des Kanalbettes zur Entzündung gebracht werden. Da die Sprengkabel der drei Ladungen, um eine möglichst kräftige Wirkung zu erreichen, einen bestimmten Abstand voneinander haben mußten, erwies es sich als nötig, für die auf der Emscher anzubringende Ladung ein Floß herzurichten und dieses bis etwa zur Mitte des Dückers vorzutreiben. Am Samstagabend waren die Vorbereitungen beendet, und um 10 Uhr brach man von einem Werksplatz aus auf. Ein Teil des ungefähr zwanzig Mann starken Trupps schleppte die in große Ölkannen gepackten Sprengladungen, andere die Holzstempel und Klammern für das Floß, das, damit der Transport unterwegs nicht auffiele, an Ort und Stelle zurechtgezimmert werden sollte. Man marschierte in Abständen, und die mit der Sprengung Beauftragten, die am längsten aushalten mußten, führten Fahrräder mit sich, um nach dem Anschlag sich möglichst rasch entfernen zu können. Um ½11 Uhr trifft man am Kanal ein. Die Posten nehmen nach rechts und links die Sicherung auf, die Träger werden, nachdem sie ihre Lasten abgesetzt haben, entlassen, die übrigen bereiten unverzüglich den Anschlag vor. Die beiden Ladungen im Kanal sind bald unter Wasser gebracht, auch das Floß ist schnell zurechtgeschlagen. Dann aber stößt man auf Schwierigkeiten: Die Emscher geht, durch Regengüsse der letzten Tage angeschwollen, so hoch, daß die Tonne mit dem Dynamit sich kaum unter den Dücker schieben läßt und die Gefahr besteht, daß die Ladung gegen die Betondecke schlägt und bei einem heftigen Anprall explodiert. Nachdem man sich wohl eine Stunde abgerackert hat, begegnet man einem

---

Im Hauptquartier, den 4 April 1923.

Warnung
an die Bevölkerung

Auf der ganzen Strecke des Rhein-Herne Kanals, des Dortmund-Ems Kanals, des Lippe-Sertin Kanals und des Zweigkanals von Herne

ist ausdrücklich verboten:

1.) — Auf den Brücken und Stegen stehen zu bleiben.
2.) — Sich den Schleusen und den Hebern zu nähen.
3.) — Auf den Treidelwegen und deren Böschungen sich zu bewegen.
4.) — In der Nähe dieser Kanäle Gegenstände oder Materialien hinzuwerfen oder im Stich zu lassen.
5.) — Sand, Pflanzen, Kies u. s. w. wegzuschaffen.
6.) — Zu rudern, zu segeln, oder mit Bootskaten zu fahren, ohne ausdrücklich dazu ermächtigt zu sein.

Die Personen, welche die Vorschriften des gegenwärtigen Befehles übertreten, laufen Gefahr von den, mit der strengen Beaufsichtigung der Wasserstraßen und der Nebenwasserstraßen beauftragten Truppen beschossen zu werden und haben die, für die Übertretung der Befehle des Kommandierenden Generals vorgesehenen Gefängnis- und Geldstrafen, verwirkt. (Verfügung Nr. 16)

Der Kommandierende General,

DEGOUTTE.

Französische Repressalien zum Schutze des Rhein—Herne-Kanals
Vorlage: Reichsarchiv

neuen Hindernis, einem Eisengatter, von dessen Vorhandensein niemand gewußt hat; es sperrt an dieser Seite der Emscher überhaupt den Durchlaß. Zunächst ist man ratlos, der und jener hat es satt und schlägt vor, das Unternehmen vorläufig aufzugeben. Aber der eiserne Wille des Führers setzt sich durch, und mit vor Kälte klammen Händen holt man Floß und Ladung aus dem Wasser und schleppt sie den Kanal aufwärts etwa 1000 Meter weit bis zu einer Brücke, über die man das jenseitige Ufer des Kanals gewinnt. Schließlich steht man wieder bei der Kanalüberführung auf der anderen Seite. Das Floß wird von neuem aufs Wasser gelassen, aber auch an dieser Stelle ist es schwer, die Sprengladung genügend tief unter den Dücker vorzuschieben. Stundenlang plagt man sich ab, es beginnt schon zu dämmern, die ausgestellten Posten, die schon befürchten müssen, von den französischen Posten im Morgengrauen erkannt zu werden, kommen zurückgeschlichen; da endlich — es ist mittlerweile 5 Uhr früh geworden — ist es geglückt: Floß und Ladung liegen an der richtigen Stelle unter dem Dücker, und nun kann es wörtlich „losgehen". Nur die zwei Führer der Gruppe bleiben zurück, die anderen schwingen sich auf ihre Fahrräder und eilen durch den grauenden Morgen davon. Dann, es ist einige Minuten nach 5 Uhr, ist es so weit. Die beiden — der eine oben am Kanal und der andere unten vor dem Emscherdücker — zählen wie verabredet halblaut: „einundzwanzig — zweiundzwanzig — dreiundzwanzig" — im selben Augenblick haben sie mit einer glimmenden Zigarre die Zündschnüre in Brand gesetzt, packen die Räder, sitzen auf und rasen davon. Der eine in Richtung Datteln, der andere auf Castrop-Schwerin zu. Um 5.23 Uhr — es ist inzwischen schon hell geworden — zereißt ein gewaltiger Knall, der stundenweit zu hören ist, die Morgenstille. Im nämlichen Augenblick stürzen die Wasser des Kanals in die Emscher und überfluten die Gegend weithin. Ein Kanalwärter, der in der Nähe der Sprengstelle seine Wohnung hat, schließt sofort das Schleusentor vor seinem Hause, um die Sprengstelle zu isolieren. Aber es gelingt nur sehr unvollkommen, das Schleusentor ist undicht. Inzwischen ist auch das französische Wachkommando, das in dieser Nacht anscheinend herrlich geschlafen und überhaupt keine Posten und Patrouillen ausgeschickt hat, mobil geworden und versucht, nachdem man einigermaßen des Schreckens Herr wurde, der jedem Mann in die Knochen gefahren war, das durch das undichte Tor einbrechende Wasser abzudämmen. Man schleppt Zementsäcke herbei und wirft sie ins Wasser, aber das durch das Tor schießende Wasser fegt den Zement wieder weg, und eine Trockenlegung und Reparatur der Sprengstelle erscheint vorderhand unmöglich. Gleichzeitig beginnt der Spiegel des sich von beiden Seiten durch das Loch im Emscherdücker entleerenden Kanals rapide zu sinken. Dieses Leerlaufen der tiefen Wasserstraße gleicht in seiner Wirkung der eines gewaltigen Naturereignisses: auf weiten Strecken beginnen die mit requiriertem Koks beladenen Kähne der Franzosen ihr Gleichgewicht und ihre stramme

Der ausgelaufene Rhein—Herne-Kanal mit nachstürzenden Ufermauern

Vorlage: Stadtarchiv Dortmund

Haltung zu verlieren. Die einen legen sich windschief gegen die Uferböschung, andere, die gegen die Mitte des Kanals hin ausgleiten, verlieren überhaupt jeden Halt und kippen um.

Als der eine Führer des Sprengtrupps, der sich zur Durchführung der Aktion vorübergehend in Castrop-Schwerin einquartiert hatte, gegen 10 Uhr inmitten von Scharen anderer Neugieriger zur Stätte seiner Tat gepilgert ist, ist dort allerlei los. Tausende Menschen umlagern die Kanalböschung und bestaunen das Bett des Kanals, in dem es nur noch einige Pfützen gibt, das aber im übrigen trocken ist wie weiland das Rote Meer, als Moses die Juden hindurchführte! Viel Spaß macht dieses Phänomen der Jugend, die in den Wasserlachen herumstelzt und Fische fängt, die im Kanal noch nie so leicht zu fangen waren wie an diesem Morgen. An der Sprengstelle aber, die in weitem Umkreise von Poilus abgesperrt ist, deren Bajonettspitzen herausfordernd herüberblitzen, scheint die ganze Generalität der französischen Ruhrarmee versammelt zu sein. Man vernimmt aus der Entfernung nicht den Wortlaut ihrer Flüche, aber man stellt mit bloßem Auge fest, daß die ganze heftig gestikulierende Gesellschaft rein aus dem Häuschen ist.

Der Oberländer, der mit der 50-Kilogramm-Ladung unter dem Emscherdücker diese Wirkung hat erzielen helfen, geht, nachdem er sich an dem erhebenden Bild ein Weilchen geweidet hat, gemächlich zur „Wartburg" hinüber, die an diesem Morgen trotz des regennassen, grauen Wetters mehr Zulauf hat als sonst an schönen Sommernachmittagen. Die tollsten Gerüchte werden von den Gästen der Kaffeewirtschaft wispernd von Mund zu Mund weitergegeben: der will wissen, daß deutsche Flieger einen nächtlichen Bombensegen abgeworfen hätten, andere haben erfahren, daß ein in Zivilkleidern steckender Trupp Schupo aus dem unbesetzten Gebiet die Sprengung vorgenommen habe, andere munkeln gar von einem Stoßtrupp Reichswehr, der von Münster im Dunkel der Nacht vorgestoßen sei. Der Oberländer hört

Sperrung des Rhein–Herne-Kanals durch einen versenkten Kohlenkahn
Photo: Stadtarchiv Dortmund

sich's lächelnd an, wie Frau Fama am Werk ist, trinkt seinen Kaffee aus, zahlt und spaziert von dannen. Unterwegs begegnet er zwei Offizieren, die mit ihren Reitpeitschen fuchtelnd aufgeregt schimpfen. Er greift, da ein heftiger Wind weht, nur Fetzen ihres Gespräches auf: „ces salauds — ..." (diese Schweinehunde), und „mais, non les aura..." (aber man wird sie kriegen!). Der Oberländer lacht, obwohl er nicht weiß, ob die französische Wache gemeint ist, die in dieser Nacht nicht auf Posten war, oder ob die „Boches", die der Grande Nation diesen Streich gespielt haben, leise in sich hinein. — Na, er würde schon dafür sorgen, daß sie ihn nicht kriegen...

Und man hat ihn, der damals, wie die Franzosen wußten, eine Zeitlang unter dem Namen „Hans M..." im Ruhrgebiet tätig war, tatsächlich nicht erwischt. Aber ein Jahr später wurde er, nachdem man auf unerklärliche Weise seine Persönlichkeit und seinen richtigen Namen erfahren hatte, von einem französischen Kriegsgericht in Mainz zum Tode verurteilt. Glücklicherweise aber nur in Abwesenheit, so daß es dem Wackeren erspart blieb, denselben Weg gehen zu müssen wie Schlageter...

Unternehmen Wesel

Von P. Jansen

Im März 1933 wurde zu einer Besprechung vom Westfalentreubund (Org. Rote Erde) nach Münster ins Café Adler in der Königstraße eingeladen. Es fand sich dort eine große Menge Volkes ein. Wir erfuhren, daß eine große Unternehmung unter der Leitung des bekannten westfälischen Freikorpsführers Hauptmann v. Pfeffer geplant war und hierzu eine bedeutende Anzahl Front- und Freikorpsleuten gebraucht wurde. Eine Reihe von Gruppenführern wurden bestimmt und die organisatorische Seite bezüglich der Teilnehmer zunächst geregelt. Im Verlauf der weiteren Besprechungen im engeren Kreise erfuhren wir dann, worum es sich handelte:

Im besetzten Gebiet lagerten noch große Mengen wertvoller Edelstähle und Maschinen, die bisher von den Besatzungsbehörden noch nicht beschlagnahmt bzw. noch nicht abtransportiert waren. Diese Materialien sollten zum Zwecke der Devisensicherung nach

Holland verkauft werden oder zum Teil ins unbesetzte Gebiet in Sicherheit gebracht werden. Sieben Eisenbahnzüge mit je 50 Waggons und vier Lokomotiven sollten die kostbare Fracht in Sicherheit bringen. Als geeignete Stelle war die Grenze bei Wesel ausgesucht worden. Die Besatzungszone erstreckte sich bis zur Lippe, die die Grenze bildete. Eisenbahn und Landstraße wurden auf gemeinsamer Brücke 1 Kilometer vor der alten Festung Wesel, dem „Rheinischen Potsdam" über die Lippe geführt. Unmittelbar an der Brücke lag die belgische Wache in dem „Lippeschlößchen", einer früher und auch jetzt wieder viel besuchten Gartenwirtschaft, die schon 1920 bei der Belagerung Wesels durch die rote Armee, die rote Gefechtsleitung beherbergen mußte, und die schon bestialische Mordtaten der roten Verbrecher gesehen hatte. Die Wache bestand aus einem Offizier und 40 Mann, kriegsgemäß mit MG. und Handgranaten bewaffnet. 500 Meter vor der Grenzwache befand sich in einem Stellwerk eine weitere Wache von 7 Mann und einem Sergeanten, die den Befehl hatten, bei jedem Zug, der ohne Anmeldung des Grenzbahnhofs Friedrichsfeld kam, die Weiche herumzulegen und ihn auf ein totes Gleis zu leiten. Der Grenzbahnhof, auf dem die Kontrollen stattfanden, war Friedrichsfeld. Hier lag eine Kompanie Belgier. In den Nachbardörfern rechts und links lagen Dragoner und Radfahrkompanien. Da mein elterliches Gut in der Nähe lag und ich also „ortskundiger Landeseinwohner" war, zog ich nun Nacht für Nacht mit den Führern der einzelnen Gruppen los um Anmarschwege, feindlichen Patrouillendienst, Stärke und so weiter zu erkunden. Die einzelnen Absperrungen, die von uns mit schweren MG. vorzunehmen waren, mußten festgelegt und den Führern Anmarschweg sowie Ort genauestens in der Dunkelheit eingeprägt werden. Diese Vorbereitungen waren oft recht schwierig. Zunächst mußte man mal über die Hochwasser führende Lippe. Die Belgier hatten alles was an Booten erreichbar war, auch von der unbesetzten Seite fortgeholt. Nach langem Suchen fanden wir im alten Lippehafen noch einen alten Kahn, der aber mit dicken Ketten festgemacht war. Um keinen unnötigen Verdacht zu erregen — wir brauchten den Kahn ja jede Nacht, und den Besitzer wollten wir nicht ins Vertrauen ziehen — wurde mit feinen Stahlsägen die Kette durchgeschnitten und das Schloß unbeschädigt gelassen. Morgens wurde die ganze Sache wieder fein befestigt, so daß der Besitzer, der nur das Schloß prüfte, nichts merkte. Als Ruder wurden der Mutter Frühstücksbrettchen „entliehen", da wir ja nicht mit Rudern nachts zur Lippe ziehen konnten. Abends kam dann als biederer Reisender Oberleutnant Seppl Böger, der wohl die Hauptarbeit draußen leistete und die Sache hauptsächlich als alter „Pfifferling", wie die Pfefferleute sich nannten, aufzog, mit einigen Kameraden eingereist. Im Hotel Escherhaus am Bahnhof wurde dann zunächst anhand der Karte das notwendige Programm für die Nacht festgelegt und dann gings über die Lippe ins besetzte Gebiet. Erfreulicherweise war damals der Lippeseitenkanal noch im Bau, so daß wir ohne ein weiteres nasses Hindernis unsere Aufgaben erfüllen konnten. Im Morgengrauen traten wir dann auf demselben Wege den Rückmarsch an, beseitigten in Wesel erst einmal die Folgen des Herumkriechens in den nassen Lippewiesen äußerlich durch Trocknen und innerlich durch Anfeuchten. Nachdem wir 14 Tage lang alle Vorbereitungen eingehend getroffen hatten, kam der Karsamstag 1923.

Nachmittags gegen 5 Uhr sammelte sich das ganze Kriegsvolk in Stärke von rund 300 Mann in Münster am Eilgüterschuppen und bestieg den bereitgestellten Sonderzug. Ein Wagen mit schweren MG., Handgranaten, Karabinern, reichlich Munition und allem zugehörigen Zauberzeug war schon ebenso wie ein Wagen mit Sanitätspersonal- und Ausrüstung angehängt. Die Reise ging in weitem Bogen über Borken durchs Münsterland, da die gerade Strecke Münster—Haltern—Wesel von den Belgiern in Hervest-Dorsten kontrolliert wurde. In Blumenkamp vor Wesel wurde umgestiegen in einen aus geschlossenen Güterwagen bestehenden Zug, der dann durch den Weseler Bahnhof als Güterzug durchrollte und dann parallel der Lippe auf das Anschlußgleis des RWE. gefahren wurde.

Inzwischen waren wir an Ort und Stelle nicht müßig gewesen. Nachmittags kam aus dem Sägewerk Bohnekamp in Peddenberg zwei Wagen mit Holz, die ich an einer bestimmten Wegekreuzung in Empfang nahm und in den Wald führte. An einem Kreuzgestell warteten vereinbarungsgemäß zwei weitere Gespanne, die von zuverlässigen Bauern geführt wurden. Die Fuhrleute spannten aus und die Bauern ihre Pferde ein. Das Holz wurde dann bis dicht an den zur Lippe gelegenen Waldrand gefahren, wo die Wagen warteten. In der Dämmerung holte ich dann einen inzwischen eingetroffenen Trupp ehemaliger Pioniere und ein weiteres Vorkommando ab. Die Pioniere übernahmen dann das zum Bau eines Stegs bestimmte Holz, und das Vorkommando wurde als Relais verteilt zwischen der inzwischen ausgesuchten Ausladestelle am Anschlußgleis des RWE. — inmitten Deckung gebenden Waldbestandes — und der Übergangsstelle an der Lippe. Nachdem dies nun alles erledigt war, wurde es Zeit, den Sonderzug zu erwarten. Die Pioniere fingen schon an und arbeiteten an der Herstellung des Laufsteges, die Nacht war erfreulich dunkel. Das RWE. war verständigt, daß durch künstlich hervorgerufenen Kurzschluß die umliegenden Dörfer und Eisenbahnanlagen ohne Licht bleiben mußten. Alle Vorbereitungen waren bis ins einzelste hinein getroffen, aber wie würde sich die Sache weiter entwickeln? Am Morgen hatten die Franzosen in Essen unter den Kruppschen Arbeitern ein Blutbad angerichtet — die Belgier hatten alle Aussicht, dafür in der Nacht eine Quittung zu bekommen, falls sie Widerstand leisteten. Endlich kommt der Zug. Ich winke mit der

Taschenlampe. Er hält. Gleich ist Seppl Böger draußen. Ein Händedruck: „Alles in Ordnung?" „Jawohl, Meldung der Pioniere ist da, Steg ist fertig." Alles steigt leise aus, tritt gruppenweise an zum Waffenempfang. Wieder das vertraute, lang nicht mehr gehörte Rasseln der MG.- und Karabinerschlösser — die Handgranaten werden abgezählt und dann geht es durch den dunklen Wald zur Lippe. Alle paar hundert Meter löst sich eine Gestalt von einem Baum, die bis zum nächsten Posten weiter führt und dann umkehrt. Inzwischen gehen die ersten Stoßtrupps die bis an die feindlichen Unterkünfte — Massenquartiere in Tanzsälen im Dorf Friedrichfeld — vorgehen sollen, über den Steg. Die Sicherungstrupps, die gegen Verstärkungen aus den Nachbardörfern, mit deren Einsatz bestimmt zu rechnen ist, abriegeln sollen, schleppen ihre schweren MG. herüber. Von ihnen hängt die Sicherung und der Rückmarsch ab. Der Führer der einen Gruppe, Leutnant Herzog, alter Goslaer Jäger und Roßbacher, grinst vergnügt über sein rechts und links gleichermaßen zerhacktes Beefsteakgesicht, das den Rekord an Schmissen in Münster hielt und meint nur: „Wo Jäger hinter dem MG. liegen, ist die Lage geklärt — wir werden das Kind schon schaukeln!"
Aber kaum ist er mit seiner Kohorte in der Nacht verschwunden, gibt es einen Hallo — ein paar Mann werden aus der Lippe geangelt — der Steg ist gerissen! Die Pioniere haben den Druck des reißenden Stroms unterschätzt und ein Teil des Stegs empfiehlt sich Richtung Rhein! Darob allgemeine Wut. Das große Palaver setzte ein. Am Ufer steht mit seinen Söhnen der von wegen seiner mannhaften nationalen Haltung in dem schwarzen und roten Münster damaliger Färbung sehr verehrte Professor der Rechte Naendrup, der als Major d. L. mit Knarre und Handgranate auch mit zu einem Stoßtrupp eingeteilt war — ohne Kommando, als Kamerad unter seinen Studenten — schimpfte Mord und Brand über den

Ärmelabzeichen des Freikorps von Pfeffer
Vorlage: Heeresarchiv

Materialismus der bösen Holzfirma, die uns zu schlechtes und dünnes Holz geliefert habe. Ich konnte aber zur Ehrenrettung der braven Gebrüder Bohnekamp sagen, daß sie uns erstens das Holz gestiftet hatten und zweitens in genau den Abmessungen lieferten, wie es das Kommando der Pioniere bestellte!! Nach kurzer Beratung beschlossen wir dann, das Unternehmen trotzdem durchzuführen, da wir die Eisenbahner, die die Züge zu fahren hatten, keinesfalls mehr benachrichtigen konnten. Wir hatten

nur einen einzigen Kahn zur Verfügung, um den Rest von 150 Mann überzusetzen und später eventuell im feindlichen Feuer die ganzen 300 Mann wieder zurückzuholen. Es war eine schwere Verantwortung und ein kühner Entschluß. Ging die Sache schief und holten die Belgier starke Verstärkungen heran, saßen wir übel im Wurstkessel — die hochgehende Lippe, deren Tücken bekannt sind, im Rücken und

Hauptmann von Pfeffer, ehemals Führer des Freikorps von Pfeffer in Westfalen und im Baltikum und der Ruhrkampforganisation von Pfeffer
Photo: Archiv Reiter gen Osten

nur einen Kahn! Aber schließlich war die schon oft während der Besatzungszeit bewiesene Angst der Belgier und das Überraschungsmoment auch ein wichtiger Faktor zu unseren Gunsten. Alles rollt also weiter programmäßig ab. Die Stoßtrupps gehen vor bis in das Dorf Friedrichfeld, umstellen die belgischen Unterkünfte — den Handsack mit Handgranaten umgehängt, der Bahnhof wird umstellt, die Unterkunft der Offiziere, in der heftig gekneipt wird, in — wie es heißt — vorsorglich bestellter — „Damen"gesellschaft, die Grenzwache, die Blockstelle mit den schon festgelegten Weichen — damit nicht die Wache dort beim Herankommen der Züge diese umlegen kann und die Züge gegen einen Prellbock jagen. Als nun überall das Licht ausging, wurden die Herren Belgier doch langsam nervös. Man versucht sich telephonisch zu verständigen, aber die Leitungen sind merkwürdigerweise auch zerstört. Vorsichtshalber zieht man die Posten ein, denn die ganze Sache kommt ihnen doch zu unheimlich vor — trau einer den Boches! Man wartet besser den Tag ab und schickt dann mal Patrouillen heraus. —
Es geht auf 2 Uhr zu. Punkt zwei sollen die Züge aus dem 12 Kilometer entfernten Dinslaken abrollen. Wir liegen am Bahnkörper, dem Lippeschlößchen gegenüber und warten. Endlich ein fernes Rollen. Die Spannung steigt aufs Höchste: sowie

die Züge beschossen werden, oder eine Gruppe von uns ins Gefecht gerät, soll sofort rücksichtslos an sämtlichen Stellen angegriffen werden. Teilweise liegen wir nur einige Meter vor den Belgiern, die Handgranaten scharf gemacht. Jeder weiß: so wie es knallt, gehen wir ran, da — das Rollen kommt immer näher — dicht vor und über uns jagt eine schwarze dunkle Masse ohne Lichter vorbei — der erste Zug! Zwei starke Loks davor, 50 Wagen und zwei Loks dahinter. Mit kurzem Abstand auf dem Nebengleis der nächste Zug. Dann die andern — einer nach dem andern — völlig dunkel — nur den Widerschein aus den Kesseln sieht man. Kein Schuß fällt. Von den Belgiern nichts zu sehen und nichts zu hören. Die Spannung löst sich und verwandelt sich in ungläubiges Staunen — das kann doch nicht möglich sein, daß alle drei starke Wachen, die am Bahnhof, die in der Blockstelle und die Grenzwache, die ganz offenbar für sie „illegalen" Züge einfach durchfahren lassen? Aber schon kommt die neue Überraschung: Auf der Brücke gibt es einen fürchterlichen Krach, der letzte Zug kommt mit kreischenden Bremsen zum Stehen und einige Gestalten entwetzen im Galopp über die Brücke gen Wesel ins unbesetzte Gebiet. Schneidige Heizer reißen noch das Feuer heraus und kommen auch noch heil fort, denn — die Belgier kommen immer noch nicht heraus! Was war nun los? Vom vorletzten Zug war vor dem vorletzten Wagen die Kuppelung gerissen und die selbsttätige Bremse bremste sofort. Der letzte Zug raste nun auf diese Wagen, warf sie übereinander und aus dem Gleise und konnte selbst auch nicht mehr vorwärts und rückwärts. Hier war für uns auch nichts mehr zu retten. Also Leuchtpatrone nach Vereinbarung hoch: Unternehmen beendet, abbauen. Zuerst die Stoßtrupps und zuletzt die abriegelnden Sicherungen. Das Übersetzen über die Lippe dauerte mit dem Kahn stundenlang, bei der reißenden Strömung — erfreulicherweise — vom Feind völlig ungestört. Für die Sicherungen war es eine harte Geduldsprobe bis in den grauenden Morgen hinein warten zu müssen, jeden Augenblick gewärtig zu sein, daß die Belgier sich endlich ermannten und versuchten zunächst mal festzustellen, was eigentlich los sei. Aber schließlich hatten wir alles bis auf den letzten Mann zurück und wir klettern naß, müde und vergnügt wieder in unsere Güterwagen. Wieder geht es leise und unauffällig durch den Weseler Bahnhof, in der nächsten Station geht es desto lauter und noch viel vergnügter wieder in unseren Sonderzug, allwo uns erhebliche Mengen guten Münsterländer Doppelkorns nebst Brot, Wurst und Rauchwaren erwarteten. Da Vorräte genügend vorhanden waren, sollen ganz erfahrene Krieger für ihre Gruppen gleich mehrfach empfangen haben, so daß die Stimmung während der Fahrt erheblich wurde!

Hiermit wäre eigentlich die Geschichte beendet — aber das historisch zwar nicht bedeutende, dafür um so muntere Ende soll auch nicht verschwiegen werden: Als die Sonne an jenem Ostermorgen strahlend schön aufging, beleuchtete sie im schönen Münsterland, das in der ersten Frühlingsblüte prangte, einen Zug, der aus alten 4.-Klasse-Wagen bestand und der sehr gemütlich und langsam sich in weitem Bogen gen Münster schlängelte. Auf den Plattformen standen feldgraue Gestalten, die alte Landsknechtlieder sangen und vergnügt an Doppelkornpullen sogen. — Und als wir um 10 Uhr in Münster ankamen, wurden wir nicht verschwiegen wieder hinten am Eilgüterschuppen ausgeladen, sondern frech und munter auf dem Bahnhof! Die vielen sonntäglich geputzten Osterbesucher rissen Augen und Ohren auf, als sie plötzlich eine leicht angebläute Horde in altem Feldgrau, voll Dreck und Speck, aussteigen sahen. Es soll auch noch vermeldet werden, daß die Unentwegten in das Lokal Brabender — in der Königstraße — zogen und nochmals bei solennen Umtrunk das gelungene Unternehmen feierten!

Bei den Belgiern sah die Sache anders aus: Am Vormittag erschienen eine Anzahl höherer Stäbe und etliche Kompanien Fußvolk an der Grenze und lösten die Wache, die sofort in Arrest gesteckt wurde, ab. Der Eisenbahnverkehr wurde gesperrt und die Reisenden, die nach Wesel wollten, mußten schon in Friedrichsfeld aussteigen und die restlichen 5 Kilometer zu Fuß zurücklegen. Ich sah mir nachmittags vergnügt das Theater an. Die tollsten Gerüchte schwirrten durch die Gegend, wer nun eigentlich der Schuldige sei — von einem Gesangverein bis zur Reichswehr wurde von „gut unterrichteten" Kreisen die Urheberschaft behauptet!

Die Belgier haben von dieser Sache nie mehr viel wissen wollen. Als ich ein halbes Jahr später in einem französischen Gefängnis mal von einem belgischen Staatsanwalt wegen eines anderen Unternehmens an der Lippe verhört wurde, wollte man auch gern hierüber etwas hören. Als ich aber erklärte, in Wesel amüsiere sich die Bevölkerung darüber, daß ein Gesangverein ohne Waffen die Züge herüber geholt habe — ich selbst wisse leider gar nichts —, wechselte man schnell das Thema. 14 Tage nach dem Unternehmen wurden in Hamm zunächst den Führern nebst der erfreulichen Anerkennung von „Pan Pfeffer" einige Zigarren verpaßt — teils dieserhalb, teils außerdem — und nachdem wir uns diese mit den weiteren Goldkörnern der „Manöverkritik" einverleibt hatten, lud uns die freundliche Eisenbahndirektion zu einer nicht limitierten Anzahl kleiner Zellen ein. Anschließend ging es wieder zurück ins besetzte Gebiet zur weiteren Fortführung des Krieges im Dunkeln für ungewisse Zukunft.

Zweihundert Güterwagen mit Fertig- und Halbfertigfabrikaten wurden durch den Durchbruch bei Friedrichsfeld für das Deutsche Reich gerettet. Aber wuchtiger als aller materieller Wert wirkte die Tat selbst, ein Fanal des Widerstandes im Ruhrgebiet.

Zum Tode verurteilt

Von F. W. Graf v. Keller, Neiße (Oberschlesien)

Vor einer Stunde hat man uns bei einem Sprengungsversuch im Hafen von Düsseldorf verhaftet. — Jetzt stehen wir in einer rauchigen Wachtstube, um uns herum eine Handvoll Soldaten, in der Mitte des Zimmers an einem schmalen Tisch drei Offiziere — das Standgericht. Gleichgültig liest der eine von ihnen in einem mir unverständlichen Französisch ein Schriftstück vor. Ich verstehe nur einzelne Worte: accusé — exemple — mort — lendemain —, doch schon übersetzt der Dolmetscher:

„Die Angeklagten werden morgen bei Sonnenaufgang erschossen."

Noch ist die Erregung der letzten Stunden in mir zu stark, um den Sinn dieser Worte begreifen zu können; ich bin froh, als ich in eine Einzelzelle geführt werde.

Eine Tür schlägt zu, ein Schlüsselbund klirrt, ich bin allein. Vier kahle Wände, eine Pritsche, in der Decke ein Luft- und Lichtloch, das ist der Raum, in dem ich meine letzten Stunden verbringen werde.

Dann werfe ich mich auf die Pritsche und versuche nachzudenken — versuche —, denn in meinem Kopfe jagen sich noch die Bilder des Abends:

Wir hatten bei Hauptmann Lohbeck in Düsseldorf gegessen. Es war Zeit, wir mußten aufbrechen, aber immer noch fand jemand ein Wort, das uns aufhielt. Dann standen wir auf dem Korridor, wieder vergingen kostbare Augenblicke, um den französischen Offizier, der hier im Hause wohnte und gerade zurückkam, vorbeizulassen. Endlich saßen wir in der Straßenbahn. Aber in Oberkassel war Halt: die Besatzungsbehörde hatte den Straßenbahnverkehr nach Neuß gesperrt. Um uns herum wimmelte es von belgischen Soldaten. Unsere Koffer waren schwer und rissen uns fast die Arme aus den Gelenken. Aber hier half nichts, wir mußten weiter. Zuerst ging alles gut; wir kamen gut durch Oberkassel und an dem belgischen Lager vorbei, demselben, in dem wir nun sitzen, vorbei an den Wachen, die uns höhnisch angrinsten — oder kam uns das nur so vor? Alles klappte, bis wir vor der Bahnunterführung standen, die in der Abenddämmerung mit unheimlich gähnender Öffnung vor uns lag. Aber das war ja Unsinn, wir bekamen Nerven und sahen Gespenster — weiter — und wir lachten uns selbst aus, bis wir auf der anderen Seite wieder heraustreten wollten und es nicht mehr konnten, weil von rechts und links eine starke Patrouille hervorsprang und auch nicht mehr zurückkonnten, weil auch der Eingang plötzlich besetzt war.

Das Spiel war aus.

Dann wurden wir am Bahndamm aufgestellt, hatten geglaubt, dies wäre das Ende, aber man hatte uns nur einschüchtern wollen; wir wurden bald weiter ins Lager gebracht. Dort trat das Standgericht zusammen, und morgen früh — nein, an morgen will ich nicht denken. — Ein Blick durch meine Zelle zeigt mir, daß es hier kein Entkommen gibt, also abwarten.

Bald machen sich meine Jugend und die Übermüdung — ich hatte seit zwei Tagen nicht geschlafen — geltend, und ich schlafe ein. Plötzlich wache ich auf. Wie lange habe ich geschlafen? Waren es Stunden oder nur Minuten? Wie lange habe ich noch zu leben? Nichts antwortet mir auf diese Fragen. Tiefe Stille umgibt mich, nur draußen hört man den langsamen Schritt der Wache. — Sterben! — Wie seltsam fremd und unheimlich dieses Wort klingt — ich will nicht sterben, ich will leben! Ich springe auf, stoße gegen feste Wände, stehe vor der Tür, die sich nicht öffnen läßt und starre auf den kleinen, viereckigen Luftschacht, der hoch, unerreichbar hoch für mich ist, und durch den ich nur ein dunkles Stück Himmel und einen einsamen Stern sehen kann. Verzweifelt laufe ich auf und ab. Gibt es denn keine Rettung?! Die Kameraden draußen! Gewiß, sie werden versuchen, uns zu helfen, aber das kostet Vorbereitung und damit Zeit. Und Zeit haben wir nicht mehr. Morgen früh bei Sonnenaufgang, — nein, nicht mehr morgen — heute, in zwei, vier, fünf Stunden. Ich will nicht mehr daran denken, aber nun lassen sich die Gedanken nicht mehr zurückhalten.

Aber nun ist doch alles anders. Nun, wo der Tod, gleichsam an die Zeit gebunden, langsam und unaufhaltbar auf mich zuschreitet, wo ich selbst, zur Untätigkeit und Wehrlosigkeit verurteilt, in der Zelle eingeschlossen bin, mit der Nacht und der Dunkelheit allein, in der ich jeden Schritt des Knochenmannes körperlich zu fühlen meine, nun ist der Tod das endgültige Ende, heißt Abschiednehmen vom Leben und allem, was ich liebe. Und ich bin jung und liebe das Leben. Bilder aus meiner Heimat steigen vor mir auf, Menschen, die ich liebe, Tiere, tote Gegenstände, die mich umgeben hatten. Und nichts von alledem werde ich wiedersehen. Morgen früh bei Sonnenaufgang! O, es war zum wahnsinnig werden! Warum hat man uns nicht gleich erschossen —, dieses Alleinsein und Warten ist entsetzlich.

Allmählich werde ich ruhiger, die Reaktion tritt ein. Vollkommen teilnahmslos kann ich mir die Einzelheiten der Erschießung vorstellen, sehe in Gedanken jede einzelne Handlung. Dann überlege ich, ob wohl alles anders gekommen wäre, wenn wir etwas eher von Lohbeck aufgebrochen wären und vergessen dabei ganz die höhnische Frage des belgischen Offiziers:

„Wissen Sie, was sie uns gekostet haben? Tausend Franken!"

Und wieder vergehen Ewigkeiten, und ich sitze und warte, daß irgend etwas geschieht, bis ich aufblicke

ARMÉE DU RHIN
CONSEIL de GUERRE
du QUARTIER GÉNÉRAL.
Secteur postal 77
(A)

N° 58/365 D'ORDRE
DU JUGEMENT.

(Art. 151 du Code
de justice militaire.)

RÉPUBLIQUE FRANÇAISE.

N° 972
DE LA
NOMENCLATURE GÉNÉRALE.

CONSEIL DE GUERRE PERMANENT [Formule N° 20.]

~~du Quartier Général de l'ARMÉE du Rhin~~, séant à Mayence, Gbelstrasse n° 1

JUGEMENT par Contumace

AU NOM DU PEUPLE FRANÇAIS,

Le Conseil de guerre permanent ~~du Quartier Général de l'ARMÉE du Rhin~~

a rendu le jugement suivant :

JUGEMENT EXÉCUTOIRE.

AUJOURD'HUI seize avril de l'an mil neuf cent vingt quatre le Conseil de guerre ~~permanent du Quartier Général de l'ARMÉE du Rhin~~ oui le Commissaire du Gouvernement dans ses réquisitions et conclusions, a déclaré le nommé : Strauss (Paul Adolphe) sujet allemand Contumax, domicilié à Herne, Ludwigstrasse n° 63 (Allemagne occupé) coupable d'Association de malfaiteurs

CONDAMNATIONS ANTÉRIEURES.
~~Inconnues~~
par contumace
- RA -

Horder-Gansen
Petri-Trinsdorf
Knappmann-Koster
Busch-Vehmeyer
Schmieder-Brönner
Iuess-Jebbert
Cohfeld-Irube
Niedreich-Dreyer
Schröder Werner-Nasslauer
Loos-Piere-Schutzler
Unger-Rupprecht
Werra-Neuhaus
Kauffmann-Olsen
Schröder Wilhelm
- RA -

En conséquence, ledit Conseil l'a condamné à la peine vingt ans de travaux forcés (sans interdiction de séjour) par application des articles 265. 266 - 19 et 46 du Code Pénal - 19 de la loi du 27 Mai 1885 - 176 du Code de Justice militaire - 2 de l'arrêté n° 11 et note n° 172 du 29 Mai 1923 du Général commandant les Troupes d'occupation -

Et vu les articles 139 du Code de Justice militaire, et 9 de la loi du 22 juillet 1867 55 du C. Pén. le Conseil condamne le nommé Strauss Paul Adolphe ~~solidairement et conjointement avec les condamnés~~ à payer sur ses biens présents et à venir les frais du procès

SIGNALEMENT du nommé Strauss Paul Adolphe
fils de feu Robert et de Grumbert Marthe
né le 13 août 1901, à Alt-Rarstrat, arrondissement d'Allemagne
département d'Allemagne, domicilié, avant d'entrer au service,
à Herne, Ludwigstrasse n° 63, arrondissement dudit département
d'Allemagne, taille d'un mètre 700 millimètres, cheveux et
sourcils blonds foncés, front ordinaire, yeux bleus, nez rectiligne,
bouche ", menton ", visage rond, teint "
signes particuliers : corpulence mince ; n° matricule du corps : —

VU :
Le Commissaire du Gouvernement,
[signature, stamp: Armée du Rhin - Conseil de Guerre du Quartier Général]

POUR EXTRAIT CONFORME :
Le Greffier,
[signature]

(A) Gouvernement militaire de Paris - Lyon.
Région de corps d'armée (
Division militaire ou d'occupation.
Brigade d'occupation.
Colonie.

Extrait pour le Trésorier payeur général.

Le présent jugement a commencé à recevoir son exécution après les formalités prescrites par l'article 176 du Code de Justice militaire -
~~pour compter du~~

EXÉCUTOIRE.

436 [FORMULE N° 20.]

und nicht mehr in die dunkle Unendlichkeit, sondern in einen fahlen Morgenhimmel sehe.
Dann in der Morgenstille Signale: — Reveille!
Das ist die Erlösung.
Ich bin wieder Soldat, habe meine Pflicht zu tun, denke nicht mehr. Draußen das Geräusch vieler Schritte, Kommandos, Waffengeklirr. Schritte auf dem Gang, die Zelle neben mir wird aufgeschlossen, die Schritte kommen näher, ein Schlüsselbund klirrt, die Tür springt auf, ich bin bereit.

Zwei Soldaten, gefolgt von einem Zivilisten, treten ein. Ich bekomme Handschellen angelegt, werde hinausgeführt.
Der Zivilist sagt: „Sie werden zu weiteren Vernehmungen nach Neuß gebracht und später von einem Kriegsgericht abgeurteilt. Das Urteil des Standgerichts ist aufgehoben."
Eine Wachkompanie rückt an uns vorbei aus dem Lager.

Ludwig Knickmann
Von SA.-Oberführer Jackstien

Am 20. Juni 1923 kehrten wir morgens von einer Aktion zurück, um hierfür — es galt, die militarisierte Nordbahn bei Bottrop zu sprengen — noch anderweitiges Material zu beschaffen. Auf dem Wege nach Münster wurde uns von einem zuverlässigen Manne mitgeteilt, daß sich in Hüls bei Marl ein Forstbeamter namens Plantikow herumtreibe, der für die Belgier Spitzeldienste leiste. Durch dessen verräterisches Treiben waren schon mehrere Männer der Industrie verhaftet und zum Teil ausgewiesen worden. Ludwig Knickmann entschloß sich, diesen Spitzel in den nächsten Tagen unschädlich zu machen. Als wir nun, in Münster angekommen, niemand von den Männern antrafen, die wir unbedingt sprechen mußten, fuhren wir kurzerhand nach Lippramsdorf, wo wir uns von dem Fährmann Geldemann über die Lippe setzen ließen, um Plantikow in der Frühe fassen zu können. Die Nacht war stürmisch und regnerisch, also die besten Voraussetzungen zur erfolgreichen Durchführung unseres Vorhabens. Bei dem Fährmann hatten wir vorher unsere Kleider gewechselt und ihm unsere wichtigsten Papiere in Verwahrung gegeben. Das Übersetzen war mit großen Schwierigkeiten verbunden, da sämtliche Fähren versenkt waren und niemand die Lippe befahren durfte, da alle halbe Stunde jenseits der Lippe Streifen der Besatzung patrouillierten. Gegen drei Uhr morgens standen wir auf besetztem Gebiet und suchten nun unseren Vertrauensmann auf, der uns die genaue Anschrift des Verräters angeben sollte. All diese Informationen bestätigten sich leider nicht. Plantikow hatte es verstanden, des öfteren seinen Wohnsitz zu wechseln. Somit mußten wir versuchen, die Wohnung dieses gemeinen Verbrechers ausfindig zu machen. Hierdurch verloren wir kostbare Zeit; denn in der Ferne graute schon der neue Tag. Als wir dann endlich seine Wohnung gefunden hatten, war es bereits hellichter Tag, auf der Straße flutete ein reger Verkehr von Arbeitern, die sich auf dem Weg zu ihrer Arbeitsstätte befanden. Auf unser Begehren hin, Plantikow sprechen zu müssen, teilte uns dessen Hauswirtin mit, daß P. erst spät nachts nach Hause gekommen sei und sich jeden Besuch verbeten habe. Wir mußten ihn aber, sollte unsere Aktion gelingen, aus der Wohnung zu locken versuchen. Nach langem Hin und Her erreichte es Knickmann schließlich, daß die Wirtin den P. weckte.

Ludwig Knickmann †
Photo: SA.-Standarte Ludwig Knickmann, Gelsenkirchen

Dieser erschien dann kurz darauf, notdürftig bekleidet, in der Schlafzimmertür, die von uns etwa 5 Meter entfernt war. Dort blieb er stehen. Trotz Aufbietung sämtlicher Überredungskünste wollte es Knickmann nicht gelingen, den P. zum Mitgehen zu bewegen. Plötzlich sagte Plantikow: „Ich weiß, was ihr Hunde wollt, ich werde euch schon helfen." Hierauf wollte ihn Knickmann auf der Stelle erschießen. Im selben Augenblick drehte ich mich um und ge-

Nebenstehende Abbildung: Kriegsgerichtsurteil im Prozeß gegen den Kapitänleutnant Hörder u. Gen. (Organisation v. Pfeffer)

wahrte auf der Straße eine ablösende französische Abteilung. Ich machte Knickmann durch einen Stoß in die Seite darauf aufmerksam, und wir entschlossen uns kurzerhand, die Gegend zu verlassen. Wir wählten den kürzesten Weg zur Lippe, wo der Fährmann seinen Kahn versteckt hielt, um uns nach einem vorher vereinbarten Signal wieder überzusetzen. Auf dem Wege dorthin stießen wir an der Straßenkreuzung Haltern—Marl—Hüls mit einer belgischen Patrouille in Stärke von vier Mann zusammen. An ein Entkommen war nicht mehr zu denken, und somit entschloß sich Ludwig Knickmann, geradeswegs auf die Patrouille zuzugehen. Man forderte uns auf, stehenzubleiben, und verlangte die Pässe, welcher Aufforderung wir schnellstens nachkamen. Währenddessen unterhielt sich Knickmann mit der Streife über die schlechte Zeit und sagte, daß wir unterwegs seien, um Arbeit zu suchen. Plantikow hatte natürlich die feindliche Besatzung bereits von uns in Kenntnis gesetzt, so sind auch die nun abrollenden Ereignisse leicht erklärlich. Mit einem Lächeln gab der Korporal den Soldaten einen von mir nicht verstandenen Befehl, riß dann plötzlich Knickmann den oberen Rock los und griff mit der rechten Hand in dessen Seitentasche. Blitzschnell schlug Ludwig Knickmann ihn mit der Faust nieder; im selben Moment blitzte auch die 08 auf, Schüsse hallten in den jungen Morgen hinein, und drei Belgier sanken tödlich getroffen zu Boden. Der vierte war, wie sich später herausstellte, nur leicht verletzt worden, stellte sich aber wie tot. Durch das Schießen waren die sich in der Nähe aufhaltenden feindlichen Streifen, die hier zur Ablösung in Bereitschaft lagen, alarmiert worden. Die Alarmierung der Streifen wurde noch verstärkt durch das wahnsinnige Brüllen eines Mannes, der zufällig im Augenblick der Schießerei die Tatstelle passierte und wie ein Irrer unter lautem Schreien das Weite suchte. Wir machten uns nun schleunigst aus dem Staube, verfolgt von der feindlichen Soldateska. Das Gelände, das wir durchqueren mußten, war bedeckt mit Büscheln und Sträuchern. Nachdem wir etwa 300 Meter zurückgelegt hatten, erhielt Ludwig Knickmann einen Brustschuß, der quer durch den Körper schlug. Nach weiteren 20 Metern brach Knickmann unter der Schwere der erlittenen Verwundung zusammen. Ich mußte nun meinen Freund förmlich bis zur Lippe tragen, die noch ungefähr 1,5 Kilometer entfernt war. Die Lippe war durch die Regenperiode über die Ufer getreten, aus dem stillen Bache war eine reißende Strömung geworden. Ganz allein auf mich angewiesen, mußte ich nun zusehen, den Schwerverwundeten in Sicherheit zu bringen. Mit einem Hosenträger und Halstuch band ich Knickmann an mich, um so die rettende andere Seite der Lippe zu erreichen. Ich hatte aber nicht mit der schweren Strömung und den Strudeln in der Mitte gerechnet. In der Mitte der Lippe geriet ich in einen Strudel und verlor meinen Freund, den die Fluten in die Tiefe rissen. Ich versuchte noch verschiedentlich, nach Knickmann zu tauchen, aber die Strömung gibt meinen toten Freund nicht mehr frei. Nach zwölf Tagen wird die Leiche Ludwig Knickmanns ans Land gespült und von den Belgiern beschlagnahmt.

Kampf der Regiebahn

Erlebnisberichte von Mitkämpfern der Sabotage-Organisation der Eisenbahner

Ein Reichsbahnsekretär berichtet über eine der vielen unter seiner Mitwirkung von mutigen Eisenbahnern ausgeführten Sprengungen:
Wir wollten den Eisenbahnviadukt bei Stolberg sprengen. Der Viadukt überbrückt eine Talmulde von 250 bis 300 Meter Länge bei einer mittleren Pfeilerhöhe von 30 bis 35 Meter. 12 bis 15 Unterstützungspfeiler waren vorhanden. Die Bahnlinie, die darüberführte, diente hauptsächlich dem Güter- und damit dem uns verhaßten Kohlenablieferungsverkehr.
Nach eingehenden Erkundungen entschlossen wir uns, den dritten Pfeiler des Viadukts, der etwa vier Meter unterhalb der Gleisanlage mit einer Sprengkammer versehen war, zu sprengen. Da man an diese Stelle nur von oben herankommen konnte, versuchten wir unter einem Vorwand, bei der Aachener Feuerwehr eine geeignete Strickleiter zu diesem Zweck zu leihen. Der Feuerwehrkommandant wollte aber wissen, zu welchem Zweck diese benötigt werde. Um nicht unnötige Mitwisser zu haben und womöglich verraten zu werden, ließen wir von diesem Versuch ab. Unsere Tätigkeit und die Erfahrungen hierbei hatten uns in jeder Hinsicht erfinderisch und listig gemacht. Kurz entschlossen holte ich jetzt in einer in der Nähe befindlichen Kirche ein Glockenseil herunter. Mit Hilfe des uns befreundeten Werkmeisters Menzel aus Aachen, der uns jederzeit wertvolle Hilfe geleistet hatte, verfertigten wir dann daraus eine Strickleiter. Außerdem stellte uns ein Müller einige Zugleinen und Ketten zur Verfügung. Die Besatzungsbehörden hatten jeglichen Umzug an-

läßlich des 1. Mai streng verboten. Um jeglichen Verdacht von uns abzulenken, wählten wir die Nacht vom 1. auf den 2. Mai für unsere Sprengung.
Ein starkes Aufgebot von unseren wachsamen Posten sorgte für vollständige Sicherheit beim Einbauen unserer Sprengladung. Unsere Posten waren entschlossen, jede Überraschung durch belgische Patrouillen auf jede Weise zu verhindern. Kurz nach Mitternacht passierte eine belgische Militär-Streife den Viadukt. Kaum waren ihre Schritte verhallt, als wir aus unseren Schlupfwinkeln heraustraten und an die Arbeit gingen. Die selbstgefertigte Strickleiter wurde über das Geländer der Brücke gelassen. Letzte Anweisung und Belehrung an unsere Posten und dann stieg Menzel die Strickleiter hinab zur Sprengkammer, um diese mit dem in einem Korb herabgelassenen Sprengstoff zu laden. Ungefähr 30 bis 35 Kilogramm wog diese Ladung. Jedes Päckchen war mit Sprengkapseln und mit zwei Zündschnüren von je fünf Meter Länge versehen. Nachdem die Ladung eingebaut war, wurde die Öffnung der Kammer mit Steinen und Erde luftdicht abgeschlossen. Menzel wurde aus seiner gefährlichen Lage befreit und dann zündete Berufskamerad Heim die Schnüre an. Fluchtartig verließen wir nunmehr die gefährliche Stelle, durch einen tiefen Bach bis zur Brust im Wasser watend, um so unsere Spur zu verwischen. In etwa 300 Meter Entfernung standen zwei Autos bereit, welche unsere Mithelfer, die Aachener Studenten — diese hatten nämlich Posten gestanden — sofort in Sicherheit brachten, während die Berufskameraden Bauerle, Heim und ich unter Führung eines wegkundigen Studenten in Richtung Düren den Rückweg per Fahrrad antraten. Von einer Anhöhe in etwa 500 Meter Entfernung beobachteten wir aber zunächst die Wirkung unserer nächtlichen Arbeit. Nach etwa zehn Minuten stieg eine mächtige Feuersäule gen Himmel und ein ohrenbetäubender Knall zeigte uns, daß wir gut gearbeitet hatten. In rasendem Tempo fuhren wir nun auf unseren Rädern fort. Nach dreiviertstündiger Fahrt mischten wir uns in einem Dorf unter eine fröhliche Hochzeitsgesellschaft und verbrachten dort den Rest der Nacht bei Tanz und Trunk.

Ein kleiner Zwischenfall, der leicht hätte einen gefährlichen Ausgang nehmen können, sei hier noch erwähnt. Mit der Sprengladung auf dem Rücken fuhr ich, von Köln kommend, nach Aachen hinein. Beim Eingang zur Stadt rutschte mir das Rad infolge der Schwere meiner Last auf der schlechten Straße ab, und ich fiel zu Boden. Ein des Weges kommender belgischer Gendarm half mir — es gibt doch noch gute Menschen — in liebenswürdiger Weise wieder auf die Beine. Hätte er geahnt, was für eine gefährliche Ladung sich in dem Rucksack befand, oder wäre durch den Sturz ein Päckchen des Sprengmaterials herausgefallen, so hätte sich der Beamte einen hohen Orden verdient, ich aber hätte unser Unternehmen schwer gefährdet und wäre unweigerlich an die Wand gestellt worden.

Eine andere Tat war die Sprengung der General-Gröner-Brücke bei Herbestal.

Die Vorbereitungen zu dieser Sprengung wurden von mir mit Hilfe von Studenten der Technischen Hochschule in Aachen ausgeführt. Durch mehrtägige Beobachtung bei Tag und Nacht war ich vollständig

Staatssekretär Kleinmann, ehem. Leiter der Eisenbahnsabotage im Ruhrgebiet
Photo: Hoffmann, Berlin

Reichsbahndirektor Heiges, Führer des Reichsbahnschutzes; ehemals Führer der Eisenbahnstoßtrupps im Ruhrkampf
Photo: Meinen, Berlin

im Bild über die Bewachung der Bahnanlagen sowie über den Durchgangsverkehr mit Kohlenzügen. In erster Linie mußten wir uns darüber Gewißheit verschaffen: Wie kommen wir am sichersten durch den Aachener Wald, ohne von belgischen Gendarmen oder Zollbeamten gesehen oder beobachtet zu werden. Die angeforderte Verstärkung traf von unserer Leitung mit dem nötigen Sprengmaterial und eigens angefertigten Entgleisungsvorrichtungen zur rechten Zeit ein. Wir entschlossen uns, noch am gleichen Abend mit der Brücke zu beginnen. Mit schwergepackten Rucksäcken verließen wir gegen 8 Uhr abends Aachen mit dem Ziel Herbestal. Unter sehr schwierigen Verhältnissen, ohne dabei Straßen und Feldwege zu benutzen, trafen wir etwa 12 Uhr nachts todmüde an unserem Ziel ein. Die uns dabei begleitenden Aachener Studenten haben uns sehr wertvolle Dienste geleistet. Auf belgische Grenzbewachungsbeamte sind wir auf dem Hin- sowie Rückweg nicht gestoßen. Nach kurzer Rast, Belehrung und Aufstellung der Sicherheitsposten ging es mit Volleifer an die Arbeit. Sollte doch der um 1 Uhr nachts fällige Kohlenzug unter die Lupe genommen werden. Schon nach einer Viertelstunde waren wir mit dem Einbauen der Sprengladungen sowie mit dem Anbringen der Entgleisungsweichen fertig. Unsere aufgestellten Posten wurden eingezogen, die Zündschnur feuerbereit gemacht und, nachdem wir in Deckung gegangen waren, von unserem Kameraden Heim angezündet. Da nach Ablauf von fünf Minuten keine Wirkung wahrzunehmen war, ging Berufskamerad Böhm nochmals auf den Bahnkörper, um nach der Zündschnur zu sehen. Neues Feuer wurde angelegt, und nach wenigen Minuten erfolgte eine fürchterliche Detonation! Eisenbahnschwellen, Steine usw. flogen surrend durch die Luft. Die Umgebung der Brücke war für kurze Zeit taghell erleuchtet. Durch die Sprengung wurde die ganze Einwohnerschaft von Herbestal in ihrer Nachtruhe gestört. Hundegebell, Erleuchtung der Wohnungen machte sich überall bemerkbar. Nach unseren Beobachtungen wurden sofort vom Bahnhof nach allen Richtungen Kontrollgänge eingeleitet, um den in kürzester Zeit fälligen Kohlenzug noch rechtzeitig zum Stehen zu bringen oder umzuleiten und die Täter zu fassen. Wir waren nämlich auf belgischen Boden geraten!

Tapfer und mutig haben sich unsere jungen Kameraden von der Hochschule gezeigt. Der Rückweg, der sonst bei normalem Begehen in zwei Stunden zurückgelegt werden konnte, kostete uns sechs bis sieben Stunden, denn wir durften weder Straßen noch Feldwege noch Pfade benutzen. Gegen Tagesanbruch trafen wir wieder in der Nähe von Aachen ein, wir nahmen zuerst Unterschlupf in verschiedenen Gartenhäuschen, bis unsere Unterbringung in Wohnungen unserer begeisterten Begleiter möglich war, denn in Aachen wimmelte es von der unterdessen natürlich alarmbereit gemachten Besatzung. Unsere Unternehmung ist gut verlaufen; es war dies ganz besonders meiner eigenen Aufklärung und unserem sprichwörtlichen Glück zu verdanken. Der Aachener Wald wurde tagelang kreuz und quer von der Aachener Besatzung wütend abgesucht, ohne auch nur eine Spur von uns zu finden. Erst nach gründlicher Reinigung unserer inneren Menschen und unserer noch mehr mitgenommenen Kleidung fuhren wir einzeln nach Köln zurück, teilweise mit der Bahn, teilweise mit dem Fahrrad, das wir lustig traten.

Ein anderer Eisenbahner und Stoßtruppführer berichtet von der „hartnäckigen Schwarzen", — eine schwarze Brücke meint er damit, die sich nur in einem vieltägigen, nervenzermürbenden Angehen fassen ließ.

Es war bei Köln an einer strategisch wichtigen Stelle, an der Stunde um Stunde schwerbeladene Kohlenzüge auf dem Wege nach Frankreich vorbeirollten. Ein erster Versuch, sozusagen im kühnen Anlauf unsere „Visitenkarte" abzugeben, schlug fehl. Am nächsten Tage gelang es, die französischen Posten von der Brücke abzulenken. Zwei Kameraden versuchten, auf der Brücke den Sprengstoff anzubringen. Leider war aber auch dieser Versuch ein Versager. Die Bettung bot nach Abräumen der obersten Schicht einen derartig festen Widerstand, daß trotz der umwickelten Meißel und Brecheisen nicht tief genug gebuddelt werden konnte, um die Druckzünder einbauen zu können. Die Arbeiten machten so viel Geräusch, daß die rechts im Einschnitt bei der „weißen Brücke" postierten schwarzen Franzosen aufmerksam wurden. In aller Eile gelang es, die Spuren der Buddelei zu verwischen und die Böschung hinunter in einer nahe gelegenen Senke zu verschwinden.

Vier Tage wurden nun verwandt, um Zeitpunkt und Anmarschrichtung der Kavalleriepatrouillen und der Postenablösung zu erkunden. Dann wurde der dritte Versuch gemacht. Die Posten wurden wieder abgelenkt, inzwischen bauten die zwei längsten von unseren Kameraden eine Pyramide unter der Brücke. Ein anderer stieg auf sie hinauf, so daß es ihm gelang, die oben genannte Mauer und die Widerlager zu erreichen. Rasch, ohne Überstürzung, wurden von ihm die Sprengstoffe verstaut und so gut es ging festgeklemmt, Patronen nebst Zündschnur eingebaut und die Schnur über den Mauerrand bis zur seitlichen Böschung geleitet. Dann war es höchste Zeit zum Verschwinden, da Pferdegetrappel das Nahen der fälligen Patrouille ankündigte. Auch die Brückenposten hörten wir im raschen Lauf zurückkommen. Noch immer kamen hin und wieder einzelne Passanten und schon zum Markt fahrende Bauernfuhrwerke an der Brücke vorbei. Endlich war die Luft rein. Auch auf der Brücke war das Glimmen der Zigaretten, das den Standpunkt der Posten meist anzeigte, verschwunden. Langsam kroch einer von uns heran. In Richtung der „weißen Brücke" glühen rote Pünktchen auf. Gemurmel dringt herüber. Die Posten haben sich zu einem Plauderstündchen zusammengesetzt. Also ran! Unter der Brücke den Rock über den Kopf gezogen, eine Zigarette angezündet und mit dieser die Zündschnur angesteckt; noch einige Sekun-

440

den beobachtet er, wie die Funken zischend weiterfressen, dann türmt er mit langen, geräuschlosen Sätzen in die Senke und, gebückt, im Schatten der Böschung in Richtung Vorgebirge, um die Straßensperre zu umgehen. Jetzt müßte doch die Sprengung bereits losgegangen sein! Wir warten und warten. Was war los? Die Zündschnur brannte doch so schön! Sollte dieser dritte Versuch wieder verpfuscht sein? Ein paar endlose Flüche folgen. Nun hilft nichts; also zurück und nachsehen! Wieder wie vorher, in Deckung gegen Sicht, ganz, ganz langsam heranschleichen, damit die Marokkaner nichts merken. Aufrecht geht es dann über die Straße, und da — die Bescherung. Die Zündschnur ist, soweit erreichbar, verbrannt und klemmt wie eine durchgebrannte Kurzschlußleitung am Mauerwerk. Beim Versuch, sie abzureißen, bröckelt sie in der Hand und läßt sich nur stückenweise entfernen. Oben hängt sie nun für uns nicht mehr erreichbar, aber jedem Vorbeikommenden sofort sichtbar. Allein kann keiner hinauf, und so ist guter Rat teuer. Bei dem fahlen Dämmern kann man schon deutlich die verstauten Sprengstoffpäckchen dort oben sehen. Was soll das erst bei Tageslicht werden? Den Patrouillen hoch zu Pferd muß das unbedingt auffallen. Es ist zum Heulen!

Am frühen Morgen im Quartier des Stoßtrupps wird beratschlagt. Keiner weiß sich das Versagen zu erklären. Es wird beschlossen, nochmals trotz allem nachzusehen. Einer der Kameraden mit seiner Frau gehen dann gegen Abend harmlos spazieren. Sie passieren die Brücke. Da — man kann es kaum glauben: Der ganze Kram liegt noch unberührt sichtbar da oben am Brückenpfeiler. Die Marokkaner hingen zigarettenrauchend über dem Geländer der Brücke und pöbelten die Passanten an. Sollte wirklich niemand die Pakete gesehen haben, oder wollte man eine Falle stellen? Auch am zweiten und dritten Tage lag, wie von den Kameraden abwechselnd festgestellt wurde, die ganze Packung noch da, und selbst bei längerem Verweilen in der Nähe oder sogar unter der Brücke rührte sich keiner der Posten. Am vierten Tag war endlich eine neue genügend große Zündschnur aus dem unbesetzten Gebiet beschafft worden. Wieder sollte es herangehen. Allen gingen Zweifel durch den Kopf. War es wirklich keine Falle? Hatten die Franzosen wirklich noch nichts bemerkt? Sicherheitshalber hatte jeder seinen entsicherten Revolver in der Tasche.

Einer kriecht nach vorn. 10 Minuten später kommt er zurück: Die Luft ist rein. Die anderen kriechen zur Brücke. Zwei Mann stellen sich zusammen, der dritte auf ihre Schultern. Er muß sogar — ein gefährliches Beginnen — mit der Taschenlampe aufleuchten. Die alte Schnur ist kurz vor der Sprengpatrone gebrochen. Bis dahin hat sie gebrannt. Wie war das möglich? Das ist jetzt gleichgültig. Neue Schnur in dem Zünder sorgsam verstaut, links und rechts noch zwei kleine Päckchen dazu geklemmt, die Schnur durch Stücke Kohlziegel in ihrer Lage festgehalten, dann ist's geschafft. Nun einzeln abhauen!

Französischer Posten bewacht den Abtransport von Kohlen aus dem Ruhrgebiet
Photo: Archiv Reiter gen Osten

Einer bleibt wieder zurück, bis die anderen in Sicherheit sind. Wieder wird unter dem Rock die Zündschnur angesteckt und dann ohne langes Besinnen in entgegengesetzter Richtung davongelaufen, so schnell und so geräuschlos, wie es eben geht. Kurz darauf ein mächtiger Lichtschein. Balsam für unsere aufgescheuten Sinne! Eine Detonation, die die Fenster der unweit gelegenen Fabrik und des etwas weiter gelegenen Dorfes klirren läßt. Es hat also doch noch geklappt. Ja, ja, die „Schwarze Brücke" war ein ganz besonders hartnäckiger Fall!

Nicht alle Unternehmen verliefen so glücklich. Ein Eisenbahnkamerad berichtet über einen Fall, der wochenlang alle Welt bewegte. Es war das nächste Todesurteil gegen einen aufrechten Deutschen, das die Franzosen nach dem Schlageters aussprachen:

In der Pfalz war's. Unsere Sprengladung haben wir schön eingebuddelt. Der Uhrzeit nach müssen an fünf Stellen im Lande die Schienen bald hochgehen. Also Gewaltmarsch — Marschziel Ludwigshafen. Wir erreichen in strammem Schritt die Stadt und streben der Brücke zu. Bald liegt sie vor uns im Dunkel der Nacht. Alle Sinne angespannt, ein Stäbchen rauchend, gehen Goerges und ich im ruhigen Schritt der Brücke zu.

50 Meter vor dem Brückenkopf: „Halte-la! Nix Pistol, nix Pistol, nix Damenschuh?" Vor uns der französische Zöllner, 10 Schritte hinter ihm grinsen die Farbigen.

Was tun? „Bon soir, mon captain, sil vous plait!"

441

Die angebotene Zigarette wird abgelehnt. Schon wird Goerges gründlich untersucht. Oh, la, la! Man findet die Pistole. Rasend arbeitet das Gehirn. Soll ich schnell meine Pistole ziehen und losschießen? Zwecklos. Wenn ich so weit komme, kann ich zwar den Zöllner umlegen, dann aber geht sofort das Feuer der Schwarzen los. Die Brücke wird gesperrt, und von den anderen Eisenbahnkameraden kommt überhaupt niemand mehr über den Strom. Wir wissen nicht, ob sie schon drüben sind — über den Rhein — in Freiheit! Um 12.18 Uhr muß unsere Ladung ja hochgehen; wer will uns jetzt was anhaben? Inschallah!

Ein halbes Jahr Mainz wegen verbotenen Waffentragens im Besetzungsgebiet müssen wir halt in Kauf nehmen. Noch immer wird Goerges am ganzen Leib durchsucht.

Ich drehe mich langsam um, bringe unbemerkt meine Pistole aus der Manteltasche in die Reithose. Gustel und Robert gehen langsam und unbehindert an uns vorbei über die Brücke. Sie haben die Waffen weggeworfen; sie können uns nicht helfen.

Nun komme ich dran zur Leibesnachschau. Warum nimmt er nicht uns beide, Goerges und mich, kurzerhand zur Wache? Langsam tasten die fremden Finger an meinem Körper auf und ab. Jetzt müssen sie gleich die Pistole, die in die Kniekehlen gerutscht ist, fühlen. Da, sie halten am Gürtel! Schon will ich aufmachen. Da tasten sie weiter. Ich spreize die Beine; Vorsicht, Vorsicht, daß die Pistole nicht weiterrutscht! Hin und her greifen die Finger. Endlich machen die tastenden Hände Schluß; sie haben meine Pistole nicht gefunden. Die Schwarzen kommen an, nehmen Goerges in die Mitte und blicken fragend auf mich. „Non, rien, passez!" Höre ich recht? Passez? Schon schärfer: „Allons!" Ich reiße mich zusammen, schleppe mich weiter. Die Knie wollen schlapp machen. — Die erste, die zweite Brückenwache habe ich hinter mir. Nun sollen sie mich nicht mehr kriegen. Ich mache meine Pistole frei. Mit dem Finger am Abzug, gehe ich am letzten Brückenposten vorbei. Schon sehe ich die Mannheimer Schupo und die erregten lieben Freunde. Nur einer fehlt: Paul Goerges. Er wurde zum Tode verurteilt, begnadigt zu lebenslänglicher Zwangsarbeit. Erst nach langer qualvoller Leidenszeit in französischen Kerkern wurde auch er wieder frei.

Wir aber holten zu neuen Schlägen aus. Nun erst recht! Wir wußten, wofür wir kämpften. Wir kannten unsere Führer, und diese kannten uns! Wir waren die verschworenen Vorkämpfer an der Ruhr für Deutschlands Befreiung!

Separatistenputsch in Koblenz 1923

Von Dr. Hans Bellinghausen

In Koblenz trifft Mitte Oktober im Gebäude der „Rheinischen Volksvereinigung" die „Vorläufige Regierung" die letzten Vorbereitungen. Da kommt plötzlich die Alarmnachricht: In Aachen hat überraschend und entgegen aller ihm erteilten Befehle der dortige Separatistenführer Deckers, ermutigt durch die Belgier, losgeschlagen. Man schreibt den 21. Oktober! In Koblenz bei der Vorläufigen Regierung „ist die Kopflosigkeit allgemein; nichts ist organisiert, weder Rheinlandschutz, noch Lebensmittelversorgung" (Geh.-Prot.). Man fordert umgehend Truppen an; denn ein Losschlagen kann jetzt auch hier nicht mehr länger hinausgeschoben werden. Noch herrscht in der Stadt Ruhe. Nur die (damals noch städtische) Polizei tritt in Alarmbereitschaft. Mit der französischen Regiebahn treffen in der Nacht die ersten Separatistentransporte ein. Um 4 Uhr morgens (22. Oktober) erscheinen bei dem diensttuenden Kriminaloberkommissar Lehnhof im Polizeigebäude zwei „Parlamentäre" der Separatisten und fordern ihn auf, sich der Bewegung anzuschließen. Der pflichtgetreue Beamte lehnt jedoch entrüstet ab und verweist die beiden an den Polizeidezernenten und an den Oberbürgermeister. Inzwischen trifft vom Niederrhein her ein Sonderzug mit etwa 200 Separatisten am Hauptbahnhof ein. Sie halten sich unter dem Schutz der Franzosen eine Zeitlang auf dem Bahnhof auf, um dann in geschlossener Kolonne vor das Gebäude der Polizeiverwaltung am Kaiser-Wilhelm-Ring zu marschieren und die Übergabe des Gebäudes zu verlangen. Sie werden jedoch abgewiesen mit der Erklärung, daß jedem Versuch, in das Gebäude einzudringen, mit Gewalt entgegengetreten werde.

Nun zieht die Bande zum Rathaus und stellt sich in mehreren Gliedern im Rathaushof in der Gymnasialstraße auf, während die Führer versuchen, mit Oberbürgermeister Dr. Russell Verhandlungen anzuknüpfen. Aber auch hier werden sie mit aller Deutlichkeit abgewiesen. Im Südflügel des Rathauses, dessen Erdgeschoß von der französischen Wohnungskommission beschlagnahmt ist, steht französisches Militär mit Gewehr bei Fuß. Stundenlang stehen die Separatisten in Reih und Glied im offenen Rathaushof an der Gymnasialstraße, der sich mehr und mehr mit der bis aufs äußerste erregten Koblenzer

Bürgerschaft anfüllt. Immer näher drängt sich die schimpfende und drohende Menge an die Separatisten heran. Plötzlich fällt ein Schuß! Es ist der erste und letzte! Denn mit spontaner Gewalt und lautem Zorngeschrei dringt nun die Koblenzer Bürgerschaft auf das Separatistengesindel ein. Es entsteht ein wildes Getümmel. Hiebe mit Fäusten und Knüppeln sausen auf die Separatisten nieder, die in wüstem Durcheinander versuchen, die Flucht zu ergreifen. Zahlreiche werden zu Boden geschlagen und von den erregten Koblenzer Bürgern mit den Füßen bearbeitet. Nur zehn Minuten dauert der Kampf. Eine separatistische Autokolonne, die ihren bedrängten Genossen Hilfe bringen will, wird von Polizeikommissar Neumann abgefangen, der dann mit seinen Beamten schnell den Platz säubert. Auf seiten der Bürgerschaft zählt man zwei Schwer- und neun Leichtverletzte. Wieviel Separatisten verletzt worden sind, kann nicht festgestellt werden, da sich die meisten in französische Lazarettbehandlung begeben; dagegen finden allein im Krankenhaus der Barmherzigen Brüder 47 verwundete Separatisten Aufnahme. Der erste Sturm ist abgeschlagen!

Es beginnen Verhandlungen zwischen der Stadtverwaltung und dem französischen Bezirksdelegierten Oberst Philippe. Der Polizei wird verboten, von ihrer Waffe Gebrauch zu machen. In der Nacht vom 22. zum 23. Oktober treffen auf dem Hauptbahnhof neue Verstärkungen der Separatisten ein, die dort mit Waffen versorgt werden. Es sind verwegene, unheimliche Gestalten, die aus allen Gegenden mit der französischen Regiebahn herbeigebracht worden sind. Die wenigsten von ihnen sind Rheinländer. Ja, es sind Kerls dabei, die nicht einmal der deutschen Sprache mächtig sind. In erneuten Verhandlungen mit der französischen Militärbehörde erreichen es Oberbürgermeister und Polizeidezernent, daß dieses auf dem Bahnhof in Bereitschaft stehende Separatistengesindel entwaffnet wird. Die Entwaffnung wird durch den Polizeikommissar Wagner durchgeführt. Die Waffen müssen jedoch den Franzosen ausgehändigt werden.

Und dann ereignet sich ein unglaublicher Zwischenfall: Zwei Stunden später geben die Franzosen den Separatisten die Waffen zurück und lassen sie unter Geleit französischer Gendarmerie vor das Schloß, den Sitz der preußischen Regierung marschieren, in das sie nach Erbrechen der Türen und Fenster eindringen. Französische Truppen und Gendarmen sperren alsdann das Schloß im weiten Umkreis ab. Mit Blitzesschnelle verbreitet sich in der Stadt die Kunde von diesem unerhörten Vorgang. Zu Tausenden strömen die Koblenzer Bürger auf die Straßen und eilen zum Schloß, um hier gegen diesen schändlichen Streich der Franzosen zu protestieren. Aber eine starke französische Postenkette hält mit der Hand am Gewehr das Schloß abgesperrt, vor dessen Hauptfront sich die Separatisten in langer Reihe aufgestellt haben. Doch gelingt es einer zur Entsetzung des Schlosses herbeigeeilten Polizeimann-

---

Einstweilige Anweisung
der Vorläufigen Regierung an die Bezirks- und Ortskommissare der Rheinischen Republik.

§ 1
In den bisherigen Kreisen, Städten und Gemeindeverwaltungen werden Vollzugsbeamte ernannt. Der Vollzugsbeamte für den Kreis heißt Bezirkskommissar und wird von der Vorläufigen Regierung direkt ernannt. Der Vollzugsbeamte für eine Stadt oder Gemeinde heißt Ortskommissar und wird auf Vorschlag der örtlichen Leitung der Rheinischen Bewegung vom Bezirks-Kommissar ernannt.
In besonderen Fällen kann Bezirks- und Ortskommissar dieselbe Person sein.

§ 2
Die Aufgabe des Bezirkskommissars besteht darin, die Verfügungen der Vorläufigen Regierung in seinem Bezirke mit allen Mitteln durchzuführen. Zu diesem Zwecke hat er sämtliche von der früheren Regierung eingesetzte Beamte oder Ortsbehörden jeder Art vor die Frage zu stellen, ob sie den gegebenen Tatsachen, — wie das die Hohe Interalliierte Rheinlandskommission getan hat, — anerkennen und der Vorläufigen Regierung Folge zu leisten gewillt sind. Im bejahenden Falle sind die bisherigen Behörden einstweilen zu bestätigen. Im Falle der Weigerung oder bei unzuverlässiger Gesinnung sind sie durch sachkundige und unbescholtene Rheinländer zu ersetzen und Fälle wo Kommissare dafür zu sorgen, daß die Verwaltung ungestört weitergeht.
Bei Ausübung ihrer Gewalt haben die Kommissare unbedingt eine versöhnliche Gesinnung zu zeigen. Es soll keine Rache genommen werden.

§ 3
Um die Durchführung der neuen Staatsordnung sicher zu stellen, werden die Bezirks- und Orts-Kommissare befugt, folgende besondere Maßnahmen sofort zu ergreifen, soweit sie noch nicht durch allgemeine Bestimmungen der Vorläufigen Regierung vorgeschrieben sein sollten:
1. Zur Behebung des Geldmangels können von den Gemeinden Neuausgaben von Notgeld mit neuer Serie vorgenommen werden und zwar nach vorhergehender Fühlungnahme mit dem Kreisdelegierten.
An Orten, wo die Kreisdruckerei selbst Geld druckt oder drucken läßt, ist diese zur Herausgabe von Kreisgeld in der benötigten Höhe zur Deckung des Stadtgeldes zu veranlassen.
2. Betriebe dürfen die Arbeit nicht einstellen auch nicht die Reichsarbeitsstellen. Streiks sind zu verbieten.
3. Requisitionsscheine müssen vom Orts- bezw. Bezirkskommissar oder dessen Stellvertreter unterzeichnet sein.
Requisitionen sind auf das notwendigste zu beschränken und müssen in höflicher aber entschiedener Form, wo sie Widerstand finden, vorgenommen werden.
4. Es empfiehlt sich, daß der Ortskommissar nicht zugleich Bürgermeister ist.
5. Die von der vorläufigen Regierung ernannten Kommissare und Behörden müssen sofort den Besatzungsbehörden angezeigt werden. Ebenso ist persönliche Vorstellung baldigst erforderlich.
6. Es können Verhaftungen, wenn sie notwendig sind, vorgenommen werden.
7. Gemeingefährliche Hetzer und Störer der neuen Staatsordnung können im Einvernehmen mit dem Bezirkskommissar ausgewiesen werden. Tatberichte und Zeugenaussagen müssen uns eingereicht werden.

§ 4
Auf die Gemeindevertretungen ist einzuwirken, daß sie die gegebenen Tatsachen anerkennen und ihre Arbeit fortsetzen. Wo sie der Rheinischen Republik entgegenwirken, kann ihre Auflösung bei der Vorläufigen Regierung beantragt werden.

§ 5
Die Ortskommissare haben über wichtige Vorkommnisse und Beobachtungen dem Bezirkskommissar sofort zu berichten. Die Bezirkskommissare haben sofort ihrerseits in dringenden Fällen die Regierung in Coblenz zu benachrichtigen.

§ 6
Es ist bei allen im Auge zu behalten, daß im Interesse einer geordneten Verwaltung die bestehenden Behörden ihre bisherige Tätigkeit weiterführen und der Kontrolle der Kommissare unterstehen. Es genügt zu diesem Behufe, daß die bisherigen Behörden die gegebenen Tatsachen anerkennen und sich bereit erklären, unter der neuen Regierung weiter zu arbeiten.

§ 7
Zur Durchführung ihrer Aufgaben steht dem Bezirks- und Ortskommissar der Rheinlandschutz soweit möglich zur Verfügung.

Coblenz, den 30. Oktober 1923
Die Exekutive:
Matthes.   J. V.: Dr. Kremers.

Grundlegende Verordnung für die Organisation der separatistischen Gewaltherrschaft
Vorlage: Archiv Reiter gen Osten

---

schaft, unter Führung des Polizeikommissars Steinmann, bis unmittelbar vor das Schloß vorzudringen. Steinmann bahnt sich hierauf den Weg zu dem augenblicklichen Führer der Separatisten, Dr. Kremers. Auf seine Aufforderung, das Schloß sofort zu räumen, entgegnet Dr. Kremers, daß die Besetzung mit dem Einverständnis der Rheinlandkommission und auf besonderes Verlangen ihres Präsidenten Tirard für die „Rheinische Regierung" erfolgt sei. Das ist eine Behauptung, die sofort nicht nachzuprüfen ist, auch ist es im Augenblick unmöglich, irgendwelche Gewaltmaßnahmen zu ergreifen. Zudem erscheint der französische Gendarmerie-

Kapitän Poitiers mit zwei Gendarmen mit dem Befehl des Stadtkommandanten, jede Gewaltanwendung gegen die rheinische Bewegung zu unterlassen, da sonst das Militär eingreifen werde. Unter diesen Umständen, die eine offene Unterstützung der Landesverräter durch die Besatzung darstellen, ist der Polizei natürlich jegliches Eingreifen unmöglich. Polizeikommissar Steinmann verläßt deshalb den Schloßplatz, um dem Polizeipräsidenten in Eile Bericht zu erstatten und um weitere Verhaltungsmaßregeln zu empfangen. Die vor dem Schloß stehende Polizeitruppe bleibt jedoch dort unter Führung des Polizeimeisters Schneider zurück, bis auch sie auf Befehl des Polizeipräsidenten zurückgezogen wird.

Inzwischen muß die zu ohnmächtiger Wut verurteilte Koblenzer Bevölkerung es mit ansehen, wie am Hauptfahnenmast des Schlosses eine grün-weiß-rote Separatistenfahne hochgezogen wird. Aber die Fahne will nicht hochgehen; ihr Seil verheddert sich, so daß sie in der Mitte des Mastes weder vorwärts noch rückwärts kann. Sie bleibt auf Halbmast stehen, ein böses Vorzeichen für die neue „Republik"! Schließlich sieht man, wie ein Kerl an dem Fahnenmast emporklettert und die Sache in Ordnung bringt, so daß die Fahne nunmehr hochgezogen werden kann. Tiefste Erregung ergreift bei diesem Anblick die treudeutsch und vaterländisch gesinnte Bevölkerung. Schreie der Entrüstung werden laut, man stößt und drängt vorwärts, und es hat den Anschein, als ob die französische Postenkette überrannt werden soll. Da sprengt französische Kavallerie mit geschwungenem Säbel heran und reitet in die vordrängende Menge hinein, gleichzeitig erscheinen in der Nähe bereitgehaltene marokkanische Schützen und gehen mit gefälltem Bajonett vor. Mit Kolbenstößen, Säbel- und Peitschenhieben wird die Koblenzer Bevölkerung vom Schloß zurückgedrängt.

Unterdessen steht die Stadtverwaltung mit den französischen Oberbehörden in dauernden Verhandlungen. Nach langem Hin und Her winkt ihr der Erfolg. Es wird der städtischen Polizei die Erlaubnis erteilt, ins Schloß einzudringen und die Separatisten daraus zu entfernen, jedoch nur unter der ausdrücklichen Bedingung, daß Gewalt („brutalité") nicht dabei angewandt werden dürfe. Wie die Polizei unter Führung der Kommissare Neumann, Steinmann und Breuckmann zum Schloß vorrückte und die Separatisten daraus vertrieb, darüber berichtet Polizeikommissar Steinmann in einer Niederschrift seiner Erlebnisse folgendes:

Die Schloßstraße bis weit in die Neustadt hinein und diese selbst wogte von Tausenden erzürnter Menschen. „Hurra, die Polizei! Schlagt die Lumpen tot, wir gehen mit!" usw., so wurde begeistert gerufen. In der Neustadt bot ein größerer Trupp entschlossener Männer seine Hilfe an. Weinhändler W. Zahr rief: „Steinmann, wir gehen mit, wir jagen sie schon aus dem Schlosse!" So erfreulich dieses Angebot auch war, ich konnte leider keinen Gebrauch davon machen. Ich sagte daher zu Zahr: „Leider geht es nicht. Zivil darf nicht ran, die Lage ist sehr ernst. Aber wenn am Schlosse Schüsse fallen, dann kommt!" Erneute Hurrarufe und Versicherungen: „Wir kommen, wir lassen die Polizei nicht im Stich!" In der Neustadt ritten starke französische Kavalleriekommandos in die immer wieder vordringende Menschenmenge. Auf dem Platze vor der früheren Hauptwache stand Infanterie (marokkanische Schützen). Ich ging geradeaus auf das Hauptportal des Schlosses zu. Die nachmittags im halbkreisförmigen Bogen von Hauptwache über die Schloßwiesen zum Parallelbau der Wache stehende französische Gendarmeriepostenkette war jetzt zurückgezogen und stand in gerader Linie auf der breiten Promenade, die von der Hauptwache zu ihrem nördlichen Parallelbau führt. An der Postenkette wurde mir der Durchtritt durch einen Obergendarm verweigert, der erklärte, daß er strengen Auftrag habe, die Polizei nicht durchzulassen, bis der Kapitän Poitiers käme. Gleich darauf traf das Kommando Breuckmann ein, ich hatte jetzt 85 Beamte. Ich teilte darauf drei Stoßtrupps ein, denen für den Vormarsch in Doppellinie bestimmte Ziele, etwa 25 Meter vor der am Schloß stehenden Sperrkette der Separatisten bezeichnet wurden. Für den linken Stoßtrupp, der gegebenenfalls als erster in das Schloß eindringen sollte, hatte ich die besten und schneidigsten Beamten bestimmt. Marschziel für diesen Trupp war etwa die linke Seite der großen Säulenhalle des Hauptportals. Bald darauf erschien der Gendarmeriekapitän Poitiers, doch durfte ich noch nicht vorrücken. Er ging die Front seiner Postenkette ab und sprach hier und da mit Gendarmen, anscheinend gab er ihnen Anweisungen. Auch mit dem Führer der an der Hauptwache stehenden Infanterieabteilung sprach er. Inzwischen war es fast dunkel geworden, es brannte bereits die Straßenbeleuchtung. Dies alles spielte sich vor den Augen der Separatisten ab, die etwa hundert Meter zurück im Schloß saßen und reichlich Zeit hatten, ihre letzten Verteidigungsmaßnahmen zu treffen. Offensichtlich sollte zugunsten der Separatisten der Vormarsch möglichst hinausgezögert werden. Schließlich verlangte ich ungeduldig, daß ich durchgelassen würde. Durch seinen Dolmetscher gab der Kapitän dann die Erlaubnis, ermahnte mich aber nochmals, ja keine Gewalt anzuwenden.

Dann ging ich mit den Stoßtrupps vor und kam an einem Haufen Klafterholz vorbei, das für die Besatzung bereitlag. Die schweren Holzscheite, über einen Meter lang und vielleicht 40 bis 50 Pfund schwer, waren zum Einrammen der Fenster vorzüglich geeignet. Ich ließ durch den linken Stoßtrupp heimlich vier bis fünf Stücke fassen. Auf fünfundzwanzig Meter an der separatistischen Sperrkette, die ihrerseits etwa zwanzig Meter vor dem Schloß stand, hergekommen, ließ ich halten. Der Kapitän Poitiers war mir mit zwei Gendarmen gefolgt und blieb auch späterhin in meiner Nähe. Sofort ging ich mit Kommissar Neumann, den ich als Zeugen zuzog, sowie mit den Polizeiwachtmeistern Schneider, Nimsgern, Fetick und Lehmann, mutigen und entschlossenen Beamten, auf die Sperrkette in Richtung des Schloßeingangs zu. Die jetzt mit Karabinern, Pistolen und Säbeln bewaffneten Separatisten rückten zusammen und machten Miene, mir den Zutritt zu verwehren. Ein scharfes und schneidiges „Platz!" ließ sie zurückweichen. Hinter der Sperrkette, in der Nähe der Schloßeinganges, standen mehrere Separatisten, anscheinend Unterführer, von denen ich im gleichen Tonfall die Herbeiholung ihres Führers Dr. Kremers verlangte. Im südlichen Schloßvorbau war die belgische Wache der Rheinlandkommission untergebracht. Aus diesem Gebäude trat Dr. Kremers heraus, gefolgt von mehreren französischen und belgischen Offizieren, sowie dem französischen Kriminalkommissar Hemart, die am Haupteingang zurückblieben. Hemart war ein Pariser Kriminalkommissar, der mit mehreren Kriminalbeamten den persönlichen Schutz des französischen Präsidenten der Rheinlandkommission, Tirard, versah. Als Kremers bei mir war, herrschte ich ihn hart an: „Sie haben mich heute nachmittag belogen, Sie haben keinen Auftrag der Rheinlandkommission, räumen Sie sofort das Schloß, Sie haben zehn Minuten Zeit. Also lebhaft!" Kremers versuchte sich weiter auf die Rheinlandkommission zu berufen. Ich schnitt ihm die Rede mit den Worten ab: „Lügen Sie nicht so gemein, räumen Sie!" Dabei zog ich die Uhr. Dann besaß Kremers noch die Frechheit zu sagen, er handle im Auftrage des rheinischen Volkes. Darauf entgegnete ich: „Was das rheinische Volk will, das sehen Sie. Abertausende warten nur auf ein Zeichen, um Ihnen das zu beweisen. Auch die Rückseite des Schlosses ist besetzt. Was da von Ihnen übrig bleibt, ist nicht viel."

Kremers warf einen Blick auf die tadellos aufgestellten Polizeiabteilungen und hörte wohl im Hintergrunde das drohende Grollen der vieltausendköpfigen Volksmenge. Dann machte er schwankend ein paar Schritte zu den fremden Offizieren, fand aber nur ein Achselzucken. Darauf drehte er sich zu mir zurück und sagte: „Ich räume, muß mich nur noch mit meinen Führern besprechen." Ich gestand dies zu und gab ihm drei Minuten Frist. Nach dieser Zeit trat Dr. Kremers heraus und sagte, er habe Befehl zur Räumung des Schlosses gegeben, bat aber um Schutz für sich und seine Leute gegen die Volkswut. Verdient hatten die Verräter diesen Schutz nicht, aber die Nichtgewährung hätte zu folgenschweren Weiterungen führen können. Auch trat ein Gendarm an mich heran und verlangte im Namen

---

Nummer 16.   Preis 100 Milliarden

Frei Rhein und Ruhr!

„Das freie Rheinland". — Organ des Rheinisch-Westfälischen Unabhängigkeitsbundes.

Anzeigenpreis: Die einspaltige Millimeterhöhe 100 Milliarden Mk.   Samstag, den 2. Februar 1924.   Verantwortlicher Herausgeber: Jos. Friedr. Matthes, Düsseldorf.

Steuerermäßigung fürs besetzte Gebiet!

Zur Lage.
Was Herr v. Gerlach nicht begreift.

In seiner „Welt am Montag" schreibt dieser gute Pazifist u. a. folgendes:

„Dem deutschen Durchschnittspublikum ist durch eine verständnislose Presse der Schädel so verdreht worden, daß es die Tatsache des Sturzes Poincarés an sich mit Jubel begrüßen würde, ganz ohne Rücksicht darauf, wer sein Nachfolger wird. So sind bei uns alle Vorbedingungen für eine Illusionspolitik geschaffen, die mit einem schweren Katzenjammer enden dürfte.

Keine neue französische Regierung, selbst wenn sie unerwartet weit nach links verschoben würde, könnte auf die Poincaréschen Grundforderungen „Reparationen und Sicherheiten" verzichten. Denn beide sind Forderungen des gesamten französischen Volkes. Ueber Art und Tempo der Reparationen kann ein neuer Ministerpräsident verständigen denken. Die Frage der Sicherheiten kann mehr unter den internationalen Gesichtspunkt gestellt werden. Aber daß ein französischer Ministerpräsident, und hieße er selbst Painlevé oder Renaudel, einfach die Ruhr räumte, ohne seinem Volke dafür etwas anderes [sehr] Positives in puncto Reparationen und Sicherheiten heimzu[bringen]...

An die Rheinländer und Westfalen!

Euer Land ist durch die Berliner Schuld verpfändet, besetzt, durch den „Ruhrkrieg" geschwächt, Ihr sollt dazu noch die größten Lasten und Steuern tragen!

Ihr sollt für die die Schuld und Schulden des unbesetzten Reiches in erster Linie und zum größten Teile herangezogen werden.

Nein!

Verlangt als gerechten Ausgleich Eurer gewaltigen Sonderopfer und Sonderlasten, wenn Ihr schon ohnmächtig zur Steuerverweigerung seid, wenigstens von Staat und Stadt.

Beamte und Angestellte!

Achtet darauf, daß Ihr als Republikaner oder Rheinländer nicht ungerechterweise entlassen werdet, während Monarchisten und Preußen auf allen möglichen Posten bleiben.

Die preußisch-deutsche Presse verschweigt fast überall fol[gendes]... wurde, denn die ausländischen Bankleute, die bereit waren, die rheinische Währung zu fundieren, konnten nicht gewillt sein, ein Staatswesen finanziell zu stützen, das durch eine wilde Aktion in Frage gestellt wurde. So wurde die Ausgabe einer neuen rheinischen Währung zunächst hinausgeschoben.

Die unausbleibliche Folge war darum, daß der ganze Niederrhein, an dem die wilden Horden sich hauptsächlich einnisteten, ebenso der Mittelrhein, wohin sie sich ergossen, obwohl die rheinische Fahne stand, zur Gegenaktion sich erhob, und dann verloren ging. Die Tatsache läßt sich nicht leugnen: Das ganze Gebiet Rheinland-Nord, das der Exekutive Matthes unterstand, ist an dieser wilden Aktion zu Grunde gegangen.

Die Militärdiktatur, die er jetzt dafür verantwortlich macht, hat er selbst geschaffen, und trotz aller Vorstellungen, trotz aller Beweise für deren Schandtaten, gehalten.

Der ganze Bezirk Süd dagegen, die Pfalz, Nassau, Hessen, die Ruhr und Lahn, auch der Trierer und Coblenzer Bezirk, stehen nach wie vor zur rheinischen Freiheit und haben aller Sabotage durch preußische Elemente, trotz bezahlter Hetzer und Marodeure, den rheinischen Willen zur rheinischen Freiheit energisch durchgesetzt.

„So ist die allgemeine Lage! Was nun?"

Wir stellen die geschichtliche Wahrheit fest:

Die Hetze der Separatisten in ihren Zeitungen   Vorlage: Archiv Reiter gen Osten

des Kapitäns Schutz für die Separatisten. Da auch eine Festnahme nicht in Frage kam, sagte ich Kremers den Schutz zu und fragte ihn, wohin er wolle. Er wußte es nicht. Darauf sagte ich: „Sie sind vom Bahnhof gekommen, ich bringe Sie auch dorthin zurück. Aber vor dem Abmarsch lassen Sie noch Ihre Fahne vom Schloß holen." Kremers sagte dies zu.

Die aus dem Schloß kommenden Separatisten wurden in Reihen zu je vier Mann aufgestellt und von den Polizeibeamten umringt. Bei späterer Zählung wurden rund 200 Mann festgestellt. In das Schloß wurde ein kleines Polizeikommando gelegt. Um die ungeduldige, bis zur Siedehitze erregte Volksmenge vor wohlverständlichen, aber folgenschweren Unbesonnenheiten zu bewahren, ging ich mit dem Kriminalassistenten Wolff zur Neustadt, und gab der Menge kurz Aufschluß über die Geschehnisse und den kommenden Abtransport der Separatisten. Wolff schickte ich zum Polizeidezernenten, um Meldung zu machen.

Als ich zum Schloß zurückging, war die Separatistenfahne noch nicht eingezogen. Ich fragte Dr. Kremers, warum die Fahne nicht entfernt sei, worauf er zur Antwort gab, seine Leute hätten in dem völlig finsteren Schloß den Weg auf das Dach nicht mehr finden können. Ich wollte nicht unter der wehenden Flagge abmarschieren und entschloß mich, sie nun selbst herunterzuholen. Mit dem Polizeimeister Amend, den Polizeiwachtmeistern Nimsgern und Schlöffel, letzterer als „guter Kletterer" bezeichnet, suchte ich mir mühsam den Weg durch das in den oberen Etagen mir völlig unbekannte und im Finstern liegende Schloß bis auf das Dach. Zwei jungen Angestellten der Regierung, die plötzlich irgendwo auftauchten, gab ich von meinem Vorhaben Kenntnis und ersuchte sie, den Hausmeister mit Licht mir nach auf das Dach zu schicken. Inzwischen gelangte ich in der völligen Dunkelheit mit Hilfe von Streichhölzern, nach verschiedenen Fehlgriffen, endlich an der richtigen Stelle auf das Dach. Die Flagge ließ sich jedoch nicht herunterziehen, da das Drahtseil des Flaggenmastes aus der oberen Rolle gesprungen war und sich eingeklemmt hatte. Polizeiwachtmeister Schlöffel machte mehrere vergebliche Versuche, die etwa zwölf Meter hoch hängende Fahne zu erreichen, doch der dünne glatte Stahlmast war sehr schwer zu erklimmen. Jetzt kam der Hausmeister Schilling und mit ihm mehrere Koblenzer Jungen. Auf meine Aufforderung versuchte ein Junge, der, wie sich später herausstellte, Johann Steffens hieß und in der Kastorstraße wohnte, den Mast zu erklettern. Er kam bis auf etwa dreiviertel Höhe und sank dann kraftlos zurück. Aber er hatte Mut und wollte es dann nochmals versuchen, nachdem er sich die Schuhe ausgezogen hatte. Nach einer kleinen Ruhepause wurde er von den Beamten so weit wie möglich hochgehoben und kletterte dann mit eigener Kraft weiter. Diesmal gelang der Versuch, und als die Fahne am Mast niedersank, erscholl von der Neustadt her ein vieltausendstimmiger Jubelschrei der treuen Koblenzer Bevölkerung, die letzten Endes durch ihre vorbildliche Haltung zu diesem siegreichen Erfolg beigetragen hatte, denn ihr mannhaftes Einstehen hatte dem Separatistenführer Dr. Kremers die letzte Widerstandskraft genommen. Es kam mir der Gedanke, die Fahne vor den Augen der begeisterten Volksmenge auf dem Schloßdache zu verbrennen, doch kam ich aus bestimmten Gründen davon ab und beschloß, sie als wertvolle Sieges- und Erinnerungs-Trophäe in Sicherheit zu bringen. Ich ließ sie zusammenfalten, und Polizeiwachtmeister Nimsgern knöpfte sie dann unter seinen Waffenrock auf die Brust. Er erhielt den Befehl, sie keinem anderen als mir persönlich zurückzugeben. Dann verließ ich das Schloß, um die Separatisten zum Bahnhof zu bringen. Vor dem Hauptportal stieß ich auf einen höheren französischen Offizier, der mir in französischer Sprache wütend etwas Unverständliches zurief. Später stellt ich fest, daß es der Bezirksdelegierte Oberst Philippe war. Er ging zu den vor der belgischen Unterkunft stehenden fremden Offizieren. Bei den Separatisten angekommen, sah ich, daß der gesamte Trupp einschließlich der Polizeibeamten von französischer Kavallerie umsäumt war, und gab den Abmarschbefehl. Dr. Kremers war inzwischen verschwunden. Jetzt rief der später noch übel bekannt gewordene Separatist Roth: „Wir verlangen unsere Flagge!" Auf Anordnung des Kapitäns mußte der Abmarsch unterbleiben. Mehrere Separatisten riefen: „Wir wollen unsere Flagge!" Ich erwiederte laut: „Sie hatten Gelegenheit, die Fahne herunterzuholen, da Sie es nicht getan haben, haben Sie darauf verzichtet. Jetzt gehört sie mir, also marsch!" Da mischte sich die Gendarmerie ein, ein Dolmetscher sagte: „Der Kapitän befiehlt, die Flagge herauszugeben." Ich lehnte wiederholt ab. In diesem Augenblick, dessen Gefahr mir wohl bewußt war, trat Kriminalkommissar Hemart heran, nahm mich beiseite und sagte: „Herr Kommissar, ich rate Ihnen gut, geben Sie die Flagge heraus." Ich antwortete: „Unmöglich!" Darauf sagte er: „Seien Sie vernünftig und geben Sie den dummen Lappen her. Sie haben viel erreicht, verderben Sie Ihre Situation nicht. Das Militär ist wild und ich garantiere für nichts." Er erbot sich dann, die Fahne selbst zu übernehmen und sie dem Bezirksdelegierten zu übergeben. Auch wolle er dafür sorgen, daß mir die Fahne später zurückgegeben werde. Unter dem überstarken Drucke der Verantwortung entschloß ich mich zum Nachgeben, rief den Polizeiwachtmeister Nimsgern heran und ließ die Fahne übergeben. Es war klar, daß ich sie niemals wiedersehen sollte.
— So weit der Bericht des Polizeikommissars Steinmann!

Die Separatisten wurden daraufhin unter polizeilicher Begleitung über die Mainzer Straße und den Markenbildchenweg durch die in den Straßen Spalier bildende und aufs höchste erregte Bevölkerung zum Hauptbahnhof geführt, von wo aus sie wieder abgeschoben werden sollten.

Koblenz glaubt sich gerettet. Im Überschwang vaterländischer Begeisterung eilt die Bürgerschaft zu Tausenden vor das Rathaus, um hier ihrer Freude über die Entfernung der Separatisten in einer Kundgebung Ausdruck zu verleihen. Der Oberbürgermeister erscheint auf dem Rathausbalkon und spricht in lobender Anerkennung der treudeutschen Haltung seiner Mitbürger begeisternde Worte, die ausklingen in ein Hoch auf das deutsche Vaterland. Entblößten Hauptes stimmt die begeisterte Menge das — von den Franzosen strengstens verbotene — Deutschlandlied an und zieht dann zum Deutschen Eck, um hier mit dem den Franzosen noch mehr verhaßten Gesang der „Wacht am Rhein" ihr Treuegelöbnis zu Heimat und Reich zu wiederholen. In ganz Koblenz herrscht eine Stimmung, die von der Begeisterung in den ersten Mobilmachungstagen zu Beginn des Weltkrieges nur wenig verschieden ist.

Zur gleichen Zeit sitzen im Gebäude der „Rheinischen Volksvereinigung" in der Schloßstraße Nr. 8 die Führer der künftigen „Rheinischen Republik" in aufgeregter Beratung beisammen.

Man ist sich darüber einig, daß jetzt die Entscheidungsstunde gekommen ist. Man muß sofort handeln und etwas tun. Die Vorgänge, die sich soeben in der Stadt am Schloß, am Rathaus und am Deutschen Eck abgespielt haben, lassen keinen längeren Aufschub zu. Die im August gebildete „Provisorische Regierung" muß sofort in Tätigkeit treten. Dr. Dorten erteilt hierzu telephonisch seine Zustimmung. Um 11 Uhr nachts begibt man sich zum französischen Bezirksdelegierten Oberst Philippe. Dieser empfängt die Mitglieder der vorläufigen Regierung „in hochoffiziöser Weise" mit seinem ganzen Stabe. Matthes verlangt als Generalbevollmächtigter die Neutralität der Besatzungsbehörde.

Noch in der gleichen Nacht verhängen die Franzosen den Belagerungszustand über die Stadt. Bis auf weiteres darf sich niemand von der Zivilbevölkerung in der Zeit von 10 Uhr abends bis 6 Uhr morgens auf der Straße sehen lassen. Gleichzeitig wird dem Polizeidezernenten Dr. Biesten die weitere Leitung der Polizeiexekutive untersagt. Die Polizei wird entwaffnet und der französischen Militärbehörde unterstellt; der Oberbürgermeister Dr. Russell aber erhält den Ausweisungsbefehl und wird sofort ins unbesetzte Gebiet abtransportiert. So geschehen am 24. Oktober 1923!

Inzwischen ist das Schloß von der treudeutschen Koblenzer Arbeiterschaft besetzt und verbarrikadiert worden. Eisenstangen und Holzknüppel sind ihre Waffen. Im Rathaus finden sich gegen Abend Hunderte von städtischen Beamten und Angestellten ein, um es über Nacht besetzt zu halten.

Und nun beginnt eine weitere Schurkerei. Kaum ist um 10 Uhr abends der Belagerungszustand in Kraft getreten, d. h. der Zeitpunkt gekommen, von dem ab kein deutscher Bürger mehr auf der Straße sein darf, da erteilt der Separatistenhäuptling Matthes seinen im Hauptbahnhof bereitstehenden „Truppen" im Einverständnis mit den Franzosen den Befehl, sofort das Schloß, das Rathaus und die Reichspost zu besetzen. Sofort sperren die Franzosen die zu diesen Gebäuden hinführenden Straßen durch Militär und Gendarmerie ab und führen die Separatisten ins Schloß, ins Rathaus und in die Reichspost. Als die Stadt Koblenz am anderen Morgen erwacht, steht sie vor einer vollendeten Tatsache! Auf Schloß und Rathaus wehen die Flaggen der „Rheinischen Republik".

Separatisten in Koblenz, stark bewacht von Franzosen *Photo: Bellinghausen, Koblenz*

Der anfänglichen Bestürzung der Bürgerschaft folgt tiefste Erregung. Bei Zusammenstößen vor dem Rathaus werden zwei weibliche städtische Angestellte durch Schüsse verwundet. Auch auf den Straßen herrscht überall Unruhe. Bewaffnete Separatistenhorden und französische Patrouillen ziehen mit aufgepflanztem Bajonett durch die Stadt. Ein Widerstand ist nicht möglich!

Maueranschläge verkünden die Errichtung der „Rheinischen Republik". Der separatistische „Generalbevollmächtigte" und „Ministerpräsident" Matthes läßt seine „Truppen" vor dem Schloß antreten und bringt das erste „Hoch!" auf die „Rheinische Republik" aus. Dann schreitet er, begleitet von seinem „Chef der Heeresleitung", Hektor, die Front ab. Auch der „Schloßkommandant" Kastik und der „Divisionär" Rang, der sich drei Wochen später als Anführer des Separatistenzuges ins Siebengebirge hervortut, nehmen an diesem Abschreiten der Front teil.

Im Einvernehmen mit dem französischen Oberkommissar Tirard und dessen Bevollmächtigten, Oberst d'Arbonneau, arbeiten die Mitglieder der „Rheinischen Regierung" eine „Proklamation" aus, deren Schlußsatz folgenden Wortlaut hat:

„Der Präsident der Hohen Interalliierten Rheinlandkommission hat unsere Regierung empfangen und ihr bekanntgegeben, daß er die durch die Tatsachen geschaffene Lage anerkennt und sie verantwortlich macht für die Aufrechterhaltung der öffentlichen Ordnung."

Hiermit erkennt Frankreich die neue „Rheinische Regierung" de facto an.

Am 27. November, zehn Tage nach dem Gottesgericht bei Ägidienberg, teilt der Generalbevollmächtigte der „Rheinischen Republik", Matthes, der Interalliierten Rheinlandkommission die Auflösung der „Rheinischen Bewegung" mit. Dr. Dorten hält in Bad Ems noch einige Zeit eine Nebenregierung aufrecht. Dann nimmt auch diese ihr Ende.

Aber noch flattert die grün-weiß-rote Verräterfahne auf dem Koblenzer Schloß, denn immer noch gibt es sowohl auf französischer wie auf separatistischer Seite einzelne Köpfe, die an den endgültigen Zusammenbruch ihrer Pläne nicht glauben können.

Unter Führung des Oberregierungsbaurates Müller hatte sich eine Gruppe beherzter Männer, darunter der die Geschäfte des ausgewiesenen Regierungspräsidenten Brand führende Geheimrat Dietrich und der Regierungsrat Dahm, die Oberinspektoren Kasten und Gens, sowie der Schreinermeister Julius Wolf mit seinen beiden Söhnen Peter und Josef und einigen anderen den Weg zum Dachboden des Schlosses bis zur Fahnenstange gebahnt. Es war nachmittags 2 Uhr des sehr kalten Februartages. Mehrfache Versuche, die Fahne mit dem Seil herunterzuziehen, mißlangen, da das Seil am oberen Ende der Stange aus der Rolle gesprungen war und sich nicht bewegen ließ. Schließlich gelang es dem jungen Peter Wolf, den untersten Zipfel der Fahne zu fassen und sie mit

Eine seltene Aufnahme: Die grün-weiß-rote Separatistenflagge wird in der Abenddämmerung vom Koblenzer Schloß heruntergeholt. Die Flaggleine hakte sich fest, so daß ein Mann am Fahnenmast hinaufklettern mußte *Photo: Bellinghausen, Koblenz*

einem kräftigen Ruck herunterzuziehen. Unten auf dem Schloßplatz hatten sich inzwischen zahlreiche Zuschauer angesammelt, die diesen Vorgang jubelnd begrüßten. Aber auch die Franzosen waren durch die Spitzel schnell benachrichtigt worden. Um die Fahne aus dem Schloß herauszuschaffen, wurde sie dem Hausdiener Schmidt gegeben, der sie in eine Schürze einwickelte und zu dem im Dikasterialgebäude am Vogelsang untergebrachten Oberpräsidium brachte. Aber auch das war den Franzosen verraten worden. Sie verlangten die Herausgabe der Fahne, die daraufhin an sie ausgeliefert werden mußte.

Übriggeblieben ist von dem Separatistenspuk außer zahlreichen Erinnerungsstücken, die in der Ausstellung „Rheinlands Freiheitskampf gegen Besatzung und Separatismus" gesammelt sind, als äußeres „Hoheitszeichen" nur eine schmutzige grün-weiß-rote Fahne, die Polizeikommissar Neumann den Separatisten abnahm, bevor sie am 22. Oktober 1923 auf dem Rathaus gehißt werden konnte.

Mitbürger! Rheinländer!

Die Stunde der Freiheit hat geschlagen! Unsere Macht in Bonn ist gestützt auf die rücksichtslose Unterdrückung der Wahrheit, die Kontrolle der Lokalpresse, die moralische Unantastbarkeit unserer Idee und unserer Führer.

Wir rufen alle zur Mitarbeit auf, die schon einmal auf dem rechten Wege gestrauchelt sind. Wir versprechen weitgehende Amnestie. Wir sind nachsichtig in der Beurteilung menschlicher Schwächen, dafür bürgt unser Strafregister.

Strafregister:

Lokalkommissar für Kirche und Schule
Henderkott, Alex
bürgerlicher Beruf Bordellier (22 mal vorbestraft)

3 mal wegen Mißhandlung zu insgesamt 7 Monaten Gefängnis, 4 mal wegen Betrugs zu insgesamt 14 Monaten Gefängnis, 3 mal wegen Diebstahls zu insgesamt 4 Jahren Zuchthaus, 3 mal wegen Zuhälterei und Kuppelei zu 8 Monaten Gefängnis, außerdem wegen Beleidigung, Obdachlosigkeit usw. zu 2 Jahren Arbeitshaus.

Lokalkommissar für öffentliche Sicherheit
Nowak, Johann Wilhelm
bürgerlicher Beruf Schuhmacher (Vorbestraft)

1 mal wegen schweren Diebstahls zu 6 Monaten Gefängnis, 1 mal wegen gefährlicher Körperverletzung zu 2 Jahren Gefängnis, 1 mal wegen Totschlags zu 10 Jahren Zuchthaus, 1 mal wegen Amtsanmaßung, Erpressung, schwerer Urkundenfälschung zu 9 Monaten Gefängnis.

Polizeichef
Heimann, Josef
bürgerl. Beruf Hilfskellner u. Althändler (Vorbestraft)

1 mal wegen schweren Diebstahls zu 3 Monaten Gefängnis, 1 mal wegen Straßenraubs zu 5 Jahren Zuchthaus, 1 mal wegen gefährlicher Körperverletzung zu 10 Tagen Gefängnis.

Lokalkommission für Volkswohlfahrt
Groll, Ferdinand
bürgerlicher Beruf Hausbursche (Vorbestraft)

9 mal wegen Körperverletzung, 1 mal wegen Hausfriedensbruchs, 1 mal wegen fortgesetzten Betrugs, außerdem wegen Unterschlagung, Glücksspiels, Beleidigung.

Lokalkommissar für Armenpflege
Gräf, Ferdinand
bürgerlicher Beruf Anstreicher (Vorbestraft)

6 mal wegen Hausfriedensbruchs, Mißhandlung, Körperverletzung usw.

Lokalkommissar für Verkehrswesen
Paffenholz, Johann
bürgerlicher Beruf Ausläufer (Vorbestraft)

23 mal wegen Diebstahls, Körperverletzung, Sachbeschädigung, Beleidigung, öffentlichen Ärgernisses, Verbrechen gegen § 268 (Bedrohung usw.), Betrugs, Urkundenfälschung usw.

Lokalkommissar für öffentliche Kunstpflege
Schulz, Ludwig
bürgerlicher Beruf Trompeter (Vorbestraft)

13 mal wegen Mißhandlung, Hausfriedensbruchs, Nötigung, Körperverletzung, Beleidigung, ruhestörenden Lärms (Berufsgefahr), Widerstandsleistung.

Chef der Wucherpolizei
Simon, Johann
bürgerlicher Beruf Arbeiter (Vorbestraft)

15 mal, darunter 6 mal wegen Betrugs, 5 mal wegen Unterschlagung, 5 mal wegen Diebstahls, Bettelei usw.

Kommissar für Militärdienstpflicht
Junker, Robert
bürgerlicher Beruf Konditor (Vorbestraft)

1 mal wegen Fahnenflucht zu 2 Jahren Gefängnis und Versetzung in die zweite Klasse des Soldatenstandes, 1 mal wegen Hehlerei zu 1½ Jahren Gefängnis, 1 mal wegen schweren Diebstahls zu 1 Jahr Gefängnis.

Ohne Portefeuille
Schmitz, Wilhelm, 8 mal vorbestraft;
Stau, Wilhelm, 7 mal vorbestraft;
Trimborn, Peter, 9 mal vorbestraft;
Junker, Wilhelm, 3 mal vorbestraft;
Klein, Josef, 3 mal vorbestraft.

Natter, Josef
Regierungskommissar der Freien Rheinischen Republik (Amerik. Staatsbürger)

Der Kampf der Separatisten in Adenau

Von Josef Kroll

In der Frühe des 12. November 1923 trafen mit einem Zug der französischen Eisenbahnregie von Koblenz aus stark bewaffnete Separatisten auf dem Adenauer Bahnhof ein. In geschlossener Kolonne begab sich die etwa 115 Mann starke „Kompanie", die grün-weiß-rote Fahne an der Spitze, zum Landratsamt. (Adenau war bis zur Auflösung des Kreises Adenau am 1. Oktober 1932 Kreisstadt.) Das Verwaltungsgebäude war wegen der frühen Morgenstunde noch leer. Es war den Separatisten daher ein Leichtes, in die Räume einzudringen, die Fahne zu hissen und sich wie eine Räuberbande in den Büros niederzulassen. Das Tor und ein weiterer Eingang zum Landratsamt wurden mit je einem stark bewaffneten Doppelposten besetzt.

Als kurz nach dieser „Besetzung" die Beamten der Kreisverwaltung zum Dienst erschienen, wurde ihnen von dem Führer der Separatisten, Hans Lindner, eröffnet, daß die Verwaltung in Händen der „Rheinlandregierung" sei. Er forderte alle Beamten und Angestellten auf, unter seiner Leitung die Dienstgeschäfte aufzunehmen. Einmütig weigerten sie sich jedoch, dieser Aufforderung nachzukommen und erklärten, daß sie nur für die Reichs- und preußische Verwaltung Dienst leisten würden. Sie wurden darauf kurzerhand in den oberen Räumen des Kreishauses eingesperrt. Während ein Teil der Separatisten im Landratsamt verblieb, bezogen die übrigen im Hotel „Halber Mond" Standquartier.

Die Nachricht von der plötzlichen und unerwarteten Besetzung des Landratsamtes durch die Separatisten hatte die Bevölkerung von Adenau begreiflicherweise in Schrecken versetzt, zumal man von vornherein mit Recht befürchtete, daß die Horde auf Raub und Plünderung ausgehen und vor keiner Gewalttat zurückschrecken würde.

Aber kaum war die Separatistenfahne auf dem Landratsamt hochgezogen, da sann man auch schon nach Mitteln und Wegen, das Gesindel loszuwerden. Schon eine Stunde nach dem Einrücken der Separatisten hatten sich einige führende Adenauer Bürger auf dem Bürgermeisteramt versammelt, um zu beraten, was gegen diesen Gewaltakt zu tun sei. Eine telephonische Anfrage beim französischen Kreisdelegierten in Ahrweiler — dieser war auch für Adenau zuständig —, wie sich die Besatzung hierzu stellen würde, wurde von diesem mit den Worten beantwortet: „Wir erkennen die Regierung an, die die Macht hat!" Damit war die Haltung des Kreisdelegierten zu den Separatisten eindeutig geklärt. Nach dieser Feststellung reifte unter den versammelten Männern der feste Entschluß, unter keinen Umständen das gewaltsame Vorgehen der landfremden Elemente ruhig hinzunehmen, sondern nichts unversucht zu lassen, um sie, erforderlichenfalls mit Waffengewalt, sobald wie möglich wieder loszuwerden.

Die Sorge um das Schicksal der gefangen gehaltenen Beamten und Angestellten der Kreisverwaltung gab einigen Männern Veranlassung, unter irgendeinem Vorwand eine Rücksprache mit dem Führer Lindner nachzusuchen, was sie auch erreichten. Nach längeren Verhandlungen gelang es, Lindner zu bewegen, die Freilassung der Gefangenen anzuordnen. Die Verhandlung mit Lindner war im übrigen sehr aufschlußreich und bot eine wertvolle Handhabe für die Verwirklichung der Pläne, die gegen ihn und seine Bande in Vorbereitung waren.

Gegen Mittag dieses ersten Tages der Separatistenherrschaft begab sich Lindner mit dem Kraftwagen der Kreisverwaltung nach Ahrweiler zum Kreisdelegierten, um dort angeblich eine namentliche Liste derjenigen Personen von Adenau vorzulegen, die auf seinen Antrag hin ausgewiesen werden sollten. Von Ahrweiler war er, wie später festgestellt werden konnte, nach Koblenz weitergefahren. Auch eine Kommission aus der Adenauer Bevölkerung reiste an diesem Tage zum Kreisdelegierten, um schärfste Verwahrung gegen die Übernahme der Kreisverwaltung durch die Separatisten einzulegen. Der Kreisdelegierte begegnete diesem Protest nur mit Achselzucken und dem Hinweis, daß er machtlos sei und den Abzug der Separatisten nicht anordnen könne. In Adenau wuchs die Erregung der Bevölkerung von Stunde zu Stunde. Und als die ablehnende Antwort des Kreisdelegierten bekannt wurde, da war man restlos einig in dem Willen, in der nächstfolgenden Nacht einen gewaltsamen Angriff gegen die Soldateska zu unternehmen, koste es, was es wolle. Im Laufe des Nachmittags waren bereits vorbereitende Maßnahmen für einen solchen Angriff in die Wege geleitet worden. In aller Heimlichkeit hatte man auf 9 Uhr abends eine Versammlung in die Volksschule einberufen. Die Selbstschutzorganisationen von Neuenahr und Kempenich waren von dem Vorhaben telephonisch in Kenntnis gesetzt und um Hilfe gebeten worden, die bereitwilligst zugesagt wurde.

Der völlig im Dunkeln liegende Schulhof der Volksschule war kurz nach 9 Uhr abends von Menschen angefüllt. Lautes Sprechen war mit Rücksicht auf die Möglichkeit eines Verrats strengstens untersagt. Alle fügten sich dieser Anordnung. Nur leises, geheimnisvoll anmutendes Geflüster war hörbar. Am Eingang des Schulhofes waren zwei Posten aufgestellt, die jeden der Eintretenden kontrollierten, damit keine zweifelhaften Elemente an der Versammlung teilnehmen konnten. Der Rektor der Schule öffnete den Saal, in dem die Versammlung stattfand, und bald war der Raum mit Männern jeden Standes und Alters angefüllt. Entschlossenheit und

Kampfeswille sprach aus ihren Gesichtern! Mit kurzen knappen Worten wurde der bereits vorbereitete Angriffsplan bekanntgegeben. Danach sollten noch in der Nacht die Nachbarorte alarmiert werden und am anderen Tag um 6 Uhr morgens der Angriff beginnen. Die Angriffsorganisation wurde nach rein militärischen Gesichtspunkten aufgebaut. Da die Separatisten zum größten Teil in ihrem Standquartier „Halber Mond" und der andere Teil im Landratsamt waren, mußte an beiden Stellen zu gleicher Zeit angegriffen werden; hierfür war die Bildung von zwei Angriffsgruppen erforderlich. Als Losungswort wurde „Deutschland" bestimmt. Sturmgeläute in beiden Kirchen sollte das Zeichen zum Angriff sein. Mit einem Mahnwort des Bürgermeisters, alle weiteren Vorbereitungen in der Nacht mit der allergrößten Vorsicht zu treffen und jeden nicht dringend notwendigen Aufenthalt auf den Straßen zu vermeiden, löste sich die Versammlung auf, die allen Teilnehmern unvergeßlich bleiben wird. Wer in der Nacht zum 13. November 1923 auf einem der Berge bei Adenau gestanden hätte, dem wäre bei den Glockenklängen, die von überall her aus der Ferne zu vernehmen waren, schauerlich zumute gewesen. Zum Zeichen der Not und der Bedrängnis läuteten die Glocken; sie riefen treudeutsche Männer zum Kampf gegen Verrat und zum Schutz der Heimat auf. In heller Begeisterung machten sich viele daran, sich für den bevorstehenden Kampf zu rüsten, ihre mit Rücksicht auf das von der Besatzung erlassene Waffenverbot sicher versteckten Karabiner, Jagdgewehre und Pistolen herauszuholen, sie zu reinigen und schußfertig zu machen. In geschlossenen Kolonnen marschierten sie dann, vaterländische Lieder singend, in Richtung Adenau. In allen Dörfern, die sie durchzogen, schlossen sich neue, begeisterte Gruppen an. An die 500 mutige Männer, Beamte, Bauern und Arbeiter, waren auf diese Weise in wenigen Stunden zusammengekommen, bereit, für die Befreiung ihrer Heimat von den Schrecken des Verrats, den blutigen Kampf aufzunehmen.

Unterdessen hatte man in Adenau die letzten Vorbereitungen für den Kampf getroffen. Auch für die Einrichtung eines Sanitätsdienstes war Sorge getragen worden. Zwei Ärzte und einige Sanitäter hatten sich hierfür bereitwilligst zur Verfügung gestellt und die Leiterin des Krankenhauses veranlaßt, den Operationssaal und mehrere andere Räume als Lazarett herzurichten.

Es fehlten nur noch einige Minuten bis zur vorgesehenen Angriffszeit, als plötzlich am Landratsamt ein Schuß fiel. Im gleichen Augenblick setzte auch schon an beiden Kirchen das Sturmgeläute als Zeichen zum Angriff ein. Der in der Nacht gebildete Stoßtrupp versuchte, den „Halben Mond" zu stürmen. Doch, als man losstürmte, entzündeten sich die an beiden Hoteleingängen angebrachten Lampen, so daß die Straße, die der Stoßtrupp überqueren mußte, hell erleuchtet war. Als ob sie den Angriff um diese Zeit erwartet hätten, eröffneten die Separatisten ein heftiges Feuer auf die Anstürmenden. — Mit dem Ausruf: „Ich sterbe!", sank der Arbeiter Karl Nett, von einer Kugel ins Herz getroffen, nieder. Während man das Feuer heftig erwiderte und vor allem die brennenden Lampen mit Erfolg beschloß, wurde der tödlich verwundete Nett in den Hofraum eines nahegelegenen Hauses gebracht. Kaum war er dort auf schnell geholten Decken und Kissen gebettet, da hauchte er sein junges, blühendes Leben aus.

Durch dieses bereits in den ersten Minuten des Kampfes erlittene Todesopfer und durch das von den Separatisten eröffnete Gegenfeuer, das man so plötzlich und mit dieser Heftigkeit nicht erwartet hatte, waren die Angreifer einen Augenblick in Verwirrung geraten. Dazu kam, daß die Separatisten aus den oberen Fenstern und vom Dach des „Halben Mond" Handgranaten nach allen Seiten des freiliegenden Hotels abwarfen. Die einzelnen Gruppen mußten sich daher in ihre Ausgangsstellungen zurückziehen. Von dort stellten sie Schützen aus, die den „Halben Mond" unter Feuer hielten. Die Separatisten setzten das Feuer mit unverminderter Heftigkeit fort und warfen Handgranate auf Handgranate. Ununterbrochen beschossen sie die umliegenden Häuser und gefährdeten dadurch Frauen und Kinder, die sich in die Hinterhäuser und Keller flüchten mußten. Einer der Separatisten wagte sich im Schutze der Dunkelheit mehrere Male auf die Straße und den Marktplatz, um nach den versteckten Schützen Ausschau zu halten. Trotzdem er bereits am Arm und am Kopf verwundet war, schlich er sich bis in die entferntesten Winkel. Schließlich erhielt er einen weiteren Schuß, der ihn kampfunfähig machte. Die Separatisten hatten zum Teil auf dem Balkon und der Terrasse des „Halben Mond" Aufstellung genommen, wo sie durch die Steinsäulen des Gitters gute Deckung hatten. Von hier aus waren sie in der Lage, den Marktplatz mit den angrenzenden Häusern und Gassen ständig unter Gewehr- und Handgranatenfeuer zu halten.

Anders entwickelte sich der Kampf dagegen am Landratsamt. Nachdem der erste Schuß gefallen war, eröffneten einige Männer der Angreifergruppe das Feuer auf die Rückfront des Landratsamts. Sofort warfen die Separatisten eine Anzahl Schützen hinter die Gartenmauer, die daraufhin die Angreifer heftig unter Feuer nahmen. Lediglich infolge der vorhandenen Bäume und Heckenzäune, hinter denen die Angreifer Deckung fanden, lief diese Schießerei ohne Verluste für die Angreifergruppe ab. Schrittweise zogen sie sich auf den angrenzenden Steinweg zurück. Von hier aus war es möglich, den erhöht liegenden Garten des Landratsamtes unter Kreuzfeuer zu nehmen, was auch mit großem Erfolge geschah. Innerhalb kurzer Zeit war der Garten von den Separatisten gesäubert, die eine Anzahl Verwundete zu verzeichnen hatten. Die Angreifergruppe, die damit ihre Aufgabe vorläufig erledigt hatte, zog sich

Bekanntmachung an die Herner Bevölkerung.

Infolge des Verhaltens der Schutzpolizei, welche, statt die Ordnung sicherzustellen, Zwischenfälle hervorgerufen hat, und infolge Streiks der städtischen Beamten, welche absichtlich alle öffentliche Dienste unterbrechen, wird als Gegenmaßnahme gegen diese Herausforderungen unter Berufung auf die Bekanntmachung des kommandierenden Generals der Truppen vom 11. Januar über den Belagerungszustand durch den kommandierenden General des 32. A. K. verfügt:

1. Der Verkehr wird in Herne untersagt bis auf weiteres 9 Uhr abds. bis 6 Uhr morgens in dem Bereich der Bahnhofstrasse von der Eisenbahnbrücke bis zur Shamrockstrasse und in den angrenzenden Strassen rechts und links bis 100 m von der Bahnhofstrasse.

Die öffentlichen Lokale, Vergnügungslokale, Wirtschaften, Theater, Kinos, Cafes, welche in dieser Zone liegen, sind bis auf weiteres in dem oben genannten Zeitraum geschlossen.

2. Ausgenommen sind Ärzte, Hebammen, Pfarrer verschiedener Bekenntnisse, Arbeiter, welche zu den Nachtschichten gehen, die nur auf Anforderung ihren Ausweis vorzeigen brauchen.

3. Jegliche Ansammlung über 8 Personen ist strengstens verboten in der ganzen Stadt. Die Truppen haben Befehl, sie mit Gewalt zu zerstreuen.

4. Jeder Verstoß gegen diesen Befehl zieht kriegsgerichtliche Bestrafung nach sich, und zwar kann erkannt werden auf Haftstrafen bis zu 6 Monaten.

Der kom. General des 32. A.-K.
gez. Caron.

Rheinarmee
47te Division
Kommandantur
Civil-Sachen
N. 1243/5.

den 25. 5. 23.

Befehl.

Die Verordnung des kommandierenden Generals der Truppen von 29. Januar 1923 (Art. 2 Parg. C) gibt an:

Alle Ansammlungen aller Art sowie Zusammenrottungen und Umzüge sind im öffentlichen Verkehr verboten.

Diese Zusammenkünfte werden mit Waffengewalt zerstreut.

Ich mache Sie darauf aufmerksam, diese Verordnung der Bevölkerung mit allen Ihnen zu Gebote stehenden Mitteln, einbegriffen durch die Presse, in Erinnerung zu bringen und die Mitteilung zu machen, daß ich mich mit aller Strenge an die Verordnung halte.

Der General Laignelot

Kommandant der 47. Division.
gezeichnet: Laignelot

Verteiler: Kommandant der Armee
s. c. der Generäle
Kommandant der Unterkommission.

Für sofortige Bekanntgabe an alle Bürgermeistereien der Ortschaften.

Wird hiermit veröffentlicht.
Herne, den 28. Mai 1923.

Besatzungsamt.

Anordnungen der französischen Besatzungsbehörden

Vorlagen: Archiv Reiter gen Osten

nunmehr als Verstärkung zum Marktplatz zurück, wo andauerndes heftiges Feuer herrschte.

Am Hotel „Halber Mond" tobt der Kampf seit Stunden weiter. Allmählich begann die Nacht dem Tage zu weichen. Noch war der Ausgang des erbitterten Ringens nicht abzusehen. Da entschlossen sich die Angreifer zu einer entscheidenden Tat. Es gelang ihnen, die in dem Hotel verschanzten Separatisten zu umzingeln und das Gebäude unter Kreuzfeuer zu nehmen. Dadurch sahen sich die Separatisten von verschiedenen Seiten bedrängt und büßten in kurzer Zeit einen Toten und drei Schwerverletzte ein. Plötzlich wurden an den Fenstern des „Halben Mond" weiße Tücher sichtbar. Die Separatisten ergaben sich. Die Schlacht war gewonnen. Jene Landesverräter, die da geglaubt hatten, sich in verbrecherischer Weise an den heiligsten Interessen der Gesamtheit des deutschen Volkes versündigen zu können, hatten eine vernichtende Niederlage erlitten. Die Bevölkerung jubelte auf. Wie ein Choral brauste das Deutschlandlied empor, gewaltig, hinreißend, tausendstimmig verstärkt, sich fortsetzend in den Straßen, mächtiger und immer stärker ertönend: „Deutschland über alles, über alles in der Welt!"

Sofort nach Beendigung des Kampfes wurde unter großer Begeisterung der gesamten Bevölkerung die Separatistenfahne heruntergeholt und auf dem Marktplatz verbrannt. Die Separatisten wurden, soweit sie nicht tot oder verwundet waren, gefesselt, an langen Stricken zusammengebunden und von den Angreifern durch die Straßen geführt. Und nun, als man der Verbrecher ansichtig wurde, kannte die Erbitterung der Bevölkerung keine Grenzen mehr. Mit einer grenzenlosen Wut, in der sich der ganze Haß und die tiefe Verachtung gegen die Landesverräter widerspiegeln, begann man, das Gesindel mit äußerster Heftigkeit zu verprügeln. Nur mit großer Mühe gelang es den Führern der Angreifer, eine Lynchjustiz zu verhüten. Immerhin wurden hierdurch zu den während des Kampfes erlittenen Verlusten noch mehrere Separatisten so schwer verletzt, daß sie dem Krankenhaus zugeführt werden mußten. Auf seiten der Angreifer war ein Toter und mehrere Verwundete zu beklagen.

In die Siegesfreude der Bevölkerung mischte sich die Trauer um den gefallenen Karl Nett, der sein junges Leben für die Befreiung seiner Heimat von Verbrechern und Verrätern gelassen hatte. Er fiel als einer der ersten Soldaten des Dritten Reiches. An der gleichen Stelle, an der ihn die tödliche Kugel traf, setzte man ihm ein schlichtes Ehrenmal, das am 17. September 1933 feierlich eingeweiht wurde. Das Andenken an diesen edlen Toten wird immerfort lebendig bleiben.

24 Stunden waren seit dem Einrücken der Separatisten in Adenau vergangen und schon war die Macht dieses Gesindels vernichtet, der Separatistenspuk zu Ende. Dieser Kampf war ein voller Sieg, errungen durch die Beamten, Arbeiter und Bauern, die einmütig zusammenstanden, um die Heimat zu retten.

Separatisten stürmen das Aachener Rathaus

Von Dr. Will. Hermanns

„Rheinische Republik. Alle Beamten haben sich um 11 Uhr auf ihren bisherigen Dienststellen einzufinden. Vorläufige Regierung."

Kopfschüttelnd standen die Beamten des Reiches, des Staates und der Stadt vor dem Anschlagzettel, den die Aachener Putschisten vom 21. Oktober 1923, Leo Deckers und Dr. Guthardt, am Tage nach der Republikgründung am Rathaus und an anderen Stellen der Stadt ausgehängt hatten. Die überrumpelung des unbewachten Rathauses und die Besetzung der gleichfalls nicht verteidigten anderen öffentlichen Gebäude war den Sonderbündlern gelungen; der Versuch, die Räder der Verwaltung durch Druck und Bedrohung in Gang zu halten, schlug fehl. Vergebens schwindelte Leo Deckers in schreienden Plakaten, der Oberkommissar der Interalliierten Rheinlandkommission habe ihn als örtlichen Vertreter der Rheinischen Republik anerkannt und forderte, „als bestellter Regierungskommissar die sämtlichen Beamten und Angestellten förmlichst auf, ihren Dienst unverzüglich wieder aufzunehmen." Vergebens kommandierte das Haupt der „Exekutive für Rheinland-Nord", Matthes, von den Anschlagsäulen: „Alle Staats- und Gemeindebehörden haben ihren Dienst in unveränderter Weise fortzusetzen. Gegen Zuwiderhandlungen wird mit unnachsichtlicher Strenge eingegriffen." Die Anordnung des Beamtenausschusses: „Wird eine Dienststelle besetzt, so wird sofort die Arbeit niedergelegt!" wurde überall durchgeführt. Telephon, Telegraph und Briefbestellung ruhten. rechtmäßige Regierung und die Stadtverwaltung schlugen ihren Sitz im Polizeipräsidium auf, das von den Bündlern nicht hatte besetzt werden können. Von hier aus erließen sie Gegenkundgebungen an die Bürgerschaft. Als die Besatzungsbehörde Schwierigkeiten machte, plante man sogar, die gesetzmäßigen Gewalten in der Münsterkirche tagen und amten zu lassen. Die Putschisten „regierten" im leeren Raum. Am Abend des zweiten Tages der „Republik Aachen" ging die durch das Willkürregiment der Putschisten auf das äußerste erbitterte Bevölkerung aus sich heraus gegen die Vaterlandsverräter vor.

Arbeiter und Studenten stürmten das am Friedrich-Wilhelm-Platz gelegene Sekretariat der Rheinischen Unabhängigkeitspartei und holten die grün-weiß-roten Fahnen der Separatisten von verschiedenen Gebäuden herunter. Die Sonderbündler beschlossen angesichts dieser Bekundungen der Volkswut, ihren Hauptstützpunkt, das Regierungsgebäude, gegen einen Angriff besonders zu stärken und entblößten darum das Rathaus heimlich in weitem Umfang von ihren Leuten. Ein Reuiger aus ihren Reihen verriet den Plan, und so fuhren am Morgen des folgenden Tages sämtliche Löschzüge der städtischen Feuerwehr vor dem Rathaus auf und nahmen es im Gegenhandstreich ohne jegliches Blutvergießen.

Am gleichen Tage verhängte die Besatzung den Belagerungszustand über Aachen. Für die Putschisten galt er nicht. Sie konnten ungestört die Nächte benutzen, um Plakate anzukleben, Lebensmittel zu besorgen und Verstärkungen heranzuziehen. Und außerdem: sie hatten, was kein Bürger sonst im besetzten Gebiet besaß — einen Waffenschein...

Der Dienstag hatte blutige Vergeltungsmaßnahmen der Bevölkerung gebracht. Am Mittwoch blieben alle Geschäfte der Stadt geschlossen. Donnerstag, in aller Frühe, versuchte die Schutzpolizei das Hauptquartier der Sonderbündler, das Regierungsgebäude, zu stürmen. Fast schien die Überrumpelung gelungen; die völlig kopflos gewordenen Putschisten hoben bereits die Hände hoch, als eine verirrte Kugel angeblich einen der belgischen Gendarmen verwundete, die im Hof der nebenan gelegenen Hauptpost aufgezogen waren. Es kam zu einem Blutbad, bei dem die Polizeiwachtmeister Bausch, Nachtigal und Stoffels auf der Straße oder nach ihrer Einliefe-

Der Kaisersaal im Aachener Rathaus nach der Räumung durch die Separatisten *Photo: Archiv Reiter gen Osten*

rung ins Krankenhaus den Tod fanden und zahlreiche Schupomänner mehr oder minder schwer verletzt wurden.

Die Separatisten sahen diese Niederlage der deutschen Polizei, die den Besatzungstruppen ja keinen Widerstand leisten durften, durchaus als ihren Sieg an. Die Gefahr, daß sie das Rathaus wiederzunehmen versuchen würden, stieg mit jeder Stunde. Dort und im nebenan gelegenen Verwaltungsgebäude hatten nunmehr die staatlichen Behörden neben denen der Stadt Unterkunft genommen und erledigten von hier aus die wichtigsten Geschäfte. Die Besatzung hatte nach langem Hin und Her die Erlaubnis erteilt, daß sich zum Schutz dieser Dienststellen dauernd 6 — in Worten: sechs! — Polizeibeamte im Rathaus aufhielten. So wurde die Organisation einer stets einsatzbereiten Rathauswache aus den Reihen der städtischen Beamten, Angestellten und Arbeitern zur unumgänglichen Notwendigkeit.

Sie geschah nach durchaus militärischen Richtlinien. Abend für Abend wurde ein Stab aus ehemaligen Offizieren gebildet, der die Unterführer der einzelnen Verteidigungsabschnitte, der Reserven, des Nachrichtendienstes und Verpflegungswesens ernannte und sie über die Art, wie der Kampf ohne Schußwaffen gegen einen schwer bewaffneten Angreifer zu führen sei, eingehend unterrichtete. Wehrfreudigkeit, Bereitschaft zu freiwilligem Einsatz des Lebens, todesmutige Vaterlandsliebe waren die Grundlagen der Organisation, der jeder Zwang naturgemäß fernbleiben mußte. Enge Fühlungnahme von Führern und Gefolgschaft schuf ein Verhältnis echter Frontkameradschaft und bedingungslosen Vertrauens. Die Mannschaft im Innern des Rathauses war durch Vorposten in Schulen und im Stadttheater — es liegt den Regierungsgebäuden gegenüber und erlaubte eine Beobachtung der Vorgänge im putschistischen Hauptquartier — vermittels besonders gelegter Fernsprechleitungen verbunden.

Die Verteidigungmittel waren sehr beschränkt. Die Schläuche der Feuerwehr galten als Hauptabwehrwaffe; außerdem waren unter den Fensterbrüstungen nach der Marktseite hin griffbereit Holzknüppel und Pflastersteine aufgestapelt. Als die Besatzung eines Tages Haussuchung nach Waffen im Rathaus abhielt, erregten die Pflastersteine Anstoß und Bedenken. Sie verlangte deren Entfernung, da sie „zur Führung der Verwaltungsgeschäfte der Stadt offenbar nicht notwendig" seien. Dem Befehl mußte Folge geleistet werden. An die Stelle der Pflastersteine traten Kästen mit vollen und halbvollen „Bier"flaschen, die in Wirklichkeit mit Salmiakgeist gefüllt waren, aber von der belgischen Gendarmerie offenbar nur als innerliches Anfeuerungsmittel für die Rathauswache angesehen wurden. Übrigens lagerten auch die Pflastersteine nur tagsüber im Hof des Rathauses; abends wurden sie wieder heraufgeholt und für den Fall eines nächtlichen Angriffs bereitgelegt.

Die Zahl der Rathausverteidiger wurde nach und nach auf 200 Mann erhöht. Mit den Gewerkschaften wurde ein Abkommen getroffen, nach welchem diese den Erkundungsdienst in der Stadt durchzuführen und im Falle des Alarms sich zusammenzuschließen und die Angreifer im Rücken zu beunruhigen hatten; und es muß auch hier offen und freudig gesagt werden: es zeigte sich wieder einmal wie so oft im Weltkriege, daß kein wirtschaftliches Dogma den deutschen Arbeiter wirklich zum „vaterlandslosen Gesellen" gemacht hatte. Tag und Nacht haben die Führer der „christlichen" wie der „freien" Gewerkschaften gearbeitet, um eine Hilfstruppe zu schaffen, die am Kampftage den Einsatz aller Abwehrmittel ermöglichte.

Und dieser Kampftag sollte nicht lange auf sich warten lassen. Am Allerseelentage (2. November) sollte der Sturm der „rheinischen Armee" auf das Rathaus vor sich gehen. Wie es verlief, mag die bisher unveröffentlichte Schilderung eines Augenzeugen lehren, die die ganze Frische des schweren Erlebens atmet. Ihr Verfasser ist der damalige Aachener Stadtingenieur Dipl.-Ing. E. Rietzel, der jetzt als Baurat in Leipzig lebt. Er erzählt:

Vom 1. November, morgens 8 Uhr, bis zum 2. November, morgens 8 Uhr, hatte ich die Oberleitung in der Verteidigung des Rathauses, und zwar von früh 8 Uhr bis abends 8 Uhr zusammen mit Herrn Intendanten Sioli und von abends 8 Uhr mit Herrn Stadtschulrat (jetzt Stadtrat) Kremer.

Der Vormittag und Nachmittag des 1. November verliefen ruhig. Abends, gegen 5 Uhr, wurde mir telephonisch aus der Stadt gemeldet, daß auf dem Hauptbahnhof ein Zug mit Sonderbündlern angekommen sei. Diese Leute trugen grüne Mützen und grün-weiß-rote Armbinden; sie hielten sich in den Wartesälen auf und würden von einem Personenwagen mit Verdeck einzeln zum Regierungsgebäude gebracht. Ich rief sofort die belgische Militärzentrale an. Der Dolmetscher, der mein Gespräch annahm, sagte mir, was ich melde, sei soeben auch von der deutschen Polizei gemeldet worden; ich würde weiteres durch Polizei-Oberkommissar Menzel erfahren. Dieser teilte mir später mit, daß dieser Trupp Sonderbündler auf dem Bahnhof von belgischer Gendarmerie entwaffnet worden sei; es habe sich um 180 Mann gehandelt.

Gegen 9.30 Uhr rief ein Oberpostsekretär an, soeben seien 180 Sonderbündler in geschlossener Kolonne in das Regierungsgebäude eingezogen; er habe von der Post aus beobachtet, daß diese auf dem Hofe des Regierungsgebäudes Waffen empfangen hätten. — Inzwischen wurde mir gemeldet, daß sowohl aus der Richtung Erkelenz-Herzogenrath wie Köln noch mehrere Züge mit Sonderbündlern auf dem Hauptbahnhof angekommen seien. Alle trügen grüne Mützen und seien uniformiert. Waffen seien nur bei einzelnen gesehen worden. Ich teilte diese Meldungen stets sofort der deutschen Polizei wie der belgischen Militärzentrale mit. Die erstere nahm sie mit dem Versprechen zur Kenntnis, sofort das Weitere bei der belgischen Militärzentrale zu veranlassen. Diese hängte meistens sofort ab, sobald das Wort „Sonderbündler" fiel.

Gegen 10.30 Uhr abends erschien der Polizeikommissar Damberg auf dem Rathaus und teilte mir mit, daß er bei dem belgischen General vorgesprochen, ihm nochmals alle vorliegenden Beobachtungen über die Sonderbündler, ihre Ankunft, Zahl, Bewaffnung usw. vorgetragen und ihn gebeten habe, für die völlige Entwaffnung aller Sonderbündler Sorge zu tragen. Der General habe geantwortet: „Le necessaire est fait!"

Gegen 11 Uhr abends ergaben die vorliegenden Meldungen folgendes Bild:

Mit etwa fünf Sonderzügen waren aus den verschiedensten Richtungen und Orten (Koblenz, Bonn, Duisburg, Krefeld, München-Gladbach, Düren, Erkelenz, Herzogenrath) zusammen etwa 3000 Sonderbündler angekommen, die sämtlich schwer bewaffnet schienen.

Über den Markt jedoch kam fast alle halbe Stunde ein belgisches Panzerautomobil oder ein Lastkraftwagen mit belgischer Gendarmerie gefahren — offenbar, um uns sicher zu machen. —

Wie am Abend, so liefen auch noch während der Nacht viele telephonische Warnungen von allen Seiten ein, deren wesentlicher Inhalt war: in dieser Nacht oder am Morgen solle das Rathaus gestürmt werden. Die Zeitangaben wechselten. Sonderbündler hätten sich mit dieser Nachricht gebrüstet.

Am 2. November um 5.10 Uhr früh meldeten meine Beobachtungsposten, daß ein Trupp Sonderbündler auf dem Katschhof (zwischen Rathaus und Münsterkirche gelegenen Platz) den Hydranten aufgedreht hätten und ein etwa 2 Meter hoher Wasserstrahl in die Luft schieße. Kurz darauf wurde das gleiche vom Markt, Münsterplatz, Fischmarkt und Klosterplatz gemeldet. Da ich dies als Vorbereitung zum Angriff betrachtete, ließ ich die Rathauswache in Alarmzustand treten.

Um 5.20 Uhr klopfte ein Trupp Sonderbündler an das Rathausportal und begehrte Einlaß. Da er verweigert wurde, so wurde uns von den Sonderbündlern zugerufen, wenn in 5 Minuten das Tor nicht geöffnet sei, würde das Rathaus gestürmt!

Das Tor wurde nicht geöffnet.

Inzwischen wurde das Rathaus von den Kompanien der Sonderbündler in Gruppenkolonnen von allen Seiten umstellt. Ihre Zahl wurde auf 1500 bis 2000 Mann geschätzt. Waffen wurden zunächst nicht gesehen.

Gegen 5.30 Uhr begann der Angriff zunächst auf die kleine Tür unter dem Übergang vom alten in das neue Rathaus. Der Angriff wurde mit Steinwürfen und „Bier"-Flaschen abgeschlagen.

Er wurde sofort der belgischen Militärzentrale sowie der deutschen Polizei gemeldet. Letztere antwortete, sie könne keine Hilfe entsenden, da sie befürchte, das Polizeipräsidium werde zu gleicher Zeit angegriffen.

Bürgermeister Wickmann (Stellvertreter des ausgewiesenen Oberbürgermeisters Farwick) wurde um Intervention bei dem Herrn Bezirksdelegierten gebeten.

Der Angriff richtete sich nunmehr gegen die unteren Tore des Westturmes. Die Sonderbündler versuchten, die Tore zu sprengen; doch widerstanden diese lange ihrem Bemühen. Bei dem wiederholten Versuch einzudringen, wurden die Sonderbündler stets mit Steinwürfen und Bierflaschen mit und ohne Inhalt abgewehrt. Sie besetzten darauf die dem Rathaus gegenüberliegenden Häuser und nisteten sich auf den Dächern ein. Auch verschanzten sie sich hinter einige angehaltene Straßenbahnwagen und eröffneten nun ein planmäßiges Feuer auf die oberen und unteren Stockwerke der Westhälfte des alten Rathauses (in der Osthälfte lag die belgische Rathauswache) sowie auf den Übergang vom alten zum neuen Rathaus. Wir wurden mit Pistolen und Karabinern beschossen. Einmal hörte ich auch kurze Zeit ein Maschinengewehr rattern, doch schien es nach etwa 20 Schuß zu versagen. Es wurden auch Handgranaten geworfen und Sprengungen versucht. Der Rauch hiervon war in unseren Räumen teilweise so stark, daß wir nicht drei Meter hindurchblicken konnten. Wir verteidigten uns lediglich mit Steinwürfen und Bierflaschen. An Schüssen ist meines Wissens nicht ein einziger von uns abgegeben worden, da die sechs Polizeimannschaften nur sehr wenig Munition hatten, diese für den Notfall aufsparen wollten und auch Instruktionen hatten, nur zu schießen, wenn der Gegner in das Gebäude eingedrungen sei und da auf uns schieße. Sämtliche anderen 180 Verteidiger hatten keinerlei Schußwaffen im Besitz.

Gegen 9.30 Uhr montierten die Sonderbündler ein Leiter-Putzgerüst am Warenhaus Tietz ab und legten die hieraus gewonnenen Leitern an die Fenster

Das Rathaus in Aachen nach der Erstürmung
Photo: Hermanns Aachen

im Zimmer des Oberbürgermeisters an. Ich rief dessen Stellvertreter, Bürgermeister Wickmann, daraufhin an und bat dringend um Hilfe. Kurz darauf teilte er mir mit, der Bezirksdelegierte habe ihm soeben amtlich mitgeteilt, von der Hohen Interalliierten Kommission in Koblenz sei soeben ein Drahtbefehl eingetroffen, daß die belgische Besatzung sofort die Ordnung wiederherzustellen habe. Wir sollten noch eine Viertelstunde ausharren, und dann würden wir durch belgische Gendarmerie entsetzt.

Das Eingreifen der belgischen Behörde blieb aus. Den Leiterangriff auf das Zimmer des Oberbürgermeisters haben wir abgewehrt. Als die Sonderbündler überall abgeschlagen wurden, drangen sie gegen 9.45 Uhr durch die Fenster in das Zimmer des Kreisdelegierten ein (das die Verteidiger nicht betreten durften) und beschossen uns von diesem „Weißen Saal" aus durch die geschlossenen Türen hindurch.

Ich begab mich daraufhin zu der belgischen Rathauswache, um dem wachthabenden Offizier Meldung von dem Eindringen der Sonderbündler in das Zimmer des Kreisdelegierten zu machen, wurde aber nicht vorgelassen und von dem Treppenposten mit „Nix da, retour!" zurückgewiesen.

Hierauf beschloß ich, das alte Rathaus aufzugeben, da es von uns allein nicht mehr gehalten werden konnte, da alle Verbindungswege unter dem unmittelbaren Feuer aus dem Weißen Saal lagen.

Noch etwa eine halbe Stunde ließ ich die Verbindungstür zwischen dem alten und dem neuen Rathaus offen, um etwaigen Spätlingen die Möglichkeit des Rückzuges zu geben. Dann ließ ich den Gang verbarrikadieren und habe mich noch bis gegen 11 Uhr im neuen Rathaus mit meinen Leuten halten können. Als aber auch diese Barrikade vom Gegner durchbrochen war, und er unter starkem Feuer in das Verwaltungsgebäude vordrang, ließ dieses sich nicht mehr halten, da wir mit Knüppeln allein nichts gegen die Schußwaffen der Sonderbündler ausrichten konnten. Da ich unnützes Blutvergießen vermeiden wollte, ordnete ich den allgemeinen Rückzug an. Als er vollzogen war, haben Herr Schulrat Kremer, Herr Ingenieur Feldmann und ich noch die Verwundeten geborgen und ärztliche Hilfe geholt.

Wir hatten einen Toten, drei Schwerverletzte und einen Leichtverletzten. Es gelang, von den 180 Mann der Rathausverteidigungswache etwa 150 Mann in Sicherheit zu bringen und vor der Gefangennahme durch die Separatisten zu bewahren.

Ein Teil der Verteidiger freilich fiel in die Hände der Rathausstürmer, weil ihm — der vom Kaisersaal im ersten Stockwerk aus den Abwehrkampf führte — der Weg über den Verbindungsgang ins Verwaltungsgebäude abgeschnitten war. Der Führer dieser Abteilung, Direktor a. D. F. Klein hat das bittere Ende des so ungleichen Kampfes geschildert:

„Alles strömte nach oben, wo wir uns, als der waffenlose Rest der kleinen Verteidigungsschar, nach dreistündiger aufopferndster Gegenwehr ergeben mußten. Wir wurden stark bedroht, und ich selbst mußte unter vorgehaltenem Revolver die Eingedrungenen bis in den Rathausturm führen; finster aussehende Gestalten wollten uns lynchen, so daß der Führer seine eigenen Leute mit der Pistole zurückhalten mußte. Wir waren noch etwa 40 Mann. Man schob uns vor das Rathaus, wo wir in Reihen aufgestellt wurden. Ein Separatist hielt von der Treppe aus eine Ansprache, die in einem Hoch auf die Rheinische Republik endete, deren Fahne am Rathausturm gehißt wurde.

Diesen Akt mußten wir entblößten Hauptes mitmachen, wurden dann auf ein Lastauto geladen und zum Regierungsgebäude gefahren, in dessen großen, aber wüst aussehenden Sitzungssaal wir geführt wurden. Mit vorn zusammengehaltenen Händen mußten wir mehrere Stunden lang stehen, dann wurden wir einzeln vernommen. Während der Vernehmung kamen belgische Gendarmerieoffiziere und verschafften uns Erleichterung insofern, als wir uns frei im Saal bewegen durften. Nach einer weiteren halben Stunde schlug nach qualvollem Harren dann für uns der goldene Augenblick der Freiheit."

Die „Richter" suchten durch Bedrohung mit Gummiknüppel und Karabiner von den Gefangenen das Geständnis zu erpressen, der erste Schuß sei aus dem Rathaus gefallen, und dessen Verteidiger hätten Dum-Dum-Geschosse verwendet. Als Beweis für die Verwendung „völkerrechtswidriger Kampfmittel" standen Bierflaschen voll Salmiakgeist auf dem Verhandlungstisch. Das Gericht verurteilte dann auch den Leiter der Rathausverteidigung in Abwesenheit zum Tode durch Erschießen und fertigte einen Steckbrief gegen ihn aus. Der überhastete Abschub der „rheinischen" Armee und der Umstand, daß auch Putschisten keinen hängen, sie hätten ihn denn, bewahrten den steckbrieflich Gesuchten vor dem standrechtlichen Ende.

Über die Opfer des blutigen Allerseelentags berichtete die „Aachener Post" vom 3. November:

„Die Wache, die das Rathaus beschützte, hat sich in dem ungleichen Kampfe tapfer bewährt und verdient Dank und Anerkennung der gesamten Bürgerschaft. Leider ist ein Todesopfer zu beklagen. Der städtische Arbeiter Walraven erhielt einen Bauchschuß, an dessen Folgen er auf dem Operationstisch starb. Er hinterläßt Frau und neun Kinder. Sein Heldentod wird in der Geschichte der Stadt unvergessen bleiben. Der Oberfeuerwehrmann Gerards erhielt einen schweren Kopfschuß. Leichter verletzt wurden Stadtverordneter Derondeau, Feuerwehrmann Strang und der städtische Arbeiter Arnold Peveling. Die gerechte Strafe traf einen Separatisten aus Duisburg: er wurde durch die Kugel eines anderen separatistischen Revolverhelden niedergestreckt. Die Gesamtzahl der in die Krankenhäuser Eingelieferten beträgt 2 Tote und 22 Verletzte." Nach einer belgischen Angabe hatten die Angreifer 3 Tote und etwa das Fünffache an Verwundeten.

Die Kampfstätte, das Rathaus, war zur Ruine geworden. Das Hauptportal, mit Handgranaten gesprengt, hing zersplittert in den Angeln. Die buntfarbigen Fenster waren von Kugeln durchlöchert, ihre Holz- und Eisenrahmen zerschlagen, die Front des Gebäudes von Einschüssen zerrissen. Und dem äußeren Bild entsprach das innere. „Der kostbare venetianische Spiegel im Zimmer des Oberbürgermeisters", heißt es in einem Pressebericht, „war zu Scherben geschossen, antike Möbel, Schränke und Stühle, in Stücke geschlagen, die den Fenstern gegenüber befindlichen Wandbilder in Mitleidenschaft gezogen. Im Kaisersaal war eines der glasgemalten Fenster im gotischen Chörchen durch Schüsse aus der Dachkammer eines an der Krämerstraße dem Rathaus gegenüberliegenden Hauses zerstört und die Vitrine, in der früher das Ratssilber zur Schau gestellt wurde, von zahlreichen Kugeln durchlöchert. Handbreite und handtiefe Einschläge befanden sich in den Rethel-Kehren-Fresken. In den Büros des Verwaltungsgebäudes herrschte ein furchtbares Durcheinander. Im Tiefbauamt waren sämtliche Reißzeuge gestohlen. Im Kaisersaal wurde eine Sprengbombe mit wirkungslos angebranntem Zünder gefunden."

Alle Zeitungen brachten in ihren Leitartikeln die Freude der von ihren Peinigern befreiten Stadt zum Ausdruck.

Die Separatistenschlacht im Siebengebirge

Auszug aus einem Bericht des Diplomvolkswirts Claus Friedrichs in Bonn

Zwei Separatistenautos, die am Abend des 15. Novembers die Schmelztalstraße nach Himberg heraufkamen, wollten in den Dörfern über der Höhe Requisitionen vornehmen, da nach der Ankunft von Verstärkungen der Separatisten die Lebensmittel sehr knapp geworden waren. An der Einmündungsstelle der Honnef-Asbacher in die Pleistalstraße bei Himberg hatten die Hühnerberger Steinbrucharbeiter unter der Führung des Betriebsleiters Toni Dornbusch Aufstellung genommen. Sie waren etwa 30 Mann stark, von denen 7 ordentliche Schußwaffen hatten.

Als sie die Separatistenautos in der Dunkelheit heraufkommen hörten, legten sie sich schußbereit in den Straßengraben. Das vorausfahrende Personenauto wurde angehalten und der Schmied Peter Staffel, der nur einen Knüppel in der Hand hatte, sprang auf das Trittbrett des Wagens und schrie die Insassen an: „Halt, was wollt ihr hier?" Im gleichen Augenblick krachte ein Schuß aus dem Wagen. Seine Kameraden gaben sofort eine Reihe Schüsse auf den Wagen ab, die Insassen ließen das Auto im Stich und erreichen in der Dunkelheit den etwa 20 Meter weiter abwärts haltenden Lastwagen, der unter dem fortdauernden Feuer des Selbstschutzes kehrt machte und davonfuhr.

Nachdem von dem flüchtenden Lastwagen nichts mehr zu hören war, wurde das arg zerschossene Personenauto ins Dorf gebracht. Dort wurde es noch in der Nacht instand gesetzt und leistete in den folgenden Tagen den Führern des Selbstschutzes gute Dienste.

In dieser Zeit vermißte man Peter Staffel und er-

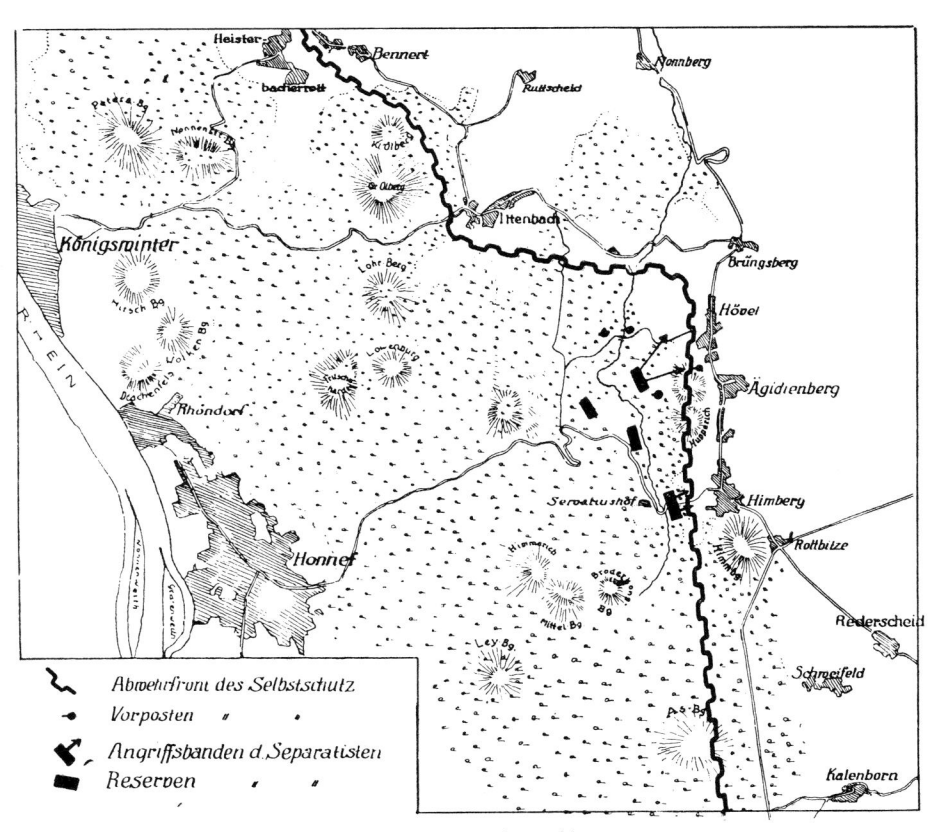

Übersichtskarte für die Bauernschlacht im Siebengebirge   Zeichnung: Roederer, Berlin

innerte sich, daß man von ihm seit dem Beginn des Feuers nichts mehr gesehen hatte. Zusammen mit inzwischen eingetroffenen Aegidienberger Selbstschutzleuten suchte man ihn auf dem Kampfplatz. Mit einer Laterne leuchtete man die Straßengräben ab und da fanden ihn endlich seine Kameraden. Er hatte einen Schuß in den Mund bekommen und starb nach wenigen Minuten, ohne das Bewußtsein wiedererlangt zu haben.

———

Am frühen Morgen des 16. November sollte der angedrohte Rachezug nach Aegidienberg mit der ganzen separatistischen Streitmacht unternommen werden. Zunächst marschierten etwa 200 Mann unter der Führung des Bataillonskommandeurs Frank los. In der Wirtschaft „Zum Schmelztal" machten sie Halt und stärkten sich mit Kognak und Wein. Erst dann zog der Haupttrupp zu Fuß und zu Wagen durch das Schmelztal hinauf nach Himberg und Hövel, wohin ihre Ankunft schon durch Fernsprecher und Boten gemeldet worden war.

Auf die Nachrichten hin hatten im Morgengrauen des gleichen Tages die Selbstschutzleute der Dörfer auf der Höhe bei Himberg von der Basaltkuppe des Himbergs bis zu den Kuppen des Hupperichs und Markhövel eine 2 bis 3 kilometerlange Verteidigungsstellung bezogen. Die Führung hatte der Führer des Aegidienberger Selbstschutzes, der Ingenieur Hermann Schneider, ein ehemaliger Offizier, übernommen. Wo keine natürliche Deckung vorhanden war, buddelten sich die Leute selbst ein, wie sie es im Felde gelernt hatten. Dann erwarteten sie in Ruhe den Angriff der Separatisten. Als die ersten sicheren Anzeichen vom Vormarsch der Separatisten eintrafen, wurde die Nachricht sofort telephonisch an alle im Hinterland liegenden Orte weitergegeben. In allerkürzester Zeit läuteten die Glocken der Kirchen und Kapellen bis weit in den Westerwald hinein zum Sturm und überall machten sich die tapferen Männer der erst wenige Tage vorher aufgerufenen Ortswehren auf, um ihren bedrängten Brüdern auf den Rheinhöhen zu Hilfe zu eilen.

In Oberpleis alarmierte der Bürgermeister die umliegenden Ortschaften und schickte einen jungen Mann zur Kirche, um die Sturmglocke zu läuten. Er schlug sie mit einem Hammer so heftig an, daß aus dem unteren Rand ein Stück heraussprang und der Glockenklang schauerlich klagend hinausschallte. Es war eine alte, ehrwürdige Glocke aus dem 13. Jahrhundert, die die vielsagende Inschrift trug: „Man sal mich lüdin zu stürme!" Von allen Seiten eilten kleine Trupps nach der Kampflinie zwischen Himberg und Hövel.

Kurz nach 9 Uhr rückten die Separatisten an. Zuerst hörte man das Knattern und Rasseln von Lastwagen, die aus dem Schmelztal herauf kamen. Mit größter Spannung sahen die Wehrleute, wie die Separatisten ausstiegen und im Walde verschwanden. Die Lastwagen machten kehrt und kamen bald darauf wieder mit neuen Banden zurück. Dann lag wieder drückende Stille über dem Lande.

Plötzlich erschienen die Separatisten zu beiden Seiten der Straße aus dem Walde. Mit „Sprung auf, marsch, marsch!" und „Hinlegen!" gingen sie vorsichtig vor, die Straßengräben und Straßenbäume als Deckung benutzend. Mit vorgestrecktem Degen schritt der Führer voran. Mit größter Aufmerksamkeit verfolgten die Wehrmänner die Bewegungen der Angreifer. Das Kampffieber war aufs höchste gestiegen. Da zerriß das Kommando „Feuer!" von Förster Wigard gegeben, die angespannte Erwartung und wie rasend brach das Feuer der Abwehrkräfte los. Salve auf Salve prasselte den Separatisten entgegen. Noch einmal machte der Führer der Bande den Versuch, seine Leute hochzureißen. Er sprang mit gezücktem Säbel auf, erregte Kommandoworte rufend. Aber dann stolperte er. Anscheinend hatte ihn eine Kugel getroffen. Da brach der Aufstand zusammen. Die Bande machte kehrt und rannte in den schützenden Wald zurück.

Kaum war dieser Angriff an der Himberger Front abgeschlagen, da erschien zuerst auf dem Hupperich ein 14jähriger Junge aus Hövel und meldete atemlos und kreidebleich: „In — Hövel — sind — sie!" Gleichzeitig sausten auch zwei Radfahrer in Himberg heran und meldeten den Einbruch einer Kolonne der Separatisten in das Dorf Hövel. Im Nu wurden mehrere Abteilungen aus der Front herangezogen und nach Hövel in Marsch gesetzt.

In Hövel hatte sich inzwischen folgendes abgespielt: Die wenigen alten Männer, Frauen und Kinder, die in dem Dorfe zurückgeblieben waren, sahen plötzlich gegen ½10 Uhr vormittags einen dichten Menschenschwarm aus dem Honnefer Walde herauskommen. Im ersten Augenblick wußten sie nicht, ob es Separa-

Kompanie der Separatisten vor dem Schloß in Coblenz

Photo: Stadtarchiv Coblenz

tisten waren, denn es schien unwahrscheinlich, daß sie den Weg durch den Wald finden würden. Als die Menge jedoch ausschwärmte und gegen das Dorf vorging, schien kein Zweifel mehr möglich. In kopfloser Flucht lief alles auseinander. Nur drei von ihnen blieben in ihren Häusern, wo sie bald von den Separatisten ergriffen und als Geißeln in die Feuerlinie gestellt wurden.

Kurz darauf fielen die ersten Schüsse. Einige junge Leute aus Hövel, die auf Patrouille unterwegs waren, sahen die Separatisten in die Provinzialstraße in Oberhövel einbiegen. Einer von ihnen, der junge Karl Kraus sah, wie die Bande seinen Vater mit hochgehobenen Händen vor sich hertrieb und schoß in seiner Erregung blindlings darauflos. Die Separatisten erwiderten sofort das Feuer. Da die Höveler ihre Munition verschossen hatten, mußten sie sich nach Aegidienberg zurückziehen. Die Separatisten begannen aber unterdessen ihr Plünderungswerk in den Häusern.

Da nahte in höchster Not der von Flüchtlingen aus Hövel alarmierte Oberpleiser Selbstschutz heran. Sie hatten sich vor dem Orte geteilt und umfaßten ihn von zwei Seiten. Als die Separatisten den ankommenden Selbstschutz bemerkten, erschossen sie zunächst auf der Straße die drei Geiseln. Nur wenige von den Separatisten stellten sich den anstürmenden Oberpleisern entgegen. Sie fielen, noch ehe die Wehrleute an sie heran waren. Eine heftige Schießerei von allen Seiten setzte jetzt ein. Die Trupps aus der Hauptkampflinie hatten den letzten Rückweg der Separatisten belegt. Die Bande war in eine Sackgasse geraten. Nun sahen sie sich endlich verloren. Wie die Wiesel krochen sie unter den Hecken und Zäunen weg, um den nahen Wald zu erreichen. Aber nur wenige entkamen. Am vorletzten Hause

Denkmal für die Abwehrkämpfer in Mayen
Photo: Archiv Reiter gen Osten

wurden noch zwei der Bande erwischt und niedergeknallt. In einem anderen Hause holte man aus Kellern und Speicher noch sieben Mann hervor, die von den erbitterten Wehrleuten niedergeschlagen wurden.

Die Schlacht war geschlagen, von den Abwehrkämpfern zum siegreichen Ende geführt.

Der Tod von Speyer

Das Strafgericht an den separatistischen Verrätern

Von Günther Muthmann

Vormittagsstille im Stabsquartier der Brigade Ehrhardt in München. Jeder brütet über Berichten, kontrolliert Zeitungen oder treibt sonstigen Unfug. Wenn man auf Putsche wartet, kommt man sich bei einer bürokratischen Tätigkeit so lächerlich vor. In einer Ecke sitzt ein Flüchtling aus Norddeutschland, ist friedlich auf seinem Stuhl eingeschlafen und scheint nicht davon zu träumen, daß er die ganze Meute der IA. hinter sich hat.

„Fritz!" Dieser Ruf, der mal recht energisch klang und durch mehrere Doppeltüren zu hören war, ließ mich hochspritzen. Beim Eintritt ins Allerheiligste wundere ich mich über das ernste Gesicht des Chefs. „Herr Kapitän befehlen?" — „Fritz, ich weiß, Sie können schweigen, aber ich verlange diesmal doch besonders Ihr Ehrenwort!" Das roch nach Morgenluft. Die letzte durch ungewohnte Bürotätigkeit berufsmäßige Müdigkeit schwand aus meinem Kopfe. Vor Aufregung und Spannung konnte ich nur Zustimmung nicken. Doch das genügte bei uns.

„Also Fritz, morgen abend soll die pfälzische Separatistenregierung in Speyer erschossen werden.

Dieser kleine energische Doktor, der vorhin bei mir war, ist einer der Leiter des Abwehrkampfes in der Pfalz. Ich soll ihm einige zuverlässige Leute zur Vollstreckung des Urteils geben. Wir scheinen ja" — ein leichtes Schmunzeln huschte über das Gesicht — „einen netten Ruf zu haben. Wollen Sie die Sache übernehmen? Ich will in einer halben Stunde Ihre Antwort haben."

Was gab es da zu überlegen, wo Tätigkeit und Gefahren winkten? „Ich brauche keine Bedenkzeit, Herr Kapitän, ich mache die Sache!"

„Schön, das erwartete ich. Haben Sie noch jemand, den Sie mitnehmen wollen?" Ich schlug meinen alten Kameraden Hannes Miebach vor, den ich zwei Tage vorher zur Hilfeleistung bei einem Sonderunternehmen aus dem Rheinland mitgebracht hatte. Mißtrauisch warf der Alte auf, er witterte sicher das Richtige.

„Was will der hier?" — „Bekannte besuchen!" Ich hielt den prüfenden Blick ruhig aus; denn wir hatten ja durch einen Zufall noch nichts getan.

„Gut! Dann nehmen Sie auch noch den langen Balten, den Flüchtling da draußen, mit. Scheint ein ganz schneidiger Kerl zu sein. Sie haben jetzt dienstfrei. Gehen Sie nach Hause und ordnen Sie Ihre Sachen. Heute abend melden Sie sich bei Dr. Leibrecht. Das war der kleine Mann eben. Machen Sie die Sache gut! Auf Wiedersehen!"

Ein kräftiger Händedruck, und ich war entlassen. An der Tür rief er mich nochmals zurück. „Noch eines, Fritz! Wenn Sie mit den Lumpen oder den Franzosen in Kampf kommen, dann ist die letzte Patrone für Sie selbst! Daß Sie mir nicht lebendig in die Hände dieses Schweinepacks fallen, verstanden!" Jedes Wort klang kurz und abgehackt und wurde durch ein heftiges Kopfnicken bekräftigt. Der rechte Arm hob sich gewinkelt bis zur Schulterhöhe. Bei dem Wort Schweinepack schlug die geballte Faust einen unsichtbaren Gegner knock out! Das war mal wieder „echt Alter", knarsch und zackig, ohne Gefühlsduselei. Ich kaperte mir den Balten, Lewis of Menares, verpflichtete ihn zu unbedingtem Gehorsam und schob mit ihm ab. Mochte meinen Schreibtisch aufräumen und mit dem Papierkram fertig werden, wer wollte, mich ging das vorläufig nichts mehr an.

Gegen Abend meldete ich mich mit meinen beiden Kameraden weisungsgemäß bei Dr. Leibrecht und Dr. Jung, den beiden Leitern des Abwehrkampfes in der Pfalz. Insgesamt waren dort an die zwanzig Mann, Mitglieder verschiedener Verbände, versammelt, die alle mitmachen sollten. Das kam mir etwas reichlich vor.

An Hand einer Skizze wurde nun der Plan erläutert. Heinz Orbis, der pfälzische Ministerpräsident von Frankreichs Gnaden, pflegte jeden Abend mit seinen Herren Ministern im Speisesaal des „Wittelsbacher Hofes" in Speyer zu tafeln. Ein Student namens Weinmann hatte diese günstige Gelegenheit ausgekundschaftet. Er wohnte schon seit einigen Tagen im gleichen Hotel und hatte sich mit dem Gesindel scheinbar gut angefreundet. Es wurden nun vier Gruppen aufgestellt.

Abteilung 1 bestand aus drei Leuten, die als Reisende im Hotel einkehren und sich abends im Speisesaal aufhalten sollten, um die anderen Gäste zu beobachten und nötigenfalls in Schach zu halten. Abteilung 2 war der Stoßtrupp, der die eigentliche Aktion durchzuführen hatte. Er sollte in einem bestimmten Lokal, dem „Adler", auf eine Nachricht der Abteilung 1 warten, aus der die Anzahl der Separatisten sowie deren Sitzplatz im Saal zu ersehen war. Daraufhin mußte sich diese Abteilung zum „Wittelsbacher Hof" begeben. Beim Eintritt in den Speisesaal sollte der Anführer mit dem Taschentuch über die Stirn wischen als Zeichen, daß alles klar sei, worauf Weinmann zu rufen hatte: „Hände hoch, es gilt nur den Separatisten!" Dann mußten die Schüsse krachen. Ich hatte die Führung dieses Stoßtrupps, der insgesamt aus fünf Mann bestand. Abteilung 3 hatte den „Wittelsbacher Hof" kurz hinter Abteilung 2 zu betreten und den Gang sowie die Treppen zu sichern. Abteilung 4 stellte Posten auf der Straße auf zur Sicherung der Rückzugswege. Für jede Abteilung war ein besonderer Weg zur Flucht festgelegt, damit nicht zu große Trupps durch die Stadt ziehen mußten. Unterhalb der Stadt war der Treffpunkt der Abteilungen. Von dort aus eine gute Strecke weiter rheinabwärts wollte uns dann das Boot erwarten, um uns über den Rhein zu bringen. Weiterhin war noch vorgesehen, daß nach der Aktion im „Wittelsbacher Hof" das Licht im ganzen Hause ausgeschaltet werden sollte. Zu diesem Zwecke hatte sich einer der unseren im Kutscherzimmer neben dem Speisesaal aufzuhalten; denn dort war der Hauptlichtschalter. Soweit der Plan, den es am nächsten Abend zu verwirklichen galt.

In dem Nachtzuge nach Mannheim traf sich alles wieder. Schlaf gab es nicht viel. Morgens ließ ich mich zur Feier des Tages in Mannheim erst mal mit allen Schikanen verschönern. Gegen 10 Uhr versammelten wir uns in einer gediegenen Fälscherzentrale in einem Hotel. Dort lieferten wir unsere Pässe und sonstigen Papiere ab und erhielten dafür tadellose Pfälzer Ausweise mit Separatisten- und Franzosenstempeln. Ich taufte mich an diesem Tage auf Gustav Mehring aus Kaiserslautern um. Mit letzten Instruktionen an die Abteilungsführer über Abfahrt nach Speyer, dortige Aufenthaltsorte und Treffpunkte verging schnell der Rest des Vormittags. Die ausgegebene Parole lautete: „Max-Emanuel". In der Mittagsstunde überschritt ich mit meinen Kameraden und Dr. Leibrecht die Rheinbrücke. Die erste Paßkontrolle mußte passiert werden. Alles klappte gut, ohne aufzufallen gelangten wir in „Feindesland". Gewiß, die Neger und Zuaven erregten unsere Wut. Doch niemals ist ein solcher Haß in mir hochgesprungen wie beim Anblick des Separatistengesindels, das sich in den Straßen Ludwigshafens herumtrieb. So sahen also die „Soldaten" der autonomen Pfalz aus! Das verkommenste Pack, das man sich denken kann. Mit Bindfäden und Stricken waren teilweise die Gewehre über die Schulter gehängt und möglichst große Revolver vor den Bauch gebunden. Breitspurig gingen die Banditen über die Straßen, alles wich vor ihnen aus. Verdreckt und verkommen war das Stadtbild, verschüchtert und verängstigt die Bevölkerung. In einem großen Restaurant nahm ich die Pistolen für meine Abteilung in Empfang. Funkelnagelneue, frischeingeschossene Mauserpistolen. Aus eigenem Bestand hatte ich mir noch einige Ersatzmagazine eingesteckt. Nun konnte kommen, wer wollte!

In den frühen Nachmittagsstunden vertrauten wir unser Leben der Regiebahn an, die uns mit Verspätung nach Speyer brachte. Ich verabredete mit meinen Kameraden einen Treffpunkt und machte dann mit Dr. Leibrecht einen Gang durch die Stadt. Zunächst zeigte er mir den „Adler", unseren Standort für den Abend. Von dort suchten wir den nächsten Weg zum „Wittelsbacher Hof", dem Ort der Handlung. Weiterhin schritten wir den für meine Abteilung festgelegten Rückzugsweg ab, der am Dom vorbei zum Rhein führte. Ich prägte mir die Örtlichkeiten gut ein, um auch meine Kameraden genau instruieren zu können. Wir sahen uns noch die Kasernen der Franzosen an, stellten uns frech vor die Unterkunft der Separatisten. Dort bekamen wir auch den „Minister" Schmitz-Eppers zu Gesicht, der uns leider am nächsten Abend durch einen Zufall entging. Ich trennte mich dann von Dr. Leibrecht, der auch noch die anderen Gruppen unterweisen mußte. Mit Hannes ging ich dann nochmals die gleichen Wege ab, der dann wieder die anderen zu instruieren hatte.

Ohne Zwischenfall verlief der Nachmittag. Gegen Abend versammelten wir uns weisungsgemäß im „Adler", wo wir uns die Zeit mit Essen, Trinken und faulen Witzen vertrieben. Immer aber galt es, sich sehr vorsichtig zu verhalten; denn keiner von uns beherrschte den Pfälzer Dialekt, so daß wir leicht auffallen konnten. Langsam, sehr langsam rückte der Zeiger auf 9 Uhr. Jede Sekunde konnte der Bote mit der Meldung eintreffen, daß das Boot über den Rhein gekommen und damit alles bereit sei. Gegen 9½ Uhr mußte die Sache spätestens steigen, da um 10 Uhr Polizeistunde war, und sich dann keiner mehr auf der Straße sehen lassen durfte. Doch Minute auf Minute verging, niemand erschien. Man wurde auf uns aufmerksam. Am Nebentisch saßen ein paar junge Leute, die uns frech beobachteten und unverschämt grinsten. Langsam glitt meine Hand in die Tasche und entsicherte die Pistole. Kosend glitten die Finger auf das kühle Metall. Die Reservemagazine saßen griffbereit. Gegen 9½ Uhr kam einer von ihnen an den Tisch und sagte: „Meine Herren, ich mache Sie darauf aufmerksam, um 10 Uhr ist Polizeistunde!" Ich dankte ihm mit verbindlichen Worten und betonte, daß wir das genau wüßten. Sollte irgend etwas passiert sein? Hatte man die andere Abteilung hochgenommen? Einige Separatistensoldaten waren inzwischen in das Lokal gekommen und standen an der Theke. Es galt auf der Hut zu sein. Auch für den Fall eines Fehlschlages hatte ich mich vorbereitet und nach der Karte einen Rückzugsweg rheinaufwärts festgelegt. Die Spannung wuchs von Sekunde zu Sekunde. Wir hatten gerade unsere Zeche bezahlt und wollten uns langsam zum Aufbruch vorbereiten, als Leibrecht auf der Bildfläche erschien. Er setzte sich zu uns und berichtet, daß das Boot nicht über den Rhein gekommen sei. Die Leute wären auf dem Rhein im Eise eingebrochen und hätten zurückfahren müssen. Ungefähr 16 Mann saßen im „Wittelsbacher Hof" — auch auswärtige Separatistenführer darunter — und hätten noch eben

Major Dr. August Ritter von Eberlein, ehemals Leiter der Abwehrstelle Pfalz
Photo: Rummel, Bruchsal

mit ihren Aktenmappen voll Geld geprotzt. Er habe bei den anderen Abteilungen abgeblasen. Einige seien auch mit den Nerven zusammengebrochen und bereits vorher nach Mannheim zurückgeschickt worden.

Das waren ja liebliche Nachrichten! Sollte eine solch günstige Gelegenheit ungenutzt verstreichen? Die Aussicht auf einen ganz großen Schlag und auch auf einen starken Gegner zog am meisten. Meine Kameraden und ich waren uns sehr schnell einig. Wir wollten allein handeln und uns dann irgendwie auf die andere Rheinseite durchschlagen. Auch mußten doch unbedingt die Gelder der Separatisten für die nationale Bewegung sichergestellt werden. Also ran! Leibrecht war einverstanden. Nun mußte aber alles schlagfertig gehen. Die Polizeistunde rückte näher! Leibrecht ging schon vor, nach dem „Wittelsbacher Hof", um nach Möglichkeit Weinmann und die Leute der Abteilung 1 noch zu erreichen. Als wir einen Augenblick später dort hinkamen, stand er auf der

Straße und fluchte. Die ganze Gesellschaft war vor einigen Minuten aufgebrochen.

Was nun? Es ist gerade kein angenehmes Gefühl, nachts in einer von Feinden wimmelnden Stadt mit Schußwaffen auf der Straße zu stehen ohne Möglichkeit irgendwo unterschlüpfen zu können. Zunächst mußten wir die Pistolen loswerden. Jeden Augenblick konnte eine feindliche Patrouille um die Ecke biegen. Schnappte man uns, waren wir rettungslos verloren und außerdem das ganze Unternehmen nicht mehr durchführbar. Leibrecht holte nochmals Weinmann heraus, der in dem Hotel wohnte, und gab ihm die Waffen in Verwahr. Dieser steckte sie alle in sein Bett und schlief darauf. In den Zimmern rechts und links neben ihm hausten unsere Opfer! Eine Situation, die trotz des Ernstes und der Gefahren für Weinmann nicht der Komik entbehrte.

Nun war es allerhöchste Zeit, von der Straße zu verschwinden. Im „Wittelsbacher Hof" konnten wir nicht bleiben, der war auch überfüllt. Bei einem Pfarrer und in einem Nonnenheim wurden wir abgewiesen. Nach langem Suchen sahen wir aus einer kleinen Kneipe durch die geschlossenen Fensterläden noch Licht schimmern. Nach mehrmaligem Klopfen wurde geöffnet. Im Gastzimmer waren nur Hausbewohner. Wir baten, über Nacht bleiben zu dürfen und erfanden irgendein passendes Märchen als Erklärung. Entweder hatten die Leutchen Angst, oder sie ahnten etwas von unserem Vorhaben. Nach einigen Vierteln Wein streckten wir uns auf Bänken und Stühlen um den Ofen herum aus und versuchten so gut es ging zu schlafen. Da wir keine Decken hatten, froren wir ganz jämmerlich. In aller Frühe fuhren wir mit dem ersten Zuge nach Ludwigshafen zurück und gingen über die Brücke nach Mannheim. Dort schliefen wir zunächst einmal gründlich. Mittags traf sich alles wieder. Die Kameraden der Abteilung 1 schimpften Mord und Brand. Sie hatten im „Wittelsbacher Hof" äußerst vornehm zu Abend gespeist und sich die teuersten Weine — pro Flasche 40,— RM. — vorsetzen lassen. Sie rechneten damit, daß alles klappen würde. Die anderen hatten, soweit sie nicht am Abend vorher zurückgefahren waren, bis zu vier Mann in einem Bett in kleinen Hotels genächtigt und waren am anderen Morgen nach Mannheim gekommen.

Da wir trotz des Massenaufgebotes in Speyer scheinbar in keiner Weise aufgefallen waren, sollte die Aktion am Abend des 9. Januar steigen. Der Plan blieb der gleiche, nur wurde nach eingehender Überlegung einiger Personenwechsel innerhalb der Gruppen vorgenommen. Abteilung 4 wurde aufgelöst und statt dessen einige zuverlässige Speyerer bestellt zur Straßensicherung und zum Fortschaffen von Verwundeten. Ich gab außerdem noch meinen langen Balten Lewis of Menares an Abteilung 1 ab. Außerdem wurde als Sammelpunkt für alle Leute ein kleiner Gasthof in Speyer bestimmt. Dort sollten wir uns zu einem gemütlichen Beisammensein in einem Nebenzimmer einfinden. Es hatte sich nämlich als notwendig herausgestellt, alle unter Aufsicht zu haben. Das Versagen eines einzelnen konnte unser Vorhaben und uns selbst aufs schwerste gefährden. Gegen Abend versammelten wir uns an dem vereinbarten Treffpunkt. Leibrecht und ich wachten nun genau darüber, daß auch jeder ordentlich zu Abend aß und nicht zu viel trank. Es war nicht leicht, eine ungezwungene Unterhaltung in Gang zu halten.

Die Meldung über die Ankunft des Bootes traf frühzeitig ein. Kurz vor 9½ Uhr kam der Meldegänger der Saalgruppe und übergab mir eine Papierserviette, auf welcher genau der Tisch eingezeichnet war, an welchem Heinz Orbis mit einigen seiner Getreuen tafelte. Es wurde mir auch mitgeteilt, daß am gleichen Tische ein Unbeteiligter säße. Ich bedauerte jedoch, darauf keine Rücksicht nehmen zu können. Was an diesem Abend bei Heinz Orbis saß, mußte fallen. Sonst entging uns vielleicht ein Haupträdelsführer. Ich hatte nach dem Eintreffen in Speyer den Weg von unserem Gasthaus nach dem Tatort nochmals genau abgeschritten und genau die hierfür benötigte Zeit festgelegt. „Zwei Minuten nach 9½ Uhr betrete ich mit meinen Leuten den Speisesaal." Mit dieser Meldung für Weinmann verschwand der Bote. Die Zeche war schon bezahlt, es ging gleich los. Hinter meinen Kameraden und mir folgte in geringem Abstand Abteilung 3, die größtenteils aus Angehörigen des Freikorps Oberland bestand.

Im Speisesaal der zweite Tisch rechts hinter der spanischen Wand, das war unser Ziel. Die Hand umspannte den Pistolengriff, der Finger lag am Abzugsbügel, als ich die Hoteltreppe hinaufging. Ruhig wie ein Uhrwerk, lief ich ab. Jedes Gefühl war ausgeschaltet, nur Verstand und Instinkt beherrschten mich. Ohne Hast treten wir in den Speisesaal. Ich lasse meinen Hut auf, Hannes, der nach mir kommt, nimmt ihn höflicherweise ab. Doch wozu Höflichkeit, wo wir ganz besondere Grüße eines geknechteten Volkes zu entbieten haben. Nun spielt sich alles in Sekunden ab. Im Augenblick wo ich um die spanische Wand neben der Tür im Saal biege, springt ein Mann am Separatistentisch hoch und will an mir vorbei. Er hat erfaßt, was los ist. Er sieht sich nochmal nach seinen Genossen um, doch die merken nichts. Schreien kann er nicht mehr, die Stimme versagt ihm. Ich versperre ihm den Weg, bis ich den guten Hannes hinter mir weiß, dann lasse ich ihn ruhig vorbei. Mein Ziel ist dort der Mann im grünen Lodenanzug mit dem roten Spitzbart, der Teufel in Menschengestalt, der Tausende von Volksgenossen ins Elend und Unglück gestürzt und sein Vaterland schmählich verraten hat. Meine Linke fährt mit dem Taschentuch zur Stirn, das vereinbarte Zeichen für Weinmann und Gruppe 1. Weinmann springt hoch, will seine Pistole ziehen und rufen:

„Hände hoch, es gilt nur den Separatisten!"

Ich sehe nur noch, daß sich der Lauf seiner Waffe in der Rocktasche festgehakt hat, er steht dort und

462

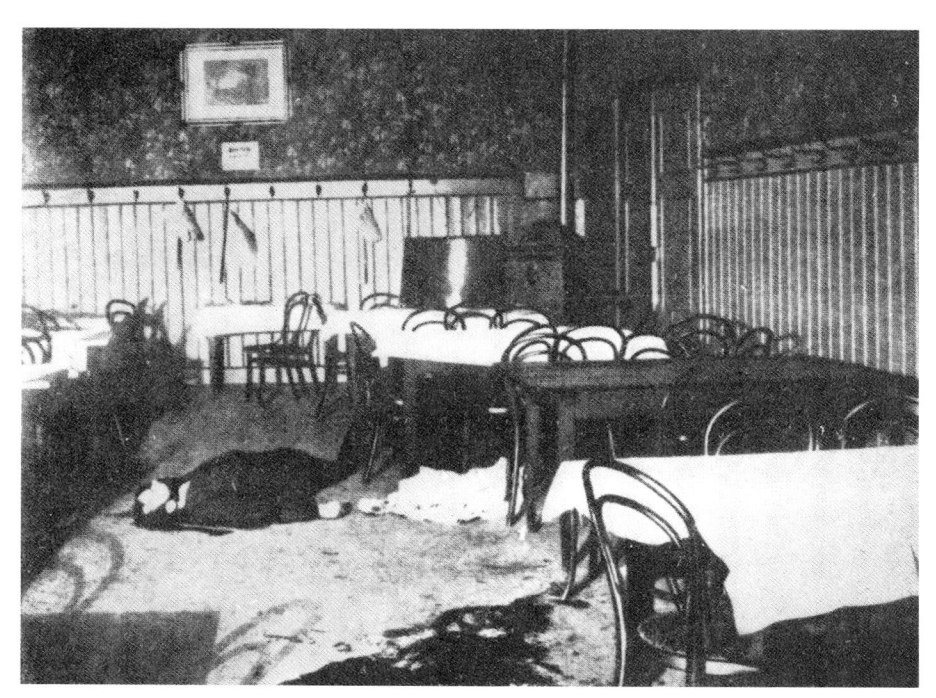

Der Separatistenführer Heinz Orbis nach der Erschießung
Photo: Bayer, München

zieht und ruft: „Hä... hä..." Darauf kann ich nicht warten. Ein Sprung, ich stehe neben Heinz Orbis. Zwei fragende Augen blicken mich an. Im Augenblick, wo nun Weinmann ruft, drücke ich zweimal ab. Zwei weitere Schüsse auf den Mann rechts neben mir am Tisch, noch einen auf den dritten. Ich sehe, daß er schreien will. Auf meinen Schuß hin fällt er unter den Tisch. Es war der Unbeteiligte, er erhielt nur einen Schuß quer durch den Mund und freut sich heute noch seines Glückes. Ich blicke auf Heinz Orbis, er ist wohl in einer letzten Kraftaufwallung hochgefahren und taumelt einen Schritt auf die Hintertür zu. Ein Schuß ins Rückgrat streckt ihn nieder.

Hinter mir hat inzwischen Hannes an dem vom Tisch Aufgesprungenen das Urteil vollzogen. Da ich vor dem Tisch stehe, gehen mir von hinten unter dem Arm durch und am Kopf vorbei die Schüsse von Hannes und den anderen Kameraden. Eine Weinflasche zerspritzt in tausend Scherben, ein Bierglas springt vom Tisch hoch. Neben mir der Mann sitzt tot am Tisch. Langsam neigt er sich zur Seite. Von der Straße her krachen Schüsse.

Mit schnellem Blick überfliege ich das Publikum. Alle stehen mit zitternden Knochen da, ein Oberkellner läuft ins Kutscherzimmer, in einer Ecke sitzt ein junges Mädchen am Tisch und schreit: „Wie schrecklich!"

Irgend etwas zwingt meine Augen in eine bestimmte Richtung. Ich sehe einen Mann mir gegenüber aufrecht an der Wand stehen, die Hände erhoben. Er betrachtet mich mit ruhigem, leichtspöttischem Blick. Der Kerl imponierte mir. Wie ich später erfuhr, war es ein englischer Journalist. Anders benimmt sich ein französischer Offizier neben ihm. Er ist weiß wie eine Kalkwand, bebt an allen Gliedern und kann nicht geradestehen, die Knie versagen ihm. Alles dieses sehe ich im Bruchteil einer Sekunde.

Nun gilt es, möglichst schnell zu verschwinden, denn unsere Aufgabe ist erfüllt, und die Separatistenkaserne liegt nur einige hundert Meter entfernt. Ich will nur noch eben die Taschen des Heinz Orbis nach Briefsachen durchsuchen. Während meine Kameraden der Abteilung 1 ihre Sachen nehmen und die meiner Abteilung die Sachen der Separatisten — Aktenmappen und dergleichen —, drehe ich den Körper des Heinz Orbis herum und knöpfe die Jacke auf. Ein eigenartiges Geräusch läßt mich aufsehen. Der französische Offizier will sich unter den Tisch verkriechen! Ich springe auf ihn zu. Ein paar kräftige Worte und der drohende Pistolenlauf bringen ihn schnell wieder hoch. Dann bücke ich mich wieder, durchsuche alle Taschen genau und nehme Brieftasche und sonstige Schriftstücke an mich. Hinter mir brüllt Weinmann: „Daß niemand den Saal verläßt." Der treue Hannes ruft: „Fritz, komm schnell!" Wie ich mich aufrichte, läuft er gerade zur Tür. Ich brülle die Leute an: „Platz. Wer herauskommt, wird erschossen!" In dem Augenblick erlischt das ganze Licht, ich stehe im Dunkeln. Vom Gange her ruft Hannes nochmal nach mir. Gut, daß ich meine Taschenlampe für alle Fälle eingesteckt habe. Ich laufe durch den Gang, stolpere die Treppe hinunter und springe auf die Straße. Hannes läuft vor mir. Jetzt flammt das Licht im Hotel wieder auf. Vor mir auf dem Bürgersteig liegt eine Gestalt. Ich gehe darauf zu. Es ist keiner von meinen Kameraden. Eine Stimme stöhnt mir entgegen: „Nix schießen, nix schießen, Regie, Regie!" Ich denke, es ist ein armer Beamter der Regiebahn, der zufällig im Vorbeigehen getroffen wurde. Der Bursche täuschte mich aber. Wie ich nachher erfuhr, war es der Jude Lilienthal, ein französischer Spitzel, der den Tod zehnfach verdient hatte. Er ist nach zwei Jahren in Paris elendiglich an der Verletzung eingegangen.

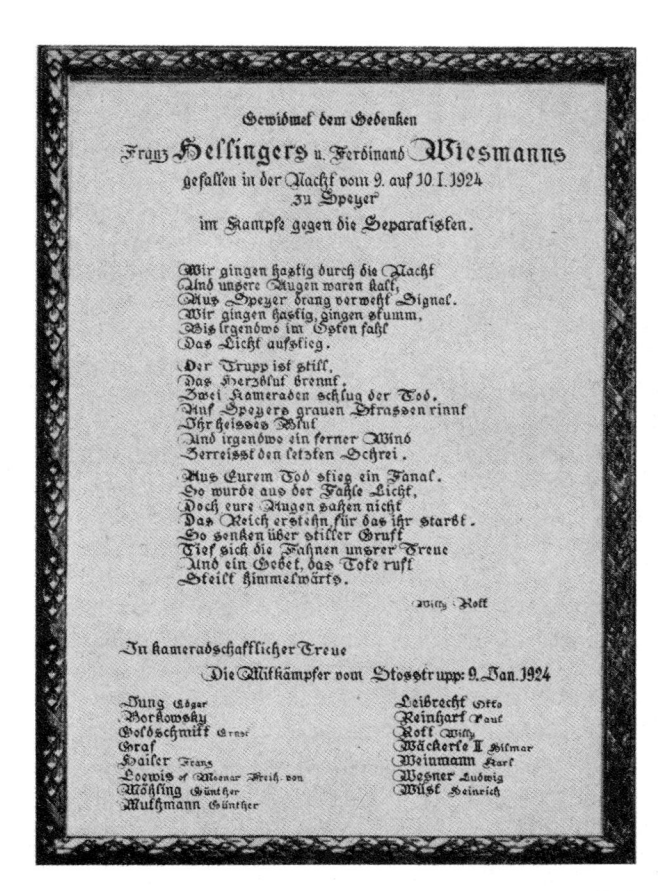

Gedenktafel der Teilnehmer an der Separatistenerschießung in Speyer für ihre gefallenen Kameraden   Photo: Bayer, München

An dieser Stelle will ich den Bericht wiederholen, der mir über die traurigen Vorgänge auf der Straße gegeben wurde.

Bei Beginn der Schießerei im Saale taucht Lilienthal plötzlich vor dem Hotel auf. Wo er herkam, ist nicht geklärt. Eine der Wachen hat ihn auf jeden Fall vorbeigelassen. Im Lichtschein der Hotellampen sieht Lilienthal auf der anderen Straßenseite den auf sein Betreiben hin ausgewiesenen Speyerer Ferdinand Wiesmann stehen. Er schießt auf ihn und trifft ihn in die Brust. Dr. Jung, der in der Nähe steht, springt hinzu und fängt den Sterbenden auf. Lilienthal schießt wieder und trifft Dr. Jung in den Hals. Die Halsmuskeln waren aber scheinbar durch das Auffangen von Wiesmann so angespannt, daß das Geschoß abgleitet und zwischen Haut und Knochen hinter dem Ohr durchrutscht. Die Kugel saß oben auf dem Kopfe. Ein fast unglaublicher Glücksfall! Nun wird Lilienthal von der Seite her beschossen und erhält einen Bauchschuß, der ihn umwirft. So finde ich ihn auf der Straße.

Und noch einer der Kameraden blieb. Franz Hellinger, der mit uns aus München gekommen war, wurde bei der Schießerei auf der Straße getroffen und starb einige Stunden später im Krankenhaus. Wer den verhängnisvollen Schuß abgegeben hat, niemand weiß es. So mußten zwei unserer Besten ihr Leben lassen. Doch sie starben nicht umsonst. Ihr Opfertod brachte die Verräterherrschaft am Rhein ins Wanken.

Die geknechtete pfälzische Bevölkerung erfuhr, daß noch Männer für die Heimat zu sterben wußten. Sie faßte wieder Mut und bereitete dem Separatismus durch den Aufstand in Pirmasens ein blutiges Ende. Am 9. Januar 1932 endlich setzte man den beiden Getreuen ein würdiges Denkmal auf dem Friedhof zu Speyer.

Noch eines Kameraden muß ich an dieser Stelle gedenken. Trotz seines restlosen Einsatzes für den Bestand des Reiches ließ sich die damalige Regierung in ihrem Haß und Vernichtungswillen gegen alle Völkischgesinnten nicht dazu bewegen, Lewis of Menares außer Verfolgung zu setzen. So mußte er weiter flüchten. Er klagte nicht darüber. Für ihn war der Kampf um das Reich eine Selbstverständlichkeit, die keinen Dank begehrte und erwartete. Vor einigen Jahren starb er, fern der Heimat, in Afrika am Fieber. Und wenn eine Geschichte über den Kampf um die nationale Erhebung geschrieben wird, darf sein Name nicht vergessen werden.

Nun zum Schluß der Ereignisse in Speyer. Ich bekümmerte mich nicht weiter um den auf der Straße liegenden Lilienthal und lief hinter Hannes her. An der nächsten Ecke erwartete uns einer der Straßenposten. Zu meinem Erstaunen erkannte ich in diesem einen der Leute, die uns am Abend vorher im „Adler" so frech fixiert hatten. Wir nahmen nun Hannes, der auf dem Glatteis nicht laufen konnte, zwischen uns. Im Laufschritt ging's dem Rheine zu. Dort trafen wir auch die anderen Abteilungen. Geschlossen trabten wir stromabwärts. Dr. Jung wurde dabei von zwei Kameraden gestützt. Ein Radfahrer begegnete uns. Ich zog ihn vom Rade herunter. Er mußte seine Karre hinter einen Busch legen und mitlaufen. Auf einmal fiel ich in ein tiefes Loch, das ich vorher nicht bemerkt hatte. Allein kam ich nicht heraus. Ich rief die vorbeilaufenden Kameraden an. Doch erst der letzte hörte mich und zog mich heraus. Gefahr drohte uns nur noch von einer französischen Patrouille, die jeden Abend das Rheinufer abging. Aber wir hatten Glück! Plötzlich sprang hinter einer dicken Pappel eine dunkle Gestalt hervor mit einem Karabiner im Anschlag. „Max-Emanuel!" Wir waren an der Stelle, wo uns das Boot erwartete. Doch das Ding war so klein, daß dreimal übergesetzt werden mußte. Als erster wurde Dr. Jung in Sicherheit gebracht. Ich nahm mir den Karabiner eines der Posten und ging zur Sicherung des Weges wieder auf Speyer zu. Die Stadt war erwacht. Alarmschüsse krachten, Sirenen heulten, Autos rasten die Straße nach Schifferstadt—Ludwigshafen herab, an der Schiffsbrücke oberhalb Speyer blitzen Blinklichter auf. Ich lag am Wegrand hinter einem Strauch, lauschte auf alle Geräusche und beobachtete den Damm. Als das Boot zum zweitenmal kam, wurde ich zurückgepfiffen. Bald waren wir auf der anderen Rheinseite in Sicherheit. In Sicherheit? Wir sollten noch andere Erfahrungen machen.

In einer kleinen Kneipe stand Kaffee und Schnaps für uns bereit. Dr. Jung wurde in einem Auto nach Heidelberg transportiert. Wir machten uns auch bald zu Fuß auf den Weg. In Schwetzingen verließen uns die Mannheimer Kameraden. Wir gingen weiter Richtung Heidelberg, teilweise quer durch die Felder. Meine dünnen Schuhe waren bald entzwei, die dicke Zehe schaute heraus. Dazu strenger Frost. Gegen 4 Uhr morgens kamen wir endlich nach Heidelberg. Auf der Straße trafen wir zufällig Dr. Leibrecht, der uns berichtete, daß Dr. Jung bereits operiert sei und sich ganz wohl befände. Im Wartesaal wärmten wir uns mit Kaffee und Schnaps. Die Kameraden fuhren mit dem Frühzuge nach München. Hannes und ich blieben noch, wir wollten meinen Bruder besuchen. Natürlich schliefen wir bald am Tisch ein. Gegen 8 Uhr wurden wir wachgerüttelt. „Kriminalpolizei! Paßkontrolle!" O weh, da saßen wir mit unseren falschen Pfälzer Pässen und unserem norddeutschen Dialekt schnell in der Patsche. Man brachte uns zur Wache. Als bei der Taschendurchsuchung die Pistolen noch auftauchten, wurden wir verhaftet. Trotz unserer Erklärungen ließen sie uns nicht frei, sondern brachten uns zum Polizeipräsidium. Die Kriminalbeamten dort benahmen sich jedoch sehr ordentlich. Sie ließen uns ein gutes Frühstück aus einem Hotel bringen. Obgleich ein höherer Beamter der pfälzischen Regierung unsere Angaben bestätigte, blieben wir auf Anordnung des Staatsanwaltes in Haft. Verfahren wegen unbefugten Waffenbesitzes! Mittags wurden wir dem Staatsanwalt vorgeführt, der uns ins Gefängnis sperren ließ. Wir kamen in eine ungeheizte Zelle zu zwei Verbrechern. Man hatte uns Freilassung zum Nachmittag versprochen. Doch niemand kam. Es wurde Abend. Als Essen wurde uns nur eine Schüssel dünne Graupensuppe mit Heringsstücken darin hereingeschoben. Ich konnte trotz des Hungers nichts davon herunterwürgen. Die Aussicht auf eine Übernachtung zu vier Mann in einer Zelle mit zwei Betten und zwei dünnen Decken war zuviel für meinen Geschmack. Mich packte die Wut. Hannes war eingeschlafen. Ich schellte dem Wärter und verlangte sofortige Vorführung vor den Untersuchungsrichter. „Sie habbe nix zu verlange!" Mit einem Knall flog die Klappe zu. Ich wartete einen Augenblick und schellte wieder. Wütend kam der Beamte und schrie mich an, er wolle mir noch Benehmen beibringen. Ich antwortete in gleich höflichem Ton. Für den Fall einer Übernachtung in diesem unsympathischen Hotel verlangte ich für Hannes und mich geheizte Einzelzellen mit frischer Bettwäsche. Als Antwort knallte nur der Schieber. Ich versuchte wieder zu schellen, doch die Klingel war abgestellt. Das war was für mich! Ich trat so fest gegen die Tür, daß der ganze Bau dröhnte, und setzte diese Tätigkeit so lange fort, bis man mir Prügel anbot. Ich stellte mich für einen solchen Versuch gern zur Verfügung, denn ich platzte bald vor Wut. Wieder knallte der Schieber zu. Was blieb mir nun anders übrig als weiterzutreten!

Plötzlich ging die Tür auf; wir beide wurden herausgeholt. Es gab aber keine allseitige Prügelei, sondern für jeden von uns eine geheizte Einzelzelle. „Warum nicht gleich so?" Diese freundliche Frage konnte ich mir nicht verkneifen.

Im Augenblick lag ich auf der Pritsche und schlief sofort ein. Ich glaubte die ganze Nacht geschlafen zu haben, als der Wärter mich aufweckte. Dabei war's nur eine Stunde gewesen. Es hieß sich in aller Eile ankleiden. Wir sollten abtransportiert werden. Als Andenken schob ich noch schnell einen Salznapf ein, der mir noch heute als Aschenbecher dient. Hannes war so verschlafen, daß er erst am Bahnhof begriff, daß es noch immer Abend war. Wir wurden in einem Hotel nochmals dem Staatsanwalt vorgeführt, der uns von unserer bevorstehenden Überführung nach Würzburg in ein bayerisches Gefängnis in Kenntnis setzte. Die badische Regierung könne es mit ihrem Gewissen nicht vereinbaren, uns auch im Hinblick auf die Ereignisse in Speyer auf freien Fuß zu setzen.

Bis zur Abfahrt blieben wir in der Bahnhofswache, wo sich uns zu Ehren fast die gesamte Schutzmannschaft Heidelbergs eingefunden hatte. Mit einer Ehrengarde von fünf Kriminalbeamten reisten wir auf Staatskosten nach Würzburg. Dort am Bahnhof wurden wir in Schlitten verladen. Mit fröhlichem Schellengeläute ging's zum nächsten Gefängnis. Gegen 11.45 Uhr wurden wir dort eingeliefert. Unsere Leibgardisten fuhren zurück, und wir konnten eine Viertelstunde später zu Fuß hinterherlaufen. Nach Aufnahme unserer falschen Personalien — wir führten noch immer die Namen der gefälschten Pfälzer Ausweise — waren wir sofort wieder entlassen worden. Im Wartesaal trafen wir Leibrecht, mit dem wir den Nachtzug nach München benutzten.

Das Grab des Freikorpskämpfers Hannes Miebach, einer der aktivsten Kämpfer gegen die Separatisten im Rheinland, abgestürzt als Flieger über der Ostsee

Photo: Kehl, Adlershof

Volksgericht in Pirmasens
Von Ernst Hoffmann

Die Schüsse im "Wittelsbacher Hof" zu Speyer streckten den Führer der Separatisten nieder, der Brand des Bezirksamts zu Pirmasens rechnete mit den Pirmasenser Separatisten ab und wurde der Anfang zur endgültigen Vertreibung auch in den anderen Städten.

Der "Regierungskommissar" Schwaab führte seit dem unter dem Schutz französischer Bajonette gestandenen Einzug der Separatisten in Pirmasens ein strenges und besonders grausames Regiment. Jede Auflehnung gegen seine Befehle wurde mit Ausweisung, Verhaftung, Gefängnis oder Geldstrafe, Prügel und sonstigen Schikanen geahndet. Es ist daher kein Wunder, wenn sich deutsche Männer an verborgenen Stätten über eine Aktion besprachen, um die Separatistenhorden zu erledigen. Die Abwehrorganisation wurde leider schon vor dem Einzug der Separatisten entdeckt und von den Franzosen unschädlich gemacht. Am Sonntag, dem 10. Februar 1924, wurde der mannhafte Entschluß gefaßt, bei der sich zunächst bietenden Gelegenheit den Separatisten Widerstand entgegenzusetzen.

Der Anlaß zur Gegenwehr wurde das Wiedererscheinen der "Pirmasenser Zeitung" am 12. Februar, nachdem diese, wie die anderen pfälzischen Zeitungen, vier Wochen lang ihr Erscheinen als Protest gegen die Unterdrückung der Pressefreiheit eingestellt hatte. "Regierungskommissar" Schwaab verbot selbstverständlich das Wiedererscheinen der Zeitung, mußte aber die Erfahrung machen, daß die Pirmasenser Bevölkerung sich hinter ihre Zeitung stellte und begann, das Verlagsgebäude zu bewachen und die Arbeiter zu schützen. Man trat sogar in direkte Verhandlung mit den Separatisten, die in unmittelbarer Nähe vom Verlag im Bezirksamt ihr Hauptquartier hatten und bot ihnen freien Abzug an, da sonst Gewalt angewendet würde.

Schwaab kannte jedoch die erregte Stimmung der Pirmasenser noch nicht, pochte auf seine Waffen und die französische Unterstützung. Er dachte nicht an Übergabe und war bereit, seine Herrschaft zu verteidigen. Deshalb zog er alle seine "Truppen" — etwa 40 Mann — im Bezirksamt zusammen und drohte mit Feuereröffnung.

Als auf nochmaligen Anruf Schwaab endgültig erklärte, daß er das Angebot der Bürgerschaft auf freien Abzug nicht annehme, wurden um 4 Uhr die Verhandlungen abgebrochen und der Widerstand organisiert.

Der Hauptführer der Bürger war der Kassenbote der Rheinischen Creditbank Gießler, ein im Kriege bewährter Wachtmeister der Feldartillerie und Ernährer einer kinderreichen Familie. Gießler hatte die Unterstützung von Bürgern aus allen Schichten und Ständen und gab unter begeistertem Beifall bekannt, daß heute noch die Abrechnung mit den Separatisten erfolge. Die Bahnhofstraße in Nähe des Bezirksamts wurde geräumt und alle Kinder und Frauen aufgefordert, nach Hause zu gehen.

Um 6 Uhr erfolgte der erste Sturm auf das Quartier der Separatisten. Man wollte, nur mit wenigen Waffen versehen, das Eingangstor stürmen und die Separatisten, die sich in der Zwischenzeit verschanzt hatten, zur Übergabe zwingen. Dieser erste Ansturm mißlang, da die Separatisten aus dem Bezirksamt auf die Stürmer schossen und Verluste beibrachten. Doch die Wut und Erbitterung nach diesen ersten Verlusten wurde bei den Bürgern größer, und die aktiven Kämpfer, die auf alle Fälle mit der Schreckensherrschaft aufräumen wollten, vermehrten sich immer mehr, so daß im Laufe der Zeit alle Pirmasenser Bürger in den naheliegenden Straßen versammelt waren. Es fehlte nur an Waffen, so daß es immer ein ungleicher Kampf bleiben mußte. Der zweite Angriff erfolgte durch die Feuerwehr, die mit ihrer Dampfspritze die Separatisten unter Wasser setzen wollte. Auch dies mißlang, da die Separatisten aus den Fenstern des Bezirksamts wie wild schossen, so daß die Spritze in einer Deckung stehenbleiben mußte. Beherzte Schlauchführer drangen möglichst weit in die Bahnhofstraße vor, konnten mit dem Wasserstrahl aber das Bezirksamt nicht erreichen. Man war gerade dabei, unter Aufbietung aller Kräfte selbst unter dem feindlichen Feuer doch so weit vorzugehen, daß das Wasser in

Das brennende Bezirksamt in Pirmasens — Photo: Heeresarchiv

das Bezirksamt eindringen konnte, als der Befehl des französischen Kommandanten kam, der den Feuerwehrleuten das Einrücken befahl.

Der Führer Gießler mußte sich schnell umstellen, sammelte seine Getreuen und faßte den neuen verwegenen Plan, an das Bezirksamt Feuer zu legen. Dazu nahmen „Jägdler" von den gegenüberliegenden Häusern aus die Fenster des Bezirksamts unter Feuer, so daß die Separatisten ihr Feuer vermindern und schließlich einstellen mußten. Unter diesem Schutz wurden von den Bürgern, wobei jeder anpackte, wo er gerade stand, Benzin- und Pechkannen an das Bezirksamt herangeschafft und zu entzünden versucht. Die Separatisten antworteten mit Handgranaten. Doch nach langer mühseliger Arbeit — es ist inzwischen 10 Uhr geworden — lodert eine Flamme, die reichliche Nahrung findet und schon die Fensterkreuze des ersten Stockes erreicht. Diese fangen Feuer und sind der Anfang zu einem schaurig-schönen Brand. Die Separatisten ziehen sich in die oberen Stockwerke zurück, wo sie auch später nicht mehr vor den immer höher schlagenden Flammen sicher sind.

Inzwischen kommt die Kunde von anrückendem französischem Militär, das sich schon auf Station Biebermühle befindet. Die Zeit drängt, wenn nicht noch in letzter Minute die stundenlange, verlustreiche Arbeit — Dr. Anstett war inzwischen beim Verbinden einer Verwundeten tödlich getroffen worden — vergebens gewesen sein soll. Gießler stürmt nun den Eingang zum Bezirksamt und dringt mit einigen Getreuen in das Gebäude ein. Es entspinnt sich ein Kampf Mann gegen Mann: „Regierungskommissar" Schwaab wird erschossen und ins Feuer geworfen. Die anderen Separatisten, soweit sie nicht sofort die Kugeln finden, wollen sich ergeben oder suchen zu entfliehen. Doch das war nicht mehr möglich. Die Bürgerschaft war nunmehr in die Bahnhofstraße vorgedrungen und erwartete die fliehenden Separatisten auf der Straße. Es wurde ein Blutgericht abgehalten in der grauenvollsten Weise, während das herrliche Gebäude in hellen Flammen steht und die Umgebung beleuchtet. Die Feuerwehr ist wieder angerückt, um zu retten, was noch möglich ist. Die Kirchenglocken läuten Sturm.

Gießler hat das ganze Gebäude durchsucht und klettert mit noch einem Kämpfer am schon brennenden Dachfirst, um die Separatistenfahne herunterzuholen. Den Tapferen droht in der letzten Minute der Feuertod, denn die Flammen versperren den Rückzug. In höchster Gefahr erscheint die Feuerwehrleiter, auf der Gießler mit der Fahne wieder die sichere Straße erreichte. Eine dankbare Bürgerschaft empfängt den Helden des Tages.

Kämpfer und Verwundete, Feuerwehrleute und Sanitäter, eine geeinigte Bürgerschaft um das brennende Bezirksamt sehen die nun ankommenden französischen Truppen, die die Straßen absperren und die Menschenmenge nach Hause treiben. Ändern können sie aber an dem Volksgericht nichts mehr.

Ruhrkämpfer in französischen Kerkern. Das Gefängnis in Trier   Photo: Stadtarchiv Düsseldorf

Ruhrkämpfer auf der Insel Ré

Von Georg Zimmermann, ehem. mit Schlageter in Düsseldorf verurteilt

Eines Morgens wurden wir überraschend um 5 Uhr geweckt. Abtransport nach Isle de Ré. Im Gefängnis antreten! Eine Reihe von Sträflingen stand schon da. Neben fremden Gesichtern grüßten die Kameraden. Ich wurde neben einen baumlangen Kerl gestellt, der mir in einem unbewachten Augenblick in die Rippen stieß und zur Seite flüsterte:

„Mensch, hast du auch Zwangsarbeit?"

„Ja!"

„Wie lange denn?"

„10 Jahre!"

„Junge, Junge, was hast du denn ausgefressen?"

„Gar nichts!"

„Du bist gut, Mensch. Umsonst wirst du nicht zu 10 Jahren verknackt. Na, du wirst schon noch rausrücken damit. Ich habe nämlich ooch lebenslänglich, wegen einem kleinen Raubmord. War aber halb so schlimm. Ich bin hinterher nach Deutschland ausgerückt, da haben sie mich aber in Magdeburg geschnappt. Na, da hast du eine Tafel Schokolade. Ich habe hier nämlich Tüten geklebt und mir was verdient."

Ich zögerte begreiflicherweise, sie anzunehmen. Da schob er sie mir aber schon in die Tasche.

„Nimm, du wirst noch genug Kohldampf schieben."

Inzwischen waren wir durch Ketten an unsere Nebenmänner angeschlossen worden. Im Trab ging es zum Bahnhof.

Weit draußen stand unser „Salonwagen". Vertrauenerweckend sah er nicht aus. Fenster suchte man vergeblich. Vorn und hinten besaß er eine Plattform, die vom Mittelteil durch Gitter getrennt war. Die Verbindung stellte ein schmaler Gang dar, zu dessen beiden Seiten sich kleine Zellen befanden. Auf diesem Gang wurden wir aufgestellt, gemustert und gezählt. Jeder erhielt einen solchen Käfig angewiesen. Ein schmales Brett diente als Sitzgelegenheit. Saß man gebückt, so stieß man mit dem Rücken gegen die Außenwände. Richtete man sich auf, so knallte der Kopf empfindlich gegen die Decke. Zum Überfluß fesselte man uns noch die Beine mit engen Fußketten. Die Hände wurden uns entgegenkommenderweise freigelassen. Unsere Höllenfahrt begann.

Der erste Tag verging erträglich. Die Hitze hatte unsere Kehle ausgedörrt. Nur selten wurde uns ein Becher Wasser zur Erfrischung gereicht. In der Nacht begannen die Schmerzen. Alle Glieder waren steif vom ununterbrochenen Hocken.

Der nächste Tag sollte ein Sonntag sein! Der Zug

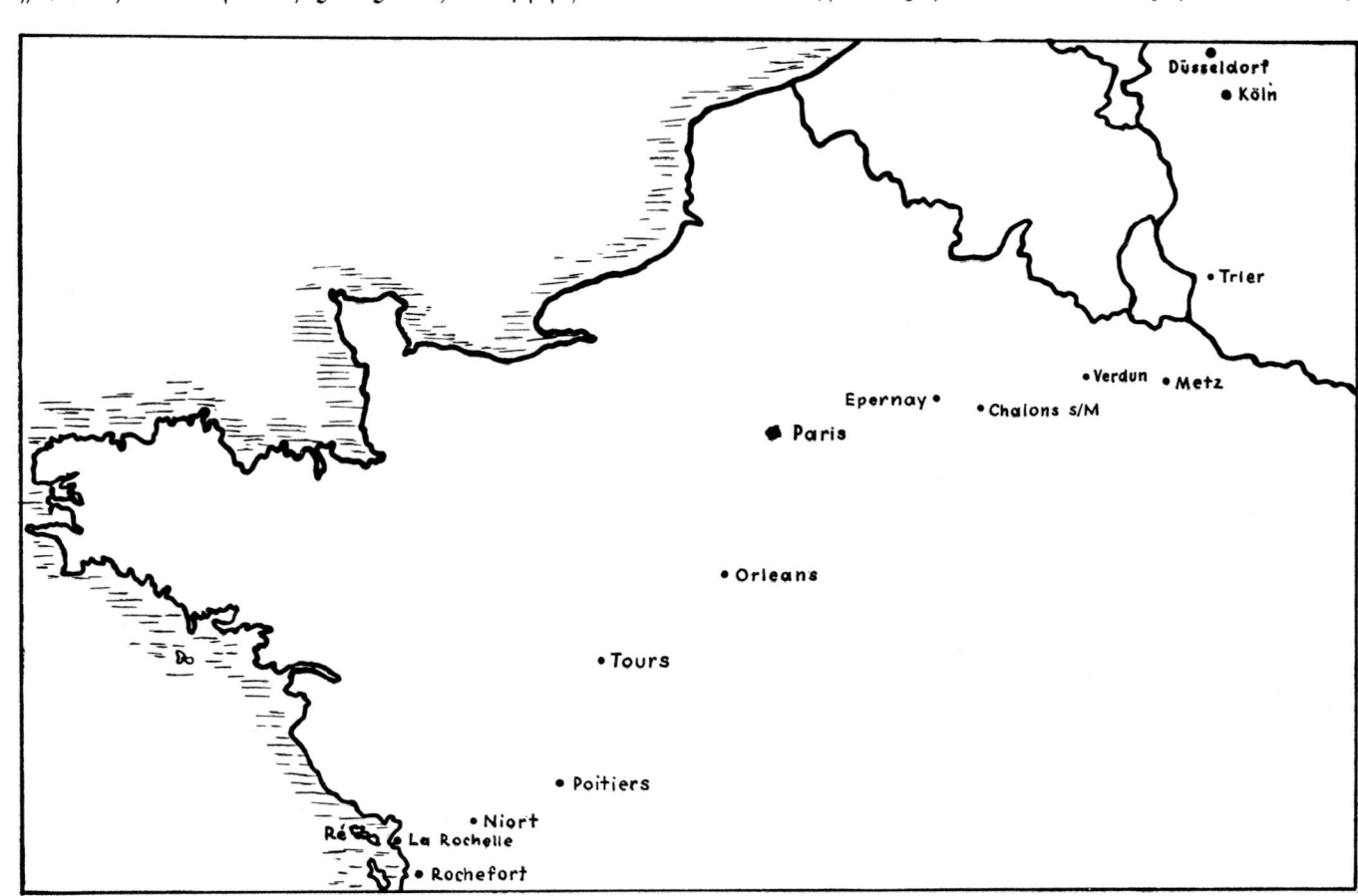

Der Leidensweg der zu Zwangsarbeit verurteilten Ruhrkämpfer von Düsseldorf nach der Insel Ré Vorlage: Archiv Reiter gen Osten

hielt auf einer größeren Station und zwei von unseren Wächtern gingen einkaufen. Sie kehrten mit allerlei Leckerbissen und einer großen Korbflasche mit Rotspon zurück. Sie bereiteten sich ein leckeres Mahl, das wir durch unsere Zellenklappen beobachten konnten. Uns lief das Wasser im Munde zusammen. Wir wären auch schon dankbar für einen Becher Wasser gewesen. Aber auch der wurde uns verweigert.

Die neue, die dritte Nacht, wurde die entsetzlichste von allen. Zugeschnürt war die Kehle, völlig ausgetrocknet. Ich taumelte nur noch auf meinem Sitz mit den Stößen des Wagens hin und her.

Am nächsten Morgen endlich Vorbereitungen zum Abschluß der Fahrt. Der Wagen wurde gekehrt, die Zellentüren aufgeschlossen, die Zellen gesäubert. Endlich nahm man uns die Fußfesseln ab. Wir mußten wieder im Zellengang antreten, wurden zu vieren aneinandergefesselt und auf einen kleinen Bahnhof geführt — La Rochelle.

Das Gefängnis schien mir aus dem dunkelsten Mittelalter übernommen zu sein. Rund um einen dunklen Hof lagen niedrige Kellergewölbe, durch starke Eisenstäbe abgeschlossen. In jeden dieser Käfige wurden vier bis fünf Mann gesteckt. Eine lange Pritsche und ein Abortkübel bildeten das ganze Mobiliar. Meine Zellengenossen begannen sofort von ihren verschiedenen Straftaten zu erzählen. Sie gaben sich praktische Ratschläge, wie sie es das nächste Mal besser machen wollten. In einer Zelle gegenüber weigerten sich zwei Gefangene zu arbeiten. Mit Schlüsselbund und Fäusten wurden sie von den Wärtern bearbeitet, bis sie blutend auf die Pritsche niederfielen. Die Aussicht auf eine ähnliche Behandlung wirkte beklemmend.

Die Nacht kam. Eine drückende Stille lagerte über unserem Raum, der nur von einer übelriechenden Öllampe spärlich erhellt wurde. Nichts regte sich, nur ab und zu hörte man ein leises Klirren der Ketten. Plötzlich nebenan Fluchen, Schreien, Toben, Brüllen. Ein Marokkaner bekam einen Tobsuchtsanfall. Aufseher rannten, Schlüssel klirrten, klatschend schlugen Peitschen oder Lederriemen auf einen Körper. Schmerzgebrüll, das allmählich in Ächzen und Wimmern überging. Ich wußte, jetzt hatte man ihn krummgeschlossen. Die Nacht beruhigte sich. Von Zeit zu Zeit klang von nebenan ein leises Wimmern. Mir fielen vor Müdigkeit die Augen zu.

Am Morgen Transport zum Hafen, begleitet von einer heulenden, keifenden Menschenmenge.

„Boches, cochons!"

Die übrigen Zwangsarbeiter wurden kaum beachtet. Ihnen war inzwischen auch ein „Licht" über unsere „Verbrechen" aufgegangen. Die Gendarmen verhielten sich vollkommen passiv, wehrten nur allzu Aufgeregte ab. An der Anlage sahen wir, daß man uns aus den umliegenden Häusern mit Ferngläsern beobachtete. Unsere Ankunft als erste „Ruhrverbrecher" schien also als großes Ereignis angekündigt zu sein.

Transport von Sträflingen nach dem Gefängnisse auf der Insel Ré
Photo: Archiv Reiter gen Osten

Endlich kam der Dampfer. Die Gendarmen verstauten uns vorn zwischen Kisten und Ballen. Die frische Seeluft, das unendliche Meer —! Bedrückend der Gedanke, das nur noch als Gefangener sehen zu dürfen. Im Innersten noch immer die geheime Hoffnung: Die in der Heimat werden uns sicher nicht vergessen. St. Martin de Ré kam näher und näher. Beim Passieren der Hafeneinfahrt spielt eine Kapelle ein schmetterndes Lied. An der Landungsbrücke eine große Menschenmenge. Man trieb uns wie eine Herde Vieh von Bord, durch die engen Straßen des kleinen Fischerdorfes hinaus nach den Befestigungswerken, nach dem „dépot des forcats". Eine Reihe von Toren schloß sich hinter uns. Über weite Höfe, an Kasernen und Verwaltungsgebäuden vorbei, führten sie uns in das eigentliche „dépot". In einem kleinen Hof erwarteten uns Aufseher.

„Ausziehen!"

Langsam legte ich Stück für Stück meiner Sachen ab. Ich war mir nicht im Klaren, wieweit dieser Befehl gemeint war. Ein paar Ohrfeigen für einen Strafgefangenen, der nur noch das Hemd anhatte, bekehrten mich. Splitternackt standen wir da, kritisch musterte uns ein Aufseher von oben bis unten.

„Abteilung kehrt! Bücken!"

Systematisch wurde auch ein verschwiegener Körperteil untersucht, damit nicht gefährliche Werkzeuge auf diesem Wege in das „dépot des forcats" eingeschmuggelt wurden.

Zwei Sträflinge erschienen mit Bekleidungsstücken. Jeder erhielt ein Leinenhemd, eine Hose und einen Rock zugeworfen. Altes geflicktes Zeug der französischen Kolonialarmee. Dazu ein „Zündhütchen", die typische Kopfbedeckung der französischen Sträflinge, und ein Paar ordentliche Holzpantinen. Die „Ausrüstung" setzte sich aus einem viereckigen Lappen als Handtuch, einem Becher und einem Löffel zusammen. Unsere Zivilsachen verschwanden. Als Sträflinge wanderten wir durch stark gesicherte Tore in den Haupthof.

Man führte uns in ein Gebäude. Auf einem langen dunklen Gange nahm uns ein baumlanger Sträfling in Empfang. Es war der „prévôt", ein Obergefangener, der die Verwaltung der Zellen unter sich hatte. Er war im ganzen „dépot" berüchtigt, und wir sollten bald unsere Erfahrungen mit ihm machen. Er schloß zwei Zellen auf und in jede wurden etwa zehn Mann verstaut. Es war ein langes, schmales Gelaß. Wir mußten uns auf der langen Pritsche niedersetzen und wurden mit Ketten angeschlossen. Sadowsky lag neben mir, die anderen Kameraden in der Nebenzelle. Sprechen war verboten.

Im „prétoir" wurden unsere Personalien aufgenommen. Ein Dolmetscher klärte uns über finanzielle Ansprüche für geleistete Arbeiten auf. Die Entlohnung war wirklich minimal. Am meisten imponierte mir ein Lohnabzug von 3 Francs, der von Anfang an einbehalten werden sollte. Auf unsere erstaunte Frage meinte der Dolmetscher:

„Nun, können Sie sterben ici, müssen wir haben einen Sarg. Kostet dieser 3 Francs."

Unsere erste Arbeit auf der Isle de Ré galt also der Bezahlung unserer Särge. Wir mußten gestehen, daß das nicht gerade ermunternd war!

Gegen Mittag wurden wir zum ersten Male zur Arbeit eingeteilt. Der „prévôt" unseres Zellengefängnisses stellte uns unter einigen Rippenstößen und Fußtritten in zwei Reihen auf. Ein Aufseher führte uns an der „forge" und „boulangerie" vorbei zum „Atelier III". Hier saßen in einem großen Raum etwa 60 bis 70 Sträflinge, überwacht von einem Aufseher, der auf einem hohen Stuhle thronte.

Wir mußten auf den letzten Bänken Platz nehmen. Die Knie stießen an eine schmale Bank, auf der vor jedem Arbeitsplatz ein starker Nagel eingeschlagen war. Am Boden lag ein Haufen Tauwerk, das durch Einschlagen in den Nagel entfasert werden mußte. Interessiert sah ich mich um und pfiff vorsichtig „Hakenkreuz am Stahlhelm" vor mich hin. Plötzlich drehte sich ein Sträfling vor mir um und sah mich ganz erstaunt an. Da der Aufseher gerade nach unserer Seite sah, nahm er blitzschnell wieder die Nase nach vorn und beugte sich über seine Arbeit. Nach kurzer Zeit hob er plötzlich seinen Trinkbecher in die Höhe. Der Aufseher nickte. Sofort stand er auf, ging in eine Ecke, holte sich eine dort stehende Wasserkanne und teilte Wasser bankweise aus. Als er dicht bei mir stand, flüsterte er:

„Sind Sie ein Deutscher?"

„Ja."

„Ich auch — heiße Stach — aus Essen — habe fünfzehn Jahre!"

Unsere Personalien waren bald ausgetauscht, aber inzwischen hatte der Wärter etwas gemerkt. Fluchend jagte er Stach auf seinen Platz.

Ein Aufseher erschien und holte mich und ein paar andere zum „Atelier II". Hier wurden Matten geflochten. Das sollte von jetzt ab meine tägliche Arbeit sein. Mein Nebenmann war ein spanischer Anarchist, der durch einen Bombenwurf mehrere Beamte getötet und schwer verletzt hatte. Immerhin, er hatte wenigstens aus politischer Überzeugung gehandelt. Der Kerl sprach ein schauderhaftes Französisch, so daß ich ihn anfangs kaum verstehen konnte. Er mußte mich aber in die Geheimnisse des Flechtens einweihen, und daher waren wir aufeinander angewiesen. Er saß bereits drei Jahre und fragte mich daher gründlich über „draußen" aus. Wir konnten uns schwer verständigen, er sprach mehr spanisch als französisch, aber mit der Zeit einigten wir uns. Fuhr der Aufseher dazwischen, so hielt der Spaniole große Reden, während er dauernd auf das Arbeitsmaterial zeigte. Ich verstand nichts davon, aber der Aufseher anscheinend auch nicht. Er sah ihn eine Zeitlang verständnislos an und ging dann achselzuckend weiter. Der Spanier rieb sich jedesmal grinsend die Hände. Wir waren uns einig. Die Arbeit konnten wir durchhalten. Wenn nur die Behandlung menschenwürdiger gewesen wäre. —

Abends führten uns die Aufseher in den großen Schlafsaal. Der Betrieb war uns neu. Ich erhielt ein „Bett" auf der durchlaufenden Pritsche angewiesen. Plötzlich brüllte ein Aufseher:

„Appell!"

Alles stand stramm am Ende seines Lagers. Der Brigadier erschien. Der Aufseher unseres Saales machte Meldung, dann brüllte er wieder:

„Couchez vous!"

Jeder Sträfling grüßte durch Anlegen der rechten Hand an den Kopf, zog sich wie ein Blitz aus und verschwand im „Bett". Lächelnd mußte ich an unseren so oft verhöhnten Kasernenhofdrill denken. Hier in Frankreich konnte wirklich noch besser gebimst werden.

Die Aufseher schlossen ab. Grabesstille lag über dem Raum. Kein Mensch sprach. Auf Grund meiner „Erfahrungen" wollte ich eine kleine Plauderei beginnen. Ein Sträfling legte den Finger auf den Mund und wies zu einem Gangfenster. Ich beobachtete. Nach zehn Minuten schob sich ganz vorsichtig der Schirm eines Aufseherkäppis empor, der Kerl folgte. Alles war still. Er ging weiter. Bald hatte ich die Taktik raus. Es war immer ein Aufseher da, der auf dem Gang draußen patrouillierte. Die Seite, von der er zunächst kommen mußte, hatte „Dienst" und schwieg, die andere unterhielt sich. Sobald der Beamte nahte, zischte das Warnungszeichen durch den Raum.

Es wurde allmählich dunkel. Auf dem Flur zündete man Petroleumlampen an, die unseren Saal nur notdürftig erleuchteten. Jetzt wurde das Sprechen weniger gefährlich. Bald flüsterte es von allen Pritschen des Saales.

Plötzlich hörten wir auf dem Gang mörderisch schimpfen. Jemand flüsterte: „Jetzt hat er zwei beim Sprechen ertappt."

Ich hörte den Aufseher an unserem Saal fluchend vorbeilaufen und am Treppengeländer klopfen.

Stimmen wurden laut, Schlüssel klirrten, und bald klatschten wüste Schläge auf nackte Körper, unterbrochen von Schreien und Heulen. Im Hemd wurden die armen Kerls anscheinend unter wüsten Schlägen in eine Zelle im Keller geschleppt und dort dem „prévôt" zu weiteren Mißhandlungen ausgeliefert. Noch lange hörten wir von unten Schreien und Wimmern. Die Lust zum Plaudern war uns vergangen. Die Unterhaltung verstummte, und jeder versuchte zu schlafen. Ich begann wieder einen vergeblichen Kampf gegen Legionen von Wanzen und Flöhen, den ich aber bald als aussichtslos aufgeben mußte. Von Ungeziefer gepeinigt, versuchte auch ich zu schlafen.

„Levez vous!"

Noch halb im Schlafe hörte ich das Kommando und sprang auf. Decken vorschriftsmäßig zusammenlegen, Matratze zum Kopfende rollen, lernte ich mechanisch von den anderen. Appell wie am Abend! Der Brigadier erschien. Meldungen wurden erstattet und endlich ins „Atelier" abgerückt. Jeder nahm seinen alten Platz ein.

„Fertigmachen zum Waschen!"

Rock und Weste wurden am Arbeitsplatz gelassen, und dann ging's zum „Waschraum".

Welche Enttäuschung! An der Rückseite jedes Aborts lief ein Rohr entlang. Aus einigen Löchern rieselte ein dünner Strahl. Unter diesen „Quellen" mußten wir uns uns nun im Eiltempo waschen, d. h. der Aufseher schlug einfach mit dem Stock dazwischen, wenn sich einer nach seiner Meinung nicht genügend beeilte. Nach wenigen Minuten saßen wir wieder im Arbeitssaal, und die geisttötende Knüpfarbeit begann.

Tagaus, tagein, immer wieder das gleiche Lied. Monatelang, jahrelang, vielleicht für mein ganzes Leben! Ich schüttelte nur den Kopf, wenn ich an diese Möglichkeit dachte! Weg damit! Heut ist heut, und was morgen kam — nun, das würde sich erweisen! Zunächst suchten wir Abwechslung in der Monotonie der Zwangsarbeit. Mit dem Eifer von Schuljungen gaben wir uns den kleinen Freiheiten hin, die hinter dem Rücken der wachthabenden Aufseher möglich waren. Nur wer den täglich schwerer lastenden Druck der Gefangenschaft am eigenen Körper verspürt, kann verstehen, welche Abwechslung ein paar heimliche Worte mit dem Nachbar, ein paar Grimassen, über die andere lachten, oder ein paar gut gezielte Brotkrümelchen verursachten. Dabei waren diese harmlosen Vergnügungen durchaus nicht ungefährlich! Wurde jemand erwischt, so gab es Prügel — und „Zelle"!

Ein neuer Transport war auf der Insel eingetroffen, darunter auch Deutsche. Eifrig wurde in den „Ateliers" geflüstert; von der Heimat, vom aktiven Widerstand, von der Inflation. Für mich hatten diese Neuigkeiten noch recht unangenehme Folgen. Ein Nachbar flüsterte mir etwas zu, und ich antwortete.

„Hallo, sortez!"

Verflucht, das gab Zelle! Na, denn mal los! Ich schob mich leicht gekrückt durch die Bänke hinaus auf den Hof. Ich mußte mich ausziehen, erhielt nach einer genauen körperlichen Untersuchung und einigen Jagdhieben Hemd, Hose und Rock zurück. Der prévôt hatte anscheinend sehr viel zu tun. Er schob mich mit großer Hast in eine Zelle und schloß sofort wieder ab. Gefangene hatten mir erzählt, daß man in der Zelle in Eisen gelegt würde. Das traf scheinbar nicht zu. Ich war überrascht und erfreut zugleich. Endlich etwas Bewegung! So lief ich in der Zelle auf und ab, fühlte mich wohl und überlegte, ob ich mich nicht öfters einsperren lassen sollte. Leider zu frühe Freude! Nach etwa einer Stunde erschien der prévôt.

„Los, hinsetzen!"

Geduldig setzte ich mich auf die Pritsche und ließ mich in die Eisen legen. Die Füße dicht gefesselt, die Hände durch eine kurze Kette an die Füße gezogen, lag ich vor dem prévôt.

„Warum hast du gesprochen?"

Ich zuckte gleichmütig die Achseln. Im Augenblick brannten mir ein paar saftige Ohrfeigen auf den Backen. Einige Fußtritte, daß die Ketten an den Gelenken rissen, und ich war allein. Ich nahm mir vor, mich lieber doch nicht öfter einsperren zu lassen! Von draußen hörte ich das monotone „un-deux!, un-deux!" der Aufseher. Meine Kameraden waren also bei der „promenade", und es mußte vier Uhr sein. Die Fesseln drückten und schnitten ins Fleisch. Vergeblich suchte ich nach einer günstigeren Lage. Der prévôt warf mir den Rest meines Brotes zu. Ich konnte vor Durst nicht mehr an mich halten und bat um etwas Wasser.

„Plus tard!"

Ich war wieder allein. So gut es ging, versuchte ich mein trockenes Brot hinunterzuwürgen. Draußen war es still geworden. Von weit, weit her drang Kinderlachen und Singen! Wo mochte das sein? Würde ich jemals Kinder und fröhliches Spiel wiedersehen? Vor meinem Fenster ließ mich der gleichmäßige Tritt des Postens zusammenfahren. Die

Spaziergang auf dem Hof des Gefängnisses auf der Insel Ré, wohin die mit Schlageter verurteilten Kameraden verschleppt wurden
Photo: Archiv Reiter gen Osten

Ein bezeichnendes Dokument. Der Bericht der Bergisch-Märkischen Zeitung über die Verhaftung Heinz Hauensteins in Elberfeld während der Vorbereitungen zur Befreiung Schlageters und über seine Behandlung durch die Severing-Polizei

Vorlage: Bergisch-Märkische Zeitung

nackte graue Wirklichkeit lag vor mir. Wasser, Wasser, Durst! Die Zunge hing mir zum Halse heraus. Nichts rührte sich. Endlich, nachdem es schon dunkel geworden war, erschien der prévôt. Mit seinen schmierigen Pfoten faßte er in einen Becher und reichte ihn mir mit Wasser. Ich trank ihn mit einem Zuge leer und bat um einen zweiten. Höhnisches Lachen zur Antwort. Ein paar schmutzige Decken flogen mir an den Kopf, und ich war wieder allein. So gut es ging, deckte ich mich zu und versuchte zu schlafen.

Unmöglich. Die Ketten drückten auf die Knochen, durch die Fetzen von Decken sprang eisige Kälte. Draußen war Totenstille, und der Posten unter meinem Fenster begleitete seinen gleichmäßigen Schritt mit einem lustigen Pfeifen. Plötzlich ein hohles Pochen. Aha, man hat wieder ein paar arme Kerls beim Sprechen im Schlafsaal über mir erwischt. Aufseher eilen nach oben, einige wilde Schreie, dann kam es die Treppe herunter. Klatschende Schläge auf nackte Körper. Heulen und Flehen der Geschlagenen. Wilde Flüche und gellendes Hohngelächter der Aufseher. Ein grauenhaftes Konzert. Tränenden Auges saß ich dabei und konnte mich nicht rühren. Selbst ein Geschlagener unter Bestien! Nebenan wurde die Zelle aufgeschlossen. Schläge, Kettenrasseln, Wimmern! Endlich war der Spuk vorüber. Ruhe legte sich über alles. Ich dämmerte vor mich hin.

Der nächste Tag verging in bohrender Langeweile. Zusammengeschlossen lag ich auf der harten Holzpritsche. Mittags wurde ich losgeschlossen und vor Gericht geführt, in das „prétoir"! Wegen Sprechens im Arbeitsraum vier Tage Zelle! Na, auch diese vier Tage mußten mal vorübergehen.

Am Morgen erschien ein Aufseher mit brennender Zigarette und blies mir den Rauch ins Gesicht. Welche Qualen das bedeutet, wenn man monatelang nicht geraucht hat, mag jeder leidenschaftliche Raucher ermessen!

„He, du Boche, bist du auch einmal Soldat gewesen? Hast wohl auch mit diesen deutschen Schweinen unsere Frauen und Kinder ermordet? Gemeinere Bestien als euer deutsches Militär gibt es ja gar nicht. Na, du kannst wohl nicht antworten? Wann und wo bist du Soldat gewesen?"

Ich biß die Zähne zusammen und knirschte vor Wut! Wehrlos das alles über sich ergehen lassen zu müssen!

„Willst du Hund nicht? — Heda! prévôt, kann der Kerl nicht Französisch?"

„Der kann ganz gut, der will bloß nicht!"

Eine Flut von Schimpfwörtern, Faustschlägen und Fußtritten hagelte auf mich nieder. Meine Nase begann zu bluten. Der prévôt stand höhnisch grinsend daneben. Endlich ließ der Kerl nach.

„Warte, dich werde ich dem Chef melden! Drei Monate Zelle sind dir sicher!"

Drohend zog er ab.

Wozu diese Mißhandlungen? Ich hatte keinerlei Veranlassung dazu gegeben. Erst später lernte ich noch Fälle kennen, die ihre Erklärung nur in einer sadistischen Veranlagung eines Teils der Aufseher fand. Wir Gefangenen waren diesem viehischen Trieb wehrlos ausgeliefert.

Die vier Tage vergingen, und am letzten Morgen freute ich mich schon auf das warme Essen und meine sogenannte Matratze! Wie genügsam der Mensch werden kann! Endlich öffnete sich die Zellentür, und mit einigen Leidensgefährten trottete ich im Gänsemarsch über den Hof zu unserem Atelier. Freudige Begrüßung der Kameraden durch Augenzwinkern. Verständnisinniges Grinsen der älteren Jahrgänge. Ich entkleidete mich zum Waschen. Mein Nachbar aus Metz steckte mir ein Stückchen Seife zu. War das ein Hochgenuß, sich nach vier Tagen das erstemal wieder zu waschen! Kein Aufseher drängte zur Eile, und dann richtiggehende Seife! Der auf dem Hof patrouillierende Beamte sah immer argwöhnischer zu mir herüber. Endlich dauerte ihm die Geschichte wohl doch zu lange. Fluchend jagte er mich in das Atelier zurück.

An einem herrlichen Sommertag, Ende Juni, erschien in unserem Arbeitsraum der Chef: „Les allemands! Prenez tous vos affaires! Sortez!" Hallo! Mit allen Sachen — wir wußten: das heißt Abtransport! Im Nu hatten wir unsere Plünnen zusammen und überstürzten uns fast beim Raustreten. Helleuchtende Augen in allen Gesichtern. Ohne Rücksicht auf Widersprüche der Aufseher riefen wir uns gegenseitig immer wieder zu: „Wir kommen weg!"

In Minuten waren wir vor dem prétoir angetreten. Der Direktor eröffnete uns, daß wir in zwei Tagen nach Deutschland abtransportiert werden würden. Unsere Freude war einfach unbeschreiblich, und niemals vorher und nachher bis heute bin ich je wieder so voller Lust und Freude gewesen als an dem Tage! Unbekümmert um die Aufseher, die vergeblich versuchten, Ruhe zu schaffen, drückten wir uns die Hände und jubelten einander zu. Endlich fort aus der Hölle von St. Martin de Ré!

Wir wurden in die Zellen geführt, konnten unsere Decken nachholen und uns gemütlich einrichten. Gefesselt wurden wir entgegen aller sonstigen Gewohnheit nicht. Wir erhielten sogar die amtliche Erlaubnis, miteinander sprechen zu dürfen! Die Aufseher waren mit einmal merkwürdig höflich und freundlich und versuchten sogar, uns in Gespräche zu ziehen. Das böse Gewissen rührte sich anscheinend. An Schlaf war natürlich gar nicht zu denken. Die Aufregung und die Gespräche hielten uns bis zum Morgen wach.

Unser altes Zivilzeug wurde verteilt. Kopfschüttelnd standen wir vor einem zusammengeknüllten Haufen von Lumpen. Bei unserer Einlieferung hatte man mit einem nochmaligen Gebrauch nicht gerechnet; verstaubt, verstockt und voller Laugenflecken lagen sie vor uns. Und damit sollten wir uns wieder in die Welt getrauen? Am Nachmittag standen wir, zwar nicht salonfähig, aber sonst reisebereit auf dem Gefängnishofe. Zwanzig Gendarmen nahmen uns in die Mitte, legten uns zu vieren an eine Kette, und fort ging es — der Heimat entgegen. Lachend und scherzend und vor Freude strahlend überquerten wir den Festungshof. Hinter Fenstern lugten verstohlen Käppis. Es erregte Aufsehen, daß Gefangene die Mauern verließen, ohne für Cayenne oder zum Verscharren an der Mauer eingekleidet zu sein. Mit eigenartigen Gefühlen durchschritten wir das letzte dunkle Tor, durch das wir vor elf Monaten unseren Einzug hielten.

Draußen! So ganz ohne Mauer. Nicht mehr das ewige Sitzen oder im Kreise Herumlaufen. Kein „un-deux, un-deux" der Aufseher! Ich gehe zwischen meinen alten Kameraden und darf sie anlachen und reden! „Mensch, Zinski, du alter Eimer!" Und kein Aufseher ruft dazwischen: „Sortez." Und drüben spielen tatsächlich Kinder und Frauen. Weiß Gott! Frauen standen am Wege und betrachteten

Die Einstellung des Verfahrens wegen Geheimbündelei gegen die Kameraden Schlageters durch das Amtsgericht Elberfeld nach fast einjähriger Dauer der Untersuchung. Der unter Punkt 3 angeführte Viktor Lutze ist heute — der Stabschef der SA. Der Stabschef führte damals den Stoßtrupp Elberfeld der Organisation Heinz, der sich „Kameradschaft Schill" nannte

Vorlage: Archiv Reiter gen Osten

Viktor Lutze, Stabschef der SA., ehemals Führer der Freischar Schill (Stoßtrupp Elberfeld der Organisation Heinz) *Photo: Scherl*

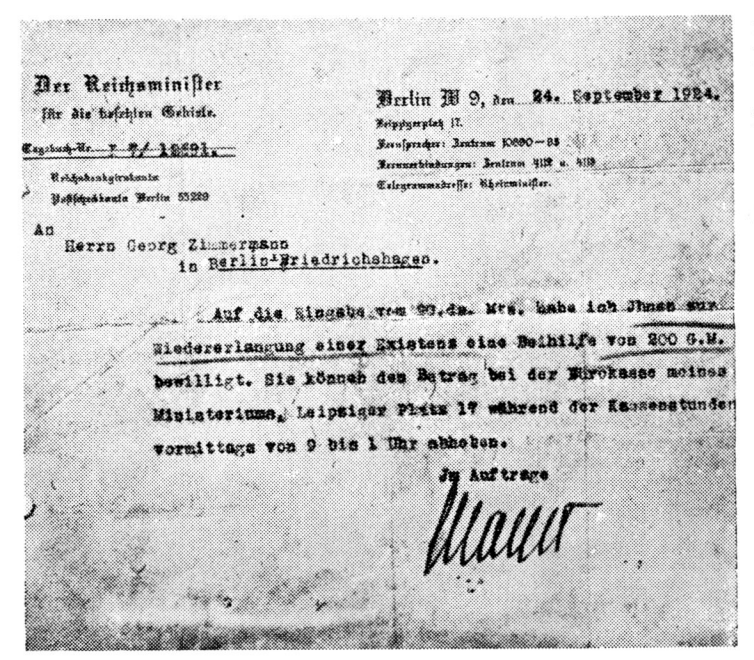

[Abbildung eines Briefes des Reichsministers für die besetzten Gebiete, Berlin W 9, den 24. September 1924, an Herrn Georg Zimmermann in Berlin-Friedrichshagen]

Der Dank einer marxistischen Regierung an einen Kameraden Schlageters: Nach zwei Jahren Zwangsarbeit auf der Insel Ré 200,— Mark zum Wiederaufbau einer Existenz
Vorlage: Zimmermann, Berlin

uns neugierig. Ich glaube, wir müssen sie merkwürdig angestarrt haben. Auf dem Dampfer konnten wir uns nicht genug aufmerksam machen auf alles, was wir im normalen Leben überhaupt nicht beachtet hätten! Es war alles neu, wir waren wie neugeboren. In La Rochelle wurden wir wieder in unser altes Kittchen eingeliefert. Lachend ertrugen wir jetzt die kleinen Unannehmlichkeiten. Wir waren was anderes gewohnt.

Am nächsten Morgen stand für uns ein Sonderwagen 3. Klasse auf dem Bahnhof. Die Gendarmen verwandelten sich in Kriminalbeamte in Zivil. Der Transport sollte möglichst unauffällig durch Frankreich erfolgen; in verschiedenen Zeitungen hatten Artikel gestanden: Schiebung mit deutschen Gefangenen!

Wir fuhren gemütlich plaudernd durch das schöne Frankreich und dachten mit Schaudern an unseren Hertransport und an die Qualen in den Käfigen der „Pullmannwagen"! Ortschaften häuften sich, wir näherten uns Paris. Bald reckte sich über dem Häusermeer ein gewaltiges Wahrzeichen: der Eiffelturm! Ich hätte mir früher nie träumen lassen, auf so merkwürdige Weise Paris kennenzulernen. Teils zu Fuß und mit der Straßenbahn, umgeben von Kriminalbeamten, aber frei und nicht gefesselt, durchquerten wir die Stadt. Wir sahen „Notre Dame" und den Verkehr auf den Boulevards und am Place de l'Opéra. Wir waren bedrückt von dem Betrieb, nachdem wir monatelang in der Einsamkeit und im Zwang gelebt hatten. Im Nordbahnhof wurden wir nach Nancy verfrachtet.

Die Nacht deckte Schleier über die Schlachtfelder des Weltkrieges, die wir durcheilten. Sehr zu unserem Bedauern, wir hätten gern die Stätten heldenhaften Kampfes in ihrem jetzigen Zustand gesehen.

In Nancy wurden wir in großen Gemeinschaftszellen untergebracht. Am Tage standen für alle Deutschen ein gemeinschaftlicher Aufenthaltsraum und ein Hof zur Verfügung. Sprechen, Lachen, Rauchen, Singen, alles war erlaubt! Die Kantine lieferte nach Belieben Rotwein, Bier, Tabakwaren und alles mögliche zu essen. Wir fühlten uns wie Raffkes, und von Zeit zu Zeit glaubte man wirklich zu träumen! Herr von Rintelen von der Deutschen Botschaft besuchte uns und sorgte für Wäsche und Kleidung. Die Gefängnismauern störten nicht mehr. Der fürchterliche Druck lastete nicht mehr auf uns, und die Rückkehr in die Heimat stand bevor. Wir kamen uns innen und außen wie verwandelt vor.

Nach zwei Tagen ging der Transport weiter nach Zweibrücken. Mit tränenden Augen überfuhren wir die Grenze. Das war endlich wieder Deutschland! Die Wälder, die Felder, die Dörfer und Städte lachten und winkten uns freundlich zu. Kurz — wir fühlten wieder die Heimat! Störend wirkten nur die französischen Uniformen und die Käppis. Sie erinnerten uns immer aufs neue an das Vergangene.

In Zweibrücken sperrte man uns wieder in Einzelzellen. Die Macht der Besatzungsgenerale wurde fühlbar. Zum Glück fehlten die Prügel. Nach einiger Zeit wurde uns gestattet, uns täglich eine bestimmte Zeit auf den Gängen zu bewegen und zu plaudern. Das Rote Kreuz sorgte liebevoll für uns. Jeden Sonnabend war Verteilung von Liebesgaben. Beglückt zogen wir immer wieder mit Tabak, Brot und Butter, Wurst und Eiern nach unseren Zellen. Sogar eine Zeitung wurde uns gestattet. Es war zwar ein französisches Nachrichtenblatt, strotzend von Lügen und Hetzartikeln gegen Deutschland, aber wenn ich mir das Gegenteil der Artikel vorstellte, konnte ich mir doch ganz gut ein Bild von den Vorgängen im inneren Deutschland machen.

Kameraden Schlageters; von links: Hans Sadowsky, in Düsseldorf von den Franzosen zu lebenslänglicher Zwangsarbeit verurteilt; Heinz Hauenstein, zur gleichen Zeit von preußischer Polizei verhaftet; Georg Zimmermann, von den Franzosen in Düsseldorf zu 10 Jahren, Georg Werner zu 15 Jahren Zwangsarbeit verurteilt
Photo: Archiv Reiter gen Osten

Albert Leo Schlageter

Von Ernst von Salomon

Der deutsche Nachkrieg sollte nicht in eine neue Zeitspanne der Geschichte hinüberleiten, ohne eine Gestalt herauszustellen, die den Typus des Freikorpskämpfers in seiner reinsten Prägung zeigte. Am 26. Mai 1923 wurde auf der Golzheimer Heide bei Düsseldorf Albert Leo Schlageter nach dem Urteilsspruch eines französischen Kriegsgerichts durch ein Peloton der Besatzungstruppen erschossen.

wessen Geistes die Träger und Kräfte der Zeit bedurften, um aus den chaotischen Jahren nach dem großen Kriege die Jahre der Entscheidung des deutschen Nachkrieges zu schaffen. Wen die Götter lieben, darf früh vollenden, — er vollendet mehr als sich.

Dieser Mann, Albert Leo Schlageter, verlebte seine Jugend als Sohn eines angesehenen Bauern im

Albert Leo Schlageter
Nach einem Paßphoto gezeichnet von C. Rübartsch, Berlin

Die Salve auf der Golzheimer Heide wurde von der ganzen Welt gehört. Durch seinen Tod wurde der Name eines Mannes in die Geschichte eingeführt, von dessen Leben bis dahin nur der engste Kreis seiner Kameraden wußte. Und doch war der Tod dieses Mannes nur der zwangsläufige Schlußpunkt hinter einem Leben, das in seiner kühnen Kurve in einer unbedingten Geschlossenheit nach seiner heroischen Besiegelung verlangte. Ein Mann durfte beispielhaft vollenden, was Wille der Zeit und Einsatz der Besten war. Nirgends kann besser ermessen werden als an seinem Leben und an seinem Tode,

Schwarzwald, verwurzelt und in Sicherheit getragen von seiner Sippe und seiner Heimat. Als der Krieg ausbrach, meldete er sich, wie es Fug und Glück der deutschen Jugend war, als Freiwilliger zum heimischen Regiment. Er kehrte vier Jahre später, ernste, straffe Züge unter dem Stahlhelm, als Batterieführer desselben Regiments in eine Heimat zurück, die vom Pesthauch der Revolution ebenso geschwängert war wie jede deutsche Landschaft jener trüben Tage. Wie der Krieg ihn aus dem Tale seiner Jugend entlassen hatte, so wollte die Revolution ihn aus dem Regiment entlassen.

Er blieb, so lange es anging, bei der Truppe, bei den Männern, die er kannte von jeglichem Einsatz her, so lange als irgendeine Form es ihm gestattete. Und er blieb mit den Männern seiner Batterie in engstem Zusammenhang, als keine Form es ihm mehr erlaubte, den Waffenrock zu tragen. Er besuchte, aus dem aufgelösten Verbande seiner Formation, des badischen Feldartillerie-Regiments 76, entlassen, die Universität Freiburg, sich auf einen bürgerlichen Beruf vorbereitend. Aber das Studium vermochte ihm so wenig wie allen Männern der Front in jenen Tagen die Auffassung zu vermitteln, daß die Zeit nach guten Bürgern und auskömmlichen Berufen, statt nach Männern und harten Aufgaben verlange. Er benutzte die nächste und in diesem Falle wirklich beste Gelegenheit, sich in den wahren Einklang mit den Geboten der Stunde zu setzen: er trat mit dem Stamm seiner Batterie, der ihm auf nichts als sein Wort hin folgte, in das eben in Aufstellung begriffene Freikorps von Medem ein. Dies kleine Freikorps war ein Elitekorps, nur 600 Mann stark, zusammengesetzt aus mehreren Batterien von Gebirgsgeschützen und Maschinengewehrkompanien, bestimmt also zu wendigem Einsatz und schnellem Angriff. Das Freikorps suchte von Anfang an sein Ziel im Baltikum. Was Schlageter und die anderen Männer, zum weitaus größerem Teil Badener, bewog, sich an den ihrer engeren Heimat genau entgegengesetzten Grenzen des Reiches einzusetzen, kann kaum mit den Denkmitteln einer anderen als gerade jener Zeit erklärt werden. Die Nachricht vom Terror der Bolschewiken in Riga gegen die Balten mußte an den Hängen des Schwarzwaldes ein besonderes Gefühl für die Zusammengehörigkeit der deutschen Stämme in diesen Stunden der Entscheidung geweckt haben, just, da alle Umstände genau dagegen wirkten. Der Weltkrieg hatte die Badener gewiß an alle

Schlageter (×) bei einem Schulausflug *Photo: Eltern Schlageter, Schönau i. Baden*

Lt. Albert Leo Schlageter im Unterstand während des Weltkrieges *Photo: Archiv Reiter gen Osten*

Schlageter im Baltikum

Die Offiziere des Freikorps Medem nach dem Sturme auf Riga. 1. Oblt. Schlageter, 2. Hauptmann Frhr. von Medem, 3. Oblt. Thöne, 4. Oblt. Bader. Die Namen der anderen vier Offiziere sind nicht bekannt.
Photo: Archiv Reiter gen Osten

Fronten Europas geführt, nun aber, da alles heimgeströmt war, brachen sie abermals auf, ließen die engere Heimat ungesichert, um an den fernsten Grenzen für ein Reich zu kämpfen, das allein in ihrer Brust lebendig war und sonst nirgends. Das Freikorps von Medem gelangte nach mancherlei Mühsal — ein Versuch aufgeregter roter Marktplatzimperatoren in einer kleinen Stadt, den Transport aufzuhalten, zerplatzte vor den Rohren blitzschnell aufgebauter Maschinengewehre — unbeirrt durch ganz Deutschland an die Windaufront. Hier fand es seine erste militärische Aufgabe in der Entwaffnung eines meuternden lettischen Bataillons, die Schlageter durch einen des humoristischen Beiklanges nicht entbehrenden Handstreich erledigte. Er bluffte mit einer ganz geringen Vorhut die das Auftreten einer gewaltigen Übermacht vermutenden lettischen Meuterer und hielt sie vom Erkennen der wirklichen Lage ab, indem er deren Musikkapelle zwang, unentwegt „Deutschland, Deutschland über alles" zu spielen, bis das Gros herangekommen war. Im Verlauf der Vormarschgefechte bis Mitau hatte Schlageter aus seiner Batterie eine Truppe von äußerster Disziplin und ungewöhnlichem Zusammenhang exerziert, deren artilleristische Leistungen einen Ruf gewannen. Die Batterie hatte beim Vormarsch auf Riga hinreichend Gelegenheit, ihren Ruf zu beweisen. Sie war der Vorhut der Baltischen

Ausschnitt aus einer Gruppenaufnahme des Freikorps von Medem an einem Ruhetage in Doblen. (×) Hauptmann von Medem, (××) Oblt. Schlageter
Photo: Heeresarchiv

Bescheinigung über das Anrecht Schlageters auf 100 Morgen Siedlungsland in Kurland
Vorlage: Reichsarchiv

Deutsche Legion Regiment Baden.

Kurland, den 1. November 1919.

Auf Grund des am 6. Oktober 1919 zwischen der Deutschen-Legion und dem Oberbefehlshaber der Russischen Westarmee geschlossenen Vertrages, wonach der Vertrag zwischen der Deutschen Regierung und der provisorischen Lettländischen Regierung vom 9. und 24. Dezember 1918 (betr. Bürgerrecht und Ansiedlung deutscher Baltenkämpfer) anerkannt wird,

wird dem: *Leutnant d. R. Albert Schlageter*

bestätigt dass er das Anrecht auf *hundert* Morgen Siedlungsland in Kurland besitzt.

Der Inhaber dieser Bescheinigung erhält hiermit nach oben genanntem Vertrage das Russische Bürgerrecht.

Rittmeister und Kommandeur.

Mitte:
Die Batterie Schlageter der III. Marine-Brigade von Loewenfeld beim Exerzieren im Sennelager. Der Offizier hinter dem ersten Geschütz ist Schlageter
Photo: Archiv Reiter gen Osten

Unten:
Die Batterie Schlageter auf dem Marsche im Baltikum
Photo: Heeresarchiv

Die ersten Freiwilligen der Kompanie Schlageter im Selbstschutz-Sturmbataillon Heinz (Hauenstein) während der Kämpfe um Gogolin O.-S. Vorn rechts sitzend Georg Zimmermann, der später mit Schlageter in Düsseldorf von den Franzosen zu einer langen Zuchthausstrafe verurteilt wurde

Photo: Archiv Reiter gen Osten

Landeswehr, die Hauptmann von Medem führte, als Begleitbatterie zugeteilt. Diese Vorhut sollte am 22. Mai 1919 dem aus den Stellungen bei Skangar weichenden Feind an der Klinge bleiben. Die Batterie Schlageter brach den Widerstand einer roten Batterie und folgte ihr, auch, als diese rote Batterie auf einem den Deutschen unbekannten Wege durch den Tirulsumpf flüchten wollte. Auf die Initiative Medems hin, jagte die Vorhut hinter den Roten her in der Annahme, daß diese den Weg durch den Sumpf besser kenne als die Karte. Jedesmal, wenn der Feind sich zu stellen versuchte, mußten die Geschütze Schlageters auf schmalem Knüppeldamm mitten im Sumpfe abprotzen und mit schnellem Feuer den Feind zu weiterer Flucht zwingen. So kam die Vorhut Stunden früher zu ihrem Vormarschziel Dsilne, als vorgesehen war. Da beschloß Medem, von Dsilne aus die Dünabrücken zu forcieren. An die Spitze der Stürmer gestellt, gelangte Schlageter mit einem seiner Geschütze nach atemlosem Sturmlauf durch die westlichen Vorstädte Rigas als erster auf die Lübeckbrücke, durcheilte sie mit donnerndem Galopp in ihrer ganzen Länge und sicherte, im Feuer des überraschten Feindes ohne Deckung Schuß auf Schuß durch die Rohre jagend, mit dem östlichen Brückenkopf zugleich das Gelingen des frontalen Angriffs auf die durch die Düna geschützte Stadt. Schlageter war es vergönnt, auch an jenem unvergleichlichem Lohne des Sieges teilzuhaben, als die Geiseln der Zitadelle singend aus der dunklen Schlucht des Kerkers traten und um die Stahlhelme und Feldmützen ihrer Befreier den unvergänglichen Glanz der Erlöser erblickten.

Als wenige Tage später der Hauptmann von Medem in geheimer Mission nach Deutschland reiste, unterstellte sich das Freikorps und mit ihm die Batterie

Anerkennung für den Sturm auf Strebinow, das erste Offensiv-Unternehmen des Oberschlesischen Selbstschutzes überhaupt, bei dem Schlageter den linken Flügel der Angriffsfront führte

Photo: Heeresarchiv

```
Abschnitt B                    Gnadenfeld, den 16.5.21

An

U A.    Krappitz


     Exz. von H ü l s e n  / Gruppe Süd / hat seine Anerkennung
  über das Unternehmen gegen Strebinow für Abteilung Heinz und
  Kp. von Eicken ausgesprochen und Übermittelung dorthin befohlen.


                                        A. B.


                                        Hauptmann a. D.
```

479

Schlageter in Oberschlesien

Gefechtsmeldung vom Sturm auf den Annaberg, den Schlageter als Kompanieführer im Selbstschutz-Sturmbataillon Heinz (Hauenstein) mitmachte
Photo: Heeresarchiv

Gefechtsmeldung Schlageters, in Eile auf einen aus einem Schulbuch herausgerissenen Zettel gekritzelt, vom Vorstoß gegen Kalinow am 31. Mai 1921
Vorlage: Heeresarchiv

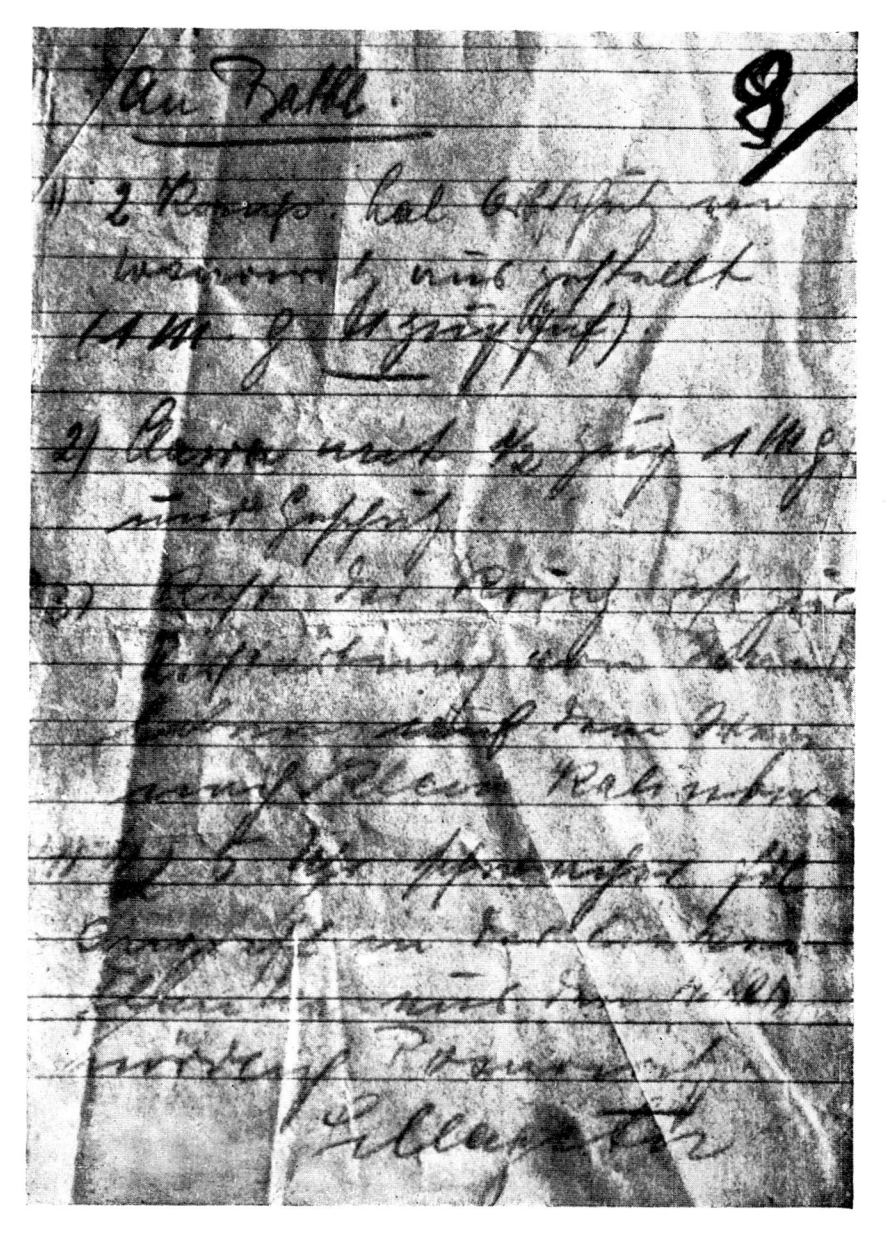

Schlageter dem nicht weniger glänzenden Freikorps von Petersdorff. Im Verbande dieses Korps nahm Schlageter an dem Vormarsch gegen Wenden teil. Er wurde dabei verwundet, blieb jedoch während aller weiteren Kämpfe dem wechselvollen Schicksal des Freikorps treu und focht später im Rahmen der Deutschen Legion im Lettenfeldzug mit seiner Batterie bis zum bitteren Ende dieses unbarmherzigen Krieges in Schnee und Eis und gegen eine überwältigende Übermacht des Feindes, einer der namenlosen, hungernden, ausgebluteten Helden der deutschen Tragödie im Baltikum.

Das Freikorps von Petersdorff, in Deutschland wieder ausgesetzt dem unverständlichen, brodelnden Haß korrumpierter Massen und ihrer regierenden Nutznießer, begegnete der Auflösung, indem es, wie die Krieger des großen Ringens ein Jahr vorher, nach neuen Möglichkeiten des Einsatzes suchte. Die Batterie Schlageter stieß zur III. Marine-Brigade Loewenfeld. Der Kapp-Putsch im März 1920 traf wie die anderen deutschen Freikorps in Schlesien die Marine-Brigade unvermutet, doch ohne sie in ihrem Bestande zu erschüttern. Schon wenige Tage nach dem Zusammenbruch des Putsches in Berlin wurde das Korps von der aufatmend zurückgekehrten Regierung Ebert-Noske aufgerufen, um im Ruhrgebiet gegen die rote Armee eingesetzt zu werden. Die Batterie Schlageter nahm an den blutigen Kämpfen gegen das Herzstück der roten Front in Bottrop teil. Ein neues Kampffeld hatte sich für Schlageter aufgetan, es sollte nicht das letzte sein.

Im August 1920 wurde auch die Marine-Brigade Loewenfeld aufgelöst. Die Freikorps hatten ihre Schuldigkeit getan. Nun waren sie unbequem geworden. Jeder einzelne der Freikorpskämpfer wußte, daß die Aufgabe noch nicht gelöst war. Die Besten unter ihnen, die Unbedingten, suchten Mittel und Wege, unter anderen Formen an der Pflicht zu bleiben. Schlageter hatte in Ostpreußen seine Badener nach Hause geschickt, jeder von ihnen hatte

Mobilmachungsbefehl
für Regiment Heinz.

1. Der Eintritt der Mobilmachung wird vom Regiment, den Bataillonen, der Batterie und der Radf.Komp. telegrafisch bekannt gegeben. Das Deckwort heisst: „Ausflug findet statt".

2. Als erster Mob.Tag gilt der Tag nach Absendung des Telegramms vom Regts.-Stab.

3. Nach Eintreffen des Mob.Telegrammes reisen sofort auf den kürzesten Wege für jeden Stab, Komp. etc. Vorkommandos (1 Offz. u. 3 Mann) an die Mob.Orte und treffen die Vorbereitungen für die Unterkunft und Verpflegung (die ersten 3 Tage Mahlzeiten im Quartier). Eine Aufstellung der Mob.Orte liegt bei.

4. Am Abend des ersten Mob.Tages melden sich im Quartier des Regts.-Stabes (Schloss Moschen) je einen Befehlsempfänger mit Rad für die dem Regiment unmittelbar unterstellten Formationen (Bataillone, Batterie und Radf.Komp.).
Unterkunft wird beim Regts.-Stab vorbereitet.
Die Reise zu den Mob.Orten regeln die Bataillone selbständig.

5. Vom Regts.-Stab wird ein Offizier mit 2 Radfahrern zum Divisionsstab als Verbindungsoffizier gesandt.
Am 2. MobTag findet 5 Uhr Nachmittag beim Regts.-Stab eine Besprechung mit den Kommandeuren statt.
An sämtlichen Kommandeur-Besprechungen nehmen die Führer der Battr. und der Radf.Komp. teil.

6. Die endgültige Verpflegung sämtlicher Mannschaften erfolgt im Mob.-Ort. Formulare werden den Formationen vom Regiment noch zugehen.

7. Ueber Empfang von Waffen, Ausrüstung etc. erfolgt Sonderbefehl.

8. Der Regts.-Stab wird sich nach Eintreffen d... nach Mos... n begeben.
Bis zum Abend des ersten Mob.Tages bleibt in ... als Verbindungsoffizier mit einem Radfahrer.
Die Batl. treffen selbständig Anordnungen für den heutigen Unterkunftsorten.

9. Nach Eintreffen im Mob.Ort ist sofort Fernspr... Regts.-Stab aufzunehmen.

10. Für den Mob.-Fall werden benannt:

Regiments - Stab	=	Stab Reg...
I. Batl.	=	I. Batl.
1.- 3. Kompagnie	=	1.- 3. Ko...
1.M.W.-Zug	=	1.M.W. Zug
II. Batl.	=	II. Batl.
1.- 3. Komp.	=	4.- 6. Kol...
1.M.W. Zug	=	1.M.W. Zug
III. Batl.	=	III. Batl.
1.- 3. Kompagnie	=	7.- 9. K...
Batterie	=	Batterie
Radfahr-Kompagnie	=	Radf.Komp.

Für die Richtigkeit:

Schlageter   gez. Kraus...

Mobilmachungsbefehl für das Selbstschutz-Sturm-Regiment Heinz (Hauenstein), von Schlageter unterzeichnet

Befehl für den Angriff auf Salesche, Slawentzitz, an dem Schlageter mit seiner Kompanie teilnahm

2 Vorlagen: Heeresarchiv

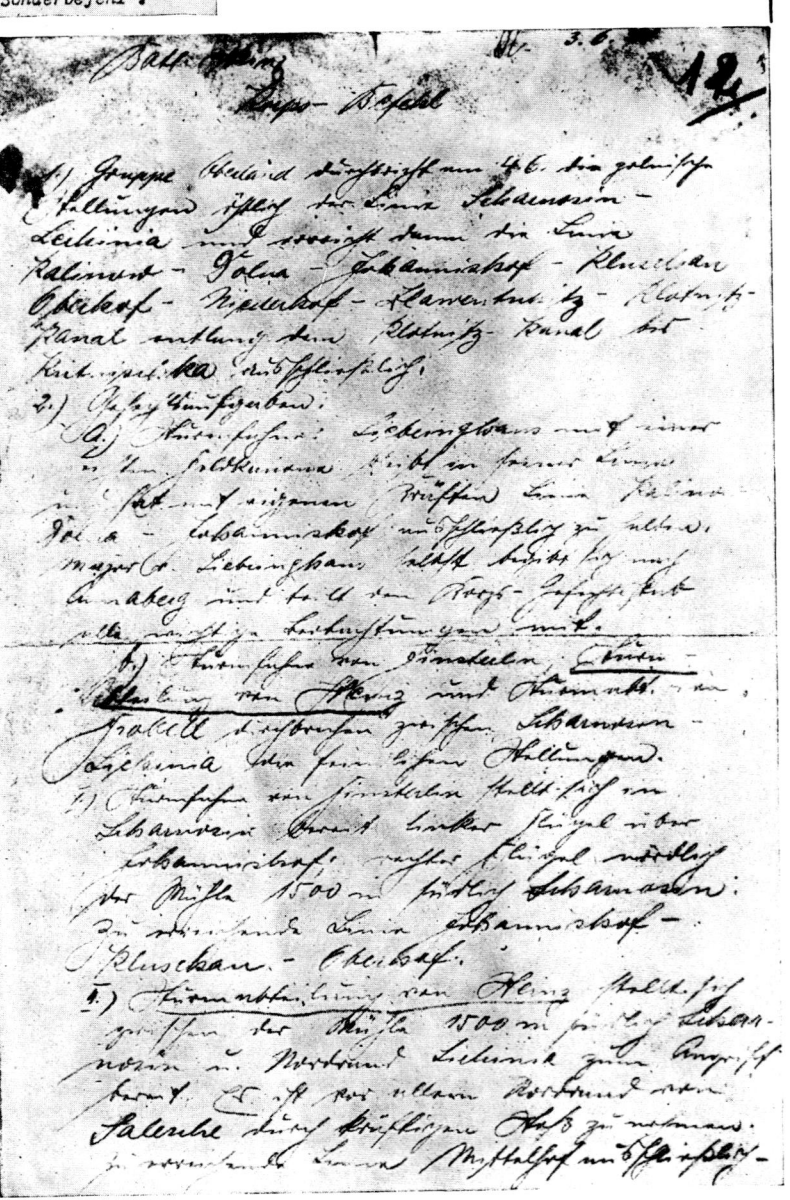

Ausschnitt aus der Mitgliederliste der Ortsgruppe Berlin der NSDAP. vom November 1922, in der Schlageter unter Nr. 61 verzeichnet ist

Vorlage: Reichsparteiarchiv

```
53.) Erich Möbius,Berl.N.65,Türkenstr.22.Techniker,14.8.03.
54.) Hans Naujoks,Berl.Kottbuserstr.8,b'Richter,Kaufmann,30.7.01.
55.) Ernst Aug.Ocker,Stegl.Schützenstr.59.Bankbeamter,21.4.03.
56.) Johannes Mantel,Berl.Fasanenstr.35.Privatsekretär,4.7.96.
57.) Joseph Dorzek,Berl.Triftstr.66,h.2Tr. Fleischer,3.12.94.
58.) Dr.med.Gerh.Rose,Berl.W.62.Kleiststr.9,Portal 2,3Tr. Schriftsteller
                                                und Redakteur,11.2.96.
60.) Horst Walter,Ch.Römerstr.35,stud.arch.8.8.01.
61.) Albert Schlageter,Friedrichsh.Seestr.107,Kaufmann,12.8.94.
62.) Heinz Oskar Hauenstein,Berl.W.8,Linkstr.15,Kaufmann,22.9.99.
63.) Walter Grasnik,Stegl.Breitestr.41,Kaufmann,17.10.98.
64.) Kurt Grasnik,Stegl.Sedanstr.39a,b Hertslet,Dipl.rer.pol. 6.7.95.
65.) Walter Wecke,Berl.Paulstr.6,1Tr.Poliz.Hauptmann,30.9.85.
66.) Harry Horter,Ch.Magazinstr.12,Bankbeamter,25.8.
67.) Hermann Kretschmann,Grätzwalde,Post Fichtenau b Berl. Eisenhändler
                                                          15.10.86.
68.) Felix Binsbach,Stegl.Feldstr.24/25,2Tr.Gartentechniker,19.5.00.
69.) Hans Bahr,Berl.W.57,An d Apostelkirche,1, 27.7.05.
70.) Leopold Schönberger,Berl.W.57,Alvenlebenstr.5,Schneider,15.9.99.
71.) Friedrich Dernbach,Ch.Bismarkstr.8,2Tr. Kaufm.Angestellter,Ltna}D}
                                                          17.2.99.
72.) Dr.Karl Schmidt,Berl.W.50,Augsburgerstr.64,4Tr. Syndikus,11.1.91.
73.) Hans Krieber,Berl.Mittelstr.19,Rechtsanwalt und Notar,11.1.79.
74.) Franz Wagenführer,Stegl.Rothenburgstr.30,Bankbeamter,19.1.96.
75.) Gerh.Schiche,Lichterf.Manteufelstr.3,Bankbeamter,Oblt.a.D25.5.95.
76.) Hans Otto Möbius,Stegl.Lauenburgerstr.13, 3Tr.Kaufmann,6.4.94.
77.) Georg Schulze,Stegl.Lothar Bucherstr.17, 3Tr.Schüler,11.6.94.
78.) Fritz Nieschlag,Stegl.Mariendorferstr.1.1Tr.cand.iur.et rer.pol.
                                                          25.12.99.
79.) Fritz Haake Stegl.Altmarkstr.9,2Tr.W.35,Steglitzerstr.63.Kaufmann
                                                          2.2.79.
```

sich bereit erklärt, auf den Ruf seines Führers wieder zur Verfügung zu stehen. Die Männer der Batterie, die nicht Badener waren, faßte Schlageter zu einer Arbeitsgemeinschaft zusammen, die ständig für gemeinnützige Arbeiten der Stadt Königsberg zur Verfügung standen. Schlageter selbst machte sich auf die Suche, seinen Männern ein Tätigkeitsfeld zu bieten, das ihrer Kraft und ihrem Geist angemessen war. Der Nachkrieg war noch nicht zu Ende, jeder der Freikorpsmänner spürte dies im Blut. Es gab eine Gegend im Reich, in der sich soeben ein neues Feld der Entscheidung entwickelte. Schlageter fuhr auf gut Glück nach Schlesien, nach Breslau. Auf dem Bahnhof dort traf er den ihm von der Marine-Brigade her bekannten Fähnrich Hauenstein. Schon nach den ersten Worten erfuhr Schlageter, daß Hauenstein im Begriffe stand, gegen den unerträglichen Terror polnischer Insurgenten nun, in den Tagen des zweiten polnischen Aufstandes in Oberschlesien, eine Stoßtruppe besonderer Art, eine geheime Spezialpolizei aufzustellen, wenn es denn schon verboten war, im Rahmen einer regulären militärischen Formation zu kämpfen. Dies erfuhr Schlageter noch auf dem Bahnsteig. In der Schalterhalle schon hatte er sich durch Handschlag verpflichtet, dieser neuartigen Formation der Freikorpskämpfer mit ihren neuartigen Methoden des Kampfes beizutreten.

Er tat Dienst in einem der Stoßtrupps, die in Neiße für ihre besonderen Aufgaben geschult wurden. Er wurde ausgebildet als Mann unter Männern, von der Pike auf und konnte schon nach wenigen Wochen mit einem unter seinen Befehl gestellten Stoßtrupp an die Serie kühner Handstreiche gehen, die seinen Namen und seine Person unter den harten Männern dieses Krieges im Dunkeln bekanntmachten. Er wurde zu Aufgaben der Gegenspionage, der Waffenverschiebungen und der Organisation von geheimen Selbstschutzformationen angesetzt. Er übernahm keine Aufgabe, von der er nicht überzeugt war, daß sie gelöst werden mußte und es gab keine, die er übernahm, die nicht gelöst wurde. Bei der Befreiung der zwanzig deutschen Gefangenen aus dem unter französischer Bewachung stehenden Gefängnis in Cosel leitete er den Stoßtrupp, der das Unternehmen zu sichern hatte. Trotz schwierigster Verhältnisse und überraschender Umstände erforderte das von Schlageter gesicherte Unternehmen keine Verluste. Er blieb ständig mitten im Herzen des Aufstandsgebietes unter der Drohung des Verrats und unter den Schatten der von jeder Seite aufgerichteten Gefahr. Als im Mai 1921 der dritte, schrecklichste Aufstand der Polen losbrach, mußten die einsam fechtenden Selbstschutz-

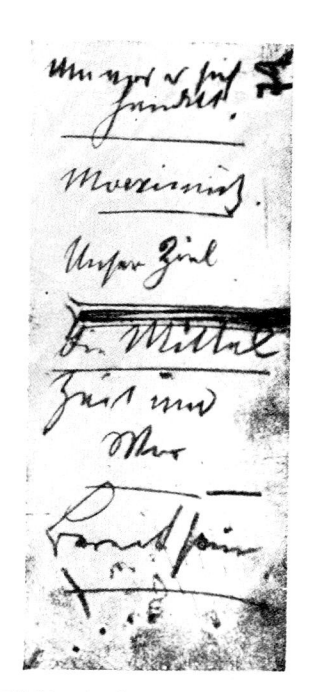

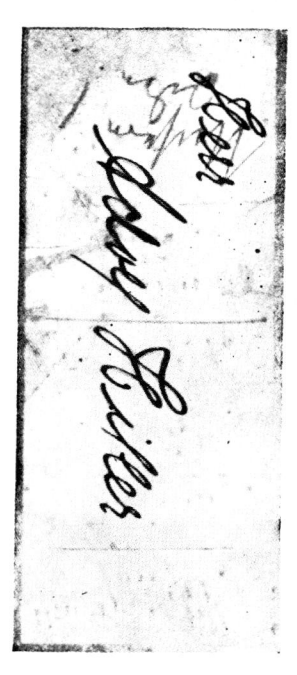

Tischkarte des Führers, auf die er sich die Stichworte zu einer Rede notierte, die er im November 1922 in München bei einer Zusammenkunft von Offizieren der Freikorps Roßbach und Heinz (Hauenstein) hielt, und an der auch Schlageter teilnahm

Vorlage: Reichsarchiv

O. U. den 5. III. 23.

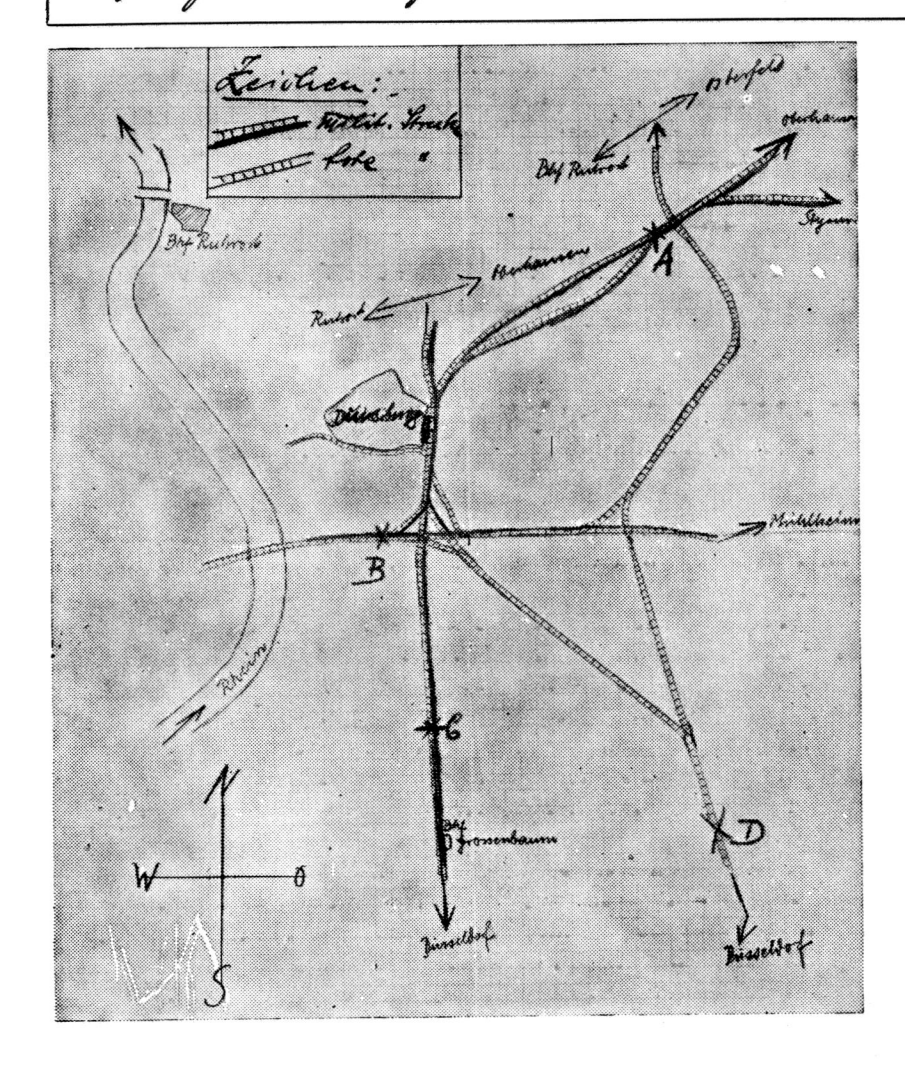

Bericht über Bahnerkundung in Duisburg und Umgebung am 3. III. u. 4. III.

1) *Hauptbahnhof Duisburg:*

   a) Im Verlaufe des Sonnabend Nachmittag waren im Haupt- und Güterbahnhof bis in die späte Nacht hinein 6 Lokomotiven tätig Personen- und Güterzüge zusammen zu stellen. Es wurden abgelassen
4²⁰ Güterzug etwa 40 Waggon (meist geschlossen) in Richtung nach Duisburg-Düsseldorf.
5³⁰ Personenzug aus Düsseldorf und Oberhausen (ohne Passagiere) mit 20 Mann Besatzung
5³⁵ Güterzug 20 Waggon nach Düsseldorf
7¹⁰ Pillenzug 35 ?
8³⁰ Güterzug aus Düsseldorf bis Duisburg mit 15 Mann Besatzung (anscheinend Proviantzug).
   b) Sonntag vormittags: Es arbeiten 4 Lokomotiven, abgefahren:
9²⁰ Personenzug in Richtung Oberhausen mit etwa 40 Mann. 4 Lokomotiven aus Oberhausen.

2) Für die Ein- und Abfahrt der Personenzüge und Güterzüge werden im Bahnhof Duisburg dauernd 4 Gleise freigehalten. Die übrigen Gleise sind mit Güter- u. Personenwagen vollkommen verstopft. Dauer der Zusammenstellung des 20 Waggon Güterzuges 3 Stunden.

3) *Bewachung:* Der Haupt- und Güterbahnhof Duisburg waren am 3. u. 4. III. mit etwa 70–80 Mann besetzt. Auf der Strecke zwischen Hauptbahnhof D. und dem großen Knotenpunkt südlich Duisburg stehen 5 Doppelposten. Zum Stellen der Weichen waren etwa 20–25 Mann (frz. Bahnbeamte) tätig. Während der Beobachtungszeit waren ungefähr 3–4 deutsche Bahnbeamte zu sehen. Ob sie den Franzosen behilflich waren konnte nicht festgestellt werden, da sie sich in der Hauptsache in den Gebäuden aufhielten.

4) Zur Lahmlegung der militarisierten Strecken sind Sprengungen in den Punkten A, B, C nötig (siehe Anlageskizze). Die Vorbereitungen beanspruchen etwa 3–4 Tage Zeit.
Um eine Umlegung des Verkehrs auf die jetzt stillgelegte Strecke Oberhausen – Düsseldorf zu verhindern wäre diese Strecke im Punkt E zu laden.

5) In der Anlage Skizze über die militarisierte Strecke.

Erkundungsbericht Schlageters für die Sprengung bei Kalkum

Ehe der Befehl zur Störung des Eisenbahnverkehrs zwischen Duisburg und Düsseldorf gegeben wurde, beobachteten Posten den gesamten Verkehr auf diesen Linien. Auch Schlageter beteiligte sich daran. Über seine Beobachtungen und seine Vorschläge reichte er den obenstehenden Bericht an die Zentrale der Organisation Heinz nach Elberfeld ein, den er durch nebenstehende Skizze erläuterte. Wenige Tage später erhielt er den Auftrag zur Sprengung an den vorgeschlagenen Punkten. Während die von ihm selbst geführte Sprengung beim Punkte C gelang, stießen andere Teile seines Stoßtrupps bei Großenbaum auf französische Radfahrerpatrouillen, so daß für diese Nacht an den Punkten B und D die geplanten Sprengungen unterbleiben mußten

2 Vorlagen: Reichsarchiv

Rechts: Eine verhängnisvolle Eintragung. Das Gästebuch des Hotels in Kaiserswerth, in dem Schlageter nach der Sprengung bei Kalkum mit seinem Feldwebel Krause übernachtete. Diese Eintragung bildete zweifellos eine der Grundlagen für die Jagd der Franzosen nach Schlageter. Bei einem Vergleich der nebenstehenden Schriftzüge mit den Namensdeutungen, die der Steckbrief enthält, den wir auf dieser Seite unten veröffentlichen, und dessen Unterlagen von den Franzosen den deutschen Behörden zur Veröffentlichung übergeben wurden, fällt dies sofort auf. „Fr. von Krampe oder von Krause" wird darin Feldwebel Krause, „Albert Leo Schagstein oder Schapeten", wird Schlageter genannt. Die im Steckbrief gegebene Beschreibung der Bekleidung trifft auf die Bekleidung zu, die beide beim Betreten des Hotels an sich hatten. Diese Übernachtung im Hotel von Kaiserswerth war die erste genauere Spur, die die Franzosen von Schlageter erhielten

2 Vorlagen: Archiv Reiter gen Osten

Deutsches Fahndungs[blatt]

25. Jahrgang.   Berlin, den 12. April 1923.

II. Teil.
Bekanntmachungen polizeilichen Inhalts.

27. Eisenbahnsprengung in Calcum. Am 15. 3. 1923, abends gegen 8 Uhr, wurden die Eisenbahngeleise über den Haarbach, Gemeinde Calcum, gesprengt. Als Täter kommen wahrscheinlich zwei junge Leute, die wie folgt beschrieben worden sind, in Frage. Familiennamen mutmaßlich Fr. von Krampe oder von Krause und Albert Leo Schagstein oder Schapeten, der eine 20 bis 25 Jahre alt, 1,60 m groß, schlank, dunkelblond, ohne Bart, volles Gesicht, Gang und Haltung aufrecht, spricht auswärtige Mundart (kein Rheinländer), bekleidet mit schwarzen Schnürschuhen, braunen Sportstrümpfen, grauem Fischhautmantel mit Gürtel und heller Sportmütze; der andere 20 bis 25 Jahre alt, 1,80 m groß, schwächlich, blond, ohne Bart, längliches Gesicht, Gang und Haltung aufrecht, Rheinländer, trug Kneifer, Kldg. schwarze Schnürschuhe, grauer Regenmantel und heller Schnitthut. Infolge des Attentats sind angesehene Bürger als Geiseln durch die Besatzungsbehörde ins Gefängnis gebracht worden und sollen erst bei Ermittlung der Täter in Freiheit gesetzt werden. Es wird daher um Anstellung geeigneter Ermittelungen nach den Tätern und um eventuell schleunige Mitteilung an die unterzeichnete Polizeibehörde ersucht. J Nr. 1363.
Kaiserswerth, 5. 4. 1923.   Die Polizeiverwaltung.

28. Wer kennt den Unbekannten? Der in der Beilage abgebildete Unbekannte, der am 28. 12. 1922 in Jena wegen Diebstahls festgenommen wurde und dessen Personalien seither nicht festgestellt werden konnten, hat folgende Personalangaben gemacht: Walter Schwidtmann, auch Schmidtmann, geb. 19. 4. 1878 in Barmen, kath., ledig, Eltern Wilhelm und Marie geb. Weber. Die angegebenen Personalien, unter denen der Unbekannte bereits in Hildesheim wegen Einbruchdiebstahls und in Erfurt wegen Fahrraddiebstahls verurteilt wurde, werden von diesem zu Unrecht geführt. Der richtige Schwidtmann, dessen Papiere mißbräuchlich benutzt werden, ist bis jetzt nicht ermittelt worden. Der falsche Schwidt-

kämpfer des gleich einem Hexenkessel brodelnden Gebiets hinter die Abstimmungsgrenze zurückgenommen werden. In Neisse stellte Hauenstein in aller Geschwindigkeit ein Selbstschutzbataillon auf, dessen Waffen mit Hilfe Schlageters schon vorher sichergestellt waren. Schlageter übernahm sogleich eine Kompanie, um dann ein Bataillon zu führen, als sich die Formation Heinz später zu einem Regiment entwickelt hatte. Die Männer seiner früheren Batterie, wie überhaupt die Kameraden, die einmal in seine Nähe kamen, strömten auf Anruf herbei. Und Schlageter fand noch Zeit, in einem alten Schuppen in Neisse eigenhändig, Schürze umgebunden und Putzlappen in der Hand, aus verrosteten Einzelteilen ein Geschütz zusammenzubasteln, das späterhin gute Dienste und dem alten Artilleristen Schlageter freundliche Betätigung leisten sollte. Das Bataillon Schlageter war eines der ersten an der sich langsam neu bildenden Front des deutschen Selbstschutzes. Es schob sich im Rahmen des Regiments in dauernden Gefechten bis in die Ausgangsstellung zu jenem entscheidenden Sturm heran, der den Annaberg wieder in deutsche Hand und Oberschlesien in seinen deutschen Teilen wieder zum Reich bringen sollte. Riga und Annaberg, die beiden glänzendsten Gefechte des deutschen Nachkrieges sind untrennbar mit Schlageters Namen verknüpft.

Riga und Annaberg sind aber auch die beiden Wendepunkte, an denen es sich zeigte, wie wenig die Leiter des Reiches und seiner Politik, wie wenig die dumpfen, betörten Massen des deutschen Volkes mit

Schlageters Gefängniszeit in Düsseldorf

4 Photos: Archiv Reiter gen Osten
2 Vorlagen: Heeresarchiv

Oben rechts: Kalender, den sich Schlageter auf der Rückseite einer Zigarettenschachtel anlegte und der nach seiner Erschießung in seiner Zelle gefunden wurde. Er bricht am 25. ab. In der Nacht vom 25. zum 26. Mai trat er seinen letzten Gang an. 2. Reihe: Die Zelle Schlageters. Links: Blick in die Zelle vom Gang des Gefängnisses aus. Rechts: Blick aus der Zelle nach dem Gefängnis-Innern. Mitte: Blick aus dem Fenster der Zelle Schlageters. Unten links: Blick auf den Flügel des Gefängnisses, in dessen dritten Stock sich die Zelle Schlageters befand.

Rechts: Eintragung im Einlieferungsbuch des Gefängnisses Düsseldorf-Derendorf. Vom Stoßtrupp Essen wurden an diesem Tage aus dem Gefängnis Werden eingeliefert: Becker, Werner, Schlageter, Sadowsky, Bisping, Kuhlmann, wegen Sabotage und Spionage, wie es in der Eintragung heißt. Das Kreuz wurde von dem französischen Gefängnisinspektor am Tage nach der Erschießung hinter den Namen Schlageters gesetzt.

Der letzte Brief, den Schlageter unter Umgehung der französischen Kontrolle mit Hilfe eines deutschen Gefängniswärters an Heinz Hauenstein richten konnte, und in dem er Angaben über seine Aussagen und über seine Behandlung durch die Franzosen machen konnte

Der letzte Brief, den Schlageter kurz vor seiner Erschießung an seine Eltern richtete

2 Photos: Reichsarchiv

Der Weg längs des Nordfriedhofes zur Golzheimer Heide, der letzte Weg Schlageters
2 Photos: Archiv Reiter gen Osten

den Siegen anzufangen wußte, die ihnen die beste, die gläubige, gehärtete Jugend der Deutschen wie auf einer Opferschale anbot. Der Oberschlesische Selbstschutz wurde vom Reiche nicht weniger verraten wie die Truppen im Baltikum, wie die Freikorps im Innern. Mit den anderen Selbstschutzverbänden wurde auch die Truppe Hauensteins aufgelöst und zerstreute sich über das Reich. Die Männer unterhielten miteinander enge Fühlung, aber es galt für den einzelnen, eine gewisse Wartezeit durchzustehen. Nichts hätte Schlageter daran verhindern können, in seine Heimat zurückzukehren, das Studium wieder aufzunehmen, wo er es liegen gelassen, nichts, außer der Gewißheit, daß nicht das Votum der Feinde, nicht der Kleinmut der Machthaber, sondern einzig die Stimme in der eigenen Brust Richter war über die Frage, ob eines Mannes Aufgabe im Deutschland jener Jahre schon erfüllt sein durfte. Schlageter ging nach Berlin, dem Zentrum der geheimen Entscheidungen, dem Brennpunkt der kommenden Ereignisse. Anfangs glaubte er sich von seinem Instinkt getäuscht. In Berlin hing er in der Luft. Er hatte keine Zeit gehabt, sich mit der Politik der Parteien zu befassen, dort gab es keine andere als diese, und ihre Dünste stiegen nicht gut in seine Nase. Er suchte Männer, nicht Programme. Und er traf Männer und was sie sagten, leuchtete ihm ein. Aber er glaubte niemals eher, als bis er geprüft. Er fuhr nach München. Als er zurückkam, trug er sich unter der Nummer 61 in eine Liste ein. Und mit ihm alle Kameraden, die seinem Wort vertrauten, und das waren nicht wenige.

Nur ein paar Wochen später gab der Einmarsch der Franzosen in das Ruhrgebiet das schon lange erwartete Signal für die vereinzelten Kameraden Schlageters im Reich. Schlageter war einer der ersten am Brennpunkt der Ereignisse. Als seine nächsten Kameraden in Elberfeld, der geheimen Zentrale dieser Gruppe, eintrafen, hatte er bereits das Gelände sondiert und konnte die ersten Anweisungen geben. Er begann, im Verein mit Hauenstein und den Kampfgenossen aus der oberschlesischen Zeit, im vollen Bewußtsein der ungemein gesteigerten Gefahr — „Oberschlesien war ein Dreck dagegen!" — sofort mit der Vorbereitung und Durchführung der Sabotageakte. Andere stießen zu ihm, Männer aus Elberfeld, aus dem bedrohten und geschändeten Gebiet, Männer, die heute bewährt, damals ihre erste Probe im Dienste einer neuen Epoche bestanden, Lutze,

„Die Erschießung Schlageters", ein weit verbreitetes Bild, das meist als „einzige existierende Aufnahme von der Erschießung Schlageters, aufgenommen von einem französischen Offizier", bezeichnet wird. Als das Bild den deutschen Zeugen der Erschießung vorgelegt wurde, konnte es sofort als Fälschung erkannt werden. So erklärten die beiden Geistlichen, Pfarrer Faßbender und Kaplan Roggendorf, nicht im Ornat, sondern in Zivil teilgenommen zu haben. Ortssachverständige erklärten, daß sich in der Schußrichtung keine Mauer befunden hat. Nachforschungen haben ergeben, daß eine französische Filmgesellschaft wenige Tage später die Erschießung an anderer Stelle gespielt und aufgenommen hat, um die Szene als Sensation einer französischen Wochenschau beizufügen. Diesem Filmstreifen soll das Bild entstammen

Die Überführung Schlageters in Elberfeld nach der Heimat durch die Kameraden Schlageters. Vorn links: Erich Koch, der heutige Oberpräsident von Ostpreußen
Photo: Archiv Reiter gen Osten

Kaufmann, Koch — die nächsten Tage und Wochen waren ein Wirbel von Tätigkeit und Gefahr.
Es existiert von Schlageter ein kleines Dokument, auf einem zerknitterten Stück Papier mit Bleistift wenige Linien und ein paar Worte: Die Erkundungsskizze für die Brückensprengung bei Kalkum. Dies Dokument, ein Croquis, sauber und kunstgerecht gefertigt, daß der strengste Lehrer der Kriegsakademie seine Freude daran gehabt hätte, beweist die Grundsubstanz dieses Mannes und seines Handelns, — sie war soldatisch. Sie war soldatisch in seinem Tun und in seinem Tod. An ihm und seinem Einsatz sind auch die Wandlungen des Soldatischen im deutschen Nachkrieg sichtbar und nachzumessen. Und nicht nur die Wandlungen allein: Alle Elemente des Kriegerischen werden in diesem Leben eines Soldaten sichtbar. Der Batterieführer Schlageter, Offizier nach dem Gewissen der deutschen Tradition, wurde zum Meister des Handstreichs, als die Armee zerbrach, als das Freikorps den schnellen, wendigen Einsatz suchte. Die Aufgaben des Stoßtrupps im Rahmen der Spezialpolizei fanden in Schlageter den kalt rechnenden Techniker außerhalb von Tradition und Bindung. Noch einmal durfte er den Glanz des Sturms vor geschlossenem Bataillon erleben, am Annaberg, dann fand der Kriegstechniker ein neues Feld. Soldat ohne Befehl, politischer Soldat im Dienste einer Ordnung, die sich eben erst zu artikulieren begann, stand er als einzelner gegen die Gewalt des zerbröckelnden Gefüges einer im Untergang befindlichen Welt. An Stelle von Stoßtrupps traten Sabotagekolonnen, statt Waffen wurde Dynamit wirksam, statt Angriff der Druck auf den zerstörenden Hebel, die übertechnisierte Armee des Gegners mußte an ihren empfindlichen Stellen getroffen werden, wichtiger als vernichtetes Material wurde die moralische Wirkung des mit geringsten Mitteln durchgeführten Schlages gegen die komplizierte Maschine der Zivilisationsarmee des Feindes mit dem verlogenen imperialistischen Anspruch. Kein Ruhm mehr der siegreichen Schlacht, kein Lorbeer der funkelnden Tat, kein Kriegsrecht mehr außer dem des Gerichts; am Ende der schweigende Tod des Einsamen am Pfahl. Hier hatte ein Mann allein durch sein Beispiel das strenge Gesetz aufgerichtet und besiegelt, durch das ein Mann Teil werden konnte eines Schicksals, ein Individuum Teil einer Gemeinschaft, ein Einzelner Teil eines Volkes.
Schlageter starb, nachdem er wenige Minuten vor seinem Tode auf einem Fetzen Papier alles gegrüßt hatte, was ihm teuer war, Vater, Mutter, die Verwandten, die Heimat, das ganze Vaterland. Das ganze Vaterland ehrt heute den Mann, den damals keiner kannte. Ein riesiges Kreuz ragt heute weithin über der Golzheimer Heide. Und unsichtbar steht es auf allen Gefechtsfeldern des deutschen Nachkrieges, Anruf und Mahnung zugleich.
Der Mensch Schlageter, den nur wenige kannten, ist entlassen aus dem Gedächtnis der Freunde und Kameraden und mit dem ganzen Volke in Verhaft gesetzt. Die Fahnen, unter denen er focht, die Fahnen der Freikorps, hängen nun in der Halle des Braunen Hauses in München, zerfetztes Tuch an zerbrochenen Schäften. Das Reich, um dessen Bestand Schlageter einst focht, hat nunmehr auch jene Grenzen einbezogen, an denen Freikorpsgeist in Deutschen lebte, als noch die glühende Lösung erst in wenigen verwegenen Herzen träumte, in Kärnten und im Sudetenland.

Die Beerdigung Schlageters in seinem Heimatort Schönau in Baden
Photo: Archiv Reiter gen Osten

ALBERT LEO SCHLAGETER

Personen- und Formationsverzeichnis

A

Aachen, Separatistenabwehrkämpfer: 442, 452, 453, 454, 455, 456
Abwehrstelle Pfalz: 461
Adenau, Separatistenabwehrkämpfer: 449, 450, 452
Aegidienberger Selbstschutz: 457, 458
Alexander, engl. Oberst: 128
Amberg, Freikorps: 99
Andler, Kapitänlt.: 416
Anhalt, Freikorps: 51
AOK. VIII: 145
AOK. Heimatschutz Ost: 215
Arco-Valley, Leutnant Anton Graf: 18
v. Arnauld de la Perrière, Kapitänlt.: 398, 399, 400, 407
Arneitz, Oberlt.: 317, 319, 324, 326, 327
v. Aulock, Freikorps: 17, 90, 91, 92, 221, 394, 395
v. Aulock, Oberlt.: 90, 221, 223, 225
Awaloff-Bermondt, Oberst Fürst: 128, 189, 190, 191, 192, 193, 195

B

Baden, Regt.: 208, 478
Badisches Sturmbatl.: 147, 180
Bahrenfeld, Regt.: 70
Bahrenfeld, Zeitfreiw.-Regt.: 16, 69, 70, 71
Balla, Freikorps: 158, 159
Balla, Hauptm.: 158
Ballod, lett. Brigade: 166, 187, 210
Baltenkreuz: 14
Baltenland, Regt.: 201, 206, 213
Baltische Landeswehr: 127, 128, 147, 148, 152, 153, 154, 155, 157, 165, 166, 168, 170, 180, 181, 182, 184, 187, 191
Bamberg, Freikorps: 120
v. Banck: 262
Banfield, Hauptm.: 332

Bauer, Oberst: 343, 344
Bayreuth, Freikorps: 109, 118
Bayrische Schützenbrig.: siehe Freikorps Epp
Bayrisches Schützenkorps: siehe Freikorps Epp
1. Bayrisches Schützenregt.: 114, 115
Becker, Alfred (gen. Bühring): 253, 486, 487
v. Beckh, Generalmajor Ritter: 107
v. Below, Reiterabtlg. d. Balt. Landeswehr: 156
v. Bentivegni, Hauptm.: 390
Berding, Major: 152
Bergerhoff, Oberlt.: 255, 256, 296
Bergerhoff, Selbstschutzbatl.: 263, 271, 272, 273, 276, 296, 297
Bergmann, Freikorps: 395
Berlin, Einwohnerwehr: 346, 348, 349
Berlin, Zeitfreiw.-Abtlg. 13: 350
Berthold, Eiserne Schar: 153, 192, 195, 205, 343, 353, 354, 355, 358
Berthold, Hauptm.: 195, 199, 200, 205, 343, 353, 354, 355, 357, 407
Besch, Sicherheitskomp.: 113
Bethusy-Huc, Selbstschutzbatl.: 297
Beuthen, Selbstschutz: 263, 303
Beutler, Lt.: 232, 233, 234
Bieberstein, Rittm. Frhr. Marschall v.: 174
Bierey, Oberst: 360
Biondi, ital. Hauptm.: 259, 261
Bischoff, Major: 127, 128, 178, 183, 191, 200, 205, 353
Blankenburg, Freiw.-Abtlg.: 383
v. Bock, Freikorpsbatt.: 396
v. Bock und Pollach, Major: 396
Böckelmann, Major: 180, 183
Böhmerland, Freiw.-Batl.: 17
v. Boetticher, Oberlt.: 259

Bode Oberstlt.: 78
Bogendörffer, Freiw.-Det.: 109, 111
Böger, Oberlt.: 433
v. Borke, Freikorps: 158, 159
v. Bose, Hauptm.: 394
Brabänder, Freiw.-Komp.: 374, 375
Brabeck, Oberlt.: 317, 320
Bramsch, Major: 360
v. Brandis, Arbeitsgemeinschaft: 413
v. Brandis, Freikorps: 128, 129, 159, 162, 171, 175, 208, 211
v. Brandis, Hauptm.: 128, 175, 208, 209, 210, 213
Braune, Schweres Feldhaubitz-Batl.: II
Braunschweig, Zeitfreiw. Jäger-Regt.: 60
Bremen, Stadtwehr: 66
Bromberg, Eisenbahn-Batl.: 241
Bromberg, Grenzschutz-Batl.: siehe Grenzschutz-Batl. 3
Bruno, Panzerzug: siehe Panzerzug Bruno
Bruns, Major: 318, 400, 402
Brüssow, Freikorps: 51, 220
Büchner, Lt.: 361
Büchner, Oberlt.: 179
v. Bülow, Freiw.-Batl.: 151
v. Bülow, Oberlt.: 161
Buhl, Lt.: 270, 274, 278, 279
Buth, Hauptm.: 297, 300

C

Carls, Kapitänlt.: 398, 400, 402
Caspari, Freiabtlg. 62, 64, 67
Caspari, Major: 62, 63, 64, 65, 66
Cham, Waldler-Batl.: 111
v. Chappuis, Major: 222, 224
v. Chappuis, Jäger-Batl.: 215, 221, 222, 224
v. Chappuis, Selbstschutz-Det.: 271, 272, 273, 274, 275, 276, 279
Chemnitz, Zeitfreiw.-Regt.: 362

Chiemgau, Freikorps: 116
Claaßen, Siegfried, Kapitänlt.: 398, 402
Courbière, Freiw. Sturmabtlg.: 241
Cranz, Carl, Lt.: 171, 172
Cranz, Eberhard, Oberlt.z.S.: 171, 172
Czerwionka, Selbstschutzstoßtrupp: 260, 261

D

Damm, MGSS.-Abtlg.: 207, 208
v. d. Decken, Selbstschutz-Batl.: 263
v. Delius, Oberst: 122
Detjen, General: 111
Deutsche Legion: 128, 129, 189, 192, 199, 206, 207, 208, 209, 210, 211, 212, 213, 478
Deutsche Schutzdivision: 39, 49
v. Diebitsch, Freikorps: 128, 137, 197, 408, 409, 411
v. Diebitsch, Oberst: 137, 197, 412
Dietzsch, Major: 383
Dömming, Freischar: 296
Dohna, Freikorps: 233, 251
Dohna, Rittm. Graf: 156
Dohna-Schlodien, Korvettenkapitän Nikolaus Graf: 251
Doms, Dr.: 259
Dragoner-Regt. 8, Freiw.: II
Dragoni, Hauptm.: 325
Dresden, Einwohnerwehr: 364
Duisburger Einwohnerwehr: 392
Düsseldorf, Freikorps: 390, 391, 395
Düsseldorf, Reserve-Freikorps: 390

E

Eberding, Lt.: 261
v. Eberhard, General: 128, 129, 205, 211, 212
Eberhard, Selbstschutz-Batl.: 263
Eberlein, Dr. Ritter v.: 461

491

Eckardt, Grenzschutz-Det.: 237, 240
Eckardt, Lt.: 237, 238, 239, 240, 241, 242
Eckelt, Rittm.: 274
Eglseer, Oberst: 316, 318, 319, 326
Ehrhardt, Korvettenkapitän: 68, 123, 343, 345, 348, 423
v. Eicken, Lt.: 299, 300
v. Eicken, Selbstschutz-Komp.: 273, 274, 276, 278, 298, 479
Eisenbahn-Regt., Freiw.: 15
Eisenbahner-Batl. Bromberg: s. Bromberg, Eisenbahner-Batl.
Eisenbahner, Ruhrkampf-Sabotage-Org. der: 438, 439, 440, 441, 442
Eiserne Brigade: 127, 145
Eiserne Division: 127, 128, 129, 147, 167, 170, 176, 178, 179, 182, 191, 192, 203, 205, 206, 253
Eiserne Division, Arbeitsgemeinschaft: 413
Eiserne Eskadron: 53, II
Eisner, Ministerpräsident: 18
Elberfeld, Zeitfreiw.-Batl.: 385
Elisabeth, Komp.: 163, 164
Emir, Frhr. Marschall v.: siehe Bieberstein
Engelhardt, Generalmajor: 107
v. Engelhardt, Kav.-Abtlg.: 182, 183, 184
v. Engelhardt, Rittm.: 182, 183, 184
v. Epp, Division: 343, 395
v. Epp, Freikorps: 39, 105, 111, 114, 116, 118, 119, 120, 403
v. Epp, General der Inf., Ritter v.: 18, 39, 105, 112, 114, 115, 118, 119, 120, 400
Erbelding, Major: 53
Erlangen, Freiw. Jägerkorps: 107, 108
Essener Einwohnerwehr: 383, 384
v. Estorff, General: 76, 78, 80
Eulenburg, Freikorps: 165
Eulenburg, Freiw.-Batl. der Balt. Landeswehr: 163
zu Eulenburg, Rittm. Botho Graf: 165

F

Fahr, Lt. d. R.: 94, 95, 96
v. Falkenstein, Major: 385
Fattinger, Hauptm. Dr.-Ing.: 322
Faupel, Oberstlt.: 123, 402
Faupel, Freikorps: 16, 39, 106, 111, 123, 343, 395, 400
Feldartillerie-Regiment 15, Freiw.: II
Feldartillerie-Regt. 32: 248
Feldartillerie-Regiment 53, Freiw.: II
Fels, Kapitänlt.: 296
Ferlacher, Alarmkomp.: 328
Filehne, Bürgerwehr: 234
Finsterer, Freiw.-Regt.: 395
v. Finsterlin, Hauptm. Ritter: 118, 273, 274, 276, 279, 480, 482
v. Fischel, Kapitänlt.: 398
Fischer, Lt. z. S. Hermann: 349
Fitzek, Robert (gen. Wulffen): 253, 303
Fletcher, Major: 154, 155, 165, 166, 168, 182, 183, 184
Flick, Offizierstellv.: 36, 37, 38
Flieger-Abt. 424, Freiw.: 174
Fliegerhorst, Elsenmühle: 215
v. Franckenberg, Oberst: 56
Frankfurt a. Main, Zeitfreiwillige: 380
Freikorps der Arbeit: V
Freischützen-Regt., Berlin: 53
Freiw.-Batl. 6: 127
Freiw.-Batl. 7: 145
Freiw.-Batl. 9: 127
Freiw.-Batl. 42: 129, 130, 131, 132, 133, 134, 135
Freiw.-Batl. 52: 408
Freiw.-Regt. 20, Sächs.: 138
v. Friedeburg, General: 110, 111, 224
Fritz, Lt.: 317, 318, 324, 325
v. Frobel, Oberlt.: 299
v. Frobel, Selbstschutzbatl.: s. Gogolin, Selbstschutzbatl.
Fromm, Oberst: 70
Frotscher, General: 61
Füsilier-Regt. 39, Freiw.: 223, 224, 390
Fußartillerie-Regt. 1, Freiw.: 75
Fußartillerie-Regt. 2: 233
Fußartillerie-Regt. 5, Freiw.: 228
Fußartillerie-Regt. 15: 232

G

Gabke, Freikorps: 395, 396
Gabke, Generalmajor: 396
Gärtner, Major: 385
Gailtal, Volkswehr-Batl. Nr. 5: 310, 312
Gardedukorps, Freiw.-Komp.: 40
3. Garde-Feldartillerie-Regt., Freiw.: II
Garde-Füsilier-Batl., Freiw.: 16
2. Garde-Infanterie-Division: 111, 223, 224
Gardejäger, Freiw.: 39, 42
Garde - Kavallerie - Schützen - Division: 15, 39, 44, II, 55, 107, 124, 344
Garde - Kavallerie - Schützen - Kdo.: 111, 113
Garde - Kavallerie - Schützen - Korps: II
Garde-Landesschützen-Abtlg.: s. v. Neufville, Freikorps
1. Garde-Regt., Freiw.: 39, 40, 42, 163
2. Garde-Regt.: 35
1. Garde-Reserve-Division: 127, 128, 129, 146, 147, 148, 172, 190
2. Garde-Reserve-Regt.: 146, 147
Garde-Schützen, Freikorps: 163, 164
v. Garnier, Selbstschutz-Batl.: 297
Gebirgsmaschinengewehr-Abtlg. 229: siehe Paulßen, Freikorps
Gené, Hauptmann: 358
Generalkdo., I. Armeekorps: 74, 76, 77, 78, 80
Generalkdo., IV. Armeekorps: 59
Generalkdo., V. Armeekorps: 222, 227
Generalkdo., VI. Armeekorps: 90, 216, 221, 222, 223, 224, 225, 226, 249
Generalkdo., XVII. Armeekorps: 245
Generalkdo., XIX. Armeekorps: 60
Generalkdo., VI. Reservekorps: 137, 141, 163, 202, 205
Generalkommando 52: 127
Genz, Oberstlt.: 285
Gerstenberg, Division: 16, 62, 64, 65, 68
Gerstenberg, Oberst: 64, 65, 67
Gerstmann, Hauptm. Josef: 316, 323
Gerth'sche Jäger, Freikorps: 17, 77, 78
Gestefeld, Hauptm.: 230, 231
Gieseler, Ostpreuß. Jägerkorps: 77
Gießler: 466
v. Gilgenheimb, Major: 271, 272
v. Gillhausen, General: 385
Glantaler Alarmkomp.: 321
Gleiwitz, Selbstschutz: 263
Gleiwitz, Selbstschutz-Batl.: 297, 300
Godin, Zeitfreiwilligen-Batl.: 404

Goerges, Lt.: 415, 416, 441, 442
Görlitz, Freikorps: s. Faupel, Freikorps
Görtschitzthaler Alarmkomp.: 321
Göttingen, Zeitfreiw.-Regt.: 395
Gogolin, Selbstschutz-Batl.: 263, 266, 271, 272, 297, 298, 299, 480, 482
Goldingen, Freiw. Jägerkorps: 152
Graf v. d. Goltz, Generalmajor: 127, 128, 163, 164, 191, 195, 210, 223, 224
Goldfeld, jüd. Rittm.: 207
Goldfeld, lett. Kav.-Regt.: 207
Goslarer Jäger: 59
Gough, engl. General: 128
Graeter, Oberstlt.: 112
Graeter, Württembg. Freiw. Regt.: 110, 111, 112
Graß, Oberlt.: 320, 321, 322
Grazer Akademische Legion: 330
Greifswald, Zeitfreiw.-Batl.: 358
Grenadier-Regt. 1, Freiw.: 75
Grenadier-Regt. 6, Freiw.: 215, 217, 228
Grenzjäger, Sächsische: 16
Grenzjäger-Batl., VII.: 16
Grenzjäger-Batl., IX.: 16
Grenzjäger-Brig. 1, sächsische: 60
Grenzschutz Nord, Oberkdo.: 128
Grenzschutz Posen-Westpr.: 26
Grenzschutz-Batl. 3: 238, 239, 243
Groß-Berlin, Schutz-Regt.: 53
Grosser, Hauptm.: 226
Grützner, Oberstlt.: 269, 289
Günther, Major: 288
Gurktaler Alarmkomp.: 321
Guttentag, Selbstschutz-Batl.: 216, 263, 283, 284

H

Haas, Brig.: 18, 99, 100, 112, 120
Haas, Division: 395
Haas, Generallt.: 99, 112
Hacketau, Freikorps: 385, 386, 388
Haff- und Flußbootflottille, Freiw.: 17, 76
Hagelsberg, Danziger Grenzschutz-Det.: 244
Hahn, Kav.-Abtlg. der Balt. Landeswehr: 167
Hahn, Lt. Paul: 18, 92, 93, 94, 95, 96, 97
Halle, Freikorps: 58, 369, 370

Halle, Sicherheits-Regt.: 57
Halle, Wach-Regt.: 58
Haller, Ing.: 416
Hamburg, Einwohnerwehr: 72
Hamm, Zeitfreiw.-Komp.: 403
Hannover, Bürgerwehr: 377
Hannover, Garnisonkdo.: 377
Hannover, Zeitfreiw.-Regt.: 377, 378, 395
Hartlaub, Hauptm.: 222
Hasenclever, Batt.: 343, 381, 382
Hasenclever, Hauptm.: 381, 382
Hasse, Freikorps: 216, 251
Hasse, General d. Inf.: 251
Haßfurther, Major: 292, 295
Haßfurther, Selbstschutz-Batl.: 263, 292, 293, 295, 297
Hauenstein, Heinz: 253, 255, 257, 267, 399, 423, 424, 425, 426, 472, 473, 474, 479, 480, 482, 483, 488
Hauptmann, Freiw.-Batl.: 158
Hauptmann, Hauptm.: 158
Heidenreich, Kampfwagen-Abtlg.: 199, 200
Heiges, Reichsbahndir.: 423, 439
Heinemann, Korv.-Kapt.: 20
Heintz, Flieger-Komp.: II
Heinz (Hauenstein), Selbstschutz-Organisation: 216, 253, 255, 256, 257, 267, 399, 424, 425, 483, 489
Heinz (Hauenstein), Selbstschutz-Sturm-Abtlg.: 216, 263, 264, 267, 268, 271, 272, 273, 274, 275, 278, 297, 298, 299, 303, 479, 480, 482, 483, 485, 489
Heinz (Hauenstein), Ruhrkampf-Organisation: 267, 424, 425, 426, 473, 489
Heinzmann, Freiw.-Abtlg.: 109, 111
Heinzmann, Major: 109
v. Held, General: 55
Hellinger, Franz: 278
Henlein, Konrad: 341
Henke, Freiw.-Batl.: 179
Henschel, Lt.: 352
Henschel, MG.-Zug: 350, 352
v. Herff, Oberlt.: 373, 374
Herrgott, Oberstlt.: 111, 115
Herzig, Lt.: 299, 300, 301
Herzog, Lt.: 433
Hessen-Nassau, Freikorps: 380
Hessisches Freikorps: 380
Hess.-thür.-waldeck'sches Freikorps: 56, 110, 111, 123
Hesterberg, Oberstlt.: 90, 221, 222

Heß, Rudolf, Stellv. d. Führers: 115
v. Heuduck, General: 224
Heuschkel, Minenwerfer-Det.: 48, II
Heydebreck, Selbstschutz-Batl.: 263, 266
Heye, Oberst: 54
Hierl, Gruppe: 100
Hierl, Oberstlt.: 18, 99
v. Hiller, Grenzschutz-Jäger-Batl.: 244, 245
Hiller von Gaertringen, Major: 245
Hindenburg, Freikorps: 375, 376, 377, 378, 395
v. Hindenburg, Generalfeldmarschall: 12, 55, 224, 229, 375, 376
v. Hindenburg, Hauptm.: 377
Hindenburg, Selbstschutz-Batl. Generalfeldmarschall von: 216, 263, 285
Hoefer, Generallt.: 216, 222, 224, 251, 252, 269, 292, 295, 296
Hoehne, Selbstschutz-Komp.: 264
Hoerder, Kapitänlt.: 436
Hofacker, General: 93
v. Hofmann, General: 55
Hohenheim, Studenten-Batl.: 97
v. Holtz, Hauptm. Frhr.: 94, 96, 97, 272
v. Holtz, Selbstschutz-Batl.: 271
Horadam, Major: 271, 272, 273, 480
Horstmann, Selbstschutz-Komp.: 263, 264
Hübner, Freikorps: 108
v. Hülsen, Freikorps: 44, 55, 60, 269
v. Hülsen, Generallt.: 55, 266, 269, 271, 272, 273, 479
v. Hülst: 178, 200
Hünnicken, Freiw.-Regt.: 149, 375
Hünnicken, Major: 149, 371, 373
Husaren-Regt. 11, Freiw.: II, 72, 123, 390, 391
Husaren-Regt. 12, Freiw.: 251, 252

I

Imhoff, Hauptm.: 264
Immiolczyk, Selbstschutz-Batl.: siehe Keith, Selbstschutz-Batl.
9. Infanterie-Div.: 222, 224
11. Infanterie-Div.: 222
12. Infanterie-Div.: 222
17. Infanterie-Div.: 55

31. Infanterie-Div.: 55
35. Infanterie-Div.: 244
40. Infanterie-Div., Freiw. Verband d.: 362
117. Infanterie-Div.: 215, 222
Infanterie-Lehr-Regt.: 122
Infanterie-Regt. 4, Bayr. Freiw.: 99
Infanterie-Regt. 8, Bayr. Freiw.: 99
Infanterie-Regt. 18, Freiw.: 137
Infanterie-Regt. 21, Halbbatl. Freiw.: 128
Infanterie-Regt. 46, Freiw.: 216, 217
Infanterie-Regt. 50, Freiw.: 226, 227, 228
Infanterie-Regt. 70, Freiw.: 29, 30
Infanterie-Regt. 140, Freiw.: 215, 219, 221
Ingenohl, Oberst: 381
Invrea, ital. Major: 262, 265

J

Jackstien, 437, 438
Jacobsen, Hauptm.: 57
Jäger-Batl. 6, Freiw.: 223
Jäger Nr. 8, Volkswehr-Komp.: 310
Jäger-Batl. d. Eisernen Div.: 179, 200, 201
Jäger-Batl., Res. 11: siehe v. Chappuis, Jäger-Batl.
Jäger-Regt. zu Pferde 2, Freiw.: II
Jäger zu Pferde 6, Freiw.: II
v. Jena, Regt.: 180, 207, 208, 212
v. Jena, Rittm.: 180, 182, 183, 185
Judenitsch, Russ. Nordwestarmee: 128
Jürgens, Lt.: 253, 424, 473
Just, Hauptm.: 239, 240

K

Kärntenkreuz: 14
Kagelmann, Selbstschutz-Pionier-Abtlg.: 272
Kampfwagenzug 16, Leichter: 365, 366, 368
Kanitz, Freiw.-Batl.: 143
Kanitz, Major Graf: 143, 144, 145
Kanzler, Obergeometer: 116
Kapp: 343, 344, 347, 348, 349, 365, 376
Kastellitz, Oberlt.: 321
Kauffholtz, Freiw.-Batl.: 177
Kauffholtz, Oberlt.: 177
Kaufmann, Reichsstatthalter: 489

3. Kavallerie-Div.: 395
Keitel, Hauptm.: 377
Keith, Selbstschutz-Batl.: 264
Keller, Graf: 416, 435
Keller, Freiw.-Det.: 192
Keller, Oberst Graf: 76
Kern, Lt. z. S., Erwin: 121, 349
v. Kessel, Oberlt. Hans: 31, 33, 35, 37
Kettner, Freiw.-Regt.: 139
Kettner, Major: 139
Kiew, Heeresgruppe: 127
Kiewitz, Hauptm.: 165
v. Killinger, Kapitänlt.: 347
v. Killinger, Sturm-Komp.: 345, 346, 347, 348, 349
v. Kirchheim, Jäger-Batl.: 215, 227, 228
v. Kirchheim, Major: 227
Klagenfurt, Volkswehr-Batl. Nr. 1: 310, 315
Klagenfurt, Volkswehr-Batl. Nr. 2: 310
Klagenfurt, Volkswehr-Batl. Nr. 3: 310, 311
Kleinmann, Staatssekretär: 439
Kleinwächter, Studienrat: 304
Kleist, Freiw.-Batl.: 183
v. Kleist, General: 59
v. Klewitz, Freikorps: 49, II
v. Klewitz, Oberst: 49
Klöbe, Major: 252, 398, 399
Klüber, Oberstlt.: 16, 57, 58
v. Klüfer, Freiw.-Regt.: 139
v. Klüfer, Major: 139
Knickmann, Ludwig: 422, 437, 438
Knie, Freiw.-Batl.: 179
Knofe, Hauptm.: 361
Kobe von Koppenfels, Major: 134
Koblenz, Separatistenabwehrkämpfer: 442, 443, 444, 445, 446, 447, 448
Koch, MGSS.-Abtlg.: 195, 196, 198, 199
Koch, Oberpräsident: 489
v. Koeller, Radfahr-Komp.: II
Kolbe, Korvettenkapitän: 395, 396, 398
Königsberg, Einwohnerwehr: 81
Königsberg, Freikorps: 77
Königsberg, Freiw. Schweres Art.-Batl.: 75
Königsberg, Republikanische Armee- u. Marine-Volkswehr: 17, 77, 78, 80
Königsberg, Regt.: 81
v. Königsegg, Kav.-Abtlg.: 395
Körner, Freiw. Grenz-Jäger-Korps: 244
Korfanty: 216, 292

v. Kornatzky, Oberst: 123
Kosch, Hauptm.: 265
Kosch, Selbstschutz-Abtlg.: 263, 265, 266
Kraftwagenkolonne: 238
Kraus, Hauptm. Felix: 317
Krausze d'Avis, Rittm.: 207, 208, 210
Kronegger, Oberlt.: 311
Krossa, Freiw.-Eskadron: II
Kühme, Freikorps: 17, 90, 91, 221, 223, 224, 394
Kühme, Hauptm.: 90, 221, 223, 225, 395
Küntzel, Freiw.-Det.: 49, II
Küntzel, Oberst: 49
Küntzel, Selbstschutz-Batl.: 263
Kürassier-Regt. 3, Freiw.: 75
Kürassier-Regt. 4, Freiw.: II
Kukat, Oberlt. z. S.: 399
Kumme, Oberst: 145
1. Kurländ. Infanterie-Regt.: 178, 200
3. Kurländ. Infanterie-Regt.: 165, 200
Kurz, Brigade: 129, 209, 210
Kurz, Major: 128, 206, 210, 211, 212, 213

L

Landesjägerkorps, Freiw.: 15, 16, 54, 55, 56, 57, 58, 59, 60, 61, 365, 366, 367, 368
Landesschützenkorps: 55, 60, 64, 66, 86, 87, 88, 89
Landesschützenbrigade: 62
Landsberg, Freikorps: 111, 120
Landwehr-Div., Freiw. Sächs.: 137
Lautenbacher, Freischar: 105, 106
Lautenbacher, Oberlt.: 105, 106
Ledig, Major: 361
Lehr-Infanterie-Regt., Freiw.: II
Leibl, Lt. Ernst: 306
Leibrecht, Dr.: 460, 461, 462, 464, 465
Leipzig, Zeitfreiw.-Regt.: 360, 361, 362, 363
Lembert, Selbstschutz-Batl.: 290, 298
Lensch, Kapitänlt.: 298
Lensch, Selbstschutz-Abtlg.: s. Marienburg, Selbstschutz-Batl.
Lenz, Oberlt.: 288
Lequis, General: 15, 24, 224
v. Lettow, Division: 16, II
v. Lettow, Flak-Abtlg.: II
v. Lettow, Schwere Feldhaubitz-Abtlg.: II

v. Lettow-Vorbeck, General: 70
Leupold, Freiw.-Regt.: 395
Leuthold, Generallt.: 60
Libau, Regt.: 164, 395
Lichtschlag, Freikorps: 17, 81, 82, 83
Lichtschlag, Hauptm.: 17, 81, 82, 343
v. Lieberman, Freikorps: 157, 158, 190
v. Lieberman, Hauptm.: 157
Lierau, Grenzschutz-Det.: 247, 248
Lierau, Major Dr.: 247, 248
Liftl, Freikorps: 111
v. Liliencron, Hauptm.: 215
v. d. Lippe, Generalmajor: 49
Lohbeck, Hauptm.: 435
Loen, Selbstschutz-Batl.: 263
Löschebrand, Freiw. Offiziers-Abtlg.: 49
Löwe, Jagdstaffel: II
v. Loewenfeld, Fregattenkapt.: 253, 394, 397, 398, 399, 400, 402, 406, 407
Loyke, Oberlt. z. S.: 400
Lublinitz, Selbstschutz-Batl.: 263, 285
v. Luck, Oberst: 78, 79
Ludendorff, General: 55, 344
Lügger, Hauptm.: 87
Lütkenhaus, Freiw.-Batl.: 212
Lütkenhaus, Hauptm.: 212
v. Lüttwitz, Generalkdo.: 16, 44, 54, 55, 56, 73, 224
v. Lüttwitz, General d. Inf.: 16, 54, 55, 224, 343, 344, 345, 347, 365
v. Lützow, Arbeitsgemeinschaft: 413
v. Lützow, Freikorps: II, 111, 122, 253, 385, 386, 387, 388, 389, 395
v. Lützow, Major: 122, 387
Lutze, Lt. Viktor: 473
Lyck, Freikorps: 77

M

Macketanz, Rittm.: 79
Maercker, General: 16, 54, 55, 56, 57, 58, 59, 60, 61, III, 368
Magdeburg, Einwohnerwehr: 59
Magdeburg, Regt.: 59
Magdeburg, Wachregt.: 59
Magnis, Oberst Graf: 123, 266
Mahnken, Oberlt.: 81
Mahr, Hauptm.: 312
Maier-Kaibitsch, Hauptm.: 309, 311, 314
Malmede, Freiw.-Batl. der Balt. Landeswehr: 155

Malmede, Hauptm.: 155, 183
v. Maltzan, Freiw.-Batl.: 159, 160, 161
v. Maltzan, Oberlt. Frhr.: 159, 160, 161
v. Manteuffel, Lt. Baron Hans: 155, 156, 166, 167, 168, 170
v. Manteuffel-Katzdangen: 214, 408
Manthey, Lt.: 215, 239, 240, 242, 243
Marburger Studentenkorps: 23
Maria Gail, Volkswehr-Sturm-Komp.: 310, 317, 318, 324
Marienburg, Selbstschutz-Batl.: 263, 271, 272, 273, 297, 298
I. Marine-Brigade v. Roden: 52, 63, 64, 65, 68
II. Marine-Brigade Ehrhardt: 16, II, 67, 68, 69, 110, 111, 121, 122, 124, 343, 344, 345, 346, 347, 348, 349, 350, 351, 459
III. Marine-Brig. v. Loewenfeld: II, 216, 251, 252, 253, 358, 394, 395, 396, 397, 398, 399, 400, 406, 407, 478, 481
II. Marine-Brig., Wilhelmshaven: siehe Marine-Brig. Ehrhardt
Marine-Komp., Kärntner: s. Volkswehr-Marine-Komp.
Marloh, Oberlt.
Marschall v. Bieberstein, Rittm.: siehe Bieberstein, Rittm.
Martin, Oberlt.: 174
Martin, Hauptm.: 264
Martin, Selbstschutz-Det.: 264
May, Hauptm.: 264
May, Selbstschutz-Batl.: 263, 264, 297
Mayen, Separatisten-Abwehrkämpfer: 459
v. Medem, Freikorps: 165, 166, 167, 168, 169, 170, 180, 182, 478, 479
v. Medem, Hauptm. Frhr.: 165, 167, 168, 169, 170, 477, 479
Mengdehl, Oberlt. z. S.: 399
Menz, Oberstlt.: 385
v. Mertens, Hauptm.: 376, 377
v. Mertens, Freiw.-Batl.: 375, 376
Metznitztaler Alarm-Komp.: 321
Meyn, Major: 32, 59
Michael, Freiw.-Det.: 175
Michael, Korvettenkapt.: 175
Michaelis, Freikorps: 362

Michaelis, Hauptm.: 363
Michaelson, engl. Kapitän: 260
Michner, Oberst: 320, 321
Miebach, Hannes: 460, 465
Mitterbacher, Oberlt.: 328, 329, 330, 334
v. Moers, Major: 390, 391
v. Möhl, General: 343
Moser, Stephan: 318
Möwe, Freikorps: siehe Dohna, Freikorps
Müller, Arbeitsgemeinschaft: 413
München, Wehr-Regt.: 120
Münster, Akademische Wehr: 395, 396, 397
Münster, Division: 395
Münster, Stadtwehr: 86
Münster, Wehrkreiskdo.: 87
Münster, Westf. Freiw.-Batl.: 85
Münsterland, Freikorps: 395
Muthmann, Günther: 459, 460, 461, 462, 463, 464, 465

N

Naendrup, Hauptm.: 396, 433
Naether, Lt.: 233, 235, 236
Needra, Ministerpräsident: 128, 154, 187
v. Neufville, Freikorps: 60, 378, 379, 380
v. Neufville, Rittm.: 378, 379
Neuring: 16
v. Niebelschütz, Hauptm.: 56
Niederrhein, Freikorps: 87, 89
Noske: 15, 16, 18, 38, 48, 55, 57, 190, 204, 343
Nordkurland, Freiw.-Komp.: 152
v. Notz, Oberst: 265, 266

O

Oberglogau, Selbstschutz-Regt.: 288
Oberland, Freikorps: 107, 111, 216, 263, 270, 272, 273, 274, 275, 276, 277, 278, 279, 289, 290, 297, 302, 343, 395, 480, 482
Oberland, Ruhrkampforg.: 423, 428, 429, 430, 431, 462
Oberpleiser Selbstschutz: 458, 487
Oberschlesien, Freiw.-Det.: 395
Oberschles. Freiw.-Korps: 215
Oberschles. Landjäger-Korps: 222
Oderschutz, Selbstschutz-Abteilungen: 263
v. Oelhagen, Hauptm.: 98

Oestreicher, Hauptm.: 273, 274, 276, 279, 480
Oldenburg, Freiw.-Det.: 395
v. Oldershausen, General: 60
Olita, Brigade: 127
Olympia, Sportverein: 51
Osiander, Freiw.-Regt.: II
Ostpreußisches Freiw.-Korps: 17, 73, 74, 75, 76, 77
Otto, Hauptm.: 376, 377, 378
v. Oven, Det.: 395
v. Oven, Freikorps: 39, 51
v. Oven, General: 110
v. Oven, Regt.: 60

P

Pabst, Hauptmann: 343, 344, 345
Panzerkraftwagenzug 19: 360
Panzerwagen-Abtlg. 10: 397
Panzerzug 3: 58
Panzerzug 5: 133, 134, 148
Panzerzug 22: 240, 241
Panzerzug 54: 59, 60
Panzerzug Bruno: 266
Panzerzug Kärnten: 327, 328, 329, 330, 331, 332, 333, 334
Panzerzug Lissa: 227, 228
Paruschowitz, Selbstschutz-Stoßtrupp: 260, 261
Paulßen, Freikorps: 17, 90, 91, 221, 222, 223, 224
Paulßen, Lt.: 90, 221, 223, 225
Perkonig, Lt.: 318
v. Petersdorff, Freikorps: 129, 158, 159, 177, 210, 212, 213, 481
v. Petersdorff, Oberlt.: 170, 207, 210, 212, 481
Petri, Frei.-Batl.: 216
Petter, Major: 288
Petz, Hauptm.: 317, 318
Petzold, Kapitänlt.: 97
v. Pfeffer, Freikorps: 85, 128, 290, 395, 433
v. Pfeffer, Hauptm.: 17, 85, 423, 431, 433, 434
Pfeil, Brigade: 136
v. Pflugk-Harttung, Freiw.-Abtlg.: 353
Pini, Oberlt.: 374, 375
Pionier-Batl. 5: 228
Pionier-Batl. 9: 354, 357
Pionier-Batl. 18, Freiw.: 75
Pionier-Batl. 29: 217
Pirmasens, Separatistenabwehrkämpfer: 466, 467
v. Pitrof, Polizeioberst, Ritter: 99, 116, 118
Pitschen, Selbstschutz-Batl.: 263
Plath, Hauptm. d. R.: 34
v. Plehwe, Freikorps: 128
v. Plehwe, Oberst: 146, 147
Poensgen, Freiw.-Batl.: 177
Pommern, Zeitfreiw.-Regt.: 358, 359
Potsdam, Freikorps: 39, 40, 43, 44
Potsdamer Garde-Formationen, Freiw.: 40
Praefke, General: 92
Prey, MGSS.-Korps: 51, II
Probstmayr, Freiw.-Det.: 99, 100
Probstmayr, Oberstlt.: 99

R

Raab, Oberlt.: 321
Raben, Oberlt.: 61, 264
Raben, Selbstschutz-Abtlg.: 264
Radwan, Hauptm. der Abstimmungspolizei: 259, 260
Ramsauer, Hauptm.: 327, 328, 329
v. Randow, Freiw.-Det.: 127, 149
v. Randow, Major: 149
Rauh, Ruhrkampforg.: 417, 421
Rauter, Oberlt.: 314, 333
Rawitsch, Volkswehr: 225, 226, 227, 228
Reckhaus, Dr.: 417
Redlich, Radfahr-Komp.: II
Regensburg, Freikorps: 116
Regensburg, Volkswehr-Reg.: 115
v. Reichenau, Hauptm.: 225
Reichswehr-Brig. 10: 377
Reichswehr-Brig. 13, Württ.: 395
Reichswehr-Brig. 15: 353
Reichswehr-Brig. 16: 60
Reichswehr-Brig. 32: 269
Reichswehr-Jäger-Batl. 37: siehe Roßbach, Freikorps
Reichswehr-Regt. 21: 370, 371
Reichswehr-Regt. 61: 343, 393, 394
Reichswehr-Regt. 63: 248, 250
Reichswehr-Schützen-Regt. 61: 390, 391
Reinhard, Oberst: 15, 16, 31, 34, 37, 38
Reinhard, Regt.: 31, 33, 38, 40, 44, 45, 78
Reinecke, Oberlt.: 223
Reinl, Hauptm.: 316
Reiß, Hauptm.: 259
v. Reitzenstein, Oberst: 58
Remscheid, Zeitfreiw.-Korps: 385, 386, 387, 388
Republ. Soldatenwehr: 15, 16, 36, 37, 45, 55, 56
Reserve-Division: 45, 127
Reserve-Grenzschutz Ost: 241, 242
VI. Reservekorps, Freiw.: 128
Rheinische Sicherheitspolizei
v. Richthofen, Radfahrkomp.: 229
Riebensam, Generalmajor: 377
Riedel, Selbstschutz-Batl.: 291
Riedel, Selbstschutz-Komp.: 263, 264
v. Roden, Generalmajor: 64
v. Roeder, General: 55, 87
v. Roeder, Major: 223
v. Rohr, Freiwilligen-Batl.: 42
v. Rohr, Hauptm.: 40, 42
Rosenbach, Heimwehr-Komp.: 319, 324
Rosenberg, Selbstschutz-Batl.: 263
Rosiepen, Lt.: 81
Roßbach, Arbeitsgemeinschaft: 413
Roßbach, Freikorps: 128, 129, 200, 201, 202, 203, 204, 205, 215, 216, 220, 244, 245, 246, 395, 404
Roßbach, Oberlt.: 203, 204, 205, 220, 244, 245, 286
Roßbach, Selbstschutz-Regt.: 286
Rote Erde, Organisation: siehe Westfalen-Treubund
Rothkirch-Wild-Eicken, Selbstschutz-Abtlg.: siehe Gogolin, Selbstschutz-Batl.
Ruhrkampforg. der Eisenbahner: 438
Rupp, Hauptm. d. R.: 97
Rybnik, Selbstschutz: 260

S

Sachsenberg, Kampfgeschwader: 171, 172
Sachsenberg, Oberlt. z. S.: 171
Sarne, Volkswehr: 226
Selbstschutz Oberschlesien: 216, 259, 261, 269
v. Seeckt, General: 76, 127, 204
v. Selchow, Bogislaw, Fregattenkapitän: 23
v. Selle, Oberst: 371
Senfft v. Pilsach, Reichswehr-Brig.: 360
Serstka, Major: 314
Seutter v. Lötzen, Oberstlt., Freih.: 112
Seutter, Württ. Freiw.-Regt.: 110, 111, 112
Severin, Freikorps: 395, 396
Severin, Oberstlt.: 396
Seyd, Lt.: 365
Siebringhaus, Major: 273, 480, 482
Sieveking, Major: 70
Siewert, Kapitän z. S.: 128, 129, 189, 206, 207, 208
Soldatenwache, Volkswehr-Komp.: 310
Soldaten-Siedlungs-Verband Kurland: 408
Sorko, Oberlt.: 316
Spezialpolizei des Oberschles. Selbstschutzes: siehe Heinz, Organisation
Spittal, Volkswehr-Batl. Nr. 6: 310
Spranger, Freiw.-Batl.: 138, 143
Sudetendeutsches Freikorps: 332, 339, 340, 341
Sudetenland, Freiw.-Batl.: 17
Süd-Litauen, Brigade: 128, 139
Suppe, Offiziers-Stellv.: 15, 33, 35, 36, 37, 38
Suppe, Unteroffz.-Batl.: 36, 37

Sch

Schaaf, Freiw.-Abtlg.: 111
Schad, Freiw.-Abtlg.: 109, 111
Schad, Oberstlt.: 109
v. Schaper, Rittm.: 259, 260, 265
v. Schaumann, Major: 87
v. Schauroth, Freiw.-Det.: 163
v. Schauroth, Hauptm.: 128, 163
v. Scheel, Oberlt.: 248, 259, 262
Scheffel, Hauptm.: 270
Schelle, Rittm.: 370, 374, 375
Schenk, Oberstlt.: 312, 315
Schieblich, Oberst: 360
Schill, Grenzschutz-Jäger-Batl.: 246
Schlageter, Batterie: 170
Schlageter, Oberlt.: 14, 253, 268, 298, 400, 415, 422, 424, 425, 426, 474, 475, 476, 477, 478, 479, 480, 481, 482, 483, 484, 485, 486, 487, 488, 489, 490
Schlesien, Freikorps: 222, 223, 224
Schlesien, Selbstschutz-Regt.: siehe Roßbach, Selbstschutz-Regt.
Schlesien, Ulanen-Regt.: 247
Schlesischer Adler: 14, 17
Schleswig-Holstein, Freikorps, II: 72
Schlichtingsheim, Freiw. Offiziers-Abtlg.: 223, 227, 233
Schmeidler, Hauptm.: 313
Schmidt, Hauptm., Wilfried: 94, 97
Schmidt, Lt.: 375, 376
Schmidt, Sturmbatl. 51, II: 347

Schmitz, Hauptm.: 225, 226, 227
Schnepper, Oberlt.: 224, 253, 283, 291
v. Schoenberg, Freiw.-Batl.: 138, 143
v. Schoenberg, Hauptm.: 135, 136
Schroeder, Oberst: 139
Schürmann, Oberst: 137
Schulenburg, Oberst Graf: 60
Schulz, Freikorps: 86, 390, 395
Schulz, Major: 390
Schurig, Oberst: 136
Schutzregiment Groß-Berlin: 51
Schutztruppe Bug: 127, 129, 133, 134
Schutztruppen-Regt.: 1, 51, II
Schwaben, Freikorps: 18, 99, 111, 116, 118, 120
Schwarze Jäger, Freikorps: II, 71
Schwarze Schar: siehe Bergerhoff, Selbstschutz-Batl.
Schweinitz, Selbstschutz-Batl. Graf: 263
Schwerk, Oberst: 31

St
Steinacher, Oberlt.: 314
v. Steinaecker, Korvettenkapitän, Frhr.: 176, 177
Steirisches Bauernkommando: 335, 336, 337
Stellrecht, Helmuth: 97
Stephan, Lt.: 238, 239, 240
v. Stephani, Major: 16, 39, 40
Stever, Freikorps: 207, 211, 213
Stever, Korvettenkapitän: 207, 211, 213
Stichling, Lt., Paul: 133
Stohr, Oberlt.: 322
Stoßtruppe d. Balt. Landeswehr: 155, 166, 167, 170, 180
Strachwitz, Oberlt. Graf: 296
Strachwitz, Selbstschutz-Batl. Graf: 263, 271, 273, 274, 275, 296, 297
Sturm-Lehr-Regt., Freiw.: 51, II
Stuttgart, Studenten-Batl.: 94, 96, 97

T
v. Taysen, Brigade, II
Technische Nothilfe: 352
Thiemel, Rechtsanwalt: 216
Tholen, Lt.: 383, 385
Thöne, Oberlt.: 165, 167, 168, 170, 206, 207, 371, 372, 374, 375, 477
Thüringen, Freikorps: 373, 375
Thümmel, Freischar: 51
Thümmel, Oberst: 51
Thule-Gesellschaft: 101, 102, 103
Tiede, Generalmajor: 147
Tillessen, Oberlt. z. S.: 122, 123, 124, 125
Tiroler Volkswehr-Batl.: 310, 317, 318, 324, 325
Tirschtiegel, Volkswehr: 228, 229
Tirschtiegel, Grenzschutz-Batl.: 231
Treu, Hauptm.: 311, 334
Trixener Alarmkomp.: 322
v. Tschirchwitz, Freiw.-Det.: 151
Tübingen, Studenten-Batl.: 97, 110, 113
Tüllmann, Freiw.-Det.: 38, 39, 52, 250, 251, 252
Tüllmann, Oberst: 250, 251, 252

U
Uhrich, Oberlt.: 1995
Ulanen, Demminer: 405, 406
Ulanen-Eskadron Leoprechting: 72
Ulanen-Regt. 5, Freiw.: II, 390
Umber, Hauptm.: 399
Urbanzyk, Joachim:

V
St. Veit, Volkswehr-Batl. Nr. 8: 310, 320, 321
Velden, Volkswehr-Komp.: 310, 324
Veldener Sturmkomp.:
Villacher Freiw. Offz.-Komp.: 317
Villacher Volkswehr-Batl. Nr. 4: 310, 318, 324
Voelter, Hauptm.: 111
Voithenleitner, Freiw.-Det.: 108, 109, 111
Voithenleitner, Major: 109
Volks-Marine-Division: 15, 16, 28, 32, 36, 37, 45, 46, 55
Volkswehr-Marine-Komp., Kärtner: 310, 317, 318

W
Wagener, Major: 206, 207, 208
Wagner, Major: 204
Waidacher, Feuerwerker: 319
Waldeyer-Hartz, Kapt. z. S.: 20
v. Waldow, Major: 285
Wandervogel-Hundertschaft im Grenzschutz Ost: 245
Wasserkante, Selbstschutz-Batl.: 263, 288
v. Watter, Generallt. Frhr.: 17, 343, 382, 397
v. Watzdorf, Rittm.: 264
v. Watzdorf, Selbstschutz-Batl.: 264, 271, 272, 273, 297
Weber, Pascha, General d. Inf.: 224
v. Weckbecker, Freiw.-Det.: 109
Wehrkreiskommando VI: 382
Weibl. Freiw. Nachrichten-Abtlg.: 75
v. Weikhmann, Freikorps: 129, 209
v. Weikhmann, Major: 209
Weisemann, Hauptm., Dr.: 385, 387
v. Weiß, Major: 74
Wenninger, Kapitänlt.: 397
Wendorf, Selbstschutz-Batl.: 297
Werdenfels, Freikorps: 113, 119
v. Werder, Oberlt.: 206
Werner-Ehrenfeucht, Hauptm.: 265
Werner-Ehrenfeucht, Selbstschutz-Batl.: 263, 265
Wesel, Freikorps: 390, 395
Wesel, Division: 343, 395
Westarmee, Freiw. russische: 128, 189, 190, 191
Westarp, Oberlt. Graf: 41
Westfalen-Treubund: 431
Westfälische Jäger, Freikorps: 395

Weydemann, Oberlt.: 292
Weydemann, Selbstschutz-Batl.: 289, 291
Wiemers-Borchelhof, Dr. Franz: 407
Wiese, Hauptm.: 408, 410, 411, 412, 414
v. Wietersheim, Hauptm.: 225
Wild, Hauptm.: 272
Wild, Selbstschutz-Komp.: 272
v. Wildemann, Freikorps: 209
v. Wildemann, Lt.: 210
Wildermuth, Lt.: 94, 95, 96
Winkler, Selbstschutz-Batl.: 263, 271, 272, 273
Winnig, August: 76, 78, 127, 128
Winter, Lt., Dr. C.: 133, 134
Wirgolitsch, II. Russ. Westkorps: 190, 192
v. Wissel, General: 55
v. Witzleben, Hauptm.: 225
Wolf, Freikorps: 108
Wolf, Oberlt.: 285
Wolf, Selbstschutz-Batl.: 263, 285, 300
Wolff, Major d. Res.: 289
Wolff, Selbstschutz-Art.-Gruppe: 289, 292
Wolfsberg, Volkswehr-Batl.: 310
Württ. Einwohnerwehren: 18
Württ. Sicherheitstruppen: 18, 92, 93
Würzburg, Freikorps: 98

Y
Yorck von Wartenburg, Freiwilligen-Abtlg.: 162, 171, 176
Yorck von Wartenburg, Major, Graf: 176

Z
Zenetti, Freiw.-Batl.: 107, 108
Zenetti, Hauptm.: 107
Zenker, Wolfgang, Lt. z. S.: 20
v. Zeschau, Major: 135, 136, 137, 139, 140, 141, 142
Zimmermann, Georg: 468, 474, 479, 486, 487
Znin, Bürgerwehr: 239
Zuckertort, Hauptm.: 360